新譯史記(七)列傳(二)

韓兆琦 注譯
王子今 原文總校勘

三民書局

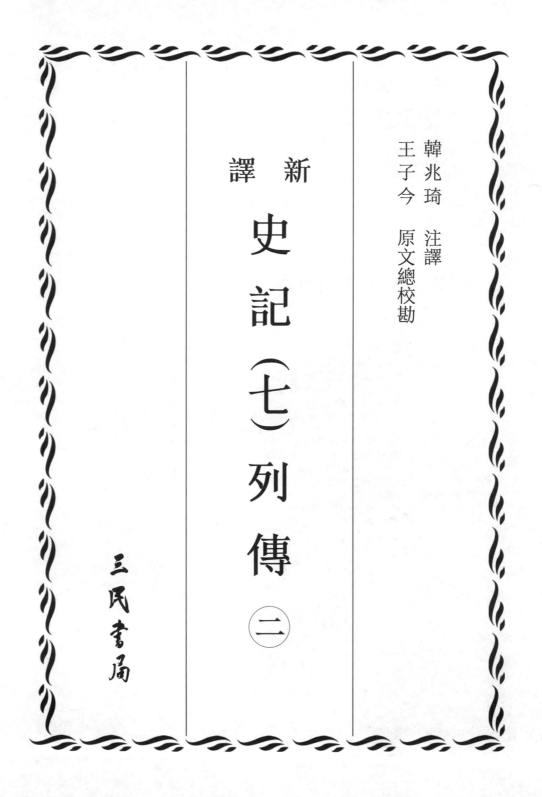

國家圖書館出版品預行編目資料

新譯史記／韓兆琦注譯;王子今原文總校勘.－－增訂二版二刷.－－臺北市：三民，2021
面；　公分.－－(古籍今注新譯叢書)
參考書目：面
ISBN 978-957-14-6207-3（第七冊：精裝）
1. 史記 2. 注釋

610.11　　105019292

古籍今注新譯叢書

新譯史記（七）列傳㈡

注譯者　韓兆琦
原文總校勘　王子今

發行人　劉振強
出版者　三民書局股份有限公司
地址　臺北市復興北路 386 號（復北門市）
臺北市重慶南路一段 61 號（重南門市）
電話　(02)25006600
網址　三民網路書店 https://www.sanmin.com.tw

出版日期　初版一刷 2008 年 2 月
初版二刷 2013 年 11 月
增訂二版一刷 2016 年 11 月
增訂二版二刷 2021 年 12 月
書籍編號　S032581
ISBN　978-957-14-6207-3

三民書局

新譯史記 目次

第七冊

卷八十八 蒙恬列傳第二十八……三六七五
卷八十九 張耳陳餘列傳第二十九……三六九三
卷 九 十 魏豹彭越列傳第三十……三七二九
卷九十一 黥布列傳第三十一……三七四九
卷九十二 淮陰侯列傳第三十二……三七七五
卷九十三 韓信盧綰列傳第三十三……三八三三
卷九十四 田儋列傳第三十四……三八六一
卷九十五 樊酈滕灌列傳第三十五……三八八一
卷九十六 張丞相列傳第三十六……三九二七
卷九十七 酈生陸賈列傳第三十七……三九五九

卷九十八　傳靳蒯成列傳第三十八……三九九五
卷九十九　劉敬叔孫通列傳第三十九……四〇〇九
卷　一百　季布欒布列傳第四十……四〇四一
卷一百一　袁盎鼂錯列傳第四十一……四〇五九
卷一百二　張釋之馮唐列傳第四十二……四〇九一
卷一百三　萬石張叔列傳第四十三……四一一一
卷一百四　田叔列傳第四十四……四一三九
卷一百五　扁鵲倉公列傳第四十五……四一六一
卷一百六　吳王濞列傳第四十六……四二二一
卷一百七　魏其武安侯列傳第四十七……四二六三
卷一百八　韓長孺列傳第四十八……四三〇三
卷一百九　李將軍列傳第四十九……四三二七
卷一百十　匈奴列傳第五十……四三六一
卷一百一十一　衛將軍驃騎列傳第五十一……四四三七

卷八十八

蒙恬列傳第二十八

【題解】作品記述了以蒙恬為代表的蒙氏家族在協助秦王統一全國過程中所建立的卓越功勳，和統一全國後蒙恬在驅逐匈奴，以及築長城、修直道等活動中的突出貢獻，作者對蒙氏家族，尤其是蒙恬其人的歷史作用是有充分認識與高度評價的。作者所感到不足的是始皇統一天下後，蒙恬沒能及時調整戰時方針，沒能在和平建設方面起到更好的作用。這不是蒙恬個人的不足，乃是整個秦朝統治集團的致命缺陷，後來賈誼說他們不懂得「仁義不施，攻守之勢異也」，叔孫通有所謂「儒家難與進取，可與守成」，就都是針對這些問題說的，司馬遷這裡同樣也是在事過之後提出問題。司馬遷批評蒙恬「不以此時強諫」，在〈白起王翦列傳〉中也批評王翦「不能輔秦建德」，這都沒有錯，儘管後代有些開國大將為了「強諫」而招致殺身，並於世事無補。但話又說回來，不正是由於先有了秦始皇這麼一場觸目驚心的壯烈的悲劇，而後才使人們對秦王朝的問題看得這樣清楚麼？

蒙恬者，其先齊[1]人也。恬大父[2]蒙驁，自齊事秦昭王[3]，官至上卿[4]。秦莊襄王元年[5]，蒙驁為秦將，伐韓[6]，取成皋[7]、滎陽[8]，作置三川郡[9]。二年[10]，蒙驁攻趙[11]，取三十七城。始皇三年[12]，蒙驁攻韓，取十三城。五年[13]，蒙驁攻魏[14]，取二十城，作置東郡⓯。始皇七年⓰，蒙驁卒⓱。驁子曰武，武子曰恬。恬嘗書獄，典文學⓲。始皇二十三年⓳，蒙武為秦裨將軍⓴，與王翦㉑攻楚㉒，大破之，殺項燕㉓。二十四年㉔，蒙武攻楚，虜楚王㉕。蒙恬弟毅㉖。

【章旨】以上為第一段，寫蒙恬的先輩為秦國統一做出的傑出貢獻。

【注釋】❶齊　西周以來的諸侯國名，國都臨淄（今山東淄博之臨淄區西北）。西周至春秋之末的齊國諸侯姓姜，始受封者為協助武王滅商的元勳姜尚；戰國以來的齊國諸侯姓田，是春秋後期以來逐漸強大，最後篡奪姜氏政權建立的國家，第一代稱為諸侯的是太公田和，西元前四〇四—前三八五年在位。❷大父　祖父。❸秦昭王　名則，秦孝公之孫，秦惠文王之子，西元前三〇六—前二五一年在位，是戰國時代最有作為的國君，為秦的統一六國奠定了堅實基礎。❹上卿　春秋、戰國時代各國的最高執政大臣。❺莊襄王元年　西元前二四九年。莊襄王，名楚，昭王之孫，孝文王之子，在位三年（西元前二四九—前二四七年）。❻韓　戰國初期與趙、魏瓜分晉國建立的諸侯國名，國都起初在陽翟（今河南禹縣），後來遷移至新鄭（今河南新鄭）。莊襄王時的韓國諸侯為韓桓惠王（西元前二七二—前二三九年在位）。❼成皋　韓邑名，也稱虎牢關，即今河南滎陽之汜水鎮。❽滎陽　韓縣名，縣治在今滎陽市東北。❾作置三川郡　作置，設立。三川郡，秦郡名，郡治洛陽（今河南洛陽東北）❿二年　西元前二四八年。⓫趙　戰國初期與韓、魏瓜分晉國建立的諸侯國名，國都邯鄲（今河北邯鄲）。莊襄王時的趙國諸侯為趙孝成王（西元前二六五—前二四五年在位）。⓬始皇三年　應稱秦王政三年，西元前二四四年。始皇，名政，莊襄王之子，西元前二四六年即位為秦王。此處所以稱「始皇」者，蓋以後來統一後之名稱稱之也，下同。⓭五年　西元前二四二年。⓮魏　戰國初期與韓、趙瓜分晉國建立的諸侯國名，起初的國都在安邑（今山西夏縣西北），後來遷移至大梁（今河南開封）。秦王政五年時的魏國諸侯為魏景湣王（西元前二四二—前二二八年在位）。⓯東郡　秦郡名，郡治濮陽（今河南濮陽西南）。⓰始皇七年　西元前二四〇年。⓱蒙驁卒　按：蒙驁為秦國開疆闢土的事跡，可參見〈秦本紀〉、〈秦始皇本紀〉與〈韓世家〉、〈趙世家〉、〈魏世家〉等。⓲恬嘗書獄二句　《索隱》曰：「謂恬嘗學獄法，遂作獄官，典文學。」按司馬貞的意思，「書」指學習，「文學」，指司法部門的各種文書簿籍。典文學，即在司法部門做文字工作。茅坤曰：「秦法以吏為師，名臣往往從『書獄』出。」⓳始皇二十三年　西元前二二四年。⓴裨將軍　副將；大將的輔佐人員。㉑王翦　秦王政時代的秦國名將，於滅楚中有大功。事跡詳見〈白起王翦列傳〉與〈秦本紀〉、〈楚世家〉。㉒楚　西周以來的諸侯國名，春秋時代國都郢（今湖北荊州之江陵西北），戰國後期被秦所逼，先是遷移到陳（今河南淮陽），後又東遷到壽春（今安徽壽縣）。㉓項燕　楚國最後的一位名將，即項羽的祖父。㉔二十四年　西元前二二三年。㉕虜楚王　張照曰：「此與年表同。本紀二十三年，虜荊王；二十四年，項燕自殺。」按：楚國的亡國之君曰「負芻」，楚考烈王之子，楚幽王之庶兄，西元前二二七—前二二三年在位。按：以上蒙武為秦國開疆闢土的事跡，參見〈秦始皇本紀〉與〈楚世家〉、〈白起王翦列傳〉。㉖蒙恬弟毅　事跡除見本文外，尚可參見〈李斯列傳〉。

【語譯】蒙恬的祖先是齊國人，他的祖父蒙驁從齊國來到秦國為秦昭王效力，官至上卿。秦莊襄王元年，蒙驁作為秦國將領，攻打韓國，奪取成皋、滎陽，設置了三川郡。秦莊襄王二年，蒙驁進攻趙國，奪取了三十七城。秦始皇三年，蒙驁進攻韓國，奪取了十三城。秦始皇五年，蒙驁進攻魏國，奪取了二十城，設置了東郡。秦始皇七年，蒙驁去世。蒙驁的兒子蒙武，蒙武的兒子蒙恬。蒙恬曾學習刑法，掌管刑獄文書。秦始皇二十三年，蒙武任秦國的副將軍，與王翦一起進攻楚國，大敗楚軍，殺死了項燕。秦始皇二十四年，蒙武進攻楚國，俘虜了楚王。蒙恬的弟弟叫蒙毅。

始皇二十六年❶，蒙恬因家世得為秦將，攻齊，大破之❷，拜為內史❸。秦已并天下，乃使蒙恬將三十萬眾北逐戎、狄❹，收河南❺。築長城，因地形，用制險塞❻，起臨洮❼，至遼東❽，延袤萬餘里❾。於是渡河❿，據陽山⓫，逶蛇而北⓬。暴師於外十餘年⓭，居上郡⓮。是時蒙恬威振匈奴⓯，始皇甚尊寵蒙氏，信任賢之⓰。而親近蒙毅，位至上卿。出則參乘⓱，入則御前⓲。恬任外事而毅常為內謀⓳，名為忠信⑳，故雖諸將相莫敢與之爭㉑焉。

【章　旨】以上為第二段，寫蒙恬在佐助秦王政統一六國稱帝，與其在伐匈奴、築長城等諸項活動中的巨大作用。

【注　釋】❶始皇二十六年　西元前二二一年。❷攻齊二句　齊國的亡國之君為齊王建，齊襄王之子，西元前二六四—前二二一年在位。張照曰：「紀、表，攻齊者，將軍王賁，皆不言有蒙恬。或恬此時亦從軍，非大將。」按：秦將王賁滅齊的過程見〈秦始皇本紀〉與〈田敬仲完世家〉。❸內史　秦官名，首都及其郊區的最高行政長官，即後世的京兆尹。❹戎狄　即指匈奴，戰國後期以來興起於今內蒙古與蒙古國一帶的少數民族名，詳情見〈匈奴列傳〉。❺收河南　將今內蒙境內的黃河以南（即通常所說的「河套」以南）地區收歸秦朝版圖。❻因地形二句　意思是隨著各處的自然地形而築成險要的城障。❼臨洮　秦縣名，縣治即今甘肅岷縣。❽遼東　秦郡名，郡治襄平，即今遼寧遼陽。❾延袤萬餘里　延袤，猶今所謂延伸、延長。按：始皇時之長城西段，西南起自今甘肅蘭州西南，沿黃河東北行，入寧夏，至賀蘭山一帶；北段大體即舊時之趙國長城，西起今內蒙古的河套西南，東北行經河套北，再東行經由包頭、呼和浩特北，至卓資；東段大體即舊時之燕國長城，西起今內蒙之化德以西，東行經赤峰，再東行經遼寧的阜新、新民，直到今瀋陽市東北，即《史》文所說的「遼東」。梁玉繩曰：「此言恬築長城，起臨洮至遼東萬餘里，恬亦以『絕地脈』為己罪，後世遂言長城是秦築之，其實不盡然也。以〈趙世家〉、〈蘇秦〉、〈匈奴傳〉，及《竹書》考之，大半七國時所築，蒙恬特繕治增設，使萬里相連屬耳，豈皆恬築哉？」❿渡河　指在今內蒙古河套一帶渡黃河北進。⓫陽山　即今內蒙河套以北的狼山。因其在黃河以北，故稱「陽」。⓬逶蛇而北　指出兵北上。逶蛇，沿曲折小路行進的樣子。⓭暴師於外十餘年　梁玉繩曰：「恬自始皇三十二年將三十萬眾擊胡，至三十七年死，首尾僅六年，而云『十餘年』，與〈主父〉、〈匈奴傳〉同誤。」按：若從始皇二十六年蒙恬率兵伐齊開始，則至始皇三十七年蒙恬死，首尾共十二年。又〈李斯列傳〉有「扶蘇與將軍蒙恬將師數十萬以屯邊，十有餘年矣」，〈平津侯主父列傳〉亦有「秦皇帝并吞戰國，使蒙恬將兵攻胡，暴兵露師十有餘年」之語。⓮上郡　秦郡名，郡治膚施（今陝西榆林東南，米脂西北）。⓯蒙恬威振匈奴　按：有關蒙恬伐匈奴、築長城、修直道、馳道等事，可參看〈秦始皇本紀〉、〈匈奴列傳〉。⓰信任賢之　信之、任之，以之為賢。按：此亦三個動詞共統一個賓語之例，是比較怪的句法。⓱參乘　陪皇帝同乘一輛車，兼充警衛之用。⓲御前　在皇帝的座前充當警衛。⑲常為內謀　常在內為皇帝籌謀劃策。⑳名為忠信　意即有忠信之名。㉑諸將相莫敢與之爭　當時文臣最高的是「丞相」，武將最高的是「太尉」，蒙氏兄弟則雖然不是「丞相」與「太尉」，但所受的信任與尊寵實在「丞相」與「太尉」之上。

【語譯】秦始皇二十六年，蒙恬因出身於將門，得以充任秦國將領，攻打齊國，大敗齊軍，被任命為內史。這時，秦國已經統一了天下，便派蒙恬率兵三十萬趕走了匈奴，收復了黃河以南的土地。接著就修築長城，依著地形山勢，築成險要的城障，西起臨洮，東至遼東，綿延一萬多里。蒙恬又率領軍隊，渡過黃河，據守陽山，逶迤北行去征討匈奴。軍隊冒著雨雪風霜在外奔走十多年，駐守在上郡。當時蒙恬的聲威震撼了匈奴，蒙氏也很受秦始皇的尊寵和信任，被認為是賢能之臣。蒙毅得與皇帝親近，官至上卿。出行則與皇帝同乘一輛車子，入朝則侍奉在皇帝身邊充當警衛。蒙恬負責外面的事務而蒙毅常在朝中出謀劃策，他們有忠信之名，致使朝中將相都不敢和他們相爭。

1 趙高者，諸趙疏遠屬❶也。趙高昆弟❷數人，皆生隱宮❸，其母被刑僇，世世卑賤。秦王❹聞高彊力❺，通於獄法，舉以為中車府令❻。高即私事❼公子胡亥❽，喻之決獄❾。高有大罪，秦王令蒙毅法治❿之。毅不敢阿法⓫，當⓬高死罪，除其宦籍⓭。帝以高之敦於事⓮也，赦之，復其官爵。

2 始皇欲游天下，道九原，直抵甘泉⓯。迺使蒙恬通道⓰，自九原抵甘泉，塹山⓱堙谷⓲，千八百里⓳。道未就⓴。

3 始皇三十七年，冬㉑，行出游會稽㉒，並海上㉓，北走琅邪㉔。道病，使蒙毅還禱山川[25]，未反[26]。

4 始皇至沙丘崩[27]，祕之，羣臣莫知[28]。是時丞相李斯[29]、少子胡亥、中車府令[30]趙高常從。高雅[31]得幸於胡亥，欲立之；又怨蒙毅法治之而不為己[32]也，因有賊心[33]。迺與丞相李斯、公子胡亥陰謀，立胡亥為太子[34]。太子已立，遣使者以罪賜公子扶蘇、蒙恬死[35]。扶蘇已死，蒙恬疑而復請之[36]。使者以蒙恬屬吏[37]，更置[38]。胡亥以李斯舍人[39]為護軍[40]。使者還報，胡亥已聞扶蘇死，即欲釋蒙恬[41]。趙高恐蒙氏復貴而用事，怨之[42]。

5 毅還至[43]，趙高因為胡亥忠計[44]，欲以滅蒙氏，乃言曰：「臣聞先帝欲舉賢立太子久矣[45]，而毅諫曰『不可』。若知賢而俞[46]弗立，則是不忠而惑主[47]也。以臣愚意，不若誅之。」胡亥聽而繫蒙毅於代[48]。前已囚蒙恬於陽周[49]。喪至咸陽，已葬，太子立為二世皇帝[50]，而趙高親近，日夜毀惡[51]蒙氏，求其罪過，舉劾[52]之。

6 子嬰[53]進諫曰：「臣聞故趙王遷[54]殺其良臣李牧[55]而用顏聚[56]，燕王喜[57]陰用荊軻之謀[58]而倍秦之約[59]，齊王建[60]殺其故世忠臣而用后勝[61]之議。此三君者，皆各以變古者[62]失其國而殃及其身。今蒙氏，秦之大臣謀士也，而主欲一旦弃去之，臣竊以為不可。臣聞輕慮者不可以治國，獨智[63]者不可以存君[64]。誅殺忠臣而立無節行之人，是內使羣臣不相信而外使鬭士之意離也，臣竊以為不可[65]。」

7 胡亥不聽，而遣御史曲宮[66]乘傳[67]之代，令蒙毅曰[68]：「先主欲立太子而卿難[69]之。今丞相[70]以卿為不忠，罪及其宗[71]。朕不忍，乃賜卿死，亦甚幸矣，卿其圖之[72]！」毅對曰：「以臣不能得先主之意[73]，則臣少宦[74]，順幸沒世[75]，可謂知意[76]矣；以臣不知太子之能[77]，則太子獨從，周旋[78]天下，去諸公子絕遠[79]，臣無所疑矣[80]。夫先主之舉用[81]太子，數年之積也，臣乃何言之敢諫[82]，何慮[83]之敢謀！非敢飾辭以避死也，為羞累先主之名[84]。願大夫為慮焉[85]，使臣得死情實[86]。且夫順成全[87]者，道[88]之所貴也；刑殺者，道之所卒也[89]。昔者秦穆公[90]殺三良而死[91]，罪百里奚[92]而非其罪也，故立號曰『繆』[93]。昭襄王[94]殺武安君白起[95]，楚平王[96]殺伍奢[97]，吳王夫差[98]殺伍子胥[99]。此四君者，皆為大失，而天下非之，以其君為不明，以是籍於諸侯[100]。故曰『用道治[101]者不殺無罪，而罰不加於無辜』。唯[102]大夫留心！」使者[103]知胡亥之意，不聽蒙毅之言，遂殺之。

8 二世又遣使者之陽周，令蒙恬曰：「君之過多矣，而卿弟毅有大罪，法及內史[104]。」恬曰：「自吾先人[105]，及至子孫[106]，積功信[107]於秦三世矣。今臣將兵三十餘萬，身雖囚繫，其勢足以倍畔[108]，然自知必死而守義者，不敢辱[109]先人之教，以不忘先主也。昔周成王[110]初立，未離襁緥[111]，周公旦[112]負王以朝[113]，卒定天下。及成王有病甚殆[114]，公旦自揃其爪以沉於河[115]，曰：『王未有識[116]，是旦執事[117]。有罪殃，旦受其不祥。』乃書而藏之記府[118]，可謂信矣[119]。及王能治國，有賊臣[120]言：『周公旦欲為亂久矣，王若不備，必有大事。』王乃大怒，周公旦走而奔於楚[121]。成王觀於記府，得周公旦沉書[122]，乃流涕曰：『孰謂周公旦欲為亂乎！』殺言之者而反周公旦[123]。故周書[124]曰：『必參而伍之[125]。』今恬之宗，世[126]無二心，而事卒如此，是必孽臣[127]逆亂，內陵[128]之道也。夫成王失而復振[129]則卒昌；桀殺關龍逢[130]、紂殺王子比干[131]而不悔，身死則國亡。臣故曰『過可振而諫可覺』也[132]。察於參伍[133]，上聖[134]之法也。凡臣之言，非以求免於咎也，將以諫而死[135]，願陛下為萬民思從道[136]也。」使者曰：「臣受詔行法於將軍，不敢以將軍言聞於上[137]也。」蒙恬喟然[138]太息[139]曰：「我何罪於天，無過而死乎！」良久，徐曰：「恬罪固當死矣。起臨洮，屬之遼東[140]，城塹[141]萬餘里，此其中不能無絕地脈哉？此乃恬之罪也[142]。」乃吞藥自殺。

【章旨】以上為第三段，寫趙高、李斯政變後，蒙氏兄弟被叛亂分子所殺。

【注　釋】❶諸趙疏遠屬　意謂趙高原是趙國人，是趙國王室的遠房宗族。諸趙，趙國的宗室諸家族。〈田單列傳〉稱田單為「齊諸田疏屬」，與此說法相同。❷昆弟　兄弟。❸隱宮　舊說皆以為是懲治並關押宮刑犯人的場所。〈秦始皇本紀〉之《正義》曰：「餘刑見於市朝，宮刑一百日隱於蔭室養之乃可，故曰隱宮，下蠶室是。」本文的《索隱》曰：「其父犯宮刑，妻子沒為官奴婢，妻後野合，所生子者皆承趙姓。并宮之，故云兄弟生隱宮。」按：父親有罪受宮刑，母親不可能也跟著關入隱宮，他們的孩子更不一定也得跟著受宮刑。趙高有女婿名叫閻樂，說明趙高並未自幼被宮。王駿圖《史記舊注平議》曰：「此『生』字乃生長之生，非生產之生也。《史記》云『其母被刑僇』，是其子皆當沒入，故自幼即令入隱宮，以備他日給事內庭，故皆生長於隱宮之中也。」近年來學者對「隱宮」有新說，陳直曰：「『隱宮』為『隱官』相沿之誤字，近出《雲夢秦簡‧軍爵律》云：『工隸臣斬首及人為斬首以免者，皆令為工，其不完者以為隱官工。』見一九七六年《文物》七期。」馬非百《秦集史》曰：「據新出土的《雲夢秦簡》法律部分，有『隱官』之名，原文云：『工隸臣斬首及人為斬首以免者，皆令為工，其不完者以為隱官工。』又云：『將司（伺）人而亡，能自捕及親所知為捕，除毋罪；已刑者處隱官。』『可（何）罪得處隱官？將盜戒（械）囚刑罪以上，亡，以故罪論。斷右指為城旦。後自捕所亡，是謂處隱官。它罪比群盜者，皆如此。』據此，則所謂隱官，乃是一個收容受過刑罰而因立功被赦之罪人的機關。處在隱官之罪人，必須從事勞動，其性質約與後世之勞動教養所大致相同。『趙高昆弟數人，皆生隱官，其母被刑僇，世世卑賤』，是說高母曾受刑戮，後因獲釋，得處隱官，故高兄弟皆能相繼生於隱官。由於隱官是屬於勞動教養所性質，是罰罪犯之所，而趙高兄弟皆生於此，此其所以稱之為『世世卑賤』也與。」按：馬氏之說可信。❹秦王　指尚未稱「皇帝」以前的嬴政。❺彊力　堅強有力，此大約多從其意志而言。❻中車府令　在宮中為皇帝管理車馬的官。❼私事　暗中為之做事。即拉攏，勾結。❽公子胡亥　〈李斯列傳〉稱胡亥為「始皇少子」，〈秦始皇本紀〉之《集解》稱胡亥為始皇帝之第十八子。❾喻之決獄　喻，教。決獄，判案。❿法治　依法審理。治，審問；核查。⓫阿法　曲法。不按法律條文辦事。阿，曲。⓬當　判定。⓭除其宦籍　猶今所謂「開除公職」。宦籍，登記官員的名冊。凌稚隆曰：「此突然插入趙高起家及其有罪一段，所以著蒙氏之禍，實本於此。」⓮敦於事　王念孫曰：「勉於事也。《爾雅》曰：『敦，勉也。』」即今之所謂「積極勤快」。⓯道九原二句　道，由；從。九原，秦郡名，郡治在今內蒙古包頭市西。甘泉，山名，在今陝西淳化西北。山上有皇帝的離宮，即甘泉宮。⓰通道　即所謂「修直道」。⓱塹山　在山裡挖出通道。塹，壕溝，這裡作動詞，意為挖掘。⓲堙谷　填平山谷。⓳千八百里　郭嵩燾曰：「按〈匈奴傳〉：『使蒙恬擊胡，悉收河南地。因河為塞。通直道，自九原至雲陽。因邊山險，塹谿谷，起臨洮至遼東萬餘里。』雲陽即甘泉宮所在也。蓋始皇西起臨洮以達遼東，橫截萬餘里，為長城；又從九原除道至雲陽為巡邊之計，所謂「通直道」者是也。而於此云「欲遊天下」，非事實也。」按：秦始皇之修直道，乃為加強北部之國防計也，非如史公所謂「始皇欲遊天下」也。⑳道未就　按：此語緊接下文，意謂此道尚未修完，則下述一系列巨變發生。㉑始皇三十七年二句　西元前二一〇年的年初，當時以「十月」為歲首。㉒會稽　山名，也是秦郡名。會稽郡的郡治在吳縣（今江蘇蘇州），但今之浙江省北部也在其管轄之內。會稽山在今浙江紹興東南，上有禹陵、禹穴，自古是帝王登臨、祭祀的重要場所。㉓並海上　沿海邊北行。並，通「傍」。沿著。㉔琅邪　山名，也是秦郡名。琅邪郡的郡治在今山東膠南西南；其地有琅邪山，在琅邪郡城之東南十餘里。始皇二十八年曾巡遊至此，築琅邪臺，並刻石以明得意，參見〈秦始皇本紀〉。㉕還禱山川　回到內地祭祀各處的名山大川，以祈求為始皇帝消災。還，此處有「旋轉」、「巡迴」之意。㉖未反　亦同上文之「未就」，蓋此事未完，下述之大變故即已發生。「未就」、「未回」，都突出了文章之緊湊、氣氛之惶急。㉗始皇至沙丘崩　事在始皇三十七年陰曆七月。沙丘，沙丘宮，當年趙國的離宮，在今河北廣宗西北之大平臺。㉘祕之二句　始皇死後，李斯等封鎖消息的詳細情形見〈李斯列傳〉。㉙丞相李斯　原楚國人，入秦後佐始皇消滅六國有大功。至於李斯為丞相，則至早不能早於始皇二十八年，蓋二十八年之刻石猶自稱為「廷尉」也。㉚中車府令　時趙高以中車府令兼行符璽事，此其行篡亂之重要條件，不可不知。㉛雅　平素；一向。㉜不為己　指不為趙高留地步。㉝賊心　禍心；篡亂害人之心。賊，害；殘害。㉞立胡亥為太子　按：始皇本來未立太子，至臨死前，乃寫遺詔召長子扶蘇進京繼位，趙高、李斯等竄改遺詔以立胡亥事，詳見〈李斯列傳〉。㉟賜公子扶蘇蒙恬死　時扶蘇與蒙恬統兵駐於今內蒙古一帶的黃河邊上，趙高等派使者逼迫扶蘇、蒙恬自殺，扶蘇隨即自殺事，見〈李斯列傳〉。㊱復請之　再向朝廷叩問賜死之由。㊲屬吏　交由負責該事的官吏看守起來。屬，交管。㊳更置　改押在一個別的地方，即後文所說的陽周。㊴舍人　舊時寄身於某個官僚貴族門下，而為之任使的士人，類似於通常所稱的「門客」、「清客」、「食客」之類。㊵護軍　類似後代的「監軍」，皇帝派往軍中負責監督、監察的官員。郭嵩燾曰：「〈李斯傳〉：『為書賜扶蘇，以兵屬裨將王離。』此云『護軍』，蓋亦『監軍』之意。」按：有人認為上注的「更置」二字應連本句讀，而「胡亥」二字衍文。全文作「更置，以李斯舍人為護軍」。如此則「更置」者，謂改換北方駐軍的將領。竊以為不如理解為「改押於他處」，既簡便，又合事實。㊶胡亥已聞扶蘇死二句　據〈李斯列傳〉，當初趙高與胡亥謀劃竄改詔書時，胡亥即提出疑問；今胡亥又欲釋蒙恬，在史公筆下，胡亥尚非禽獸人也。㊷恐蒙氏復貴而用事二句　「怨之」應連上句讀，謂趙高擔心蒙氏再度掌權，因怨恨趙高而報復之。㊸毅還至　指祭祀山川回來，接上文「未反」二字。㊹因為胡亥忠計　按：「忠計」二字略澀，似應作「進計」。瀧川引屠隆曰：「太史公惡之之詞，看上文「因有賊心」句可見。」屠氏說似強為之辭。[45]欲舉賢立太子久矣　按：趙高此處所謂「賢」，隱指胡亥。[46]俞　《索隱》曰：「即『逾』也。謂知太子賢而逾久不立，是不忠也。」[47]惑主　使君主迷惑。[48]繫蒙毅於代　《正義》曰：「因禱山川，至代而繫之。」瀧川引中井曰：「上文云『毅還至』，是道中會胡亥也。乃繫於代者，亦以道路之便，管事之要耳。」代，秦郡名，郡治代縣，在今河北蔚縣東北。據〈秦始皇本紀〉，秦始皇死於今河北省境內的沙丘宮，趙高、李斯竄改詔書、發動政變後，並未徑直回咸陽；而是封鎖消息，載著始皇帝的屍骨繼續北遊。他們西行至井陘（今河北石家莊西），北折經過代郡到九原（今內蒙古包頭市西），然後再由九原南折回咸陽。而蒙毅不知始皇帝已死，於祭祀山川完畢後欲回到始皇身邊，故與趙高、李斯等相會於代郡也。[49]陽周　秦縣名，縣治在今陜西子長西北。蒙恬與扶蘇原在北部邊境的軍中，駐地未詳何處。趙高的使者逼迫扶蘇自殺後，蒙恬還要再請示，於是趙高的使者遂將蒙恬「更置」關押於陽周。[50]已葬二句　事在始皇三十七年（西元前二一〇年）九月。[51]毀惡　說人壞話。毀，誹謗。[52]舉劾　檢舉、彈劾。[53]子嬰　後來的「三世」皇帝。據〈李斯列傳〉，子嬰是「始皇之弟」；據〈秦始皇本紀〉，又說是「二世之兄子」，即始皇之孫，紀、傳自相矛盾。[54]趙王遷　戰國時趙國的昏君，悼襄王之子，西元前二三五—前二二八年在位。[55]李牧　戰國時趙國的最後一員良將，曾支撐趙國殘局，為趙國抗秦兵，破匈奴，最後被趙王遷襲捕殺害。[56]顏聚　原是齊國的將領，後又為趙將。關於李牧為趙國支撐殘局與其被趙王遷所殺事，詳見〈廉頗藺相如列傳〉。[57]燕王喜　戰國時燕國的亡國之君，西元前二五四—前二二二年在位。[58]荊軻之謀　指燕太子丹使刺客荊軻入秦謀刺秦王事，在秦王政二十年，燕王喜二十八年，西元前二二七年，過程詳見〈刺客列傳〉。按：派荊軻入秦行刺者為燕太子丹，不是其父燕王喜。[59]倍秦之約　背叛向秦求和之約。倍，通「背」。[60]齊王建　齊國的亡國之君，西元前二六四—前二二一年在位。[61]后勝　齊王建的宰相，秦國的奸細。齊王建聽信后勝之勸以斷送齊國事，詳見〈田敬仲完世家〉。[62]變古者　改變舊有的辦法、章程。古，此處意思同「故」。[63]獨智　只相信個人的智慧。即剛愎自用，自以為是。[64]不可以存君　《集解》引徐廣曰：「一無此（君）字。」按：此句若無「君」字，則上句「國」字亦應削，因前後兩句對文。王叔岷以為「君」應作「身」，「治國」與「存身」對文。[65]臣竊以為不可　凌稚隆引楊慎曰：「子嬰知蒙恬之冤而能進諫，後卒能燭趙高之奸而討賊，亦可謂賢矣。生適末世不幸，蓋與劉諶、曹髦同，哀哉！」[66]御史曲宮　御史姓曲名宮。御史，也稱「侍御史」，御史大夫的屬官，御史大夫為當時的「三公」之一，其下屬有侍御史多人，主管監察彈劾。[67]傳　驛車。[68]令蒙毅曰　以二世的口氣向蒙毅下令說。[69]難　非議；反對。[70]丞相　指李斯。此言意謂這是群臣的看法，由丞相代表言之，非出於皇帝一人。[71]罪及其宗　所獲之罪，殃及整個家族。[72]卿其圖之　你就掂量著辦吧。意即逼其自殺。

圖，思考；掂量。(73)以臣不能得先主之意　如果我不能理解先帝的意思。(74)少宦　從小在先帝身邊為官。(75)順幸沒世　一直侍候先帝至死，沒有受過任何指責。(76)可謂知意　說明我是理解先帝的。《索隱》曰：「言己少事始皇，順旨蒙恩，幸至始皇沒世，可謂知上意。」(77)以臣不知太子之能　如果說我不了解太子您的賢能。(78)周旋　周遊。(79)去諸公子絕遠　意謂胡亥所受的始皇帝的榮寵，遠非其他諸子所能望想。(80)臣無所疑矣　說明我對您是沒有任何懷疑的。(81)舉用　這裡指親近、寵愛。(82)臣乃何言之敢諫　王叔岷曰：「『乃』猶『尚』也。」諫，勸阻；攔阻。(83)慮　指反對的想法。(84)羞累先主之名　不願意由於自己承認沒有的事情，而給老皇帝造成用人不當的名聲。樂毅〈報燕惠王書〉有所謂「離毀辱之誹謗，墮先王之名，臣之所大恐也」，此處之措辭，與其相似。(85)願大夫為慮焉　希望你替我考慮一下。大夫，敬稱曲宮。(86)得死情實　猶今所謂「死得問心無愧」。(87)順成全　按著事物的規律，讓其自然發展，有始有終。(88)道　古指天地萬物的通理、常理。按：《莊子・馬蹄》有所謂「至德之世，其行填填，其視顛顛。禽獸成群，草木遂長」云云，即其意也。(89)刑殺者二句　瀧川曰：「楓、三本『卒』作『末』。」按：「道之所末」與上句「道之所貴」相對文。《老子》第三十一章有所謂「兵者，不祥之器，物或惡之，有道者不處。夫樂殺人者，則不可得志於天下矣」云云，即其意也。王叔岷曰：「吳曾《能改齋漫錄》五引此無『全』字，『卒』作『棄』。」(90)秦穆公　名任好，春秋時代秦國最有作為的君主，西元前六五九—前六二一年在位。(91)殺三良而死　指用秦之良臣奄息、仲行、鍼虎三人為自己殉葬。事見《詩經・黃鳥》與〈秦本紀〉。(92)百里奚　秦之賢臣，即所謂「五羖大夫」，原為虞國人。入秦後，為秦穆公舉薦了另一位賢臣蹇叔。秦穆公「罪百里奚而非其罪」，不知確指何事，只有西元前六二八年秦穆公利令智昏地想乘晉文公死，發兵偷襲鄭國，百里奚、蹇叔極力勸阻，秦穆公不但不聽，反而對他們惡語辱罵。結果秦兵遭到徹底毀滅，證明了百里奚與蹇叔的意見是完全正確的。事見《左傳》僖公三十二年與〈秦本紀〉。而《風俗通・皇霸》則有所謂「繆公殺賢臣百里奚」云云，不知有何根據。此書出自東漢後期，不足為憑。(93)立號曰繆　即死後諡曰「繆公」。繆公，也寫作「穆公」。根據諡法：「名與實爽曰繆。」(94)昭襄王　即前文所說的秦昭王，秦始皇的曾祖父。(95)白起　秦國的名將，曾幫著秦昭王大力侵削東方，為後來秦始皇的吞併六國打下了堅實的基礎，以功被封為武安君。最後在范雎的挑動下，為秦昭王所殺。事見〈白起王翦列傳〉。(96)楚平王　春秋後期楚國的國君，名居，西元前五二八—前五一六年在位。(97)伍奢　楚平王太子的太傅，為反對奸臣費無極對太子的陷害，在費無極的挑動下，被楚平王所殺。過程詳見〈伍子胥列傳〉。(98)吳王夫差　春秋末期吳國的國君，西元前四九五—前四七三年在位。(99)伍子胥　伍奢之子，其父兄被楚平王所殺後，逃到吳國。先曾幫著吳王闔閭打敗強楚，稱霸一時；後又幫著吳王夫差打敗越國，最後在內奸伯嚭的挑動下，被夫差所殺，過程詳見〈吳太伯世家〉與〈伍子胥列傳〉。❿以是籍於諸侯　以是，因此。籍，猶今之所謂「狼籍」。《索隱》曰：「言其惡聲狼籍，布於諸國。」或曰，籍，書寫；記錄。《索隱》引劉氏曰：「諸侯皆記其惡於史籍。」101用道治　用符合自然大道的政策治理天下。即好生不好殺。102唯　表示祈請的發語辭。103使者　即御史曲宮。104法及內史　意謂他的犯法牽連到你。凌稚隆曰：「一遣曲宮乘傳之代令蒙毅，一遣使者之陽周令蒙恬，此兩大扇法。」105自吾先人　指自蒙驁開始。106及至子孫　指下及蒙武，再至蒙恬、蒙毅兄弟。107功信　功勞、信義。108其勢足以倍畔　完全具備造反的能力。倍畔，通「背叛」。109不敢辱　意即不敢違背。按：此處蒙恬用語，又與樂毅之〈報燕惠王書〉用語相同，具見史公對蒙氏之深刻同情。110周成王　名誦，武王之子。西元前一〇四二—前一〇二一年在位。111未離襁緥　極言其即位時之幼小。襁緥，包嬰兒的小被子。〈周本紀〉只說武王死後，成王初即位時「年少」，而未明言幾歲。112周公旦　武王的弟弟，名旦，被封為周公。事跡詳見〈周本紀〉與〈魯周公世家〉。113負王以朝　背著年幼的周成王臨朝執政。114殆　危險。115自揃其爪以沉於河　揃，同「剪」。剪爪投之於黃河是古人向鬼神盟誓時所做的一種行為，表示願以自己的生命擔保。116王未有識　帝王年小，尚不懂事。117執事　掌管國家大事。118記府　保存文獻、檔案的地方，猶今之檔案館。119可謂信矣　守信義可以說是到了家啦。120賊臣　指管叔鮮、蔡叔度等。管叔、蔡叔散布謠言，企圖打倒周公事，詳見〈周本紀〉、〈魯周公世家〉、〈管蔡世家〉等篇。121周公旦走而奔於楚　按：〈魯周公世家〉於此作「人或譖周公，周公奔楚」，說法相同。然若謂周公遂南奔荊蠻之楚，則不合情理。梁玉繩引徐文靖《竹書統箋》云：「〈世家〉『周公奔楚』；《國策》惠施曰『王季葬於楚山之尾』；〈季娟鼎銘〉曰『王在成周，王徙於楚麓』；《左傳》成十三年『迓晉侯於新楚』。杜注：『新楚，秦地。』《括地志》：『終南山，一名楚山，在雍州萬年縣南。』武王墓在萬年縣西南，周公當因流言出居，依於王季、武王之墓地。」此說絕好。《尚書・金縢》於此作「周公居東二年」，未云「奔楚」，至於「居東」究居何處，亦諸說紛紜，今不具載，唯以離鎬京不遠者為近是，亦猶「楚」之近在終南山也。崔適曰：「古人立言，多為時事而設，言故事以喻之。成王七年，周公遂能致政，則其初立時亦非在『襁緥』者；周公即離王朝，自可歸魯，何為奔楚？揆之事理，相去絕遠，皆非事實故也。」122沉書　瀧川引中井曰：「周公『剪爪』『奔楚』，謬傳耳，不足辯。『沉書』，世家作『禱書』。蓋沉者，爪也，非書，世家為優。」按：應作「禱書」。123殺言之者而反周公旦　反，回；請回。以上周公佐成王，及周公遭疑出奔事，可參見〈周本紀〉與〈魯周公世家〉。124周書　記載周王朝政績、文告與言論的書。現存《尚書》中的「周書」，就是經秦火遺留下來的一部分，此外還有《逸周書》一種。125參而伍之　〈太史公自序〉說名家「控名責實，參伍不失」，《集解》曰：「引名責實，參錯交互，明知事情。」《易・繫辭》：「參伍以變，錯綜其數。」

注：「參，三也；伍，五也。略舉三五，諸數皆然也。」即擺出事實，認真比較、推求其最合理者。(126)世　累世；歷代。(127)孽臣　這裡的意思即奸臣、賊臣，隱指趙高、李斯等。孽，不孝的兒子。(128)內陵　內部自行削弱。(129)失而復振　開始有過失而後來能夠補救。振，振作；補救。(130)桀殺關龍逢　桀，夏朝的亡國之君，其在位時間大約在西元前一六〇〇年之前的幾十年內。關龍逢，夏朝末年的賢臣，因勸阻夏桀為惡被夏桀所殺，說見《莊子・人間世》、《荀子・解蔽》、《呂氏春秋・必己》。(131)紂殺王子比干　紂，商朝的末代帝王，名受，西元前一〇七五—前一〇四六年在位。王子比干，商朝末年的賢臣，紂王之弟，因勸諫紂王被紂王剖心，事見〈殷本紀〉。(132)故曰過可振而諫可覺也　《索隱》曰：「此『故曰』，必先志有此言，蒙恬引之以成說也，今不知出何書耳。『振』者，救也。然語亦倒，以言前人受諫可覺，而其過乃可救。」(133)察於參伍　通過核查比較弄清事實真相。察，清楚；明白。(134)上聖　古代的英明帝王。(135)將以諫而死　將以此作為臨死前的最後一次勸諫。(136)從道　按大道行事。即上文蒙毅所講的「順成全」、「不殺無罪」。(137)聞於上　向皇帝報告。聞，用如動詞，使其聽到。(138)喟然　傷心的樣子。(139)太息　歎息。(140)起臨洮二句　指修築長城。屬，連；連接。(141)城塹　塹山築城。塹，挖掘。(142)其中不能無絕地脈哉二句　瀧川曰：「『地脈』下『哉』字衍，《御覽》六百四十七、《論衡・禍虛篇》無。」凌稚隆引凌約言曰：「白起之引劍自裁也，曰：『我何罪乎天而至此哉？』良久曰：『我固當死，長平之戰，趙卒降者數十萬人，我詐而盡坑之，是足以死。』與蒙恬之咎地脈同，然實以敘其功耳。」吳見思曰：「終以不了了語竟收，以明蒙恬之無罪也。」

【語　譯】趙高是趙國王族的一支親屬。趙高兄弟幾人都出生在隱宮。他的母親受過刑戮，世代地位低賤。秦始皇聽說趙高很有能力，通曉刑獄之法，便提拔他擔任中車府令。趙高私下侍奉公子胡亥，教他判決獄案。趙高犯了大罪，秦始皇讓蒙毅依法懲治。蒙毅不敢枉法，判趙高死罪，除了他的官籍。秦始皇因趙高辦事勤勉，赦免了他，恢復了他的官位。

2　秦始皇想要巡遊天下，路經九原，直達甘泉。於是派蒙恬開通道路，從九原至甘泉，挖山填谷，長一千八百里，工程尚未完成。

3　三十七年，冬天，秦始皇出巡會稽，沿海而上，向北前往琅邪，中途患病，派蒙毅折還，禱告山川。蒙毅還沒有回來。

4 秦始皇到達沙丘時去世了，消息被封鎖，大臣們都不得而知。當時丞相李斯、公子胡亥、中車府令趙高日常隨從在秦始皇身邊，趙高向來得到胡亥的寵信，便想擁立胡亥，又怨恨蒙毅曾依法治罪他而不為他開脫，因而萌生了殺機。於是就與丞相李斯、公子胡亥密謀，立胡亥為太子。立了太子之後，派使者假借罪名要公子扶蘇和蒙恬自殺。扶蘇死後，蒙恬覺事有可疑要求問個清楚。使者將蒙恬交給了執法官吏，送押在另一個地方。胡亥派李斯的家臣前去督軍。使者回來報告，胡亥聽說扶蘇死了，就想釋放蒙恬。趙高怕蒙氏再度獲寵掌權，因怨恨而報復自己。

5 蒙毅返回，趙高假借替胡亥盡忠謀劃之名，想消滅蒙氏。他對胡亥說：「我聽說先主早就想挑選賢德者立為太子，而蒙毅諫說：『不能這樣做。』他明知你賢能而越是不讓立，這就是對主上的不忠誠且有蒙蔽主上之嫌疑。依我的看法不如把他殺了。」胡亥聽信趙高之言，便把蒙毅囚禁在代地。此前，他們已將蒙恬內禁在陽周。秦始皇的靈車到了咸陽，下葬後，太子即位，是為二世皇帝。趙高親近秦二世，日夜毀謗蒙氏，收集他們的過錯，檢舉彈劾他們。

6 子嬰進言勸諫道：「我聽說從前趙王遷殺死他的良臣李牧而任用顏聚，燕王喜暗地採用荊軻的計謀而違背了與秦國的盟約，齊王建殺死他前代的忠臣而採用后勝的建議。這三位國君都因為用了改變舊規的人而丟失了國家，使災禍降臨到自己的身上。如今的蒙氏是秦國的大臣謀士，而主上想一下子拋棄他們，我私下認為不能這樣做。我聽說慮事輕率的人難於治國，剛愎自用的人難以輔君。誅殺忠臣而任用無品行節操的人，在內不足以使群臣信服，而於外則使將士離心離德，我私下認為這是萬萬不可以的。」

7 胡亥不聽子嬰的勸諫，卻派御史曲宮乘驛車去代地，傳話給蒙毅說：「先主要立太子而您從中阻撓，如今丞相認為您對皇上不忠誠，罪及您的宗族。我不忍心那樣治罪，僅賜您一人以死，這就夠便宜您了，您自己掂量掂量吧！」蒙毅回答說：「如果認為我對皇上不忠，沒能取得先主的歡心，那麼我從年輕時候起，為官順利，得到寵信，直到先主辭世，這就說明我與先主心志相通，並無不忠。如果認為我不了解太子的才能，那麼太子單獨跟隨先主，周遊天下，這就表明他受寵遠出於諸公子之上，我對此也沒有表示過什麼疑問。至於先主親近太子，是經多年的考慮，我又怎敢有所勸諫、有所反對呢！不是我敢於粉飾言辭以此辯護來逃脫一死，只因為這樣做會辱及先主的美名。請大夫考慮考慮，使我能死得問心無愧。況且，順理成全是正道所推崇的，刑罰殺戮是正道所鄙棄的。從前秦穆公殺死三位賢臣來為他殉葬，責罰了百里奚而百里奚實無罪過，因而諡號為『繆』。秦昭襄王殺了武安君白起，楚平王殺了伍奢，吳王夫差殺了伍子胥。這四位君主都犯有大錯，因而遭到人們的非議，認為他們不是賢明的國君，在諸侯國中，名聲狼藉。所以說：『用正道治國的人是不誅殺無罪，也不會將刑罰加之於無辜的臣民的。』希望大夫您認真考慮。」使者深知胡亥的意圖，所以不聽蒙毅的申訴，終究把他殺了。

8 秦二世又派使者前往陽周，傳話給蒙恬道：「您的過錯夠多的了，而且您的弟弟蒙毅犯有大罪，依法牽連到您。」蒙恬說：「從我的祖父，到他的子孫，積累功勞和信義在秦國已經三代了。如今我統兵三十多萬，雖然身被囚禁，但我的勢力足可以反叛。然而我自知必死而仍遵守大義的原因，是由於我不敢辱沒先人的教誨，是為了不忘先主。從前周成王剛即位時，還未離開襁褓，周公旦背著成王上朝，終於平定天下。到成王患病十分危險的時候，周公旦自己剪下指甲沉入黃河，說：『君王還不懂事，是我在管理國事。如果有罪過禍殃，我來承受災難。』於是把這禱語記錄下來，收藏在文書府裡，這可以說是守信義了。到成王能治理國家時，有奸臣說：『周公旦想要作亂很久了，大王如果不防備，必定出大事。』成王大怒，周公旦於是逃到了楚地。成王在文書府中看到了周公旦沉入黃河的禱語記錄，這才流著淚說：『誰說周公旦想要作亂呢！』便殺了講讒言的人而讓周公旦返回。因此《周書》說：『一定要多方諮詢，反覆審察。』如今我的宗族，世代沒有二心，而事情竟至如此，這一定是有奸臣搗亂，在內部自行削弱的緣故。成王有過失而能重新補救，周朝終於昌盛；夏桀殺死關龍逢、商紂殺死王子比干而不肯改悔，導致身死國亡。因此我說：『有過失可以挽救，聽從勸諫可以覺醒。』多方反覆地考察，是聖明君主的治國之法。我這些話，並不是為了求得免於懲處，我準備以忠言進諫而死，願陛下為萬民著想考慮遵循正道。」使者說：「我接受詔令對將軍執行刑法，不敢把將軍的話傳報給皇上。」蒙恬深深地歎息道：「我哪裡得罪了上天，要無過而死呢！」過了許久，他慢慢地說：「我的罪過本來是該死的。起自臨洮，連接到遼東，我築城牆一萬多里，這其間不會沒有切斷地脈吧？這就是我的罪過。」於是吞毒藥自殺了。

太史公曰：吾適北邊❶，自直道歸❷，行觀蒙恬所為秦築長城亭障❸，塹山堙谷❹，通直道，固輕百姓力❺矣。夫秦之初滅諸侯，天下之心未定，痍傷者❻未瘳❼，而恬為名將，不以此時彊諫，振百姓之急，養老存孤❽，務修眾庶之和❾，而阿意❿興功⓫。此其兄弟遇誅，不亦宜乎⓬！何乃罪地脈哉？

【章旨】以上為第四段，是作者的論贊，批評了蒙恬在協助秦始皇統一六國後未能及時地輔佐秦始皇改行仁政，致使國破身亡，言外無限感慨。

【注釋】❶適北邊　到北部的邊防前線去。❷自直道歸　經由九原至甘泉的「直道」而回長安。直道，直通的大道，主要是為了用於軍事上的運輸與快速馳援。❸亭障　指長城上的瞭望臺與防禦工事。❹塹山堙谷　挖掘山地，填平谷地。❺輕百姓力　不把百姓的勞動當成一回事。輕，不重視；肆意消耗。❻痍傷者　蒙受戰爭創傷的黎民百姓。❼未瘳　尚未痊癒。❽存孤　存，恤慰。孤，失去父兄的孤兒。❾修眾庶之和　恢復百姓的元氣。和，元氣。❿阿意　討好地順從著秦始皇的意旨。阿，曲；曲從。⓫興功　指修長城、修直道，以及伐匈奴等大規模勞民傷財的事情。鍾惺曰：「輕百姓力易見也，阿意興功難見也。深文定案，使賢者不能以才與功自解其罪，此史家眼力高處。」楊燕起以為史公此論有「把挽救國家敗亡寄託於大臣強諫上的用意」，「突出了重臣對於國家存亡所賦有的責任」。⓬此其兄弟遇誅二句　按：〈白起王翦列傳〉云：「王翦為秦將，夷六國，當是時，翦為宿將，始皇師之，然不能輔秦建德，固其根本，偷合取容，以至歿身。及孫王離為項羽所虜，不亦宜乎！」思想、語氣與此相同。皆責其只會建功於戰場，而不能適時地輔佐其主行仁政。王充《論衡・禍虛篇》：「太史公為非恬之為名將，不能以彊諫，故致此禍。夫當諫不諫，故致受死亡之戮；身任李陵，坐下蠶室，如太史公之言，所任非其人，故殘身之戮，天命而至也。非蒙恬以不彊諫，故致此禍；則己下蠶室，有非者矣。己無非，則其非蒙恬非也。」

【語　譯】太史公說：我到過北部邊境，從直道返回，沿路看到蒙恬為秦所修的長城堡壘，挖山填谷，開通直道，也確實夠勞民傷財的了。秦剛剛滅了諸侯，天下人心還未安定，受到的創傷還沒有痊癒，而蒙恬身為名將，不在此時極力勸諫，救百姓的急難，供養老人，撫育孤兒，致力於恢復百姓的和平生活，卻迎合秦始皇的心意大興功作。這樣看來，他們兄弟遭到誅殺，不也是應當的嗎！為什麼還歸罪於切斷地脈呢？

【研　析】本篇作品的意義有三：其一是肯定了蒙氏家族在秦國建立過程中的卓著功勳。從蒙恬的祖父蒙驁開始，蒙氏世代為將。到蒙恬這一代，他和弟弟蒙毅都官居高位，蒙恬「為秦開地益眾，北靡匈奴，據河為塞，因山為固，建榆中」（〈太史公自序〉），蒙毅在朝中深得秦始皇信賴，「出則參乘，入則御前」。蒙氏兄弟在秦的「外事」和「內謀」方面都起著舉足輕重的作用，達到了家族興盛的頂點。然而，樹大招風，蒙氏兄弟在朝中引起了趙高、李斯等的忌恨，秦二世即位後，蒙氏家族便遭到了滅頂之禍。

其二是批評了蒙氏兄弟的一味「阿意興功」，而不能對秦王朝的錯誤政策進行規諫。秦統一六國後，「天下之心未定，痍傷者未瘳」。此時，蒙恬本該勸秦始皇務當下之急，但他卻幫助始皇務征戰，修長城，加重了百姓的苦難。清代尚鉞說：「遷責王翦不能輔秦建德，固其根本；責李斯不補主闕，嚴威酷刑；責蒙恬不能強諫，振急修和。且責王翦以『偷合取容』，責斯以『阿順苟合』，責恬以『阿意興功』，真乃千古良史，可為萬世御將相之明鑒矣。」（《史記辯證》）結合〈白起王翦列傳〉和〈李斯列傳〉來讀，我們看到，司馬遷認為秦國的暴政乃是由皇帝和大臣們共同促成的，這一見解非常深刻。

其三是對蒙氏兄弟的慘死寄予了一定的同情。文章以子嬰進諫、蒙毅申訴和蒙恬辯白三段說辭為主幹，引述了歷史上昏庸君主屠戮忠臣，同時也殃及自身的許多史實，憤怒地批判了秦二世的昏庸殘暴，同時也是借古喻今，說明了這種問題的嚴重性與普遍性。

此外，作品還批駁了蒙恬所謂「絕地脈」的愚妄說法，表現了司馬遷實事求是的史學觀。

卷八十九

張耳陳餘列傳第二十九

【題解】作品主要記述了張耳、陳餘在秦末天下大亂之前的深厚情誼，以及在陳涉起義後張耳、陳餘隨武臣一同開拓河北，幾經動亂後又共同輔佐趙歇為王的情形。後來章邯率秦軍攻趙，在艱難時刻張耳對陳餘由誤解變為仇恨，遂致分道揚鑣。最後張耳歸漢，陳餘繼續割據河北，直至被韓信、張耳的軍隊所破殺。張耳歸漢後，深受劉邦寵信，被封為趙王，且與劉邦結為兒女親家。張耳死後，其子張敖繼續為王，直至張敖的部下貫高等因不滿劉邦對張敖的傲慢無禮而欲殺劉邦，張敖始受牽連被廢黜為侯的一連串過程。

1 張耳者，大梁❶人也。其少時，及魏公子毋忌為客❷。張耳嘗亡命❸游外黃❹。外黃富人女甚美，嫁庸奴，亡其夫，去抵父客❺。父客素知張耳，乃謂女曰：「必欲求賢夫，從❻張耳。」女聽，乃卒為請決❼，嫁之張耳。張耳是時脫身游❽，女家厚奉給張耳，張耳以故致千里客❾，乃宦魏❿為外黃令⓫，名由此益賢⓬。

2 陳餘者，亦大梁人也，好儒術⓭，數游趙苦陘⓮。富人公乘氏⓯以其女妻之，亦知陳餘非庸人⓰也。餘年少，父事⓱張耳，兩人相與為刎頸交⓲。

3 秦之滅大梁⑲也，張耳家外黃⑳。高祖為布衣㉑時，嘗數從㉒張耳游，客數月㉓。秦滅魏數歲，已聞此兩人魏之名士也，購求㉔有得張耳千金㉕，陳餘五百金㉖。張耳、陳餘乃變名姓，俱之陳㉗，為里監門㉘以自食㉙。兩人相對㉚，里吏嘗有過笞陳餘㉛，陳餘欲起㉜，張耳躡之㉝，使受笞。吏去，張耳乃引陳餘之桑下而數㉞之曰：「始吾與公言何如㉟？今見小辱而欲死一吏乎㊱？」陳餘然之。秦詔書購求兩人，兩人亦反用門者以令里中㊲。

【章旨】以上為第一段，寫張耳、陳餘早年窮困時期的友誼。

【注釋】❶大梁　古城名，舊址在今河南開封西北，戰國後期魏國的國都。❷及魏公子毋忌為客　及，趕上。魏公子毋忌，即信陵君，「毋忌」也寫作「無忌」，事跡詳見〈魏公子列傳〉。為客，為之做賓客。師古曰：「言其尚及見毋忌，為之賓客也。」按：於此語中見史公對魏公子其人的敬慕之情。❸亡命　因避罪而隱姓埋名地潛逃。師古曰：「命者，名也。凡言『亡命』，謂脫其名籍而逃亡。」王先謙引劉奉世曰：「顏說太迂，直避禍自逃其命耳。」❹外黃　秦縣名，縣治在今河南民權西北。❺嫁庸奴三句　庸奴，長工。庸，通「傭」。出賣勞動力。亡其夫，背其夫私逃。抵，至也；歸也。舊注一般如此。王念孫曰：「既為富人女，而又甚美，則無嫁庸奴之理。『嫁』字後人所加，『亡』字在『其夫』下，『庸奴其夫』為句，『亡去』為句，『抵父客』為句。《漢書》作『外黃富人女甚美，庸奴其夫，亡邸父客』，是其證也。」按：王說甚是。如王說則「庸奴」為動詞，即「奴役」的意思。❻從　跟隨。這裡即指「嫁」。❼乃卒為請決　此句主語為「父客」，謂父客代此女向其夫請求解除了婚姻關係。決，離異；分開。❽脫身游　單身一人漂流在外。❾以故致千里客　張耳靠其妻家之財當起富翁。致千里客，蓋亦效法魏公子也。❿宦魏　在魏國做官。魏國的末代之君為魏王假，西元前二二七—前二二五年在位。⓫外黃令　外黃縣的縣令。⓬名由此益賢　名聲越來越好，傳布越來越遠。⓭好儒術　王先謙引沈欽韓曰：「《孔叢子‧獨居篇》載陳餘與子魚語，亦其好儒之證。」瀧川引〈淮陰侯列傳〉云：「成安君儒者也，常稱義兵，不用詐謀奇計。」⑭數游趙苦陘　數，頻繁；屢屢。趙，戰國時代的諸侯國名，國都邯鄲（今河北邯鄲）。苦陘，趙縣名，縣治在今河北無極東北。⑮公乘氏　姓「公乘」的某家富人。⑯非庸人　不是一般的人。庸，平凡。⑰父事　像對待父親一樣地對待。⑱刎頸交　《索隱》引崔浩曰：「言要齊生死，斷頭無悔。」師古曰：「言托契深重，雖斷頸絕頭無所顧也。」⑲秦之滅大梁　事在秦王政二十二年，魏王假三年，西元前二二五年。〈魏世家〉云：「秦之破梁，引河溝而灌大梁，三月城壞，王請降，遂滅魏。」⑳家外黃　指罷官後遂在外黃縣住了下來。㉑布衣　指平民百姓。㉒從　找；過訪。㉓客數月　在張耳家一住幾個月。凌稚隆曰：「為日後張耳從漢張本。」按：張耳後來被陳餘打敗，隻身往投劉邦，劉邦即以其女魯元公主為張耳之子張敖妻；至張耳佐韓信打下趙國，劉邦即命張耳為趙王，皆出格之大信任，相交蓋早從此時起。㉔購求　懸賞捉拿。㉕千金　千鎰黃金。按：秦時以黃金一鎰為「一金」。一「鎰」相當於二十四兩，也有說為二十兩。至漢代則稱黃金一斤曰「一金」，「一金」相當於銅錢一萬枚。㉖陳餘五百金　瀧川引中井曰：「張耳年長而先顯，則金之差次自當然。」㉗俱之陳　共同逃到了陳郡。陳，秦郡名，郡治即今河南淮陽。㉘為里監門　給一個里巷看大門。㉙以自食　以此維持生活。師古曰：「監門，卒之賤者，故為卑職以自隱。」㉚兩人相對　指對坐在里巷口的大門下。吳見思曰：「只『兩人相對』一句，寫得兩人心相知，脈脈神情如見。」㉛里吏嘗有過笞陳餘　里吏，主管該里事務的小吏。按：《漢書》於此作「吏嘗以過笞陳餘」，無「里」字，較此暢達。李笠曰：「『有』當從《漢書》作『以』。」以過笞，即以陳餘有過而笞之也。笞，原指用竹板、木棒打人，這裡即指打。㉜欲起　指起來反抗。㉝躡之　用腳踩，借以示意。〈淮陰侯列傳〉有「張良、陳平躡漢王足」，亦示意令其勿怒也。㉞數　責備。㉟始吾與公言何如　當初我和你是怎麼說的。㊱而欲死一吏乎　值得與一個小吏計較而犧牲性命嗎。凌稚隆引羅大經曰：「大智大勇，必能忍小恥小忿，彼其雲蒸龍變，欲有所會，豈與瑣瑣者較乎？」按：此處亦見司馬遷之人生觀、價值觀，可與〈報任安書〉、〈季布欒布列傳〉等參看。㊲反用門者以令里中　反過來以監門人的身分把上頭來的命令傳達給全里巷。《索隱》曰：「自以其名而號令里中，詐更別求也。」

【語　譯】張耳是大梁人，年輕時曾做過魏公子無忌的賓客，後來因事逃亡到外黃。外黃有個富家女子，長得很美，但卻嫁給了個長工。後來她逃離了她的丈夫，跑到她父親舊日的一位賓客家裡。那位賓客早就深知張耳，於是就對那女子說：「你一定要找個好丈夫，那就跟張耳吧。」那女子聽從他的話，就請他幫忙斷絕了與前夫的關係，嫁給了張耳。張耳當時正單身逃亡在外，女家就用大量錢財資助他，因此張耳招納了許多遠方來的賓客，後來他在魏國做了外黃縣令，名聲從此也就更大了。

2 陳餘也是大梁人，喜好儒術，曾多次到趙國的苦陘遊覽。苦陘有個姓公乘的富翁把女兒嫁給了他，因為他知道陳餘絕不是個平庸的人。陳餘年齡小，以對待父輩的禮節對待張耳，兩個人是生死之交。

3 秦國滅大梁的時候，張耳正住在外黃。漢高祖劉邦做百姓時，曾多次去找過張耳，在張耳家作客，一住就是幾個月。秦國滅魏幾年後，聽說張耳、陳餘是魏國的名士，就以千金懸賞捉拿張耳，以五百金懸賞捉拿陳餘。張耳、陳餘只好改名換姓，一起來到陳郡，為一個里巷看門，借以為生。一天，兩人正在一起值班，里長來了，他故意找岔兒鞭打陳餘。陳餘想反抗，張耳悄悄地踩他的腳，叫他忍著。等里長走後，張耳把陳餘領到一棵桑樹底下，責備他說：「當初我跟你是怎麼說的？今天能因為受到點兒侮辱就和這麼一個小里長去拚命嗎？」陳餘同意他的話。後來秦王朝下命令懸賞捕捉他們二人，他們二人也照本宣科地以看門人的身分給里巷中的居民傳達了這個命令。

1 陳涉起蘄❶，至入陳，兵數萬❷。張耳、陳餘上謁❸陳涉，涉及左右生平數聞❹張耳、陳餘賢，未嘗見，見即大喜。

2 陳中豪傑父老乃說陳涉曰：「將軍身被堅執銳❺，率士卒以誅暴秦，復立楚社稷❻，存亡繼絕❼，功德宜為王。且夫監臨❽天下諸將，不為王不可，願將軍立為楚王也。」陳涉問此兩人，兩人對曰：「夫秦為無道，破人國家，滅人社稷，絕人後世❾，罷百姓之力❿，盡百姓之財⓫。將軍瞋目張膽⓬，出萬死不顧一生之計[13]，為天下除殘[14]也。今始至陳而王之，示天下私[15]。願將軍毋王，急引兵而西[16]，遣人立六國後[17]，自為樹黨[18]，為秦益敵[19]也，敵多則力分，與眾[20]則兵彊。如此，野無交兵[21]，縣無守城[22]，誅暴秦，據咸陽以令諸侯，諸侯亡而得立，以德服之[23]。如此則帝業[24]成矣。今獨王陳，恐天下解也[25]。」陳涉不聽，遂立為王[26]。

3 陳餘乃復說陳王曰：「大王舉梁、楚[27]而西，務在入關[28]，未及收河北[29]也。臣嘗游趙，知其豪桀[30]及地形，願請奇兵[31]北略[32]趙地。」於是陳王以故所善陳人武臣為將軍，邵騷為護軍[33]，以張耳、陳餘為左右校尉[34]，予卒三千人，北略趙地。

4 武臣等從白馬[35]渡河，至諸縣，說其豪桀曰：「秦為亂政虐刑以殘賊[36]天下，數十年矣[37]。北有長城之役[38]，南有五嶺之戍[39]，外內騷動，百姓罷敝[40]，頭會箕斂[41]，以供軍費，財匱[42]力盡，民不聊生。重之以苛法峻刑，使天下父子不相安[43]。陳王奮臂[44]為天下倡始[45]，王楚之地，方二千里，莫不響應，家自為怒，人自為鬭[46]，各報其怨而攻其讎，縣殺其令丞[47]，郡殺其守尉[48]。今已張大楚，王陳[49]，使吳廣、周文將卒百萬西擊秦[50]。於此時而不成封侯之業者，非人豪也。諸君試相與計之！夫天下同心[51]而苦秦[52]久矣，因天下之力而攻無道之君，報父兄之怨，而成割地有土[53]之業，此士之一時[54]也。」豪桀皆然其言。乃行收兵[55]，得數萬人，號武臣為武信君。下趙十城，餘皆城守，莫肯下。

5 乃引兵東北擊范陽[56]。范陽人蒯通[57]說范陽令曰：「竊聞公之將死，故弔；雖然[58]，賀公得通而生[59]。」范陽令曰：「何以弔之？」對曰：「秦法重，足下為范陽令十年矣，殺人之父，孤人之子[60]，斷人之足[61]，黥人之首[62]，不可勝數。然而慈父孝子莫敢倳刃[63]公之腹中者，畏秦法耳。今天下大亂，秦法不施，然則慈父孝子且[64]倳刃公之腹中以成其名，此臣之所以弔公也。今諸侯畔[65]秦矣，武信君兵且至，而君堅守范陽，少年皆爭殺君，下武信君[66]。君急遣臣見武信君，可轉禍為福，在今矣。」

6 范陽令乃使蒯通見武信君曰：「足下必將戰勝然後略地，攻得然後下城，臣竊以為過矣。誠聽臣之計，可不攻而降城，不戰而略地，傳檄[67]而千里定，可乎？」武信君曰：「何謂也？」蒯通曰：「今范陽令宜整頓其士卒以守戰[68]者也，怯而畏死，貪而重富貴，故欲先天下降[69]，畏君以為秦所置吏，誅殺如前十城也。然今范陽少年亦方[70]殺其令，自以城距[71]君。君何不齎臣侯印，拜范陽令[72]，范陽令則以城下君[73]，少年亦不敢殺其令。令范陽令乘朱輪華轂[74]，使驅馳燕、趙郊[75]。

燕、趙郊見之，皆曰『此范陽令，先下者也』，即喜矣，燕、趙城可毋戰而降也。此臣之所謂傳檄而千里定者也。」武信君從其計，因使蒯通賜范陽令侯印。趙地聞之，不戰以城下者三十餘城[76]。

7 至邯鄲，張耳、陳餘聞周章軍入關，至戲卻[77]；又聞諸將為陳王徇地，多以讒毀得罪誅[78]。怨陳王不用其筴，不以為將而以為校尉，乃說武臣曰：「陳王起蘄，至陳而王，非必立六國後[79]。將軍今以三千人下趙數十城，獨介居河北[80]，不王無以填[81]之。且陳王聽讒，還報[82]恐不脫於禍。又不如立其兄弟，不，即立趙後[83]。將軍毋失時，時間不容息[84]。」武臣乃聽之，遂立為趙王[85]。以陳餘為大將軍，張耳為右丞相，邵騷為左丞相。

8 使人報陳王，陳王大怒，欲盡族武臣等家，而發兵擊趙。陳王相國房君[86]諫曰：「秦未亡而誅武臣等家，此又生一秦[87]也。不如因而賀之[88]，使急引兵西擊秦。」陳王然之，從其計，徙繫[89]武臣等家宮中，封張耳子敖為成都君[90]。

9 陳王使使者賀趙，令趣[91]發兵西入關。張耳、陳餘說武臣曰：「王王趙，非楚意，特[92]以計賀王。楚已滅秦，必加兵於趙。願王毋西兵[93]，北徇燕、代[94]，南收河內[95]以自廣。趙南據大河[96]，北有燕、代，楚雖勝秦，必不敢制趙。」趙王以為然，因不西兵，而使韓廣略燕，李良略常山[97]，張黶略上黨[98]。

10 韓廣至燕，燕人因立廣為燕王[99]。趙王乃與張耳、陳餘北略地燕界[100]。趙王間出[101]，為燕軍所得。燕將囚之，欲與分趙地半，乃歸王。使者往，燕輒殺之以求地。張耳、陳餘患之。有廝養卒[102]謝其舍中曰[103]：「吾為公說燕，與趙王載歸[104]。」舍中皆笑曰：「使者往十餘輩，輒死，若[105]何以能得王？」乃走燕壁[106]，燕將見之[107]，問燕將曰：「知臣何欲？」燕將曰：「若欲得趙王耳。」曰：「君知張耳、陳餘何如人也？」燕將曰：「賢人也。」曰：「知其志何欲？」曰：「欲得其王耳。」趙養卒乃笑曰：「君未知此兩人所欲也。夫武臣、張耳、陳餘杖馬箠[108]下趙數十城，此亦各欲南面而王，豈欲為卿相終已邪[109]？夫臣與主豈可同日而道哉！顧[110]其勢初定，未敢參分而王，且以少長[111]先立武臣為王，以持[112]趙心。今趙地已服，此兩人亦欲分趙而王，時未可耳。今君乃囚趙王。此兩人名為求趙王，實欲燕殺之，此兩人分趙自立。夫以一趙尚易燕[113]，況以兩賢王左提右挈[114]，而責[115]殺王之罪，滅燕易矣。」燕將以為然，乃歸趙王，養卒為御而歸[116]。

11 李良已定常山，還報，趙王復使良略太原[117]。至石邑[118]，秦兵塞井陘[119]，未能前。秦將詐稱二世使人遺李良書，不封[120]，曰：「良嘗事我得顯幸。良誠能反趙為秦，赦良罪，貴良。」良得書，疑不信。乃還之邯鄲，益請兵。未至，道逢趙王姊出飲，從百餘騎。李良望見，以為王，伏謁[121]道旁。王姊醉，不知其將[122]，使騎謝李良[123]。李良素貴[124]，起，慙其從官。從官有一人曰：「天下畔秦，能者先立。且趙王素出將軍下，今女兒[125]乃不為將軍下車，請追殺之。」李良已得秦書，固欲反趙，未決，因此怒，遣人追殺王姊道中，乃遂將其兵襲邯鄲。邯鄲不知，竟殺武臣、邵騷[126]。趙人多為張耳、陳餘耳目者，以故得脫出。收其兵，得數萬人。客有說張耳曰：「兩君羇旅[127]，而欲附趙[128]，難；獨[129]立趙後，扶以義[130]，可就功[131]。」乃求得趙歇，立為趙王[132]，居信都[133]。

【章　旨】以上為第二段，寫張耳、陳餘起兵前期通力經營河北的情形。

【注　釋】❶陳涉起蘄　事在秦二世元年（西元前二〇九年）七月。蘄，秦縣名，縣治在今安徽宿縣。據〈陳涉世家〉，陳涉乃起兵於大澤鄉，大澤鄉當時即上屬蘄縣。❷至入陳二句　〈陳涉世家〉寫陳涉起義後，攻蘄，「攻銍、酇、苦、柘、譙，皆下之。行收兵，比至陳，車六七百乘，騎千餘，卒數萬人」。❸上謁　如今之所謂「求見」。師古曰：「上謁，如今之通名。」謁，名刺。即今之名片，上寫姓名、居址、身分、官職等。❹生平數聞　很久以來即經常聽說。生平，平素；慣常。❺被堅執銳　身披堅實的鎧甲，手執銳利的兵器。❻復立楚社稷　陳涉在大澤鄉初起時，曾詐稱舊楚將項燕，但此後遂未見其再提，事見〈陳涉世家〉。楚社稷，楚國的國家政權。社稷，即社稷壇，古代帝王祭祀土神、穀神之所，通常即用以代稱國家政權。❼存亡繼絕　即《論語》「興滅國，繼絕世」的簡括說法，意即使行將滅亡的國家繼續存在下去，使已經滅亡的國家再次恢復起來。「存亡國，繼絕世」是孔子追求的一種美好的政治局面，相傳夏、商、周的建國之初都有這種做法。❽監臨　監督；節制。❾絕人後世　戰國時代有許多世襲貴族，爵位俸祿世代相傳，秦始皇統一六國後，實行郡縣制，廢除分封制，於是使一切有爵祿繼承權者都被廢免。❿罷百姓之力　指築長城，修直道，修阿房宮，修驪山陵墓等是也。罷，通「疲」。消耗。⓫盡百姓之財　杜牧〈阿房宮賦〉有所謂「取之盡錙銖，用之如泥沙」，是此意的形象描寫。⓬瞋目張膽　瞪起眼睛，痛下決心。形容陳涉在大澤鄉決定「鋌而走險」的情態。⓭出萬死不顧一生之計　按：〈報任安書〉有所謂「人臣出萬死不顧一生之計，赴公家之難」，與此用法相同。⓮除殘　掃除殘暴。⓯示天下私　意謂讓人家看起來你好像是為了個人而稱王。⓰急引兵而西　指西下攻取秦朝的首都咸陽。⓱立六國後　即前之所謂「存亡繼絕」。六國，指被秦始皇消滅的那些諸侯國，如齊、楚、燕、韓、趙、魏等。⓲自為樹黨　為自己廣建盟友。⓳為秦益敵　給秦王朝大量樹敵。⓴與眾　黨羽多。與，同伙；同黨。㉑野無交兵　田野上無人抵抗。㉒縣無守城　各縣城皆無為秦朝堅守者。㉓以德服之　六國之後能亡而復立，故皆感戴陳涉，對陳涉心悅誠服。㉔帝業　比「稱王」更高級、更宏偉的事業。根據儒家的說法，統治天下有所謂「帝道」、「王道」、「霸道」之分，陳餘「好儒術」，故亦有此說。關於「帝道」、「王道」、「霸道」，參見〈商君列傳〉。㉕恐天下解也　淩稚隆引王維楨曰：「二人之見誠高，惜陳涉不用耳。」陳子龍曰：「此策於陳、項初起時，甚當，若於楚、漢相持之日則疏矣。」馮班曰：「陳王初起，慮在亡秦而已，法宜樹黨；漢方與項爭天下，又立六國，反覆不可一，是樹敵也，其勢變不同耳。」解，解體；散伙。㉖陳涉不聽二句　事在秦二世元年七月。㉗梁楚　「梁」指以大梁（今開封市）為中心的今河南東北部一帶，「楚」在這裡指以陳郡（今淮陽）為中心的今河南中部一帶。陳郡在戰國後期曾為楚國都城，現又為陳涉的都城。按：〈太史公自序〉有所謂「困厄番、薛、彭城，過梁、楚以歸」，「梁、楚」二字所指的地域與此相同。㉘入關　指入函谷關。函谷關在今河南靈寶縣東北，是東方人秦的必經之地。㉙河北　黃河以北，是戰國時代的趙國及其北部的燕國之所在。㉚豪桀　當地之有影響、敢說敢為的人物。㉛奇兵　出敵意料的突襲部隊。㉜略　拓展；徇行攻取。㉝護軍　略同「監軍」。帝王派往軍中的監督官。㉞校尉　將軍部下的軍官名。一個將軍統領若干「部」，「部」的長官即校尉，略同今之師長。㉟白馬　秦縣名，縣治在今河南滑縣東。其西北有黃河渡口，名曰「白馬津」。㊱殘賊　猶言「殘害」。賊，害。㊲數十年矣　按：自秦始皇統一天下（西元前二二一年），至秦二世元年（西元前二〇九年）陳涉起義，前後不到十三年。㊳長城之役　調發民眾修築長城的苦役。《正義佚文》曰：「蒙恬將二十萬人築城。」按：蒙恬率眾築城事見〈蒙恬列傳〉。㊴五嶺之戍　到五嶺以南的今廣東、廣西一帶去征伐、戍守。五嶺，指大庾嶺、騎田嶺、萌都嶺、都龐嶺、越城嶺。王先謙引吳仁傑曰：「按《淮南書》，『始皇發卒五十萬，使蒙公築修城；使尉屠睢發卒五十萬為五軍，一軍塞鐔城之嶺，一軍守九疑之塞，一軍處番禺之都，一軍守南野之界，一軍結餘干之水。』」40罷敝　通「疲憊」。41頭會箕斂　按人頭計算，以簸箕斂穀。極言其賦斂的苛重。42匱　乏絕，與「盡」對應成文。43使天下父子不相安　意即無法過安定生活。不相安，《漢書》作「不相聊」。即無法相賴以為生。聊，賴。44奮臂　振臂；揮臂。45倡始　猶今之所謂「帶頭」。即首先發難。46家自為怒二句　家家為自己的受欺壓而發怒，人人為自己的雪恥而戰鬥。47縣殺其令丞　縣，指本縣的百姓。令丞，縣令、縣丞。縣丞是縣令的副職。48郡殺其守尉　郡，指本郡的百姓。守尉，郡守、郡尉。郡守是一郡的最高行政長官，秩二千石。郡尉是郡守的副職，協助郡守執掌武事，秩比二千石。49張大楚二句　張大楚，即〈陳涉世家〉之所謂「號為張楚」。王陳，稱王於陳。50使吳廣周文將卒百萬西擊秦　周文，也叫「周章」，「章」可能是周文的字。據〈陳涉世家〉，當時陳涉派出的西征軍主要有兩支，一支由吳廣率領，目標是攻取並戍守滎陽一帶；一支是由周文率領，入關直取咸陽。周文這支西征軍開始時勢如破竹，幾十萬人曾一度攻到咸陽東南郊的戲水。51同心　共同感到。52苦秦　以受秦王朝的統治為苦。53割地有土　即指稱侯、稱王。54一時　難得的時機。55行收兵　主語為「武臣等」。行，因而；隨即。一說解釋為在前進中招募兵員，擴充軍隊者，亦可。56引兵東北擊范陽　范陽，秦縣名，一般認為其縣治即今河北定興西南之固城鎮，舊屬燕國，後屬涿郡。錢大昕曰：「方武臣等自白馬渡河，才下十城，安能遠涉燕地？且范陽既下之後，『趙地不戰而下者三十餘城』，然後命韓廣略『燕地』，豈容未得邯鄲之前已抵涿郡乎？〈漢志〉東郡有范縣，此即齊之西境，本齊地，亦可屬趙也。」按：從上下文意判斷，錢說確定無疑，秦時的「范縣」即稱「范陽」，在今山東范縣東南，梁山縣西北；也恰在當時「白馬津」之東北方。唯一不合的是當時這個「范陽」乃在古黃河之南，不在河北，或史公敘事略誤也。57范陽人蒯通　當時有名的辯士，其事跡除本篇外，還見於〈淮陰侯列傳〉、《漢書》中有〈蒯通傳〉。按：據〈淮陰侯列傳〉，蒯通亦正好是在齊國之西北境迎說淮陰侯韓信，史文先稱「范陽辯士蒯通」，後文又稱「齊人蒯通」，則此「范陽」定為齊地，而蒯通亦定為齊人無疑也。58雖然　相當於今之「儘管如此，但是……」。59賀公得通而生　李光縉曰：「弔、賀二意，乃說士誇張常態，所謂以言餂之者，即客說靖郭君『海大魚』之類也。」按：客說靖郭君以「海大魚」事，見《戰國策・齊策一》。姚苧田曰：「蒯通明於事機，與戰國傾危之士絕異，矢口弔賀並至，善於聳動。」60孤人之子　使人家的孩子成為孤兒。61斷人之足　即所謂刖刑。62黥人之首　在犯人的臉上刺字。63傳刃　以刀刺人。64且　即將。65畔　通「叛」。66少年皆爭殺君二句　凌稚隆曰：「范陽少年未必有是謀也，通既假之以恐范陽令，復假之以悅武信君，通亦辯士之雄哉！」下，投降。67檄　檄文。聲討敵方首領，號召敵方軍民起義來歸的文告。68守戰　二動詞連用，意即守城與為守城而戰。69先天下降　別人尚未投降時，他先帶頭投降。70方　將要。71距　通「拒」。抗擊。72齎臣侯印二句讓我帶著侯爵的印信，去封拜范陽令為侯。齎，攜帶。73則以城下君　則，若。下君，投降於你。74朱輪華轂　泛指華貴的車子。轂，車軸。75驅馳燕趙郊　奔走炫耀於燕、趙地區都市的城郊。76不戰以城下者三十餘城　鍾惺曰：「蒯通說范陽令與武信君，兩路擒縱，雖是戰國人伎倆，然交得其利，而交無所害，不是一味空言禍人。」姚苧田曰：「此段最似《國策》，若其為范陽令、武信君謀，片言之間免去千里兵戈慘禍，文在魯連之上，品居王蠋之前，非戰國傾危者所能及也。」又曰：「蒯通以相人之術諷淮陰侯不聽，佯狂為巫，嘗著書二十篇，此段從彼采入，故自成一首機軸。」77至戲卻　周章率軍前進至咸陽城東南的戲水，被章邯軍打敗，東撤至曹陽，又兵敗被殺事，《秦楚之際月表》書於秦二世元年九月，似略晚。參酌本文，周章率軍入關至戲，與其兵敗退出，應在八月底，詳見《陳涉世家》。戲，戲水，流經今陝西臨潼縣東。78多以讒毀得罪誅　據《陳涉世家》：「陳王以朱房為中正，胡武為司過，主司羣臣。諸將徇地至，令之不是者，繫而罪之，以苛察為忠。其所不善者，弗下吏，輒自治之。」79非必立六國後　不一定非得六國的後代才能稱王。80獨介居河北　《集解》引臣瓚曰：「介，特也。」特，孤，與「獨」同義。這裡即獨樹一幟、獨當一面的意思。師古曰：「介，隔也。」意即獨立地隔絕於黃河之北。81填　通「鎮」。鎮守。82還報　如果回陳向陳涉覆命、請示。83又不如立其兄弟三句　凌稚隆引余有丁曰：「此語為陳王言也，言即使免禍，陳王且立其兄弟或趙後，不予武臣也。」84間不容息　《索隱》曰：「以言舉事不可失時，時幾之迅速，其間不容一喘息頃也。」85武臣乃聽之二句　據《秦楚之際月表》，事在秦二世元年八月。86陳王相國房君　《陳涉世家》有所謂「以上蔡人房君蔡賜為上柱國」，則「房君」者蓋爵號也，或其在楚國滅亡前曾被封於房邑云。《索隱》引晉灼曰：「言『相國房君』者，蓋誤耳。涉始號楚，因楚有柱國之官，故以官蔡賜。蓋其時草創，亦未置『相國』之官也。」87又生一秦　又生出一個和秦朝差不多的敵對勢力。88因而賀之　指祝賀武臣為王。凌稚隆引董份曰：「房君諫王賀趙，即張良說高祖封齊意，然而有應有不應者，高祖之度足以包信，而陳王之智不足以服兩人故也。」89徙繫　強制搬遷，加以軟禁。90封張耳子敖為成都君　一方面予以加封，同時又拘繫之以為人質。張敖即日後的魯元公主之夫。91趣　通「促」。催促。92特　只；只不過是。93毋西兵　不要派兵西入關。94北徇燕代　徇，猶言「略」。派兵巡行攻取。燕，西周以來的古國名。燕國的都城即今北京市，其疆域約當今河北省之東北部及與之相近的內蒙東南部和遼寧西部一帶地區。代，秦郡名，郡治代縣，在今河北蔚縣東北，其領域約當今河北省之西北部與山西省之東北部。95河內　秦郡名，郡治懷縣，在今河南溫縣東北。96趙南據大河　當時的黃河自今河南西部流來，經今洛陽城北，又東北經滑縣、濮陽入山東，又北折經平原、德州，至河北滄州東北入海，大體流經了當時趙國的南境與東境。97常山　秦郡名，郡治東垣，在今河北石家莊市東北。「常山」本稱「恆山」，漢人為文帝避諱而追改稱「常山」。(98)上黨　秦郡名，郡治長子，在今山西長子西南。(99)燕人因立廣為燕王　據〈秦楚之際月表〉，事在秦二世元年九月。(100)北略地燕界　古代的燕、趙分界，約在今之河北任丘縣北部之大清河一線，其地有鎮曰「趙北口」，蓋即趙國之北境也。(101)間出　化裝外出。(102)廝養卒　《公羊傳》韋昭注：「析薪為廝，炊烹為養。」即今之所謂「廚工」。(103)謝其舍中曰　向其同屋的小卒們告辭說。謝，告；告辭。王駿圖曰：「《說文》云：『謝，辭去也。』此廝養卒辭其同舍中人，往說燕耳。古用『謝』字皆有『辭去』之義，非僅相告也。」(104)吾為公說燕二句　我去為你們說服燕王，把趙王用車接回來。(105)若　你。(106)燕壁　燕軍的營壘。(107)燕將見之　梁玉繩曰：「『燕將』當作『燕王』，下文同。歸王大事，燕將敢自主乎？」(108)杖馬箠　揚鞭策馬。指東征西戰。箠，馬鞭。(109)豈欲為卿相終已邪　怎肯一輩子只做個卿相呢。終已，終了；到頭。(110)顧　轉折語詞，猶今所謂「問題在於」。(111)以少長　猶今之所謂「按資歷」、「按輩分」。(112)持　把握；穩定。(113)易燕　渺視燕國。易，輕視；瞧不起。(114)左提右挈　意即相互配合，緊密呼應。師古曰：「言相扶持也。」(115)責　質問；聲討。(116)為御而歸　凌稚隆曰：「廝養卒欲求歸趙王，乃逆推兩人未萌之欲以資其說，兩人縱未必然，然英雄謀國之常態固不外此。以故其說得行，而卒歸趙王如所云也。」姚苧田曰：「養卒之論事勢明透已極，蓋深知武臣之不足事，而見張、陳之必非人下者也。此段語張、陳固不欲人道破，然即謂此時『名為求王，實欲殺之』則殊未必然。蓋此時果欲燕之殺武臣，便當鼓行而前，決一死戰，則趙王必危。乃殺十餘使而未敢興兵，正其投鼠忌器之私衷耳。但養卒歸王而不聞特賞，則未必不以其道破隱情而忌之也。」李光縉曰：「楚公子微服過宋，門者難之，其僕操棰而罵曰：『隸也不力！』門者出之。余謂楚僕之出楚公子，趙卒之歸趙王，皆一時臨事之智不可及者。」御，趕車。(117)太原　秦郡名，郡治晉陽，在今山西太原西南。(118)石邑　秦縣名，縣治在今石家莊西南。(119)井陘　即井陘口，是河北通往山西的交通要道，在今石家莊西南。(120)遺李良書二句　遺，給；致。不封，陳直曰：「謂不用繩縛木簡書函，及不加封泥也。」《集解》引張晏曰：「欲其漏泄，君臣相疑也。」(121)伏謁　伏地叩拜參見。(122)不知其將　不知道他是將軍。(123)使騎謝李良　只是讓侍從向李良打了個招呼。騎，騎兵侍從。(124)李良素貴　據此，知秦將反間之所謂二世云「良嘗事我得顯幸」者非妄語，李良蓋嘗為秦之貴官也。(125)今女兒　對婦女的輕蔑稱呼，猶今之所謂「如今一個丫頭片子」、「老娘兒們」。(126)竟殺武臣邵騷　事在秦二世二年（西元前二〇八年）十一月（當時以「十月」為歲首）。(127)羈旅　客居異地。張耳、陳餘都是河南大梁人，如今到了河北，所以說他們「羈旅」。(128)附趙　讓趙地的軍民親附。(129)獨　唯有。(130)扶以義　以仁義之道輔佐他。(131)就功　成功。凌稚隆曰：「客說張耳立趙後，即耳、餘勸陳涉立六國後也。蓋欲激天下以攻秦，須當首天下以倡義耳。」(132)乃求得趙歇二句　事在秦二世二年一月。趙歇，戰國時趙國國王的後裔，具體細情史書無載。133信都 秦縣名，後來項羽將其改名「襄國」，即今河北邢台。

【語譯】陳涉在蘄縣起兵後，待至到達陳郡時，兵馬已有好幾萬。張耳、陳餘前去拜見陳涉。陳涉和他的左右人等早就聽說過張耳、陳餘有才幹，只是沒有見過面，這次見面後非常高興。

2 陳郡的鄉紳長者們勸陳涉說：「將軍您披甲執兵，率眾討伐暴秦，恢復了楚國的社稷，使滅絕了的國家又得以重建，憑您的功德，應該為王。而且不為王不好統率天下各路的將領，希望您自己就當楚王。」陳涉問張耳、陳餘，二人答道：「秦朝無道，滅了許多人的國家，斷了許多人的世襲爵祿，使百姓們人力疲憊，財力枯竭。將軍您憤激而起，出生入死，不顧一切，是為了給天下人除害，現在才剛剛打到陳郡就自己稱王，這叫天下人看著是多麼自私呢！希望將軍不要稱王，趕緊率軍西進，同時派人到各地去封立六國的後代們為王，讓他們各自拉隊伍起事，給秦王朝多樹敵人，敵人多了，秦的兵力就要分散；盟軍多了，我們的兵力就會強大。這樣一來，田野上無人敢與我們交戰，城市裡無人敢為秦朝堅守，這樣，我們很快就可以推翻暴秦，占領咸陽號令天下，六國本來已經滅亡了，現在他們又得到了封立，他們必然會感戴您的大德，因而會服從您，這樣，您的帝王大業就成功了！如果您今天就在陳郡稱王，恐怕天下反秦的諸侯們就要因此而分崩離析了。」陳涉不聽，終於在陳縣自立為陳王。

3 陳餘又對陳王說：「大王您率梁、楚的兵力西進，目的是入關，還顧不上收拾河北。我過去曾到過趙國，了解那裡的人才和地形。希望您給我一支人馬，讓我為您北攻趙地。」陳王同意，但是他選了他的老相識陳郡的武臣做將軍，邵騷做護軍，而只讓張耳、陳餘做左右校尉，給他們三千士兵，讓他們北攻趙地。

4 武臣等一干人馬從白馬津渡過黃河，每到一個縣分，他們就對那個縣的豪紳們說：「秦朝用酷刑暴政殘害天下，已有幾十年了。北方有修築長城的徭役，南方有駐守五嶺的苦差，內外動亂，百姓已疲憊之極，可是他們還要按人口徵稅，以供軍需，從而弄得財力俱盡，民不聊生。再加上嚴苛的刑法，害得人們沒有一天安靜日子過。現在陳王首先揭竿而起，向秦朝發難，已經在楚地稱王了。楚國方圓兩千多里的地盤上，沒有人不響應，他們家家戶戶，各自為戰，把憤怒洩向自己的仇敵，縣裡的人殺秦朝的縣令、縣丞，郡裡的人殺秦朝的郡守、郡尉。如今陳王已樹立起大楚的旗號，在陳郡稱王，派吳廣、周文率兵百萬西進攻秦。在這個時候，如果還不能趁機建功立業，自取封侯，那可就算不上是人間的豪傑了。請諸位好好商量一下。天下人遭受秦朝的禍害已經很久了，如今借著天下人的力量討伐無道的昏君，為父兄報仇，為自己成就裂土分封的大業，可是個千載難逢的好機會啊。」各地的鄉紳豪傑們都贊同他們的話。於是武臣等人邊前進邊招兵，很快就有了好幾萬人，他們稱武臣為武信君，攻克了趙地的十座城池，剩下的還在為秦王朝固守，不肯投降。

5　於是武臣等又率軍朝東北進攻范陽。范陽人蒯通對范陽縣令說：「我聽說您快死了，特地來向您弔喪。雖然如此，但我還要向您祝賀，祝賀您因為有我而又能起死回生了。」范陽縣令問：「為什麼要向我弔喪？」蒯通說：「秦朝法律嚴酷，您做范陽縣令十年了，這十年裡，您殺了許多人的父親，使人家的孩子成為孤兒，被您斷了足的、臉上刺了字的簡直無法計算。那些被害者的親屬之所以不敢殺您，是因為他們害怕秦朝的法令。如今天下大亂，秦朝的法令已經不能再管轄人，這樣一來，那些被害者的親屬還不迅速起來殺您報仇嗎？這就是我說的要向您弔喪的原因。現在全國各路諸侯都已經背叛了秦朝，武信君的人馬很快就要到達范陽了，可您居然還在為秦朝堅守，因此青年們都想殺掉您，去投奔武信君。您如果能趕緊派我去見武信君，我能使您轉禍為福。」

6　於是范陽縣令就派蒯通去迎見武信君。蒯通對武信君說：「如果您認為只有打了勝仗才能擴大地盤，只有趕走敵人才能奪取城池，那就錯了。要是您能聽我的話，我可以保證讓您不攻不戰就能獲地得城，只需要發一篇文告就能夠擴地千里。您看如何？」武信君問：「此話怎講？」蒯通說：「現在范陽縣令正整頓士兵，準備守城，可是他又膽怯怕死，貪戀富貴。他想領頭投降，但是又怕您會因為他是秦朝的官吏而殺他，就像您對待前面十城的官員一樣。而且現在范陽的一些年輕人也正想殺他們的縣令，自己守城抵抗您。您何不給我一個侯爵的大印，讓我去拜范陽縣令為侯呢？如果他接受了您的封拜，必然會舉城投降，范陽城的青年也就不敢殺他了。然後您就讓范陽令坐著華貴的車子，到燕、趙各城的郊外去兜一圈。燕、趙各地的人們一見先投降的范陽縣令受了如此的優待，他們也就會放心了，高興了。這樣，燕、趙的廣大地區就可以不戰而降了。這就是我所說發一篇文告就可以擴地千里的意思。」武信君聽從他的計策，於是就讓蒯通帶著侯印去封范陽縣令為侯。趙地的人們聽到這個消息，果然有三十多個城池不戰而降。

7 張耳、陳餘到了邯鄲，聽說已經進了關的周章部隊打到戲水時又退了回來；又聽說那些為陳王四出開拓地盤的將領，許多人因為陳王身邊有人說他們的壞話而被陳王殺害。怨恨陳王當初不聽從他們暫不稱王的勸告，而且不讓他們做將軍，只讓他們做校尉，於是他們勸武臣說：「陳王在蘄縣起兵，一到陳地就自己稱王了，他們封的別的王侯也不都是六國的後代。您如今率領三千人馬攻下了趙國的幾十座城池，已經獨霸河北，如果不稱王，恐怕無法加以鎮撫。況且陳王好聽讒言，如您帶兵回去怕也難免殺身之禍。還不如另找一個陳王的兄弟，立他為王，不然就立一個趙國諸侯的後代。希望您抓緊時機，千萬不要錯過。」武臣聽從他們的建言，於是自立為趙王。任命陳餘為大將軍，張耳為右丞相，邵騷為左丞相。

8 武臣派人向陳王彙報此事，陳王大怒，想把武臣等人的家屬全部殺掉，然後發兵攻趙。陳王的相國房君勸阻說：「現在秦朝還沒推翻，如果我們再誅滅了武臣等人的家族，這等於又生出一個秦朝來。不如順水推舟，就承認他，祝賀他為王，督促他們趕緊出兵西進攻秦。」陳王覺得有理，聽從了他的意見，把武臣等的家屬遷入自己的宮中，充當人質，封張耳的兒子張敖為成都君。

9 陳王果然派人到趙國來向武臣祝賀，並催促他們迅速出兵西進。張耳、陳餘對武臣說：「您在趙地稱王，這可不是陳王的意思，他不過是想暫時穩住您的心罷了。等推翻了秦朝以後，他一定會轉過來收拾您。希望您不要向西出兵，而是往北收拾燕、代，往南收拾河內，以擴大自己的勢力。趙地南面有黃河作屏障，北邊有燕、代的廣大地區，楚兵即使推翻了秦朝，也不敢把我們怎麼樣。」趙王覺得有理，因此就不再派兵西進，而是派韓廣攻打燕地，派李良攻打常山，派張黶攻打上黨。

10 韓廣到了燕地，燕人便順勢立他做了燕王。趙王於是和張耳、陳餘等向北攻擊，直打到燕的邊界。一次，趙王微服外出，不料被燕軍捉去了。燕王的將領威脅他說只有答應與燕王平分趙國的領地，才放他回去。趙軍連續幾次派使者去交涉，都被燕人殺掉了。他們口口聲聲地要求割地。張耳、陳餘很焦慮。這時，有個做飯的小卒對他同屋的人說：「我可以替你們去說服燕人，把趙王同車接回來。」同屋的人們都笑他：「十幾個使者去一個死一個，你有什麼辦法把大王接回來？」那個小卒不理他們，乾脆自己奔到了燕國的兵營，燕國將領接見了他。他問燕將說：「你們知道我想要什麼嗎？」燕將說：「你無非是想要趙王罷了。」小卒又說：「你們知道張耳、陳餘是什麼樣的人嗎？」燕將說：「是有本事的人唄。」小卒問：「你們知道他們想幹什麼嗎？」燕將說：「也無非是想得到他們的趙王罷了。」小卒於是笑著說：「看來你們並不了解這兩個人的心思。那武臣、張耳、陳餘舉著馬鞭子一晃，就輕而易舉地拿下了趙地十幾座城池，這說明他們都想稱王，誰想做一輩子卿相呢？做臣子與做主子的區別可大得很哪！只是由於局勢初定，才沒敢三分其地各自為王，暫且按著年齡的大小先立了武臣，以穩定趙地的民心。現在趙地已經安定了。這兩個人也正想分地稱王，只是還沒找到適當的時機，正好現在你把趙王捉起來了。這兩個人目前名義上是說請趙王回去，實際是想讓你們殺了他，然後他們二人好分割趙地而自立。本來一個趙國就不難對付你們燕國，日後如果這兩個有本事的趙王聯合起來，共同聲討你們殺害老趙王的罪責，那時滅掉燕國實是易如反掌啊！」燕將覺得有理，於是把趙王放了，那個做飯的小卒果然為趙王趕著車子回了趙營。

11 再說李良，他平定了常山，向趙王交令後，趙王又派他去西取太原，李良帶兵到達石邑，這時秦軍已扼守了井陘。李良不能繼續西進。於是秦將就假造了一封秦二世給李良的信，沒封口，上面說：「李良曾做過我的官，受到過我的重用，如你現在真能反趙歸秦，我就赦免你失足的罪過，而且還要提拔你。」李良見了信，心有懷疑。於是回邯鄲向趙王請求增兵，半路上正遇著趙王的姐姐宴飲回來，後面跟著上百人的衛隊，李良看見，誤以為是趙王，趕緊跪在路邊參拜。趙王的姐姐醉了，不知道他是將軍李良，因而只是派隨從向他打了個招呼。李良一向驕貴，他站起來，覺得在自己的部下面前丟了面子，這時，有個侍從說：「現在天下都造了秦朝的反，誰有本事誰先稱王，趙王的地位本來就比您低，今天她一個老娘兒們又竟敢不下車給您還禮，讓我追上去殺了她。」李良在見到秦人的信時，就已經想要反趙，只是還沒下決心，如今加上這次受辱，於是就派人追上趙王的姐姐，把她殺了。隨即又率兵襲擊邯鄲。邯鄲方面事先毫無準備，因而武臣、邵騷都被李良所殺。只有張耳、陳餘因耳目眾多，故而及時逃脫了。張耳、陳餘逃出後，集合隨從的人馬，還有幾萬人。這時有個賓客勸張耳說：「您二位不是本地人，單靠你們讓趙人歸附，是很難的。只有再立一個六國時的趙王的後代，以仁義輔佐他，才能成功。」於是他們找來了趙歇，讓他當了趙王，住在信都。

1　李良進兵擊陳餘，陳餘敗李良，李良走歸章邯❶。章邯引兵至邯鄲❷，皆徙其民河內，夷其城郭❸。張耳與趙王歇走入鉅鹿❹城，王離圍之❺。陳餘北收常山兵，得數萬人，軍鉅鹿北。章邯軍鉅鹿南棘原❻，築甬道屬河❼，餉❽王離。王離兵食多，急攻鉅鹿。鉅鹿城中食盡兵少，張耳數使人召前陳餘❾，陳餘自度兵少，不敵秦，不敢前。數月，張耳大怒，怨陳餘，使張黶、陳澤❿往讓⓫陳餘曰：「始吾與公為刎頸交，今王與耳旦暮且死，而公擁兵數萬，不肯相救，安在其相為死！苟必信，胡不赴秦軍俱死⓬？且有十一二相全⓭。」陳餘曰：「吾度前終不能救趙，徒盡亡軍⓮。且餘所以不俱死，欲為趙王、張君報秦⓯。今必俱死，如以肉委⓰餓虎，何益？」張黶、陳澤曰：「事已急，要以俱死立信⓱，安知後慮！」陳餘曰：「吾死顧以為無益，必如公言⓲。」乃使五千人令張黶、陳澤先嘗⓳秦軍，至皆沒⓴。

2　當是時，燕、齊、楚聞趙急，皆來救㉑。張敖亦北收代兵㉒，得萬餘人，來，皆壁㉓餘旁，未敢擊秦。項羽兵數絕章邯甬道㉔，王離軍乏食，項羽悉引兵渡河，遂破章邯㉕。章邯引兵解，諸侯軍乃敢擊圍鉅鹿秦軍，遂虜王離，涉間自殺㉖。卒存鉅鹿者，楚力也。

3　於是趙王歇、張耳乃得出鉅鹿，謝諸侯㉗。張耳與陳餘相見，責讓陳餘以不肯救趙，及問張黶、陳澤所在。陳餘怒曰：「張黶、陳澤以必死責㉘臣，臣使將五千人先嘗秦軍，皆沒不出㉙。」張耳不信，以為殺之，數問陳餘。陳餘怒曰：「不意君之望臣深也㉚！豈以臣為重去將哉㉛？」乃脫解印綬㉜，推予張耳。張耳亦愕不受。陳餘起如廁。客有說張耳曰：「臣聞『天與不取，反受其咎㉝』。今陳將軍與君印，君不受，反天不祥，急取之！」張耳乃佩其印，收其麾下㉞。而陳餘還，亦望張耳不讓㉟，遂趨出㊱。張耳遂收其兵，陳餘獨與麾下所善數百人之河上澤中漁獵，由此陳餘、張耳遂有郤㊲。

4　趙王歇復居信都，張耳從項羽諸侯入關㊳。漢元年，二月，項羽立諸侯王㊴。張耳雅游㊵，人多為之言，項羽亦素數聞張耳賢，乃分趙立張耳為常山王，治信都㊶。信都更名襄國。

陳餘客多說項羽曰：「陳餘、張耳一體有功於趙[42]。」項羽以陳餘不從入關，聞其在南皮[43]，即以南皮旁三縣以封之[44]，而徙趙王歇王代[45]。

6 張耳之國[46]，陳餘愈益怒，曰：「張耳與餘功等也，今張耳王，餘獨侯，此項羽不平。」及齊王田榮畔楚[47]，陳餘乃使夏說[48]說田榮曰：「項羽為天下宰[49]不平，盡王諸將[50]善地，徙故王王惡地[51]，今趙王乃居代[52]！願王假[53]臣兵，請以南皮為扞蔽[54]。」田榮欲樹黨於趙以反楚，乃遣兵從陳餘。陳餘因悉三縣兵[55]襲常山王張耳，張耳敗走，念諸侯無可歸者，曰：「漢王與我有舊故[56]，而項羽又彊，立我[57]，我欲之楚。」甘公[58]曰：「漢王之入關，五星聚東井[59]。東井者，秦分[60]也，先至必霸。楚雖彊，後必屬漢。」故耳走漢[61]。漢王亦還定三秦[62]，方圍章邯廢丘[63]。張耳謁漢王，漢王厚遇之。

7 陳餘已敗張耳，皆復收趙地，迎趙王於代，復為趙王[64]。趙王德陳餘，立以為代王。陳餘為趙王弱，國初定，不之國[65]，留傅趙王[66]，而使夏說以相國守代[67]。

8 漢二年，東擊楚[68]，使使告趙，欲與俱[69]。陳餘曰：「漢殺張耳乃從。」於是漢王求人類張耳者[70]斬之，持其頭遺陳餘，陳餘乃遣兵助漢。漢之敗於彭城西[71]，陳餘亦復覺張耳不死，即背漢。

9　漢三年[72]，韓信已定魏地[73]，遣張耳與韓信擊破趙井陘，斬陳餘泜水[74]上，追殺趙王歇襄國。漢立張耳為趙王[75]。漢五年[76]，張耳薨，謚為景王[77]。子敖嗣立為趙王，高祖長女魯元公主為趙王敖后[78]。

【章　旨】以上為第三段，寫張耳、陳餘由誤會至分裂、對立，直至陳餘被張耳、韓信所攻殺的過程。

【注　釋】❶章邯　秦朝名將，原為少府。陳涉部將周章率軍攻入關內時，秦調動驪山始皇陵墓工地的罪犯從軍，以章邯為將。章邯先是破殺周章，接著又破殺陳涉，後來又破殺項梁，詳情見〈項羽本紀〉。❷章邯引兵至邯鄲　章邯於秦二世元年八月底在關中擊敗周章，至二年十一月（當時以「十月」為歲首）破殺周章於曹陽，十二月破殺陳涉；九月，破殺項梁，「則以為楚地不足憂」，乃於閏九月渡河擊趙。❸夷其城郭　鏟平其城牆。內城曰「城」，外城曰「郭」。王先謙引何焯曰：「徙民夷城，恐兵去而還，復為趙守也。」❹鉅鹿　也作「巨鹿」。秦郡名，郡治在今河北平鄉西南，當時信都（今邢台市）之東南。❺王離圍之　王離，秦將名，戰國末期秦國名將王翦之孫，此時為秦朝討伐東方起義軍的主要將領之一，爵位在章邯之上。王離圍鉅鹿在秦二世二年之閏九月。❻棘原　古地名。❼築甬道屬河　修了一條甬道，從黃河邊直通鉅鹿城下的王離軍前。甬道，兩側築的防禦工事的通道，以便安全地從中向前方運送兵員、糧草等。屬河，通連到黃河。屬，連。蓋從黃河運來糧餉，以供應王離軍也。❽餉　以飯食招待人。這裡即指供應糧草。❾召前陳餘　招呼城北的陳餘，使之進兵解救圍城。❿張黶陳澤　二將名，原屬武臣，今屬趙王歇。⓫讓　責備。⓬苟必信二句　苟必信，如果真是守信義。苟，如；若。胡，何。赴秦軍俱死，指城裡城外一齊與秦軍拚命。⓭且有十一二相全　或許還能保留個十分之一二。師古曰：「十中尚冀得一二勝秦。」意即或許還有一點取得勝利的希望。⓮徒盡亡軍　白白地把軍隊全部葬送掉。⓯報秦　向秦軍討還血債。⓰委　給；投向。⓱要以俱死立信　要，重要的是。俱死立信，以與敵拚命表明信義。茅坤曰：「兵必得算勝而動，秦兵之震懾天下也久矣，當是時，章邯、王離以兩軍相為犄角，其勢張；而諸侯之兵壁其旁者眾，并不敢前鬥。且張敖以子赴父之難，亦從代來，姑逡巡觀望其間。向非項羽之擁兵數十萬而破釜沉舟以督戰鉅鹿之下，則其解趙之圍與否未知何如也。而乃以遽過餘，可乎哉？」⓲必如公言　如果一定照你這麼說。按：此對話語氣未完，而由敘述補足。⓳嘗　試；試攻。⓴至皆沒　鍾惺曰：

「陳餘不救趙，不失為持重，未為甚錯。錯在使五千人先嘗秦軍，送陳澤、張黶於死，有苟且責之意。君臣朋友間，不情甚矣。」㉑燕齊楚聞趙急二句　燕地的首領韓廣，派其部將臧荼率軍前來；齊地的首領田榮與項羽鬧矛盾，不肯救趙，而被田榮驅逐的田都則率部前來；楚地的首領即楚懷王，為救趙派出了主力大軍。㉒張敖亦北收代兵　張敖原被陳涉繫於宮內做人質，至章邯破殺陳涉，占領陳郡，張敖似即於此時逃歸其父張耳，成為趙國之將。㉓壁　營壘。這裡用如動詞，即駐紮。㉔項羽兵數絕章邯甬道　項羽隨其叔項梁起兵後，擁立楚懷王，開始時取得了許多勝利。秦二世二年九月，項梁因驕傲輕敵被章邯所破殺，楚懷王收去項羽的兵權，令其隨大將宋義渡河救趙。半路上項羽殺死宋義，奪得兵權，楚懷王無奈，只得任其為大將，項羽遂率軍來到鉅鹿前線。絕，攻斷。㉕項羽悉引兵渡河二句　按：此所謂「遂破章邯」者，即絕章邯「以餉王離」之甬道也。㉖遂虜王離二句　〈項羽本紀〉云：「項羽乃悉引兵渡河，皆沉船，破釜甑，燒廬舍，持三日糧，以示士卒必死，無一還心。於是至則圍王離，與秦軍遇，九戰，絕其甬道，大破之。殺蘇角，虜王離。涉間不降楚，自燒殺。」按：鉅鹿之戰，在〈項羽本紀〉中文字不長，但卻寫得很有聲勢，歷來受人稱讚，被譽為「項羽最得意之戰，史公最得意之文」。但對於該戰諸方面的關係，其實交代欠明。其一，王離不是章邯的部將，王離與章邯所統率的是兩支並立的秦朝大軍，在鉅鹿他們僅是相互支援的配合作戰，而並非誰統率誰；其二，項羽在鉅鹿破章邯與破王離是一個戰役中的兩個階段，這點在〈張耳陳餘列傳〉中交代明晰：「絕甬道」者，破章邯也；滅圍城之敵者，破王離也。「絕甬道」在前，破王離在後。據〈秦楚之際月表〉，鉅鹿之戰在秦二世三年（西元前二〇七年）十二月。㉗謝諸侯　此「諸侯」實指各路大軍之統帥。㉘責　要求；逼著照辦。㉙皆沒不出　都陷入了敵軍陣地，沒有一個回來。㉚不意君之望臣深也　想不到你對我的怨恨竟這麼深。望，怨恨。㉛豈以臣為重去將哉　你以為我就這麼看重這個「將軍」之位嗎。重去將，捨不得離開這個將位。重，看重；吝惜。凌稚隆曰：「黶、澤之沒秦軍，餘安能欺天下耳目耶？耳不信而數問之，惡在其為『刎頸交』哉！」㉜印綬　印章與繫印的絲條。楊樹達曰：「古人官印佩身旁，觀項梁殺殷通及此事可知。」㉝天與不取二句　戰國以來流行的諺語，《國語・越語下》有所謂「天予不取，反為之災」，即此類也。㉞收其麾下　將其部下收歸自己統領。麾下，部下。麾，大將的指揮旗。㉟望張耳不讓　怨恨張耳的不推辭。讓，推辭。㊱趨出　小步急行而出。「趨」是古代臣子在君父面前行路的一種姿勢，因為當時趙王在座，故而陳餘如此。㊲由此陳餘張耳遂有郤　郤，怨隙；仇恨。凌稚隆曰：「餘之脫解印綬，豈果無志於功名，而脫然長往者哉？將以白其心之無他，而欲已耳之苛責也。不圖耳不能諒，竟從客計，甘心自決於餘，是兩人之交了不終，為千古笑者，耳先得罪於餘也。」㊳從項羽諸侯入關　當項羽進行鉅鹿之戰的時候，劉邦正從南路西行入關；當項羽招降章邯，收編秦軍後，聽說劉邦已經入關滅秦，於是項羽遂帶領各路諸侯軍，風風火火地撲向關中，以與劉邦爭奪勝利果實，其時為漢元年（西元前二〇六年）十月也（時仍以「十月」為歲首）。㊴漢元年三句　項羽於漢元年十二月進入關中，與劉邦「鴻門宴」相見；而後遂殺秦降王子嬰，火燒咸陽三月不息；接著遂在大火燃燒中的一月二月三月分封各路諸侯為王，分封的詳情見〈項羽本紀〉。㊵雅游　平素好交遊。即朋友多，人緣好。《集解》引韋昭曰：「雅，素也。」《索隱》曰：「鄭氏云：『雅，故也。』故游，言慣游從，故多為人所稱譽。」㊶立張耳為常山王二句　按：信都原為趙王歇之都城，今乃封與張耳，分明是逐其故主。㊷陳餘張耳一體有功於趙　按：此句語氣未完，其下應有「亦當受封」云云。一體，共同；同樣。㊸南皮　秦縣名，縣治在今河北南皮北。㊹以南皮旁三縣以封之　即封之為「南皮侯」也。㊺徙趙王歇王代　國都代縣（今河北蔚縣東北），蓋由平原沃野遷往僻遠窮困之地。㊻之國　到其所封的國家上任。之，到；前往。㊼齊王田榮畔楚　因田榮與項羽鬧矛盾，未隨項羽救趙入關，故項羽封隨其入關之田都為齊王，而改封田榮之主田市為膠東王，故田榮大怒，遂起兵首倡反項，詳情見〈田儋列傳〉。㊽夏說　趙將。說，通「悅」。㊾天下宰　全國政務的主持者。㊿諸將　指項羽自己部下的將領如黥布、司馬欣以及其他諸侯之將而隨項羽入關者如田都、臧荼等是也。51徙故王王惡地　如趙歇改封代王，韓廣改封遼東王，田市改封膠東王等是也。52乃居代　竟然被趕到了代國。53假　借；給。54以南皮為扞蔽　以我的那塊地盤為你做屏藩。意即我願成為你治下的一個追隨者與捍衛者。扞，通「捍」。蔽，猶言「屏障」、「藩籬」。55悉三縣兵　徵調三縣夠年齡的男人全部入伍。56漢王與我有舊故　即篇首所謂「高祖為布衣時，嘗數從張耳游」是也。按：「舊故」二字同義，留一即可，此處似嫌繁複。57項羽又彊二句　師古曰：「羽既強盛，又為所立，是以狐疑，莫知所往。」58甘公　當時以占星為業的術士，史失其名。有以〈天官書〉中之「甘公」以當之者，似非。59五星聚東井　金、木、水、火、土五大行星同時運行到了井宿的星區，古代術士們稱此為有「真龍天子」出世的徵兆。梁玉繩曰：「星聚不在入關之月，說見〈天官書〉。」60秦分　秦地的分野。古人將天上的星區和地面上的政區加以對應，叫做分野。61故耳走漢　〈秦楚之際月表〉繫張耳歸漢於漢二年（西元前二〇五年）十月，〈高祖本紀〉記此事於漢二年正月。凌稚隆引王世貞曰：「張耳富貴數世，多甘公力，不然幾於垓下對泣，烏江共斃矣。」崔適曰：「『甘公曰：漢皇之入關，五星聚東井。東井者，秦分也。』〈高祖本紀〉無此文，《漢書・高紀》始有之，乃劉歆從〈郊祀志〉竄入，又竄入此傳也。張耳自漢元年九月被陳餘所敗走，渡河，適當二年十月漢王出關，遂與相見，綜核〈高紀〉、〈月表〉可知此亦時勢使然，豈豫知其勝楚耶？」62漢王亦還定三秦　劉邦於鴻門宴後，被項羽封為漢王，都南鄭（今陝西漢中）。劉邦於漢元年四月離關中赴南鄭，同年八月用韓信計從南鄭殺回關中，至漢二年十月，關中地區已大體為劉邦所收復。

63圍章邯廢丘　章邯在鉅鹿被項羽打敗，投降項羽後，隨項羽入關，被項羽封為雍王，國都廢丘（今陝西興平東南）。劉邦於其元年八月由南鄭殺回關中後，不久即將章邯圍困於廢丘。章邯堅守圍城長達十個月，直到漢二年六月始城破被殺。64迎趙王於代二句　仍居信都，因當時邯鄲已被夷為廢墟。65不之國　不去代國上任。66留傅趙王　留在趙國輔佐趙王。傅，此處意思通「輔」。67以相國守代　以相國的身分留守代國，主持代國政事。68漢二年二句　事在漢二年（西元前二〇五年）四月。時劉邦已平定關中，且又取得了魏王豹、殷王司馬卬、河南王申陽、塞王司馬欣、翟王董翳等人的歸附，又聽說項羽殺害了楚懷王，於是劉邦發表宣言，率大軍五十六萬東下討伐項羽。69欲與俱　希望趙國能一同去。70求人類張耳者　找了一個和張耳長相一樣的人。求，找。71漢之敗於彭城西　劉邦開始進攻項羽時，項羽正在齊國與田氏作戰，致使劉邦一下子攻克了項羽的首都彭城（今江蘇徐州）。項羽聞訊後，率領三萬騎兵馳回，大破劉邦於彭城下，同為四月之事也。詳情見〈項羽本紀〉。72漢三年　西元前二〇四年。73韓信已定魏地　事在漢二年九月。魏，項羽所封的諸侯國，其王名豹，戰國時魏國王室的後裔，國都安邑（今山西夏縣西北）。劉邦進攻項羽之彭城時，魏豹曾歸降劉邦，助劉邦進攻項羽；至項羽大破劉邦於彭城，劉邦潰退至滎陽後，魏豹遂又背叛劉邦自立。劉邦派說客酈食其往勸不聽，遂命韓信渡黃河將其滅掉。過程詳見〈淮陰侯列傳〉。74泜水　流經今河北柏鄉南，當時的信都以北。按：韓信破趙斬陳餘、追殺趙王歇事，在漢三年十月。詳見〈淮陰侯列傳〉。韓信破趙是〈淮陰侯列傳〉所描寫得最精彩的戰役，真可謂神奇莫測者也。75漢立張耳為趙王　事在漢四年（西元前二〇三年）十一月。據〈淮陰侯列傳〉，韓信滅趙後，接著又用李左車之計招降了燕國，於是韓信「乃遣使報漢，因請立張耳為趙王，以鎮撫其國。漢王許之」。此事對韓信來說，是為他日後打下齊國當齊王做鋪墊；對劉邦來說，則是正合心願，因為張耳是他的大親信。76漢五年　西元前二〇二年。77張耳薨二句　據〈諡法解〉：「由義而濟曰景。」「耆意大慮曰景。」「布義行剛曰景。」張耳墓在今河北石家莊北郊，據考古報告，墓主為男性，年齡在四十至五十之間。該墓嚴重被盜，殘存品有銅印一枚，銅印文兩字，據考證為「張耳」。其他尚有銅鼎、帶鉤、玉璧、六博棋子等物（詳見李發林《戰國秦漢考古》）。78魯元公主為趙王敖后　此謂魯元公主亦於此時稱王后，非謂此時始嫁張敖也。

【語　譯】李良發兵攻打陳餘，被陳餘打敗，李良逃走歸附了章邯。章邯率軍隊到達邯鄲，把那兒的百姓都遷往河內，鏟平了邯鄲的城牆，張耳同趙王歇逃進了鉅鹿城，王離包圍了鉅鹿。陳餘到北面的常山收集兵馬，得到了幾萬人，駐紮在鉅鹿城的北邊。章邯駐紮在鉅鹿南面的棘原，築了一條兩側帶有夾牆的甬道，從河邊直通到鉅鹿城下，給王離輸送糧食。王離的軍隊糧食充足，猛攻鉅鹿。鉅鹿城中糧盡兵少，張耳幾次派人請求陳餘進擊，陳餘自覺兵少，打不過王離，不敢進兵。這樣一直過了幾個月，張耳大怒，怨恨陳餘，於是派了張黶、陳澤去責備陳餘說：「當初我與你是生死之交，如今趙王和我危在旦夕，你卻帶著幾萬人，坐視不救。這還談什麼為朋友而死呢！如果你真講信用，為什麼不進擊秦軍，和我們一道去拚命呢？如能拚一下，說不定還能有一二成勝利的希望。」陳餘說：「我思量著出擊也救不了趙，只會白白地喪失這點兒軍隊。而且我之所以不與你們一起去拚命，是想保留一支力量好為趙王和你報仇呵。如果非得去與敵人拚，那不就像把肉扔給餓虎嗎？對我們又有什麼好處呢？」張黶、陳澤說：「事情已經很緊急了，現在要的就是為朋友而死的實際行動，哪能再考慮別的！」陳餘說：「我只是覺得我們去拚命也沒什麼用，既然你們這麼說，那就照你們的辦好了。」於是便撥出五千人命張黶、陳澤領著試攻秦軍，結果五千人全部被消滅了。

2 這時，燕、齊、楚地的義軍聽說趙國危急，都來援救。張敖也從代地招集了一萬多人，來到鉅鹿城下，駐紮在陳餘的營寨旁，但是都沒敢進擊秦軍，只有項羽的軍隊幾次攻斷了章邯的甬道，使王離的部隊陷於絕糧。接著，項羽率全軍渡過黃河，大破章邯。章邯率軍退去。這時各路諸侯軍才敢攻擊圍困鉅鹿的秦軍，於是秦將王離被俘，涉間自殺。鉅鹿之所以最終能夠得到保全，完全是靠著楚軍的力量。

3 這時，趙王歇、張耳出城來向諸侯們致謝。張耳一見陳餘，便責備他的見死不救，接著又問張黶、陳澤到哪兒去了。陳餘也發怒說：「張黶、陳澤硬逼著我和你們一道去拚命，我讓他們領著五千人先試攻秦軍，結果全軍覆沒了。」張耳不信，認為是陳餘把他們殺了，三番五次地追問這件事。陳餘生氣地說：「沒想到你對我的怨氣這麼大，你以為我捨不得丟掉這個將軍的位置嗎？」說著便解下印綬，推給張耳。張耳也很驚訝，不肯接受。陳餘起身上廁所。有個賓客對張耳說：「我聽俗話說『老天爺給你你不要，日後是要倒霉的』。現在陳將軍還您大印，您不接受，這就是違反天意，不吉祥，趕緊收起來！」於是張耳就自己佩戴了陳餘的將印，接管了他的部下。陳餘回來，一看張耳如此不謙讓，心中怨恨，快步出帳而去。於是張耳接收了陳餘的部隊。陳餘只同他部下幾百個要好的弟兄到黃河邊上的水澤中去打魚射獵為生了。從此陳餘、張耳就結了仇。

4 後來，趙王歇回到了信都，張耳跟著項羽等一道入了關。漢高祖元年二月，項羽封立諸侯王，張耳一向善於交際，很多人都替他說好話，項羽也一直聽說張耳有才能，於是便分割了一塊趙地，立張耳為常山王，首府在信都。並把信都改名叫襄國。

5 陳餘的許多賓客對項羽說：「陳餘也和張耳一樣，都是有功於趙的。」但是項羽因為陳餘沒有隨著入關，又聽說他現今正在南皮，就把南皮旁邊的三個縣封給了他，把趙王歇遷到代地為王。

6 張耳一到常山，陳餘的怒氣更大了，他說：「張耳和我的功勞相當，如今他封了王，我卻只是個侯爵，這事兒項羽辦得不公平。」等到齊王田榮背叛了項羽，陳餘就派夏說對田榮說：「項羽主持分封不公平，把好地方都封給他自己的各位將領，卻把原來六國的後代都趕到偏僻落後的地方去，趙王竟然被趕到了代國。希望大王借給我一點兵力，我願以我的南皮給你做屏障。」田榮本來就想在趙地樹立同盟者，共同反對項羽，於是立即撥給了陳餘一支軍隊，陳餘趁勢又調集了自己那三個縣的全部人馬去襲擊常山王張耳。張耳被打敗，失去了立足點，自己琢磨著有沒有什麼諸侯值得去投奔，於是說：「漢王曾經與我有交情，可是眼下最強大的還是項羽，而且我也是項羽所立的，因此我打算去歸附項羽。」甘公說：「漢王入關時，五大行星同時運行到了井宿的位置。井宿是秦國的分野，先到達這裡的人必定會成為霸主。楚雖然眼下強大些，但日後肯定還得歸屬於漢。」於是張耳遂決心往投劉邦。正好劉邦這時回軍收復了三秦，正把章邯圍困在廢丘。張耳拜見了漢王，漢王待他很優厚。

7 陳餘打敗張耳之後，又收復了趙的全部土地，重新把趙王歇從代地迎回來，讓他仍做趙王。趙王很感激陳餘，就立陳餘做了代王。陳餘考慮到趙王自己的力量薄弱，趙國又才剛剛恢復，於是自己就沒有到代國去，暫時留下來輔佐趙王，而派夏說以相國的身分前去鎮守代國。

8 漢高祖二年，漢軍東進擊楚，派使者通知趙王一起出兵。陳餘對使者說：「如果漢王能殺了張耳我就隨著他。」於是漢王就找了個長得像張耳的人殺了，把他的頭送給了陳餘，於是陳餘派出了人馬援助漢軍。後來漢軍在彭城西被項羽打敗了，同時，陳餘也覺察到張耳並沒有死，便一怒之下又背離了劉邦。

9 漢高祖三年，韓信平定了魏地之後，接著漢王又派張耳和韓信大破趙軍於井陘，在泜水上斬了陳餘，又追到襄國殺了趙王歇。於是漢王立張耳為趙王。漢高祖五年，張耳去世，被諡為景王。他的兒子張敖繼位為趙王。漢王的長女魯元公主是趙王張敖的王后。

1 漢七年❶，高祖從平城過趙❷，趙王朝夕袒韝蔽❸，自上食❹，禮甚卑，有子壻禮。高祖箕踞詈，甚慢易之❺。趙相貫高、趙午等年六十餘❻，故張耳客也。生平為氣❼，乃怒曰：「吾王孱王也❽！」說王曰：「夫天下豪桀並起，能者先立。今王事高祖甚恭，而高祖無禮❾，請為王殺之！」張敖齧其指出血❿，曰：「君何言之誤！且先人亡國，賴高祖得復國，德流子孫，秋豪皆高祖力也。願君無復出口。」貫高、趙午等十餘人皆相謂曰：「乃吾等非也。吾王長者⓫，不倍德⓬。且吾等義不辱⓭，今怨高祖辱我王，故欲殺之，何乃汙王為乎⓮？今事成歸王⓯，事敗獨身坐⓰耳。」

2 漢八年⓱，上從東垣還，過趙⓲，貫高等乃壁人柏人⓳，要之置廁⓴。上過欲宿，心動，問曰：「縣名為何？」曰：「柏人。」「柏人者，迫於人也㉑！」不宿而去。

3 漢九年[22]，貫高怨家[23]知其謀，乃上變[24]告之。於是上皆并逮捕趙王、貫高等。十餘人皆爭自剄，貫高獨怒罵曰：「誰令公為之？今王實無謀[25]，而并捕王；公等皆死，誰白[26]王不反者？」乃轞車膠致[27]，與王詣長安[28]。治張敖之罪，上乃詔趙羣臣賓客有敢從王[29]皆族。貫高與客孟舒等十餘人，皆自髡鉗，為王家奴，從來[30]。貫高至，對獄[31]，曰：「獨吾屬為之，王實不知。」吏治[32]榜笞[33]數千，刺剟[34]，身無可擊者[35]，終不復言。呂后數言張王以魯元公主[36]故，不宜有此。上怒曰：「使張敖據天下[37]，豈少而女乎[38]？」不聽。廷尉以貫高事辭聞[39]，上曰：「壯士！誰知者，以私問之[40]。」中大夫泄公[41]曰：「臣之邑子[42]，素知之[43]。此固趙國立名義[44]不侵[45]為然諾[46]者也。」上使泄公持節[47]問之。箯輿前[48]，仰視曰[49]：「泄公邪？」泄公勞苦[50]如生平驩[51]，與語，問張王果有計謀不。高曰：「人情寧[52]不各愛其父母妻子乎？今吾三族皆以論死[53]，豈以王易[54]吾親哉？顧為[55]王實不反，獨吾等為之。」具道本指所以為者[56]王不知狀。於是泄公入，具以報，上乃赦趙王。

4 上賢貫高為人能立然諾[57]，使泄公具告之，曰：「張王已出。」因赦貫高[58]。貫高喜曰：「吾王審[59]出乎？」泄公曰：「然。」泄公曰：「上多足下[60]，故赦足下。」貫高曰：「所以不死一身無餘者，白張王不反也[61]。今王已出，吾責已塞[62]，死不恨[63]矣。且人臣有篡殺之名，何面目復事上哉！縱上不殺我，我不愧於心乎[64]？」乃仰絕肮[65]，遂死。當此之時，名聞天下[66]。

張敖已出，以尚魯元公主[67]故，封為宣平侯[68]。於是上賢張王諸客，以鉗奴從張王入關，無不為諸侯相、郡守者[69]。及孝惠[70]、高后[71]、文帝[72]、孝景[73]時，張王客子孫皆得為二千石[74]。

張敖，高后六年薨[75]，子偃為魯元王[76]。以母呂后女故，呂后封為魯元王[77]。元王弱，兄弟少[78]，乃封張敖他姬子[79]二人：壽為樂昌[80]侯，侈為信都[81]侯。高后崩[82]，諸呂無道，大臣誅之[83]，而廢魯元王及樂昌侯、信都侯。孝文帝即位[84]，復封故魯元王偃為南宮[85]侯，續張氏[86]。

【章　旨】以上為第四段，寫趙相貫高的義烈行為與張耳子孫的升沉遭遇。

【注　釋】❶漢七年　西元前二〇〇年。❷從平城過趙　從平城繞路經過趙都邯鄲回當時的首都洛陽。平城，漢縣名，縣治在今山西大同東北。漢七年，韓王信聯合匈奴人在今山西北部一帶反漢，劉邦統兵前往征討，被匈奴人包圍在平城七日，後聽陳平之議，與匈奴人簽訂和約而還。過程詳見〈高祖本紀〉、〈陳丞相世家〉、〈韓信盧綰列傳〉、〈匈奴列傳〉。❸袒韝蔽　脫去外衣，戴上皮套袖。韝，皮套袖。❹自上食　親自為劉邦端飯上菜，以表現其孝敬之情。❺高祖箕踞詈二句　箕踞詈，叉著雙腿罵街，這是劉邦一貫的傲慢情態。箕踞，長伸雙腿而坐，其狀如箕，這在古代是一種放肆、無禮的樣子。詈，罵街。

慢易，傲慢；目中無人。❻趙相貫高趙午等年六十餘　《集解》引徐廣曰：「〈田叔傳〉云：『趙相趙午等數十人皆怒。』然則或宜言『六十餘人』。」❼生平為氣　歷來重氣節、講義氣。❽吾王孱王也　我們的大王是軟骨頭。孱，懦弱。猶如今之所謂「軟骨頭」。何焯曰：「高祖嘗從張耳遊，貫高、趙午故等夷之客，故怒。」❾今王事高祖甚恭二句　梁玉繩曰：「『高祖』非生前之稱，此與下四『高祖』皆當從《漢書》作『皇帝』。」❿齧其指出血　著急表示誠心、決心的一種情態。齧，咬。⓫長者　忠厚人；厚道人。⓬不倍德　不忘舊恩。倍，通「背」。德，此處指恩情。⓭義不辱　即「絕不受辱」、「定無受辱之理」的意思。「義」字的用法與通常所謂「義無反顧」、「義無再辱」者同。⓮何乃汙王為乎　怎麼能玷汙了大王的清白呢。⓯事成歸王　事成有好處，將好處歸大王。⓰事敗獨身坐　事情辦壞了，有罪我們自己承當。坐，因犯事或被牽連受懲治。李光縉曰：「『獨身坐耳』、『獨怒罵』、『獨吾屬為之』、『獨吾等為之』，四『獨』字一脈，具見貫高『義不辱』氣象。」⓱漢八年　西元前一九九年。⓲上從東垣還二句　東垣，漢縣名，縣治在今石家莊東北，當時為常山郡的郡治所在地。漢七年劉邦討伐韓王信，韓王信逃入匈奴；劉邦北進，被匈奴圍困於平城，與匈奴定盟而後返；漢八年，韓王信的同黨在東垣一帶發動叛亂，劉邦率軍往討，形勢穩定後，回師時又路經趙國。⓳壁人柏人　壁，用如動詞，藏人於夾壁。柏人，漢縣名，在今河北隆堯西，當時屬趙，在趙國北境。⓴要之置廁　準備在驛站旁邊伏擊劉邦。要，截擊；半路伏擊。置，驛站；旅館。王先謙引劉攽曰：「置，頓止之次名也。東海貢荔枝，五里一堠，十里一置。」廁，錢大昕曰：「『廁』與『側』同，非『廁溷』之『廁』也。」按：也有將「置廁」解釋為驛站之廁所者。㉑柏人者二句　姚苧田曰：「高祖賜婁敬姓『劉』，而云『婁者乃劉也』；於柏人心動，則云『柏人者迫於人也』，粗糙杜撰，可哂亦可愛，小處傳神，三毫欲活矣。」㉒漢九年　西元前一九八年。㉓怨家　與之有仇的人。㉔變　也叫「變事」。告人謀反的上書。㉕王實無謀　趙王確實沒有參與此項陰謀。㉖白　洗白；證明。㉗轞車膠致　轞車，囚車。轞，通「檻」。師古曰：「以板四周之，無所通見。」膠致，用膠將木板粘牢，以防犯人逃逸。㉘詣長安　按：劉邦自漢七年二月將其政府機構由櫟陽遷入長安。漢之長安城舊址在今西安市西北之五公里處，據考古發掘，其城之周長為兩萬五千七百公尺。詣，到；達。㉙從王　指跟隨趙王進京。㉚貫高與客孟舒等十餘人四句　「髡」指給犯人剃去頭髮，「鉗」指給犯人用鐵箍套著脖子，意即把自己打扮成家奴的樣子。梁玉繩曰：「上言貫高與王『轞車膠致』長安矣，而又言與客從來何耶？《漢書》刪去最當。」瀧川引中井曰：「『稱王家奴者，孟舒等耳，『貫高與』三字疑衍。」按：梁氏等說是也，貫高乃劉邦所指名逮捕者，無需假裝奴隸從行。本篇此段略繁蕪，不如《漢書》簡潔明晰。㉛對獄　回答法官審問。㉜吏治　法官拷問貫高。治，審判；拷問。㉝榜笞　用皮鞭、棍棒抽打。㉞刺剟　用錐子扎。㉟身無可擊者　吳見思曰：「只五字，寫盡慘毒不堪。」㊱魯元公主　梁玉繩曰：「『魯元』二字當衍，『魯』封在後，『元』字乃謚也。」㊲據天下　指占有天下而稱帝。㊳豈少而女乎　難道還會缺少像你閨女這樣的女子嗎。而，你；你的。㊴廷尉以貫高事辭聞　廷尉將貫高的口供上報給劉邦。廷尉，九卿之一，秩中二千石，相當於今之最高法院院長。辭，指貫高的言辭、說法。㊵誰知者二句　誰和他是朋友，讓他以個人的身分找他談談。知，了解；相知。私，《集解》引臣瓚曰：「以私情相問。」㊶中大夫泄公　中大夫，皇帝的侍從官名，秩比二千石，上屬郎中令，掌諫納。泄公，姓泄，史失其名。㊷臣之邑子　我們縣裡的人。㊸素知之　早就了解他。㊹立名義　重名節，講義氣。㊺不侵　不變；不改初衷。《韓非子・顯學》有所謂「立節參名，執操不侵」。㊻為然諾　說話一定兌現。然諾，實踐諾言。㊼持節　手持旌節。節，帝王給予派出人員所持的信物。㊽箯輿前　當吏卒將貫高用擔架抬至泄公跟前。箯輿，有似今之所謂「藤牀」、「擔架」，用以移動傷病者。㊾仰視曰　主語是貫高，極言其傷重難動之狀。㊿勞苦　安慰；慰問。(51)如生平驩　像平時老朋友見面那樣。凌稚隆引董份曰：「箯輿與勞苦問答，歷歷如目前。」(52)寧　豈；難道。(53)吾三族皆以論死　「皆」前應增「將」字讀，蓋貫高推測之言也。有人欲讀「以」為「已」，當時貫高尚未定案，豈有先「三族論死」之理乎？三族，說法不一，有說指「父族」、「母族」、「妻族」，有說指「父母」、「兄弟」、「妻子」，其他不錄。(54)易　不重視；不關心。或可解釋作「替代」、「交換」，亦通。(55)顧為　顧，轉折語詞，猶今之所謂「問題是」、「關鍵是」。為，因為。(56)本指所以為者　所以這麼做的本來目的。指，通「旨」。(57)立然諾　同上文之「為然諾」。此外〈魏其武安侯列傳〉又有「已然諾」，〈游俠列傳〉有「設取予然諾」，用法皆大致相同。(58)因赦貫高　史珥曰：「赦貫高、封田橫客，高祖此等處真有君人之度。」(59)審　確實。(60)上多足下　多，這裡用如動詞，意即看重、讚賞。足下，恭稱對方，意同「閣下」、「尊前」等。(61)所以不死一身無餘者二句　我當初之所以不死，以至於後來被打得體無完膚，就是留著性命以洗白張王之沒有反心。此句正與前文之「今吾三族皆以論死」相應，史公原意如此。然與情理不相合，故《漢書》削「一身無餘者」五字。(62)吾責已塞　責，責任。塞，完成；盡到。或曰「責」通「債」。(63)恨　憾；遺憾。(64)縱上不殺我二句　瀧川曰：「田橫曰：『吾烹人之兄，與其弟並肩而事其主，縱彼畏天子之詔，不敢動我，我獨不媿於心乎？』項羽曰：『籍與江東子弟八千人，渡江而西，今無一人還，縱江東父兄憐而王我，我何面目見之？縱彼不言，籍獨不愧於心乎？』當時英雄壯士皆能知愧，可尚也。」(65)絕肮　割斷脖子動脈。《集解》引韋昭曰：「肮，咽也。」《索隱》引蘇林曰：「肮，頸大脈也。」師古引《爾雅》以為即指喉嚨。(66)當此之時二句　按：史公寫貫高之死，頗與〈刺客列傳〉寫豫讓之死相同，情采激揚，感慨遙深。姚苧田曰：「貫高固叛人，然身為張耳故客，其視高祖，等夷耳。天下初定，逐鹿未忘；老驥雄心，不能忍辱，與他人作逆者殊科。」

況其立節張敖，亦是跖犬吠堯常理，不當概以「叛」目之。」(67)尚魯元公主　尚，《索隱》引韋昭曰：「奉也，不敢言取（娶）。」「奉」的意思是「侍候」。師古以為「『尚』猶『配』也」，意即今之所謂「高攀」，都是「娶」的虔敬之稱。(68)封為宣平侯　雖然不再治罪，但因其部下出現這種嚴重的事情，故仍褫其王位，降為列侯。司馬光曰：「高祖驕以失臣，貫高狠以亡國。使貫高謀逆者，高祖之過也；使張敖亡國者，貫高之罪也。」(69)以鉗奴從張王入關二句　據〈田叔列傳〉，當時以「鉗奴」身分隨張敖入京者有孟舒、田叔等十餘人。貫高事弄清後，劉邦乃「盡拜之為郡守、諸侯相」，孟舒被拜為雲中守，田叔被拜為漢中守，後來田叔又被拜為魯相。其他人姓氏、事歷不詳。(70)孝惠　名盈，劉邦之子，呂后所生，西元前一九四－前一八八年在位。(71)高后　名雉，劉邦之結髮妻，惠帝死後，呂后乃臨朝執政，西元前一八七－前一八〇年在位。(72)文帝　名恆，劉邦之子，薄后所生，大臣滅諸呂後，迎立之為帝，西元前一七九－前一五七年在位。(73)孝景　即漢景帝，文帝之子，名啟，西元前一五六－前一四一年在位。(74)張王客子孫皆得為二千石　瀧川曰：「見〈田叔傳〉。」按：〈田叔列傳〉未言張敖客之子孫於呂后、文、景時代皆為二千石事。其中所記至武帝時官至二千石者只有田叔之子田仁。二千石，郡守與諸侯相一級的高級官員。(75)張敖二句　高后六年，西元前一八二年。按：據〈呂太后本紀〉，張敖乃死於呂后七年（西元前一八一年），此云「六年」，似誤。《集解》引《關中記》曰：「張敖冢在安陵東。」《正義》曰：「魯元公主墓在咸陽縣西北二十五里，次東有張敖冢，與公主同域。」(76)子偃為魯元王　梁玉繩曰：「此及下『元』字皆衍。」〈呂太后本紀〉云，呂后七年六月，「宣平侯張敖卒，以子偃為魯王」。(77)以母呂后女故二句　因張偃之母是呂后之女魯元公主，魯元公主又於呂后元年死，故加恩封張偃為魯王（依梁玉繩說，此句中之「元」字為衍文）。(78)元王弱二句　梁玉繩以為此「元王」字亦應作「魯王」。弱，指年齡小。兄弟少，指同母之兄弟不多。(79)他姬子　《漢書》作「前婦子」。準此則知下文所述之張壽、張侈皆較張偃為年長矣。(80)樂昌　漢縣名，縣治在今河南南樂西北。(81)信都　漢縣名，縣治即今河北冀縣。(82)高后崩　事在呂后八年（西元前一八〇年）七月。(83)諸呂無道二句　趁呂后去世之機，劉章、周勃等倚仗劉襄、灌嬰之外勢，發動政變誅滅諸呂事，在呂后八年之八月，過程詳見〈呂太后本紀〉。(84)孝文帝即位　孝文帝名恆，原被劉邦封為代王，國都中都（今山西平遙西南）。大臣誅諸呂畢，迎立劉恆為帝，事在呂后八年之九月，詳情見〈呂太后本紀〉、〈孝文本紀〉。(85)南宮　漢縣名，縣治在今河北南宮縣城之西北。(86)續張氏　為張耳、張敖之繼承人，主持張氏之祭祀。

【語　譯】漢高祖七年，劉邦從平城回京，中途繞路過趙，趙王從早到晚脫去外衣，戴上皮套袖，親自為劉邦端飯上菜，十分謙恭，很有作女婿的禮節。而高祖卻坐在那裡，叉著雙腿，罵罵咧咧的，表現得極其傲慢。趙國的丞相貫高、趙午等人都六十多歲了，都是老王爺張耳的賓客，平生極重義氣，見到劉邦這種樣子，氣憤地說：「我們的大王也真是個軟骨頭！」他們對趙王說：「天下豪傑一塊兒起兵反秦，誰有本事誰就先稱王。如今您對皇帝那麼恭敬，而皇帝對您卻如此無禮，請讓我們替您殺了他！」張敖急得咬破了手指發誓說：「您這是什麼話！當初我們先王丟了國，全仗著皇上才得以恢復，以至於我才有今天，我們這裡的一絲一毫都是皇上給的。希望您不要再說這樣的話。」貫高、趙午等十幾個人私下議論說：「是我們的不對。我們的大王是君子長者，他不幹忘恩負義的事，只是我們不願意受辱，因為皇上侮辱了我們的大王，所以我們要殺死他，我們怎麼能玷汙我們的大王呢？我們自己幹，事情成了，就歸功於大王；如果失敗了，我們就自己承擔罪責。」

2 漢高祖八年，劉邦又從東垣回京，路過趙地，於是貫高等便在柏人縣驛館的夾牆內，埋伏了刺客，準備乘機行刺。結果皇上剛要在這裡留宿時，心裡忽然有所動，便問：「這裡縣名叫什麼？」從者說：「叫柏人。」皇上說：「柏人，就是被人所困迫！」於是沒住就走了。

3 漢高祖九年，貫高的仇人知道了這個陰謀，就上書告發了他。於是劉邦就派人來逮捕趙王、貫高等。這時，與貫高一起謀事的十幾個人都想趕緊自殺，只有貫高罵道：「當初的事是誰讓你們幹的？趙王根本不知道那次事件，現在也一起被捕了，你們都死了，誰來替趙王辯白不反的真情？」於是，坐著封閉的囚車跟著趙王一起到了長安。當時朝廷逮捕張敖，劉邦曾下令不允許趙國的群臣、賓客跟隨張敖進京，違令者族滅。於是貫高和趙王的賓客孟舒等十多個人，都剃了頭髮，用鐵圈套著脖子，扮做趙王的家奴，跟著趙王一起來到長安。貫高到了庭上，回答審問說：「這事完全是我們幾個人幹的，趙王確實不知情。」獄吏打了他幾千棍，又用錐子刺他，整治得體無完膚，貫高始終不改口。呂后幾次地對劉邦說張敖是魯元公主的丈夫，不會有這種罪行。劉邦生氣地說：「假使張敖得了天下，還缺少像你女兒這樣的女子嗎？」不聽她的話。待至廷尉把貫高的情況報告給劉邦，劉邦說：「真是個勇士！誰跟他是舊相識，讓他以私人身分去問一下。」中大夫泄公說：「貫高是我的小老鄉，我早就對他有所了解，這是趙國的一個重名節、有持操、守信義的好漢。」劉邦就派泄公手持符節前去問他，吏卒將貫高用擔架抬至泄公跟前，貫高艱難地朝上看了一眼，問道：「是泄公嗎？」泄公就像好友平日說話那樣安慰他，並問起張敖是否參與了陰謀。貫高說：「人哪有不愛自己的父母妻子兒女的？如今我的親戚家族都將因我的供詞而被處死，我怎麼捨得用自己那麼多的親人去換趙王的一條命呢？問題是趙王確實沒有反心，事情完全是我們幾個人幹的。」接著就把他們為什麼謀反，又如何商量瞞著趙王的過程全說了一遍。泄公如實地一一向劉邦報告，劉邦這才放了趙王。

4 劉邦很欣賞貫高這種有氣節、守信義的為人，就派泄公告訴他：「趙王敖已經釋放了。」同時也宣布赦免貫高。貫高一聽高興地問：「我們大王果真出獄了嗎？」泄公說：「是真的。」並說：「皇上很稱讚您的為人，因此連您也一同釋放了。」貫高說：「我之所以不自殺，以至於後來被打得體無完膚，就是為了辨明趙王不是反叛。現在趙王已經出獄，我的責任已經盡到了，那麼我死也就沒什麼遺憾的了。況且一個做臣子的已經有了弒君篡亂的罪名，還有什麼臉面再去事奉人家呢！即便皇上不殺我，我自己難道能夠於心無愧嗎？」於是割斷脖子動脈而死。一時之間，貫高的名字傳遍了天下。

5 張敖出獄後，因為他是魯元公主的丈夫，被封為宣平侯。由於貫高這件事，劉邦很賞識張敖的這些賓客，凡是冒充家奴隨張敖入關的，全都當上了諸侯王的相國或郡的太守。到孝惠帝、呂后、文帝、孝景帝時，這些賓客們的子孫都做到了二千石一級的官。

6 張敖在呂后六年去世，他的兒子張偃也就是魯元王襲了爵。因為張偃的母親是呂后的女兒，所以呂后封他做了魯元王。元王的年齡很小，兄弟又少，於是呂后又封了張敖其他姬妾所生的兩個孩子：張壽為樂昌侯，張侈為信都侯。呂后逝世後，呂氏家族的人圖謀不軌，被大臣們所殺。魯元王和樂昌侯、信都侯也同時被廢。孝文帝即位後，又封前魯元王張偃為南宮侯，以延續張氏的後代。

太史公曰：張耳、陳餘，世傳所稱賢者；其賓客廝役❶，莫非天下俊桀，所居國❷無不取卿相❸者。然張耳、陳餘始居約❹時，相然信❺以死，豈顧問❻哉！及據國爭權，卒相滅亡，何鄉者❼相慕用❽之誠，後相倍之戾❾也！豈非以勢利交❿哉？名譽雖高，賓客雖盛，所由⓫殆⓬與太伯⓭、延陵季子⓮異矣。

【章　旨】以上為第五段，是作者的論贊，作者對張耳、陳餘的交友不終表現了深深感慨。

【注　釋】❶廝役　猶言「奴僕」。供主家役使的人。❷所居國　在他所處的那個國家。❸卿相　九卿與丞相。漢代建國初期，各諸侯國的官制與漢王朝中央的建制相同；至景帝削平吳、楚七國之亂後，才對諸侯國的官制做了大幅度調整，從此諸侯國的相只等於郡守，而且許多負責重要職務的官員都由朝廷委派。❹居約　處於困窮的境地。約，窮困；不得舒展。❺然信　猶言「然諾」。說話算話，守信不移。❻顧問　猶今之所謂「猶豫」、「瞻前顧後」。❼鄉者　從前。鄉，通「向」。❽相慕用　相互敬慕，相互為用。❾相倍之戾　倍，通「背」。彼此對立。戾，嚴重；厲害。❿以勢利交　懷有功利目的的交朋友。即為了借助對方的勢利以實現自己的欲望。⓫所由　所走的道路。⓬殆　幾乎；差不多。⓭太伯　吳太伯，周文王的大伯父，曾自動離開周國，將國君繼承權讓與其三弟，也就是周文王的父親季歷，被後代稱讚為禮讓的典型。⓮延陵季子　即春秋末年的吳國公子季札，吳王壽夢之子，諸樊、餘祭、夷昧之弟，其父、其兄曾多次欲立季札為吳王，季札皆拒絕不受。以上二事皆見〈吳太伯世家〉。

【語　譯】太史公說：張耳、陳餘是世人所傳頌、所稱道的賢者；連他們的賓客使役也都是天下的俊傑，都在他們所在國家取得了卿相的地位。然而當初張耳、陳餘貧賤的時候，能夠誓同生死，沒有二話。等到後來有了國土、有了權勢，便相互爭鬥起來，為什麼當初能夠那麼真誠地相互敬慕，而後來就這麼水火不容呢？難道不就是由於勢利造成的嗎？因此，儘管他們當初的名氣很大，賓客很多，但是他們後來的所作所為和吳太伯、公子季札比起來可就完全不同了。

【研　析】〈張耳陳餘列傳〉是反映秦末農民起義與劉、項楚漢戰爭總體形勢的一篇重要作品，其意義有以下幾方面：

一、陳涉起義後的三年諸侯反秦期間，反秦勢力主要有三個地區，其一是今河南、山東、江蘇、安徽四省交界一帶，代表人物先後為陳涉、項梁、項羽、劉邦；其二是山東地區，代表人物為田儋、田榮、田橫等；其三是河北南部地區，代表人物就是本篇所講的武臣與張耳、陳餘。張耳、陳餘的軍事力量雖然不是很大，但消滅秦軍主力、造成秦王朝瓦解以至滅亡的關鍵一戰卻是發生在張耳、陳餘的地區，這就是項羽為解救趙國而進行的鉅鹿之戰（詳情可參看〈項羽本紀〉）。後來在長達兩年多的楚漢戰爭中，趙國地處於劉、項主戰場的北側。在楚漢戰爭的開始階段，趙國與齊國牽制項羽，幫了劉邦大忙。司馬遷說自己之所以要寫〈張耳陳餘列傳〉，是因為趙國在這漫長的四、五年間曾經「填趙，塞常山」，曾經「弱楚權」，就是指張耳、陳餘等所起的這種歷史作用而言。

二、張耳和陳餘原本是生死之交的朋友，後來由於誤會而轉為相互仇恨、相互對立，直到最後張耳竟協助韓信攻殺了陳餘，這種交友不終、反目成仇的事實是令司馬遷感慨的。而張耳之所以猜疑、不滿陳餘也不是沒有道理。曹操詩有所謂「勢力使人爭，嗣旋自相戕」，如果不做官、不進入政治漩渦不就沒有這種事了嗎？但張耳、陳餘是那種不做官、不進入政治漩渦的人嗎？因此有些評論者用純道德對他們進行評判，這是不能解決問題的，即使評斷出是非也沒有辦法教訓官場中人。

三、張耳、陳餘是作品的中心人物，但除了開頭兩段對這兩個人物著色較多，面目略覺清晰外，其他部分都用筆不多，形象比較模糊。相反本篇之寫蒯通、寫廝養卒、寫貫高，卻生動具體，滿含感情，都給人留下了深刻印象。

卷九十

魏豹彭越列傳第三十

【題解】〈魏豹彭越列傳〉其實是魏咎、魏豹、彭越三人的合傳，因為他們三人在諸侯滅秦以及後來的楚漢戰爭中，都在魏地有過重要的活動，又先後在魏地稱王，故司馬遷把他們合寫為一傳。但司馬遷雖寫三人，卻是明顯的以彭越為主體。彭越在諸侯反秦期間，基本上屬於獨立大隊，未隨項羽入關，所以秦滅後未被項羽封王。彭越與陳餘、田榮是最先舉旗反對項羽的三股勢力，他們牽制項羽，使劉邦順利地收復關中；在楚漢戰爭中，彭越在項羽後方開展游擊戰，屢次切斷項羽前後方的聯繫，使項羽疲於來回奔命；最後又與韓信、黥布等共同圍殲項羽於垓下。彭越是劉邦開國功臣中的佼佼者，他與韓信、黥布最早以戰功封王，也與韓信、黥布最先被劉邦殺害。如果說司馬遷在寫韓信被殺的過程中還有某些似是而非的障眼之筆，那麼在寫彭越被殺的問題上就是赤裸裸的直寫劉邦與呂后的兇殘了。

1 魏豹者，故魏❶諸公子❷也。其兄魏咎❸，故魏時封為寧陵君❹。秦滅魏❺，遷❻咎為家人❼。陳勝之起王❽也，咎往從之❾。陳王使魏人周市❿徇⓫魏地，魏地已下，欲相與立周市為魏王。周市曰：「天下昏亂，忠臣乃見⓬。今天下共畔⓭秦，其義必立魏王後乃可⓮。」齊、趙使車各五十乘，立周市為魏王⓯，市辭不受。迎魏咎於陳⑯，五反⑰，陳王乃遣立咎為魏王⑱。

2 章邯已破陳王⑲，乃進兵擊魏王於臨濟⑳。魏王乃使周市出請救於齊、楚㉑。齊、楚遣項它、田巴將兵，隨市救魏㉒。章邯遂擊破殺周市等軍㉓，圍臨濟。咎為其民約降。約定，咎自燒殺㉔。

【章旨】以上為第一段，寫魏豹之從兄魏咎初起反秦，兵敗被殺的情景。

【注釋】❶故魏　戰國時代的魏國，以與漢初所封的魏國相對而言。戰國時代的魏國乃與韓、趙三分晉土而成，其第一代國君為魏文侯，西元前四四五—前三九六年在位；其末代之君為魏王假，西元前二二七年即位，西元前二二五年被秦所滅。戰國時魏國的都城，開始在安邑（今山西夏縣西北）；至惠王九年（西元前三六一年）東遷於大梁（今河南開封）。❷諸公子　王太子以外的國王的其他兒子。王先謙引沈欽韓曰：「《列女傳．節義傳》云：『秦破魏，誅諸公子。』今此魏豹、魏咎，皆魏公子封君，是秦滅國未嘗誅夷，故齊王建亦有子孫。世言秦暴，猶不若後世必盡其種也。陳涉兵起，齊、韓、趙、魏、楚皆故國子孫，唯燕王喜走遼東，無後。漢得天下鑒是，故徙諸豪族於關中。」❸其兄魏咎　《索隱》引後文〈彭越傳〉云：「魏豹，魏王咎從弟，真魏後也。」則魏咎乃魏豹之堂兄。❹寧陵君　寧陵是魏縣名，縣治在今河南寧陵東南。❺秦滅魏　事在秦王政二十二年，魏王假三年，西元前二二五年，詳見〈魏世家〉。❻遷　貶；降級。❼家人　平民。❽陳勝之起王　事在秦二世元年（西元前二〇九年）七月。起王，起義稱王，過程詳見〈陳涉世家〉。❾咎往從之　魏咎到陳勝稱王的陳郡（今河南淮陽）去投靠陳勝，事在秦二世元年九月。❿周市　陳勝的部將，原魏地人。⓫徇　巡行。指帶著軍隊開拓地盤。⓬天下昏亂二句　古時俗語。《老子》有所謂「國家昏亂有忠臣」，後來鮑照詩又有所謂「時危見臣節，世亂識忠良」等等，都是同一個意思。見，通「現」。表現出來。⓭畔　通「叛」。⓮其義必立魏王後乃可　義，宜；事理。魏王後，真正被秦始皇所滅的魏國國王的後代。⓯齊趙使車各五十乘二句　事在秦二世二年（西元前二〇八年）十一月。按：當時秦國曆法以「十月」為歲首，故雖稱「二年十一月」，其實乃是陳涉起兵的第五個月，魏咎投奔陳涉的第三個月。齊，指齊地的義軍領袖田儋，戰國時齊王的後代，於秦二世元年九月起兵自立為王，都於臨淄（今山東淄博之臨淄西北）。趙，指陳勝派往趙地的義軍首領武臣，於拓得趙地後遂在邯鄲自立為趙王，事在秦二世元年八月，皆見〈秦楚之際月表〉。⑯市辭不受二句　按：此即其所謂「天下昏亂，忠臣乃見」也。陳，秦縣名，亦是陳郡的郡治所在地，即今河南淮陽，陳涉起義後，以此為其都城。魏咎投奔陳涉後，陳涉見魏咎的威望高，擔心日後威脅自己，故將其「留」在自己身邊。⑰五反　周市派人接了五次。徐孚遠《史記測義》曰：「陳王不欲立魏後，故使者五反而後遣也。」吳見思曰：「五反，非見陳王之難，正寫周市之忠也。」按：二者的意思都有。⑱乃遣立咎為魏王　事在秦二世二年十二月。鍾惺《史懷》曰：「周市於魏雖不及子房之於韓，然君臣間始終之義備矣，當表出之。」⑲章邯已破陳王　事在秦二世二年十二月。詳見〈陳涉世家〉。章邯，秦朝名將，原任少府。當陳涉的西征軍攻至秦朝都城咸陽東南的戲水時，秦命章邯為將，章邯遂大破陳涉的西征軍，殺其將周文；又東進擊破陳勝之張賀軍於陳縣城西，陳涉於破敗奔逃中被其車夫莊賈所殺。事情詳見〈陳涉世家〉。⑳擊魏王於臨濟　事在秦二世二年正月。臨濟，當時魏國的國都，在今河南長垣東南。㉑請救於齊楚　事在秦二世二年四月，當時齊軍的首領仍是田儋，而楚軍的真正領袖已是項梁。項梁是項羽之叔，與項羽於秦二世元年九月起兵於會稽郡（今蘇州市）。秦二世二年二月，率兵渡江而西。章邯圍魏咎於臨濟時，項梁正駐兵於薛縣（今山東滕縣東南）。㉒齊楚遣項它田巴將兵二句　《索隱》曰：「項它，楚將；田巴，齊將也。」按：〈田儋列傳〉云：「魏王請救於齊，齊王田儋將兵救魏。章邯夜銜枚擊，大破齊、魏軍，殺田儋於臨濟下。」同一事，史公兩處說法不一，似應從〈田儋列傳〉。㉓擊破殺周市等軍　按：戰敗被殺者應是魏將周市與齊王田儋等人也。㉔約定二句　事在秦二世二年六月。按：訂約請降，為使百姓不隨己同滅；而後自殺，以示寧死不屈，魏咎由來深得人心，非偶然也。《史記評林》引邵寶曰：「魏咎於身於民，可謂兩全之矣。全民以生，全身以死。」郭嵩燾《史記札記》曰：「約降而後死，有救民之心矣。秦漢之際如周市、魏咎之君臣，君子有取焉。」凌稚隆曰：「周市之讓國，魏咎之全民，臣主皆賢，亦亂世所難得，故附見於豹傳。」

【語譯】魏豹是前魏王的公子，他的哥哥魏咎在魏國尚未滅亡時曾被封為寧陵君。秦國滅魏後，魏咎被貶為平民。陳勝起義稱王後，魏咎去投奔了他。陳王派魏人周市去開拓舊日魏國的地盤，魏地攻下後，大家想立周市為魏王。周市說：「越是天下大亂，越能顯出忠臣的本色。今天大家一起造了秦朝的反，我們一定要立一個魏王的後代。」這時齊、趙各國都派出了帶著五十輛車馬的大使團，來擁立周市為王，周市堅決不從。

他派人到陳郡去迎魏咎，跑了五趟，陳王才同意並派人送魏咎來當了魏王。

2 章邯打敗陳王後，準備進兵臨濟攻打魏王。魏王派周市去齊、楚兩國求救。齊、楚派了項它、田巴率軍隊隨周市來救魏。章邯先是擊敗了援軍，殺死了周市等人，進而包圍了臨濟。魏咎為了保全城中的百姓而向秦軍約定投降，條約簽定後，魏咎就自焚而死了。

1 魏豹亡走楚❶。楚懷王予魏豹數千人，復徇魏地❷。項羽已破秦，降章邯❸。豹下魏二十餘城，立豹為魏王❹。豹引精兵，從項羽入關❺。漢元年❻，項羽封諸侯❼，欲有梁地❽，乃徙魏王豹於河東❾，都平陽❿，為西魏王⓫。

2 漢王還定三秦⓬，渡臨晉⓭，魏王豹以國屬焉⓮，遂從擊楚於彭城⓯。漢敗，還至滎陽⓰，豹請歸視親⓱病，至國，即絕河津畔漢⓲。漢王聞魏豹反，方東憂楚⓳，未及擊，謂酈生⓴曰：「緩頰㉑往說魏豹，能下之㉒，吾以萬戶封若㉓。」酈生說豹，豹謝曰：「人生一世間，如白駒過隙㉔耳。今漢王慢而侮人，罵詈諸侯羣臣如罵奴㉕耳，非有上下禮節也，吾不忍復見也㉖。」於是漢王遣韓信擊，虜豹於河東㉗，傳詣滎陽㉘，以豹國為郡㉙。漢王令豹守滎陽㉚。楚圍之急，周苛遂殺魏豹㉛。

【章旨】以上為第二段，寫魏豹繼起反秦，後來依違於項羽、劉邦之間，以及最後被劉邦部將所殺的情景。

【注　釋】❶魏豹亡走楚　事在秦二世二年七月。當時項梁等擁立戰國時楚懷王之孫名「心」者仍為「楚懷王」，都於盱台（今江蘇盱眙東北）。時齊王田儋已死，田儋之弟田榮被章邯圍困於東阿（今山東東阿西南），項羽、劉邦等率軍救東阿，魏豹遂往東阿投項羽也。❷楚懷王予魏豹數千人二句　應在秦二世二年八月，項羽解田榮於東阿之圍後。❸項羽已破秦二句　項羽破秦軍於鉅鹿在秦二世三年（西元前二〇七年）十二月，章邯率軍投降項羽在同年七月，過程詳見〈項羽本紀〉。❹豹下魏二十餘城二句　據〈秦楚之際月表〉，事在秦二世二年九月。依此處文意，「立豹為魏王」者應是楚懷王；然〈秦楚之際月表〉作「魏豹自立為魏王，都平陽始」。按：應以魏豹自立為是，《漢書》於此作「豹下魏二十餘城，立為魏王」，亦不謂他人所立也。❺從項羽入關　事在漢元年（西元前二〇六年）十二月。項羽破秦兵於鉅鹿，章邯被迫投降項羽後，其年八月趙高殺秦二世，至十月，劉邦遂進入咸陽，秦朝滅亡。項羽聞知此消息，亦率領各路諸侯撲向關中。項羽之入關比劉邦晚兩個月。❻漢元年　劉邦稱漢王的第一年，西元前二〇六年。當項羽在河北與秦軍大戰於鉅鹿的時候，劉邦從南線西進破秦，於西元前二〇六年之十月，從武關進入咸陽，秦王子嬰向劉邦投降，過程詳見〈高祖本紀〉。❼項羽封諸侯　項羽於十二月入關後，先有與劉邦較量的「鴻門宴」；劉、項的矛盾暫時緩解後，項羽遂在漢元年的一月、二月、三月分封各路諸侯為王，事情詳見〈項羽本紀〉。❽欲有梁地　想把原屬魏國的地盤，即今河南開封一帶地區劃歸己有。當時項羽封自己為西楚霸王，都彭城（今江蘇徐州），轄九郡，開封一帶離徐州不遠，故不欲封給他人。梁，「魏」的別稱，因戰國時魏國後來遷都大梁，故魏國也稱「梁國」，魏王也稱「梁王」，魏地也稱「梁地」。❾河東　秦郡名，郡治安邑（今山西夏縣西南），戰國初、中期這一帶屬魏國。❿平陽　秦縣名，在今山西臨汾西南。⓫西魏王　與當初魏咎在臨濟一帶稱王相對而言。⓬漢王還定三秦　事在漢元年八月。本年一月，劉邦被項羽封為漢王；四月，劉邦離開咸陽到漢中上任；八月，劉邦採用韓信的計策，由漢中殺回關中，關中迅即為劉邦所克復，事見〈高祖本紀〉。三秦，即指關中地區。劉邦率先入關，按照楚懷王的約定，劉邦理應為關中王；但項羽不肯把關中這塊上好地盤封給劉邦，於是他把劉邦封到了巴蜀漢中；又為了防止劉邦從漢中北出，於是他把關中地區分為三分，立三個秦朝的降將分別為：章邯為雍王，都廢丘（今陝西興平東南）；司馬欣為塞王，都櫟陽（今陝西臨潼北）；董翳為翟王，都高奴（今陝西延安東北）。⓭渡臨晉　指在臨晉渡黃河，攻取魏國。事在漢二年（西元前二〇五年）三月。臨晉，也稱「臨晉關」，秦縣名，縣治在今陝西大荔東，東臨黃河，與山西的蒲坂隔河相望。⓮以國屬焉　〈高祖本紀〉

云：「三月，漢王從臨晉渡，魏王豹將兵從。」是未經戰鬥，魏豹即已降劉邦也。⑮從擊楚於彭城　跟隨劉邦攻占了項羽的國都彭城（今江蘇徐州），事在漢二年四月。劉邦於漢元年底大體收復關中後，於漢二年初又東出相繼收服了河南王申陽、殷王司馬卬、魏王豹等，至四月，劉邦遂率大軍五十六萬攻占了項羽的首都彭城。⑯漢敗二句　事在漢二年四月。滎陽，秦縣名，在今河南滎陽東北。劉邦進攻彭城的時候，項羽正被田氏牽制於齊國。項羽聞知彭城被劉邦所占，隨即率三萬騎兵自齊國馳回，至則大破劉邦之五十六萬兵於彭城下。劉邦軍遂像潮水般向西潰退，直至滎陽，始站下腳來，並在滎陽築起了楚漢長期相持的防線。詳見〈高祖本紀〉。⑰親　師古注：「親，謂母也。」⑱絕河津畔漢　事在漢五年（西元前二〇二年）五月。絕河津，意即封鎖黃河渡口，斷絕黃河上的交通往來。畔，通「叛」。⑲東憂楚　擔心東方項羽的攻擊。⑳酈生　酈食其，劉邦手下的謀士與說客。事跡詳見〈酈生陸賈列傳〉。㉑緩頰　慢慢地勸說。王先謙引《漢書・高帝紀》張晏注曰：「緩頰，徐言，引譬喻也。」另一說謂意同「饒舌」。瀧川引中井積德曰：「緩頰，猶『饒舌』也，以稱辯士。」㉒下之　使之歸降。㉓以萬戶封若　即封你為萬戶侯。若，爾；汝。㉔白駒過隙　極言時光之快。至於其字面上的意思，有人說白駒即指馬，如《墨子・兼愛》有所謂「人之生乎地上之無幾何也，譬猶駟馳而過郤也」；《莊子・知北遊》有所謂「人生天地之間，若白駒之過隙，忽然而已」。而《索隱》引師古注則說：「白駒，謂日影也；隙，壁隙也。以言速疾，若日影過壁隙也。」按：「人生一世間，如白駒過隙耳」，二語亦見於〈留侯世家〉。㉕罵詈諸侯羣臣如罵奴　詈，也是「罵」的意思。按：劉邦罵人常自稱「乃公」、「而公」；罵對方曰「豎子」、「豎儒」等，見〈高祖本紀〉、〈留侯世家〉、〈酈生陸賈列傳〉等。㉖吾不忍復見也　淩稚隆引楊循吉曰：「豹語似慷慨，其說高帝亦切當，然何以就縛？故庸人耳。」㉗遣韓信擊二句　事在漢二年九月，此仗打得非常精彩。過程詳見〈淮陰侯列傳〉。㉘傳詣滎陽　用傳車將魏豹押解到滎陽。傳，驛車；驛站所備供過往官員所用之車馬。滎陽，劉邦正面抗擊項羽的前線，劉邦當時的所在地。㉙以豹國為郡　據〈高祖本紀〉，韓信滅魏後，劉邦在其地設立了河東、太原、上黨三個郡。㉚令豹守滎陽　韓信俘獲魏豹，將魏豹押解到劉邦處，劉邦將其釋放，派他與周苛、樅公等一同守滎陽，抗擊項羽。鍾惺曰：「漢王赦魏豹亦是難事，蓋自反其嫚罵之失耳。」㉛周苛遂殺魏豹　事在漢三年（西元前二〇四年）八月。據〈高祖本紀〉，當時項羽圍劉邦於滎陽，情勢緊急，劉邦用陳平之謀讓紀信假扮劉邦出東門投降，而自己則開西門逃走，留下周苛、樅公、魏豹堅守滎陽。周苛、樅公相謂曰「反國之王，難與守城」，因殺魏豹。

【語　譯】魏豹從臨濟逃出，到了楚地。楚懷王又給了他幾千人，讓他回去收復魏地。等到項羽在鉅鹿大破秦軍，迫使章邯投降後，魏豹已經攻得了魏地的二十多座城池，於是楚懷王立魏豹為魏王。隨後魏豹又率領精兵，跟項羽一同入了關。漢高祖元年，項羽分封諸侯，因為他自己想占有大梁一帶，於是就把魏王豹的封地換到了河東，讓他建都平陽，稱為西魏王。

2 待至劉邦從漢中回師平定三秦後，隨即渡過臨晉，這時魏豹便率領魏國歸順了劉邦，而後又隨著劉邦到彭城去打項羽。劉邦被項羽打敗，逃回了滎陽。這時魏豹便向劉邦請假回河東探親，回國後，隨即封鎖黃河，背叛了劉邦。劉邦聽說魏豹背叛，但他當時正提防東邊的項羽，顧不得去對付魏豹，於是對酈生說：「你好好地去勸說魏豹，如果你能勸得他回心轉意，我就封你為萬戶侯。」酈生去勸魏豹，魏豹拒絕說：「人這一輩子，就像奔馬馳過一道牆縫，是多麼短暫呵！你們漢王又自大，又好侮辱人，謾罵諸侯群臣就像罵他的奴隸，根本不講什麼上下的禮節，我可不願意再見到他。」於是劉邦派韓信出兵河東，俘虜了魏豹，把他用驛車押送到滎陽，把魏地變成了自己所屬的一個郡。劉邦見到魏豹後又放了他，讓他鎮守滎陽。後來楚兵圍困滎陽，形勢危急，漢將周苛就把魏豹殺了。

1 彭越者，昌邑❶人也，字仲。常漁鉅野澤中❷，為羣盜。陳勝、項梁之起❸，少年或謂越曰：「諸豪桀相立❹畔秦，仲可以來，亦效之。」彭越曰：「兩龍方鬬❺，且待之❻。」

2 居歲餘，澤間少年相聚百餘人，往從彭越，曰：「請仲為長。」越謝曰：「臣不願與諸君❼。」少年彊請，乃許。與期❽旦日❾日出會，後期❿者斬。旦日日出，十餘人後，後者至日中⓫。於是越謝⓬曰：「臣⓭老，諸君彊以為長。今期而多後，不可盡誅，誅最後者一人。」令校長[14]斬之。皆笑曰：「何至是？請後不敢。」於是越乃引一人斬之[15]，設壇祭[16]，乃令徒屬[17]。徒屬皆大驚，畏越，莫敢仰視。乃行略地[18]，收諸侯散卒[19]，得千餘人。

3 沛公之從碭北擊昌邑[20]，彭越助之。昌邑未下[21]，沛公引兵西[22]。彭越亦將其眾居鉅野中，收魏散卒[23]。項籍入關，王諸侯[24]，還歸[25]，彭越眾萬餘人毋所屬[26]。漢元年，秋[27]，齊王田榮畔項王[28]，乃使人賜彭越將軍印[29]，使下濟陰以擊楚[30]。楚命蕭公角[31]將兵擊越，越大破楚軍[32]。漢王二年，春[33]，與魏王豹及諸侯東擊楚[34]，彭越將其兵三萬餘人歸漢於外黃[35]。漢王曰：「彭將軍收魏地得十餘城，欲急立魏後。今西魏王豹亦魏王咎從弟[36]也，真魏後[37]。」乃拜彭越為魏相國，擅將其兵[38]，略定梁地[39]。

4 漢王之敗彭城解而西[40]也，彭越皆復亡其所下城，獨將其兵北居河上[41]。漢王三年[42]，彭越常往來為漢游兵[43]，擊楚，絕其後糧於梁地[44]。漢四年，冬[45]，項王與漢王相距[46]滎陽，彭越攻下睢陽、外黃十七城[47]。項王聞之，乃使曹咎守成皋[48]，自東收彭越所下城邑，皆復為楚。越將其兵北走穀城[49]。漢五年，秋[50]，項王之南走陽夏[51]，彭越復下昌邑旁二十餘城，得穀十餘萬斛[52]，以給漢王食[53]。

5
漢王敗，使使召彭越并力擊楚[54]。越曰：「魏地初定，尚畏楚，未可去。」漢王追楚，為項籍所敗固陵[55]。乃謂留侯曰：「諸侯兵不從，為之柰何？」留侯曰：「齊王信之立，非君王之意[56]，信亦不自堅[57]。彭越本定梁地[58]，功多，始君王以魏豹故，拜彭越為魏相國[59]。今豹死毋後，且越亦欲王，而君王不蚤定[60]。與此兩國約[61]：即勝楚[62]，睢陽以北至穀城，皆以王彭相國[63]；從陳以東傅海[64]，與齊王信。齊王信家在楚[65]，此其意欲復得故邑[66]。君王能出捐此地許二人，二人今[67]可致；即不能，事未可知也[68]。」於是漢王乃發使使彭越，如留侯策。使者至，彭越乃悉引兵會垓下，遂破楚[69]。項籍已死[70]。春，立彭越為梁王，都定陶[71]。

【章旨】以上為第三段，寫彭越協助劉邦反秦、反項，以軍功被封為梁王。

【注釋】❶昌邑　秦縣名，縣治在今山東巨野南。❷常漁鉅野澤中　常，通「嘗」。曾經。鉅野澤，水澤名，在今山東巨野北，當時水域遼闊，後來小說所寫的梁山泊就是其中的一部分。❸陳勝項梁之起　陳勝起兵於大澤鄉在秦二世元年（西元前二〇九年）七月，項梁起兵於會稽在秦二世元年九月。❹相立　指彼此承認其為王。❺兩龍方鬭　指秦王朝與反秦者兩股勢力正在酣鬥，尚未看出誰勝誰敗的苗頭。師古曰：「兩龍，謂秦與陳勝。」❻且待之　吳見思曰：「待時而動，審顧卻慮，寫彭越不凡，起手便不草草，正見老成處。」又曰：「寫得雍容審慮，亦與他人不同。」❼不願與諸君　不願與爾等交往。與，相與；相處共事。❽期　約定。❾旦日　《索隱》曰：「謂明日之朝日出時也。」按：此處即指明日。其他說法見〈司馬穰苴列傳〉注。❿後期　遲到。⓫後者至日中　最晚的直至中午才到。⓬謝　告。⓭臣　按：謙稱「臣」，猶如謙稱「僕」

也，後世始只用於對「君」稱「臣」。⓮校長　意同「校尉」。古時一個將軍下屬各幹部，各部的長官稱作「校尉」。當時彭越草創人少，故手下只有一個「校長」。⓯越乃引一人斬之　凌稚隆引陳懿典曰：「此與穰苴之斬莊賈、孫武之斬宮嬪事同。」郭嵩燾曰：「彭越初起，其令不能行於校長，乃自引而斬之。」吳見思曰：「誅最後一人，情法兼至。」⓰設壇祭　祭天地、祭戰神，以及宣誓定盟等。〈陳涉世家〉亦有「為壇而盟，祭以尉首」，〈高祖本紀〉亦有「祠黃帝，祭蚩尤於庭」云云，做法相同。⓱乃令徒屬　意即真正把這些手下的人管轄了起來。令，管制；約束。⓲行略地　意即著手開拓地盤。⓳收諸侯散卒　收編那些被秦將章邯等打散了的各路義軍士兵。⓴沛公之從碭北擊昌邑　事在秦二世三年（西元前二〇七年）二月。當時項梁被章邯擊敗身死，劉邦的軍隊撤到碭郡（今河南夏邑東南）。章邯轉攻河北，楚懷王派宋義、項羽等救河北，派劉邦西取咸陽。劉邦率軍由碭郡出發，先北攻昌邑，這時與彭越相遇。㉑昌邑未下　〈高祖本紀〉云：「沛公引兵西，遇彭越昌邑，因與俱攻秦軍，戰不利。」接著劉邦又與魏將皇欣、武蒲等並攻昌邑，未能攻下。㉒引兵西　引兵向關中地區殺去。㉓收魏散卒　收編魏咎、魏豹以及皇欣、武蒲等被打散的軍隊。㉔項籍入關二句　項羽入關在漢元年十二月（當時以「十月」為歲首），項羽分封各路諸侯為王在漢元年一月二月三月。詳見〈項羽本紀〉。㉕還歸　指項羽由咸陽回到他自己的封地西楚（國都彭城，今江蘇徐州）。㉖毋所屬　由於彭越沒有跟著入關，所以項羽分封諸侯為王時就沒有封彭越，從而使彭越沒有著落。毋，通「無」。㉗漢元年二句　據〈秦楚之際月表〉，事在漢元年七月。㉘田榮畔項王　田榮是齊地義軍首領田儋之弟，田儋被秦將破殺後，田榮遂成了齊地的領袖。因他與項羽有矛盾，沒有跟著項羽入關，而項羽也就因此沒封田榮為王，所以分封一罷，田榮首先率眾反對項羽。他打走了項羽所封的齊王田都，攻殺了項羽所立的濟北王田安，又追殺了其兄田儋之子原齊王田市，盡併三齊而王之。同時又借兵給陳餘，使其反項羽於趙地。事情詳見〈田儋列傳〉。㉙乃使人賜彭越將軍印　「乃」上原有「漢」字，與《漢書》同，意謂是劉邦賜彭越將軍印。但據〈項羽本紀〉、〈高祖本紀〉，皆是田榮賜彭越將軍印。王先謙引劉攽曰：「田榮使越擊楚，此不合有『漢』字。」今據刪。㉚下濟陰以擊楚　意即擊楚之濟陰。濟陰，秦縣名，縣治在今山東定陶西北。㉛蕭公角　項羽的部將，史失其姓。《正義》曰：「蕭縣令。楚縣令稱公。角，名。」㉜越大破楚軍　按：田榮、陳餘、彭越三人之反項羽，客觀上為劉邦幫了大忙，使其輕易、從容地收復了三秦。㉝漢王二年二句　陳仁錫曰：「『漢王二年』、『漢王三年』，『王』字當削，《漢書》無。」梁玉繩曰：「『春』，當作夏。」按：事在漢二年（西元前二〇五年）四月。㉞與魏王豹及諸侯東擊楚　即劉邦率五十六萬人乘項羽伐齊，後方空虛，一舉攻入彭城之事也。㉟歸漢於外黃　外黃，秦縣名，縣治在今河南民權西北。按：當時劉邦有「理正」之名，收復三秦後又兵力強盛，故歸附者甚多，見於史者即有項羽所封之五六國，如司馬欣、董翳、魏豹、申陽、司馬卬等皆是也。㊱從弟　堂弟。㊲真魏後　真正的戰國時魏國王室的後代。㊳拜彭越為魏相國二句　何焯《義門讀書記》曰：「雖拜越為魏相，不受魏豹節度，得自主兵也。」《索隱》：「擅，猶『專』也。」㊴略定梁地　略定，開拓平定。梁地，指今河南省東部一帶地區。㊵解而西　潰散西逃。劉邦之五十六萬兵被項羽三萬人所擊破，狼狽西逃事，亦同在此年四月，詳見〈項羽本紀〉。㊶河上　《正義》曰：「滑州河上也。」即今河南滑縣一帶的古黃河邊上。㊷漢王三年　西元前二〇四年。當時劉邦正與項羽相持於滎陽。㊸游兵　游擊兵團。㊹絕其後糧於梁地　在開封一帶進行游擊戰，斷絕項羽後方對前方的運輸供應。㊺漢四年二句　即漢四年（西元前二〇三年）的年初，當時以「十月」為歲首。㊻相距　相持；相對立。㊼睢陽外黃十七城　皆在今河南開封東南，與項羽之國都彭城相距不遠。睢陽，秦縣名，縣治在今河南商丘西南。㊽使曹咎守成皋　曹咎，項羽的部將，時為大司馬之職。成皋，古邑名，後來也稱「虎牢關」，歷來為軍事要地，在當時的滎陽西，今河南滎陽西北之汜水鎮。按：曹咎不聽項羽囑咐，出城與劉邦開戰，被劉邦擊破自殺事，見〈項羽本紀〉、〈高祖本紀〉。㊾穀城　秦邑名，在當時的東阿東，今山東東阿南。㊿漢五年二句　西元前二〇二年。梁玉繩曰：「『秋』當作『冬』。」按：梁說是。有人見《漢書》本段之敘事無此三字，遂謂此文之「漢五年」三字衍，其實不然。蓋項羽因形勢日蹙而向劉邦求和，雙方結鴻溝之約，是在漢四年九月；而項羽之撤軍東歸，與劉邦毀約東追，則在五年之歲首冬十月也。《漢書・高帝紀》敘述明確，而《史記・高祖本紀》乃將項羽東歸與劉邦陽夏之敗敘述於四年內，遂與多處不合。(51)項王之南走陽夏　陽夏，秦縣名，縣治即今河南太康。項羽與劉邦訂立鴻溝之約後，遂釋放了劉邦之父與呂后，自己率軍離開滎陽向東南方向撤退，遂至陽夏也。(52)斛　古量器名。一斛為十斗。(53)以給漢王食　給，供應。凌稚隆《漢書評林》曰：「彭越雖非韓信比，然常以游兵出入梁楚間，為羽心腹之疾，則越之功居多。」(54)漢王敗二句　梁玉繩引劉攽曰：「此時漢未敗，（『敗』字）疑是『數』字。」按：應作「數」，並與下句連讀。(55)為項籍所敗固陵　固陵，秦縣名，縣治在當時的陽夏（今太康）縣南，陳郡（淮陽）西北。劉邦與項羽締結鴻溝之約後，項羽引兵東撤，劉邦則採用張良、陳平之謀，撕毀條約，揮兵追了過去。劉邦本來是招呼韓信、黥布、彭越等一齊進兵合擊項羽的，結果各路大軍均不至，只有劉邦自己的一路追擊項羽。於是項羽遂在陽夏一帶回師反擊劉邦，劉邦又遭慘敗。詳情見〈項羽本紀〉、〈高祖本紀〉。(56)齊王信之立二句　韓信於漢四年十一月平定齊國後，派人向劉邦請求為齊王，劉邦開始大怒，後來聽從張良、陳平之謀，遂立以為齊王事。見〈淮陰侯列傳〉。(57)不自堅　指心不定；心存懷疑。(58)彭越本定梁地　梁地最初是由彭越開拓、平定的。本，原本；最初。「本定」語又見於〈田儋列傳〉。(59)以魏豹故二句　大意謂因為當時有魏豹存在，不能封彭越為魏王，所以只好封彭越為魏相國。(60)不蚤定　指不及早作決定封彭越為梁（魏）王。蚤，通「早」。61與此兩國約　現在就可以先向韓信、彭越等說好。62即勝楚　日後打敗項羽後。即，若。63睢陽以北至穀城二句　意謂將今河南省東部與山東省西部的大片地盤劃給彭越，封其為梁（魏）王。64從陳以東傅海　從陳郡（郡治即今河南淮陽）以東直到東海邊，約當今之河南省東南部與安徽、江蘇兩省的北部地區。傅，《索隱》曰：「音附。」意即「貼近」。65齊王信家在楚　韓信的家在今江蘇淮陰。66此其意欲復得故邑　按：將「從陳以東傅海」封與韓信，則原來韓信領有的齊國究竟歸誰，此處未明說，似乎已給日後將韓信由齊王移封楚王埋下伏線。然若將「欲復得」解釋為「想再得到」，則似乎是除了原有的齊國外，再將「從陳以東傅海」加封給韓信。67今　將。68即不能二句　凌稚隆曰：「留侯所言，誠大計也，然二人族滅，已根于此。」即，若。69會垓下二句　垓下，古地名，在今安徽固鎮東五十里。〈項羽本紀〉云：「使者至，韓信、彭越皆報曰：『請今進兵。』韓信乃從齊往；劉賈軍從壽春並行，屠城父，至垓下；大司馬周殷叛楚，以舒屠六，舉九江兵，隨劉賈、彭越皆會垓下，詣項王。」按：劉邦與諸路軍馬破項羽於垓下事，在漢五年十二月。〈高祖本紀〉云：「高祖與諸侯兵共擊楚軍，與項羽決勝垓下。淮陰侯將三十萬自當之，孔將軍居左，費將軍居右，皇帝在後，絳侯、柴將軍在皇帝後。項羽之卒可十萬。淮陰先合，不利，卻。孔將軍、費將軍縱，楚兵不利，淮陰復乘之，大敗垓下。」70項籍已死　上原有「五年」二字，梁玉繩《史記志疑》曰：「『五年』二字衍，上文已書之。」據刪。71立彭越為梁王二句　據〈秦楚之際月表〉、《漢書．高帝紀》，皆謂漢五年之一月劉邦封彭越為梁王，移韓信為楚王；二月，劉邦即皇帝位。而〈高祖本紀〉乃書封彭越等於劉邦為皇帝之後，疑應從前說。定陶，秦縣名，縣治在今山東定陶西北。

【語譯】 彭越是昌邑人，字仲。曾在鉅野澤中打魚，當土匪。陳勝、項梁起兵時，有些年輕人對彭越說：「有那麼多人都自立旗號造了秦朝的反，你也可以學著他們的樣子。」彭越說：「現在就如同兩條強龍相鬥，我們可以暫等一下。」

2　過了一年，水澤裡結伙的青年已有百多人，他們來找彭越說：「請你給我們當頭兒。」彭越推辭道：「我不願意和你們共事。」青年們再三地懇求，彭越才答應。彭越與那些青年們約定次日清晨日出時集合，遲到者要被斬首。第二天日出集合時，有十多個人遲到，最晚的到中午才來。於是彭越向大家講道：「我年紀大了，本不想當這個頭兒，你們一定讓我做，今天集合遲到的人這麼多，不能都殺，那就殺來得最晚的那個吧。」於是命令隊長動手。眾人都笑了，說：「哪有這麼嚴重？就饒了他這一回吧，下次不敢了。」彭越不聽，把那個遲到的拉出來殺了，隨後設立祭壇，發號施令。嚇得人人大驚失色，害怕彭越，沒有一個人敢抬頭。於是彭越領這伙人邊打地盤，邊收編各路的散兵，很快就發展到一千多人。

3 等到劉邦從碭縣出兵向北攻打昌邑時，彭越曾去援助過他。結果昌邑沒打下來，劉邦又率軍向西去了。於是彭越也就率領著他的部下又回到了鉅野澤，這期間又收編了一部分魏地的散兵。等到項羽入關，分封各路諸侯，大家各自回到封地後，彭越和他部下的一萬多人無所歸屬。漢高祖元年，秋天，齊王田榮首先背叛了項羽，田榮便派人賜給彭越將軍印，讓他南下濟陰攻打楚兵。項羽派蕭公角率軍迎擊彭越，結果被彭越打得大敗。漢高祖二年，春天，劉邦與魏王豹等諸侯兵東下彭城攻楚，彭越也率三萬人在外黃歸屬了劉邦。劉邦說：「彭將軍在魏地奪得了十幾座城池，急著要立魏王的後代。這個西魏王魏豹也是魏王咎的堂弟，真正是魏王的後代。」於是就任命彭越做了魏王的相國，讓他獨立率軍開拓、鎮守舊日梁國的領地。

4 劉邦兵敗彭城向西逃走後，彭越所占領的城池也隨即失去，他獨自領著人馬北退到滑州一帶的黃河邊上。漢高祖三年，彭越經常作為劉邦的游擊部隊，來來去去打擊楚軍，在大梁一帶斷絕楚軍後方的糧道。漢高祖四年，冬天，項羽與劉邦相持於滎陽，這時彭越趁機攻下了睢陽、外黃等十七座城。項羽聞訊後，讓曹咎留守成皋，自己率兵東下，又把被彭越攻下的城鎮奪了回去。彭越領著他的敗兵北退到穀城。漢高祖五年，秋天，楚、漢講和訂約後，項羽的軍隊南退到了陽夏，彭越又趁勢攻下了昌邑周圍的二十幾座城鎮，並獲得十幾萬斛糧食，正好供給劉邦作軍糧。

5 緊接著追擊項羽的劉邦又出師不利，派人叫彭越與他合力攻楚。彭越說：「魏地剛剛平定，人們還害怕楚軍，我還暫時不能離開。」劉邦自己進擊楚軍，又被項羽在固陵打敗。劉邦對張良說：「各路將領的人馬不聽我的調遣，怎麼辦？」張良說：「齊國韓信的稱王，不是您的本意，韓信自己心裡也不踏實。彭越平定了大梁一帶，功勞很多，開始您由於魏豹的緣故，只封彭越當相國。現在魏豹已經死了，又沒有後代，彭越也是希望自己稱王呀，而您又沒有及早地任命他。如果我們現在能跟他們約定：一旦打敗了項羽，睢陽以北到穀城，都給彭越，讓他稱王；從陳以東到海邊，都給齊王韓信，韓信的家鄉在楚，他心裡也是想要再得到故鄉的這塊地方。您要是能捨出這兩塊地盤給這兩人，這兩人立刻就能率兵趕到；要是捨不得，事情的成敗就很難說了。」於是劉邦馬上決定派使者到彭越那裡去，按張良的計策辦。果真劉邦的使者一到，彭越就立刻率領全部人馬與劉邦會師於垓下，結果楚軍被打敗，項羽自殺。就在這一年的春天，劉邦封彭越為梁王，建都於定陶。

1 六年❶，朝陳❷。九年❸、十年❹，皆來朝長安❺。

2 十年，秋❻，陳豨反代地❼，高帝自往擊。至邯鄲❽，徵兵梁王❾。梁王稱病，使將將兵詣邯鄲❿。高帝怒，使人讓⓫梁王。梁王恐，欲自往謝⓬。其將扈輒曰：「王始不往，見讓而往，往則為禽矣。不如遂發兵反。」梁王不聽，稱病。梁王怒其太僕⓭，欲斬之。太僕亡走漢，告梁王與扈輒謀反。於是上使使掩⓮梁王，梁王不覺，捕梁王，囚之雒陽⓯。有司治⓰反形已具⓱，請論如法⓲。上赦以為庶人⓳，傳處蜀青衣⓴。西至鄭㉑，逢呂后從長安來，欲之雒陽，道見彭王。彭王為呂后泣涕，自言無罪，願處故昌邑㉒。呂后許諾，與俱東至雒陽。呂后白上曰：「彭王壯士㉓，今徙之蜀，此自遺患，不如遂誅之。妾謹與俱來。」於是呂后乃令其舍人告彭越復謀反㉔，廷尉王恬開奏請族之㉕，上乃可。遂夷越宗族，國除㉖。

【章　旨】以上為第四段，寫彭越被劉邦、呂后所猜忌而強加罪名，予以殺害。

【注釋】❶六年　西元前二〇一年。❷朝陳　到陳郡朝見劉邦。據〈淮陰侯列傳〉，此時有人上書告發韓信造反，劉邦聽取陳平的建議，假說要南遊雲夢澤，中途路經陳郡時，要諸侯們都來朝見，實際是為了趁機襲捕韓信，事在漢六年十二月。❸九年　西元前一九八年。❹十年　西元前一九七年。❺來朝長安　到長安朝見劉邦。長安，古城名，舊址在今西安市城北。劉邦初即皇帝位時建都洛陽，至七年夏，接受婁敬建議遷都長安。❻十年二句　據〈高祖本紀〉，事在漢十年八月，《漢書・高帝紀》與《資治通鑑》皆書之於漢十年九月。❼陳豨反代地　陳豨，劉邦的開國功臣，漢七年（西元前二〇〇年）冬，在馬邑（今山西朔縣）為王的韓王信叛變劉邦，與匈奴相勾結，劉邦任陳豨為代相，監代、趙邊兵。因其盛養賓客，為趙相周昌所告發。劉邦懷疑陳豨謀反，召陳豨進京，於是陳豨遂舉兵反。過程詳見〈韓信盧綰列傳〉。代，秦郡名，郡治代縣（今河北蔚縣東北）。漢六年，劉邦封其兄劉喜為代王，都代縣。漢七年韓王信叛降匈奴，引匈奴攻代，劉喜棄地逃回洛陽。劉邦遂任陳豨為代相。❽邯鄲　即今河北邯鄲，當時趙國的首都。當時的趙王為劉邦子劉如意。❾徵兵梁王　意即讓梁王親自帶兵前往。❿梁王稱病二句　按：此種怠慢主子的情景與黥布當年之對項羽同。〈黥布列傳〉云：「項王往擊齊，徵兵九江，九江王布稱病不往，遣將將數千人行。」項羽自此與黥布生隙。詣，到。⓫讓　責備。⓬謝　請罪。⓭太僕　為帝王趕車，兼為帝王管理車馬的官，時為「九卿」之一。漢初的諸侯國與中央朝廷的官制一樣，故梁國亦有「太僕」。⓮掩　襲捕。⓯雒陽　同「洛陽」，在今河南洛陽東北。當時劉邦雖已移都長安，但仍有許多時間住在洛陽。⓰有司治　有司，主管該項事務的人。治，審理；推問。⓱反形已具　《集解》引張晏曰：「扈輒勸越反，不聽，而云『反形已具』，有司非也。」瓚曰：「扈輒勸越反，而越不誅輒，是反形已具。」瀧川引中井曰：「『反形已具』雖出於有司鍛鍊，然無病而稱病者再，是不能自理者。及無故修城池、造兵器之類，一經有司之考問，而不能自理者多有之也。註瓚之說，即獄吏之舞文。」⓲請論如法　請依法將其治罪。論，定罪；判處。⓳庶人　平民。⓴傳處蜀青衣　以傳車將其押往蜀地的青衣縣安置。傳，傳車；驛車。青衣，漢縣名，縣治在今四川名山北。陳直曰：「《封泥考略》卷五有『青衣道令』封泥四枚，西安漢城又出『青衣尉印』五枚，其數量之多僅次於『嚴道令印』、『嚴道橘丞』等封泥。蓋西漢初青衣、嚴道為流放罪人之所，故與京師往來公牘頻繁。」㉑鄭　秦縣名，縣治即今陝西華縣。㉒願處故昌邑　意即希望回昌邑老家。㉓壯士　猶今之所謂「好漢」。有才氣、志氣，並敢做敢為的人。㉔呂后乃令其舍人告彭越復謀反　史珥《四史剿說》曰：「此子長憐越無罪，而代之申冤也。」按：漢初三將之死因，史公於彭越交代最明晰，於韓信交代最含混，讀者可以彼此參照。黃震《黃氏日鈔》曰：「彭越有大功，無反意，既以疑間掩捕，論罪遷蜀青衣矣，呂氏又詐使人告其反，族之，何忍哉？」吳見思《史記論文》曰：「信、越、布三人之死也，越最無罪，故史公直書不諱。」舍人，食客之為其主人充當役使者。㉕廷尉王恬開奏請族之　廷尉，國家最高的司法官，「九卿」之一。王恬開，應作「王恬啟」，書「開」是避景帝之諱。梁玉繩曰：「彭越之族在高帝十一年，而〈公卿表〉十年是廷尉宣義，十二年廷尉育，則非王恬開，此時恬開恐尚為郎中令也。」按：此廷尉亦善解帝、后之意者，史公筆下無限感慨。㉖上乃可三句　按：有家人舉報，有法官論判奏請，而後皇帝乃將其族滅，手續齊全，真可謂滴水不漏。

【語譯】漢高祖六年，彭越曾到陳郡朝見劉邦。九年、十年，又兩次到長安朝見劉邦。

2 漢高祖十年，秋天，陳豨在代地造反，劉邦親自率軍前往討伐。劉邦到達邯鄲時，下令彭越帶兵前往。彭越謊稱自己有病，派手下的其他將領領兵到了邯鄲。劉邦很生氣，派人去責備彭越的怠慢。彭越害怕了，想要自己前往請罪。他的部將扈輒說：「起初您不去，等受了責備又去了，說明您真是裝病，您去了肯定要被抓起來。不如乾脆起兵造反。」彭越不聽，只是繼續裝病不出。後來彭越因為生他太僕的氣，想要殺他，這個太僕就逃到了劉邦那裡，向劉邦報告說彭越跟扈輒想一起造反。於是劉邦派人前去襲捕彭越，彭越完全沒有準備，突然被捕了，被押解囚禁在洛陽。有關部門審判追問了一陣，就說他造反的證據確鑿，請皇上依法處治。而劉邦還是決定「寬恕」他，把他貶為平民，用驛車把他發送到蜀地的青衣縣去。彭越走到鄭縣時，正巧呂后從長安來，想到洛陽去，中途遇見了彭越。彭越向呂后哭訴自己無罪，並請求回自己的老家昌邑為民。呂后假意答應了，又把他帶回了洛陽。呂后對劉邦說：「彭越可不是個一般人，現在你把他發放到西蜀去，這是給自己留下後患，不如乾脆把他殺掉。我已經把他帶回來了。」於是呂后就指使彭越的左右誣告彭越還要謀反，而廷尉王恬開則啟奏劉邦請他下令滅掉彭越的整個家族，劉邦同意了。於是彭越的整個家族遂被殺光，彭越的封國也被廢除了。

太史公曰：魏豹、彭越雖故賤，然已席卷千里❶，南面稱孤❷，喋血乘勝❸，日有聞矣❹。懷畔逆之意，及敗，不死而虜囚❺，身被刑戮❻，何哉？中材❼已上且羞其行，況王者乎！彼無異故，智略絕人，獨患無身耳❽。得攝尺寸之柄❾，其雲蒸龍變，欲有所會其度❿，以故幽囚而不辭云⓫。

【章　旨】以上為第五段，是作者的論贊。作者雖將魏豹、彭越二人並提，實則主要是表現了對彭越悲劇結局的無限感慨。

【注　釋】❶席卷千里　極言其奪地之快與獲地之廣。❷南面稱孤　即指為王，因帝王常自稱曰「孤」、曰「寡人」。❸喋血乘勝　《索隱》曰：「喋，猶『踐』也，殺敵踐血而行。」指克敵制勝，乘勢追擊。❹日有聞矣　沈家本曰：「言功名聞於當日也。」意即曾名震一時。❺不死而虜囚　指遇敗不自殺，能甘心受縛下獄。❻身被刑戮　指能忍恥受刑。❼中材　中等才智。指普通人、平常人。❽獨患無身耳　指不輕易死，忍辱苟活而言。陳仁錫曰：「此句太史公有深意在。」董份曰：「太史公腐刑不即死，亦欲以自見耳，故於此委曲致意如此。」❾得攝尺寸之柄　攝，抓取；掌握。尺寸之柄，比喻一種很小的權力。❿欲有所會其度　希望能遇到機會施展其才。度，氣量；才幹。⓫故幽囚而不辭云　中井積德曰：「『懷畔』句，在越為誣；『被刑戮』，在豹不當；又『智略絕人』句，亦在魏豹為不當，蓋是贊主意在彭越也。」按：中井說極當。贊語開頭之所謂「雖故賤」，恐亦只能指彭越，而不能指六國王室後裔的魏豹。又，〈季布欒布列傳〉云：「以項羽之氣，而季布以勇顯於楚，身履典軍搴旗者數矣，可謂壯士。然至被刑戮，為人奴而不死，何其下也！彼必自負其材，故受辱而不羞，欲有所用其未足也，故終為漢名將。賢者誠重其死。夫婢妾賤人感慨而自殺者，非能勇也，其計畫無復之耳。」與此篇之論贊，意思完全相同，既有對彭越悲劇結局的惋惜，又有自己身世之感的借題發揮。楊慎曰：「此贊曲折甚奇，能言豪傑意中事，取眾人所不取，亦其素意如此。」

【語　譯】太史公說：魏豹、彭越開始雖然很卑賤，但是後來全都勢如破竹地開拓了大片疆土，並且稱了王。他們踏著敵人的鮮血而乘勝前進的偉績，我早就聽人們講說過了。等到他們圖謀造反的計畫失敗，他們不自殺，而是甘願坐牢受辱，忍恥受刑，這是為什麼呢？凡是一個普通人略有點兒志氣的都會對這種行為感到羞恥，更何況是曾經稱過王的人呢！這裡邊沒有別的原因，就是因為他們的才智過人，所怕的就是自己不復存在。只要自己尚有一口氣，又能掌握上一點權，那麼在難以預料的風雲變幻中，說不定能遇到施展抱負的機會。所以他們才寧作囚徒而在所不惜。

【研　析】〈魏豹彭越列傳〉的思想內容有如下幾點：

一、作品寫了戰國時魏國的後裔魏咎、魏豹在陳涉起義後，也在魏地起兵為自己打天下的情景。魏咎被秦軍包圍，大禍難免，於是他先向秦軍約降，而後自殺身死，免卻了一城的無謂犧牲，可謂仁義之君。魏豹又起兵與秦軍作戰，秦滅後被項羽封為魏王。魏豹因不滿項羽將其移至晉南，於是投靠劉邦，隨劉邦東下攻克了彭城。後又因劉邦失敗而反叛，被韓信攻滅其國。可見魏豹是一個反覆無常之徒，人品不足取。

二、作品讚揚了彭越在反秦以及後來在楚漢戰爭中的重要作用。彭越是「土匪」出身，陳涉起義後，他也拉起一支人馬，轉戰於今魯豫蘇皖交界的一帶地區。由於他沒有跟著劉邦、項羽等一道入關，所以，項羽分封諸侯時就沒有他的分。項羽回到彭城自稱西楚霸王後，首先倡議反項的是齊地的田榮，其次就是彭越。他們吸引了項羽的注意力，為劉邦收復關中，並東下襲擊彭城提供了絕好機會。劉邦兵敗彭城，逃回滎陽後，彭越留在東方，「常往來為漢游兵，擊楚，絕其後糧於梁地」，弄得項羽疲於奔命，直到完全被拖垮。因此，彭越是劉邦最早封王的極少數的幾個功臣之一。

三、作品揭露了劉邦、呂后強加罪名誅除功臣的卑劣與殘暴。彭越和韓信、黥布一樣，在最後消滅項羽前都曾向劉邦討價還價，如本文中所說：「漢王敗，使使召彭越并力擊楚。越曰：『魏地初定，尚畏楚，未可去。』漢王追楚，為項籍所敗固陵。」後來張良給劉邦出主意，讓劉邦答應事成後分給他們大片地盤。這樣，彭越才「悉引兵會垓下，遂破楚」。彭越、韓信等的這種做法是劉邦所極其害怕，所不能容忍的。從有關的作品看，彭越、韓信等主觀上的確沒有造反的意思，他們只是想能夠封王而已。但由於他們本事太大，功勞又多，所以劉邦、呂后不能放過他們，必須把他們消滅。文中寫呂后「乃令其舍人告彭越復謀反」，於是「遂夷越宗族」。看來，這所謂告人「謀反」，原來是呂后等人自己安排、指使的。這是漢初所誅功臣的列傳中，司馬遷為之剖白得最具體、最明晰的一篇。

四、在對待劉邦的迫害上，彭越與黥布的表現不同。黥布是被逼無奈採取了起兵造反，當劉邦問他為何而反，黥布說：「欲為帝耳！」比較有豪氣、有悲劇性。而彭越則束手就擒，並向呂后涕泣求告，顯得相當軟弱。司馬遷對此說：「及敗，不死而虜囚，身被刑戮，何哉？……彼無異故，智略絕人，獨患無身耳。得攝尺寸之柄，其雲蒸龍變，欲有所會其度，以故幽囚而不辭云。」表現了作者自己的一種人生觀、生死觀。在司馬遷看來，不僅彭越如此，連魏咎、魏豹也都有這種特點。他們的具體經歷雖不相同，但都有著相同的人生觀，都有相同的悲劇命運。

卷九十一

黥布列傳第三十一

【題解】作品記述了黥布由驪山囚徒至逃逸江中為盜，再至成為項羽部將，隨項羽大破秦軍於鉅鹿，終至因戰功被項羽裂地封王；後因與項羽產生隔閡，遂被劉邦乘隙策反，最後與韓信、彭越等大破項羽於垓下，又被劉邦裂土封王；劉邦殺死韓信、彭越後，黥布因畏懼而起兵造反，最後兵敗被殺的過程。黥布是一個能征慣戰，但沒有政治頭腦的赳赳武夫。在黥布被殺的問題上，司馬遷具體的寫出了其因由始末，表現了對被殺功臣的同情與對劉邦、呂后的憎惡。

1 黥布❶者，六❷人也，姓英氏❸。秦時為布衣。少年，有客相之曰：「當刑而王。」及壯，坐法黥❹。布欣然笑曰：「人相我當刑而王，幾是乎❺？」人有聞者，共俳笑❻之。布已論輸麗山❼，麗山之徒❽數十萬人，布皆與其徒長❾豪桀❿交通，迺率其曹偶⓫亡之江中⓬，為羣盜。

2 陳勝之起⓭也，布迺見番君⓮，與其眾叛秦，聚兵數千人。番君以其女妻之。章邯之滅陳勝⓯，破呂臣⓰軍，布乃引兵北擊秦左右校⓱，破之清波⓲，引兵而東。

聞項梁[19]定江東會稽[20]，涉江而西[21]，陳嬰[22]以項氏世為楚將，迺以兵屬項梁[23]。渡淮南[24]，英布、蒲將軍[25]亦以兵屬項梁。

3 項梁涉淮而西，擊景駒、秦嘉[26]等，布常冠軍[27]。項梁至薛[28]，聞陳王定死，迺立楚懷王[29]。項梁號為武信君，英布為當陽君[30]。項梁敗死定陶[31]，懷王徙都彭城[32]，諸將英布亦皆保聚彭城[33]。當是時，秦急圍趙[34]，趙數使人請救。懷王使宋義為上將[35]，范增為末將，項籍為次將[36]，英布、蒲將軍皆為將軍，悉屬宋義，北救趙。及項籍殺宋義於河上[37]，懷王因立籍為上將軍，諸將皆屬項籍。項籍使布先渡河擊秦[38]，布數有利，籍迺悉引兵涉河從之[39]，遂破秦軍，降章邯等[40]。楚兵常勝，功冠諸侯，諸侯兵皆以服屬楚者，以布數以少敗眾也[41]。

4 項籍之引兵西至新安[42]，又使布等夜擊阬章邯秦卒二十餘萬人[43]。至關[44]，不得入[45]，又使布等先從間道[46]破關下軍[47]，遂得入，至咸陽[48]。布常為軍鋒[49]。項王封諸將，立布為九江王[50]，都六。

【章旨】以上為第一段，寫黥布初隨項羽破秦，被項羽封為九江王的經過。

【注釋】❶黥布 《史記評林》引鄧以瓚曰：「以刑故，人着（黥）於名上呼之耳。」王鳴盛《十七史商榷》曰：「《史記》因英布曾犯罪而黥，遂稱『黥布』；《漢書》因田千秋乘小車，號車丞相，遂稱之為『車千秋』，漢人隨意立名如此。」

❷六　秦縣名，縣治在今安徽六安北。❸姓英氏　《索隱》曰：「布本姓英。英，國名也，咎繇之後。」按：古時「姓」與「氏」原有區分，同出於一個祖先，謂之同「姓」；在同一個「姓」裡再按居住地區，或某種職業、某種官職等分成若干支派，叫做「氏」。至漢時人們對此已經不太講究，故《史記》中常將「姓」「氏」並用，如〈秦始皇本紀〉之稱秦王政「姓趙氏」是也。❹坐法黥　由於犯法而被臉上刺字。坐，因。黥，古代在犯人臉上刺字塗黑的一種刑法，也稱「墨刑」。❺幾是乎　大概就是指這個吧。《集解》曰：「幾，近也。」王念孫曰：「『幾』讀為『豈』，言人謂我當刑而王，今豈是乎？『幾』與『豈』古同聲而通用。」亦可。❻俳笑　戲笑；以之取樂。《漢書》直作「戲笑」。張照《殿本史記考證》曰：「相共諧謔而非笑之。」李笠《史記訂補》曰：「俳，戲也。」王駿圖《史記舊注平議》曰：「蓋布自言當王，故眾詘笑之以為戲樂耳。」❼論輸麗山　被判罪押往麗山服役。論，判罪。麗山，通「驪山」。在今陝西臨潼東南。此處即指驪山腳下的秦始皇陵墓工地，在今臨潼市東北。❽徒　勞役犯。❾徒長　管理犯人的小頭領。❿豪桀　犯人之有才幹、有威信者。⓫曹偶　輩；類；同一類的人。⓬亡之江中　亡，潛逃。江中，大概指今江西、安徽一帶的長江上。⓭陳勝之起　事在秦二世元年（西元前二〇九年）七月，過程見〈陳涉世家〉。⓮番君　番縣的縣令，姓吳名芮，後來因派將隨項羽反秦，被項羽封為衡山王，後來又被劉邦封為長沙王。《漢書》中有〈吳芮傳〉。番，秦縣名，縣治在今江西波陽東北。⓯章邯之滅陳勝　事在秦二世二年（西元前二〇八年）十二月。當時以「十月」為歲首，陳涉從起事至滅亡，總共六個月。章邯，秦朝名將，原為秦朝之少府。當陳涉的西征軍攻至秦都咸陽東南之戲水時，秦命章邯為將。章邯擊潰了陳涉的西征軍，破殺其將周文；又率兵東進，破殺陳涉於陳郡城西。⓰呂臣　陳勝的部下，陳勝兵敗被殺後，呂臣收合餘眾，又曾一度收復了陳郡，繼續堅持「張楚」的旗號，後被秦朝的左右校打敗，事見〈陳涉世家〉。⓱左右校　〈陳涉世家〉之《索隱》曰：「即左右校尉軍也。」按：此「左右校」疑即章邯部下之校尉。古時一個將軍統領若干「部」，「部」的長官即校尉。⓲清波　〈陳涉世家〉作「青波」，秦縣名，縣治在今河南新蔡西南。⓳項梁　項羽之季父。⓴定江東會稽　會稽，秦郡名，郡治即今蘇州市。項梁、項羽起兵於會稽，在秦二世元年九月，而後迅即平定了下屬各縣，見〈項羽本紀〉。㉑涉江而西　秦二世二年一月，陳涉的部將召平率兵略地至廣陵（今揚州市），風聞陳涉敗死，乃渡江，假以陳涉的命令拜項梁為上柱國，請其渡江西進，項梁等遂於二月率八千人渡江而西。㉒陳嬰　當時活動在東陽縣（今安徽天長西北）一帶的義軍頭領。㉓迺以兵屬項梁　陳嬰起事後，有人欲擁立以為王，其母勸其勿應，時值項梁渡江，陳嬰遂率部歸之，事見〈項羽本紀〉。㉔渡淮南　瀧川曰：「楓、三本無『南』字，此疑衍。」按：瀧川說是，「渡淮」即渡淮水北上。㉕蒲將軍　史失其名，後來與黥布都成為項羽部下的名將。㉖景駒秦嘉　都是當時楚地的義軍頭領。

陳涉死後，秦嘉擁立楚國的老貴族景駒為王，項梁對此不滿意，故起兵攻滅之，詳見〈項羽本紀〉。㉗布常冠軍　黥布之勇猛善戰為全軍之冠。㉘薛　秦縣名，縣治在今山東滕縣東南。㉙迺立楚懷王　事在秦二世二年六月。楚懷王，姓熊名心，戰國時楚王的後裔。項梁採納范增的建議，為便於號召楚國的遺民反秦，故從鄉間找來楚懷王（西元前三二八—前二九九年在位）的孫子（名心），立以為楚王，並仍稱之為「楚懷王」，事見〈項羽本紀〉。㉚英布為當陽君　《正義》曰：「南郡當陽縣也。」按：此「當陽君」疑僅為封號，未必實有封地。其主子項梁「號為武信君」，蓋亦尚無封地也。㉛項梁敗死定陶　事在秦二世二年九月。時項梁連續勝利，尤其是破殺了秦丞相李斯之子三川守李由，於是驕傲輕敵，被章邯所敗殺，詳見〈項羽本紀〉。㉜懷王徙都彭城　楚懷王原來都於盱台（今江蘇盱眙東北），項梁死後，懷王為收聚破敗的義軍，徙都前進至彭城（今徐州市）。㉝諸將英布亦皆保聚彭城　保聚，收縮兵力，集中堅守。據〈項羽本紀〉，項梁敗死後，懷王乃收取項羽、呂臣之兵自將之，而令劉邦為碭郡長，將碭郡兵。㉞秦急圍趙　章邯破殺項梁後，以為楚地之寇不足憂，遂渡河北上，與王離等圍困河北義軍張耳、趙王歇於鉅鹿（今河北平鄉西南），事在秦二世二年後九月。㉟宋義為上將　宋義，楚懷王的部將，因其曾預言項梁驕兵必敗，故受到懷王寵信，命以為大將，使其統領項羽、范增、英布等北上救趙。上將，〈項羽本紀〉稱之為「卿子冠軍」，即最高軍事長官。㊱范增為末將二句　增原作「曾」，據他卷改。按：此處之「末將」「次將」並非固定名稱，只表示其在軍中的臨時地位。㊲項籍殺宋義於河上　事在秦二世三年（西元前二〇七年）十一月。楚懷王是項氏所立的傀儡，項梁驕傲，心目中沒有懷王是可以想見的。項梁敗死後，懷王奪了項羽的兵權，令其受宋義統屬，項羽自是不服，因此在北上途中殺了宋義，自立為上將軍。懷王無法，只好補任了項羽，過程詳見〈項羽本紀〉。河上，當時宋義等駐兵安陽（今山東曹縣東北），其地臨近濟水，距黃河尚遠，此云「河上」，失當。㊳使布先渡河擊秦　此處之「河」，有人說指黃河，有人說指漳河。漳河離鉅鹿較近，黃河離鉅鹿較遠，二者皆路途所必經，因此二說皆可。茅坤《史記鈔》曰：「羽之敗秦兵，由布先渡河嘗之也。」㊴籍迺悉引兵涉河從之　〈項羽本紀〉於此云：「項羽乃悉引兵渡河，皆沉船，破釜甑，燒廬舍，持三日糧，以示士卒必死，無一還心。」㊵遂破秦軍二句　項羽破秦軍，解鉅鹿之圍，在秦二世三年十二月（當時以十月為歲首）；章邯兵敗於項羽後，又與秦廷之權臣趙高矛盾尖銳，走投無路，乃於秦二世三年七月率部下二十餘萬人投降項羽。過程詳見〈項羽本紀〉。㊶以布數以少敗眾也　劉辰翁《班馬異同評》曰：「曰『布常冠軍』，曰『常為軍鋒』，曰『楚兵常勝，功冠諸侯，以布數以少勝眾也』，皆於敘事中提掇其功。」吳見思《史記論文》曰：「借項羽寫英布，看來反若英布高出項羽一頭，借客形主之法。」㊷新安　秦縣名，縣治在今河南澠池東。㊸夜擊阬章邯秦卒二十餘萬人　項羽收編了章邯的軍隊後，聽說劉邦已經攻下了秦都咸陽（事在西元前二〇六年十月）。因為楚懷王說過，誰首先攻下咸陽誰就當關中王，所以項羽急匆匆地帶著軍隊趕往關中去與劉邦相爭奪。行至新安，聽到新收編的秦卒中有人對前途疑慮不安，於是項羽遂命英布將秦卒二十萬全部活埋於新安城南。過程詳見〈項羽本紀〉。㊹關　此指函谷關，在今河南靈寶東北，是東方人秦的門戶。㊺不得入　據〈高祖本紀〉，有人對劉邦說：「秦富十倍天下，地形強。今聞章邯降項羽，項羽乃號為雍王，王關中。今則來，沛公恐不得有此。可急使兵守函谷關，無內諸侯軍。」於是劉邦遂派兵據守。㊻間道　不被人注意的小道。㊼破關下軍　《藝文類聚》引《楚漢春秋》曰：「大將亞父（范增）至關，不得入，怒曰：『沛公欲反耶？』即令家發薪一束，欲燒關門，關門乃開。」與此小異。㊽至咸陽　「咸陽」是秦朝的首都，舊址在今咸陽市之東北，西安市之西北。項羽到達咸陽的時間是在漢元年（西元前二〇六年）十二月，比劉邦晚兩個月。㊾軍鋒　猶言「前鋒」。先頭部隊。㊿立布為九江王　事在漢元年一月。項羽於漢元年十二月到達咸陽城東後，先有驚心動魄的鴻門宴；劉邦與項羽暫時獲得妥協後，項羽遂於一月二月三月主持分封各路諸侯為王，詳情見〈項羽本紀〉。九江王，封地為九江郡，大體相當於今安徽省之長江以北、淮水以南地區。陳直曰：「《封泥考略》卷二有『南昌君布』封泥，文字為西漢初期物，疑黥布在九江王前之封號，而史失記載者。」

【語　譯】黥布是六縣人，姓英，秦未滅亡時只是個平民。年輕時，有人為他相面，說他：「命中注定要受刑罰，受刑後就會成王。」等到長大以後，果然因為犯罪而被臉上刺了字。黥布笑著說：「有人給我相面，說我受了刑就會稱王，大概是指這個吧？」當時聽到他說這話的人，都把他當成笑料。黥布被判處到驪山始皇陵墓去服苦役，當時那裡聚集的苦役犯有幾十萬人，黥布很注意和他們當中的一些首領、骨幹人物結交，後來就率領著他所結交的一伙子人逃到長江上，去做強盜了。

2　陳勝在大澤鄉起兵後，黥布就去找了番縣的縣令吳芮，與他一起起兵反秦，很快地擴大到幾千人。吳芮喜歡黥布，把自己的女兒許配了他。章邯消滅陳勝後，接著又打敗了呂臣，這時黥布避開鋒芒，率兵迂迴到了北面的清波，在清波打敗了秦軍的左右兩校尉，接著又率軍東進。這時，黥布聽說項梁已經平定了江東的會稽郡，正渡江西來，又聽說陳嬰因為項家世世代代是楚將，就率軍歸屬了項梁。在項梁渡過淮水後，英布、蒲將軍也帶著自己的人歸附了項梁。

3　等到項梁渡淮西進，攻打景駒、秦嘉等人的時候，英布總是打頭陣。待至項梁到了薛縣，聽說陳勝確實已經死了，於是他們就立了楚懷王。這時項梁號稱武信君，英布號稱當陽君。項梁在定陶戰敗陣亡，楚懷王將都城轉移到彭城後，英布等將領也一齊會聚防守在彭城。這時，章邯移兵攻趙，趙國的形勢危急，趙王幾次派人求救。於是楚懷王派宋義為上將，范增為末將，項羽為次將，英布、蒲將軍都為一般將領，全部歸宋義統轄，北上救趙。後來項羽在黃河邊上把宋義殺了，楚懷王無法，只好立項羽為上將軍，讓各個將領都聽項羽的指揮。於是項羽派英布首先渡過黃河向秦軍發起攻擊，英布連連獲勝，接著項羽也率領全軍跟著英布過了黃河，大破秦軍於鉅鹿，章邯等也被迫投降了。在當時的各路起義軍中，楚兵之所以勢如破竹，沒有任何軍隊可以與之相比，而各路軍隊之所以都敬服楚軍，就是因為打頭陣的英布總是能夠以少勝多。

4　當項羽率軍西進抵達新安時，又派英布等人夜間突襲，活埋了章邯的降兵二十多萬。到達函谷關時，有人把守，進不去，項羽還是派英布等人先從小路繞過去，打敗了守關的漢軍，項羽這才得以入關，進了咸陽。在這一系列戰鬥中，英布一直是項羽的先鋒。待至項羽分封諸將時，英布被封為九江王，建都在六縣。

1　漢元年四月，諸侯皆罷戲下❶，各就國。項氏立懷王為義帝❷，徙都長沙❸，迺陰令九江王布等行擊之❹。其八月，布使將擊義帝，追殺之郴縣❺。

2　漢二年❻，齊王田榮畔楚❼，項王往擊齊❽，徵兵九江❾，九江王布稱病不往，遣將將數千人行。漢之敗楚彭城❿，布又稱病不佐楚⓫。項王由此怨布，數使使者誚讓⓬召布⓭，布愈恐，不敢往。項王方北憂齊、趙⓮，西患漢⓯，所與⓰者獨九江王，又多⓱布材，欲親用之，以故未擊。

3 漢三年，漢王擊楚，大戰彭城⑱，不利⑲。出梁地⑳，至虞㉑，謂左右曰：「如彼等㉒者，無足㉓與計天下事。」謁者隨何㉔進曰：「不審㉕陛下㉖所謂。」漢王曰：「孰能為我使淮南㉗，令之發兵倍楚㉘，留項王於齊數月㉙，我之取天下可以百全。」隨何曰：「臣請使之。」迺與二十人俱，使淮南。至，因太宰主之㉚，三日不得見。隨何因說太宰曰：「王之不見何，必以楚為彊，以漢為弱，此臣之所以為使㉛。使何得見，言之而是邪，是大王所欲聞也；言之而非邪，使何等二十人伏斧質淮南市㉜，以明王倍漢而與楚㉝也。」太宰迺言之王，王見之。隨何曰：「漢王使臣敬進書大王御者㉞，竊怪大王與楚何親㉟也。」淮南王曰：「寡人北鄉㊱而臣事之。」隨何曰：「大王與項王俱列為諸侯，北鄉而臣事之，必以楚為彊，可以託國㊲也。項王伐齊，身負板築㊳，以為士卒先，大王宜悉淮南之眾，身自將之，為楚軍前鋒，今迺發四千人以助楚。夫北面而臣事人者，固若是乎？夫漢王戰於彭城，項王未出齊㊴也，大王宜騷淮南之兵渡淮㊵，日夜會戰彭城下；大王撫㊶萬人之眾，無一人渡淮者，垂拱㊷而觀其孰勝。夫託國於人者，固若是乎？大王提空名以鄉楚㊸，而欲厚自託㊹，臣竊為大王不取也。然而大王不背楚者，以漢為弱也。夫楚兵雖彊，天下負之以不義之名㊺，以其背盟約㊻而殺義帝也。然而楚王恃戰勝自彊[47]。漢王收諸侯[48]，還守成皋[49]、滎陽[50]，下蜀、漢[51]之粟，深溝壁壘[52]，分卒守徼乘塞[53]，楚人還兵[54]，間以梁地[55]，深入敵國八九百里[56]，欲戰則不得，攻城則力不能[57]，老弱轉糧千里之外[58]；楚兵至滎陽、成皋，漢堅守而不動，進則不得攻，退則不得解[59]，故曰楚兵不足恃[60]也。使楚勝漢，則諸侯自危懼而相救，夫楚之彊，適足以致天下之兵[61]耳。故楚不如漢，其勢易見也。今大王不與萬全之漢而自託於危亡之楚，臣竊為大王惑之。臣非以淮南之兵足以亡楚也，夫大王發兵而倍楚，項王必留[62]；留數月，漢之取天下可以萬全。臣請與大王提劍而歸漢，漢王必裂地[63]而封大王，又況淮南[64]，淮南必大王有也。故漢王敬使使臣進愚計，願大王之留意也。」淮南王曰：「請奉命。」陰許畔楚與漢[65]，未敢泄也。

4 楚使者在[66]，方急責英布發兵[67]，舍傳舍[68]。隨何直入，坐楚使者上坐，曰：「九江王已歸漢，楚何以得發兵[69]？」布愕然。楚使者起。何因說布曰：「事已搆[70]，可遂殺楚使者，無使歸，而疾走漢并力[71]。」布曰：「如使者教，因起兵而擊之耳。」於是殺使者[72]，因起兵而攻楚。楚使項聲、龍且[73]攻淮南，項王留而攻下邑[74]。數月，龍且擊淮南，破布軍。布欲引兵走漢，恐楚王殺之，故間行與何俱歸漢[75]。

淮南王至[76]，上方踞牀洗[77]，召布入見，布甚大怒[78]，悔來，欲自殺。出就舍[79]，帳御[80]飲食從官如漢王居，布又大喜過望[81]。於是迺使人入九江[82]。楚已使項伯[83]收九江兵，盡殺布妻子[84]。布使者頗得[85]故人幸臣，將眾數千人歸漢。漢益分布兵[86]而與俱北，收兵至成皋。四年[87]七月，立布為淮南王[88]，與擊項籍。

漢五年[89]，布使人入九江，得數縣。六年[90]，布與劉賈[91]入九江，誘大司馬周殷[92]，周殷反楚，遂舉九江兵與漢擊楚[93]，破之垓下[94]。

項籍死，天下定[95]。上置酒，上折[96]隨何之功，謂何為「腐儒」[97]，「為天下安用腐儒[98]！」隨何跪曰：「夫陛下引兵攻彭城，楚王未去齊[99]也，陛下發步卒五萬人，騎五千，能以取淮南乎？」上曰：「不能。」隨何曰：「陛下使何與二十人使淮南，至，如[100]陛下之意，是何之功賢於步卒五萬人、騎五千也。然而陛下謂何『腐儒』，『為天下安用腐儒』，何也？」上曰：「吾方圖子之功。」迺以隨何為護軍中尉[101]。布遂剖符[102]為淮南王[103]，都六[104]。九江[105]、廬江[106]、衡山[107]、豫章郡[108]皆屬布。

【章　旨】以上為第二段，寫劉邦派隨何說黥布歸漢，以及黥布為漢立功，被劉邦封為淮南王的經過。

【注　釋】❶皆罷戲下　都從戲水岸邊解散，到各自的封地去。戲，河水名，發源於驪山東南，經項羽當時駐軍的鴻門東側，北流入渭水。王伯祥《史記選》曾力主「戲下」同「麾下」，意即自項羽的麾下解散而去。張家英統計《史記》中的全部「戲下」字，結論為除〈淮陰侯列傳〉中的一處應解作「麾下」外，其他都應解釋為「戲水旁」。參見〈項羽本紀〉的「戲下」注。❷立懷王為義帝　項羽與各路諸侯皆稱「王」，而尊懷王曰「義帝」，口頭上仍是尊崇，唯只以空名相加，而無任何權威也。謝肇淛《文海披沙》曰：「今謂假父曰『義父』，假子曰『義子義女』，故項羽尊懷王為義帝，猶假帝也。」似乎過於穿鑿。❸徙都長沙　長沙，秦郡名，郡治臨湘，即今湖南長沙。據〈項羽本紀〉，項羽當時封懷王為義帝，並說「古之帝者地方千里，必居上游，乃使使徙義帝於長沙郴縣。」郴縣，即今湖南郴州。❹迺陰令九江王布等行擊之　陰令，暗中指使。行，因；隨即。據〈項羽本紀〉，謂「乃陰令衡山（吳芮）、臨江王（共敖）擊殺之江中」，兩處說法不一，似〈項羽本紀〉的說法為是。崔適曰：「下文隨何說布曰：『楚兵雖強，天下負之以不義之名，以其背約而殺義帝也。』若項王實使九江王殺之，則隨何當為之諱。蓋後人從《漢書》竄入也。」❺追殺之郴縣　《正義》曰：「今郴州有義帝家及祠。」據此文，則殺義帝之主要兇手乃是黥布。❻漢二年　西元前二〇五年。❼田榮畔楚　因田榮未隨項羽入關，故項羽不封田榮為王，而將齊國另封給了別人，於是田榮大怒，於漢元年七月首先在齊地舉旗反項羽，事見〈田儋列傳〉。❽項王往擊齊　事在漢二年正月。❾徵兵九江　意思是讓黥布親自率兵隨征。❿漢之敗楚彭城　劉邦趁項羽往討田榮之機，於漢二年四月率各路諸侯大舉伐楚，攻入了項羽的首都彭城，詳見〈項羽本紀〉、〈高祖本紀〉。⓫布又稱病不佐楚　按：《史記》諸篇皆未言劉邦往攻彭城時，黥布有何反應，或其時已見劉邦勢大而首鼠兩端矣。⓬誚讓　責備。⓭召布　叫黥布到彭城。⓮北憂齊趙　當時齊國的田榮已被項羽破殺，榮弟田橫繼續堅持在齊地反項羽；趙國的陳餘因未被項羽封王，也正與齊國聯合，共同以反項為事，兩股勢力為西面的劉邦幫了大忙。事情詳見〈田儋列傳〉、〈張耳陳餘列傳〉。⓯西患漢　當時劉邦已從漢中殺出，收復關中，關東之各路諸侯已有許多倒向劉邦，劉邦正待揮師東下。⓰與　聯合；聯盟。⓱多　愛惜；稱讚。⓲漢三年三句　即上文所說「漢之敗楚彭城」，及跟著被項羽回兵打敗事，都在上一年之四月。王先謙曰：「上文『漢之敗楚彭城』是實事，此言『漢王與楚大戰彭城不利』是追溯之詞，非謂兩次會戰也。」梁玉繩曰：「『漢二年』當移在後『漢王擊楚』句上，『漢三年』移後『淮南王至』之上，此誤也。」⓳不利　劉邦攻入彭城後，驕傲輕敵，結果被項羽以三萬人將劉邦的五十六萬人打得落花流水，狼狽西逃。

至滎陽一帶，始構築戰線，與項羽形成對峙。過程詳見〈項羽本紀〉、〈高祖本紀〉。⑳出梁地　敗退時經由梁國（今河南省東部一帶地區）。出，經由；路過。㉑虞　秦縣名，縣治在今河南虞城北。㉒彼等　猶言「爾等」。㉓無足　不配；不值得。㉔謁者隨何　謁者，官名，帝王的侍從官員，負責導引、贊禮及收發傳達等事。隨何，劉邦的謀士與說客，《史記》無傳，其一生事跡主要就見於此文。㉕不審　不明白。㉖陛下　瀧川曰：「當作『大王』。」㉗使淮南　到九江王黥布處去，因黥布的都城六縣及其主要地盤都在淮南，而劉邦後來又封黥為「淮南王」，所以後人寫史遂預支了這樣的稱呼，下同。梁玉繩曰：「英布歸漢始立為淮南王，是時尚為九江王，此『淮南』二字當作『九江』，下文凡稱『淮南』，並非。」㉘倍楚　背叛項羽。倍，通「背」。㉙留項王於齊數月　梁玉繩曰：「項王去齊而後有彭城之戰，漢敗彭城而後有隨何之說，安得言『留齊』？當是留項王於楚耳。蓋英布叛楚，則項王必留身擊布，而漢得以圖取天下也。此誤。」鍾惺曰：「取天下要着定自漢王，隨何特承行之耳。」㉚因太宰主之　先通過黥布的太宰，得到了太宰的接待。太宰，為帝王掌管膳食的官。主，為之做主人。即以客禮接待。㉛此臣之所以為使　意謂我之所以來此，正是要向你的主子談談這個問題。㉜伏斧質淮南市　將我們正法於九江王首都的街頭。伏斧質，伏於砧板被斧所砍。㉝倍漢而與楚　不接受劉邦之誘惑而親近項羽。㉞進書大王御者　即「致書於大王」的謙詞。御者，侍應人員。㉟何親　為何如此親近。㊱北鄉　即「北向稱臣」。鄉，通「向」。㊲託國　把國家依託於人，以求得庇佑。㊳身負板築　親自背著築牆夯土所用的工具。板，用以夾土。築，即杵。㊴未出齊　尚未從齊國趕回。出，離。㊵騷淮南之兵渡淮　騷，通「掃」。指傾國出動，以解彭城之危。〈李斯列傳〉有「以秦之彊，大王之賢，由竈上騷除，足以滅諸侯」，「騷」用法與此同。㊶撫　駕御；統領。㊷垂拱　垂衣拱手，清閒不動的樣子。㊸提空名以鄉楚　意即空留著一個與楚親近的名聲。㊹欲厚自託　意即保存自己的實力，擁兵自重。史珥曰：「已盡布之隱情。」㊺負之以不義之名　負，加；使之背上。〈廉頗藺相如列傳〉有所謂「寧許以負秦曲」，「負」字用法與此相同。㊻背盟約　指違背「誰先入關誰當關中王」的約定。㊼恃戰勝自彊　靠著能打勝仗，自以為強大。㊽收諸侯　收合在彭城被項羽打散的各路人馬。㊾成皋　古邑名，在今河南滎陽西北，當時的滎陽城西。㊿滎陽　秦縣名，縣治在今滎陽市東北。滎陽、成皋是當時劉邦與項羽兩軍拉鋸、對峙的主戰場。(51)蜀漢　指今四川與陝西南部的漢中地區，這是項羽最初封給劉邦的地盤。(52)深溝壁壘　意即把防禦工事修得好好地。中井曰：「壁，疑『堅』之誤。」(53)守徼乘塞　意即登上塞堡，守好各方的邊境。徼，邊境上的亭堡工事。乘，登；登高而守。〈高祖本紀〉寫劉邦敗於彭城後，曾有所謂「令太子櫟陽，諸侯子在關中者皆集櫟陽為衛」，以及「興關內卒乘塞」云云。(54)楚人還兵　指項羽剛從齊國回來。(55)間以梁地　從項羽的彭城到滎陽、成皋，中間隔著舊日梁國的遼闊地區。(56)深

入敵國八九百里　指經由彭越所活動的地區。劉奉世曰：「方是時，彭越反梁地，故隨何言項羽深入敵國，乃至滎陽、成皋耳。」(57)欲戰則不得二句　謂劉邦深溝高壘，以逸待勞。(58)轉糧千里之外　指項羽從彭城一帶運送糧草供應滎陽前線。轉糧，以車運糧。(59)退則不得解　意即想退也退不了。解，解脫；脫身。(60)不足恃　沒法依靠。(61)致天下之兵　招引各國諸侯來攻。致，招引。(62)項王必留　留下來解決黥布問題。(63)裂地　指再割出一塊地盤。(64)又況淮南　意即淮南更不在話下。(65)畔楚與漢　畔，通「叛」。與，助；聯合。(66)楚使者在　指在黥布處。(67)急責英布發兵　急著催促英布發兵助項羽。(68)舍傳舍　三字衍文。中井積德曰：「據下文『布愕然』句，是事在布之前也，不於傳舍。《漢書》削『舍傳舍』三字，為是。」傳舍，猶今之所謂「賓館」、「招待所」。(69)九江王已歸漢二句　故意挑明，使英布無法再遲疑。史珥曰：「急着，尤妙。」(70)事已搆　事情已經形成。猶今之所謂「生米已做成熟飯」。搆，成。(71)疾走漢并力　按：此話不合情理。隨何說黥布畔楚的目的，據前文是令其留住項羽，不使項羽即刻西進，給劉邦以集結、部署兵力之時機；今則曰令其率兵走漢，與漢并力，前後矛盾。(72)於是殺使者　凌稚隆曰：「何之使淮南，本為留羽計耳。然布不背楚，則羽不留；漢非萬全，則布不背楚，故何以強弱別之、分王許之，又令殺使以決之，何亦深於謀哉！」按：東漢時班超出使西域，於鄯善國攻殺匈奴使者，與此事略同，見《後漢書．班超傳》。(73)項聲龍且　都是項羽的部將。(74)下邑　秦縣名，縣治即今安徽碭山。(75)間行與何俱歸漢　郭嵩燾曰：「黥布以引兵走漢，楚軍若聞必追擊之，故先脫身歸漢，而後使使收取九江兵，蓋急為自全之計耳。」(76)淮南王至　《集解》引徐廣曰：「漢三年十二月。」按：漢三年為西元前二〇四年，當時韓信已經破魏、破代，並於兩月前破趙於井陘。(77)踞牀洗　坐在牀邊讓人替他洗腳。瀧川曰：「〈酈生傳〉云：『沛公方踞床，使兩女子洗足，而見酈生。』蓋是漢皇見人慣用手段。」(78)布甚大怒　梁玉繩《志疑》：「甚大二字當去其一，《漢書》無甚字。」(79)出就舍　迨至來到劉邦給安排的住處。(80)帳御　室內帷帳及一切用具。御，使用。(81)又大喜過望　《正義》曰：「高祖以布先分為王，恐其自尊大，故峻禮令布折服；已而美其帷帳，厚其飲食，多其從官，以悅其心，權道也。」《漢書評林》引李德裕曰：「帝王之任英雄，若不以其氣折之而寵以姑息，則驕不可任使；若不以恩愛結之而肅以禮貌，則怨不為用，駕御之術惟高祖於布見之。」凌稚隆曰：「初大怒，既又大喜，布在高祖術中而不覺耳。」(82)迺使人入九江　前往尋找黥布的軍隊。(83)項伯　項羽的族叔，事跡見〈項羽本紀〉。(84)盡殺布妻子　益發堅定黥布的降漢反楚之心。(85)頗得　稍稍得到了一些。「頗」字在漢代表示數量不多，王充《論衡》中多有其例。(86)益分布兵　又給英布增派了一些部隊。(87)四年　西元前二〇三年。(88)立布為淮南王　事在漢四年七月，當時劉邦與項羽已經在滎陽對峙了兩年零三個月，而韓信則已在半年前破殺田市與龍且，平定齊地，於五個月前被劉邦立為齊王。(89)漢五

年　三字衍文。陳仁錫曰：「『漢五年』衍文，《漢書》削。下文『六年』應作『五年』。」(90)六年　應作五年（西元前二〇二年）。(91)劉賈　劉邦的族人，因功後來被封為荊王。事跡見〈荊燕世家〉。(92)大司馬周殷　項羽的部下。大司馬，官名，國家的最高軍事長官。(93)遂舉九江兵與漢擊楚　〈項羽本紀〉於此作「大司馬周殷叛楚，以舒屠六，舉九江兵，隨劉賈、彭越皆會垓下」。(94)破之垓下　劉邦會合韓信、彭越、英布等破項羽於垓下事，在漢五年十二月。垓下，地名，在今安徽固鎮城東。徐孚遠曰：「九江在楚後，舉九江兵夾擊之，所以傾其根本也。」按：〈高祖本紀〉云：「五年，高祖與諸侯兵共擊楚軍，與項羽決勝垓下。淮陰將三十萬自當之，孔將軍居左，費將軍居右，皇帝在後，絳侯、柴將軍在皇帝後。項羽之卒可十萬。淮陰先合，不利，卻；孔將軍、費將軍縱，楚兵不利；淮陰復乘之，大敗垓下。」(95)項籍死二句　據〈高祖本紀〉、〈秦楚之際月表〉，劉邦、韓信等破殺項羽於垓下之次月，即漢五年正月，諸侯及將相皆尊劉邦為皇帝，於是劉邦乃於漢五年之二月初三，即皇帝位於定陶。(96)折　貶低。(97)謂何為腐儒　按：劉邦一生好罵人，漢之群臣少有不被其罵者。罵書生則曰「腐儒」、「豎儒」，此等語又見於〈留侯世家〉、〈酈生陸賈列傳〉之罵酈食其。(98)為天下安用腐儒　為天下，即打天下；經營天下。〈酈生陸賈列傳〉寫劉邦罵陸賈曰：「乃公居馬上而得之，安事《詩》《書》？」即此「安用腐儒」之意。(99)楚王未去齊　項羽尚未離開齊國回軍彭城。即婉言劉邦在彭城失利前。(100)如　合；滿足。(101)護軍中尉　皇帝派往軍中以節制、監督軍中諸事的長官。〈陳丞相世家〉曾寫劉邦任陳平為「護軍中尉，盡護諸將」，情景與此相同。凌稚隆曰：「高帝固不喜儒也，而況天下已定乎？折何誠本心矣。若曰『吾方圖子之功』，乃以為中尉，則又帝之所以駕馭臣下耳。」(102)剖符　將金屬或竹木所製之「符」剖之為二，皇帝與受封者各執其一，以示信義。(103)淮南王　與黥布當日受項羽所封之「九江王」大體相同，而所轄疆域比當日要大得多。(104)都六　仍以原來之都城六（今安徽六安東北）為都城。(105)九江　漢郡名，郡治壽春（今安徽壽縣）。(106)廬江　漢郡名，郡治舒縣（今安徽廬江西南）。(107)衡山　漢初郡名，郡治邾縣（今湖北黃岡西北）。(108)豫章郡　漢郡名，郡治即今南昌市。按：前面已經說到劉邦封黥布為淮南王，這裡之所以又說一遍，乃在於前面只是望地而封，今則已經有了實地可管。據〈高祖本紀〉，英布等此次定封乃在漢五年劉邦稱帝之後的三、四月間。當時韓信被「徙為楚王，都下邳」；彭越被封為梁王，都定陶；「淮南王布、燕王臧荼、趙王敖皆如故」。而《漢書・高帝紀》則謂劉邦移韓信為楚王，封彭越為梁王等事在稱帝前。

【語　譯】漢高祖元年四月，各路諸侯都離開戲下，各自回到自己的封地去了。當時項羽「尊」立楚懷王為義帝，讓他遷都長沙，而暗中又指派九江王英布等到半路上去襲擊他。那年八月，英布派人襲擊義帝，將義帝追殺於郴縣。

2 漢高祖二年，齊王田榮背叛了項羽，項羽親自率軍征討，下令英布率軍跟隨，九江王英布推說自己有病，只是派手下的將領帶著幾千人跟著項羽去了。後來劉邦襲破了彭城，英布又推說有病，不去援救。項羽從此怨恨英布，幾次地派人去譴責他，並叫他親自來見。英布害怕了，不敢去。但是項羽當時首先要對付的是北面的齊國、趙國和西面的劉邦，他的同盟軍就剩下一個英布了，而且項羽也很賞識英布的才幹，想要好好地重用他，所以沒有對他使用武力。

3 漢高祖三年，劉邦與項羽大戰於彭城，劉邦失敗了。當他向西逃經梁地到達虞縣時，對左右的人們說：「你們這些人，簡直不配和我謀劃天下大事。」這時謁者隨何上前問道：「不知您指的是什麼？」劉邦說：「誰能為我出使淮南，讓英布起兵背叛項羽，只要把項羽的軍隊牽制上幾個月，那麼我就可以十拿九穩地奪取天下了。」隨何說：「那就讓我去吧。」於是他就帶著二十個人到淮南去了。到了淮南後，英布的太宰以客禮接待，但是一連三天，仍未獲得英布的召見。於是隨何就對太宰說：「大王不肯見我，一定是覺得項羽強盛、劉邦弱小，但這也正是我所以到這裡來的原因。你能不能讓我和你們大王當面談談，如果我說得對，那不正是你們大王想聽的嗎；如果我說得不對，你就把我們二十個人在淮南市上公開問斬，以表明你們大王誓死效忠項羽的決心，那不是很好嗎！」太宰把隨何的話告訴了英布，英布很快接見了隨何。隨何說：「漢王派我給您送來了一封信，而我覺得奇怪的是，您與項羽怎麼就那麼親呢？」英布說：「因為我曾經做過他的臣子。」隨何說：「您和項王都是平列的諸侯，但是您卻願意向他稱臣，看來您一定是覺得項王強大，可以給您當靠山吧。既然如此，項王如今背負板杵，身先士卒地去討伐齊國了，您也就該出動您淮南的全部兵馬，親自率領著他們去幫項王打前鋒才對，可是您卻只派了四千人，讓別人領著去了。做人家臣子難道就是這個樣子嗎？後來當漢王襲破彭城，項王還沒從齊地趕回來的時候，您就應該帶著淮南境內的全部兵馬星夜渡淮，趕到彭城去與漢王決戰，可是您卻又擁著上萬的大軍，不讓一兵一卒渡淮，清閒自在地在那兒坐山觀虎鬥。要想把人家當靠山，能是這個樣子嗎？現在您是口頭上向著楚國，實際上是想趁機發展自己的實力，我認為您這樣做是不可取的。但是您現在之所以又不堅決地背叛項王，不過是因為您覺得漢王的力量還弱小罷了。我認為現在的項王表面看來強大，但是天下人都認為他是不義的，因為他不遵守誰先入關誰當關中王的條約，而且還殺害了義帝。項王不以此為非，還仗著他一時的勝利而自以為了不起。再看漢王，他現在已經率領各路諸侯，據守於成皋、滎陽一線，西蜀、漢中的糧食可以順水而下供給前方，士兵們正挖深溝，築高牆，分別守住了各處的要塞。而楚軍從齊地回來，再向西進攻打成皋、滎陽，這中間隔著梁國，又得深入敵境八九百里，到那時，他們想打仗，無人與他硬拚；想攻城，力量又達不到。後方的老弱遠從千里之後給他們運送糧草，這有多麼艱難呢！楚兵到達了滎陽、成皋，漢軍給他來個堅守不戰，到那時，楚軍想攻不能攻，想退不能退，其結果又會如何呢？因此我說楚兵實在是靠不住的。退一步說，如果楚軍真的打敗了漢軍，那就勢必鬧得各國諸侯人人自危而不得不聯合起來。到那時楚國的強盛，只能是招得各國一齊來打它。所以我說，楚不如漢，這種形勢是明擺著的。現在您不同萬無一失的漢王聯合，而去倚靠那個朝不保夕的項羽，我對此感到實在不可理解。當然，我也並不是認為單憑您們淮南就可以滅掉項羽，我是說假如您能率兵反楚，那麼項羽的軍隊就會受牽制而停留下來；只要您能把項羽牽制上幾個月，漢王就肯定可以奪取天下了。到那時，我陪您一起提劍歸漢，漢王一定會分茅列土封您為王，至於淮南就不用說了，肯定更是屬於您的。漢王這次派我來就是想讓我對您講講這個意思。希望您注意考慮。」英布說：「我願意聽從您的吩咐。」但他這時還只是暗中答應背離項羽而與漢方聯合，還沒有公開聲張。

4 這時項羽的使者也正在九江，他們是來催促英布出兵擊漢的，且已住進了館舍。隨何探知此事後，帶領侍從闖進，徑直地坐到楚國使者的上座說：「九江王已經歸順了漢王，楚國有什麼權力調人家的兵呢？」英布大吃一驚，楚國使者也猛然站起身來出去了。隨何就勢對英布說：「歸漢的事情既然已經談妥了，現在您可以馬上把楚國的使者殺掉，不要放他回去，而後我們立即去投奔漢王，與漢軍會合。」英布說：「就依您的話吧，我們立即起兵攻楚。」於是他們殺了楚國的使者，並對楚國發起攻擊。項羽無奈，只好派項聲、龍且攻淮南，而自己留下來攻下邑。幾個月後，英布的軍隊被龍且打敗，英布本想率部往投劉邦，又怕人多走不脫，於是扔下部隊單身跟著隨何抄小路逃到漢營。

5 英布到了劉邦的門外，劉邦正坐在牀邊讓人為他洗腳，他叫英布進來，英布一見這種樣子心中大怒，後悔上當了，恨不得自殺。退下之後，再到自己的住所一看，屋裡的陳設布置以及飲食、佣人等等都和劉邦本人的住所一模一樣，英布一下子又喜出望外了。於是，英布派人到九江打探，發現項羽已派項伯收編了九江的部隊，英布的妻子兒女已經全被殺。英布的使者找到了一些英布的老朋友和左右信臣，並把招集到的幾千人一起帶到了劉邦這裡。於是劉邦又分給了英布一些人馬，與他一起北上，沿路不斷擴充軍隊，很快地又回到了成皋。漢高祖四年七月，劉邦封英布為淮南王，與他分兵合擊項羽。

6 漢高祖五年，英布派人打回九江，先奪取了幾個縣。漢高祖六年，英布與劉賈等一齊進入九江。英布先派人去勸誘項羽的大司馬周殷，周殷叛變歸漢，於是英布發動了九江郡內的所有軍隊配合劉邦大破項羽於垓下。

7 項羽自殺，漢家的天下穩定。劉邦有一次在宴會上貶低隨何的功勞，說他是「腐儒」，並說：「治理天下要腐儒有什麼用！」於是隨何跪下反駁說：「當初您率軍攻取彭城，項羽還沒從齊地趕回時，即使您有步兵五萬，騎兵五千，能夠攻取淮南嗎？」劉邦說：「不能。」隨何說：「那時您派我帶二十個人出使淮南，一到那裡，就完全實現了您的意願，這說明，我的作用比五萬步兵、五千騎兵的作用還大呢！遺憾的是您卻管我叫『腐儒』，還說『治理天下要腐儒有什麼用』，這是怎麼回事呢？」劉邦趕緊說：「我正在考慮你的功勞呢。」於是便任命隨何為護軍中尉。劉邦在大封功臣的時候與英布剖符為信，隆重地封他為淮南王，建都在六縣。九江、廬江、衡山、豫章等郡都屬於英布管轄。

1 七年❶，朝陳❷。八年❸，朝雒陽❹。九年❺，朝長安❻。

2 十一年❼，高后誅淮陰侯❽，布因心恐。夏，漢誅梁王彭越❾，醢之❿，盛其醢徧賜諸侯。至淮南，淮南王方獵，見醢，因大恐，陰令人部聚兵[11]，候伺旁郡警急[12]。

3 布所幸姬疾，請就醫，醫家與中大夫[13]賁赫[14]對門，姬數如醫家，賁赫自以為侍中[15]，迺厚餽遺[16]，從姬飲醫家。姬侍王，從容語次[17]，譽赫長者[18]也。王怒曰：「汝安從知之？」具說狀，王疑其與亂[19]。赫恐，稱病。王愈怒，欲捕赫。赫言變事[20]，乘傳[21]詣[22]長安。布使人追，不及。赫至，上變[23]，言布謀反有端[24]，可先未發誅[25]也。上讀其書，語蕭相國[26]。相國曰：「布不宜有此，恐仇怨妄誣之。請繫赫[27]，使人微驗[28]淮南王。」淮南王布見赫以[29]罪亡，上變，固已疑其言國陰事[30]，漢使又來，頗有所驗[31]，遂族赫家[32]，發兵反。反書聞[33]，上迺赦賁赫，以為將軍。

4 上召諸將問曰：「布反，為之柰何？」皆曰：「發兵擊之，阬豎子耳，何能為乎[34]！」汝陰侯滕公[35]召故楚令尹[36]問之。令尹曰：「是故當反。」滕公曰：「上裂地而王之，疏爵[37]而貴之，南面而立萬乘之主[38]，其反何也？」令尹曰：「往年殺彭越，前年殺韓信[39]，此三人者，同功一體[40]之人也。自疑禍及身[41]，故反耳。」滕公言之上曰：「臣客故楚令尹薛公者，其人有籌筴之計[42]，可問。」上迺召見，問薛公，薛公對曰：「布反不足怪也。使布出於上計，山東[43]非漢之有也；出於中計，勝敗之數未可知也；出於下計，陛下安枕而臥矣。」上曰：「何謂上計？」令尹對曰：「東取吳[44]，西取楚[45]，并齊[46]取魯[47]，傳檄燕、趙[48]，固守其所[49]，山東非漢之有也。」「何謂中計？」「東取吳，西取楚，并韓取魏[50]，據敖庾[51]之粟，塞成皋之口[52]，勝敗之數未可知也。」「何謂下計？」「東取吳，西取下蔡[53]，歸重於越[54]，身歸長沙[55]，陛下安枕而臥，漢無事矣[56]。」上曰：「是[57]計將安出？」令尹對曰：「出下計。」上曰：「何謂[58]廢上中計而出下計？」令尹曰：「布故麗山之徒也，自致[59]萬乘之主，此皆為身，不顧後為百姓萬世慮者也[60]，故曰出下計。」上曰：「善。」封薛公千戶[61]。迺立皇子長為淮南王[62]。上遂發兵自將東擊布[63]。

布之初反，謂其將曰：「上老矣，厭兵，必不能來。使諸將[64]，諸將獨患淮陰、彭越，今皆已死，餘不足畏也。」故遂反。果如薛公籌之[65]，東擊荊[66]，荊王劉賈走死富陵[67]。盡劫[68]其兵，渡淮擊楚。楚發兵與戰徐、僮[69]間，為三軍，欲以相救為奇[70]。或說楚將曰：「布善用兵，民[71]素畏之。且兵法，諸侯戰其地為散地[72]。今別為三，彼敗吾一軍，餘皆走，安能相救！」不聽。布果破其一軍，其二軍散走。

6 遂西，與上兵遇蘄西會甀[73]。布兵精甚，上迺壁庸城[74]，望布軍置陳[75]如項籍軍，上惡[76]之。與布相望見，遙謂布曰：「何苦而反？」布曰：「欲為帝耳[77]！」上怒罵之，遂大戰。布軍敗走[78]，渡淮，數止戰，不利，與百餘人走江南[79]。布故與番君婚，以故長沙成王[80]使人紿[81]布，偽與亡，誘走越[82]，故信而隨之番陽[83]。番陽人殺布茲鄉[84]民田舍，遂滅黥布[85]。

7 立皇子長為淮南王[86]，封賁赫為期思侯[87]，諸將率多以功封者[88]。

【章旨】以上為第三段，寫黥布因恐懼、懷疑而「造反」被殺的經過。

【注釋】❶七年　應作六年（西元前二〇一年）。❷朝陳　到陳郡去朝見劉邦。即劉邦為襲捕韓信，而採用陳平計策假說出巡雲夢而令諸侯會陳，事在漢六年十二月。陳，漢郡名，郡治即今河南淮陽。韓信於此次「朝陳」時被襲捕的詳情，見〈淮陰侯列傳〉、〈陳丞相世家〉。❸八年　西元前一九九年。❹雒陽　同「洛陽」，在今河南洛陽東北。據《漢書・高帝紀》，劉邦於這年的年初曾到東垣（今河北石家莊東北）討伐韓王信的餘黨，三月時回到洛陽，此後遂在洛陽一直住到九月，時淮南王英布、梁王彭越等都來洛陽朝見劉邦。❺九年　西元前一九八年。❻朝長安　劉邦於漢七年接受婁敬、張良等人的建議，由洛陽遷都長安；九年十月，未央宮建成，劉邦大會諸侯群臣，故英布等皆進京朝見。詳情見〈高祖本紀〉。❼十一年　西元前一九六年。❽高后誅淮陰侯　據《漢書・高帝紀》，事在十一年之春正月，呂后與蕭何定計，將韓信騙入長樂宮，斬之於鐘室。詳情見〈淮陰侯列傳〉。❾夏二句　劉邦先以莫須有的罪名將彭越發配蜀地，中途呂后又將其截回，重加「謀反」之名，將其殺害。詳情見〈魏豹彭越列傳〉。按：〈魏豹彭越列傳〉未言彭越被殺在何季何月，《漢書・高帝紀》謂「三月，梁王彭越謀反，夷三族」，是彭越被殺在春季也，故梁玉繩以為此處「夏」字應作「春」；王念孫以為此處「夏」字應作「復」，乃「漢復誅梁王彭越」之誤倒也。❿醢之　將人剁成肉醬。凌稚隆《漢書評林》曰：「連年書『朝』，明布無反迹也；連次誅淮陰、誅梁王，明布之反，高帝與呂后激之也。」⓫部聚兵　集合部隊。⓬候伺旁郡警急　打探周圍直屬中央的諸郡有無緊急動向。候伺，暗中打探、窺伺。王駿圖曰：「是時布陰設反計，恐旁郡知其謀而來攻，故令人聚兵以備警急也。」⓭中大夫　在宮內服務的官員，上屬郎中令，掌參謀議論。⓮賁赫　姓賁名赫。⓯侍中　在內庭服務。⓰厚饋遺　給醫生送厚禮，以討好英布之幸姬。⓱從容語次　在隨便的談話中談到。次，及；談到。⓲長者　厚道人。⓳與亂　與之私通。⓴言變事　自稱有謀反的消息要向朝廷報告。變事，也單稱「變」，指告發叛亂陰謀。㉑乘傳　乘坐驛車。㉒詣　到；到達。㉓上變　向朝廷呈上揭發謀反的函件。㉔有端　有苗頭；有跡象。㉕先未發誅　師古曰：「及其未發兵，先誅伐之。」㉖蕭相國　即蕭何，劉邦的開國功臣，一直為劉邦任相國。事跡見〈蕭相國世家〉。按：「相國」與「丞相」之職務相同，而權勢地位實有區別。凡稱「相國」，只設一人，權大位尊，如呂不韋、蕭何、曹參是也；凡稱「丞相」，多設二人，有「左丞相」、「右丞相」是也。㉗繫赫　將賁赫拘押起來。㉘微驗　暗中調查。王駿圖曰：「使人暗訪之也。」㉙以　通「已」。㉚言國陰事　向朝廷報告了淮南國不可告人的事情。㉛頗有所驗　也查到了一些跡象。㉜族赫家　將賁赫的家人全部抄斬。㉝反書聞　英布「造反」的消息傳到朝廷。㉞何能為乎　能有什麼作為呢。㉟滕公　即夏侯嬰，因其曾在秦朝當過滕縣縣令，故人多以「滕公」稱之。長期為劉邦趕車，官為太僕。事跡見〈樊酈滕灌列傳〉。㊱故楚令尹　曾在項羽處當過令尹的人，史失其名，後文但稱其為「薛公」（在秦朝當過薛縣縣令）。令尹，楚官名，職同宰相。㊲疏爵　分封之以爵位。疏，分。「疏爵」與上句「裂地」對文。《集解》引《漢書音義》曰：「疏，分也，『禹決江疏河』是也。」《索隱》曰：「『裂地』是對文，故知『疏』是『分』也。」㊳南面而立萬乘之主　意即立之為南面而坐的萬乘之君。萬乘，萬輛兵車。㊴往年殺彭越二句　梁玉繩曰：「殺信、越並在十一年春，此語誤。」中井積德曰：「殺信、越皆在布反之時，不當稱『往年』、『前年』，蓋記者之誤。」㊵同功一體　同等的功勞，一樣的身分。㊶自疑禍及身　凌約言曰：「布先因信誅而恐，後因越醢而大恐，故令尹曰『自疑禍及身』，深知布之心者。太史公敘事，前後脈絡自貫。」按：似此等，皆史公藉以為功臣辨冤。㊷有籌筴之計　有運籌帷幄的謀略。崔適《史記探源》以為「之計」二字應削，「『計』即『策』也，《漢書》無此二字。」㊸山東　古常用以指崤山（今河南靈寶東南）以東的今河南、安徽、山東等舊屬於六國的廣大地區。㊹吳　當時為荊王劉賈的封國，首都即今蘇州市。劉賈為劉邦的開國功臣。事跡見〈荊燕世家〉。㊺楚　當時為楚元王劉交的封國，首都彭城（今江蘇徐州）。劉交的事跡見〈楚元王世家〉。㊻齊　當時為劉邦子劉肥的封國，首都臨淄（在今山東淄博臨淄西北）。劉肥的事跡見〈齊悼惠王世家〉。㊼魯　秦縣名，縣治即今山東曲阜。

㊽傳檄燕趙　發布文告以號召燕、趙兩國歸順。傳檄，發布號召天下的文告。檄，檄文，為某種軍事行動而發的文告，以譴責敵人的罪狀，號召天下歸順自己等。燕，當時為劉邦功臣盧綰的封國，首都薊縣（即今北京市）。盧綰的事跡見〈韓信盧綰列傳〉。趙，當時為劉邦子劉如意的封國，首都即今河北邯鄲。㊾固守其所　穩固地守好本土。主語為黥布。按：以上之所以稱為「上計」，乃在於高瞻遠矚，以逸待勞，屈人以不戰之兵，上之上者也。不過也就是說說而已，當時的實際情形並不如此簡單。茅坤《史記鈔》曰：「當是時，盧綰王燕，張敖（應作如意）王趙，漢方定天下，而同姓諸侯王之屬，齊濟以北，殆犬牙交錯也，布豈能為功乎？」㊿并韓取魏　指攻占今河南中部、東部一帶地區。韓，指今河南新鄭、鄭州一帶地區，這一帶舊屬韓國。魏，指今河南開封一帶地區，這一帶舊屬魏國。(51)敖庾　即敖倉，秦代所建的貯糧之所，在當時滎陽縣（今滎陽市東北）北的敖山上，舊址已被黃河沖蝕掉。(52)塞成皋之口　意即占據成皋這一控制東西交通的要衝。按：以上之所以稱為「中計」，乃在於這是採取主動進攻，有與劉邦爭天下的態勢。(53)下蔡　古邑名，即春秋楚邑州來。秦置下蔡縣，漢因之。縣治即今安徽鳳台。(54)歸重於越　把所有輜重都轉移到今浙江紹興一帶。紹興古稱會稽，是舊時越國的首都。師古曰：「重，輜重也。」(55)身歸長沙　自己領著人去投奔長沙王。當時的長沙王吳臣，是曾當過番縣縣令後被劉邦封為長沙王的吳芮的兒子。吳芮是黥布的岳父。按：以上之所以稱為「下計」，乃在於這是一種完全消極的防守，時間一長，必敗無疑。(56)陛下安枕而臥二句　《集解》：「桓譚《新論》曰：『世有圍棊之戲，或言是兵法之類也。及為之上者，遠棊疏張，置以會圍，因而成多，得道之勝；中者，則務相絕遮要，以爭便求利，故勝負狐疑，須計數而定；下者，則守邊隅，趨作罫，以自生於小地，然亦必不如。』察薛公之言上計，云取吳、楚，併齊、魯及燕、趙者，此廣道地之謂；中計云取吳、楚，併韓魏，塞成皋，據敖倉，此趨遮要爭利者也；下計云取吳、下蔡，據長沙以臨越，此守邊隅、趨作罫者也。」(57)是　此；此人。指黥布。(58)何謂　意同「何為」。為何。(59)自致　自己憑戰功博得。(60)此皆為身二句　語略不順，大意謂其平生宗旨就是為了個人的眼前，從沒有為子孫後代，更沒有為黎民百姓的任何考慮。〈魏其武安侯列傳〉有所謂「侯自我得之，自我捐之，無所恨」，大意如此。(61)千戶　千戶侯，即關內侯，有侯爵而無封地。《索隱》引劉氏曰：「薛公得封千戶，蓋關內侯也。」(62)立皇子長為淮南王　按：此時乃望地而封，須待滅黥布後才能到位。皇子長，劉長，事跡見〈淮南衡山列傳〉。(63)自將東擊布　事在高祖十一年七月。(64)使諸將　假使派其他將領前來。使，假若。(65)果如薛公籌之　梁玉繩引劉攽曰：「薛公所言英布出下計，不盡如薛所言。布取荊，又敗楚，遂與上遇，何嘗『歸重於越，身歸長沙』乎？」(66)東擊荊　即上文薛公所預測之「東擊吳」。「荊」以國言，「吳」以地稱。(67)富陵　古邑名，在今江蘇盱眙東北。(68)劫　挾制以供我用。(69)徐僮　皆漢縣名，徐縣縣治在今江蘇

泗洪南，當時為臨淮郡的郡治所在地；僮縣縣治在今江蘇泗洪西北，當時上屬臨淮郡。(70)為三軍二句　《正義佚文》曰：「楚軍分為三處，欲互相救為奇策。」師古曰：「不聚一處，分而為三，欲互相救，出奇兵。」按：其意蓋謂欲通過輪番出擊，相互配合，以消耗敵人而爭取最終勝利。(71)民　人；人們。指劉邦部下的將領與士兵，非謂黎民百姓。(72)諸侯戰其地為散地　在自己家鄉的土地上作戰，士兵容易逃散。《孫子兵法・九地》云：「諸侯自戰其地者為散地。」曹操注：「卒戀土地，道近而易敗散。」(73)蘄西會甀　蘄縣城西的會甀邑。郭嵩燾曰：「《漢書・地理志》蘄下云：『甀，鄉名，高祖破黥布。』甀，蘄下鄉名也。」蘄，漢縣名，縣治在今安徽宿州東南，當時上屬沛郡。(74)壁庸城　屯兵於庸城。壁，修築營壘，這裡意即駐紮。庸城，古邑名，應距會甀不遠。(75)陳　通「陣」。(76)惡　畏惡；討厭。(77)欲為帝耳　瀧川引中井積德曰：「布之反，苟自救死也已。其言『欲為帝』，是憤言而誇張，非其情。」吳見思曰：「此時布訴功訴冤，俱屬孱弱，只作倔強一語，不特時事固爾，而英布身分俱現。」(78)布軍敗走　徐孚遠曰：「淮南諸將以漢祖不自將也，故決反計。及高祖自來，則心已懾，故陣雖精而易敗。」(79)走江南　逃到長江以南。此指逃到今湖南省之長沙一帶。(80)長沙成王　原作「長沙哀王」。據〈漢興以來諸侯王年表〉，應作「長沙成王」，即吳芮之子吳臣，西元前二〇一—前一九四年在位，死後諡曰「成」，是黥布之妻的兄弟。哀王是成王子，孝惠二年（西元前一九三年）始為王。(81)紿　欺騙。(82)偽與亡二句　引誘他，假說與他一道逃向南越。(83)番陽　即本文開頭所說的番縣，縣治在今江西波陽東北。(84)茲鄉　番陽縣裡的鄉名，應在番陽城北，其地有黥布冢。(85)遂滅黥布　《正義》曰：「英布冢在饒州鄱陽縣北百五十二里十三步。」(86)立皇子長為淮南王　此時乃正式到任。皇子長，劉長。事跡見〈淮南衡山列傳〉。(87)賁赫為期思侯　期思侯，封地期思縣。期思縣的縣治，即今河南淮濱城南的期思集。王世貞曰：「漢告封之典封列侯，韓信、彭越皆呂后使人告之者。彭越舍人傳不載其名，告信者樂悅封慎陽侯，告英布者賁赫封期思侯。」(88)諸將率多以功封者　據《漢書》，將率以功封者六人。王先謙引齊召南曰：「按〈功臣表〉，中牟侯單右車、邔侯黃極忠、博陽侯周聚、陽羨侯靈常、下相侯冷耳、高陵侯王虞人，並以擊布功封；與期思侯賁赫，凡七侯也。」

【語　譯】漢高祖七年，英布曾到陳郡去朝見劉邦；八年，又去過洛陽朝拜；九年，又到長安朝拜。

2　漢高祖十一年，呂后把淮陰侯韓信殺了，兔死狐悲，因此英布的心裡也很恐慌。同年夏天，劉邦、呂后又殺了梁王彭越，並把他剁成了肉醬，分送給各地的諸侯，當肉醬送到淮南的時候，英布正在打獵，一見到肉醬，心中害怕極了，於是便開始暗中調集軍隊，並隨時警戒著周圍鄰郡的動態。

3 英布的一個寵姬病了，要到一個醫生家裡去就診，而這個醫生正好與中大夫賁赫住對門，那寵姬一連到醫生家去了幾次，賁赫認為自己是內府侍從，於是就代替寵姬送給了那個醫生許多東西，還跟隨寵姬一起在醫生家喝過酒。後來這位寵姬陪著淮南王一起聊天時，無意中說到了賁赫，並順口稱讚賁赫是好人。英布生氣地說：「你怎麼知道的？」寵姬就把她看病過程中的事都說了一遍，從此英布懷疑寵姬與賁赫有姦情。賁赫聽到這個消息很害怕，於是就稱病不敢進宮了。這樣一來，英布更加氣憤，想要下令逮捕他。賁赫只好鋌而走險說要告密，便乘著驛車飛快地上了長安。英布派人去追，但已經來不及了。賁赫來到長安後，給朝廷送上密信，說英布已經有了造反的跡象，可以趁他尚未行動先殺了他。劉邦看了告密信，問丞相蕭何。蕭何說：「按說英布不該有這種事兒，怕是他的仇人陷害他。請您先把賁赫拘留起來，而後派人去淮南調查一下。」再說那邊的英布，一見賁赫逃去長安告密，本來就擔心賁赫已經告發了自己國內的事情；這會兒劉邦的使者來了，又查出了一些證據，於是英布也鋌而走險，他先殺了賁赫的全家，而後乾脆舉兵造反了。當英布造反的消息傳到長安，劉邦立即釋放了賁赫，並讓他做了將軍。

4 劉邦召集眾將問道：「英布反了，我們該怎麼辦？」眾將一齊說：「發兵打他，活埋這小子罷了，他能怎麼樣！」這時汝陰侯滕公把昔日項羽的令尹找來問他英布為什麼會造反。這位了解英布的人說：「他本來就該造反。」滕公說：「皇上割出領土封他為王，給他爵位讓他顯貴，他已經成了南向而坐的萬乘之主，為什麼還要造反呢？」令尹說：「去年你們殺了彭越，又殺了韓信，而英布與彭越、韓信的功勞差不多，三人身分地位相同。他懷疑自己也將大禍臨頭，所以乾脆就反了。」滕公一聽立刻回去對劉邦說：「我那裡有個曾給項羽當過令尹的薛先生，這人很有計謀，關於討伐英布的問題，您可以聽聽他的意見。」於是劉邦召見薛公，問他的意見，薛公回答說：「英布造反並不奇怪，關鍵是看他下一步怎麼做。假如他採用的是上策，那麼崤山以東的地盤恐怕就不會再屬於您了；如果他採用的是中策，那麼誰勝誰敗，一時還難見分曉；如果他採用了下策，那麼，您就可以高枕無憂了。」劉邦問：「怎麼做算是上策呢？」薛公說：「如果他引兵東滅吳國，西滅楚國，再把齊國、魯國一齊滅掉，而後發出檄文要燕國、趙國歸順，然後穩固地守好本土，這樣一來，崤山以東就不會再屬於您了。」劉邦問：「怎麼做算是中策呢？」薛公說：「如果他東滅吳，西滅楚，再把昔日屬韓、屬魏的地盤也都弄過來，再占據敖山的糧倉，使其軍餉不絕，而後控制住成皋要塞，這麼一來，你們雙方誰勝誰敗就很難說了。」劉邦又問：「怎麼做算是下策呢？」薛公說：「如果他東滅吳國，西取下蔡，再把他們的珍寶運送到越地，而他自己則西駐長沙，如果這樣，您就可以高枕無憂，一點兒事也沒有了。」劉邦問：「英布可能採用哪種計策呢？」令尹說：「一定會用下策。」劉邦問：「他為什麼不取上，不取中，而偏偏取下呢？」薛公說：「英布本來是個麗山下面的苦役犯，後來奮鬥成了淮南王，這種人所圖的就是自己的眼前利益，他們根本不會為自己的後代，當然也更不會為天下的黎民百姓著想，所以我肯定他必然要用下策。」劉邦說：「分析得好。」於是封薛公為千戶侯，並封皇子劉長為淮南王。自己領兵東征英布。

5 英布開始決定造反的時候，曾對他的將領們說：「皇上老了，這幾年來他一直討厭打仗，如果我們造反，他肯定不會親自領兵來打我們，他只能派一些別的將領來，而在所有的將領中，我所怕的只有韓信和彭越，如今這兩個人都已被他們殺了，剩下的就根本沒什麼可怕了。」因此他就無所顧忌地造反了。英布果然像薛公所預料的那樣，他東攻荊國，荊王劉賈被打敗，倉皇逃走，死在富陵。英布進而裹挾著荊國的全部軍隊，渡淮擊楚。楚王劉交發兵迎敵，與英布戰於徐縣、僮縣之間，楚軍分為三路，想要彼此呼應，出奇制勝。當時有人對楚將說：「英布善於用兵，人們一向怕他。而且兵法上說，在自己的領土上作戰的軍隊，是容易敗散的。現在您把我們的軍隊一分為三，如果英布打敗了其中的一路，其餘兩路也就都跑了，怎麼能夠相互增援呢！」楚將不聽。結果，英布果然集中力量打敗了其中的一路，其餘的兩路都不戰而潰。

6 接著英布又率軍西進，與劉邦的軍隊在蘄縣城西的會甀相遇。當時英布軍隊的戰鬥力很強。劉邦把自己的軍隊駐紮在庸城，築壘堅守。他從城樓上遠望英布軍隊的列陣，竟與昔日的項羽一模一樣，心裡覺得很討厭。待至望見英布後，劉邦遠遠地問他：「你為什麼要造反？」英布說：「想做皇帝罷了。」劉邦氣得大罵起來，於是兩軍展開了大戰。最後英布被打敗了，退過了淮水。中途又幾次地停下來，想要據守，結果都失敗了，英布無法只好帶領百餘人逃到了江南。英布原來曾與番陽縣縣令吳芮聯過姻，後來吳芮的兒子吳臣當了劉邦的長沙王，吳臣派人來騙英布，假說他要陪同英布一起逃到越國去，英布信以為真，跟著他們到了番陽。事先埋伏好的一群番陽人遂把英布殺死在茲鄉的一個農民家中，接著又滅了英布的滿門。

7 事後，劉邦遂封他的兒子劉長為淮南王，封賁赫為期思侯，許多將領也因為他們在討伐英布的戰役中立了功被封了侯。

太史公曰：英布者，其先豈春秋所見❶楚滅英、六❷，皋陶之後❸哉？身被刑法，何其拔興之暴❹也！項氏之所阬殺人以千萬數❺，而布常為首虐❻。功冠諸侯，用❼此得王，亦不免於身為世大僇❽。禍之興自愛姬殖❾，妒媢生患，竟以滅國❿！

【章　旨】以上為第四段，是作者的論贊，作者稱道黥布之功，譴責黥布之虐，感慨黥布之因「小故」被滅。

【注　釋】❶春秋所見　《春秋》上所說的。❷楚滅英六　被楚國所滅的英、六二小國。據《春秋左傳》、〈楚世家〉，楚滅英在成王二十六年（西元前六四六年），楚滅六在穆王四年（西元前六二二年）。❸皋陶之後　皋陶是舜時的賢臣，事跡詳見〈五帝本紀〉、〈夏本紀〉。〈夏本紀〉云：「皋陶卒，封皋陶後於英、六。」英的都城在今安徽金寨東南，六的都城在今安徽六安東北。❹拔興之暴　興起得如此猛烈、突然。拔興，勃興。暴，猛烈；突然。〈項羽本紀〉有所謂「吾聞之周生曰：『舜目蓋重瞳子』，又聞項羽亦重瞳子，羽豈其苗裔耶，何興之暴也？」思想、語氣、用詞皆與此相同。❺以千萬數　以「千」數，以「萬」數。皆極言其多。❻首虐　領先作惡。如屠城、坑秦卒、殺楚懷王等皆是也。❼用　因。❽身為世大僇　語略不順，大意謂自身也落得個被世人所恥笑、辱罵。僇，通「戮」。辱。有人解「僇」為殺，則於行文更不順。❾殖　生；始。❿妒媢生患二句　妒媢，妒嫉。媢，妒的別稱，或曰男妒曰「媢」。按：《論衡》有所謂「妒夫媢婦」，則「男妒為媢」者未必然也。

【語　譯】太史公說：英布，他的祖先難道是我在《春秋》上所看到的被楚國所滅的英、六，也就是皋陶的後代嗎？他早年曾經身受刑法，後來崛起的是多麼突然啊！項羽在戰爭中曾殺戮活埋過多少萬人，而英布常常是首惡。他雖然軍功超群，並因此而得以封王，但最後也免不了被世人所恥笑。英布的禍端是從懷疑寵姬開始的，就是因為忌妒結果造成了這樣的大禍，以至於弄得國破家亡！

【研　析】黥布在劉邦的功臣中是一個相當特殊的人物，他比其他任何人轉的彎子都多。他開頭在長江中游當「群盜」，陳涉起義後，他也聚兵數千反秦。陳涉失敗後，他投歸項梁，成為項梁部下的頭號將領。項梁兵敗被殺後，他又跟上項羽，成為項羽手下最勇猛、最得心應手的悍將，因而項羽的功勞與罪惡中都有他的份兒。秦朝滅亡後，黥布被項羽封為九江王，在今安徽、江西、湖南一帶稱雄一方。但也從這裡開始他與項羽產生裂痕，對劉邦之襲擊彭城採取了中立態度，後在劉邦謀士隨何的勸說下投向劉邦，對項羽構成了威脅，直到最後與韓信、彭越等共同滅項羽於垓下。總觀全局，黥布的第一段是反秦，第二段是反項，對於歷史發展，有重大的影響。

劉邦即位後，由於殺韓信、彭越，致使黥布陷於惶恐；隨後又因他部下的叛逃，遂使黥布於無可奈何之中起兵造反了，由於缺乏謀略，黥布很快便被劉邦消滅。黥布粗暴、魯莽、無遠見、無成算、自私自利、反覆無常，作品對他為人的性格特點表述得十分清楚。黥布在劉邦的殘酷迫害面前，舉兵造反，劉邦問他何故而反，他說：「欲為帝耳！」比起韓信的逆來順受與彭越的「涕泣」求告，顯得更有豪氣，更有悲劇性。

作品對劉邦、呂后強加罪名，誅殺功臣，以致使功臣人人自危，不得已鋌而走險的情形，揭示得異常清晰。文中寫道：「十一年，高后誅淮陰侯，布因心恐。夏，漢誅梁王彭越，醢之，盛其醢徧賜諸侯。至淮南，淮南王方獵，見醢，因大恐。」殺了人，還要將其屍體剁成醬、做成粥，分給人們喝，這是什麼做法！恐怕連當年的桀、紂也沒有這樣的先例。當黥布造反後，作者通過薛公的嘴為黥布辯冤說：「是故當反。」「往年殺彭越，前年殺韓信，此三人者，同功一體之人也。自疑禍及身，故反耳。」在這裡，作者不但為黥布辯了冤，同時也為彭越、韓信辯了冤。

卷九十二

淮陰侯列傳第三十二

【題解】作品記述了韓信早年的貧苦無依、受人凌辱，以至投軍後屢屢不受重用，直至蕭何等苦苦向劉邦推薦，劉邦拜韓信為大將後，韓信始為劉邦設巧計，取三秦；又為劉邦破魏、破代、破趙、降燕、破齊，最後破項羽於垓下，佐助劉邦稱帝的全部過程。韓信的軍事天才是古今少有的。劉邦沒有韓信，他就不可能打敗項羽，奪得天下；但是有韓信存在，劉邦也就永遠不能安心，因此當項羽一被消滅，韓信也就死到臨頭了。蒯通對這種形勢的分析是極其準確、極其明晰的。司馬遷同情韓信的遭遇，但又無法直說，於是他就把武陟、蒯通的大段言辭都寫在裡面；又把韓信與陳豨勾結謀反的事情也寫在裡面，讓讀者自己分析理解，用心是很細微的。

1　淮陰侯韓信者，淮陰❶人也。始為布衣時，貧無行❷，不得推擇為吏❸，又不能治生商賈❹，常從人寄食飲❺，人多厭之者❻。常數從其下鄉❼南昌亭長❽寄食，數月，亭長妻患之，乃晨炊蓐食❾。食時信往，不為具食。信亦知其意，怒，竟絕去。

2 信釣於城下[10]，諸母漂[11]，有一母見信飢，飯信，竟漂數十日[12]。信喜，謂漂母曰：「吾必有以重報母。」母怒曰：「大丈夫不能自食[13]，吾哀王孫而進食，豈望報乎[14]！」

3 淮陰屠中少年有侮信者，曰：「若雖長大[15]，好帶刀劍，中情[16]怯耳。」眾辱之[17]曰：「信能死，刺我；不能死，出我袴下[18]。」於是信孰視之，俛出袴下，蒲伏[19]。一市人皆笑信，以為怯。

4 及項梁渡淮[20]，信杖劍[21]從之，居戲下[22]，無所知名。項梁敗[23]，又屬項羽，羽以為郎中[24]。數以策干項羽[25]，羽不用。漢王之入蜀[26]，信亡楚歸漢[27]，未得知名，為連敖[28]。坐法[29]當斬，其輩[30]十三人皆已斬，次至信[31]，信乃仰視，適見滕公[32]，曰：「上不欲就天下乎[33]？何為斬壯士！」滕公奇其言，壯其貌，釋而不斬。與語，大說[34]之。言於上，上拜以為治粟都尉[35]，上未之奇也。

5 信數與蕭何[36]語，何奇之。至南鄭[37]，諸將行道亡者數十人[38]，信度何等已數言上，上不我用，即亡[39]。何聞信亡，不及以聞，自追之。人有言上曰：「丞相何亡。」上大怒，如失左右手[40]。居一二日，何來謁[41]上，上且怒且喜，罵何曰：「若亡，何也[42]？」何曰：「臣不敢亡也，臣追亡者。」上曰：「若所追者誰？」

何曰：「韓信也。」上復罵曰[43]：「諸將亡者以十數，公無所追[44]；追信，詐也。」何曰：「諸將易得耳。至如信者，國士[45]無雙。王必欲長王漢中[46]，無所事信[47]；必欲爭天下，非信無所與計事者。顧王策安所決耳[48]。」王曰：「吾亦欲東耳，安能鬱鬱久居此乎？」何曰：「王計必欲東，能用信，信即留；不能用，信終亡耳。」王曰：「吾為公以為將[49]。」何曰：「雖為將，信必不留。」王曰：「以為大將。」何曰：「幸甚。」於是王欲召信拜[50]之。何曰：「王素慢無禮[51]，今拜大將如呼小兒耳，此乃信所以去也。王必欲拜之，擇良日，齋戒，設壇場[52]，具禮[53]，乃可耳。」王許之。諸將皆喜，人人各自以為得大將[54]。至拜大將，乃韓信也，一軍皆驚[55]。

6 信拜禮畢，上坐[56]。王曰：「丞相數言將軍，將軍何以教寡人計策？」信謝，因問王曰：「今東鄉爭權天下[57]，豈非項王邪？」漢王曰：「然。」曰：「大王自料勇悍仁彊孰與項王？」漢王默然良久，曰：「不如也。」[58]信再拜，賀[59]曰：「惟信亦為大王不如也[60]。然臣嘗事之，請言項王之為人也。項王喑噁叱咤[61]，千人皆廢[62]，然不能任屬[63]賢將，此特[64]匹夫之勇耳。項王見人恭敬慈愛，言語嘔嘔，人有疾病，涕泣分食飲[65]，至使人有功當封爵者，印刓敝，忍不能予[66]，此所謂婦人之仁也[67]。項王雖霸天下而臣諸侯，不居關中而都彭城[68]。有背義帝之約[69]，而以親愛王，諸侯不平[70]。諸侯之見項王遷逐義帝置江南[71]，亦皆歸逐其主而自王善地[72]。項王所過無不殘滅者，天下多怨，百姓不親附，特劫於威彊耳[73]。名雖為霸，實失天下心。故曰其彊易弱。今大王誠能反其道，任天下武勇[74]，何所不誅[75]！以天下城邑封功臣[76]，何所不服[77]！以義兵從思東歸之士[78]，何所不散[79]！且三秦王[80]為秦將，將秦子弟數歲矣，所殺亡[81]不可勝計，又欺其眾降諸侯，至新安，項王詐阬秦降卒二十餘萬[82]，唯獨邯、欣、翳得脫，秦父兄怨此三人，痛入骨髓。今楚彊以威王此三人[83]，秦民莫愛也。大王之入武關[84]，秋豪[85]無所害，除秦苛法，與秦民約法三章[86]耳，秦民無不欲得大王王秦者。於諸侯之約，大王當王關中，關中民咸知之。大王失職[87]入漢中，秦民無不恨者[88]。今大王舉而東[89]，三秦可傳檄而定[90]也。」於是漢王大喜，自以為得信晚。遂聽信計，部署諸將所擊[91]。

【章旨】以上為第一段，寫韓信前期的種種窮困，和投奔劉邦後幾經曲折被拜為大將的過程。

【注釋】❶淮陰　秦縣名，在今江蘇淮陰北。❷無行　《集解》引李奇曰：「無善行。」瀧川引中井曰：「放縱不檢之謂。」

❸推擇為吏　戰國以來，鄉官有向國家推舉本鄉人才使之為吏的制度。王先謙引沈欽韓曰：「《管子・小匡篇》：『鄉長修德

進賢，名之曰三選。』」《莊子・達生》：『孫休賓（擯）於鄉里，逐於州部。』」此戰國以來選舉之法，信以無行，故不得推為吏也。」❹治生商賈　以從事商業活動謀生。治生，即謀生。師古曰：「行賣曰商，坐販曰賈。」❺從人寄食飲　依靠他人生活。王先謙引沈欽韓曰：「方言，寄食為糊。」❻人多厭之者　姚苧田曰：「淮陰侯乃史公所痛惜者，觀其起處詳寫貧時落魄景象，遂與孟子『將降大任』一節一樣搖曳其意中，固以漢初第一人目之。」❼下鄉　鄉名，屬淮陰縣。❽南昌亭長　南昌亭是下鄉的一個亭名，秦時十里一亭，每亭有亭長一人，維持其所屬的村落秩序，並管接待過往的官吏。❾晨炊蓐食　提前做飯，人在牀上就把飯吃了。蓐，同「褥」。被褥。《集解》引張晏曰：「未起而牀褥中食。」王先謙引王引之曰：「方言，蓐，厚也。『厚食』猶言多食。」❿信釣於城下　《正義》曰：「淮陰城北臨淮水，信釣於此。」王先謙引沈欽韓曰：「《一統志》，韓信釣臺在淮安府山陽縣（即今江蘇淮陰）北。」⓫諸母漂　好些年長的婦女在淮水邊漂洗棉絮。《集解》引韋昭曰：「以水擊絮為漂。」⓬竟漂數十日　一直到漂洗完，數十日內每天如此。竟，到底。⓭自食　自己養活自己。食，同「飼」。⓮吾哀王孫而進食二句　《集解》引蘇林曰：「王孫，如言『公子』也。」《索隱》引劉德曰：「秦末多失國，言王孫、公子，尊之也。」王先謙引何焯曰：「《博物志》云：『王孫、公子，皆相推致之詞。』」羅大經曰：「韓信於未遇時，識之者唯蕭何及淮陰漂母耳。何之英傑固足以識信，漂母一市嫗，乃亦識之，異哉！故嘗謂子房狙擊祖龍，意氣過於輕銳，故圯上老人抑之；韓信俯出市胯，意氣憐於消沮，故淮陰漂母揚之。一翁一嫗，皆異人也。」郭嵩燾曰：「淮陰重報之言怒於漂母，視其貧困更能自立，不應為豪語耳，怒中有揶揄之意。」瀧川引中井曰：「漂母惟憐信，故飯之，實不知信之才，故怒於重報之語，以為虛言。」按：後二說是，羅大經之論圯上老人是也，論漂母恐過於穿鑿。⓯若雖長大　你雖然長得高高大大。若，你。⓰中情　內心；骨子裡。⓱眾辱之　《正義佚文》：「於眾中辱之。」即當眾侮辱他。⓲信能死四句　意即你如果不怕死，你就刺我一刀；如果你怕死，不敢刺我，你就從我腿下鑽過去。能死，敢死；能豁得出死。即不怕死。袴下，即胯下。袴，這裡通「胯」。⓳於是信孰視之三句　孰視，盯著他看了半天。孰，通「熟」。蒲伏，同「匍匐」。爬行。瀧川曰：「尤瑛曰：『「孰視之」三字可玩，有忍意。』齋藤謙曰：『「蒲伏」二字，駭狀如見，所以反襯他日榮達。』」姚苧田曰：「一片沉毅在『孰視』二字，非復向日為一飢一飽輕喜輕怒故態矣。」⓴項梁渡淮　事在秦二世二年（西元前二〇八年）二月。項梁於秦二世元年（西元前二〇九年）九月起兵於吳（今江蘇蘇州），與其相繼的渡江、渡淮北上事，見〈項羽本紀〉。㉑杖劍　持劍。師古曰：「直（只）帶一劍，更無餘資。」言除一劍外，更無其他進見之資。㉒戲下　即麾下、部下。戲，同「麾」。大將的指揮旗。㉓項梁敗　項梁因連破秦兵而驕怠，被秦將章邯破殺於定陶事，在秦二世二年九月，見〈項羽本紀〉。㉔郎中帝王的侍從人員。㉕數以策干項羽　意即多次為項羽籌謀畫策。干，求見；進說。㉖漢王之入蜀　項羽等滅秦後，分封諸侯，封劉邦為漢王，王巴、蜀、漢中，都南鄭（即今陝西漢中）。此云「入蜀」即指劉邦離關中而去南鄭，事在漢元年（西元前二〇六年）四月，其實劉邦本人從來沒有去過巴、蜀。㉗亡楚歸漢　韓信「亡楚歸漢」的時間大約在漢元年四月，劉邦正由關中去南鄭的途中。亡，潛逃；逃離。陳子龍曰：「楚之敗，坐於才臣多歸漢耳。大凡有才不能用，而適他國，必蓄怨毒之懷，而我國之情無不輸之於敵，此椒舉所以重嘆於晉楚之事也。」按：椒舉之歎「楚材晉用」，事見《左傳》襄公二十六年。㉘連敖　管倉庫糧餉的小官。王駿圖曰：「考『敖』與『廒』同。連廒者，必主倉廒之官，其職甚微。及滕公言於上，乃拜以為治粟都尉，則猶據資格而推升之耳。故知連敖亦治粟之官也。」㉙坐法　因為犯法。㉚其輩　與之同類的人。輩，倫；類。㉛次至信　下一個就輪到了韓信。次，依次。㉜滕公　滕縣縣令，即夏侯嬰，因其在秦時曾為滕縣（今山東滕縣西南）的令史，劉邦破滕後，可能一度任之為滕縣縣令，故時人稱之為「滕公」，也稱「滕嬰」。事跡見〈樊酈滕灌列傳〉。㉝上不欲就天下乎　瀧川曰：「『上』字當作『王』，下同。」就，取。㉞說　同「悅」。㉟治粟都尉　管理糧餉的中級軍官。梁玉繩引沈作喆曰：「秦官有治粟內史，高帝因之。」㊱蕭何　秦時為沛縣小吏，後為劉邦的開國元勳，此時為劉邦任丞相。事跡見〈蕭相國世家〉。㊲至南鄭　謂劉邦等由咸陽到南鄭的一路之上。㊳諸將行道亡者數十人　行，或讀為ㄒㄧㄥˊ：行道，即行進之中。或讀為ㄏㄤˊ：諸將行，即諸將輩。《漢書》刪「行」字。王先謙引周壽昌曰：「『至南鄭』為高祖元年夏四月，時沛公為漢王，都南鄭，諸將士皆思東歸，故多道亡。」按：亦可由此反照前此韓信「坐法當斬」以及得遇滕公，並受蕭何賞識諸事，均發生在由咸陽到南鄭的路途之中。㊴信度何等已數言上三句　鍾惺曰：「觀信（後文）論高祖一段，可見信捨高祖亦無可事之君矣，其亡也亦知蕭何之必追，追而必薦，以亡激之耳。」凌稚隆引董份曰：「何屢言信而不用，雖何不能為力，故予嘗疑信亡，何之謀也。信亡而身追之，要為奇以聳動上耳。」㊵如失左右手　按：以此見蕭何在劉邦心目中的地位之重要。㊶謁　拜見；參見。㊷若亡二句　你逃跑，為什麼。若，你。㊸上復罵曰　按：數句連用「大怒」、「且怒且喜」、「罵曰」、「復罵曰」，漢王之習性、神情活現。㊹公無所追　瀧川曰：「改『若』稱『公』，見漢王心稍定。」㊺國士　師古曰：「國家之奇士。」㊻長王漢中　意即永遠滿足於當漢王。㊼無所事信　沒有必要任用韓信。王駿圖曰：「『事』猶『用』也；『無所事』者，猶言『用不著』也。」㊽顧王策安所決耳　這就看你究竟是打什麼主意了。顧，轉折語詞，相當於今之「就在於」、「關鍵在於」。㊾吾為公以為將　按：見劉邦之勉強。此欲用以為將，非為知韓信之才，乃欲不傷蕭何的情面，擔心蕭何逃跑。吳見思曰：「『為公』是面情之語，正寫漢王尚未識信。」㊿拜　此處即指任命。古時王者之任命將、相，要舉行一定的典禮，王者在此儀式上要對被任命者表示一定的禮數，故稱這種任命叫作「封拜」，也單稱「拜」。(51)王素慢無禮　指劉邦的好罵人、好侮辱人，如接見酈食其、黥布時令女人為之洗腳；見儒生則解其冠向其冠中撒尿；以及騎周昌的脖子；張口罵人自稱「乃公」(「你老子」「你爸爸」)，〈魏豹彭越列傳〉豹曰「漢王慢而侮人，罵詈諸侯羣臣如罵奴耳」等皆是。(52)壇場　築土高之曰「壇」，除地曰「場」。(53)具禮　安排一定的禮節儀式。(54)人人各自以為得大將　人人都估計此大將之位非己莫屬。(55)一軍皆驚　按：諸將皆已隨劉邦征戰三年，而韓信乃是剛從項羽陣營逃過來的一個小軍吏，諸將自然無法想到。〈陳丞相世家〉寫陳平新歸劉邦，劉邦任以為都尉，使為參乘，典護軍時，「諸將盡讙，曰：『大王一日得楚之亡卒，未知其高下，而即與同載，反使監護軍長者！』」情形與此相同，亦先抑後揚之法也。(56)上坐　謂韓信被劉邦推居於上位。瀧川引中井曰：「『上坐』，以漢王平常宮殿言也，非壇上。言壇上拜時之禮已畢，漢王乃延入見之與坐也。」(57)東鄉爭權天下　與東方的項羽爭奪號令天下之權。鄉，通「向」。(58)漢王默然良久三句　按：明知不如，而嘴裡不願承認，見劉邦之習性神情。〈項羽本紀〉：「(張)良曰：『料大王士卒足以當項王乎？』沛公默然，曰：『固不如也，且為之奈何？』」與此同。(59)賀　嘉許；稱讚。稱讚他有這種自知之明，能承認自己不如人家。這是以下整段議論的基礎。(60)惟信亦為大王不如也　瀧川曰：「楓、三本『亦』下有『以』字。」王念孫曰：「『惟信亦以為大王不如也』作一句讀，言非獨大王以為不如，雖信亦以為不如也。」惟，關聯詞，猶如今之所謂「連」、「即使是」。《漢書》於此作「唯」，「唯」與「惟」同，師古於「唯」下斷句，將之解釋為「應辭」，誤。(61)喑噁叱咤　怒喝聲。(62)廢　《索隱》云：「孟康曰：『廢，伏也。』張晏曰：『廢，偃也。』」按：「伏」是向前仆倒，「偃」是向後仰倒，大概意思不錯，其實都不準確。「廢」即今之所謂「堆委」、「軟癱」，〈刺客列傳〉寫荊軻腿部中劍後，曰「荊軻廢」，亦即「癱」，而非「仆」與「偃」也。(63)任屬　即「任用」。屬，託付。(64)特　只是；不過是。(65)恭敬慈愛四句　嘔嘔，語氣溫和的樣子。按：〈項羽本紀〉范增曰：「君王為人不忍。」〈高祖本紀〉王陵、高起曰：「項羽仁而敬人。」皆可與此相發明，知項羽性格除粗豪暴戾外，尚有如此慈厚的一面。(66)印刓敝二句　印的稜角都被摩弄圓了，還拿在手裡捨不得給出去。刓，磨去稜角。忍，吝嗇；捨不得。(67)此所謂婦人之仁也　乾隆曰：「韓信登壇數語，劉興項蹶已若指掌。以項羽為『匹夫之勇』，人人能言之；以為『婦人之仁』，則信所獨見也。」(68)不居關中而都彭城　彭城，今江蘇徐州，項羽稱西楚霸王，建都於此。按：關於項羽不都關中而都彭城之失，自韓信說過此話後，漢初遂有多人言之，一似項羽之蠢人皆可以嗤之者，然惲敬氏卻另有他說，詳見〈項羽本紀〉注引。(69)有背義帝之約　指不按「先入關者王之」的約定辦事。有，同「又」。(70)以親愛王二句　封自己親近的人為王，諸侯們都對此不平。也有人將此句斷作「以親愛王諸侯，不平」，亦通。項羽封其所愛於好地、要地事，在漢之元年一二三月。見〈項羽本紀〉。(71)遷逐義帝置江南　項羽分封諸侯後，自稱西楚霸王，尊懷王為徒有其名的「義帝」，使之遷居長沙郴縣，中途又令黥布等將其殺害，事見〈項羽本紀〉。(72)亦皆歸逐其主而自王善地　王先謙引齊召南曰：「指田都王臨淄、田安王濟北、臧荼王燕、司馬卬王殷、張耳王常山，皆徙其故王於他處也。」按：齊氏所說是也，然則此處「歸逐」二字使用失當，蓋皆項羽分封中所為，非諸侯歸國後所專行也。瀧川曰：「〈酈生傳〉酈食其說齊王廣曰：『項王有倍約之名、殺義帝之負，於人之功無所記，於人之罪無所忘，為人刻印，刓而不能授；攻城得賂，積而不能賞。』與淮陰言合。」(73)特劫於威彊耳　只是被他的強大兵威所脅制，不敢反抗罷了。特，只；只不過。「威彊」二字連讀。又，瀧川曰：「楓、三本『彊』下有『服』字。」王念孫曰：「『彊』讀『勉彊』之『彊』，『彊』下當有『服』字。言百姓非心服項王，特劫於威而彊服耳。」按：二者皆可通，似不必再改。(74)任天下武勇　前云項王「不能任屬賢將」，今劉邦若能「任天下武勇」，即「反其道」也。(75)何所不誅　還有什麼人不能被你誅滅。(76)以天下城邑封功臣　前云項羽「至使人有功當封爵者，印刓敝，忍不能予」，今劉邦若能「以天下城邑封功臣」，則又「反其道」而行也。(77)何所不服　還有什麼人不能被你征服。(78)以義兵從思東歸之士　意即以那部分來自沛縣一帶的老兵為中堅、為前鋒，讓你現有的全部人馬跟在後面。義兵，指劉邦現有的全部士卒。思東歸之士，指家在沛縣周圍，最早跟從劉邦起事反秦的、如今一心要打回老家去的那些老兵。〈高祖本紀〉：「漢王之國，項王使卒三萬人從，楚與諸侯之慕從者數萬人。至南鄭，諸將及士卒多道亡歸，士卒皆歌思東歸。」陳直曰：「〈漢鐃歌〉十八曲中有〈巫山高〉，蓋描寫漢高祖在南鄭時兵士思東歸之情，與本文正合。」(79)何所不散　還有什麼人不能被你打散。(80)三秦王　指章邯、董翳、司馬欣。三人皆秦將，後降項羽。項羽入關後，封章邯為雍王，董翳為翟王，司馬欣為塞王。三國皆在故秦地，故稱三人為「三秦王」。(81)殺亡　指戰死的和逃散的。(82)至新安二句　鉅鹿之戰後，章邯率二十萬秦兵投降項羽，項羽帶領這些人一起撲向關中時，行至新安（今河南澠池城東），聽到這些降兵有怨言，遂一夜之間將其全部活埋於新安城南。事在漢元年十一月。見〈項羽本紀〉。(83)彊以威王此三人　勉強地靠著兵威讓秦地百姓接受這三個人為王。(84)大王之入武關　指劉邦占領關中地區。武關，在今陝西商南東南，是河南省南部進入關中地區的重要通道。按：劉邦攻下武關在秦二世三年（西元前二〇七年）八月，劉邦進入咸陽在漢元年十月（當時以十月為歲首）。(85)秋豪　以喻極其微細。豪，同「毫」。(86)約法三章　即殺人者死，傷人及盜抵罪。(87)失職　沒有得到應得的職位。即沒有得為關中王。(88)無不恨者　沒有一個人不為此遺憾。恨，憾。(89)舉而東　舉兵向東方殺出。(90)三秦可傳檄而定　傳檄而定，調用不著使用兵戈。檄，檄文，聲討敵人罪行，號召人們歸附於己的一種軍用文章。淩稚隆曰：「何之勸帝，則曰『還定三秦而天下可圖』；信之告帝則曰『舉兵而東，三秦可傳檄而定』，二人之論不相謀而相合，皆有見於天下之大勢者，此何所以奇信而數言於上也。」楊維楨曰：「韓信登壇之日，畢陳平生之畫略，論楚之所以失，漢之所以得，此三秦還定之謀所以卒定於韓信之手也。」董份曰：「觀信智略如此，真有掀揭天下之心，不但兵謀而已也，所以謂之『人傑』。」唐順之曰：「孔明之初見昭烈論三國，亦不能過。予故曰淮陰者非特將略也。」王世貞曰：「淮陰之初說高帝也，高密（鄧禹）之初說光武也，武鄉（諸葛亮）之初說昭烈也，若懸券而責之，又若合券焉！噫，可謂才也已矣！」按：韓信分析項羽的弱點，以及預見劉、項未來的鬥爭形勢，皆至為明晰，諸人所說誠是。唯其所謂「以天下城邑封功臣」語，則與其日後之請求為齊王事相應，皆見其政治理想之落後，確有取死之道。(91)遂聽信計二句　部署，《正義》曰：「部分而署置之也。」意即劃分任務，委派各項任務的負責人。凌約言曰：「鋪敘蕭何奇信、追信、拜信始末不遺餘力，所謂功第一者為此。方信歸漢，一亡卒耳，相國何所見而奇之？蓋何所以察天下之勢者甚熟，而信適與之孚，故數與語而遂以國士奇之耳。向使無定畫於中，而驟聞其說，安能力薦而大用之哉！」董份曰：「韓信以一亡校徒，因何立談，不更召見而即超拜大將，且殊禮，蓋其用人如此，三代以後，千載帝王之冠也。」

【語譯】淮陰侯韓信是淮陰人。起先還是老百姓的時候，生活貧窮，名聲不好，既不能被推選當官吏，又無法靠做買賣維持生活，經常到別人家去找飯吃，很多人都厭煩他。他曾好幾次到下鄉的南昌亭亭長家裡找飯吃，一連去了幾個月，亭長的妻子為此大傷腦筋，於是她就故意改變了自己的吃飯時間，每天早晨在大家還沒起牀的時候，他們就把飯吃完了，等到正常的吃飯時間韓信來了，她就不再給他做飯吃。韓信也明白是怎麼回事，心裡很生氣，以後他就不再去了。

2　有一天，韓信在城外釣魚，河邊上有一些婦女在洗棉絮，一位老婦看出韓信那種飢餓的樣子，就把自己的飯分給韓信吃；一連幾十天，直到這位老婦離去，天天如此。韓信很高興，對那位老婦說：「日後我一定要重重地報答您。」那位老婦生氣地說：「男子漢連自己都養活不了，我是可憐你才給你飯吃，難道還指望你的報答嗎！」

3　淮陰縣市場上有個賣肉的年輕人挑釁韓信說：「別看你高高大大，佩帶刀劍，其實你是個膽小鬼。」於是他當眾侮辱韓信說：「你要是不怕死，就拿刀捅了我；你要是怕死，就從我腿下鑽過去。」韓信兩眼盯著他看了半天，最終還是從他腿下爬了過去。滿街的人見到這情形，都笑話韓信，認為他怯懦。

4 等到項梁的兵馬來到淮北時，韓信帶劍投在了項梁的部下，但默默無聞。後來項梁兵敗身死，韓信又跟了項羽，項羽只讓他當了一個侍從角色的郎中。他曾多次給項羽獻計獻策，項羽都未採用。後來當劉邦被封為漢王，率領部下入蜀時，韓信遂離開項羽投奔了劉邦，但在劉邦這兒也沒能受到賞識，只當了個管理糧草的連敖。後來因事犯法，被判了死刑，和他同案的十三個人都已經被砍了頭，往下就要輪到韓信了，這時，韓信一抬頭，正好看見滕公夏侯嬰，韓信就說：「漢王不是想得天下嗎？為什麼要殺壯士呢！」夏侯嬰覺得他這話說得不平凡，又見他生得相貌堂堂，於是就把他放了。夏侯嬰與韓信談過一會兒話後，心裡很高興，於是就把韓信介紹給了劉邦，劉邦任命韓信為治粟都尉，但仍未發現他有什麼特別出眾的地方。

5 韓信曾多次與蕭何談過話，蕭何對他很賞識。劉邦帶領的人馬在向南鄭進發的路上，就有幾十個將領逃亡了。韓信心想蕭何等人已經向劉邦作了多次推薦，而劉邦總是不肯重用自己，於是他也跑了。蕭何聽說韓信跑了，來不及向劉邦報告，立刻親自去追他。這時有人不明就裡跑去稟報劉邦說：「丞相蕭何跑了。」劉邦一聽勃然大怒，心疼得如同失去了左右手一般。過了一兩天，蕭何回來了，他來拜見劉邦，劉邦一見是又氣又喜，他罵蕭何說：「你怎麼也跑了？」蕭何說：「我沒有跑，我是去追逃跑的人。」劉邦說：「你追的是誰？」蕭何說：「是韓信。」劉邦立刻又罵：「胡說，逃跑的將軍有幾十個了，你都沒追；現在倒說去追韓信，騙誰！」蕭何說：「別的那些將軍都容易得到。至於韓信，他在當前可是獨一無二的。您要是想一輩子在這裡當漢王，那您就用不著韓信；您要是想出去奪天下，除了韓信沒人能跟您共謀大事。關鍵就看您到底是怎麼打算的了。」劉邦說：「我當然也是想向東打回老家去，怎麼能一輩子窩在這兒呢？」蕭何說：「您既然要打回老家去，那麼，您要是能重用韓信，韓信就會留下來為您效力；您要是不能重用他，他早晚還是要跑的。」劉邦說：「看在你的面子上，我就讓他做個將軍。」蕭何說：「即便您讓人家做將軍，人家也肯定還是要走。」劉邦說：「我讓他做大將。」蕭何說：「那太好了。」於是劉邦立即就想把韓信找來任命他為大將。蕭何說：「您一向待人傲慢無禮，現在任命一員大將就像招呼個小孩子似的，這正是韓信要離開您的原因。您要是真想任命他，您就該選個好日子，沐浴齋戒，在廣場上修起壇臺，舉行隆重的儀式，那才行呢。」劉邦同意照辦。看到這種情景，將領們都一個個暗自高興，心想這回被任命的大將一定是自己。等到正式任命的時候一看，原來是韓信，全軍都大吃一驚。

6 封拜韓信的儀式進行完畢後，韓信被請入上座。劉邦說：「蕭丞相多次提起您的大才，根據當前的局勢，您認為我該怎麼辦呢？」韓信客氣了一番，隨即向劉邦說：「大王您如今率兵東出爭奪天下，對手不是項羽嗎？」劉邦說：「是的。」韓信又說：「大王您自己估計您的勇猛、仁德，以及您軍隊的強盛，能比得過項羽嗎？」劉邦沉默了半天，說：「比不上他。」韓信起身向劉邦拜了兩拜，稱讚說：「我也覺得您比不上他。可是我曾經做過他的部下，我可以來說說項羽的為人。項羽大吼一聲，可以把成千上萬的人嚇得癱在地上，是夠勇猛的，可是他不能任用有才幹的人，這樣他就不過是一種匹夫之勇罷了。項羽待人恭敬有禮，仁愛慈祥，說起話來和和氣氣，誰要是有了病，他能含著眼淚給人送吃送喝，可是等到人家立了功，該封官頒賞了，他卻吝嗇得把個印拿在手裡團弄來團弄去，直到把印的稜角都磨圓了也捨不得發出去，這樣他那所謂的『仁愛』也就成了一種婦人之仁了。項羽雖然成了霸主，所有諸侯都對他拱手稱臣，可是他不建都在關中，而去建都在彭城。他還違背了當初義帝宣布的誰先入關誰當關中王的規定，他把他的親信都封了王，因此各路諸侯都對他不滿。諸侯派來的將領們一看項羽把義帝趕到江南去了，於是回去後也都紛紛地將自己的國君趕到壞的地方，而自己在好的地盤上稱王。還有，項羽軍隊所到之處，殺人放火，沒有一個完整的地方，天下人為此怨聲載道，老百姓誰也不親近他，只不過是被他暫時的強大所震懾罷了。所以說項羽現在雖然名義上是個霸主，實際上他已經失去了人心，他的強盛是很容易變弱的。現在您如果真能反其道而行之，只要是勇敢善戰的人，您就大膽信任使用，那還有什麼敵人不能被誅滅！只要您打下城邑，您就把它封給您的有功之臣，那還有什麼敵人不能被征服！您再調集起反抗殘暴的義兵，讓他們跟著您那些誓死打回老家去的軍隊一起東進，那還有什麼樣的敵人不能被打垮！現在被項羽封立在關中的三個諸侯王：章邯、司馬欣和董翳，當初都是秦朝的將領，他們統率關中的子弟好幾年了，這幾年裡，為他們而戰死的和被迫開小差逃跑的不計其數，後來他們又欺騙這些士兵，裹挾著他們投降了諸侯；結果走到新安時，項羽竟把這二十多萬降兵全都活埋了，就留下了章邯、司馬欣、董翳這三個人，現在秦地的父老們對這三個人簡直恨之入骨。只不過是項羽靠著他的武力，硬是把這三人封王罷了，其實秦地的百姓們沒有一個人喜歡他們。而大王您當初進入武關以後，秋毫無犯，廢除了秦朝嚴刑酷法，給秦地百姓們定的法律只有三條，秦地的百姓沒有一個不樂意讓您在秦地稱王的。按照諸侯們的事先約定，您也應該在關中稱王，對於這些，關中的百姓們也都知道。後來您被項羽剝奪權利，遷到漢中，秦地的百姓們沒有一個不對此憤慨不平。現在如果您舉兵東下，三秦地區只要發出一個通告，不用打仗就可以回到您手中。」劉邦聽了大喜，感到自己今天才真正地認識韓信實在是太晚、太遺憾了。於是就按照韓信的謀劃，委派各項任務的負責將領。

1 八月，漢王舉兵東出陳倉❶，定三秦❷。漢二年❸，出關❹，收魏、河南❺，韓、殷王皆降❻。合齊、趙共擊楚❼。四月，至彭城，漢兵敗散而還❽。信復收兵❾與漢王會滎陽，復擊破楚京、索之間❿，以故楚兵卒不能西。

2 漢之敗卻彭城，塞王欣、翟王翳亡漢降楚⓫，齊、趙亦反漢與楚和⓬。六月⓭，魏王豹謁歸⓮視親疾，至國，即絕河關⓯反漢，與楚約和。漢王使酈生說豹，不下⓰。其八月，以信為左丞相，擊魏⓱。魏王盛兵蒲坂⓲，塞臨晉⓳，信乃益為疑兵，陳船欲度臨晉⓴，而伏兵㉑從夏陽㉒以木罌缻渡軍㉓，襲安邑㉔。魏王豹驚，引兵迎信㉕，信遂虜豹㉖，定魏為河東郡㉗。漢王遣張耳與信俱㉘引兵東，北擊趙、代[29]。後九月[30]，破代兵，禽夏說閼與[31]。信之下魏破代，漢輒使人收其精兵，詣滎陽以距楚[32]。

3 信與張耳以兵數萬，欲東下井陘擊趙[33]。趙王、成安君[34]陳餘聞漢且襲之也，聚兵井陘口，號稱二十萬。廣武君李左車說成安君曰：「聞漢將韓信涉西河[35]，虜魏王，禽夏說，新喋血[36]閼與，今乃輔以張耳，議欲下趙，此乘勝而去國遠鬭[37]，其鋒不可當[38]。臣聞千里餽糧，士有飢色，樵蘇後爨，師不宿飽[39]。今井陘之道，車不得方軌，騎不得成列[40]，行數百里，其勢糧食必在其後。願足下假臣奇兵三萬人[41]，從間道[42]絕其輜重[43]；足下深溝高壘[44]，堅營勿與戰。彼前不得鬭，退不得還，吾奇兵絕其後，使野無所掠，不至十日，而兩將之頭可致於戲下[45]。願君留意臣之計，否，必為二子所禽矣。」成安君，儒者也，常稱義兵不用詐謀奇計[46]，曰：「吾聞兵法十則圍之，倍則戰[47]。今韓信兵號數萬，其實不過數千[48]。能千里而襲我，亦已罷極[49]。今如此避而不擊，後有大者，何以加之[50]！則諸侯謂吾怯，而輕來伐我[51]。」不聽廣武君策，廣武君策不用[52]。

4 韓信使人間視[53]，知其不用，還報，則大喜，乃敢引兵遂下[54]。未至井陘口三十里，止舍[55]。夜半傳發[56]，選輕騎二千人，人持一赤幟，從間道萆山[57]而望趙軍，誡曰：「趙見我走，必空壁逐我，若疾入趙壁，拔趙幟，立漢赤幟。」令其裨將[58]傳飧[59]，曰：「今日破趙會食！」諸將皆莫信，詳應曰：「諾。」謂軍吏曰：「趙已先據便地為壁[60]，且彼未見吾大將旗鼓，未肯擊前行[61]，恐吾至阻險而還[62]。」信乃使萬人先行，出，背水陳[63]。趙軍望見而大笑。平旦，信建大將之旗鼓[64]，鼓行[65]出井陘口，趙開壁擊之，大戰良久。於是信、張耳詳弃鼓旗，走水上軍[66]。水上軍開入之[67]，復疾戰[68]。趙果空壁爭漢鼓旗，逐韓信、張耳。韓信、張耳已入水上軍，軍皆殊死戰，不可敗。信所出奇兵二千騎，共候趙空壁逐利，則馳入趙壁，皆拔趙旗，立漢赤幟二千。趙軍已不勝，不能得信等[69]，欲還歸壁，壁皆漢赤幟，而大驚，以為漢皆已得趙王將矣[70]。兵遂亂，遁走，趙將雖斬之，不能禁也。於是漢兵夾擊，大破虜趙軍，斬成安君泜水上，禽趙王歇[71]。

5 信乃令軍中毋殺廣武君，有能生得者購千金[72]。於是有縛廣武君而致戲下者，信乃解其縛，東鄉坐，西鄉對，師事之[73]。

6 諸將效首虜[74]，畢賀[75]，因問信曰：「兵法右倍山陵，前左水澤[76]，今者將軍令臣等反背水陳，曰破趙會食，臣等不服。然竟以勝，此何術也？」信曰：「此在兵法，顧諸君不察耳。兵法不曰『陷之死地而後生，置之亡地而後存[77]』？且信非得素拊循[78]士大夫[79]也，此所謂『驅市人而戰之[80]』，其勢非置之死地，使人人自為戰；今[81]予之生地，皆走，寧[82]尚可得而用之乎！」諸將皆服，曰：「善，非臣所及也[83]。」

7　於是信問廣武君曰：「僕欲北攻燕[84]，東伐齊[85]，何若而有功[86]？」廣武君辭謝曰：「臣聞敗軍之將，不可以言勇；亡國之大夫，不可以圖存[87]。今臣敗亡之虜，何足以權大事乎！」信曰：「僕聞之，百里奚[88]居虞而虞亡，在秦而秦霸[89]，非愚於虞而智於秦也，用與不用，聽與不聽也。誠令成安君聽足下計，若信者亦已為禽矣[90]。以不用足下，故信得侍[91]耳。」因固問曰：「僕委心歸計[92]，願足下勿辭。」廣武君曰：「臣聞智者千慮，必有一失；愚者千慮，必有一得[93]。故曰『狂夫之言，聖人擇焉[94]』。顧恐臣計未必足用，願效愚忠。夫成安君有百戰百勝之計，一日而失之，軍敗鄗下[95]，身死泜上。今將軍涉西河，虜魏王，禽夏說閼與，一舉而下井陘，不終朝[96]破趙二十萬眾，誅成安君。名聞海內，威震天下，農夫莫不輟耕釋耒，褕衣甘食[97]，傾耳以待命[98]者。若此，將軍之所長也。然而眾勞卒罷[99]，其實難用。今將軍欲舉倦獘[100]之兵，頓[101]之燕堅城之下，欲戰恐久力不能拔，情見勢屈[102]，曠日糧竭，而弱燕[103]不服，齊必距境以自彊[104]也。燕、齊相持而不下，則劉、項之權[105]未有所分也。若此者，將軍所短也。臣愚，竊以為亦過矣[106]。故善用兵者不以短擊長，而以長擊短。」韓信曰：「然則何由？」廣武君對曰：「方今為將軍計，莫如案甲休兵，鎮趙撫其孤[107]，百里之內，牛酒日至，以饗士大夫醳兵[108]，北首燕路[109]，而後遣辯士奉咫尺[110]之書，暴其所長於燕[111]，燕必不敢不聽從。燕已從，使諠言者[112]東告齊，齊必從風而服，雖有智者，亦不知為齊計[113]矣。如是，則天下事皆可圖也。兵固有先聲而後實者，此之謂也[114]。」韓信曰：「善。」從其策，發使使燕，燕從風而靡[115]。乃遣使報漢，因請立張耳為趙王[116]，以鎮撫其國。漢王許之，乃立張耳為趙王[117]。

【章　旨】以上為第二段，寫韓信勢如破竹，破魏、破代、破趙、收燕，從而平定山西、河北的巨大武功，突出表現了韓信卓越的軍事才能。

【注　釋】❶八月二句　陳倉，秦縣名，縣治在今陝西寶雞東。按：劉邦出漢中與項羽爭天下，從總的方向說是「東出」，但從第一步的翻秦嶺、出陳倉而言，卻不能說是「東出」，只能說是「北出」，因陳倉是在南鄭的正北方。又，此言「八月」出陳倉，而《漢書・高帝紀》乃謂「五月，漢王引兵從故道還」，此恐絕對不可能。《通鑑》繫之於「八月」，是也。劉邦四月到南鄭，八月從故道殺出，在漢中最多沒超過三個月。❷定三秦　據〈秦楚之際月表〉，是年八月「邯守廢丘，漢圍之；欣降漢，國除；翳降漢，國除」，蓋除章邯尚困守窮城外，其餘三秦的廣大地區皆已屬漢。❸漢二年　西元前二〇五年。❹關　此指函谷關。❺收魏河南　收取了魏豹領有的魏地（今山西省的西南部）和申陽領有的河南地（今河南洛陽一帶）。據〈魏豹彭越列傳〉，「漢王還定三秦，渡臨晉，魏王豹以國屬焉。」〈高祖本紀〉云：「漢王東略地，塞王欣、翟王翳、河南王申陽皆降。」

❻韓殷王皆降　韓，指韓王鄭昌（都陽翟）。殷，指殷王司馬卬（都朝歌）。據〈高祖本紀〉，鄭昌非主動投降，乃韓信擊破之者；司馬卬亦非降，乃被漢軍所虜者，事在漢二年三月。❼合齊趙共擊楚　齊，指齊王田榮與其弟田橫等。趙，指趙王歇及其相陳餘。他們都不是項羽所封，而是驅逐項羽分封的齊王、趙王而自立的。他們在東方牽扯住了項羽的兵力，為劉邦回定三秦，收服中原提供了極為有利的條件，詳見〈田儋列傳〉、〈張耳陳餘列傳〉。王先謙引《西漢年紀考異》云：「楚方擊齊於城陽，齊安得助漢人彭城？意『齊』字後人妄加耳。」按：劉邦與齊、趙只能是一種戰略上的呼應，非必指派兵跟從。❽四月三句　是年四月，劉邦趁項羽被田橫牽制於齊地之機，率各路諸侯共五十六萬人攻入項羽的國都彭城。項羽聞訊後，率三萬人星夜馳還，襲擊劉邦軍於彭城之西，大破之，劉邦遂慘敗而回，詳見〈項羽本紀〉。按：彭城之役，其敗甚慘，其咎當由誰任，《史記》諸篇皆無明文，郭嵩燾曰：「『漢王從臨晉渡，劫五諸侯兵入彭城』，而不及韓信。以當時事實求之，『拜韓信為大將，部署諸將所擊』，則高祖之定三秦，皆信所部署，高祖不自行也。既定三秦，而高祖直趨彭城以當項羽，自是相持滎陽、京、索間，專意與楚爭衡，而韓信渡河擊魏，因擊趙、擊齊，始終未與高祖會攻項羽，直至垓下，乃始一當項羽。」按：郭說近是。❾收兵　收聚被打散的士卒。❿與漢王會滎陽二句　〈高祖本紀〉於此作「漢王稍收士卒，與諸將及關中卒益出，是以兵大振滎陽，破楚京、索間」。滎陽，秦縣名，縣治在今河南滎陽城東北。京索，謂京縣、索亭。京縣，在今河南滎陽城東南。索亭，即今之滎陽縣城。⓫亡漢降楚　逃出漢軍營壘而往投項氏。按：其他有國的諸侯則逃回自己的國土，而司馬欣、董翳之國因已被劉邦所滅，故只好單身往投項羽。⓬齊趙亦反漢與楚和　按：劉邦潰敗於彭城後，陳餘反漢乃因劉邦不殺張耳，事見〈張耳陳餘列傳〉，而是否即「與楚和」，史無明文；至於齊之田橫，當時似乎更不可能「與楚和」。王先謙曰：「齊未嘗與楚和，此衍『齊』字。」⓭六月　梁玉繩曰：「當作五月。」按：〈秦楚之際月表〉作「五月」。⓮謁歸　請假回家。⓯絕河關　河關，即蒲津關，也叫臨晉關，在今陝西大荔東的黃河西岸。魏豹絕河關，是為了阻止漢兵進入魏境。⓰使酈生說豹二句　劉邦派酈食其往說魏豹，魏豹以劉邦「慢而侮人，罵詈諸侯群臣如罵奴」因而不從勸說事，見〈魏豹彭越列傳〉。⓱以信為左丞相二句　按：此「左丞相」乃虛銜，非實任其職，亦猶唐代之「使相」然。瀧川引李賡芸曰：「曹參以假左丞相定魏、齊，以右丞相為平陽侯；酈商遷右丞相，賜爵列侯，後復以右丞相擊陳豨；樊噲亦嘗遷左丞相，皆係空名，不居其職。」據《漢書．高帝紀》：「漢王以韓信為左丞相，與曹參、灌嬰俱擊魏。食其還，漢王問魏大將誰也，對曰：『柏直。』王曰：『是口尚乳臭，不能當韓信。騎將誰也？』曰：『馮敬。』曰：『是秦將馮無擇子也，雖賢，不能當灌嬰。步卒將誰也？』曰：『項它。』曰：『是不能當曹參，吾無患矣。』」《漢書．韓彭英盧吳傳》亦云：「信問酈生：『魏得毋用周叔為

大將乎？」曰：「柏直也。」信曰：「豎子耳。」遂進兵擊魏。」以上《漢書》兩段《史記》皆不載，故特錄出。陳子龍曰：「河東處漢肘掖之間，豹之叛漢猶九江之反楚，其患甚切，不可不亟取，且以自廣關中地耳。」郭嵩燾曰：「彭城一敗，魏豹即塞臨晉以叛，則高祖與楚相拒滎陽，且有腹背受敵之勢，是以韓信之擊魏尤為急着。」⑱盛兵蒲坂　設重兵於蒲坂以待之。蒲坂，渡口名，在今山西永濟城西的黃河東岸，隔河與臨晉關相對。⑲塞臨晉　堵著迎面的臨晉關。⑳信乃益為疑兵二句　越發作出一種要在臨晉強渡的樣子。疑兵，師古曰：「多張兵形，令敵人疑也。」益，越發。㉑伏兵　謂暗中出兵。㉒夏陽　秦縣名，縣治在今陝西韓城西南，即司馬遷的故鄉。㉓以木罌缻渡軍　意即利用一切可用的條件令軍隊渡過黃河，進入魏地。木罌缻，木盆、木桶之類。王先謙引周壽昌曰：「〈功臣表〉『祝阿侯高邑』下注云：『屬淮陰，罌渡軍。』則此役高邑有功，或即其所策畫也。」郭嵩燾曰：「河流湍急，豈木罌缻所能渡者？當是造為浮橋，施木板於罌缻之上，以其輕而能浮，又易於牽引以通兩岸也。」㉔安邑　當時魏豹的國都，在今山西夏縣西北。㉕引兵迎信　謂魏豹引兵還救安邑。㉖信遂虜豹　據〈秦楚之際月表〉，韓信破魏、虜魏豹在漢二年九月，即劉邦敗於彭城之後的第五個月。《中國歷代戰爭史》云：「山西地區為楚漢主要戰場北側之高臺地，故當劉邦出關時，首先擊降魏、殷兩地；及魏王豹叛時，劉邦又立使韓信破降之。且劉邦得此地區後，又可北出井陘而下趙、齊，對楚北側形成嚴重之威脅，此亦劉邦所以使用韓信於此路之原因也。」又曰：「韓信此次作戰，乃利用『因敵』、『誤敵』與『誘敵』之策略，以造成遂行奇襲之方策。」《中國戰爭史》曰：「安邑之戰漢、魏兩軍使用的兵力不大，是個規模比較小的戰役，但是對當時戰局起了極大影響。漢軍憑著占領魏屬的河東、太原等郡，可以經略趙、代，進攻燕、齊，形成從北面包圍楚國的優越戰略態勢。韓信採用了與對三秦作戰『明修棧道，暗渡陳倉』同樣的詭詐手段，又一次獲得了全戰役的徹底勝利，突出地展示了韓信軍事指揮的卓越才能。」㉗定魏為河東郡　在剛平定的魏國設立了河東郡，郡治安邑。㉘漢王遣張耳與信俱　意謂劉邦又派來了張耳，讓張耳與韓信共同經略北部戰線。張耳，劉邦起義前的老相識，諸侯反秦初期，張耳與陳餘一起在河北輔佐趙王歇。鉅鹿之戰後，張耳與陳餘產生矛盾，二人分道揚鑣，陳餘繼續留在河北，張耳隨項羽入關，被項羽封為常山王。張耳到河北上任時，被陳餘打走，張耳從此遂投奔了劉邦，深受劉邦倚任，並將其女魯元公主嫁給了張耳的兒子張敖。事情詳見〈張耳陳餘列傳〉。劉邦派張耳來與韓信共事，說協助可，說監視亦可。㉙北擊趙代　趙，時趙歇為王，陳餘為相，都襄國（今河北邢台）。代，趙歇封陳餘為代王，陳餘為輔趙歇，留在趙國為相，派夏說為代相，往任代事，都代縣（今河北蔚縣東北）。按：據《漢書．韓彭英盧吳傳》，韓信虜魏豹、定河東後，「使人請漢王，『願益兵三萬人，臣請以北舉燕趙，東擊齊，南絕楚之糧道，西與大王會於滎陽。』漢王與兵三萬人，遣張耳與俱進擊趙、代。」而《史記》中絕無此語，一似韓信之取魏、取代、取趙、取燕、取齊為一預定之連續活動。㉚後九月　即閏九月，當時的曆法都是將閏月置於該年的最後。㉛閼與　秦縣名，縣治即今山西和順。㉜信之下魏破代三句　按：此與前注所引《漢書・韓彭英盧吳傳》之所說相反，《漢書》乃謂劉邦益韓信三萬人也，而《漢書》自身亦前後矛盾。㉝信與張耳以兵數萬二句　井陘，即井陘口，太行山的險隘之一，是山西與河北之間的交通要道，在今河北井陘西北。梁玉繩曰：「此上失書『漢三年』。」按：梁說是，此三字絕不可少。㉞成安君　陳餘的封號。㉟西河　此指山西省南部與陝西交界處的黃河。㊱喋血　踐血。言殺人流血之多，處處皆踐血而行。喋，同「蹀」。踐。《漢書・文帝紀》師古注：「喋，本字當作『蹀』，謂履涉之耳。」㊲乘勝而去國遠鬬　遠離根據地的乘勝奔襲敵人。去國，離開自己的國土。㊳其鋒不可當　意即不應該採取速戰速決的硬拚。㊴千里餽糧四句　意謂遠距離的運送糧食供應前方，則前方將士將經常處於飢餓狀態；靠臨時打柴而後燒飯，則軍隊不可能有飽飯吃。餽，運送。樵蘇，師古曰：「樵，取薪也；蘇，取草也。」爨，燒火做飯。宿飽，常飽。王先謙引沈欽韓曰：「四語見《黃石公・上略》。」㊵車不得方軌二句　言其道路之窄，不能容兩輛車並行。方軌，兩車並行。方，雙舟並行，引申為「並」的意思。㊶假臣奇兵三萬人　調撥給我三萬用以出奇制勝的士兵。假，借。請求「撥給」的婉轉說法。㊷間道　小道；側面之道。㊸輜重　指運送衣食等後勤物資的車隊。師古曰：「輜，衣車也；重，載重物車也，故行者之資總曰輜重。」㊹深溝高壘　深挖溝，高築牆，泛指加強防禦工事。㊺兩將之頭可致於戲下　張耳、韓信的人頭就可以弄到你的帳下來。戲下，同「麾下」。麾，大將的指揮旗。㊻成安君三句　按：〈張耳陳餘列傳〉云：「陳餘者，亦大梁人也，好儒術。」此云「常稱義兵不用詐謀奇計」，蓋亦宋襄公之流也。㊼十則圍之二句　《孫子・謀攻篇》：「用兵之法：十則圍之，五則攻之，倍則分之，敵則能戰之，少則能逃之，不若則能避之。」㊽韓信兵號數萬二句　按：韓信破魏破代後已有多少人，史無明文；劉邦又助之三萬人，總數應不少於五六萬。陳餘以為「不過數千」，實過於輕敵。然與陳餘之二十萬相較，仍是不成比例。㊾亦已罷極　早已消耗得疲憊不堪了。罷，同「疲」。㊿後有大者二句　日後再來更強大的敵人，我們將更拿什麼辦法來對付。加，比眼下更好的。(51)則諸侯謂吾怯二句　那將使諸侯們都認為我是軟骨頭，都可以隨隨便便地來打我。輕，輕易；隨便。(52)廣武君策不用　六字重複。瀧川引中井曰：「《漢書》削『廣武君策不用』六字，為是。」(53)間視　暗中窺視。(54)乃敢引兵遂下　乃敢決心揮兵經井陘口東下。(55)止舍　停下來休息。師古曰：「舍，息也。」(56)傳發　傳令出發。(57)從間道萆山　從小路上山，隱蔽到（臨近趙營的）山上。萆，同「蔽」。方苞曰：「用草木自蔽。」(58)裨將　副將。主將的副官、助手之類。裨，助也。(59)傳飧　傳令用一些早點。飧，小食。《集解》引如淳曰：「小飯曰飧，言破趙後乃當共飽食也。」(60)先

據便地為壁　已經搶占了有利的地勢紮營結陣。壁，營壘。(61)前行　先頭部隊。(62)恐吾至阻險而還　中井曰：「趙必不擊先行者，恐韓信中途而還，不可擒殺也。」(63)出二句　謂使此萬人渡河後背靠著河水列陣。《正義》曰：「緜蔓水，一名『阜將』，一名『回星』，自并州流入井陘界，即信背水列陣，陷之死地，即此水也。」王先謙曰：「今所謂桃河者也。」陳，同「陣」。沈欽韓曰：「《尉繚子．天官篇》：『背水陣為絕地，向坂陣為廢軍。』陳餘知兵法，故趙軍笑其陳也。」(64)建大將之旗鼓　豎起將旗，架起戰鼓。(65)鼓行　擂鼓高歌而行，一切都為了吸引趙軍出擊。(66)信張耳詳弃鼓旗二句　董份曰：「『前左水澤』，必成安君所知也，而韓信背水以誘敵；『百里蹶將』，龐涓所知也，而孫子減灶以速功，此皆致人之術也。蓋知兵法者久則其思熟，恐其畏而不戰，故佯為敗形，使之卒然而趨耳。」(67)開入之　讓開通道，讓岸上的士兵退入水上之陣。(68)復疾戰　王先謙引劉奉世曰：「三字衍文。」按：三字確與下文之「軍皆殊死戰」重複，然《漢書》與《資治通鑑》皆照用未削。(69)趙軍已不勝二句　瀧川曰：「楓、三本無『不勝』二字，與《漢書》合。」按：《通鑑》亦無「不勝」二字。(70)以為漢皆已得趙王將矣　以為全都擒獲了趙王與趙將。(71)斬成安君泜水上二句　泜水，源出於河北臨城西，經隆堯縣北，東入釜陽河，在井陘東南近二百里。按：〈張耳陳餘列傳〉於此作「斬陳餘泜水上，追殺趙王歇襄國」。襄國即今河北邢台，在當時的泜水以南百餘里。凌稚隆引余有丁曰：「信所以背水陣者，雖欲陷死地以堅士心，其實料成安君守兵法而不知變也，故以背水誘之，使之爭戰趨利耳，此致人之術也。」茅坤曰：「使成安君能用李左車之計，以奇兵絕井陘之口，而親為深溝高壘以困之，信特投虎於匣矣。信之間視知成安君之不用，故敢入焉。信之慮蓋亦岌岌矣。兵入之後，又安知成安君不以戰少利而悔悟乎？故兵法曰：『薄人於險，利在速戰。』非為背水戰，不可以致趙人之空壁而逐利；非拔趙幟而立漢幟，則成安君失利而還壁，信與趙相持之勢成，而其事未可知也。故信之此舉，謀定而後動，誠入虎口一舉而斃之矣。」唐順之曰：「信奇處全在拔趙旗上，亂其耳目，奪其巢穴。」姚苧田曰：「出井陘以決一日之雌雄，必無一戰不克而需再舉之理。成安君固非韓信敵手，而兵之懈與奮亦誠有天淵相去者。蓋趙空壁利，前有幸功之樂，後無致死之憂，則見利而進，知難而退而已。漢兵則不然，力戰則容救其生，一退則俱無噍類，所以一曰『大戰良久』，再曰『復疾戰』，三曰『皆殊死戰』，彼懈我奮，一以當十，此左車所以早有成禽之慮也。」慕中岳曰：「井陘戰役是劉邦、項羽間爭雄的一次關鍵性戰役，劉邦軍由於在這次戰役中破魏、滅趙、降燕，一方面使劉邦在北方和西北兩個方面對項羽軍形成了戰略包圍的有利態勢，解除了自己在主戰場對楚作戰的側面威脅；一方面使劉邦軍可以獲得燕、趙等地大量人力、物力資源，對補充和加強主戰場的作戰活力起著無法估量的作用。」《中國歷代戰爭史》曰：「此役取勝之因素，實以『因敵』為首，而『因敵』則必須深悉敵情。韓信之勝，亦由敵方之愚昧無知，設魏王豹、夏說、陳餘等皆能明於當時情事，各能堅守平陽、太原、井陘等重要據點，而不與之野戰，曠日持久以待之，則韓信必難達成速戰速決之目的（此亦漢遣韓信北進之戰備目的）。若韓信不能速戰速決，則必不能獲破魏、代、趙之功，如此，則劉項之勝敗，實難判知也。韓信此役之大獲全勝及兵不血刃而下燕，對楚漢滎陽戰局極關重要，不僅使整個戰略上漸獲絕對之優勢，且使劉邦在數次機動中得賴以將滎陽防線轉趨鞏固。」按：韓信破殺陳餘滅趙，〈秦楚之際月表〉繫之於漢三年（西元前二〇四年）年十月。72購千金　以千金之賞相收購。73東鄉坐三句　謂使李左車東向而坐，韓信西向與之問答，奉之為師。鄉，同「向」。按：戰國秦漢時期除帝王、官長之升殿、升堂會見群臣、百僚，仍以南向為尊外，其他一般場合如宴會、閒談等，皆以東鄉坐者為尊，試參看〈項羽本紀〉、〈廉頗藺相如列傳〉、〈魏其武安侯列傳〉等可知也。74效首虜　交驗自己所斬獲的人頭與所捉的俘虜。即向統帥稟報自己的功績。效，呈交；使主管者驗收。75畢賀　都向韓信祝賀。畢，皆。「畢」上原有「休」字，今刪。若留「休」字，則應讀為「諸將致首虜休，畢賀」，意思亦通。只是「休」字略顯生僻而已，《資治通鑑》無，今據刪。76兵法右倍山陵二句　《孫子・行軍篇》：「丘陵堤防，必處其陽而右背之。」右背，謂右倚靠。倍，同「背」。王先謙引沈欽韓曰：「杜牧注《孫子》云：『《太公》曰：軍必左川澤而右丘陵。』《淮南・兵略篇》：『地利者，後生而前死，左牡而右牝。』注：『高者為生，下者為死；丘陵為牡，溪谷為牝。』」77陷之死地而後生二句　《孫子・九地篇》：「投之亡地然後存，陷之死地然後生。夫眾陷於害，然後能為勝敗。」又曰：「疾戰則存，不疾戰則亡者，為死地。」郭嵩燾曰：「『信乃使萬人先行，出，背水陣』，所以誘致成安君也，是信本旨。此云『陷之死地而後生，置之亡地而後存』，又別出一義，是信託辭。韓信用兵最為神奇，未有能及之者。」78拊循　撫愛之，順適其心意。指對人有恩德。這裡即有訓練、有領導關係。79士大夫　指部下將士。80驅市人而戰之　趕著一群烏合之眾去打仗。市人，集市上的人。喻彼此間素不相知，毫無關係。81今　若；假如。82寧　豈。與「尚」字意同，重疊使用，以加強語氣，其實可削其一。83非臣所及也　王鳴盛曰：「信平日學問，本原寄食受辱時揣摩已久，其連百萬之眾，戰必勝，攻必取，皆本於平日學問，非以危事嘗試者。信書雖不傳，就本傳所載戰事考之，可見其純用權謀，所謂出奇設伏，變詐之兵也。」84燕　臧荼受項羽分封建立的國家，國都薊（今北京市城區的西南部）。85齊　戰國時的齊國後裔在齊地建立的國家，國都在今山東淄博的臨淄西北。當時的齊王為田廣，真正主事的是田橫。86何若而有功　如何才能取得功效。何若，師古曰：「猶言『何如』。」87敗軍之將四句　蓋當時俗語。《吳越春秋》記范蠡云：「亡國之臣，不敢語政；敗軍之將，不敢語勇。」與此略同，意即敗軍之將、亡國之臣沒有資格再幫人籌謀劃策。師古曰：「圖，謀也。」88百里奚　姓百里，名奚，春秋時虞國大夫。89居虞而虞亡二句百里奚原為虞臣，晉獻公欲滅虢，假道於虞君。百里奚諫，虞君不聽，結果虢被晉滅後虞亦被晉所滅。百里奚被虜為奴，給晉女做陪嫁送往秦國。百里奚中途潛逃，被楚人捕獲，秦穆公以五張羊皮將其換至秦國，予以重用，結果輔佐秦穆公稱霸西戎。事見《左傳》與〈秦本紀〉。虞，春秋前期的諸侯國名，國都虞（今山西平陸北），地處於晉國（都絳，今山西襄汾西南）與虢國（今河南三門峽東南）之間。90誠令成安君聽足下計二句　陳亮《酌古論》曰：「左車亦足為軍中謀主，信欲就以決疑，所以虛心委己而問之，豈真以為向者之計足以擒我哉？」按：這是一種客氣的說話方式。91故信得侍　所以我今天才有向你求教的機會。侍，侍候。92委心歸計　委心，猶言「傾心」。誠心誠意地聽從教導。歸計，猶言「求教」。求計於人。郭嵩燾曰：「韓信間諜之精，於『知廣武君策不用』見之；取益之廣，於西鄉師事廣武君見之，史公文法之神奇，足與韓信兵法相勒。」93智者千慮四句　當時俗語。王先謙引《晏子春秋・雜篇下》：「聖人千慮，必有一失；愚人千慮，必有一得。」與此略同。意謂不論多麼聰明的人也有偶爾胡塗的時候，不論多麼笨拙的人也有偶爾聰明的時候。94狂夫之言二句　亦當時俗語。意謂即使是一個狂夫的話，也有讓聖人考慮、選擇的價值。95軍敗鄗下　鄗，秦縣名，縣治在今河北高邑東南，地處當時泜水的北岸，亦即上文之所謂「斬成安君泜水上」也。蓋韓信破陳餘於井陘後，乘勝向南追擊，又破其殘部於鄗縣城下，斬陳餘於泜水之上。96不終朝　不到一個早晨。97輟耕釋耒二句　意即不再從事生產，整天穿好的、吃好的，活一天算一天。耒，耕田用的農具。褕，美也。98待命　等候「大命」的降臨。即等死。師古曰：「言為靡麗之衣，苟且而食，恐懼之甚，不為久計也。」以上三句極言韓信的兵威之強，嚇得敵國之人朝不保夕。99眾勞卒罷　士眾勞苦疲憊。罷，同「疲」。100倦獘　疲憊、殘破。獘，同「敝」。殘破。101頓　置；投放。瀧川有所謂「頓，讀為『鈍』，敝也」之說，「頓」字確有「鈍」之一義，但用於此處不合適。102情見勢屈　自己的短處就要暴露，就將陷於被動。見，同「現」。胡三省曰：「見，顯露；屈，盡也。吾之情現則敵知所備，勢屈則敵得乘吾之敝矣。」103弱燕　瀧川曰：「戰國之時燕弱，故有『弱燕』之稱，李左車亦用其語。」按：《漢書》「弱」字作「若」。104距境以自彊　牢固地守住邊境線而堅不可摧。距境，拒敵於國境之外。距，同「拒」。105劉項之權　劉、項之間誰勝誰負的局勢。權，勢；形勢。或亦可謂號令天下之權。106竊以為亦過矣　指韓信前面所說的「北攻燕，東伐齊」這種強攻的想法。過，錯；不好。107鎮趙撫其孤　鞏固趙國地區的局勢，撫養趙國死者的孤兒。108以饗士大夫醳兵　按：「饗士大夫」即「醳兵」，皆謂以酒食犒賞全營將士。二語連用，似嫌重複。醳兵，《索隱》曰：「謂以酒食養兵士也。」亦有人將「醳兵」讀如「釋兵」，然則與上文之「按甲休兵」重複。中井曰：「醳兵二字，竟不可通，或衍文。《漢書》刪之。」按：《通鑑》亦無此二字。109北首燕路　意謂將部隊擺成一種即將北上攻燕的架勢。首，《正義》曰：「向也。」

⑩咫尺 極言其事之容易。師古曰：「八寸曰咫。『咫尺』者，言其簡牘或長咫，或短尺，喻輕率也。」⑪暴其所長於燕 用我們的長處以威脅燕人。暴，顯示；張揚。⑫諠言者 謂辯士。所諠言之事，即上文之「暴其所長」。⑬不知為齊計 無法再為齊國籌謀劃策。⑭兵固有先聲而後實者二句 王先謙引周壽昌曰：「廣武君自此遂不知所終。」湯諧曰：「信之始求李左車也何等隆重，意氣何等投合，看來左車識量高信一等，使其始終佐信，當有深益。而乃私心一動，背棄其言，至使左車滅跡掃影而去，豈不重可惜哉！史公此後亦若忘卻左車，無復煞者，所以深責信之聽蒯通而失左車也。」⑮發使使燕二句 按：燕王臧荼歸順劉邦的具體時間，〈秦楚之際月表〉不載，《漢書‧高帝紀》未及，《通鑑》帶敘於漢三年十月。⑯請立張耳為趙王 中井曰：「信之請立趙王，是自為封王之地也。」⑰乃立張耳為趙王 瀧川引沈家本曰：「表在四年十一月，下文六月，則三年之六月。或三年請之，四年始立之耳。」按：〈秦楚之際月表〉與〈高祖功臣侯者年表〉皆繫於漢四年（西元前二〇三年）。

【語譯】漢高祖元年八月，劉邦從陳倉小路東出，很快地收復了三秦。漢高祖二年，劉邦率軍東出函谷關，很快地收服了魏國與河南國，韓王鄭昌、殷王司馬卬也都投降了劉邦。於是劉邦又聯合了齊、趙兩國一同攻擊項羽。四月，劉邦打到了項羽的首都彭城，後來又被項羽打敗潰散而歸。這時韓信收合了一部分軍隊與劉邦會師於滎陽，接著又在京縣和索亭之間打敗了楚軍，遏止了楚軍繼續西進的勢頭。

2 當劉邦在彭城敗退後，關中的塞王司馬欣和翟王董翳又背叛劉邦投降了項羽，齊、趙兩國也反漢與項羽求和了。六月，魏王豹請假回河東探親，一到魏國，立即封鎖了黃河渡口蒲津關，宣布反漢，與項羽求和。劉邦趕緊派酈食其前去說服勸阻，魏豹不聽。八月，劉邦只好派韓信以左丞相的身分率軍討伐魏豹。魏豹把重兵集結在蒲坂，堵住了臨晉關。這時韓信就在臨晉一帶布置疑兵，擺開船隻，作出了準備從臨晉強渡的樣子，而暗中派兵北上夏陽，讓士兵們利用木板木桶之類可以漂浮的東西渡過了黃河，再南下猛襲魏豹的重鎮安邑。魏豹聞訊大驚，率軍北上倉促迎敵，結果被韓信俘獲，隨後韓信很快地平定了魏國，把魏地設為河東郡。接著劉邦又派了張耳來協同韓信率軍向東北進發，去打趙國和代國。閏九月，韓信軍擊潰了代國的軍隊，在閼與活捉了代國的丞相夏說。而當韓信攻下了魏國、打敗了代國的時候，劉邦總是立刻派人來調走韓信的精兵，把他們帶到滎陽去抵抗項羽。

3 接著韓信與張耳又率領著幾萬人，準備東出井陘口進攻趙國。趙王趙歇和成安君陳餘聽說韓信要來打他們，便把趙國軍隊集結在井陘口，號稱二十萬。這時趙國的謀士廣武君李左車對陳餘說：「聽說韓信之前偷渡西河，俘虜了魏豹，又活捉了代相夏說，在閼與血戰大捷，現又在張耳的協助下，準備攻我趙國，這是一種遠離本土乘勝前進的勢頭，其鋒芒銳不可當。但俗話說，靠遠道送糧食，士兵就會挨餓；該做飯了才打柴，人們就永遠也吃不飽。咱們這井陘小道，窄得兩輛車不能並行，人馬都不能排成行列，韓信的軍隊到這裡走上幾百里，他的糧餉一定在後面。請您撥給我三萬人，我抄小路去截斷他們的糧道；您在正面只管加固工事，堅守營地不要與他們開戰。叫他們往前求戰不得，往後又退不回去，因為有我的奇兵把他們擋住了，他們軍中無糧，在曠野上又找不到任何吃的東西，這樣不出十天，韓信和張耳的人頭就可以送到您的面前。希望您能認真考慮我的建議，不然，我們就要被他們兩個所擒了。」陳餘是個書生，總愛說什麼仁義之師絕不用詐騙的手段，他聽了李左車的話，說：「兵法上講，如果兵力超過敵人十倍，就可以去包圍他們，如果超過敵人一倍，就可以同他們決戰。現在韓信的軍隊號稱幾萬，其實不過幾千人。而且又是經過了千里跋涉前來打我，他們已經是疲憊不堪了。面對這樣的敵人我們如果還避而不打，以後再來了更強的敵人，我們還能打嗎！再說這回如果我們不打，那各地的諸侯都會認為我們怯懦無能，就都可以隨隨便便地攻打我們了。」於是他不考慮李左車的作戰方案。

4 再說韓信，他早已經派人到陳餘身邊去刺探了，當他們了解到李左車的計策沒被採用，回來向韓信一報告，韓信大喜，於是就率軍長驅而下。當到離井陘口還有三十里的地方，韓信傳令停下來休息。到了半夜時分，命令全軍整裝，他挑選了兩千名輕騎兵，讓他們每人手持一面紅旗，從小道上山，隱蔽在山上，監視趙軍。韓信叮囑他們說：「趙軍見到我軍敗退，一定會傾巢而出地來追我們，你們就趁著這個機會迅速奔入趙營，拔掉趙軍的旗幟，插上漢軍的紅旗。」隨後又讓他的副將傳令全軍吃早點，並告訴全軍：「等今天打敗了趙軍以後再正式地吃早飯！」部下的將領們都不相信，只是敷衍著說：「好吧。」韓信對身邊的軍吏說：

「趙軍已搶先占領了有利的地勢，修築了工事，他們在沒有見到我們大將的儀仗旗號之前，是不會攻擊我們的先頭部隊的，因為他們怕一打我們的先頭部隊，我們的後續部隊就會撤回去。」於是韓信先派一萬人出了井陘口，過河後，在河東列了個背水陣。趙軍一看都哈哈大笑。到太陽露頭時，韓信的大將旗號也在一路戰鼓聲中出了井陘口。趙軍於是打開營門，兩軍會戰開始。雙方先是打了一段時間，後來韓信、張耳就假裝失敗扔下了許多戰鼓、軍旗，逃到船上去了。船上的軍隊讓開一條通道讓岸上的士兵上船後，又繼續與趙軍激戰。這時趙軍一見漢軍敗了，果然傾巢而出爭搶漢軍的旗鼓，想要捉拿韓信、張耳。韓信、張耳的軍隊退到了船上之後，回師與趙軍死戰，趙軍再也無法前進一步了。這時韓信事先派出的那兩千輕騎兵，早已在山上等候趙軍傾巢而出搶奪戰利品，就立即奔入了趙軍營壘，拔掉了趙軍的旗幟，插上了漢軍的兩千面紅旗。等到趙軍打了半天不能取勝，想要回營時，一看自己營壘上都是漢軍的紅旗，趙軍大驚失色，以為漢軍已經抓獲了趙王以及他所有的將領了。趙軍頓時大亂，兵士們四散奔逃，即使有趙將督戰，想要殺人攔阻，也無濟於事了。於是漢軍內外夾擊，大破趙軍，陳餘敗逃，被殺死在泜水上，趙王歇被活捉。

5 韓信命令軍中不准殺害廣武君李左車，誰能活捉到李左車，給他千金重賞。於是有人捉到了李左車，把他捆送到了韓信面前。韓信過去親自為他解開了繩索，請他面向東而坐，自己西向面對著，像對待老師那樣以尊禮相待。

6 將領們一一地向韓信呈獻了首級、俘虜，向韓信祝賀勝利完畢，問韓信說：「兵法上講，布陣之法應當是：右面和背後靠著山，前面和左面傍著水。可是今天您卻讓我們背靠河水布陣，還說讓我們打敗了趙軍再吃早飯，我們當時都不服。可是最後就按著您說的打勝了，這叫什麼戰術呢？」韓信說：「這戰術兵法上就有，只是你們沒注意讀罷了。兵法上不是說：『要把人置於死地才能讓他們死裡求生，要把人置於絕境才能讓他們絕處求存。』現在我率領的這些軍隊並不是我的老部下，我素來對他們沒有任何恩情。我現在指揮他們簡直就如同趕著一幫子集市上的人去作戰。這就非把他們置於一個絕境，讓他們人人都要拚死作戰；如果把他們放在一個還有退路的地方，他們早就跑光了，那我還能指望他們為我作戰嗎？」將領們聽了都很佩服，說：「不錯，我們沒想到這一點。」

7 接著韓信問李左車說：「下一步我打算北上攻燕，東進攻齊，我怎麼做才能成功呢？」李左車推說：「打了敗戰的將軍，沒有資格談論用兵；亡了國的大臣，也不配給別人出什麼圖存的主意。現在我作為一個失敗的俘虜，有什麼資格幫您權衡大事呢？」韓信說：「我聽說，當初百里奚在虞國為臣，虞國滅亡了；後來他到秦國為臣，秦國稱霸了，這並不是說百里奚在虞國時就傻，後來到了秦國就聰明了，而關鍵是在於國君們是不是用他、是不是聽他的話。如果陳餘當初採納了您的方略，恐怕我韓信現在早就成了你們的俘虜了。就是因為陳餘不聽您的話，所以我今天才能有幸把您請到這裡來，聆聽您的教導。」韓信非常誠懇地說：「我是真心向您求教，希望您不要再推辭。」李左車說：「俗話說得好：再聰明的人考慮問題，也有失誤的時候；再傻的人考慮問題，也有偶爾考慮對的時候。所以古人又說：『即使是狂夫們的胡言亂語，聖人們也可以從中挑出對自己有用的東西。』我是怕我的想法對您未必有用。現在您既然這麼問，我就把我的想法說說。陳餘本來具有百戰百勝的條件，就因為一步走錯，結果敗逃到鄗縣，被殺於泜水。將軍您兵渡黃河，先俘虜了魏豹，又在閼與活捉了夏說，接著又東下井陘，不到一早晨就擊敗了趙國的二十萬人，殺了陳餘。您已經是名揚四海，威震天下了。現在許多農民都已經放下農具，不幹活兒了，他們在那裡趕緊吃好的穿好的，他們豎著耳朵聽您的動靜，心想說不定哪一天就死了。您把人們打成了這樣，嚇成了這樣，這是您的優勢所在。但是您要看到，您的軍隊已經疲憊不堪，短時間內已經難以再讓他們打仗了。現在您如果率領著他們去打燕國，把他們放在頑強固守的燕國城牆之下，想打吧，又一時半會兒打不下來，到那時我們的弱點就要暴露出來了。時間一長，糧食也要供應不上，這樣一來，一個小小的燕國我們還治不了，那麼齊國就更要頑強自守了。而一旦燕國、齊國都拖成相持不下的局面，那麼中原戰場上劉邦與項羽的勝負就更難看出分曉了。這種可能的確存在，這是您的劣勢所在。我這人雖然很笨，但是我還是認為您不應該那麼做。一個善於用兵的人，一定不要拿自己的短處去打人家的長處，而是要用自己的長處去打別人的短處。」韓信說：「那我該怎麼辦呢？」李左車說：「依我的主意，您不如暫且停戰收兵，好好穩定一下趙國，好好安撫一下趙國的黎民百姓，好好收養那些戰爭造成的孤兒，這樣您就會得人心，人們就會送酒送肉的來慰勞您的將士。經過一段休整之後，您再把軍隊向北擺開，做出個要進攻燕國的架式，然後派一個說客拿著您的一封信，去向燕國人講清我們的優勢，這樣一來，燕國就一定不敢不服。等到燕國一旦歸順了我們，然後我們再派一個說客去警告齊國，齊國也定將聞風而降，到那時，即便有再聰明的人，他也不可能給齊國想出什麼抗拒我們的主意了。這麼一來，劉邦奪天下的事也就可以見到眉目了。用兵本來就有先虛後實這一說，現在我們正好使用它。」韓信說：「好。」於是他就按照李左車的意見，派使者前往燕國遊說，燕國很快地投降了。接著韓信派人去向劉邦報告勝利消息，並請求立張耳為趙王，讓他留下來鎮守趙國的地盤，劉邦得到報告後，同意韓信的安排，立即派人立張耳為趙王。

1 楚數使奇兵❶渡河擊趙，趙王耳、韓信往來救趙❷，因行定趙城邑，發兵詣漢❸。楚方急圍漢王於滎陽，漢王南出❹，之宛、葉間❺，得黥布❻，走入成皋❼，楚又復急圍之。六月，漢王出成皋，東渡河❽，獨與滕公俱，從張耳軍脩武❾。至，宿傳舍❿。晨自稱漢使，馳入趙壁⓫。張耳、韓信未起，即其臥內上奪其印符⓬，以麾召諸將，易置之⓭。信、耳起，乃知漢王來，大驚⓮。漢王奪兩人軍，即令張耳備守趙地，拜韓信為相國⓯，收趙兵未發者擊齊⓰。

2 信引兵東，未渡平原⓱，聞漢王使酈食其已說下齊⓲，韓信欲止。范陽辯士蒯通⓳說信曰：「將軍受詔擊齊，而漢獨發間使⓴下齊，寧㉑有詔止將軍乎？何以得毋行也！且酈生一士，伏軾掉三寸之舌㉒，下齊七十餘城，將軍將數萬眾㉓，歲餘乃下趙五十餘城，為將數歲，反不如一豎儒㉔之功乎？」於是信然之，從其計，遂渡河。齊已聽酈生，即留縱酒，罷備漢守禦。信因襲齊歷下軍，遂至臨菑㉕。齊王田廣以酈生賣己㉖，乃亨㉗之，而走高密㉘，使使之楚請救。韓信已定臨菑，遂東追廣至高密西㉙。楚亦使龍且將㉚，號稱二十萬，救齊。

3 齊王廣、龍且并軍與信戰。未合㉛，人或說龍且曰：「漢兵遠鬬窮戰，其鋒不可當㉜。齊、楚自居其地戰，兵易敗散㉝。不如深壁㉞，令齊王使其信臣㉟招所亡城㊱，亡城聞其王在，楚來救，必反漢。漢兵二千里客居㊲，齊城皆反之，其勢無所得食，可無戰而降也㊳。」龍且曰：「吾平生知韓信為人，易與耳㊴。且夫救齊不戰而降之，吾何功？今戰而勝之，齊之半可得㊵，何為止㊶！」遂戰，與信夾濰水陳㊷。韓信乃夜令人為萬餘囊，滿盛沙，壅水上流㊸，引軍半渡，擊龍且㊹，詳不勝，還走㊺。龍且果喜曰：「固知信怯也。」遂追信渡水。信使人決壅囊，水大至。龍且軍大半不得渡，即急擊，殺龍且。龍且水東軍散走，齊王廣亡去㊻。信遂追北至城陽，皆虜楚卒㊼。

4 漢四年，遂皆降平齊㊽。使人言漢王曰：「齊偽詐多變，反覆之國也，南邊楚[49]，不為假王[50]以鎮之，其勢不定。願為假王便。」當是時，楚方急圍漢王於滎陽[51]。韓信使者至，發書，漢王大怒，罵曰：「吾困於此，旦暮望若[52]來佐我，乃欲自立為王[53]！」張良、陳平躡漢王足[54]，因附耳語曰：「漢方不利，寧能禁信之王乎？不如因而立，善遇之，使自為守。不然，變生。」漢王亦悟，因復罵曰：「大丈夫定諸侯，即為真王耳，何以假為！」[55]乃遣張良往立信為齊王，徵其兵擊楚[56]。

【章旨】以上為第三段，寫韓信滅齊，並被封為齊王的過程；同時韓信與劉邦的矛盾日益尖銳，死機已經伏下。

【注釋】❶奇兵　張照曰：「猶言『餘兵』，非『奇正』之『奇』。」瀧川曰：「猶言『別兵』也，仍是『奇正』之『奇』。」❷往來救趙　調在趙國地面上往來游動，哪裡有急就往哪裡解決。❸發兵詣漢　派出一部分軍隊支援劉邦滎陽的主戰場。❹漢王南出　指劉邦從被項羽圍困的滎陽城中突圍出來。按：劉邦此次突圍付出的代價很大，紀信扮劉邦出東門以誘敵被殺，周苛、樅公留守孤城，亦城陷被殺。是時為漢三年（西元前二〇四年）七月，詳見〈高祖本紀〉。❺之宛葉間　按：此劉邦用袁生之策也。劉邦逃出滎陽後，招集起一些人馬，便欲再回滎陽，袁生勸其南出宛、葉，令楚「備多力分」，見〈高祖本紀〉。宛，秦縣名，縣治即今河南南陽。葉，在今河南葉縣南。❻得黥布　黥布原為項羽猛將，入關後，被封為九江王。彭城之敗後，劉邦派說客隨何對黥布進行策反。漢三年十二月，黥布單身叛楚歸漢，過程詳見〈黥布列傳〉。❼走入成皋　意即重新占領成皋。成皋，秦縣名，縣治在今河南滎陽西北，當時滎陽、成皋為劉邦與項羽的拉鋸地帶。❽東渡河　實際謂北渡黃河向東北行。《漢書》削「東」字。❾從張耳軍脩武　到脩武縣往投張耳、韓信的兵營。脩武，秦縣名，縣治即今河南獲嘉。❿至二句　到脩武後，當晚住在了脩武縣的旅舍。傳舍，猶如後世的驛站、旅舍。⓫趙壁　即張耳、韓信的兵營。⓬即其臥內上

奪其印符　按：此句疑有衍文，瀧川以為衍「內」字，《漢書》無「內上」二字，直作「即其臥奪其印符」。⑬以麾召諸將二句　謂改變張耳、韓信原先對他們的安排，使之不再受張耳、韓信的統領。⑭信耳起三句　凌稚隆引楊時曰：「信、耳勇略蓋世，竊怪漢王入臥內奪其印符，召諸將易置之而未之知，此其禁防闊疏，與棘門、霸上之軍何異耶？使敵人投間竊發，則二人者可得而虜也。」馮班曰：「漢使至，韓信必有證驗，故漢王詐稱使者入信軍；偏裨皆漢將，故漢王得麾召易置之，非他國敵人所能為也。」茅坤曰：「漢王之間入張耳、韓信壁而奪其軍何也？豈慮身出成皋後，兵已散，一則欲收耳、信兵以南抗楚；一則恐耳、信瞰其兵折於楚而生離心，故為此計，易置諸將以示武耶？」梁玉繩曰：「此事余疑史筆增飾，非其實也。費袞《梁溪漫志》曰：『凡用兵之法，敵人動息尚當知之，豈有其主宿傳舍，而軍中不知、斥候不明矣？周亞夫屯細柳，天子先驅不得入；今乃入臥內、召諸將易置，而猶不知，紀律安在？項羽死，高祖又襲奪其軍，夫為將而其軍每為襲奪，則真成兒戲，信號能軍，恐不應至是。』邵氏《疑問》曰：『細柳營天子先驅不得入，漢使而即馳入壁乎？入壁猶可，而符印在將軍之肘腋，可易奪乎？亦從誰手而奪之？必親奪之信、耳也，又胡為起而知漢王始驚乎？況麾召諸將易置之，為時亦少間矣，豈信、耳偃仰高臥，待易置畢始起乎？左右不得其解。』」按：蓋史公同情韓信，故屢屢如此書。⑮拜韓信為相國　王先謙引周壽昌曰：「拜信為趙相國也。」按：韓信前已為「左丞相」矣，今無由更降職為張耳之相。此「相國」者仍為劉邦之相國，但與前之「左丞相」相同，仍僅為虛銜。「相國」的權位在「左、右丞相」之上。⑯收趙兵未發者擊齊　郭嵩燾曰：「高祖盡收韓信軍以臨河南，是所用以擊齊者，新發之趙兵耳。惟所用皆成精銳之師，此之謂神奇。」⑰信引兵東二句　平原，秦縣名，也是當時的黃河渡口名，在今山東平原西南，其西側即當時之古黃河，這一帶臨近齊國的西部邊境。梁玉繩曰：「下文『漢四年』三字，當移此句上。」⑱酈食其已說下齊　酈食其是劉邦的說客、謀士，其奉命往說齊王田廣歸順劉邦事，詳見〈酈生陸賈列傳〉、〈田儋列傳〉。下，降；歸順。⑲范陽辯士蒯通　蒯通，本名蒯徹，因避武帝諱，故漢人皆稱之為蒯通。蒯通是范陽（今山東梁山西北）人，此地屬於齊，故下文亦稱之為齊人。蒯通的事跡除本文外，還見於〈張耳陳餘列傳〉、《漢書》則歸併為〈蒯通傳〉。⑳間使　密使。師古曰：「謂使人伺間隙而單行。」㉑寧　豈。㉒伏軾掉三寸之舌　極言其不費力氣。伏軾，坐車時伏於車廂前的橫木上，以表恭敬，這裡即指乘車。掉，搖動。㉓將數萬眾　瀧川曰：「楓、三本『數萬』作『數十萬』。」㉔一豎儒　一個「臭書生」。豎，罵人語。小子。㉕襲齊歷下軍二句　歷下，在今山東濟南西，距平原津一百五十里。據〈田儋列傳〉，齊國歷下守軍的將領為華無傷、田解。按：《通鑑》繫韓信破齊歷下軍，進而攻占齊國都城臨淄於漢四年（西元前二〇三年）十月。湯諧曰：「（信之）聽通舉兵襲齊者，為酈生非信所自遣，而無以收下齊之功也。其必欲收下齊之功何也？當請王張耳於趙時早自蓄王齊之志也。」

㉖以酈生賣己　以為酈生是故意來為韓信施行緩軍計。賣，哄；欺騙。《漢書》「賣」字直作「欺」。㉗亨　同「烹」。用開水煮人。㉘走高密　東逃至高密縣（今山東高密西）。㉙追廣至高密西　茅坤曰：「聽蒯通一計，東破下齊，復追至高密，信平生用兵，此為失策。」㉚楚亦使龍且將　梁玉繩曰：「龍且，裨將，何以不書主帥項它？」按：楚使項它、龍且救齊事，參見〈項羽本紀〉注。㉛未合　尚未交戰。〈呂太后本紀〉「欲待灌嬰兵與齊合而發」，「合」字的用法與此同。㉜遠鬬窮戰二句　遠離根據地的戰鬥，必是勇猛頑強，因為失敗則無處奔逃。前文李左車說韓信「去國遠鬬，其鋒不可當」，與此意思相同。《孫子．九地篇》：「凡為客之道，深入則專，主人不克。」

㉝自居其地戰二句　《孫子．九地篇》：「諸侯自戰其地為散地。」曹操注：「士卒戀土，道近易散。」杜牧注：「士卒近家，進無必死之心，退有歸投之處。」瀧川引《戰國策．中山策》武安君曰：「楚人自戰其地，咸顧其家，各有散心，而莫有半志。」㉞深壁　深挖溝而高築壁。即加強守衛。㉟信臣　有威望、有信義的大臣。㊱招所亡城　向淪陷於敵的城鎮發出號召，招其舉義來歸。㊲二千里客居　謂遠離趙地二千里，客居於外也。瀧川曰：「楓、三本『居』下有『齊』字，與《漢書》合。」㊳可無戰而降也　按：此「人或說龍且」一段，即八十年前田單破燕復齊之遺策，亦與李左車為陳餘所劃者相同。

㊴平生知韓信為人二句　蓋指其曾為淮陰惡少年所辱之事，龍且亦以韓信為怯也。易與，容易對付。與，相與；打交道。洪邁曰：「《老子》六十九章：『禍莫大於輕敵。』」㊵戰而勝之二句　師古曰：「自謂當得封齊之半地。」㊶何為止　《漢書》作「為何而止」，即怎麼能不打呢。㊷夾濰水陳　夾濰水列陣。謂韓信軍在濰水西，齊、楚聯軍在濰水東。濰水，源於諸城縣西，北流，經當時的高密城西，注入萊州灣。陳，同「陣」。㊸壅水上流　為使夾水陣處河水變淺也。㊹引軍半渡二句　因水淺，故可涉水而過。㊺詳不勝二句　詳，同「佯」。按：此與前井陘之戰、後垓下之戰相同，皆先示人以弱形，引敵入圈套。

㊻齊王廣亡去　據〈田儋列傳〉、〈秦楚之際月表〉皆云田廣於此役中被殺，而〈高祖本紀〉與〈淮陰侯列傳〉則云「亡去」，疑前者近是，或此役亡去，亦旋即被捕殺。㊼追北至城陽二句　按：《漢書》於此作「追北至城陽，虜廣」，《史》文不云「虜廣」而云「虜楚卒」，則田廣之結局欠交代。城陽，王駿圖曰：「此城陽即莒州地。」按：莒州即今山東莒縣，漢時為城陽郡郡治。有以今山東菏澤東北之城陽當之者，恐非。㊽漢四年二句　梁玉繩認為此「漢四年」三字應移至上文「信引兵東」句上。按：韓信破殺龍且、田廣事，〈秦楚之際月表〉繫之於漢四年十一月。《中國歷代戰爭史》曰：「韓信之破魏、趙，襲齊，究其用兵致勝之道，不外『奇』與『速』兩祕訣而已，而為求達到其『奇』與『速』，則又著眼於『因』字上。及其遣灌嬰縱橫奔突於楚大後方時，亦『因敵情』、『因地宜』而運用之，逼使項羽不能不俯首為鴻溝之和。總此以觀，彼實最善運用孫子

之「兵因敵而制勝」及「戰勝不復」，且能將此方法昇華至藝術境界。」慕中岳曰：「漢軍由於濰上之戰的勝利，進一步從北面與東北面對項羽形成了戰略包圍，直接威脅著項羽大本營彭城的側背安全。濰上戰役韓信軍的勝利，還嚴重地破壞和威脅著項羽軍的後方供應，魯南和淮河南北地區一向為項羽軍的糧食供應基地，但三齊為韓信所占，淮河南北也朝不保夕，使項羽大軍的糧草供應已大有枯竭之感。」㊾南邊楚　南側靠近楚國。㊿假王　假，權攝其職，猶今之所謂「代理」。按：請為「假王」，乃韓信故作恭順之詞，其實在其為張耳請封趙王之時即已看準了下一步的齊國，而且在破齊後韓信也已經自立為齊王，見〈樊酈滕灌列傳〉。司馬遷同情韓信，於此傳故意寫得較模糊。51當是時二句　崔適曰：「按〈高紀〉，漢王擊破曹咎軍汜水上，圍鍾離眛於滎陽東，乃述韓信請為假王事，是漢方利，去圍滎陽時久矣。此傳與之相反，當是原文殘缺，後人掇拾而成耳。」52若　你。53乃欲自立為王　按：此劉邦未了語，其下尚欲說我將對你如何如何，未等說出，便被張良、陳平阻止了。54躡漢王足　謂張良等以己之腳踩了一下劉邦的腳。因古人都是跪坐，後面腳動可以不被前面的人發現。55因復罵曰四句　何焯曰：「人見漢王轉換之捷，不知太史公用筆入神也。他人不過曰『漢王怒，良平諫，乃許之』。」定諸侯，指平定了諸侯之國。何以假為，還要「代理」做什麼。56乃遣張良往立信為齊王二句　郭嵩燾曰：「高祖之王張耳、黥布，皆因項羽之故而王之；其王韓王信，則以韓故子孫。其諸將有功若韓信者亦至矣，韓信平齊自請為齊王，必待張良、陳平以深機相感悟而後許之，於是知高祖經營天下之心，固將芟夷天下豪傑，總而操之於己，其規劃早定矣。」羅大經曰：「雖王信以真王，而徵兵擊楚，是持大阿而執其柄也，信蓋岌岌矣。然則淮陰誅族之禍，胎於良、平之躡足附耳也哉！」按：韓信稱齊王，在漢四年二月。

【語　譯】在這期間，項羽曾經多次派小部隊渡過黃河，多方襲擊趙國，張耳、韓信一方面派兵救援那些被攻擊的地方，同時也趁機會穩定了趙國那些前此尚未穩定的地方，同時又調撥了許多軍隊送去援助劉邦。當時楚軍正把劉邦包圍在滎陽，劉邦支持不住了，只好突圍而出向南逃到了宛城、葉縣一帶，在那裡收編了黥布的一些軍隊，而後又進入成皋，項羽立刻又把成皋包圍了起來。這年六月，劉邦又逃出了成皋，向東渡過黃河，他和滕公夏侯嬰兩個人來到了韓信、張耳駐軍的脩武縣。他們化裝成劉邦的使者住在旅館裡。第二天一大早，他們奔入了韓信、張耳的軍營。當時張耳、韓信尚未起牀，劉邦進入他們的臥室，收繳了他們的將印、兵符，隨後召集眾將，重新調配了他們各自的職務。韓信、張耳起牀後，才知道劉邦來了，大吃一驚。劉邦奪取了他們兩個人的軍權後，命令張耳鎮守趙地，派韓信以相國的虛銜，在趙國組織新兵，向東進擊齊國。

2 韓信領兵東進，還沒有到達平原縣的黃河渡口，聽說劉邦已經派酈食其勸降了齊國，韓信準備停止前進。這時范陽縣的辯士蒯通對韓信說：「您是奉漢王的命令來攻打齊國的，儘管漢王後來又派了說客去齊國勸降，但他下命令讓您停止進兵了嗎？您怎麼能停止前進呢！讓酈食其一個小說客，坐著車子搖著三寸不爛之舌，輕而易舉地就獲取了齊國七十多個城池，而將軍您率領著幾萬人馬，苦戰了一年多才不過拿下趙國的五十幾個城池，難道當了幾年的大將，功勞反倒不如一個卑賤的小書生嗎？」韓信覺得有理，就聽從他的建議，揮師渡過了黃河。當時齊國已經接受了酈食其的勸降，正留著酈食其大擺宴席，完全解除了對漢軍的防衛。結果被韓信突然襲擊了駐紮在歷下的軍隊，接著韓信長驅直入，打到了齊國的國都臨淄。齊王田廣以為是受了酈食其的騙，於是就把酈食其烹殺了，而後東逃高密，同時派人去向項羽求救。韓信占領了臨淄，隨即又率軍東追田廣，追到高密城西。這時項羽已經派龍且率領軍隊，號稱二十萬人，前來救齊。

3 齊王田廣和楚國龍且的軍隊會合一起，準備與韓信開戰。戰鬥尚未開始，有人對龍且說：「漢軍是遠離本土來和我們作戰的，我們不宜和他們正面硬碰。我們齊國、楚國的軍隊，是在本鄉本土作戰，士兵們容易開小差。對我們來說不如深溝高壘，堅壁不戰，讓齊王田廣派他的親信到被漢兵占領的地方去廣為招納，那些淪陷的城池聽說齊王還活著，而且楚軍又來援助了，一定會起來反擊漢軍。漢軍遠離本土兩千里，身在異鄉，齊國的各地都反他們，到那時他們勢必連吃的東西都找不到，這樣不用打仗就可以收拾他們了。」龍且說：「我早就知道韓信怯懦，容易對付。而且我是奉命來救齊國的，來到這裡連一仗都沒打，就讓敵人投降了，我還有什麼功勞呢？現在我要是打敗了韓信，我就可以得到半個齊國，我怎麼能不打呢！」於是決定打，他與韓信隔著濰水各自布好了陣勢。韓信連夜令人做了一萬多條大口袋，用口袋裝沙土，堵住了濰水的上游。然後率軍涉過了濰水，軍隊剛過去一半，前軍就和龍且打了起來，兩軍對戰了一會兒，韓信假裝打敗了，漢軍紛紛後退。龍且一見大喜，說：「我早就知道韓信是膽小鬼。」於是揮師過河追擊韓信。這時韓信派人在上游扒開了堵水的沙袋，河水洶湧而下。這時龍且的大部分軍隊還沒渡過濰水，韓信立刻回戈反擊，過了河的楚軍全部被殲，龍且也被殺死，而截在濰水東岸的楚軍也一哄而散。齊王田廣逃跑了。韓信追擊敗軍直到城陽，把剩下的楚軍全部俘獲。

4 漢高祖四年，齊國所有的地方都已經被韓信打了下來。韓信派人向劉邦請示說：「齊國是詭詐多變，反覆無常的國家，而且南面又緊挨著楚國，因此，如果不立一個臨時的齊王來鎮守它，它的局勢就難以穩定。希望能讓我暫時當一個代理的齊王。」這個時候，項羽正把劉邦圍困在滎陽。韓信的使者來到滎陽後，劉邦一看韓信的來信，勃然大怒，他罵道：「我被困在這兒，日日夜夜地盼著你來幫我，想不到你倒要自己稱王啦！」張良、陳平趕緊暗中一踩劉邦的腳，又湊到他耳邊悄聲說：「我們現在正處於不利的境地，我們怎麼能禁止韓信稱王呢？不如就趁勢立他為王，好好對待他，讓他守好齊國。不然他就要叛變了。」這時劉邦自己也早醒悟過來，於是又接話罵道：「大丈夫打下了一個國家，本來就理應稱王，還要臨時代理幹什麼！」於是派張良前往齊國立韓信為齊王，同時立刻又把韓信的人馬徵調去攻打項羽。

1 楚已亡龍且，項王恐，使盱眙人武涉❶往說齊王信曰：「天下共苦秦久矣，相與戮力❷擊秦。秦已破，計功割地，分土而王之，以休士卒。今漢王復興兵而東，侵人之分，奪人之地，已破三秦，引兵出關，收諸侯之兵以東擊楚，其意非盡吞天下者不休，其不知厭足❸如是甚也。且漢王不可必❹，身居項王掌握中數矣❺，項王憐而活之❻；然得脫，輒倍約，復擊項王。其不可親信如此。今足下雖自以與漢王為厚交，為之盡力用兵，終為之所禽矣。足下所以得須臾❼至今者，以項王尚存也。當今二王之事，權在足下。足下右投❽則漢王勝，左投則項王勝。

項王今日亡，則次取足下。足下與項王有故，何不反漢與楚連和，參分天下王之？今釋此時⑨，而自必於漢⑩以擊楚，且為智者固若此乎⑪？」韓信謝曰：「臣事項王，官不過郎中，位不過執戟⑫，言不聽，畫不用，故倍楚而歸漢。漢王授我上將軍印，予我數萬眾，解衣衣我，推食食我，言聽計用，故吾得以至於此。夫人深親信我，我倍之不祥，雖死不易⑬。幸為信謝項王⑭！」

2 武涉已去，齊人蒯通知天下權在韓信，欲為奇策而感動之，以相人⑮說韓信曰：「僕嘗受相人之術。」韓信曰：「先生相人何如⑯？」對曰：「貴賤在於骨法⑰，憂喜在於容色⑱，成敗在於決斷⑲，以此參之⑳，萬不失一。」韓信曰：「善。先生相寡人何如？」對曰：「願少間㉑。」信曰：「左右去矣㉒。」通曰：「相君之面，不過封侯，又危不安；相君之背㉓，貴乃不可言。」韓信曰：「何謂也？」蒯通曰：「天下初發難也，俊雄豪桀建號㉔壹呼，天下之士雲合霧集，魚鱗襍遝㉕，熛至風起㉖。當此之時，憂在亡秦㉗而已。今楚、漢分爭，使天下無罪之人肝膽塗地，父子暴骸骨於中野，不可勝數。楚人起彭城，轉鬬逐北，至於滎陽，乘利席卷，威震天下㉘。然兵困於京、索之閒，迫西山而不能進㉙者，三年於此矣㉚。漢王將數十萬之眾，距鞏、雒㉛，阻山河之險㉜，一日數戰，無尺寸之功，折北不救[33]，敗滎陽[34]，傷成皋[35]，遂走宛、葉之間[36]，此所謂智勇俱困者也。夫銳氣挫於險塞，而糧食竭於內府，百姓罷極怨望，容容無所倚[37]。以臣料之，其勢非天下之賢聖固不能息天下之禍。當今兩主之命縣[38]於足下，足下為漢則漢勝，與楚則楚勝。臣願披腹心[39]，輸肝膽[40]，效[41]愚計，恐足下不能用也。誠能聽臣之計，莫若兩利而俱存之[42]，參分天下，鼎足而居，其勢莫敢先動[43]。夫以足下之賢聖，有甲兵之眾，據彊齊[44]，從燕、趙[45]，出空虛之地而制其後[46]，因民之欲[47]，西鄉為百姓請命[48]，則天下風走而響應矣，孰敢不聽？割大弱彊[49]，以立諸侯，諸侯已立，天下服聽而歸德於齊。案齊之故[50]，有膠、泗之地[51]，懷諸侯以德[52]，深拱揖讓[53]，則天下之君王相率而朝於齊矣。蓋聞：『天與弗取，反受其咎；時至不行，反受其殃[54]。』願足下孰[55]慮之。」

3 韓信曰：「漢王遇我甚厚，載我以其車，衣我以其衣，食我以其食。吾聞之，乘人之車者載人之患[56]，衣人之衣者懷人之憂[57]，食人之食者死人之事，吾豈可以鄉利倍義[58]乎？」蒯生曰：「足下自以為善漢王，欲建萬世之業[59]，臣竊以為誤矣。始常山王、成安君[60]為布衣時，相與為刎頸之交[61]，後爭張黶、陳澤之事，二人相怨[62]，常山王背項王，奉項嬰頭而竄逃，歸於漢王[63]。漢王借兵而東下[64]，殺成安君泜水之南，頭足異處，卒為天下笑。此二人相與，天下至驩也(65)。然而卒相禽(66)者，何也？患生於多欲(67)而人心難測也。今足下欲行忠信以交於漢王，必不能固於二君之相與(68)也，而事多大於張黶、陳澤(69)。故臣以為足下必漢王之不危己，亦誤矣。大夫種、范蠡存亡越，霸句踐(70)，立功成名而身死亡(71)。野獸已盡而獵狗亨(72)。夫以交友言之，則不如張耳之與成安君者也；以忠信言之，則不過大夫種、范蠡之於句踐也(73)。此二人者(74)，足以觀矣，願足下深慮之。且臣聞勇略震主者身危，而功蓋天下者不賞。臣請言大王功略：足下涉西河，虜魏王，禽夏說，引兵下井陘，誅成安君，徇趙，脅燕，定齊，南摧楚人之兵二十萬，東殺龍且(75)，西鄉以報(76)，此所謂功無二於天下，而略不世出(77)者也。今足下戴(78)震主之威，挾不賞之功，歸楚，楚人不信；歸漢，漢人震恐：足下欲持是安歸乎(79)？夫勢在人臣之位而有震主之威，名高天下，竊為足下危之(80)。」韓信謝曰：「先生且休矣，吾將念之。」

4 後數日，蒯通復說曰：「夫聽者事之候也，計者事之機也(81)，聽過計失(82)而能久安者，鮮(83)矣。聽不失一二者，不可亂以言(84)；計不失本末(85)者，不可紛以辭。夫隨廝養之役者，失萬乘之權(86)；守儋石之祿者，闕卿相之位(87)。故知者決之斷也，疑者事之害也[88]，審豪氂之小計[89]，遺天下之大數，智誠知之，決弗敢行[90]者，百事之禍也。故曰：『猛虎之猶豫，不若蜂蠆[91]之致螫[92]；騏驥之跼躅[93]，不如駑馬之安步[94]；孟賁[95]之狐疑，不如庸夫之必至[96]也。雖有舜、禹之智，吟而不言[97]，不如瘖[98]聾之指麾[99]也。』此言貴能行之。夫功者難成而易敗，時者難得而易失也。時乎時，不再來[100]。願足下詳察之。」韓信猶豫不忍倍漢，又自以為功多，漢終不奪我齊，遂謝蒯通[101]。蒯通說不聽，已詳狂為巫[102]。

漢王之困固陵[103]，用張良計，召齊王信[104]，遂將兵會垓下[105]。項羽已破[106]，高祖襲奪齊王軍[107]。漢五年正月，徙齊王信為楚王[108]，都下邳[109]。

【章　旨】以上為第四段，詳著武涉、蒯通的勸說韓信叛漢自立之辭，以微示日後韓信被殺的罪名莫須有。

【注　釋】❶盱眙人武涉　據其下文所言，此人應是項羽一黨，《史記》中僅於此事一見。《集解》引張華曰：「武涉墓在盱眙城東十五里。」盱眙，也寫作「盱台」。秦縣名，縣治在今江蘇盱眙東北。❷戮力　并力；合力。❸不知厭足　不會滿足。厭，同「饜」。飽。與「足」意同。❹不可必　不可擔保；不能確信。師古曰：「必，謂必信之。」❺身居項王掌握中數矣　意謂曾多次處於項王的卵翼護持之下。掌握，猶今所謂「手心」。❻項王憐而活之　如雍齒據豐邑以叛劉邦，劉邦攻之不能下，即往投項氏，得項氏之助，始得穩定根基，即一例也。見〈高祖本紀〉。❼須臾　片刻。原指時間之短暫，這裡用如動詞，意即多活了一會兒。❽右投　向右一投足。指幫助劉邦。所謂「右投」「左投」，是指人面南而立，右在西，左在東也。❾釋此時　放過這三分天下而鼎立的大好時機。❿自必於漢　意即把賭注都下在劉邦一方。⓫為智者固若此乎　難道聰明人就這樣做事嗎。⑫官不過郎中二句　《集解》引張晏曰：「郎中，宿衛執戟之人也。」然則二句一意，即位不過執戟郎。⑬雖死不易　寧死不變。易，改變。⑭幸為信謝項王　瀧川引《楚漢春秋》曰：「臣事項王，位不過郎中，官不過執戟，乃去楚歸漢。漢王賜玉案之食、玉具之劍。臣背叛之，內愧於心。」蓋史公所本也。」⑮以相人　用給人相面的辦法。⑯相人何如　即「如何相人」。如何給人相面。⑰貴賤在於骨法　骨法，人體骨骼的長相。古人以為人體的骨相可以表現出他一生的貴賤窮通，《論衡》中有〈骨相篇〉，即辯論這方面的事情。⑱憂喜在於容色　未來的禍事、喜事可以從人的面色上表現出來。容色，面容、氣色。⑲成敗在於決斷　能否成就大事可以從一個人敢不敢當機立斷上表現出來。⑳以此參之　從以上三方面綜合觀察、判斷。參，參詳；判斷。㉑願少間　猶言「請給我一個機會」。即支開他人。間，間隙。㉒左右去矣　此韓信對左右侍應人員所講，猶言「你們都出去」。與後文之「先生且休矣。」以及《國策．齊策》之孟嘗君曰：「諾，先生休矣。」句式相同。中井以為「少間」下應有信屏左右一事，而「左右去矣」乃韓信對蒯通所言，疑非。㉓背　雙關語，表面指「脊背」，暗裡指「背叛」。㉔建號　建立國號稱帝稱王。㉕魚鱗襍遝　像魚鱗一樣密集排列。形容其數量之多。襍遝，眾多貌。㉖熛至風起　如火之飛騰，如風之捲起。熛，火焰飛騰。㉗憂在亡秦　大家所考慮的都是在於如何推翻秦王朝。憂，慮；思考。㉘乘利席卷二句　此指項羽大破劉邦於彭城後的開始一段形勢而言。㉙迫西山而不能進　眼巴巴地望著西面的群山就是不能前進一步。迫，逼近。西山，泛指京、索西面的山地。㉚三年於此矣　自漢二年（西元前二〇五年）五月劉、項於滎陽一帶形成對峙，至漢四年（西元前二〇三年）二月韓信稱齊王，共二十一個月，跨著三個年頭。㉛距鞏雒　依據鞏、雒以抗阻楚兵西進。鞏，秦縣名，縣治在今河南鞏縣東南。雒，洛陽，在今洛陽市東北。㉜阻山河之險　依據著山河的險要形勢以抗拒楚軍。㉝折北不救　師古曰：「折，挫也。北，奔也。不救，謂無援助也。」㉞敗滎陽　即前文所謂「楚急圍漢王於滎陽，漢王南出」事，在漢三年（西元前二〇四年）七月。㉟傷成皋　劉邦與項羽夾廣武澗而語，劉邦數項羽十大罪狀，被項羽伏弩射傷胸部事，詳見〈高祖本紀〉。〈秦楚之際月表〉不載，《通鑑》繫之於漢四年十月。㊱遂走宛葉之間　亦見前注，然此非劉邦之敗。㊲容容無所倚　內心無主，找不到任何依靠。容容，動盪不安的樣子。瀧川曰：「猶『搖搖』。」㊳縣　同「懸」。㊴披腹心　敞開內心。㊵輸肝膽　意即坦露真情。㊶效　進獻。㊷兩利而俱存之　對劉、項雙方都不得罪，都讓他們存在下去。㊸其勢莫敢先動　劉、項雙方誰都不敢挑起爭端。㊹據彊齊　以強齊為自己的根基。㊺從燕趙　率領燕、趙。從，使之隨從。㊻出空虛之地而制其後　再出兵控制住楚、漢雙方兵力空虛的地方，使其有後顧之憂。㊼因民之欲　順應著黎民百姓們要求結束戰爭的願望。㊽西鄉為百姓請命　即要求劉邦、項羽停止戰爭。西鄉，向西。鄉，同「向」。當時楚、漢相距於滎陽，滎陽在齊國之西方，故曰「西鄉」。㊾割大弱彊　意即削弱那些強大的國家，廣泛地封立一些小諸侯。弱，用如動詞。㊿案齊之故　安定好齊國已有的地盤。案，同「按」。安定；安撫。(51)有膠泗之地　進一步地占有膠河和泗水兩河流域。膠河是今山東省東部的河流，源於膠南縣西，流經今膠縣、平度縣西，北入萊州灣。泗水是今山東西南部的河流，流經今泗水、曲阜、魚台，南入江蘇，入淮水。(52)懷諸侯以德　意即實行德政，讓各國諸侯感戴。懷，使之懷思、感戴。(53)深拱揖讓　從容有禮的樣子。深拱，師古曰：「猶『高拱』。」從容輕閒貌。(54)天與弗取四句　當時流行的押韻俗語。《國語・越語》記范蠡有云：「得時不成，反受其殃。」又云：「得時無怠，時不再來；天與不取，反為之災。」皆與此略同。(55)孰　同「熟」。(56)載人之患　即與之共患難。(57)懷人之憂　常想著人家的憂患。(58)鄉利倍義　即見利忘義。鄉，同「向」。倍，同「背」。(59)欲建萬世之業　指幫著劉邦打天下，擁戴其稱帝，而自己也博得個封侯封王，傳給子孫。(60)常山王成安君　即張耳、陳餘。(61)為布衣時二句　張耳、陳餘在起義前為百姓時，曾是誓同生死的好朋友。刎頸之交，意即生死之交。(62)後爭張黶陳澤之事二句　秦將章邯圍趙王歇於鉅鹿時，張耳在城內，陳餘在城外。張耳派張黶、陳澤出城向陳餘求救，陳餘給了二將五千人，結果被秦兵消滅。鉅鹿戰後，張耳懷疑二將被陳餘殺害，二人從此結怨。事情詳見〈張耳陳餘列傳〉。(63)常山王背項王三句　張耳隨項羽入關，被封為常山王（王趙地），原趙王歇被遷於代。陳餘聯合田榮擊張耳，張耳兵敗，往投入漢王。所謂「奉項嬰頭」事，不見記載。奉，捧也。(64)漢王借兵而東下　即劉邦派張耳協助韓信破趙事。借兵，給予張耳士兵。(65)此二人相與二句　按朋友交情來說，這兩個人可以說是再好不過的了。(66)卒相禽　最後竟鬧到你死我活，誓不兩立。(67)患生於多欲　沈欽韓引《韓詩外傳》曰：「福生於無為，而患生於多欲。」蓋當時俗語。又，〈張耳陳餘列傳〉有云：「張耳、陳餘始居約時，相然信以死，豈顧問哉。及據國爭權，卒相滅亡，何鄉者相慕用之誠，後相倍之戾也！豈非以勢利交哉？」可與此互相發明，然史公此論缺乏公正，前人已有辯駁。(68)不能固於二君之相與　意謂你與劉邦的交情怎麼也不可能超過張耳與陳餘的交情。(69)而事多大於張黶陳澤　而你與劉邦之間的矛盾，則要比張黶、陳澤那一類的事情要尖銳複雜得多。(70)大夫種范蠡存亡越二句　大夫種，即文種。文種與范蠡都是春秋末期越王句踐的大臣，他們輔佐越王句踐重振越國後，又滅了吳國，使句踐稱霸於一時。(71)立功成名而身死亡　范蠡、文種功成名立之後，范蠡感到了自己的地位不安，辭官去當商人了。文種留戀權位，遂被句踐殺害，事詳《左傳》與〈越王句踐世家〉。身死亡，死者指文種，亡（逃隱）者指范蠡。按：如此解釋雖通，但於上下文意不太貼，《漢書・蒯通傳》刪「范蠡」與句末「亡」字，較此為好。(72)野獸已盡而獵狗亨　當時俗語。《漢書・蒯通傳》作「野禽殫，走犬亨；敵國破，謀臣亡」；《韓非子・內儲說下》有「狡兔盡則良犬亨，敵國破則謀臣亡」，〈越王句踐世家〉

有「蜚鳥盡，良弓藏；敵國破，謀臣亡」，皆大同小異。(73)則不過大夫種范蠡之於句踐也　《漢書》無范蠡二字，說見上。不過，不能超過。(74)此二人者　按：前面說了張耳、陳餘與范蠡、文種兩組人，此云「二人」，究指誰呢？有云指陳餘、文種兩被殺者，但二人之死性質完全不同，此說不能成立。《漢書》無「人」字，云「此二者」，乃指陳餘、張耳之朋友交，與文種、句踐之君臣交二事，此極明暢。(75)南摧楚人之兵二十萬二句　「摧楚兵二十萬」與「殺龍且」乃一事，視前文可知，此分言「南」、「東」，於理不當。王念孫以為「東」字應作「遂」。(76)西鄉以報　因劉邦當時處於滎陽，在齊國之西，故稱韓信在齊取勝後向劉邦「西鄉以報」。(77)略不世出　世上再也沒有這樣的謀略。師古曰：「言其計略奇異，世所希有。」(78)戴　頂著。(79)欲持是安歸乎　你想帶著這種「震主之威」與「不賞之功」去投奔誰呢。姚苧田曰：「專就『功高不賞』言之，在韓信確為萬金良藥，若以概括古今功臣則非也。人臣但患不善居功耳，豈曰功高必不利於身乎？果善於居功如諸葛武侯、郭汾陽，豈患功高而禍至哉！」(80)勢在人臣之位三句　凌稚隆引董份曰：「其文略祖蔡澤。」按：蔡澤說范雎語，見〈范雎蔡澤列傳〉。(81)聽者事之候也二句　當時俗語。大意謂能聽取好意見，就是事情成功的徵兆；能反覆計慮，就能把握成敗的關鍵。《國策・秦策》陳軫語有所謂「計者，事之本也；聽者，存亡之機」，與此意思相同。師古曰：「『聽』謂能聽善謀也。」候，徵兆。(82)聽過計失　即未能聽取好意見，未能反覆謀慮做出決斷。過，錯。「聽過」與「計失」對文。(83)鮮　稀少。(84)聽不失一二者二句　意謂聽取他人的建議，如能保證錯聽的不超過一兩成，那麼別人就不可能用花言巧語使你上當。一二，十分之一二。瀧川曰：「一二，先後也。」意思雖通，但與下句重複。(85)計不失本末　考慮問題能首尾兼顧。(86)隨廝養之役者二句　安心於當奴僕的人，就會失去做帝王的可能。隨，同「遂」。順適。廝養，即指奴僕。廝，劈柴。養，炊烹。(87)守儋石之祿者二句　滿足於為下級官吏的人，就會喪失做卿相的機遇。儋石之祿，微少的俸祿。儋，同「擔」。師古曰：「一人之所負擔也。」或曰百斤為擔。石，古稱一百二十斤為一石。闕，同「缺」。丟失；放過。(88)知者決之斷也二句　王念孫曰：「『知者決之斷』，當作『決者知之斷』，下句『疑者事之害』，正與此相反也。有智而不能決，適足以害事，故下文又申之曰『智誠知之，決弗敢行者，百事之禍也』。」按：王說誠是。二句意謂，辦事堅決是智者的表現，而猶豫不決便將壞事。(89)審豪氂之小計　專在小事情上用工夫。審，仔細。(90)決弗敢行　即「弗敢行決」。不能做出決定。(91)蜂蠆　馬蜂、蠍子。(92)致螫　用毒刺刺人。(93)蹢躅　義同「踟躕」。徘徊不前。(94)安步　慢步前行。(95)孟賁　古代有名的勇士。《尸子》曾稱其「水行不避蛟龍，陸行不避兕虎」。(96)必至　說到做到。(97)吟而不言　噤口不語。吟，同「噤」。閉口不言。(98)瘖　啞巴。(99)指麾　以手勢示意。(100)時乎時二句　當時俗語。〈齊世家〉有所謂「時難得而易失」，《國語・越語》有所謂

「得時無怠，時不再來」，〈李斯列傳〉亦有所謂「得時無怠」、「胥人者，去其幾也」云云，意思皆同。101遂謝蒯通　於是拒絕了蒯通的建議。《中國歷代戰爭史》曰：「蒯通對韓信之說辭，充分表現其具有戰國縱橫家之器識且又過之，其觀察之精密，其分析之透闢，其瞻矚之高遠，其定策之卓邁，實鮮人能與之比儔。韓信特以不用其謀，致終死於婦人之手，此乃韓信對現實之政治缺乏認識與！」劉辰翁曰：「取譬反復，極人情所難言，此文在漢初為第一。」茅坤曰：「武涉之說，為楚也，而蒯通何為哉？其言甚工，假令韓信聽之，而欲鼎分天下，海內矢石之鬥何日而已乎？大略通特傾危之士，徒以口舌縱橫當世耳，非深識者。」徐中行曰：「通之說，權一時之利害，不睹興亡之大關者也。」屠隆曰：「孝子之前不敢言弒父，忠臣之前不敢言弒君。蒯生之言入，窺信之深也。」趙翼曰：「全載蒯通語，正以見淮陰之心在為漢，雖以通之說喻百端，終確然不變，而他日之誣以反而族之者之冤，痛不可言也。」102蒯通說不聽二句　蒯通見韓信不聽，遂裝瘋當了巫祝。已，過後；後來。凌稚隆引楊維楨曰：「蒯通，韓信之客也，言多補於信，乃不能脫信於走狗之烹，而佯狂為巫。吁，箕子佯狂為奴，閔宗國也；蒯通佯狂為巫，閔知己也。言不行，計不聽，而不忍坐視其後禍，付於無可奈何，亦足悲矣。」103漢王之困固陵　漢四年九月，劉邦與項羽結鴻溝停戰之約；漢五年十月，劉邦與韓信、彭越等約定共擊項羽，「至固陵，而信、越之兵不會。楚擊漢軍，大破之。漢王復入壁，深塹而自守。」事見〈項羽本紀〉。固陵，即今河南淮陽西北之固陵聚。104用張良計二句　為召諸將兵，張良建議「自陳以東傅海，盡與韓信；睢陽以北至穀城，以與彭越；使自為戰」。劉邦從之，諸路軍遂至。105垓下　在今安徽靈璧東南。106項羽已破　按：垓下破楚，在漢五年十二月，韓信為漢軍之最高統帥，此楚、漢間規模最大的一仗，由此項羽遂告垮臺，詳情具見〈高祖本紀〉。此韓信一生中最大事，本傳似不應如此略而不提。107高祖襲奪齊王軍　王世貞曰：「信雄武多智，然一為帝詐而奪趙兵，再為帝詐而奪齊兵，一紿而失國，再紿而失族，何也？信篤於信，謂高帝不我負乃爾。」凌稚隆引焦竑曰：「帝極厚信，亦極忌信，使信將，則以張耳監之；信下魏破代，則收其精兵詣滎陽；信禽趙降燕，則奪其印符易置諸將；信平齊滅楚，則襲奪齊軍：蓋勇略如信，恐為亂難制，故屢損其權，俱忌心所使也。」王夫之曰：「韓信下魏破代，而漢王收其兵；與張耳破趙，而漢王又奪其兵，何以使信帖然聽命而不解體以颺去哉？此漢王之所以不可及也。制之者氣也，非徒氣也，其措置予奪之審有以大服之也；結之者情也，非徒情也，無所偏任，無所聽熒，可使信坦然見其心也。吾之所為，無不可使信知之矣，信固知己之終為漢王倚任，而不在軍之去留也。故其視軍之屬漢也無以異於己，無疑無怨，何所靳而生其忮恚乎？」「甫破項羽，即馳奪韓信軍，夫大敵已來，信且擁強兵也何為？故無所挾以為名而抗不聽命，既奪之後，弗能怨也。奪之速而安，以奠宗社，以息父老子弟，以斂天地之殺機，而持征伐之權於一王，乃以順天休命，而人得以生。」[108]徙齊王信為楚王　王先謙曰：「〈高紀〉張良請『從陳以東傳海與信』，信家在楚，此其意欲得故邑，『徙信王楚』，所以實前言，而齊地遂為郡縣矣。」《集解》引徐廣曰：「以齊為平原、千乘、東萊、齊郡。」[109]都下邳　下邳，秦縣名，縣治在今江蘇邳縣西南。按：據〈秦楚之際月表〉，韓信徙為楚王在漢五年正月，前在齊為王共十一個月。

【語譯】項羽失掉了龍且，心裡有些著慌，於是就派了盱眙人武涉前去勸說韓信道：「天下人由於受秦朝的苦害太久，所以大家聯合起來把它推翻了。秦朝被推翻以後，項王評功論賞，分割土地，封立各路諸侯為王。大家已經解兵休息了，可是漢王不守本分又興兵東進，侵入了他人的分地，掠奪了別國的疆土，滅掉了關中的三個國家後，又率兵出關，集合了各國的軍隊來攻打楚國。看他那意思不獨吞了整個天下是不會罷休的，他是如此不知滿足。而且漢王這個人也不可信，他曾多次處於項王的卵翼之下，因項王的憐憫才能活命；然而他一旦脫身，就立即撕毀條約，調轉頭來打項王。他就是這麼一個不可親近、不可信任的傢伙。您現在雖然自以為與他有交情，為他賣力打仗，但最後您還是要被他收拾。他所以能留您到今天，就是因為項王現在還在。如今項王、漢王兩個人的勝負，全操在您的手裡。您往右靠，劉邦就能勝；您往左靠，項王就能勝。項王如果被消滅，那麼下一個就輪到您了。您和項王有舊交，為什麼不離開劉邦與項王聯合，給他來個三分天下，獨立稱王呢？放棄了今天這個良機，一個心眼兒跟著劉邦打項王，聰明人有這麼做的嗎？」韓信委婉地拒絕說：「當初我為項王服務，官職不過是個充當侍衛的郎中，項王不聽我的話，不用我的計謀，所以我才離開項王投奔了漢王。我一入漢，漢王授給了我上將軍的大印，讓我統領幾萬人馬，他脫下自己的衣服給我穿，分出自己飯食給我吃，對我言聽計從，所以我今天才能成就了這樣的事業。人家對我這樣信任，我要是再背叛人家，那是不會有好下場的，因此我到死也不會改變對漢王的忠心。請您把我的意思轉告項王。」

2　武涉剛走，齊國的辯士蒯通來了，他知道現在整個形勢的關鍵在於韓信，因此想用驚人的設想來打動他，於是他以一個相面先生的口吻對韓信說：「我曾經學過相面之術。」韓信說：「您是怎麼給人相面的？」蒯通說：「要知人的貴賤，得看他骨骼的長相；要知人的憂喜，得看他的氣色；要知人的成敗，得看他能否當機立斷。用這幾條來參照著相人，保證萬無一失。」韓信說：「好，那就請您給我相相，看看我怎麼樣呢？」

蒯通說：「請您讓左右的人先迴避一下。」韓信回頭對左右的人說：「你們先出去。」蒯通說：「從您的臉上看，您最大不過能封侯，而且還不大安穩；從您的後背看，您的尊貴簡直就沒法說了。」韓信說：「這是什麼意思？」蒯通說：「當初天下人剛起來造秦朝反的時候，英雄豪傑們首先樹起旗號，登高一呼，而成千上萬的人也就一哄而起，像燎原之火、暴風驟雨一樣全面而迅速地幹起來了。那個時候，大家所關注的就是怎麼樣推翻秦朝。而現在則是由於劉邦、項羽兩個人爭天下，從而使無辜的百姓慘遭殺戮，父子從軍，屍骨遍野。項羽從彭城出發，一路上到處戰鬥，追擊劉邦，把戰線推進到滎陽，這個階段項羽是勢如破竹、摧枯拉朽，威震天下。然而他的人馬被攔在了京、索之間，眼巴巴地望著西山再不能跨進一步，陷於這種局面已經三年了。劉邦率領幾十萬人馬，在鞏縣、洛陽，憑藉著那裡大山黃河的天險，堵住楚軍，每天都要與楚軍進行幾次惡戰，但是費了這麼大力氣，也沒能取得什麼勝利，相反地倒是被項羽打得到處奔逃，沒有援助。他曾先後大敗於滎陽，受傷於成皋，南逃宛城與葉縣，這真可以說是智慧勇敢全都用盡，而又無可奈何了。現在楚軍的銳氣已經被據險而守的漢軍所挫盡，而據險固守的漢軍糧食也已經用完。這時的百姓們疲憊不堪，怨聲載道，內心無主，不知道應該歸向誰。依我看來，這時要沒有一個獨一無二的大聖賢就不可能平息眼下這種天下的大禍亂。現在劉邦、項羽兩個人的命運都掌握在您的手裡，您要是幫助劉邦，劉邦就會勝利；您要是幫助項羽，項羽就會勝利。我願意推心置腹、披肝瀝膽地向您提出一條建議，就是怕您不能採納。如果您真能聽我的話，那就不如對楚、漢雙方都不得罪，讓他們都能存活，您與他們來個鼎足而立，三分天下。這樣，劉邦、項羽誰也不敢首先挑起事端。憑著您的才能、智慧，又有這麼多的軍隊，又占據著強大的齊國，還有燕國、趙國跟在您的後面，假如您派兵乘虛而入，控制住劉、項雙方的後方，而後依照百姓們的和平願望，向他們提出停戰的要求，到那時，普天下的軍民都將聞風響應，誰還敢不聽呢？然後您再削弱那些強大的國家，割出他們的土地，用來另立一些該立的諸侯，當該立的諸侯獲得封土後，天下人就將都來服從您，感戴您的恩德了。到那時，您先安定好齊國原有的領土，進一步把膠河、泗水都劃入您的治下，您更以仁德來感召諸侯，對他們謙讓恭謹，到那時，普天下的國君，就會都來臣服、朝拜於您了。俗話說：『老天爺賜予你的東西如果你不要，那是要倒霉的；時機到了如果你還不趕緊採取行動，最後你就要遭難。』希望您仔細考慮考慮這件事。」

3 韓信說：「漢王待我非常好，把他的車子給我坐，把他的衣服給我穿，把他的飯食給我吃。俗話說，坐人家的車子就得準備著替人家分擔災禍，穿人家的衣服就得時刻關心人家的憂愁，吃人家的飯食就得時刻準備著為人家效死，我怎麼能夠見利忘義呢？」蒯通說：「您自以為與劉邦關係好，想通過為他效力給自己建立一份世代相傳的家業，我認為您想錯了。當初張耳、陳餘還是平民時，是生死與共的朋友，後來因為張黶、陳澤的事情發生了爭執，兩人結了仇，結果張耳背叛了項羽，帶著項羽使者項嬰的人頭投奔了劉邦，後來劉邦讓他帶兵東進，打敗了陳餘，把陳餘殺死在泜水南岸，身首分離，被天下人所恥笑。這兩個人的交情可以說是最親密的了，然而最後竟到了互相仇殺的地步，為的是什麼呢？問題就出在貪心不足，人心難測。現在您把劉邦看作朋友，想對他盡忠盡信，我看你們之間的交情絕對比不過張耳、陳餘，而你們之間的矛盾也遠比張黶、陳澤那樣的事情要嚴重得多。所以我認為您要是確信劉邦不會加害於您，那您就大錯特錯了。當初文種和范蠡幫著句踐重建了越國，又使句踐稱霸於諸侯，結果大功告成之後，卻一個被殺，一個被迫逃走了。野獸一旦打完，獵狗是要被宰的。從朋友的交情上說，您和劉邦沒有張耳與陳餘那麼深；從君臣的相互信任上說，您和劉邦比不上文種、范蠡與句踐。他們的這兩組關係，足夠您引為前車之鑒了，希望您慎重考慮。而且我聽說，一個人的勇猛、謀略，如果都到了叫他的主子震驚的地步，那他自己的處境就很危險了；一個人的功勞如果到了普天下獨一無二的境地，那他也就不可能再得到賞賜。讓我分析一下您的功勞：您一過西河，就俘虜了魏豹，活捉了夏說；接著您引兵東出井陘，又殺了陳餘；隨後又平定了趙地，收服了燕國，打下了齊國，又摧垮了楚軍二十多萬，殺掉了龍且，而後回來向劉邦報捷。這就是前面我所說的軍功天下無二，謀略舉世無雙。現在您帶著這種使主子害怕的威名，帶著這種讓人無法賞賜的功勞，想靠攏項羽，項羽不信；想靠攏劉邦，劉邦怕您：您還能去靠攏誰呢？作為一個臣子而有著讓主子害怕的權威，名望高出一切人之上，我真為您感到危險。」韓信說：「您別再講了，我得好好想想。」

4 過了幾天，蒯通又來對韓信說：「能聽取好意見，就是事情成功的徵兆；能反覆計劃，就能把握成敗的關鍵。聽得不對、計劃得不對還想長治久安，那是不可能的。能廣泛聽取而又能正確判斷的人，就不會被花言巧語所迷惑；能周密算計而又能分清主次的人，就不會被七嘴八舌所擾亂。一個人如果安於奴僕的地位，那他就會失掉稱帝稱王的可能；一個人如果滿足那點微薄的俸祿，他就會失去作卿相的機遇。所以說當機立斷是聰明人的作為，猶豫不決是辦事者的大害。只計較眼前的小事，就要失掉天下的大利，理智上雖然清楚，但如果仍不敢採取行動，那也是失敗的禍根。所以俗話說：『猛虎猶豫，還不如馬蜂、蠍子敢螫敢刺；千里馬徘徊，還不如一匹駑馬緩緩而行；孟賁主意不決，還不如一個平庸的人說幹就幹；即使你有舜、禹那樣的智慧，可是你默然不語，那還不如一個聾啞人指手劃腳呢。』這些話的意思都是強調行動的可貴。一件事想做成功是很難的，要想失敗卻容易得很；時機是最難得到的，而且極其容易失去。時間一過去，就永遠不會再回來了。希望您好好地掂量掂量。」韓信仍然是猶豫不決，他不忍心背叛劉邦。他更認為自己功勞大，劉邦怎麼著也不至於把他的齊國奪走，於是就拒絕了蒯通的勸告。蒯通見韓信不聽自己的勸告，為了避禍，就只好裝瘋為巫士隱跡而去了。

5 後來劉邦又被項羽打敗於固陵，劉邦採用張良的計策，召韓信進兵，韓信遂帶兵與劉邦會師於垓下。項羽剛被消滅，劉邦立即襲奪了韓信的兵權。漢高祖五年正月，改封韓信為楚王，建都下邳。

1 信至國，召所從食漂母❶，賜千金。及下鄉南昌亭長，賜百錢，曰：「公，小人也，為德不卒❷。」召辱己之少年令出胯下者以為楚中尉❸。告諸將相曰：「此壯士也。方辱我時，我寧不能殺之邪？殺之無名，故忍而就於此❹。」

2 項王亡將鍾離眛❺家在伊盧❻，素與信善。項王死後，亡歸信❼。漢王怨眛❽，聞其在楚，詔楚捕眛。信初之國⑨，行縣邑⑩，陳兵出入⑪。漢六年⑫，人有上書告楚王信反⑬。高帝以陳平計⑭，天子巡狩⑮會諸侯，南方有雲夢⑯，發使告諸侯會陳⑰：「吾將游雲夢。」實欲襲信，信弗知。高祖且至楚⑱，信欲發兵反⑲，自度無罪，欲謁上，恐見禽。人或說信曰：「斬眛謁上，上必喜，無患。」信見眛計事，眛曰：「漢所以不擊取楚，以眛在公所⑳。若㉑欲捕我以自媚㉒於漢，吾今日死，公亦隨手亡矣。」乃罵信曰㉓：「公非長者㉔！」卒自剄。信持其首，謁高祖於陳㉕。上令武士縛信，載後車㉖。信曰：「果若人言㉗：『狡兔死，良狗亨；高鳥盡，良弓藏；敵國破，謀臣亡。』天下已定，我固當亨！」上曰：「人告公反。」遂械繫信。至雒陽㉘，赦信罪，以為淮陰侯㉙。

3　信知漢王畏惡其能，常稱病不朝從㉚。信由此日夜怨望，居常鞅鞅㉛，羞與絳、灌等列㉜。信嘗過樊將軍噲㉝，噲跪拜送迎，言稱臣，曰：「大王乃肯臨臣㉞！」信出門，笑曰：「生乃與噲等為伍㉟！」上常從容與信言諸將能不，各有差㊱。上問曰：「如我能將幾何㊲？」信曰：「陛下不過能將十萬。」上曰：「於君何如？」曰：「臣多多而益善耳。」上笑曰：「多多益善，何為為我禽？」信曰：「陛下不能將兵，而善將將㊳，此乃信之所以為陛下禽也。且陛下所謂天授，非人力也[39]。」

4 陳豨拜為鉅鹿守[40]，辭於淮陰侯。淮陰侯挈[41]其手，辟左右與之步於庭，仰天歎曰：「子可與言乎？欲與子有言也。」豨曰：「唯將軍令之。」淮陰侯曰：「公之所居，天下精兵處[42]也；而公，陛下之信幸[43]臣也。人言公之畔[44]，陛下必不信；再至，陛下乃疑矣；三至，必怒而自將。吾為公從中起，天下可圖也[45]。」陳豨素知其能也，信之，曰：「謹奉教！」漢十年，陳豨果反。上自將而往，信病不從[46]。陰使人至豨所，曰：「弟舉兵，吾從此助公[47]。」信乃謀與家臣夜詐詔[48]赦諸官徒奴[49]，欲發以襲呂后、太子[50]。部署已定，待豨報[51]。其舍人[52]得罪於信，信囚，欲殺之，舍人弟上變[53]，告信欲反狀於呂后。呂后欲召，恐其黨不就[54]，乃與蕭相國謀，詐令人從上所來[55]，言豨已得死[56]，列侯羣臣皆賀。相國紿[57]信曰：「雖疾，彊[58]入賀。」信入，呂后使武士縛信，斬之長樂鍾室[59]。信方斬，曰：「吾悔不用蒯通之計，乃為兒女子所詐[60]，豈非天哉！」遂夷信三族[61]。

5 高祖已從豨軍來，至，見信死，且喜且憐之[62]，問：「信死亦何言？」呂后曰：「信言『恨不用蒯通計』。」高祖曰：「是齊辯士也。」乃詔齊捕蒯通[63]。蒯通至，上曰：「若教淮陰侯反乎？」對曰：「然，臣固教之。豎子不用臣之策，故今自夷[64]於此。如彼豎子用臣之計，陛下安得而夷之乎！」上怒曰：「亨之。」通曰：「嗟乎，冤哉亨也！」上曰：「若教韓信反，何冤？」對曰：「秦之綱絕而維弛[65]，山東大擾，異姓並起，英俊烏集[66]。秦失其鹿[67]，天下共逐[68]之，於是高材疾足者[69]先得焉。蹠之狗吠堯[70]，堯非不仁，狗固吠非其主[71]。當是時，臣唯獨知韓信，非知陛下也。且天下銳精[72]持鋒欲為陛下所為者甚眾，顧[73]力不能耳。又可盡亨之邪？」高帝曰：「置[74]之。」乃釋通之罪[75]。

【章旨】以上為第五段，寫韓信被呂后、劉邦、蕭何等所殺害，突出了「狡兔死，走狗烹」這一封建社會常見規律的令人歎惋與深思。

【注釋】❶漂母　《集解》引張華曰：「漂母冢在泗口南岸。」❷為德不卒　好事不能做到底。❸召辱己之少年句　中尉，漢初諸侯國掌管民政的官。劉子（軍）曰：「高祖與雍齒故怨，嘗欲殺之，後諸將欲反，用張良計，乃封雍齒。以高帝寬仁大度，猶未能於此釋然，乃知不念舊惡，亦難事也。韓信王楚，召辱己少年令出胯下者以為中尉，曰：『此壯士也。』觀此，則信豈庸庸武夫耶？」按：韓信非忘舊惡者，視其待下鄉亭長的態度可知，此實乃韓信的一種「高級」報復形式，自非如李廣之挾怨以殺霸陵尉者所可比擬。❹方辱我時四句　按：與前文「孰視之，俛出袴下，蒲伏」相照應，當時韓信之所以要「孰視之」，正在思及如此種種。無名，無意義；無必要。又，此亦史公之極快心、極會意之處也。❺亡將鍾離眛　鍾離眛是項羽的名將，項羽敗死垓下後，鍾離眛為躲避劉邦的緝拿，化名潛逃。王先謙引周壽昌曰：「〈陳平傳〉稱眛為項王『骨鯁臣』，以金首間之。」❻伊廬　鄉邑名，在今江蘇灌雲東北。❼亡歸信　潛逃到了韓信這裡。❽漢王怨眛　梁玉繩曰：「高祖即帝位矣，何言『漢王』也。下文『漢王畏惡其能』同誤。」按：劉邦怨恨鍾離眛的原因，各篇都無交代。以〈項羽本紀〉觀之，劉邦大敗於彭城時，楚方的重將是鍾離眛，怨隙可能即結於此。〈季布欒布列傳〉曾寫丁公為楚將，於彭城西迫逐劉邦事，此丁公日後被劉邦所殺，鍾離眛是否也屬這一類？於此亦可見劉邦的氣量。❾信初之國　韓信初到楚國的時候。❿行縣邑　到自己下屬的縣邑巡行視察。⓫陳兵出入　謂每次出門都戒備森嚴。⓬漢六年　西元前二〇一年。陳仁錫曰：「『漢六年』、『漢十二年』，二『漢』字衍。」按：劉邦於漢五年（西元前二〇二年）十二月滅項羽，二月已即皇帝位，故梁玉繩糾《史》文此後不應再稱「漢王」，陳仁錫糾《史》文亦不當再稱「漢六年」也。⓭人有上書告楚王信反　按：此告信者為何人，史無明載，而〈魏豹彭越列傳〉則明書「呂后乃令其舍人告越謀反」。⓮高帝以陳平計　據〈陳丞相世家〉，有人告韓信謀反，諸將曰：「亟發兵坑豎子耳。」陳平以為如此不妙，他讓劉邦假說南遊雲夢，召韓信會陳，趁機襲捕他，以下劉邦所行即依陳平之計。⓯巡狩　古時天子每隔數年到各諸侯國巡視一次，那時各國諸侯也須到指定地點朝見天子。巡狩，亦作「巡守」。巡視諸侯之所守，即今所謂「視察」。⓰雲夢　即雲夢澤。指古時湖北南部、湖南北部長江兩岸的大片湖澤之地。江北的叫雲澤，江南的叫夢澤。⓱陳　秦縣名，亦郡名，縣治即今河南淮陽，當時為韓信楚國的西部邊境。⓲且至楚　謂即將到達陳縣。⓳信欲發兵反　按：此話沒有來由，或史公故意如此寫，以示韓信被襲之冤。⓴以眛在公所　因鍾離眛是猛將，可以助韓信作戰。所，處。㉑若　你。㉒媚　討好。㉓乃罵信曰　按：此句之上應有「信欲捕之」云云，文氣始順。㉔公非長者　你不是厚道人。長者，老實人；厚道人。㉕信持其首二句　按：韓信此行可鄙，亦復可憐，無論如何委曲求全亦無濟於事。郭嵩燾曰：「信斬鍾離眛以謁漢王最為無理，倘亦所謂迷亂失次者耶？」㉖上令武士縛信二句　郭嵩燾曰：「韓信之伺敵間可謂神矣，獨于高祖所以駕御之術，身入彀中而不知。可見高祖之深機，以韓信之智能亦無從窺見其涯略，操之、縱之、予之、奪之，惟所欲為，至于縛載後車而始悟。嗚乎，高祖操機術以牢籠天下，殆亦曠千古而無對者與！」㉗果若人言　沈欽韓曰：「蒯通曾以（下列數語）風韓信，故云『果若人言』也。」㉘雒陽　劉邦建國初期的都城，在今河南洛陽東北。㉙赦信罪二句　按：既襲捕之，又赦以為淮陰侯，則罪名顯屬莫須有。又按：韓信被襲捕於陳，以及降為淮陰侯事，〈秦楚之際月表〉繫之於漢五年（西元前二〇二年），誤；《漢書．高帝紀》繫之於高祖六年（西元前二〇一年）十二月，是也。韓信此前為楚王共十一個月。㉚不朝從　不朝見，不跟從出行。㉛居常鞅鞅　時常內心不平。居，平居；日常。鞅鞅，師古曰：「志不滿也。」㉜羞與絳灌等列　羞與絳、灌為伍。絳，指絳侯周勃。事跡見〈絳侯周勃世家〉。灌，指潁陰侯灌嬰。事跡見〈樊酈滕灌列傳〉。二人都是劉邦的元老功臣。等列，同一個級別。指皆封為侯。㉝嘗過樊將軍噲　曾到過樊噲家。樊噲，劉邦的元老功臣，呂后的妹夫。事跡見〈樊酈滕灌列傳〉。㉞乃肯臨臣　居然能光臨我們家。極寫其對韓信的敬服。㉟生乃與噲等為伍　與上文「羞與絳、灌等列」同義。生，猶言「一輩子」。為伍，指地位、身分相同。㊱上常從容與信言諸將能不二句　有一次劉邦曾不經心地與韓信談到各位將領的能力大小，各有不同。常，同「嘗」。曾經。從容，自然、不經心的樣子。能不，有能力與沒能力。不，同「否」。(37)能將幾何　能統領多少軍隊。(38)陛下不能將兵二句　前言高帝只能將十萬，而言自己多多益善，見韓信之得意忘形，不自覺而出口。至高帝塞之曰「多多益善，何為為我禽」，其內心之懊怒已形於詞色時，韓信方猛然發覺失言，於是順勢改口曰：「陛下不能將兵，而善將將。」既平服高祖的忌心，亦掩飾自己的傷痛，然而這一來無疑又進一步加強了劉邦的必殺韓信之心。(39)陛下所謂天授二句　當時人稱道劉邦的常用語。〈留侯世家〉張良曰「沛公殆天授」，〈酈生陸賈列傳〉酈生曰「此非人力也，天之福也」，意思皆同。韓信引他人所常說，故云「所謂」。(40)陳豨拜為鉅鹿守　據〈韓信盧綰列傳〉，陳豨未嘗任鉅鹿守，乃「以趙（應作『代』）相國監趙、代邊兵」，《漢書・韓彭英盧吳傳》亦云「陳豨為代相監邊」。鉅鹿，漢郡名，郡治在今河北平鄉西南。代，漢初的諸侯國名，國都在今河北蔚縣東北。(41)挈　拉。(42)天下精兵處　需要駐紮精兵的要害之地。(43)信幸　受信任、受寵幸。(44)人言公之畔　有人說你造反。畔，同「叛」。(45)吾為公從中起二句　王先謙引周壽昌曰：「豨此時無反意，信因其來辭突教之反，不懼豨之言於上乎？此等情事不合，所謂『微辭』也。」凌稚隆引鄧以瓚曰：「此段是呂后文致信反謀以對高祖者，史承之以著書耳。」郭嵩燾曰：「陳豨反事，或當時爰書之辭，史公敘當時事但能仍而載之，下文『舍人弟上變』，即此也。」(46)上自將而往二句　王先謙引周壽昌曰：「『病』與『稱病』，情事絕異，覼下相國給信語，則信病非假稱也。」(47)弟舉兵二句　儘管造反，我在裡邊幫助你。弟，但；儘管。(48)詐詔　假造劉邦的詔書。(49)赦諸官徒奴　釋放各衙署所拘管的苦役和官奴。胡三省曰：「有罪而居作者曰徒，有罪而沒入官者曰奴。」陳直曰：「西漢官署中多有徒奴，如武帝時司隸校尉有徒千二百人，《漢舊儀》記載太官、湯官各有奴婢三千人是也。」(50)欲發以襲呂后太子　瀧川曰：「楓、三本『發』下有『兵』字，與《漢書》合。」(51)待豨報　等待陳豨的回音。(52)舍人　寄居門下以求食的人，如清客、食客等是也。王先謙引劉奉世曰：「按〈功臣表〉，告信反者舍人欒說也。宋祁曰：『〈功臣侯表〉云：慎陽欒說，為淮陰侯舍人，告淮陰侯信反，侯二千戶。』」(53)上變　上書告發非常之事。師古曰：「凡言變告者，謂告非常之事。」變，也稱「變事」，告發謀反的書信。(54)恐其黨不就　擔心他萬一不來。黨，同「儻」。倘若；萬一。(55)詐令人從上所來　假說有使者從劉邦那裡回來。(56)言豨已得死　說陳豨已被捕獲，已被殺死了。(57)紿　欺騙。(58)彊　勉強堅持。(59)斬之長樂鍾室　長樂鍾室，長樂宮中的懸鐘之室。按：韓信被殺，《漢書・高帝紀》與《通鑑》皆繫之於高祖十一年（西元前一九六年）正月，此前韓信為徒有其名的淮陰侯共六年。(60)悔不用蒯通之計二句　兒女子，猶言「老娘們、小孩子」。指呂后與劉邦的太子劉盈。按：史公寫韓信被殺前曰「悔不用蒯通之計」，此欲明其此前從無反心也。(61)遂夷信三族　三族，指父族、母族、妻族。茅坤曰：「此情似誣。豨，漢信幸臣也，偶過拜淮陰，淮陰何以遽行謀反？及豨反後，亦無往來迹。且豨之反，自周昌言倉卒激之，安得與淮陰有夙謀？此皆忌口慎陽侯（樂說）輩讒之。不然，漢廷謀臣詐以此論之耳。」歸有光曰：「陳豨事疑出告變之語，考豨招致賓客為周昌所疑，一時懼禍，遂陷大戮，非素蓄反謀也。且已部署，而曠日待豨報，信亦不知兵機矣，此必呂后與相國文致之者。」馮班曰：「陳豨以賓客盛為周昌所疑，高祖使按其客，始反耳，未必素有逆謀。且豨以信幸為趙相國，將兵居邊，非韓、彭之儔有震主之威，據大國者也，何為先自疑而有反慮乎？韓信處嫌疑之地，輕與一陳豨出口言反，此亦非人情。信以淮陰家居，雖赦諸徒奴合而使之，未易部勒也。上自出，關中雖虛，未能全無備，亦不可信也。論者卻未及此。」(62)見信死二句　吳見思曰：「五字寫盡漢王心事。」楊燕起引金錫齡曰：「亦知無辜受戮為可憫也。」乾隆曰：「韓信之冤與否姑弗論，然高祖在外而呂后公然族滅大臣，回亦弗問，牝雞司晨，成何國政？人彘之禍兆於此矣。」(63)乃詔齊捕蒯通　王先謙曰：「詔齊王肥捕之也。」齊王肥是劉邦之子，高祖六年被封為齊王。(64)自夷　自己招致滅門。夷，平；殺光。(65)綱絕而維弛　指法度紊亂，政權崩潰。綱，網上的大繩。維，繫車蓋的繩。綱、維皆大繩，引申為維持國家體統的法度。(66)烏集　如烏鴉之飛集。喻其多。(67)鹿　「鹿」為「祿」字的諧音，以喻秦朝的國家政權。(68)逐　追捕。(69)高材疾足者　本事高、腿腳快的人。(70)蹠之狗吠堯　蹠，也作「跖」。古代著名的大盜，事見《莊子・盜跖篇》，後世用以喻指最惡的人。堯，傳說中的五帝之一，後世用以喻指最好的人。(71)狗固吠非其主　對於一隻狗來說，只要不是牠的主人，牠就一律對之狂叫。錢鍾書曰：「蒯通曰：『跖之狗吠堯，堯非不仁，狗固吠非其主。』〈魯仲連鄒陽列傳〉鄒陽獄中上書曰：『無愛于士，則桀之犬可使吠堯，跖之客可使刺由。』二人之喻本《戰國策・齊策六》勃貂對田單曰：『跖之狗吠堯，非貴跖而賤堯也，狗固吠非其主也。』」(72)銳精　胡三省曰：「言磨淬精鐵而銳之。」即磨厲刀槍。「銳」字用如動詞。精，指精鐵。(73)顧　轉折語詞，猶今所謂「問題是」、「關鍵是」。(74)置　放。胡三省曰：「置，猶舍也；赦也。」(75)乃釋通之罪　據《漢書・蒯通傳》，蒯通後來還向齊相曹參推薦過兩個賢士，蒯通本人則「論戰國時說士權變，亦自序其說，凡八十一篇，號曰《雋永》」。《漢書・藝文志》縱橫家有《蒯子》五篇。

【語　譯】韓信到楚國後，派人把當年曾給他飯吃的洗衣老婦找來，給了她千金重賞。也把下鄉的南昌亭長找來，賞給了他一百錢，說：「你，是個小人，因為你做好事不能做到底。」又把當年曾經侮辱他的那個青年找來，讓他做了楚國的中尉。韓信對左右的將領們說：「這人是個好漢。當初他侮辱我的時候，我難道不能殺了他嗎？問題是殺了他也不能給自己帶來好名聲，我之所以隱忍著，就是為了成就今天的事業。」

2 項羽部將鍾離眜老家在伊廬，此人很早就與韓信交情不錯。項羽死後，鍾離眜逃到了韓信這裡。劉邦恨鍾離眜，聽說他在韓信處，就命令韓信逮捕他。韓信剛到楚國不久，每到下屬各縣視察時，總要帶著一些軍隊，作為警衛。漢高祖六年，有人上書告發韓信要造反。劉邦聽取了陳平的計策，以到南方視察雲夢澤為名，讓各國的諸侯都到陳郡會合。他嘴裡說：「我去視察雲夢。」實際上是要藉機襲捕韓信，韓信不知道。等到劉邦快要來到楚國的邊界了，韓信也有懷疑，也想發兵抵抗，但想到自己沒有任何罪過；想去見劉邦，但又怕被劉邦抓起來。這時有人勸韓信說：「可以殺了鍾離眜，去見皇上，皇上必然高興，您也就沒事兒了。」韓信找鍾離眜談到此事，鍾離眜說：「劉邦之所以不敢打楚國，就是因為我在你這兒。如果你想抓了我去討好劉邦，那麼我今天死，你明天也就該跟著我死了。」於是他罵韓信說：「你真不是個厚道的人！」說罷自刎而死。韓信帶著鍾離眜的人頭，到陳郡進見劉邦。劉邦立即命令武士逮捕了韓信，把他裝在了自己後面的車上。韓信說：「果真像人們所說的：『兔子一死，獵狗也就要被煮了；飛鳥打完，良弓也就該收起來了；敵人一被消滅，功臣也就該被殺了。』現在天下已經太平，我是到了該死的時候了！」劉邦說：「有人告你要造反。」於是給韓信戴上刑具。等回到洛陽後，劉邦又把韓信放了，把他降級為淮陰侯。

3 韓信知道劉邦對自己的才能是既怕又恨的，因此常常藉口生病不去朝見他，也不隨同他出行，心中充滿怨恨，常常悶悶不樂。他覺得讓自己與周勃、灌嬰等同在一個級別，簡直是一種羞恥。韓信曾經去過一次樊噲家，樊噲對韓信非常尊重，接送時都給他行跪拜禮，說話時自己稱臣，受寵若驚地說：「大王您竟然光臨臣舍。」韓信從他家出來後，笑道：「想不到我這輩子竟與樊噲這種人落到了一塊！」有一次劉邦與韓信閒聊中，劉邦說到了開國將領們能力大小各有不同，劉邦問：「像我，能統率多少人馬呢？」韓信說：「您最多能統率十萬。」劉邦問：「那麼你呢？」韓信說：「我是越多越好。」劉邦笑了一下說：「既然你的本事這麼大，為什麼還被我活捉呢？」韓信說：「陛下您雖不善於帶兵，但卻善於駕馭將領，這就是我所以被您活捉的原因。而且您所以勝利，這是上天安排的，不是人力所可改變的。」

4 陳豨被任命為趙國丞相，要去統領趙、代兩國的邊兵，來向韓信辭行。韓信打發開左右的隨從，拉著他的手，在院子裡散步，韓信仰天長歎道：「你能讓我放心嗎？我有些話想和你談幾句。」陳豨說：「我絕對聽您的吩咐。」韓信說：「你將要去駐守的地方，那裡聚集著國家最精銳的部隊；而你，又是皇帝的親信。要是有人告你造反，第一次皇帝是絕不會相信的；但如果再告第二次，皇帝就會起疑心了；如果再告第三次，皇帝肯定會發怒，會親自率兵去打你。到那時，我在京城起兵，做你的內應，那時天下就可以成為我們的了。」陳豨一向知道韓信的才能，相信他的話不假，於是說：「一定照您的話辦！」漢高祖十年，陳豨真的造反了。劉邦親自率兵前去討伐，韓信生病沒有跟著一同去，而暗中悄悄派人給陳豨傳送消息說：「儘管放心幹，我從裡邊幫你。」於是韓信與家臣們謀劃要在夜裡假傳聖旨，釋放在各個官邸裡作苦役的奴隸、罪犯，準備把他們武裝起來，率領他們襲擊呂后和皇太子。一切都部署好了，單等陳豨那方面的消息。這時韓信家的一個門客，因為犯罪被韓信關了起來，想殺他。這個門客的弟弟就寫密信向呂后告發了韓信要造反的種種計畫。呂后想召韓信進宮，又擔心他萬一不來，於是就和蕭何商量，派了一個人假裝是從劉邦那兒來，詐稱陳豨已被俘獲斬首了，讓列侯百官們都入朝祝賀。蕭何親自來騙韓信說：「即便你有病，也還是硬撐著去進宮一趟吧。」結果韓信一進長樂宮，呂后立刻命令武士把韓信捆了起來，不問情由把他押入一間懸掛鐘磬的屋子裡就把他給殺了。韓信臨死前說：「我真後悔當初沒有聽蒯通的勸告，今天竟被個老娘兒們所騙，這不是天意嗎！」接著呂后又把韓信父親的親戚、母親的親戚、妻子的親戚三大族通通抓起來殺光了。

5 不久，劉邦從討伐陳豨的前線上回來，回來後得知韓信早已被呂后殺害，劉邦是又高興又有點兒可惜，他問呂后說：「韓信臨死前說過什麼話沒有？」呂后說：「他說只恨當初沒聽蒯通的勸告。」劉邦說：「這個傢伙是齊國有名的說客。」於是下令齊國逮捕蒯通。蒯通被押解到京城來了，劉邦問他：「是你教韓信造反嗎？」蒯通說：「是的，我是教過他。可是那小子不聽我的話，結果自取滅亡了。如果他早先聽了我的話，你們今天還能把他滿門抄斬嗎！」劉邦勃然大怒說：「把他給我煮了。」蒯通說：「嘿！我這個被煮才冤枉哩！」劉邦說：「你挑唆著韓信造反，還冤枉什麼？」蒯通說：「秦朝殘暴無道，政權解體，整個中原地區都亂了套，那時不管姓甚名誰，凡是有本事的，大家一起都幹起來了。這皇帝的位子就好比一隻鹿，鹿從秦朝那裡跑走了，大家一齊追，誰有本事、誰的腿快追上了，這隻鹿就屬於誰。盜蹠的狗衝著堯叫，並不是因為堯為人不好，而是因為狗只忠於牠的主人。在那個時候，我只知道有韓信，還不知道有陛下您哪。況且當時手持兵器也像您一樣想當皇帝的人多的是，只不過沒有成功罷了，您能把他們都煮了嗎？」劉邦說：「放了他。」於是蒯通被赦免了。

太史公曰：吾如淮陰，淮陰人為余言，韓信雖為布衣時，其志與眾異。其母死，貧無以葬，然乃行營❶高敞地❷，令其旁可置萬家❸。余視其母冢，良然。假令韓信學道❹謙讓，不伐己功，不矜其能❺，則庶幾哉於漢家勳可以比周、召、太公之徒，後世血食矣❻。不務出此，而天下已集，乃謀畔逆，夷滅宗族，不亦宜乎❼！

【章旨】以上為第六段，是作者的論贊，作者表面上批評韓信不該「謀反」，其實是對韓信事件表現了一種強烈的感慨、惋惜之情。

【注釋】❶行營　尋找；謀求。❷高敞地　地勢高而寬敞的地方。❸令其旁可置萬家　當時的帝王、權貴都希望自己的墳墓所在日後能發展成都市，以使其死後亦不寂寞，如漢朝之歷代皇帝生前預築陵墓，並大量向其地區移民是也。❹學道　指學習道家的謙退不爭。❺不伐己功二句　按：《老子》有所謂「功成名遂身退，天之道」，又有所謂「不自伐，故有功；不自矜，故長」，史公責備韓信不知學此也。伐，驕傲自誇，與下句「矜」字義同。楊燕起引徐經曰：「史公為淮陰惜，實不僅為淮陰惜。是言也姑借淮陰發之，實千古建大功者當奉為玉律也。」❻則庶幾哉二句　庶幾，差不多。周，周公姬旦。召，召公姬奭。太公，姜尚。三人都是周朝的開國元勳，後來周公的後代被封於魯，召公被封於燕，太公被封於齊，皆傳國五六百年。血食，指享受後世子孫的祭祀。「則庶幾哉」四字，有版本標點為與上句相連，以為韓信若能「學道謙讓，不伐己功，不矜其能」，那就差不多行啦。瀧川曰：「庶幾哉，三字屬下句。」其意謂假如韓信若能「學道謙讓，不伐己功，不矜其能」，那麼他在漢朝的功勳就差不多可以和古代的周公、召公、太公相媲美，可以傳國不絕了。按：瀧川說是。❼天下已集四句 集，安定。李慈銘曰：「『天下已集，乃謀叛逆』，此史公微文，謂淮陰之愚，必不至此也。」李笠曰：「天下已集，豈可為逆於其必不可為叛之時？而夷其宗族，豈有心肝人所宜出哉！讀此數語，韓信心跡，劉季、呂雉手段昭然若揭矣。文家反復辯論，反不若此言之宛轉痛快。」

【語譯】太史公說：我曾經到過淮陰，淮陰的人們對我說，當韓信還是百姓時，他的志向就和一般人不一樣。他的母親死了，家裡窮得都沒錢發喪，可是韓信還是把他母親埋在了一個又高又開闊的地方，他準備讓這個墳墓的周圍日後發展成一個萬戶人家的城鎮。我去看了看他母親的墳墓，情況果真如此。假如韓信當初能學點謙讓之道，不以功臣自居，不誇耀自己的才能，那麼他在漢王朝的勳業就差不多可以和周朝的周公、召公、姜太公這些人相媲美，並能傳國於子孫，可永遠享受後代的祭祀了。可是他不這麼做，而是要在天下局面已經安定的時候圖謀造反，結果整個親族被鏟滅，這不也是罪有應得嗎！

【研析】本傳使用一種文學色彩很濃的筆法，按照歷史人物一生的幾個主要階段，有次序而又突出重點地描述了韓信的生平事跡，從而使韓信這個人物的精神氣質、聰明才幹、歷史功過，連同作者的濃厚感情，一起清晰地呈現在讀者眼前。

一、作品全力歌頌了韓信傑出的軍事才幹，他不同於曹參、樊噲那樣的猛將，不同於孫臏、龐涓一類的軍事家，他是具有深謀遠略，能運籌帷幄而決勝千里的大將之才。這一點突出表現在他登臺拜將時的那段精彩議論上。在這段議論中，他分析了劉、項雙方的形勢，列舉項羽在用人、戰略、政策上的種種失誤後，明確地指出項羽的貌似強大只是一種假象，是可以打敗的。接著他又分析了三秦的形勢，比較了章邯等三人在關中的不得人心，和劉邦當時在關中打下的基礎，結論是：「今大王舉而東，三秦可傳檄而定也。」這是何等的眼光與氣魄！前人曾高度評價韓信的這番議論，明代楊維楨曰：「韓信登壇之日，皆陳平生之畫略，論楚之所以失，漢之所以得，此三秦還定之謀卒定於韓信之手也。」（《史記評林》）

二、韓信為將後，他設疑兵，裝出欲強渡臨晉的樣子，而實則從夏陽渡軍，奔襲安邑，一舉俘獲了魏豹；隨後又北破代兵，擒夏說於閼與；而後東出井陘，大破趙兵，斬陳餘，擒趙王歇；又襲破齊歷下軍，擊敗楚國的援軍二十萬於濰水上，殺其將龍且；最後統率全部漢軍與項羽決戰於垓下，使項羽十萬大軍化為灰燼，連項羽本人也被逼得自刎於烏江。明代茅坤曰：「予覽觀古兵家流，當以韓信為最，破魏以木罌，破趙以立漢赤幟，破齊以囊沙，彼皆從天而下，而未嘗與敵人血戰者。予故曰：古今來，太史公，文仙也；李白，詩仙也；屈原，辭賦仙也；劉阮，酒仙也；而韓信，兵仙也。然哉！」（《史記鈔》）司馬遷沒有虧負韓信這個歷史人物，也正是靠著他的如椽大筆，使韓信的卓越將才，得到了酣暢淋漓、活靈活現的表現。

三、作品對韓信被誣而族滅的結局寄予了無限同情。由於本篇寫的是漢朝的「當代」史，韓信又是個非同凡響的重要人物，作者在某些地方不能不用了些曲筆，致使人們對於韓信的被殺在理解上產生了分歧。對於韓信是否真想陰謀叛亂，前人已有許多辯正，以為不可信。就篇中觀之，當韓信破趙、定齊，兵威大振，其勢已出於劉邦、項羽之上時，項羽派武涉勸他「參分天下王之」，韓信不忘劉邦之情，發誓「雖死不易」；接著蒯通又勸他「參分天下，鼎足而居」，並透徹地分析形勢，引證歷史經驗，說得確確鑿鑿，令人觸目驚心，韓信仍是不從。武涉與蒯通的兩段話共有一千三百多字，占了整個作品的四分之一，令讀者感到比例失調。司馬遷之所以要這樣安排，誠如清代趙翼所說：「正以見淮陰之心在為漢，雖以通之說喻百端，終確然不變，而他日之誣以反而族之者之冤，痛不可言也。」此外，文中寫韓信被騙入長樂宮，陷入呂后的埋伏時說：「吾悔不用蒯通之計，乃為兒女子所詐。」臨死才後悔當初不反，不正說明當初的確沒想反嗎！這種寫法，不也很耐人尋味嗎！

四、作品對劉邦及其謀士們的殘害功臣，表現了極大的憤慨與厭惡之情。韓信是劉邦手下最有本事的人物，劉邦深知天下未定之時沒有韓信是不行的；但正因為他的本事太大，也就成了最受猜疑、最令人不放心的人物。每次打了勝仗，消滅了敵人，劉邦總是立即把他的精兵調走，讓他重新組織人力再去作戰。待至項羽被消滅後，韓信不僅立即被剝奪了兵權，而且立即被調換了封地。劉邦從平定陳豨軍的前線回來，知道韓信已被呂后所殺，這時劉邦的心理是「且喜且憐」，「喜」的是長期壓在心頭的大石終於去掉了；「憐」，大概是覺得以韓信之大功大才，又以這樣的「罪」名殺之，實在太說不過去了吧！清代梁玉繩分析劉邦此時的心理說：「高祖畏惡其能非一朝一夕，胎禍於躡足附耳，露疑於奪符襲軍，故禽縛不已，族誅始快。從豨軍來，見信死『且喜且憐』，亦諒其無辜受戮為可憫也。」蒯通對韓信說：「勇略震主者身危，而功蓋天下者不賞。」又說：「野獸已盡而獵狗亨。」這些結果在專制獨裁的社會裡，都是帶有必然性的。司馬遷寫〈淮陰侯列傳〉的主旨，就是要揭示這種慘痛、令人厭惡但又無法改變的歷史規律。

卷九十三

韓信盧綰列傳第三十三

【題解】本傳雖以韓信、盧綰兩人的名字作標題，實則是韓王信、盧綰、陳豨三人的合傳，這三個人都是劉邦的開國功臣，後來又都在北部地區勾結匈奴發動叛亂，故司馬遷將其合寫為一傳。作品通過對這三個人的經歷、遭遇的描述，反映了劉邦建國初期的政治變化，以及司馬遷對這種變化的認識。此外，本篇還寫了劉邦因往攻韓王信而在白登遭匈奴圍困，暴露了漢初國力的虛弱和統治者畏懼匈奴的心理，引起了匈奴對漢王朝的輕視，並開始了此後長期連綿不絕的邊釁。

1 韓王信❶者，故韓襄王孽孫❷也，長八尺五寸❸。及項梁之立楚後懷王❹也，燕、齊、趙、魏皆已前王❺，唯韓無有後❻，故立韓諸公子橫陽君成為韓王❼，欲以撫定❽韓故地❾。項梁敗死定陶❿，成犇懷王。沛公引兵擊陽城⓫，使張良⓬以韓司徒降下韓故地⓭，得信，以為韓將，將其兵從沛公入武關⓮。

2 沛公立為漢王⓯，韓信從入漢中⓰，迺說漢王曰：「項王王諸將近地⓱，而王獨遠居此，此左遷⓲也。士卒皆山東⓳人，跂而望歸⓴，及其鋒東鄉㉑，可以爭天下㉒。」漢王還定三秦㉓，迺許信為韓王㉔，先拜信為韓太尉㉕，將兵略㉖韓地。

3 項籍之封諸王皆就國㉗，韓王成以不從㉘無功，不遣就國㉙，更以為列侯㉚。及聞漢遣韓信略韓地，迺令故項籍游吳時吳令鄭昌㉛為韓王以距漢㉜。漢二年㉝，韓信略定韓十餘城㉞。漢王至河南㉟，韓信急擊韓王昌陽城㊱。昌降，漢王迺立韓信為韓王㊲，常將韓兵從㊳。三年㊴，漢王出滎陽㊵，韓王信、周苛等守滎陽㊶。及楚敗滎陽㊷，信降楚，已而得亡㊸，復歸漢，漢復立以為韓王，竟從擊破項籍㊹，天下定㊺。五年春，遂與剖符為韓王㊻，王潁川㊼。

【章旨】以上為第一段，寫韓王信因佐助劉邦滅秦、滅項，而被劉邦封王的情形。

【注釋】❶韓王信　姓韓名信，所以如此稱呼，是史家為了使其與淮陰侯韓信相區別。王先謙引齊召南曰：「兩人姓名偶同，故稱『韓王信』以別之。」❷韓襄王孽孫　韓襄王，名倉，戰國中期韓國的國君，西元前三一一－前二九六年在位。孽孫，孽子之子。孽子，師古曰：「孽謂庶也。」非正妻所生的兒子。按：由韓襄王至韓王信，相隔九十多年，郭嵩燾曰：「韓王信當為襄王之苗裔，未必即其『庶孫』也。」齊召南引《唐書・宰相表》曰：「韓襄王為秦所滅，少子蟣虱生信。」不知何據。❸長八尺五寸　約合今之一・九六公尺。秦時之一尺約合二十三・一公分。❹項梁之立楚後懷王　事在秦二世二年（西元前二〇八年）六月。時陳涉死去六個月，項梁已起兵九個月，項梁為便於號召群眾反秦，接受范增建議，從鄉間找來楚懷王（西元前三二八－前二九九年在位）之孫名「心」者立以為王，仍稱「楚懷王」，為各路起義軍之領袖。事見〈項羽本紀〉。❺燕齊趙魏皆已前王　陳涉的部將韓廣被派到北方後，自立為燕王，都薊縣；戰國齊王之後代田儋與其弟田榮、田橫等起兵後自立為齊王，都臨淄；戰國魏王之後魏咎被周市等擁立為魏王，都臨濟，都在秦二世元年（西元前二〇九年）九月。陳涉的部將武臣被派到河北後自立為趙王，都邯鄲，在秦二世元年八月。皆見〈陳涉世家〉、〈秦楚之際月表〉。❻無有後　指尚無起兵稱王者。❼立韓諸公子橫陽君成為韓王　事在秦二世二年六月，都陽翟（今河南禹縣）。諸公子，諸侯之太子以外的其他兒子。韓成，戰國末年韓國的諸公子，曾被封為橫陽君。按：韓成究竟是戰國後期韓國何王之「諸公子」，史未明載。❽撫定　平定。❾韓故地　指今河南禹縣、新鄭等一帶地區。❿項梁敗死定陶　事在秦二世二年九月。項梁作戰連獲勝利，因驕傲輕敵而被秦將章邯破殺於定陶。事見〈項羽本紀〉。定陶，秦縣名，縣治在今山東定陶西北。⓫沛公引兵擊陽城　事在秦二世三年（西元前二〇七年）六月。沛公，即劉邦，因劉邦起義攻下沛縣後被推之為縣令，而當時楚地習慣稱縣令為「公」，故劉邦在被項羽封為「漢王」之前的二年多的時間裡一直被稱為「沛公」。陽城，在今河南方城東，南陽郡（郡治即今南陽市）之東北。按：此時劉邦已與項羽分兵，項羽受懷王命隨宋義赴河北救趙；劉邦則受命西下經洛陽，又南折經南陽，西入武關破秦。⓬張良　戰國時韓國貴族的後代，一心忠於韓國。陳涉起兵後，張良也起兵反秦，投奔在劉邦部下。⓭以韓司徒降下韓故地　劉邦由徐州一帶西下洛陽，南攻南陽，要經過當日韓國的地面，而張良是韓國貴族之後，在這一帶有號召力，故劉邦臨時任張良為韓國的司徒。司徒，古官名，「三公」之一，職同宰相。降下，擊之使其投降、歸附。⓮從沛公入武關　事在秦二世三年八月。武關，在今陝西商南東南。劉邦與張良等由南陽經武關入秦的過程詳見〈高祖本紀〉、〈留侯世家〉。⓯沛公立為漢王　事在漢元年（西元前二〇六年）一月（當時以十月為歲首）。劉邦於漢元年十月攻入秦都咸陽，秦王子嬰向劉邦投降。項羽於十二月入關，鴻門宴後，一月至三月，項羽分封各路諸侯為王，劉邦被封為漢王，領有巴、蜀、漢中三個郡，都南鄭。⓰韓信從入漢中　事在漢元年四月。漢中，秦郡名，在今陝西省之西南部，郡治南鄭，即今漢中市，劉邦為漢王之都城。⓱王諸將近地　指封其降將章邯為雍王（都廢丘，今陝西興平東南）、司馬欣為塞王（都櫟陽，今陝西臨潼北）、董翳為翟王（都高奴，今延安市東北），都在關中地區。⓲左遷　降職；貶官。⓳山東　崤山以東。泛指今河南省、河北南部、安徽、江蘇北部，以及山東省一帶。⓴跂而望歸　思鄉急切的樣子。跂，翹起腳跟。㉑及其鋒東鄉　及其鋒，趁著他們有這種銳氣。鋒，銳利。鄉，通「向」。㉒可以爭天下　按：以上的意思見〈淮陰侯列傳〉，是韓信對劉邦說的話，而不是這個「韓王信」。師古曰：「〈高紀〉及〈韓彭英盧傳〉皆稱此語是楚王韓信之辭，而此傳復云韓王信之語，豈史家錯謬乎？」其後顧炎武、吳見思與今人徐朔方等亦皆有此說。按：《漢書・高帝紀》載淮陰侯韓信於南鄭時對劉邦有此語，無韓王信事；而《漢書補注》則引周壽昌曰：「〈高祖本紀〉之《集解》引徐廣云：『韓王信，非淮陰侯也。』與此傳同，是〈高紀〉誤，從傳為長。」比較《史》《漢》諸紀傳，似仍以淮陰侯說為長，周氏說無力也。㉓漢王還定三秦　事在漢元年八月，乃劉邦第一次依淮陰侯韓信之拜將陳辭而行事也，是年八月從漢中殺出，在很短的幾個月裡就將關中的大片地區通通光復。事見〈高祖本紀〉。三秦，即指上述雍、塞、翟三國，因其皆建都關中，故稱「三秦」。㉔迺許信為韓王　其時韓王成已被項羽所殺，故劉邦以韓國許韓王信。㉕太尉　秦漢時代的「三公」之一，國家的最高軍事長官。㉖略　開拓；攻取。㉗項籍之封諸王皆就國　事在漢元年四月。就國，到自己的領地上任。㉘不從　指未跟隨項羽破秦入關，而一直居於懷王處。㉙不遣就國　意謂雖然也封韓成為韓王，但不讓他到自己的封地韓國去。㉚更以為列侯　據《漢書》，乃更封成為「穰侯」。梁玉繩曰：「此但言項籍廢韓王成為侯，而不言其殺成，疏也。」按：據〈秦楚之際月表〉，項羽於漢元年七月誅韓成。㉛吳令鄭昌　從前秦朝的吳縣縣令鄭昌。項梁、項羽的老朋友。㉜為韓王以距漢　事在漢元年八月，國都陽翟。距，通「拒」。抵抗。㉝漢二年　西元前二〇五年。㉞韓信略定韓十餘城　應為漢元年九月與漢二年十月事。㉟漢王至河南　事在漢二年十月，時關中已大體平定，故劉邦乃出關經營東方。河南，指今河南省西部黃河以南的洛陽一帶地區，秦時以此為三川郡，漢代設以為河南郡。㊱陽城　秦縣名，縣治在今河南登封縣東南，韓國都城陽翟之西北。㊲迺立韓信為韓王　《集解》引徐廣曰：「二年十一月。」按：據〈秦楚之際月表〉與《漢書．異姓諸侯王年表》，皆謂事在漢二年十月。㊳常將韓兵從　蓋謂漢二年四月之劉邦攻楚入彭城，與劉邦同月在彭城之慘敗，韓王信皆追隨在劉邦左右也。㊴三年　西元前二〇四年。㊵漢王出滎陽　指劉邦被項羽圍困於滎陽，劉邦用陳平計從滎陽狼狽逃出事，在漢三年七月。詳見〈項羽本紀〉、〈高祖本紀〉。㊶韓王信周苛等守滎陽　周苛，劉邦的部將，時為御史大夫。按：當時守滎陽者尚有魏豹、樅公等人。㊷楚敗滎陽　敗，此指攻破。據〈項羽本紀〉，項羽攻克滎陽後，俘獲了劉邦的守將周苛、樅公，此二人皆堅持不降，被項羽所殺。至於魏豹，則早在城破前被周苛、樅公所殺。㊸信降楚二句　謂韓王信後來又逃了回來。按：〈項羽〉、〈高祖〉二紀與〈秦楚之際月表〉皆未言韓王信亦守滎陽及城破降楚事，此處僅見，為較重要之事實。又，項羽攻破滎陽，殺周苛、樅公，韓王信降楚事，在漢三年九月。〈秦楚之際月表〉乃繫之於漢四年三月，大誤。〈高祖本紀〉之《集解》引徐廣曰：「〈月表〉，『三年七月，王出滎陽』；而又云『四年三月，周苛死』，二者不同。項羽殺紀信、周苛、樅公，皆是三年中。」㊹擊破項籍　經過兩年多的楚、漢對峙，最後劉邦會合韓信、彭越、黥布等共同消滅項羽於垓下事，在漢五年（西元前二〇二年）十二月（當時以十月為歲首）。㊺天下定　劉邦破殺項羽後，遂於漢五年二月即皇帝位，並封諸將為王、為侯，事見〈高祖本紀〉。㊻五年春二句　剖符，破一符為二，皇帝與受封者各持其一，以示互不相背，共立久遠。按：據《史記．高祖本紀》，漢五年二月，劉邦先即皇帝位；即位後，才將前已封王的韓信、英布以及韓王信等，有的做了調動，有的重新加以確認，也有的首次被封王。而據《漢書．高祖紀》，則是劉邦於漢五年一月先封諸將為王，而後才是由這些人共同擁立劉邦為皇帝。似《漢書》更合情理。㊼王潁川　以潁川郡為韓王信的封國。當時潁川郡的郡治即陽翟。

【語　譯】韓王韓信是戰國時韓襄王的庶孫，身高八尺五寸。當項梁立楚王後人為楚懷王時，燕、齊、趙、魏等國後人在此之前都已稱王，只有韓國尚無王位繼承人。繼而項梁立韓國公子橫陽君韓成為韓王，想藉此安撫韓國民眾。項梁在定陶戰敗而死，韓成就去投靠了楚懷王。劉邦率軍進攻陽城時，派張良以韓國司徒的名義收服韓國故地。在這過程中得到了韓信，劉邦任以為韓國將軍，韓信便率領著這支韓軍隨劉邦西進武關。

2 劉邦被封為漢王，韓信隨劉邦到了漢中。他勸劉邦說：「項王的諸將都在就近封王，而唯獨把您封到了這種偏遠的地方，這是有意貶您啊！我們的士兵都是東方人，他們天天都翹著腳後跟地望著東方的老家。現在趁他們銳氣十足，大王率兵東進，可一舉奪取天下。」當劉邦回師北上，平定三秦的時候，答應日後封韓信為韓王，於是先命韓信為韓國的太尉，令率軍攻取韓國。

3 當初項羽分封諸侯後，受封的諸王都已回國即位，而韓王成因為未跟隨項羽入關，項羽便不准其回國上任，不久又將其降為侯爵。當項羽聽到劉邦派韓信進攻韓國時，就任命過去的老相識吳縣縣令鄭昌為韓王，以抗擊劉邦。到漢二年時，韓信已經攻占了韓國十餘座城。劉邦兵到河南，韓信就在陽城猛攻鄭昌。鄭昌投降後，劉邦就立韓信當了韓王。韓信為韓王後，仍隨劉邦東征西戰。漢三年，劉邦從被項羽圍困的滎陽城中逃出後，韓信、周苛等繼續留守滎陽。楚軍攻占滎陽後，韓信投降了項羽，不久又逃離項羽，回到了劉邦身邊，劉邦仍讓他當韓王。以後，繼續隨劉邦攻打項籍，直至滅楚，天下歸漢。五年春天，劉邦稱帝後又與韓信剖符為誓，重新明確的封之為韓王，封地為潁川郡。

1 明年，春❶，上以韓信材武❷，所王❸北近鞏、洛❹，南迫宛、葉❺，東有淮陽❻，皆天下勁兵處❼，迺詔徙韓王信王太原以北❽，備禦胡❾，都晉陽❿。信上書曰：「國被邊⓫，匈奴數入⓬，晉陽去塞遠⓭，請治馬邑⓮。」上許之，信乃徙治馬邑。秋，匈奴冒頓[15]大圍信，信數使使胡求和解[16]。漢發兵救之，疑信數間使[17]，有二心，使人責讓[18]信。信恐誅，因與匈奴約共攻漢，反，以馬邑降胡，擊太原[19]。

2 七年[20]，冬，上自往擊，破信軍銅鞮[21]，斬其將王喜，信亡走[22]匈奴。其將白土人曼丘臣、王黃[23]等立趙苗裔[24]趙利為王，復收信敗散兵，而與信及冒頓謀攻漢。匈奴使左右賢王[25]將萬餘騎，與王黃等屯廣武[26]以南，至晉陽，與漢兵戰，漢大破之，追至于離石[27]，復破之。匈奴復聚兵樓煩[28]西北，漢令車騎[29]擊破匈奴。匈奴常敗走，漢乘勝追北[30]，聞冒頓居代谷[31]。高皇帝居晉陽，使人視冒頓，還報曰：「可擊。」[32]上遂至平城[33]。上出白登[34]，匈奴騎圍上，上乃使人厚遺閼氏[35]。閼氏乃說冒頓曰：「今得漢地，猶不能居；且兩主不相戹[36]。」居七日，胡騎稍引去[37]。時天大霧，漢使人往來，胡不覺。護軍中尉[38]陳平[39]言上曰：「胡者全兵[40]，請令彊弩傅兩矢外嚮[41]，徐行出圍。」入平城，漢救兵亦到，胡騎遂解去，漢亦罷兵歸。韓信為匈奴將兵往來擊邊。

3 漢十年[42]，信令王黃等說誤[43]陳豨[44]。十一年[45]春，故韓王信[46]復與胡騎入居參合[47]，距漢。漢使柴將軍[48]擊之，遺[49]信書曰：「陛下寬仁，諸侯雖有畔亡[50]而復歸[51]，輒復故位號[52]，不誅也。大王所知。今王以敗亡走胡，非有大罪，急自歸[53]！」韓王信報曰：「陛下擢僕起閭巷[54]，南面稱孤，此僕之幸也。滎陽之事，僕不能死，因於項籍[55]，此一罪也；及寇攻馬邑，僕不能堅守，以城降之，此二罪也；今反為寇將兵，與將軍爭一日之命[56]，此三罪也。夫種、蠡無一罪，身死亡[57]；今僕有三罪於陛下，而欲求活於世，此伍子胥[58]所以僨於吳[59]也。今僕亡匿山谷間，日暮乞貸蠻夷[60]。僕之思歸，如痿人[61]不忘起，盲者不忘視也，勢不可耳[62]。」遂戰。柴將軍屠參合，斬韓王信[63]。

4 信之入匈奴，與太子俱[64]；及至穨當城[65]，生子，因名曰穨當。韓太子亦生子，命曰嬰[66]。至孝文十四年，穨當及嬰率其眾降漢[67]。漢封穨當為弓高侯[68]，嬰為襄城侯[69]。吳楚軍時[70]，弓高侯功冠諸將[71]。傳子至孫，孫無子，失侯[72]。嬰孫以不敬失侯[73]。穨當孽孫[74]韓嫣[75]，貴幸，名富[76]顯於當世。其弟說[77]，再封[78]，數稱將軍，卒為案道侯[79]。子代，歲餘坐法死[80]。後歲餘，說孫曾拜為龍頟侯[81]，續說後[82]。

【章旨】以上為第二段，寫韓王信因被劉邦疑忌而叛結匈奴，終至被劉邦討殺的情景，以及其後代歸降的情形。

【注釋】❶明年二句　高祖六年（西元前二〇一年）春，此與《漢書》本傳所記相同。但據〈秦楚之際月表〉，則韓王信之移國晉北就在「剖符」的同時，蓋誤，《漢書》則明確書於漢六年。❷材武　有人才，有武略。❸所王　封國所居之地。指陽翟。❹鞏洛　鞏縣、洛陽。鞏縣（今河南鞏縣東南）歷來是洛陽的郊畿，洛陽（今洛陽東北）當時是劉邦剛建國時的都城。❺南迫宛葉　迫，逼近。宛葉，宛城（今河南南陽）、葉縣（今河南葉縣西南）。❻淮陽　即今河南淮陽。當時為陳郡的郡治，故也稱作「陳」。❼天下勁兵處　意即兵家所必爭之地，國家要駐重兵把守的地方。❽王太原以北　意即令韓國改領太原、雁門二郡。太原，秦郡名，轄地約當今山西省中部一帶地區，郡治晉陽（今太原市西南）。按：據《漢書・高帝紀》，劉邦開始乃欲以太原一郡為韓王信國，然太原郡北尚有鴈門郡，則韓王信何以「備禦胡」，且亦與所謂「王太原以北」不合。❾備禦胡　防守邊地，抵抗匈奴入侵。胡，秦、漢時對匈奴的稱呼。❿都晉陽　以晉陽為韓王信之韓國的都城。⓫被邊　緊靠邊境，北與匈奴相接。被，師古曰：「猶帶也。」用如動詞，即緊挨。⓬匈奴數入　匈奴屢屢入侵這一帶地區。數，屢屢。⓭晉陽去塞遠　國都離北部邊界太遠，有情況難以及時作出反應。塞，邊塞；北界之長城。⓮請治馬邑　請以馬邑為韓國都城。馬邑，漢縣名，即今山西朔縣，原屬於雁門郡。按：韓王信開始之考慮未嘗不為國家，亦非無為之主也。郭嵩燾則以為「信去晉陽而都馬邑，預為亡歸匈奴地耳」。茅坤《史記鈔》曰：「以韓王信王太原備胡可也，治馬邑是棄之於胡也。信失著，而漢亦失著矣。」⓯冒頓　秦、漢之交的匈奴首領，是匈奴由弱轉強的關鍵人物。事跡見〈匈奴列傳〉。⓰使使胡求和解　按：能否請求和解乃國家之政策，藩國自行派人入胡乃超越權限之事。⓱數間使　屢屢暗中派使臣往來。⓲責讓　即責備。讓，也是「責」的意思。據《漢書》本傳云：「上賜書責讓之曰：『專死不勇，專生不任。寇攻馬邑，君王力不足以堅守乎？安危存亡之地，此二者，朕所以責于君王。』」王先謙曰：「言處安危存亡之地，『專死』、『專生』二者，皆非朕所望。責其竭智勇以禦敵，不可輕生，亦不宜惜死也。」⓳以馬邑降胡二句　事在漢六年九月。據此「擊太原」三字，又似劉邦本以「太原郡」封韓王信，而韓王信乃請獨領「鴈門郡」者。雁門郡為韓王信國，則太原郡仍屬中央，故韓王信叛變後首攻太原郡。《史》《漢》二書對此敘述皆不甚明。⓴七年　西元前二〇〇年。㉑銅鞮　漢縣名，縣治在今山西沁縣南，屬於上黨郡，又在太原郡之南。㉒亡走　逃入。㉓其將白土人曼丘臣王黃　「其將」上原有「與」字。梁玉繩《史記志疑》卷二十三：「朱子文《漢書辨正》曰『多一「與」字』。」今據刪。白土，漢縣名，縣治在今陝西神木西。曼丘臣，姓曼丘，名臣。王先謙引周壽昌曰：「兩人皆白土人賈人，見〈陳豨傳〉。」㉔趙苗裔　戰國時趙國王室的後代。㉕左右賢王　匈奴最高君長（單于）手下的兩位次大君長。左賢王分治東部地區，右賢王分治西部地區。左賢王居上，常由單于太子充任。㉖廣武　漢縣名，縣治在今山西代縣西南。㉗離石　漢縣名，縣治即今山西離石，在太原市西南，當時屬西河郡。㉘樓煩　漢縣名，縣治即今山西寧武，當時屬鴈門郡，在馬邑縣西南。㉙車騎　車兵與騎兵。㉚乘勝追北　乘勝追擊敗兵。北，通「背」。兩人相鬥而給之以背，即敗走之意。徐孚遠《史記測義》曰：「匈奴數敗，所以誘漢遠邊而擊之也。」㉛代谷　原作「代上谷」。王念孫曰：「『上』字衍，《漢書》作『居代谷』，是也。」今據刪。代谷，一說在今河北蔚縣東北；一說在今山西代縣西北；一說在今山西大同附近。王念孫以為應指離大同較近者。㉜使人視冒頓三句　據〈劉敬叔孫通列傳〉，劉邦使人至匈奴，「匈奴匿其壯士肥牛馬，但見老弱及羸畜。使者十餘輩來，皆言匈奴可擊。上使劉敬復往使匈奴，還報曰：『此必欲見短，伏奇兵以爭利，愚以為匈奴不可擊也。』」劉邦大怒，械繫劉敬於廣武，遂率軍北上。㉝平城　漢縣名，縣治在今山西大同東北。徐孚遠《史記測義》曰：「匈奴數敗，所以誘漢遠邊而擊之也。」吳見思《史記論文》曰：「『大破之』、『復破之』、『常敗走』，一路實寫漢之得勝，孰知為平城之誘哉？欲擒故縱之法，兵法如是，文法亦如是。」㉞出白登　出，經由；路過。這裡即指「到達」。白登，丘陵名，在平城東北七里。㉟厚遺閼氏　以厚禮賄賂冒頓的夫人，並以漢朝將送美女予單于云云以激起其醋意，使其勸冒頓放走劉邦。閼氏，猶如漢人之所謂皇后。㊱兩主不相戹　兩個英雄不相互為難。按：〈季布欒布列傳〉寫劉邦被項羽將領丁公所困，劉邦有所謂「兩賢豈相戹哉」，與此意同。㊲稍引去　漸漸有些撤走。㊳護軍中尉　在軍中主管監察，類似於後來的監軍與特派員。㊴陳平　劉邦的開國謀臣。事跡詳見〈陳丞相世家〉。㊵全兵　《集解》引《漢書音義》曰：「言唯弓矛，無雜仗也。」沈欽韓曰：「謂短兵自衛者，故可以弩破圍。」周壽昌曰：「言胡全用銳利之兵以殺敵，如刀戈矛戟皆是，無盾鎧之類以禦弩矢也。」王先謙曰：「沈、周說是。」按：瀧川以為「全兵」即《孫子兵法》中「全軍為上，破軍次之」的「全軍」，似與本文不合，蓋周說是也。㊶傅兩矢外鄉　一張強弩搭著兩枝箭，對著兩側相夾的敵人，引而不發。按：以上劉邦被匈奴圍困於白登，與其得以脫圍事，可參看〈陳丞相世家〉、〈劉敬叔孫通列傳〉。㊷漢十年　西元前一九七年。㊸說誤　勸說誘惑使其造反。㊹陳豨　劉邦的開國功臣，當時任代國的丞相，並兼統代、趙邊兵。事跡詳見下文。㊺十一年　西元前一九六年。㊻故韓王信　按：上下文稱「韓王信」皆不用「故」字，今唯此加「故」字，於例不合，似應削；《漢書》無。㊼參合　漢縣名，縣治在今山西陽高東南。㊽柴將軍　《索隱》引應劭曰：「柴武。」《集解》引鄧展曰：「柴奇也。」《索隱》引晉灼云：「奇，武之子。此時奇未為將。」按：柴武是劉邦的開國元勳，事跡曾見於〈高祖本紀〉破項羽的垓下之戰，以軍功封棘蒲侯。㊾遺　給；致。㊿畔亡　叛變逃跑。畔，通「叛」。亡，逃走。(51)而復歸　假如能夠回來。而，若；一旦。(52)輒復故位號　輒，就；隨即。故位號，舊有的官職與封爵。(53)急自歸　陳仁錫曰：「遺書招之，極得處置。」(54)擢僕起閭巷　把我從一個平民百姓中提拔起來。擢，提拔。閭巷，平民所居。這裡即用以指平民。[55]因於項籍　即前文所說韓王信在滎陽被項羽所俘並一度投降項羽事。[56]爭一旦之命　猶今之所謂「多活一天算一天」。指為此尚與柴武對陣交兵事。[57]種蠡無一罪二句　文種、范蠡，都是越王句踐的功臣，幫著句踐滅吳後，范蠡辭官隱去；文種被句踐所殺，事見〈越王句踐世家〉。死亡，或身死，或逃亡。王先謙曰：「言二人皆無罪，然一死一亡，皆不能保其位。」[58]伍子胥　吳國大臣，先佐吳王闔閭稱霸，又佐吳王夫差破越，後被吳王夫差所殺。事見〈伍子胥列傳〉。[59]僨於吳　死於吳國。僨，《索隱》曰：「僵仆也。」按：韓王信之所以引伍子胥與自己相比，意思是指伍子胥明知道吳國容不了自己，而自己還不及早離開。《正義》曰：「信知歸漢必死，故引子胥以為辭。」師古引孟康曰：「言子胥得罪夫差而不知去，所以斃於世也。」[60]旦暮乞貸蠻夷　整天靠著向異族人討點吃喝以維持生活。乞貸，求討。[61]痿人　癱瘓者。[62]勢不可耳　袁黃曰：「與李陵答蘇武書同一飾辭。」按：此數語，聞之酸楚，史公筆下，感慨同情無限。[63]柴將軍屠參合二句　屠，殺光。梁玉繩曰：「斬信者，〈樊噲傳〉云『所將卒』，〈匈奴傳〉是『噲』，與此異。」按：《漢書・高帝紀》書柴武斬韓王信於漢十一年春正月。[64]與太子俱　與其太子一起逃入匈奴。韓王信的太子，名赤。瀧川曰：「楓、三本『太子』下有『赤』字。」按：西漢初，皇帝與各諸侯王的世子都稱「太子」。[65]穨當城　《集解》引韋昭曰：「在匈奴地。」據譚其驤《歷史地圖集》，穨當城在內蒙古呼和浩特東北，蘇尼特右旗之南。[66]命曰嬰　按：此韓嬰與《韓詩外傳》的作者名「韓嬰」者非一人。[67]孝文十四年二句　孝文帝名恆，劉邦之子，薄太后所生，先為代王。呂后死，大臣誅諸呂，擁立劉恆為皇帝，西元前一七九—前一五七年在位。梁玉繩曰：「『十四年』，當作『十六』年。」按：〈惠景間侯者年表〉與《漢書・功臣表》皆書穨當與嬰降漢於孝文十六年，西元前一六四年。[68]弓高侯　封地弓高縣，在今河北阜城東南。[69]襄城侯　封地即今河南襄城。[70]吳楚軍時　指朝廷平定吳、楚七國叛亂的時候，事在景帝三年，西元前一五四年。有關吳王劉濞、楚王劉戊等七國諸侯以請誅鼂錯為名聯兵造反，被太尉周亞夫等削平事，詳見〈吳王濞列傳〉、〈孝景本紀〉、〈絳侯周勃世家〉。[71]弓高侯功冠諸將　按：〈絳侯周勃世家〉、〈梁孝王世家〉諸篇之言此役，皆未及韓穨當事，不見其有何功；唯在〈吳王濞列傳〉中有韓穨當數膠西王卬罪，逼其自殺事，則韓穨當參加平定七國之亂屬實，言其「功冠諸將」，恐未必也。[72]傳子至孫三句　韓穨當之子，史失其名；其孫名則，死於武帝元朔五年（西元前一二四年），無子國除。[73]嬰孫以不敬失侯　梁玉繩曰：「按《史》、《漢》表：『嬰子澤之，元朔四年坐詐病不從，不敬，國除。』則此言『孫』，誤也。」按：此「孫」字應作「子」，名「澤之」也。見〈惠景間侯者年表〉與《漢書・高惠高后文功臣表》。[74]穨當孽孫　韓穨當之孽子所生的兒子。孽子，庶子；非嫡妻生的兒子。[75]韓嫣　武帝的男寵。事跡見〈佞幸列傳〉。又，韓嫣曾被李廣之子李當戶所擊，事見〈李將軍列傳〉。76名富 按：「富」字應削。瀧川曰：「《漢書》無『富』字。」李笠曰：「蓋上有『貴』字，抄者因誤衍『富』字耳。」77其弟說 韓嫣之弟韓說。78再封 兩次受封為侯。79卒為案道侯 據〈衛將軍驃騎列傳〉與〈建元以來侯者年表〉，韓說「以從大將軍青擊匈奴得王功」被封為龍額侯；元鼎五年（西元前一一二年），「坐酎金，國絕」；元鼎六年，又「以橫海將軍擊東越功」為案道侯。卒，瀧川曰：「猶終也。」按：韓說於武帝征和二年（西元前九一年）因巫蠱案抄衛太子家，被衛太子所誅。事詳《漢書．武五子傳》。80子代二句 據〈建元以來侯者年表〉，其子名「長」；據《漢書．高惠高后文功臣表》，其子名「興」，征和三年繼其父爵為侯，征和四年「坐祝詛上，腰斬」。81說孫曾拜為龍額侯 據〈建元以來侯者年表〉，韓說死後，「征和二年，子長代；有罪，絕。子曾復封為龍額侯。」此「子曾」，是韓說之子，與上文「子長」並列；《漢書．高惠高后文功臣表》更明確云「侯曾以興弟紹封龍額」，則此文曰「說孫曾」者，誤也。又據《漢書．魏豹田儋韓信傳》，「曾」字應作「增」。82續說後 作為韓說的後世繼承人。按：韓增為宣帝時名臣，與霍光等同被畫像於麒麟閣。鍾惺《史懷》曰：「韓王信以反誅，其子孫復顯于漢，亦是異事。」袁黃《歷史綱鑒補》曰：「太史公亦津津敘其侯封，蓋亦功過不相掩之意。」梁玉繩曰：「『子代，歲餘坐法死』以下，乃後人所續，當刪之。」

【語　譯】第二年，春天，劉邦考慮到韓信既有軍事才能，又英勇善戰，而其封地北近鞏縣、洛陽，南接宛縣、葉縣，東靠淮陽，這些地方都是自古以來的兵家必爭之地，於是就將韓信的封地改到太原以北，將其都城改在晉陽，以防禦匈奴南侵。韓信上書說：「匈奴多次入侵北方邊境，而晉陽離邊塞太遠，請乾脆移都到馬邑。」劉邦同意了韓信的請求，令其移都馬邑。這年秋天，匈奴冒頓兵圍馬邑，韓信多次派使臣與匈奴會談，謀取和解。當時朝廷援軍趕到，解除包圍後，對韓信私派使臣前往匈奴感到不滿，懷疑他有貳心，派人斥責他。韓信害怕被殺，便同匈奴締約投降，將馬邑獻給匈奴，並領著匈奴人進犯太原。

2 漢七年，冬天，劉邦率兵親征，在銅鞮大破韓信，斬了他的部將王喜，而韓信遂亡命匈奴。這時韓信的部將白土人曼丘臣、王黃等人擁立六國趙王的後裔趙利為王，並收編了韓信逃散的士兵，與韓信及冒頓勾結聯合攻漢。匈奴使左右賢王率萬餘騎兵，與王黃等軍駐紮在廣武以南，接著進攻晉陽，同漢軍交戰，被漢軍打得大敗。漢軍乘勝追擊，在離石又一次打敗匈奴人。匈奴人在樓煩縣北重新聚結，又被漢軍的車兵與騎兵聯合擊敗。匈奴連連失敗，漢軍乘勝追擊，劉邦駐軍於晉陽，冒頓駐軍在代谷。劉邦令探子偵察冒頓軍情，回來報告說：「可以發動攻擊。」劉邦於是率軍進駐平城。當他出城到白登山時，突然被匈奴騎兵重重包圍。在這種危急時刻，劉邦派人給冒頓的閼氏送去厚禮，請她在冒頓跟前講情。閼氏就勸冒頓說：「即使我們占領了漢人的土地，我們也不能久居，況且兩國君主也不應該就這麼彼此過不去。」又過了七天，匈奴兵漸漸撤退，當時漫天迷霧，劉邦的使者進進出出，匈奴人沒有發覺。護軍中尉陳平對劉邦說：「胡人使用近戰的兵器，我們讓弓箭手在每張強弩上都搭著兩枝箭對著他們，就可以慢慢地走出包圍圈。」劉邦依照陳平之言出了重圍，進入平城。這時漢救兵已到，匈奴遂撤兵而去，漢也罷兵還朝。以後，韓信遂經常引著匈奴軍侵擾北部邊境。

3 漢十年，韓信令王黃等人策動陳豨造反。十一年春天，韓信又伙同匈奴騎兵入侵參合，與漢軍作戰。漢派遣柴武率軍征討。柴武寫信勸韓信投降，說：「陛下寬厚仁慈，諸侯叛逃的只要能回來，非但既往不咎，而且能恢復原來的官職和封號，不會加以誅殺，這是大王知道的。大王是兵敗才逃到匈奴，本無大罪，還是趕快回來吧。」韓信覆信說：「陛下將我從民間提拔起來，封我為王，這是我的幸運。但是，滎陽戰敗後我非但沒能戰死，反而投降項籍，這是一罪；匈奴進攻馬邑，我非但不能堅守，反而獻城投降，這是二罪；今天又為匈奴率軍與將軍一爭勝負，這是三罪。當初文種、范蠡全然無罪，尚且一死一逃啊！今天我犯下三條大罪，還想活命，這就如同伍子胥必然要死在吳國一樣。我如今逃匿在荒山野嶺，早晚向匈奴人討口飯吃，我那種盼著回家的心情，就像癱瘓者總希望站起來，像盲人總希望重見光明一樣。問題是不可能，我回來只會是死路一條。」於是兩軍開戰，匈奴軍大敗，柴武屠滅參合城，韓信被斬首。

4 當初韓信是與其太子一塊兒逃往匈奴的，他們抵達積當城時，韓信妻生一子，因名叫積當；太子妻也生一子，名叫嬰。漢文帝十四年，韓積當和韓嬰率眾降漢，孝文帝封韓積當為弓高侯，封韓嬰為襄城侯。七國叛亂時，韓積當參加平亂，功勞比其他將軍都大。他的侯爵由兒子傳到孫子，他的孫子無子，所以失去侯爵。韓嬰的孫子因犯不敬罪失去侯位。韓積當的庶孫韓嫣，備受武帝寵幸，揚名當世。他的弟弟韓說，二次為將軍，後來因功被封為案道侯。韓說死後，其子承襲侯爵，一年後因犯法被處死。又過一年多，韓說的孫子韓曾被封龍頟侯，繼承了韓說的家世。

1 盧綰者，豐❶人也，與高祖同里❷。盧綰親❸與高祖太上皇相愛，及生男，高祖、盧綰同日生，里中持羊酒賀兩家。及高祖、盧綰壯，俱學書❹，又相愛也。里中嘉兩家親相愛❺，生子同日，壯又相愛，復賀兩家羊酒。高祖為布衣❻時，有吏事辟匿❼，盧綰常隨出入上下。及高祖初起沛❽，盧綰以客從❾，入漢中❿為將軍，常侍中⓫。從東擊項籍⓬，以太尉⓭常從，出入臥內⓮，衣被飲食賞賜，羣臣莫敢望。雖蕭、曹等⓯，特以事見禮⓰，至其親幸，莫及盧綰。綰封為長安侯⓱。長安，故咸陽也⓲。

2 漢五年⓳，冬，以破項籍⓴，迺使盧綰別將㉑，與劉賈㉒擊臨江王共尉，破之㉓。七月還㉔，從擊燕王臧荼㉕，臧荼降。高祖已定天下，諸侯非劉氏而王者七人㉖。欲王盧綰，為羣臣觖望㉗。及虜臧荼，迺下詔諸將相列侯，擇羣臣有功者以為燕王。羣臣知上欲王盧綰，皆言曰：「太尉長安侯盧綰常從平定天下，功最多，可王燕。」詔許之。漢五年八月㉘，迺立盧綰為燕王。諸侯王得幸莫如燕王㉙。

3 漢十一年，秋，陳豨反代地[30]，高祖如邯鄲[31]擊豨兵，燕王綰亦擊其東北[32]。當是時，陳豨使王黃[33]求救匈奴，燕王綰亦使其臣張勝於匈奴[34]，言豨等軍破。張勝至胡，故燕王臧荼子衍出亡在胡，見張勝曰：「公所以重於燕[35]者，以習胡事[36]也。燕所以久存者，以諸侯數反[37]，兵連不決也。今公為燕欲急滅豨等，豨等已盡，次亦至燕[38]，公等亦且為虜[39]矣。公何不令燕且緩陳豨[40]而與胡和[41]？事寬[42]，得長王燕；即有漢急[43]，可以安國[44]。」張勝以為然，迺私令匈奴助豨等擊燕[45]。燕王綰疑張勝與胡反，上書請族張勝[46]。勝還，具道所以為者。燕王寤，迺詐論它人[47]，脫勝家屬，使得為匈奴間[48]，而陰使范齊之陳豨所，欲令久亡，連兵勿決[49]。

4 漢十二年[50]，東擊黥布[51]，豨常將兵居代。漢使樊噲擊斬豨[52]，其裨將[53]降，言燕王綰使范齊通計謀於豨所。高祖使使召盧綰，綰稱病。上又使辟陽侯審食其[54]、御史大夫趙堯[55]往迎燕王[56]，因驗問左右[57]。綰愈恐，閉匿[58]，謂其幸臣曰：「非劉氏而王，獨我與長沙[59]耳。往年春，漢族淮陰[60]；夏，誅彭越[61]；皆呂后計[62]。今上病，屬任[63]呂后。呂后婦人，專欲以事誅異姓王者及大功臣。」迺遂稱病不行，其左右皆亡匿。語頗泄，辟陽侯聞之，歸具[64]報上，上益怒。又得匈奴降者，降者言張勝亡在匈奴，為燕使。於是上曰：「盧綰果反矣！」使樊噲擊燕㊅。燕王綰悉將其宮人家屬騎數千居長城下，候伺，幸上病愈，自入謝㊆。四月，高祖崩㊇，盧綰遂將其眾亡入匈奴，匈奴以為東胡盧王㊈。綰為蠻夷所侵奪，常思復歸㊉。居歲餘，死胡中。

5 高后時，盧綰妻子亡降漢。會高后病，不能見。舍燕邸，為欲置酒見之⑦⓪。高后竟崩，不得見。盧綰妻亦病死⑦①。

6 孝景中六年⑦②，盧綰孫他之以東胡王降，封為亞谷侯⑦③。

【章旨】以上為第三段，寫盧綰因是劉邦親信而封王，與其為王後謀反被討，逃死匈奴的淒涼晚景。

【注釋】❶豐　秦時沛縣的一個鄉邑名，漢代乃升為豐縣。❷同里　同住在一個里巷。里，古時居民的基層編制名，《周禮・地官》：「五家為鄰，五鄰為里。」按：一里究竟多少戶，各處說法不同。❸盧綰親　盧綰的父親。《集解》曰：「親，謂父也。」❹俱學書　一道學習學認字、寫字。瀧川曰：「高祖學書，故得試為泗上亭長，可以補本紀。」❺嘉兩家親相愛　嘉，讚許。兩家親相愛，兩家的老人關係親密。❻布衣　平民。❼有吏事辟匿　有官場上的麻煩需要躲藏。辟，通「避」。❽高祖初起沛　事在秦二世元年（西元前二〇九年）九月。詳情見〈高祖本紀〉。❾以客從　以賓客的身分跟隨劉邦。❿入漢中　事在漢元年（西元前二〇六年）四月。⓫常侍中　經常在內庭侍奉劉邦。「侍中」後來遂成為官名。⓬東擊項籍　指劉邦率軍五十六萬一度攻入項羽首都彭城事，在漢二年（西元前二〇五年）四月（當時以十月為歲首）。⓭太尉　官名，秦漢時與丞相、御史大夫合稱「三公」，是國家的最高軍事長官。⓮出入臥內　極言其與劉邦親密無間。臥內，臥室。⓯雖蕭曹等　即使如蕭何、曹參等。蕭曹，劉邦數一數二的股肱大臣，相繼為劉邦相國。事跡見〈蕭相國世家〉、〈曹相國世家〉。⓰特以事見禮　特，只。以事見禮，意謂只是一種工作上、職務上的尊重。⓱長安侯　封地長安縣。按：盧綰何時封為長安侯，史無明載，依情理當在劉邦收復三秦後，蓋漢元年末或二年初事也。⑱長安二句　漢代的長安，其位置大約相當於秦代的咸陽。此僅是大體而言，實則漢時之長安在今西安市城北，而秦時之咸陽乃在今西安市西北。《正義》曰：「秦咸陽在渭北，長安在渭南。」吳見思曰：「帝都重要，不惜與之，極寫親幸。」按：劉邦稱皇帝之前，劉邦的國都設在櫟陽縣（今陝西臨潼東北），咸陽正被項羽燒得一片殘破，所以劉邦可以將其暫時封給別人。⑲漢五年　西元前二〇二年。⑳以破項籍　以，通「已」。劉邦會同各路將領破殺項籍於垓下，在漢五年十二月。㉑別將　另外單獨統率一支人馬。㉒劉賈　劉邦的族人，開國功臣。事跡見〈荊燕世家〉。㉓擊臨江王共尉二句　據〈秦楚之際月表〉，事亦在漢五年十二月，蓋即破殺項羽後，隨即破臨江王也。此史文首次書盧綰立功。共尉，項羽所封的臨江王共敖之子，漢三年（西元前二〇四年）八月，繼其父位為臨江王；漢五年二月，因一直忠於項羽被劉邦所滅。臨江國的國都在今湖北荊州之江陵西北。按：〈高祖本紀〉與〈秦楚之際月表〉「共尉」皆作「共驩」，〈荊燕世家〉作「共尉」。㉔七月還　漢五年之七月。㉕從擊燕王臧荼　謂跟隨劉邦往擊燕王臧荼。臧荼原是燕王韓廣的部將，因率軍救趙並隨項羽入關，被項羽封為燕王。漢三年十月韓信滅趙後，在韓信大軍的威脅下，臧荼於十二月率燕國降漢。漢五年七月，臧荼又舉兵反漢，同年九月被討平。事見〈高祖本紀〉、〈樊酈滕灌列傳〉。㉖非劉氏而王者七人　此七人是楚王韓信、梁王彭越、淮南王黥布、趙王張敖、長沙王吳芮、韓王韓信、燕王盧綰。㉗觖望　意不平；不同意。觖，通「缺」。不滿；不平。㉘漢五年八月　瀧川曰：「『漢五年』三字衍文。」梁玉繩曰：「『八月』，乃『後九月』之誤。」按：〈秦楚之際月表〉繫之於「後九月」，梁說是也。㉙諸侯王得幸莫如燕王　按：前文言「雖蕭曹等，特以事見禮，至其親幸，莫及盧綰」；今封王矣，又曰「諸侯王得幸莫如燕王」，親幸如此，何故「叛亂」，令人深思。《漢書評林》引徐中行曰：「史敘『綰與帝相愛甚』，此不過塵埃里閭情耳。既從帝，又不見奇勳可紀，而遽封之王，懸爵報功者當如是耶？《韓非子》謂：『愛臣太親，必危其身。』信哉，讀此可以為怙寵者戒。」吳見思《史記論文》曰：「以上寫盧綰親幸，正為後文一嘆。」㉚漢十一年秋三句　梁玉繩曰：「『豨反在十年九月，此誤。」王叔岷《史記斠證》曰：「《漢紀》四、《通鑑．漢紀四》並在十年九月，〈將相表〉亦在十年。」漢十年，西元前一九七年。陳豨，劉邦的開國功臣，漢七年（西元前二〇〇年），被劉邦任為代相，監代、趙邊兵，由於盛養賓客，被趙相周昌所讒毀，因恐被誅而自稱代王起兵反。代地，代國之地，約當今之山西北部和與其鄰近的河北省西北部一帶地區。㉛邯鄲　趙國的都城，即今河北邯鄲，趙國的西北境與代地相連。當時的趙王為劉邦之子劉如意，漢九年（西元前一九七年）被立為趙王。㉜燕王綰亦擊其東北　燕國的都城即今北京市，燕國的西南境與代地相連，故云「擊其東北」。㉝王黃　原是韓王信的部將，韓王信兵敗逃入匈奴後，陳豨遂將王黃等收編起來。㉞燕王綰亦使其臣張勝於匈奴姚苧田曰：「從來邊郡要害之地不以王異姓，此人主自守邊之義也。燕王綰亦以親幸殊絕之故，託以獨當一面耳。然人臣無外交，而況與匈奴陰相往來耶？即使不反，亦非中國之體，況卒至於反耶？」㉟重於燕　被燕王盧綰所親幸。㊱習胡事　熟悉匈奴事務。㊲諸侯數反　各諸侯連續造反，如臧荼、韓王信、陳豨等是也。㊳次亦至燕　下面也就該輪到你們燕國。㊴且為虜　將為劉邦所俘獲。且，將。㊵且緩陳豨　不要急著進攻陳豨。㊶而與胡和　讓燕國也與匈奴交好。㊷事寬　指不被劉邦所猜疑、攻擊。㊸即有漢急　假如被漢王朝所猜疑攻擊。即，若；假如。㊹可以安國　指可以與匈奴聯合，以保全燕國不被劉邦所滅。㊺助豨等擊燕　因燕國當時尚助漢擊陳豨，故張勝令匈奴先助陳豨以抗燕。㊻請族張勝　請劉邦允許將張勝的家屬全部殺掉。㊼詐論它人　處決了一些別的人，假說是處決了張勝的家屬。論，治罪；處決。㊽使得為匈奴間　讓他們為自己與匈奴傳遞消息。間，間諜。㊾欲令久亡二句　久亡，《集解》引晉灼曰：「使陳豨久亡畔。」瀧川曰：「《漢書》無『亡』字，此疑衍。」王叔岷曰：「今本《通鑑》雖有『亡』字，惟據注：『欲使之連兵相持，勝負久而不決也。』胡氏所見本蓋無『亡』字。」按：無「亡」字語氣順暢。連兵勿決，長期與劉邦處於交戰狀態。㊿漢十二年　西元前一九五年。(51)東擊黥布　黥布原是項羽的部將，後來改投劉邦，因助劉邦滅項羽有功，被封為淮南王。漢十一年（西元前一九六年）一月三月，韓信、彭越相繼被劉邦所殺，黥布因懼禍至己，於七月舉兵「反」，劉邦只好親自率軍往討。事見〈黥布列傳〉。(52)漢使樊噲擊斬豨　樊噲，劉邦的開國功臣，呂后的妹夫。事跡見〈樊酈滕灌列傳〉。梁玉繩曰：「豨傳亦言樊噲斬之，而噲傳不及，則非噲明甚，蓋周勃斬之也，〈絳侯世家〉及《漢書》可證。」王叔岷曰：「《漢紀》四：『周勃定代，斬陳豨。』亦稱周勃。」按：下文又云「樊噲軍卒追斬豨於靈丘」，〈高祖本紀〉曰「樊噲別將兵定代，斬陳豨當城」；而〈絳侯周勃世家〉則曰周勃「擊豨靈丘，破之，斬豨」。(53)裨將　偏將；副將。(54)審食其　呂后的親幸，後來曾為左丞相，封辟陽侯，事見〈呂太后本紀〉。(55)趙堯　原為劉邦的符璽御史，後為御史大夫。事跡見〈張丞相列傳〉。(56)往迎燕王　梁玉繩曰：「紀、傳無堯往迎之事。」按：《漢書・韓彭英盧吳傳》有「趙堯」，與本文相同。(57)因驗問左右　順便對盧綰的左右按察考問。(58)閉匿　謂躲藏起來，不見審食其與趙堯。(59)長沙　指長沙王吳臣。吳臣是吳芮之子，漢五年吳芮死，吳臣繼其父位為王。長沙國的國都臨湘，即今長沙市。(60)往年春二句　呂后殺韓信在漢十一年一月。詳見〈淮陰侯列傳〉。(61)夏二句　按：劉邦、呂后殺彭越事，〈高祖本紀〉書於十一年夏，《漢書・高帝紀》則書於十一年三月。詳情見〈魏豹彭越列傳〉。(62)皆呂后計　實皆呂后秉承劉邦意旨所為。(63)屬任　委託；信任。(64)具　逐次地。(65)使樊噲擊燕　事在漢十二年二月。〈高祖本紀〉曰：「使樊噲、周勃將兵擊燕王綰，赦燕吏民與反者，立皇子建為燕王。」(66)候伺三句　候伺，刺探；窺視。幸，希望。入謝，進朝請罪。茅坤曰：「親愛如綰，猶為臧衍、張勝所詿誤，至於亡入匈奴，亦由漢待功臣太薄，數以猜忌誅之，故反者十而七八耳，悲夫。」《史記評林》引楊循吉曰：「次盧綰疑懼欲反不反狀，如兩人手指而語，而漢待功臣之薄，亦可以互見矣。」按：此與韓王信之所謂「痿人不忘起，盲者不忘視」云云相照應。67四月二句　劉邦死於漢十二年四月二十五。68東胡盧王　匈奴東部地區的「盧王」。瀧川引顧炎武曰：「其姓盧，故稱『東胡盧王』。」69綰為蠻夷所侵奪二句　情態與韓王信同，史公之寫法亦相同，見史公之感慨同情。70舍燕邸二句　二句主語為呂后。舍，居住，這裡是使動用法。燕邸，燕王在京的官邸，類似今所謂駐京辦事處。姚苧田曰：「寫得終有家人婦子之意，真是好筆。」71高后竟崩三句　吳見思《史記論文》曰：「前寫處處親幸，此寫事事不偶。」《史記評林》引陳仁錫曰：「敘數語，見高祖與綰、高后與綰妻謝世之期亦略相近，應前『同日』、『相愛』意。」72孝景中六年　西元前一四四年。梁玉繩曰：「『中六年』，當作『中五年（西元前一四五年）』。」73盧綰孫他之二句　據〈惠景間侯者年表〉，盧綰之孫名「它父」，不曰「他之」。東胡，活動在今內蒙東部、遼寧西部一帶的少數民族，也稱作「烏桓」。亞谷侯，封地亞谷，《正義》曰：「在河內。」按：據〈惠景間侯者年表〉，盧它父被封為亞谷侯在孝景中五年之四月。

【語譯】盧綰是沛縣豐邑人，與高祖為同鄉。盧綰的父親與高祖的父親是好友，而高祖與盧綰又是同年同日生，鄉鄰們都牽羊提酒同時到兩家祝賀。高祖與盧綰長大後在一起讀書，又是要好朋友。鄉鄰誇獎兩家父輩要好，而子輩同年同日生，又彼此要好，又抬酒牽羊到兩家慶賀。高祖為平民時，因吃官司藏起來，盧綰也跟著高祖東藏西躲。高祖在沛縣起事時，盧綰以賓客相隨，到漢中時升為將軍，常隨身侍候高祖。又隨高祖率軍東進，討伐項籍。盧綰官居太尉但仍在高祖身邊侍候，隨意出入於高祖的寢室。至於賞賜衣被飲食，群臣都望塵莫及。即使蕭何、曹參等大臣，也只是在處理軍國大事上受高祖禮遇，至於親信受寵遠不及盧綰。盧綰被封為長安侯。長安也就是秦時的咸陽。

2 漢五年，冬天，項籍被消滅後，高祖命盧綰率軍與劉賈合擊臨江王共尉，將其消滅。七月班師，途中隨高祖攻打燕王臧荼，臧荼投降。高祖平定天下後，諸侯除劉氏外，封王者有七人。高祖原想封盧綰為王，但擔心大臣們有異議。在臧荼被俘後，高祖便下詔在列侯中擇一位功勞大的人為燕王。大臣們知道高祖的心意，都說：「太尉長安侯盧綰隨高祖平定天下，功勞最多，可為燕王。」於是在漢五年八月，高祖立盧綰為燕王。

諸侯王誰也比不上燕王受寵幸。

3 漢十一年，秋天，陳豨在代郡叛亂，高祖到邯鄲攻打陳豨，燕王攻打陳豨的東北方。這時，陳豨派王黃向匈奴求救，剛好燕王派張勝通知匈奴陳豨叛亂被打敗。張勝到胡地後，遇見當初也逃到匈奴的前燕王臧荼兒子臧衍。臧衍對張勝說：「您被燕王重用，是因為您熟悉匈奴情況；燕國能長期存在，是因為諸侯連續造反，朝廷連年用兵的結果。您現在為了燕國想盡快消滅陳豨等人，但陳豨等人被消滅之日，就是燕國滅亡之時，您等也就變成俘虜了。您何不使燕暫緩攻打陳豨，而與匈奴和好？這樣，無事時，燕王可以長久為王；即便朝廷發難，燕國也可以安然無恙。」張勝覺得臧衍所講有道理，便私下讓匈奴幫助陳豨攻打燕國。燕王以為張勝叛國，上書請族殺張勝。張勝從匈奴回國後，向燕王彙報他那樣做的原因，燕王始恍然大悟。為騙朝廷耳目，便殺了另一家當替罪羔羊，而將張勝一家釋放，並把張勝派往匈奴做密使。同時，盧綰也密派范齊到代郡，為陳豨長期與朝廷抗衡出謀劃策。

4 漢十二年，高祖率兵東征黥布，這時陳豨領兵駐紮在代地，因而高祖便命樊噲征討陳豨。樊噲率軍擊敗陳豨，殺了陳豨。陳豨副將投降後，他告發范齊是燕王派來的密使。於是高祖遣使臣召見盧綰，盧綰稱病不朝。高祖又派辟陽侯審食其與御史大夫趙堯前去迎接盧綰，並藉此調查他有無通敵之事。盧綰更加恐慌，便躲藏於隱蔽之地，對近臣說：「非劉氏稱王者，現在只有我和長沙王。去年春天，族滅淮陰侯；夏天，族滅彭越；這都是呂后的主意。現在皇上病了，呂后專主國事。呂后這個女人，一意找碴兒誅殺異姓王和有功大臣。」於是乃稱病不前往朝見，他周圍的人也逃的逃藏的藏。盧綰講的話，又有人洩漏給審食其，審食其一一上奏，高祖更加生氣。又有匈奴降漢者說，逃亡匈奴的張勝是燕王的密使。於是高祖說：「盧綰真反了！」便派樊噲率軍征討。盧綰帶領妃嬪、家屬和幾千騎兵逃到長城腳下，希望等高祖病好，親自進京謝罪。四月，高祖去世，盧綰及家人遂亡命匈奴。匈奴命他做東胡盧王。他常受胡人的騷擾和掠奪，總想再回歸漢朝。一年後，盧綰病死於匈奴。

5 呂后當國時，盧綰的夫人及兒子逃離匈奴，回到漢朝。因呂后病重，未能接見。而將她們安置在燕王在京的府邸，並準備設宴款待。沒想呂后竟一病不起，直到去世也沒有見到面。而盧綰夫人也接著病死了。

6 孝景中元六年，盧綰孫子盧他之以東胡王的身分來降，景帝封他為亞谷侯。

1 陳豨者，宛朐❶人也，不知始所以得從❷。及高祖七年，冬，韓王信反，入匈奴，上至平城還，迺封豨為列侯❸，以趙相國將監趙、代邊兵❹，邊兵皆屬焉。

2 豨常告歸過趙❺，趙相周昌❻見豨賓客隨之者千餘乘❼，邯鄲官舍皆滿。豨所以待賓客如布衣交❽，皆出客下❾。豨還之代，周昌迺求入見。見上，具言豨賓客盛甚，擅兵❿於外數歲，恐有變⓫。上乃令人覆案⓬豨客居代者財物諸不法事，多連引豨⓭。豨恐，陰令客通使王黃、曼丘臣所⓮。及高祖十年，七月，太上皇崩⓯，使人召豨⓰，豨稱病甚。九月，遂與王黃等反，自立為代王，劫略趙、代⓱。

3 上聞，迺赦趙、代吏人為豨所詿誤劫略者，皆赦之⓲。上自往，至邯鄲，喜曰：「豨不南據漳水，北守邯鄲⓳，知其無能為也。」趙相⓴奏斬常山守、尉㉑，曰：「常山二十五城，豨反，亡其二十城㉒。」上問曰：「守、尉反乎？」對曰：「不反。」上曰：「是力不足也。」赦之，復以為常山守、尉㉓。上問周昌曰：「趙亦有壯士可令將㉔者乎？」對曰：「有四人。」四人謁㉕，上謾罵曰：「豎子能為將乎？」四人慙伏。上封之各千戶，以為將㉖。左右諫曰：「從入蜀、漢㉗，伐楚㉘，功未偏行㉙，今此何功而封？」上曰：「非若所知㉚！陳豨反，邯鄲以北皆豨有，吾以羽檄徵天下兵㉛，未有至者，今唯獨邯鄲中兵耳㉜。吾胡愛四千戶封四人，不以慰趙子弟㉝！」皆曰：「善。」於是上曰：「陳豨將誰㉞？」曰：「王黃、曼丘臣，皆故賈人。」上曰：「吾知之矣。」迺各以千金購黃、臣等㉟。

4 十一年㊱，冬，漢兵擊斬陳豨將侯敞、王黃㊲於曲逆㊳下，破豨將張春於聊城㊴，斬首萬餘。太尉勃㊵入定太原㊶、代地。十二月，上自擊東垣㊷，東垣不下，卒罵上㊸；東垣降，卒罵者斬之，不罵者黥之㊹。更命東垣為「真定㊺」。王黃、曼丘臣其麾下受購賞之，皆生得㊻，以故陳豨軍遂敗。

5 上還至洛陽。上曰：「代居常山㊼北，趙迺從山南有之㊽，遠。」迺立子恆為代王㊾，都中都㊿，代、鴈門皆屬代(51)。

6 高祖十二年，冬，樊噲軍卒追斬豨於靈丘(52)。

【章旨】以上為第四段，寫陳豨因軍功被任代相，監代、趙邊兵，與其因受讒毀、猜疑而「謀反」被討殺的情形。

【注釋】❶宛朐　也作「冤句」。秦縣名，縣治在今山東荷澤西南。❷不知始所以得從　不知開頭是怎麼跟上了劉邦。梁玉繩曰：「〈功臣表〉：『豨以特將於前元年從起宛朐。』何云『不知始所從』？」按：「前元年」即指二世元年（西元前二〇九年），劉邦初起之時也。《集解》引徐廣曰：「陳豨以特將將卒五百人前元年從起宛朐，至霸上，為侯。以游擊將軍別定代，已破臧荼，封豨為陽夏侯。」❸高祖七年六句　梁玉繩曰：「其封侯在六年，何待七年還平城之時？當是漢五年秋，破燕王臧荼還乃封耳。」瀧川引錢大昕曰：「〈功臣表〉：『高祖六年正月，豨之元年也。』又曰：『已破臧荼，為陽夏侯。』則豨之侯在平城前矣。據前表：『已破臧荼，封豨為陽夏侯』。」❹以趙相國將監趙代邊兵　趙相國，應作「代相國」。陳豨是以代相國的身分為將軍，節制代、趙兩國的邊防部隊。《漢書．韓信傳》云：「豨為代相國監邊。」〈高祖本紀〉云：「八月，趙相國陳豨反代地。上曰：『豨嘗為吾使，甚有信。代地吾所急也，故封豨為列侯，以相國守代，今乃與王黃等劫掠代地！』」皆可證明陳豨是為代相國，但又以將軍的身分同時節制代、趙兩國的軍隊。下面趙相周昌之所以告陳豨的刁狀，實與對此不服有關。郭嵩燾曰：「豨當代王劉仲時拜為代相國，劉仲棄國亡歸，豨乃以相國守代。」按：應是劉仲逃回在先，陳豨為代相在後，當時代王虛位。❺豨常告歸過趙　常，通「嘗」。曾經。告歸，請假回家。過趙，陳豨的家屬在長安，陳豨從代國回長安，須南行經過趙都邯鄲。❻周昌　劉邦的開國功臣，曾為御史大夫，現時任劉邦之子趙王如意的丞相。事跡見〈張丞相列傳〉。❼千餘乘　一千多輛車。乘，原指一車四馬。❽布衣交　像平民之間的交情一樣。指從來不擺侯者的架子。❾皆出客下　《正義》曰：「言屈己禮之，不用富貴自尊大。」吳見思曰：「陳豨待客從周昌目中寫出，妙。」❿擅兵　獨自掌管兵權。⓫恐有變　陳仁錫《史詮》曰：「豨之反，趙相激之也。」郭嵩燾《史記札記》曰：「高祖之猜忌至矣，周昌又益導之，乃以成豨之反謀，此可嘆也。」⓬覆案　盤究；查辦。⓭多連引豨　許多事情都牽連到陳豨頭上。⓮通使王黃曼丘臣所　派人到王黃、曼丘臣處，與之相勾通。王黃、曼丘臣是韓王信的舊部，韓王信逃入匈奴後，二人仍在代地活動。⓯及高祖十年三句　十年，西元前一九七年。按：〈高祖本紀〉與《漢書．高帝紀》皆寫劉邦之父劉太公之死於高祖十年七月。⓰使人召豨　召列侯入京陪祭。⓱劫略趙代　指劫持代、趙兩國的臣僚，抄掠代、趙兩地的人丁與財物。⓲迺赦趙代吏人為豨所詿誤劫略者二句　詿誤，利用哄騙的手段拉人犯罪。按：此句繁蕪詞費，前面之「赦」字與後面之「皆赦之」，二者當削其一。⓳南據漳水二句　二句意謂陳豨應該南出魏郡，據守漳水；其次也應該重兵駐守邯鄲，而絕不能退兵以守代地。漳水自山西上黨地區流來，經魏郡流向東北，匯入黃河，是趙國南側的天然屏障。⓴趙相　即周昌。㉑奏斬常山守尉　奏請劉邦懲辦常山郡的郡守與郡尉，將其處死。常山，漢郡名，郡治東垣，在今河北石家莊東北。守，郡守，郡裡的最高行政長官。尉，郡尉，郡守的副職，協助郡守管理軍事。㉒亡其二十城　常山郡的二十城皆被陳豨軍所占。㉓復以為常山守尉　此等處皆見劉邦有人君之度。周昌前進讒激反陳豨，此又慫恿劉邦妄殺，誠敗事有餘者。㉔可令將　可令為將。㉕謁　進見。㉖上封之各千戶二句　皆封之為千戶侯，任以為將軍。㉗從入蜀漢　指曾在漢元年跟隨劉邦到過南鄭的將士。當時劉邦被項羽封為漢王，都南鄭（今陝西漢中），領有巴、蜀、漢中三郡。「巴」「蜀」當時是劉邦的封地，但實際劉邦從未「入蜀」，只是到達了漢中，事在漢元年（西元前二〇六年）四月。㉘伐楚　指與項羽近三年的爭鬥，西元前二〇五年四月至西元前二〇二年十二月。㉙功未徧行　該賞的還沒有全部賞到。王叔岷曰：「《漢書》、《長短經注》、《通鑑》『功』皆作『賞』。」㉚非若所知　這不是你們所能理解的。若，爾；你等。㉛以羽檄徵天下兵　羽檄，《集解》曰：「以鳥羽插檄書，謂之『羽檄』，取其急速若飛鳥也。」徵，調集。㉜今唯獨邯鄲中兵耳　現在一個偌大的趙國，只有邯鄲城裡的這點部隊。㉝吾胡愛四千戶封四人二句　胡愛，為什麼要吝嗇。愛，吝嗇。慰，安慰；鼓勵。陳仁錫曰：「安反側心，雄略大度。」董份曰：「當豨反時，郡邑不知者皆有危志，豪傑子弟尚持勝負而坐觀之，未見有響應者，故赦守、尉以安諸郡邑之心，使感激而奮；又封四人以慰子弟，使鼓舞而樂從。高帝經略大度，於此可見其概矣。然封四人之意易知，而舍守、尉之指難識。」㉞將誰　以誰為將。㉟各以千金購黃臣等　購，懸賞捉拿。金，漢稱黃金一斤曰「一金」，「一金」約當銅錢一萬枚。㊱十一年　西元前一九六年。㊲擊斬陳豨將侯敞王黃　梁玉繩曰：「《史詮》謂『王黃』二字衍，是也。下云『生得王黃』，〈樊噲傳〉云『虜王黃』，則非『斬』矣。」㊳曲逆　漢縣名，縣治在今河北完縣東南。㊴聊城　漢縣名，縣治在今山東聊城西北。㊵太尉勃　周勃，劉邦的開國功臣，時為太尉之職。事跡詳見〈絳侯周勃世家〉。㊶太原　漢郡名，郡治晉陽，在今山西太原西南。㊷東垣　漢縣名，縣治在今河北石家莊東北之正定南。㊸卒罵上　東垣城裡的士卒辱罵劉邦。㊹不罵者黥之　王念孫曰：「『黥』當從〈高祖紀〉作『原』。『原之』者，謂宥之也。若『不罵者黥之』，則人皆不免於罪矣。」王叔岷《史記斠證》曰：「《漢書》無下句，正由『不罵者原之』，故可略；若作『不罵者黥之』，則不當略矣。即此亦可證『黥』當作『原』。」㊺真定　漢縣名，至清代又改稱曰「正定」，舊城在今正定縣城南。㊻王黃曼丘臣其麾下受購賞之二句　中井曰：「『之』字難讀，恐有誤。」王叔岷曰：「『之』字疑當在『生得』下。《通鑑》作『皆生致之』，可證。」史珥《四史剿說》曰：「王黃前既書『斬』，又云『生得』，豈時有兩王黃，抑購得而後斬之與？少一提掇。」㊼常山　即今所謂「恒山」。在今河北曲陽北，漢人為避文帝（名恒）諱，改呼之為「常山」。㊽趙迺從山南有之　指趙國從恒山南的邯鄲隔山對代地實行管轄，戰國時代的趙國是這樣的。郭嵩燾曰：「自項羽封諸侯，徙趙王歇為代王，立張耳為常山王，王趙地；歷漢而趙、代皆自為國。〈文帝本紀〉：『高祖十一年，破陳豨，定代地，立為代王。』語自分明。豨傳載高祖之言，由史公為之辭，非事實也。」㊾迺立子恒為代王　事在高祖十一年正月。劉恆即日後的漢文帝，開始被封為代王。事跡見〈孝文本紀〉。50中都　漢縣名，縣治在今山西平遙西南。51代鴈門皆屬代　代郡、鴈門郡都劃歸代國。鴈門，漢郡名，郡治善無，在今山西右玉東南。按：劉恆為代王所都之「中都」，在當時太原郡郡治晉陽之西南，故劉恆之代國實轄太原、鴈門、代郡三個郡，非只轄「代與鴈門」也。52高祖十二年冬三句　高祖十二年，西元前一九五年。靈丘，漢縣名，縣治在今山西靈丘東。梁玉繩曰：「『高祖』二字衍。斬豨是周勃，『靈丘』又作『當城』。」施之勉曰：「〈絳侯世家〉：『因復擊豨靈丘，破之，斬豨。』〈傅寬傳〉：『為齊相國，擊陳豨，屬太勃，以相國代噲擊豨。』是噲未終其事即還，而寬代之也。然則斬豨者周勃，非樊噲也。〈高祖功臣表〉：『郎中公孫耳擊代，斬陳豨，封禾城侯。』未知公孫耳屬太尉勃與？抑或為樊噲軍卒與？不能決也。」王叔岷曰：「斬豨，蓋樊噲首其事，周勃終其事，故或稱樊噲，或稱周勃耳。施氏所稱〈傅寬傳〉、〈功臣表〉，亦見《漢書》，唯『公孫耳』作『公孫昔』。」

【語譯】 陳豨是宛朐人，不知何時隨高祖起事。漢七年冬天，韓王信造反，北逃匈奴。高祖從平城班師回京後，才封陳豨為列侯，命他以趙國相國統領監督趙、代兩國的邊兵，令整個北部邊境的軍隊都歸他指揮。

2 陳豨有一次請假回家，途經趙國，趙國的丞相周昌見陳豨賓客的車子就有上千輛，將邯鄲所有的賓館全都住滿了。陳豨屈己下士，與賓客如布衣之交。陳豨回代郡後，周昌請求進京。周昌見過高祖後，上奏陳豨賓客眾多，並說陳豨在外將兵多年，恐有異志。高祖派人檢查陳豨賓客居代的各種不法事件，許多事情牽連陳豨。陳豨很恐慌，暗中派賓客到王黃、曼丘臣駐地聯絡，陰謀起事。漢十年七月，太上皇病死，朝廷召陳豨進京。陳豨以生病為由，拒不前往。九月，陳豨與王黃等造反，自立為代王，在趙、代一帶攻城掠地，搶劫殺戮。

3 高祖聽到陳豨造反的消息後，立即宣布赦免受陳豨蒙蔽而參與不法活動的一切趙國、代國官吏，而後親自率兵前往鎮壓。高祖到達邯鄲時，對大臣們說：「陳豨既然造反，居然不知道南據漳水、北守邯鄲，他還怎麼能戰勝我？陳豨真是個無能之輩。」周昌上奏：「常山郡有二十五城，陳豨作亂，有二十個城失陷。郡守、郡尉罪責難逃，請斬郡守、郡尉。」高祖問：「郡守、郡尉可有造反？」周昌說：「沒有。」高祖說：「那是因為他們的兵力不足以抵抗叛軍。」於是宣布他們無罪，仍然命他們做郡守、郡尉。高祖問周昌：「趙國可有壯士能做將軍嗎？」周昌回答：「有四個人。」高祖隨即召見他們時，不經意地罵了一句：「你們這幾個小子還能做將軍？」四人嚇呆了，連連磕頭，不敢說什麼。高祖雖如此說，仍任命他們為將軍，每人賜封地一千戶。身邊大臣進諫說：「許多隨皇上打天下的將士，還沒普遍受封賞，而這四個人有何功勞受封？」高祖說：「這些非爾輩所能理解。試想，陳豨造反，邯鄲以北都被占領。我大軍尚未到達，現在能與叛軍作戰的只有邯鄲的將士，我怎能吝惜四千戶不封賞他們，不以此來鼓勵趙國的子弟呢？」大臣們說：「好，我們懂了。」高祖又問：「陳豨的將軍有誰？」回答：「有王黃、曼丘臣等人，他們原先都是商人。」高祖說：「我有辦法了。」於是下令，以千金懸賞收購王黃、曼丘臣等人的人頭。

4 十一年，冬天，漢兵在曲逆縣斬了陳豨的部將侯敞等人，在聊城擊敗了陳豨部將張春，斬首叛方的士兵萬餘名。太尉周勃平定了太原、代地。十二月，高祖親自率兵進攻東垣，久攻不下，守城的士兵辱罵高祖。後來東垣的守軍投降，凡辱罵過高祖的皆殺頭，不罵者皆黥刑，改東垣稱「真定」。不久王黃、曼丘臣的部下為得賞金，遂將王黃、曼丘臣逮捕，押送漢營，於是陳豨的叛亂以失敗告終。

5 高祖回師洛陽後，他對大臣們說：「代郡在常山以北，趙國在常山以南，讓趙國隔著常山管轄代郡，實在太遠。」於是封皇子劉恆為代王，國都設在中都城，將代郡、雁門郡都劃歸代國區域。

6 十二年，冬天，樊噲率軍追剿陳豨殘部，在靈丘將陳豨斬首。

太史公曰：韓信、盧綰非素積德累善之世❶，徼一時權變❷，以詐力成功❸，遭漢初定，故得列地，南面稱孤。內見疑彊大❹，外倚蠻貊❺以為援，是以日疏自危，事窮智困，卒赴匈奴，豈不哀哉！陳豨，梁人❻，其少時數稱慕❼魏公子❽；及將軍❾守邊，招致賓客而下士，名聲過實❿。周昌疑之，疵瑕頗起⓫，懼禍及身，邪人進說⓬，遂陷無道。於戲⓭悲夫！夫計之生孰成敗於人也深矣⓮！

【章　旨】以上為第五段，是作者的論贊，作者對造成韓信、盧綰、陳豨三人「謀反」的客觀形勢，與三人或被迫逃死匈奴、或被殺的結局，表現了深深的感慨。

【注　釋】❶非素積德累善之世　並非一貫積德累善之人的後代。世，後代。❷徼一時權變　靠著趕上了一時的風雲變化。徼，取。這裡即「靠著」。❸以詐力成功　以此說韓王信、盧綰似不夠貼切。❹見疑彊大　因勢力強大被劉邦所疑。❺蠻貊　古代分別用以稱呼南方與東北方的少數民族，這裡即指匈奴人。❻梁人　戰國後期的魏國因建都大梁，故也稱梁國。陳豨的故鄉宛朐，舊屬魏國，故稱之曰「梁人」。❼稱慕　稱道敬慕。❽魏公子　即信陵君，名無忌，魏昭王之子，安釐王之弟，以養士聞名。事跡見〈魏公子列傳〉。❾將軍　率領軍隊。❿名聲過實　其為人之實際沒有眾人所傳那樣好。⓫疵瑕頗起　毛病漸漸暴露出來。疵瑕，弱點；小辮子。⓬邪人進說　有人認為指周昌。陳仁錫曰：「太史公以周昌為『邪人』，深惡致亂之罪也。」也有人認為不是指周昌，吳寬曰：「邪人，前韓王信『令王黃等說誤陳豨』是也。」按：吳說是也。⓭於戲　同「嗚呼」。感歎詞。⓮計之生孰成敗於人也深矣　按：此句似應作「計之生孰，於人成敗也深矣」。生孰，指計畫考慮得好不好、成熟不成熟。孰，通「熟」。葉玉麟引曾國藩曰：「韓王信、盧綰、陳豨，皆計事不熟，此句蓋兼三人者言之。」

【語　譯】太史公說：韓王信、盧綰一向不是積德累善之人，他們是趁著偶然的機遇，靠欺詐和武力建功，於是在漢朝建國之初獲得裂地稱王。他們勢力壯大，在內被朝廷猜疑，在外又結援於夷狄，與朝廷日益疏遠，把自己弄得岌岌可危。待至黔驢技窮，最後都亡命匈奴，這種下場豈不可悲嗎！陳豨是梁地人，青年時屢屢仰慕魏公子的禮賢下士，後來率軍守邊也屈己待士，有賓客上千人，名聲超過實際，引起了周昌的懷疑，毛病逐漸暴露，在自己也害怕大禍臨頭時，又有一些小人慫恿挑動，最終陷於大逆不道，真是可悲啊！動什麼心思，用什麼謀略，這些考慮得好不好、成熟不成熟，對於人的一生可重要得很哪！

【研　析】本篇作品的思想意義是：

一、客觀地寫出了造成韓王信等三人連鎖反叛的政治背景。韓王信是戰國時韓國王室的後裔，名信，為了與淮陰侯韓信相區分，故人們習慣地稱之為「韓王信」。盧綰是劉邦的同鄉，又是劉邦兒時的親密伙伴。韓信、盧綰在楚、漢戰爭中都曾立過大功，韓王信早在項羽被滅前就被劉邦封為韓王，盧綰是在劉邦即位、消滅臧荼的叛亂後被封為燕王，都是劉邦的親信。但劉邦在消滅項羽後，為了穩定政權，便立即將鬥爭矛頭轉向內部，開始屠戮功臣與異姓王。他首先襲捕了韓信，將韓信由楚王降為淮陰侯，軟禁於京城；隨後便是將韓王信由河南向北調到了山西，隨後又因為韓王信靠近匈奴，私下與匈奴打交道引起劉邦猜疑，於是韓王信害怕被殺，逃入匈奴。劉邦為了對付韓王信，派其功臣陳豨為代相國，節制代、趙邊兵。但劉邦很快的又因為陳豨「招致賓客」而猜忌陳豨。在這種情勢下，韓王信派人與陳豨暗通，陳豨便也順勢與之聯合反漢。接著劉邦派盧綰討伐陳豨，而盧綰又與陳豨等暗中勾結以圖自存。這三個人的連鎖反叛都是由於劉邦、呂后對功臣異姓王的猜忌所造成的。正如盧綰當時所說：「往年春，漢族淮陰，夏，誅彭越，皆呂后計。今上病，屬任呂后。呂后婦人，專欲以事誅異姓王者及大功臣。」此話出自一個與劉邦關係最親的盧綰之口，有助於人們認識當時那種嚴峻的政治形勢。

二、本篇揭示了由於專制的加強，漢初政治風氣所發生的巨大變化。陳豨出於對戰國時代的魏公子的仰慕，他也禮賢下士，廣致賓客。他在途經趙國時，「賓客隨之者千餘乘，邯鄲官舍皆滿。」這種現象是漢代統治者所不能容忍的，所以當趙相國周昌向朝廷提出舉報時，劉邦立即派人查辦。正是在這種情況下，陳豨恐懼，才與韓王信暗通消息共謀「叛亂」的。司馬遷在本篇的論贊中說：「陳豨，梁人，其少時數稱慕魏公子；及將軍守邊，招致賓客而下士，名聲過實。周昌疑之，疵瑕頗起，懼禍及身，邪人進說，遂陷無道。於戲悲夫！」對漢初這種政治風氣的變化以及陳豨由此所陷入的悲劇結局，表現了極大感慨。

三、作品描寫了「叛國者」身居異境的悲哀淒涼，表現了作者對漢初濫殺功臣的反感和對理想政治的嚮往。當韓王信逃入匈奴，劉邦讓柴將軍寫信叫他回來時，韓王信回信說：「今僕亡匿山谷間，旦暮乞貸蠻夷。僕之思歸，如痿人不忘起，盲者不忘視也，勢不可耳。」其後，當盧綰受到懷疑怕被殺而決心叛逃時，他「悉將其宮人家屬騎數千居長城下，候伺，幸上病愈，自入謝。四月，高祖崩，盧綰遂將其眾亡入匈奴，匈奴以為東胡盧王。綰為蠻夷所侵奪，常思復歸。居歲餘，死胡中。」這裡，司馬遷明顯的流露了對這些「叛國者」的同情。而這些悲劇又都是由漢王朝統治者的處置失宜造成的。在這些記述中，表現了司馬遷對那種已經逝去的、理想的君臣關係與政治環境的無限留戀與嚮往。

卷九十四

田儋列傳第三十四

【題解】作品記述了齊國後裔田儋、田榮、田橫等從陳涉起義到劉邦建國之七、八年間相繼在今山東一帶割據稱王的興衰史。田氏諸人在諸侯反秦時多數時候是與項羽、劉邦隔絕、獨立的。在楚、漢戰爭中他們不是劉邦一黨，但他們的活動卻屢次為劉邦幫大忙。他們是在項羽分封天下後，最早起兵倒項的勢力，正是由於他們的牽制，才使劉邦得以順利地還定了三秦，並出關打入了彭城。田氏是劉邦最得力的非同盟的同盟軍。文章最後寫了田橫的寧死不屈，慷慨自盡，以及他的門客和五百壯士集體自殺的悲壯情景，表現了司馬遷對他們這種精神氣節的無限敬佩之情。

1 田儋者，狄❶人也，故齊王❷田氏族也。儋從弟❸田榮，榮弟田橫，皆豪❹，宗彊，能得人❺。

2 陳涉之初起王楚❻也，使周市❼略定魏地❽，北至狄，狄城守。田儋詳❾為縛其奴，從少年之廷❿，欲謁殺奴⓫。見狄令，因擊殺令⓬，而召豪吏子弟曰：「諸侯皆反秦自立，齊，古之建國⓭，儋，田氏，當王⓮。」遂自立為齊王⓯，發兵以擊周市。周市軍還去，田儋因率兵東略定齊地⑯。

3 秦將章邯⑰圍魏王咎於臨濟⑱，急。魏王請救於齊，齊王田儋將兵救魏⑲。章邯夜銜枚⑳擊，大破齊、魏軍，殺田儋於臨濟下㉑。儋弟田榮收儋餘兵東走東阿㉒。

4 齊人聞王田儋死，迺立故齊王建之弟田假為齊王㉓，田角為相，田間為將，以距諸侯㉔。

5 田榮之走東阿，章邯追圍之㉕。項梁㉖聞田榮之急，迺引兵擊破章邯軍東阿下㉗。章邯走而西，項梁因追之。而田榮怒齊之立假，迺引兵歸，擊逐齊王假。假亡走楚㉘，齊相角亡走趙㉙，角弟田間前求救趙㉚，因留不敢歸。田榮乃立田儋子市為齊王㉛，榮相之，田橫為將，平齊地。

6 項梁既追章邯，章邯兵益盛㉜，項梁使使告趙、齊，發兵共擊章邯。田榮曰：「使楚殺田假，趙殺田角、田間，迺肯出兵㉝。」楚懷王㉞曰：「田假，與國㉟之王，窮而歸我，殺之不義㊱。」趙亦不殺田角、田間以市㊲於齊。齊曰：「蝮螫手則斬手㊳，螫足則斬足，何者？為害於身也。今田假、田角、田間於楚、趙，非直手足戚也㊴，何故不殺？且秦復得志於天下㊵，則齮齕用事者墳墓㊶矣。」楚、趙不聽，齊亦怒，終不肯出兵。章邯果敗殺項梁㊷，破楚兵，楚兵東走㊸，而章邯渡河圍趙於鉅鹿㊹。項羽往救趙㊺，由此怨田榮。

【章　旨】以上為第一段，寫諸侯反秦期間田儋、田榮經營齊地的情形，及其與項氏矛盾之產生。

【注　釋】❶狄　秦縣名，縣治在今山東高青東南。❷故齊王　戰國時代齊國的國王。❸從弟　堂弟。❹皆豪　瀧川曰：「『豪』下，楓、三本有『族』字；〈漢傳〉有『傑』字。」王叔岷曰：「有『傑』字義長。此謂儋、榮、橫皆豪傑，宗族強大也。」❺能得人　指人緣好，受人擁護。❻初起王楚　陳涉起義後，在陳郡（今河南淮陽）稱王，國號張楚，事在秦二世元年（西元前二〇九年）七月。見〈陳涉世家〉。❼周市　陳涉的部將，事跡參見〈陳涉世家〉、〈魏豹彭越列傳〉。❽略定魏地　略定，開拓平定。魏地，指以大梁（今開封市）為中心的今河南省東北部地區，戰國時這一帶地區屬魏。❾詳　通「佯」。假裝。❿從少年之廷　帶著一些年輕人來到縣衙門。從，使之跟著。意即帶領。廷，縣衙之前廷。⓫欲謁殺奴　求見縣令請准許殺死此奴。謁，請；求見。《集解》引服虔曰：「古殺奴婢皆當告官。儋欲殺令，故詐縛奴而以謁也。」⓬因擊殺令　史珥曰：「長魚矯殺三郤，用此法。」按：長魚矯假裝與人爭訟，以突然襲擊殺死晉國強宗郤至等事，見《左傳》成公十七年。⓭齊二句　齊地是我們齊國當初被封的地方。⓮儋三句　我田儋，是齊國王室的後代，現在理應為王。⓯自立為齊王　據〈秦楚之際月表〉，事在秦二世元年九月。⓰東略定齊地　田儋擊走周市於狄縣，在齊都臨淄之西北方，為平定全齊計，故田儋轉頭收拾其東部地區，以鞏固齊國之後方。⓱章邯　秦國的著名將領，先於秦二世元年八月擊破了陳涉所派的周文的西征軍，又於秦二世二年（西元前二〇八年）十二月破殺了陳涉（當時以十月為歲首）。⓲圍魏王咎於臨濟　魏咎是戰國時魏王的後代，於秦二世二年十二月，被周市等擁立為魏王。正月，章邯於破殺陳涉後進兵圍困魏咎於臨濟。臨濟，秦縣名，縣治在今河南封丘東。⓳田儋將兵救魏　事在秦二世二年六月。⓴銜枚　讓每個士兵口中銜著一根筷子樣的小棍兒，以防止喧譁。㉑殺田儋於臨濟下　事在秦二世二年六月。是役中田儋兵敗被殺，魏咎為百姓請降後自殺。㉒東阿　秦縣名，縣治在今山東東阿西南。㉓立故齊王建之弟田假為齊王　事在秦二世二年七月。齊王建，戰國時齊國的末代之君，西元前二六四—前二二一年在位，被秦國所滅。事見〈田敬仲完世家〉。㉔以距諸侯　指不准別路義軍進入齊地。㉕章邯追圍之　章邯追圍田榮於東阿，在秦二世二年七月。㉖項梁　項羽之叔，秦二世元年九月與項羽起兵於會稽。陳涉兵敗被殺後，項梁雖然擁立了楚懷王，但無疑他仍是當時各路反秦軍隊的實際領袖。㉗擊破章邯軍東阿下　事在秦二世二年七月。㉘假亡走楚　田假逃奔項梁。㉙齊相角亡走趙田角逃奔張耳、陳餘。趙，原是陳涉的部將武臣在趙地稱王，都邯鄲。後來武臣被叛將李良所殺，武臣的部將張耳、陳餘遂擁立戰國時趙王的後代趙歇為趙王，實際是張耳、陳餘當家。詳情見〈張耳陳餘列傳〉。㉚角弟田間前求救趙　在新齊王田假未被田榮擊逐前，田間就奉命到趙國求救了，此時正在趙國。按：《漢書》於此作「前救趙」，無「求」字。《漢書補注》引王先慎曰：「《史記》『救』上衍『求』字，當依此訂。」但此說亦甚可疑，當時田儋被章邯破殺，齊地義軍受重創，齊後方之人匆匆立田假為王，立腳未穩，哪有力量「派兵」救趙？㉛乃立田儋子市為齊王　田市被其叔田榮立為齊王在秦二世二年八月。㉜章邯兵益盛　時章邯駐兵定陶（今山東定陶西北）。㉝楚殺田假三句　徐孚遠曰：「齊方初立，恐田假尚存，民有異望故也。」㉞楚懷王　名心，姓熊。戰國時的楚懷王（名槐，西元前三二八—前二九九年在位）之孫。秦滅楚後，熊心流落民間。項梁起兵後，於秦二世二年六月，擁立之為王，仍稱「楚懷王」。㉟與國　盟國；彼此相援之國。㊱窮而歸我二句　窮，走投無路。梁玉繩曰：「〈項羽紀〉作項梁語，是也，此誤。」㊲市　做交易。㊳蝮螫手則斬手　怕其毒流遍全身而致死也，故捨小以保大。蝮，蝮蛇，毒蛇的一種。螫，蜇；咬。㊴非直手足戚也　《集解》引文穎曰：「言將亡身，非手足憂也。」王先謙《漢書補注》曰：「直，猶『特』也；『但』也。齊王意謂齊、楚、趙皆首用事，憂患同之，田假等反側，不獨齊之患，亦必為害於楚、趙。故以蝮之害身為喻，而詰其何故不殺。」另一說，解「戚」為「親」。臣瓚曰：「(田氏)於楚、趙，非手足之親。」王駿圖《史記舊注平議》曰：「就三田之與楚、趙論，則『戚』當訓『親』；就殺三田論，則『戚』當訓『憂』。蓋謂斬手足雖甚戚，然恐其害身，尚不可不斷；況齊不救，則秦必得志，害及祖宗，而殺三田又非若斬手足之戚，何為不殺乎？」㊵秦復得志於天下　指秦朝倘若一旦消滅起義軍，重整國家秩序。㊶齮齕用事者墳墓　齮齕，原指用牙咬，這裡即指挖掘。用事者墳墓，指反秦者的祖塋。按：對墳墓只能用「發掘」、「夷平」等詞，此曰「齮齕」似欠當。又，「用事」似應作「首事」，《漢書》作「首用事」，似亦欠妥。㊷章邯果敗殺項梁　當時項梁因連續獲勝自滿，而結果被章邯破殺於定陶，事在秦二世二年九月。詳見〈項羽本紀〉。㊸楚兵東走　指項梁敗死後，項羽、劉邦等諸路義軍一齊向東方撤退，即〈項羽本紀〉所謂「呂臣軍彭城東，項羽軍彭城西，沛公軍碭」是也。㊹章邯渡河圍趙於鉅鹿　章邯破殺項梁，義軍遭受重創，章邯則以為楚地之兵不足憂，遂北渡黃河，圍趙王歇、張耳等於鉅鹿，事在秦二世二年之後九月。鉅鹿，秦代鉅鹿郡的郡治所在地，在今河北平鄉西南。㊺項羽往救趙　各路義軍東撤後，項羽的兵權被楚懷王所奪。楚懷王任命宋義為上將軍，項羽為次將，出兵救趙。北進途中，項羽殺掉了宋義，奪得兵權，自立為上將軍。詳情見〈項羽本紀〉。

【語　譯】田儋是狄縣人，是戰國時齊王田氏的後代。田儋的堂弟叫田榮，田榮的弟弟叫田橫，兄弟三人都是豪傑人物，再加上他們的族門強大，所以很得人心。

2 陳勝剛在楚地起義稱王時，派周市率軍北上平定了魏地，接著，周市又北進到達了狄縣，狄縣縣令閉門守城。這時，田儋假裝捆綁了自己的奴隸，帶著幾個年輕人來到衙門，請求縣令允許他們殺死這個奴隸。結果他們一見縣令，立刻就把縣令給殺了。隨即召集起了縣裡有權勢的大吏和一些豪族子弟們說：「各地的諸侯們都已經反叛秦朝自立為王了，齊地是我們齊國當初被封的地方；我田儋，本來就是齊王田氏的後代，理當為王。」於是遂自立為齊王，發兵抗擊周市。後來周市的軍隊撤走了，田儋就率兵東進，很快地平定了齊國原有的全部領土。

3 後來，秦將章邯把魏王咎包圍在臨濟，形勢十分危急。魏咎向齊國求援，齊王田儋率軍往救。這時章邯趁夜色率軍銜枚猛攻，大破齊、魏二軍於臨濟城下，田儋被殺。田儋的堂弟田榮收拾殘部向東逃到了東阿。

4 齊人聽說田儋死了，於是就另立了原齊王建的弟弟田假為齊王，讓田角為丞相，田間為將軍，共同率軍守衛本土，以抵抗外來的軍隊。

5 田榮逃到東阿後，章邯又緊追不捨包圍了東阿。項梁聽說田榮的處境危急，於是率部往救，在東阿城下擊敗了章邯。章邯引兵西走，項梁率軍追擊。這時田榮因為怨恨齊人立田假為王，沒有去助項梁追章邯，而率軍回去打齊王田假。田假被打敗，逃歸了楚懷王。丞相田角逃歸了趙國；田角的弟弟田間此前已到趙國求救，見國內發生變化，就留在趙國不敢回來了。於是田榮就改立了田儋的兒子田市為齊王，田榮自己做丞相，田橫做將軍，並進一步平定了齊國。

6 再說項梁，他把章邯追擊一陣後，發現章邯的軍隊越集越多了，於是派使臣到趙國、齊國，請求他們一起進攻章邯。田榮說：「如果楚國殺了田假，趙國殺了田角、田間，我們就出兵。」楚懷王說：「田假，是我國盟國的君王，在走投無路的情況下來投奔我，我殺了人家，是沒有道義的。」趙國也不殺田角和田間來與齊國做交易。齊人說：「毒蛇咬了手就得把手砍掉，咬了腳就得把腳砍掉。為什麼呢？為的是不讓毒液要了人的性命。如今田假、田角、田間對於楚、趙兩國來說，還談不上手足之親，為什麼就不能殺了他們呢？再說如果秦朝一旦再次穩定了局面，那時將不只殺盡一切造反的，而且連你們的祖墳也都會通通挖掉。」楚、趙兩國還是不聽，齊國也生氣了，堅持不肯出兵。後來章邯果然打敗了楚軍，殺死了項梁，楚軍被迫向東撤退。這時，章邯就移兵渡河，把趙王包圍在了鉅鹿。項羽奉命北上救趙，從此心裡恨上了田榮。

1 項羽既存趙，降章邯等❶，西屠咸陽❷，滅秦而立侯王❸也，迺徙齊王田市更王膠東❹，治即墨❺。齊將田都❻從共救趙，因入關，故立都為齊王❼，治臨淄❽。故齊王建孫田安，項羽方渡河救趙，田安下濟北❾數城，引兵降項羽❿，項羽立田安為濟北王，治博陽⓫。田榮以負⓬項梁不肯出兵助楚、趙攻秦，故不得王；趙將陳餘亦失職⓭，不得王；二人俱怨項王⓮。

2 項王既歸，諸侯各就國⓯，田榮使人將兵助陳餘，令反趙地⓰，而榮亦發兵以距擊田都，田都亡走楚⓱。田榮留齊王市，無令之膠東⓲。市之左右曰：「項王彊暴，而王當之膠東，不就國，必危。」市懼，迺亡就國⓳。田榮怒，追擊殺齊王市於即墨⓴，還攻殺濟北王安㉑。於是田榮迺自立為齊王，盡并三齊㉒之地。

3 項王聞之，大怒，迺北伐齊㉓。齊王田榮兵敗，走平原，平原人殺榮㉔。項王遂燒夷齊城郭㉕，所過者盡屠之㉖。齊人相聚畔之㉗。榮弟橫，收齊散兵，得數萬人，反擊項羽於城陽[28]。而漢王率諸侯敗楚，入彭城[29]。項羽聞之，迺醳[30]齊而歸，擊漢於彭城[31]，因連與漢戰，相距滎陽[32]。以故田橫復得收齊城邑，立田榮子廣為齊王[33]，而橫相之，專國政，政無巨細，皆斷於相。

4 橫定齊三年[34]，漢王使酈生往說下齊王廣及其相國橫[35]。橫以為然，解其歷下軍[36]。漢將韓信[37]引兵且東擊齊，齊初使華無傷、田解軍於歷下以距漢；漢使[38]至，迺罷守戰備，縱酒[39]，且遣使與漢平[40]。漢將韓信已平趙、燕，用蒯通計[41]，度平原[42]，襲破齊歷下軍，因入臨淄[43]。齊王廣、相橫怒，以酈生賣己，而亨酈生[44]。齊王廣東走高密[45]，相橫走博[46]，守相[47]田光走城陽，將軍田既軍於膠東[48]。楚使龍且救齊[49]，齊王與合軍高密。漢將韓信與曹參破殺龍且[50]，虜齊王廣[51]，漢將灌嬰[52]追得齊守相田光。至博，而橫聞齊王死[53]，自立為齊王，還擊嬰，嬰敗橫之軍於嬴下[54]。田橫亡走梁，歸彭越[55]。彭越是時居梁地，中立，且為漢，且為楚[56]。韓信已殺龍且，因令曹參進兵破殺田既於膠東[57]，使灌嬰破殺齊將田吸於千乘[58]。韓信遂平齊，乞自立為齊假王，漢因而立之[59]。

5 後歲餘，漢滅項籍[60]，漢王立為皇帝[61]，以彭越為梁王[62]。田橫懼誅[63]，而與其徒屬五百餘人入海，居島中[64]。高帝聞之，以為田橫兄弟本定齊[65]，齊人賢者多附焉；今在海中不收(66)，後恐為亂，迺使使赦田橫罪而召之。田橫因謝曰：「臣亨陛下之使酈生，今聞其弟酈商(67)為漢將而賢(68)，臣恐懼不敢奉詔。請為庶人(69)，守海島中。」使還報，高皇帝迺詔衛尉(70)酈商曰：「齊王田橫即(71)至，人馬從者敢動搖者致族夷(72)！」迺復使使持節(73)具告以詔商狀(74)，曰：「田橫來，大者王，小者迺侯耳(75)；不來，且舉兵加誅焉。」田橫迺與其客二人乘傳(76)詣雒陽(77)。

6 未至三十里(78)，至尸鄉廄置(79)，橫謝使者曰：「人臣見天子，當洗沐(80)。」止留。謂其客曰：「橫始與漢王俱南面稱孤(81)，今漢王為天子，而橫迺為亡虜(82)而北面事之，其恥固已甚矣。且吾亨人之兄，與其弟並肩而事其主，縱彼畏天子之詔不敢動我，我獨不愧於心乎？且陛下所以欲見我者，不過欲一見吾面貌耳。今陛下在洛陽，今斬吾頭，馳三十里間，形容尚未能敗，猶可觀也(83)。」遂自剄，令客奉(84)其頭，從使者馳奏(85)之高帝。高帝曰：「嗟乎，有以也夫(86)！起自布衣，兄弟三人更王(87)，豈不賢乎哉！」為之流涕(88)，而拜其二客為都尉(89)，發卒二千人，以王者禮葬田橫(90)。

7 既葬，二客穿其冢旁孔，皆自剄，下從之。高帝聞之，迺大驚，以田橫之客皆賢。「吾聞其餘尚五百人在海中」，使使召之(91)。至則聞田橫死，亦皆自殺(92)。

於是迺知田橫兄弟能得士也。

【章　旨】以上為第二段，寫楚漢戰爭初期之田榮反項，以及田橫終至被劉邦所滅的情形。

【注　釋】❶項羽既存趙二句　項羽破秦兵，解鉅鹿之圍，在秦二世三年（西元前二〇七年）十二月；章邯等兵敗，在內外交困的情況下率部投降項羽在同年之七月。（按：當時以十月為歲首，故「十二月」在「七月」前）過程詳見〈項羽本紀〉。❷西屠咸陽　事在漢元年（西元前二〇六年）十二月。當項羽在河北大破秦軍的時候，劉邦乘虛從南路經武關入秦。漢元年十月，劉邦入咸陽，秦王子嬰向劉邦投降。項羽聞訊後，率軍於十二月進入關中。鴻門宴後，項羽誅秦王子嬰，屠秦都咸陽。❸立侯王　項羽分封各路諸侯為王，封劉邦為漢王，自己為西楚霸王等事，在漢元年一月二月三月。詳見〈項羽本紀〉。❹更王膠東　改封之為膠東王。更，改。❺治即墨　以即墨為膠東國都城。即墨，秦縣名，縣治在今山東平度東南。❻齊將田都　按：田都此前未見記載，所謂「齊將」不知是田假之將，還是田榮之將。倉修良《史記辭典》說他是田榮之將，「叛田榮，助項羽救趙」，不知何據。前文已明言田榮請楚、趙殺田假、田角、田間，「楚、趙不聽，齊亦怒，終不肯出兵」矣，何曾有田都叛主助楚之事？疑此田都乃田假之將，隨田假同時逃奔項羽者，後乃隨項羽一同救河北。❼立都為齊王　〈項羽本紀〉亦稱「立都為齊王」，然據〈秦楚之際月表〉，則曰「更名曰臨淄」，是田都受封為臨淄王也。❽治臨淄　以臨淄（今山東淄博的臨淄區）為齊國的都城。❾濟北　秦郡名，轄地約當今山東省之泰安、濟南、德州等一帶地區，郡治博陽。❿引兵降項羽　意謂亦隨項羽西下入關也。⓫治博陽　以博陽為濟北國的都城。博陽，秦縣名，縣治在今山東泰安東南。⓬負　虧待；背叛。

⓭趙將陳餘亦失職　陳餘，原與張耳皆為趙將，鉅鹿被圍時二人產生矛盾，項羽破秦救趙後，陳餘的兵權被張耳所奪，陳餘因恨張耳，故未隨項羽入關。詳情見〈張耳陳餘列傳〉。失職，未得封賞；沒有著落。當時因陳餘未隨項羽入關，故項羽遂未封陳餘為王，只封給了他南皮（今河北南皮北）周圍的三個縣。⓮二人俱怨項王　按：從此二人與項羽為敵，客觀上成了劉邦強有力的同盟軍，於楚、漢雙方之消長關係至為巨大。瀧川曰：「項王不王田榮、陳餘，失計之甚者，敗因實在此。」⓯項王既歸二句　事在漢元年四月。既歸，指離開關中，回歸楚國的首都彭城（今徐州市）。各就國，各自分別到自己的封地上去。

⓰使人將兵助陳餘二句　項羽封各路諸侯為王時，未封陳餘為王，而將趙地封給了跟隨項羽入關的陳餘的對頭張耳，而將原來的趙王歇改封為代王。陳餘大怒，他向田榮借得兵來，打走了前來趙地上任的張耳，迎回了被改封代王的趙歇，與田榮一

道共反項羽。事詳〈項羽本紀〉、〈高祖本紀〉、〈張耳陳餘列傳〉。⑰田都亡走楚　據〈秦楚之際月表〉，田都敗投項羽事在漢元年五月，從此田都遂不知所終。⑱無令之膠東　不讓他到膠東國上任，拉著他一道對抗項羽。之，往。⑲亡就國　偷偷地跑到膠東去上任。⑳追擊殺齊王市於即墨　事在漢元年六月。㉑還攻殺濟北王安　事在漢元年七月。施之勉引荀悅《漢紀》：「彭越在濟野，田榮與越將軍印，擊殺濟北王安。」王叔岷曰：「《漢書・項籍傳》：『榮與彭越將軍印，令反梁地，越乃擊殺濟北王安。』越之擊殺安，由榮使之，故亦可謂榮攻殺安矣。」按：膠東即墨在臨淄之東，濟北博陽在臨淄之西，田榮東出追殺田市於即墨後，回兵西攻濟北，「還」字使用清晰。㉒三齊　指項羽所封的田市之膠東、田安之濟北與田都之臨淄，三國均在舊齊國的地面，故稱「三齊」。㉓迺北伐齊　《漢書・高帝紀》繫項羽北伐齊於漢元年八月，時劉邦正揮兵收復三秦。因這時張良曾致書項羽，稱劉邦取得關中便罷，無東出與項王爭天下心，故項羽遂決心北伐齊，事情詳見〈項羽本紀〉。至〈留侯世家〉，則謂張良致書項王在漢取關中之前，兩處殊失統一。㉔田榮兵敗三句　事在漢二年（西元前二〇五年）正月，《集解》稱田榮被殺於「三年正月」者誤。平原，秦縣名，縣治在今山東平原西南。㉕燒夷齊城郭　夷，平；鏟平。郭，外城，通常也借以指城。㉖所過者盡屠之　所過之處，通通把吏民殺光。㉗齊人相聚畔之　〈項羽本紀〉云：「遂北燒夷齊城郭室屋，皆阬田榮降卒，係虜其老弱婦女，徇齊至北海，多所殘滅。齊人相聚而畔之。」按：平原民已自己殺死田榮，投降項羽，項羽猶不放過，仍一例係虜坑殺，此自己樹敵，為淵驅魚者也。項羽之敗徵已現。㉘反擊項羽於城陽　事在漢二年三月。項羽破殺田榮後，在漢二年二月，復立田假為齊王。田橫收合餘眾，又在城陽舉事，擊敗田假。田假逃奔項羽，遂被項羽所殺。城陽，即今山東莒縣，秦時為琅琊郡之郡治所在，後來為劉章之封國者也。㉙漢王率諸侯敗楚二句　劉邦趁項羽伐齊，率諸路大兵五十六萬攻入楚都彭城事，在漢二年四月。見〈項羽本紀〉、〈高祖本紀〉。㉚醳　此處通「釋」。放棄。陳直曰：「《史記》『釋』字多作『醳』。」㉛擊漢於彭城　項羽以三萬騎兵大破劉邦五十六萬於彭城事，在漢二年四月。詳見〈項羽本紀〉。㉜相距滎陽　劉邦自彭城潰退至滎陽後，遂在滎陽一帶築成牢固防線，與項羽對峙，直至大反攻。此滎陽對峙，自漢二年五月開始，至漢四年（西元前二〇三年）九月雙方訂立鴻溝協定止。滎陽，秦縣名，在今河南滎陽東北。㉝復得收齊城邑二句　《集解》引徐廣曰：「四月。」按：〈秦楚之際月表〉書之於三月，疑徐廣說是。蓋項羽自齊國撤兵後，田橫始得重新收拾齊國也。㉞橫定齊三年　田橫統治齊國的第三年，即漢四年，西元前二〇三年。㉟漢王使酈生句　酈生，酈食其，劉邦手下的謀士與辯士。酈食其奉命勸說田廣、田橫投降事，在漢三年（西元前二〇四年）秋，詳見〈酈生陸賈列傳〉。㊱解其歷下軍　解除了歷下守軍的緊急防守狀態。歷下，即歷城，因其南有歷山，故稱歷下，在今山東濟南西，是齊國西部的軍事重鎮。㊲韓

信　劉邦的部將。當劉邦與項羽對峙於滎陽時，韓信於漢二年八月，渡河滅西魏；後九月滅代；三年十月，滅趙；十二月，招降燕；四年十月，起兵東伐齊。事詳〈淮陰侯列傳〉。㊳漢使　即指酈食其。㊴迺罷守戰備二句　〈酈生陸賈列傳〉云：「田廣以為然，迺聽酈生，罷歷下兵守戰備，與酈生日縱酒。」㊵且遣使與漢平　且，方；即將。平，定立盟約。㊶用蒯通計　蒯通，齊人，當時為韓信的謀士。當韓信進兵至平原時，已經得知酈食其勸說齊國投降的消息，韓信想要就此罷兵，蒯通則認為這樣太便宜了酈食其，而韓信則失去了立大功的機會，勸韓信不要管酈食其的事情，照常對齊國發動攻擊。事情詳見〈淮陰侯列傳〉。㊷度平原　在平原縣一帶渡過黃河，進入齊地。度，通「渡」。平原，秦縣名，亦是古黃河上的渡口名，稱「平原津」，在今山東平原西南。當時的黃河流經平原縣西，北流至今河北滄州東之黃驊縣入海。㊸襲破齊歷下軍二句　事在漢四年十月。㊹以酈生賣己二句　賣，欺騙。師古曰：「謂其與韓信合謀。」亨，通「烹」。㊺高密　秦縣名，縣治在今山東高密西南，濰水之東岸。《集解》引徐廣曰：「高，一作『假』。」王叔岷曰：「『高密』一本作『假密』，『高』、『假』古通。」按：《曹相國世家》、《漢書・曹參傳》即作「假密」。㊻相橫走博　「博」原作「博陽」。梁玉繩《史記志疑》卷三十二：「《漢書》作『博』，是也。〈灌嬰傳〉『破田橫至嬴博。』，〈傅寬傳〉『屬相國參，殘博。』〈漢志〉博屬泰山郡，若博陽則為汝南之縣，豈齊封內哉。下亦誤。」今據刪，下同。齊相田橫逃到了博縣（今山東泰安東南）。漢代之博縣即秦時之博陽。㊼守相　師古《漢書注》曰：「言為相而專主居守之事。」㊽軍於膠東　軍，駐兵。膠東，秦郡名，郡治即墨（今山東平度東南）。㊾楚使龍且救齊　龍且，項羽的部將。事跡參見〈項羽本紀〉、〈淮陰侯列傳〉。梁玉繩曰：「龍且非主將。」按：據《漢書・項籍傳》，項羽所派救齊者乃「其從兄子項佗為大將，龍且為裨將」。王叔岷曰：「龍且雖非主將，而濰水之戰，蓋以龍且為主。」㊿韓信與曹參破殺龍且　事在漢四年十一月，時龍且等有兵二十萬，列陣濰水東，韓信塞濰水上游，涉水進攻，而後佯敗，吸引龍且過河追擊。追兵渡其半，韓信自上游決水，遂分龍且軍為東西兩截，韓信復回師消滅之。詳見〈淮陰侯列傳〉。曹參，劉邦的開國功臣，〈曹相國世家〉稱曹參於此役中「從韓信擊龍且軍於上假密，大破之，斬龍且，虜其將軍周蘭」；而〈樊酈滕灌列傳〉又稱灌嬰於此役中「東從韓信擊龍且、留公旋於高密，卒斬龍且，身生得亞將周蘭」。則究竟誰殺龍且，尚不易辨。(51)虜齊王廣　《漢書・高帝紀》曰：「韓信與灌嬰擊破楚軍，殺楚將龍且，追至城陽，虜齊王廣。」(52)漢將灌嬰　劉邦的開國功臣，時為騎將，率騎兵受韓信指揮，於破齊之役中功勳卓著。事跡詳見〈樊酈滕灌列傳〉。(53)橫聞齊王死　按：前文稱韓信「虜齊王廣」，〈秦楚之際月表〉則曰「韓信擊殺廣」，則田廣是俘是殺，或先俘後殺，亦皆不能明也。(54)嬰敗橫之軍於嬴下　〈樊酈滕灌列傳〉稱「追齊相田橫至嬴、博，破其騎，所將卒斬騎將一人，生得騎將四人」。嬴下，嬴縣城下。嬴縣的縣治在今山東萊蕪西北。55田橫亡走梁二句　梁，指以大梁（今開封市）為中心的今河南省東北部一帶地區。彭越，劉邦的開國功臣。事跡詳見〈魏豹彭越列傳〉。56且為漢二句　按：楚、漢戰爭開始以來，彭越一直在梁地進行游擊戰，牽制、破壞項羽的後方，以減輕劉邦滎陽主戰場的壓力。開始時，彭越雖未明確歸屬劉邦，但卻始終未幫過項羽。郭嵩燾《史記札記》曰：「項羽與高祖相距滎陽，所以卒不得志，以彭越居梁地絕其糧道為後患也。彭越始終為漢，未嘗一為楚也。」57令曹參進兵破殺田既於膠東　〈曹相國世家〉稱曹參「定齊，凡得七十餘縣。得故齊王田廣相田光，其守相許章，及故齊膠東將軍田既」。58使灌嬰破殺齊將田吸於千乘　千乘，秦縣名，縣治在今山東高青東北。〈樊酈滕灌列傳〉稱灌嬰「攻下嬴、博，破齊將軍田吸於千乘，所將卒斬吸」。59乞自立為齊假王二句　假王，權且代行王者之事，此韓信的策略性說法。「乞自立」語不合邏輯，蓋有「請」則不能說「自立」。此事的實情大約是：漢四年十一月，韓信破殺龍且；十二月，韓信平定全齊，於是遂「自立為齊王」；正月，韓信派人向劉邦請封；漢二月，劉邦無奈遂聽張良、陳平之議而使張良往封之。對比〈樊酈滕灌列傳〉云：「齊地已定，韓自立為齊王。」這種用語僅此一見；其他則皆謂韓信請封，劉邦從而封之，無倚勢自立之病矣。蓋史公同情韓信，有意為之回護也。過程見〈淮陰侯列傳〉。60漢滅項籍　事在漢五年（西元前二〇二年）十二月。詳情見〈高祖本紀〉、〈項羽本紀〉。61漢王立為皇帝　事在漢五年二月。62以彭越為梁王　國都定陶（今山東定陶西北）。據〈高祖本紀〉，乃劉邦先於漢五年二月即皇帝位，而後下詔封彭越與移封韓信等；據《漢書．高帝紀》，則是劉邦先於五年正月封彭越與移封韓信等，而後乃韓信等上疏請劉邦即皇帝位。比較二者，似《漢書》較合情理。63田橫懼誅　凌稚隆《漢書評林》曰：「橫走梁歸越時，越尚中立，未屬漢也。而今越受漢之封，為梁王矣，則橫無所歸，以故懼。」64居島中　今山東青島嶗山之東北海中有田橫島。王先謙引《元和郡縣志》以為該島名曰小高山，在海州（今江蘇連雲港西南）東北的大海中。說它「三面絕壁，皆百餘仞，惟東南一道略通行人」。王先謙說：「小高山，今南直海州東，高七百二十丈，周圍十餘里，去岸二十餘里，中可居十餘家。其上累石為城，謂之田橫固。」65本定齊　最早的平定齊地。本，初始。「本定」語又見於〈魏豹彭越列傳〉。66收　招納。67酈商　劉邦的開國功臣，以功封曲周侯。事跡見〈樊酈滕灌列傳〉。68賢　有本事；有才幹，與今之單指道德操行者不同。69庶人　平民百姓。70衛尉　當時的「九卿」之一，負責護衛宮庭，當時有未央宮衛尉、長樂宮衛尉。71即　如；若。72人馬從者敢動搖者致族夷　誰敢動一動田橫的人馬隨從，就把誰滿門抄斬。致，招來。族夷，即夷族。師古曰：「言平除其族。」73持節　手執旌節。節，帝王使者外出所持的信物。74詔商狀　囑咐酈商的樣子。75大者王二句　好的話可能封王，最小也不會小於封侯。76乘傳　乘坐著驛站上的傳車。《集解》引如淳說：「四馬下足為乘傳。」似與此處不合。77雒陽　即洛陽，劉邦初建國時的首都。(78)未至三十里　指離著洛陽還有將近三十里。(79)尸鄉廄置　尸鄉的驛站。尸鄉，偃師縣內的鄉名，在今河南偃師城西。廄置，養著驛馬以備使用的所在，即驛站。廄，馬棚。置，驛站。(80)沐　洗頭，通常也用為洗浴之意。(81)俱南面稱孤　都一樣是稱王的人。師古曰：「王者自稱曰『孤』，蓋為謙也。《老子．德經》曰：『貴以賤為本，高以下為基，是以侯王自稱孤、寡、不穀。』」(82)亡虜　逃亡的囚徒。(83)形容尚未能敗二句　形容，形體容貌。敗，腐爛。葉玉麟《批注史記》曰：「史公但敘豪傑處，必作激昂慷慨語以狀其人。」(84)奉　捧。(85)奏　進呈。(86)有以也夫　猶今所謂「不是偶然的」。有以，有原因；有道理。(87)更王　交替著依次稱王。(88)為之流涕　洪邁《容齋隨筆》曰：「橫不顧王侯之爵，視死如歸，故漢祖流涕稱其賢，班固以為雄才。韓退之行其墓下，為文以弔曰：『自古死者非一，夫子至今有耿光。』其英烈凜然，至今猶有生氣也！」王鳴盛《十七史商榷》曰：「高帝召田橫，恐其為亂，非真欲赦之。橫自知不免，來而自殺，高帝為流涕，葬以王禮，高帝慣有此一副急淚，借以欺人屢矣，不獨於田橫為然。心實幸其死，非真惜而哀之也。」按：劉邦破殺項羽後，「禮葬項王穀城，漢王為之發哀，泣之而去。」蓋與此略同也。又，洪邁之盛讚田橫，似有感於南宋時事而發。(89)都尉　武官名，位在將軍之下，略如今之上校。漢代有時任以為獨當一面的軍官，有時設在新占領區主持當地的軍政事務。(90)以王者禮葬田橫　《正義》曰：「齊田橫墓在偃師西十五里。崔豹《古今注》云：『〈薤露〉、〈蒿里〉，送哀歌也，出田橫門人。田橫自殺，門人傷之而作悲歌。』」按：〈薤露〉、〈蒿里〉二曲之古辭今存，即「薤上露，何易晞」云云，見郭茂倩《樂府詩集》。陳直曰：「宋玉〈對楚王問〉所云之〈薤露〉、〈下里〉皆為楚歌，疑田橫之客用舊有之曲名而歌以新辭。」(91)吾聞其餘尚五百人在海中二句　按：此對話未完，而以敘述補足之例也。(92)至則聞田橫死二句　意謂劉邦的使者到達海島，田橫的五百人方從使者的口中得知田橫自殺的消息，遂亦皆自殺。《史記評林》引王守仁曰：「一人不屈，而五百人相率以蹈之，橫蓋深有以感之也，吾於橫乎有取。」又引楊維楨曰：「二客死以烈，而五百人又同一烈，橫之所獲也多矣。使橫生戰國，其得士豈不出四豪右哉？」梁玉繩曰：「五百人皆自殺，恐傳聞非實，乃溢美之言也。諸葛誕為司馬昭所誅，麾下數百人坐不降見斬，皆曰『為諸葛公死不恨』。〈魏志〉所書如此，而注引干寶《晉紀》云：『數百人拱手為列，每斬一人，輒降之，竟不變，至盡，時人比之田橫。』疑亦不免溢美。」

【語　譯】項羽解救了趙國的危機後，不久又收降了章邯等，接著率軍西進屠掠了咸陽城，滅掉了秦朝。在他分封各路首領為王為侯的時候，他把齊王田市改封為膠東王，讓他建都於即墨。齊將田都因為跟著項羽一塊救過趙，又跟著項羽一起入了關，所以項羽就封他做了齊王，建都於臨淄。還有原齊王田建的孫子田安，在當初項羽渡河救趙的時候，曾攻下濟北好幾座城，並率軍歸附了項羽，於是項羽就立田安做了濟北王，建都於博陽。而田榮則因為當初背叛項梁，沒有出兵幫助楚、趙攻秦，所以沒被封王；當時的趙將陳餘也沒有被封為王；兩個人全都怨恨項羽。

2 項羽分封完畢，回歸彭城後，各路諸侯也都各自回到自己的封國去了，這時田榮就派人領兵幫著陳餘，讓他在趙地起兵倒項，同時田榮自己也發兵抗擊田都，不讓他到臨淄來。田都被打敗，只好又去投靠了項羽。田榮留住了齊王田市，不讓他到膠東去。田市左右的人對田市說：「項王強悍暴虐，他把您封為膠東王，如果您不去，那肯定是危險的。」田市心裡害怕，於是就背著田榮，悄悄地跑到膠東去了。田榮聞訊大怒，派人追到即墨，殺了田市。而後又掉頭攻殺了濟北王田安。於是田榮就自己當了齊王，把齊、膠東、濟北三個國家的地盤全都歸為己有。

3 項羽聽到這個消息後，大發雷霆，於是親自率軍北上討伐。齊王田榮被打敗，逃到了平原縣，被平原人殺掉了。接著項羽就殘暴地焚燒鏟平了齊國所有的城池，軍隊走到哪裡，哪裡的百姓就被通通殺光。齊人被逼得走投無路，遂又嘯聚而起。這時田榮的弟弟田橫集合了齊國的散兵幾萬人，又在城陽反抗項羽。恰好這時劉邦正率領各路諸侯擊敗了楚軍，進入了項羽的首都彭城。項羽聽到這個消息，只好從齊國撤軍了。項羽回去在彭城打敗了劉邦後，又接著與劉邦連年戰鬥，兩軍相持於滎陽。因此田橫就趁著這個機會，重新收復了齊國的全部城邑，他擁立了田榮的兒子田廣為齊王，田橫自己做丞相，掌管著國家的全部政務，無論大事小事，都由田橫來決斷。

4 田橫平定了齊國的第三年，劉邦派酈食其前來勸齊王田廣和齊相田橫反楚歸漢。田橫同意了，於是就解除了齊國西線歷下守軍的戒備狀態。這時漢將韓信正率軍東下，準備攻擊齊國。齊國當初本是派了華無傷和田解駐兵歷下以抵禦韓信的，後來劉邦的使者酈食其來了，田橫就下令撤銷了守備，與酈食其縱情暢飲，並準備派人去和劉邦簽訂條約。這時韓信已經平定了趙、燕兩國，他按著蒯通的主意，悄悄地在平原津渡過了黃河，襲擊了駐紮在歷下的齊國守軍，並很快地攻入了齊國首都臨淄。齊王田廣和齊相田橫都非常氣憤，以為是酈食其騙了自己，於是就把酈食其給活活煮死了。接著齊王田廣向東逃到了高密，丞相田橫則逃到了博縣，守相田光逃到了城陽，將軍田既率軍駐守在膠東。這時項羽派了龍且率兵來救齊，齊王田廣與龍且合兵駐守高密。結果經過一場大戰，齊、楚兵敗，龍且被韓信、曹參等所殺，齊王田廣被俘，守相田光被漢將灌嬰所追獲。接著灌嬰又追田橫到了博縣，這時田橫聽說齊王田廣已經死了，於是就自立為齊王，率軍反擊灌嬰，結果在嬴縣城下被灌嬰擊敗。田橫隻身逃到梁地，歸附了彭越。彭越當時在梁地保持中立，時而傾向劉邦，時而傾向項羽。韓信打敗楚軍殺了龍且後，接著就命令曹參進兵膠東，擊敗並殺死了田既，同時又命令灌嬰進攻千乘。擊敗並殺死了齊將田吸。到此齊國已全部被韓信平定，韓信派人去向劉邦請求暫時充當代理齊王，劉邦就順勢封他做了真正的齊王。

5 又過了一年多，劉邦消滅了項羽，自己當了皇帝，並封彭越做了梁王。田橫害怕被劉邦所殺，於是就和他手下的五百多人一起逃到海島上去了。劉邦聽說後，考慮到田橫兄弟是最早在齊地起兵反秦並在齊地建立國家的，齊國的許多賢能之士都歸附他們，現在田橫在海島上，如果不及早收服，日後怕難免生亂子。於是劉邦就派人到海島去宣布赦免田橫，並召他進京。田橫推辭說：「我曾煮死過您的使臣酈食其，聽說他的弟弟酈商現在正做著漢朝的將軍而且很有才幹，我很害怕不敢奉命前來。我只請求能讓我做個普通百姓，住在海島中就滿足了。」使臣回來報告後，劉邦命令衛尉酈商說：「田橫就要來了，別說田橫本人，就是他的侍從，你要是敢動他們一動，我就要滅了你的滿門。」然後劉邦又派人手持符節去找田橫，把警告酈商的事情都對他講了，並說：「田橫要是來了，好的話可能封你為王，最起碼也能封你為侯；要是不來，我馬上就要派兵來討伐你。」於是田橫只好帶著兩個門客乘驛車向洛陽出發了。

6 走到離洛陽還有三十里的時候，他們來到了尸鄉一個備有馬匹的驛站，田橫對劉邦的使者說：「臣民見天子，應當先沐浴淨身。」於是他們就住了下來。田橫對他的兩個門客說：「我當初與劉邦一樣，都是南面稱王的，如今他做了天子，而我卻得以一個亡國俘虜的身分去侍奉他，這恥辱已經夠大的了。何況我還煮了別人的哥哥，現在卻要同被煮者的弟弟一道去侍奉同一個主子，即便是人家害怕天子的命令，不敢把我怎麼樣，難道我自己就於心無愧嗎？再說，皇上之所以想見我，不過想看看我的長相而已。現在皇上就在洛陽，如果在這裡砍掉我的頭，快馬加鞭三十里送到洛陽，面容還壞不了，皇上還是可以看得清楚的。」於是拔劍自殺了，他讓他的門客帶著頭，隨同使者飛奔到洛陽進呈給劉邦。劉邦見到田橫的人頭歎息說：「唉，的確是有道理呵！從平民起家，兄弟三人相繼為王，難道不就是因為他們才德出眾嗎！」他感動得為田橫流下了眼淚。於是立即任命田橫的這兩個門客為都尉，並派了兩千士兵挖土起墳，以王者的禮儀安葬了田橫。

7 田橫被安葬以後，那兩個門客各在田橫的墓旁挖了一個窟窿，在裡面自殺，為田橫殉葬。劉邦聽說後，大吃一驚，開始覺得田橫的門客個個都是賢人。「我聽說田橫還有五百人留在海島」，於是就派使者去召他們進京。五百人進京後聽說田橫已死，於是也都一齊自殺了。人們從這件事情上更加清楚地認識到了田橫兄弟們的得人心。

太史公曰：甚矣蒯通之謀❶，亂齊驕淮陰❷，其卒亡此兩人❸！蒯通者，善為長短說❹，論戰國之權變❺，為八十一首❻。通善齊人安期生❼，安期生嘗干❽項羽，項羽不能用其筴。已而項羽欲封此兩人，兩人終不肯受，亡去。田橫之高節，賓客慕義而從橫死，豈非至賢！余因而列焉。不無善畫者，莫能圖，何哉❾？

【章　旨】以上為第三段，是作者的論贊，作者傾心地讚美了田橫的能得士，譴責了蒯通出壞主意，致使韓信與田氏之齊皆不得善終的可悲結局。

【注　釋】❶蒯通之謀　指勸韓信不要顧忌劉邦之派酈生說降，要迅即發兵而攻之。其語詳見〈淮陰侯列傳〉。❷亂齊驕淮

陰　使田氏之齊頓遭毀滅，也使韓信滅齊後稱王，更加居功不遜。❸兩人　指田橫、韓信。郭嵩燾曰：「蒯通之說韓襲齊，意在使信據齊以為資耳，而齊乃覆滅；然使田橫約降，而漢遂拜廣為齊王，終亦與燕、趙同就屠滅而已。楚、漢之爭，天下一大變局也，高祖芟夷豪傑，以開秦漢以後數千年之局，田橫愈賢，愈不能容也。」❹長短說　《索隱》曰：「言欲令此事長，則長說之；欲令此事短，則短說之，故《戰國策》亦名『短長書』是也。」瀧川曰：「長短，猶言縱橫。」❺權變　不講經，只講權；不講常理，只講隨機應變。是戰國士人之特徵，也是《戰國策》一類著作的基本傾向。❻為八十一首　據《漢書．蒯通傳》，此八十一篇號為《雋永》，然《漢書．藝文志》不載，只載《蒯子》五篇。今人又有懷疑現存之《戰國策》即出於蒯通之手者，然亦止於推測而已。❼安期生　安期先生，姓安名期，楚漢之際的黃老兼神仙家一流，其人又見於〈封禪書〉與〈樂毅列傳〉。❽干　謁；求見。❾不無善畫者三句　畫，一種說法指謀劃，一種說法指繪畫。圖，有人以為指圖謀，有人以為指畫像。《索隱》曰：「言天下非無善畫之人，而不知圖畫田橫及其黨慕義死節之事，何故哉？嘆畫人不知畫此也。」王念孫贊同《索隱》說。而顧炎武則曰：「謂以橫兄弟之賢，而不能存齊。」瀧川贊同顧氏說，而以《索隱》說為「瞶瞶」，錢鍾書《管錐編》亦支持顧氏說。顧說固亦可通，然作「繪畫」解恐亦未必便是「瞶瞶」。司馬遷在〈留侯世家〉中說張良：「余以為其人計魁梧奇偉，至見其圖，狀貌如婦人好女。」可見司馬遷確實是在尋找一些重要人物的圖像。由於景慕田橫，因而遺憾沒有人能把他們畫下來，不也正順理成章嗎？王叔岷曰：「蓋史公作〈田儋傳〉，序列田橫及其賓客慕義死節之事，亦冀有人能圖畫其事以表彰之也。」陳直曰：「西漢初之畫謂壁畫及絹帛畫，東漢則尚石刻畫像，所畫之人有古帝王、孝子、忠臣、烈士、義士、烈女等類型。田橫賓客合於烈士範疇，在太史公之意，可與聶政、荊軻並圖也。」

【語　譯】太史公說：蒯通的主意也太毒了，它搞亂了齊國，驕縱了韓信，最終導致了田橫和韓信兩個人的死亡。蒯通這個人，善於說長道短，他曾專門闡發戰國時期的權變策術，寫成了《雋永》八十一篇。蒯通與齊人安期生是好朋友，安期生曾去找過項羽，但項羽不能採納他的意見。後來當項羽又想封賞這兩個人時，這兩個人堅決不接受，悄悄離去了。田橫的節操高尚，賓客們敬慕田橫以至於願為田橫殉葬，他們的品德難道不是至高無上的嗎！我因此在這裡寫下他們的事跡。天下並不是沒有善於繪畫的人，可是卻沒有人把他們畫下來，這是為什麼呢？

【研　析】〈田儋列傳〉記述了秦末以至楚、漢戰爭中齊國田氏政權的興衰過程，揭示了這一政權在當時各種勢力的角逐中所起的特殊作用，其思想意義大體如下：

一、司馬遷通過本篇作品揭示了劉邦得天下的某些外部因素，他認為是田氏在客觀上幫助劉邦打敗了項羽。〈太史公自序〉說：「諸侯畔項王，唯齊連子羽城陽，漢得以間遂入彭城。作〈田儋列傳〉。」這裡指的是項羽分封諸侯後，田榮首先倒項，將項羽封於齊地的三王或逐或殺，自己通通占有了齊國故地。至項羽擊田榮，田榮敗死，其弟田橫復起兵反項羽。正當項羽被他們牽制於齊地時，劉邦遂趁機還定三秦，並大舉東下攻入了項羽的首都彭城。對此，明代黃淳耀說：「羽北伐，而漢遂得劫五諸侯共乘間東向矣，榮之舉事非以為漢，而實陰為漢用也。」（《史記評林》引）王鳴盛說：「項氏之敗，半為田氏牽綴。不西憂漢，而北擊齊，以此致亡。」（《十七史商榷》）齊樹楷說：「此傳寫田氏，以其羈楚軍，為破楚助也。」

二、本文也揭示了田儋三兄弟這支割據勢力極端短視與自私。田儋一起事就為獨霸齊國而擊破了陳勝派去略地的周市軍，客觀上幫助了秦軍。當田儋被秦將章邯擊殺後，其弟田榮被困於東阿，是項梁擊破秦軍解其東阿之圍，但田榮卻不隨項梁擊秦，而是立即回師打跑被齊人新立為齊王的田假。不久，項梁約田榮共擊秦軍，田榮提出以殺掉在楚、趙聯軍中避難的田假、田角、田間三人為先決條件。由於這樁交易不成，他便「終不肯出兵」，故使項梁戰敗被殺，趙國被圍，客觀上又一次地幫助了秦軍。黃淳耀說：「榮之復振，皆項氏力也，微梁，榮且將蟲出矣。榮乃要楚、趙殺田假一門三人，以楚之不殺也，復用為讎，坐視項梁之敗，不義甚矣。」後來田榮為爭當齊王又首先倒項，客觀上幫助了劉邦。也正是由於他們的極端自私和政治觀念的短視，最終也未能逃脫覆滅的命運。

三、司馬遷對田橫的「能得士」以及他最後寧死不屈的氣節表示了崇敬之情。本傳的論贊中說：「田橫之高節，賓客慕義而從橫死，豈非至賢！余因而列焉。」劉邦平定天下後，田橫等避難海島，劉邦為根除後患，「使赦田橫罪而召之」，田橫以臣事劉邦為恥，便在距離洛陽尚有三十里處自殺了。對於這段悲壯的故事，吳見思說：「中間寫田橫自剄一段，尤慷慨明淨。」本傳開篇就說田氏三兄弟「宗彊，能得人」，後面在寫了跟隨田橫入京的二客和其餘五百賓客相繼自殺的悲壯情景後，司馬遷又特書一筆，「於是迺知田橫兄弟能得士也」。對此，李景星說：「起首曰『能得人』，結尾曰『能得士』，首尾照應，尤一篇扼要處。蓋太史公為田儋兄弟立傳，以其賢也。而其所以賢，則在於能得人。」（《四史評議》）錢穆說：「司馬遷作《史記》乃取法孔子之《春秋》，其記事多採之《左傳》、《國策》諸書，而有取捨，又有增益，茲不論，姑論其載楚、漢之際及西漢開國後事，則所略而不備者多矣，而乃特載田橫其人與其事。此亦特見中國之史學精神、民族精神處。」「田橫英名乃垂百世，長為吾中華民族一人物，此亦一成功，非失敗。」（《現代中國學術論衡》）

卷九十五

樊酈滕灌列傳第三十五

【題解】本篇是樊噲、酈商、夏侯嬰、灌嬰四人的合傳，樊、酈、滕、灌四人都是一開始就跟從劉邦起事，隨劉邦一道攻入咸陽；又一道隨劉邦到漢中上任，一道從漢中殺出，收復三秦；又一道隨劉邦打敗項羽，輔佐劉邦做了皇帝，而他們自己也一道被劉邦封為列侯。他們對劉邦忠心耿耿，劉邦對他們也深信不疑，他們是劉邦的基本班底。司馬遷分別詳細地記述了他們的歷史活動，以及劉邦政權這種「布衣將相之局」的形成過程。其中樊噲是劉邦的連襟，呂后的妹夫，軍功累累，但去世相對較早；其餘三人都不僅在滅秦、滅項中戰功煊赫，而且在劉邦身後的翦滅諸呂中還都起了輕重不同的作用。

1 舞陽侯❶樊噲者，沛❷人也。以屠狗❸為事，與高祖俱隱❹。

2 初從高祖起豐❺，攻下沛❻，高祖為沛公，以噲為舍人❼。從攻胡陵、方與❽，還守豐。擊泗水監豐下，破之❾。復東定沛❿，破泗水守薛西⓫。與司馬𡰖戰碭東⓬，卻敵，斬首十五級，賜爵國大夫⓭。常從，沛公擊章邯軍濮陽⓮，攻城先登⓯，斬首二十三級，賜爵列大夫⓰。復常從，從攻城陽⓱，先登。下戶牖⓲，破李由軍⓳，斬首十六級，賜上閒爵[20]。從攻圍東郡守尉於成武[21]，卻敵，斬首十四級，捕虜十一人，賜爵五大夫[22]。從擊秦軍，出亳南[23]。河閒守軍[24]於杠里[25]，破之。擊破趙賁[26]軍開封[27]北，以卻敵先登，斬候[28]一人，首六十八級，捕虜二十七人，賜爵卿[29]。從攻破楊熊軍於曲遇[30]。攻宛陵[31]，先登，斬首八級，捕虜四十四人，賜爵封號賢成君[32]。從攻長社、轘轅[33]，絕河津[34]，東攻秦軍於尸[35]，南攻秦軍於犨[36]。破南陽守齮於陽城東[37]。攻宛城，先登[38]。西至酈[39]，以卻敵，斬首二十四級，捕虜四十人，賜重封[40]。攻武關[41]，至霸上[42]，斬都尉[43]一人，首十級，捕虜百四十六人，降卒二千九百人。

3 項羽在戲下[44]，欲攻沛公。沛公從百餘騎因項伯[45]面見項羽，謝無有閉關事[46]。項羽既饗軍士[47]，中酒[48]，亞父[49]謀欲殺沛公，令項莊[50]拔劍舞坐中，欲擊沛公，項伯常屏蔽[51]之。時獨沛公與張良[52]得入坐，樊噲在營外，聞事急，乃持鐵盾入。到營，營衛止噲，噲直撞入[53]，立帳下[54]。項羽目之，問為誰。張良曰：「沛公參乘[55]樊噲。」項羽曰：「壯士。」賜之卮酒彘肩。噲既飲酒，拔劍切肉食，盡之。項羽曰：「能復飲乎？」噲曰：「臣死且不辭，豈特卮酒乎[56]！且沛公先入定咸陽[57]，暴師[58]霸上，以待大王[59]。大王今日至，聽小人之言，與沛公有隙。臣恐天下解[60]，心疑大王也。」項羽默然。沛公如廁，麾樊噲去。既出，沛公留車騎[61]，獨騎一馬，與樊噲等四人[62]步從，從閒道山下[63]歸走霸上軍，而使張良謝[64]項羽。項羽亦因遂已[65]，無誅沛公之心矣。是日微樊噲犇入營譙讓項羽，沛公事幾殆[66]。

4 明日[67]，項羽入屠咸陽[68]，立沛公為漢王[69]。漢王賜噲爵為列侯[70]，號臨武侯[71]。遷為郎中[72]，從入漢中[73]。

5 還定三秦[74]，別擊[75]西丞[76]白水[77]北，雍輕車騎於雍南，破之[78]。從攻雍、斄城[79]，先登。擊章平軍好畤[80]，攻城，先登陷陣，斬縣令丞各一人，首十一級，虜二十人，遷郎中騎將[81]。從擊秦車騎壤東[82]，卻敵，遷為將軍。攻趙賁[83]，下郿[84]、槐里[85]、柳中[86]、咸陽；灌廢丘，最[87]。至櫟陽[88]，賜食邑杜之樊鄉[89]。從攻項籍[90]，屠煮棗[91]。擊破王武、程處[92]軍於外黃[93]。攻鄒[94]、魯[95]、瑕丘[96]、薛[97]。項羽敗漢王於彭城[98]，盡復取魯、梁地[99]。噲還至滎陽[100]，益食平陰二千戶[101]，以將軍守廣武一歲[102]。項羽引而東[103]，從高祖擊項籍[104]，下陽夏，虜楚周將軍卒四千人[105]。圍項籍於陳，大破之[106]，屠胡陵[107]。

6 項籍既死，漢王為帝[108]，以噲堅守戰有功[109]，益食八百戶。從高帝攻反燕王臧荼，虜荼，定燕地[110]。楚王韓信反[111]，噲從至陳，取信，定楚[112]。更賜爵列侯，與諸侯剖符[113]世世勿絕，食舞陽[114]，號為舞陽侯，除前所食。以將軍從高祖攻反韓王信於代[115]。自霍人以往至雲中[116]，與絳侯[117]等共定之，益食千五百戶。因擊陳豨與曼丘臣軍[118]，戰襄國[119]，破柏人[120]，先登。降定清河[121]、常山[122]凡二十七縣，殘東垣[123]，遷為左丞相[124]。破得綦毋卬、尹潘軍於無終、廣昌[125]。破豨別將胡人王黃[126]軍於代南[127]，因擊韓信軍[128]於參合[129]。軍所將卒[130]斬韓信，破豨胡騎橫谷[131]，斬將軍趙既，虜代丞相馮梁[132]、守孫奮[133]、大將王黃、將軍、太僕解福[134]等十人。與諸將共定代鄉邑七十三。其後燕王盧綰反[135]，噲以相國[136]擊盧綰，破其丞相抵薊南[137]，定燕地，凡縣十八，鄉邑五十一。益食邑千三百戶，定食舞陽五千四百戶。從斬首[138]百七十六級，虜二百八十八人；別破軍[139]七，下城五，定郡六，縣五十二，得丞相一人，將軍十二人，二千石已下至三百石十一人。

7 噲以呂后女弟呂須為婦，生子伉，故其比諸將最親。

8 先黥布反時[140]，高祖嘗病甚，惡見人[141]，臥禁中[142]，詔戶者[143]無得入羣臣[144]。羣臣絳、灌[145]等莫敢入，十餘日，噲乃排闥[146]直入，大臣隨之。上獨枕一宦者臥[147]。噲等見上流涕曰：「始陛下與臣等起豐、沛，定天下，何其壯也！今天下已定，又何憊也！且陛下病甚，大臣震恐，不見臣等計事，顧獨與一宦者絕乎(148)？且陛下獨不見趙高之事(149)乎？」高帝笑而起。

9 其後盧綰反，高帝使噲以相國擊燕。是時，高帝病甚，人有惡噲黨於呂氏(150)，即上一日宮車晏駕(151)，則噲欲以兵盡誅滅戚氏(152)、趙王如意(153)之屬。高帝聞之，大怒，乃使陳平載絳侯代將，而即軍中斬噲(154)。陳平畏呂后，執噲詣長安。至則高祖已崩，呂后釋噲，使復爵邑。

10 孝惠六年(155)，樊噲卒，謚為武侯。子伉代侯，而伉母呂須亦為臨光侯(156)，高后時用事專權(157)，大臣盡畏之。伉代侯九歲，高后崩(158)，大臣誅諸呂、呂須婘屬(159)，因誅伉(160)。舞陽侯中絕數月，孝文帝既立(161)，乃復封噲他庶子市人(162)為舞陽侯，復故爵邑。市人立二十九歲卒(163)，謚為荒侯。子他廣代侯，六歲(164)，侯家舍人得罪他廣，怨之，乃上書曰：「荒侯市人病不能為人(165)，令其夫人與其弟亂而生他廣，他廣實非荒侯子，不當代後。」詔下吏(166)。孝景中六年(167)，他廣奪侯為庶人，國除(168)。

【章旨】以上為第一段，寫劉邦功臣樊噲的生平事跡。

【注釋】❶舞陽侯　封地舞陽縣，縣治在今河南舞陽西北。❷沛　秦縣名，即今江蘇沛縣。❸屠狗　《正義》曰：「時人食狗亦與羊豕同，故噲專屠以賣之。」瀧川曰：「《孟子．梁惠王》：『雞豚狗彘之畜，無失其時，七十者可以食肉。』此狗亦食其肉也。」王先謙引周壽昌曰：「古者食犬與羊豕同，漢猶然也，唐以來不復以犬充膳矣。」❹與高祖俱隱　〈高祖本紀〉云：「秦始皇帝常曰『東南有天子氣』，於是因東遊以厭之。高祖即自疑，亡匿，隱於芒、碭山澤巖石之間。」是樊噲於此時即跟隨之也。❺初從高祖起豐　豐，當時沛縣裡的一個鄉邑名，劉邦的老家之所在，漢代建國後遂升為縣。凌稚隆曰：「以下凡用十五『從』字。」❻攻下沛　事在秦二世元年（西元前二〇九年）九月。陳勝於此年七月揭竿而起後，天下紛紛響應，沛縣縣令與蕭何、曹參等謀議亦欲起兵應之，派樊噲去請劉邦。事後沛令又反悔了，於是劉邦遂攻下沛縣，自立為沛公。事見〈高祖本紀〉。❼舍人　原指貴族門下的賓客、食客，這裡即指貼身侍從。❽從攻胡陵方與　胡陵，秦縣名，縣治在今山東魚台東南。方與，秦縣名，縣治在今山東魚台西。唐順之曰：「傳內凡言『從』者，從沛公行軍也；『別』者，分軍專攻也。」❾擊泗水監豐下二句　事在秦二世二年（西元前二〇八年）十一月（當時以十月為歲首）。蓋劉邦等舉事後，泗水監率兵來討，劉邦等乃擊破之也。泗水，秦郡名，郡治相縣（今安徽淮北西北），當時沛縣是泗水郡的屬縣。「泗水監」即泗水郡的郡監，秦時各郡的長官有郡守、郡丞、郡監三人，郡監由朝廷派御史到各郡充任。據〈高祖本紀〉，此泗水監名「平」，史失其姓。❿復東定沛　曰「復東定」者，蓋沛縣前被秦軍奪去，今劉邦復又攻占之也。⓫破泗水守薛西　事在秦二世二年十一月，據〈秦楚之際月表〉，劉邦於此役中殺泗水守。泗水守，泗水郡的郡守，據〈高祖本紀〉知此人名「壯」，史失其姓。薛，秦縣名，縣治在今山東滕縣南，西南距沛縣不足百里。⓬與司馬𡰥戰碭東　司馬𡰥，秦將，司馬是官名，在軍中主管司法，其人名𡰥。𡰥，通「夷」。碭，秦縣名，縣治在今河南夏邑東南。也是秦郡名，郡治睢陽（今河南商丘西南）。⓭國大夫　《集解》引文穎曰：「即官大夫。」按：官大夫是秦爵二十級中由下而上的第六級。秦爵二十級詳見〈商君列傳〉注。⓮擊章邯軍濮陽　事在秦二世二年七月。章邯，秦將，曾打敗陳勝，破殺項梁，後被項羽打敗，投降項羽，事見〈項羽本紀〉。濮陽，秦縣名，也是當時東郡的郡治所在地，在今河南濮陽西南。⓯先登　凌稚隆曰：「以下凡五用『先登』字。」⓰列大夫　《集解》引文穎曰：「即公大夫。」按：公大夫在秦爵二十級中屬第七級。⓱城陽　也作「成陽」。秦縣名，縣治在今山東鄄城東南。⓲下戶牖　攻下了戶牖。戶牖，鄉邑名，漢時設東昏縣，縣治在今河南蘭考北。⓳破李由軍　事在秦二世二年八月。李由，秦丞相李斯之子，當時為三川郡（郡治洛陽）守，於此役中被劉邦、項羽所殺，過程見〈項羽本紀〉、〈高祖本紀〉。⓴賜上聞爵　梁玉繩曰：「《索隱》本作『上聞』，與《漢書》同，各本譌『間』字。」王先謙引錢大昭曰：「『上聞爵』即『公乘爵」，第八級也。」按：所謂「上聞」，師古引晉灼曰：「名通於天子也。」王先謙引沈欽韓曰：「噲為沛公私將，此『上聞爵』亦得上達懷王也。」㉑從攻圍東郡守尉於成武　東郡守尉，東郡（郡治濮陽）的郡守與郡尉。成武，秦縣名，即今山東成武。按：劉邦攻東郡守尉於成武事，在秦二世三年（西元前二〇七年）十月。梁玉繩、郭嵩燾等皆引《漢書》本傳以為「圍」乃「圉」（地名）字之誤，王先謙引〈高祖紀〉、〈曹參傳〉、〈灌嬰傳〉以為「圍」字不誤，乃《漢書》作「圉」者誤也，其說可信。㉒五大夫　秦爵二十級中的第九級。㉓出亳南　經由亳縣南。亳，古邑名，錢穆《史記地名考》以為在今河南商丘東南。㉔河間守軍　梁玉繩曰：「秦無河間郡，安得有『河間守』？《經史答問》曰：『杠里在梁、周間，非河間之所部，其為誤不待言。以地按之，或是三川守之軍。』」按：王叔岷引王國維《秦郡考》以為秦有「河間郡」。又：「河間守軍」四字上應有「擊」字始順。㉕杠里　古邑名，在今山東成武西。㉖趙賁　章邯的部將。㉗開封　秦縣名，縣治在今河南開封西南。㉘候　軍官名。古代軍制，將軍軍營下分部，部設校尉；部下分曲，曲設軍候。軍候比六百石。㉙卿　卿的地位相當於後來中央的部級。㉚破楊熊軍於曲遇　事在秦二世三年三月。楊熊，秦將名。曲遇，古邑名，在今河南中牟東。㉛宛陵　秦縣名，在今河南新鄭東北。㉜賜爵封號賢成君　《集解》引徐廣曰：「時賜爵有執帛、執圭，又有賜爵封而加美名以為號也。」師古曰：「楚、漢之際，權設寵榮，假其位號，或得邑地，或受空爵，此例多矣。」㉝長社轘轅　長社，秦縣名，縣治在今河南長葛東。轘轅，關隘名，在今河南偃師東南。㉞絕河津　斷絕黃河渡口。河津，此處指今河南孟津東北的平陰津。據〈高祖本紀〉，時趙將司馬卬正欲渡河入關，劉邦恐其分己之功，於是「北攻平陰，絕河津」，事在秦二世三年四月。㉟尸　鄉邑名，在今河南偃師城西。㊱犨　秦縣名，縣治在今河南魯山東南。㊲破南陽守齮於陽城東　事在秦二世三年六月。南陽守齮，南陽郡的郡守名「齮」。陽城，秦縣名，縣治在今河南方城東。㊳攻宛城二句　宛城，秦縣名，即今河南南陽，當時為南陽郡的郡治所在地。按：據〈高祖本紀〉，宛城乃在劉邦軍的圍攻下投降劉邦，與本文之所謂「攻」者異，事在秦二世三年七月。㊴酈　秦縣名，縣治在今南陽市西北。㊵賜重封　《集解》引張晏曰：「益祿也。」師古曰：「加二號耳。」王先謙曰：「封爵未聞有加二號者，若今之親王雙俸，亦云『雙親王』也。」「雙親王」見乾隆朝《東華續錄》。㊶攻武關　事在秦二世三年八月。武關，關隘名，在今陝西丹鳳東南。㊷至霸上　霸上，在當時的咸陽東南（今西安市東南），為古代咸陽、長安附近的駐兵之所。按：劉邦軍到達霸上，秦王子嬰投降劉邦事在漢元年（西元前二〇六年）十月（當時以十月為歲首）。凌稚隆引余有丁曰：「此不載止宮語，似闕略。」按：劉邦入秦宮後，戀秦宮之繁華，欲休舍其中，樊噲、張良等力諫，始還軍於霸上。事見〈留侯世家〉。㊸都尉　武官名，級別略當於校尉。㊹項羽在戲下　項羽破秦兵於鉅鹿，又接受章邯投降後，於漢元年十二月進入關中，駐兵於戲下。戲下，此詞曾在〈項羽本紀〉、〈高祖本紀〉及本篇反覆出現，王伯祥曾力辯此「戲下」義同「麾下」，近人亦多從之，其實極為牽強。「戲下」有時的確同「麾下」，如用於〈淮陰侯列傳〉中者是也，而於本篇，則絕對不是，張家英曾於《十二本紀疑詁》中詳辨之。戲，水名，流經今臨潼縣東，北入渭水。項羽當時駐兵的鴻門，即在此戲水西側。㊺項伯　項羽的堂叔。㊻謝無有閉關事　按：史公此處表述似欠準確，時劉邦乃向項羽推說其派兵守關非為防項羽，而非否認有派兵守關事。㊼項羽既饗軍士　按：此處表述亦欠準確，項羽本來「饗軍士」，是為了進擊劉邦；而劉邦因項伯會見項羽後，則項羽遂留沛公宴飲，此與「饗軍士」無涉。㊽中酒　《集解》引張晏曰：「酒酣也。」顧炎武曰：「中酒，謂酒半也。凡事之半日『中』。」郭嵩燾曰：「中酒，猶今人言『半席』，張晏注失之。」㊾亞父　指范增，項羽的謀士。項羽對其尊稱為「亞父」，謂禮敬之隆僅次於父也。㊿項莊　項羽的族人，現為項羽部將。(51)屏蔽　本原作「肩蔽」。王念孫曰：「『肩』當『屏』字之誤也。《漢書》作『屏蔽』。」王先謙曰：「〈項羽本紀〉作『翼蔽』，與『屏蔽』義同。」今據改。(52)張良　劉邦的謀士。事跡詳見〈留侯世家〉。(53)噲直撞入　〈項羽本紀〉謂「交戟之衛士欲止不內，樊噲側其盾以撞。衛士仆地，噲遂入」。(54)立帳下　《集解》引徐廣曰：「一本作『立帳下，瞋目而視，眦皆血出』。」(55)參乘　陪同帝王乘車，而充當警衛的武士，即《左傳》中的「車右」。(56)臣死且不辭二句　豈特，豈只。此處應作「何況」解。〈項羽本紀〉作「臣死且不避，卮酒安足辭」，較此為順。(57)入定咸陽　指滅掉了秦王朝，又維持了首都咸陽的治安。(58)暴師　置軍隊於日曬雨淋之下。極言劉邦之謙謹。(59)以待大王　據〈項羽本紀〉，劉邦與張良當時都稱項羽為「將軍」，故《正義》曰：「時羽未為王，史追書。」而張照則說：「直是當時尊奉之詞，觀亞父謂項莊『君王為人不忍』，可見時羽雖未為王，然已擅命立雍王矣。稱以『大王』，若固有之耳。」(60)解　解體；離心離德。(61)留車騎　《正義》曰：「沛公所乘之車及從者之騎。」為不驚動裡面的項羽、范增等人也。(62)與樊噲等四人　即樊噲、夏侯嬰、靳強、紀信。瀧川曰：「《漢書》『樊』上無『與』字，此疑衍。」(63)從間道山下　間道，偏僻小道。此所謂「山」者，即驪山也。(64)謝　謝罪；道歉。(65)遂已　遂告結束。已，終止；結束。(66)是日微樊噲犇入營誰讓項羽二句　微，無；如果沒有。誰讓，責備。殆，危險。按：以上鴻門宴事，在漢元年十二月，過程詳見〈項羽本紀〉。梁玉繩引《讀史漫錄》曰：「此耳食也，項王本無殺沛公之心，直為范增從臾，及沛公一見，固已冰釋。使羽真有殺沛公之心，雖百樊噲，徒膏斧鉞，何益於漢！太史公好奇，大都抑揚太過。」陳仁錫曰：「子長一手作〈項羽本紀〉與〈樊噲傳〉，兩處俱敘噲入鴻門事，紀則豐贍，傳則簡至，俱如畫筆，學者於此中可窺作文關竅。」凌稚隆引王維楨曰：「敘救鴻門一節，與帝紀語不相犯，最得刪潤之法。『是日微樊噲』二句，收束上文最有力。」(67)明日　梁玉繩曰：「〈羽紀〉作『居數日」，與《漢書》羽、噲傳合，此非。」68 項羽入屠咸陽　〈項羽本紀〉曰：「項羽乃引兵西屠咸陽，殺秦降王子嬰，燒秦宮室，火三月不滅。」69 立沛公為漢王　項羽大封天下諸侯，封劉邦為漢王，王巴、蜀、漢中，都南鄭（今陝西漢中）。事在漢元年正月。70 列侯　有封地的侯爵，以與無封地的「關內侯」相區別。但戰爭年代，許多地區尚未占領，因此雖稱「列侯」，實際仍只是名號而已。71 號臨武侯　洪亮吉曰：「傳明言『號臨武侯』，則固以美號賜之，與夏侯嬰號『昭平侯』，傅寬號『通德侯』等同，非實邑也。下云『賜食邑杜之樊鄉』，始有實封耳。」72 郎中　帝王身邊的侍從官員，上屬郎中令。73 從入漢中　劉邦等離開咸陽，翻越秦嶺到南鄭就國。事在漢元年四月。74 還定三秦　劉邦在南鄭拜韓信為大將，按照韓信的方略，迅速由南鄭殺回關中，收復三秦。事在漢元年八月。三秦，指項羽劃分關中地區所封立的章邯的雍國（都廢丘，今陝西興平東南）、司馬欣的塞國（都櫟陽，今陝西臨潼北）、董翳的翟國（都高奴，今陝西延安東北）。當初項羽所以封此三人於關中，目的就是為了使其扼制劉邦的北出。75 別擊　另率一支軍隊單獨出擊，與多數的跟從劉邦作戰相區別。76 西丞　西縣縣丞。西縣的縣治在今甘肅天水西南，縣丞是縣令的副手。77 白水　秦縣名，縣治在今四川廣元西北；同時嘉陵江上游流經白水縣的那一段也稱作「白水」。78 雍輕車騎於雍南二句　意即擊破雍王章邯的車兵、騎兵於雍縣城南。王念孫曰：「上『雍』是章邯為雍王之雍，下『雍』是雍縣也。」雍，秦縣名，縣治在今陝西鳳翔南。瀧川曰：「『擊』字管到下句，『破之』字管到上句。」79 雍斄城　斄，秦縣名，縣治在今陝西武功西南。雍縣、斄縣都是雍國的領地。80 擊章平軍好時　章平，章邯之弟。好時，秦縣名，縣治在今陝西乾縣東北。81 郎中騎將　郎中是帝王的侍從、護衛人員，在這些郎中裡設有戶、車、騎三將。82 從擊秦車騎壤東　郭嵩燾曰：「此當云『章邯車騎』，邯時為雍王，不得更言『秦』也。」按〈曹相國世家〉於此作「三秦」，較此明晰。王先謙引齊召南曰：「〈曹參傳〉曰：『取壤鄉，擊三秦軍壤東。』則壤是鄉名；壤東，壤鄉之東也。」壤鄉，錢穆《史記地名考》以為在今武功縣東南。83 趙賁　原是秦朝的將領，至今仍跟從章邯。84 郿　秦縣名，縣治在今陝西眉縣東北。85 槐里　秦時稱作廢丘，即當時章邯的國都，漢時改稱槐里。86 柳中　《索隱》曰：「即細柳，地在長安西也。」按：細柳是古邑名，在今西安市西北，咸陽市西南。87 灌廢丘二句　《索隱》曰：「謂以水灌廢丘，城陷，其功最上也。文云『攻趙賁，下郿、槐里、柳中、咸陽』，總言所攻陷之邑；別言以水『灌廢丘』，其功特『最』也。何者？初云槐里，稱其新名；後言功最，是重舉，不欲再見其文，故因舊稱廢丘也。」按：劉邦還定三秦，圍章邯於廢丘，始於漢元年八月，章邯嬰城固守，經久不下，直至漢二年（西元前二〇五年）六月始被灌破，任其事者，或即樊噲也。此終言前後事。88 櫟陽　秦縣名，縣治在今陝西臨潼北，前為塞王司馬欣的國都，司馬欣於漢元年八月降漢。89 賜食邑杜之樊鄉　按：樊噲從這時始真正享有封地。

杜，秦縣名，縣治在今陝西西安西南。樊鄉，《索隱》曰：「即樊川也。」(90)從攻項籍　事在漢二年四月。(91)費東　城名，在今山東東明南。(92)王武程處　都是項羽的部將。(93)外黃　秦縣名，縣治在今河南民權西北。(94)鄒　秦縣名，縣治在今山東鄒縣東南。(95)魯　秦縣名，縣治即今山東曲阜。(96)瑕丘　秦縣名，縣治在今山東兗州北。(97)薛　秦縣名，縣治在今山東滕縣南。(98)項羽敗漢王於彭城　事在漢二年四月。是時劉邦乘項羽被田橫牽制於齊地之機，率軍東下，一舉攻入彭城。項羽聞訊後，馳回救援，以騎兵三萬大破劉邦軍五十六萬。詳情見〈項羽本紀〉。(99)魯梁地　泛指今山東西南部、河南東部一帶地區。魯，春秋時國名，國都曲阜。梁，戰國時國名，國都大梁（今開封市）。(100)滎陽　秦縣名，縣治在今河南滎陽東北，是劉邦從此與項羽相拒二年多的主戰場。(101)益食平陰二千戶　謂在原有樊鄉舊地的基礎上，追增平陰二千戶也。益食，指給其增加領地。平陰，秦縣名，縣治在今河南孟津東北。(102)以將軍守廣武一歲　廣武，軍事要地名，在今滎陽東北，當時滎陽西北的黃河邊上。此句蓋謂樊噲守廣武一年，而後遂另有任用。(103)項羽引而東　事在漢四年（西元前二〇三年）九月，當時劉邦與項羽談判，以鴻溝為界，兩方休兵，項羽信以為真，遂撤兵東去。按：劉邦與項羽在滎陽一帶相持共兩年零五個月。(104)從高祖擊項籍　事在漢五年（西元前二〇二年）十月。項羽撤軍後，張良、陳平勸劉邦趁機追擊項羽事，詳見〈高祖本紀〉。(105)下陽夏二句　陽夏，秦縣名，縣治即今河南太康。周將軍，師古曰：「周殷。」瀧川引全祖望曰：「周殷是時守九江，已以軍降漢，會擊陽夏，則是別一人矣，項氏諸將尚有周蘭。」按：似指周蘭，周殷為項羽「大司馬」，地位崇重，《史》文不會稱之為「周將軍」。又，劉邦追至陽夏，韓信、彭越等兵未至，項羽引兵回擊，劉邦還曾遭到慘敗。事詳〈高祖本紀〉。(106)圍項籍於陳二句　據〈高祖本紀〉與韓信、彭越、黥布諸傳，皆云「圍項籍於垓下」，而此則謂「圍項籍於陳」，「陳」即今河南淮陽，「垓下」在今安徽靈壁東南，二地相隔尚遠，固然可以理解為這是一個戰役的不同階段，但說法不統一，終是一病。郭嵩燾曰：「〈高祖本紀〉『追項羽至陽夏南止軍，與韓信、彭越期至固陵。』陽夏、固陵皆屬陳。」按：郭說之事，乃在垓下會戰的兩個月之前，而在陽夏、固陵會戰的失敗者，不是項羽，而是劉邦。(107)屠胡陵　郭嵩燾以為此「胡陵」乃「固陵」之誤，「胡陵」相隔遙遠，與此無涉。按：此處郭說可從，很可能是劉邦為報復其前次失敗而出氣殺人。但酈商傳於此時也提到了「攻胡陵」，不好理解。劉邦、韓信等大破項羽於垓下事，在漢五年十二月。詳見〈高祖本紀〉。(108)漢王為帝　劉邦即皇帝位於定陶事，在漢五年二月。見〈高祖本紀〉。(109)以噲堅守戰有功　徐孚遠曰：「未知所指，疑是追錄守廣武功也。」(110)攻反燕王臧荼三句　事在漢五年七月。臧荼，原是燕王韓廣的部將，因隨項羽入關，被封為燕王。韓信滅趙後，臧荼曾一度歸順劉邦，後又謀反，現被劉邦討平。事見〈韓信盧綰列傳〉。(111)楚王韓信反　韓信破齊後，先是被封為齊王；協助劉邦破殺項羽後，韓信立刻被移封為楚王，都下邳（今江蘇邳州西南）。九個月後，有人告發韓信圖謀造反。[112]噲從至陳三句　為襲捕韓信，陳平為劉邦設謀，讓其假託出巡，召諸侯會於陳，韓信不覺，遂為劉邦所捕，事在高祖六年（西元前二〇一年）十二月。詳見〈高祖本紀〉、〈陳丞相世家〉、〈淮陰侯列傳〉。[113]與諸侯剖符　此指劉邦於高祖六年正月的第一次大封功臣。剖符，將一符剖之為二，帝王與受封者各持其一，以示信。[114]食舞陽　以舞陽縣（縣治在今河南舞陽西北）為樊噲的封地。[115]攻反韓王信於代　事在高祖七年（西元前二〇〇年）初。韓王信，六國時韓國諸侯的後代，因協助劉邦打天下有功，被劉邦封為韓王，為與軍事家韓信相區分，故歷史上稱之為「韓王信」。韓王信開始時的國都在陽翟（今河南禹縣），後被劉邦移封至代，都馬邑（今山西朔縣），遂與匈奴通謀。事跡詳見〈韓信盧綰列傳〉。[116]自霍人以往至雲中　約當今之山西北部和與之臨近的內蒙呼和浩特一帶地區。霍人，漢縣名，縣治在今山西繁畤東北。雲中，漢郡名，郡治在今內蒙托克托東北，呼和浩特西南。[117]絳侯　周勃，劉邦的開國功臣。事跡詳見〈絳侯周勃世家〉。[118]擊陳豨與曼丘臣軍　事在高祖十年（西元前一九七年）九月。陳豨是劉邦的部將，被任為代相國，監代、趙邊兵。因盛養賓客被劉邦所疑，於八月反於代、趙地。詳見〈韓信盧綰列傳〉。曼丘臣，原是韓王信的部將，韓王信叛入匈奴後，曼丘臣等繼續在代、趙地區進行反漢活動。[119]襄國　漢縣名，縣治即今河北邢台。[120]柏人　漢縣名，縣治在今河北隆堯西。[121]清河　漢郡名，郡治清陽（今河北清河東南）。[122]常山　漢郡名，郡治元氏（今河北元氏西北）。[123]殘東垣　殘，《集解》引臣瓚曰：「謂多所殺傷也。」據〈高祖本紀〉，劉邦率軍包圍豨將趙利於東垣（今石家莊市城東北），趙利堅守不下，且令士兵辱罵劉邦，故劉邦破城後下令將凡是罵過自己的一律處死。事在高祖十一年（西元前一九六年）冬。[124]遷為左丞相　按：此「左丞相」只是虛銜，類似情況亦見於下文之酈商以及〈淮陰侯列傳〉、〈曹相國世家〉等。[125]破得綦毋卬句　綦毋卬、尹潘，都是陳豨的部將。無終，漢縣名，縣治即今天津薊縣。廣昌，漢縣名，縣治在今河北淶源西北。[126]王黃　原是韓王信的部將，韓王信叛入匈奴後，王黃與曼丘臣等繼續在代、趙地區進行反漢活動。[127]代南　代郡城南。當時代郡的郡治在今河北蔚縣東北。[128]韓信軍　韓王信的叛軍。[129]參合　漢縣名，縣治在今山西陽高東南。[130]軍所將卒　即柴武，時為樊噲部下。瀧川引洪頤煊曰：「《漢書．高帝紀》：『十一年，將軍柴武斬韓王信於參合。』〈韓王信傳〉：『十一年春，信復與胡騎入居參合，漢使柴將軍斬之。』是時柴將軍屬樊噲，『所將卒』，即武也。」王叔岷曰：「『武為將軍，非卒也。或是武之卒與？』」[131]橫谷　具體地址不詳，《正義》曰：「蓋在代。」[132]代丞相馮梁　當時陳豨自立為代王，任馮梁為丞相。[133]守孫奮　代郡的郡守孫奮。蓋亦陳豨所任也。[134]將軍太僕解福　可理解為將軍與太僕兩個人，將軍失名；也可理解一個人，即解福以太僕之職任將軍。「太僕」上原有「太卜」二字。張文虎《札記》：「疑即下文『太僕』之誤衍。《漢書》亦無。」據刪。(135)燕王盧綰反　事在高祖十二年（西元前一九五年）一月。盧綰原是劉邦自幼的伙伴，極受劉邦寵愛，臧荼謀反被討平後，盧綰被封為燕王。盧綰到燕不久，遂與陳豨等相勾結。事詳〈韓信盧綰列傳〉。(136)相國　「相國」在這裡仍只是加官。(137)破其丞相抵薊南　丞相抵，《索隱》曰：「抵者，丞相之名。」瀧川曰：「〈周勃世家〉：『得綰大將抵、丞相偃。』則『抵』，大將名；『抵』上疑奪『偃大將』三字。」按：瀧川說至為精確。薊南，薊縣城南。薊縣即今北京市，當時燕國的都城。(138)從斬首　在跟隨劉邦作戰中所斬獲的首級。(139)別破軍　自己帶兵獨立作戰中所打敗的敵人。(140)先黥布反時　黥布「反」在高祖十一年七月。關於黥布「反」的原因及其被消滅的過程，詳見〈黥布列傳〉。先，追述用語。徐孚遠曰：「此段在擊燕以前，蓋追敘也。」(141)惡見人　不想見人。惡，厭煩。(142)禁中　宮中。(143)戶者　守門人。(144)無得入羣臣　不准放大臣們進來。(145)絳灌　絳侯周勃、潁陰侯灌嬰，都是劉邦的元老、功臣。(146)排闥　推門闖入。(147)枕一宦者臥　此情景應與〈佞幸列傳〉所記的「籍孺」一併思考，此人是劉邦的男寵。(148)顧獨與一宦者絕乎　難道就這樣地單獨和一個太監做最後的訣別嗎。王先謙曰：「絕，長訣也。」凌稚隆引王慎中曰：「排闥直入，正見比諸將最親處。」王維楨曰：「排闥一節，見噲直而勇，忠而義。」楊慎曰：「流涕數語，粗粗鹵鹵，有布衣之憂，有骨肉之悲，不獨似噲口語，而三反四覆，情辭俱竭，直是子長筆力。至一『絕』字，可諱可悟；趙高一語，更嗚咽而長。」張文虎曰：「侃侃數言，深切簡括，得大臣體，不謂出之於噲也。」瀧川曰：「噲入關，諫沛公出舍；至鴻門說項羽，理直辭壯，足折羽之氣。此其人未必肯黨呂氏，以危劉氏者。以須比雉，幾與祿、產同論，冤哉！」(149)趙高之事　指宦官趙高等先是趁秦始皇死篡改詔書，殺扶蘇，立胡亥，後來又想自己為帝，殺胡亥於望夷宮事。見〈秦始皇本紀〉。(150)惡噲黨於呂氏　說樊噲與呂氏結黨。惡，說人壞話。(151)即上一日宮車晏駕　即，若。一日，某一天。宮車晏駕，婉指帝王之死。晏駕，車駕晚出。晏，晚。(152)戚氏　即戚夫人，劉邦的寵姬。(153)趙王如意　劉邦最寵愛的少子，戚夫人所生。劉邦曾一度極欲廢掉太子劉盈，而另立如意為太子。事情詳見〈留侯世家〉、〈呂太后本紀〉。(154)使陳平載絳侯代將二句　意謂讓陳平到軍中宣讀命令，當場處決樊噲，而讓周勃代樊噲為將。(155)孝惠六年　西元前一八九年。孝惠，即劉邦的兒子劉盈，於高祖十二年繼其父位為帝。(156)呂須亦為臨光侯　事在呂后四年（西元前一八四年）。梁玉繩曰：「此〈呂太后本紀〉及噲傳并作『臨光』，《漢書》亦然；而如淳〈文帝紀〉注作『林光』，疑古通假字。蓋須以女人封侯，且為呂氏謀主，未必遠封他所，亦不聞有地名『臨光』者。《三輔黃圖》云：『林光宮在雲陽縣界。』得無以須主林光宮而食邑雲陽邪？」瀧川曰：「婦人封侯自此始。」(157)用事專權　主語為「呂須」。呂須的識見、能力見於〈呂太后本紀〉。(158)高后崩　事在呂后八年（西元前一八〇年）七月。(159)大臣誅諸呂句　事在呂后八年八月。詳見〈呂太后本紀〉。(160)因誅伉　由於母親呂須是呂氏的親屬，所以樊伉也被殺掉了。據〈呂太后本紀〉，呂須隨諸呂被「笞殺」。鍾惺曰：「呂氏獨有兩女子，祿、產輩奴耳。呂雉死後，諸呂中有一人如須者，漢危矣哉。須之雄略，勝呂氏數王耳。」161孝文帝既立　孝文帝名恆，劉邦之子，原為代王，大臣誅諸呂後，被迎立為帝，事在呂后八年九月。過程詳見〈呂太后本紀〉、〈孝文本紀〉。162噲他庶子市人　樊噲其他的非嫡妻所生的兒子，名市人。163立二十九歲卒　事在景帝六年（西元前一五一年）。164他廣代侯二句　樊他廣代立為侯的第六年。即景帝中元五年（西元前一四五年）。165病不能為人　指生理方面有缺陷，不能行男女之事。《正義》曰：「言不能行人道。」166下吏　意謂將此事交由當事官吏調查處理。167孝景中六年　即中元六年（西元前一四四年）。168奪侯為庶人二句　剝奪侯爵，廢為平民，舞陽侯的建制被取消。瀧川曰：「本傳贊云：『余與他廣通，為余言高祖功臣之興若此云。』是他廣能存故家遺乘，亦佳公子也。」徐孚遠曰：「太史公與他廣善，故言其失侯為怨家所告，傳疑也。」

【語譯】舞陽侯樊噲是沛縣人，以殺狗賣肉為生。曾經和高祖一起躲藏在芒、碭山澤之間。

2　樊噲隨高祖在豐邑起事，攻下沛縣後，高祖自立為沛縣縣令，命樊噲為舍人。樊噲隨高祖進攻胡陵、方與，又奉命回防豐邑，擊敗了泗水監郡率領的進犯豐邑的秦兵。接著又率軍東進，再度攻下了沛縣，在薛縣城西打敗了泗水郡守。樊噲與司馬𡰝在碭縣的東面交戰，擊退秦兵，斬首十五人，被賜與國大夫爵，做劉邦的參乘。樊噲又隨沛公在濮陽攻打章邯軍，率先登上濮陽城，斬首二十三人，被賜與列大夫爵。又隨沛公進攻城陽，首先登城。樊噲率軍攻下戶牖城後，擊破了三川郡郡守李由的軍隊，斬首十六人，被賜與上間爵。又隨沛公在成武進攻東郡郡守、東郡郡尉，打敗敵兵，樊噲斬首十四人，俘虜十一人，被賜與五大夫爵。又隨沛公在亳縣南出擊秦兵，在杠里擊敗河間郡守的部隊。又在開封城北擊敗秦將趙賁的軍隊。敵兵退卻後，樊噲率先登上開封城，斬軍候一人，斬首士卒六十八人，俘虜二十七人，被賜與卿爵。樊噲又隨沛公在曲遇縣擊敗秦將楊熊的軍隊。在進攻宛陵縣時，樊噲率先登城，斬首八人，俘虜四十四人，被授與賢成君的封號。又跟隨沛公進攻長社縣、轘轅關，北上封鎖了黃河渡口平陰津。又向東進攻尸鄉的秦軍，向南進攻犨縣的守軍。又在陽城縣東擊敗了南陽郡守齮的軍隊。又攻宛城，率先登城；又西進至酈縣，打退敵兵，斬首二十四人，俘虜四十人，被賜與了加倍的俸祿。又跟隨沛公進入武關、進軍霸上，斬敵都尉一人，士卒十人，俘虜一百四十六人，招降敵兵二千九百人。

3　項羽駐軍於戲水西側的鴻門，準備攻打沛公。經項伯溝通，沛公帶著一百多名騎兵到項羽兵營進見項羽，向他解釋沒有閉關不讓諸侯們進來的意思。在項羽設宴招待沛公及其士卒的時候，亞父范增讓項莊在席上舞劍，欲殺沛公，多虧這時有項伯出來與項莊對舞，常用身子遮著沛公。當時的宴會上只允許沛公和張良進去，樊噲在外面等候，聽說裡面形勢緊急，立即手持鐵盾想要進入。來到營門，守門的衛兵要攔樊噲，而樊噲則徑直闖了進去，站在帳下。項羽目視樊噲，問是什麼人，張良回答：「沛公的參乘樊噲。」項羽說：「真是一條好漢！」於是賜給他一杯酒和一隻豬腿。樊噲喝罷酒後，用劍切肉也很快吃完。項羽問：「還能喝嗎？」樊噲說：「我死都不怕，難道還怕一杯酒！沛公率先入關，安定了咸陽，但他卻回軍霸上，恭候大王您的駕臨。大王來到咸陽，竟聽信小人的挑撥，與沛公產生矛盾。我真擔心天下的人心瓦解，人們要從此對您生疑啊！」項羽無言以對。過了一會兒，沛公假借入廁，示意樊噲出去。出帳後，沛公留下來時所帶的車馬從人不要，只他一個人騎馬，樊噲等四個人徒步跟隨，抄山下小路逃回了霸上軍營，讓張良留下向項羽說明情況，而項羽那邊也就不再追究，打消了殺沛公的念頭。那天如果沒有樊噲闖帳責問項羽，沛公就危險了。

4　第二天，項羽血洗咸陽，封沛公為漢王。而漢王遂封樊噲為列侯，號臨武侯。樊噲的職務改為郎中，隨漢王一同前往漢中上任。

5　當漢王回兵收復三秦時，樊噲率軍在白水縣北擊敗了西縣縣丞的軍隊，又在雍縣城南擊潰了雍王章邯的車兵、騎兵。又跟著漢王進攻雍縣、斄縣，樊噲都率先登城。接著又在好時城下打敗了章平的軍隊。在攻打好時城時，樊噲又率先登城，衝垮敵陣，斬首縣令、縣丞各一人及士兵十一人，俘虜二十人，被提升為郎中騎將。又跟隨漢王在壤鄉東進攻秦軍，擊退敵兵，被提升為將軍。接著樊噲又率軍打敗趙賁，攻下郿縣、槐里、柳中、咸陽，並放水淹廢丘，在以上過程中樊噲都功勞最大。待至攻下櫟陽後，漢王將杜陵縣的樊鄉賜給樊噲作封地。後來又跟隨漢王東征項籍，血洗煮棗。又在外黃擊潰了王武、程處的軍隊，並前進占領了鄒縣、魯縣、瑕丘、薛縣等地。項羽在彭城打敗漢王，並全部收復了魯國、梁國後，樊噲回到滎陽，漢王給他增加了平陰縣兩千戶的封地。接著樊噲以將軍的身分駐守廣武，一年後，由於雙方訂立鴻溝條約，項羽引兵東撤，樊噲又隨漢王追擊項羽，占領陽夏，俘虜了項羽部將周將軍及士卒四千人。接著在陳郡包圍項羽，大破楚軍，血洗了胡陵縣。

6 項籍死後，漢王即皇帝位，因樊噲有守城野戰之功，給他增加封地八百戶。後又跟隨高祖征討燕王臧荼的叛亂，活捉臧荼，平定燕地。楚王韓信造反時，樊噲又跟隨高祖一同到陳縣生擒韓信，平定楚地。遂正式封樊噲為列侯，與他剖符立誓世世代代永不廢絕，將舞陽縣給他作封地，封號為舞陽侯，取消過去所封的那些地方。樊噲又以將軍的身分隨高祖到代郡討伐造反的韓王信，從霍人縣一直到雲中郡，是他與絳侯周勃共同平定了這些地區，被追加封地一千五百戶。又因討伐陳豨與曼丘臣的叛軍，激戰於襄國縣；在攻占柏人縣時，樊噲率先登城；接著又攻占了清河、常山兩個郡的二十七個縣，摧毀了東垣縣城，被提升為左丞相。又在無終、廣昌擊潰了綦毋卬、尹潘的軍隊。又在代郡城南擊潰了陳豨部將王黃的軍隊，接著又在參合城擊潰了韓王信的軍隊，韓信被部下的士卒所殺。又在橫谷擊潰了陳豨與匈奴人的騎兵，斬了敵將趙既，俘虜了代國丞相馮梁、代郡郡守孫奮，以及大將王黃、將軍、太僕解福等十人。樊噲與其他將領共同平定了代國的鄉邑七十三個。後來燕王盧綰造反，樊噲又以相國的加銜率軍往討，在燕國國都薊縣城南擊敗了燕國丞相抵，平定了燕國的十八個縣和五十一個鄉邑。朝廷為之追加封地一千三百戶，最後確定其封地為舞陽縣的五千四百戶。樊噲隨高祖征戰，斬首一百七十六人，俘虜二百八十八人；他獨自率軍打仗，擊潰敵軍七次，攻下五城，平定六個郡五十二個縣，活捉丞相一人、將軍十二人及二千石以下至三百石的官吏十一人。

7 樊噲娶呂后的妹妹呂須為妻，生子樊伉，所以他與高祖和呂后關係比其他人更親。

8 當初黥布造反時，高祖聲稱病重，臥牀不起，不願見人。詔令門衛不許群臣入內，即使周勃、灌嬰等人也不敢入宮求見，就這樣一連十幾天。這時樊噲便推門而入，大臣們跟在後面。樊噲看見高祖頭枕一名宦官在牀上躺著。樊噲等流著眼淚說：「當初陛下與我們一起在豐沛起事，也一起平定天下，那是何等的英雄氣概啊！如今天下已定，您又是表現得多麼差啊！陛下有病，大臣們都很惶恐，您不召見我們共商軍國大事，難道您就這樣單獨和一個宦官做最後的訣別嗎？再說，難道您忘了當年趙高是怎麼專權亂國的事了嗎？」高祖笑著坐了起來。

9 後來盧綰造反，高祖遣樊噲率兵鎮壓。當時高祖病危，有人向高祖說樊噲是呂后死黨，一旦皇上晏駕，樊噲就會帶兵殺掉戚夫人與趙王如意等人。高祖聽了大怒，就派陳平乘車送周勃到軍中接替樊噲，並命令陳平就地將樊噲處決。陳平懼怕呂后，他將樊噲拘捕押解回了長安。這時高祖已經逝世，呂后便釋放了樊噲，恢復了他的爵號和封地。

10 孝惠六年，樊噲病逝，諡為武侯。樊噲的兒子樊伉承襲了侯爵。而樊伉的生母呂須被封為臨光侯，在呂后當政時，呂須專權，大臣們都怕她。樊伉為侯九年時，呂后病死，大臣們誅殺諸呂及呂須的親屬，樊伉也一起被殺。於是舞陽侯爵遂中斷了好幾個月。孝文帝即位後，封樊噲的庶子樊市人為舞陽侯，恢復原來的爵位與封地。樊市人為侯二十九年病死，諡荒侯。樊市人的兒子樊他廣承襲侯位。過了六年，樊他廣的舍人得罪他廣，他廣處罰了他，這個舍人心中怨恨，就上書說：「荒侯樊市人生理有缺陷，不能生育，他是讓他的妻子與他弟弟亂倫，而生了他廣，因此樊他廣根本不是荒侯樊市人的兒子，沒有資格承襲侯爵。」景帝讓有司查辦。孝景中元六年，樊他廣被削去侯位，廢為庶人，舞陽侯的建制被撤消。

1 曲周侯酈商❶者，高陽❷人。陳勝起時❸，商聚少年東西略人❹，得數千。沛公略地至陳留❺，六月餘❻，商以將卒四千人屬沛公於岐❼。從攻長社❽，先登，賜爵封信成君❾。從沛公攻緱氏❿，絕河津，破秦軍洛陽東。從攻下宛、穰⓫，定十七縣。別將⓬攻旬關⓭，定漢中⓮。

2 項羽滅秦，立沛公為漢王[15]。漢王賜商爵信成君[16]，以將軍為隴西都尉[17]。別將定北地[18]、上郡[19]。破雍將軍焉氏[20]，周類[21]軍栒邑[22]，蘇駔[23]軍於泥陽[24]，賜食邑武成[25]六千戶。以隴西都尉從擊項籍軍[26]五月，出鉅野[27]，與鍾離眛[28]戰，疾鬭，受梁相國印[29]，益食邑四千戶。以梁相國將從擊項羽二歲三月[30]，攻胡陵[31]。

3 項羽既已死[32]，漢王為帝[33]。其秋，燕王臧荼反[34]，商以將軍從擊荼，戰龍脫[35]，先登陷陣。破荼軍易下[36]，卻敵，遷為右丞相[37]，賜爵列侯，與諸侯剖符世世勿絕，食邑涿五千戶，號曰涿侯[38]。以右丞相別定上谷，因攻代[39]，受趙相國印[40]。以右丞相趙相國別與絳侯等定代、鴈門[41]，得代丞相程縱[42]、守相郭同[43]、將軍已下至六百石十九人。還，以將軍為太上皇衛[44]一歲七月。以右丞相擊陳豨[45]，殘東垣。又以右丞相從高帝擊黥布[46]，攻其前拒[47]，陷兩陳，得以破布軍，更食曲周五千一百戶[48]，除前所食。凡別破軍三[49]，降定郡六，縣七十三，得丞相、守相、大將各一人，小將[50]二人，二千石已下至六百石十九人。

4 商事孝惠、高后[51]時，商病，不治[52]。其子寄，字況[53]，與呂祿[54]善。及高后崩[55]，大臣欲誅諸呂，呂祿為將軍，軍於北軍[56]。太尉勃[57]不得入北軍，於是乃使人劫酈商[58]，令其子況紿呂祿[59]，呂祿信之，故與出游，而太尉勃乃得入據北軍，遂誅諸呂(60)。是歲商卒，諡為景侯，子寄代侯。天下稱酈況賣交也(61)。

孝景前三年(62)，吳、楚、齊、趙反(63)，上以寄為將軍，圍趙城(64)，十月不能下(65)。得俞侯欒布(66)自平齊來(67)，乃下趙城，滅趙，王自殺，除國(68)。孝景中二年(69)，寄欲取平原君(70)為夫人，景帝怒(71)，下寄吏，有罪，奪侯(72)。景帝乃以商他子堅封為繆侯(73)，續酈氏後。繆靖侯卒，子康侯遂成立(74)。遂成卒，子懷侯世宗立(75)。世宗卒，子侯終根立(76)，為太常，坐法，國除(77)。

【章旨】以上為第二段，寫劉邦功臣酈商及其家族的始末。

【注釋】❶曲周侯酈商　酈商是劉邦的謀士酈食其之弟，封地曲周縣，在今河北曲周東北。❷高陽　鄉邑名，在今河南杞縣西南，當時屬陳留縣。❸陳勝起時　秦二世元年（西元前二〇九年）七月。❹略人　劫掠人丁。❺沛公略地至陳留　事在秦二世三年（西元前二〇七年）二月。陳留，秦縣名，也是郡名，郡治在今河南開封東南。❻六月餘　中井曰：「三字似衍文。」瀧川曰：「三字當移至『沛公』上，錯簡。」按：三字無法理解，《漢書》更誤。《正義》以為「商起兵，乃六月餘得四千人，以將軍從高祖也」。其意蓋謂酈商已起事六月餘矣，此說可取。❼商以將卒四千人屬沛公於岐　岐，方位不詳，《正義》曰：「當與陳留、高陽相近也。」按：據〈酈生陸賈列傳〉，劉邦略地至陳留郊，酈食其先歸劉邦，協助劉邦攻取了陳留郡，而後酈食其「言其弟酈商，使將數千人從沛公」。❽長社　秦縣名，縣治在今河南長葛東北。❾賜爵封信成君　王先謙曰：「初次賞功即賜爵封君，與靳歙同。」按：靳歙事見〈傅靳蒯成列傳〉。❿緱氏　秦縣名，縣治在今河南偃師東南。⓫從攻下宛穰　事在秦二世三年七月。宛，秦縣名，即今河南南陽。穰，秦縣名，即今河南鄧縣。⓬別將　單獨率領一支人馬。王先謙曰：「『別將』有二義：一，小將別在他所，〈高紀〉『項梁盡召別將』是；一，別領一軍為將，此傳是，與周、樊、灌、靳等傳單言『別』者義同。」⓭旬關　關塞名，也是縣名，即今陝西旬陽，在南鄭東南。⓮定漢中　平定了漢中郡（郡治南鄭）。

⑮立沛公為漢王　事在漢元年（西元前二〇六年）一月。⑯漢王賜商爵信成君　劉奉世曰：「『君』當作『侯』，高祖為漢王，絳、灌諸將皆賜侯爵，因故號封之也。商先以從攻長社先登封信成君。」梁玉繩、王先謙皆從之。⑰隴西都尉　隴西郡的地方武官。隴西，秦郡名，郡治狄道（今甘肅臨洮）。⑱北地　秦郡名，郡治馬領（今甘肅慶陽西北）。⑲上郡　秦郡名，郡治膚施（今陝西榆林東南）。按：據〈秦楚之際月表〉，漢取隴西郡在漢二年（西元前二〇五年）十一月，取北地郡在漢二年一月。⑳破雍將軍焉氏　擊垮了雍王章邯部將的軍隊於焉氏。焉氏，《漢書》作「烏氏」。烏氏，秦縣名，在今寧夏固原東南。㉑周類　章邯的部將。㉒栒邑　秦縣名，縣治在今陝西旬陽東北。㉓蘇駔　章邯的部將。㉔泥陽　秦縣名，縣治在今甘肅正寧西。㉕賜食邑武成　將武成縣給予酈商作封地。武成，也作「武城」。秦縣名，縣治在今陝西華縣東。㉖從擊項籍軍　事在漢二年四月。是役劉邦曾攻入彭城，但旋即被項羽打得慘敗，逃回滎陽。詳見〈項羽本紀〉。㉗出鉅野　經由鉅野（今山東巨野東北）。出，經由。這裡即指到達。㉘鍾離眛　項羽的猛將。㉙受梁相國印　劉邦原任彭越為「梁相國」，彭城失敗後，彭越一度離去，故劉邦復以酈商為「梁相國」。㉚以梁相國將從擊項羽二歲三月　意謂在劉邦與項羽相持於滎陽的整個二年多的時間裡，酈商始終以「梁相國」的身分率兵跟從劉邦。劉邦自漢二年四月退守滎陽一線，到漢四年（西元前二〇三年）九月劉項結鴻溝之盟，其間共二年零五個月。㉛攻胡陵　有人以為「胡陵」應作「固陵」。事在漢五年（西元前二〇二年）十月（當時以十月為歲首），可參看〈高祖本紀〉、〈樊噲傳〉。㉜項羽既已死　事在漢五年十二月。㉝漢王為帝　事在漢五年二月。㉞燕王臧荼反　事在漢五年七月。㉟龍脫　也作「龍兌」。地名，錢穆《史記地名考》以為在今河北徐水城西。㊱易下　易縣城下。秦時的易縣縣治在今河北雄縣西北。㊲右丞相　「右丞相」在這裡是虛銜，並非實職。㊳食邑涿五千戶二句　涿，秦縣名，即今河北涿縣。按：酈商被封為涿侯，在高祖六年（西元前二〇一年）正月。㊴以右丞相別定上谷二句　此指漢七年（西元前二〇〇年）與謀反的韓王信作戰。上谷，漢郡名，郡治沮陽（今河北懷來東南）。㊵受趙相國印　王先謙曰：「『趙相國』是實任，『右丞相』猶虛稱也。」㊶與絳侯等定代鴈門　此指漢十一年（西元前一九六年）與陳豨等作戰。鴈門，漢郡名，郡治善無（今山西右玉東南）。㊷得代丞相程縱　樊噲曾虜「代丞相馮梁」，今又有「程縱」，蓋皆陳豨所任也。梁玉繩曰：「〈絳侯世家〉以為周勃得之。」王先謙曰：「據〈周勃傳〉，與勃共得之。」㊸守相郭同　師古曰：「守相，謂為相而居守者。」㊹為太上皇衛　為劉邦的父親劉太公做警衛。王先謙曰：「將太上皇宮衛卒，〈公卿表〉『商為衛尉』，即此事也。」㊺以右丞相擊陳豨　陳豨以代相反於代地，事在高祖十年（西元前一九七年）八月，九月劉邦往擊之。㊻從高帝擊黥布　事在高祖十二年（西元前一九五年）十月。㊼前拒　前拒，說法不一，《集解》曰：「拒，方陣。」《左傳》中有「左拒」、「右拒」；《漢

書》作「前垣」，師古曰：「謂攻其壁壘之前垣。」《索隱》引徐廣曰：「『拒』一作『和』。『和』，軍門也。」王念孫引《周官》鄭玄注：「以旌為左右和之門，今謂之壘門，立兩旌以為之。」48更食曲周五千一百戶　意即改將曲周縣作為酈商的封地。更，改。49別破軍三　獨當一面的率軍破敵三次。50小將　陳直曰：「在秦、漢時其身分當在『末將』之下，並非自卑之稱，至晉時仍沿用不廢。」51孝惠高后　孝惠於西元前一九四—前一八八年在位；呂后於西元前一八七—前一八〇年在位。52不治　《集解》引文穎曰：「不能治官事。」按：《漢書》作「商事孝惠帝、呂后，呂后崩，商疾不治事」，較《史》文明晰。「事」字不可省。53況　有時也寫作「兄」，音同。54呂祿　呂后之侄，當時被封為趙王，主管北軍。55高后崩　事在呂后八年（西元前一八〇年）七月。56軍於北軍　主事於北軍兵營。北軍，守衛京城的精銳部隊。關於「北軍」、「南軍」的制度，說法不一，詳情請參看〈呂太后本紀〉注。57太尉勃　即周勃，時名為太尉，但自呂后掌權時周勃已被架空，沒有任何權力。太尉，秦、漢時期的「三公」之一，執掌全國軍事。58劫酈商　劫持酈商以為人質。59令其子況紿呂祿　逼著酈商讓他的兒子酈寄去欺騙他的朋友呂祿。紿，哄騙。60遂誅諸呂　周勃、劉章等控制南、北軍後，遂將呂氏以及孝惠諸子通通殺光事，在呂后八年九月。過程詳見〈呂太后本紀〉。61天下稱酈況賣交也　關於酈況哄騙呂祿交出兵權，終致諸呂被滅事，從道德的角度，人們看法不一。司馬遷嚮往友情，不喜歡出賣朋友的人，所以在這裡引「天下」人語以為酈況是「賣交」。而班固則以為：「夫賣友者，謂見利而忘義也。若寄父為功臣，而又執劫，雖摧呂祿以安社稷，誼存君親可也。」蘇軾則以為「當是時，寄不得不賣友也。罪在於寄以功臣子而與國賊交，且相厚善也。」62孝景前三年　西元前一五四年。63吳楚齊趙反　此即所謂「吳楚七國之亂」。當時作亂的「七國」，除吳王劉濞、楚王劉戊外，還有趙王劉遂、濟南王劉辟光、菑川王劉賢、膠西王劉卬、膠東王劉雄渠，而單單沒有齊國。但因為濟南、菑川、膠西、膠東四國都是從齊國分出來的，所以《史記》、《漢書》說此事常以「齊」字總稱此四國，實則造成了是非不清。64圍趙城　圍困趙國的都城邯鄲。65十月不能下　梁玉繩以為應作「三月」，其〈楚元王世家志疑〉云：「按《史》、《漢》〈景紀〉、〈絳侯〉、〈梁孝王世家〉、〈周勃〉、〈文三王傳〉，七國以正月反，三月滅。此及〈高五王傳〉作『七月』，誤。〈酈商〉、〈吳濞傳〉作『十月』，更誤。趙雖後下，不能相距如是之久也。」66俞侯欒布　欒布原是彭越的朋友，文帝時為燕相，由於平定七國之亂有功，被封為俞侯。封地俞縣（今山東高唐東北）。67自平齊來　吳楚反後，濟南、菑川、膠西、膠東四國亦反，而齊不反，於是四國圍攻齊，朝廷派欒布率軍救齊，齊圍得解。此云「平齊」，意思不清。68乃下趙城四句　徐孚遠曰：「趙除國於〈酈寄傳〉無涉，蓋刪節舊文未淨者。」69孝景中二年　西元前一四八年。70平原君　景帝王皇后之母，名曰臧兒。武帝即位後，封之為平原君。瀧川曰：「此景帝中二年，尚無『平原君』尊號，追記隨後稱耳。」按：關於平原君的事情，詳見〈外戚世家〉。(71)景帝怒　景帝之所以發怒者，因為酈寄倘若娶了平原君，則一下子便成了景帝的「岳父」，此殊不可忍。(72)奪侯　剝奪其侯爵，收回其封地。(73)以商他子堅封為繆侯　事在景帝中三年（西元前一四七年）。此所謂「繆侯」是指其封地在「繆」，非謂其死後諡為「繆」也。《集解》引徐廣曰：「繆者，更封邑名，諡曰『靖』。」(74)康侯遂成立　康侯名「遂成」，諡曰「康」，康侯元年為武帝元光四年（西元前一三一年）。(75)懷侯世宗立　懷侯名「世宗」，諡曰「懷」，懷侯元年為武帝元朔三年（西元前一二六年）。(76)子侯終根立　終根元年為武帝元鼎三年（西元前一一四年）。(77)為太常三句　太常，也稱「奉常」。「九卿」之一，主管宗廟祭祀、朝廷禮儀等事。據〈高祖功臣侯者年表〉：武帝後元二年（西元前八七年）「侯終根坐咒詛誅，國除。」梁玉繩曰：「七字後人妄增。」蓋史公未活至此時也。

【語　譯】曲周侯酈商是高陽人，陳勝起義時，酈商聚集了一些青年人，攔路劫人入伙，隊伍擴大到幾千人。沛公起義攻打到陳留之時，酈商帶著四千士卒在岐地歸屬了沛公，又追隨他進攻長社縣，酈商率先登城，被賜為信成君。接著隨沛公進攻緱氏縣，又北上封鎖平陰津，在洛陽城東打敗秦軍。隨後又跟沛公攻下宛、穰二城，平定十七縣。又單獨率軍進攻旬關，平定了漢中郡。

2　項羽滅秦後，封沛公為漢王。漢王封酈商為信成君，令酈商以將軍的身分任隴西都尉。酈商率軍平定了北地、上郡，在焉氏縣擊敗了雍王章邯的部將，在栒邑縣擊敗了周類的軍隊，在泥陽擊敗了蘇駔的軍隊，漢王賜武成縣的六千戶為酈商封地。酈商又以隴西都尉隨漢王同項籍作戰五個月，酈商東出鉅野，與鍾離眛激戰獲勝，被授與梁國的丞相印，增加封地四千戶。又以梁國丞相的身分隨漢王與項籍作戰兩年零三個月，最後攻下胡陵。

3　項羽死了以後，漢王即皇帝位。這年秋天，燕王臧荼叛亂，酈商以將軍的身分隨高祖征討。在進攻龍脫時，酈商率先登城；隨後又在易縣城下大敗臧荼軍，又打退了反撲的敵兵，酈商被加銜為右丞相。在高祖封賞功臣時，酈商被封為列侯，與他剖符定誓世世代代永不廢絕，酈商被授予涿縣的五千戶為封地，號為涿侯。酈商以右丞相的加銜率軍平定上谷郡，又轉而攻下代郡，被授予趙相國印。又以右丞相、趙相國的身分與絳侯等人平定代郡、雁門郡，活捉代丞相程縱、守相郭同，和將軍以下六百石以上的官吏十九人。回朝後，酈商以將軍的身分為太上皇做護衛一年零七個月。後來又以右丞相的身分率軍討伐陳豨，摧毀了東垣城。又以右丞相的身分隨高祖征討黥布，攻占壁壘，攻破兩陣，於是遂擊垮黥布軍，高祖改將曲周縣的五千一百戶作為酈商封地，收回了以往的封地。酈商獨自率軍三次攻破敵陣，招降、平定了六個郡七十三縣，俘虜丞相、守相、大將各一人及小將二人、二千石以下至六百石以上的官吏十九人。

4 酈商在孝惠帝和呂后時居官任職，後來患病不再過問政事。酈商的兒子酈寄，字況，與呂祿友好。呂后死後，大臣們謀殺諸呂，而呂祿當時為將軍，統領北軍。周勃雖名為太尉，但不能進北軍營門。於是周勃便派人劫持酈商，讓酈況哄騙呂祿交出印信。呂祿相信酈況，他交出了北軍的印信並常與酈況一起出遊。因而太尉周勃遂得以進入北軍，順利地誅滅了呂氏一黨。這一年酈商病死，謚為景侯，他的兒子酈寄承襲侯位。天下人都罵酈寄出賣朋友。

5 孝景三年，吳、楚、齊、趙等國叛亂，皇上命酈寄為將軍率兵征討趙國。他兵圍邯鄲十個月，無法攻克。後來俞侯欒布平定齊地的叛亂後，回師增援，這才攻下邯鄲，趙國滅亡，趙王自殺，封國的建制被廢除。孝景中元二年，酈寄想娶景帝的岳母平原君為夫人，孝景帝大怒，將酈寄下獄論罪，削去侯爵。孝景帝封酈商的另一個兒子酈堅為繆侯，以繼續酈氏侯位。繆靖侯病死，他的兒子酈遂成承襲侯位。酈遂成病死，他的兒子酈世宗承襲侯位。酈世宗病死，他兒子酈終根承襲侯位，任太常，因為犯法被廢除封地。

1 汝陰侯夏侯嬰❶，沛人也，為沛廄司御❷。每送使客還，過沛泗上亭❸，與高祖語，未嘗不移日❹也。嬰已而試補縣吏，與高祖相愛。高祖戲而傷嬰❺，人有告高祖❻。高祖時為亭長，重坐傷人，告故不傷嬰❼，嬰證之❽。後獄覆❾，嬰坐高祖繫歲餘，掠笞數百⑩，終以是脫高祖⑪。

2 高祖之初與徒屬欲攻沛⑫也，嬰時以縣令史⑬為高祖使⑭。上降沛一日⑮，高祖為沛公⑯，賜嬰爵七大夫⑰，以為太僕⑱。從攻胡陵⑲，嬰與蕭何降泗水監平⑳，平以胡陵降，賜嬰爵五大夫㉑。從擊秦軍碭東㉒，攻濟陽㉓，下戶牖㉔，破李由軍雍丘下㉕，以兵車趣攻戰疾㉖，賜爵執帛㉗。常以太僕奉車㉘從擊章邯軍東阿、濮陽下㉙，以兵車趣攻戰疾，破之，賜爵執珪㉚。復常奉車從擊趙賁軍開封、楊熊軍曲遇㉛，嬰從捕虜㉜六十八人，降卒八百五十人，得印一匱㉝。因復常奉車從擊秦軍雒陽東㉞，以兵車趣攻戰疾，賜爵封轉為滕公㉟。因復奉車從攻南陽㊱，戰於藍田、芷陽㊲，以兵車趣攻戰疾，至霸上㊳。項羽至，滅秦㊴，立沛公為漢王㊵，漢王賜嬰爵列侯，號昭平侯㊶。復為太僕，從入蜀、漢㊷。

3 還定三秦㊸，從擊項籍，至彭城，項羽大破漢軍㊹。漢王敗，不利，馳去㊺，見孝惠、魯元㊻，載之。漢王急，馬罷，虜在後㊼，常蹶兩兒欲弃之，嬰常收，竟載之，徐行，面雍樹乃馳㊽。漢王怒，行欲斬嬰者十餘㊾，卒得脫，而致孝惠、魯元於豐㊿。

4 漢王既至滎陽(51)，收散兵，復振，賜嬰食祈陽(52)。復常奉車從擊項籍，追至陳[53]，卒定楚[54]，至魯[55]，益食茲氏[56]。

5 漢王立為帝[57]，其秋，燕王臧荼反，嬰以太僕從擊荼[58]。明年[59]，從至陳，取楚王信[60]，更食汝陰[61]，剖符世世勿絕。以太僕從擊代[62]，至武泉[63]、雲中[64]，益食千戶。因從擊韓信軍胡騎[65]晉陽[66]旁，大破之，追北至平城，為胡所圍[67]，七日不得通。高帝使使厚遺閼氏[68]，冒頓[69]開圍一角。高帝出欲馳，嬰固徐行[70]，弩皆持滿外向，卒得脫，益食嬰細陽[71]千戶。復以太僕從擊胡騎句注[72]北，大破之。以太僕擊胡騎平城南，三陷陳，功為多，賜所奪邑[73]五百戶。以太僕擊陳豨、黥布軍[74]，陷陳卻敵，益食千戶，定食汝陰六千九百戶，除前所食。

6 嬰自上初起沛，常為太僕，竟高祖崩[75]。以太僕事孝惠。孝惠帝及高后德[76]嬰之脫孝惠、魯元於下邑[77]之間也，乃賜嬰縣北第第一[78]，曰：「近我。」以尊異之。孝惠帝崩[79]，以太僕事高后。高后崩，代王之來[80]，嬰以太僕與東牟侯[81]入清宮，廢少帝[82]，以天子法駕[83]迎代王代邸[84]，與大臣共立為孝文皇帝，復為太僕。八歲卒[85]，諡為文侯。子夷侯竈立，七年卒[86]。子共侯賜立，三十一年卒[87]。子侯頗尚平陽公主[88]，立十九歲，元鼎二年[89]，坐與父御婢[90]姦罪，自殺，國除。

【章　旨】以上為第三段，寫劉邦功臣夏侯嬰的生平始末。

【注　釋】❶汝陰侯夏侯嬰　封地汝陰，即今安徽阜陽。❷為沛廄司御　在沛縣的官馬棚負責趕車。❸泗上亭　亭名，即泗水亭，在今江蘇沛縣。❹未嘗不移日　兩人一說就是好長時間。移日，太陽移動了位置。極言時間過得之久。❺戲而傷嬰　瀧川引中井曰：「戲，蓋相撲之類也，非徒戲嫚。」按：似無需出此別裁。❻告高祖　狀告劉邦傷人。告，訴之於法。❼時為亭長三句　因其身為小吏，怕犯傷人罪，因而說自己沒有傷害夏侯嬰。重，看重。《集解》引如淳曰：「為吏傷人，其罪重也。」❽嬰證之　夏侯嬰也隨其作偽證，說自己沒有受傷。❾獄覆　指重新審判。王先謙引劉攽曰：「高祖抵言不曾傷嬰，嬰證其實然，告故者反坐拷。告者不服，故移獄覆矣。」❿嬰坐高祖繫歲餘二句　夏侯嬰因做偽證為劉邦開脫，被繫獄一年多，挨了幾百棍子。⓫脫高祖　為劉邦開脫了罪責。⓬與徒屬欲攻沛　事在秦二世元年（西元前二〇九年）九月。⓭縣令史　縣中小吏，主管文書。⓮為高祖使　作為劉邦的使者與沛縣縣令談判。⓯上降沛一日　攻下沛縣一天之後。凌稚隆曰：「『一日』未詳，或以高祖書帛射城中，一日而出降也。」⓰高祖為沛公　關於劉邦攻沛以及為沛公的過程詳見〈高祖本紀〉。⓱七大夫　〈高祖本紀〉師古注：「公大夫也，爵第七，故謂之『七大夫』。」⓲太僕　為王者趕車的官。⓳從攻胡陵　事在秦二世二年（西元前二〇八年）十月。胡陵，秦縣名，縣治在今山東魚台東南。⓴降泗水監平　招降了泗水郡的監郡，其人名平。《集解》曰：「胡陵，平所止縣，何嘗給之，故與降也。」按：胡陵縣上屬泗水郡，泗水監與蕭何有老交情。參看〈蕭相國世家〉。㉑五大夫　秦爵二十級中的第九級。㉒從擊秦軍碭東　事在秦二世二年二月。碭，秦縣名，縣治在今河南夏邑東南；也是郡名，郡治睢陽（今河南商丘西南）。㉓濟陽　秦縣名，縣治在今河南蘭考東北。㉔戶牖　鄉邑名，在當時的濟陽西南，今蘭考北。㉕破李由軍雍丘下　事在秦二世二年八月。雍丘，秦縣名，即今河南杞縣。㉖趣攻戰疾　猶言猛攻激戰。師古曰：「『趣』讀為『促』，謂急攻也。」郭嵩燾曰：「催促諸將，使疾戰也。」蓋若後世之所謂「督戰」，可供參考。㉗執帛　楚官爵名，低於「執珪」。〈曹相國世家〉之《集解》曰：「孤卿也。」即「卿」中的地位偏低者。㉘以太僕奉車　以太僕的身分為劉邦趕車。㉙從擊章邯軍東阿濮陽下　按：此句應移至「破李由軍雍丘」句上，〈秦楚之際月表〉於秦二世二年七月有所謂「沛公與項羽北救東阿，破秦軍濮陽」，即此事也，〈樊噲傳〉有所謂「常從，沛公擊章邯軍濮陽，攻城先登」云云，亦即指此。其後是八月的劉邦與項羽的破殺李由；而後是九月的項梁的兵敗被殺。至秦二世三年（西元前二〇七年）十月，〈秦楚之際月表〉有所謂「攻破東郡尉與王離軍於成武」，此即〈樊噲傳〉之所謂「從攻圍東郡守尉於成武」也。唯〈秦楚之際月表〉

加入「與王離」三字則誤，蓋此時章邯、王離皆已轉戰河北，圍趙歇、張耳於鉅鹿矣。《漢書》與此同誤，而古今注《史記》、《漢書》者皆無說。東阿，秦縣名，縣治在今山東東阿西南。濮陽，秦縣名，縣治在今河南濮陽西南，當時為東郡的郡治所在地。㉚執珪　楚爵名，位同上卿。〈曹相國世家〉之《集解》曰：「侯伯執珪以朝，位比之。」㉛從擊趙賁軍開封楊熊軍曲遇　事在秦二世三年三月。㉜從捕虜　在跟從劉邦作戰中捕獲敵人。㉝得印一匱　《索隱》曰：「《說文》云：『匱，匣也。』謂得其時自相部署之印。」㉞從擊秦軍雒陽東　事在秦二世三年四月。㉟轉為滕公　虛任以為滕縣縣令。《漢書》直作「轉為滕令」。秦時的滕縣在今山東滕縣西南。當時楚人稱縣令為「公」。㊱從攻南陽　事在秦二世三年七月。㊲戰於藍田芷陽　事在秦二世三年九月。藍田，秦縣名，縣治在今陝西藍田西南。芷陽，秦縣名，縣治在今西安市東北。㊳至霸上　事在漢元年（西元前二〇六年）十月（當時以十月為歲首）。㊴項羽至二句　劉邦首先入關，子嬰向劉邦投降，秦朝已滅。項羽入關後所做者，唯「殺子嬰」與「燒咸陽」而已。事在漢元年十二月。㊵立沛公為漢王　事在漢元年正月。㊶漢王賜嬰爵列侯二句　蓋只有封號，尚無實際封地也。㊷從入蜀漢　事在漢元年四月。㊸還定三秦　事在漢元年八月。㊹從擊項籍三句　事在漢二年（西元前二〇五年）四月，詳見〈項羽本紀〉、〈高祖本紀〉。㊺漢王敗三句　按：七字繁蕪，《漢書》削「敗」字。㊻見孝惠魯元　剛好碰上了逃散的劉邦的一子一女。孝惠，劉邦之子，呂后所生，名盈，即日後的漢惠帝。魯元，劉邦之女，呂后所生，後來嫁與張耳之子張敖為妻，因其子張偃被封為魯王，故尊其母為「魯元太后」。㊼馬罷二句　罷，同「疲」。虜，指項羽的追兵。㊽徐行二句　意謂開始讓馬慢走，等兩個孩子抱緊夏侯嬰後，夏侯嬰才讓馬快跑起來。面雍樹，《集解》引蘇林曰：「南陽人謂抱小兒為『雍樹』。『面』者，大人以面首向臨之，小兒抱大人頸似懸樹也。」王駿圖曰：「『雍』即『擁』也；『樹』猶『植』也。嬰收小兒置車上，徐徐而行；將小兒置於面前而擁抱之，植立不搖，乃振策而驅也。」王先謙曰：「據〈項羽紀〉漢王推墮二子，『於是者三』，故嬰擁抱於前，不聽漢王再踢棄也。」㊾漢王怒二句　凌約言曰：「借謂吾身不能存二子，不得已棄之可也，他人為收，豈不幸甚，何斷斷然欲斬之？其天性殘忍類如此。」梁玉繩引翁孝廉曰：「以項羽、高祖二紀觀之，則此乃史公抑揚太過之詞，非其實也。事急不能存子女，無可如何而棄之耳，人為收載豈不大幸，何至怒其人而屢欲斬之？非人情矣。」㊿致孝惠魯元於豐　將孝惠、魯元送到了酆邑，也就是後來改名的新豐（今陝西臨潼東北）。按：諸本於「豐」字皆不出注，不知何意。「豐」是劉邦的老家，在項羽的統治區，夏侯嬰不可能把兩個孩子再送回到那裡去。而且據〈項羽本紀〉，劉邦敗逃時曾「欲過沛，收家室而西」，結果「家皆亡，不與漢王相見」。後來在路上遇到了兩個孩子，而劉邦的父親與呂后，則已被項羽捉去了。再據〈高祖本紀〉：「漢王之敗彭城而西，行使人求家室，家室亦亡，不相得。敗後乃獨得孝惠，六月，立為太子，大赦罪人。令太子守櫟陽。」劉邦被項羽打得慘敗，是在四月，而六月則已經在櫟陽將孝惠立為太子了。而櫟陽，就是後來劉邦為取悅太公而改名的「新豐」。由此可知「致孝惠、魯元於豐」的「豐」，是指後來的「新豐」，或者就是櫟陽（在新豐之北），當時劉邦在關中的大本營。(51)漢王既至滎陽　謂敗退至滎陽，在滎陽築起防禦陣線。事在漢二年四月。(52)祈陽　《集解》曰：「祈，一作『沂』。」《漢書》作「沂」。沂陽，方位不詳。(53)從擊項籍二句　此即劉邦與項羽結鴻溝之約，項羽退兵後，劉邦聽張良、陳平計，迅即追擊項羽於陽夏事也。事在漢五年（西元前二〇二年）十月。詳見〈項羽本紀〉、〈高祖本紀〉。陳，秦郡名，郡治即今河南淮陽。〈高祖本紀〉之所謂「陽夏」，在淮陽北百餘里。(54)卒定楚　劉邦大破項羽於垓下，項羽自刎烏江。事在漢五年十二月。(55)至魯　據〈項羽本紀〉，項羽兵敗自殺後，「楚地皆降漢，獨魯不下。漢乃引天下兵欲屠之，為其守禮義，為主死節，乃持項王頭視魯，魯父兄乃降。」魯，秦縣名，即今山東曲阜。當初楚懷王曾封項羽為魯公，故魯縣人有如此舉動。(56)益食茲氏　將茲氏縣（今山西汾陽東南）追加給夏侯嬰作封地。(57)漢王立為帝　事在漢五年二月。(58)嬰以太僕從擊荼　事在漢五年九月。(59)明年　高祖六年（西元前二〇一年）。(60)從至陳二句　劉邦用陳平計假說南遊雲夢，中途會諸侯於陳，趁機襲捕韓信事。事在高祖六年十二月。(61)更食汝陰　即改封夏侯嬰為汝陰侯。事在高祖六年十二月。(62)以太僕從擊代　指討伐韓王信，韓王信投降匈奴。事在高祖六年九月。(63)武泉　漢縣名，縣治在今內蒙呼和浩特東北。(64)雲中　漢郡名，郡治在今呼和浩特西南。(65)韓信軍胡騎　與韓王信相勾結的匈奴部隊。(66)晉陽　漢郡名，郡治在今山西太原西南。(67)追北至平城二句　事在高祖七年（西元前二〇〇年）十月。追北，追擊匈奴敗兵。北，同「背」。敗。平城，漢縣名，縣治在今山西大同東北。(68)使使厚遺閼氏　給閼氏送厚禮，使閼氏勸說單于放走劉邦，此用陳平之計也。詳情見〈陳丞相世家〉。閼氏，匈奴單于的夫人。(69)冒頓　當時匈奴的單于，是匈奴族最有作為的統治者。事跡詳見〈匈奴列傳〉。(70)嬰固徐行　瀧川曰：「固，讀為『故』。」師古曰：「故示閑暇，所以固士心而令敵不測也。」(71)細陽　漢縣名，縣治在今安徽太和東南。(72)句注　山名，也叫陘嶺、雁門山、西陘山，在今山西代縣西北。(73)賜所奪邑　師古引孟康曰：「時有罪過奪邑者，因以賜之。」王先謙引王文彬曰：「嬰攻戰時所奪之邑，即以賜之也。」按：後說為長。(74)擊陳豨黥布軍　擊陳豨事在高祖十年（西元前一九七年）九月，擊黥布事在高祖十一年（西元前一九六年）七月。(75)竟高祖崩　意謂夏侯嬰為劉邦當太僕一直當到劉邦死。(76)德　感激；感謝。(77)下邑　秦縣名，縣治即今安徽碭山。(78)賜嬰縣北第第一　瀧川曰：「《漢書》無『縣』字。」師古曰：「北第者，近北闕之第，嬰最第一也。故張衡〈西京賦〉云：『北闕甲第，當道直啟。』」第一，陳直曰：「在大第中無與兩也。」按：據下文之「近我」看，此「第一」似指最靠近北闕者，郭嵩燾曰：「最近北闕，故曰

「近我」。」79孝惠帝崩　事在孝惠帝七年（西元前一八八年）。80高后崩二句　呂后死，周勃、劉章等誅諸呂，並盡誅惠帝諸子，改迎代王立以為帝。事在呂后八年（西元前一八〇年）。代王，劉邦之子劉恆，原被封為代王，都中都（今山西平遙西南）。81東牟侯　劉興居。齊王劉襄與朱虛侯劉章之弟。82入清宮二句　入未央宮驅逐當時尚在位的小傀儡皇帝，即惠帝子少帝。83法駕　皇帝舉行典禮時所乘坐的車駕。〈呂太后本紀〉之《集解》引蔡邕曰：「天子有大駕、小駕、法駕。法駕，上所乘，曰金根車，駕六馬，有五時副車，皆駕四馬，侍中參乘，屬車三十六乘。」84代邸　代王在京的官邸。猶今之駐京辦事處。代王初從代國抵京後，即臨時居住在代邸。按：以上事情詳見〈呂太后本紀〉。85八歲卒　事在孝文八年（西元前一七三年）。夏侯嬰終生為劉氏趕車，先後事高祖、惠帝、呂后、文帝共四朝。86夷侯竈立二句　事在文帝十五年（西元前一六五年）。87共侯賜立二句　事在武帝元光元年（西元前一三四年）。88侯頗尚平陽公主　夏侯頗娶平陽公主為妻。按：夏侯頗是武帝時人，武帝時的「平陽公主」只有一人，即武帝之胞姐，原號陽信公主，因嫁與平陽侯曹壽（曹參的曾孫）為妻，故也稱「平陽公主」。後因曹壽有惡疾，改嫁與大將軍衛青，死後與衛青合葬，因此根本不可能再有夏侯頗「尚平陽公主」之事。王先謙曰：「此『平陽』二字有誤。」89元鼎二年　西元前一一五年。90父御婢　其父寵愛過的婢女。

【語　譯】汝陰侯夏侯嬰是沛縣人，他在沛縣的驛站上管理車馬。每次送使者回去，路過泗水亭時，總與高祖暢談很久。後來夏侯嬰到沛縣衙門當小吏後，與高祖的關係就更親密了。高祖與夏侯嬰打鬧時誤傷了夏侯嬰，被人告發了。當時高祖當亭長，不便於承當傷人的罪名，所以他向官府申訴自己根本沒有傷夏侯嬰；而夏侯嬰也出庭作偽證，說自己沒被高祖傷害。後來案子重審，夏侯嬰犯包庇罪被關押一年多，被打了幾百板子，最終還是為高祖開脫了罪責。

2 高祖起事之初，與部下準備攻打沛縣，而夏侯嬰以縣小吏的身分為高祖效力。攻占沛縣後，高祖自稱沛公，賜夏侯嬰為七大夫，任以為太僕，為高祖趕車。夏侯嬰隨沛公進攻胡陵，與蕭何招降了胡陵城內的泗水監平，泗水監平獻胡陵投降，夏侯嬰被賜爵五大夫。夏侯嬰又隨沛公進擊碭縣以東的秦軍，又攻打濟陽，占領戶牖，在雍丘城下擊潰了三川郡守李由的軍隊。由於夏侯嬰以兵車攻擊敵軍勇猛迅捷，被賜爵為執帛。隨後他又以太僕駕車跟隨高祖在東阿、濮陽城下攻擊章邯軍，由於夏侯嬰以兵車攻擊敵軍勇猛迅捷，被賜爵為執珪；接著又駕車隨沛公在開封擊潰趙賁軍，在曲遇擊敗楊熊軍。夏侯嬰跟隨高祖俘虜敵兵六十八人，招降八百五十人，還獲得官印一箱。隨後又駕車護衛高祖在洛陽城東擊潰秦軍，由於夏侯嬰以兵車迅捷地進攻敵陣，被賜爵並任以為滕縣縣令。接著又駕車隨高祖進攻南陽，戰於藍田、芷陽等地，以兵車猛攻潰逃敵軍，最後隨高祖到達霸上；項籍到達關中後，滅掉了秦國，封沛公為漢王。漢王賜夏侯嬰為列侯，號為昭平侯，仍繼續為太僕，跟隨漢王前往巴蜀、漢中。

3 不久又跟隨高祖還定三秦，又跟隨高祖攻打項籍，在彭城被項籍打敗。當高祖戰敗，匆匆向西逃命的時候，途中遇到了孝惠、魯元，夏侯嬰把他們抱上車來。高祖急於逃命，而拉車的馬已經筋疲力盡，追兵在後，高祖幾次把孝惠、魯元踢下車去，想扔掉他們。而夏侯嬰則總是把他們抱上車來，讓他們緊抱自己後再駕車飛奔。高祖氣急敗壞，十多次要殺夏侯嬰。最後終於脫險，夏侯嬰便將孝惠、魯元送到了關中的豐邑。

4 漢王到達滎陽後，重新集合逃散的士卒，士氣漸漸又振作起來，漢王將祈陽縣賜給夏侯嬰作封地。夏侯嬰又駕車隨漢王追擊項籍，一直追到陳郡，最後平定楚地。又到達魯縣，漢王又將茲氏縣追加給夏侯嬰作封地。

5 漢王做了皇帝。當年秋天，燕王臧荼謀反，夏侯嬰又以太僕身分隨高祖征討。第二年，隨高祖到陳縣，生擒了楚王韓信。高祖封賞功臣時，將夏侯嬰的封地改為汝陰，與夏侯嬰剖符定誓，讓其世世傳承不絕。不久夏侯嬰又以太僕身分隨高祖討伐代郡，前進到武泉、雲中，夏侯嬰又獲得封地一千戶。接著又隨高祖在晉陽進擊韓王信與匈奴人的騎兵，大破之。待追擊到平城時，在白登被匈奴軍所包圍，以至於裡外七天無法通消息。直到高祖派人向冒頓閼氏送上了豐厚禮品，冒頓才答應讓開一條通路。高祖想飛速出逃，夏侯嬰堅持從容慢撤，並讓弓弩手搭箭外向，終於順利脫離了包圍圈，夏侯嬰又被追加了細陽縣的封地一千戶。接著夏侯嬰又以太僕身分隨高祖在句注山北進擊匈奴人，大破之。又以太僕身分在平城南與匈奴作戰，三次攻破胡兵防線，功勞最多，高祖把他攻戰所得之地封了五百戶給他。後來夏侯嬰又以太僕身分率軍相繼征討陳豨、黥布叛軍，破陣退敵，增加封地一千戶，最後確定封地為汝陰縣的六千九百戶，以往的歷次封地取消。

6 夏侯嬰自高祖從沛縣起事，一直為太僕，到高祖逝世。接著又以太僕身分侍奉孝惠帝。孝惠帝與呂后為感激夏侯嬰在下邑救了孝惠和魯元公主的命，便將靠近皇宮北門的第一所宅第賜給了他，說：「讓夏侯嬰挨著我。」以表示對他的格外尊寵。孝惠帝死後，夏侯嬰又以太僕身分侍奉呂后。呂后病逝，代王劉恆被迎進京。夏侯嬰以太僕身分與東牟侯劉興居入宮清除，遷出了少帝，以天子的車駕到代王府邸接劉恆，與大臣們擁立劉恆做了皇帝，夏侯嬰仍接著做太僕。八年後病逝，諡為文侯。他的兒子夏侯竈承襲侯位，七年後病死。夏侯竈的兒子夏侯賜承襲侯位，三十一年後病死。夏侯賜的兒子夏侯頗承襲侯位，娶平陽公主為妻。夏侯頗承繼侯位的第十九年，即元鼎二年，因為與被他父親寵愛過的婢女通姦，事洩自殺，封國被廢除。

1 潁陰侯灌嬰❶者，睢陽❷販繒者也。高祖之為沛公，略地至雍丘下❸，章邯敗殺項梁❹，而沛公還軍於碭❺。嬰初以中涓❻從擊破東郡尉於成武❼及秦軍於扛里❽，疾鬭，賜爵七大夫。從攻秦軍亳南、開封、曲遇❾，戰疾力❿，賜爵執帛，號宣陵君。從攻陽武⓫以西至雒陽，破秦軍尸北，北絕河津⓬，南破南陽守齮陽城東，遂定南陽郡⓭。西入武關⓮，戰於藍田⓯，疾力，至霸上⓰，賜爵執珪，號昌文君。

2 沛公立為漢王⓱，拜嬰為郎中⓲，從入漢中⓳。十月，拜為中謁者⓴。從還定三秦，下櫟陽，降塞王㉑。還圍章邯於廢丘㉒，未拔。從東出臨晉關，擊降殷王㉓，定其地。擊項羽將龍且、魏相項他軍定陶南㉔，疾戰，破之。賜嬰爵列侯，號昌文侯，食杜平鄉㉕。

3 復以中謁者從降下碭，以至彭城。項羽擊，大破漢王㉖。漢王遁而西，嬰從還，軍於雍丘。王武、魏公申徒㉗反，從擊破之。攻下黃，西收兵，軍於滎陽㉘。楚騎來眾，漢王乃擇軍中可為騎將者㉙，皆推故秦騎士重泉㉚人李必㉛、駱甲習騎兵，今為校尉，可為騎將。漢王欲拜之，必、甲曰：「臣故秦民，恐軍不信臣，臣願得大王左右善騎者傅之㉜」，灌嬰雖少，然數力戰㉝。乃拜灌嬰為中大夫㉞，令李必、駱甲為左右校尉，將郎中騎兵㉟擊楚騎於滎陽東，大破之。受詔別擊楚軍後，絕其餉道㊱，起陽武至襄邑㊲。擊項羽之將項冠於魯下㊳，破之，所將卒斬右司馬、騎將各一人。擊破柘公王武，軍於燕西㊴，所將卒斬樓煩將㊵五人，連尹㊶一人。擊王武別將㊷桓嬰白馬㊸下，破之，所將卒斬都尉一人。以騎渡河南，送漢王到雒陽，使北迎相國韓信軍於邯鄲㊹，還至敖倉㊺，嬰遷為御史大夫㊻。

4 三年㊼，以列侯食邑杜平鄉㊽。以御史大夫受詔將郎中騎兵東屬相國韓信，擊破齊軍於歷下㊾，所將卒虜車騎將軍華毋傷㊿及將吏四十六人。降下臨菑(51)，得齊守相(52)田光。追齊相田橫(53)至嬴(54)、博(55)，破其騎，所將卒斬騎將一人，生得騎將四人。攻下嬴、博，破齊將軍田吸於千乘(56)，所將卒斬吸。東從韓信攻龍且、留公旋於高密[57]，卒斬龍且，生得右司馬、連尹各一人，樓煩將十人，身生得亞將[58]周蘭。

5 齊地已定，韓信自立為齊王[59]，使嬰別將擊楚將公杲於魯北[60]，破之；轉南，破薛郡長[61]，身虜騎將一人。攻傅陽[62]，前至下相[63]以東南僮[64]、取慮[65]、徐[66]。度淮[67]，盡降其城邑，至廣陵[68]。項羽使項聲、薛公[69]、郯公[70]復定淮北。嬰度淮北[71]，擊破項聲、郯公下邳[72]，斬薛公，下下邳。擊破楚騎於平陽，遂降彭城[73]，虜柱國項佗，降留、薛、沛、酇、蕭、相[74]；攻苦、譙[75]，復得亞將周蘭[76]。與漢王會頤鄉[77]，從擊項籍軍於陳下，破之[78]，所將卒斬樓煩將二人，虜騎將八人，賜益食邑二千五百戶。

6 項籍敗垓下[79]去也，嬰以御史大夫受詔將車騎別追項籍至東城[80]，破之。所將卒五人共斬項籍[81]，皆賜爵列侯。降左右司馬各一人，卒萬二千人，盡得其軍將吏。下東城、歷陽[82]。渡江，破吳郡長[83]吳下[84]，得吳守[85]，遂定吳、豫章[86]、會稽郡[87]。還定淮北，凡五十二縣。

7 漢王立為皇帝[88]，賜益嬰邑三千戶。其秋，以車騎將軍從擊破燕王臧荼[89]。明年，從至陳，取楚王信[90]。還，剖符世世勿絕，食潁陰二千五百戶[91]，號曰潁陰侯。

8 以車騎將軍從擊反韓王信於代[92]，至馬邑[93]。受詔別降樓煩[94]以北六縣，斬代左相[95]，破胡騎[96]於武泉[97]北。復從擊韓信胡騎[98]晉陽[99]下，所將卒斬胡白題[100]將一人。受詔并將燕、趙、齊、梁、楚車騎[101]，擊破胡騎於硰石[102]。至平城，為胡所圍[103]，從還軍東垣[104]。

9 從擊陳豨[105]，受詔別攻豨丞相侯敞[106]軍曲逆[107]下，破之，卒斬敞及特將五人[108]。降曲逆、盧奴[109]、上曲陽[110]、安國[111]、安平[112]。攻下東垣[113]。

10 黥布反[114]，以車騎將軍先出，攻布別將於相[115]，破之，斬亞將樓煩將三人。又進擊破布上柱國[116]軍及大司馬軍，又進破布別將肥誅[117]。嬰身生得左司馬一人[118]，所將卒斬其小將十人，追北至淮上[119]。益食二千五百戶。布已破[120]，高帝歸，定令嬰食潁陰五千戶，除前所食邑[121]。凡從得二千石二人，別破軍十六，降城四十六，定國一，郡二，縣五十二，得將軍二人，柱國、相國各一人，二千石十人。

11 嬰自破布歸，高帝崩[122]，嬰以列侯事孝惠帝及呂太后[123]。太后崩[124]，呂祿等以趙王自置為將軍[125]，軍長安，為亂[126]。齊哀王[127]聞之，舉兵西，且入誅不當為王者[128]。上將軍呂祿等聞之，乃遣嬰為大將，將軍往擊之[129]。嬰行至滎陽，乃與絳侯等謀，因屯兵滎陽，風[130]齊王以誅呂氏事，齊兵止不前。絳侯等既誅諸呂[131]，齊王罷兵歸，嬰亦罷兵自滎陽歸，與絳侯、陳平共立代王為孝文皇帝[132]。孝文皇帝於是益封嬰三千戶，賜黃金千斤[133]，拜為太尉[134]。

12 三歲[135]，絳侯勃免相就國[136]，嬰為丞相，罷太尉官[137]。是歲[138]，匈奴大入北地、上郡[139]，令丞相嬰將騎八萬五千往擊匈奴。匈奴去，濟北王反[140]，詔乃罷嬰之兵[141]。後歲餘，嬰以丞相卒[142]，謚曰懿侯，子平侯阿[143]代侯。二十八年卒[144]，子彊代侯。十三年[145]，彊有罪，絕二歲。元光三年[146]，天子封灌嬰孫賢為臨汝侯[147]，續灌氏後。八歲，坐行賕有罪，國除[148]。

【章旨】以上為第四段，寫劉邦功臣灌嬰的生平始末。

【注釋】❶潁陰侯灌嬰　封地潁陰，即今河南許昌。❷睢陽　秦縣名，縣治在今河南商丘西南。❸略地至雍丘下　事在秦二世二年（西元前二〇八年）八月。是役劉邦與項羽大破秦軍，斬三川守李斯之子李由。雍丘，秦縣名，即今河南杞縣。❹章邯敗殺項梁　事在秦二世二年九月。項梁自起事以來連破秦軍，尤其是當項羽、劉邦破殺李由於雍丘後，驕傲輕敵，結果被章邯大破於定陶（今山東定陶西北），項梁戰死。❺沛公還軍於碭　項梁兵敗被殺，楚軍損失慘重，於是劉邦、項羽等軍皆向東撤退，劉邦駐軍於碭縣（今河南夏邑東南）。❻中涓　王者身邊的侍從人員，主管灑掃諸內務。❼擊破東郡尉於成武　事在秦二世三年十月。當時項羽等被派往河北救鉅鹿，劉邦被派率軍西進。東郡尉，東郡（郡治濮陽）的郡尉。成武，秦縣名，即今山東成武，當時上屬東郡。❽扛里　一作「杠里」。古邑名，在成武縣西。❾從攻秦軍亳南開封曲遇　事在秦二世三年三月。亳南，亳邑城南，錢穆《史記地名考》以為亳邑在今商丘東南。按：據上下文，此所謂「亳」者應離開封不遠，錢氏以為在商丘東南似乎不甚合理。⑩戰疾力　師古引孟康曰：「攻戰疾速也。」李笠曰：「疾，謂急劇也。『疾』、『力』並形容『戰』字。」凌稚隆曰：「此傳以『疾鬬』、『疾力』、『疾戰』、『所將卒』、『受詔別擊』及『生得』、『身生得』為眼目。此下凡用十五『從』字。」⑪陽武　秦縣名，縣治在今河南原陽東南。⑫破秦軍尸北二句　事在秦二世三年四月。尸北，尸鄉之北。尸鄉在今河南偃師西。⑬破南陽守齮陽城東二句　事在秦二世三年六月。南陽守齮，南陽郡的郡守名齮，史失其姓。陽城，秦縣名，縣治在今河南方城東。⑭西入武關　事在秦二世三年八月。⑮戰於藍田　事在秦二世三年九月。⑯至霸上　事在漢元年（西元前二〇六年）十月（當時以十月為歲首）。⑰沛公立為漢王　事在漢元年正月。⑱郎中　帝王的侍從官員，上屬郎中令。⑲從入漢中　事在漢元年四月。⑳十月二句　郭嵩燾曰：「按本紀，正月，項羽分王諸侯，立沛公為漢王；八月，漢王用韓信之計還定三秦，高祖入漢中未嘗一值『十月』也，此云『十月』恐有誤。」中謁者，帝王的侍從官員，主管收發傳達。㉑還定三秦三句　事在漢元年八月。櫟陽，秦縣名，在今陝西臨潼北，當時為塞王司馬欣的國都。㉒圍章邯於廢丘　亦在漢元年八月。㉓從東出臨晉關二句　事在漢二年（西元前二〇五年）三月。〈高祖本紀〉云：「三月，漢王從臨晉渡，魏王豹將兵從，下河內，虜殷王，置河內郡。」臨晉，關隘名，在今陝西大荔東的黃河邊上，是陝西與山西之間的重要渡口。殷王，司馬卬，原為趙將，因從項羽入關，被項羽封為殷王，都朝歌（今河南淇縣）。其地約當今河南省北部的當時的黃河以北地區，即秦時的河內郡，郡治懷縣（今河南武陟東南）。㉔擊項羽句　其事亦應在漢二年三月。龍且，項羽的部將。魏相項他，項他是項羽的族人和部將。漢二年三月，劉邦奪回三秦，並出兵東伐時，受項羽所封的魏王豹叛歸劉邦，因此項羽任項他為「魏相」，以收合魏地。定陶，秦縣名，縣治在今山東定陶西北。㉕食杜平鄉　《索隱》曰：「謂食杜縣之平鄉。」李慈銘曰：「『食杜平鄉』四字衍。」王先謙曰：「諸傳賜名號侯，無即賜食邑者，此『食杜平鄉』時下復出，李以為衍文，是。」㉖從降下碭四句　事在漢二年四月。㉗王武魏公申徒　王武，原是劉邦的部將。魏公申徒，王先謙曰：「魏公、申徒二人，蓋從王武反者。」按：「魏公申徒」乃一人，原是魏豹的部下，前隨魏豹歸順劉邦，今見劉邦敗，遂又反叛。申徒，猶言「司徒」，「三公」之一。㉘攻下黃三句　事在漢二年五月。瀧川曰：「楓、三本『黃』上有『外』字，與《漢書》合。」王先謙曰：「〈曹參傳〉：『王武反於外黃，往擊，盡破之。』」外黃，秦縣名，縣治在今河南民權西北。㉙擇軍中可為騎將者　「騎」上有「車」字，《漢書》無，梁玉繩曰：「『車』字衍。」今據刪。㉚重泉　秦縣名，在今陝西蒲城東南。㉛李必　張照曰：「李必後封戚侯，見〈功臣表〉，作『季必』。」㉜願得大王左右善騎者傳之　意即請找一個你的親信當騎將，我們當他助手。傳，輔助。㉝灌嬰雖少二句　意謂「灌嬰雖然年歲不大，但多次力戰有功，可為騎將」。此對話未完，而以敘述補足之例也。㉞中大夫中大夫，郎中令的屬官，在帝王身邊掌議論。此則以「中大夫」之身分為騎將也。㉟將郎中騎兵　統領劉邦的騎兵衛隊。郎中騎兵，即所謂「騎郎」，帝王身邊的騎兵侍衛。㊱別擊楚軍後二句　觀後文始出「三年」字，則灌嬰此舉當在漢二年秋。㊲起陽武至襄邑　北起陽武（今河南原陽東南）一直向東南突襲至襄邑（今河南睢縣）。㊳魯下　魯縣（今山東曲阜）城下。㊴擊破柘公王武二句　柘公，柘縣（今河南柘城西北）縣令。師古曰：「柘，縣名。公者，柘之令也。王武，其人姓名也。」王先謙曰：「曹參、靳歙、樊噲傳及本傳上文皆不言王武是柘公，則柘公自別一人，非即王武也。」燕西，燕縣城西。燕縣的縣治在今河南延津東北。㊵樓煩將　統率以騎射擅長的士兵的將領。樓煩，北方部族名，以騎射聞名，故後人遂以「樓煩」稱善於騎射者。㊶連尹　楚官名，具體職務不詳。㊷別將　單獨主管一個方面的將領。㊸白馬　秦縣名，縣治在今河南滑縣東。㊹送漢王到雒陽二句　據〈淮陰侯列傳〉，當時韓信已平定趙國，駐軍脩武，劉邦突至脩武，襲奪了韓信的軍隊，封張耳為趙王，以守趙地；加韓信以「相國」的虛銜，令其組織新兵東擊齊國。所謂「迎韓信軍」，即指襲奪韓信的軍隊。然〈高祖本紀〉與〈淮陰侯列傳〉言此皆與「邯鄲」無關。又，劉邦襲奪韓信軍在漢三年（西元前二〇四年）六月，《通鑑》同，今繫之於漢二年亦誤。郭嵩燾曰：「高祖既未至雒陽，韓信軍亦不在邯鄲，蓋通舉大勢言之耳。」㊺敖倉　秦朝所建的大糧倉，在當時滎陽北的黃河邊上。㊻御史大夫　國家的「三公」之一，主管監察。這裡仍只是加官。㊼三年　西元前二〇四年。按：此「三年」二字似應移至上文「受詔別擊楚軍」句上。㊽食邑杜平鄉　將杜縣（今西安市西南）的平鄉封給灌嬰作領地。㊾擊破齊軍於歷下　事在漢四年（西元前二〇三年）十月。齊王田廣等因聽信酈食其的約降，放鬆戰備，韓信突然發動進攻，大破齊軍於歷下。事見〈淮陰侯列傳〉、〈田儋列傳〉。歷下，在今山東濟南西。㊿華毋傷　齊國駐守歷下的將領，〈田儋列傳〉作「華無傷」。據〈田儋列傳〉，當時駐守歷下的齊國將領為華無傷、田解。(51)降下臨菑　亦在四年十月。臨菑，即今淄博市臨淄區，當時齊國的國都。(52)守相　為相而居守者也。(53)田橫　齊王田廣之叔，當時任齊相，事無大小，一決於橫。(54)嬴　秦縣名，縣治在今山東萊蕪西北。(55)博　秦縣名，縣治在今山東泰安東南。(56)破齊將軍田吸於千乘　千乘，秦縣名，縣治在今山東高青東北。按：據〈田儋列傳〉，灌嬰破田橫、田吸事皆在濰水之役破殺龍且後。(57)東從韓信攻龍且留公旋於高密　事在漢四年十一月。龍且，項羽的部將，當時奉命率二十萬人救齊。留公旋，留縣（今江蘇沛縣東南）的縣令，其名曰旋，項羽部將，與龍且一道率軍救齊者。高密，秦縣名，縣治在今山東高密西，地臨濰水。按：韓信破龍且之戰異常精彩，詳見〈淮陰侯列傳〉。徐孚遠曰：「淮陰下齊之易，以嬰將騎兵為之副也。」王維楨曰：「灌嬰始終以騎將，滕公始終以太僕，此高帝知人善任使處。」(58)亞將　猶言「准將」。(59)韓信自立為齊王　按：語又見於〈項羽本紀〉、〈陳丞相世家〉，而〈淮陰侯列傳〉、

〈高祖本紀〉皆無。(60)魯北　魯縣（今山東曲阜）城北。(61)薛郡長　薛郡的郡守。秦時薛郡的郡治即在魯縣。(62)傅陽　秦縣名，在今山東棗莊南。原作「博陽」。《史記志疑》以為乃「傅陽」之訛。據改。(63)下相　秦縣名，縣治在今江蘇宿遷西南。(64)僮　秦縣名，縣治在今江蘇睢寧東南。(65)取慮　秦縣名，縣治在今江蘇睢寧西南。(66)徐　秦縣名，縣治在今安徽泗縣南。(67)度淮　謂渡淮水南下。(68)廣陵　秦縣名，縣治在今江蘇揚州西北。(69)薛公　項羽的部將，薛縣縣令，史失其姓名。薛縣的縣治在今山東滕縣南。(70)郯公　項羽的部將，郯縣縣令，史失其姓名。郯縣的縣治在今山東郯城西北，當時為東海郡的郡治所在地。(71)嬰度淮北　謂灌嬰復渡淮水北上。(72)下邳　秦縣名，縣治在今江蘇邳縣南。(73)擊破楚騎於平陽二句　平陽，秦縣名，在今山西臨汾西南。按：以上灌嬰的一連串重大勝利只見於本文，〈項羽本紀〉、〈高祖本紀〉皆不載，其時間應在漢四年的二月至五年（西元前二〇二年）的十月間。《中國歷代戰爭史》曰：「韓信此次遣灌嬰對楚大後方做此種深入之縱橫掃蕩，實予項羽一致命打擊。因慮、郯、薛等地為項羽之北境糧倉，淮南北則為項羽之南境糧倉。楚經此一大破壞，遂使在滎陽、廣武等地前方軍士益以糧食缺乏，後方擾攘，而不能堅與劉邦相持，乃不得不劃鴻溝以求和焉。」徐孚遠曰：「彭城既降，則項王失國都矣，故未及渡江而楚軍皆潰也。」梁玉繩曰：「彭城，項王所都，若降彭城，則破其都矣，何必鴻溝之約乎？『降』字誤，蓋圍彭城而破其軍也。」按：灌嬰「降彭城」的月份，不能詳查，參照諸傳所云，當是在鴻溝定約之後，垓下會戰之前。(74)虜柱國項佗二句　柱國，楚官名，職同太尉。酇，秦縣名，縣治在今安徽蕭縣西北。相，秦縣名，縣治在今安徽濉溪西北。(75)苦譙　苦，秦縣名，縣治即今河南鹿邑。譙，秦縣名，縣治即今安徽亳州。(76)復得亞將周蘭　梁玉繩曰：「高密已生得周蘭，此云『復得』，豈逸而重獲乎？」(77)頤鄉　《集解》曰：「苦縣有頤鄉。」(78)從擊項籍軍於陳下二句　事在漢五年（西元前二〇二年）十月。按：此即固陵之戰，此役中劉邦又被項羽擊敗。詳見〈高祖本紀〉、〈項羽本紀〉。此云「破之」者，非事實也。戰於固陵而言「陳」者，固陵在陳之北，相距甚近也。(79)項籍敗垓下　事在漢五年十二月。詳見〈高祖本紀〉。垓下，古邑名，在今安徽靈壁東南。(80)東城　秦縣名，縣治在今安徽定遠東南。(81)所將卒五人共斬項籍　呂馬童、王翳、楊喜、楊武、呂勝五人「共斬」項籍與其皆封列侯的具體情節見〈項羽本紀〉。(82)下東城歷陽　歷陽，秦縣名，即今安徽和縣。按：據〈項羽本紀〉，項羽在東城又進行了一場戰鬥後，南逃至烏江浦，自刎而死，烏江浦即在歷陽東南的長江邊上，上文乃敘呂馬童等五人共殺項羽於東城，誤。(83)吳郡長　吳郡（即今蘇州市）的郡守。(84)吳下　吳郡城下。(85)得吳守　按：前云「破吳郡長」，又云「得吳守」，竟似二人，史公語病，《漢書》同。(86)豫章　郡名，郡治即今江西南昌。(87)會稽郡　郡名，郡治在今江蘇蘇州。按：以上郡名有的秦時不一定有，蓋用後來的稱呼以指當時的地域。梁玉繩曰：「『豫章』乃『鄣』之誤，說在

〈吳王濞傳〉。」鄣，秦郡名，郡治在今浙江安吉西北。郭嵩燾曰：「漢定吳、會稽諸郡，本紀皆未詳，一著之〈灌嬰傳〉中以結項羽全局。」(88)漢王立為皇帝　事在漢五年二月。(89)從擊破燕王臧荼　臧荼反於漢五年七月，八月劉邦往討，九月虜臧荼。(90)從至陳二句　劉邦用陳平計，假說南遊雲夢，召諸侯會陳，趁機襲捕韓信於陳事，在高祖六年（西元前二〇一年）十二月。見〈淮陰侯列傳〉、〈陳丞相世家〉。(91)食潁陰二千五百戶　中井曰：「杜平之外益邑兩回，合五千五百矣，至此乃食潁陰二千五百戶，蓋不除前所食耳。」(92)從擊反韓王信於代　韓王信於高祖六年九月降匈奴，劉邦於漢七年（西元前二〇〇年）十月往擊韓王信。(93)馬邑　漢縣名，即今山西朔縣，當時為韓王信的都城。(94)樓煩　漢縣名，縣治即今山西寧武。(95)代左相　韓王信的左丞相。(96)胡騎　匈奴騎兵。(97)武泉　漢縣名，縣治在今內蒙呼和浩特東北。(98)韓信胡騎　韓王信與匈奴的聯軍。(99)晉陽　漢縣名，在今山西太原西南，當時為太原郡的郡治所在地。(100)白題　匈奴族的部落名。王先謙曰：「題，額也。其俗以白堊塗其額因得名，如黑齒、雕題之類。」(101)并將燕趙齊梁楚車騎　意謂除統領漢軍外，還兼統著燕、趙、齊、梁、楚等諸侯國的隨征士兵。當時的燕王為盧綰，趙王為劉邦之子劉如意，齊王為劉邦之子劉肥，梁王為劉邦的功臣彭越，楚王為劉邦之弟劉交。(102)硰石　古城名，《正義佚存》曰：「在樓煩縣西北。」錢穆曰：「今（山西）靜樂縣東北。」(103)至平城二句　平城，漢縣名，在今山西大同東北。劉邦軍被匈奴圍困於平城及其最後得脫事在高祖七年十月。詳見〈高祖本紀〉、〈陳丞相世家〉。(104)還軍東垣　事在高祖八年二月。東垣，漢縣名，後改稱真定，縣治在今石家莊市東北，當時屬恆山郡。(105)從擊陳豨　代相國陳豨於高祖十年（西元前一九七年）八月反於代地，劉邦於九月率軍往討。(106)豨丞相侯敞　時陳豨自立為王，任其部下侯敞為相。(107)曲逆　漢縣名，縣治在今河北完縣東。(108)卒斬敞及特將五人　師古曰：「卒，所將卒也。」王先謙引周壽昌曰：「特將，楚漢間所置將名，〈功臣表〉『陳豨以特將將卒五百人前元年從起宛朐』是也。〈韓信傳〉亦有特將，似皆其所部裨將。」特將，意近別將。王駿圖曰：「獨將一軍，不屬他人節制。」(109)盧奴　漢縣名，縣治即今河北定縣。(110)上曲陽　漢縣名，縣治在今河北曲陽西。(111)安國　漢縣名，縣治在今河北安國東南。(112)安平　漢縣名，縣治即今河北安平。(113)攻下東垣　事在高祖十一年（西元前一九六年）冬，時陳豨的部將趙利據守東垣，劉邦攻之月餘，東垣始下。事見〈高祖本紀〉。(114)黥布反　黥布是劉邦的開國功臣，被封為淮南王，高祖十一年春、夏見韓信、彭越連續被殺，於是遂在七月起兵反漢。詳見〈黥布列傳〉。(115)相　漢縣名，在今安徽淮北西北，當時為沛郡的郡治所在地。(116)布上柱國　黥布的部將，史失其姓名。上柱國，楚官名，職同丞相，後多用為加官之稱。(117)肥誅　姓肥名誅，《漢書》作「肥銖」，音同。(118)嬰身生得左司馬一人　梁玉繩引陳仁錫曰：「『嬰』字衍。」按：「嬰」字詞費可削，然《漢書》亦有「嬰」字。(119)追北至淮上　追擊逃兵一直追到淮河邊。

120 布已破　黥布兵敗後南逃，被長沙王吳臣誘殺於番陽。見〈黥布列傳〉。
121 除前所食邑　中井曰：「杜平以外，益邑三回，合八千戶矣，今乃減為五千戶。」
122 高帝崩　事在高祖十二年（西元前一九五年）四月。
123 以列侯事孝惠帝及呂太后　意謂灌嬰於孝惠帝（西元前一九四—前一八八年在位）與呂后（西元前一八七—前一八〇年在位）執政期間未居朝廷要職，僅以列侯隨侍。
124 太后崩　事在呂后八年（西元前一八〇年）七月。
125 呂祿等以趙王自置為將軍　按：呂祿為趙王，將北軍；呂產為呂王，掌南軍，皆呂后所封任，非諸呂「自置」。王叔岷曰：「《漢書·文帝紀》及此文並言『呂祿自置為上將軍』，蓋以加重呂祿為亂之罪耳，實非『自置』也。」
126 軍長安二句　時南軍、北軍俱駐於京城。郭嵩燾曰：「呂后以南、北軍屬之呂產、呂祿，使據兵自固，以無為人所制而已，產、祿庸才，並所將兵亦解以屬之太尉，是豈欲為亂者？史公以周勃除諸呂，特重呂氏之罪，以疑似被之名耳。」
127 齊哀王　劉襄，劉肥之子，劉邦之孫，「哀」字是謚。
128 且入誅不當為王者　且，將。不當為王者，指呂產、呂祿等。「入誅不當為王者」乃齊哀王告諸侯王書中語。劉襄起兵討伐諸呂與其告諸侯王書見〈齊悼惠王世家〉、〈呂太后本紀〉。事在呂后八年八月。
129 乃遣嬰為大將二句　瀧川曰：「楓、三本不重『將』字，與《漢書》合，可從。」按：呂后在時十五年未重用灌嬰，呂后方死，呂祿驟用灌嬰，遂將重兵委之政敵。
130 風　委婉勸告。示意將與之相聯合。
131 絳侯等既誅諸呂　絳侯周勃、丞相陳平倚仗劉章等諸宗室、大臣的力量盡誅諸呂事，在呂后八年九月。詳見〈呂太后本紀〉。
132 共立代王為孝文皇帝　事在呂后八年九月。代王，劉恆，劉邦之子，高祖十一年被封為代王，都中都（今山西平遙西南）。平、勃諸人之所以擁立代王之心理，見〈呂太后本紀〉。
133 賜黃金千斤　梁玉繩曰：「《史》、《漢》〈文紀〉是『二千斤』，此與《漢傳》並缺『二』字。」按：漢代稱黃金一斤曰「一金」，一金可抵銅錢一萬。
134 拜為太尉　此前乃周勃為太尉，文帝即位後升任周勃為右丞相，故以太尉任灌嬰。太尉，三公之一，全國的最高武官，位同副丞相，丞相出缺，即以太尉頂補。
135 三歲　指為太尉三歲，亦即文帝三年（西元前一七七年）。
136 絳侯勃免相就國　周勃受文帝疑忌，被排擠罷相的過程，見〈絳侯周勃世家〉。
137 罷太尉官　灌嬰頂補丞相後，「太尉」之官遂被撤消。
138 是歲　文帝三年。
139 匈奴大入北地上郡　北地，漢郡名，郡治馬領（今甘肅慶陽西北）。上郡，漢郡名，郡治膚施（今陝西橫山東）。梁玉繩曰：「《史》、《漢》本紀皆云『匈奴寇北地』，〈名臣表〉、〈匈奴傳〉作『上郡』，蓋二郡相接騷動，故此並言之也。」
140 濟北王反　事在文帝三年。濟北王，劉興居，齊哀王劉襄與朱虛侯劉章之弟。其兄弟三人在消滅諸呂中有大功，而事後頗受排擠，劉章鬱悶而死，劉興居遂圖謀叛亂。事情詳見〈齊悼惠王世家〉。
141 詔乃罷嬰之兵　謂中止對匈奴的用兵，而全力對付劉興居，於是劉興居被討平。徐孚遠曰：「漢擊匈奴以內虛，故濟北有反謀，罷兵而歸，以實京師也。」
142 嬰以丞相卒　事在文帝四年（西元前一七六年）十二

月。[143]阿 梁玉繩曰：「『阿』乃『何』之譌，〈功臣表〉、〈灌夫傳〉及《漢書‧鼂錯傳》並作『何』。」[144]二十八年卒 事在景帝中元二年（西元前一四八年）。[145]十三年 武帝建元六年（西元前一三五年）。[146]元光三年 西元前一三二年。「元光」是武帝的第二個年號。[147]封灌嬰孫賢為臨汝侯 意即將灌賢改封至臨汝縣（今河南上蔡西南）。梁玉繩曰：「按《史》、《漢》表，彊在位十三年，絕一歲，賢以元光二年封，此並誤。」[148]八歲三句 行賕，行賄。賕，賄賂。梁玉繩曰：「《史》、《漢》表，賢在位九年，此言『八歲』誤。」據〈高祖功臣侯者年表〉灌賢被廢在武帝元朔五年（西元前一二四年）。

【語譯】潁陰侯灌嬰原是睢陽賣絲綢的商販，當劉邦以沛公的身分向西進兵抵達雍丘的時候，項梁在定陶戰敗，被章邯所殺，沛公只好回撤到碭縣。當沛公受懷王之命再次率軍西進時，灌嬰開始以中涓的身分，隨沛公在成武縣擊敗了東郡郡尉，接著又在扛里擊敗秦軍，由於灌嬰勇猛廝殺，被沛公賜爵為七大夫。接著隨沛公在亳南、開封、曲遇等地與秦軍作戰，勇猛拚殺，灌嬰被賜爵為執帛，號宣陵君。接著又隨高祖從陽武轉戰至洛陽，在尸鄉北打敗秦軍。又北上封鎖平陰津，又南下在陽城縣東擊敗了南陽郡守齮的軍隊，最後平定了南陽郡。接著又西進武關，在藍田與秦軍作戰，拚命殺敵，最後到達霸上，灌嬰被賜爵為執珪，號昌文君。

2 沛公被立為漢王，而漢王任命灌嬰為郎中，灌嬰遂跟漢王前往漢中。十月，灌嬰被任為中謁者，隨高祖北出，平定三秦，攻下櫟陽，收降了塞王司馬欣；又回師廢丘，包圍章邯，久攻不下。又隨高祖東出臨晉關，進攻殷王司馬卬，司馬卬投降，平定了殷王封地。接著又東至定陶南與項羽的部將龍且和魏國的丞相項他進行激戰，大破之，灌嬰被賜爵為列侯，號昌文侯，以杜縣的平鄉給灌嬰作封地。

3 灌嬰又以中謁者的身分隨漢王攻下碭縣，進入彭城。很快項羽殺回，漢軍大敗，漢王狼狽西逃，灌嬰也隨著漢王回撤，駐軍在雍丘。漢將王武與魏公申徒叛變，灌嬰跟隨高祖將他們擊敗，攻下了外黃。接著漢軍邊撤退、邊招兵，駐紮在滎陽。這時，項籍調集大批騎兵來攻漢軍，漢王也想從自己的部隊中選擇一位騎將，將士們都推薦原在秦軍服役的騎士重泉人李必和駱甲，認為他們熟悉騎兵戰術，現在他們是校尉，可以委任為騎將。漢王有意就這麼辦，可是他們二人卻說：「我們原是秦兵，恐怕漢軍不信任。希望大王從近臣中選擇一位善於騎術者為騎將，由我們輔助他」，灌嬰雖年輕，但多次力戰有功，可為騎將。於是漢王就任命灌嬰為中大夫，令李必、駱甲做左右校尉。不久，灌嬰率郎中騎兵在滎陽城東與楚國騎兵大戰，將楚軍打得大敗。接著又受命率領騎兵深入敵後，截斷陽武至襄邑一帶地區楚軍運糧的糧道。在魯縣城下擊敗了項羽部將項冠的軍隊，灌嬰部下的士卒斬首敵軍右司馬、騎將各一人。接著灌嬰又在燕縣城西擊潰了柘縣縣令王武的軍隊，部下的士卒斬首樓煩將五人和連尹一人。接著灌嬰又在白馬城下破殺了王武的別將桓嬰，其部下士卒斬都尉一人。後來灌嬰率軍南渡黃河，護送漢王到洛陽。漢王命他率軍北上，在邯鄲迎接相國韓信的軍隊。灌嬰回到敖倉後，被任命為御史大夫。

4 漢三年，灌嬰被封為列侯，將杜縣的平鄉賜給他作封地。接著以御史大夫的身分受詔率郎中騎兵東下為相國韓信部屬，他們在歷下大破齊兵，部下的士卒俘虜了車騎將軍華毋傷及將吏四十六人。接著攻下臨菑，俘獲了齊國的守相田光。又追擊齊國的丞相田橫至嬴縣、博縣，打敗了田橫的騎兵，所率士卒斬騎將一名，俘虜騎將四人。攻占了嬴縣、博縣之後，又在千乘縣擊潰齊將田吸，田吸被灌嬰的部下士卒所殺。灌嬰接著又隨韓信揮師東進，在高密縣大破龍且和留公旋的軍隊，最後斬了龍且，俘虜了右司馬、連尹各一人及樓煩將十人，灌嬰親自生擒了亞將周蘭。

5 齊地平定後，韓信自立為齊王，派灌嬰率軍在魯縣城北攻擊了楚將公杲的軍隊，大敗之；而後灌嬰率軍南下，擊潰了薛郡郡守，親自俘虜騎將一人。攻占傅陽後，又先後占領下相、僮、取慮和徐縣。而後渡過淮河，奪取淮南的所有城邑，直到廣陵。這時項羽遣項聲、薛公、郯公又奪去了淮北。於是灌嬰又渡淮北上，在下邳擊敗項聲、郯公軍，斬薛公，占領下邳。接著又在平陽擊潰楚國騎兵，招降了彭城，俘虜了柱國項佗，招降了留縣、薛縣、沛縣、酇縣、蕭縣、相縣。在攻克苦縣、譙縣的時候，又一次俘虜了亞將周蘭。灌嬰與漢王在頤鄉會師後，隨高祖在陳縣擊潰項籍軍，灌嬰部下的士卒斬樓煩將二人，俘虜騎將八人。漢王給灌嬰增加封地二千五百戶。

6 項籍在垓下大敗後，潰逃南去，灌嬰以御史大夫的身分受詔率領騎兵追擊項籍，在東城縣大破之，所率將士五人共同殺了項籍，於是這五個人都被封為列侯。灌嬰招降了項籍的左右司馬各一人和士卒一萬二千人，生擒了楚軍所有的將領與官吏。接著灌嬰又率軍攻占東城、歷陽，而後渡江在吳郡城下擊敗了吳郡的守軍，活捉了郡守，從而平定了吳、豫章、會稽三個郡；回師北上，又平定了淮北的五十二個縣。

7 漢王稱帝後，又給灌嬰增加封地三千戶。這年秋天，灌嬰又以車騎將軍隨高祖擊敗燕王臧荼。隔年，又隨高祖到陳縣襲捕了楚王韓信。回朝後，高祖與灌嬰剖符明誓說要世世代代永不廢絕，讓灌嬰以潁陰縣的兩千五百戶作封地，號為潁陰侯。

8 後來，灌嬰又以車騎將軍的身分隨高祖征伐代郡的韓王信，到馬邑後，灌嬰受詔招降了樓煩以北的六個縣，斬了代國的左相，在武泉縣北擊敗了胡人的騎兵。又隨高祖在晉陽城下擊敗韓王信與胡人的騎兵，所率士卒斬獲胡人白題族將領一名。灌嬰受命統領全部燕、趙、齊、梁、楚各路騎兵，大破匈奴騎兵於硰石。等前進到平城時，曾被匈奴人所包圍。後來又跟隨高祖撤退駐紮在東垣。

9 後來，灌嬰又隨高祖征討陳豨叛軍，灌嬰受詔率軍進攻陳豨的丞相侯敞的軍隊，在曲逆城大敗叛軍，最後斬了侯敞和特將五人。招降了曲逆、盧奴、上曲陽、安國、安平等縣，並攻下了東垣城。

10 黥布造反時，灌嬰以車騎將軍率軍為先鋒前往征討，在相縣擊敗了黥布的一個部將，斬亞將樓煩將三人。接著擊敗了黥布的上柱國及大司馬的軍隊，進而擊敗了黥布的別將肥誅。灌嬰親自生擒左司馬一人，部下士卒斬小將十人。灌嬰又乘勝追擊叛軍逃兵直至淮河岸邊。灌嬰被追加封地二千五百戶。黥布叛亂被討平後，高祖率軍凱旋，確定灌嬰的封地為潁陰的五千戶，以往的封地取消。總計，灌嬰隨高祖出征，活捉二千石官吏二人，獨自率軍破敵十六次，收降四十六城，平定一個封國、兩個郡、五十二個縣，活捉將軍二人和柱國、相國各一人，二千石官吏十人。

11 灌嬰擊敗黥布回京不久，高祖逝世。他以列侯侍奉孝惠帝和呂后。呂后病逝後，呂祿以趙王自稱將軍，駐兵於長安，圖謀叛亂。齊哀王聽到消息，舉兵西進，聲稱入討那些不應為王的人。呂祿等聞訊後，就命灌嬰為大將軍，率兵迎擊齊哀王。灌嬰行至滎陽，與絳侯周勃等商討政變事宜，於是駐兵於滎陽不再前進，向齊哀王暗示京城正將誅殺諸呂，因此齊哀王也就按兵不動了。至絳侯周勃等人一舉誅滅諸呂後，齊王罷兵而歸，灌嬰也率軍返回長安。灌嬰與絳侯、陳平等擁立代王為孝文帝。孝文帝於是增加灌嬰封地三千戶，賜黃金千斤，任以為太尉。

12 三年後，周勃辭去丞相回了封國，灌嬰繼任為丞相，太尉的官職遂被撤消。這一年，匈奴大肆入侵北地郡、上郡，文帝令丞相灌嬰率軍八萬五千北擊匈奴，匈奴人聞訊後退去，而濟北王劉興居這時造反了，於是文帝讓灌嬰把軍隊撤了回來。一年以後，灌嬰在丞相任上病逝，謚為懿侯，他的兒子灌阿承襲侯位。灌阿為侯二十八年死，灌阿的兒子灌彊承襲了侯位。灌彊為侯十三年，因有罪被削去侯爵，侯位中斷了二年。至元光三年，武帝封灌嬰的孫子灌賢為臨汝侯，繼續灌氏侯位。八年後，因行賄罪而爵位被廢。

太史公曰：吾適豐、沛，問其遺老❶，觀故蕭、曹、樊噲、滕公之家❷，及其素❸，異哉所聞❹！方其鼓刀屠狗賣繒❺之時，豈自知附驥之尾❻，垂名漢廷，德流子孫❼哉？余與他廣通❽，為言高祖功臣之興時若此❾云。

【章　旨】以上為第五段，是作者的論贊。作者對這些平民出身，只因生逢其時，遂致身公侯的事實，表現了某種對「命運」的感慨。

【注　釋】❶問其遺老　謂向遺老詢問樊噲、滕嬰等人的舊事。❷觀故蕭曹樊噲滕公之家　蕭何、曹參、樊噲、滕公都是沛縣人，故史公可一併參觀其故居。❸其素　指從遺老處聽來的有關蕭、曹、樊、滕等平素為人的說法。❹異哉所聞　指故鄉人對這些功臣元老們的傳說，和在朝廷所了解的情況大不相同。❺鼓刀屠狗賣繒　借指這些人還是平民的時候。鼓刀屠狗，指樊噲。賣繒，指灌嬰。❻附驥之尾　指蒼蠅附於驥尾，可隨之一日而致千里。此處指這些人都因為跟上了劉邦故而一起發了跡。❼德流子孫　意謂由於他們立功封侯，故而使其後世子孫能長時間地繼承他們的爵位俸祿。❽與他廣通　與樊噲的孫子樊他廣是好朋友。通，交好。❾為言高祖功臣之興時若此　瀧川曰：「楓、三本『為』下有『余』字。」興，指諸人揭竿而起跟著劉邦打天下時的情景。郭嵩燾曰：「諸侯起微賤，一時遺聞軼迹傳聞必多，史公身歷其地而知其遭際風雲，未有異於人者也。史公於蕭、曹、樊噲、滕公等傳蓋得於民間傳說為多，此所謂紀實也。」

【語譯】太史公說：我到沛縣豐邑，詢問當地老人，又觀察蕭何、曹參、樊噲、滕公的故居，詢問他們的為人處事，實在是令人驚異啊！當他們揮刀殺狗、買賣絲綢之時，哪能想到他們日後輔佐高祖打天下，而封侯拜相，澤及子孫呢？我與樊他廣有交情，他向我講述過高祖名臣隨高祖打天下的情形是這種樣子的。

【研析】樊噲、酈商、滕嬰、灌嬰都是劉邦最忠實、最可靠的部下，是幫助劉邦的創業元勳中的核心部分。他們論才幹、論歷史貢獻，當然無法與韓信、黥布、彭越，以至蕭何、張良等相比，但是他們在滅秦、滅楚中的戰功，至少不在曹參、周勃等之下。再加上他們每個人又都在救助劉邦，或者在挽救劉氏政權的關鍵時刻起過非常重要的作用，因此這四個人的地位與作用是絕不能低估的。尤其在韓信、黥布、彭越等一批異姓諸侯王被翦除之後，他們功勳之顯赫與地位之崇重，就更加可想而知了。灌嬰在劉邦的開國功臣中年齡偏小，故而能接續蕭何、曹參、王陵、陳平、周勃之後，在文帝時位至丞相，成為漢初「布衣將相之局」的核心人物之一。這種「布衣將相之局」的形成，反映了「時勢造英雄」的歷史規律。

本篇以簡括的筆法記載了四人在反秦、滅楚以及在剷除異姓王、平定北部叛亂過程中所立的重大功勳，而灌嬰在翦滅諸呂中所發揮的作用尤其巨大。但在寫法上運用的大都是統計破軍、略地、得虜、登城等具體數字的方法，屬於一種粗略的「大事記」。在簡略的記事過程中，司馬遷用字不避重複，從而使文章帶有一種樸拙自然之美，韓愈的〈曹成王碑〉就是學習這種作法。灌嬰在翦滅諸呂過程中的功勳，應該參看〈齊悼惠王世家〉，可謂深謀遠慮，非一般戰將可比也。

本篇以簡鍊的文字對人物性格進行了寫意式的刻劃，其中以樊噲的形象最為突出。作品寫劉邦晚年不理朝政，「噲乃排闥直入，大臣隨之。上獨枕一宦者臥。噲等見上流涕曰：『始陛下與臣等起豐沛，定天下，何其壯也！今天下已定，又何憊也！且陛下病甚，大臣震恐，不見臣等計事，顧獨與一宦者絕乎？且陛下獨不見趙高之事乎？』」張文虎曰：「侃侃數言，深切簡括，得大臣之體，不謂出之於噲也。」（《抒藝室隨筆》）

此外，陳平矯詔不斬樊噲事，酈寄賣友以紿呂祿事，夏侯嬰為脫劉邦自甘受笞事，劉邦為逃命蹶兒下車事，也都寥寥數語，有聲有色。

卷九十六

張丞相列傳第三十六

【題解】本篇名為〈張丞相列傳〉，其實是文帝、景帝、武帝時期一群丞相的合傳，如張蒼、申屠嘉，以及連帶說到的陶青、劉舍、許昌、薛澤、莊青翟、趙周是也；又因為當時的「丞相」都是由「御史大夫」向上遞補，所以本文又連帶敘述了幾個御史大夫，如周昌、趙堯、任敖是也。這些人沒有蕭何、曹參、王陵、陳平、周勃、灌嬰等那些建國初期宰相的軍功與謀略，而又生活在一種「太平無事」的時期，更由於這些人只想持法守成，而不想有什麼改革進取，所以司馬遷說他們：「娖娖廉謹」，都是一群掛名充數的宰相。

1 張丞相蒼者，陽武❶人也。好書律曆❷。秦時為御史❸，主柱下方書❹。有罪，亡歸❺。及沛公略地過陽武❻，蒼以客從攻南陽❼。蒼坐法❽當斬，解衣伏質❾，身長大，肥白如瓠。時王陵❿見而怪其美士，乃言沛公，赦勿斬⓫。遂從西入武關⓬，至咸陽⓭。

2 沛公立為漢王，入漢中⓮，還定三秦⓯。陳餘擊走常山王張耳⓰，耳歸漢⓱，漢乃以張蒼為常山守⓲。從淮陰侯擊趙⓳，蒼得陳餘⓴。趙地已平，漢王以蒼為代相㉑，備邊寇。已而徙為趙相，相趙王耳㉒。耳卒㉓，相趙王敖㉔。復徙相代王㉕。燕王臧荼反㉖，高祖往擊之，蒼以代相從攻臧荼有功，以六年中封為北平侯㉗，食邑千二百戶。

3 遷為計相㉘，一月，更以列侯為主計四歲㉙。是時蕭何為相國，而張蒼乃自秦時為柱下史，明習天下圖書計籍㉚。蒼又善用算律曆㉛，故令蒼以列侯居相府，領主郡國上計者㉜。黥布反亡㉝，漢立皇子長為淮南王㉞，而張蒼相之。十四年㉟，遷為御史大夫㊱。

【章　旨】以上為第一段，寫張蒼因精通曆算而為計相，並至御史大夫。

【注　釋】❶陽武　秦縣名，縣治在今河南原陽東南。❷好書律曆　好讀書，擅長律度與曆法。律，指音律以及度量衡等。❸御史　御史大夫的屬官。❹主柱下方書　指主管朝廷議事的紀錄以及各地上奏的文書。師古曰：「下云『蒼自秦時為柱下史，明習天下圖書計簿』，則主四方文書是也。柱下，居殿柱之下，若今侍御史矣。」《集解》引如淳曰：「方，版也，謂書事在版上者也。」按：似以前說為長。❺有罪二句　謂在朝有罪，逃回家中。❻沛公略地過陽武　事在秦二世三年（西元前二〇七年）四月。❼以客從攻南陽　以客從，以賓客的身分跟從劉邦。南陽，秦郡名，郡治宛縣，縣治即今河南南陽。按：劉邦攻南陽事在秦二世三年七月。❽坐法　因事犯法。❾伏質　趴伏在砧板上，等候行刑。質，砧板。❿王陵　劉邦的開國功臣，封安國侯。事跡見〈陳丞相世家〉。⓫赦勿斬　張蒼犯罪被王陵所救事，約在秦二世三年七、八月之交。⓬西入武關　事在秦二世三年八月。⓭至咸陽　事在漢元年（西元前二〇六年）十月。⓮沛公立為漢王二句　立為漢王。事在漢元年一月，入漢中在四月。瀧川曰：「楓、三本『王』下有『從』字。」漢中，秦郡名，劉邦為漢王時領有巴、蜀、漢中三郡，國都南鄭（今陝西漢中）。⓯還定三秦　劉邦用韓信計收復三秦，在漢元年八月。⓰陳餘擊走常山王張耳　事在漢元年末。陳餘和張耳原來是朋友，並一同輔佐趙王歇稱王於趙，在與章邯作戰中因誤會變為寃家。張耳因隨項羽入關，被封為常山王，居原來的趙地；而將原來的趙王歇遷為代王。陳餘因未隨項羽入關，遂未受封。這使陳餘極為惱怒，因而成了最早舉旗反項的勢力之一。陳餘和趙王歇一道趕走了前來上任的常山王張耳，讓趙歇仍當趙王，而趙歇則讓陳餘當了代王。事見〈張耳陳餘列傳〉。⑰耳歸漢　張耳與劉邦是老相識，此時被陳餘所逐，無處安身，遂西行投奔了劉邦。⑱以張蒼為常山守　事在漢二年（西元前二〇五年）十月。常山守，常山郡的郡守。常山郡的郡治東垣（後來也叫真定，在今河北石家莊東北）。⑲淮陰侯擊趙　事在漢三年（西元前二〇四年）十月。見〈淮陰侯列傳〉。⑳蒼得陳餘　按：〈淮陰侯列傳〉云「斬成安君（即陳餘）泜水上，禽趙王歇」，與此說法略異。㉑以蒼為代相　張蒼以「代相」的名義管理代國之事，應在漢三年冬。秦時的代郡郡治在今河北蔚縣東北。㉒相趙王耳　事在漢四年（西元前二〇三年）十月。韓信與張耳等平定趙地、燕地後，韓信受命率軍東伐齊，而張耳遂被封為趙王，留鎮趙地，都邯鄲，張蒼留為張耳丞相。㉓耳卒　事在漢五年（西元前二〇二年）。㉔趙王敖　張敖，張耳之子，劉邦女兒魯元公主的丈夫。㉕復徙相代王　韓王信於漢六年（西元前二〇一年），由韓王改封代王，則張蒼此時遷為韓王信之相也。韓王信是劉邦的開國功臣。事跡見〈韓信盧綰列傳〉。韓王信為代王時的國都是馬邑（今山西朔縣）。㉖臧荼反　事在漢五年七月。臧荼原是燕王韓廣的部將，因從項羽入關，被項羽封為燕王，都薊。韓信滅趙後，臧荼一度歸附劉邦，今又反漢。㉗六年中封為北平侯　事在高祖六年八月。封地北平縣（今河北滿城北）。㉘計相　在丞相屬下分管各郡國向朝廷進貢以及交納稅賦的簿籍。由於張蒼地位高，故尊稱之「計相」。古時各地區政府每年都要派專人到京城向國家交納稅賦，這叫「上計」。㉙一月二句　意謂任「計相」一月之後，更以列侯的身分任「主計」，並一連幹了四年。《索隱》曰：「改『計相』之名，更名『主計』也。」㉚天下圖書計籍　即〈蕭相國世家〉所謂「沛公至咸陽，諸將皆爭走金帛財物之府分之，何獨先入收秦丞相御史律令圖書藏之」者是也。計籍，有關全國各地的出產以及應向朝廷所交貢賦的簿籍。㉛善用算律曆　擅長於算數、律度、曆法。㉜領主郡國上計者　領主，分工主管。郡國上計，王先謙曰：「《周禮・大司徒》：『以土會之法辨五地之物生。』注：『會，計也。以上計貢稅之法。』《史記・范雎傳》：『三歲不上計。』注：『凡郡長論課殿最，歲盡遣吏上計。』」㉝黥布反亡　事在高祖十一年（西元前一九六年）七月。黥布是劉邦的開國功臣，被封為淮南王。因韓信、彭越連續被殺，因疑懼而舉兵反。事見〈黥布列傳〉。㉞立皇子長為淮南王　劉長，劉邦之子。事跡見〈淮南衡山列傳〉。淮南國的國都壽春（今安徽壽縣）。㉟十四年　指為淮南王相十四年，即呂后八年（西元前一八〇年）。㊱御史大夫　與丞相、太尉合稱「三公」，位同副宰相。一般說來，宰相位缺，即由御史大夫向上替補。按：張蒼在大臣誅諸呂前後接替曹窋為御史大夫，事見〈呂太后本紀〉注。

【語譯】丞相張蒼是陽武人，愛好讀書，擅長音律曆法。秦朝時為御史，主管地方上呈的文獻資料。因事犯罪，逃回家鄉。沛公起兵掠地經過陽武時，張蒼以賓客身分隨高祖進攻南陽。張蒼犯法當斬，脫衣臥砧，準備受刑，他身材魁梧，又胖又白。王陵以他是身懷異才的美男子，在沛公面前為他求情，免他一死。以後隨沛公西征，入關到咸陽。

2 沛公被立為漢王，進軍漢中，平定三秦。陳餘進攻常山王張耳，張耳逃到漢中，漢王讓張蒼做常山郡守。張蒼隨淮陰侯攻打趙國，生擒陳餘。趙國平定後，漢王命張蒼為代王相國，預防匈奴掠邊。不久改任趙王相國，輔佐趙王張耳。張耳死後，輔佐趙王張敖。又改任代王相國。燕王臧荼造反，高祖前往征討。張蒼以代相國隨高祖征討臧荼有功，漢六年封為北平侯，賜封地一千二百戶。

3 張蒼回朝改任計相，一月後，改計相為主計。他以列侯任主計四年。當時蕭何為相國，以張蒼在秦時曾任柱下史，熟悉圖書典章和掌管過國家的各類財政帳目，又擅長會計、音律、曆法，所以讓張蒼以列侯身分在相府主管國家和地方統計工作。黥布造反被鎮壓後，高祖立皇子劉長為淮南王，而命張蒼輔佐他。十四年後，回朝拜御史大夫。

1 周昌者，沛❶人也。其從兄❷曰周苛，秦時皆為泗水卒史❸。及高祖起沛❹，擊破泗水守監❺，於是周昌、周苛自卒史從沛公。沛公以周昌為職志❻，周苛為客❼。從入關，破秦❽。沛公立為漢王❾，以周苛為御史大夫，周昌為中尉❿。

2 漢王四年⓫，楚圍漢王滎陽⓬急，漢王遁出去，而使周苛守滎陽城。楚破滎陽城，欲令周苛將⑬。苛罵曰：「若趣降漢王⑭！不然，今為虜矣⑮！」項羽怒，亨周苛⑯。於是乃拜周昌為御史大夫。常從擊破項籍⑰，以六年中⑱與蕭、曹等俱封，封周昌為汾陰侯⑲。周苛子周成以父死事，封為高景侯⑳。

3 昌為人彊力㉑，敢直言，自蕭、曹等皆卑下之㉒。昌嘗燕時㉓入奏事，高帝方擁戚姬㉔。昌還走，高帝逐得㉕，騎周昌項，問曰：「我何如主也？」昌仰曰：「陛下即桀、紂之主也。」於是上笑之，然尤憚㉖周昌。及帝欲廢太子㉗，而立戚姬子如意為太子，大臣固爭之㉘，莫能得；上以留侯策即止㉙。而周昌廷爭之彊㉚，上問其說㉛。昌為人吃㉜，又盛怒㉝，曰：「臣口不能言，然臣期期知其不可。陛下雖欲廢太子，臣期期不奉詔㉞。」上欣然而笑。既罷，呂后側耳於東箱㉟聽，見周昌，為跪謝曰：「微君，太子幾廢㊱。」

4 是後，戚姬子如意為趙王㊲，年十歲，高祖憂即㊳萬歲之後㊴不全㊵也。趙堯年少，為符璽御史㊶。趙人方與公㊷謂御史大夫周昌曰：「君之史㊸趙堯，年雖少，然奇才也，君必異之㊹，是㊺且代君之位。」周昌笑曰：「堯年少，刀筆吏㊻耳，何能至是乎！」居頃之，趙堯侍高祖。高祖獨心不樂，悲歌，羣臣不知上之所以然。趙堯進請問㊼曰：「陛下所為不樂，非為趙王年少而戚夫人與呂后有郤㊽邪？

備萬歲之後而趙王不能自全乎？」高祖曰：「然。吾私憂之，不知所出[49]。」堯曰：「陛下獨宜為趙王置貴彊相[50]，及呂后、太子、羣臣素所敬憚[51]乃可。」高祖曰：「然。吾念之欲如是，而羣臣誰可者？」堯曰：「御史大夫周昌，其人堅忍質直[52]，且自呂后、太子及大臣皆素敬憚之，獨昌可[53]。」高祖曰：「善。」於是乃召周昌，謂曰：「吾欲固煩公，公彊[54]為我相趙王。」周昌泣曰：「臣初起從陛下[55]，陛下獨柰何中道[56]而弃之於諸侯[57]乎？」高祖曰：「吾極知其左遷[58]，然吾私憂趙王，念非公無可者，公不得已彊行[59]！」於是徙御史大夫周昌為趙相。

5 既行久之[60]，高祖持御史大夫印弄之，曰：「誰可以為御史大夫者？」孰視[61]趙堯，曰：「無以易堯[62]。」遂拜趙堯為御史大夫。堯亦前有軍功食邑[63]，及以御史大夫從擊陳豨[64]有功，封為江邑侯[65]。

6 高祖崩[66]，呂太后使使召趙王，其相周昌令王稱疾不行[67]。使者三反[68]，周昌固為不遣趙王[69]。於是高后患之，乃使使召周昌[70]。周昌至，謁[71]高后，高后怒而罵周昌曰：「爾不知我之怨戚氏乎？而不遣趙王，何？」昌既徵[72]，高后使使召趙王，趙王果來。至長安月餘，飲藥而死[73]。周昌因謝病不朝見，三歲而死[74]。

7 後五歲[75]，高后聞御史大夫江邑侯趙堯，高祖時定趙王如意之畫[76]，乃抵堯罪[77]，以廣阿侯任敖為御史大夫。

8 任敖者，故沛獄吏[78]。高祖嘗辟吏[79]，吏繫呂后[80]，遇之不謹[81]。任敖素善高祖，怒，擊傷主呂后吏[82]。及高祖初起，敖以客從為御史[83]，守豐二歲[84]。高祖立為漢王[85]，東擊項籍[86]，敖遷為上黨守[87]。陳豨反時[88]，敖堅守[89]，封為廣阿侯[90]，食千八百戶。高后時為御史大夫[91]，三歲免[92]。以平陽侯曹窋為御史大夫[93]。高后崩[94]，與大臣共誅呂祿等，免[95]。以淮南相張蒼為御史大夫[96]。

【章旨】以上為第二段，寫周昌、趙堯、任敖以劉邦舊部為御史大夫事。

【注釋】❶沛　秦縣名，即今江蘇沛縣。❷從兄　堂兄。❸皆為泗水卒史　謂兄弟二人同為泗水卒史也。泗水，秦郡名，郡治相縣（今安徽濉溪西北），當時沛縣即上屬泗水郡。卒史，吏員名，秩百石，約當於現在的科級。❹高祖起沛　劉邦在沛縣起事，並當了沛公（縣令），事在秦二世元年（西元前二〇九年）九月。❺擊破泗水守監　事在秦二世二年（西元前二〇八年）十一月。守監，郡守與郡監。據〈項羽本紀〉、〈高祖本紀〉，此泗水郡的郡守名「壯」，其郡監名「平」，姓皆不詳。❻職志　《索隱》曰：「職，主也。志，旗幟也。謂掌旗幟之官也。」師古曰：「『志』與『幟』同。」❼客　《集解》引張晏曰：「為下賓客，不掌官。」王先謙引沈欽韓曰：「猶戰國之『客卿』、『客將』也。」❽從入關二句　事在漢元年（西元前二〇六年）十月，當時以十月為歲首。❾沛公立為漢王　事在漢元年一月。❿中尉　主管首都治安的長官。⓫漢王四年　梁玉繩曰：「當作『三年』。」按：梁說是，下述諸事應在漢三年（西元前二〇四年）秋，〈秦楚之際月表〉書於「四年三月」，同誤。⓬滎陽　秦縣名，縣治在今河南滎陽城東北。⓭欲令周苛將　欲令周苛投降，給項氏當將軍。⓮若趣降漢王　你應該趕緊投降漢王。若，你；你等。趣，通「促」。迅速。⓯不然二句　否則，你們很快就要被漢王所俘虜啦。今，將；即將。⓰亨周苛　亨，同「烹」。按：以上劉邦被項羽圍於滎陽，以及劉邦逃出、周苛等守滎陽被項羽所殺事，詳見〈項羽本紀〉、〈高祖本紀〉。

⑰常從擊破項籍　意謂在跟隨劉邦擊敗項羽的整個楚漢戰爭中周昌立有軍功。⑱六年中　指高祖六年（西元前二〇一年）。⑲與蕭曹等俱封二句　瀧川曰：「楓、三本不重『封』字。」按：高祖六年十月曹參被封為平陽侯；六年正月蕭何被封為酇侯，周昌被封為汾陰侯。汾陰，漢縣名，縣治在今山西萬榮西南。⑳周成以父死事二句　梁玉繩曰：「周成以『九年』封，此誤在『六年』。」高景，地名，方位不詳，錢穆以為應在沛縣附近。㉑彊力　猶今所謂「原則性強」。遇事敢說話，敢堅持己見。㉒自蕭曹等皆卑下之　連蕭何、曹參那樣功勞大、地位高的人都不敢與之相抗。卑下之，為之讓步、服輸。㉓燕時　安閒享樂的時候。燕，安。師古曰：「安閑之居也。」㉔擁戚姬　擁，抱。戚姬，劉邦的寵妃，趙王如意之母。事跡附見於〈呂太后本紀〉。㉕逐得　追上去扯住。盧舜治曰：「擁戚氏，騎昌項，史氏不為少諱，總見昌之木強敢言爾。」㉖憚　畏；敬畏。㉗欲廢太子　欲廢呂后所生的太子劉盈。㉘大臣固爭之　固爭，堅持反對、勸阻。按：當時曾諫爭此事者有叔孫通，事見〈劉敬叔孫通列傳〉。㉙上以留侯策即止　留侯張良為呂后劃策請來「商山四皓」，從而打消劉邦廢立念頭。事見〈留侯世家〉。㉚廷爭之彊　在朝廷上強烈地反對皇帝的意見。㉛上問其說　劉邦問他堅持己見的理由。㉜為人吃　說話口吃。㉝又盛怒　又正處在氣頭上。蓋說話口吃的人越生氣便越說不出話來。㉞臣期期知其不可三句　王念孫曰：「『臣期期知其不可』，臣知其不可也；『臣期期不奉詔』，臣不奉詔也。『期期』乃吃者語急之聲，本無意義。」奉詔，猶言「從命」。㉟東箱　正殿的東側室。師古曰：「正寢之東西室皆曰『箱』。」箱，同「廂」。㊱微君二句　微君，假如沒有您。幾廢，幾乎被廢。幾，幾乎；差點兒。㊲如意為趙王　事在高祖九年（西元前一九八年）。㊳即　若；如果。㊴萬歲之後　婉稱帝王之死。㊵不全　不能保全性命，怕被呂后所殺。㊶符璽御史　御史大夫的屬官，為帝王掌管玉璽，此時為周昌的屬下。㊷方與公　方與縣的縣令，姓名不詳。方與縣的縣治在今山東魚台西。㊸君之史　您的下屬人員。史，此處泛指下屬吏員。㊹異之　對其另眼看待。㊺是　此；此人。㊻刀筆吏　古時泛稱小吏。因其為人屬下，須隨時帶著刀筆等書寫工具，故稱。《正義》曰：「古用簡牘，書有錯謬，以刀削之，故號曰『刀筆吏』。」王駿圖曰：「掌刑獄法律之吏，其筆如刀，能出入人罪，故號刑法吏為『刀筆吏』。」按：王說與本文的上下環境不合。郭嵩燾曰：「趙堯為符璽御史，亦御史中丞之屬也，故得侍上進言。周昌之所云『刀筆吏』，謂其無學術也，非謂其為小吏也。」郭說可供參考。㊼請問　梁玉繩引宋祁曰：「『問』疑應作『間』。」請間，請求避開人說話。㊽有郤　有過節；有矛盾。郤，同「隙」。㊾不知所出　《索隱》曰：「謂不知其計所出也。」㊿置貴彊相　置，設立；配備。貴彊相，地位、威望既高，又能固持己見的丞相。(51)所敬憚　素來敬畏。(52)堅忍質直　忍，此處同「韌」。質直，樸厚正直。(53)獨昌可　只有周昌最合適。鍾惺曰：「分明欲出昌，代其御史大夫耳，捷甚，險甚。」按：趙堯可謂傾

人有術。(54)彊　奮力；勉為其難。(55)初起從陛下　意謂從您起事我就一直跟從在您身邊。(56)中道　中途；半路上。(57)弃之於諸侯　趕出朝廷，扔到諸侯國。按：當時派朝廷官吏去諸侯國，人多不情願，莫說周昌由御史大夫出為諸侯相本來就是降職，連賈誼以太中大夫出為諸侯相這種提升的情形，也還一直被人視為貶官。(58)左遷　指降職。御史大夫為「三公」，而諸侯國的丞相比「九卿」還要略低一些。(59)不得已彊行　無論如何還是為我走一趟。(60)既行久之　意即周昌離開朝廷後，御史大夫之位一直空著。(61)孰視　長時間地盯著他看。孰，同「熟」。(62)無以易堯　沒有人比趙堯更合適了。易，換；代替。(63)亦前有軍功食邑　也本來有軍功、有封地。(64)從擊陳豨　事在高祖十年（西元前一九七年）九月。陳豨是劉邦的開國功臣，高祖七年（西元前二〇〇年）被任為代相國，監代、趙邊兵。高祖十年八月，因受周昌讒毀，害怕被殺，遂勾結匈奴謀反，被劉邦討平。事見〈韓信盧綰列傳〉。(65)江邑侯　封地江邑，錢穆以為應在今河南息縣西南。(66)高祖崩　事在高祖十二年（西元前一九五年）四月。(67)稱疾不行　推說有病，不能進朝。(68)使者三反　呂后派出的使者三次來到趙國。(69)固為不遣趙王　硬是不讓趙王如意進京。(70)乃使使召周昌　於是派人先調周昌進京。(71)謁　進見；拜見。(72)昌既徵　周昌先被調進長安之後。徵，調；召之使來。(73)至長安月餘二句　趙王如意被呂后調進長安用毒酒毒死事，在惠帝元年（西元前一九四年）十二月，即劉邦死後的第八個月，過程詳見〈呂太后本紀〉。(74)周昌因謝病不朝見二句　周昌死於惠帝三年（西元前一九二年）。盧舜治曰：「一不奉詔也，前能止高帝之不廢太子，後不能保呂后之不召趙王。昌竟無他奇，抱期期以死耳。」凌稚隆曰：「昌即堅忍伉直，然期期無長語，何以必其能感動太后而託以趙王耶？卒之被徵謁太后，史氏不載昌一言，雖謝病三載薨，愧苟息矣。」(75)後五歲　指周昌死後的第五年，即高后元年（西元前一八七年）。(76)晝　師古曰：「晝，謂晝策令周昌為相。」(77)乃抵堯罪　遂將趙堯治罪。(78)任敖者二句　蓋與劉邦的另一大功臣曹參是老同事。(79)辟吏　為官場上的麻煩而躲藏起來。辟，同「避」。按：劉邦當年「辟吏」事，還見於〈韓信盧綰列傳〉。(80)繫呂后　將呂后下獄。繫，拘禁；披以刑具。(81)遇之不謹　對待呂后不禮貌。遇，對待。(82)主呂后吏　管理呂后的獄吏。(83)以客從為御史　以賓客的身分跟從劉邦為書記官。按：此時劉邦為「沛公」，不可能有王者的官制，故只能釋「御史」為書記官。(84)守豐二歲　為劉邦鎮守豐邑兩年。事在秦二世二年、三年。豐，鄉邑名，上屬沛縣，是劉邦的故鄉。漢時升之為縣，即今江蘇豐縣之縣治。(85)高祖立為漢王　事在漢元年一月，漢王的首都南鄭（即今陝西漢中）。(86)東擊項籍　劉邦自漢中殺出，收復關中後東討項羽，事在漢二年（西元前二〇五年）四月。(87)敖遷為上黨守　上黨，秦郡名，郡治長子（今山西長子西南）。按：任敖為劉邦「守豐二歲」後，應隨劉邦入漢中，後又復任他職，不可能直接由「守豐」而遷為「上黨守」也。(88)陳豨反時　事在高祖十年八月。(89)敖堅守　按：任敖自漢二年為上黨守，至此已在職八年多。(90)封為廣阿侯　廣阿，漢縣名，縣治在今河北隆堯東。(91)高后時為御史大夫　高后在位的時間為西元前一八七—前一八〇年，《漢書·百官公卿表》繫任敖為御史大夫於高后元年，與此文正合；而《史記·漢興以來將相名臣年表》乃繫之於惠帝六年（西元前一八九年），疑誤。(92)三歲免　應在高后三年（西元前一八五年），《漢書》是；《史記》年表繫於高后元年，誤。(93)以平陽侯曹窋為御史大夫　在高后四年（西元前一八四年）。曹窋，曹參之子，襲其父爵為平陽侯。(94)高后崩　事在高后八年（西元前一八〇年）七月。(95)與大臣共誅呂祿等二句　原文「與」上有「不」字。梁玉繩曰：「當衍『不』字，『等』下缺『後坐事』三字。《漢書》云『高后崩，與大臣共誅諸呂，後坐事免』，是也。考〈呂后紀〉，諸呂之誅，全賴窋往來馳告，得以集事，何云『不與』？其免官自坐他事耳。」呂祿，呂后之姪，被封為趙王，執掌北軍，與當時任相國的呂產同為呂氏集團的核心人物。按：「不」字衍文，今據刪。關於曹窋「免官」的問題，史公語焉不詳。瀧川曰：「代邸上議，群臣列名即云『御史大夫臣蒼』，則孝文未立之前窋已罷官矣。〈公卿表〉：『高后八年，淮南丞相張蒼為御史大夫。』蓋呂后未崩，詔以張蒼代窋；蒼未任事以前，窋尚在官，故謂之『行事』，參觀紀、表，可得其實。」郭嵩燾曰：「平陽所與丞相、太尉謀者，誅呂產事耳。呂祿已前去北軍，平陽因欲寬呂祿之誅以全諸呂，以是與丞相、太尉異議，因自免去。」皆可作為參考。又，據此傳之所謂「免」者，免其御史大夫官也；據〈高祖功臣侯者年表〉與〈曹相國世家〉，則不僅免了官職，而且免去了侯爵，其處置就非常嚴厲了。究竟原因何在，不得其解。(96)淮南相張蒼為御史大夫　按：《漢書·百官公卿表》繫之於高后八年。

【語　譯】周昌是沛縣人。他和堂兄周苛在秦時作泗水卒史。高祖在沛縣起事，打敗泗水郡守、郡監，於是周昌、周苛歸順沛公。沛公以周昌為掌旗官，周苛為客卿。他們隨沛公入關，滅亡秦國。沛公被立為漢王，以周苛為御史大夫，周昌為中尉。

2 漢四年，漢王在滎陽被項羽包圍，形勢危急。漢王突圍逃跑，而令周苛留守。楚軍攻下滎陽，項羽想讓周苛為將。周苛罵道：「你快投降漢王吧。不然，你就要被漢王俘虜了。」項羽大怒，將周苛用開水煮了。於是漢王就拜周昌為御史大夫。周昌隨漢王擊敗項羽。漢六年，周昌與蕭何、曹參等一同受封，被封為汾陰侯。周苛的兒子周成因為父親殉國被封為高景侯。

3 周昌為人正直，性格堅強，敢犯顏強諫，就連蕭何、曹參等都不敢與他抗衡。有一次，周昌在高祖休息時進宮奏事，正遇上高祖抱著戚夫人親熱，周昌掉頭就走。高祖追上去，騎在周昌脖子上，問：「我是什麼樣的君主？」周昌仰頭回答：「陛下是桀、紂一樣的暴君！」說得高祖也笑了，從此很敬畏周昌。高祖想廢太子，而立戚姬所生如意為太子，大臣們上書強諫也無濟於事。最終以留侯四皓之計，才打消了高祖廢太子的念頭。而當時周昌是最激烈反對廢太子的大臣，高祖問他堅持己見的理由。周昌口吃厲害，又在盛怒之下，他對高祖說：「我不會講話，然而我期……期知道，這萬萬不可行。陛下即使一意孤行，我期……期寧死不奉命。」高祖欣然而笑。當時呂后在大殿東堂偷聽君臣談話，見周昌走出殿外，給周昌跪下說：「沒有你，太子差點兒就廢了。」

4 後來，如意封為趙王，年僅十歲。高祖擔心自己死後，如意不會有好下場。當時，趙堯年輕，為掌璽御史。方與縣令是趙國人，他對御史大夫周昌說：「您身邊的那個掌璽御史趙堯，雖然年少但有奇才，您得對他另眼相看。這個人將來必定代替您的職位。」周昌笑著說：「趙堯年輕，也不過是個舞文弄墨的小吏罷了，他怎麼能到這一步呢！」過了不久，趙堯調到高祖身邊任事，見高祖悶悶不樂，常吟詠悲涼的曲調，群臣不知道是怎麼回事。趙堯走到他身邊，問：「陛下有什麼事不高興？是不是因為趙王年少而戚夫人與呂后又有矛盾，因而擔心萬歲之後趙王不能自保？」高祖說：「是啊。我既擔心，又想不出好辦法。」趙堯說：「陛下只要為趙王選拔一位地位威望高而又能堅持己見的相國，這個人是呂后、太子及大臣們都一向敬而畏之，那就可以了。」高祖說：「對啊。我也曾這樣想，可誰合適呢？」趙堯說：「只有周昌可以。他剛毅正直，並且呂后、太子和大臣們素來怕他三分。」高祖說：「好主意。」於是召見周昌。高祖說：「我有一事相煩，勞你為我輔佐趙王吧。」周昌邊流淚邊說：「我隨高祖起事至今，為什麼中途將我外放到諸侯國呢？」高祖說：「我非常知道這是降職，然而我擔心趙王，心想非你不可，你無論如何還是為我走一趟。」於是周昌辭去御史大夫，改任趙王相國。

5 周昌離任很久了，高祖撫摸御史印，自語：「誰可任御史大夫？」他目視趙堯很久，說：「非趙堯不能擔此重任。」於是命趙堯為御史大夫。趙堯前因軍功而有封地，後又有以御史大夫隨高祖征討陳豨的新功，所以封他江邑侯。

6 高祖去世後，呂后遣使臣召見趙王，相國周昌令趙王稱病不行，使臣往返多次，周昌堅持不許趙王前往。呂后大為惱火，派使臣召回周昌。周昌回到長安，拜見呂后。呂后大罵：「你不知道我恨戚夫人嗎？你阻止趙王見我，那是為什麼？」周昌被調離後，呂后又遣使臣傳令趙王進京，趙王不敢違旨，只好前往。進京後一個多月，呂后以鴆酒將他毒死。周昌謝病不朝，三年後病逝。

7 五年以後，呂后聽說周昌為趙相之計出自御史大夫趙堯，於是降罪趙堯，罷了他的官，廢除了他的封地，以廣阿侯任敖為御史大夫。

8 任敖原是沛縣獄吏。高祖曾因犯事外逃，獄吏將呂后抓進獄中，對呂后很不禮貌。任敖一向和高祖關係親密，因而一氣之下打傷管理呂后的獄吏。高祖起事之初，任敖以賓客身分作高祖隨身書記官。留守豐邑二年。高祖被立為漢王後，率軍東征項羽，遷任敖為上黨郡守。陳豨造反時，任敖堅守上黨有功，被封為廣阿侯，封地一千八百戶。呂后當政時，他為御史大夫，三年後被免職。接著以平陽侯曹窋任御史大夫。呂后病死後，曹窋參與了同其他大臣一起誅滅呂祿等人的政變，後因事免職。淮南相張蒼接任御史大夫。

1 蒼與絳侯等尊立代王為孝文皇帝❶。四年❷，丞相灌嬰卒，張蒼為丞相❸。

2 自漢興至孝文二十餘年❹，會❺天下初定，將相公卿皆軍吏。張蒼為計相時，緒正律曆❻。以高祖十月始至霸上❼，因故秦時本以十月為歲首，弗革❽。推五德之運❾，以為漢當水德之時，尚黑如故❿。吹律調樂⓫，入之音聲，及以比定律令⓬。若百工，天下作程品⓭。至於為丞相，卒就之⓮。故漢家言律曆者，本之張蒼。

蒼本好書，無所不觀，無所不通，而尤善律曆。

3 張蒼德王陵⑮，王陵者，安國侯⑯也。及蒼貴，常父事王陵⑰。陵死後，蒼為丞相，洗沐⑱，常先朝陵夫人上食⑲，然後敢歸家。

4 蒼為丞相十餘年，魯⑳人公孫臣㉑上書言漢土德時㉒，其符有黃龍當見㉓。詔下其議張蒼㉔，張蒼以為非是，罷之㉕。其後黃龍見成紀㉖，於是文帝召公孫臣以為博士㉗，草土德之曆制度㉘，更元年㉙。張丞相由此自絀㉚，謝病㉛稱老。蒼任人為中侯㉜，大為姦利㉝，上以讓㉞蒼，蒼遂病免㉟。蒼為丞相十五歲而免。孝景前五年㊱，蒼卒，謚為文侯㊲。子康侯代㊳，八年卒㊴。子類㊵代為侯，八年㊶，坐臨諸侯喪後，就位不敬，國除㊷。

5 初，張蒼父長不滿五尺，及生蒼，蒼長八尺餘㊸，為侯、丞相。蒼子復長㊹。及孫類，長六尺餘，坐法失侯。蒼之免相後，老，口中無齒㊺，食乳，女子為乳母㊻。妻妾以百數，嘗孕者不復幸㊼。蒼年百有餘歲而卒。

【章　旨】以上為第三段，寫張蒼以精通律曆，由御史大夫升任丞相。

【注　釋】❶蒼與絳侯等尊立代王為孝文皇帝　事見〈孝文本紀〉。時諸臣勸進，張蒼以「御史大夫」列名於表中。絳侯，周勃，劉邦的開國功臣，在誅滅諸呂中有大功，事跡見〈絳侯周勃世家〉。代王，劉恆，劉邦之子，薄氏所生。其為代王及入朝為帝的過程，詳見〈外戚世家〉、〈呂太后本紀〉、〈孝文本紀〉。❷四年 指任御史大夫四年。❸丞相灌嬰卒二句 灌嬰，劉邦的開國功臣，在誅滅諸呂的過程中又建有大功，於文帝三年（西元前一七七年）繼周勃任丞相，文帝四年（西元前一七六年）卒，張蒼繼任其職。有關灌嬰的事跡，見〈樊酈滕灌列傳〉。❹二十餘年 自劉邦稱帝（西元前二〇二年）至文帝元年（西元前一七九年），共二十四年。❺會 正值。❻緒正律曆 即制訂曆法，統一度量衡等。緒正，都用如動詞。李笠曰：「謂次序正齊之也。」❼十月始至霸上 劉邦破秦入關，到達霸上（在當時的咸陽城東南）的時間是在陰曆十月，正好是當時秦朝曆法新年開頭的第一個月，於是張蒼等認為這是天意，表明漢王朝應該與秦朝使用相同的曆法。❽弗革 不改變。即仍用秦曆。革，更改。❾五德之運 戰國以來的五行家所炮製的一套說法。他們把金、木、水、火、土五行，排成一個相「生」、相「剋」的循環體系，例如說水剋火，火剋金，金剋木，如此等等生拉硬扯地排成一圈。然後再把這套說法與歷代王朝的更替比附起來，如他們說周朝是火性的（「火德」），而秦朝取代了它，因此秦朝是水性（「水德」）；現在漢朝又取代了秦朝，那它當然應該是「土」性。但漢初對此有爭議，問題出在有些人不願意承認這個既殘暴又短命的秦朝是一個獨立的朝代，他們說漢朝是直接上承周朝的，因此漢朝仍是「水德」。由此出發，他們主張對秦朝的各種制度都相沿不變，張蒼就是屬於這種人。❿尚黑如故 還和秦朝一樣，以黑為上。五行家們把金、木、水、火、土與王朝更替比附後，接著與東、西、南、北、中五個方位，紅、黃、藍、白、黑五種顏色比附起來，例如他們說南方是火性，顏色是紅的；西方是金性，顏色是白的；北方是水性，顏色是黑的；中央是土性，顏色是黃的，如此等等。某王朝屬於哪種性質（「德」），接之而來的也就要貴重與之相應的那種顏色，秦朝的「尚黑」就是這樣確定下來的。這種「尚黑」特別表現在皇帝的禮服、車駕，以及祭祀所用的牲畜的毛色上。⓫吹律調樂 以六律、六呂十二個定音管，來校正各種器樂、聲樂的音值。⓬以比定律令 以此為基礎，進一步地制訂各種律度，包括軍律、法律以及度量衡等。古人對於音樂的律呂有許多神祕的說法，可參考〈律書〉。⓭若百工二句 語略不順，大意謂還給各種工匠的製作，規定了標準尺碼。若，猶今之所謂「至於」。《集解》引晉灼曰：「預及之辭。」程品，猶今之所謂「標準件」。⓮至於為丞相二句 意謂早在張蒼為計相時就著手研究這些問題，等他作了丞相，這些章程制度就全部完成了。⓯德王陵 感謝王陵的救命之恩。王陵，劉邦的開國功臣，曾官至丞相。事跡見〈陳丞相世家〉。⓰安國侯 封地安國。漢代安國縣的縣治在今河北安國東南。⓱父事王陵 對王陵事之如父。⓲洗沐 洗頭洗澡。這裡即指公休、放假。⓳先朝陵夫人上食 先去給王陵的遺孀請安，侍候她吃飯。朝，拜見。上食，給長輩端飯。按：有人以為「上食」是給王陵的神主敬上供品，錄以備考。⓴魯 諸侯國名，國都即今山東曲阜。㉑公孫臣 姓公孫名臣，一個近於方士的五行學者。㉒言漢

土德時　倡言漢代應是「土德」當令。時，應時；當令。㉓其符有黃龍當見　能證明這種「土德」的徵兆就是將有黃龍出現。符，驗；徵兆。見，同「現」。㉔下其議張蒼　將公孫臣的奏章交給丞相裁奪。㉕罷之　將其建議否決。㉖黃龍見成紀　事情載於文帝十五年（西元前一六五年）。瀧川引中井曰：「公孫臣特為妄誕，成紀之『龍』蓋臣所造言云。」成紀，漢縣名，縣治在今甘肅靜寧西南。㉗博士　官名，上屬太常，掌議論。㉘草土德之曆制度　另草擬一套與「土德」相應的曆法與制度。㉙更元年　皇帝改年號，另起一個新的「元年」。中井曰：「『更元年』，是無稽之甚，永生後王之累。」瀧川曰：「《漢書・賈誼傳》云：『誼以為漢宜改正朔，數用五，色尚黃。』贊云：『誼欲改定制度，以漢為土德，其術既疏矣。』誼通儒，亦不能免時俗之見。」按：就此文所言，似文帝之改元乃由於「黃龍見成紀」；據〈孝文本紀〉，其改元乃由於十七年（西元前一六三年）之「得玉杯」，而事實上文帝改元乃在十七年，則本文所言非也。又按：《漢書・文帝紀》則謂十六年「得玉杯」，次年為之改元，與《史記・孝文本紀》略異。㉚自絀　自貶。絀，同「黜」。㉛謝病　推說有病。㉜任人為中候　為一個作中候的人做擔保。漢代錄用新人為官，往往要有人擔保，被擔保者出了問題，擔保人要牽連遭罪。中候，官名，上屬將作少府，主管皇家土木建造方面的事情。㉝大為姦利　以非法手段大量謀取錢財，主語是為中候者。㉞讓　責備。㉟蒼遂病免　事在文帝後元二年（西元前一六二年）。㊱孝景前五年　前元五年，西元前一五二年。㊲謚為文侯　〈謚法解〉：「經緯天地曰文」、「道德博聞曰文」，其他不錄。㊳子康侯代　梁玉繩曰：「張蒼之子名『奉』，謚『康』，此誤以『康』為名。」㊴八年卒　事在景帝中元六年（西元前一四四年）。㊵類　按：〈高祖功臣侯者年表〉「類」作「預」。㊶八年　梁玉繩曰：「《史》、《漢》表作『七年』。」即武帝建元五年（西元前一三六年）。㊷臨諸侯喪後三句　意即到諸侯王家弔喪遲到，且禮貌不端，蓋武帝時故意強加罪名以消滅列侯之爵封也。臨，到；前往參加。後，遲到。國除，該列侯的建制被取消。㊸長八尺餘　約當現在的一百八十多公分。漢代一尺相當現在的〇・二三公尺。㊹蒼子復長　梁玉繩曰：「《御覽》五百十九引《史》云『蒼子復長八尺餘』，與《漢書》同，疑今本脫之。」㊺老二句　按：張若虛《史記辨惑》嘗譏此語為用字繁複。㊻女子為乳母　讓一些年輕婦女給他奶吃。師古曰：「言每就飲之。」㊼妻妾以百數二句　按：前後數句極言張蒼之淫靡。

【語　譯】張蒼與絳侯等人擁立代王為孝文帝。四年後，丞相灌嬰病逝，而張蒼繼任丞相。

2　自漢朝建立至孝文帝即位二十餘年，時值政局剛剛穩定，將相公卿都是軍中將官擔任。張蒼為計相時，制訂音律和曆法。因高祖進軍霸上是在十月，所以仍沿襲秦曆以十月為一年之首，不加變易。推算五德運轉，認為漢立國恰是水德之時，所以仍如秦時以黑為正色。以律管校正音階，用於音律聲調的演奏，並參照制訂相關的法令制度。同時，各行業的度量衡標準也如此制訂。這一切都是張蒼為丞相時所完成。所以漢代人稱張蒼是音律與曆法的創始人。張蒼愛好讀書，無書不觀，無所不通，尤其精研音律和曆法。

3 張蒼非常感激王陵的救命之恩。王陵就是安國侯。張蒼顯貴後，依然如生身之父一樣孝敬他。王陵病逝後，張蒼身為丞相，每有休假，便先前往探望王陵夫人，親自侍奉老人吃飯，然後才回府。

4 張蒼為相十餘年後，魯人公孫臣上書說，依照五行漢朝是土德，其徵兆當有黃龍出現。皇上交由張蒼議處，張蒼認為公孫臣的說法荒謬，罷斥不用。後來在成紀縣果然出現了黃龍，於是孝文帝徵召公孫臣為博士，命他改寫曆法和相關的法律制度，同時改元。張蒼因而自我貶退，常告病不朝。張蒼曾為一個作中候的人作擔保，此人任職後，非法牟取暴利，因此張蒼又遭到皇上斥責，張蒼於是藉口稱病請求免去丞相之職。張蒼為相共十五年。孝景帝前元五年，張蒼病逝，諡文侯。張蒼的兒子張康承襲侯爵，八年後病死。張康的兒子張類繼承侯爵，在位八年，因為在給某位諸侯弔喪時遲到且犯了不敬罪，廢除封地。

5 當初張蒼之父身高不滿五尺，而張蒼卻身高八尺多，封侯拜相。張蒼兒子比張蒼還高，而孫子張類卻只有六尺多，且因犯法而失去侯位。張蒼免去相位後，歸家養老，牙齒脫落，於是就專門讓一些年輕婦女給他餵奶。張蒼的妻妾過百，凡懷過孕的就不再與之同房。會享樂的張蒼活到了百歲出頭。

1 申屠丞相嘉❶者，梁❷人。以材官蹶張❸從高帝擊項籍，遷為隊率❹。從擊黥布❺軍，為都尉❻。孝惠❼時，為淮陽守❽。孝文帝元年❾，舉故吏士二千石從高皇帝者❿，悉以為關內侯⓫，食邑二十四人⓬，而申屠嘉食邑五百戶。張蒼已為丞相，嘉遷為御史大夫⓭。張蒼免相，孝文帝欲用皇后弟竇廣國⓮為丞相，曰：「恐天下以吾私⑮廣國。」廣國賢有行，故欲相之，念久之不可⑯，而高帝時大臣又皆多死，餘見無可者⑰，乃以御史大夫嘉為丞相，因故邑封為故安侯⑱。

2 嘉為人廉直，門不受私謁⑲。是時太中大夫⑳鄧通㉑方隆愛幸，賞賜累巨萬㉒。文帝嘗燕飲㉓通家，其寵如是。是時丞相入朝，而通居上傍㉔，有怠慢之禮。丞相奏事畢，因言曰：「陛下愛幸臣，則富貴之；至於朝廷之禮，不可以不肅！」上曰：「君勿言，吾私之㉕。」罷朝坐府中，嘉為檄召鄧通詣丞相府㉖，不來，且斬通。通恐，入言文帝。文帝曰：「汝第往㉗，吾今使人召若㉘。」通至丞相府，免冠，徒跣㉙，頓首謝。嘉坐自如㉚，故不為禮㉛，責曰：「夫朝廷者，高皇帝之朝廷也。通小臣，戲殿上，大不敬，當斬，吏今行斬之㉜！」通頓首，首盡出血，不解㉝。文帝度丞相已困通㉞，使使者持節㉟召通，而謝㊱丞相曰：「此吾弄臣㊲，君釋之。」鄧通既至，為文帝泣曰：「丞相幾殺臣㊳。」

3 嘉為丞相五歲，孝文帝崩㊴，孝景帝即位。二年㊵，鼂錯為內史㊶，貴幸用事，諸法令多所請變更，議以謫罰侵削諸侯㊷。而丞相嘉自絀所言不用㊸，疾錯㊹。錯為內史，門東出不便㊺，更穿一門南出㊻。南出者，太上皇廟堧垣㊼。嘉聞之，欲因此以法錯擅穿宗廟垣為門，奏請誅錯㊽。錯客有語錯，錯恐，夜入宮上謁，自歸景帝[49]。至朝，丞相奏請誅內史錯。景帝曰：「錯所穿非真廟垣，乃外堧垣，故他官居其中[50]，且又我使為之，錯無罪。」罷朝，嘉謂長史曰：「吾悔不先斬錯，乃先請之，為錯所賣[51]。」至舍，因歐血而死[52]，謚為節侯[53]。子共侯蔑代，三年卒。子侯去病代，三十一年卒。子侯臾代[54]，六歲[55]，坐為九江[56]太守受故官送[57]有罪，國除。

4 自申屠嘉死之後，景帝[58]時開封侯陶青[59]、桃侯劉舍[60]為丞相。及今上時[61]，柏至侯許昌[62]、平棘侯薛澤[63]、武彊侯莊青翟[64]、高陵侯趙周[65]等為丞相。皆以列侯繼嗣，娖娖[66]廉謹，為丞相備員[67]而已，無所能發明[68]功名有著於當世者。

【章旨】以上為第四段，寫申屠嘉以軍功為丞相的情景。

【注釋】❶申屠丞相嘉　姓申屠，名嘉。「申屠」也作「申徒」，即「司徒」。❷梁　戰國以及漢初的諸侯國名，約當今開封周圍的河南東部一帶地區。❸材官蹶張　材官，以力大著稱的特種兵。蹶張，《集解》引如淳曰：「材官之多力，能腳踏強弩張之，故曰『蹶張』。」❹從高帝擊項籍二句　意謂在楚漢戰爭時期由一名士兵升為隊長，與其他功臣相比蓋資歷甚淺也。隊率，管五十個人的小隊長。王先謙引沈欽韓曰：「《通典》引司馬穰苴曰：『十伍為隊。』」。❺從擊黥布　事在高祖十一年（西元前一九六年）七月。黥布，劉邦的開國功臣，被封為淮南王，因韓信、彭越相繼被殺，因恐懼而起兵反，見〈黥布列傳〉。❻都尉　中級軍官名，級別略當於校尉。❼孝惠　即惠帝劉盈，劉邦之子，西元前一九四—前一八八年在位。❽淮陽守　淮陽郡的郡守，淮陽郡治即今河南淮陽。❾孝文帝元年　西元前一七九年。❿故吏士二千石從高皇帝者　意謂劉邦當年的老部下現已官至二千石一級者。⓫關內侯　本指有侯爵而無封地，故只能居於關中者。但漢代的「關內侯」也有封地，只是面積小而已。它比「列侯」低一級，列侯的封地大約相當於一個縣。⑫食邑二十四人　指此次受封者共二十四人。梁玉繩曰：「《漢》傳作『三十四人』。」王先謙引錢大昭曰：「據本紀是三十人，傳止二十四人，未知孰是。」⑬嘉遷為御史大夫　由淮陽守遷為御史大夫。⑭竇廣國　文帝竇皇后之弟，貧苦出身，事跡見〈外戚世家〉。⑮私　偏愛；偏向。⑯念久之不可　郭嵩燾曰：「廣國始自脫為人奴，灌嬰為相一年中方擇良師傅教之，安得遽有賢行，而以為相哉？史公故作激昂語以表文帝，非事實也。」⑰餘見無可者　其他現存的舊功臣中又沒有合適的人選。見，同「現」。師古曰：「見，謂見在之人。」⑱因故邑封為故安侯　故邑，為關內侯時所得的那塊「食邑」。故安侯，封地故安縣，縣治在今河北易縣東南。王先謙引齊召南曰：「漢初丞相，俱以功臣已封列侯者為之，嘉本功臣，而由關內侯為相，則破格之事也。後因丞相封侯，遂起於此。」⑲不受私謁　不接待任何私下求見。意即拒絕一切人情、行賄等。謁，求見；拜會。⑳太中大夫　郎中令的屬官，在帝王身邊掌議論。㉑鄧通　漢文帝的男寵，以柔媚獲得寵幸，曾豪富一時，事跡見〈佞幸列傳〉。㉒累巨萬　其錢多達數億。巨萬，萬萬。㉓燕飲　沒有禮法約束的安閒暢飲。㉔通居上傍　鄧通坐在皇帝身邊。傍，同「旁」。㉕吾私之　師古曰：「言欲私戒教之。」王先謙曰：「私之，謂愛之也。」郭嵩燾曰：「言不欲公致其罪，而私屬其丞相困苦之，而戒其勿泄也，與下『度丞相已困通』句正相應。」㉖為檄召鄧通詣丞相府　下通知叫鄧通到丞相府來。檄，二尺長的木版，書事於其上，令人持以宣告之。詣，到；前來。㉗第往　但管前去。第，但；儘管。㉘吾今使人召若　我馬上就讓人喚你回來。今，立即。若，你。㉙徒跣　光著腳。這是古人認罪、請罪的樣子。㉚自如　依然如故，旁若無人的樣子。㉛故不為禮　故意地不為之還禮。㉜吏今行斬之　意謂你們立刻就拉出去殺了他。《集解》引如淳曰：「嘉語其吏曰：『今便行斬之。』」按：「吏」者，呼吏之語。㉝不解　意即申屠嘉的怒氣不消。亦即不饒他。㉞度丞相已困通　估計著丞相已經把鄧通折騰得差不多了。度，忖度；估計。困，整治；使之吃苦頭。㉟持節　秉持著皇帝的符節。節，以竹木為之，使者持以為信。㊱謝　道歉；說情。㊲弄臣　供人戲弄取樂的人。㊳丞相幾殺臣　楊維楨曰：「嘉蹶張武卒耳，非有夙望著名也，而坐抑鄧通之事凜然有大臣風節。本其為人廉直，不受私謁，故所立如此，否則馭近習人亦難哉，孔光、張禹輩視此可以愧矣。」吳見思曰：「一邊極其迂執，一邊極其窘急，而文帝從中玩弄，弄鄧通，即弄申屠嘉也。人情入事，如觀扮劇，妙甚。」㊴孝文帝崩　事在文帝後元七年（西元前一五七年）。㊵二年　西元前一五五年。㊶鼂錯為內史　鼂錯，文、景時期的名臣，因力主削藩，引發吳楚七國之亂，被背信棄義的景帝所殺，事見〈袁盎鼂錯列傳〉。內史，後來也稱京兆尹，首都及其郊區的行政長官。㊷以謫罰侵削諸侯　抓住諸侯們的過錯，大肆削減他們的權力與封地。㊸自絀所言不用　為自己的意見不被採納而感到失落。絀，同「黜」。㊹疾錯　嫉恨鼂錯。

㊺內史門東出不便　內史府的大門向東開，出入不方便。㊻更穿一門南出　於是便另開了一個門向南走。㊼南出者二句　意思是為開這個向南走的門，而動了太上皇廟的堧垣。太上皇廟，劉邦父親劉太公的廟。堧垣，帝王陵廟正式圍牆外面圈著閒散棄地的小矮牆。小牆裡邊的這些閒棄地就叫做「堧」。㊽欲因此以法錯擅穿宗廟垣為門二句　法錯，致鼂錯於法。按：觀申屠嘉之行事如此，亦未見其「廉直」也。㊾自歸景帝　自己向景帝投案請罪。㊿故他官居其中　所以允許一些官府設置在裡面。他官，《索隱》曰：「《漢書》作『冗官』，謂散官也。」王念孫曰：「『他官』二字，義無所取，當從《漢書》作『冗官』。『冗』與『它』字形似而訛，後人又改為『他』耳。」郭嵩燾曰：「諸廟所置官，當置署廟垣外，凡有事於廟者，皆得居其中也。」51為錯所賣　意謂竟栽在了鼂錯手裡。賣，哄騙；捉弄。52歐血而死　事在景帝二年六月。歐，同「嘔」。鍾惺曰：「嘉欲斬鄧通，正也；欲斬鼂錯，私也，二事已不可並論。況斬通事可行於文帝，景帝何如主，而欲先斬錯乎？甚矣，不知變也。」淩約言曰：「史書嘉因歐血而死，或者少其不足於量云。」何孟春曰：「嘉之為相也，鄧通戲殿上，文帝則聽其檄召；內史鼂錯穿宗廟垣，而景帝不容其問。然則嘉之能遂其職於前，而無褊心負氣之累者，豈獨嘉之命也哉？今就其始末觀之，文、景之優劣亦因可見。」53謚為節侯　〈謚法解〉：「好廉自克曰節。」54三年卒四句　《集解》引徐廣曰：「一本無『侯去病』，而云『共侯蔑三十三年，子臾改封靖安侯』。」梁玉繩曰：「《史》表及《漢書》表、傳，申屠嘉封故安侯，傳子蔑、孫臾，無去病一代，別本是。」55六歲　謂申屠臾為侯六歲也，時當武帝元鼎元年（西元前一一六年）。56九江　九江郡的郡治六縣（今安徽六安東北）。57受故官送　接受前任太守的賄賂。58景帝　劉啟，在位十六年（西元前一五六—前一四一年）。59開封侯陶青　封地開封（今河南開封西南）。60桃侯劉舍　封地桃縣。錢穆曰：「在今河南延津北。」61今上時　武帝劉徹在位時期（西元前一四〇—前八七年）。62柏至侯許昌　封地柏至縣。錢穆曰：「在今河北柏鄉西南。」63平棘侯薛澤　封地平棘（今河北趙縣南）。64武彊侯莊青翟　封地武彊（今河南鄭州東北）。65高陵侯趙周　封地高陵，方位不詳，有人說屬琅邪郡。66娖娖　小心、小氣的樣子。瀧川曰：「『娖』、『齪』同。」67備員　猶言「充數」。不起任何作用。68發明　指在政治上有所建樹。史珥曰：「不取『廉謹』，蓋所期相者大也，後世史官無此膽，亦無此眼。」

【語　譯】丞相申屠嘉是梁地人。他以能張強弓隨高祖征討項羽，升為隊長。隨高祖征討黥布，升為都尉。孝惠時，他為淮陽郡守。孝文帝元年，凡是隨高祖起事居官二千石以上的老部下，一律封關內侯，得到封地的有二十四人，而申屠嘉封地五百戶。張蒼做丞相時，他升為御史大夫。張蒼免去相位時，孝文帝欲以皇后弟竇廣國為丞相，但擔心有人說他偏愛竇廣國。竇廣國賢能有品格，所以想立他為相。但是想了好久，還是覺得這樣做不好。這時，隨高祖創業的老臣多數已死，而現在活著的又都不堪大用，最後決定讓御史大夫申屠嘉繼任丞相，以原封地封他為故安侯。

2 申屠嘉為人清廉正直，拒絕私人拜訪。當時太中大夫鄧通受文帝寵幸，賞賜財物累計數萬之多，甚至文帝本人還曾到鄧通家飲宴，可見受寵到何等程度。申屠嘉有一次上朝，看見鄧通居然坐在皇帝身旁，態度放肆傲慢。申屠嘉奏事完畢，緊接著進言：「陛下寵幸臣子，可以讓他榮華富貴，至於朝廷上的禮節，是不可不嚴肅的。」文帝說：「你不要說了，我會私下處理的。」申屠嘉回相府後，下通知令鄧通即刻到相府，否則定斬不饒。鄧通害怕，入宮向文帝報告此事。文帝安慰他說：「你暫且前去，我立刻就派人去叫你回來。」鄧通到了相府，脫帽赤腳，磕頭謝罪。申屠嘉坐在大堂上，非但不還禮，而且斥責他說：「朝廷是高祖所建。你鄧通小臣而已，敢在大殿上放肆，犯大不敬之罪，按法當斬，推出去砍了。」鄧通拚命叩頭，頭破血流，申屠嘉還是不饒他。文帝估計丞相已將鄧通折騰得差不多了，便派使者持節召回鄧通，並向申屠嘉說：「鄧通是我的弄臣，請你饒過他。」鄧通回到皇宮，向文帝哭著說：「丞相差點兒殺了我。」

3 申屠嘉為丞相五年，孝文帝病逝，孝景帝即位。景帝二年，鼂錯為內史，為景帝寵幸和信任。他改革許多法令，還建議以懲罰剝奪諸侯權利。申屠嘉所言多不被皇帝採納，深感被疏遠，因而嫉恨鼂錯。內史衙門的大門東開，出入不便，於是鼂錯便向南另開了一個門以便出入。這個南開之門，恰好在太上皇廟圍牆外面的小牆上。申屠嘉知道這事後，想藉口鼂錯擅自開南門，破壞宗廟圍牆，奏請皇上斬鼂錯。鼂錯賓客聞此訊後，將申屠嘉之意轉告鼂錯。鼂錯很恐慌，連夜進宮求見，向皇帝認錯。次日上朝，丞相奏請斬鼂錯。皇帝說：「鼂錯開南門所動的不是內牆，只是外面的小牆，其他官員也有人住在那裡，而且這也是事先允許的，鼂錯無罪。」散朝後，申屠嘉對長史說：「我後悔沒先殺鼂錯，卻是先向皇帝提出請求，我反而被他所捉弄了。」回到相府，氣到吐血而死，諡節侯。他的兒子申屠共承襲侯位，三年後死。申屠共兒子申屠去病承襲侯位，三十一年後死。申屠去病兒子申屠臾承襲侯位，過了六年，因在九江太守任上接受前任太守禮品而犯罪，廢除封地。

4 申屠嘉死後，景帝時開封侯陶青、桃侯劉舍先後為丞相。武帝時柏至侯許昌、平棘侯薛澤、武彊侯莊青翟、高陵侯趙周等先後為相，都是以列侯任丞相之職，謹慎清廉，既無豐功偉績，又無顯赫名聲，只是當一個庸庸碌碌的丞相罷了。

太史公曰：張蒼文學律曆❶，為漢名相，而絀❷賈生❸、公孫臣等言正朔❹服色事而不遵❺，明用秦之顓頊曆❻，何哉？周昌，木彊❼人也；任敖以舊德❽用；申屠嘉可謂剛毅守節❾矣，然無術學❿，殆與蕭、曹、陳平異⓫矣。

【章　旨】以上為第五段，是作者的論贊，作者對張蒼、周昌、申屠嘉等人有褒有貶，總的看來，一代不如一代。

【注　釋】❶文學律曆　按：「文學律曆」上似應增「以」字讀。《漢書》作「文好律曆」，師古曰：「猶言名為好律曆也。」❷絀　同「黜」。罷斥不用。❸賈生　即賈誼，文帝時名臣。事跡見〈屈原賈生列傳〉。賈誼與公孫臣都是主張漢為「土德」。❹正朔　這裡即指曆法。正，正月。在一年的十二個月裡，究竟用哪一個月作為歲首，各種曆法是不同的，如周朝的曆法是以十一月為歲首，秦朝的曆法是以十月為歲首。朔，指每個月的初一。❺不遵　即不採用。❻秦之顓頊曆　即以十月為歲首的那種曆法。❼木彊　《正義》曰：「言其質直掘強如木石焉。」❽舊德　舊恩。指保護呂后而言。❾剛毅守節　按：申屠嘉因政見不同，而必欲置鼂錯於死地，很難說是「剛毅守節」；司馬遷本人也對鼂錯有偏見，故而對申屠嘉有如此的評價。❿術學　指治理國家的謀略、學問。⓫與蕭曹陳平異　蕭何、曹參、陳平，劉邦建國初期最早的幾任丞相，事跡分別見〈蕭相國世家〉、〈曹相國世家〉、〈陳丞相世家〉。這三個人在劉邦的開國功臣中最具有知識分子的特點，因此在運用謀略、運用權術方面，與本文所載的周昌、任敖、申屠嘉等顯然不同，但司馬遷對他們似乎也都有某種不滿之處。

【語　譯】太史公說：張蒼好文學，精通音律和曆法，為漢代名相，而不採納賈誼、公孫臣有關正朔服色等建議，固執使用秦朝〈顓頊曆〉，這是為什麼？周昌剛強率直，任敖以有功於呂后而見用，申屠嘉剛毅守節，但他們不學無術，與蕭何、曹參、陳平等人不能相提並論。

1 孝武時丞相多甚，不記，莫錄其行起居狀略，且紀征和以來❶。

2 有車丞相❷，長陵❸人也。卒而有韋丞相代❹。韋丞相賢❺者，魯人也，以讀書術❻為吏，至大鴻臚❼。有相工❽相之，當至丞相。有男四人，使相工相之，至第二子，其名玄成❾。相工曰：「此子貴，當封❿。」韋丞相言曰：「我即為丞相，有長子，是安從得之⓫？」後竟為丞相，病死⓬，而長子有罪論⓭，不得嗣，而立玄成。玄成時佯狂，不肯立⓮，竟立之，有讓國之名。後坐騎至廟⓯，不敬，有詔奪爵一級，為關內侯，失列侯，得食其故國邑⓰。韋丞相卒，有魏丞相代⓱。

3 魏丞相相⓲者，濟陰⓳人也。以文吏至丞相。其人好武，皆令諸吏帶劍，帶劍前奏事⓴。或有不帶劍者，當入奏事，至乃借劍而敢入奏事。其時京兆尹㉑趙君㉒，丞相奏以免罪㉓，使人執魏丞相㉔，欲求脫罪而不聽㉕。復使人脅恐魏丞相，以夫人賊殺侍婢㉖事而私獨奏請驗之㉗，發吏卒至丞相舍㉘，捕奴婢笞擊問之，實不以兵刃殺㉙也。而丞相司直繁君㉚奏㉛京兆尹趙君迫脅丞相，誣以夫人賊殺婢，發吏卒圍捕丞相舍，不道(32)；又得擅屏騎士(33)事，趙京兆坐要斬(34)。又有使掾陳平等劾中尚書，疑以獨擅劫事而坐之(35)，大不敬，長史(36)以下皆坐死，或下蠶室(37)。而魏丞相竟以丞相病死(38)，子嗣(39)。後坐騎至廟(40)，不敬，有詔奪爵一級，為關內侯，失列侯，得食其故國邑。魏丞相卒，以御史大夫邴吉代(41)。

4 邴丞相吉者，魯國人也。以讀書好法令至御史大夫。孝宣帝(42)時，以有舊故(43)，封為列侯(44)，而因為丞相。明於事，有大智，後世稱之(45)。以丞相病死，子顯嗣(46)。後坐騎至廟(47)，不敬，有詔奪爵一級(48)，失列侯，得食故國邑。顯為吏至太僕(49)，坐官秏亂(50)，身及子男有姦贓(51)，免為庶人。

5 邴丞相卒，黃丞相代(52)。長安中有善相工田文者，與韋丞相、魏丞相、邴丞相微賤時會於客家，田文言曰：「今此三君者，皆丞相也。」其後三人竟更相代為丞相，何見之明也！

6 黃丞相霸者，淮陽人也。以讀書為吏，至潁川(53)太守。治潁川，以禮義條教(54)喻告化之。犯法者，風曉(55)今自殺。化大行，名聲聞。孝宣帝下制(56)曰：「潁川太守霸，以宣布詔令治民，道不拾遺，男女異路，獄中無重囚(57)。賜爵關內侯，黃金百斤。」徵為京兆尹而至丞相，復以禮義為治。以丞相病死，子嗣(58)，後為列侯[59]。黃丞相卒，以御史大夫于定國代[60]。于丞相已有廷尉傳，在張廷尉語中[61]。于丞相去，御史大夫韋玄成代[62]。

7 韋丞相玄成者，即前韋丞相子也。代父，後失列侯[63]。其人少時好讀書，明於詩、論語。為吏至衛尉[64]，徙為太子太傅[65]。御史大夫薛君[66]免，為御史大夫。于丞相乞骸骨免，而為丞相[67]，因封故邑為扶陽侯[68]。數年，病死[69]，孝元帝[70]親臨喪，賜賞甚厚。子嗣後[71]。其治容容[72]隨世俗浮沈，而見謂諂巧[73]。而相工本謂之當為侯代父，而後失之；復自游宦而起，至丞相[74]。父子俱為丞相，世間美之，豈不命哉！相工其先知之。韋丞相卒，御史大夫匡衡[75]代。

8 丞相匡衡者，東海[76]人也。好讀書，從博士受詩[77]。家貧，衡傭作以給食飲[78]。才下[79]，數射策不中[80]；至九，乃中丙科[81]。其經以不中科故明習[82]。補平原文學卒史[83]。數年，郡不尊敬[84]。御史[85]徵之，以補百石屬[86]，薦為郎，而補博士[87]，拜為太子少傅，而事孝元帝[88]。孝元好詩，而遷為光祿勳[89]，居殿中為師，授教左右[90]，而縣官[91]坐其旁聽，甚善之，日以尊貴。御史大夫鄭弘坐事免，而匡君為御史大夫[92]。歲餘，韋丞相死，匡君代為丞相[93]，封樂安侯[94]。以十年之間，不出長安城門而至丞相，豈非遇時而命也哉！

9 太史公曰[95]：深惟[96]士之游宦所以至封侯者，微甚[97]。然多至御史大夫即去[98]者。諸為大夫而丞相次也[99]，其心冀幸丞相物故[100]也。或乃陰私相毀害[101]，欲代之。然守之日久不得[102]，或為之日少而得之，至於封侯，真命也夫！御史大夫鄭君守之數年不得，匡君居之未滿歲[103]，而韋丞相死，即代之矣，豈可以智巧得哉！多有賢聖之才，困厄不得者眾甚也。

【章　旨】以上為第六段，此段所寫武帝後期與武帝之後的幾個丞相連同「太史公曰」，皆為後人所綴補，非史公之舊文。

【注　釋】❶且紀征和以來　征和，漢武帝的年號，共四年（西元前九二—前八九年）。梁玉繩曰：「此下皆後人妄續。孝武在位五十四年，丞相十二人，竇嬰、許昌、田蚡、薛澤、公孫弘、李蔡、莊青翟、趙周、石慶、公孫賀、劉屈氂、車千秋，而公孫賀以上十人見史公本書，其未及者，劉、田二相耳，何云『多甚，莫錄』哉？且『征和』獨非孝武時乎？既紀征和以來，何以續始於千秋，而不紀劉丞相？所紀車千秋、韋賢、魏相、邴吉、黃霸、于定國、韋玄成、匡衡八人中間，缺王訢、楊敞、蔡義三人，何也？即所紀八人，詞頗簡劣，事復舛訛。」❷車丞相　原姓田，名千秋，因受皇帝恩寵，特准其乘車入朝，故人稱之「車丞相」。❸長陵　漢縣名，在今陝西西安北，由於劉邦的陵墓（長陵）在此縣境，故以之名縣。❹卒而有韋丞相代　觀此文像是車千秋卒後，直接由韋賢繼任其職，其實不是。車千秋卒於昭帝元鳳四年（西元前七七年），繼之而為丞相者先有王訢、楊敞、蔡義，而後才是韋賢。按：以上車千秋、王訢、楊敞、蔡義的事跡，見《漢書・公孫劉田王楊蔡陳鄭傳》。❺韋丞相賢　韋賢，宣帝本始三年（西元前七一年）為丞相，封扶陽侯。事見《漢書・韋賢傳》。❻讀書術　讀儒書、習儒術。❼大鴻臚　也叫「典客」。主管少數民族事務的朝官。❽相工　相面的術士。❾第二子二句　據《漢書》本傳，韋賢四子，長子方山，次子弘，三子舜，幼子玄成。此云「第二子」，誤。❿當封　謂該當封侯。⓫有長子二句　意謂我的侯爵當由長子繼承，他怎麼輪得到呢。⓬病死　韋賢死於宣帝元康四年（西元前六二年）。⓭長子有罪論　論，指因犯罪受懲處。

梁玉繩曰：「韋賢長子方山為高寢令，早終，故不嗣為侯，而此言長子有罪不嗣，蓋誤以其次子宏為方山也。」按：據《漢書》本傳，韋弘曾「坐宗廟事繫獄」。⑭玄成時佯狂二句　韋賢當其長子死後，心欲立其次子弘，未定而死，家裡人遂改變韋賢的主意而立了韋玄成。韋玄成開始佯狂不受，直到宣帝下了詔令，才算定局。⑮坐騎至廟　據《漢書》本傳，韋玄成「以列侯侍祠孝惠廟，當晨入朝，天雨淖，不駕駟馬而騎至廟下，有司劾奏，等輩數人皆削爵為關內侯」。⑯失列侯二句　意謂韋玄成降為關內侯，失掉了扶陽縣的大片封地，但還在原地盤上保留了一塊「食邑」。⑰韋丞相卒二句　據《漢書》本傳與〈百官公卿表〉，宣帝地節三年（西元前六七年），韋賢「賜金免」，即讓其退休了，魏相接任為丞相。此云「韋丞相卒」，誤。按：漢代的丞相退休，從韋賢始。⑱魏丞相相　姓魏名相。⑲濟陰　漢郡名，郡治定陶（今山東定陶西北）。⑳奏事　指向丞相稟報事情。㉑京兆尹　也稱「內史」。首都及其郊區的行政長官。㉒趙君　名廣漢，西漢後期幾個有名的京兆尹之一。事跡見《漢書》本傳。㉓丞相奏以免罪　意指趙廣漢有罪，魏相啟奏皇帝，將其降了一級。此云「奏以免罪」，語欠明晰。㉔使人執魏丞相　指趙廣漢派人對魏相進行要脅。此云「執」，涵義不清。㉕欲求脫罪而不聽　趙廣漢要脅魏相，希望達到使自己免罪的目的，而魏相不答應。㉖夫人賊殺侍婢　魏相夫人的一個侍婢因受笞打而自殺，趙廣漢企圖將其說成是魏夫人的故意殘害。賊，殘害。㉗私獨奏請驗之　私下啟奏皇帝，請求派人查辦。㉘發吏卒至丞相舍　謂趙廣漢派兵到丞相府抓人拷問。㉙實不以兵刃殺　奴婢果然不是丞相夫人殺害的。㉚丞相司直繁君　丞相司直，丞相屬下的執法官。繁君，繁延壽。按：據《漢書》本傳，此丞相司直乃蕭望之，非繁延壽也。蕭望之事見《漢書》本傳。㉛奏　向皇帝稟報。㉜不道　意即大逆妄為。㉝擅屏騎士　據《漢書．趙廣漢傳》，當時的事實是，趙廣漢的一個客人與魏相的屬下發生衝突，趙廣漢懷疑是蘇賢從中挑動的。蘇賢是一名屯駐霸上的騎兵，於是趙廣漢就指使人給蘇賢定了一個「不詣軍所，乏軍興」的罪（乏軍興，即影響緊急戰備）。這就是前面所說的趙廣漢最初所犯的罪。屏，舊注釋為「斥逐」，但從事實看乃是「構陷」，不知何以用「屏」字。㉞趙京兆坐要斬　趙廣漢因此被腰斬。要，同「腰」。㉟又有使掾陳平等劾中尚書二句　按：兩句意思不清，《漢書》亦不見其事。此姑就原文解釋：兩句的主語應是魏相，疑乃蕭望之彈劾魏相語。意思是魏相支使僚屬舉劾皇帝身邊的侍從官員，想把趙廣漢擅自要脅丞相、抄丞相家的這個罪過牽連到中尚書身上。中尚書，皇帝身邊的文祕人員。疑，通「擬」。想要。㊱長史　丞相屬下的諸史之長，地位很高，秩千石。㊲下蠶室　即處以宮刑。㊳竟以丞相病死　謂魏相並未受到牽連，而得以善終。㊴子嗣　其子襲爵為侯。據《漢書》本傳其子名「弘」。㊵坐騎至廟　與前述韋玄成所犯者為同一事。㊶魏丞相卒二句　事在宣帝神爵三年（西元前五九年）。㊷孝宣帝　名詢，西元前七三—前四九年在位。㊸以有舊故　指邴吉對宣帝有舊恩。宣帝劉詢是武帝戾太子之孫，戾太子因巫蠱事被逼反自殺後，全家都被抄斬。當時劉詢只有幾個月，也被下在獄裡。這時邴吉主管獄事，他對劉詢多方關照，後又將其轉移了出去。劉詢後來之得以為帝，邴吉實有大功。事見《漢書》本傳。㊹封為列侯　邴吉被封為博陽侯。㊺明於事三句　據《漢書》本傳，邴吉為相時路遇殺人，邴吉不問；後見有牛吐舌喘氣，吉乃問之。人不解，吉曰：「民間相殺，長安令、京兆尹職也。宰相不親小事，不當行道中問此。方春少陽用事，非大熱時也，而牛喘氣，恐節令錯舛，三公典陰陽，此固吾職所當憂也。」於是人稱其知大體。㊻子顯嗣　謂魏顯繼其父為博陽侯。㊼坐騎至廟　與前述韋玄成、魏弘所犯者為同一事。㊽奪爵一級　即降為關內侯。㊾太僕　九卿之一，為皇帝趕車。㊿坐官秏亂　任太僕時諸事混亂。(51)身及子男有姦贓　謂邴顯與其子都貪贓枉法。《漢書》說他「與官屬大為姦利，贓千餘萬」。(52)邴丞相卒二句　事在宣帝五鳳三年（西元前五五年）。黃丞相，名霸，漢代有名的好地方官。事見《漢書・循吏傳》。(53)潁川　漢郡名。郡治陽翟（今河南禹縣）。(54)禮義條教　指儒家的道德倫理與國家政府的法律規章。(55)風曉　委婉勸告，使之明白。(56)制　皇帝的命令。皇帝的命令稱「制」或「詔」，乃從秦始皇始，見〈秦始皇本紀〉。(57)獄中無重囚　罪犯本來不多，犯重罪者又「風曉令自殺」，因此獄中沒有重刑囚犯。(58)子嗣　其子襲爵為侯。據《漢書・循吏傳》，其子名「賞」。(59)後為列侯　按：黃霸入朝為相時，即「封建成侯」矣，今乃曰「後為列侯」，不合情理，似應依下文韋玄成事作「後失列侯」。(60)黃丞相卒二句　事在宣帝甘露三年（西元前五一年）。于定國，西漢後期的著名法官，後為丞相。事見《漢書・雋疏于薛平彭傳》。(61)于丞相已有廷尉傳二句　梁玉繩曰：「〈張廷尉傳〉安得及于定國，乃云『于丞相已有廷尉傳，在張廷尉語中』，不亦誣耶？」按：「張廷尉」即「張釋之」，事見〈張釋之馮唐列傳〉，其中無于定國事。(62)于丞相去二句　按：于定國免相在元帝永光元年（西元前四三年），韋玄成代之為相在元帝永光二年（西元前四二年）。(63)後失列侯　即前所謂因騎馬到廟不敬事，降為關內侯。(64)衛尉　位在九卿，當時有未央宮衛尉、長樂宮衛尉各一人，分別主管皇帝與皇太后宮廷的防衛。(65)太子太傅　皇太子的輔導官，秩二千石。(66)薛君　名廣德，一個儒生出身的正直官吏。事跡見《漢書・雋疏于薛平彭傳》。(67)于丞相乞骸骨免二句　事在元帝永光元年。乞骸骨，請求退休的客氣說法。(68)因封故邑為扶陽侯　韋玄成前因騎馬至廟，被降職為關內侯，但仍在扶陽境內留有一塊封邑；現又拜相封侯，於是便在其舊有封邑的基礎上仍封之為扶陽侯。(69)數年二句　韋玄成死於元帝建昭三年（西元前三六年）。(70)孝元帝　名奭，宣帝之子，西元前四八—前三三年在位。(71)子嗣後　據《漢書》本傳，其子名「寬」。(72)其治容容　其為相執政的態度是平平庸庸。(73)見謂諂巧　被人說是巧偽人。按：韋賢、韋玄成父子相繼以讀儒書取宰相，影響了漢代把讀儒書當做仕宦途徑風氣的形成。當時鄒魯一帶的民歌唱道：「遺子金滿籝，不如一經。」(74)復自游宦而起二句　又通過自己的遊學做官，做到了丞相。(75)匡衡　名衡，字稚圭，以讀儒書而取丞相，是一個近乎佞幸的滑頭權貴，事跡見《漢書》本傳。其著名的故事就是「鑿壁」借光。(76)東海　漢郡名，郡治郯縣（今山東郯城西北）。(77)從博士受詩　跟著太學博士學習《詩經》。博士，太學裡的儒經教師。(78)傭作以給食飲　利用打工以解決生活問題。傭作，給人打工。(79)才下　剛開始參加考試。(80)數射策不中　多次考試考不上。射策，即回答考官的試題。策，書寫試題的竹版。考生能否回答得令考官滿意，就如同射箭能否射中箭靶，故以「射策」為稱。(81)至九二句　一直考到第九回，才得了個三等。根據當時規定，中甲科者，可以為郎；中乙科者，為太子舍人；中丙科者，為文學掌故。(82)其經以不中科故明習　正是由於匡衡多次考不中，反覆讀書，所以才使他對儒家經典理解得既深且透。(83)補平原文學卒史　被分配到平原郡當小吏。平原，漢郡名，郡治在今山東平原縣南。(84)數年二句　瀧川引沈家本曰：「《漢書》云：『學者多上書，薦衡經明，當世少雙。』與此不同。」(85)御史　此處指御史大夫。(86)補百石屬　意謂先是在御史大夫屬下任百石小吏。(87)薦為郎二句　先是薦以為郎，後又遷為博士。郎，皇帝的侍從官員。(88)拜為太子少傅二句　名為太子少傅，實際上是在元帝跟前服務。太子少傅，皇太子的輔導官。(89)光祿勳　也叫郎中令，九卿之一，掌管宮廷門戶與統領皇帝的侍從人員。(90)居殿中為師二句　在宮廷裡當教師，給皇帝身邊的服務人員上課。(91)縣官　此處即指皇帝。(92)鄭弘坐事免二句　事在元帝建昭二年（西元前三七年）。(93)匡君代為丞相　事在元帝建昭三年。(94)樂安侯　封地樂安縣，縣治在今山東博興東北。(95)太史公曰　《索隱》曰：「此論匡衡以來事，則後人所述也，而亦稱『太史公』，其序述淺陋，一何誣也。」瀧川曰：「楓山本、劉氏宋本、淩本、王本、毛本，無『太史公曰』四字。」按：此或即褚先生所評也。(96)深惟　深思；細想。(97)微甚　很少。(98)多至御史大夫即去　不少人升到御史大夫，就再也上不去了。(99)諸為大夫而丞相次也　御史大夫離著丞相只差一點。當時丞相去職，照例由御史大夫向上替補。(100)其心冀幸丞相物故　當御史大夫的人都盼著丞相快死。物故，死。(101)或乃陰私相毀害　有的人甚至暗中對丞相誹謗、陷害。(102)然守之日久不得　有些人在御史任上等了好久也沒能等上。守，等候。(103)鄭君守之數年不得二句　鄭弘於元帝永光二年為御史大夫，建昭二年被免職，前後經歷五年，什麼也沒等上；而匡衡接任御史大夫，第二年韋玄成死，匡衡就接替當了宰相。

【語　譯】孝武帝時，丞相很多，但沒有記錄他們生平與事跡的資料，就沒有辦法為他們立傳了。這裡只能撰寫征和以來的幾位丞相的列傳。

2　車丞相是長陵人。他死後，由韋丞相繼任。韋丞相賢是魯國人。出身儒生，初為小吏，後累官大鴻臚。

當初相面先生為他相面，預言他官至丞相。他有四個兒子，逐個相面，其中第二子，名玄成，相面先生預言：「此子是貴人，必當封侯。」韋丞相說：「就算我當了丞相繼位為侯的也應該是我的長子，怎麼輪得到他？」後來韋賢果然做了丞相，病死時，他的長子犯法論罪，不能承襲侯爵，於是讓第二子韋玄成承襲。韋玄成裝瘋，不受封號。但最後還是承襲了，又得了個讓國之名。後來韋玄成騎馬至太廟，犯不敬罪，詔令奪爵一級，降為關內侯，失去列侯，還享有侯國封地。韋丞相死後，魏相繼任丞相。

3 魏相丞相是濟陰人。以文書小吏至丞相。他好武術，命令下屬官員身帶寶劍。下屬向他陳述事情，必須佩劍；如忘記佩劍，也必須向他人借劍佩上後才能進去奏事。魏丞相上奏京兆尹趙廣漢有罪應免職，而趙廣漢派人要脅魏丞相為他開脫罪責，魏丞相置之不理。趙廣漢又派人威脅恐嚇，誣告魏夫人殘殺婢女，私下啟奏請求派人查辦，並親自帶兵闖進相府，拘捕奴婢拷問，結果那個婢女不是夫人所殺。丞相司直繁延壽上奏趙廣漢脅迫丞相，誣陷夫人殺死婢女，同時率兵包圍丞相府，抓人拷打，是大逆不道；又上奏趙廣漢構陷騎士蘇賢致死，兩罪並罰，趙廣漢被腰斬。相府史掾陳平等人彈劾中尚書，想把趙廣漢脅迫魏丞相的幕後操縱者牽連到中尚書的人。皇上以為丞相犯大不敬罪，所以長史以下官員有的被處死有的被處宮刑。魏丞相以病死，他的兒子承襲侯位，後因騎馬到太廟，犯不敬罪，詔令奪爵一級，降為關內侯，失去列侯，仍享受過去的封地。魏丞相死後，御史大夫邴吉繼任丞相。

4 丞相邴吉是魯國人。以好讀書、通習法令官至御史大夫。孝宣帝時，因他過去對宣帝有救命之恩，故被封侯，做了丞相。邴吉明察事理，智謀超人，後世人都很讚美他。邴吉死在丞相任上。他的兒子邴顯承襲侯爵，後來因為騎馬至太廟，以不敬罪被奪爵一級，失去列侯，但仍享受原來封地。邴顯官為太僕時，治事不力，又和他的兒子非法斂財，被剝奪爵位，廢為庶人。

5 邴吉丞相死後，黃霸繼任丞相。長安有個相面先生叫田文，在韋賢、魏相、邴吉還是小吏時，三人曾與田文到同一家作客，田文預言：「三位將來必定都做丞相。」後來他們三個人果然都相繼當了丞相，可見田文的相面真是高明啊！

6 丞相黃霸是淮陽人。以善讀書為小吏，官至潁川太守。他在治理潁川時，以禮義法令教化民眾，對犯罪的人，勸他們自殺。教化風行，名聲遠揚。孝宣帝下詔說：「潁川太守黃霸靠宣布詔令治民，道不拾遺，男女有別，獄中無死囚。賜爵關內侯，黃金百斤。」黃霸被徵召入京，初為京兆尹，而後任丞相，仍用禮義教化民眾。黃霸死在丞相任上。黃霸的兒子承襲關內侯，後封列侯。黃丞相死後，御史大夫于定國繼任丞相。關於于丞相的敘述，附在〈張廷尉傳〉中。于丞相死後，御史大夫韋玄成繼任丞相。

7 丞相韋玄成是前丞相韋賢之子，他承襲父親爵位後，因過錯失去列侯，降為關內侯。他年輕時，酷愛讀書，精通《詩經》和《論語》。初為小吏，逐漸提升作衛尉，改為太子太傅。御史大夫薛廣德免官，他被任命為御史大夫。于丞相以年老多病辭官，韋玄成繼任丞相，因原有封地而封為扶陽侯。數年以後，因病去世。孝元帝親臨弔喪，賞賜豐厚。韋玄成的兒子承襲侯爵。韋玄成為官平庸，順眾隨俗，世人譏諷他圓滑乖巧。相面先生早就預言他要封侯拜相，因其年輕浮躁，犯不敬罪被削去侯爵。後來又靠著自己的活動東山再起，官至丞相。父子兩代為丞相，世間傳為美談。這難道不是命中註定嗎？所以相面人早就看出來了。韋玄成死後，御史大夫匡衡繼任丞相。

8 丞相匡衡是東海人。他喜歡讀書，拜博士為師，學習《詩經》。家境貧窮，靠他當雇工維持生活。他剛開始參加考試時，多次考試落榜，直至第九次才考中丙科。由於他多次考不中，反覆讀書，而使他對經學理解得透徹，補平原郡文學卒史。任職多年，也不受重視。御史調他進京，命他做百石的郎官，又補博士，拜太子少傅，在元帝跟前服務。孝元帝愛好《詩經》，匡衡輔導孝元帝學習，因而被任命為光祿勳。匡衡在宮中做老師，教授皇子及皇帝左右的人學習，而皇帝也常在旁邊聽講，讚揚他講得好，所以他日益尊貴，倍受尊敬。御史大夫鄭弘因犯罪被罷免，於是匡衡被任命為御史大夫。一年後，韋丞相病死，匡衡繼任丞相，封為樂安侯。十年之內，步不出長安，而位至丞相，難道這不是機遇和命中註定嗎？

9 太史公說：士人從地方小吏逐步升遷到封侯者是極少的，多數人官至御史大夫就再也上不去了。御史大夫是丞相的候補者，所以這些御史大夫就盼著丞相早死，甚至有人在暗處詆毀誣陷丞相而企圖奪權。這些御史大夫有人做了一輩子也與丞相無緣，但也有的御史大夫沒做幾天就封侯拜相，這真是命嗎？鄭弘為御史大夫數年而不得升遷，匡衡任御史不到一年，韋丞相病死，他就遷為丞相，這難道是靠智謀和機巧能得到的嗎？古今眾多聖賢之才，困厄在下位者數不勝數。

【研　析】本篇作品是記述碌碌無為的掛名宰相，其中寫入標題的張蒼是名望最高的，號稱「善律曆」，〈太史公自序〉又說他「為章程」，但張蒼在文、景時期實際所奉行的基本上仍是經蕭何等略作改變的秦朝那一套舊制度，他所做的充其量不過是一些小修小補而已。周昌、申屠嘉都號稱「剛直」、「守節」，是這群人物中的佼佼者，但周昌無端地懷疑、舉報陳豨，致使陳豨因危懼而「謀反」；申屠嘉首先立議要誅鼂錯，鼂錯後來固然是死於袁盎的讒毀，景帝當任其咎；但景帝之所以如此之快地聽信袁盎，當與申屠嘉的先進此議不無關係，此等表現似乎都不可稱其為「剛直」與「守節」。因此儘管說本篇的主旨是在嘲弄這群宰相「碌碌無為」，實際上有許多問題還遠不是「碌碌無為」所能包括的。

由於本篇寫的是統治集團的高層人物，因而在描寫其瑣細生活時，往往涉及到最高統治者的核心祕密，如其中寫周昌時有所謂：「昌嘗燕時入奏事，高帝方擁戚姬。昌還走，高帝逐得，騎周昌項，問曰：『我何如主也？』昌仰曰：『陛下即桀紂之主也。』於是上笑之。」又如劉邦想廢太子劉盈，周昌頑強勸阻，「昌為人吃，又盛怒，曰：『臣口不能言，然臣期期知其不可。陛下雖欲廢太子，臣期期不奉詔。』上欣然而笑。既罷，呂后側耳於東箱聽，見周昌，為跪謝曰：『微君，太子幾廢。』」都細膩地刻劃了最高統治者的生活細節。

篇後又有後人補寫了西漢後期的一些丞相，這些人良莠不齊，其中以韋賢、韋玄成、匡衡等最為惹人生厭。他們曲學阿世，近乎「佞幸」一流；而匡衡還有更惡劣的舉奏陳湯，又不僅「佞幸」而已也。這段文字的補撰者是否為褚少孫不得而知，但其感情態度頗與司馬遷相近。

卷九十七

酈生陸賈列傳第三十七

【題解】本篇標名酈生、陸賈，實際上寫了酈食其、陸賈、朱建三個善辯而又各具特色的人物。酈生的貢獻先是幫助劉邦取得陳留，後來又勸齊國歸降劉邦，遺憾的是韓信突然進兵，致使酈生被齊王所殺，否則，其功偉矣。陸賈的貢獻一是說服南越降漢，事可參見〈南越列傳〉；二是溝通周勃、陳平，為翦滅諸呂做了準備。二人都是劉邦的大功臣。至於朱建，出入於佞幸之群，司馬遷使之與酈生、陸賈同傳，可謂「狗尾續貂」。

1 酈生食其❶者，陳留❷高陽❸人也。好讀書，家貧落魄❹，無以為衣食業，為里監門吏❺。然縣中賢豪不敢役，縣中皆謂之狂生❻。

2 及陳勝、項梁等起❼，諸將徇地❽過高陽者數十人。酈生聞其將皆握齱❾，好苛禮❿自用⓫，不能聽大度之言，酈生乃深自藏匿。後聞沛公將兵略地陳留郊⓬，沛公麾下⓭騎士適⓮酈生里中子也，沛公時時問邑中賢士豪俊⓯。騎士歸，酈生見，謂之曰：「吾聞沛公慢而易人⓰，多大略，此真吾所願從游⓱，莫為我先⓲。若見沛公⓳，謂曰：『臣里中有酈生，年六十餘，長八尺，人皆謂之狂生，生自謂我非狂生。』」騎士曰：「沛公不好儒，諸客冠儒冠來者，沛公輒解其冠，溲溺其中⑳；與人言，常大罵，未可以儒生說也。」酈生曰：「弟言之㉑。」騎士從容言㉒如酈生所誡㉓者。

3 沛公至高陽傳舍㉔，使人召酈生。酈生至，入謁㉕，沛公方倨牀使兩女子洗足，而見酈生㉖。酈生入，則長揖不拜，曰：「足下欲助秦攻諸侯㉗乎？且欲率諸侯破秦也？」沛公罵曰：「豎儒㉘！夫天下同苦秦久矣，故諸侯相率而攻秦，何謂助秦攻諸侯乎？」酈生曰：「必聚徒合義兵誅無道秦㉙，不宜倨見長者㉚。」於是沛公輟洗㉛，起攝衣㉜，延㉝酈生上坐，謝㉞之。酈生因言六國從橫時㉟。沛公喜，賜酈生食，問曰：「計將安出？」酈生曰：「足下起糾合㊱之眾，收散亂之兵，不滿萬人，欲以徑㊲入強秦，此所謂探虎口者也。夫陳留，天下之衝㊳，四通五達之郊㊴也，今其城又多積粟。臣善其令㊵，請得使之㊶，令下足下㊷。即不聽㊸，足下舉兵攻之，臣為內應。」於是遣酈生行，沛公引兵隨之，遂下陳留。號酈食其為廣野君㊹。

4 酈生言其弟酈商㊺，使將數千人從沛公西南略地。酈生常為說客，馳使諸侯。

5 漢三年㊻秋，項羽擊漢㊼，拔滎陽㊽，漢兵遁保鞏、洛㊾。楚人聞淮陰侯破趙㊿，彭越數反梁地[51]，則分兵救之。淮陰方東擊齊[52]，漢王數困滎陽、成皋[53]，計欲捐成皋以東[54]，屯鞏、洛以拒楚。酈生因曰：「臣聞知天之天者[55]，王事可成；不知天之天者，王事不可成。王者以民人為天，而民人以食為天[56]。夫敖倉[57]，天下轉輸[58]久矣，臣聞其下[59]迺有藏粟甚多。楚人拔滎陽，不堅守敖倉，迺引而東，令適卒分守成皋[60]，此乃天所以資漢也[61]。方今楚易取而漢反郤[62]，自奪其便[63]，臣竊以為過矣。且兩雄不俱立，楚、漢久相持不決，百姓騷動，海內搖蕩，農夫釋耒，工女下機[64]，天下之心未有所定也。願足下急復進兵，收取滎陽，據敖倉之粟，塞成皋之險，杜大行之道[65]，距[66]蜚狐之口[67]，守白馬之津[68]，以示諸侯效實形制[69]之勢，則天下知所歸矣[70]。方今燕[71]、趙已定，唯齊未下。今田廣據千里之齊，田間[72]將二十萬之眾，軍於歷城[73]；諸田宗彊[74]，負海[75]阻河、濟[76]，南近楚，人多變詐，足下雖遣數十萬師，未可以歲月破[77]也。臣請得奉明詔說齊王，使為漢而稱東藩[78]。」上曰：「善。」

6 迺從其畫，復守敖倉，而使酈生說齊王曰：「王知天下之所歸乎？」王曰：「不知也。」曰：「王知天下之所歸，則齊國可得而有也；若不知天下之所歸，即齊國未可得保也。」齊王曰：「天下何所歸？」曰：「歸漢。」曰：「先生何以言之？」曰：「漢王與項王戮力[79]西面[80]擊秦，約先入咸陽者王之[81]。漢王先入咸陽[82]，項王負約不與，而王之漢中[83]。項王遷殺義帝[84]，漢王聞之，起蜀、漢之兵擊三秦[85]，出關而責義帝之處[86]。收天下之兵，立諸侯之後[87]。降城即以侯其將，得賂即以分其士[88]，與天下同其利，豪英賢才皆樂為之用。諸侯之兵四面而至，蜀、漢之粟方船[89]而下。項王有倍[90]約之名，殺義帝之負[91]；於人之功無所記，於人之罪無所忘；戰勝而不得其賞，拔城而不得其封[92]；非項氏莫得用事[93]；為人刻印，刓而不能授[94]；攻城得賂，積而不能賞。天下畔[95]之，賢才怨之，而莫為之用。故天下之士歸於漢王，可坐而策[96]也。夫漢王發蜀、漢，定三秦；涉西河之外[97]，援上黨之兵[98]；下井陘，誅成安君[99]；破北魏[100]，舉三十二城：此蚩尤之兵[101]也，非人之力也，天之福[102]也。今已據敖倉之粟，塞成皋之險，守白馬之津，杜大行之阪[103]，距蜚狐之口，天下後服者先亡[104]矣。王疾先下漢王[105]，齊國社稷可得而保也；不下漢王，危亡可立而待也。」田廣以為然，迺聽酈生，罷歷下兵守[106]戰備，與酈生日縱酒。

7 淮陰侯聞酈生伏軾[107]下齊七十餘城，迺夜度兵平原襲齊[108]。齊王田廣聞漢兵至，以為酈生賣[109]己，迺曰：「汝能止漢軍，我活汝；不然，我將亨[110]汝！」酈生曰：「舉大事不細謹，盛德不辭讓(111)。而公不為若更言(112)！」齊王遂亨酈生，引兵東走(113)。

8 漢十二年(114)，曲周侯酈商(115)以丞相將兵(116)擊黥布(117)有功。高祖舉列侯功臣(118)，思酈食其。酈食其子疥數將兵(119)，功未當侯，上以其父故，封疥為高梁侯(120)。後更食武遂(121)，嗣三世(122)。元狩元年(123)中，武遂侯平坐詐詔衡山王取百斤金(124)，當弃市(125)，病死，國除(126)也。

【章　旨】以上為第一段，寫酈食其的生平事跡，突出了酈食其雖疏闊大言，但卻耿介正直的性格。

【注　釋】❶酈生食其　酈先生名食其。生，先生，對文雅之士的敬稱。有時也單稱「先」，如〈袁盎鼂錯列傳〉之「張恢先」是也。❷陳留　秦縣名，縣治在今河南開封東南。❸高陽　古邑名，在今河南杞縣西南，當時屬陳留縣。❹落魄　《集解》引應劭曰：「志行衰惡之貌也。」《正義佚文》曰：「落謂零落，魄謂漂薄也。言食其家貧，零落漂薄，無可以為衣食業產也。」❺為里監門吏　在里巷口上為人看大門。按：張耳、陳餘也曾隱匿為此職。❻縣中皆謂之狂生　開首提出「狂生」二字，統攝全篇。❼陳勝項梁等起　陳涉起兵在秦二世元年（西元前二〇九年）七月，見〈陳涉世家〉；項梁、劉邦等起兵在秦二世元年九月，分別見〈項羽本紀〉、〈高祖本紀〉。❽徇地　猶言「掠地」。謂帶兵巡行，發布號令，遂占有其地。❾握齱　同「齷齪」。器局狹小、行止卑微的樣子，即今所謂「小家子氣」。❿苛禮　拘於小節。⓫自用　自以為是。⓬沛公將兵略地陳留郊　事在秦二世三年（西元前二〇七年）二月。按：劉邦於秦二世元年九月攻下沛縣，被擁立為沛公，至此已轉戰一年零五個月，此時乃奉楚懷王令統兵西下破秦，而途經陳留之郊也。凌稚隆曰：「『郊』字，見得未下陳留。」⓭麾下　部下。麾，大將的指揮旗。⓮適　剛好。⓯沛公時時問邑中賢士豪俊　凌稚隆引呂祖謙曰：「騎士微矣，而高祖親問以賢豪，此所以得天下。」⓰慢而易人　傲慢而瞧不起人。易，輕視；對人怠慢。⓱願從游　願意跟著他一起共事。⓲莫為我先　沒有人給我作個介紹。先，引見；介紹。⑲若見沛公　你見到沛公的時候。若，爾；你。⑳輒解其冠二句　輒，常常；總是。溲溺，撒尿。按：劉邦之慢儒、罵儒，又見於〈陸賈傳〉、〈劉敬叔孫通列傳〉。㉑弟言之　儘管照這麼說。弟，但；儘管。㉒從容言　很自然地向劉邦說起此事。從容，即選擇合適的時機，像是無意中隨便談到似地。㉓如酈生所誡　按酈生所囑咐。誡，告。凌稚隆引楊循吉曰：「寫出酈生軒昂落落疏鹵之態，使其但謂『從騎士得見，見而長揖，言天下事』，豈復識有食其哉？」㉔傳舍　驛站。亦猶今旅館、招待所。師古曰：「人所止息，前人已去，後人復來，轉相傳也。」㉕入謁　遞進求見的名片。謁，名片。㉖方倨牀使兩女子洗足二句　倨，通「踞」。坐。王駿圖曰：「箕坐曰倨。謂箕坐於床，使女子洗足也。」瀧川曰：「〈黥布傳〉云：『上方踞床洗，召布入見。』是漢皇試人常用手段。」《漢書．酈食其傳》王先謙《補注》引沈欽韓曰：「《御覽》三百四十二引《楚漢春秋》曰：『上過陳留，酈生求見，使者入通，公方跣足，問何如人。曰：「狀類大儒。」上曰：「吾方以天下為事，未暇見大儒也。」使者出告，酈生瞋目按劍入言：「高陽酒徒，非儒者也！」』按：此與《史記》傳末所附同。」㉗諸侯　此指東方的各路起義軍。㉘豎儒　罵人語。《索隱》曰：「豎者，僮僕之稱。沛公輕之，以比奴豎，故曰『豎儒』也。」㉙必聚徒合義兵誅無道秦　李笠曰：「『必』下當據《漢書》補『欲』字，〈淮陰傳〉云：『王必欲長王漢中無所事信；必欲爭天下，非信無所與計者。』與此語意正同。」㉚不宜倨見長者　不應該見了我還坐著。按：劉邦時年五十一，酈生時年「六十餘」，故酈生自稱「長者」。又，此處釋「倨」為傲慢，意思亦同。㉛輟洗　停止洗腳。輟，停；中止。㉜攝衣　整理衣襟。攝，整。㉝延　引；請。㉞謝　表示歉意。㉟因言六國從橫時　按「時」下似應有「事」字。蓋謂言戰國時之成功、失敗，可供借鑒的各種事情。從橫，合縱連橫，這裡泛指戰國時各國（主要是秦與六國）之間的激烈鬥爭。從，同「縱」。㊱糾合　猶言「烏合」。言如烏鴉一樣地飛集一起，而沒有任何組織、訓練。《集解》曰：「糾合，一作『烏合』，一作『瓦合』。」《漢書．酈食其傳》作「瓦合」。王先謙《補注》引王文彬曰：「瓦合，言不相附也。《史記．儒林傳》『陳勝起匹夫，驅瓦合謫戍』；本書〈陳湯傳〉『烏孫瓦合』，與此義同，亦謂以不相合者雜之也。」㊲徑　直接；直捷。㊳衢　要衝；樞紐之處。㊴四通五達之郊　亦即天下樞紐之意。五達，《集解》引如淳曰：「四面中央，凡五達也。」郊，《漢書．汲黯傳》顏師古曰：「謂交通衝要之處也。」〈汲鄭列傳〉「常置驛馬長安諸郊」，《集解》引如淳曰：「交道四通處也。」㊵令　指陳留縣的縣令。㊶請得使之　你可以派我出使到他那裡去。㊷令下足下　意即我可以勸他歸順您。下，降；歸附。㊸即不聽　如果他不聽從我的勸告。即，若；假如。㊹廣野君　封號名，只有名號而無封地。㊺酈商　劉邦的開國功臣，以軍功被封為曲周侯，事跡見〈樊酈滕灌列傳〉。㊻漢三年　西元前二〇四年。㊼項羽擊漢　漢元年（西元前二〇六年）十月，劉邦入關中滅秦；漢元年四月，劉邦被項羽封為漢王，入漢中；漢元年八月，劉邦自漢中殺回收復關中；漢二年（西元前二〇五年）四月，劉邦率諸侯乘項羽北討田榮之機攻入項羽的國都彭城；不久，項羽率兵馳回，大破劉邦軍於彭城下，劉邦向西潰退至滎陽一線，並由此與項羽形成相持、拉鋸之勢，至此已歷時一年多。㊽拔滎陽　事在漢三年九月。時劉邦在紀信掩護下逃出滎陽，而周苛、樅公等留守危城，城破被殺。滎陽，秦縣名，縣治在今河南滎陽東北。㊾鞏洛　鞏是鞏縣（今河南鞏縣東南）。洛指洛陽（今河南洛陽東北）。鞏、洛在滎陽縣西百餘里。㊿淮陰侯破趙　淮陰侯韓信於漢二年八月破魏、後九月破代後，又於漢三年十月（當時以十月為歲首）破陳餘、趙歇於井陘（今河北石家莊西），遂滅趙。過程詳見〈淮陰侯列傳〉。趙是趙歇的封國，都襄國（即今河北邢台）。梁玉繩曰：「此及下文三稱『淮陰』，皆當依《漢》傳作『韓信』。」(51)彭越數反梁地　彭越原在鉅野澤一帶為「群盜」，陳涉起事後，彭越也起兵反秦。因未隨項羽入關，未受項羽封賞，因而遂與田榮、陳餘等成為最先起兵反對項羽的勢力。劉邦與項羽對峙於滎陽後，劉邦乃賜彭越將軍印，令其游擊於項羽之後方，絕楚糧道，先後攻下睢陽、外黃等十七城，成為項羽的心腹之患。詳見〈魏豹彭越列傳〉。數，多次；屢次。梁地，今河南開封一帶地區。開封原稱大梁，是戰國時魏國的都城。(52)方東擊齊　方，將要。東擊齊，東擊齊王田廣。田廣是田榮之子，田榮於漢二年被項羽破殺後，田廣繼立為王，都臨淄（今山東淄博）。(53)漢王數困滎陽成皋　事在漢三年夏、秋之際。成皋，秦縣名，縣治在今河南滎陽西北。(54)計欲捐成皋以東　意思是豁著拿成皋以東的廣大地盤封給人，以招攬人幫著自己破項羽。〈留侯世家〉寫劉邦大敗於彭城，西逃至下邑，下馬據鞍而問曰：「吾欲捐關以東等棄之，誰可與共功者？」即此意也。(55)知天之天者　意即明白糧食之重要性的人。(56)王者以民人為天二句　《索隱》引《管子》云：「王者以民為天，民以食為天，能知天之天者，斯可矣。」梁玉繩曰：「《索隱》本無『民』字，疑唐時避諱，改『民』為『人』，而後遂誤竝入之也。《漢書》無『人』字。」(57)敖倉　秦朝的大糧倉，在滎陽北的黃河邊上。因其地處敖山，故稱敖倉。(58)轉輸　指各地向這裡運送糧食。(59)其下　謂窖藏。何焯曰：「聞之中州人云，秦人因土山窖粟其下，不與今他處倉廩等，故曰『聞其下乃有藏粟』。」(60)迺引而東二句　按：此即項羽自引兵東擊彭越，令曹咎等鎮守成皋。事見〈項羽本紀〉、〈高祖本紀〉。適卒，即指士卒。因秦時多發罪人征戍，故曰讁卒。適，通「讁」。郭嵩燾曰：「是時彭越反梁地，項羽東擊彭越，令海春侯、大司馬咎、長史欣守成皋。項羽至睢陽，聞海春侯破，乃引兵還。其致敗由海春侯，非項羽不堅守敖倉也。」按：彭越數反梁地，搗項羽之心腹，羽回師擊越，乃事出不得已。彭越之佐漢殊勳，亦即在此。(61)此乃天所以資漢也　資，給；助。凌稚隆引余有丁曰：「陳留多積粟，敖倉藏粟甚多，舉因酈生一言以取之，誠得取天下之大計。」李晚芳《讀史管見》曰：「此策實關天下大計，足以補三傑所未備。」(62)反

卻　指欲退守鞏、洛而言。(63)自奪其便　謂自己放棄有利的時機。奪，失掉。這裡指「放棄」。(64)農夫釋耒二句　皆言由於戰爭動亂，朝不保夕，人皆無心生產，苟且待命之狀。耒，《正義佚文》：「手耕曲木。」即一種木製的犁地農具。也有說是一種類似木叉的農具。(65)杜大行之道　即占領今河南沁陽、博愛與山西晉城等一帶地區。杜，斷絕；堵塞。大行，山名，在今河北、河南、山西三省交界處。(66)距　通「拒」。亦「杜」、「塞」之意。(67)蜚狐之口　即飛狐口。關隘名，在今河北蔚縣東南。蜚，同「飛」。按：飛狐口偏於北鄙，似與滎陽主戰場不沾邊。(68)白馬之津　白馬津為黃河渡口名，在今河南滑縣東北。(69)效實形制　效實，謂注重實效，控制要害。形制，謂占據有利地形，以制服敵人。按：《漢書》無「效實」二字。(70)則天下知所歸矣　何焯曰：「此似後人依託之語。時漢已虜魏豹、禽趙歇，河東、河內、河北皆歸漢，何庸復杜太行之道，以示諸侯形勢乎？燕、趙已定，即代郡、蜚狐，亦非楚人所能北窺，無事距守。壺關近太行之道，何庸杜此兼距彼乎？與當時事實闊遠。」梁玉繩曰：「斯乃秦人規取韓、趙舊談，酈生仍戰國說士餘習，勝口言之，其說高帝、說齊王皆用此語。」胡三省曰：「酈生之說，形格勢禁之說也。蓋據敖倉、塞成皋，則項羽不能西；守白馬、杜太行、距蜚狐，則河北燕、趙之地長為漢有，齊、楚將安歸乎？」(71)燕　臧荼的封國，都於薊（今北京市）。漢三年十月韓信破趙後，用廣武君李左車之策，示燕以形勢，燕人遂從風而靡，歸附於漢。應在漢三年冬、春，見〈淮陰侯列傳〉。(72)田間　《漢書・酈食其傳》王先謙《補注》引劉攽曰：「此時何緣有田間？按〈田橫傳〉乃田解。〈橫傳〉云：『齊使華無傷、田解軍歷下以距漢。』」按：劉說是。田間是田假的將領，自田假被田榮打敗後，田間遂不復見於史。(73)歷城　即歷下（今山東濟南）。(74)諸田宗彊　諸田，指由戰國時齊王宗室傳下來的各個支派。宗彊，宗族人多而勢大。(75)負海　背靠大海。指無後顧之憂。(76)阻河濟　有黃河、濟水的險要可憑。阻，據；憑藉。河濟，黃河、濟水。流經齊國西北境，為齊國的天然屏障。(77)未可以歲月破　不是一年半載可以破平的。(78)使為漢而稱東藩　即使之為漢的東方屬國。藩，藩籬。古代用以稱諸侯國，諸侯國是宗主國的藩籬屏障。(79)勠力　并力；合力。(80)西面　西向；向西進兵。(81)約先入咸陽者王之　〈高祖本紀〉云：懷王令項羽北救趙，令沛公西略地入關，「與諸將約，先入定關中者王之。」(82)漢王先入咸陽　劉邦入咸陽，秦王子嬰投降劉邦，事在漢元年十月。(83)負約不與二句　項羽違背條約，不讓劉邦當關中王，而將他改封為漢王。封地為巴、蜀、漢中，都南鄭。漢中，秦郡名，約當今陝西省之西南角。(84)項王遷殺義帝　事在漢元年八月（年表繫之於二年十月）。項羽分封諸侯後，假意尊立懷王為義帝，將其遷往江南，使之都於郴縣（今湖南境內）；遷徙途中，項羽又指使黥布、吳芮等將其擊殺於江中。事見〈項羽本紀〉、〈黥布列傳〉。(85)起蜀漢之兵擊三秦　按：劉邦回兵取三秦在漢元年八月，而劉邦聞義帝死乃在漢二年三月。事見〈高祖本紀〉。今酈生稱劉邦聞項羽殺義帝始發兵擊三秦，乃巧為之辭。三秦，代指關中。因項羽分封諸侯時，分關中地區為雍、塞、翟三國，以封章邯、司馬欣、董翳三降將，故遂稱關中為「三秦」也。86責義帝之處　責問項羽「義帝現在哪裡」。87立諸侯之後　受過劉邦封立的六國後代有魏豹、韓王信，其他未聞。王先謙《漢書補注》曰：「據〈高紀〉，食其勸立六國後，未行，此設辭也。」88降城即以侯其將二句　按：此即〈淮陰侯列傳〉韓信之所謂「以天下城邑封功臣，何所不服」與〈高祖本紀〉高起、王陵之所謂「使人攻城略地，所降下者因以予之」也。89方船　並舟。極言其數量之多，來勢之快。楊慎曰：「當時楚強漢弱，未必田橫不知之。獨『諸侯之兵四面而至，蜀漢之粟方船而下』兩語，氣魄動人，所謂天之福也。」90倍　通「背」。違背。91負　罪過；虧缺。瀧川曰：「楓、三本『負』作『罪』。」92戰勝而不得其賞二句　〈高祖本紀〉高起、王陵有所謂「戰勝而不予人功，得地而不予人利」，意思與此相同。93用事　掌權。94為人刻印二句　刓，磨去稜角。言項羽吝嗇，印已刻好，執於手中，以至磨掉了稜角尚未捨得給人。按：〈淮陰侯列傳〉韓信稱項羽亦有所謂「使人有功當封爵者，印刓敝，忍不能予」。95畔　通「叛」。96可坐而策　極言其形勢易見，不用費事就可以算清楚。策，推算。97涉西河之外　指韓信由黃河以西渡水東來。韓信渡西河首先破虜了魏豹，見〈淮陰侯列傳〉。西河，《通鑑》胡三省注：「河自砥柱以上、龍門以下為西河。」即今山西、陝西交界之黃河南段。98援上黨之兵　指收集今山西境內的兵力東下伐趙。援，引；拉來。上黨之兵，原屬魏豹，今魏豹為韓信所擒，故上黨之兵亦為韓信所引以擊趙。上黨，秦郡名，郡治長子（今山西長子西南）。99下井陘二句　井陘，山口名，在今河北井陘西。成安君，陳餘的封號。陳餘是趙歇的相，在井陘之戰中被韓信所殺。詳見〈淮陰侯列傳〉、〈張耳陳餘列傳〉。100破北魏　即指破虜魏豹。《漢書》顏師古曰：「梁地既有魏名，故謂此為北。」王先謙曰：「北魏，豹在河北故也。亦謂之西魏，以大梁於安邑為東也。」按：破魏原在滅趙前，今酈生敘述失序。101蚩尤之兵　《漢書》作「黃帝之兵」。王先謙引周壽昌曰：「黃帝、蚩尤，皆古之主兵者，故高帝起兵祠黃帝、蚩尤於沛庭。」按：有關蚩尤製造兵器，被傳為戰爭之神的傳說，見〈五帝本紀〉。102天之福　上天之所保佑。福，保佑。103大行之阪　同前「大行之道」。阪，高坡。這裡即指山路。104天下後服者先亡　誰不及早歸服就先消滅誰。105疾先下漢王　疾，迅速；趕緊。下，歸順；投降。106兵守　即軍事防守。107伏軾　猶言「憑軾」。雙手放在車箱前面的橫木上，這是古代乘車者表示恭敬的一種姿勢，這裡即指乘車。《漢書》顏師古曰：「憑軾者，但安坐乘車而游說，不用兵眾。」按：師古之所謂「乘車」，乃與「兵車」相對而言，指辦理文事及禮節訪問等所用的車輛。108迺夜度兵平原襲齊　事在漢四年（西元前二〇三年）十月，詳見〈淮陰侯列傳〉。平原，指平原津。黃河渡口名，亦秦時縣名，在今山東平原縣西南。109賣　欺騙；哄弄。《漢書》顏師古曰：「言其與韓信通謀。」110亨　通「烹」。用油炸或用開水煮人。

(111)舉大事不細謹二句　〈項羽本紀〉云「大行不顧細謹，大禮不辭小讓」、〈李斯列傳〉云「大行不小謹，盛德不辭讓」、〈魯仲連鄒陽列傳〉有所謂「規小節者不能成榮名，惡小恥者不能立大功」，其意皆同，蓋當時俗語如此。皆謂辦大事者不講小節，不怕別人對自己在一些枝節問題上提出責難。不辭讓，不拒絕（不怕聽）別人的責難。讓，責備。(112)而公不為若更言　而公，猶言「乃公」。即今所謂「你老子」、「你爸爸」，此亦劉邦之經常罵人語。若，爾；你。更言，改口；說別的話。倪思曰：「此數言益見酈生疏落不檢、有志願成、輕死生、外身世之意，《漢書》去之，遂覺索然以終。」凌稚隆引查慎行曰：「酈生於齊受烹時，猶有迂闊大言，足見狂生故態。被《漢書》刪卻，遂覺食其一生至此索然氣盡。」(113)引兵東走　謂東走高密，退守濰水也。後事見〈淮陰侯列傳〉、〈田儋列傳〉。(114)漢十二年　即劉邦死的那一年，西元前一九五年。(115)曲周侯酈商　酈商被封為曲周侯在高祖六年（西元前二〇一年）正月，封地曲周（今河北曲周東北）。(116)以丞相將兵　「丞相」在這裡只是加與將軍的一種虛銜，並不實任其職，韓信、樊噲諸傳皆有類似之事。(117)擊黥布　事在高祖十一年（西元前一九六年）七月。黥布原是項羽的部將，後歸順劉邦，被封為淮南王。高祖十一年春、夏，劉邦、呂后連續殺了韓信、彭越，並將彭越剁成肉醬送與黥布吃，因而黥遂起兵反。詳見〈黥布列傳〉。(118)高祖舉列侯功臣　再次補充分封滅秦滅項以及穩定漢初秩序的有功之臣。舉，薦拔；分封。高祖十二年補充分封為侯者據〈高祖功臣侯者年表〉共二十人。(119)數將兵　多次為劉邦統兵作戰。(120)封疥為高梁侯　事在高祖十二年三月。高梁，古邑名，在今山西臨汾東北。(121)更食武遂　改以武遂作為他的食邑，亦即改封武遂侯。武遂，古邑名，在今山西垣曲東南。(122)嗣三世　侯爵一直傳了三代。酈疥傳其子勃，勃傳其子平。嗣，承繼。(123)元狩元年　西元前一二二年。「元狩」是漢武帝的第四個年號（西元前一二二—前一一七年）。(124)詐詔衡山王取百斤金　假傳聖旨讓衡山王交納黃金百斤，而據為己有。衡山王，劉賜的封號，劉賜是淮南厲王劉長（高祖子）的兒子。景帝四年（西元前一五三年）由廬江王改封為衡山王，都邾（今湖北黃岡西北）。事跡見〈淮南衡山列傳〉。(125)當弃市　被判處殺頭。當，判處。弃市，即指處死。古者刑人於市，以示與人共棄之，故曰「弃市」。(126)病死二句　正好他患病而死，於是便將其「武遂侯」的爵祿註銷了。

【語譯】 酈先生名食其，是陳留縣高陽鄉人，自幼喜歡讀書，由於家裡窮，落魄潦倒，衣食無著，只好當了個看管里門的小吏。然而即便如此，縣裡的權貴和顯要們也不敢隨意支使他，縣裡人都叫他「狂生」。

2 陳勝、項梁等人起義後，先後曾有幾十位將軍率軍從高陽經過，酈食其聽說他們盡是些小裡小氣、喜好繁瑣禮節、自以為是、聽不進深謀大略的傢伙，於是便躲起來不見他們。後來酈食其聽說劉邦快到陳留了，而劉邦手下有一個騎兵正好是他所管的這條里巷裡的人，而且聽說劉邦還常常打聽陳留有哪些賢能豪俊之士。等那個騎兵回家的時候，酈食其就去找他，對他說：「我聽說沛公這個人高傲、瞧不起人，可是卻很有些雄才大略，這正是我所樂意跟隨的人，可惜沒人為我介紹。你見沛公的時候，就跟他說：『我鄉裡有個酈食其，六十多歲了，身高八尺，大家都管他叫「狂生」，可是他說自己並不狂。』」騎兵說：「沛公不喜歡儒生，他一見到那些戴著儒生帽子的就揪下他們的帽子往裡面撒尿。而且和人們談話時，還常常破口大罵。你千萬不要以儒生的身分去遊說他。」酈食其說：「你只管照實說就是了。」於是，那位騎兵回去便找機會依酈食其的話對劉邦說了。

3 等劉邦來到高陽的旅館時，就派人叫來了酈食其。酈食其來到旅館，遞上求見的名片，劉邦當時正叉開雙腿坐在牀邊讓兩個女子給他洗腳，就這麼著傳酈食其來見。酈食其進門後，只對劉邦拱了拱手，不行跪拜禮，並說：「您是想幫著秦朝來攻打諸侯呢？還是想率領諸侯軍去攻打秦朝呢？」劉邦罵道：「賤人！天下人都被秦朝害苦了，所以諸侯們才相繼起兵攻秦，你怎麼能說我幫助秦朝攻諸侯呢？」酈食其說：「您要真打算聚合義軍滅掉強暴無道的秦朝，就不應該見了年長的人還在那裡坐著。」劉邦聽了這話趕緊擦腳起身，整理衣服，把酈食其請入上坐，並向他道歉。酈食其便趁機談了一番戰國時期六國合縱連橫的局勢。劉邦聽了很中意，就招待酈食其吃飯，並問道：「對於當前的問題你有什麼妙計呢？」酈食其說：「您從一幫沒經過訓練的民眾中起事，收羅了些散亂兵馬，總共不到一萬人，想憑這點兒兵馬直接去和強秦硬碰硬拚，這簡直像是自投虎口。陳留縣地處天下要衝，是個四通八達的地區，如今城內正屯積著不少糧食。我和陳留的縣令關係不錯，您可以派我出使到他那裡去，我可以勸他歸順您。如果他不聽，您就率軍攻打縣城，我給您作內應。」於是劉邦派酈食其先行，自己則率軍跟在後面，結果就這樣拿下了陳留。酈食其遂被封為廣野君。

4 酈食其又向劉邦介紹了他的弟弟酈商，讓他率領幾千人跟隨劉邦向西南攻奪地盤，而自己則常作為劉邦的說客，出使於各路諸侯之間。

5 漢高祖三年的秋天，項羽攻打漢軍，拿下了滎陽，漢軍退守於鞏縣、洛陽一帶。楚軍聽說淮陰侯韓信這時已經擊敗了趙國，彭越又在梁地頻頻鬧事，於是只好分兵去對付他們。當韓信東進攻齊時，劉邦一連幾次在滎陽、成皋作戰不利，後來乾脆想放棄成皋以東的地盤，屯兵固守鞏縣、洛陽，以此來與楚軍相對抗。這時酈食其進言道：「我聽說只有懂得什麼是『天之天』的人，才可以成為帝王；如果不懂得什麼是『天之天』，他就成不了大事。帝王是以民為『天』的，民又是以糧為『天』的。敖倉那個地方，做物資的集散地已經很久了，我聽說那裡的地下藏有許多糧食。楚人攻破了滎陽，不知道堅守敖倉，而率軍東撤，只留下一少部分不起眼的人駐守成皋，這可是老天有眼，要幫助我們啊。目前楚軍很容易打敗，可我們卻要後撤，自己放棄有利的機會，我認為這太不應該了。兩個強手不能並存，如今楚、漢久久相持不下，百姓騷動不安，國內動盪。如今農夫已經不種田，婦女已經不織布，這都是由於人心不定的表現呵。希望您趕緊出兵收復滎陽，奪取敖倉的糧食，占領成皋的險要地勢，堵塞太行的要道，把守住飛狐口，控制白馬津，以此向諸侯表明您已經占據了絕對優勢，這樣一來，天下人就都明白他們該歸附於誰了。如今燕、趙兩國已然平定，只有齊國尚未投降。現在田廣占據著齊國廣闊的疆土，田間率領二十萬人駐紮在歷城，各支田氏宗族勢力強盛，他們倚靠大海的資源，並以黃河、濟水為屏障，南面與楚國相鄰，那兒的人又詭計多端，您即使派遣幾十萬人恐怕一年半載也打不敗他們。我想替您去勸齊王投降，讓他心甘情願地為我們服務，做我們漢軍的東部屬國。」劉邦說：「很好。」

6 於是劉邦按照酈食其的建議，再次出兵把守了敖倉，並派酈食其去勸降齊王說：「您知道天下人心的歸向嗎？」齊王說：「不知道。」酈食其說：「您要是能知道天下人心的歸向，那麼齊國的江山就能保住；您要是不知道，齊國的江山可就危險了。」齊王問：「天下人心歸向誰呢？」酈食其說：「歸向漢王。」齊王問：「你這麼講有什麼根據呢？」酈食其說：「漢王和項羽合力西進攻打秦朝，約好了誰先打進咸陽，誰就當關中王。結果漢王先進了咸陽，可項羽沒遵守盟約，把劉邦遷到漢中去當漢王。項羽還趕走並殺死了義帝，漢王聽到這個消息，便徵集了蜀、漢的兵馬打回三秦地區，接著又出函谷關向項羽興師問罪。他沿路召集各路兵馬，並封立了六國諸侯的後代。每攻下一座城池，漢王都把它封給自己的將軍；每得到一筆財貨，漢王都把它們分給自己的部下，漢王與天下人有福同享，所以英雄豪傑都願意為他效力。現在諸侯的軍隊已經從四面八方雲集到漢王周圍，滿載著蜀、漢糧草的船隻源源不斷地並排順江而下。而項羽則既有背約的惡名，又有殺害義帝的惡行；而且這個人對人家的功勞記不住，對人家的過錯卻忘不掉；他手下的人打了勝仗得不到獎賞，奪下城市得不到封地；不是他們項氏家族的人就得不到重用；該給人家刻印封侯了，一個印攥在手裡團弄來團弄去，直到把印的稜角都磨圓了還捨不得給出去；至於攻城得到的財物，他也是自己屯積著捨不得賞給部下。因此，各地區都背叛了他，有能耐的人都怨恨他，沒人願意為他賣命。照此下去，普天下的能人都會歸附於漢王，這是不用費力就可以想像到的。漢王從蜀、漢發兵，平定了三秦地區；又東渡西河，徵用上黨的兵力；揮師東進井陘，殺死了成安君陳餘；擊敗了魏豹的軍隊，拿下了三十二座城池。這簡直是蚩尤一樣的神兵，根本不是人力辦得到的，是老天爺保佑的結果。現在漢王已占有了敖倉的糧草，把守了成皋的險要地勢，控制了白馬渡口，阻絕了太行山要道，占據了飛狐口，天下諸侯誰要是遲遲不歸順，誰就肯定要首先滅亡。您要是及早地歸順漢王，那您齊國的江山就能保有；如不及早歸順，那麼亡國便指日可待了。」田廣覺得言之有理，便聽從了酈食其，解除了歷城的守備，並設宴與酈食其暢飲。

7　淮陰侯韓信聽說酈食其已經靠遊說降服了齊國七十多座城池，於是連夜率軍渡過平原津，偷襲齊國。齊王田廣聽說漢軍打過來了，以為是酈食其騙了自己，就對酈食其說：「你要是能阻止韓信的進軍，我就不殺你，不然的話，我就活活地把你煮死！」酈食其說：「能成大事的人不拘泥細節，有高尚德行的人不怕小的指責。你老子絕不再改嘴說別的啦！」於是田廣便煮死了酈食其，而後率部東撤。

8　漢高祖十二年，曲周侯酈商以丞相身分在率兵擊敗黥布的戰鬥中立了功。劉邦在分封功臣們為列侯時，很懷念酈食其。而酈食其的兒子酈疥雖也多次率軍打仗，但是功勞尚不足以封侯，劉邦念在他父親的分上，破格封酈疥為高梁侯。以後又把他家的封地改到了武遂，一共傳了三代。元狩元年，武遂侯酈平由於假傳聖旨騙取了衡山王黃金百斤，依法當處以死刑，正好酈平病死了，於是封國被廢除。

1 陸賈者，楚人也❶。以客❷從高祖定天下，名為有口辯士❸，居左右，常使❹諸侯。

2 及高祖時❺，中國初定，尉他平南越，因王之❻。高祖使陸賈賜尉他印為南越王❼。陸生至，尉他魋結箕倨❽見陸生。陸生因進說他曰：「足下中國人，親戚昆弟❾墳墓❿在真定⓫。今足下反天性，弃冠帶⓬，欲以區區之越與天子抗衡⓭為敵國⓮，禍且及身矣。且夫秦失其政，諸侯豪桀並起，唯漢王先入關⓯，據咸陽。項羽倍約，自立為西楚霸王，諸侯皆屬，可謂至彊。然漢王起巴、蜀，鞭笞⓰天下，劫略⓱諸侯，遂誅項羽滅之⓲。五年之間，海內平定⓳，此非人力，天之所建也。天子聞君王王南越，不助天下誅暴逆⓴，將相欲移兵而誅王。天子憐百姓新勞苦，故且休之㉑。遣臣授君王印，剖符㉒通使㉓。君王宜郊迎，北面稱臣，迺欲以新造未集㉔之越，屈彊㉕於此。漢誠聞之，掘燒王先人冢，夷滅㉖宗族，使一偏將將十萬眾臨越，則越殺王降漢㉗，如反覆手㉘耳。」

3 於是尉他迺蹶然起坐㉙，謝㉚陸生曰：「居蠻夷中久，殊失禮義。」因問陸生曰：「我孰與蕭何、曹參、韓信賢㉛？」陸生曰：「王似賢㉜。」復曰：「我孰與皇帝賢㉝？」陸生曰：「皇帝起豐沛㉞，討暴秦，誅彊楚，為天下興利除害，繼五帝、三王之業，統理(35)中國。中國之人以億計，地方萬里，居天下之膏腴(36)，人眾車轝(37)，萬物殷富，政由一家，自天地剖泮(38)未始有也。今王眾不過數十萬，皆蠻夷，崎嶇山海間，譬若漢一郡，王何乃比於漢？」尉他大笑曰：「吾不起中國，故王此；使我居中國，何渠不若漢(39)？」迺大說陸生，留與飲數月。曰：「越中無足與語，至生來，令我日聞所不聞。」賜陸生橐中裝(40)直千金(41)，他送(42)亦千金。陸生卒拜尉他為南越王，令稱臣，奉漢約(43)。歸報，高祖大悅，拜賈為太中大夫(44)。

4 陸生時時前說稱詩、書(45)，高帝罵之曰：「迺公(46)居馬上而得之，安事詩書(47)！」陸生曰：「居馬上得之，寧可以馬上治之乎(48)？且湯、武逆取(49)而以順守(50)之，文武並用，長久之術也。昔者吳王夫差(51)、智伯(52)極武(53)而亡；秦任刑法不變，卒滅趙氏(54)。鄉使(55)秦已并天下，行仁義，法先聖(56)，陛下安得而有之？」高帝不懌(57)而有慚色，迺謂陸生曰：「試為我著秦所以失天下，吾所以得之者何，及古成敗之國(58)。」陸生迺粗述存亡之徵(59)，凡著十二篇。每奏一篇，高帝未嘗不稱善，左右呼萬歲(60)，號其書曰新語(61)。

5 孝惠帝(62)時，呂太后用事(63)，欲王諸呂，畏大臣有口者(64)。陸生自度不能爭(65)

之，迺病免[66]家居。以好畤[67]田地善，可以家焉[68]。有五男，迺出所使越得橐中裝賣千金，分其子，子二百金，令為生產[69]。陸生常安車駟馬[70]，從歌舞鼓琴瑟侍者十人，寶劍直[71]百金，謂其子曰：「與汝約：過汝[72]，汝給吾人馬酒食，極欲[73]，十日而更[74]。所死家得寶劍車騎侍從者[75]。一歲中往來過他客，率不過再三過[76]，數見不鮮[77]，無久慁公為[78]也。」

6 呂太后時[79]，王諸呂。諸呂擅權[80]，欲劫少主，危劉氏[81]。右丞相陳平患之，力不能爭，恐禍及己，常燕居[82]深念[83]。陸生往請[84]，直入坐，而陳丞相方深念，不時見陸生[85]。陸生曰：「何念之深也？」陳平曰：「生揣我何念？」陸生曰：「足下位為上相[86]，食三萬戶侯[87]，可謂極富貴，無欲[88]矣。然有憂念，不過患諸呂、少主耳[89]。」陳平曰：「然。為之柰何？」陸生曰：「天下安，注意相；天下危，注意將[90]。將相和調，則士務附[91]；士務附，天下雖有變，即[92]權不分。為社稷計，在兩君掌握[93]耳。臣常欲謂太尉絳侯[94]，絳侯與我戲，易吾言[95]。君何不交驩太尉，深相結[96]？」為陳平畫呂氏數事[97]。陳平用其計，迺以五百金為絳侯壽[98]，厚具樂飲[99]；太尉亦報如之[100]。此兩人深相結，則呂氏謀益衰[101]。陳平迺以奴婢百人，車馬五十乘，錢五百萬，遺[102]陸生為飲食費。陸生以此游漢廷公卿間[103]，名聲藉甚(104)。

7　及誅諸呂，立孝文帝(105)，陸生頗有力焉(106)。孝文帝即位(107)，欲使人之南越(108)。陳丞相等乃言陸生為太中大夫(109)，往使尉他，今尉他去黃屋稱制(110)，令比諸侯(111)，皆如意旨，語在南越語中(112)。陸生竟以壽終。

【章　旨】以上為第二段，寫陸賈的生平事跡，該文突出了陸賈的政治才幹，以見其非一般書生可比。

【注　釋】❶陸賈者二句　楚，漢代諸侯國名，韓信為楚王時都下邳（今江蘇邳州西南），劉邦弟劉交為楚王，改都彭城（今江蘇徐州）。《索隱》引《陳留風俗傳》云：「陸氏，春秋時陸渾國之後。晉侯伐之，故陸渾子奔楚。賈其後。」又引《陸氏譜》云：「齊宣公支子達食菜於陸。達生發，發生皐，適楚。賈其孫也。」❷客　賓客；幕僚。❸名為有口辯士　瀧川曰：「《藝文類聚》引《史》無『士』字，與《漢書》合。」❹使　出使。❺及高祖時　指劉邦滅項後的稱帝期間，即西元前二〇二—前一九五年。❻尉他平南越二句　尉他，本姓趙，尉是官名。趙他在秦朝時為南海郡（治番禺，今廣州市）的龍川（今廣東龍川西南）縣令，至二世時，陳涉、吳廣事起，中原擾亂，南海郡尉任囂召趙他，囑以後事。任囂死，趙他遂繼任南海尉。後又發兵擊桂林（郡治在今廣西桂平西南）、象郡（郡治臨塵，即今廣西崇左），並有三郡之地，自稱南越武王。見〈南越列傳〉。❼賜尉他印為南越王　事在高祖十一年（西元前一九六年）。可參看〈南越列傳〉。❽魋結箕倨　指蠻夷打扮，傲慢而不講禮節的樣子。魋結，挽髮於頂，其狀如錐。魋，通「錐」。箕倨，《漢書》顏師古曰：「伸其兩腳而坐，其狀如箕。蓋古人無交椅，席地危坐（跪坐），以伸其足為不敬也。」❾昆弟　兄弟。❿墳墓　謂其祖先之墳墓。⓫真定　漢縣名，秦時稱「東垣」，在今河北石家莊東北。⓬弃冠帶　改變了中原地區頂冠繫帶的服飾。⓭抗衡　《索隱》引崔浩曰：「抗，對也；衡，車扼上橫木也。抗衡，言兩衡相對拒，言不相避下。」⓮敵國　相互對抗之國。⓯漢王先入關　劉邦自河南經武關抵咸陽，事在漢元年（西元前二〇六年）十月；項羽自河北經函谷關入咸陽，事在漢元年十二月，較劉邦晚三個月。⓰鞭笞　意即驅趕。⓱劫略　控制；挾持。略，通「掠」。⓲誅項羽滅之　事在漢五年（西元前二〇二年）十二月。⓳五年之間二句劉邦由漢中重新殺出，在漢元年八月；破項羽於垓下，項羽滅亡，在漢五年十二月，首尾共跨著五個年頭。⑳不助天下誅暴逆　指不幫著劉邦打項羽。㉑休之　令百姓休息。㉒剖符　指封以為侯王。古代天子分封王、侯，都要給被封者一種符信，用金、鐵製成，中分為二，天子與受封者各執其一，故曰剖符。㉓通使　互通使節。㉔新造未集　剛剛建立，尚未穩定。集，安定；穩定。師古曰：「集，『成』也。」㉕屈彊　同「倔強」。《正義》曰：「謂不柔服也。」㉖夷滅　誅滅。夷，平；鏟平。㉗越殺王降漢　意即你的部下必有起而殺你以邀漢封者。㉘如反覆手　極言其不用費力。凌稚隆引楊慎曰：「從親戚、兄弟、墳墓說至掘燒及夷族，情已迫切，至言『越殺王降漢』、『新造未集』二句，利害甚明，語不多而感動至矣。」㉙蹶然起坐　《漢書》顏師古曰：「蹶然，驚起之貌。」顧炎武曰：「坐者，跪也。」㉚謝　表示歉意。㉛賢　這裡主要指本事高、能力強。㉜王似賢　能敷衍處盡量敷衍。㉝我孰與皇帝賢　寫尉他粗豪、得寸進尺之狀如畫。㉞豐沛　劉邦是沛縣豐邑人，漢代建國後，豐邑亦上升為縣，故此以「豐沛」連稱。㉟統理　即「統治」。唐人為避高宗諱而改「治」為「理」。㊱膏腴　肥美；肥沃。㊲人眾車轝　人口與車馬都很多。轝，《廣韻》：「多也。」《集韻》：「眾也。」㊳天地剖泮　意即自開天闢地以來。瀧川曰：「楓、三、柯、淩本『泮』作『判』，與《漢書》合。」剖，判，都是「分開」的意思。古人認為最早時天地是合為一體的，後來才中分為二，上者為天，下者為地。㊴使我居中國二句　凌稚隆引董份曰：「『渠』字即如《漢書》作『遽』字，『遽』與『遂』通，言『何遂不如漢』耳！」按：「何渠」、「何遽」、「寧遽」、「庸渠」等諸語皆義同，相當於今時之「怎麼就」。「渠」亦寫作「距」、「鉅」、「詎」、「巨」。凌稚隆引陳沂曰：「尉他意折，而語猶倔強。」㊵橐中裝　口袋裡所裝的東西，指金寶珠玉之類。橐，大口袋。《索隱》引《詩傳》曰：「大曰橐，小曰囊。」㊶直千金　直，通「值」。秦時以一鎰（二十兩或二十四兩）為一金。《正義》曰：「漢制，一金值千貫。」㊷他送　除橐中裝以外的贈品。㊸奉漢約　遵行漢王朝的規定。㊹太中大夫　郎中令的屬官，秩千石，在皇帝左右，掌議論。㊺前說稱詩書　前，謂在高帝面前。詩書，《詩經》、《尚書》。這裡用以代指往古的典籍。㊻迺公　罵人語，「你爸爸」。同前酈生之自稱「而公」。㊼安事詩書　要《詩》、《書》做什麼。㊽居馬上得之二句　寧，豈；難道。按：此漢初儒生所習言，如叔孫通有所謂「儒者難與進取，可與守成」，賈誼〈過秦論〉之所謂「仁義不施，攻守之勢異也」，大旨皆同。一若是總結了秦朝滅亡的歷史經驗，而不知此語本身亦帶有絕對、片面的弊病。㊾逆取　指動用武力，以下伐上，甚至是耍陰謀、搞政變地取得權位。因為這些做法不合「聖人」之道，所以叫做「逆取」。㊿順守　指以仁義之道治理國家。古代之以「逆取順守」獲稱於後世者如唐太宗、明成祖皆是也。(51)吳王夫差　春秋末期的吳國國君，闔閭之子，西元前四九五—前四七三年在位，曾打敗越國，耀兵中原，與齊、晉爭霸，後被越王句踐所滅。詳見

〈吳太伯世家〉。(52)智伯　春秋末期的晉國大夫，名瑤，為當時所謂晉國的「六卿」之一。先曾與趙氏、韓氏、魏氏合力滅范氏、中行氏，為晉國四家中之最強者。後又欲滅趙氏，未果，反被趙氏聯合韓氏、魏氏所滅。事見〈趙世家〉。(53)極武　逞強用武到極點。(54)秦任刑法不變二句　秦國自孝公任用商鞅實行變法，從此歷惠文王、武王、昭王、孝文王、莊襄王、始皇，直至二世亡國，前後歷一百五十年一直單用法治。趙氏，即指秦王朝。《索隱》引韋昭曰：「秦，伯益後，與趙同出非廉。至造父，有功於穆王，封之趙城，由此一姓趙氏。」史公於〈秦本紀〉之末曰：「秦以其先造父封趙城，為趙氏。」按：此說於情理不合。據〈秦本紀〉，造父為秦朝之祖先，其後代曾蒙趙姓。至大駱，其嫡子名「成」者仍續趙氏；而少子名「非子」者被周孝王封於「秦」，「使復續嬴氏祀，號曰秦嬴」。此後遂至秦仲，為西垂大夫，遂一直傳至始皇。若此，則秦仲以下之嬴姓子孫何得復稱之曰「趙氏」？《漢書》顏師古引張晏曰：「莊襄王為質於趙，還為太子，遂稱趙氏。」此亦於理不合。(55)鄉使　當初假如。鄉，通「向」。(56)法先聖　以古代的聖帝明王如堯、舜、禹、湯等為楷模。(57)不懌　不悅。指其尷尬、下不了臺的樣子。懌，悅。(58)古成敗之國　古代成功之國的經驗與失敗之國的教訓。(59)粗述存亡之徵　按：「粗述」二字極妙，太詳細則劉邦必不讀矣，陸賈可謂善看對象。(60)左右呼萬歲　姚苧田曰：「左右將順之美，不可忽過。」按：見左右承歡之情態，亦借此烘染陸書之投合於當時。(61)號其書曰新語　姚苧田曰：「即聞所未聞意。」《正義》引《七錄》云：「《新語》二卷，陸賈撰。」今「四部叢刊」有《新語》二卷，共十二篇。明人以為是原本，余嘉錫《四庫提要辨正》以為是後人依託。王應麟曰：「漢代子書，《新語》最純最早。貴仁義，賤刑威，述《詩》、《書》、《春秋》、《論語》，紹孟、荀而開賈、董，卓然儒者之言。史公目為『辯』，未足盡之。」葉適曰：「酈生、陸賈、叔孫通（傳），皆言高祖罵儒生儒服，而漢所共事，皆武人刀筆吏，無有士人。獨有張良，非軍吏，不知何服也。然儒書儒服，自春秋戰國時固已詬戾之矣。遊說法術之學行，道義既絕，至是，陸賈始發其端，如陽氣復於大冬，學者蓋未可輕視之也。」(62)孝惠帝　名盈，高祖子，西元前一九四—前一八八年在位。(63)呂太后用事　用事，執政；掌權。有關孝惠仁弱，呂后專權的情形，詳情見〈呂太后本紀〉。(64)畏大臣有口者　按：《漢書》作「畏大臣及有口者」。顏師古曰：「有口，謂辯士。」(65)爭　同「諍」。勸阻。(66)病免　推託有病而辭官。淩稚隆曰：「賈『度不能爭』，平『患力不能爭』，惟二人同心，故賈能揣平之念，連用六『念』字，當玩。」(67)好畤　漢縣名，縣治在今陝西乾縣東。(68)可以家焉　按：四字語氣不順，「可以」二字應作「因」，或作「往」，《漢書》作「往」。(69)令為生產　作為謀生的本錢。(70)安車駟馬　極言其舒適華貴之狀。安車，將車輪予以包裹，以求平穩。駟馬，四馬拉車，以顯其華貴。(71)直　同「值」。(72)過汝　來到你們家。(73)極欲　盡量讓我感到滿意。(74)十日而更　十天換一家。(75)侍從者　陳直曰：「侍從指奴婢，為漢代人家貲之一種。《居延漢簡釋文》有禮宗估計家貲簡文云：『大婢一人，直二萬；小奴二人，直三萬。』可證。」76一歲中往來過他客二句　《漢書》顏師古曰：「非徒至諸子所，又往來經過他處，為賓客，一歲之中，每子不過再過也。」率，大約；大概。再三過，猶言「來此兩三次」。77數見不鮮　即今之所謂「屢見不鮮」。史珥曰：「猶言屢往久見便無新趣耳。」中井曰：「常相見則意不新鮮，故不數數相過也。」78無久慁公為　不長時間地麻煩你們。慁，汙；麻煩。按：稱其子曰「公」，帶有嘻笑意。李笠曰：「書賈之稱子為『公』，所以見賈之曠達，亦猶書錯父謂子為『公』，所以見錯父之怒也。」凌稚隆引唐順之曰：「陸生恣意敖遊，為終老計，示諸呂以不足忌。」楊慎曰：「此等事在他人若不必書，然首尾不滿百字，而陸生智謀口語，情性日用，人情世態如見。」姚苧田曰：「以『王諸呂』始，以『諸呂擅政』接，中間藏過六七年事務，卻以家居飲樂迷離掩之，雲開月現，別是一天。陸生固奇，而非此奇文，亦安能寫出？」79呂太后時　惠帝於其七年（西元前一八八年）死，呂后臨朝執政，至呂后死（西元前一八〇年），前後共在位八年。80諸呂擅權　指呂產為相國，掌南軍；呂祿為上將軍，掌北軍等。81劫少主二句　少主，即少帝，惠帝子也。前後有二人，前者不知其名，於惠帝七年八月惠帝死後即位，為呂后充當小傀儡，呂后四年（西元前一八四年）被呂后所殺；次者名義，於呂后四年即位，繼續為呂后充當小傀儡，呂后八年隨同諸呂被周勃等所殺。82燕居　安居；閒居。即韜晦而不任事也。83深念　《正義佚文》曰：「國家不安，故靜居深思其計策。」凌稚隆曰：「太史公連下『深念』二字，而曲逆侯所以計安國家者其可想見矣，此正着精神處。」按：陳平所關心者，其個人之安危也，天下姓劉姓呂，豈陳平之所繫心哉！試參看〈呂太后本紀〉與〈陳丞相世家〉。84請　問候。《集解》引《漢書音義》曰：「請，若問起居。」85不時見陸生　沒有及時地看見陸生進來。86位為上相　當時設左、右二丞相，左丞相為審食其，右丞相為陳平。右丞相居左丞相之上，故云。87食三萬戶侯　李笠曰：「『侯』字疑衍，《漢》傳亦同。」《索隱》曰：「〈陳平傳〉『食戶五千』，以曲逆秦時有三萬戶，恐復業至此，故稱。」《正義佚文》：「〈陳平世家〉『食曲逆五千戶』，後攻陳豨、黥布，凡六出奇計，益邑蓋三萬戶也。」梁玉繩引錢大昕語以為此乃「誇其富耳」。88極富貴二句　富貴已達頂點，不可能再有別的想法了。89不過患諸呂少主耳　按：此傳整個美化陳平，似其一切皆出自公心者，豈其然哉！90天下安四句　注意，人們的眼睛盯著。〈孫子吳起列傳〉：「主少國疑，大臣未附，百姓不信，方是之時，屬之於子乎？屬之於我乎？」彼「屬」字即此處之「注意」也。將，指太尉周勃。91將相和調二句　和調，調齊心一力。士務附，按：《漢書》於此作「將相和則士豫附」。豫，樂也。「豫附」即「樂附」，「樂於歸附」。王先謙引王文彬曰：「《論語》『務本』，皇疏：『務，猶「向」也、「慕」也。』『慕附』與『樂附』意同。」按：李笠說同。92即　則；而。93在兩君掌握　在你們兩個人的手掌之中。極言其容易控制、操縱。[94]常欲調太尉絳侯　常想和太尉絳侯講此道理。太尉絳侯，即周勃，劉邦的開國功臣，以滅秦、滅項功封為絳侯。此時雖名為太尉，但被呂后架空，其實權已歸呂祿。事跡詳見〈絳侯周勃世家〉。[95]易吾言　不重視我的話。易，輕視。《正義》曰：「絳侯與生常戲狎，輕易其言也。」姚苧田曰：「蓋勃少文，而陸生時時稱說《詩》、《書》，勃之易賈，即高祖『馬上得之』之見耳。」[96]深相結　加深二人之間的聯繫。[97]畫呂氏數事　策劃了好幾個對付呂氏的方法。[98]為絳侯壽　祝周勃健康長壽。這裡即指「獻禮」。[99]厚具樂飲　盛設歌舞、酒宴以招待周勃。[100]亦報如之　也以同等厚薄的禮數回敬了。[101]兩人深相結二句　淩稚隆引盧大經曰：「呂太后用事時，欲王諸呂，賈自度不能爭，病免家居。及其後，卒使陳平丞相周太尉相結，以誅諸呂。深謀遠慮，相時而動，庶幾有成功；不然，徒騁口辯，以躁妄苟且為之，其必敗天下之事矣。」郭嵩燾曰：「陸生數語，足以定天下大計。其時絳侯木彊無智計，曲逆（陳平）專務自全而已，陸生彬彬，固一時佳士。」按：陸賈彌合周勃、陳平之關係，有助於日後之平諸呂，當屬事實；若謂「兩人深相結，則呂氏之謀益衰」，恐未必有此巨效，試詳〈呂太后本紀〉。[102]遺　致；送給。[103]游漢廷公卿間　在漢朝的公卿間遊走活動。按：陸賈此舉應為日後之滅諸呂做鋪墊不少。[104]藉甚　意即「甚盛」。藉，襯墊；憑藉。王先謙引周壽昌曰：「藉，即『藉用白茅』之『藉』，言聲名得所藉益盛也。『甚』與『盛』意同。」王駿圖曰：「『藉甚』猶『鼎盛』之意耳。」淩稚隆曰：「平素以『奇計』名，而交歡之計乃出於賈，以故賈名聲藉甚。」姚苧田曰：「陳平、周勃嘗佐高帝定天下，協恭之誼當素講矣，何至此時待陸生畫策而始和調耶？高祖遺命，蕭、曹之後可相者即推平、勃，而平於王諸呂之際，頗失於阿諛呂后，勃必疑其心意，不肯與之共事矣。勃既疑平，平亦患勃，將來之禍，有不可言者。陸生窺見此隙，而亟為調之，實智謀之殊絕，而安劉之功不在周勃之下，乃有而不尸，卒以樂死，生之晚節，真過人遠矣。」[105]誅諸呂二句　誅諸呂在呂后八年（西元前一八〇年）九月，呂后死之第二個月；立孝文帝在同月。詳〈呂太后本紀〉、〈孝文本紀〉。[106]陸生頗有力焉　按：〈呂太后本紀〉、〈孝文本紀〉於此隻字皆無，文帝即位後封獎有功諸臣亦隻字未及陸賈。[107]孝文帝即位　孝文帝元年，即西元前一七九年。[108]欲使人之南越　按：《通鑑》繫陸賈二次使南越於文帝元年八月。[109]陳丞相等乃言陸生為太中大夫　按：陸賈於高祖時即以出使南越任「太中大夫」，乃至此又由陳平奏以為「太中大夫」，此於誅諸呂「頗有力焉」之陸賈，究竟是升是貶？此不可解者。[110]令尉他去黃屋稱制　意即讓其取消「天子」的稱號。據〈南越列傳〉云，高后時，曾有令不准賣鐵器與南越，尉他怒，遂自稱南越武王，「乃乘黃屋左纛，稱制，與中國侔。」陸賈之二次出使南越，即為此事。黃屋，黃色車蓋，天子之儀。稱制，指以天子的身分發號施令。因自秦始，稱天子的命令曰「制」。[111]令比諸侯　讓尉他與漢王朝內部的各諸侯王地位相同。比，並列。

⑫語在南越語中　意謂有關此事的詳細記載，在〈南越列傳〉中。凌稚隆曰：「太史公以使南越事首尾〈陸賈傳〉，蓋賈佐漢之功，此最其所顯著者，故亹亹云。」

【語譯】陸賈是楚國人，曾以賓客的身分跟隨劉邦平定天下，以善於論辯而聞名，他總是跟在劉邦身邊，並常常出使其他諸侯。

2 劉邦做皇帝時，中國才剛剛穩定，尉他當時征服了南越，就在那裡稱了王。於是劉邦便派陸賈去南越賜給尉他大印，封他為南越王。陸賈到了南越，尉他挽著錐形髮髻，叉著兩腿坐著接見陸賈。陸賈上前對尉他說：「您本是中國人，親戚兄弟以及您祖先的墳墓都在真定縣。現在您卻違反自己的本性，拋棄了戴帽繫帶的文明裝束，還想憑藉著小小的越地與大漢天子相對抗，我看您的災禍就要臨頭了。秦朝政治腐敗，許多諸侯豪傑都起來反它，而只有漢王首先進入關中，占據了咸陽。後來項羽違背了盟約，自立為西楚霸王，讓諸侯們都歸屬他，這可以說是夠強大的了，可是漢王從巴山蜀水起兵，控制天下，降平諸侯，很快地消滅了項羽。只用了五年的時間，就平定了全國，這哪裡是人的力量，這是蒼天的意旨啊。皇上聽說您在南越稱了王，知道您不想協助漢室安定天下，於是漢朝的宰相將軍們都想立刻出兵討伐您。但是皇上體諒到百姓剛剛經歷過戰亂，疲憊不堪，想讓百姓們能夠休養生息，所以才派我授予您南越王的大印，與您剖符為證，永世通好。您本該出城迎接漢朝的使臣，朝北面向皇上稱臣，可是您卻想仗著您這個小小的還未穩固的南越，在這裡稱霸一方。這事兒如果真的讓漢朝的文武百官知道了，那您祖先的墳墓就會被挖毀，您的家族就會被滅掉，而後皇上再派一員偏將，率領著十萬軍隊前來征討，到那時，您的部下想殺了您投降漢朝，那還不是易如反掌嗎！」

3 尉他聽到這裡猛地跪直了身子，向陸賈致歉說：「我在蠻夷之地住的時間太長了，剛才對您實在多有失禮。」說罷又問陸賈：「我與蕭何、曹參、韓信他們相比，誰的能耐大？」陸賈說：「您好像更有能耐。」尉他又問：「我和你們皇帝比，誰的能耐大呢？」陸賈說：「皇帝從沛縣豐邑起兵，討伐了殘暴的秦朝，又滅了強大的項羽，為天下的百姓興利除害，而後繼承著五帝三王的傳統統一了中國。中國的人口數以億計，領土方圓萬里，土地肥沃，人多車眾，物產豐富，政令統一，這是自開天闢地以來從未有過的。而您擁有的人口不過幾十萬，又都是些野蠻人，占據著山海間一小塊崎嶇不平的地方，就像是漢朝的一個郡，您怎麼能和漢家皇帝相比呢？」尉他大笑道：「我沒在中國起兵，所以才在這兒當了王。假如我當初在中國起事，怎見得我就不如你們皇帝？」於是尉他非常喜歡陸賈，留他住了幾個月，每日與他飲酒暢談。尉他說：「南越國中沒什麼可以談得來的人，直到先生您來了，才讓我每天都能聽到新鮮事。」於是他給陸賈的口袋裡裝了價值千金的珠寶，其他禮物的價值也大體與此相當。而陸賈則封尉他為南越王，讓他對漢朝稱臣，遵守漢朝的法規。陸賈回朝彙報後，劉邦非常高興，任命陸賈為太中大夫。

4　陸賈向劉邦進言時，常常引用《詩》、《書》中的話，劉邦罵他道：「你老子是在馬上奪得的天下，要《詩》、《書》幹什麼？」陸賈說：「您馬上得天下，難道您還能在馬上治理天下嗎？商湯、周武王雖是用武力奪得天下，但治理天下卻是依靠順應民心的仁義政策，因此，只有文武並用，才是使國家長治久安的良策啊。當初吳王夫差、智伯就是因為過度用兵而導致了滅亡；秦朝也是由於只重嚴刑苛法而不知變革，因而很快地絕了後代。假如當初秦朝統一天下後，施行仁政，效法先聖之道，陛下您今天還能取得天下嗎？」劉邦心裡不高興，臉上流露出慚愧之色，於是對陸賈說：「你給我寫本書，談談秦朝為什麼會失天下，我為什麼能得天下，談談歷代各國成敗的經驗教訓。」於是陸賈就概括地論述了歷代國家存亡的原因，共寫了十二篇。每寫完一篇就進給劉邦看，劉邦每看過一篇沒有不叫好的，左右群臣也跟著高呼「萬歲」，陸賈的這部書被稱為《新語》。

5　孝惠帝時，呂后掌握朝政，呂后想封呂家的人為王，可又怕大臣中有人反對，陸賈覺得自己這時無法勸阻呂后，於是就聲稱有病而辭官躲在家裡。他認為好時這個地方土地肥美，便在那兒安了家。陸賈有五個兒子，他把出使南越所得到的一口袋珠寶都換成了現錢，共得金千斤，他把這些錢分給了五個兒子，每個兒子二百斤，讓他們作為謀生的本錢。陸賈自己則經常乘著舒適的馬車，後面跟著十個能歌善舞、彈琴鼓瑟的侍者，自己佩帶著價值百金的寶劍，他對他的兒子們說：「現在我跟你們說好：我到你們誰家，誰家就供給我的人馬吃喝，讓我們玩個痛快，每過十天我就換一家。日後我死在誰家，我的寶劍和車馬侍從就歸誰。這樣一年中除了到別人家作客，到你們每家來的次數頂多不過兩三趟，我要是常來你們就不覺得新鮮了，所以我盡量少來，省得待久了讓你們膩煩。」

6　呂后當政時，給呂家的人都封了王。呂氏家族把持朝政，想控制小皇帝，危害劉氏政權。右丞相陳平對此很焦慮，但又無法勸阻呂后，恐怕給自己引來災禍，因此常常躲在家裡深思。一次陸賈去看望陳平，不等人招呼，就徑直走進屋裡坐下，此時陳平正陷入沉思，沒發覺陸賈進來。陸賈說：「想什麼呢？這麼出神。」陳平說：「您猜猜我在想什麼？」陸賈說：「您現在官居丞相之位，又是擁有三萬戶食邑的列侯，可說是富貴已極，所以在這方面您不會再有什麼欲求了。可是您還是憂慮重重，我想，您所擔心的不過是呂家的那些人和小皇帝的事情而已。」陳平說：「沒錯。我該怎麼辦呢？」陸賈說：「國泰民安的時候，丞相的作用重要；國家有了危難時，將軍的作用重要。將軍和丞相協調合作，下面的官員才會樂於歸附，天下即便發生些騷動，而政權也會依然穩固。國家的安危大計，其實都在將和相的掌握之中。我常常想把這話對太尉周勃說，可是周勃總和我開玩笑，對我的話不重視。您為什麼不去和周勃作朋友與他結為至交呢？」陸賈還幫陳平策劃了一些削弱呂氏勢力的具體辦法。陳平聽從了陸賈的話，用五百斤黃金為周勃作壽，並大辦宴席；周勃也以同樣的厚禮相回報。從此兩人成為至交，無話不談，而眾呂氏的陰謀也漸漸失靈了。陳平為了答謝陸賈，就送給他一百名奴婢，五十套車馬，五百萬銅錢，作為他的生活費。陸賈便依靠這筆錢與漢朝的王公貴卿廣泛交遊，名氣很大。

7　後來終於誅殺了呂氏家族，擁立了孝文帝，陸賈在這裡面都起了不小的作用。孝文帝即位後，想派人出使南越。陳平丞相等就又推薦陸賈為太中大夫，讓他前去。陸賈見到尉他後，勸他放棄了坐黃屋車、自立為帝的做法，使其地位仍和漢朝國內的諸侯一樣，圓滿地完成了皇上交給的任務。此事詳見〈南越列傳〉。陸賈最後是壽終正寢。

1 平原君❶朱建者，楚人也。故嘗為淮南王黥布❷相，有辠去❸，後復事黥布。布欲反時❹，問平原君，平原君非之。布不聽，而聽梁父侯❺，遂反。漢已誅布❻，聞平原君諫，不與謀❼，得不誅❽。語在黥布語中❾。

2 平原君為人辯有口，刻廉剛直，家於長安。行不苟合❿，義不取容⓫。辟陽侯⓬行不正，得幸呂太后。時辟陽侯欲知⓭平原君，平原君不肯見⓮。及平原君母死，陸生素與平原君善，過之。平原君家貧，未有以發喪⓯，方假貸服具⓰。陸生令平原君發喪，陸生往見辟陽侯，賀曰：「平原君母死。」辟陽侯曰：「平原君母死，何乃賀我乎？」陸賈曰：「前日君侯欲知平原君，平原君義不知君，以其母故⓱。今其母死，君誠厚送喪⓲，則彼為君死矣。」辟陽侯乃奉百金往稅⓳。列侯、貴人以辟陽侯故，往稅凡五百金。

3 辟陽侯幸呂太后，人或毀⓴辟陽侯於孝惠帝，孝惠帝大怒，下吏㉑，欲誅之。呂太后慚，不可以言㉒。大臣多害辟陽侯行㉓，欲遂㉔誅之。辟陽侯急，因使人欲見平原君。平原君辭曰：「獄急㉕，不敢見君。」迺求見孝惠幸臣閎籍孺㉖，說之曰：「君所以得幸帝，天下莫不聞。今辟陽侯幸太后而下吏，道路皆言君讒，欲殺之㉗。今日辟陽侯誅，旦日太后含怒，亦誅君。何不肉袒㉘，為辟陽侯言於帝？帝聽君出辟陽侯，太后大驩。兩主共幸君，君貴富益倍矣。」於是閎籍孺大恐，從其計，言帝，果出辟陽侯。辟陽侯之囚，欲見平原君，平原君不見辟陽侯，辟陽侯以為倍㉙己，大怒。及其成功出之㉚，迺大驚。

4 呂太后崩，大臣誅諸呂㉛。辟陽侯於諸呂至深㉜，而卒不誅。計畫所以全者，皆陸生、平原君之力也㉝。

5 孝文帝時，淮南厲王殺辟陽侯㉞，以諸呂故㉟。文帝聞其客平原君為計策㊱，使吏捕欲治㊲。聞吏至門，平原君欲自殺。諸子及吏皆曰：「事未可知，何早自殺為？」平原君曰：「我死禍絕，不及而身㊳矣。」遂自剄。孝文帝聞而惜之，曰：「吾無意殺之。」迺召其子，拜為中大夫㊴。使匈奴，單于無禮，迺罵單于，遂死匈奴中㊵。

【章旨】以上為第三段，寫平原君朱建援救辟陽侯審食其的一段故事。

【注釋】❶平原君　朱建的封號，劉邦所封。所謂「君」者，其地位在列侯之下。❷淮南王黥布　原為項羽部將，後歸劉邦。劉邦滅項羽後，封黥布為淮南王，都壽春（今安徽壽縣）。❸有辠去　因犯罪去職。辠，同「罪」。❹布欲反時　事在高祖十一年（西元前一九六年）七月，因此年之春、夏，韓信、彭越先後被劉邦、呂后所殺，黥布恐進而及己，遂起兵反。事見〈黥布列傳〉。❺梁父侯　有人以為是封號名，其人姓字不詳；王先謙將「梁父侯遂」四字連讀，以為是梁父縣人，姓侯名遂，然亦無佐證，〈黥布列傳〉無此人。❻漢已誅布　劉邦破殺黥布在高祖十二年（西元前一九五年）十月。❼諫二句　諫其勿反，不參與其叛亂之謀。❽得不誅　《漢書》云：「漢既誅布，聞建諫之，高祖賜建號平原君，家徙長安。」按：此「賜建號平原君」一語不可無，否則，朱建此號將不知從何而得。《史記》但云「得不誅」，殊略。❾語在黥布語中　梁玉繩曰：「〈布傳〉無朱建語，蓋後人刪之。」❿行不苟合　不喪失原則地結交於人。⓫義不取容　不改變原則地求人接納。⓬辟陽侯　審食其，曾與呂后、劉太公等一道被項羽所俘，故成為呂后的寵幸，曾官至左丞相，為呂后理事於宮中。事跡雜見於〈呂太后本紀〉。⓭知　與之相知。即結交。⓮平原君不肯見　凌稚隆引王維楨曰：「不肯見辟陽侯，即『行不苟合，義不苟取』之義。」⓯未有以發喪　無能力舉辦喪事。《索隱》引劉氏曰：「謂欲葬時，須啟其殯宮，故云『發喪』也。」按：啟殯宮即挖墳坑，劉氏以此解釋「發喪」，似過狹。中井曰：「貧無服具，不能具喪禮，故且祕不發喪，以待備具也。」⓰假貸服具　意即向別家借錢以購置喪葬之具。陳直曰：「『假貸服具』者，謂為死者製斂服及棺具。」⓱平原君義不知君二句　《集解》引張晏曰：「相知當同恤災危，母在，故義不知君。」《索隱》引崔浩曰：「建以母在，義不以身許人也。」中井曰：「以母故，亦陸生之設辭，非建實然。」按：張晏、崔浩之解釋，意與〈刺客列傳〉之聶政語同，實陸生之託辭也，中井說是。⓲厚送喪　即厚送助辦喪事之禮。⓳乃奉百金往稅　稅，通「襚」。贈送給死者的衣被。這裡用如動詞，即給喪家送禮。凌稚隆引王鏊曰：「朱建何不引初誼卻辟陽侯之稅金？豈其為母死無以葬遂屈耶？」茅坤曰：「平原君有俠者風，而不能擇所從，惜哉！」⓴毀　說人壞話。㉑下吏　謂將審食其下吏拷問。㉒呂太后慙二句　按：呂后與審食其關係曖昧，唯此處言之最露。㉓多害辟陽侯行　害，恨；氣憤。行，行為。㉔遂　就此。㉕獄急　案情嚴重緊急。㉖閎籍孺　應作「閎孺」。孝惠帝的男寵，見〈佞幸列傳〉。《索隱》曰：「〈佞幸傳〉云高祖時有籍孺，孝惠時有閎孺。今總言『閎籍孺』，誤也。」《正義佚文》曰：「『籍』字，後人妄加也。」凌稚隆引王維楨曰：「平原君佯不救辟陽侯，乃陰見孝惠幸臣求便宜，安在其史稱為『剛直』也？無乃以母喪受稅之德哉！」盧舜治曰：「梁孝王刺盎，事敗，使鄒陽至長安，因客說竇長君；辟陽侯下吏，朱建求見閎籍孺，欲解於惠帝，兩事一律，要之皆戰國之餘習也，特陽之所為差正於建。」㉗皆言君讒二句　都說是你給遞的壞話，說是你要殺他。㉘肉袒　《漢書》顏師古曰：「謂脫其衣袖而見肉，自挫辱之甚，冀見哀憐。」按：戰國與秦漢時，人之道歉、請罪者多作此態。㉙倍　通「背」。背叛；背棄。㉚成功出之　圓滿地將其解救出來。㉛呂太后崩二句　事在呂后八年（西元前一八〇年）九月。㉜至深　謂其與呂氏集團的關係至深。㉝而卒不誅三句　計畫所以全，所以能設法將其保全下來。郭嵩燾曰：「其時審食其必與聞誅諸呂事，當時情事，猶有可推見者。」中井曰：「朱建之事，原無足傳也，史遷乃津津言之，若深賞之，何也？蓋遷之被罪幾死，無有人赴救，故感憤特詳之耳。其實非公論也。班椽作史，宜刪去之，然仍舊者，是無識也。」㉞淮南厲王殺辟陽侯　事在文帝三年（西元前一七七年）。淮南厲王，劉長，劉邦之子，「厲」字是謚。其母原為趙王張敖的美人，後來歸於劉邦。此女懷孕時，因張敖之相貫高欲刺劉邦事，趙王被繫，此女亦牽連被繫。此女之弟求辟陽侯，請呂后向高祖說情，呂后不允，辟陽侯亦不強爭。此女生劉長後，遂憤而自殺。黥布謀反時，劉邦立劉長為淮南王。文帝三年，劉長入朝，親至辟陽侯第，手自椎殺之。詳〈淮南衡山列傳〉。㉟以諸呂故　按：有本「諸」上有「黨」字，《漢書》同。此「黨」字似不可無。㊱平原君為計策　謂平原君曾為辟陽侯劃策，使其逃避誅戮。㊲欲治　欲加以懲治。㊳不及而身　不會再牽連到你們身上。而，爾；你。㊴中大夫　官名，屬郎中令，在皇帝周圍，掌議論。《索隱》曰：「下文所謂與太史公善者。」㊵酒罵單于二句　按：平原君之子，不知其名。據〈匈奴列傳〉，孝文六年（西元前一七四年），曾有〈遺匈奴書〉，而所遣使者有「中大夫意」。有人以為此名「意」者即朱意，平原君子。按：此恐未必然，若果是，如此大事史公何為不書於〈朱建傳〉。

【語　譯】平原君朱建是楚人。原先當過淮南王黥布的丞相，因犯罪曾一度離開黥布，後來又回到黥布帳下。黥布打算造反時，向朱建徵求意見，朱建不同意，黥布沒聽他的，而聽了梁父侯的話，還是造反了。劉邦殺了黥布後，聽說朱建沒有參與謀反活動，並曾規勸過黥布，所以沒殺朱建。此事詳見〈黥布列傳〉。

2 朱建為人善辯，有口才，廉正剛直，家住長安。他重操守，從不隨便附合、討好賣乖。辟陽侯審食其品行不正，但深得呂后的寵愛。當時辟陽侯想和朱建交朋友，朱建不肯見他。等到朱建的母親去世了，陸賈因一直與朱建要好，就去看望他。朱建家裡窮，沒有錢籌辦喪事，正想向人借一些喪事所需的器具。於是陸賈便一方面告訴朱建放心著手辦事，一方面前往見辟陽侯，向他祝賀說：「平原君的母親死了。」辟陽侯很奇怪地問：「平原君的母親死了，你向我祝賀什麼？」陸賈說：「前些日子您想和平原君交朋友，平原君出於大義拒絕了，那是因為他母親尚且健在的緣故。現在他母親死了，如果您能贈厚禮為他母親送葬，那麼他將來會為了您不惜生命的。」於是辟陽侯便帶著一百斤黃金去為朱建的母親送喪。其他的列侯和顯貴們一見辟陽侯如此，便也來給朱建送喪禮，朱建一共收到了五百多斤金子。

3 辟陽侯因為受呂后寵愛，於是便有人在孝惠帝跟前說辟陽侯的壞話，孝惠帝很生氣，下令把辟陽侯捉起來，想殺了他。呂后得知此事也有些心虛，不敢替辟陽侯申辯。而大臣中很多人都討厭辟陽侯的行為，所以也都想借此機會殺了他。辟陽侯急了，只得派人去請朱建。朱建推辭說：「官司嚴重，我不敢去見辟陽侯。」但是朱建卻於暗中去求見了孝惠帝的寵臣閎籍孺，對他說：「您在皇帝那兒得寵的原因，天底下人盡皆知。如今辟陽侯被呂后寵幸卻下了大獄，所有的人都說這是您向惠帝進的讒言，目的是想殺了辟陽侯。如果辟陽侯一旦今日被殺，呂后懷恨在心，明日也一定會殺了您。您為什麼不懇請皇帝寬釋辟陽侯呢？如果皇上聽您的話放了辟陽侯，那麼呂后一定特別高興。日後，皇上和太后都寵愛您，您就會獲得雙倍於現在的富貴了。」閎籍孺聽了朱建的話心中很害怕，於是就聽從他的建議勸說孝惠帝，而孝惠帝果真放了辟陽侯。辟陽侯被關在獄中時，想見朱建，朱建不肯，辟陽侯以為他背叛了自己，很憤怒。等到朱建把他救了出來，他又大吃一驚，完全出乎意料。

4 呂后去世後，大臣們把呂家的人都殺了。辟陽侯和呂家的關係密切，可是他卻始終沒有被殺。辟陽侯之所以能倖存，就完全是仗著陸賈和朱建的謀劃。

5 孝文帝時，淮南厲王劉長把辟陽侯殺了，這是由於他和呂家過從甚密的緣故。文帝聽說是朱建曾為辟陽侯出謀劃策，就派獄吏去捉朱建，想給他定罪。朱建聽說獄吏已到門口，就想自殺。他的孩子們和獄吏都勸他說：「還不知道會怎樣呢，何必早早地自殺？」朱建說：「我一死禍殃就斷了，不會再連累你們。」於是割頸自殺。孝文帝聽說後感到很惋惜，說：「我本來不想殺他。」於是就召來朱建的兒子，任命他為中大夫。後來朱建的兒子奉命出使匈奴，由於單于待之無禮，他便大罵單于，結果被匈奴所殺。

1 初，沛公引兵過陳留，酈生踵❶軍門上謁❷曰：「高陽賤民酈食其，竊聞沛公暴露❸，將兵助楚❹討不義，敬勞從者❺，願得望見，口畫❻天下便事❼。」使者入通，沛公方洗，問使者曰：「何如人也？」使者對曰：「狀貌類大儒，衣儒衣，冠側注❽。」沛公曰：「為我謝之，言我方以天下為事，未暇見儒人也。」使者出謝曰：「沛公敬謝先生，方以天下為事，未暇見儒人也。」酈生瞋目案劍叱使者曰：「走！復入言❾沛公，吾高陽酒徒也❿，非儒人也。」使者懼而失謁⓫，跪拾謁，還走，復入報曰：「客，天下壯士也，叱臣，臣恐，至失謁。曰：『走！復入言，而公⓬高陽酒徒也。』」沛公遽雪足⓭杖矛⓮曰：「延客入⓯！」

2 酈生入，揖沛公曰⓰：「足下甚苦，暴衣露冠⓱，將兵助楚討不義，足下何不自喜⓲也？臣願以事見，而曰：『吾方以天下為事，未暇見儒人也。』夫足下欲與天下之大事，而成天下之大功，而以目皮相⓳，恐失天下之能士。且吾度足下之智不如吾，勇又不如吾⓴，若欲就天下㉑而不相見，竊為足下失之㉒。」沛公謝曰：「鄉者聞先生之容，今見先生之意矣㉓。」迺延而坐之，問所以取天下者。酈生曰：「夫足下欲成大功，不如止陳留㉔。陳留者，天下之據衝㉕也，兵之會地㉖也，積粟數千萬石，城守甚堅。臣素善其令，願為足下說之。不聽臣，臣請為足下殺之，而下陳留。足下將陳留之眾，據陳留之城，而食其積粟，招天下之從兵㉗。從兵已成，足下橫行天下，莫能有害㉘足下者矣。」沛公曰：「敬聞命矣。」

3 於是酈生迺夜見陳留令，說之曰：「夫秦為無道而天下畔㉙之，今足下與天下從㉚則可以成大功。今獨為亡秦嬰城㉛而堅守，臣竊為足下危之。」陳留令曰：「秦法至重也，不可以妄言，妄言者無類㉜，吾不可以應。先生所以教臣者，非臣之意也，願勿復道。」酈生留宿臥，夜半時斬陳留令首㉝，踰城而下報沛公。沛公引兵攻城，縣㉞令首於長竿以示城上人，曰：「趣下㉟！而令㊱頭已斷矣，今後下者㊲必先斬之！」於是陳留人見令已死，遂相率而下沛公。沛公舍陳留南城門上，因其庫兵㊳，食積粟，留出入三月㊴，從兵以萬數，遂入破秦㊵。

【章　旨】以上為第四段，乃後人所附之《楚漢春秋》酈生事跡軼聞。

【注　釋】❶踵　至；到達。❷上謁　遞進求見的名片。謁，猶今之名片。❸暴露　言行軍辛苦。暴，通「曝」。日曬。露，露宿；在野外過夜。❹助楚　因當時劉邦在楚懷王治下，故稱其「助楚」。❺敬勞從者　謙辭，意即「向您表示慰問」。稱「從者」猶言稱「麾下」、「閣下」。❻口畫　指當面分析。❼天下便事　於打天下最切要、最有利的事情。❽側注　儒冠名。《集解》引徐廣曰：「側注冠，一名高山冠。」顏師古曰：「側注者，形側立而下注也。」❾復入言　再去給我稟報。❿吾高陽酒徒也　《集解》引徐廣曰：「一本言『而公高陽酒徒』。」按：據下文使者傳語，似作「而公高陽酒徒」者為是，不然使者不敢妄自改「吾」曰「而公」。而公，你爸爸。⓫失謁　手中的名片被驚落在地。⓬而公　罵人語，「你爸爸」。而，爾；你的。⓭雪足　擦腳。⓮杖矛　拄著矛柄站起身來。⓯延客入　請客人進來。延，引；請。⓰揖沛公曰　史珥曰：「此使大揖，氣殊豪上，不愧『狂生』之目。」⓱暴衣露冠　意即光頭露體，暴露於日曬雨淋之中。⓲不自喜　不自重；不自愛。指說話、辦事莽撞，欠考慮。按：〈魏其武安侯列傳〉籍福謂田蚡亦有「君何不自喜」語，與此意同。⑲以目皮相　指看人只看衣冠表面，不注意人的心志才幹。皮相，《韓詩外傳》云：「子乃皮相之士也，何足語姓字哉！」「皮相」二字常見，「以目皮相」四字連用略生。⑳度足下之智不如吾二句　度，忖度；打量。按：劉邦一向狂妄傲慢，而敢在劉邦面前如此說話者，捨酈生外，秦楚之際無第二人。㉑就天下　成就一統之業。就，造就；完成。㉒竊為足下失之　我認為您這樣做是不對的。失，過誤。㉓鄉者聞先生之容二句　鄉者，方才。按：二語緊對酈生「以目皮相」之責，且見沛公之從諫善改。㉔止陳留　停下軍隊攻取陳留。㉕據衝　猶言「要衝」。要害之地。㉖兵之會地　猶言天下必爭之地。㉗從兵　可以聯絡、聯合的人馬。從，同「縱」。聯合。㉘害　與之為難，對其構成禍害。㉙畔　通「叛」。㉚與天下從　意即與天下之起義軍相聯合。㉛嬰城　環城。嬰，繞。㉜無類　無遺類。指滅族、滅種。㉝夜半時斬陳留令首　瀧川引中井曰：「夜斬陳留令，不似酈生之伎倆，前文似得事實。」㉞縣　通「懸」。㉟趣下　趕緊投降。趣，通「促」。㊱而令　你們的縣令。而，你；你們的。㊲後下者　投降晚的人。㊳因其庫兵　取其倉庫中的兵器以為己用。㊴留出入三月　意即停下來在陳留一帶活動了三個月。參校〈高祖本紀〉及相關諸篇，劉邦似無在陳留停兵「三月」之事，此處所言顯為誇大酈生之事。㊵遂入破秦　按：此段疑後人羼入。歸有光曰：「其文類褚先生補入者。」茅坤曰：「蓋太史公及與平原君之子善，乃得酈生本由高帝過高陽時見云云，遂草次如此，蓋其未定稿也，誤見於此。」淩約言曰：「其間語意詳略多不同，此必有二聞，故並紀之耳。」梁玉繩曰：「酈生事不應復出於〈朱建傳〉尾，且《史》無兩存之例，其為羼入無疑，猶〈始皇紀〉後之附〈秦記〉也。考《御覽》三百六十六引《楚漢春秋》，與此正同，則是後人因其小有異同而附之，又誤置於〈建傳〉末，當移在《史》論之後，降書一字。《史通．雜說篇》、《野客叢書》並錯認為《史》本書，《評林》載歸有光云其文類褚先生補入者，亦失考。」

【語譯】當初，沛公率軍經過陳留的時候，酈生到軍營門前遞上名片說：「高陽的賤民酈食其，聽說沛公不畏日曬雨淋，率兵幫著楚軍討伐暴秦，我謹致以親切地慰勞。我希望見到沛公，當面和他談談當前應做的事情。」傳令兵將酈生的名片送了進去，沛公正在洗腳。沛公問傳令兵：「酈生是個什麼樣的人？」傳令兵說：「看樣子是個儒生，穿著儒生的衣服，戴的是儒生的帽子。」沛公一聽就說：「你替我告訴他，就說我現在為打天下忙得很，沒工夫會見儒生。」傳令兵出來對酈生說：「沛公讓我告訴你，他現在正忙於打天下，沒有工夫見儒生。」酈生把眼一瞪，手按劍柄對傳令兵喝聲說：「去！你再去對沛公說，就說我是高陽的酒徒，不是儒生！」傳令兵一聽，嚇得手中的名片掉在了地上。他趕緊拾起來，回身進去對沛公說：「這位來客是個大壯士，他對我怒喝一聲，嚇得我把名片都掉在了地上。他說：『去！你再進去稟報，你老子是高陽酒徒。』」沛公一聽，趕緊擦腳拄著身邊的長矛站起來說：「快請客人進來。」

2 酈生進了屋子，向沛公做了一個揖，說：「您辛苦了，您既然頂風沐雨，率兵幫著楚軍討伐暴秦，那您為什麼不知自愛呢？我是有事才來找您，可您卻說：『我正忙於打天下，沒工夫見儒生。』您本來是想辦天下之大事，成天下之大功，但您卻光從外表上看人，這樣我真怕您會丟掉天下之英才。在我看來，您的智慧不如我，您的勇敢不如我，而您想打天下卻又不肯見我，我認為您這樣做是不對的。」沛公一聽道歉說：「剛才我聽說您是一個儒生，現在我明白您的意思了。」於是趕緊請酈生坐下，向他請教打天下的方略。酈生說：「您要是真想辦大事，不如停下車隊先攻取陳留。陳留是天下的樞紐，自古為兵家所必爭。城裡存著糧食幾千萬石，其城牆牢固得很。我跟陳留縣的縣令向來是朋友，我願意替您去勸說他向您投降。如果他不聽，我就替您殺了他，為您奪得陳留。您統領起陳留的人馬，占據著陳留的城池，吃著城裡的糧食，向各地招兵買馬。等到兵多將廣時，您就可以橫行天下，到那時就沒有人敢與您為難了。」沛公說：「我就照您說的辦。」

3 於是酈生就連夜去見陳留縣令，對他說：「由於秦王朝的暴虐無道，才引起了天下的造反，如今您要是能與起義軍聯合，就能成大功；如果您還想為快滅亡的秦王朝據城而守，我就為您感到危險了。」陳留縣令說：「秦王朝的法令是最酷苛的，您可不能隨便瞎說，瞎說那是滅門的罪過，我可不能聽您那一套。您對我說的這些話，與我的想法根本不同，請您不要再說。」酈生當晚就在陳留城裡住了下來，半夜時他殺了陳留縣令，提著人頭翻城來見沛公。沛公立即起兵攻城，用長杆挑著陳留縣令的人頭讓城上的守軍看。對他們說：「速速投降！你們縣令的人頭已被我們割來了，現在誰要是晚投降，就先殺誰！」陳留縣的吏民見縣令已死，於是便接連投降了沛公。沛公住在陳留縣南門的城樓，將其倉庫裡的兵器搬出來使用，取其積存的糧食食用，在這一帶駐紮活動了三個月，軍隊擴充到幾萬人，而後起兵入關，一舉滅掉了秦王朝。

太史公曰：世之傳酈生書❶，多曰漢王已拔三秦❷，東擊項籍而引軍於鞏、洛之間❸，酈生被儒衣往說漢王，迺非也。自沛公未入關，與項羽別❹而至高陽，得酈生兄弟。余讀陸生新語書十二篇❺，固當世之辯士。至平原君子與余善❻，是以得具論之。

【章　旨】以上為第五段，是作者的論贊，辨正了有關酈生的錯誤傳說，肯定陸賈為當時傑出的「辯士」，補敘了有關陸賈、朱建事跡的來源。

【注　釋】❶世之傳酈生書　按：這些書今皆不存。❷漢王已拔三秦　事在漢元年（西元前二〇六年）八月。❸東擊項籍而引軍於鞏洛之間　事在漢二年（西元前二〇五年）四月。❹與項羽別　指項羽奉懷王命北救趙，而劉邦率軍西進直取關中。事在秦二世二年（西元前二〇八年）之後九月。❺新語書十二篇　按：史公所見之《新語》書今已不存。今本之《新語》題曰「漢中大夫陸賈撰」，分上下兩卷，亦十二篇。余嘉錫《四庫題要辨正》以為是後人所依託。❻平原君子與余善　按：平原君子不知其名，亦不知其行事。有人以為此即前文「迺罵單于，遂死匈奴中」之「中大夫」，亦即〈匈奴列傳〉所言之「中大夫意」。而「中大夫意」之出使匈奴在文帝六年（西元前一七四年），且即死事於此行，則此所謂「與余善」之「余」字，定非司馬遷，而且也很難說是司馬談。

【語　譯】太史公說：世上流傳的有關酈食其的記載，多數都說酈食其是在劉邦已經占領三秦，東進攻擊項羽退至鞏縣和洛陽之間時，才身披儒服去遊說劉邦的。這是不對的。其實在劉邦入關前，和項羽分道西進至高陽時，就得到了酈食其兄弟。我讀過陸賈的《新語》十二篇，他真不愧是當代的雄辯之士。至於平原君朱建，因為他的兒子和我要好，所以我能知道並記錄他的一些事跡。

【研　析】酈生、陸賈都是劉邦的口辯之士，也可以說是一種外交天才。劉邦部下還有隨何其人，曾在劉邦大敗彭城，形勢極端惡劣的情況下，奉命勸說黥布脫離項羽、歸順劉邦，其功勞不在酈生、陸賈之下，其事跡僅附見於〈黥布列傳〉，似乎不大公平，應將酈生、陸賈、隨何三人並作一傳，削去朱建可也。

本篇之寫人物很有特點，酈食其的個性特徵是疏闊豪邁，故本傳一開頭便說他「縣中皆謂之狂生」，其中的一段文字寫他參見劉邦時「長揖不拜」，並且斥責劉邦「不宜倨見長者」，一副桀驁不馴的樣子。大凡人若狂傲，則其言行便難免有失謹慎，也不願別人對自己過於苛細。所以酈生擇主時，遇謹慎苛刻的人就隱藏不出；而遇到「慢而易人，多大略」的劉邦則非要投奔不可。直到後來在齊國遇難，臨死時他說：「舉大事不細謹，盛德不辭讓。而公不為若更言！」就這樣慷慨豪邁地就義了，性格非常統一。陸賈既是出色的辯士，又是識時務的智者。他的能言善辯體現在兩件事上：一是他以《詩》、《書》勸劉邦文武並用，並著《新語》一書總結了秦之所以失天下和漢之所以得天下的歷史經驗，開啟了一個由武功轉向文治的歷史新時期。二是他兩次出使南越，勸南越王臣服於漢，又說服尉他取消「天子」稱號。

陸賈的智謀體現在他能及時「避世」，又能關注時局。例如，呂后欲王諸呂時，陸賈審時度勢，告病回家，過著飲酒歌舞的閒適生活。同時，他勸陳平與周勃交好，以待機挫敗呂氏的陰謀，故作品稱「誅諸呂，立孝文帝，陸生頗有力焉」。陸賈不是一個單純的辯士，是一個很有深謀遠慮的人。

本篇所寫的朱建，其人品固不足道，但故事道出了某些最高統治者的絕密信息，如漢朝的歷代皇帝大多喜好男寵，而呂后也有情人，本篇則寫了朱建為救呂后的情人審食其而要脅惠帝的男寵閎孺，令其出面活動的情景，筆法曲折細膩，令人大開眼界。

卷九十八

傅靳蒯成列傳第三十八

【題解】本篇是繼〈樊酈滕灌列傳〉之後的又一篇記述劉邦開國戰將的列傳。傅寬、靳歙的戰功僅次於樊、酈、滕、灌，尤其是作為「騎將」的靳歙，一直與灌嬰緊密合作，在打敗項羽的過程中起了相當重要的作用。周緤的戰功不多，又沒有其他事跡可傳，居然受封為蒯成侯，但視其與劉邦的關係，頗像是劉邦的男寵，史公為何不將其寫入〈佞幸傳〉，而乃與傅寬、靳歙合傳，頗不可解，姑留之以待知者。

1 陽陵侯傅寬❶，以魏五大夫❷騎將從，為舍人❸，起橫陽❹。從攻安陽、杠里❺，擊趙賁軍於開封，及擊楊熊曲遇、陽武❻，斬首十二級，賜爵卿❼。從至霸上❽，沛公立為漢王，漢王賜寬封號共德君❾。從入漢中❿，遷為右騎將⓫。從定三秦⓬，賜食邑雕陰⓭。從擊項籍⓮，待懷⓯，賜爵通德侯⓰。從擊項冠、周蘭、龍且⓱，所將卒斬騎將一人敖下⓲，益食邑。

2 屬淮陰⓳，擊破齊歷下軍，擊田解⓴。屬相國參㉑，殘博㉒，益食邑。因定齊地，剖符世世勿絕，封為陽陵侯㉓，二千六百戶，除前所食。為齊右丞相㉔，備齊㉕。五歲，為齊相國㉖。

3 四月㉗，擊陳豨㉘，屬太尉勃㉙，以相國代丞相噲擊豨㉚。一月㉛，徙為代相國㉜，將屯㉝。二歲，為代丞相㉞，將屯。

4 孝惠五年㉟卒，謚為景侯㊱。子頃侯精㊲立，二十四年卒㊳。子共侯則立，十二年卒㊴。子侯偃立，三十一年，坐與淮南王謀反㊵，死，國除。

【章旨】以上為第一段，寫傅寬的生平事跡。

【注釋】❶陽陵侯傅寬　傅寬的封地陽陵，在今西安市東北。陽陵原是景帝的陵墓名，因葬於該縣境，遂以名縣。王先謙引錢大昕曰：「傅寬與靳歙，史失其所居郡縣。」❷魏五大夫　五大夫，秦爵二十級中由下而上的第九級。錢大昕曰：「五大夫蓋秦時所得，及魏起，仍用其稱。」❸為舍人　謂由魏咎部下轉而跟從劉邦為舍人。舍人，官僚貴族門下的賓客親信。❹橫陽　鄉邑名，在今河南商丘西南。按：依當時情勢推斷，傅寬之歸劉邦應在秦二世三年（西元前二〇七年）初。❺安陽杠里　安陽，鄉邑名，在今山東曹縣東。杠里，古邑名，在今山東成武西。❻擊趙賁軍於開封二句　事在秦二世三年四月。趙賁，秦將。開封，秦縣名，縣治在今河南開封西南。楊熊，秦將。曲遇，鄉邑名，在今河南中牟東。陽武，秦縣名，縣治在今河南原陽東南。❼卿　爵位名，略當於後代的中央各部長官。❽從至霸上　事在漢元年（西元前二〇六年）十月。霸上，古地名，在當時的咸陽城東南，古霸水的西岸。❾共德君　只有封號而無封地。共，同「恭」。❿從入漢中　事在漢元年四月。漢中，秦郡名，郡治南鄭（今陝西漢中）。⓫右騎將　左騎將不知何人，可能即灌嬰。⓬從定三秦　事在漢元年八月。三秦，指項羽所封的章邯的雍國（都廢丘，今陝西興平東南）、司馬欣的塞國（都櫟陽，今陝西臨潼東北）、董翳的翟國（都高奴，今陝西延安北）。因三國都在戰國時期的秦國本土，故以為稱。⓭雕陰　秦縣名，縣治在今陝西甘泉南。⓮從擊項籍　事在漢二年（西元前二〇五年）四月。⓯待懷　指劉邦東攻彭城，傅寬留駐於懷縣。懷，秦縣名，縣治在今河南溫縣東北，當時也是河內郡的郡治所在地。⓰通德侯　仍是只有名號而無封地。⓱項冠周蘭龍且　三人都是項羽的部將。⓲敖下　敖倉附近。

敖倉，在今河南滎陽東北的黃河邊上，其地有秦時修築的大糧倉，故稱。⑲屬淮陰　指跟從韓信。梁玉繩曰：「是時韓信為相國，據下文『屬相國參』、『屬太尉勃』之例，當云『屬相國信』，不當書『淮陰』也。」⑳擊破齊歷下軍二句　事在漢四年（西元前二〇三年）十月（當時以十月為歲首）。歷下，在今山東濟南西。田解，齊王田廣的部將，當時與華無傷一同駐守歷下。王先謙曰：「〈田儋傳〉『齊王使華無傷、田解軍歷下』，則『擊歷下軍』與『擊田解』不得為二事。下『擊』字誤也，疑『擊』當為『斬』，或『得』字、『虜』字之譌。」㉑屬相國參　跟從相國曹參。郭嵩燾曰：「其初定齊，陽陵及平陽侯皆屬信；其後信會高祖於陳，而參以齊相留齊，是以陽陵又屬參也。」梁玉繩曰：「參時以『右丞相』屬韓信，非『相國』也。」㉒殘博　對博縣多所屠戮。博，也稱博陽，秦縣名，縣治在今山東泰安東南。㉓封為陽陵侯　事在高祖六年（西元前二〇一年）。㉔為齊右丞相　為齊王劉肥的右丞相。劉肥是劉邦的庶子，事見〈齊悼惠王世家〉。㉕備齊　在齊地屯兵防衛。《集解》引張晏曰：「時田橫未降，故設屯備。」㉖五歲為齊相國二句　為齊國右丞相五年後，改稱齊相國。按：漢代建國初，中央與諸侯國的建制相同，設「丞相」，一般為左右二人；設「相國」，則只一人。㉗四月　為齊相國四個月以後，時當高祖十年（西元前一九七年）。㉘擊陳豨　陳豨是劉邦的開國功臣，高祖七年（西元前二〇〇年）被任為代相，並兼代、趙邊兵，結果於十年八月舉兵叛亂，劉邦於十年九月前往擊之。詳見〈韓信盧綰列傳〉。㉙太尉勃　即周勃，當時為太尉。㉚以相國代丞相噲擊豨　王先謙曰：「『以相國』上當更有『勃』字，『擊豨』當作『擊盧綰』，《史》文脫誤也。」按：周勃代替樊噲為將以討盧綰事，在高祖十二年（西元前一九五年）十二月，見〈陳丞相世家〉、〈絳侯周勃世家〉。而樊噲的所謂「丞相」，也是加官，並不實任丞相事。㉛一月　謂一個月之後。㉜徙為代相國　改任傅寬為「代相國」以理代事，實際當時並無「代王」。㉝將屯　將兵駐守。《索隱》引孔文祥曰：「邊郡有屯兵，寬為代相國，兼領屯兵。」㉞二歲二句　意謂為「代相國」二年以後，又改任為「代丞相」。㉟孝惠五年　西元前一九〇年。㊱諡為景侯　〈諡法解〉：「布義行剛曰景；由義而濟曰景；耆意大慮曰景。」㊲頃侯精　據〈高祖功臣侯者年表〉作「頃侯靖」。㊳二十四年卒　傳精卒於文帝十四年（西元前一六六年）。㊴共侯則立二句　傳則卒於景帝前三年（西元前一五四年）。㊵與淮南王謀反　事在武帝元狩元年（西元前一二二年）。淮南王，劉安，老淮南王劉長（劉邦之子）的兒子。淮南國的國都壽春（今安徽壽縣）。關於劉安謀反的事情見〈淮南衡山列傳〉。

【語　譯】陽陵侯傅寬，以魏國五大夫任騎將的身分跟隨沛公，擔任舍人，在橫陽起兵。他隨沛公進攻安陽、杠里，在開封攻打趙賁軍，在曲遇、陽武攻打楊熊軍，斬首十二人，賜卿爵。隨沛公進軍霸上。沛公被立為漢王，漢王賜他恭德君。隨漢王進入漢中，升為右騎將。隨漢王平定三秦，被賜予封地雕陰。隨漢王攻打項籍，在懷縣接應漢王，被賜予通德侯。隨漢王進擊項冠、周蘭、龍且，他所率士卒在敖下斬楚將一人，更增加封地。

2 傅寬做淮陰侯部將，擊潰齊王田廣在歷下的守軍，又出擊田解。他做相國曹參部將，把博陽城打得殘破不堪，更增加他的封地。因他平定齊地，獲賜諸侯符節，世世代代承襲侯位，永不廢絕，被封為陽陵侯，賜封地二千六百戶，取消以往封地。被任命為齊右丞相，在齊屯兵駐防。五年以後，為齊王相國。

3 四個月後，他為太尉周勃部將，率兵討伐陳豨。後又以相國代替丞相樊噲征討陳豨。一個月後，他改任代王相國，屯兵代地。兩年後，拜代王丞相，繼續屯兵代地。

4 孝惠帝五年，傅寬去世，諡景侯。他兒子傅精承襲侯位，為頃侯，在位二十四年後去世。傅精兒子傅則承襲侯位，為共侯，在位十二年後去世。傅則兒子傅偃承襲侯位，在位三十一年後參與淮南王謀反，被處死，爵號和封地被廢除。

1 信武侯靳歙❶，以中涓從，起宛朐❷。攻濟陽❸。破李由軍❹。擊秦軍亳南、開封東北❺，斬騎千人將❻一人，首五十七級，捕虜七十三人，賜爵封號臨平君❼。又戰藍田北❽，斬車司馬❾二人，騎長❿一人，首二十八級，捕虜五十七人。至霸上⓫，沛公立為漢王⓬，賜歙爵建武侯⓭，遷為騎都尉⓮。

2 從定三秦⓯，別西擊⓰章平⓱軍於隴西⓲，破之，定隴西六縣，所將卒斬車司馬、候⓳各四人，騎長十二人。從東擊楚，至彭城⓴。漢軍敗還㉑，保雍丘㉒，去擊反者王武等[23]。略梁地[24]，別將擊邢說[25]軍菑南[26]，破之，身得[27]說都尉二人，司馬、候十二人，降吏卒四千一百八十人。破楚軍滎陽東[28]。三年[29]，賜食邑四千二百戶。

3 別之河內[30]，擊趙將賁郝軍朝歌[31]，破之，所將卒[32]得騎將二人，車馬[33]二百五十匹。從攻安陽以東[34]，至棘蒲[35]，下七縣。別攻破趙軍，得其將司馬二人，候四人，降吏卒二千四百人。從攻下邯鄲[36]。別下平陽[37]，身斬守相[38]，所將卒斬兵守、郡守各一人[39]。降鄴[40]。從攻朝歌、邯鄲，及別擊破趙軍，降邯鄲郡六縣[41]。還軍敖倉，破項籍軍成皋[42]南，擊絕楚饟道，起滎陽至襄邑[43]。破項冠軍魯下，略地東至繒、郯、下邳，南至蘄、竹邑[44]。擊項悍[45]濟陽下。還擊項籍陳下，破之[46]。別定江陵[47]，降江陵柱國[48]、大司馬[49]以下八人，身得江陵王[50]，生致之雒陽[51]，因定南郡[52]。從至陳，取楚王信[53]，剖符世世勿絕[54]，定食四千六百戶，號信武侯[55]。

4 以騎都尉從擊代[56]，攻韓信[57]平城[58]下，還軍東垣[59]。有功，遷為車騎將軍，并將梁、趙、齊、燕、楚車騎，別擊陳豨丞相敞[60]，破之，因降曲逆[61]。從擊黥布[62]有功，益封定食五千三百戶。凡斬首九十級，虜百三十二人。別破軍十四[63]，降城五十九，定郡、國各一，縣二十三。得王、柱國各一人，二千石以下至五百石三十九人。

高后五年64，歙卒，謚為肅侯65。子亭代侯，二十一年66，坐事國人過律67。孝文後三年，奪侯，國除68。

【章旨】以上為第二段，寫靳歙的生平事跡。

【注釋】❶信武侯靳歙　封地信武，方位不詳。❷以中涓從二句　中涓，帝王的內室侍奉人員，負責清潔與收發傳達事務。宛朐，秦縣名，在今山東荷澤西南。❸濟陽　秦縣名，縣治在今河南蘭考東北。❹破李由軍　劉邦等破李由軍於雍丘在秦二世二年（西元前二〇八年）八月。李由，秦相李斯的兒子，當時為三川郡（郡治洛陽）的郡守。❺擊秦軍亳南開封東北　事在秦二世三年（西元前二〇七年）三月，蓋擊秦將趙賁軍也。亳南，亳縣城南。秦時的亳縣縣治在今河南商丘東南。開封，秦縣名，縣治在今開封市西南。❻騎千人將　騎兵的「千夫長」。梁玉繩曰：「『斬騎千人將一人』七字一句讀。」〈魏其武安侯列傳〉說灌夫以「千人」從征，即「千人將」。❼臨平君　封號名，沒有實地。❽戰藍田北　事在秦二世三年九月，過程詳見〈高祖本紀〉、〈留侯世家〉。藍田，秦縣名，縣治在今陝西藍田西南。❾車司馬　《集解》引張晏曰：「主官車。」❿騎長　《集解》引張晏曰：「騎之長。」騎兵的下級長官。⓫至霸上　事在漢元年（西元前二〇六年）十月。⓬沛公立為漢王　劉邦被項羽封為漢王，事在漢元年一月。⓭賜歙爵建武侯　仍是只有封號而無實地。⓮騎都尉　統領騎兵的中級軍官，略當於現在的校級。⓯從定三秦　劉邦從漢中殺回，重新奪得三秦，事在漢元年八月。⓰別西擊　別擊，自己單獨率兵出擊。⓱章平　章邯之弟。⓲隴西　秦郡名，郡治狄道（今甘肅臨洮）。⓳候　軍官名。當時一個將軍統領若干「部」，「部」的長官曰「校尉」；一個校尉統領若干「曲」，「曲」的長官曰「候」。⓴從東擊楚二句　事在漢二年（西元前二〇五年）四月。彭城，即今江蘇徐州，當時項羽的國都。㉑漢軍敗還　劉邦進入彭城，迅即被項羽大破。詳見〈項羽本紀〉。㉒保雍丘　退守雍丘。雍丘，秦縣名，即今河南杞縣。㉓去擊反者王武等　謂離開雍丘，往擊王武、程處等於外黃。外黃在雍丘的東北方，二縣相鄰。王武，原是劉邦的部將，因見劉邦慘敗於彭城而率部反叛。按：此次共同擊王武者還有灌嬰。㉔略梁地　指在梁地進行游擊戰。梁地，指今開封周圍的河南東部地區，因這一帶戰國時期屬梁，故後世屢以為稱。㉕邢說　項羽的部將。㉖菑南　菑縣城南，秦時的菑縣縣治在今河南民權東。㉗身得　親自俘獲。李光縉曰：「『身得』云者，以別於『將卒』所得也。此傳凡曰『身得』者二，曰『所將卒得』者二，敘事井井有條。」㉘破楚軍滎陽東　滎陽，秦縣名，縣治在今河南滎陽東北。按：劉邦自彭城潰敗後，狼狽西逃，虧得有此滎陽一勝，才得以形成楚、漢相持於滎陽的局面。劉邦將領參加此役者還有騎將灌嬰。㉙三年　漢三年，西元前二〇四年。㉚別之河內　單獨率領一支軍隊攻取河內郡。當時河內郡郡治懷縣（今河南溫縣東北）。㉛擊趙將賁郝軍朝歌　賁郝，姓賁名郝，趙王歇的將領。朝歌，秦縣名，縣治即今河南淇縣。㉜所將卒　部下的士卒。㉝車馬　拉車的馬，以別於騎兵所乘的馬而言。㉞從攻安陽以東　按：此時主將為誰，《史》欠交代，恐怕既非劉邦，亦非韓信。安陽，秦縣名，縣治在今河南安陽西南。㉟棘蒲　鄉邑名，即今河北魏縣。㊱邯鄲　古都邑名，即今河北邯鄲，當時為邯鄲郡的郡治所在地。㊲別下平陽　單獨率軍攻下平陽。平陽，《正義》曰：「在相州臨漳縣西二十五里。」㊳守相　以丞相的身分率兵防守。此指趙王歇的丞相。㊴斬兵守郡守各一人　中井曰：「『兵守』二字、『各』字，恐並衍。《漢書》作『兵守郡一人』，亦不通。」㊵鄴　秦縣名，縣治在今河北臨漳西南。㊶降邯鄲郡六縣　王先謙曰：「自『別之河內』於此，皆擊趙事，當在三年韓信、張耳擊趙時，別令歙將兵略趙地也。」按：韓信、張耳破趙軍於井陘，在漢三年十月。㊷成皋　秦縣名，縣治在今河南滎陽西北，與滎陽同是劉邦與項羽相持的主戰場。㊸擊絕楚饟道二句　意謂靳歙等北起滎陽，東南至襄邑，在幾百里的範圍內斷絕了項羽國都與前方的運輸路線。襄邑，秦縣名，縣治即今河南睢縣。按：此役乃與灌嬰同行，參見〈樊酈滕灌列傳〉。以其率騎兵突襲，故可橫掃數百里也。㊹破項冠軍魯下三句　按：以上諸事應在漢四年（西元前二〇三年）之春、夏，蓋靳歙、灌嬰隨韓信平定齊地後，韓信留齊，而使灌嬰、靳歙率騎兵突襲項羽之後方（今江蘇、安徽之北部中部一帶），參見〈樊酈滕灌列傳〉。項冠，項羽的部將。魯下，魯縣城下，當時的魯縣即今山東曲阜。繒，秦縣名，縣治在今山東蒼山西北。郯，秦縣名，縣治在今山東郯城西北。下邳，秦縣名，縣治在今江蘇邳縣南，項羽國都彭城之東南。蘄，秦縣名，縣治在今安徽宿縣東南。竹邑，秦縣名，縣治在今安徽宿縣北。《中國歷代戰爭史》曰：「韓信此次遣灌嬰對楚大後方做此種深入之縱橫掃蕩，實予項羽一致命打擊。因慮、鄒、薛等地為項羽之北境糧倉，淮南北則為項羽之南境糧倉。楚經此一大破壞，遂使在滎陽、廣武等地前方軍士益以糧食缺乏，後方擾攘，而不能堅與劉邦相持，乃不得不劃鴻溝以求和焉。」徐孚遠曰：「彭城既降，則項王失國都矣，故未及渡江而楚軍皆潰也。」㊺項悍　項羽的部將。㊻還擊項籍陳下二句　事在漢五年（西元前二〇二年）十月至十二月。在此之前劉邦與項羽訂立了鴻溝之約，項羽率兵東撤後，劉邦迅即毀約進兵，追擊項羽至陳縣、固陵一帶，項羽回兵反擊，大破劉邦軍。兩個月後，韓信、黥布、彭越、劉賈等各路大軍齊集，始破項羽於垓下。本文與〈樊酈滕灌列傳〉之所謂「擊項籍陳下，破之」，實乃指垓下之戰；至固陵之役，敗者乃劉邦。㊼別定江陵　指消滅了項羽所封的臨江國，事也在漢五年十二月。梁玉繩引陳太僕曰：「『江陵』當是『臨江』之誤，各國之王無稱其都以為王號者。」㊽柱國　楚官名，職同太尉。㊾大司馬　古官名，亦略同於太尉。㊿江陵王　共尉，〈秦楚之際月表〉作「共驩」，共敖之子。共敖是長沙王吳芮的部將，因隨項羽入關，被項羽封為臨江王，國都江陵。51生致之雒陽　雒陽，在今河南洛陽東北，劉邦稱帝初期的國都。李光縉曰：「『生得江陵王』一句足矣，仍加『生致之』三字，便快人耳。生得其王比司馬以下者不同，故獨詳。」52南郡　撤消臨江國所建立的郡，郡治仍在江陵。按：靳歙滅臨江事，乃與劉賈同行，可參看〈荊燕世家〉。53從至陳二句　陳平為劉邦設計，以南遊雲夢為名，召諸侯會陳，突然襲捕韓信。在漢六年（西元前二〇一年）十二月，見〈陳丞相世家〉、〈淮陰侯列傳〉。韓信破項羽於垓下後，迅即被劉邦襲奪兵權，並將其改封為楚王，事在漢五年一月。至漢六年十二月，有人告發韓信「謀反」，於是劉邦遂將其襲捕。54剖符世世勿絕　意即封靳歙為信武侯，亦在漢六年十二月，蓋劉邦襲捕韓信後，隨即大封功臣為侯。55號信武侯　封邑不詳，《索隱》曰：「〈地理志〉無信武縣，當是後廢故也。」56從擊代　跟從劉邦往擊韓王信於代，事在漢七年（西元前二〇〇年）十月。57韓信　此指韓王信，劉邦的開國功臣，先是被封為韓王，後移封為代王，國都馬邑（今山西朔縣），漢六年九月，韓王信勾結匈奴反漢，故劉邦率軍往討。58平城　漢縣名，縣治在今山西大同東北。59還軍東垣　指漢八年（西元前一九九年）冬，劉邦等率軍追擊韓王信餘寇到東垣（今河北石家莊東北）。可參看〈高祖本紀〉。60并將梁趙齊燕楚車騎二句　事在高祖十一年（西元前一九六年）十月。疑此行又與灌嬰同行，〈樊酈滕灌列傳〉有「受詔并將燕、趙、齊、梁、楚車騎，擊破胡騎於硰石」，乃擊韓王信時事也，在此擊陳豨之前。梁趙齊燕楚，皆漢初諸侯國名，當時的梁王為劉邦的功臣彭越，趙王為劉邦之子劉如意，齊王為劉邦之子劉肥，燕王為劉邦的功臣盧綰，楚王為劉邦之弟劉交。陳豨，原是劉邦的開國功臣，漢七年冬被任為代相，兼管代、趙邊兵，漢十年（西元前一九七年）八月，自立為代王，起兵反漢。詳見〈韓信盧綰列傳〉。丞相敞，陳豨偽立的代國丞相，其名曰敞。師古曰：「侯敞。」61曲逆　漢縣名，縣治在今河北完縣東南。62從擊黥布　事在高祖十一年七月。黥布，劉邦的開國功臣，因協助劉邦滅項羽被封為淮南王，後因韓信、彭越相繼被殺，因恐懼而舉兵反，被劉邦討平。事情詳見〈黥布列傳〉。63別破軍十四　單獨率軍擊破敵兵十四起。64高后五年　西元前一八三年。65謚為肅侯　〈謚法解〉：「執心決斷曰肅；剛德克就曰肅。」66二十一年　靳歙之子靳亭代立為侯的第二十一年，即文帝後元三年（西元前一六一年）。67事國人過律　對本領地上的人役使過度，超出規定。《索隱》引劉氏曰：「事，役使也。謂使人違律數多也。」68奪侯二句　侯爵被褫免，侯國建制被撤消。

【語　譯】信武侯靳歙以中涓隨高祖在宛朐起事。攻打濟陽，擊敗李由軍。在亳南和開封東北擊敗秦軍，斬敵騎將千夫長一人，斬首士卒五十七人，俘虜七十三人，賜號臨平君。又與秦軍戰於藍田北，斬車司馬兩人和騎長一人，斬首士卒二十八人，俘虜五十七人。進軍霸上。沛公被立為漢王，賜靳歙建武侯，升為騎都尉。

2 他隨漢王平定三秦。他率兵西進，在隴西擊敗章平軍，收復隴西六縣，所率士卒斬車司馬、軍侯各四人、騎長十二人。隨漢王東擊楚軍，到彭城。漢軍被打敗，退保雍丘。離開雍丘，擊敗王武等叛軍。攻占梁地，率軍在菑南打敗邢說軍，親自俘虜邢說軍都尉二人、司馬和軍候十二人，收降士卒小吏四千一百八十人。在滎陽東大敗楚軍。漢三年，被賜予封地四千二百戶。

3 靳歙率軍進攻河內，在朝歌大敗趙賁郝軍，所率士卒俘虜騎將二人、車馬二百五十匹。他隨漢王從安陽東一直打到棘蒲，攻下七縣。他率軍擊敗趙軍，俘虜司馬二人，軍候四人，收降吏卒二千四百人。隨漢王攻下邯鄲。獨自率軍攻下平陽，親手殺死守相，他的士卒斬兵守和郡守各一人。降服鄴城。隨漢王攻打朝歌、邯鄲，並獨自率軍擊敗趙軍，收降邯鄲郡六縣。回師敖倉，在成皋南打敗項籍軍，切斷楚軍滎陽至襄邑的糧道。在魯城下擊潰楚軍項冠，所占之地，東至繒、郯、下邳，南至蘄、竹邑。在濟陽城下攻打項悍軍。回師陳縣，擊敗項籍軍。他率軍平定江陵，收降柱國、大司馬等以下官吏八人，親自俘虜江陵王，將他押解洛陽，完全平定了南郡。隨高祖到陳縣，活捉楚王韓信。授他諸侯符節，世世代代承襲侯位，永不廢絕。確定封地四千六百戶，封為信武侯。

4 靳歙以騎都尉隨高祖征討代地，在平城打敗韓信軍，接著回師東垣。因有戰功，他被授予車騎將軍，統帥梁、趙、齊、燕、楚等地軍隊，他單獨率軍擊敗陳豨丞相侯敞，收降曲逆。隨高祖擊敗黥布有功，增加及確定封地五千三百戶。他共斬首九十人，俘虜一百三十二人。獨自擊潰敵軍十四次，收降五十九座城，平定一郡、一國、二十三縣。俘虜王和柱國各一人及二千石以下至五百石的官吏三十九人。

5 呂后掌權第五年，靳歙病逝，諡肅侯。他兒子靳亭承襲侯位，在位二十一年時，因封地使用徭役超過法律規定獲罪。孝文後三年，奪去爵位，廢除封地。

1 蒯成侯緤❶者，沛人也，姓周氏。常為高祖參乘❷，以舍人從起沛❸。至霸上❹，西入蜀、漢❺，還定三秦❻，食邑池陽❼。東絕甬道❽，從出度平陰❾，遇淮陰侯兵襄國❿，軍乍利乍不利⓫，終無離上心。以緤為信武侯⓬，食邑三千三百戶。高祖十二年⓭，以緤為蒯成侯⓮，除前所食邑。

2 上欲自擊陳豨⓯，蒯成侯泣曰：「始秦攻破天下，未嘗自行⓰；今上常自行，是為無人可使者乎⓱？」上以為「愛我」，賜入殿門不趨⓲，殺人不死⓳。

3 至孝文五年⓴，緤以壽終，諡為貞侯㉑。子昌代侯，有罪，國除㉒。至孝景中二年㉓，封緤子居代侯㉔。至元鼎三年㉕，居為太常，有罪，國除㉖。

【章　旨】以上為第三段，寫周緤的生平事跡。

【注　釋】❶蒯成侯緤　蒯成是封地名，方位不詳。蒯，《漢書》作「鄘」。陳直曰：「歙縣黃氏藏有『鄘成侯』帶鉤，與鄘字形相近，知《史記》作『蒯』為誤文也。」❷參乘　陪帝王乘車，在車上充警衛之職。❸以舍人從起沛　事在秦二世元年（西元前二〇九年）九月。❹至霸上　事在漢元年（西元前二〇六年）十月。❺西入蜀漢　意即「南入漢中」。事在漢元年四月。劉邦雖被封為「漢王」，「王巴、蜀」，但卻從未進入巴、蜀地。❻還定三秦　事在漢元年八月。❼食邑池陽　以池陽為周緤的封地。池陽，漢縣名，縣治在今陝西涇陽西北。王先謙曰：「緤食邑時，池陽尚未為縣，縣乃惠帝置也。秦立蕩社縣，其地有池陽，蓋鄉聚之名，緤因食之。」❽東絕甬道　指截斷了項羽的運輸線。甬道，兩側築有防禦工事，以保證從中運輸安全的通道。❾度平陰　從平陰津渡黃河北上。度，同「渡」。平陰，黃河渡口名，在今河南孟津東北。❿遇淮陰侯兵襄國　李慈銘曰：「上下有佚脫。」王先謙曰：「『高帝出度平陰，韓信軍修武，上馳入，奪其軍』，傳蓋言此事，然非襄國也。殺趙王歇襄國，又在此事前，與遇信軍無涉。李以為有奪文，是也。」按：劉邦入修武，襲奪韓信軍事，在漢三年（西元前二〇四年）六月，見〈淮陰侯列傳〉。修武，秦縣名，縣治即今河南獲嘉。襄國，秦縣名，縣治即今河北邢台。⓫乍利乍不利　意即忽而勝利，忽而失敗。⓬以緤為信武侯　事在高祖六年（西元前二〇一年）八月。按：前文封靳歙「號信武侯」，此又曰「以緤為信武侯」，疑二者當有一誤。⓭高祖十二年　西元前一九五年。⓮以緤為蒯成侯　周緤先被封為信武侯，至此又改封蒯成侯，事在高祖十二年十月。見〈高祖功臣侯者年表〉。⓯上欲自擊陳豨　事在高祖十年（西元前一九七年）九月，此追敘往事。⓰始秦攻破天下二句　按：秦國自孝公以來，歷代秦王的確沒有自己帶兵打仗者。⓱是為無人可使者乎　現在難道就沒有別人可派了嗎。王維楨曰：「語近婦人矣。」⓲入殿門不趨　優待大臣的特殊禮數之一。趨，小步疾行。古時臣子在君父面前行走的一種特定姿勢。⓳殺人不死　俞樾曰：「後世鐵券之賜，其昉於此乎！」中井曰：「賜殺人不死，是許人作惡也，可謂亂政矣。《漢書》削此四字，蓋諱之也。」瀧川曰：「殺人不死，減死一等也。」梁玉繩引范棫曰：「四字可疑，《漢書》無此句，是也。『殺人者死』，入關初約已有明條，豈於周緤獨破格乎？諸大功臣未聞有此賜。」李光縉曰：「按外史，周緤少時有智慧，容貌甚美，給事蕭何家，何甚愛之。會高祖至何第，見而悅之，以為舍人，出入令參乘。嘗夢從高祖逐一豕，豕騰傷緤，驚覺告高祖，高祖曰：『此夢耳。』會上欲擊陳豨，緤當從，因解所夢，以為『豨』字從『豕』，遂稱病不往，因勸高祖勿行。高祖以為『愛我』，寵異倍於他日。」按：傅寬、靳歙，皆有戰功者也。周緤無戰功，反而蒙寵幸獨厚，蓋佞幸一流也，參照〈佞幸列傳〉及李光縉所引「外史」，周緤似為劉邦的男寵。⓴孝文五年　西元前一七五年。㉑謚為貞侯　〈謚法解〉：「清白守節曰貞；大慮克就曰貞；不隱無屈曰貞。」㉒子昌代侯三句　謂周昌剛繼立，未至元年，遂被廢、國除也。㉓孝景中二年　中元二年，西元前一四八年。㉔封緤子居代侯　《集解》引徐廣曰：「表云『孝景中元年，封緤子應為鄲侯，謚康；中二年，侯居立。』」梁玉繩曰：「按〈功臣表〉及《漢書》，『孝景中元年，復封緤子康侯應為鄲侯；應卒，子仲居嗣。』非『中二年』也，非『居』也，仲居亦非『緤子』也，此誤。」㉕元鼎三年　西元前一一四年。元鼎是武帝的年號。㉖居為太常三句　瀧川引《漢・公卿表》曰：「鄲侯周仲居為太常，坐不收赤側錢收行錢論。」太常，也叫「奉常」。九卿之一，主管宗廟祭祀及朝廷禮儀。

【語譯】蒯成侯周緤是沛縣人。以舍人隨沛公在沛縣起事，做沛公的陪乘。隨沛公進軍霸上，西入蜀、漢，回師平定三秦。賜封地池陽。周緤率軍東進，切斷項羽的運輸通道。隨漢王渡平陰津，在襄國與淮陰侯會師。攻城略地或勝或敗，他對漢王終無貳心，被封為信武侯，賜封地三千三百戶。高祖十二年，改封周緤為蒯成侯，取消以往封地。

2 高祖想親征陳豨，周緤哭著說：「當年秦破六國得天下，始皇未嘗親征。現今皇上動輒親征，是因為無人可用嗎？」高祖深感此言是出於對自己的愛，特賜他入殿不行趨禮，殺人不用償命。

3 孝文帝五年，周緤壽終正寢，諡貞侯。他兒子周昌承襲侯位，後因犯罪而被廢除封地。孝景帝中元二年，封周緤的另一個兒子周居為鄲侯。武帝元鼎三年，周居任太常，因犯罪而被廢除封地。

太史公曰：陽陵侯傅寬、信武侯靳歙皆高爵❶，從高祖起山東，攻項籍，誅殺名將，破軍降城以十數，未嘗困辱，此亦天授❷也。蒯成侯周緤操心堅正，身不見疑，上欲有所之，未嘗不垂涕，此有傷心❸者然，可謂篤厚❹君子矣。

【章旨】以上為第四段，是作者的論贊，作者意有所指地唱歎了三個人的受劉邦寵愛，澤及子孫。

【注釋】❶皆高爵　《正義佚文》曰：「言名卑而戶數多者為高爵也。」按：傅寬以「五大夫」從劉邦起事，可謂「高爵」，至靳歙則無此，何得與傅寬並稱「高爵」乎？《集解》引徐廣曰：「一無『高』字。又一本『皆從高祖』。」則謂「高爵」二字為衍文也。❷天授　謂二人的功成名立乃天所授。❸傷心　指內心慈善，好關心人。❹篤厚　即厚道。篤，厚。

【語譯】太史公說：陽陵侯傅寬、信武侯靳歙，隨高祖從沛縣起事，征伐項籍，誅殺名將，破軍降城數以十計，未嘗受挫被辱，終至拜將封侯，這是上天所授。蒯成侯周緤操行端正，性格堅定，所行不疑。劉邦每次出征，周緤總是以淚洗面，只有動真感情才能如此，可以稱得上是誠信君子了。

【研　析】本篇之可思考處有三：其一，作品對傅寬、靳歙、周緤的為人與劉邦的用人制度略有不滿之意。徐孚遠曰：「蒯成侯戰功無可紀者，殆以恩幸矣，與盧綰之王相類。」（《史記測義》）李景星說：「傅寬、靳歙、蒯成侯周緤，亦以近幸合傳，傅傳曰『以魏五大夫騎將從，為舍人』，靳傳曰『以中涓從』，蒯成傳曰『常為高祖參乘，以舍人從』。而蒯成傳又特別寫其操心堅正，曰『軍乍利乍不利，終無離上心』，曰『蒯成侯泣曰』云云，活畫出一種謹厚可靠情狀。贊語曰『身不見疑』，曰『此有傷心者』，又隱隱為韓信、彭越、黥布等作一反射，見漢高固是寡恩，彼韓信等亦不如傅、靳等之善處也。嗚乎，此太史公之微意也。」（《四史評議》）

其二，本篇的寫法與〈樊酈滕灌列傳〉略同，故《漢書》將其與〈樊酈滕灌列傳〉合為一篇，稱〈樊酈滕灌傅靳周傳〉。對於這種寫法，李景星說：「樊、酈、滕、灌俱是開張一路人，故寫來亦極開張；傅、靳、蒯成俱是平正一路人，故寫來亦極平正。通篇按部就班，不矜奇，不立異，而敘述簡明，安頓妥貼，絕似一篇公牘文字，《史記》中又一體也。」（《四史評議》）

其三，本篇的作者歷來存有爭議。有人認為本文不是司馬遷所作，晉朝的張晏認為本篇是班固所說的「十篇有錄無書」者之一，《集解》、《索隱》都贊同張晏的說法，甚至有人明確指出是後人「採《漢書》以補之」；有人則認為此文非司馬遷不能作，柯維騏、曾國藩、李景星皆主此說；楊燕起認為「本篇原為『有錄無書』，當是西漢末、東漢初《漢書》成書前就已經增補了，增補時係依〈樊酈滕灌列傳〉仿製，故此《漢書》能全文照錄」（《史記菁華導讀》）。

卷九十九

劉敬叔孫通列傳第三十九

【題　解】作品寫了劉敬、叔孫通在劉邦建國後，為劉邦提議建都關中，以及在制訂禮樂制度方面所做的一些事情。當一個國家剛剛建立時，這些工作無疑都是必要的，劉敬與叔孫通在這些方面所做的工作也的確應該受到肯定，但作者所不滿的是他們的人品，尤其是叔孫通。劉敬是怎樣由一個戍卒被賜姓劉，被封為郎中，以至於又被封侯的呢？司馬遷在〈佞幸列傳〉寫道：「力田不如逢年，善仕不如遇合。」他之勸劉邦改都關中完全是碰上了機會；至於他勸說劉邦派魯元公主出嫁匈奴，則完全不合實際，是否真有其事還是問題。至於叔孫通，這完全是一個反覆無常的馮道式的人物。他的人生準則就是見風使舵，投統治者之所好。司馬遷說他「希世度務，制禮進退，與時變化」，這是很有意味的。作品用了客觀描寫，也用了對比襯托，筆法滑稽幽默，形象相當生動，是《史記》中文學性相當強的篇章之一。

1 劉敬❶者，齊❷人也。漢五年❸，戍隴西❹，過洛陽❺，高帝在焉。婁敬脫輓輅❻，衣其羊裘❼，見齊人虞將軍❽曰：「臣願見上言便事❾。」虞將軍欲與之鮮衣❿，婁敬曰：「臣衣帛，衣帛見⓫；衣褐⓬，衣褐見。終不敢易衣⓭。」於是虞將軍入言上。上召入見，賜食。

2 已而問婁敬，婁敬說曰：「陛下都洛陽，豈欲與周室比隆哉[14]？」上曰：「然。」婁敬曰：「陛下取天下[15]與周室異。周之先自后稷[16]，堯封之邰[17]，積德累善十有餘世[18]。公劉[19]避桀居豳[20]。太王[21]以狄伐故，去豳[22]，杖馬箠居岐[23]，國人爭隨之。及文王[24]為西伯[25]，斷虞、芮之訟[26]，始受命[27]，呂望[28]、伯夷[29]自海濱來歸之[30]。武王[31]伐紂，不期[32]而會孟津[33]之上八百諸侯，皆曰『紂可伐矣』，遂滅殷[34]。成王[35]即位，周公[36]之屬傅相[37]焉，迺營成周洛邑[38]，以此為天下之中也。諸侯四方納貢職[39]，道里均[40]矣。有德則易以王，無德則易以亡[41]。凡居此者，欲令周務以德致人，不欲依阻險，令後世驕奢以虐民也。及周之盛時，天下和洽[42]，四夷鄉風[43]，慕義懷德，附離[44]而並事天子，不屯一卒，不戰一士[45]，八夷[46]大國之民莫不賓服，效其貢職[47]；及周之衰也，分而為兩[48]，天下莫朝，周不能制也。非其德薄也，而形勢弱也。今陛下起豐、沛[49]，收卒三千人[50]，以之徑往[51]而卷蜀、漢[52]，定三秦[53]，與項羽戰滎陽，爭成皐之口[54]，大戰七十，小戰四十，使天下之民肝腦塗地[55]，父子暴骨中野[56]，不可勝數，哭泣之聲未絕，傷痍者[57]未起[58]，而欲比隆於成、康[59]之時，臣竊以為不侔[60]也。且夫秦地[61]被山帶河[62]，四塞以為固[63]，卒然[64]有急，百萬之眾可具[65]也。因秦之故[66]，資甚美膏腴之地[67]，此所謂『天府[68]』

者也。陛下入關而都之，山東雖亂，秦之故地可全而有也(69)。夫與人鬭，不搤其亢，拊其背(70)，未能全其勝也。今陛下入關而都，案(71)秦之故地，此亦搤天下之亢而拊其背也。」

3 高帝問羣臣，羣臣皆山東(72)人，爭言周王數百年(73)，秦二世即亡(74)，不如都周(75)。上疑未能決。及留侯(76)明言入關便(77)，即日車駕，西都關中(78)。

4 於是上曰：「本言都秦地者婁敬，『婁』者乃『劉』也(79)。」賜姓劉氏(80)，拜為郎中(81)，號為奉春君(82)。

5 漢七年(83)，韓王信(84)反，高帝自往擊之。至晉陽(85)，聞信與匈奴(86)欲共擊漢，上大怒，使人使匈奴(87)。匈奴匿(88)其壯士、肥牛馬，但見老弱及羸畜(89)。使者十輩來(90)，皆言匈奴可擊。上使劉敬復往使匈奴，還報曰：「兩國相擊(91)，此宜夸矜見所長(92)。今臣往，徒見羸瘠老弱，此必欲見短(93)，伏奇兵以爭利。愚以為匈奴不可擊也。」是時漢兵已踰句注(94)，二十餘萬兵已業行(95)。上怒，罵劉敬曰：「齊虜(96)！以口舌得官，今迺妄言沮吾軍(97)！」械繫敬廣武(98)。遂往，至平城(99)，匈奴果出奇兵，圍高帝白登(100)，七日然後得解(101)。高帝至廣武，赦敬，曰：「吾不用公言，以困平城，吾皆已斬前使十輩言可擊者矣。」迺封敬二千戶，為關內侯(102)，號為建信侯[103]。

6 高帝罷平城歸，韓王信亡入胡[104]。當是時，冒頓[105]為單于[106]，兵彊，控弦[107]三十萬，數苦北邊。上患之，問劉敬。劉敬曰：「天下初定，士卒罷於兵[108]，未可以武服也。冒頓殺父代立[109]，妻羣母[110]，以力為威，未可以仁義說也。獨可以計久遠，子孫為臣[111]耳，然恐陛下不能為。」上曰：「誠可，何為不能！顧為柰何[112]？」劉敬對曰：「陛下誠能以適長公主[113]妻之，厚奉遺之[114]，彼知漢適女送厚，蠻夷必慕以為閼氏[115]，生子必為太子，代單于。何者？貪漢重幣[116]。陛下以歲時[117]漢所餘、彼所鮮[118]數問遺[119]，因使辯士風諭以禮節[120]。冒頓在，固為子婿[121]；死，則外孫為單于。豈嘗聞外孫敢與大父抗禮[122]者哉？兵可無戰以漸臣[123]也。若陛下不能遣長公主，而令宗室及後宮詐稱公主，彼亦知，不肯貴近，無益也。」高帝曰：「善。」欲遣長公主[124]。呂后日夜泣，曰：「妾唯太子、一女，柰何弃之匈奴！」上竟不能遣長公主，而取家人子[125]名為長公主[126]，妻單于，使劉敬往結和親約[127]。

7 劉敬從匈奴來，因言：「匈奴河南白羊、樓煩王[128]，去長安近者七百里，輕騎一日一夜可以至秦中[129]。秦中新破[130]，少民，地肥饒，可益實[131]。夫諸侯初起時[132]，非齊諸田[133]，楚昭、屈、景[134]莫能興。今陛下雖都關中，實少人[135]。北近胡寇，東有六國之族136，宗彊137，一日有變，陛下亦未得高枕而臥也。臣願陛下徙138齊諸田，楚昭、屈、景，燕、趙、韓、魏139後，及豪桀名家居關中。無事，可以備胡；諸侯有變140，亦足率以東伐。此彊本弱末141之術也。」上曰：「善。」迺使劉敬徙所言關中十餘萬口142。

【章旨】以上為第一段，寫劉敬因機緣湊巧，片語得官，並被封侯、賜姓劉的過程。

【注釋】❶劉敬　本名「婁敬」，因進言獲劉邦喜歡，因而被賜姓「劉」，故稱「劉敬」。❷齊　漢初諸侯國，在楚漢戰爭時期，先是劉邦功臣韓信被封為齊王，都臨淄（今山東淄博之臨淄西北）。項羽被滅（西元前二〇二年）後，韓信被改封楚王（都下邳），劉邦封其私生子劉肥為齊王，為當時諸侯國之最大者。❸漢五年　西元前二〇二年。這一年的十二月（當時以十月為歲首）項羽被劉邦所滅；二月，劉邦即皇帝位。❹戍隴西　婁敬被徵調發往隴西戍守邊疆。隴西，漢郡名，郡治狄道（今甘肅臨洮）。❺洛陽　古都名，在今河南洛陽東北，當時為河南郡的郡治所在地，也是劉邦稱帝初期的漢代都城。❻脫輓輅　摘下身上的拉車繩套。《索隱》：「輓者，牽也；輅者，鹿車前橫木。二人前輓，一人後推之。」輓，通「挽」。拉。王先謙曰：「輓者，繫於輅上之索。」❼羊裘　羊皮短襖，當時為勞動者所服。❽虞將軍　史失其名，事跡不詳，《史記》中僅此一見。❾便事　當前國家應做的事情。❿鮮衣　新衣。⓫臣衣帛二句　我平常要是個衣帛的富貴人，我就穿著帛衣去見皇帝。帛，絲綢。這裡指絲綢做的衣服，當時為富貴者的衣著。⓬褐　粗毛短襖，古時貧者之所服。⓭易衣　更換服裝。⓮豈欲與周室比隆哉　相傳周朝滅商後，武王與成王都曾一度想建都於洛陽，現在劉邦也都於洛陽，故婁敬問他是不是覺得自己有周朝統治者那樣的道德與武力。比隆，較量道德與武力的高低。⓯取天下　指取得天下的基礎與取得天下的方法、過程。⓰后稷　周王朝的始祖，堯、舜時代的人，因發展農業有功，被封之於邰。事跡詳見〈五帝本紀〉、〈周本紀〉與《詩經・生民》等。⓱邰　古地名，在今陝西武功西南。按：本篇曰「堯封之邰」，而〈周本紀〉則曰堯「舉以為農師」，至舜時始「封之於邰」，二者微異。⓲積德累善十有餘世　按：后稷與大禹同時，自大禹至夏桀（約西元前二〇七〇—前一六〇〇年）約四百七十餘年，恐不止「十有餘世」。⑲公劉　周朝的祖先，相傳為夏末時人。⑳避桀居豳　桀，夏朝的末代帝王，因荒淫無道被商湯所滅，事見〈夏本紀〉、〈殷本紀〉。豳，古地名，在今陝西旬邑西。按：有關公劉率領周部落由邰遷豳的過程，詳見《詩經・大雅・公劉》。但作品只講了公劉率眾遷居，以及開發經營豳地的情形，並未說是為了躲避夏桀。㉑太王　即古公亶父，周文王的祖父。古公亶父後來被周武王追尊為「太王」。㉒以狄伐故二句　為了躲避狄族的侵略，而離豳南遷到岐山。有關古公亶父為了躲避其他民族侵擾，率眾由豳邑南遷於岐山的過程，詳見《詩經・大雅・緜》與《孟子・梁惠王下》。㉓杖馬箠居岐　馬箠，打馬疾行的竹片。岐，山名，也是古邑名，都在今陝西省之岐山縣東北。㉔文王　姓姬名昌，古公亶父之孫，季歷之子，對周部族的發展壯大有突出貢獻，為其子武王的滅殷奠定了堅實基礎。事跡見《詩經》之〈文王〉、〈皇矣〉，《尚書》之〈西伯戡黎〉與《史記》之〈周本紀〉。㉕西伯　西方的諸侯之長。㉖斷虞芮之訟　虞、芮是當時西方的兩個小國。虞在今陝西隴縣西南；芮在今甘肅華亭。〈周本紀〉曰：「虞、芮之人有獄不能決，乃如周。入界，耕者皆讓畔，民俗皆讓長。虞、芮之人未見西伯，皆慚，相謂曰：『吾所爭，周人所恥，何往為，祇取辱耳。』遂還，俱讓而去。」㉗始受命　各國諸侯見周國能以禮讓感化虞、芮之人，於是遂稱這一年為文王接受天命，從此為天下之王。〈周本紀〉曰：「諸侯聞之，曰：『文王為受命之君。』」此說亦見於《詩經・大雅・緜》。㉘呂望　即太公姜尚，周朝的開國元勳，佐助武王滅殷後，被武王封於齊。事跡見〈周本紀〉與〈齊太公世家〉。㉙伯夷　相傳是殷朝末年的孤竹君之子，其父欲立少子叔齊為嗣，叔齊讓其兄伯夷，伯夷不受，於是兄弟二人離開孤竹，投奔周國。中遇武王伐紂之師，二人勸阻無效，遂隱於首陽山。武王滅殷後，二人不食周粟而死。事見〈伯夷列傳〉。㉚自海濱來歸之　〈齊太公世家〉稱呂望是「東海上人」，《正義》以為此「東海上」指今江蘇之東部沿海，並謂「呂望宅及廟在蘇州海鹽縣西也」。孤竹國在今河北省之盧龍縣東南郊。有關太公與伯夷自海濱歸周事，又見於《孟子》之〈盡心上〉與〈離婁上〉。㉛武王　名發，文王之子，西元前一〇四六年滅殷建立周王朝，為天下之王四年而死。㉜不期　事先沒有約定，大家就自動來了。極言天下擁周反殷的心思之齊。㉝孟津　古黃河渡口名，在今河南孟津東北、孟縣西南。㉞皆曰紂可伐矣二句　據〈周本紀〉，武王為周國諸侯之第九年，起兵伐紂，諸侯不期而會於孟津者八百人。諸侯皆曰「紂可伐矣」，武王曰「汝未知天命，未可也」，乃還師歸。又過了二年，即西元前一〇四六年，武王始二次舉兵滅掉了殷紂。此劉敬所述與事實略異。㉟成王　武王之子，名誦，西元前一〇四二—前一〇二一年在位。初即位時年甚幼，國家的一切大權都由以周公為首的諸大臣掌握。㊱周公　名旦，文王之子，武王之弟，先是與呂尚等共同佐助武王滅殷；武王去世後，又輔佐年幼的成王統治天下。事跡詳見〈周本紀〉與〈魯周公世家〉。因為周公的功勳卓著，故滅殷後周公被封於魯；又因為周公要繼續在朝為輔佐，故封其子伯禽為魯公，建國於曲阜；而周公則世代在朝，又在周國享有了一塊封地。㊲傅相　為之做太傅、做宰相。即輔佐成王為政。㊳營成周洛邑　周公當時在洛邑建築了兩座城，在瀍水以西的叫王城（今洛陽市），在瀍水以東的叫成周（今洛陽市東北郊）。按：周初之經營洛邑共兩次，第一次在武王時，第二次在成王時。其經營洛邑的目的有二，一個是將殷朝之遺民遷居於此，監督看管；另一個是以此作為周王朝的東部都會，以之為朝見天下諸侯之場所。結果「卒營築，居九鼎焉」。㊴納貢職　意即給朝廷進貢。貢職，也稱「職貢」。即貢也。有人分別解釋作「進貢述職」，恐非。㊵道里均　路程的遠近差不多。㊶有德則易以王二句　何焯曰：「周公營洛，止以為朝會諸侯之處，非遂居之也。則『道里均』之說長，『無德易亡』、『不欲阻險』，乃後世儒生推測聖人之過，周公本意，夫豈然哉！」楊樹達引《說苑・至公篇》云：「昔周成王之卜居成周也，其命龜曰：『予一人兼有天下，辟就百姓，敢無中土乎？使予有罪，則四方伐之，無難得也。』」又引《呂氏春秋・長利篇》云：「成王之定成周，其辭曰：『惟余一人營居成周，惟余一人有善，易得而見也；有不善，易得而誅也。』」㊷和洽　和睦融洽。㊸鄉風　望風歸服。鄉，通「向」。㊹附離　貼近；依附。離，通「麗」。貼。㊺不戰一士　不勞一人作戰。㊻八夷　八方的少數民族。㊼效其貢職　各自進獻其當獻的貢品。㊽分而為兩　東周王朝至周顯王（西元前三六八—前三二一年在位）時，所轄疆域已經只剩下幾個縣，但就在這僅有的一點土地上又分成了東、西兩部分，分別被兩個大貴族所把持。在東的稱東周君，都於鞏（今鞏縣西南）；在西的稱西周君，都於王城（今洛陽市）。而周顯王與其以後的周慎靚王（西元前三二〇—前三一五年在位）、周赧王（西元前三一四—前二五六年在位），則完全成了寄人籬下的光棍一個。㊾起豐沛　謂劉邦是豐邑人，於秦二世元年（西元前二〇九年）九月首先奪得沛縣，而後正式起兵反秦，過程詳見〈高祖本紀〉。「豐」原是沛縣下的一個鄉邑，至劉邦稱帝之後，乃將豐邑也上升為縣。㊿收卒三千人　〈高祖本紀〉曰劉邦奪得沛縣正式起兵後，「少年豪吏如蕭、曹、樊噲等皆為收沛子弟二三千人」。(51)徑往　直往；一直攻擊前進。(52)卷蜀漢　指劉邦於西元前二〇六年十月（當時以十月為歲首）入關滅秦後，於同年一月被項羽封為漢王，王巴、蜀、漢中三郡之地。當時巴郡的郡治在江州（今重慶市北），蜀郡的郡治即今成都市，漢中郡的郡治南鄭（今陝西漢中）。(53)定三秦　劉邦於西元前二〇六年四月離開關中到漢中上任；同年八月由漢中殺回關中，很快地將關中地區收歸己有。三秦，即指關中。因為項羽將劉邦封於巴、蜀、漢中後，為阻劉邦北出，而封其三員秦朝的降將章邯、董翳、司馬欣為雍王（都廢丘）、翟王（都高奴）、塞王（都櫟陽），以分據關中之地。(54)戰滎陽二句　滎陽，秦縣名，縣治在今河南滎陽東北。成皋，古軍事要地名，即後來之虎牢關，在今滎陽市西北，當時的滎陽縣西。滎陽、成皋是楚漢戰爭的主戰場，劉邦與項羽在這一帶反覆拉鋸爭奪，相持達兩年零五個月。詳情見〈項羽本紀〉、〈高祖本紀〉。(55)塗地　流在地上。(56)暴骨中野　暴，露；拋棄。中野，原野上。(57)傷痍者　受傷的人。痍，傷；創傷。(58)未起　未好；未痊癒。(59)成康　西周的成王、康王。康王是成王之子，名釗，西元前一〇二〇—前九九六年在位。成王與康王的統治時期被古代傳說為「盛世」。(60)不侔　不配；不能相比。(61)秦地　戰國時代的秦國地區。通常即指關中一帶。(62)被山帶河　謂關中地區四周有群山環繞，東側有黃河為帶。被，通「披」。意即包裹；環繞。(63)四塞以為固　四周都有屏障、關塞。按：賈誼〈過秦論下〉：「秦地被山帶河以為固，四塞之國也。」蓋史公用〈過秦論〉語以為劉敬說。(64)卒然　突然。卒，通「猝」。(65)百萬之眾可具　很快就能組織起上百萬的軍隊。(66)因秦之故　憑藉著舊日秦國所修的種種防守工事。(67)資甚美膏腴之地　利用關中地區美好的土地資源。資，憑藉；借用。膏腴，以喻農田之肥沃。(68)天府　上帝的大倉庫。府，倉庫。《戰國策・秦策》蘇秦說惠王曰：「大王之國，地勢形便，此所謂『天府』。」蓋戰國以來之套語。(69)山東雖亂二句　按：此賈誼〈過秦論下〉語。瀧川曰：「〈項羽紀〉云：『人說項王曰：「關中阻山河四塞，地肥饒，可都以霸。」項王不聽。』〈淮陰侯傳〉韓信論項羽曰：『項王雖霸天下而臣諸侯，不居關中，而都彭城。』由是觀之，定都關中以制天下，當時識者所見皆然，未必待婁敬、張良。」(70)搤其亢二句　一手掐脖子，一手擊其背。亢，喉嚨。(71)案　巡察；清點。亦即「防守好」的意思。(72)山東　崤山以東。泛指戰國時的東方六國之地。(73)周王數百年　自平王東遷至周赧王死二周滅亡，共歷時五百二十一年。犬戎滅西周在西元前七七一年，周平王遷都洛陽在西元前七七〇年；周赧王死，西周滅在西元前二五六年，東周滅在西元前二四九年。(74)秦二世即亡　秦朝只傳了兩代，到胡亥時就亡國了。(75)周　此「周」即指東周時的都城洛陽。(76)留侯　張良，劉邦的開國元勳，封地在留縣（今江蘇沛縣東南）。事跡詳見〈留侯世家〉。(77)明言入關便　當婁敬勸說劉邦都關中，劉邦的左右大臣皆「山東」人，都希望都城離自己的家鄉近點兒，因而堅決反對婁敬的建議時，張良說「洛陽雖有此固，其中小，不過數百里，田地薄，四面受敵，此非用武之國也。夫關中左殽函，右隴蜀……此所謂金城千里，天府之國也，婁敬說是也」云云，見〈留侯世家〉。(78)即日車駕二句　凌稚隆引董份曰：「書『即日』，見高帝從諫如轉圜。」按：曰高祖從之可也，曰「即日」則誇張過分，車駕遷都豈瞬息間可行者哉？然〈留侯世家〉亦曰「於是高帝即日駕，西都關中」。(79)婁者乃劉也　「婁」也就是「劉」。讀音相似，有些地區便「劉」、「婁」不分。按：劉邦是粗人，偏偏會劉熙作《釋名》的那一套本事。〈張耳陳餘列傳〉寫貫高在柏人縣埋伏殺手，準備刺殺劉邦。劉邦到達柏人後，問此是何縣。人說是「柏人」。劉邦說：「『柏人』者，『迫於人』也。」不宿而去，於是逃過了一場災難。姚苧田曰：「高祖賜婁敬姓『劉』，而云『婁者乃劉也』；於柏人心動，則云『柏人者，迫於人也』，粗糙杜撰，可哂亦可愛，小處傳神，三毫欲活矣。」(80)賜姓

劉氏　應曰「賜姓劉」，不應說「賜姓劉氏」。蓋同一祖先曰同「姓」，同「姓」之中再因某種理由而分成若干支派，叫作「氏」。史公寫《史記》往往將「姓」「氏」並用，不可為訓。(81)郎中　帝王的侍衛人員，上屬郎中令。(82)號為奉春君　徐孚遠曰：「此亦名號耳，不為封爵。」《索隱》引張晏曰：「春為歲之始，以其首謀都關中，故號『奉春君』。」陳直曰：「封『奉春君』，並未言及封戶，殆與叔孫通號『稷嗣君』相比。」(83)漢七年　西元前二〇〇年。(84)韓王信　姓韓名信，戰國之韓國君王的後代。因隨劉邦破秦、破項有功，被劉邦封為韓王。為了與劉邦部下的另一位軍事家淮陰侯韓信相區別，故寫史者稱之為「韓王信」。韓王信初受封時都於陽翟（今河南禹縣），因陽翟離洛陽太近，劉邦不願讓陽翟屬於諸侯，於是將韓王信移封至今山西省北部。韓王信請求都於馬邑（今山西朔縣），與匈奴為鄰。後在匈奴的進攻下，失亡較多，劉邦譴責韓王信，韓王信遂聯合匈奴反漢。事見〈韓信盧綰列傳〉。(85)晉陽　漢縣名，縣治在今山西太原西南。(86)匈奴　戰國後期興起於北方的少數民族名，活動在今內蒙與蒙古共和國一帶，其本營在今蒙古國之烏蘭巴托一帶，漢代初期成為漢王朝的主要邊患。其詳細情節見〈匈奴列傳〉。(87)使匈奴　出使到匈奴。目的是察看匈奴的虛實。(88)匿　藏起不使人見。(89)但見老弱及羸畜　讓人看到的都是老弱之人與枯瘦的牲畜。見，通「現」。讓人看。羸，瘦弱。(90)使者十輩來　十多批人出使回來。(91)相擊　相對抗；準備開戰。(92)宜夸矜見所長　應該誇耀自己的武力，顯示自己的長處。(93)此必欲見短　見短，故意示弱，使敵方鬆懈麻痹。《老子》第三十六章有所謂「將欲歙之，必固張之；將欲弱之，必固強之；將欲廢之，必固舉之；將欲奪之，必固與之」，〈越王句踐世家〉逢同有所謂「鷙鳥之擊也，必匿其形」，皆此之謂也。(94)已踰句注　已經向北翻過了句注山。句注，山名，在今山西代縣北。句，通「勾」。(95)已業行　已經出發。已業，業已；已經。(96)齊虜　罵人語，猶言齊國來的奴才。虜，奴。陳直曰：「〈貨殖傳〉云：『齊俗賤奴虜，而刁閒獨愛貴之。』『齊虜』蓋為當時習俗語。」(97)沮吾軍　瓦解我的軍心。沮，渙散；瓦解。(98)械繫敬廣武　械，刑具。廣武，漢縣名，縣治在今山西代縣西南。(99)平城　漢縣名，縣治在今山西大同東北。(100)白登　山名，在今山西大同東北。(101)七日然後得解　有關劉邦被匈奴圍困於平城，以及陳平設謀與匈奴求和得以解歸的詳情，見〈匈奴列傳〉、〈陳丞相世家〉。(102)關內侯　有侯爵而無封地，仍居住在首都長安者，比有封地之「列侯」低一等。(103)號為建信侯　陳直曰：「據此知西漢初封『君』者，既無食邑，且位置在『關內侯』之下，與戰國時『君』、『侯』相等，制度不同。」徐孚遠曰：「建策不用而得封，與魏武賞諫伐烏桓者同類，明主濃於用賞也。」(104)亡入胡　逃入匈奴中。據〈韓信盧綰列傳〉，韓王信之「亡入胡」乃在匈奴人圍劉邦於白登之前，白登之圍蓋即韓王信與匈奴人合伙為之。白登之役後，韓王信繼續與匈奴勾結，擾亂漢邊四年，至漢十一年（西元前一九六年），韓王信被漢將柴武所破殺。(105)冒頓　西漢初期的匈奴首領名，西元前二〇九—前一七五年在位，是匈奴史上最有作為的人物。事跡詳見〈匈奴列傳〉。106單于　匈奴最高君長的稱呼，猶如漢族之皇帝。107控弦　指騎射之兵。108罷於兵　被戰爭所疲憊。罷，通「疲」。勞乏。109冒頓殺父代立　冒頓訓練親信，以鳴鏑射殺其父。詳見〈匈奴列傳〉。110妻羣母　收其父之姬妾皆歸於己。按：胡俗父死其妻妾歸於子，兄死歸於弟。111獨可以計久遠二句　只有想辦法讓他的後代兒孫向我們稱臣。112顧為柰何　究竟該怎麼做呢。顧，但。轉折語詞。也相當於現在的「關鍵是」、「問題是」。113適長公主　親生的大女兒。適，通「嫡」。114厚奉遺之　將大宗的錢財送給他。奉，通「俸」。錢財。遺，給；贈送。115必慕以為閼氏　必然會敬慕此女，立以為匈奴單于之正妻。閼氏，猶如漢王朝之皇后。116重幣　厚禮。幣，禮品；貢品。117以歲時　按年關、按季節。歲，年。時，季節。118彼所鮮　他們所欠缺的。鮮，少。119數問遺　屢屢加以慰問、賞賜。120風諭以禮節　慢慢的教導他們講究禮節。風諭，委婉勸告，使人明白。121子婿　即通常所謂「女婿」。古代稱「子」兼有兒子、女兒兩端。122與大父抗禮　大父，祖父，這裡指「外祖父」。抗禮，平起平坐。這裡即指對抗。123漸臣　逐漸地使其臣服。凌稚隆引閔如霖曰：「敬既知冒頓『殺父，妻群母，不可以仁義說』，而曰『不敢與大父抗禮』，亦謬矣。」又引董份曰：「其言似善策，然據敬所言『殺父，妻群母』，則又何有於『大父』哉？使當時即是而論，則不待折以辭而自窮矣。」124欲遣長公主　此劉邦所欲遣者即孝惠帝之姐，所謂「魯元公主」者也，呂后之所生。梁玉繩曰：「按〈張耳傳〉，魯元公主于高帝五年適趙王敖，至是時已三年矣，而云『以妻單于』，豈將奪而嫁之乎？婁敬之言悖也。乃帝善其言，即欲遣公主，有是理哉？必非事實。」王先謙引沈欽韓曰：「張敖以五年尚公主，至高后六年薨，中間不應奪之而與冒頓，此史家探意之失。」125家人子　平民百姓家的女孩子。126名為長公主　假稱作劉邦的大女兒。127使劉敬往結和親約　按：《漢書．竇田灌韓傳》稱此時劉邦的表現為：「及解圍反位，而無忿怒之心，夫聖人以天下為度者也，不以己私怒傷天下之功，故乃遣劉敬奉金千斤以結和親。」128河南白羊樓煩王　居住在河南（今內蒙河套地區）一帶的白羊、樓煩兩個部落君長。白羊部落約住在今內蒙東勝地區的西部，樓煩部落居住在今內蒙、山西、陝西三省交界的一帶地區。129秦中　即關中。指今陝西中部渭水流域的平原地區。130新破　指剛剛遭受過諸侯破秦與楚漢戰爭的刀兵之苦。131可益實　可以從其他地區向渭水流域移民。實，充實；填滿。132諸侯初起時　指秦二世元年（西元前二〇九年）秋，陳涉首先發動起義，隨後項羽、劉邦以及山東、河北等各路義軍皆起的時候。133齊諸田　指田儋、田榮、田橫、田間、田角等一群戰國時的齊國諸侯的後代，其活動見〈田儋列傳〉。134楚昭屈景　指戰國時楚國諸侯的後代，如楚懷王熊心及〈陳涉世家〉中的景駒等。按：由於這些人是世代貴族，故而在天下大亂時都在不同地區各有其相當的號召力。135今陛下雖都關中二句　劉辰翁曰：「『新破少民』，與『百萬可具』又自相忤，故知說士不足恃。」136東有六國之族　東方各地都有當年各國諸侯的後代子孫。137宗彊　這些舊貴族都還人多勢大。138徙　強制搬遷。139燕趙韓魏　舊時之燕都於薊縣（今北京市），舊時之趙都於邯鄲（今河北邯鄲），舊時之韓都於新鄭（今河南新鄭），舊時之魏都於大梁（今河南開封）。140諸侯有變　東方的舊六國地區倘有風吹草動。141彊本弱末　加強皇帝的直轄區，削弱各郡與諸侯國的政治、經濟實力。142徙所言關中十餘萬口　將婁敬所說的齊諸田、楚昭屈景，以及燕、趙、韓、魏等強宗大族的十多萬人強制搬遷到了關中地區。師古曰：「今高陵、櫟陽諸田，華陰、好時諸景，及三輔諸屈、諸懷尚多，皆此時所徙也。」陳直曰：「漢初屈姓在關中，多以治陶為業，現出土有『咸里郿驕』、『咸里郿埍』諸陶器可證。」楊樹達曰：「據〈高紀〉，事在高祖九年（西元前一九八年）十一月。」凌稚隆曰：「傳內遷都、使虜、和親、徙大姓，皆漢初大事也，太史公只敘此四事，而敬之功業自見矣。」

【語　譯】劉敬原名婁敬，是齊國人。漢高祖五年，婁敬被調派戍守隴西，當他路過洛陽時，剛好劉邦正在洛陽。於是婁敬就把車子一停，把拉車的繩套一摘，穿著件羊皮襖，去找他的齊國老鄉虞將軍，說：「我希望面見皇上談一些重要事情。」虞將軍想讓他換一件漂亮衣服，婁敬說：「我原來是穿絲綢的，我就穿著絲綢去見；原來是穿粗布的，我就穿著粗布去見。絕不能換衣服。」於是虞將軍就進宮去稟告了劉邦。劉邦叫婁敬進去，並給了他飯吃。

2　飯後劉邦問婁敬想說什麼，婁敬說：「您現在建都洛陽，您是打算建立一個像周王朝那樣的國家嗎？」劉邦說：「是的。」婁敬說：「您奪取天下的方式和周朝可是不一樣的。周朝的祖先從后稷被堯封在邰地後，十幾代人行善積德；傳到公劉，因為躲避夏桀而遷到了豳；到了太王，又因為躲避狄人的侵擾，離開豳，策馬來到了岐山下，老百姓都爭先恐後地跟著他一起來了；等到文王做西伯時，從他解決了虞、芮二國人民的糾紛，就標誌著他已經接受了天命，接著呂望、伯夷都從東部的海濱來歸附了他；待至武王伐紂時，事先並沒有約定，結果竟有八百多諸侯到孟津去和周武王會師，大家異口同聲地說：『該是討伐殷紂王的時候了。』於是周武王這才滅掉了殷朝。待至成王即位後，有周公等人輔佐他，他們在洛邑建立了成周、王城，因為他們認為這裡是天下的中心。各地的諸侯們從四面八方前來朝貢，道路的遠近都差不多。而且行德政的人在這個地方容易稱王，不行德政的統治者在這裡也容易滅亡。他們的目的就是想以此來促使周朝的後人施行德政，招徠百姓，而不想讓他們憑著險要的地勢來驕奢淫逸地殘害人民。結果在周朝興盛的時候，天下太平，四方歸順，大家都傾慕著周王朝的道義仁德，都緊密地圍擁在周天子的周圍，用不著駐紮一兵一卒，用不著一個人去衝鋒陷陣，就吸引了八方的蠻夷大國都來歸附，都來朝貢了；等到周朝衰落的時候，它的政權自身又分裂成了東周和西周，那時的各國諸侯誰也不來朝見，而他們也無法再控制人家。這倒不一定是由於周天子自身的道德太壞，而是由於當時的形勢和以前大不相同了。如今您是從沛縣豐邑起事，收羅了三千士卒，帶著他們長驅直入，席捲蜀、漢，接著又殺回來平定了三秦，隨後和項羽在滎陽、成皋一帶展開拉鋸，先後打了大仗七十場，小仗四十場，以至於使得天下的百姓們肝腦塗地，家家戶戶的大人孩子暴屍原野，犧牲的人無法統計，直到現在，百姓們的哭聲仍未斷絕，受傷的將士們仍未康復，而您卻想和周朝的成康盛世相比，我看您是無論如何也比不上的。秦國舊有的關中地區，東有黃河之險，四周群山環繞，一旦東方發生意外，即使需要上百萬人的隊伍，在那裡也可以很容易地招集起來。您應該憑籍秦國舊有的這塊地盤，利用它那富饒的物產，那可是人們所說的『天府之地』啊。如果您能建都在那裡，那麼即使日後東方有什麼動亂，秦國舊有的這塊地盤也永遠是屬於您的。跟人打架，如果不能掐住對方的脖子，擊打他的後背，就不可能獲得勝利。今天您如果能夠建都關中，占據秦國舊有的地盤，那就等於是掐住了天下的脖子，並擊打天下各國的後背。」

3 劉邦徵求群臣們的意見，群臣們都是東方人，都說周朝建都洛陽，統治了天下幾百年；而秦朝建都關中，結果第二代就滅亡了，還不如像周朝一樣以建都洛陽為好。劉邦猶豫不決。等到後來張良又明確表態，提出建都關中好，於是劉邦當天就動身，搬到關中定都。

4 劉邦說：「最早提出讓我建都關中的是婁敬，『婁』也就是『劉』。」於是賜婁敬姓劉，並同時任命他為郎中，稱他為奉春君。

5 漢高祖七年，韓王信造反，劉邦親自率兵前去征討。軍隊走到晉陽，聽說韓王信已經和匈奴人聯合了起來，準備一起對付漢朝，劉邦大怒，他派人出使匈奴探聽虛實。結果匈奴人故意地把他們的青壯年和肥壯的牛馬都藏了起來，只留下一些老弱病殘的人和一些瘦弱的牲畜讓漢朝使者看，漢朝的十多批使者都信以為真，回來都說匈奴可打。劉邦又派劉敬再次出使前往察看，劉敬回來報告說：「兩國交戰，本應互相誇耀自己的實力以威懾對方。可是我在那裡所見到的只是一些瘦骨嶙峋的老弱病殘，這說明他們是在故意地讓我們看他們的短處，而把他們的精兵埋伏了起來，準備到時候收拾我們。我認為這一仗不能打。」可是這時二十萬漢軍已經越過了句注山，向匈奴撲去了，劉邦聽劉敬這時還說這個，心裡非常生氣，他罵劉敬說：「你這個齊國的狗才！本來你就是憑著耍嘴皮子做的官，現在你竟敢瓦解我的軍心！」於是派人給他戴上刑具，關在了廣武。而劉邦則隨著軍隊一同北上，到了平城，匈奴果然伏兵齊出，把劉邦圍困在白登山，一直到七天以後才得出來。劉邦回到廣武，把劉敬放出來，對他說：「當時由於沒聽您的話，結果我們被圍在了平城。現在我已經把那十幾批說匈奴可打的使者全殺了。」於是劉邦封給了劉敬二千戶，賜爵為關內侯，號為建信侯。

6 劉邦從平城收兵回長安，韓王信這時已經逃到匈奴人那裡去了。這時，匈奴正是冒頓作單于，匈奴的兵力非常強大，能夠拉弓射箭的有三十多萬人，他們多次騷擾漢朝的北部邊境。劉邦很頭疼，便問劉敬有什麼主意，劉敬說：「如今天下剛剛安定，士兵們都很疲憊，要想用武力征服匈奴是不行的。而且冒頓是殺了他的父親而自立為單于的，更把他父親的所有妻子都占為己有，他這一切都是憑著武力，對這種人沒法講仁義道德，只能從他的後世子孫身上打主意，想辦法讓他的後代兒孫成為漢朝的臣民。辦法是有，就怕您不願意那麼做。」劉邦說：「只要能成功，我怎麼會不願做呢！問題是該怎麼辦呢？」劉敬答道：「如果您能把您的親女兒嫁給冒頓為妻，同時多送他們東西。他們一見漢朝天子能把親生女兒嫁給他，而且還給那麼多東西，他們一定會高興地讓您的女兒做他們的皇后，您女兒生的兒子將來一定會做他們的太子，一定會接班作單于。為什麼呢？因為他們貪愛漢朝的錢財。而您也就順著他們的心思，按時按季地把那些我們用不了而他們又欠缺的東西送給他們，同時再派一些說客去慢慢地教導他們禮節。這樣，冒頓活著，他是您的女婿；日後冒頓死了，新任單于就是您的外孫。誰聽說過外孫敢和外祖父對抗呢？這樣一來，我們就等於不用打仗就慢慢地把匈奴收為臣下了。假如您捨不得派您的親生女兒去，而只是讓一個別的劉氏宗室的女兒，或是您後宮的一個什麼女子裝成您的女兒前去，那麼匈奴人一定也會知道，那他們就不會尊寵她，那就達不到目的了。」劉邦說：「好。」於是回去就想派魯元公主。呂后一聽就日夜啼哭著對劉邦說：「我就生了這麼一個兒子、一個女兒，你怎麼能忍心把她扔到匈奴去呢！」劉邦一見如此，又打消了派自己女兒的念頭，於是找了一個平民家的女子冒名為自己的女兒，嫁給了單于。並派劉敬前往與匈奴訂立了和親的條約。

7 劉敬從匈奴回來後，對劉邦說：「匈奴黃河以南的白羊、樓煩等部落，離長安最近的只有七百里地，敵人的騎兵一天一夜就可以到達。而我們這秦中地區新近遭受戰亂，人煙稀少，土地肥沃，應該增加這裡的人口。當初各路諸侯起兵反秦時，如果沒有齊國的田姓，楚國的昭、屈、景等姓的大族，是無法成功的。如今您建都在關中，但關中人口稀少。北面又靠近匈奴，東方各地又有的是六國之後的強宗大族，這樣一旦有個風吹草動，您立刻就不得安穩了。我希望您下令把原來齊國那些姓田的，楚國那些姓昭、姓屈、姓景的和那些燕國、趙國、韓國、魏國諸侯的後代，以及各地有名的豪紳都搬到關中來住。這樣，國內沒事的時候，可以讓他們防備匈奴人；如果東方的諸侯們發生動亂，就可以率領他們前往征討。這是一個既加強朝廷本身，又削弱地方諸侯的辦法。」劉邦說：「好。」於是就派劉敬把他所提到的那些大家族一共有十多萬人都遷到了關中。

1 叔孫通❶者，薛❷人也。秦時以文學徵❸，待詔博士❹。數歲❺，陳勝起山東❻，使者以聞❼，二世❽召博士諸儒生問曰：「楚戍卒❾攻蘄入陳❿，於公如何⓫？」博士諸生三十餘人前曰：「人臣無將，將即反，罪死無赦⓬。願陛下急發兵擊之。」二世怒，作色。叔孫通前曰：「諸生言皆非也。夫天下合為一家⓭，毀郡縣城⓮，鑠其兵⑮，示天下不復用⑯。且明主在其上，法令具⑰於下，使人人奉職⑱，四方輻輳⑲，安敢有反者！此特⑳羣盜鼠竊狗盜耳，何足置之齒牙間。郡守尉㉑今捕論㉒，何足憂？」二世喜，曰：「善。」盡問諸生，諸生或言「反」，或言「盜」。於是二世令御史㉓案㉔諸生言反者下吏㉕，非所宜言㉖。諸言盜者皆罷之㉗。迺賜叔孫通帛二十匹，衣一襲㉘，拜為博士㉙。叔孫通已出宮，反舍，諸生㉚曰：「先生何言之諛㉛也？」通曰：「公不知也，我幾不脫於虎口㉜！」迺亡去，之薛，薛已降楚㉝矣。及項梁之薛㉞，叔孫通從之㉟。敗於定陶㊱，從懷王㊲。懷王為義帝，徙長沙㊳，叔孫通留事項王㊴。漢二年㊵，漢王從五諸侯入彭城㊶，叔孫通降漢王㊷。漢王敗而西㊸，因竟從漢㊹。

2 叔孫通儒服，漢王憎之。迺變其服，服短衣，楚製㊺，漢王喜。

3 叔孫通之降漢，從儒生弟子百餘人，然通無所言進㊻，專言諸故羣盜壯士進之。弟子皆竊罵曰：「事先生數歲，幸得從降漢，今不能進臣等，專言大猾㊼，何也？」叔孫通聞之，迺謂曰：「漢王方㊽蒙矢石㊾爭天下，諸生寧能鬭乎？故先言斬將搴旗㊿之士。諸生且待我，我不忘矣。」漢王拜叔孫通為博士，號稷嗣君(51)。

4 漢五年[52]，已并天下[53]，諸侯共尊漢王為皇帝[54]於定陶。叔孫通就其儀號[55]，高帝悉去秦苛儀法，為簡易[56]。羣臣飲酒爭功，醉或妄呼，拔劍擊柱，高帝患[57]之。叔孫通知上益厭[58]之也，說上曰：「夫儒者，難與進取，可與守成[59]。臣願徵魯諸生[60]，與臣弟子共起朝儀[61]。」高帝曰：「得無難乎[62]？」叔孫通曰：「五帝[63]異樂，三王[64]不同禮。禮者，因時世人情為之節文[65]者也。故夏、殷、周之禮所因損益可知[66]者，謂不相復[67]也。臣願頗采古禮與秦儀雜就之[68]。」上曰：「可試為之，令易知，度吾所能行[69]為之。」

5 於是叔孫通使徵魯諸生三十餘人。魯有兩生不肯行，曰：「公所事者[70]且十主[71]，皆面諛[72]以得親貴。今天下初定，死者未葬，傷者未起，又欲起禮樂。禮樂所由起，積德百年而後可興也。吾不忍為公所為。公所為不合古，吾不行。公往矣，無汙我[73]！」叔孫通笑曰：「若[74]真鄙儒也，不知時變[75]。」

6 遂與所徵三十人西[76]，及上左右為學者與其弟子百餘人為緜蕞野外[77]。習之月餘，叔孫通曰：「上可試觀。」上既觀，使行禮[78]，曰：「吾能為此。」迺令羣臣習肄[79]，會十月[80]。

7 漢七年[81]，長樂宮[82]成，諸侯羣臣皆朝十月[83]。儀[84]：先平明[85]，謁者治禮[86]，引以次入殿門[87]。廷中陳車騎步卒衛宮[88]，設兵，張旗志[89]。傳言「趨」[90]，殿下郎中俠陛[91]，陛數百人[92]。功臣、列侯[93]、諸將軍、軍吏以次陳西方，東鄉[94]；文官丞相以下陳東方，西鄉。大行[95]設九賓[96]，臚傳[97]。於是皇帝輦[98]出房，百官執職傳警[99]，引諸侯王以下至吏六百石以次奉賀[100]。自諸侯王以下莫不振恐肅敬。至禮畢[101]，復置法酒[102]。諸侍坐殿上[103]皆伏抑首[104]，以尊卑次起上壽[105]。觴九行，謁者言「罷酒」。御史執法，舉不如儀[106]者輒引去[107]。竟朝置酒，無敢讙譁失禮者[108]。於是高帝曰：「吾迺今日知為皇帝之貴也[109]。」迺拜叔孫通為太常[110]，賜金五百斤。

8 叔孫通因進曰：「諸弟子儒生隨臣久矣，與臣共為儀，願陛下官之。」高帝悉以為郎[111]。叔孫通出，皆以五百斤金賜諸生。諸生迺皆喜，曰：「叔孫生誠聖人也[112]，知當世之要務。」

9 漢九年[113]，高帝徙叔孫通為太子太傅[114]。漢十二年[115]，高祖欲以趙王如意[116]易太子，叔孫通諫上曰：「昔者晉獻公[117]以驪姬之故廢太子，立奚齊[118]，晉國亂者數十年[119]，為天下笑。秦以不蚤定扶蘇[120]，令趙高得以詐立胡亥[121]，自使滅祀[122]，此陛下所親見。今太子仁孝，天下皆聞之；呂后與陛下攻苦食啖[123]，其可背哉[124]！

陛下必欲廢適[125]而立少，臣願先伏誅，以頸血汙地[126]。」高帝曰：「公罷矣，吾直戲耳[127]。」叔孫通曰：「太子天下本，本一搖天下振動，柰何以天下為戲！」高帝曰：「吾聽公言。」及上置酒，見留侯所招客[128]從太子入見，上迺遂無易太子志[129]矣。

10 高帝崩，孝惠即位[130]，迺謂叔孫生曰：「先帝園陵寢廟[131]，羣臣莫能習[132]。」徙為太常，定宗廟儀法。及稍定[133]漢諸儀法[134]，皆叔孫生為太常所論箸也[135]。

11 孝惠帝為東朝長樂宮[136]，及間往[137]，數蹕[138]煩人，迺作複道[139]，方築武庫南[140]。叔孫生奏事，因請間[141]曰：「陛下何自築複道高寢[142]？衣冠月出游高廟[143]，高廟[144]，漢太祖，柰何令後世子孫乘宗廟道上行[145]哉？」孝惠帝大懼，曰：「急壞之。」叔孫生曰：「人主無過舉[146]。今已作，百姓皆知之。今壞此，則示有過舉。願陛下為原廟渭北[147]，衣冠月出游之[148]。益廣多宗廟，大孝之本也[149]。」上迺詔有司立原廟。原廟起，以複道故[150]。

12 孝惠帝曾春出游離宮[151]，叔孫生曰：「古者有春嘗果[152]，方今櫻桃孰，可獻[153]，願陛下出，因取櫻桃獻宗廟[154]。」上迺許之。諸果獻由此興[155]。

【章 旨】以上為第二段，寫叔孫通阿諛圓滑的一生經歷。

【注 釋】❶叔孫通 姓叔孫，名通，蓋春秋時魯國權臣叔孫氏之後也。《史記集解》與《楚漢春秋》皆曰叔孫通「名何」，王先謙以為「通蓋字『何』」，梁玉繩以為「當是初名」。❷薛 秦郡名，郡治薛城在今山東滕縣南，蓋即戰國時齊國孟嘗君之封邑也。❸以文學徵 由於精通儒術，而被皇帝調入朝廷。文學，漢時以稱學術、儒術。徵，詔；調。❹待詔博士 跟在一群博士後面聽候皇帝的呼喚。博士，秦時為皇帝的侍從官員，以博聞多識在皇帝身邊備諮詢顧問。按：《史》稱叔孫通「待詔博士」，意即尚未被任為博士也。❺數歲 任博士數年，蓋叔孫通自始皇晚年即任博士矣。❻陳勝起山東 即陳勝於秦二世元年（西元前二〇九年）七月在安徽宿縣大澤鄉發動反秦起義，詳情見〈陳涉世家〉。❼使者以聞 到東方探聽虛實的使者，回來向二世報告。❽二世 名胡亥，秦始皇的第十八子，始皇死後，趙高與李斯篡改始皇遺詔，殺扶蘇，立胡亥為皇帝，稱為「秦二世」。詳情見〈秦始皇本紀〉、〈李斯列傳〉。❾楚戍卒 即指陳勝等人。陳勝等原是被徵調北戍漁陽（今北京密雲一帶），中途遇雨失期，因懼誅而起兵造反。❿攻蘄入陳 陳勝等在大澤鄉起兵後，首先攻下了蘄縣（當時的大澤鄉即屬蘄縣，在今宿州東南），接著率兵西進，攻克了陳郡（郡治即今河南淮陽）。⓫於公如何 在你們看來應該怎麼辦。⓬人臣無將三句 意謂做臣子的不允許擁兵作亂。《集解》引臣瓚曰：「將，謂逆亂也。《公羊傳》曰：『君親無將，將而必誅。』」楊樹達曰：「始皇焚書坑儒，而博士此時置對猶持《春秋》義為說者，蓋方以此獻諛，而不意觸二世之怒也。」陳直曰：「《公羊》莊三十二年、昭元年傳並云：『君親無將，將而必誅。』在秦末，《公羊傳》尚未著於竹帛，博士諸生已出此言，或從口授傳習《公羊》，故有此對。嗣後西漢人則為常用之經典，見於《漢書》淮南王、賈捐之等傳是也。」⓭天下合為一家 指秦始皇消滅六國，統一天下。⓮毀郡縣城 將原來六國地區的郡縣城牆通通拆掉，以防止有人據以謀反。⓯鑠其兵 〈秦始皇本紀〉云：「收天下兵聚之咸陽，銷以為鐘鐻，金人十二，重各千石，置廷宮中。」鑠，熔化。⓰示天下不復用 〈周本紀〉云：「縱馬於華山之陽，放牛於桃林之虛，偃干戈，振兵釋旅，示天下不復用也。」蓋用周以比秦。⓱具 備；齊全。⓲使人人奉職 派出去的官員（指各郡縣守令）都謹守職責。按：《漢書》於此作「吏人人奉職」。奉職，按自己的職務行事。⓳四方輻輳 四方馴順的歸服於中央，就如車輪之輻條歸集於車轂。⓴此特 這些都不過。特，只；只不過。㉑郡守尉 郡守與郡尉。郡守是該郡的最高行政長官，郡尉是郡守的副職，協助郡守主管該郡的武事。㉒今捕論 很快地就會把他們逮捕治罪。今，將；馬上。論，判罪。凌稚隆曰：「二世雖暴虐，通已臣事之矣。鼠竊之對與指鹿為馬何異？太史公首次此，而通之希世取容可概見矣。」㉓御史　御史大夫的屬官，主管監察彈劾。㉔案　通「按」。逮捕審問。㉕下吏　交由司法官吏處置。㉖非所宜言　這樣的話不是他們所該說的。㉗皆罷之　意即皆放過。㉘衣一襲　衣服一套。一襲，即一身。師古曰：「上下皆具也。」㉙拜為博士　至此，叔孫通始被任為博士官。㉚諸生　與叔孫通共事的各位先生。當時稱「先生」可單稱「生」，亦可單稱「先」，都不像後代用以稱年少之後生。㉛諛　諂媚；討好。㉜我幾不脫於虎口　幾，幾乎；差一點兒。楊樹達曰：「《莊子・盜跖篇》孔子云：『料虎頭，編虎鬚，幾不免虎口哉！』」㉝薛已降楚　已經投降了陳勝所建立的「張楚」國，其時間大約在秦二世之元年底。㉞及項梁之薛　時在秦二世二年（西元前二〇八年，當時以十月為歲首）四月。按：項梁起兵於會稽（今蘇州市）在秦二世元年九月，陳勝被秦將章邯打敗身死在二世二年之十二月，項梁率兵渡江而北在秦二世二年二月。見〈秦楚之際月表〉。㉟叔孫通從之　叔孫通所從的第一個主子是秦始皇，第二個是秦二世，此從項梁，乃其第三個主子。㊱敗於定陶　指項梁被秦將章邯大破於定陶，項梁被殺，事在秦二世二年九月。過程詳見〈項羽本紀〉。定陶，秦縣名，縣治在今山東定陶西。㊲從懷王　又跟從了楚懷王，這是叔孫通投靠的第四個主子。楚懷王，姓熊，名心，戰國時楚國王室的後代。項梁起兵後，為便於號召楚國遺民，聽從范增的建議，從民間的放羊娃中找來了熊心，立以為楚王，時間在秦二世二年六月。項梁驕傲輕秦兵敗身死後，懷王曾一度收項羽、呂臣等諸將之兵權歸己有，故叔孫通看好懷王，從而歸之。㊳懷王為義帝二句　漢元年（西元前二〇六年）十月（仍以十月為歲首），劉邦攻入關中，秦朝滅亡。同年一至三月，項羽分封各路諸侯為王，自己為西楚霸王。由於項羽恨楚懷王偏向劉邦，故而名義上尊之為「義帝」，遷之於長沙以南的郴縣（今屬湖南），並支使其部將黥布等半路將楚懷王殺死於長江中。㊴叔孫通留事項王　楚懷王被項羽強制南遷，「其群臣稍稍背叛之」，叔孫通即其一也。叔孫通脫離楚懷王，「留事項王」，故項羽遂成了叔孫通的第五個主子。㊵漢二年　劉邦被項羽封為漢王的第二年，西元前二〇五年。㊶漢王從五諸侯入彭城　漢元年十月劉邦入關滅秦後，按楚懷王的事先規定，劉邦理應為關中王。但項羽不幹，他將劉邦封為漢王，令其都於南鄭（今陝西漢中）；而將關中地區一分為三，封給了投降他的三個秦將章邯、董翳、司馬欣。劉邦於該年的四月赴南鄭上任，八月由南鄭殺回關中，迅即將關中收歸己有。漢二年四月，劉邦的聲威大振，項羽所封的各國諸侯紛紛脫離項羽，投靠劉邦。而劉邦遂乘項羽北征齊王田榮之際，率領各國諸侯一舉攻入了項羽的國都彭城（今徐州市）。過程詳見〈項羽本紀〉、〈高祖本紀〉。㊷叔孫通降漢王　劉邦是叔孫通所投靠的第六個主子。㊸漢王敗而西　項羽在山東破殺齊王田榮後，聽說劉邦已攻入彭城，於是率三萬騎兵由齊國馳回，大破劉邦之五十六萬於彭城下。劉邦狼狽西逃，直至滎陽、成皋一帶，始築成防線，與項羽形成對峙，此皆漢二年四月中事也。㊹因竟從漢　由此便一直跟定了劉邦，可見叔孫通畢竟有眼光。㊺楚製　楚國衣服的樣式。師古曰：「製，謂裁衣之形制。」《索隱》引孔文祥曰：「短衣便事，非儒者衣服，高祖楚人，故從其俗裁製。」陳直曰：「長沙戰國楚墓中所出木俑，皆短衣持兵。」㊻言進　提名；舉薦。㊼大猾　大壞蛋。㊽方正；正當。㊾蒙矢石　冒著箭雨飛石衝鋒。蒙，冒；頂著。㊿斬將搴旗　斬敵之將，拔敵之旗。搴，拔；拔取。(51)號稷嗣君　《集解》引徐廣曰：「蓋言其德業足以繼蹤齊稷下之風流也。」徐孚遠《史記測義》曰：「是時功臣多有名號侯者，叔孫無軍功，安得封邑？徐說為長。」陳直曰：「劉敬前已封『奉春君』，並未言及封戶，殆與叔孫通號『稷嗣君』相比。（後封敬二千戶，始為關內侯。）據此知西漢初封『君』者，既無食邑，且位置在『關內侯』之下，與戰國時『君』、『侯』、『相』等制度不同。」(52)漢五年　西元前二〇二年。(53)已并天下　漢五年之十二月，劉邦破項羽於垓下，項羽死，天下大體歸漢。(54)共尊漢王為皇帝　按：劉邦為皇帝在漢五年二月。(55)就其儀號　制訂了一套皇帝即位的儀式與各種稱號。(56)悉去秦苛儀法二句　按：據此語，可知叔孫通原來所就之儀號大體與秦朝所用者相同，是劉邦將其刪繁就簡了。(57)患　討厭；為之傷腦筋。(58)益厭　越來越討厭。益，漸；愈。(59)夫儒者難與進取三句　蓋當時許多人的通識。〈酈生陸賈列傳〉有所謂「居馬上得之，寧可以馬上治之乎？且湯武逆取而以順守之，文武並用，長久之術也」。賈誼〈過秦論〉：「夫并兼者高詐力，安定者貴順權，此言取與守不同術也。秦離戰國而王天下，其道不易，其政不改，是其所以取之、守之者無異也。」意思皆與此相同。(60)徵魯諸生　抽調曲阜一帶的儒生。徵，聘；調。(61)朝儀　群臣朝見皇帝的儀式。(62)得無難乎　會不會很難呢。意即能否搞一套別太複雜的。得無，也寫作「得毋」，約當於今之所謂「能不能」、「會不會」。難，不是怕叔孫通難搞，而是劉邦自己怕難以忍受。(63)五帝　遠古的五個帝王，依司馬遷的說法是黃帝、顓頊、帝嚳、堯、舜。(64)三王　夏、商、周三朝的開國帝王，即夏禹、商湯、周文王與周武王。(65)因時世人情為之節文　按照社會發展與人們思想認識的變化，而制訂一套禮節來規範、約束他們。(66)夏殷周之禮所因損益可知　《論語・為政》孔子曰：「殷因於夏禮，所損益可知也；周因於殷禮，所損益可知也；其或繼周者，雖百世可知也。」因，承襲；繼承。(67)不相復　不是簡單的重複、一成不變。姚苧田曰：「其言不必甚謬，自通言之，則『希世』之吻如畫。」(68)頗采古禮與秦儀雜就之　按：《漢書・禮樂志》云：「今叔孫通所撰《禮儀》，與律令同錄，藏於理官。」《晉書・刑法志》云：「叔孫通益律所不及，傍章十八篇。」蓋叔孫通之所為者，乃儒法並用也。(69)度吾所能行　與上文「得無難乎」相應，凡此等皆見劉邦之性格，即〈高祖本紀〉所謂「意豁如也，常有大度」、「廷中吏無所不侮」云云是也。(70)公所事者　你所侍候過的。(71)且十主　幾乎快有十個主子。(72)面諛　當面奉承人。(73)公往矣二句　凌稚隆引王維楨曰：「敘兩生不行語，亦因以著叔孫人品耳。」吳見思曰：「借兩生以形容叔孫，一邊迂拙，一邊通脫；一邊持正，一邊希世，兩兩對照，逼出神情。而後人聚訟，未免錯認華胥矣。」郭嵩燾曰：「史公敘叔孫通趨時應變，而推言禮樂之本，借魯兩生之言以發之，不必實有其人也。」(74)若　汝；你。(75)不知時變　按：魯二儒固然「不知時變」，而叔孫通希世取寵，旋轉如風車，更令人鄙視，此史公令叔孫通為自己畫像語。(76)西　謂西上長安。(77)為緜蕞野外　於野外僻靜處，拉繩索以圈地界，束茅草以象人形，演習朝儀。韋昭曰：「引繩為緜，立表為蕞。」《索隱》引如淳曰：「翦茅樹地，為纂位尊卑之次。」(78)使行禮　使劉邦演示他所應行的禮容。(79)習肄　演習；演練。肄，習。(80)會十月　在即將來臨的新年開始的會見諸侯群臣時使用此禮。當時仍用秦曆，以十月為歲首。(81)漢七年　西元前二〇〇年。(82)長樂宮　也稱東宮，在當時長安城的東部。(83)諸侯羣臣皆朝十月　謂皆以歲首之時，入京朝拜皇帝。(84)儀　當時的儀式是這樣的。師古曰：「欲敘其下儀法，先言儀如此也。」(85)先平明　在天光大亮之前。(86)謁者治禮　謁者便開始對參加朝會的各種人員進行安排、調動。謁者，官名，上屬郎中令，為帝王主管收發傳達，舉行典禮時任司儀。王先謙曰：「此謂謁者掌治贊引之禮。《後書・禮儀志》：『鐘鳴，謁者治禮引客，群臣就位如儀。』」(87)引以次入殿門　引導儀仗隊與各類參加朝會的人員按次序進入殿門。(88)廷中陳車騎步卒衛宮　大殿的前庭中排列著守衛宮廷的車兵、騎兵、步兵。(89)設兵二句　這些兵士都手持武器，按位置張設旌旗。陳直曰：「『旗志』即『旗幟』，『志』為『幟』字之假借，與〈周昌傳〉『官職志』（主管旗幟）相同。」(90)傳言趨　只聽謁者招呼有關人員曰「趨」。意即各就各位。趨，小步疾行，這是臣子在君父跟前行走的一種特殊姿勢。(91)郎中俠陛　那些郎中們侍立在大殿的每個臺階兩側。郎中，帝王的侍衛人員。俠陛，侍立在臺階兩側。俠，通「夾」。(92)陛數百人　每個上殿的臺階兩側都站立著幾百人。(93)列侯　也稱「通侯」，有封地的侯爵。據〈高祖功臣侯者年表〉，以佐助劉邦開國有功而被封侯者共一百三十七人。列侯的封地多數為一個縣。(94)東鄉　面朝東方站立。鄉，通「向」。(95)大行　大行人，也稱「典客」，後改稱「大鴻臚」，九卿之一，朝廷上的司禮官。(96)九賓　同「九儐」。主管傳呼導從。王先謙引劉攽曰：「九賓，儐者九人，掌臚句傳也。」(97)臚傳　依次傳呼。蘇林曰：「上傳語告下為臚。」按：此處之「九賓」可以如此解釋，但〈廉頗藺相如列傳〉之所謂「九賓禮」則不能以此解釋。(98)輦　皇帝乘坐的車，有用馬拉，有用人挽，也有以人抬行者。(99)百官執職傳警　「百官」二字疑有訛誤，大意謂有人在皇帝車前執旗先出，傳語眾人肅靜、站好。職，通「幟」。傳警，即後世之所謂「行籌」，傳報聖駕將到。(100)引諸侯王以下句　主語仍為「謁者」。諸侯王，漢初的諸侯王小者轄地一郡，大者數郡，可以控制該地區的軍政大權，是一種很強的割據勢力。劉邦在其稱帝前後，對功臣、親屬封之為「王」者有齊王韓信、梁王彭越、淮南王黥布，以及齊王劉肥、楚王劉交等。至漢七年諸侯功臣「朝十月」時，韓信已被襲捕降為淮陰侯，軟禁於長安。六百石，官階名，如朝官中的太子門大夫、水衡都尉的屬下諸丞，以及地方官的縣令、郡丞皆六百石。101禮畢　指朝見皇帝之禮進行完畢。102法酒　師古曰：「猶言禮酌，謂不飲之至醉也。」中井曰：「此酒所以行禮，非食味也，故曰法酒。」王先謙引周壽昌曰：「法酒，言以法製酒，若宋之庫酒，世稱官釀也，猶志所云『法錢』。」103諸侍坐殿上　應為年高望重的宗室、外戚，以及元勳、舊臣等。沈欽韓曰：「《御覽》一百七十五引摯虞《決疑要注》曰：『殿堂之上，唯天子居床，其餘皆鋪幅，席前設筵。』」104皆伏抑首　都低著頭。師古曰：「抑，屈也。謂依禮法，不敢平坐而視。」105上壽　為皇帝敬酒。古代為人敬酒即祝頌畢自飲一杯。106不如儀　不按規矩行動。107輒引去　立即將其拉出。108竟朝置酒二句　吳見思曰：「一篇漢儀注。百餘字耳，而事體詳盡，句法勁峭。」109吾迺今日知為皇帝之貴也　吳見思曰：「寫高祖得意，與未央上壽時同一洒落。」按：未央上壽寫劉邦之得意神情，見〈高祖本紀〉。茅坤曰：「此儀直行至今日，大略皆秦故尊君抑臣之舊也。而三代以前其上下同體處消歇矣。」110太常　官名，也稱「奉常」，九卿之一，主管朝廷、宗廟的禮儀。111高帝悉以為郎　〈儒林列傳〉敘此云：「叔孫通作漢禮儀，因為太常；諸生弟子共定者，咸為選首。」112叔孫生誠聖人也　前則「竊罵」，今則諛為「聖人」，弟子之面目如此。不知其人觀其友，史公以此為叔孫通畫像。113漢九年　西元前一九八年。114太子太傅　太子的輔導官，秩二千石，對於原來的太常來說，是降。當時的太子即未來的惠帝劉盈，呂后所生。115漢十二年　西元前一九五年。116趙王如意　劉邦的寵妃戚夫人所生，高祖九年被封為趙王，都邯鄲（今河北邯鄲）。117晉獻公　春秋前期的晉國國君，西元前六七六—前六五一年在位。118以驪姬之故廢太子二句　晉獻公因寵愛驪姬而殺太子申生，改立驪姬子奚齊為太子事，見《左傳》僖公四年與〈晉世家〉。119晉國亂者數十年　晉獻公死後，奚齊繼立為君。反對派殺奚齊與奚齊之弟，擁立獻公之他子夷吾為君。夷吾在位十四年，中曾大敗於秦。夷吾死，其子懷公立，時獻公之他子重耳自外入，殺懷公為君，是為文公。自獻公之死至文公入立，中間亂者十五年。120不蚤定扶蘇　不及早確定扶蘇的太子地位。扶蘇，秦始皇的長子。121趙高得以詐立胡亥　趙高是秦始皇寵用的宦官，秦始皇在外出巡遊途中身死，遺詔立扶蘇為皇帝，趙高封鎖消息，拉攏李斯一道篡改詔書，殺扶蘇，立秦始皇的第十八子胡亥為皇帝，從而招致天下大亂，秦朝滅亡。詳情見〈秦始皇本紀〉、〈李斯列傳〉。122滅祀　使秦國的宗廟斷絕祭祀。意即亡國。123攻苦食啖　《索隱》曰：「孔文祥云：『與帝共攻冒苦難，俱食淡也。』」按：《說文》云：『淡，薄味也。』」師古曰：「『啖』當作『淡』。『淡』謂無味之食也。言共攻擊勤苦之事，而食無味之食也。」瀧川引中井曰：「攻，治也。謂食淡味而操苦業。」按：「攻」猶今之所謂「從事」；「攻苦食淡」即今之所謂「艱苦奮鬥」。124其可背哉　難道可以背叛嗎。其，通「豈」。125適　通「嫡」。正妻所生之子曰「嫡子」。126臣願先伏誅二句　《索隱》引《楚漢春秋》曰：「叔孫何云：『臣三諫不從，請以身當之。』撫劍將自殺。上離席云：『吾聽子計，不易太子。』」茅坤曰：「叔孫雖希世取容，然覽諫易太子數語，凜凜然有正氣。」黃震曰：「叔孫通所事且十主，皆面諛取親貴。既起朝儀，得高帝心，然後出直言諫易太子。然向使高帝未老，呂后不強，度如意可攘太子位，又安知不反其說以阿意耶？隨時上下，阿意取容，名雖為儒，非劉敬比矣。」127吾直戲耳　直，只；只不過。戲，開玩笑。吳見思曰：「『戲』雖姑為此無聊之詞，然極得高祖神情。」128留侯所招客　即商山四皓，所謂綺里季、夏黃公、東園公、甪里先生者是也。129迺遂無易太子志　因劉邦定欲易太子，呂后求於張良，張良使其請來商山四皓，使四皓陪侍太子。後來劉邦在一次宴會上見到了四皓陪侍太子的情景，這才打消了更換太子的念頭。詳情見〈留侯世家〉。吳見思曰：「劉敬都關中，是張良收功；叔孫通定太子，亦是張良收功，與前傳對。」130高帝崩二句　事在高祖十二年四月。131先帝園陵寢廟　意指有關死去皇帝的陵墓、廟宇的建築格局及其祭祀禮節。園陵，即今所謂「陵墓」、「陵園」。寢廟，也稱「廟寢」。其建築分前後兩部分，前面的殿堂稱「廟」，是祭祀死者神靈的場所；後面的居室稱「寢」，是貯藏死者生前的衣冠，象徵死者居住休息的地方。132羣臣莫能習　謂群臣都不熟習此禮節。王念孫《雜志》云：「當從《漢書》作『莫習』。」133稍定　逐步制訂。134漢諸儀法　漢代的各種禮儀制度。135皆叔孫生為太常所論箸也　箸，通「著」。〈太史公自序〉云：「於是漢興，蕭何次律令，韓信申軍法，張蒼為章程，叔孫通定禮儀，則文學彬彬稍進，《詩》、《書》往往間出矣。」王充《論衡・謝短》曰：「高祖詔叔孫通制作《儀品》十二篇何在？」《漢書・禮樂志》曰：「漢興，撥亂反正，日不暇給，猶命叔孫通制禮儀，以正君臣之位。以通為太常，遂定儀法，未盡備而通終。」楊樹達曰：「張揖〈上廣雅表〉云：『爰及帝劉，魯人叔孫通撰置《禮記》，文不違《左》。今俗所傳三篇《爾雅》，或言仲尼所增，或言子夏所益，或言叔孫通所補。』《經典釋文・敘錄》謂〈釋言〉以下如揖所云。」又曰：「上文言起禮樂，故通嘗定樂章，〈禮樂志〉所載〈嘉至〉、〈永至〉、〈登歌〉、〈休成〉、〈永安諸樂章，皆通所制也。」136東朝長樂宮　當時皇帝住在未央宮，太后住在長樂宮，故皇帝要經常去長樂宮朝拜太后。137閒往　非正式的私下前往。138蹕　清道戒嚴，禁止行人通行。139複道　空中通道。王先謙曰：「自未央宮而東，越武庫，南過鼎路門，取道高廟，南達長樂宮也。」140方築武庫南　剛剛修築到武庫之南。武庫，國家的兵器倉庫，在長樂宮之西，未央宮之東。141請閒　請給個空隙。意即請求個別進言。142何自築複道高寢　為什麼要把複道建築在通往高皇帝寢廟的必經道路之上。143衣冠月出游高廟　《集解》引應劭曰：「月旦出高帝衣冠，備法駕，名曰游衣冠。」師古曰：「謂從高帝陵寢出衣冠遊於高廟，每月一為之，漢制則然。」按：此所謂「高廟」乃長安城中所修之高帝廟，與長安城東北高帝陵園中的寢廟不是同一個。所謂「游衣冠」，是指每個月的初一都要把劉邦生前穿過的衣服，從高帝陵園的寢廟中請出來，抬著到長安城裡的「高廟」

中巡遊一回。[144]高廟　以廟稱人，這裡即指劉邦。[145]柰何句　乘，登；陵駕。宗廟道，王先謙曰：「謂神道也，即衣冠往來所由。」因為孝惠帝所修的空中通道，正好跨過了從高帝陵園通往長安城內「高廟」的通道，也就是所謂「游衣冠」的通道，故叔孫通說這是「令後世子孫乘宗廟道上行」。[146]人主無過舉　過舉，失誤的舉措。凌稚隆引董份曰：「叔孫通所謂逢君之過者，使人主惡聞憚改，通實啟之。」[147]為原廟渭北　在渭河以北另修一座高帝廟。師古曰：「原，重也。先已有廟，今更立之，故曰重也。」[148]衣冠月出游之　按：高帝陵園（長陵）在渭河北，長安城在渭河南，故「游衣冠」必須渡河進城；現如果在渭河北另建一座「原廟」，那就可以讓劉邦的幽靈只在渭河以北遊蕩，用不著再進城給其「後世子孫」添亂了。王先謙曰：「高祖長陵在渭水北，去長安三十五里。原廟既成，則陵寢衣冠但月游原廟，不至城中高帝廟，故複道無妨也。」[149]益廣多宗廟二句　對人說是出於皇帝的「孝心」，實際上是減少麻煩，為皇帝文過飾非，這就是叔孫通所奉行的儒家的「禮」。[150]原廟起二句　按：史公重出此語，以著叔孫通之阿諛生事。吳見思曰：「微詞妙，希世處於此等照出。」史珥曰：「子長瑣屑記之，備原廟緣起，且著通之阿諛耳。」[151]離宮　修築於京城之外，以備皇帝巡幸出遊所休息住宿的宮館。[152]嘗果　以新熟的果品祭神。[153]櫻桃孰二句　可獻，可進獻於宗廟。《索隱》曰：「《呂氏春秋》：『仲春羞以含桃，先薦寢廟。』高誘云：『進含桃也。鶯鳥所含，故曰「含桃」。』今之朱櫻即是也。」[154]因取櫻桃獻宗廟　因，順便。惠帝想出城遊春，叔孫通即為之美其名曰為採摘櫻桃以祭祖先。[155]諸果獻由此興　向宗廟「進獻」各種果品的做法都是從叔孫通開頭。蓋亦著叔孫通之借端生事。凌稚隆曰：「亦不載通所終。」

【語　譯】叔孫通是薛縣人。在秦朝的時候曾以儒術被召進了朝廷，做了個待詔博士。幾年後，陳勝在山東造反了，有東方來的使者向朝廷報告了這個消息，秦二世召集身邊的博士和儒生們問道：「楚地派去守邊的士兵半路造反，現在已經攻下蘄縣，攻入了陳郡，你們說該怎麼辦？」三十多個博士儒生們都一齊說：「做臣子的絕不能興兵聚眾，誰興兵聚眾那就是造反，對於造反的人絕不能寬恕，請陛下火速發兵前往剿滅。」秦二世一聽也跟著急了，臉色通紅。這時叔孫通走上前說：「他們剛才說的那些都是謬論。如今天下歸為一統，各郡各縣的城池都已鏟平，民間所有的兵器都已銷毀，這就早已向天下人宣布用不著這些東西了。當今又上有英明的皇帝，下有完備的法令，派出去的官吏都效忠於職守，四面八方都像輻條向著軸心一樣地向著朝廷，在這種情況下，哪裡還有什麼人敢『造反』呢！那些人不過是一群偷雞摸狗的盜賊，哪裡值得一提呢！各地的郡守郡尉們很快地就可以把他們逮捕問罪了，有什麼可擔心的？」秦二世一聽轉怒為喜，說：「好。」然後又一個接一個問那些儒生，儒生們有的人說是「造反」，有的人說是「盜賊」。於是秦二世讓御史把那些認為是「造反」的人都抓起來，投進了監獄，因為這種話根本不是他們該講的。而那些說是「盜賊」的人則一律無事，都被放回。與此同時賜給了叔孫通二十匹絲綢，一套新衣服，並把他提升為博士。叔孫通出了宮門，回到住所後，那些儒生們都斥責他說：「你怎麼那麼能拍馬屁啊？」叔孫通說：「你們不了解，我差一點兒就掉進虎口出不來了。」說罷就捲起行李逃走了。等他回到了薛縣，薛縣已投降了楚地的起義軍。後來項梁來到了薛縣，叔孫通就跟上了項梁。等項梁在定陶失敗身死後，叔孫通就又投奔了楚懷王。等到楚懷王被封為「義帝」遷往長沙後，叔孫通就又留下來侍候了項羽。待至漢高祖二年，劉邦率領著各路諸侯攻入彭城後，叔孫通搖身一變就又投靠了劉邦。待至劉邦被項羽打敗西逃時，叔孫通也跟著劉邦一道西去了。

2 叔孫通本來是穿著一套儒生的服裝，劉邦看著很討厭。於是叔孫通立刻就變了一種樣子，改穿短衣，一副楚人的打扮，劉邦看著心裡很高興。

3 當叔孫通投靠劉邦的時候，跟著他一道前來的弟子們有一百多人，但是叔孫通一個也不向劉邦推薦，而是專門給劉邦推薦了一些舊日的土匪強盜。他的弟子們都在背後罵他說：「跟了他這麼多年，今天跟著他又投靠了劉邦，可是他不推薦咱們，而專門推薦那些地痞流氓，真不知道這是什麼道理！」叔孫通聽說後，就對他們說：「漢王現在正冒著槍林箭雨打天下，你們能去打仗嗎？所以我現在只有先給他推薦那些能夠衝鋒陷陣、斬將拔旗的勇士。你們要等一等，我是不會忘了你們的。」這時劉邦也讓叔孫通當博士，賜號為稷嗣君。

4 漢高祖五年，劉邦已經統一了天下，諸侯們在定陶尊立劉邦當了皇帝。開始時，劉邦廢除了秦朝那套煩瑣的禮法，而責成叔孫通制訂一套相應的儀式和名號，什麼事都希望簡便易行。每次宴會，大臣們總會酗酒爭功，狂呼亂叫，甚至於拔劍擊柱，無奇不有，劉邦對此很討厭。叔孫通看透了劉邦的心理，就來對劉邦說：「那些儒生們，雖然不能幫著您攻城占地，但他們卻可以幫著您來守天下。請您讓我去找一些魯地的儒生，讓他們來和我的弟子們一道給您制訂一套朝廷上使用的禮儀。」劉邦說：「會不會太複雜呢？」叔孫通說：「五帝用的音樂各不相同，三王用的禮儀也不一致。禮，是根據著不同時代的人情世態所制訂的一套規矩準繩。孔子所說的『夏朝、商朝、周朝的禮儀各有什麼增損，我是知道的』，這句話的意思就是指各朝的禮儀不一樣。我可以參照古代的禮法，吸收秦朝的一部分東西，來給您制訂一套符合今天使用的制度。」劉邦說：「你可以試著辦，要注意簡便易學，要考慮我能不能做到。」

5 於是叔孫通就到曲阜一帶找了三十多個儒生，不料其中有兩個拒絕參加，他們罵叔孫通說：「你所侍奉過的主子差不多有十個了，你都是靠著拍馬屁博得主子的賞識。現在天下才剛剛安定，死的還沒有埋葬，傷的還沒有復原，你就又鬧著制訂什麼禮樂。禮樂制度的建立那是行善積德百年以後才能考慮的事情。我們看不慣你的作法。你的所為不合於古人，我們不去，你自己去吧，別玷汙了我們！」叔孫通笑道：「你們可真是些死腦袋，根本不懂時代的變化。」

6 於是叔孫通就帶著他所找的三十個人回到長安，把他們和劉邦身旁舊有的書生以及自己的弟子們合在一起，共一百多人，在野外拉起繩子，立上草人，前後演習了一個多月，而後叔孫通去對劉邦說：「您可以去看看了。」劉邦去到那裡看著他們演習了一遍，放心地說：「這個我能做到。」於是下令叫群臣們排練，演習，準備十月歲首的朝會正式使用。

7 漢高祖七年，長樂宮建成了，各地的諸侯和朝廷裡的大臣們都來參加十月的朝會。當時的儀式是這樣的：天亮之前，首先是謁者執行禮儀，他領著諸侯大臣們按次序地進入殿門。院子裡排列著保衛宮廷的騎兵和步兵，手持著各種兵器，插著各種旗幟。這時有人喊了一聲：「趨」，於是殿下的郎中們就都站到了臺階的兩旁，每個臺階上都站著幾百人。功臣、列侯、將軍，以及其他軍官們都依次站在西邊，面朝東；丞相以下的各種文官都依次站在東邊，面朝西。大行人設立了九個儐相，專門負責上下傳呼。最後皇帝的車子從後宮出來了，他貼身的人員拿著旗子，傳話叫大家注意；然後領著諸侯王以下直到六百石的官吏們依次向皇帝朝賀。從諸侯王以下，所有的人都誠惶誠恐，肅然起敬。群臣行禮過後，又按著嚴格的禮法擺出酒宴。那些有資格陪劉邦坐在大殿上頭的人們也都叩伏在席上，他們一個個按著爵位的高低依次起身給劉邦祝酒。等到酒過九巡，謁者傳出命令說：「罷酒。」御史負責糾察，哪一個人稍有不合禮法，就立即把他拉出去。整個朝會從始至終，沒有一個人敢喧譁失禮。這時劉邦才心滿意足地說：「今天我才真正體會到了做皇帝的尊貴。」於是立即提升叔孫通做了太常，賜給他黃金五百斤。

8 而叔孫通則趁著機會對劉邦說：「我的那些弟子們已經跟我好多年了，是他們和我一塊兒制訂的這套禮儀，請陛下也能給他們一些官做。」劉邦一聽，立即任命那些人都當了郎官。叔孫通出宮後，把劉邦賞給他的那五百斤黃金都分給了那些儒生。儒生們都很高興，說：「叔孫通可真是個聖人，他能把握住形勢的需要。」

9 漢高祖九年，劉邦又調任叔孫通為太子太傅。十二年，劉邦想讓趙王如意取代劉盈當太子，叔孫通勸阻說：「過去晉獻公因寵愛驪姬而廢了太子，改立了驪姬的兒子奚齊，結果使晉國亂了幾十年，成為天下人的笑柄。秦朝也是由於沒有及早確定扶蘇為太子，結果讓趙高趁機偽造遺囑立了胡亥，從而導致了自己國家社稷的滅亡，這是您親眼所見的。如今我們的太子忠厚孝順，天下人全都知道；呂后又是和您一起同甘苦共患難奮鬥過來的，您怎麼能背棄她呢！如果您一定非要廢掉太子另立小的，那我就請求死在您的面前。」劉邦說：「算了，算了，我不過是開個玩笑。」叔孫通說：「太子是國家的根本，根本一動，整個國家就要隨著動搖，您怎能拿著國家開玩笑呢！」劉邦說：「好了，我聽你的。」等到後來劉邦在宴席上，見到了張良招來的商山四皓陪著太子一同進來，這才徹底打消了更換太子的念頭。

10 劉邦死後，孝惠帝即位，孝惠帝對叔孫通說：「大臣們對朝拜、祭祀先帝陵墓和宗廟的禮儀還不熟習。」於是重新又讓叔孫通為太常，讓他去制訂祭祀宗廟的儀法。而後又讓他去制訂其他方面的禮法，總之漢朝初期所用的各種禮法，都是在叔孫通為太常的時候制訂的。

11 孝惠帝因為要經常去長樂宮朝見呂后，有時也要私下隨便到長樂宮走走，每次一動就得清道戒嚴，很不方便，於是他就決定在未央宮與長樂宮之間修架一條空中通道，這條通道已經修到了武庫的南邊。有一天，叔孫通進宮奏事，他對孝惠帝個別進言說：「陛下為什麼要把複道建築在通往高祖寢廟的必經道路之上呢？

這樣一來那每月由高寢中取出高祖的衣冠到高廟祭奠時，不就得在複道下經過了嗎？高廟，是高祖居住的地方，我們怎麼能讓後世的子孫在高寢與高廟之間的通道上面走來走去呢？」孝惠帝一聽大吃一驚，趕忙說：「那就趕緊把複道拆掉。」叔孫通說：「君主是不能犯錯誤的。現在複道既然已經開工修建，老百姓們也已經知道了。如果再拆了它，就等於向臣民們表明君主做錯了事。因此不如請您在渭河北邊再建一座宗廟，以後每月再從高寢取出衣冠時就送到那座新廟裡去祭奠，就用不著在複道下面通過了。而且還多給祖先擴建了宗廟，這也是兒孫們孝順的表現。」於是孝惠帝立即下令讓有關部門在渭北興建宗廟，即所謂「原廟」。漢朝之所以修建「原廟」，就是從孝惠帝修複道這件事引起的。

12 有一次，孝惠帝準備到離宮春遊，叔孫通說：「古人有讓祖先在春天品嘗鮮果的習俗，現在櫻桃成熟了，可以向祖先進獻，您這次春日出遊，就可以採些櫻桃回來祭獻宗廟。」孝惠帝同意了。漢朝用鮮果祭祀宗廟，就是從這一次開始的。

太史公曰：語曰：「千金之裘，非一狐之腋也❶；臺榭之榱，非一木之枝也❷；三代之際，非一士之智也❸。」信哉！夫高祖起微細，定海內，謀計用兵，可謂盡之❹矣。然而劉敬脫輓輅一說，建萬世之安❺，智豈可專❻邪！叔孫通希世度務❼，制禮進退，與時變化❽，卒為漢家儒宗❾。「大直若詘，道固委蛇❿」，蓋謂是乎？

【章　旨】以上為第三段，是作者的論贊，作者在肯定二人作用的同時，也表現了深深感慨，而對叔孫通的嘲諷尤尖刻。

【注　釋】❶千金之裘二句　裘，貴重的皮襖。據說在製作皮襖的各種皮革中，以狐狸皮為最輕暖；而在狐狸皮上，又以其腋下的一小塊為最名貴，因此要想專門用狐腋製作一件皮衣，那就得從上千張的狐狸皮上去剪集。❷臺榭之榱二句　要想建造一座臺榭，就需要從很多的樹木上採伐枝幹。榭，在平臺上面建造的樓閣。榱，蓋屋頂所用的椽子。❸三代之際二句　夏、商、周三個朝代的建國初期所以能有那麼好的政治局面，不是單憑哪一個人的智慧。師古曰：「此語本出《慎子》。」❹可謂盡之　可以說是到家了。以言其「謀計用兵」之精妙，無以復加。❺脫輓輅一說二句　極言其勸劉邦建都關中的意義之大。按：有關項羽當初不在關中建都的失誤，韓信等早已言之，見〈淮陰侯列傳〉。❻智豈可專　智謀並不集中在一個人身上。意即誰也有想不到的地方，誰也可能在某一方面有好的見解。俗語有所謂「智者千慮，必有一失；愚者千慮，必有一得」，即此之謂也。❼希世度務　猶言「見風使舵」。茅坤曰：「小論中『希世』二字，一篇精神所注處。」❽制禮進退二句　什麼時候提出制禮，什麼時候制什麼樣的禮；什麼時候向上鑽，什麼時候暫且忍著，都要看準形勢變化。❾漢家儒宗　漢代儒學與漢代儒生的祖師爺。按：史公一方面諷刺叔孫通，一方面稱叔孫通為「漢家儒宗」，則其對漢代儒學的態度可見。此宜與〈儒林列傳〉、〈平津侯主父列傳〉同看。❿大直若詘二句　詘，通「曲」。委蛇，同「逶迤」。彎彎曲曲的樣子。二語出《老子》第四十一章。

【語　譯】太史公說：俗話說：「千金難買的裘皮大衣，不是一隻狐狸的腋毛所能製成的；亭臺樓榭的椽子，不是一棵樹上所能長出的；夏、商、周三代的興隆，不是靠一個人的智慧造成的。」的確是這樣啊！當高祖從一個平民起家，到後來的平定天下，其中的施計謀、巧用兵，可以說是相當周密細緻了。但是當劉敬摘下車套對劉邦講了建都關中的一席話，於是就給漢王朝奠定了長治久安的基石，可見智慧是不能被哪一個人所壟斷的！叔孫通善於觀察時宜，順風討好，由於他順應著形勢的需要，制訂了一套禮儀，因而成了漢朝儒家的一代宗師。老子所說的「最直的就像是彎的，大道本來就曲曲折折」，莫非就是指叔孫通這種人？

【研　析】〈劉敬叔孫通列傳〉記述了劉敬、叔孫通在劉邦滅秦、滅項後，為穩定漢初時局與為漢王朝草創禮儀作出了一定貢獻的故事。在一個王朝剛剛建立的時刻，這種人無疑也是很重要的，但司馬遷對這兩個人卻沒有太多的讚賞之意。劉敬本名「婁敬」，原是一名戍卒，他對劉邦之想建都洛陽不以為然，便上書求見。他勸劉邦西都長安，認為這樣可以「搤天下之亢而拊其背」。劉邦開始還疑而未能決，後來張良也贊同此說，於是劉邦「即日車駕，西都關中」。劉敬的另一件事是頭腦清醒，能夠正確估計匈奴的軍事實力，勸劉邦不要輕易對匈奴用兵。劉邦不聽，結果受困於平城。也正是在這樣的基礎上，劉敬倡導「和親」，劉邦也採納了。接著，劉敬又勸劉邦把東方六國貴族的後代都遷到關中來，這樣一方面可以促進關中的經濟發展、人口興旺；另一方面又可以鏟除舊有的割據勢力的禍根，辦法也未嘗不善。總之，司馬遷對劉敬的才能、見識是肯定的，但劉敬之所以能從一個戍卒突然間平步青雲，在司馬遷看來這恐怕主要是碰巧了機會，所謂「力田不如逢年」吧！比如建都關中，這是當時許多人的共識，許多人在論述項羽的失敗原因時就反覆地講述這一條，難道卓越如張良、蕭何等會不懂這個道理？關鍵是當時反對的人太多，連劉邦自己也拗不過那些來自東方的宿將；而張良等又是潔身自好，從不願意輕易出頭得罪人。也正是在劉邦愁著沒人起這個頭兒的時刻，婁敬出現了。婁敬帶頭一說，張良再來個「後發制人」，於是一舉成功。而且劉邦還一高興，給婁敬賜姓「劉」，於是「婁敬」便成了「劉敬」。這難道不帶有些滑稽的味道嗎？

對於叔孫通的看風使舵以撈取功名富貴，司馬遷是深惡痛絕的。劉邦出身於一個下層痞子，向來對於儒學、儒生都非常討厭。但當他做了皇帝後，回頭再看他身邊那些哥們弟兄的表現，便感到實在不成體統，有損於他的「尊嚴」了。於是叔孫通適時地向他建議「願徵魯諸生，與臣弟子共起朝儀」。劉邦對於秦朝皇帝的排場早就垂涎三尺，但又不願受太多束縛。於是叔孫通便給他來了個「頗采古禮與秦儀雜就之」，也就是專門整治臣民，以使皇帝獲得無限的滿足。施用的結果使劉邦大為開心：「吾迺今日知為皇帝之貴也。」於是在極端滿足、極端得意的情況下封叔孫通為太常，賜金五百斤。叔孫通身後跟隨的弟子也都一個個雞犬升天。

清代姚苧田說：「古者君臣之禮相去不甚懸絕，立見群臣，郊勞宴享，伯父伯舅之稱，敬慎有加。至於拜上者驕，下堂者替，而積重之勢不得不矯枉而過正焉。至於漢初，闊略簡易，一革亡秦苛習，正可參酌古禮而求其中。乃叔孫通徒以高帝之難之，而遂痛繩其下而不拘其主，是朝儀法迺皆為臣設，而君不與焉。君為臣綱，君無禮而何以責其臣？於此叔孫通希世之罪萬世莫能逃也。」（《史記菁華錄》）

叔孫通的第二件事是勸阻劉邦廢太子，他引證了晉獻公廢太子以及秦王朝不早立太子從而導致禍敗的前鑒後，辭嚴色厲地說：「陛下必欲廢適而立少，臣願先伏誅，以頸血汙地。」叔孫通從哪來的這股「忠心」與幹勁呢？宋代黃震說：「叔孫通所事且十主，皆面諛取親貴。既起朝儀，得高帝心，然後出直言諫易太子。然向使高帝未老，呂后不強，度如意可攘太子位，又安知不反其說以阿意耶？」（《黃氏日鈔》）這真是誅心之論，但也的確是司馬遷的知音。叔孫通這番話的確貌似正大，但它出自一個反覆無常、專門見風使舵的人之口，這就不得不使人推求一下他的用心了。司馬遷在本篇的論贊中說：「叔孫通希世度務，制禮進退，與時變化，卒為漢家儒宗。『大直若詘，道固委蛇』，蓋謂是乎？」清代高塘說：「（叔孫通）歷仕委蛇，周旋人情，純是軟熟圓通一派作用，豈即所謂『知時變、識時務』者耶？太史公贊語若美若諷，餘味曲包。」（《史記鈔》）

卷一百

季布欒布列傳第四十

【題解】季布、欒布本來都是項羽的部將，項羽被滅後，季布、欒布在幾經磨難後又做了劉邦的將領，為漢王朝做了一些事情。其實這兩個人本沒有多少事跡可言，而是司馬遷想藉著這兩個人的經歷表現自己的一種人生觀、生死觀。季布忍辱為奴，這是表現他的不輕死，志欲有所作為；欒布哭祭彭越是表現他的「任氣」、不怕死，這是豪邁壯烈的。這兩種表現司馬遷都贊成，它們表現了司馬遷人生觀、生死觀相輔相成的兩方面，對此可以參看〈伍子胥列傳〉、〈廉頗藺相如列傳〉、〈報任安書〉等。

1 季布者，楚人❶也。為氣❷任俠❸，有名於楚。項籍使將兵，數窘漢王❹。及項羽滅，高祖購求❺布千金，敢有舍匿❻，罪及三族❼。季布匿濮陽周氏❽。周氏曰：「漢購將軍急，迹且至臣家❾，將軍能聽臣，臣敢獻計；即❿不能，願先自剄⓫。」季布許之。迺髡鉗⓬季布，衣褐衣⓭，置廣柳車⓮中，并與其家僮⓯數十人，之魯朱家所⓰賣之。朱家心知是季布，迺買而置之田⓱。誡其子曰：「田事聽此奴⓲，必與同食⓳。」朱家迺乘軺車⓴之洛陽㉑，見汝陰侯滕公㉒。滕公留朱家飲數日。因謂滕公曰：「季布何大罪，而上求之急也？」滕公曰：「布數為項羽窘上，上怨之，故必欲得之。」朱家曰：「君視季布何如人也？」曰：「賢者也。」朱家曰：「臣各為其主用，季布為項籍用，職耳[23]。項氏臣可盡誅邪？今上始得天下，獨以己之私怨求一人[24]，何示天下之不廣也[25]！且以季布之賢而漢求之急如此，此不北走胡[26]即南走越[27]耳。夫忌壯士以資敵國[28]，此伍子胥所以鞭荊平王之墓[29]也。君何不從容為上言[30]邪？」汝陰侯滕公心知朱家大俠，意[31]季布匿其所，迺許曰：「諾。」待間[32]，果言如朱家指[33]。上迺赦季布。當是時，諸公皆多季布能摧剛為柔[34]，朱家亦以此名聞當世[35]。季布召見，謝[36]，上拜為郎中[37]。

2 孝惠[38]時，為中郎將[39]。單于[40]嘗為書嫚呂后[41]，不遜。呂后大怒，召諸將議之。上將軍[42]樊噲[43]曰：「臣願得十萬眾，橫行匈奴中[44]！」諸將皆阿[45]呂后意，曰：「然！」季布曰：「樊噲可斬也！夫高帝將兵四十餘萬眾[46]，困於平城[47]，今噲柰何[48]以十萬眾橫行匈奴中，面欺[49]！且秦以事於胡[50]，陳勝等起[51]。于今創痍未瘳[52]，噲又面諛[53]，欲搖動天下[54]。」是時殿上皆恐，太后罷朝，遂不復議擊匈奴事。

3 季布為河東守[55]，孝文時[56]，人有言其賢者，孝文召，欲以為御史大夫[57]。復有言其勇，使酒[58]難近[59]。至，留邸[60]一月，見罷[61]。季布因進曰：「臣無功竊寵，待罪河東[62]。陛下無故召臣，此人必有以臣欺陛下[63]者；今臣至，無所受事，罷去[64]，此人必有以毀臣[65]者。夫陛下以一人之譽而召臣，一人之毀而去臣，臣恐天下有識[66]聞之有以闚陛下[67]也。」上默然慚，良久曰：「河東吾股肱郡[68]，故特召君耳[69]。」布辭之官[70]。

4 楚人曹丘生[71]，辯士，數招權顧金錢[72]。事貴人趙同[73]等，與竇長君[74]善。季布聞之，寄書諫竇長君曰：「吾聞曹丘生非長者[75]，勿與通[76]。」及曹丘生歸[77]，欲得書請季布[78]。竇長君曰：「季將軍不說足下[79]，足下無往。」固請書，遂行。使人先發書[80]，季布果大怒，待曹丘。曹丘至，即揖季布曰：「楚人諺曰：『得黃金百，不如得季布一諾[81]。』足下何以得此聲於梁、楚間[82]哉？且僕楚人，足下亦楚人也。僕游揚[83]足下之名於天下，顧不重邪[84]？何足下距僕[85]之深也！」季布迺大說，引入，留數月，為上客，厚送之。季布名所以益聞者，曹丘揚之也[86]。

【章旨】以上為第一段，寫季布以能摧剛為柔，終於為漢名臣事。

【注釋】❶楚人　郭嵩燾曰：「楚漢之際，自淮北隸楚故地，東盡吳越謂之楚。季布之從項羽在都彭城以後，當為彭城人也。」❷為氣　講義氣；講氣節。❸任俠　視俠義之行為己任。俠，指打抱不平，為人伸張正義，為人排難解紛等。《集解》

引如淳曰：「相與信為『任』，同是非為『俠』。」師古曰：「『任』謂任使其氣力；『俠』之為言『挾』也，以權力俠輔人也。」中井曰：「任者，以人之緩急為己任；俠者，好立節義之謂也。」❹數窘漢王　多次使劉邦處於困境。窘，迫；困。茅坤曰：「季布為項羽將，必多戰功，太史公因傳其任俠，遂略之。」❺購求　懸賞捉拿。❻舍匿　窩藏。❼罪及三族　即滅三族。三族的說法不一，有曰父族、母族、妻族；有曰指父母、兄弟、妻子。按：此云購求季布，後文又殺丁公，〈淮陰侯列傳〉又緝捕鍾離眛，劉邦於其有怨隙者都不肯放過。❽濮陽周氏　濮陽縣的周姓某人，史失其名。濮陽，漢縣名，縣治在今河南濮陽西南，當時也是東郡的郡治所在地。❾迹且至臣家　迹，此處用如動詞，即尋其蹤跡。臣，猶言「僕」。謙指自己，漢時尚為社會所通用，非如後世只能用於在君主面前的自稱。❿即　若。⓫自剄　自刎。意即不忍見季布之為漢所捕。⓬髡鉗　剔去頭髮，披上鎖鍊，打扮成一個被賣奴隸的樣子。髡，原指給犯人剔去頭髮。鉗，箍住脖子的刑具。⓭褐衣　粗布衣，賤者所服。⓮廣柳車　《索隱》曰：「凡大車任載運者，通名廣柳車。」郭嵩燾曰：「車檐深曰柳車，柳蓋深晦之意。廣柳粗車大而深檐，可以載重，故喪葬用之。」劉辰翁《班馬異同評》曰：「此周氏奇甚，在朱家上，是能用朱家者，而其後朱家獨聞。」⓯并與其家僮　和他私家的奴僕放在一起。僮，奴僕。⓰之魯朱家所　之，往。魯，漢代諸侯國名，國都即今山東曲阜。朱家，當時有名的俠客，事跡見〈游俠列傳〉。所，處。⓱置之田　瀧川曰：「楓山、三條本『田』下有『舍』字，與《漢書》合。」⓲田事聽此奴　有關農活，幹不幹聽其自便。聽，任；由。⓳必與同食　你要與他同桌而食。⓴軺車　單馬拉的輕便小車。㉑洛陽　劉邦初建國時的都城（今河南洛陽東北）。㉒汝陰侯滕公　姓夏侯，名嬰。因其跟從劉邦起義後，曾被劉邦任為滕縣縣令，故時人稱其為「滕公」、「滕嬰」。劉邦稱帝後，封之為汝陰侯，封地汝陰縣，縣治即今安徽阜陽。事跡詳見〈樊酈滕灌列傳〉。㉓職耳　猶言「理當如此」。職，職分。㉔以己之私怨求一人　為了個人的私仇而懸賞捉拿人。㉕何示天下之不廣也　這將在天下人面前顯得心胸多麼狹窄。㉖北走胡　向北逃入匈奴。匈奴是戰國以來興起於北方的少數民族，活動在今內蒙與蒙古國境內，漢代初期成為北方的嚴重邊患。㉗南走越　向南逃入南越國。南越國的國都即今廣州市，漢初的南越王為趙佗。事跡見〈南越列傳〉。㉘忌壯士以資敵國　為了恨一個人，而將他逼到敵國，幫著敵國增加實力。忌，痛恨。資，幫助。李斯〈諫逐客書〉有所謂「棄黔首以資敵國，卻賓客以業諸侯」，此處化用其語。㉙伍子胥所以鞭荊平王之墓　伍子胥，春秋末期楚國人，其父、其兄被楚平王所殺，伍子胥逃到吳國，後來率吳兵攻破郢都，掘楚平王之墓以鞭其屍。事見〈伍子胥列傳〉。荊平王，即楚平王，楚國也稱荊國。凌稚隆引董份曰：「古之俠者，不獨制貴勢之人，雖人主亦欲制之，觀朱家數言，誠大俠也。」㉚從容為上言　好好地向皇上說說。從容，自然地；好好地。㉛意　疑；猜想。㉜待間　等到有了合適的機會。間，間隙；機會。㉝如朱家指　按著朱家的意思。指，通「旨」。意思。㉞皆多季布能摧剛為柔　多，稱讚。淩稚隆引程一枝曰：「『季布摧剛為柔』，乃子長妙心所發，言外有別旨。」㉟朱家亦以此名聞當世　按：二句以敘代議，極見史公對兩人珠聯璧合事跡之讚歎。㊱謝　謂季布向劉邦表示歉意。㊲郎中　帝王的侍從人員，秩三百石，上屬郎中令。按：郎中的級別雖然不高，但相當榮寵，漢代有以「列侯」的爵位而躋身於郎中之列者。㊳孝惠　名盈，劉邦之子，呂后所生，西元前一九四—前一八八年在位。㊴中郎將　帝王的護衛長官，秩比二千石，上屬郎中令。㊵單于　匈奴首領的稱號，如同漢王朝的皇帝。㊶為書嫚呂后　據《漢書・匈奴傳》：冒頓遺呂后書調戲曰：「陛下獨立，孤僨獨居，兩主不樂，無以自虞，願以所有，易其所無。」嫚，汙辱。師古曰：「辭語褻汙也。」呂后，名雉，劉邦之妻，惠帝之母。惠帝在位時，由於生性仁弱，見呂后殺趙王如意與戚夫人，憤而稱病不理國事，呂后遂臨朝執政，故冒頓逕致書調戲之也。㊷上將軍　猶言「大將」、「名將」。在諸將之中聲望崇高，非固定官名。㊸樊噲　劉邦的開國功臣，呂后的妹夫。事跡見〈樊酈滕灌列傳〉。㊹橫行匈奴中　極言其輕視匈奴之狀。橫行，以喻東衝西殺，所向無敵。㊺阿　順從討好。㊻四十餘萬眾　《漢書》作「三十餘萬眾」。㊼困於平城　事在高祖七年（西元前二〇〇年）。時韓王信與匈奴勾結叛亂，劉邦帶兵往討，被匈奴困於平城（今山西大同東北），七日不得出，見〈高祖本紀〉。按：《漢書》此句下尚有「噲時亦在其中」，較此更為有力。㊽柰何　如何；如何能夠。㊾面欺　當面誇口騙人。㊿以事於胡　由於以討伐匈奴為事。秦始皇統一六國後，派蒙恬出兵伐匈奴。見〈蒙恬列傳〉。(51)陳勝等起　由於秦朝的伐匈奴、築長城、修阿房、修墳墓，勞民傷財，於秦二世元年（西元前二〇九年）引發陳勝起義。見〈陳涉世家〉。(52)創痍未瘳　創傷未好。師古曰：「痍，傷也。」瘳，痊癒。按：陳勝起義後，六月兵敗而死；項羽、劉邦又打了二年，遂推翻秦朝。接著進入楚漢戰爭，又打了近四年，劉邦滅項羽稱帝。其後又諸侯叛亂，此起彼伏，至此時未得安生。(53)面諛　當面順情討好。(54)搖動天下　指挑起戰爭，使國家陷於危難。(55)河東守　河東郡的郡守。河東，漢郡名，郡治安邑（今山西夏縣西北）。(56)孝文時　孝文帝在位時。孝文帝，名恆，劉邦之子，薄太后所生。開始封為代王；周勃等誅滅呂氏後，擁立劉恆為皇帝，西元前一七九—前一五七年在位。事跡見〈孝文本紀〉。(57)御史大夫　三公之一，位同副宰相，主管監察彈劾。(58)使酒　《索隱》曰：「因酒縱性。」(59)難近　令人難以接近。王先謙引顧炎武曰：「『令人畏而遠之。』師古以為『近』謂附近天子為大臣也」，意即難以使季布靠近皇帝為大臣。錄之以備參酌。(60)留邸　住在招待所裡。邸，猶今之所謂「駐京辦事處」。當時各郡、各諸侯國都在長安設有這種供自己往來住宿的館所。(61)見罷　被通知回去。(62)無功竊寵二句　客氣話，意即享受了過分的優待，被任為河東郡守。待罪，在某個職位上等待處罰，也是客氣話，實際上即任某職。(63)以臣欺陛下　指在你面前說我的好話。欺，矇騙，把我說得過好。這裡也是客氣話。(64)無所受事二句　沒有讓我接受任何任務，就讓我回去了。(65)有以毀臣　有人說我的壞話。毀，誹謗；說壞話。(66)有識　有深刻見解的人士。(67)有以闚陛下　師古曰：「窺見陛下淺深也。」即讓人都看到了您的輕率多變。(68)股肱郡　與朝廷關係重要的大郡。當時河東郡屬司隸校尉管轄，相當於現在首都郊區。股肱，大腿、胳膊。(69)故特召君耳　所以特地請你來京城一趟。特，一本作「時」。吳見思曰：「『時』字妙，以粉飾無事而召之耳。」(70)之官　前往任所。即返回河東郡。(71)曹丘生　曹丘先生。漢時稱「生」或稱「先」，都是「先生」的意思。(72)招權顧金錢　《集解》引孟康曰：「招，求也。以金錢事權貴，而求得其形勢，以自炫耀也。」師古曰：「言招求貴人威權，因以請託，得他人顧金錢也。」《漢書補注》引劉攽曰：「招權，謂作為形勢，招權歸己也。顧金錢者，志在金錢也。顧，猶念也。」按：後二說較好，今俗語之「招權納賄」，即由此而來。(73)趙同　即趙談，漢文帝寵幸的宦者。事跡可參見〈袁盎鼂錯列傳〉、〈佞幸列傳〉。「談」之所以寫「同」，乃史公為其父避諱。(74)竇長君　漢文帝竇皇后的長兄，事跡可參見〈外戚世家〉。(75)非長者　不是什麼忠厚人。(76)勿與通　不要和他來往。(77)歸　謂離長安而歸故鄉「楚」地。按：此處史公行文有漏洞，前面說季布為太守於河東，並未說其罷官歸「楚」，今直說曹生歸楚見季布，稍欠呼應。(78)欲得書請季布　想得到一封介紹信，以便回去求見季布。師古曰：「欲得竇長君書與布，為己紹介也。」瀧川曰：「請，謁也。」(79)不說足下　不喜歡先生您。說，通「悅」。足下，謙稱對方，與「閣下」、「左右」等稱呼的用法相同。(80)先發書　先將書信寄與季布。(81)得黃金百二句　得到別人的黃金百斤，不如得到季布的一聲承諾。諾，答應別人請求的聲音。「得黃金百，不如得季布一諾」，正好押韻。「百」下原有「斤」字。王念孫《讀書雜志・史記第五》認為「斤」字是後人妄加，《漢書・季布傳》亦無「斤」字，故據刪。瀧川曰：「二人楚人，故引楚諺。」(82)梁楚間　指今江蘇省北部與河南省東部一帶地區。梁、楚都是漢代的諸侯國名，楚國的都城即今徐州市，梁國的都城在今河南商丘西南。(83)游揚　周遊天下以傳揚之。(84)顧不重邪　難道不好嗎。顧，反而，這裡即「難道」。重，重要；美好。《漢書》「重」字作「美」。(85)距僕　拒絕和我來往。距，通「拒」。史珥《四史剩說》曰：「諛人干進，自是游士常態，曹丘卻有跌宕之致，故自佳，發端竟以『楚人』自居，尤妙。」(86)曹丘揚之也　《正義》曰：「既為俠，則其交必雜，此曹丘所以容於季布也。」淩稚隆引費袞曰：「布以書諫長君，使無與通，其始固亦善矣。及曹丘來見，進諂辭以悅之，顧乃大悅，引為上客，布至此何謬哉！」按：為了揚名而不暇選擇手段，此處亦頗見司馬遷本人對名的極度熱衷。

【語　譯】季布是楚地人。講義氣，好打抱不平，急人之難，在楚地很有名氣。項羽曾讓他率領軍隊與劉邦作戰，好幾次把劉邦逼得走投無路。等到項羽失敗身亡之後，劉邦用千金懸賞捉拿季布，並下令，誰膽敢窩藏季布就滅他三族。季布開始時藏在了濮陽縣一個姓周的人家。一天，姓周的那個人說：「朝廷懸賞捉拿您的風聲很緊，眼看就要搜查到我這裡來了，如果您能聽我的話，我可以幫您出個主意；如果您不能聽我的話，我情願先死在您面前。」季布一聽，立即答應照他的話辦。於是姓周的就給季布剃了頭，脖子上套上鐵箍，讓他換上一套粗布衣服，把他和幾十個奴隸一起裝上大車，拉到魯國的朱家那裡去賣。朱家心裡明白其中的一個是季布，於是就把他買了下來，讓他到田裡去幹活兒。同時告誡他的兒子們說：「田裡的活幹不幹由著他，一定要讓他和你們同桌共食。」隨後朱家又乘著小車子到了洛陽，找到了汝陰侯夏侯嬰。夏侯嬰留朱家住了好幾天，每日與他暢飲。朱家趁機對夏侯嬰說：「季布犯了什麼大罪，皇上要花這麼大力氣抓他？」夏侯嬰說：「季布曾有好幾次幫著項羽把皇上逼得走投無路，所以皇上恨他，非抓住他不可。」朱家問：「您看季布這個人怎麼樣？」夏侯嬰說：「我看是個有本事的人。」朱家說：「做臣子的都必須各為其主，季布為項羽賣力，那正是他的職責。難道凡是為項羽做過事的人都要殺光嗎？如今皇上剛剛坐了江山，就為了個人的私憤通緝人，這讓天下人看著是多麼沒有度量啊！再說憑著季布的這分能耐，朝廷把他逼得這麼急，那他不是北逃匈奴，就是南逃南越了。為了忌恨一個人才，而逼得他去投奔敵國，為敵國所用，當年伍子胥領吳兵破楚，掘平王之墓而鞭其屍，不就是這麼逼出來的嗎。您為什麼不好好和皇上談談呢？」夏侯嬰知道朱家是個大俠客，他猜想季布大概就藏在他的家裡，於是就答應說：「好吧。」隨後他就找了個機會，把朱家的意思向劉邦說了。劉邦覺著有理，於是就下令赦免了季布。一時間，人們都紛紛讚揚季布的忍辱負重，能夠摧剛為柔，而朱家也就因此而聞名天下了。季布被劉邦召見時，向劉邦請了罪，而劉邦則任命他當了郎中。

2 孝惠帝時，季布被提升為中郎將。當時匈奴的單于冒頓曾寫信侮辱呂后，極不恭敬，呂后大怒，召集眾將商議此事。上將軍樊噲說：「請給我十萬人，我將領著他們去橫掃匈奴！」其他將軍們也都順著呂后的心思，說：「對，跟他們打！」這時，唯有季布說：「樊噲該斬！當年高皇帝率領著四十多萬人，尚被匈奴人圍困在平城。現在樊噲怎麼能領著十萬人去橫掃匈奴呢？簡直是當面欺君！再說，秦朝就是因為和匈奴人打仗，才使得陳勝等趁機而起；而今天百姓的創傷還沒有癒合，現在樊噲又來當面討好，想挑起戰爭，使國家陷入危險。」當時殿上的人們都嚇壞了，於是呂后宣布退朝，從此再也不提打匈奴的事了。

3 後來季布做了河東郡守，這時文帝在位，有人向文帝提過季布是能幹的人，於是文帝就把季布召進朝廷，想提升他為御史大夫。剛好這時又有人說季布勇敢是勇敢，但好耍酒瘋，讓人不好接近。於是季布進京後，在招待所裡等了一個月，孝文帝才召見他，讓他回河東郡。季布對文帝說：「我對國家沒有什麼功勞，多蒙國家的恩寵，讓我在河東任職。您無緣無故地把我召進京來，這一定是有人矇騙您，說了我的好話；現在我來了，您什麼事都沒對我說，就讓我回去，這一定是又有人在您那兒說了我的壞話。您就因為一個人的說好話就把我叫了來，又因為一個人的說壞話就把我打發走，這樣下去，我怕天下那些有識之士就可以從這件事上窺測陛下您的深淺了。」孝文帝聽了沒吭聲，心裡覺得很慚愧，過了好久才說：「河東郡就像我的左膀右臂一樣非常重要，所以才特地召你來見見面。」於是季布只好回去了。

4 楚地的曹丘先生是個辯士，好攀附權貴、作威作福以撈錢財，他奔走於文帝的寵幸趙談之門，並與漢景帝的舅父竇長君關係不錯。季布聽說後，就給竇長君寫了一封信勸他說：「我聽說曹丘先生不是什麼好人，您不要同他來往。」待至曹丘先生又來竇長君家的時候，他請竇長君寫封信介紹他與季布相識。竇長君說：「季將軍不喜歡您，您不要到他那裡去。」曹丘先生執意要他寫，竇長君只好寫了封信，於是曹丘先生就去找季布了。他在出發之前，先讓人把信送給了季布。季布一看信果然大怒，氣沖沖地等著曹丘先生的到來。曹丘先生一到，向季布作了一個揖，說：「楚地的人們都編了順口溜說：『得到黃金百斤，不如得到季布一句承諾。』您是怎麼在梁、楚一帶贏得這麼高的聲望的？我是楚地人，您也是楚地人。我周遊天下，到處給您揚名，這對您難道不重要嗎？您為什麼要這麼排擠我呢！」季布一聽立即轉怒為喜，趕緊請他進屋，把他當成貴客，一直留他住了好幾個月，臨走時，還送給他厚禮。季布的名聲之所以愈來愈大，就是因為曹丘先生的宣揚。

1 季布弟季心，氣蓋關中❶，遇人恭謹，為任俠，方數千里，士皆爭為之死。嘗殺人，亡之吳❷，從袁絲匿❸。長事袁絲❹，弟畜灌夫、籍福❺之屬。嘗為中司馬❻，中尉郅都❼不敢不加禮。少年多時時竊籍其名以行❽。當是時，季心以勇，布以諾，著聞關中❾。

2 季布母弟丁公❿，為楚將。丁公為項羽逐窘高祖彭城西⓫，短兵接，高祖急，顧丁公曰：「兩賢豈相戹哉⓬！」於是丁公引兵而還⓭，漢王遂解去⓮。及項王滅⓯，丁公謁見高祖。高祖以丁公徇⓰軍中，曰：「丁公為項王臣不忠，使項王失天下者，迺丁公也。」遂斬丁公，曰：「使後世為人臣者無效丁公！」⓱

【章旨】以上為第二段，寫季布之弟季心與其舅丁公的事跡。

【注釋】❶氣蓋關中　季心居於長安，故謂其行俠，氣蓋關中也。楊樹達曰：「袁盎云：『夫一旦叩門，不以親為解，不以存亡為辭，天下所望者獨季心、劇孟。』」按：以上袁盎語見〈袁盎鼂錯列傳〉。❷亡之吳　逃到吳王劉濞的封國（國都廣陵，即今江蘇揚州）。❸從袁絲匿　投到袁絲處躲藏。袁絲，即袁盎，字絲，當時為吳王相。事見〈袁盎鼂錯列傳〉。❹長事袁絲　事袁盎如兄。❺弟畜灌夫籍福　對待灌夫、籍福如弟。畜，養。這裡即「看待」的意思。灌夫是當時著名的官僚兼地方豪強，籍福類似食客，都經常出入於魏其侯竇嬰門下。袁盎也是竇嬰的朋友，故季心可以同時與他們數人相交。事可參見〈魏其武安侯列傳〉。郭嵩燾曰：「長事袁絲，弟畜灌夫，是居長安時事。」❻中司馬　《集解》引如淳曰：「中尉之司馬。」《索隱》曰：「《漢書》作『中尉司馬』。」中尉是掌管京城治安的長官；中尉司馬在中尉屬下主管司法。❼中尉郅都　姓「郅」名「都」，當時以執法嚴格著稱的人物。有關郅都任中尉的情形，見〈酷吏列傳〉。❽竊籍其名以行　私下打著他的旗號招搖撞騙。籍，通「藉」。❾著聞關中　何焯《義門讀書記》曰：「漢初游俠之盛，季布、袁盎扇之也。自田、竇敗，公卿不敢致賓客，遂多閭里之魁矣。」❿季布母弟丁公　季布的舅舅丁氏某人。母弟，母親的弟弟。《索隱》曰：「謂布之舅也。」丁公，《集解》引《楚漢春秋》云：「薛人，名固。」⓫逐窘高祖彭城西　事在漢二年（西元前二〇五年）四月。時劉邦乘項羽北征田榮之機曾一舉攻入項羽的國都彭城（今徐州市），後項羽回兵馳襲劉邦於彭城下，劉邦被打得慘敗，倉皇西逃。事詳〈項羽本紀〉。逐窘，追得跑不了了。⓬兩賢豈相戹哉　兩個好漢就非得這麼互不放過嗎。相戹，互不放過。⓭丁公引兵而還　《太平御覽》引《楚漢春秋》云：「上敗彭城，薛人丁固追上。上被髮而顧曰：『丁公何相急之甚？』」瀧川謂《史記桃源抄》引《楚漢春秋》云：「薛人丁固與彭城人賴齮騎而追上，上被髮而顧丁公曰：『吾非不知公，公何急之甚？』於是回馬而去之。」⓮漢王遂解去　解去，脫身而去。梁玉繩曰：「方言『高祖』，遽曰『漢王』，似是兩人矣。」⓯項王滅　事在漢五年（西元前二〇二年）十二月（當時以十月為歲首）。⓰徇　押著遊行示眾。⓱遂斬丁公三句　淩稚隆引張之象曰：「季布之忠，雖有怨而必用；丁公之不忠，雖有德而必斬，書附於此，見高帝善用賞罰也。」錢鍾書曰：「蓋知因我背人，將無亦因人而背我也？居彼而許我，則亦必不為我而詈人也。古希臘大將、羅馬大帝論敵之不忠其主而私與己通者，皆曰：『其事可喜，其人可憎。』正漢高於丁公之謂矣。」姚苧田曰：「高祖名為大度，而恩仇之際實不能忘。如季布、雍齒初實欲誅之，以屈於公議而止；又如戛羹小怨，而終不忘情於丘嫂，他可知矣。丁公短兵急接之時，窘迫可知，雖以漫辭幸免，而怒之者實深，故因其來謁而斬之，其本心未必果責其不忠於項王也，不然何以不並誅項伯乎？」又曰：「季布傳末附季心、丁公二人，以季心正陪布之勇，以丁公反映布之忠。皆是極寫季布處。」按：劉邦之斬丁公，與〈伍子胥列傳〉所寫之句踐滅吳後同時殺了吳之內奸伯嚭，且責其「賣主」、「與己比周」事同，而殺伯嚭，當時實無其事。凡此等，皆可見司馬遷的一種態度，而不是為了表現句踐、劉邦的「善用賞罰」。

【語　譯】季布的弟弟季心，威震關中，但待人非常恭謹，他行俠仗義，方圓幾千里之內的人們都爭著願意為他賣命。季心曾經殺過人，逃到了吳國，藏到了袁盎家裡。他在那裡像對待兄長一樣地對待袁盎，至於像灌夫、籍福諸人，他對待他們就像對待弟弟一樣了。季心曾給中尉當過司馬，連中尉郅都都對他也不敢不尊敬。以至於許多年輕人往往都打著季心的旗號行事。當時，季心是憑著勇敢，季布是憑著說話算話，都聞名於關中一帶。

2 季布的舅舅丁公原來也是項羽的將領。彭城之戰時他為項羽在彭城西追擊劉邦，兩個人短兵相接，眼看就要抓住劉邦，劉邦著急地向著丁公喊道：「兩個好漢難道應該互相為難嗎！」於是丁公就率兵退去，從而使劉邦得以脫險。等到項羽死後，丁公來拜見劉邦。劉邦把丁公捆起來，押著他在軍中示眾說：「丁公作為項王的臣子，不忠於項王，使項王丟掉天下的，就是他。」示眾後就把丁公殺了。劉邦說：「這樣做的目的，是為了讓後代做臣子的不要跟著丁公學！」

1 欒布者，梁①人也。始梁王彭越②為家人時③，嘗與布游④。窮困，賃傭⑤於齊⑥，為酒人保⑦。數歲，彭越去，之巨野中為盜⑧，而布為人所略賣⑨，為奴於燕⑩。為其家主報仇⑪，燕將臧荼⑫舉以為都尉⑬。臧荼後為燕王，以布為將。及臧荼反⑭，漢擊燕，虜布⑮。梁王彭越聞之，迺言上，請贖布⑯，以為梁大夫⑰。

2 使於齊⑱，未還，漢召彭越，責以謀反，夷三族⑲。已而梟彭越頭於雒陽下⑳，詔曰：「有敢收視㉑者，輒捕之㉒。」布從齊還，奏事㉓彭越頭下，祠㉔而哭之。吏捕布以聞㉕。上召布，罵曰：「若與彭越反邪㉖？吾禁人勿收，若獨祠而哭之，與越反明矣。趣亨之㉗！」方提趣湯㉘，布顧㉙曰：「願一言而死。」上曰：「何言？」布曰：「方上之困於彭城㉚，敗滎陽、成皋間㉛，項王所以不能遂西㉜，徒以彭王居梁地㉝，與漢合從苦楚㉞也。當是之時，彭王一顧㉟，與㊱楚則漢破，與漢而[37]楚破。且垓下之會[38]，微彭王，項氏不亡[39]。天下已定，彭王剖符受封[40]，亦欲傳之萬世[41]。今陛下一徵兵於梁[42]，彭王病不行，而陛下疑以為反，反形未見[43]，以苛小案誅滅之[44]，臣恐功臣人人自危也。今彭王已死，臣生不如死，請就亨[45]。」於是上迺釋布罪，拜為都尉。

3 孝文時[46]，為燕相[47]，至將軍[48]。布迺稱曰：「窮困不能辱身下志，非人也[49]；富貴不能快意，非賢也[50]。」於是嘗有德者厚報之，有怨者必以法滅之[51]。吳、楚反時[52]，以軍功封俞侯[53]，復為燕相[54]。燕、齊之閒皆為欒布立社[55]，號曰「欒公社」。

4 景帝中五年[56]，薨。子賁嗣，為太常[57]，犧牲不如令，國除[58]。

【章　旨】以上為第三段，寫欒布的生平事跡。

【注　釋】❶梁　戰國或漢初的諸侯國名。戰國時的梁國都於大梁（今開封市）；楚漢之際劉邦封彭越為梁王，都定陶（今山東定陶西北）；彭越被殺後，劉邦又封其子為梁王。轄地大體為今河南省東北部和與之鄰近的山東省西南部一帶地區。❷彭越　劉邦的開國功臣，於漢五年（西元前二〇二年）被封為梁王，漢十一年（西元前一九六年）被劉邦強加罪名殺害。事跡見〈魏豹彭越列傳〉。❸為家人時　還在當平民百姓的時候。家人，平民；庶民。師古曰：「猶言編戶之人也。」❹嘗與布游　曾與欒布友好來往。❺賃傭　出賣勞力以換錢。❻齊　古稱以臨淄為中心的今山東省東部地區。❼酒人保　在酒館跑堂。古稱酒館的服務員為「酒保」。❽彭越去二句　巨野，大澤名，在今山東巨野北，當時水域甚廣。〈魏豹彭越列傳〉稱彭越「常漁鉅野澤中，為羣盜」。❾為人所略賣　被人劫持販賣。略，意思同「掠」。❿燕　古稱以今北京市為中心的大片地區。春秋、戰國、楚漢以至漢初，都是諸侯國名，國都薊城（今北京市）。⑪為其家主報仇　家主，指花錢買了欒布的那戶人家的主人。欒布作為一個奴僕能為其主子報仇而出手，可見其平時之重感情、講義氣。⑫臧荼　原是燕王韓廣的部將，鉅鹿之戰後，隨項羽入關。漢元年（西元前二〇六年），被項羽封為燕王。⑬都尉　中級武官名，其級別略當於校尉。欒布之為都尉在臧荼隨項羽入關前。⑭臧荼反　事在漢五年七月，劉邦剛即位稱帝不久。⑮漢擊燕二句　事在漢五年九月，乃劉邦親自統兵討平之也。⑯贖布　花錢以贖免其罪。此事蓋漢初即有，非自鼂錯等建議而後始行也。⑰梁大夫　梁國的中級官員。⑱使於齊　主語是欒布。當時齊國的國王是劉邦的私生子劉肥，事跡見〈齊悼惠王世家〉。⑲責以謀反二句　彭越被栽以罪名夷三族事，在漢十一年，過程詳見〈魏豹彭越列傳〉。夷，平；殺光。⑳梟彭越頭於雒陽下　梟，懸人頭於高竿以示眾。據〈黥布列傳〉，彭越不僅被誅滅三族，而且劉邦還將彭越煮成肉醬，分送給諸將吃。雒陽，通「洛陽」。古城名，在今河南洛陽東北，劉邦初稱帝時的都城。後來劉邦雖然聽從婁敬之議，於漢五年就已經遷都於關中（初在櫟陽，後至長安），但雒陽仍是他經常駐蹕以及處理政事之所在。㉑收視　實際意思是指收殮、埋葬。㉒輒捕之　立即將其逮捕。輒，即；隨即。㉓奏事　彙報出使的情況。古代使者出使歸來，若君主已死，有奏事於陵墓之禮節，如蘇武自匈奴歸來，「奉一太牢，謁武帝園廟」是也。㉔祠　祭祀。㉕捕布以聞　逮捕了欒布，向劉邦報告。㉖若與彭越反邪　你想跟著彭越造反嗎。若，爾；你。㉗趣亨之　趕緊煮了他。趣，急；速。亨，通「烹」。用油炸，但當時一般是用開水煮。瀧川曰：「高祖罵布之言止于『明矣』，『趣亨之』，并促刑官也。」㉘方提趣湯　正舉著欒布走向開水鍋。趣，通「趨」。㉙顧　回頭。㉚困於彭城　指劉邦在彭城被項羽打敗，倉皇奔命。事在漢二年（西元前二〇五年）四月。㉛敗滎陽成皋間　事在漢三年（西元前二〇四年）、四年（西元前二〇三年）。滎陽、成皋是劉邦與項羽兩相對峙的主戰場，劉邦自滎陽、成皋兩次從被圍中逃出的慘景，詳見〈項羽本紀〉。㉜不能遂西　不能趁勢一直地向西窮追猛打。原作「遂不能西」。王念孫《讀書雜志・史記第五》：「此當從《漢書》作『項王所以不能遂西』。《太平御覽・人事部》引《史記》正與《漢書》同。」今據改。㉝徒以彭王居梁地　就是因為有彭越當時在梁地打游擊。徒，只；就是。㉞與漢合從苦楚　與漢王您聯合，讓項羽吃苦頭。合從，通「合縱」。這裡即指聯合。彭越當時在項羽後方開展游擊戰，掐斷其前後方聯絡，使項羽疲於奔命，是造成項羽失敗的重要因素之一。事見〈項羽本紀〉、〈魏豹彭越列傳〉。㉟一顧　意即只要他一回頭、一轉念。㊱與　助。㊲而　意思同「則」。㊳垓下之會　指劉邦各路大軍共同圍擊項羽的最後一戰，事在漢五年十二月。垓下，古地名，在今安徽固鎮城東五十里。關於韓信、彭越等諸路大軍會聚，大破項羽於垓下事，詳見〈高祖本紀〉。㊴微彭王二句　如果沒有彭越，項羽是不會失敗的。微，沒有。㊵剖符受封　彭越與劉邦剖符被封為梁王，在漢五年正月，項羽兵敗身死之後，劉邦稱帝之前。剖符，將銅製或竹製之符一分為二，皇帝和諸侯各執一半以為信。㊶亦欲傳之萬世　意即從來不想造反，給自己惹麻煩。㊷徵兵於梁　向彭越徵兵，實際是想要彭越親自帶兵跟著劉邦一道北討發動叛亂的代相陳豨。事在高祖十年（西元前一九七年）。㊸反形未見　造反的證據沒有被發現。㊹以苛小案誅滅之　句子繁複不順，《漢書》作「以苛細誅之」，較此明潔。意即憑著一些雞毛蒜皮的事情就把一個大功臣殺掉了。苛小，瑣細。指所能找到的彭越的「問題」。然《集解》引徐廣曰：「小，一作『峭』。」苛峭，即嚴刑峻法。案，查辦。㊺今彭王已死三句　倪思曰：「布明越無罪，無一語不肯綮，足以折帝之氣而服其心，遂不果殺。」姚苧田曰：「蒯通以韓信之黨被責，但以『桀犬吠堯』自明其心；欒布以彭越之黨就刑，獨暢言越之功烈，深明越之心事。及其自言，則又不過『君亡與亡』，絕無規避。一則辯士之雄，一則忠臣之義。通志在於免戮，故其詞遜；布本不欲求生，故其語激，不可同日而論也。」㊻孝文時　孝文皇帝在位時（西元前一七九—前一五七年）。㊼為燕相　為燕王劉嘉之相。劉嘉是劉澤之子，西元前一七七—前一五二年在位。㊽至將軍　轉至朝廷任將軍。㊾窮困不能辱身下志二句　辱身下志，忍受屈辱，克制自己。非人也，猶今所謂「稱不上是好漢」。按：《史記》之稱道「窮困能辱身下志」者，如越王句踐、伍子胥、孫臏、蘇秦、范睢、韓信、張耳等是也。㊿富貴不能快意二句　快意，隨心所欲，讓自己活得痛快。按：《史記》之稱道富貴能快意者，如蘇秦、范睢、主父偃等是也。淩稚隆曰：「『布乃稱』以下，是太史公借布自言。」(51)有德者厚報之二句　按：《史記》中與此相似者，尚有〈范睢蔡澤列傳〉之所謂「一飯之德必償，睚眦之怨必報」，夫受恩圖報者，固應稱頌；至「睚眦之怨必報」與「有怨者必以法滅之」，豈非小人得勢之常態乎！有何必要稱道之？史公於此等處，常過於放任感情。(52)吳楚反時　即吳楚等七國同時發動叛亂時。事在景帝前元三年（西元前一五四年）一月。詳見〈吳王濞列傳〉、〈絳侯周勃世家〉、〈梁孝王世家〉、〈袁盎鼂錯列傳〉等篇。按：「吳楚反時」「楚」字原作「軍」，《漢書》作「楚」，今據改。(53)以軍功封俞侯　欒布因參加平定七國之亂有功，被封為俞侯。《集解》引徐廣曰：「擊齊有功也。」按：當時齊國並未謀反，而其四周的膠東、膠西、濟南、菑川四國為脅迫齊國謀反，遂合軍圍而攻之。欒布之功為率朝廷軍隊擊敗四國，救出了齊王；回兵時又至趙國，時參與叛亂之趙王遂尚守城未下，欒布乃引水灌趙城，城破，趙王遂自殺。詳見〈齊悼惠王世家〉、〈荊燕世家〉。俞侯，封地俞縣（今山東平原西南）。(54)復為燕相　仍為燕王劉嘉之相。(55)社　為活人建立的祈禱祝福之祠。(56)景帝中五年　中元五年，西元前一四五年。(57)太常　也叫「奉常」，九卿之一，主管宗廟祭祀與朝廷禮儀等。(58)犧牲不如令二句　事在武帝元狩六年（西元前一一七年）。犧牲，祭祀用的牲口，如牛羊豬等。不如令，不合禮法規定。國除，列侯的封爵與封地被撤銷。

【語　譯】欒布是梁地人。早年梁王彭越還在當平民百姓的時候，曾與欒布有過交往。欒布家裡窮困，到齊地給人當雇工，在一家酒館裡跑堂。幾年以後，彭越離開故鄉，到巨野澤裡做了強盜，欒布則被人當做奴隸，賣到燕國去了。後來他因為替自己的主人報仇，投奔了燕將臧荼，臧荼提拔他做了都尉。後來臧荼當了燕王，又讓欒布做了將軍。等到臧荼造反時，漢朝派兵破燕，俘虜了欒布。梁王彭越聽到這個消息，就向劉邦說明了他們舊日的關係，花錢把欒布贖了出來，讓他當了梁國的大夫。

2　後來欒布奉彭越之命出使齊國，還沒回來，劉邦把彭越召來，說他企圖謀反，滅了他的三族。隨後又把彭越的首級掛在了洛陽城下，下令說：「誰膽敢收葬他，就逮捕誰。」欒布從齊國回來後，就到彭越的人頭下面向他彙報了出使的情況，然後祭奠他，對著他的人頭痛哭。左右的看守們立即把欒布抓起來，報告了劉邦。劉邦把欒布叫來，罵道：「你是想和彭越一塊兒造反嗎？我命令人們不許去收屍，你偏要去祭祀他，哭弔他，這說明你分明是想和彭越一塊兒造反。趕緊把他給我煮了！」左右的人抓著欒布就要往熱水鍋裡扔，這時欒布回頭說：「我希望能讓我說一句話然後再死。」劉邦問：「你要說什麼？」欒布說：「當您在彭城大敗，在滎陽、成皋之間被圍時，項王之所以不能立刻揮師西進，就是因為有彭越占據著梁地，和您聯盟，牽制著楚軍。在那個時候，彭越只要一轉念，他要幫助楚軍，那麼漢軍就會失敗；他要幫助漢軍，那麼楚軍就會失敗。後來的垓下會戰，如果沒有彭越，項羽也是不會失敗的。等到天下平定以後，彭越受封為王，他也是想要把他的王位世世代代傳給他的子孫的。現在就因為您向梁國徵兵，彭越因為有病沒有來，於是您就懷疑他造反。造反的證據根本還沒個影兒，您就憑著一點小過失殺了他，我怕這樣一來，功臣們就要人人自危了。現在反正彭王已經死了，我活著還不如死了好，請您馬上把我煮了吧。」劉邦聽了這番話就饒了欒布，並任命他做了都尉。

3　孝文帝時，欒布做了燕國的丞相，後來又做了朝廷的將軍。於是欒布對人說：「窮困的時候不能忍辱負重，就不能算是好漢；富貴的時候不能活得痛快，也不算有本事。」於是凡是過去對他有恩的人，他都重重地加以報答；凡是過去與他有仇的，他也一定藉著法令條文加以報復。後來吳、楚七國造反時，欒布因為軍功被封為俞侯，後來又做過燕國的丞相。燕、齊之間的人們敬慕他，都為他立了生祠，叫做「欒公社」。

4 景帝中五年，欒布死了，他的兒子欒賁繼位為侯，官為太常，因為在祭祀的時候祭品不合規定，侯國被撤銷。

太史公曰：以項羽之氣❶，而季布以勇顯於楚❷，身履典軍搴旗❸者數矣❹，可謂壯士。然至被刑戮❺，為人奴而不死，何其下也！彼必自負其材❻，故受辱而不羞❼，欲有所用其未足也❽，故終為漢名將。賢者誠重其死❾。夫婢妾賤人感慨❿而自殺者，非能勇也，其計畫無復之耳⓫。欒布哭彭越，趣湯如歸⓬者，彼誠知所處⓭，不自重其死⓮。雖往古烈士，何以加哉⓯！

【章旨】以上為第四段，是作者的論贊，作者藉議論季布、欒布相反相成的生死抉擇，表現了自己豪邁的人生觀、生死觀。

【注釋】❶以項羽之氣　在項羽那樣的勇猛氣勢跟前。❷而季布以勇顯於楚　而季布居然也能憑著勇敢在楚軍中顯露名姓。❸履典軍搴旗　五字齟齬難通，大體有三解：一曰「履」應作「屨」。即多次地統領軍隊，拔掉敵人的軍旗。二曰「履」通「履」，踐踏；「典」字衍文。意即踐踏敵人的軍隊，拔掉敵人的軍旗。三曰「履典」二字乃一「覆」字之訛。即覆滅敵人的軍隊，拔掉敵人的軍旗。《漢書》作「履軍搴旗」，而瀧川資言又謂：「『履』字，亦當『覆』字之訛。」❹數矣　已經有多次啦。數，屢屢。❺被刑戮　指忍受「髡鉗」、衣褐，簡直就跟受刑一樣。❻自負其材　相信憑自己的材質，一定能有所作為。❼受辱而不羞　不以受辱為羞。❽欲有所用其未足也　讓自己尚未發揮的能量全部發揮出來。❾賢者誠重其死　有才幹的人是從不輕生的。重，重視；看重。❿感慨　指遇事動起氣來。⓫其計畫無復之耳　王叔岷曰：「即『計畫無復出」之意。更無其他計畫，惟有自殺耳。」即今所謂「再也想不出別的方法來」。按：〈報任安書〉云：「勇者不必死節，怯夫慕義，何處不勉焉！」「臧獲婢妾，由能引決，況僕之不得已乎！」意思與此相同，司馬遷在這裡又在借題發揮。⑫趣湯如歸　把下鍋烹煮看得像回家一樣平常。⑬誠知所處　真是明白了現時的處境。即明白此時豁出去的價值。按：〈廉頗藺相如列傳〉云：「知死必勇，非死者難也，處死者難。」處，對待；根據情況採取對策。⑭不自重其死　意即所以才豁得出去。⑮雖往古烈士二句　烈士，壯懷激烈的有志之士。茅坤曰：「太史公極苦心處，都是描寫自家一片胸臆。」凌稚隆引凌約言曰：「太史公於凡士之隱忍而不死者，必嘖嘖不容口，豈其本志哉？無非欲以自明，且抒其憤悶無聊之情耳。」

【語譯】太史公說：在項羽那麼勇猛的統帥手下，而季布居然還能以勇敢在楚軍中出名。他身經百戰，無數次斬將拔旗，真可稱得上是壯士了。然而當他剔去頭髮、戴上刑具時，他卻能夠忍受給人當奴隸而不隨便死，這種表現是多麼卑下啊！他之所以如此，一定是因為他對自己的才能很有自信，所以他才會受汙辱而不感到羞恥，他是想等待機會再度發揮他的才幹啊，所以最後他終於成了漢朝的名將。凡是有本事的人，都是不會輕易死的。一些婢妾賤人，遇上點事一衝動就要自殺，這也算不上什麼勇敢，只能表明他們再也沒有別的辦法了。當欒布去哭彭越，他把下湯鍋看得如同回家的時候，他是看清楚了人死的價值的，所以他才這麼不在乎。這樣的行為，即便是古代那些激昂慷慨的人，也無法超過呀！

【研析】本篇作品的思想內容有以下幾點：

一、作品歌頌了季布的直言敢諫與欒布的忠於故主，這是司馬遷所追求的理想的人臣品質之一。季布原是項羽的將領，惠帝時為中郎將。當時漢廷初建，國力正虛，匈奴單于冒頓寫信侮辱呂后，樊噲等不量力，慫恿呂后出兵討伐，朝臣們隨聲附和，有意見也不敢說。只有季布力排眾議，實事求是地指出現在與匈奴開戰的不現實與不明智，從而避免了一場可能失敗的戰爭。而文帝聽人讚揚，要提升季布；後來又聽人誹謗，中止了此事。季布對文帝說：「陛下以一人之譽而召臣，一人之毀而去臣，臣恐天下有識聞之有以闚陛下也。」司馬遷這種歌頌直臣的事例，還見於〈張釋之馮唐列傳〉、〈汲鄭列傳〉等篇。

欒布早年曾與彭越是朋友。漢初，欒布是燕王臧荼的將軍。臧荼反漢失敗，欒布被俘。彭越當時正做梁王，遂向劉邦請求，將其用錢贖出，任作梁國大夫。後來彭越被劉邦、呂后強加罪名殺害，當時欒布正為彭越出使齊國，回來後，彭越的人頭已被高掛在洛陽城下示眾。而且劉邦還下令：誰要是膽敢收屍，膽敢前去看望，便立即逮捕。但欒布毫不理會，他到彭越的頭下祭奠痛哭，並向彭越彙報了出使結果。看守人將其逮捕送到劉邦那裡，而欒布則在回答劉邦的責問時趁機替彭越辯冤，並告誡劉邦：彭越「反形未見，以苛小案誅滅之，臣恐功臣人人自危也」。說得劉邦無言以對，只好將其釋放並拜為都尉。

二、作品讚揚了季布在困辱時刻能隱忍，能不計小節，終使後來獲得了更大的名聲，表現了司馬遷的人生觀，這是本文的中心思想，也是《史記》中反覆表達的重要主題之一。季布原屬項羽，項羽失敗後，劉邦曾懸賞千金捉拿季布。這時季布為了逃命，跑到大俠朱家那裡去賣身為奴。後經朱家的活動，季布終於獲釋。對於季布的這種表現司馬遷很讚賞，他說：「季布以勇顯於楚，身屨典軍搴旗者數矣，可謂壯士。然至被刑戮，為人奴而不死，何其下也！彼必自負其材，故受辱而不羞，欲有所用其未足也，故終為漢名將。賢者誠重其死。夫婢妾賤人感慨而自殺者，非能勇也，其計畫無復之耳。」這與〈報任安書〉中所說的「勇者不必死節，怯夫慕義，何處不勉焉」，以及「人固有一死，或重於泰山，或輕於鴻毛，用之所趨異也」等等意思相同，都包含著司馬遷自己的許多感慨。

但司馬遷也不是一味地讚揚隱忍茍活；欒布冒死哭彭越並為彭越辯冤的那種見義勇為，也是司馬遷所傾心敬慕的。他說：「欒布哭彭越，趣湯如歸者，彼誠知所處，不自重其死。雖往古烈士，何以加哉！」這又與〈廉頗藺相如列傳〉所讚揚的「非死者難也，處死者難。方藺相如引璧睨柱及斥秦王左右，勢不過誅，然士或怯懦而不敢發。相如一奮其氣，威伸敵國；退而讓頗，重於太山，其處智勇，可謂兼之矣」意思相同，主張在有必要、有價值的關鍵時刻要敢於豁出去。

此外，作品還譴責了叛主求榮，結果反遭殺戮的丁公；讚揚了季布、季心兄弟的好氣任俠，以及被時人所稱的「得黃金百，不如得季布一諾」的高尚品質，這些正與〈越王句踐世家〉、〈游俠列傳〉遙相呼應。

卷一百一

袁盎鼂錯列傳第四十一

【題解】袁盎、鼂錯都是漢文帝、漢景帝時的名臣，又都是功過參半的人物。因為他們平素互相敵對、互相傾軋，結局又都非常悲慘，所以司馬遷把他們合寫為一傳。本文在寫作上很有特色。近世李景星說：「袁盎、鼂錯以兩冤家合為一傳，在《史記》中又是一格。盎傳極詳，錯傳極略；盎傳寫錯之傾盎處虛，錯傳寫盎之傾錯處實；盎傳寫其死處曲折，錯傳寫其死處直截。」又說：「錯傳末幅，詳載其父語，所以見錯死之宜也；附傳鄧公，又以傳錯死之冤，而漢之誅錯非計也。」（《四史評議》）此可謂深得文章之妙與司馬遷之意者。

1 袁盎❶者，楚❷人也，字絲。父故為羣盜，徙處安陵❸。高后時❹，盎嘗為呂祿❺舍人❻。及孝文帝即位❼，盎兄噲任盎❽為中郎❾。

2 絳侯為丞相❿，朝罷趨出⓫，意得⓬甚。上禮之恭，常自送之⓭。袁盎進曰：「陛下以丞相何如人？」上曰：「社稷臣。」盎曰：「絳侯所謂『功臣⓮』，非『社稷臣』。『社稷臣』主在與在，主亡與亡⓯。方呂后時，諸呂用事⓰，擅相王⓱，劉氏不絕如帶⓲。是時，絳侯為太尉，主兵柄，弗能正⓳。呂后崩⓴，大臣相與共畔諸呂㉑，太尉主兵㉒，適會其成功㉓。所謂『功臣』，非『社稷臣』㉔。丞相如有驕主色㉕，陛下謙讓㉖，臣主失禮㉗，竊為陛下不取也㉘。」後朝，上益莊㉙，丞相益畏㉚。已而絳侯望㉛袁盎曰：「吾與而兄善㉜，今兒廷毀我㉝！」盎遂不謝㉞。

3 及絳侯免相之國㉟，國人㊱上書告以為反㊲，徵繫清室㊳，宗室諸公莫敢為言，唯袁盎明絳侯無罪。絳侯得釋，盎頗有力㊴。絳侯乃大與盎結交。

4 淮南厲王㊵朝㊶，殺辟陽侯㊷，居處驕甚㊸。袁盎諫曰：「諸侯大㊹驕必生患，可適削地㊺。」上弗用。淮南王益橫㊻。及棘蒲侯柴武太子㊼謀反事覺㊽，治㊾，連淮南王，淮南王徵㊿。上因遷之蜀(51)，轞車傳送(52)。袁盎時為中郎將(53)，乃諫曰：「陛下素驕淮南王，弗稍禁(54)，以至此，今又暴摧折之(55)。淮南王為人剛，如有遇霧露(56)行道死(57)，陛下竟為以天下之大弗能容(58)，有殺弟之名，柰何？」上弗聽，遂行之(59)。

5 淮南王至雍，病死(60)，聞(61)，上輟食(62)，哭甚哀。盎入，頓首請罪(63)。上曰：「以不用公言至此。」盎曰：「上(64)自寬，此往事(65)，豈可悔哉！且陛下有高世之行(66)者三，此不足以毀名(67)。」上曰：「吾高世行三者何事？」盎曰：「陛下居代(68)時，太后嘗病三年，陛下不交睫(69)，不解衣，湯藥非陛下口所嘗弗進。夫曾參以布衣猶難之[70]，今陛下親以王者脩之[71]，過曾參孝遠矣。夫諸呂用事，大臣專制[72]，然陛下從代乘六乘傳[73]，馳不測之淵[74]，雖賁、育[75]之勇不及陛下。陛下至代邸[76]，西向讓天子位者再，南面讓天子位者三[77]。夫許由[78]一讓，而陛下五以天下讓，過許由四矣[79]。且陛下遷淮南王，欲以苦其志[80]，使改過，有司衛不謹[81]，故病死。」於是上乃解，曰：「將柰何？」盎曰：「淮南王有三子[82]，唯在陛下耳。」於是文帝立其三子皆為王[83]。盎由此名重朝廷[84]。

6 袁盎常引大體[85]忼慨[86]。宦者趙同[87]以數幸[88]，常害[89]袁盎，袁盎患之。盎兄子種為常侍騎[90]，持節夾乘[91]，說盎曰：「君與鬬，廷辱之[92]，使其毀不用[93]。」孝文帝出，趙同參乘[94]。袁盎伏車前曰：「臣聞天子所與共六尺輿[95]者，皆天下豪英。今漢雖乏人，陛下獨柰何[96]與刀鋸餘人[97]載！」於是上笑，下趙同[98]。趙同泣下車。

7 文帝從霸陵[99]上，欲西馳下峻阪[100]。袁盎騎，並車擥轡[101]。上曰：「將軍怯邪[102]？」盎曰：「臣聞：『千金之子[103]坐不垂堂[104]，百金之子[105]不騎衡[106]。』聖主不乘危而徼幸[107]。今陛下騁六騑[108]，馳下峻山，如有馬驚車敗，陛下縱自輕[109]，柰高廟、太后何[110]？」上乃止。

8 上幸上林[111]，皇后[112]、慎夫人[113]從。其在禁中[114]，常同席坐[115]。及坐，郎署長布席[116]，袁盎引卻慎夫人坐[117]。慎夫人怒，不肯坐。上亦怒，起，入禁中[118]。盎因前說曰：「臣聞尊卑有序則上下和。今陛下既已立后[119]，慎夫人乃妾，妾主[120]豈可與同坐哉！適[121]所以失尊卑矣。且陛下幸之，即厚賜之。陛下所以為慎夫人[122]，適所以禍之。陛下獨不見『人彘[123]』乎？」於是上乃說，召語慎夫人。慎夫人賜盎金五十斤。

9 然袁盎亦以數直諫，不得久居中[124]，調為隴西都尉[125]。仁愛士卒，士卒皆爭為死。遷為齊相[126]。徙為吳相[127]，辭行，種謂盎曰：「吳王驕日久[128]，國多姦[129]。今苟欲劾治[130]，彼不上書告君[131]，即利劍刺君矣。南方卑溼，君能日飲，毋何[132]，時說王曰毋反而已[133]。如此幸得脫[134]。」盎用種之計，吳王厚遇盎[135]。

10 盎告歸[136]，道逢丞相申屠嘉[137]，下車拜謁，丞相從車上謝袁盎。袁盎還，愧其吏，乃之丞相舍上謁[138]，求見丞相。丞相良久而見之。盎因跪曰：「願請間[139]。」丞相曰：「使[140]君所言公事，之曹[141]與長史掾[142]議，吾且奏之[143]；即私邪[144]，吾不受私語[145]。」袁盎即跪說曰[146]：「君為丞相，自度孰與陳平、絳侯[147]？」丞相曰：「吾不如。」袁盎曰：「善，君即自謂不如[148]。夫陳平、絳侯輔翼高帝定天下，為將相[149]而誅諸呂，存劉氏[150]；君乃為材官蹶張[151]，遷為隊率[152]，積功至淮陽守[153]，非有奇計攻城野戰之功。且陛下從代來，每朝，郎官上書疏[154]，未嘗不止輦受其言[155]。言不可用，置之[156]；言可受，採之，未嘗不稱善。何也？則[157]欲以致[158]天下賢士大夫。上日聞所不聞，明所不知，日益聖智[159]；君今自閉鉗天下之口[160]而日益愚。夫以聖主責愚相[161]，君受禍不久矣。」丞相乃再拜曰：「嘉鄙野人，乃不知[162]，將軍幸教。」引入與坐，為上客。

【章　旨】以上為第一段，寫袁盎在文帝時期的生平事跡。

【注　釋】❶袁盎　《漢書》作「爰盎」。爰，通「袁」。❷楚　漢初諸侯國名，國都彭城（今江蘇徐州）。袁盎時代的楚王是楚元王劉交的兒子劉郢與孫子劉戊。❸徙處安陵　被強制搬遷到安陵。安陵，為劉邦的兒子漢惠帝的陵墓所設的陵邑，級別相同於縣，在今陝西咸陽東北。漢代帝王的慣例是自其即位開始便給自己修造墳墓，而且強制一些富戶或有罪行的人向這個地區搬遷，以便形成縣邑。袁盎之父的搬遷即屬於有劣行者。❹高后時　劉邦的妻子呂后當權的時代。呂后名雉，早在其兒子惠帝在位（西元前一九四—前一八八年）時，呂后就操縱政權；惠帝去世後，呂后便臨朝執政，西元前一八七—前一八〇年在位。❺呂祿　呂后之姪，被封為趙王，統率北軍，是呂氏一黨的骨幹人物，後被周勃等所殺。過程詳見〈呂太后本紀〉。❻舍人　寄身於貴族門下而受其親幸，為之承擔某種職事者。❼孝文帝即位　事在西元前一七九年。孝文帝，名恆，劉邦之子，薄太后所生。原被劉邦封為代王，周勃、陳平等誅滅呂氏後，被擁立為帝，西元前一七九—前一五七年在位。❽盎兄噲任盎　任，保任。漢代官僚有保任其子、弟為宦的制度，這是最高統治者對其官僚集團的一種特殊待遇，也是漢代官僚的一種補充來源。❾中郎　皇帝的侍從人員，也就是通常所說的「郎官」中的一種，秩六百石。其他還有侍郎、郎中等名稱，都上屬郎中令。按：《漢書》本傳寫此作「郎中」。梁玉繩曰：「盎為兄所保任，始得為官，未必即能至六百石之秩，當是為『郎中」也。」郎中是「郎官」之最低者，秩三百石。王叔岷曰：「《通鑑》從《漢傳》作「郎中」。」❿絳侯為丞相　事在文帝元年（西元前一七九年）。絳侯，即周勃，劉邦的開國功臣，以軍功封絳侯，官居太尉。後又因誅諸呂功大，故被文帝任以為右丞相，位在陳平之上。事跡詳見〈絳侯周勃世家〉、〈呂太后本紀〉。⓫趨出　小步疾行地走出殿門。趨，是臣子在君父面前走路的一種禮節性姿勢。⓬意得　傲然自足。⓭自送之　按：應作「目送之」。陳仁錫曰：「《漢書》『自』作『目』，是也。」王先謙曰：「君無自送臣之禮，帝禮絳侯，亦不至是。」⓮功臣　見機立功之臣。⓯主在與在二句　徐孚遠曰：「言盡節致命也。」中井積德曰：「『在』、『亡』猶『存』、『亡』，社稷臣與主共存亡，主亡不獨存。」按：〈汲鄭列傳〉記莊助曰：「使黯任職居官，無以踰人。然至其輔少主，守城深堅，招之不來，麾之不去，雖自謂賁育亦不能奪之矣。」武帝曰：「然。古有社稷之臣，至如黯，近之矣。」袁盎稱周勃「非社稷臣」，蓋不滿其昔日之曲從呂后以封諸呂也。如淳曰：「人主在時，與共治在時之事；人主雖亡，其法存，當奉行之。高祖誓『非劉氏不王』，而勃等聽王諸呂，是從生主之欲，不與亡者也。」王先謙引王文彬曰：「盎意謂勃聽王諸呂，不以死爭，故引『主亡與亡』之義經相形也。」⓰用事　執權。⓱擅相王　指呂后隨其意封呂產為梁王、呂祿為趙王等是也。⓲劉氏不絕如帶　極言劉氏政權的危險。不絕如帶，亦言「不絕如縷」。極言其微細。按：當時朝政為呂后所把持，丞相陳平儘管極力討好呂后，但呂后仍是命呂產為「相國」，將陳平的相權架空；周勃名義上為太尉，但不能管事，呂祿統率北軍，周勃名下無一兵一卒。呂后先後殺掉了劉邦的兒子劉如意、劉恢、劉友。劉氏艱危如此，故曰「不絕如帶」。⓳絳侯為太尉三句　按：周勃、陳平之「罪」只在開始附和呂后封王諸呂之議，致使「呂氏權起」，一發不可收拾。至謂「主兵柄，弗能正」，則非周勃之過，因那時周勃已經有職無權。事見〈呂太后本紀〉。太尉，三公之一，主管全國武事。⓴呂后崩　事在呂后八年（西元前一八〇年）七月。㉑大臣相與共畔諸呂　畔，通「叛」。王叔岷曰：「《漢傳》《長短經臣行篇注》《通鑑》《容齋三筆》『叛』皆作『誅』。」按：當時的情事是，呂后一死，在長安的劉章立即通知其兄齊王劉襄起兵西下，諸呂派灌嬰率兵東出迎敵。灌嬰東出至滎陽宣布倒戈，與齊兵約盟，長安諸呂陷入混亂。於是周勃、陳平遂趁機而起，會同劉章等將呂氏誅滅。詳見〈呂太后本紀〉。㉒太尉主兵　周勃本來已經失去兵權，後來靠著酈況、紀通等人的幫助，騙得了呂祿的印信，奪取了兵權。㉓適會其成功　周勃、陳平等人的功勳，只不過是趕巧了機會而已。㉔所謂功臣二句　按：袁盎這段話儘管有「進讒言」的性質，但對周勃等人的評定並不為過。㉕丞相如有驕主色　丞相現在似乎已經在你面前表現了傲慢的意思。驕主，對君主表現驕傲。㉖陛下謙讓　如果您現在還向他表示謙讓。㉗臣主失禮　為臣與為君者，皆於禮有失。㉘竊為陛下不取也　我覺得這樣是不合適的。楊樹達曰：「文帝後遣勃就國，蓋由盎此語啟之。」㉙後朝

二句　後來再上朝時，文帝就漸漸嚴肅起來，不再像以往那麼客氣、敬重周勃了。益，漸漸。㉚丞相益畏　周勃對文帝也越來越敬畏。《漢書評林》引盧舜治曰：「絳侯居擁立之後，莫非疑地，盎無端之間，欲置臣主於隙，造間售欺，使帝不得不莊，勃不得不畏，安陵門外之禍非不幸也。」瀧川引中井曰：「據兩『益』字，非一日之事。」㉛望　埋怨；責備。㉜吾與而兄善　我和你的哥哥（指袁噲）關係不錯。而，你；你的。㉝今兒廷毀我　你小子居然當眾說我的壞話。王先謙曰：「時盎年少，故絳侯兒呼之。」廷毀，在朝廷上當眾說我的壞話。按：《漢書》於此作「今兒乃毀我」。㉞盎遂不謝　遂，一直；到底。不謝，不表示歉意。㉟絳侯免相之國　指被罷官，勒令回其封地絳縣（在今山西絳縣西北，侯馬市城東），事在文帝三年（西元前一七七年）。〈絳侯周勃世家〉云：「上曰：『前日吾詔列侯就國，或未能行，丞相吾所重，其率先之。』乃免相就國。」㊱國人　周勃封地（即絳縣）的人。㊲上書告以為反　〈絳侯周勃世家〉云：「每河東守尉行縣至絳，絳侯勃自畏恐誅，常被甲，令家人持兵以見之。其後人有上書告勃欲反。」㊳徵繫清室　調進京城，關進了監獄。據《漢書·文帝紀》，事在文帝四年（西元前一七六年）九月。清室，《漢書》作「請室」。《集解》引應劭曰：「請室，請罪之室。」《集解》引如淳曰：「請室，獄也。」㊴絳侯得釋二句　據〈絳侯周勃世家〉，周勃之子勝，尚文帝女，此次周勃得釋，乃文帝女與文帝母竇太后所援救，未提袁盎為之說話事。朱翌《猗覺寮雜記》曰：「漢文欲任賈誼公卿，絳灌之屬皆害之；其後人告絳侯反，繫獄，誼言待大臣無禮以感悟上；及袁盎為文帝言絳侯為功臣非社稷臣，且言臣主失禮，其後繫請室，諸公莫敢為言，唯盎明絳侯無罪。誼不懷前怨，盎不遂前非，皆勃之幸也。」《漢書評林》引李德裕曰：「絳侯繫請室，盎雖明其無罪，所謂陷之死地而後生之，徒有救焚之力，且非曲突之義。揚子稱盎『忠不足而談有餘』，斯言當矣。」㊵淮南厲王　劉長，劉邦之子，文帝之弟。高祖十一年（西元前一九六年）劉邦討滅了淮南王黥布，立劉長為淮南王，國都壽春（今安徽壽縣）。「厲」字是劉長死後的諡號。〈諡法解〉：「殺戮無辜曰厲。」㊶朝　進京朝見皇帝。㊷殺辟陽侯　辟陽侯，即審食其，呂后的寵幸。當年劉長之母趙美人因被牽連到謀刺劉邦的案件中，她們想通過審食其向呂后求情，審食其不為之盡力。當時正在懷孕的趙美人生下劉長後，遂憤怒自殺，因此劉長恨審食其。文帝三年劉長進京朝見文帝時，將審食其殺死。詳見〈淮南衡山列傳〉。㊸居處驕甚　行為舉止都很驕縱。居處，起居；一舉一動。㊹大　同「太」。按：《漢書》作「太」。㊺可適削地　應予以譴責並削減其封地。適，師古曰：「讀曰『謫』。」意即責罰。楊樹達曰：「據此盎主適削諸侯，與鼂錯所見正同，而盎後竟以此傾錯，史家敘此，蓋有微旨。」㊻益橫　越來越驕橫。㊼棘蒲侯柴武太子　柴武，劉邦的開國功臣，〈高祖功臣侯者年表〉作「陳武」。柴（陳）武的太子名奇，與淮南王串通謀反事，在文帝六年（西元前一七四年）。見〈淮南衡山列傳〉。按：西漢初期各有土封君的嗣子也都稱作「太子」，後來始用以專稱皇太子。(48)事覺　事情被發覺。(49)治　審判；查究。(50)淮南王徵　劉長被調到京城。(51)遷之蜀　發配到蜀地。蜀，實指今四川省之西南部。(52)轞車傳送　轞車，囚車。因其車廂四面皆有木板封閉，故云。轞，欄；欄板。傳送，由沿途的地方官分段接替地向蜀地押送。傳，通「轉」。謂輾轉相送也。(53)中郎將　皇帝的侍從武官，秩比二千石，統領諸郎，上屬郎中令。(54)弗稍禁　平時一點約束也沒有。(55)暴摧折之　突然的嚴厲打擊他。暴，突然。(56)遇霧露　代指各種偶然原因。(57)行道死　死在行道中。(58)陛下竟為以天下之大弗能容　那您就會被認為占有如此遼闊的國土竟容不下自己的一個弟弟。(59)遂行之　遂發配淮南王使之上路了。(60)淮南王至雍二句　事在文帝六年。雍，漢縣名，縣治在今陝西鳳翔南。病死，據〈淮南衡山列傳〉，乃劉長發憤，絕食而死。(61)聞　消息上報。(62)輟食　中斷吃飯。輟，止；中斷。(63)頓首請罪　《正義》曰：「自責以不強諫也。」吳見思曰：「何與袁盎事？正自明其言之中也。」(64)上　梁玉繩曰：「『上』當稱『陛下』。」(65)此往事　事情已經過去了。(66)高世之行　高出於一切世人的行為。(67)不足以毀名　不會有傷於您的名望。不足，不會；不能。(68)陛下居代　指文帝當年為代王時。劉恆於高祖十一年被封為代王，至西元前一七九年被擁立為皇帝，為代王共十七年。代國的都城中都（今山西平遙西南）。(69)不交睫　猶言「不眨眼」。指不睡覺。(70)曾參以布衣猶難之　曾參作為一個平民他都做不到。曾參，孔子的弟子，以孝著稱，事跡見〈仲尼弟子列傳〉。布衣，指平民。(71)親以王者脩之　以一個王者的身分親自做到了。脩，行；做。(72)諸呂用事二句　其先是諸呂掌權，其後是大臣（周勃、陳平等）專政。二句皆言其形勢之兇險複雜不可測度。(73)乘六乘傳　乘坐並帶著總共六輛傳車。古稱一車四馬曰「乘」。董份曰：「蓋文帝料漢事已定，止用六乘急赴，不多備耳。」也有說「六乘傳」是指六匹馬拉的傳車，以表示其乘車者的身分之高。因為還見有司相如所乘之「二乘傳」與昌邑王所乘之「七乘傳」。還有說「六乘傳」指六次換乘傳車，以取其快速。傳車，驛站上供過往官員乘坐的車輛。(74)馳不測之淵　指火速地進入了長安城。《集解》引臣瓚曰：「大臣共誅諸呂，禍福尚未可知，故曰『不測』也。」(75)賁育　孟賁、夏育，都是古代有名的勇士。《索隱》引《尸子》云：「孟賁水行不避蛟龍，陸行不避兕虎。」《戰國策》有所謂「夏育叱呼駭三軍」。(76)代邸　代王在京的府邸，有如今之駐京辦事處。(77)西向讓天子位者再二句　按：〈孝文本紀〉作「西向讓者三，南向讓者再」。胡三省《通鑑注》曰：「蓋代王入代邸，而漢廷群臣繼至，王以賓主禮接之，故『西向』。群臣勸進，王凡三讓；群臣遂扶王正南面之位，王又讓者再，則南向非王之得已也。」(78)許由　傳說中的隱士。據說堯以天下讓許由，許由不受，見《莊子・讓王》。(79)過許由四矣　《漢書評林》引劉子翬曰：「方漢大臣誅諸呂迎文帝，文帝與宋昌決策而來，豈有許由之志哉？再三之讓，姑欲謙謙盡力耳，盎乃謂過許由之讓，諂諛甚矣，豈不張帝之驕心哉？」(80)欲以苦其志磨鍊其意志。此用孟軻語。《孟子》云「天將降大任於是人也，必先苦其心志，勞其筋骨」云云。(81)有司衛不謹　有關人員保護得不周到。瀧川曰：「《漢書》『衛』上有『宿』字。」王叔岷曰：「《漢紀》『衛』字上亦有『宿』字。」(82)淮南王有三子　據〈淮南衡山列傳〉，劉長有四子，長名安，次名勃，次名賜，次名良。(83)立其三子皆為王　據〈淮南衡山列傳〉，孝文八年（西元前一七二年），封劉長四子皆為侯。至文帝十六年（西元前一六四年），時劉良已死，文帝又封其餘三人劉安為淮南王、劉勃為衡山王、劉賜為廬江王。(84)盎由此名重朝廷　楊慎曰：「謂有高行，不足毀名，正是蠱人主心術，比於俳優解慍。」史珥曰：「袁盎諫遷淮南王，持論甚正；及帝之悔，勸封三子，亦得可。第『高世之行』三事則引喻失倫，可恥可恨，升庵所以謂『俳優解慍』也。」按：據上述數事，袁盎已幾乎可入〈佞幸列傳〉，而汲黯卻「慕其為人」，誠不解其故。又，袁盎為中郎將時，有幫助張釋之升遷事，見〈張釋之馮唐列傳〉。(85)大體　大局；原則問題。多指禮法制度而言。(86)忼慨　同「慷慨」。憤激多氣。(87)趙同　即趙談，史公為避其父諱而改稱「同」。其人又見於〈佞幸列傳〉、〈季布欒布列傳〉。(88)以數幸　數，數術，指星曆之類。〈佞幸列傳〉曰：「趙同以星氣幸，常為文帝參乘。」(89)害　嫉恨。以其存在為己之患。(90)常侍騎　官名，皇帝的騎從侍衛。《索隱》引《漢舊儀》云：「持節夾乘輿車騎從者云常侍騎。」蓋即通常所謂「武騎常侍」也。(91)持節夾乘　按：此四字割裂上下文，乃補敘「常侍騎」之職務，疑旁注之混入正文者，《漢書》無此四字。(92)廷辱之　在朝廷大眾面前侮辱他。(93)使其毀不用　毀，說人壞話。《漢書》於此作：「君眾辱之，後雖惡君，上不復信。」瀧川引岡白駒曰：「於廷辱之，帝知其有隙，趙雖毀君，疑而不入也。」按：袁氏一門皆深通此保己傾人之術。(94)參乘　陪侍皇帝同乘一輛車，既示優寵，亦做警衛之用。(95)共六尺輿　謂同乘一輛車。六尺輿，六尺寬的車廂。王先謙引《隋書．禮儀志》云：「漢室制度，以雕玉為之，方徑六尺。」又引《通典》云：「秦以輦為君之乘，漢因之。以雕玉為之，方徑六尺。或使人挽之，或駕果下馬。」(96)柰何　怎麼能。(97)刀鋸餘人　指趙同是受過閹割的宦官而言。〈報任安書〉云：「如今朝雖乏人，奈何令刀鋸之餘薦天下豪雋哉？」用語相同。凌稚隆引劉夢松曰：「袁絲諫趙同參乘，偉矣。然諫則是，而諫之心則非。夫人臣事君，不蓄私忿，不懷舊怨，盎之惡談，乃由於素不相能，懼同子近幸，日夜譖毀，暴其過惡。此所謂因忠以求名，乘私以快忿者也。」(98)下趙同　令趙同下車。(99)霸陵　漢文帝為自己預修的陵墓，在今西安市東北。漢代皇帝從即位便開始為自己修造陵墓。漢文帝視察自己陵墓工地的事還見於〈張釋之馮唐列傳〉。(100)欲西馳下峻阪　想從陵墓頂處的高坡上馳車而下。按：據〈孝文本紀〉，文帝的霸陵不是由平地堆土而成，而是「霸陵山川因其故，無有所改」，是鑿洞於一個山坡上，所以其陵墓頂處可以很高。(101)並車轡　傍著文帝的車子，緊緊拉住文帝諸馬的轡繩。並，通「傍」。靠著。轡，勒馬的轡繩。(102)將軍怯邪　袁將軍你怕了嗎。

因袁盎當時為中郎將，故文帝稱之為「將軍」。怯，膽小；害怕。(103)千金之子　豪富人家的孩子。千金，漢代稱黃金一斤曰「一金」，「一金」可抵銅錢一萬枚。(104)坐不垂堂　不坐在屋簷下。《索隱》引張揖曰：「恐櫓瓦墜，中人。」也有稱「垂堂」為殿邊者，《說文》云：「堂，殿也。」師古曰：「謂坐堂外邊，恐墜墮也。」(105)百金之子　指小康人家的孩子。(106)不騎衡　不倚樓上的欄杆。《集解》引如淳曰：「騎，倚也。衡，樓殿邊欄楯也。」也有人說「衡」是指車轅前面的橫木，似與此處不合。按：梁玉繩《史記志疑》卷三十三：「《水經注》十九作『立不倚衡』，依上『坐不垂堂』句，似失一字。」(107)乘危而徼幸　到危險的地方去希求幸運。乘，登。徼幸，同「僥倖」。貪求非分的利益。(108)六騑　六匹馬拉著的車子。皇帝的車子用六馬。王先謙引沈欽韓曰：「《宋書・禮志》《逸禮・王度記》曰：『天子駕六飛，謂飛黃也。』」按：《漢書》作「六飛」，與「六騑」同。騑，也叫「驂」。即邊馬。這裡即泛指馬。(109)自輕　指不愛護身體、生命。(110)柰高廟太后何　意謂倘若有個好歹，怎麼向死去的父親和堂上的老母交代呢。高廟，劉邦的寢廟，這裡即指劉邦。太后，指文帝的母親薄太后。瀧川曰：「司馬相如〈諫獵書〉，蓋敷衍此數語。」(111)上林　即上林苑。秦漢時代的皇家獵場，舊址在今西安市西南，地有數縣之廣。(112)皇后　姓竇，景帝的生母，其傳奇式的經歷見〈外戚世家〉。(113)慎夫人　文帝的寵妃，其人又見於〈張釋之馮唐列傳〉。(114)禁中　宮廷內。(115)同席坐　同坐一張席子。(116)郎署長布席　郎署長，官名，負責照顧皇帝的生活起居。何焯曰：「郎署長亦從幸上林，職司布席耳。」布席，指坐席又安排得和在宮中一樣。按：王先謙據《群書治要》、《漢紀》、《資治通鑑》之引《史記》皆作「及坐郎署」，無「長布席」三字，以為「長布席」三字衍。師古引蘇林曰：「郎署，上林中直衛之署。」(117)引卻慎夫人坐　將慎夫人的座位向後拉了一點，使其與皇后分出等級。(118)上亦怒三句　文帝也生氣地站起身來，回宮了。按：《漢書》無「入禁中」三字，似乎更合情理。(119)立后　確立皇后。(120)妾主　小老婆與正妻之間。舊時小老婆稱正妻為「家主」，二者之間的地位懸殊。(121)適　正好；只能。(122)陛下所以為慎夫人　您現在對待慎夫人的這些做法。指妻妾無別。(123)人彘　指劉邦的寵妃戚夫人，因受寵，幾乎奪嫡。劉邦死後，被呂后斷去四肢，拋入廁所，稱為「人彘」。詳見〈呂太后本紀〉。王應麟《困學紀聞》曰：「樊噲諫高帝曰：『獨不見趙高之事乎？』袁盎諫文帝曰：『獨不見人彘乎？』以近事為鑒，則其言易入也。」凌稚隆引凌約言曰：「先以『引大體慷慨』提起，後緊接諫帝下趙同，諫帝馳峻阪，諫帝卻慎夫人坐，歷歷證之，皆根『引大體慷慨』一句來。」(124)居中　在朝廷內任職。(125)隴西都尉　隴西郡的武官。隴西郡的郡治狄道（今甘肅臨洮）。(126)齊相　齊王之相。此時的齊王為劉肥之子劉將閭，西元前一六四—前一五四年在位。(127)徙為吳相　改任為吳王劉濞之相。劉濞為劉邦之姪，劉邦次兄劉仲之子也。高祖十一年荊王劉賈被黥布叛軍所滅，於是劉邦改其國號曰吳，封劉濞為王，國都廣陵（今江蘇揚州）。

袁盎為吳相的具體年月不詳，大體在文帝末年。128吳王驕日久　劉濞早在惠帝、呂后時就富強驕奢；至文帝時，因其子被太子所殺，劉濞開始對朝廷不滿，文帝則對劉濞一再遷就。129國多姦　吳國的官吏多土匪習性，而且招引了許多其他地區的不法之徒聚於吳國。130苟欲劾治　如果你要用法律整治他們。劾治，猶今之所謂「查辦」。131上書告君　上書皇帝對你進行誣告。132君能日飲二句　大意謂你就每天只管多喝酒，對事情不要管得太嚴。師古曰：「無何，言更無餘事。」意即什麼都不要管。楊樹達解「無何」為「不足憂」，以為這幾句的意思是「南方卑溼，如能日飲，酒可禦溼，則亦不足憂也。此三句為一事，屬于養生者也；說王毋反為又一事，屬于政治者也」。統觀前後文，似仍以師古等說為是，楊說錄以備考。133時說王曰毋反而已　只要時不時的勸告著吳王不要造反就行了。句中「曰」字疑衍，《漢書》無。134如此幸得脫　這樣你就有可能苟全性命。135盎用種之計二句　按：袁盎這種行為能夠算是一個正派人嗎？楊樹達曰：「〈季布傳〉云：『季心嘗殺人，亡吳，從袁絲匿，長事盎。』蓋在此時。」136告歸　請假回家（安陵）。137申屠嘉　劉邦時的功臣，文帝後元二年（西元前一六二年）由御史大夫升任丞相，是一個比較正直的官僚。事跡見〈張丞相列傳〉。138上謁　讓守門人送入名片。謁，猶今之所謂名片。師古曰：「若今通姓名也。」139請閒　請求給個空隙。意即讓他人走開。140使　假如。141之曹　到下屬主管部門。王先謙曰：「往掾史治事之所也。」142長史掾　長史與各曹的主管官員。長史，丞相手下的諸史之長，秩千石。143吾且奏之　我將如實的替你向皇帝上奏。144即私邪　如果要說的是私人事情嘛。即，若。邪，同「耶」。語詞。145吾不受私語　我不接受任何私人請託。按：〈張丞相列傳〉中曾說申屠嘉「為人廉直，門不受私謁」，於此可見一斑。146即跪說曰　就在地上跪著說。按：《漢書》於此作「即起說曰」，梁玉繩曰：「是與上『跪曰』對。」按：原文自通，梁說不合當時情景。147自度孰與陳平絳侯　自己估量著與陳平、周勃相比，孰高孰低。陳平，劉邦的開國謀臣，以功封曲逆侯。後又與周勃等誅滅呂氏，官居丞相，死於文帝二年，見〈陳丞相世家〉。148君即自謂不如　語句不順。《漢書》作「君自謂弗如」，亦仍不順。〈淮陰侯列傳〉有相同之情境，當劉邦「默然良久曰：『不如也。』」韓信乃「再拜賀曰：『唯信亦以為大王不如也。』」此處則欠完整。或者可以理解為「即」字通「既」，「不如」下有省略。全文應作「君既自謂不如，則不應待人如此倨傲」。149為將相　周勃在劉邦晚年與呂后時期兩度為太尉，陳平自惠帝末至呂后時期一直任丞相。150誅諸呂二句　翦除呂氏的禍患，使劉家的帝統得以繼續。151材官蹶張　軍旅中一種特種兵的名號。材官，指魁梧多力者。蹶張，指能踏開強弩者。152遷為隊率　升成了一個小隊長。隊率，管五十個人的小隊長。153淮陽守　淮陽郡的郡守。淮陽郡的郡治即今河南淮陽。154郎官上書疏　郎官，皇帝身邊的侍從人員，包括中郎、侍郎、郎中等。上書疏，指轉呈上臣民們給皇帝的上書。155止輦受其言　停下車來接過郎官所呈的書疏。輦，帝王乘坐的小車，或用人挽，或用小馬拉。楊樹達曰：「此當於『受』字斷句，『受』謂受郎官所上之書疏，非謂受言也。」楊氏的意思可取，不宜理解此句為聽郎官說話。[156]言不可用二句　所奏書疏之言無可取者，放在一邊，也不給其潑冷水。按：此處所謂「言不可用」「言可受」之「言」，皆應指郎官所呈書疏之所謂，非謂郎官之說話也。《風俗通》卷二引劉向語，有所謂「文帝禮言事者，不傷其意。群臣無大小，至便從容言，上止輦聽之。其言可者，稱善；不可者，喜笑而已」。與此處之數句大體意思相同，然亦指的是對待「言事者」。[157]則　意思猶「乃」。[158]致　招納。[159]日益聖智　一天比一天更聰明。[160]閉鉗天下之口　讓人們不敢在您面前說話。換言之也就是學不到新東西。[161]以聖主責愚相　讓一位越來越聖明的君主來要求一個越來越愚蠢的宰相。責，責備；要求。淩稚隆曰：「袁盎諫同參乘，正論也，實則恐其害己；戒申屠嘉禮士，善言也，實則愧其輕己。盎平生挾詐，率此類也。」[162]乃不知　竟然不懂這些道理。王叔岷以為「不知」意同「無知」，「不」猶「無」也。

【語譯】 袁盎是楚國人，字絲。父親曾當過強盜，後被強制搬遷到安陵。呂后當政時，袁盎曾作過呂祿的家臣。到孝文帝即位時，袁盎的哥哥袁噲保任他當了中郎。

2 絳侯周勃作丞相時，每次朝見皇帝出來，總是傲然自足，連孝文帝都對他恭恭敬敬，常常目送著他離開。袁盎對孝文帝說：「您認為丞相是什麼樣的人？」文帝說：「是關係國家安危的重臣。」袁盎說：「周勃是所謂的『功臣』，而不是關係國家安危的『重臣』。作為一名關係國家安危的『重臣』應當與皇上共存亡。呂后當政時，呂家的人掌握了朝政，擅自封王，劉家的天下幾乎要斷絕。那時，周勃擔任太尉，掌握著軍權，但不能夠匡正時政；呂后去世，大臣們聯合起來造了呂氏的反，周勃當時正掌握著兵權，碰巧成功了，所以說他是『功臣』，而不是關係國家安危的『重臣』。現在丞相似乎已經露出不把皇上放在眼裡的樣子，陛下您又一味地謙讓，人臣和主子都失去了自己應守的禮節，我認為這是不合適的。」從此再上朝的時候，文帝就逐漸變得嚴肅起來，而周勃對皇上也愈來愈敬畏了。後來周勃責怪袁盎說：「我和你哥哥是朋友，你小子卻在皇上面前詆毀我。」袁盎聽了不理睬他。

3 後來周勃免相回到了封國，封國中有人給文帝上書說周勃想謀反，於是周勃被調進京來下了監獄，這時劉氏王室和朝中的各位公卿誰都不敢替他說話，只有袁盎向文帝申明周勃無罪。周勃最終得以獲釋，袁盎是出了不少力的。此後，周勃與袁盎遂成了好朋友。

4 淮南王劉長進京朝見皇上時，殺了辟陽侯審食其，舉止驕橫。袁盎對文帝說：「諸侯太強大太驕橫，必定成為國家的禍害，應當懲戒他們並削減他們的封地。」文帝不聽。淮南王劉長更加肆無忌憚。等到棘蒲侯柴武的太子謀反的事情敗露，追查時，案子牽連到了淮南王劉長。劉長被調進京來，文帝下令把他流放到蜀郡，而且要用囚車把他送走。當時袁盎任中郎將，見此情況就勸文帝說：「陛下過去總是寵著淮南王，對他的什麼事都不禁止，這才使他發展到了這一步，現在您又突然懲治他。淮南王性情剛烈，如果他經不住風吹雨打死在了半路上，那時您就會落一個不能寬容兄弟，甚至殺死弟弟的惡名，那可怎麼辦？」文帝不聽，就這麼打發淮南王上路了。

5 結果，淮南王剛到雍縣就死了，消息傳來，文帝吃不下飯，哭得很傷心。袁盎進來，叩頭請罪。文帝說：「就因為沒聽您的話，才有了這樣的結果。」袁盎說：「陛下想開些，這已經是過去了的事了，後悔還有什麼用呢！況且您還做過三件任何人比不了的好事呢，這一件壞不了您的名聲。」文帝問：「我做過哪三件別人比不了的好事？」袁盎說：「當初您任代王時，太后曾一病三年，在這漫長的日子裡，您夜裡無法成眠，沒有寬過衣，凡不經您親口嘗過的湯藥都不能給太后服用。曾參作為一個平民百姓都難以做到的事，您卻以王者的身分做到了，您比曾參要孝順多了。當初呂家的人掌握朝政，而後又是大臣們把持朝政，而您居然從代國乘坐並帶著總共六輛傳車，奔赴凶吉莫測的京城，連古代的孟賁、夏育也沒有您當時的勇氣。您到達長安的代國官邸後，兩次面朝西、三次面朝南地向大臣們推辭，不受天子之位。當年許由只讓過一回，而您讓過五回，您超過了許由四回啦。何況您流放淮南王的本意，是想讓他受些挫折，使他翻然悔悟，只是由於管理人員們照顧得不好，才讓他病死了。」聽了這話文帝才寬慰了些，他問道：「那以後怎麼辦？」袁盎說：「淮南王有三個兒子，就看您怎麼安排了。」於是文帝把淮南王的三個兒子都封了王。袁盎也從此在朝廷中聲名大振。

6 袁盎常在一些原則問題上慷慨陳辭。宦官趙談因精通數術而受寵幸，總忌恨袁盎。袁盎對他很頭痛。袁盎的姪兒袁種是皇帝的騎從侍衛。他對袁盎說：「您可以找機會在朝廷上當眾羞辱他一回，這樣日後他在背後說您的壞話就說不進去了。」一天孝文帝外出，趙談在車上陪侍，袁盎就過去跪在車前說：「只有國家的英豪才有資格陪天子同乘一輛車。如今我們朝廷上即使再沒有人，也不至於讓一個宦官陪您坐車啊！」文帝聽著笑了笑，讓趙談下車。趙談流著眼淚走下車子。

7 有一回文帝坐著車子想從霸陵西面的陡坡上奔馳下去。袁盎飛馬過來，傍著文帝的車子，拉住了文帝馬車的轡繩。文帝問：「你害怕了嗎？」袁盎說：「我聽說一個家有千金的子弟還知道不坐在房簷底下，一個家有百金的子弟還知道不倚樓上的欄杆。作為一個國家的君主，是絕不該去冒任何風險、貪圖僥倖的。現在您駕著六馬拉的車子衝下高坡，萬一馬驚車翻，您自己縱然不在乎，可您又怎麼向去世的高皇帝和太后交代呢？」文帝這才停了下來。

8 文帝遊上林苑，皇后和慎夫人一同跟著去了。她們在宮廷裡常常坐在一條席子上。這一次入席時，郎署長剛鋪好了坐墊，袁盎過來把慎夫人的坐墊向後拉了一下。慎夫人生氣不肯坐。文帝也生氣了，站起身來回宮去了。袁盎跟上前去對文帝說：「尊卑的次序分明才能上下和睦。您已經立了皇后，而慎夫人不過是個姬妾，姬妾怎麼能和主子並排而坐呢！那樣只會搞亂了尊卑關係。您要是寵愛她，可以多賞她東西，像您剛才那樣對待慎夫人，只是害了她。您沒見當年呂后把戚夫人弄成『人豬』嗎？」文帝這才高興起來，他把慎夫人叫過來，把袁盎的話告訴了她，慎夫人也感謝地賜給袁盎五十斤黃金。

9 但也正由於袁盎總愛直言勸諫，所以不能長留在皇帝身邊，被調任隴西都尉。他愛護士兵，士兵們都爭著為他賣命。後升任齊國丞相。又改派為吳國丞相，臨行前，姪子袁種對他說：「吳王劉濞一向驕橫，手下壞人很多。您要是打算整治他們，那他們不是上書告您的刁狀，就是用利劍宰了您。南方低下潮溼，希望您能多喝酒，對事情不要管得太嚴，只要能時常勸說吳王別造反就行了。只有這樣您才能僥倖免禍。」袁盎在吳國就是按著袁種的囑咐行事，吳王待袁盎很好。

10 袁盎有一次告假回京，在街上遇見了丞相申屠嘉，袁盎下車向丞相行禮，申屠嘉只是從車上向他致意。

袁盎回來後，覺得自己在下屬面前丟了面子，就前往申屠嘉家中，遞上名片求見。申屠嘉過了好久才接見他。袁盎跪著說：「希望能單獨和您談談。」申屠嘉說：「您說的要是公事，就請到官署中對我的長史講，然後我再上奏皇帝；如果是私事，我不接受私人的請託。」袁盎跪著說：「您身為丞相，自認為比得了陳平、周勃嗎？」申屠嘉說：「我比不上他們。」袁盎說：「好，您能自己認識到不如就好。陳平、周勃輔佐著高祖平定了天下，作了將相又誅殺了諸呂，保全了劉氏江山；您原不過是個拉大弓的武士，升為領隊，後又一點點積累功勞，升到了淮陽郡守，並沒有什麼出謀劃策、攻城奪地的大功。再看皇上，他從代國進京掌權後，每次上朝，即使一個郎官有什麼上書，皇上都總是停下車來聽他講話，不能採納的就擱在一旁，能採納的就採納，而且沒有一次不誇獎他們。這是為什麼呢？這是想把天下的能人都吸引過來為朝廷所用啊。皇上每日都能聽到新鮮事，都能了解自己不了解的情況，因此也就一天比一天更聖明；而您卻是把天下人的嘴都封住，你自己也就一天比一天更愚蠢。這樣下去，讓一個聖明的君主面對一個愚蠢的丞相，您很快就要大禍臨頭了。」於是申屠嘉向袁盎拜謝道：「我是個老粗，不明事理，幸虧有您教導我。」於是請袁盎入坐，待為上賓。

1 盎素不好鼂錯，鼂錯所居坐，盎去；盎坐，錯亦去：兩人未嘗同堂語。及孝文帝崩，孝景帝即位❶，鼂錯為御史大夫❷，使吏案❸袁盎受吳王財物❹，抵罪❺。詔赦以為庶人。

2 吳、楚反，聞❻，鼂錯謂丞史❼曰：「夫袁盎多受吳王金錢，專為蔽匿❽，言不反，今果反。欲請治盎，宜知計謀❾。」丞史曰：「事未發，治之有絕❿。今兵西鄉⓫，治之何益⓬！且袁盎不宜有謀⓭。」鼂錯猶與⓮未決。人有告袁盎者，袁盎恐，夜見竇嬰⑮，為言吳所以反者⑯，願至上前口對狀⑰。竇嬰入言上，上乃召袁盎入見。鼂錯在前⑱，及盎請辟人賜間⑲，錯去，固恨甚。袁盎具言：「吳所以反狀，以錯故⑳，獨急斬錯以謝吳㉑，吳兵乃可罷。」其語具在「吳事」中㉒。使袁盎為太常㉓，竇嬰為大將軍㉔。兩人素相與善㉕。逮㉖吳反，諸陵長者㉗、長安中賢大夫㉘爭附兩人，車隨者日數百乘㉙。

3 及鼂錯已誅㉚，袁盎以太常使吳㉛。吳王欲使將㉜，不肯㉝。欲殺之，使一都尉以五百人圍守㉞盎軍中。袁盎自其為吳相時，有從史嘗盜愛盎侍兒㉟。盎知之，弗泄，遇之如故。人有告從史，言「君知爾與侍者通」，乃亡歸㊱。袁盎驅自追之，遂以侍者賜之，復為從史。及袁盎使吳見守，從史適為守盎校尉司馬㊲。乃悉以其裝齎㊳置二石醇醪㊴。會天寒，士卒飢渴，飲酒醉，西南陬㊵卒皆臥。司馬夜引袁盎起，曰：「君可以去矣，吳王期㊶旦日㊷斬君。」盎弗信，曰：「公何為者？」司馬曰：「臣故為從史，盜君侍兒者。」盎乃驚謝曰：「公幸有親㊸，吾不足以累公㊹。」司馬曰：「君弟去㊺，臣亦且亡㊻，辟㊼吾親，君何患㊽！」乃以刀決張㊾，道從醉卒隧直出㊿。司馬與分背(51)，袁盎解節毛(52)懷之(53)，杖(54)步行七八里，明，見梁騎(55)，騎馳去(56)，遂歸報。

4 吳、楚已破(57)，上更以元王子平陸侯禮為楚王(58)，袁盎為楚相。嘗上書有所言(59)，不用。袁盎病免居家(60)，與閭里浮沉(61)，相隨行，鬬雞走狗。雒陽劇孟(62)嘗過袁盎(63)，盎善待之。安陵富人有謂盎曰：「吾聞劇孟博徒(64)，將軍何自通之(65)？」盎曰：「劇孟雖博徒，然母死，客送葬車千餘乘(66)，此亦有過人者。且緩急人所有(67)，夫一旦有急叩門(68)，不以親為解(69)，不以存亡為辭(70)，天下所望(71)者，獨季心(72)、劇孟耳。今公常從數騎(73)，一旦有緩急，寧足恃乎(74)！」罵富人，弗與通。諸公聞之，皆多(75)袁盎。

5 袁盎雖家居，景帝時時使人問籌策(76)。梁王欲求為嗣(77)，袁盎進說(78)，其後語塞(79)。梁王以此怨盎，曾使人刺盎。刺者至關中(80)，問袁盎，諸君譽之皆不容口(81)。乃見袁盎曰：「臣受梁王金來刺君，君長者，不忍刺君。然後刺君者十餘曹(82)，備之！」袁盎心不樂，家又多怪，乃之棓生所問占(83)。還，梁刺客後曹輩(84)果遮刺殺盎安陵郭門外(85)。

【章　旨】以上為第二段，寫袁盎與鼂錯相互傾軋，袁盎讒殺鼂錯，自己後來也被梁孝王派人刺殺的情景。

【注　釋】❶孝文帝崩二句　事在西元前一五七年。景帝元年為西元前一五六年。❷御史大夫　當時的「三公」之一，職同副丞相，主管監察。❸案　審查。❹受吳王財物　按：在此以前袁盎一直為吳王相，是否受吳王財物，史無明文。《漢書評林》引茅坤曰：「此一着恐錯不免挾私而誣之。」❺抵罪　判罪；治之以罪。❻吳楚反聞　吳楚叛亂的消息傳到朝廷。吳王劉濞、楚王劉戊等勾結膠東、膠西、濟南、菑川、趙七國造反事，在景帝三年（西元前一五四年）。詳情見〈吳王濞列傳〉。❼丞史　丞和御史，都是鼂錯手下的屬官。《集解》引如淳曰：「〈百官表〉御史大夫有兩丞；丞史，丞及史也。」《正義》曰：「按〈百官表〉，御史大夫有兩丞及御史員十五人，兩丞無史，蓋史是御史。」王先謙以為「丞史」即「御史丞」，也就是後來的「御史中丞」，錄以備考。❽蔽匿　掩蓋。❾欲請治盎二句　按：二句似應顛倒讀之，意思蓋謂「鼂錯謂丞史曰：『夫袁盎多受吳王金錢，專為蔽匿，言不反，今果反，宜知計謀。』欲請治盎。」宜知計謀，謂袁盎知道吳王造反的陰謀。治，查辦。❿事未發二句　《集解》引如淳曰：「事未發之時治之，乃有所絕。」《索隱》曰：「謂有絕吳反心也。」王叔岷曰：「『有』猶『可』也。此謂事未發時治之，可絕吳反心也。〈魯世家〉『夫政不簡不易，民不有近』，〈孟子荀卿列傳〉『淳于髡久與處，時有得善言』，兩『有』字並與『可』同義。」⓫西鄉　向西方殺來。鄉，通「向」。⓬治之何益　言無益於解決吳楚之反。⓭袁盎不宜有謀　且袁盎未必參與謀反。連鼂錯的下屬也不支持鼂錯的思想、行為。何焯曰：「是時不直錯者必已多矣，及反聞既至，錯不亟籌兵食、進賢智，乃先事私仇，此固舉國所切齒也。太史公曰：『諸侯發難，不急匡救，欲報私仇，反以亡軀。』可謂切而中矣。」⓮猶與　通「猶豫」。⓯竇嬰　竇太后之姪，景帝的表兄弟。此先也曾任吳王之相，後為詹事，現在家賦閒，事跡見〈魏其武安侯列傳〉。竇嬰也與鼂錯有矛盾，詳見下文。⓰吳所以反者　吳國之所以造反的原因。⓱願至上前口對狀　希望能面見皇上把情況當面說說。⓲鼂錯在前　鼂錯當時正在景帝跟前。⓳請辟人賜間　請求皇帝讓他人走開，使自己得以單獨和皇帝說話。辟，通「避」。陳子龍曰：「盎有內援，又故大臣也，吳楚事急，錯恐其建議相危，欲治之，不幸為盎所先。」⓴以錯故　就是因為鼂錯。因為是鼂錯慫恿朝廷削減諸侯之封地。㉑謝吳　向吳國賠禮道歉。㉒其語具在吳事中　有關袁盎的大段說話，都寫在〈吳王濞列傳〉中。按：此即通常所說的「互見法」，也是作者在教讀者如何讀《史記》。吳事，記載吳國事情的篇章，即〈吳王濞列傳〉。㉓太常　官名，「九卿」之一，掌管朝廷與宗廟的禮儀。㉔大將軍　此時尚非固定官名，只是任以為將軍，而其地位在諸將之中比較崇高而已，亦猶通常之所謂「大將」、「上將」也。㉕兩人素相與善　意謂這兩個人平時的關係就好，到這吳楚造反的時刻遂更加緊密的勾結起來。㉖逮　及；等到。㉗諸陵長者　住在長陵（劉邦墓）、安陵（惠帝墓）、霸陵（文帝墓）等地區的顯要人物。當時的諸陵地區多為富有者與各地遷來的豪強所居。㉘長安中賢大夫　王先謙曰：「『諸陵長者』謂徙居諸陵未仕之人，『長安中賢大夫』則入為朝官者也。」㉙車隨者日數百乘　數百乘，即數百輛。

古稱一車四馬曰乘。按：諸人之爭相歸附，未必都是看中了他們的人品，更重要的是因為他們兩個人都一下子做了高官。㉚鼂錯已誅　事在景帝三年正月，吳楚之發動叛亂不久。當時七國叛亂的口實就是說要「清君側」，說只討伐鼂錯一個人；而袁盎又趁機向景帝進讒，於是景帝遂將鼂錯殺害。㉛以太常使吳　將朝廷已誅鼂錯的消息告知吳國，請求吳國收兵。㉜吳王欲使將　吳王不僅不收兵，而且逼著袁盎歸順吳國，為吳國統兵。㉝不肯　袁盎不答應。㉞圍守　拘留看管；包圍其篷帳以看守之。㉟有從史嘗盜愛盎侍兒　原作「嘗有從史嘗盜愛盎侍兒」，張文虎曰：「兩『嘗』字疑當衍其一。」今削句首「嘗」字。從史，官名，大官僚身邊的隨從人員。《漢書．兒寬傳》師古注：「只隨官僚，不主文書。」盜愛，謂與之私通。㊱乃亡歸　意即逃跑了。「歸」字用得彆扭，《漢書》改作「乃亡去」，較此為順。㊲為守盎校尉司馬　《正義》曰：「為守盎校尉之司馬也。」按：前云使一「都尉」以五百人守盎，現又云「校尉」，《史》文前後歧異。《漢書》寫此作「從史適在守盎校為司馬」。校，軍隊編制名，前所云「五百人」，差不多正是一校。據此則「校尉」的「尉」字應是衍文。司馬，軍隊裡的司法官。㊳裝齎　指隨身箱包中所有值錢的東西。㊴置二石醇醪　置，買。醇醪，濃酒。㊵西南陬　西南角。陬，角；角落。㊶期　準備；訂好了時間。㊷旦日　明早天一亮。㊸公幸有親　意即你的家中還有父母。幸，稱人之父母健在為幸。㊹不足以累公　不值得為了我而拖累你。㊺君弟去　您就儘管走。弟，但；儘管。㊻臣亦且亡　我也將逃離此地。亡，逃走。㊼辟　通「避」。藏匿；轉移。㊽君何患　您就不必擔心啦。患，憂慮；擔心。《漢書評林》引茅坤曰：「有非常之恩，以故後有不意之報。」按：此故事蓋由「楚王絕纓」發展而來，亦與趙盾之飯餓人、秦穆公之不罪盜馬者相類。以上諸事見《韓詩外傳》及〈趙世家〉、〈秦本紀〉。㊾決張　割破帳篷。張，意思同「帳」。帳篷。㊿道從醉卒隧直出　原作「道從醉卒直隧出」，不成文義，王念孫以為「隧」字當在「直」字上，今據改。意為從喝醉了酒的那幾個守兵所在的窟窿處鑽了出去。道，從；由。(51)分背　分別各自而去。(52)節毛　旄節上的懸掛物，以旄牛尾為之。(53)懷之　揣在懷裡，既不使丟失，亦不欲人發現也。(54)杖　以旄節的挑桿做手杖。(55)梁騎　指梁國的偵察騎兵。當時梁孝王站在中央一方，是抗擊吳楚叛軍的重要力量之一。(56)騎馳去　從梁軍獲馬，因得以脫離險境。(57)吳楚已破　事在景帝三年三月。(58)平陸侯禮為楚王　事在景帝四年（西元前一五三年）。平陸侯禮，劉禮，劉邦之姪，劉邦弟楚元王劉交之少子。吳楚七國之亂前，劉禮在朝廷任宗正。由於楚元王的孫子劉戊與劉濞等起兵反對朝廷，因而楚元王的長子一系遂被消滅。為了不使楚元王的祭祀滅絕，於是朝廷改立劉禮為楚王。事詳〈楚元王世家〉。(59)嘗上書有所言　指給景帝上書有所言也。(60)病免居家　指推說有病，賦閒在家。(61)與閭里浮沉　和市井之人混在一起。閭里，城市居民所住的里巷。這裡猶言「市井」，即一般的社會下層。浮沉，隨波逐流。指與之一起混。(62)劇孟　當時著名的游俠，事跡詳見〈游俠列傳〉。(63)嘗過袁盎　曾到袁盎家造訪。(64)博徒　賭徒。博，古代的一種棋戲，近於今天的擲骰子。〈魏公子列傳〉中有毛公，隱於博徒。(65)何自通之　為何與他來往。(66)客送葬車千餘乘　〈游俠列傳〉曰：「劇孟母死，自遠方送喪蓋千乘。及劇孟死，家無餘十金之財。」(67)緩急人所有　緩急，偏義複詞，即指緊急。人所有，是任何人所免不了的。〈游俠列傳〉云：「且緩急，人之所時有也。」(68)一旦有急叩門　忽然某一天有人來叩門求救。(69)不以親為解　不以家有年高的父母為理由而拒絕外出救人。如〈刺客列傳〉中聶政開始不應嚴仲子，就是以家有老母為由。(70)不以存亡為辭　意即不顧個人的生死安危。〈游俠列傳〉有所謂「不愛其軀，赴士之阸困」，即此意也。(71)所望　所指望；所依靠。(72)季心　季布之弟，以俠義聞名。〈季布樂布列傳〉曾說他「氣蓋關中，遇人恭謹，為任俠，方數千里，士皆爭為之死」。(73)今公常從數騎　如今你經常帶著幾個人在身邊。(74)一旦有緩急二句　一旦你遇到緊急情況，這些人能靠得住嗎。寧，豈。倪思曰：「子長只是借他人寫出胸次間事。」(75)多　肯定；稱讚。(76)問籌策　徵求處理重大問題的意見。籌策，原指運算時使用的籌碼，後來即用以指計畫、謀略。(77)梁王欲求為嗣　梁孝王劉武想要做其兄漢景帝的接班人，弟承兄位。此事詳見〈梁孝王世家〉、〈魏其武安侯列傳〉。(78)袁盎進說　指袁盎勸景帝與竇太后不要破壞劉邦定下來的傳子的規矩。詳情見〈梁孝王世家〉之褚少孫續補。(79)其後語塞　從此漢景帝與竇太后就不再提讓梁孝王為接班人這個話頭了。《漢書評林》引李德裕曰：「袁盎惟有正慎夫人席、塞梁王求嗣，此二事守正不撓，忠於所奉。」楊樹達曰：「據《漢書》〈鄒陽傳〉，『王欲求為嗣，又欲自築甬道徑至長樂宮朝太后，盎等皆諫以為不可』，然則孝王怨盎不止一事，此舉其大者言之耳。」(80)關中　這裡指長安與其附近地區。(81)譽之皆不容口　指稱讚的話說個沒完。(82)後刺君者十餘曹　後面還有跟著來的十多批。十餘曹，十來批；十來伙。(83)之棓生所問占　到一位姓棓的先生那裡占卜。之，往。生，先生，對長者的稱呼。當時對人或稱「先」、或稱「生」者，其意皆同「先生」。(84)後曹輩　後面來的刺客。(85)遮刺殺盎安陵郭門外　事在景帝七年（西元前一五〇年）四月，參見〈梁孝王世家〉。遮刺，攔截行刺。遮，攔截。安陵郭門，安陵邑外城的城門。《漢書評林》引何孟春曰：「袁盎，天子之議臣，梁王安得使人殺之？漢法為不足論矣。雖然鄭伯克段，《春秋》譏之，然養成其惡，驕而至此，非獨景帝之過與！」

【語　譯】袁盎不喜歡鼂錯，只要有鼂錯坐在那兒，袁盎就離開；相反，只要有袁盎坐在那兒，鼂錯也必然離開，兩個人從來沒在一間屋子裡講過話。等孝文帝去世後，孝景帝繼位，鼂錯當了御史大夫，於是他就派人查核袁盎接受吳王財物的事，將其判罪下獄，後來景帝下詔才將其赦免，降為平民。

2 吳、楚叛亂，消息傳到朝廷，鼂錯對丞史說：「袁盎得過吳王劉濞的許多金錢，專門為他掩護，說他不會反叛。現在吳王真的造反了，我想請求懲治袁盎的知情不報。」丞史說：「如果在吳王謀反之前懲治袁盎，也許能制止吳王的造反；現在吳王的大軍已向西進發，即使懲治袁盎又有什麼用！況且袁盎也不一定參與過他們的陰謀。」鼂錯猶豫未決。有人把這事告訴了袁盎，袁盎很害怕，於是連夜去見竇嬰，說他知道吳國為什麼造反，並希望當面去告訴皇上。竇嬰進宮對景帝說了，景帝召見了袁盎。當時鼂錯也在皇帝跟前，袁盎請求景帝讓左右的人迴避，直到鼂錯也恨恨不平地被支開後，袁盎對景帝說：「吳王之所以謀反，就是因為鼂錯，只要趕緊殺了鼂錯，向吳王表示歉意，吳兵就可以撤回。」他的這些話詳細寫在〈吳王濞列傳〉中。接著景帝任袁盎為太常，任竇嬰為大將軍。這兩個人一向要好，等到吳王造反時，長安皇帝陵寢附近的顯要人物和城裡的士大夫們都爭著依附他們，跟在他們身後的車子每天都有好幾百輛。

3 鼂錯被殺以後，袁盎以太常的身分出使吳國。吳王劉濞想讓他為自己率領軍隊，袁盎不肯。劉濞便想殺死他，派了一個都尉率領著五百士兵把袁盎看守在軍營中。袁盎早在做吳國丞相時，手下有個小吏與袁盎的婢女私通。袁盎知道後，並沒聲張，對他的態度還跟從前一樣。有人告訴那個小吏說：「丞相已經知道你和他婢女的事了。」那個小吏一聽，立即逃走了。袁盎知道後，親自驅車把他追了回來，並把那個婢女賜給了他，仍然讓他在自己手下做小吏。等到這次袁盎出使吳國被看守起來後，正好那位小吏給看守袁盎的校尉當司馬；於是他把隨身帶的衣物都變賣了，買了二石好酒，當時天寒地凍，士兵們又飢又渴，很快就都喝醉了。等到看守西南角的士兵都躺倒後，那個司馬便趁著夜色拉起袁盎，對他說：「您要趕緊逃跑，吳王決定天亮後就要殺您。」袁盎不信任地問他說：「你是幹什麼的？」司馬說：「我就是當初和您的婢女私通的那個小吏。」袁盎這才驚訝地感激說：「你上有父母，我不能連累你。」司馬說：「您只管逃走，我也要逃的，我可以把我家裡的人都藏起來，您不必擔心！」於是用刀砍破營帳，帶著袁盎從那些醉倒的士兵中間直穿出去。兩人分手後，袁盎就把節杖上的毛飾解下來揣在懷裡，而拄著那根節杖，一口氣跑出了七八里路；天亮時，看見了梁國的巡邏騎兵，就跟他們要了一匹馬，騎上飛馳而去，回到了京城報告出使結果。

4 吳、楚之亂平息後，景帝改封楚元王的兒子平陸侯劉禮為楚王，任袁盎為楚國丞相。袁盎在做楚相期間，曾幾次上書有所建言，但均未被採用。於是袁盎便告病辭職回到家鄉，整天和街坊鄰居們一起，甚至一道去鬥雞賽狗。洛陽的劇孟曾來拜訪過袁盎，袁盎熱情地接待了他。安陵的一個富戶對袁盎說：「我聽說劇孟是個賭徒，您怎麼和他來往？」袁盎說：「劇孟雖然是個賭徒，但他母親死的時候來給他母親送葬的車子竟有一千多輛，可見他還是有過人之處。況且誰都難免會遇到緊急的事情。當今這個社會上，當有人突然遇到危險找人求助，能不以家有老人為藉口，不以個人的安危作託辭加以拒絕，能被天下人所信賴的，只有季心和劇孟這兩人而已。現在你經常帶著幾個保鏢在身邊，一旦當你遇到緊急情況，這些人能靠得住嗎？」袁盎把那個富戶罵了一頓，不再搭理他。眾人聽說了這件事，都誇獎袁盎。

5 袁盎雖然住在家裡，景帝一有什麼事情仍常常派人來向他詢問謀略。梁孝王曾想請求景帝讓他繼承皇位，袁盎對景帝講了一番話後，讓梁王繼位的事情就不再提了。因此梁王恨上了袁盎，就派人進京來暗殺他。結果這個刺客到了關中後，一問起袁盎，許多人都對他讚不絕口。於是這個刺客求見袁盎說：「我是拿了梁王的錢來暗殺您的，我發現您是個好人，我不忍心下手。後面還有十幾批刺客要來，請您小心防備！」袁盎心裡很不舒服，家裡又接二連三地老出怪事，於是就到棓生那裡請他占卜。結果在回家的路上，走到安陵外城城門外的時候，被梁國後來的刺客殺害了。

1 鼂錯者，潁川❶人也。學申、商❷刑名❸於軹張恢先❹所，與雒陽宋孟❺及劉禮❻同師。以文學❼為太常掌故❽。

2 錯為人陗直刻深❾。孝文帝時❿，天下無治尚書⓫者，獨聞濟南⓬伏生⓭故秦博士⓮，治尚書，年九十餘，老不可徵⓯，乃詔太常使人往受之⓰。太常遣錯受尚書伏生所。還，因上便宜事⑰，以書稱說⑱。詔以為太子舍人、門大夫、家令⑲。以其辯⑳得幸太子，太子家號曰「智囊㉑」。數上書孝文時，言削諸侯㉒事，及法令可更定者㉓。書數十上㉔，孝文不聽㉕，然奇其材，遷為中大夫㉖。當是時，太子善錯計策，袁盎諸大功臣多不好錯。

3 景帝即位㉗，以錯為內史㉘。錯常數請間言事㉙，輒聽，寵幸傾九卿㉚，法令多所更定。丞相申屠嘉心弗便，力未有以傷。內史府㉛居太上廟壖中㉜，門東出，不便㉝，錯乃穿兩門南出㉞，鑿廟壖垣㉟。丞相嘉聞，大怒，欲因此過為奏㊱請誅錯。錯聞之，即夜請間㊲，具為上言之㊳。丞相奏事，因言錯擅鑿廟垣為門，請下廷尉㊴誅。上曰：「此非廟垣，乃壖中垣，不致於法㊵。」丞相謝㊶。罷朝，怒謂長史㊷曰：「吾當先斬以聞㊸，乃先請㊹，為兒所賣㊺，固誤。」丞相遂發病死㊻。錯以此愈貴。

4 遷為御史大夫㊼，請諸侯之罪過，削其地㊽，收其枝郡㊾。奏上㊿，上令公卿、列侯、宗室集議，莫敢難(51)。獨竇嬰爭(52)之，由此與錯有郤(53)。錯所更令三十章(54)，諸侯皆諠譁疾鼂錯(55)。錯父聞之，從潁川來，謂錯曰：「上初即位，公為政用事(56)，侵削諸侯，別疏人骨肉(57)，人口議多怨公者，何也？」鼂錯曰：「固也。不如此，天子不尊，宗廟不安。」錯父曰：「劉氏安矣，而鼂氏危矣，吾去公歸矣[58]！」遂飲藥死，曰：「吾不忍見禍及吾身。」死十餘日，吳、楚七國果反[59]，以誅錯為名[60]。及竇嬰、袁盎進說[61]，上令鼂錯衣朝衣斬東市[62]。

5 鼂錯已死，謁者僕射鄧公為校尉[63]，擊吳、楚軍為將[64]，還，上書言軍事，謁見上。上問曰：「道軍所來[65]，聞鼂錯死，吳、楚罷不[66]？」鄧公曰：「吳王為反[67]數十年矣，發怒削地，以誅錯為名，其意非在錯也。且臣恐天下之士噤口[68]，不敢復言也！」上曰：「何哉？」鄧公曰：「夫鼂錯患諸侯彊大不可制，故請削地以尊京師[69]，萬世之利也。計畫始行，卒[70]受大戮，內杜[71]忠臣之口，外為諸侯報仇，臣竊為陛下不取也。」於是景帝默然良久[72]，曰：「公言善，吾亦恨之[73]。」乃拜鄧公為城陽中尉[74]。

6 鄧公，成固[75]人也，多奇計。建元中[76]，上招賢良[77]，公卿言鄧公，時鄧公免[78]，起家為九卿[79]。一年，復謝病免歸。其子章以脩黃、老言[80]顯於諸公間[81]。

【章旨】以上為第三段，寫鼂錯為削弱諸侯割據，引發七國之亂，被景帝出賣殺害事。

【注釋】❶潁川　漢郡名，郡治陽翟（今河南禹縣）。❷申商　申不害、商鞅，都是戰國時代的著名法家人物。申不害在韓國實行改革，商鞅在秦國實行變法事，見〈老子韓非列傳〉與〈商君列傳〉。❸刑名　即指法家學說。因為法家講究名分，提倡以刑法治國。❹軹張恢先　軹縣的張恢先生。軹，漢縣名，縣治在今河南濟源南。張恢先，即張恢先生。❺雒陽宋孟　雒陽城的宋孟，其人不詳，《史記》中僅此一見。❻劉禮　即上文所說的楚元王之子，後來被封為楚王者。❼文學　學術。這裡即指他所學的申商刑名之學。❽太常掌故　太常屬下的小官名。《集解》引應劭曰：「掌故，百石吏，主故事。」❾陗直刻深　嚴峻苛刻。指心胸與待人態度而言。❿孝文帝時　孝文帝於西元前一七九－前一五七年在位。⓫治尚書　研究《尚書》。《尚書》是中國最古老的一部政治文獻資料彙編，分「典」「謨」「訓」「誥」等類，反映了傳說中的堯、舜以及夏、商、周時代的一些歷史情況。後來成了儒家的經典之一。⓬濟南　漢郡名，郡治在今山東章丘西。⓭伏生　伏先生，名勝，事跡略見於〈儒林列傳〉。⓮故秦博士　當年在秦朝當過博士官。秦朝的博士在朝廷以備參謀顧問，有大事參加討論。⓯不可徵　不能再召到京城。徵，召；調。⓰詔太常使人往受之　讓太常派一個人到濟南郡去跟著伏生學。⓱上便宜事　上書論證當前應該做的事情。⓲以書稱說　依據《尚書》中的觀點辭令，來指說當前的政事。⓳詔以為太子舍人門大夫家令　指相繼讓鼂錯在太子身邊當過太子舍人、太子門大夫、太子家令等官。太子舍人，職如皇帝的郎中，日夜輪流做侍衛工作，秩二百石。門大夫，太子家的守門官，秩六百石。太子家令，太子的大管家，主管其錢糧收入以及各種開銷等等，秩八百石。楊樹達曰：「《漢書》〈魏相傳〉云：『孝文皇帝時，以二月施恩惠於天下，賜孝弟力田及罷軍卒，祠死事者，頗非時節，鼂錯時為太子家令，奏言其狀。』」⓴辯　思路清晰而且能說會道。㉑智囊　足智多謀且又來得快。〈樗里子甘茂列傳〉中亦稱樗里子為「智囊」。㉒削諸侯　削減諸侯的封地與其權力。楊樹達曰：「據〈吳王濞傳〉，此時錯嘗從容言吳過可削，為他日景帝削吳楚之因。」㉓法令可更定者　應當修訂改革的法令章程。㉔書數十上　《漢書・鼂錯傳》作「書凡三十篇」，並直接錄入了〈言兵事疏〉、〈募民徙塞下疏〉、〈賢良對策〉等，〈食貨志〉載有其〈論貴粟疏〉。㉕孝文不聽　楊樹達曰：「錯言宜削諸侯，帝不聽者，〈吳王濞傳〉云『文帝寬，不忍罰諸侯』故也。」㉖中大夫　朝官名，上屬郎中令，在帝王身邊掌議論。據《漢書・鼂錯傳》，文帝十五年（西元前一六五年），詔有司舉賢良文學士，錯在選中，「時賈誼已死，對策百餘人，唯錯為高第，由是遷中大夫。」㉗景帝即位　事在西元前一五七年，景帝元年為西元前一五六年。景帝名啟，文帝之子，竇太后所生。事跡見〈孝景本紀〉。㉘內史　首都及其郊區的行政長官，後來改稱京兆尹。㉙請間言事　請求個別接見，談其對許多政事的看法。㉚傾九卿　壓倒九卿。傾，壓倒；超過。九卿，通常指太常、郎中令、衛尉、太僕、廷尉、典客、宗正、大司農、少府九個官員，職同今之中央各部部長。㉛內史府　內史的辦事機構。㉜太上廟壖中　太上廟，劉邦父親劉太公的廟。因劉太公曾被封為太上皇，故稱其廟曰太上廟。壖中，正式圍牆以外，外圍小牆以內的空閒地。㉝門東出二句　內史府衙的大門原來是向東開的，走起來不方便。㉞穿兩門南出　另開了兩個向南走的門。㉟鑿廟壖垣　為開通這兩個新門而鑿開了太上皇廟的外圍小牆。㊱為奏　準備奏章。㊲即夜請間　當晚請求單獨向皇帝報告。㊳具為上言之　詳細的向皇帝報告了全部過程。具，逐項地；一一地。㊴請下廷尉　請將其交由廷尉審判定罪。廷尉，全國最高的司法官，當時的九卿之一。㊵不致於法　不應算是犯法。《漢書評林》引茅坤曰：「侵廟壖地均之為罪：於鼂錯，則景帝以其先申屠嘉之發而奏也而不為法坐；於臨江王，則景帝以郅都之簿責也而勒其自殺，史稱『文景之治，幾致刑措』，誤矣。」㊶丞相謝　師古曰：「以所奏不當天子意，故謝。」謝，謝罪，為自己的議論失當而向皇帝表示歉意。㊷長史　丞相手下的高級佐吏，為諸史之長。㊸先斬以聞　先殺了他，再向皇帝報告。㊹乃先請　而我卻是先向皇帝提出請求。㊺為兒所賣　結果竟被這個小子捉弄了。賣，哄騙；捉弄。按：申屠嘉此處的表現似過於霸道，難道他可以不向皇帝請示而獨自決定殺一個二千石的高官？㊻丞相遂發病死　乃嘔血而死，事在景帝二年（西元前一五五年）六月。參見〈張丞相列傳〉、《漢書・百官公卿表》。㊼遷為御史大夫　事在景帝二年八月。御史大夫，國家的最高監察官，當時的三公之一，位同副丞相。㊽請諸侯之罪過二句　意謂凡諸侯之有罪過者，則削其地。瀧川曰：「楓、三本『之』下有『有』字。」㊾枝郡　師古曰：「在國之四邊者也。」按：漢初之大諸侯國，往往地連數郡。所謂「枝郡」，即指其國都所在以外的其他郡。㊿奏上　此奏即通常所說的〈論削藩疏〉，其中有所謂「今削之亦反，不削之亦反。削之其反亟，禍小；不削，反遲，禍大」。見〈吳王濞列傳〉。(51)莫敢難　沒有一個人敢提出不同意見。難，質問；提出問題。(52)爭　反對；提出相反理由。(53)有郤　有矛盾；有過節。郤，通「隙」。裂痕；怨仇。楊樹達曰：「吳楚七國反時，景帝用嬰為將，蓋以此。」(54)錯所更令三十章　鼂錯所更改、修訂的法令共有三十種。(55)皆諠譁疾鼂錯　疾，怨恨。《漢書評林》引劉貢曰：「錯為漢畫削諸侯之策，非不知禍之將至矣，忠臣之心，壯夫之節，苟利社稷，死無悔焉。」(56)公為政用事　公，原是用以尊稱對方，這裡父親對兒子稱「公」，是故意挖苦的口吻。為政，執政。用事，主事。當時陶青為丞相，鼂錯只是個御史大夫，但由於鼂錯特別受皇帝寵信，所以他才是不折不扣的「執政」人物。(57)別疏人骨肉　別疏，破壞關係，使之疏遠。因為當時的諸侯，清一色都是劉姓的子孫，鼂錯要打擊他們，所以錯父說他「別疏人骨肉」。(58)劉氏安矣三句　瀧川曰：「連用三『矣』字，其辭激。」按：三語流露出太史公無限感慨。(59)吳楚七國果反　事在景帝三年（西元前一五四年）正月。(60)以誅錯為名　據〈吳王濞列傳〉，吳王告諸侯書云：「漢有賊臣，無功天下，侵奪諸侯地，使吏劾繫訊治，以僇辱之為故，不以諸侯人君禮遇劉氏骨肉，絕先帝功臣，進任姦宄，詿亂天下，欲危社稷。陛下多病志失，不能省察，欲起兵誅之。」(61)及竇嬰袁盎進說　按：此句點明了鼂錯死的根本癥結之所在。徐孚遠曰：「錯大臣，以一言而被誅，雖景帝寡恩，亦由魏其與袁盎相善，為蜚語中之也。」[62]上令鼂錯衣朝衣斬東市　按：《漢書》於此作「乃使中尉召錯，紿載行市，錯衣朝衣，斬東市」。此事乃與呂后之派蕭何騙韓信入朝將其殺死的伎倆一樣，鼂錯全然不知，故衣朝衣被殺。而此文乃作「上令」云云，似乎「衣朝衣」被斬也是出於景帝的特命，殊不合情理。梁玉繩曰：「《漢書》有丞相陶青等劾奏錯一節，似不可少。」《漢書評林》引洪邁曰：「鼂錯、主父偃兩人本不應死，因議者之言殺之足矣，何遽至於族乎？漢之輕於用刑如此。」何孟春曰：「錯之為謀雖曰失於輕舉，要之為宗社大計，非為一己計也。景帝聞變倉皇無策，一聞小人之說遽爾輕殺，後之臣子其誰盡心為國謀慮哉？」[63]謁者僕射鄧公為校尉　鄧公以謁者僕射的身分出任校尉。鄧公，史失其名。謁者僕射，皇帝的侍從官名，主管賓贊受事，秩比千石，統領諸謁者，上屬郎中令。校尉，中級軍官名，蓋隨周亞夫出征者也。[64]擊吳楚軍為將　因擊吳楚有功而為將軍。[65]道軍所來　猶言從前線回來。《集解》引臣瓚曰：「道，由也。」[66]不　通「否」。[67]為反　企圖造反；準備造反。[68]噤口　閉口。《漢書》作「拑口」。拑，通「鉗」。[69]尊京師　提高中央政權的權威。[70]卒　終；結果。師古曰：「卒，竟也。」或曰「卒」通「猝」。突然。亦通。[71]杜　堵塞。[72]默然良久　瀧川曰：「景帝悔恨之狀如睹，《漢書》改為『喟然太息』，失之。」[73]吾亦恨之　我也很後悔。恨，憾；後悔。茅坤曰：「景帝聞鄧公言，固已恨袁盎輩所為讒殺鼂錯矣，而不聞其下誅盎，豈帝忌過而特匿之耶？」凌稚隆引查慎行曰：「傳末載鄧公一段，以惜錯之忠於謀國，而景帝用法過當。」瀧川曰：「〈禮書〉序亦云：『天子誅錯以解難，是後官者養交安祿而已，莫敢復議。』可以見史公之意。」楊樹達曰：「《史》敘此者，明錯之死不以其罪，而袁盎之惡益見矣。」又曰：「〈中山靖王勝傳〉云：『武帝初即位，大臣懲吳楚七國行事，議者多冤鼂錯之策。』知鄧公之言不久成為公論矣。」[74]城陽中尉　城陽國的中尉。城陽國的國都在今山東莒縣，當時的城陽王是劉喜。劉喜於文帝四年（西元前一七六年）繼其父位為王，一直到景帝中元六年（西元前一四四年），共在位三十三年。中尉，朝廷派往諸侯國的武官，主管其國都的治安，秩二千石。[75]成固　漢縣名，縣治即今陝西成固。[76]建元中　武帝建元年間（西元前一四〇－前一三五年）。「建元」是漢武帝的第一個年號。[77]上招賢良　下令各郡國向朝廷舉薦「賢良」。「賢良」是漢代選拔人才的科目名，此外還有「方正」、「秀才」、「異等」諸項。[78]時鄧公免　鄧公正免官家居。[79]起家為九卿　由在家閒居的一個普通人一下子直接進入了九卿的行列。[80]黃老言　以黃帝、老子相標榜的一種學說，是道家學派的一個分支，其思想在西漢初期曾一度占統治地位。[81]顯於諸公間　很受朝野諸公的賞識。凌稚隆曰：「錯既死，賴鄧公明其冤，故以鄧公結案。」吳見思曰：「即鄧公之言接敘數行，別附鄧公一小傳。」

【語 譯】鼂錯是潁川人。曾跟著軹縣的張恢先生學習申不害、商鞅的刑名學說，與洛陽的宋孟和劉禮是同學。由於他通曉學術而被任命為太常掌故。

2 鼂錯為人嚴峻苛刻。孝文帝在位的時候，國家沒有研究《尚書》的人才，只聽說濟南有位伏老先生曾當過秦朝的博士，專門研究《尚書》，已經九十多歲了，不可能再調他進京，於是文帝就叫太常派個人到伏生那裡去學習。太常派鼂錯去了。鼂錯學完回來後，給文帝上書談到國家當前應做的事情，經常引用《尚書》的觀點。於是文帝便任命他先後作了太子舍人、門大夫、太子家令。鼂錯又因善辯深受太子的賞識，太子家裡稱他作「智囊」。鼂錯在文帝時曾多次上書，闡述削弱諸侯勢力和修改法令的問題。一連上了幾十次，孝文帝都不採納，但是孝文帝已經看到了他的才幹，提升他當了中大夫。在那時，只有太子喜歡鼂錯的主張，而袁盎和許多大功臣都不喜歡鼂錯。

3 景帝即位後，任命鼂錯為內史。鼂錯經常請求與景帝單獨談論國事，景帝總是採納他的意見，對他的器重遠遠超過了三公九卿，國家的法令許多都因此作了修改。丞相申屠嘉對鼂錯看不順眼，但又沒法挫敗他。當時，內史府是蓋在太上皇廟內外牆之間的空地上，大門朝東開，不方便進出，於是鼂錯就又開了朝南出入的兩個門，挖開了太上皇廟的外層的小矮牆。申屠嘉聽說後大怒，想趁此機會奏請皇上殺掉鼂錯。鼂錯聽說了這個消息，連夜趕去求見皇帝，把鑿門的事都對景帝講了。等到申屠嘉上朝參奏鼂錯擅自破壞太上皇廟的外牆作為出入的門，請求廷尉處斬鼂錯時，景帝說：「他鑿的不是廟牆，只是廟外的小矮牆，不到法辦的地步。」結果申屠嘉倒只得認錯了。退朝後申屠嘉憤憤地對長史說：「我應該先殺了他，然後再去稟報，結果我先去稟報，卻被那個傢伙給耍了，這是我的大錯。」於是氣得嘔血而死。鼂錯卻因此而更加顯貴。

4 鼂錯被提升為御史大夫後，向景帝建議，要查處諸侯的罪過，削減他們的領地，收回他們代管的一些旁郡。奏書遞上後，景帝令公卿、列侯和皇族們一起討論，沒人敢提出不同意見，只有竇嬰表示反對，從此竇嬰與鼂錯就有了矛盾。鼂錯先後修改了法令章程三十項，諸侯們全都譁然，恨透了鼂錯。鼂錯的父親聽說後，從潁川趕來對鼂錯說：「皇上剛剛即位，你在朝中擔任了要職，你削減諸侯的領地，離間人家家族間的關係，惹得人們議論紛紛，都怨恨你，你這是何苦呢！」鼂錯說：「這是早已料到的。不這麼辦，天子就尊貴不起來，劉家的江山就不安穩。」鼂錯的父親說：「照你這麼辦，劉家的江山倒是安穩了，可我們鼂家卻危險了，我得遠遠地離開你，和你永別了！」於是服毒自殺，死前說：「我不能眼看著大禍臨頭。」鼂錯父親死後十幾天，吳、楚七國果真叛亂了，而且是以討伐鼂錯為名義。等竇嬰、袁盎對景帝進讒言，鼂錯竟穿著一套上朝的禮服被景帝下令在長安東市腰斬了。

5 鼂錯死後，謁者僕射鄧公被任為校尉，因討伐吳、楚有功而為將軍，作戰歸來彙報軍情時謁見了景帝。景帝問他：「你從前線回來，鼂錯的死訊傳到前方，吳、楚亂軍退兵了嗎？」鄧公說：「吳王劉濞蓄意叛亂已有幾十年了，削減領土只是更激起他的憤怒，他們只不過是以討鼂錯為名，實際目的並不在鼂錯。而且我擔心您這麼一殺鼂錯，從此就沒有人敢給您再提建議了。」景帝問：「為什麼？」鄧公說：「鼂錯是因為擔心諸侯勢力過強使朝廷無力控制，所以才請求削減他們的領地，以維護加強中央政權，這是有利於劉氏江山的萬世大計。可是計畫一實行，結果被您處死了，這樣對內您堵住了忠臣的嘴，對外您倒替諸侯列強們報了仇，我認為您這麼做是不對的。」景帝聽罷沉默了好久，說：「你說得對，我也非常後悔。」於是任命鄧公為城陽中尉。

6 鄧公是成固人，善於出奇計。建元年間，漢武帝招納賢良，公卿們都推舉鄧公。那時鄧公正罷職家居，於是被起用，一下子就升到九卿的位置。但任職一年，他又自稱有病辭職回了鄉。他的兒子鄧章以研究黃帝、老子的學說而在朝廷大臣間聞名。

太史公曰：袁盎雖不好學，亦善傅會❶，仁心為質❷，引義忼慨❸。遭孝文初立，資適逢世❹。時以變易❺，及吳、楚一說❻，說雖行哉❼，然復不遂❽。好聲矜賢⑨，竟以名敗⑩。鼂錯為家令時，數言事不用；後擅權，多所變更。諸侯發難，不急匡救⑪，欲報私讎⑫，反以亡軀。語曰：「變古亂常，不死則亡⑬。」豈錯等謂邪！

【章　旨】以上為第四段，是作者對袁盎、鼂錯為人行事的評論。

【注　釋】❶善傅會　善於硺磨出種種說法。吳見思曰：「『傅會』『逢世』，是袁盎一生心術。」❷仁心為質　有一種仁慈的本質。瀧川引中井曰：「仁心為質，大失實。」陳仁錫曰：「袁盎巧言小人，子長豈不知其鮮仁哉？而贊其『仁心為質』，蓋指其能救絳侯，而自傷也。」又曰：「子長有所激而立論，故不免失平爾。」❸引義忼慨　稱引大義，慷慨陳辭。❹資適逢世　正趕上了可以發揮才能的時機。《集解》引張晏曰：「資，才也。適值其世，得騁其才。」❺時以變易　待至時局已經起了變化。指景帝即位，實行削藩。以，通「已」。❻吳楚一說　指勸說景帝殺鼂錯以謝諸侯。❼說雖行哉　指進說奏效，鼂錯被殺。❽然復不遂　最後還是沒有成功。指吳楚並不聽其花言巧語而罷兵。❾好聲矜賢　追求名聲，以才能自矜。❿竟以名敗　為追求名望而喪生。按：袁盎抑制梁孝王之覬覦皇位，乃忠之屬也，史公責其被殺曰「竟以名敗」，議論未免失衡。⓫不急匡救　《漢書》本傳云：「吳楚七國反，以誅錯為名。上與錯議出軍事，錯欲令上自將兵，而自居守。」史公所謂「不急匡救」即指此。⓬欲報私讎　想趁機將袁盎打成吳王黨羽。⓭變古亂常二句　按：史公批語鼂錯「不急匡救」、「欲報私讎」都是正確的；至於說鼂錯的削藩是「變古亂常」，則顯屬荒謬。《史記》品評人物之嚴重失平者，莫過於吳起、商鞅、鼂錯三人，蓋史公身受酷法之害，故於法家人物多流露出一種厭惡之情。《漢書》本傳則說鼂錯「銳於為國遠慮，而不見身害」，又說「錯雖不終，世哀其忠」，這就準確合理得多了。

【語　譯】太史公說：袁盎雖然沒什麼學問，但卻善於東扯西拉。他有一種仁愛之心，又能慷慨地闡述大義。也正趕上了孝文帝剛即位，所以他的才華得到了盡情施展。等到景帝即位，時事變化，吳、楚發動了叛亂時，雖然他說動景帝殺了鼂錯，但最終也未能阻止叛亂。袁盎一輩子追求名聲，矜才自傲，最終還是死在了名聲上。鼂錯做太子家令時，多次向文帝提建議都沒被採用；後來掌了權，對法令章程作了許多修改。待至吳楚七國叛亂後，不急著去解決危急，而想公報私仇，結果丟了性命。俗語說：「變古亂常，不死則亡。」不就是說的鼂錯這種人嗎！

【研　析】袁盎、鼂錯都是功過參半的人物。〈太史公自序〉中說：「敢犯顏色以達主義，不顧其身，為國家樹長畫，作〈袁盎鼂錯列傳〉。」這是指他們的長處、功勞方面而言的。所謂「敢犯顏色以達主義」，主要是指袁盎。如他曾在文帝面前說過周勃的缺點，致使周勃很恨他；但在周勃被無辜下獄時，他又能為周勃辯說，使周勃因而獲釋；當淮南王恃寵，驕橫跋扈時，袁盎以為「諸侯大驕必生患，可適削地」；當皇家宴會有人安排讓文帝的寵妃慎夫人與皇后並坐時，袁盎立刻阻止，將她們分出了尊卑。類似這樣的事，都表現了袁盎正直果敢的一面。

所謂「不顧其身，為國家樹長畫」，主要是指鼂錯而言。鼂錯為御史大夫，「請諸侯之罪過，削其地。」當「諸侯皆諠譁疾鼂錯」，其父為之擔心時，鼂錯說：「不如此，天子不尊，宗廟不安。」直到被害身死，無所變更。鼂錯的行為品格，在漢朝可企及者不多。作者於篇末借「鄧公」之口對景帝說：「鼂錯患諸侯彊大不可制，故請削地以尊京師，萬世之利也。計畫始行，卒受大戮，內杜忠臣之口，外為諸侯報仇，臣竊為陛下不取也。」表明在這個問題上，司馬遷的功過是非觀念是很分明的。

司馬遷在本文的論贊中說袁盎「善傅會」，說他「好聲矜賢，竟以名敗」；說鼂錯「諸侯發難，不急匡救，欲報私讎，反以亡軀」，這都是指他們的過惡方面。所謂「善傅會」就是好譁眾取寵，逢迎賣好，辦事不是出以公心。例如當淮南王被流放而自殺，文帝後悔當初處理欠周時，袁盎為文帝評功擺好，恭維說：「陛下有高世之行者三。」而後文過飾非、言不由衷的講了一大通，這種佞幸的嘴臉實在是可惡的。袁盎、鼂錯更大的問題在於互相傾軋，公報私仇。文中說：「盎素不好鼂錯，鼂錯所居坐，盎去；盎坐，錯亦去：兩人未嘗同堂語。」單是這種意氣用事，就已經沒有政治家的風度了。更嚴重的是到吳、楚造反時，鼂錯竟說：「袁盎多受吳王金錢，專為蔽匿，言不反，今果反。」他懷疑袁盎「宜知計謀」，想藉機查辦他。而袁盎則尋機反咬，說吳、楚所以興兵是為了請誅鼂錯，於是挑動漢景帝把鼂錯殺了。這兩個人在這場火拚中的表現，都是極其卑鄙的。

鼂錯的為人有其短處，但其為削藩而「衣朝衣斬東市」，卻深受後人同情。司馬遷說他「擅權多變」，並對他的死抱幸災樂禍態度，顯然是錯誤的，這只不過是表明了司馬遷對法家人物的一種偏見、一種厭惡之情罷了。此外，作品對於游俠（如劇孟）、對於知恩必報的小人物（如盜愛盎侍兒的從史），都表現了一種由衷的讚賞，他們的行為體現了《史記》中經常表現的有仇必報、有恩必償的思想。

卷一百二

張釋之馮唐列傳第四十二

【題解】本篇的主旨在於表彰張釋之、馮唐的犯顏直諫與文帝勇於納諫的精神。張釋之傳的最精彩處在於論石槨一節，文章慷慨淋漓，道理亦千載不朽，其淵源蓋取效於《晏子》。至於論嗇夫與縣人事，則頗有可議。馮唐之論將帥，至理名言；其論魏尚，出於公義，在司馬遷看來，此亦頗與李陵事相近，皆所謂「賞太輕，罰太重」者。然馮唐論事受賞，己則論事被刑；而被刑之後，又無一馮唐其人能激於公義發一言以相援救，真可謂悲慨無限了。文帝是司馬遷的理想人物，〈孝文本紀〉中曾詳著了他的謙讓、儉樸、寬仁；此處則又突出了他的勇於納諫，可謂推崇之至。王鏊稱「文帝君臣如家人父子」，史公於此誠企慕之。

1 張廷尉❶釋之者，堵陽❷人也，字季。有兄仲同居❸。以訾為騎郎❹，事孝文帝❺，十歲不得調❻，無所知名。釋之曰：「久宦減仲之產❼，不遂❽。」欲自免歸。中郎將❾袁盎❿知其賢，惜其去，乃請徙釋之補謁者⓫。釋之既朝畢⓬，因前言便宜事⓭。文帝曰：「卑之，毋甚高論⓮，令今可施行也。」於是釋之言秦、漢之間事，秦所以失而漢所以興者久之⓯。文帝稱善，乃拜釋之為謁者僕射⓰。

2 釋之從行[17]，登虎圈。上問上林尉[18]諸禽獸簿，十餘問，尉左右視，盡不能對。虎圈嗇夫[19]從旁代尉對上所問禽獸簿甚悉，欲以觀其能[20]，口對響應無窮[21]者。文帝曰：「吏不當若是邪？尉無賴[22]！」乃詔釋之拜嗇夫為上林令[23]。釋之久之[24]，前曰：「陛下以絳侯周勃[25]何如人也？」上曰：「長者[26]也。」又復問：「東陽侯張相如[27]何如人也？」上復曰：「長者。」釋之曰：「夫絳侯、東陽侯稱為長者，此兩人言事曾不能出口[28]，豈斅此嗇夫諜諜[29]利口捷給[30]哉！且秦以任刀筆之吏[31]，吏爭以亟疾苛察相高[32]，然其敝徒文具[33]耳，無惻隱之實[34]。以故不聞其過，陵遲[35]而至於二世[36]，天下土崩[37]。今陛下以嗇夫口辯而超遷[38]之，臣恐天下隨風靡靡[39]，爭為口辯而無其實。且下之化上[40]疾於景響[41]，舉錯[42]不可不審也。」文帝曰：「善。」乃止，不拜嗇夫[43]。

3 上就車，召釋之參乘[44]，徐行，問釋之秦之敝。具以質言[45]。至宮，上拜釋之為公車令[46]。

4 頃之，太子[47]與梁王[48]共車入朝，不下司馬門[49]。於是釋之追止[50]太子、梁王無得入殿門，遂劾不下公門不敬[51]，奏之。薄太后[52]聞之，文帝免冠謝[53]曰：「教兒子不謹。」薄太后乃使使承詔[54]赦太子、梁王，然後得入。文帝由是奇釋之[55]，拜為中大夫[56]。

5 頃之，至中郎將。從行至霸陵[57]，居北臨廁[58]。是時，慎夫人[59]從，上指示[60]慎夫人新豐道[61]，曰：「此走邯鄲道也[62]。」使慎夫人鼓瑟，上自倚瑟[63]而歌，意慘悽悲懷，顧謂羣臣曰：「嗟乎！以北山石為槨[64]，用紵絮斮陳，蕠漆其間[65]，豈可動哉！」左右皆曰：「善。」釋之前進曰：「使其中有可欲者，雖錮南山猶有郄[66]；使其中無可欲者，雖無石槨，又何戚焉[67]！」文帝稱善[68]。其後拜釋之為廷尉[69]。

6 頃之，上行出中渭橋[70]，有一人從橋下走出，乘輿[71]馬驚。於是使騎捕，屬之廷尉[72]。釋之治問[73]。曰：「縣人[74]來，聞蹕[75]，匿橋下。久之，以為行已過，即出。見乘輿車騎，即走耳。」廷尉奏當[76]，一人犯蹕，當罰金[77]。文帝怒曰：「此人親驚吾馬，吾馬賴柔和，令他馬，固不敗傷[78]我乎？而廷尉乃當之罰金！」釋之曰：「法者，天子所與天下公共也。今法如此而更重之，是法不信於民也。且方其時，上使立誅之則已[79]。今既下廷尉，廷尉，天下之平也。一傾[80]而天下用法皆為輕重，民安所措其手足？唯陛下察之。」良久，上曰：「廷尉當是也。」

7 其後有人盜高廟[81]坐前玉環[82]，捕得，文帝怒，下廷尉治[83]。釋之案律盜宗廟服御物者為奏[84]，奏當弃市[85]。上大怒曰：「人之無道，乃盜先帝廟器，吾屬廷尉者，欲致之族[86]，而君以法奏之[87]，非吾所以共承宗廟[88]意也。」釋之免冠頓首，謝曰：「法如是足也。且罪等，然以逆順為差[89]。今盜宗廟器而族之，有如萬分之一，假令愚民取長陵一抔土[90]，陛下何以加其法乎？」久之，文帝與太后言之，乃許廷尉當。是時，中尉條侯周亞夫[91]與梁相山都侯王恬開[92]見釋之持議平，乃結為親友[93]。張廷尉由此天下稱之。

8 後文帝崩，景帝立[94]，釋之恐[95]，稱病。欲免去，懼大誅至；欲見謝，則未知何如。用王生計[96]，卒見謝，景帝不過也[97]。

9 王生者，善為黃、老言[98]，處士[99]也。嘗召居廷中[100]，三公[101]九卿[102]盡會立[103]。王生老人，曰：「吾韤解[104]。」顧[105]謂張廷尉：「為我結韤[106]！」釋之跪而結之。既已，人或謂王生曰：「獨柰何廷辱[107]張廷尉，使跪結韤？」王生曰：「吾老且賤，自度終無益於張廷尉。張廷尉方今天下名臣，吾故聊辱廷尉，使跪結韤，欲以重之[108]。」諸公聞之，賢王生而重張廷尉。

10 張廷尉事景帝歲餘，為淮南王相[109]，猶尚以前過也[110]。久之，釋之卒。其子曰張摯[111]，字長公，官至大夫[112]，免。以不能取容當世，故終身不仕[113]。

【章旨】以上為第一段，寫張釋之的生平事歷，突出了他的直言敢諫，執法無私。

【注釋】❶廷尉　漢時九卿之一，掌刑獄，為全國最高司法官。❷堵陽　漢縣名，縣治在今河南方城東。❸有兄仲同居　其兄曰仲，兄弟未分家。❹以訾為騎郎　師古曰：「以家貲多，得拜為郎，非取其貲而予以郎也。」何焯曰：「貲郎，猶今有身家之人，非入粟拜爵之比。漢初得官，皆由貲筭；有市籍者，亦不得宦也。郎官，宿衛親近，欲其有所顧藉，重於犯法。」如淳曰：「《漢儀注》：訾五百萬，得為常侍郎。」訾，同「貲」。家財。騎郎，皇帝的侍衛人員，出充車騎，入掌門戶，上屬郎中令。❺孝文帝　劉邦之子，名恆，薄姬所生，西元前一七九－前一五七年在位。❻十歲不得調　調，師古曰：「選也，調升遷。」瀧川曰：「疑釋之為騎郎在文帝未即位以前，《史》並計之，故云『十年』耳。」❼久宦減仲之產　當時為郎者，須自備衣裘鞍馬之飾，故有此減耗家產之語。❽不遂　不順心；不發達。❾中郎將　皇帝的侍衛武官，官階為比二千石，上屬郎中令。❿袁盎　字絲，文帝時為中郎將，景帝時，讒殺鼂錯，後被梁孝王客所殺。事跡見〈袁盎鼂錯列傳〉。⓫謁者　皇帝的侍從人員，職掌接引賓客及收發傳達，秩六百石，上屬郎中令。⓬朝畢　有事稟過文帝之後。⓭便宜事　國家當前應做的事情。⓮卑之二句　把絃定低點，不要唱高調。茅坤曰：「其言類高祖之喻陸賈、叔孫通輩。」王先謙引周壽昌曰：「文帝學黃老，治雜霸道，恐釋之遠舉三皇、高談五帝，故以『卑之，毋甚高論』為諭。」⓯釋之言秦漢之間事二句　按：當年劉邦曾讓陸賈「著秦所以失天下，吾所以得之者何，及古成敗之國」，陸賈為之著《新語》十二篇。張釋之所言蓋與陸賈大旨相同。⓰謁者僕射　諸謁者的頭領，秩比千石，上屬郎中令。⓱從行　跟著文帝外出。此處指隨文帝往遊上林苑。⓲上林尉　上林令的僚屬。上林令是上林苑的長官，主管苑中的禽獸和住在該區域內的居民。其下屬有丞、尉各一人。上林苑是秦、漢時期皇帝的獵場，舊址在今陝西西安西南，有數縣之廣。⓳嗇夫　小吏名，職掌各項雜役。⓴觀其能　顯示其才能。㉑口對響應無窮　對答之快如同響之應聲，不帶一點遲疑、留難。㉒無賴　不可靠；不足任使，瀧川曰：「文帝嘗問周勃、陳平以一歲決獄、錢穀出入之數，與此相似，蓋帝試人慣用手段。」按：文帝問周勃、陳平決獄、錢穀事，見〈陳丞相世家〉。㉓詔釋之拜嗇夫為上林令　蓋文帝讓張釋之往傳此令也，此正謁者之職。㉔久之　故意地遲延了好半天。㉕絳侯周勃　劉邦的開國功臣，封絳侯，曾任太尉。劉恆之所以能從代王入繼大統，也正是周勃等誅滅諸呂後擁立之為帝的。事跡見〈絳侯周勃世家〉。㉖長者　厚道人。㉗東陽侯張相如　高帝時為中大夫，後為河間守，以擊陳豨功封侯，文帝時為太子太傅。其事跡散見於〈孝文本紀〉、〈高祖功臣侯者年表〉、〈萬石張叔列傳〉等篇。㉘曾不能出口　像是說不出話來。按：周勃被人稱為「木彊敦厚」，又有文帝問其決獄、錢穀，周勃不能對。事見〈陳丞相世家〉。張相如事不詳。㉙諜諜　說話流利、快速的樣子。㉚利口捷給　口才好，來得快。捷給，供給得及時。㉛刀筆之吏　掌管公文案牘的書吏。因為這些人可以舞文弄法，隨心輕重，故多被世人所畏懼、厭惡。刀筆，古代的書寫工具，筆用以寫字於竹簡木牘，發現錯誤即用刀刮削而改之。㉜爭以亟疾苛察相高　爭著看誰辦案更嚴厲、更瑣細。亟疾，快速；嚴厲。㉝其敝徒文具　到頭來只搞了一套表面的官樣文章。㉞無惻隱之實　沒有出自內心的實情。惻隱，這裡指真誠、誠懇。㉟陵遲　愈來愈壞；愈來愈衰敗。㊱二世　名胡亥，始皇之少子，西元前二〇九－前二〇七年在位。㊲天下土崩　指以陳涉為代表的農民起義爆發，並導致秦朝滅亡。武帝時的徐樂更進一步明確的將農民起義比作「土崩」，將統治階級的內部矛盾比作「瓦解」，見〈平津侯主父列傳〉。㊳超遷　越級提拔。蓋「上林令」猶在「上林尉」之上也。㊴靡靡　隨風倒伏的樣子。㊵下之化上　下層人隨著上頭的意思變化。㊶疾於景響　比影之隨形、響之應聲還要快。景，同「影」。㊷舉錯　辦什麼和不辦什麼。舉，興辦。錯，同「措」。停置；停辦。㊸乃止二句　凌約言曰：「所謂『利口』者，便佞捷給，顛倒是非，故放遠之耳。若夫諳曉故事，敷奏詳明，國之美才也。且言及之而言，又何有於從風而靡者？釋之此言，恐塞人主使能之路，不可以訓。」姚苧田曰：「張釋之始進，即言秦所以失漢所以興者；以此當上意後，參乘徐行又問秦之敝，具以質言。蓋其胸中獨有一腔革薄從忠、矯枉過正之旨，故於不肯拜嗇夫處借事發揮，痛言秦之敝。尚文無實，惻隱消亡，誠救時之篤論，而不惜以一夫之進退繫天下之盛衰也。須深觀其立意，不當泥其言詞。」按：姚氏之說是也，〈陳丞相世家〉中陳平對文帝語亦大體如此，幾乎是為不忠職守者作辯護，似亦應做深一步思考。㊹參乘　陪侍帝王乘車，兼充護衛之職。此處即召之同車，以示優遇，且可一道說話。㊺以質言　按實情相告。質，實也。㊻公車令　也稱公車司馬，上屬衛尉，掌管殿門、司馬門，夜則巡邏宮中。天下上書及四方貢獻品物，一概由公車令接收上達。㊼太子　即日後的景帝劉啟。㊽梁王　梁孝王劉武，漢景帝的胞弟，同為竇太后所生。劉武特別受其母竇太后的寵愛，至欲極想讓其為帝。事見〈梁孝王世家〉。梁國的都城睢陽（今河南商丘東南）。㊾司馬門　皇宮的外門。《三輔黃圖》：「凡言司馬者，宮垣之內，兵衛所在，司馬主武事，故設宮之外門為司馬門。」《集解》引如淳曰：「〈官衛令〉：諸出入殿門、公車司馬門，乘軺傳者皆下，不如令，罰金四兩。」㊿追止　追上去將其扣留。(51)劾不下公門不敬　劾，彈劾。公門，猶言「君門」。《論語・鄉黨》：「入公門，鞠躬如也，如不容。」鍾惺曰：「釋之平恕，而能劾太子、梁王不下公門，又何其風力也！與酷吏順旨阿意者勁軟相去遠矣，此執法平恕之本也。」(52)薄太后　文帝之母，太子與梁王之祖母。(53)文帝免冠謝　向其母免冠謝罪，因為給老人家添了麻煩。姚苧田曰：「細書此節，見西京家法之嚴如此，而釋之風力藉此益顯。」(54)承詔　以皇帝的名義。(55)奇釋之　驚奇張釋之的這種表現。(56)中大夫　郎中令的屬官，在帝王跟前掌議論。(57)霸陵　漢文帝的陵墓，在今陝西西安東北，當時長安城的正東偏北。秦漢時代的皇帝都在生前即為自己修建陵墓，文帝此行即視察自己的陵墓工地。(58)居北臨廁　坐在霸陵上面的北邊上向北眺望。廁，同「側」。邊緣懸絕處。(59)愼夫人　漢文帝的寵妃，邯鄲人。(60)指示　指以告之。(61)新豐道　霸陵至新豐間的通道。新豐，漢縣名，縣治在今西安市臨潼東北，當時的霸陵東北。(62)此走邯鄲道也　這就是通向你們老家邯鄲的道路。《索隱》曰：「走，猶『向』也。」(63)倚瑟　隨著瑟聲。(64)椁　同「槨」。外棺。(65)用紵絮斮陳二句　詞語略不順，意即把絲紵棉絮之類切碎，填塞其縫隙，而後再用漆把塞了紵絮的棺槨縫隙灌住。斮，同「斫」。切；斬。陳，塞。蘩，粘合。(66)雖錮南山猶有郄　即使把整座終南山灌鑄起來（當棺槨），那它也還是會有縫隙的（還會被人打開）。錮，熔化金屬以灌縫隙。郄，同「隙」。(67)雖無石椁二句　戚，憂慮；擔心。姚苧田曰：「數語大得黃老之精，透極，達極。」(68)文帝稱善　瀧川引《漢書・劉向傳》云：「文帝寤焉，遂薄葬，不起山墳。」按：張釋之之諫文帝，與晏子牛山之諫齊景公略同，見《晏子春秋》。(69)拜釋之為廷尉　梁玉繩引呂祖謙語以為應在文帝後三年（西元前一六一年），而《漢書・百官公卿表》書之於文帝三年（西元前一七七年），蓋誤。(70)上行出中渭橋　文帝出行，經由中渭橋。出，行經。中渭橋，《索隱》曰：「渭橋有三所，一所在城西北咸陽路，曰西渭橋；一所在東北高陵道，曰東渭橋；其中渭橋，在古城之北也。」(71)乘輿　皇帝的車駕。(72)屬之廷尉　交由廷尉審理。屬，託；交給。(73)治問　審問。(74)縣人　《集解》引如淳曰：「長安縣人。」瀧川曰：「《漢紀》作『遠縣人』。」按：蓋與京城長安相對而言，猶曰「鄉下人」。(75)聞蹕　聽到清道戒嚴的聲音。蹕，戒嚴；禁止行人。(76)奏當　奏上判處結果。當，判處。《索隱》引崔浩曰：「當，謂處其罪也。」(77)一人犯蹕二句　《集解》引如淳曰：「《乙令》：蹕先至而犯者，罰金四兩。」瀧川引王念孫曰：「『一人犯蹕，罰金四兩』，漢律文也。二人以上，罪當加等。」(78)敗傷　翻車傷人。敗，這裡指車壞。(79)上使立誅之則已　如果您當時派人將其處死，那也就算了。洪邁曰：「釋之謂『上使誅之則已』，無乃啟人主輕殺之端乎，斯一節未為至當也。」凌稚隆引余有丁曰：「法不可重，獨可立誅乎？啟人主妄殺之心者，必是言也。」吳見思曰：「此是寬一句，借作說詞耳，乃後人認客為主，議論紛紛，豈為善讀書者哉！」(80)一傾　謂廷尉的執法一有偏頗。(81)高廟　高祖劉邦的廟。陳直曰：「漢代京師及各郡國皆有高廟。」(82)玉環　陳直曰：「為『璧環』之環，非裝飾品。」(83)下廷尉治　交由廷尉審理。(84)案律盜宗廟服御物者為奏　意即按照偷盜宗廟供奉用品的法律條文向上報告。服御，使用。(85)奏當弃市　意即判為處死。弃市，刑人於市，以示與眾共棄之。(86)欲致之族　想將其定為滅族。(87)以法奏之　仍按通常的法律條文向上報告。師古曰：「法，謂常法。」(88)共承宗廟　恭敬地對待先人。共，通「恭」。(89)且罪等二句　即使兩人的罪過相同，其中還有個具體情節的差別。《集解》引如淳曰：「俱死罪也，盜玉環不若盜長陵土之逆也。」[90]取長陵一抔土　隱言如果有人偷掘了劉邦的墳墓。長陵，高祖陵墓。一抔土，一捧土。錢鍾書曰：「盜掘本朝先帝陵墓，大逆不道，罪惡彌天，為臣子者心不敢想而亦口不忍宣也，然而臣姑妄言之，君其妄聽之。故『有如』上而累以『萬分之一』，猶恐冒昧，復益以『假令』。似設之詞幾如屋上加屋，心之猶豫，口之囁嚅，即於語氣徵之，而無待摹狀矣。」[91]中尉條侯周亞夫　中尉，主管京城治安及巡夜捕盜諸事，後改名執金吾，約當今之首都警察局長。條侯周亞夫，絳侯周勃之子，被封為條侯。事見〈絳侯周勃世家〉。條，漢縣名，縣治在今河北景縣南。[92]梁相山都侯王恬開　王恬開，原名王恬啟，因避景帝諱而改。恬開於高祖時從擊陳豨有功，被任為梁王劉恢相。呂后四年（西元前一八四年）被封為山都侯。山都，漢縣名，縣治在今湖北襄樊西北。[93]乃結為親友　親友，親密的朋友。按：王恬開為高祖時將，死於文帝三年。此文乃將王恬開與條侯周亞夫並提，敘事於文帝末年，疑其中有誤。王先謙曰：「疑釋之未顯時，夙與山都侯為親友，史公並書之，以見釋之名重一時。」[94]文帝崩二句　文帝崩於後元七年，西元前一五七年；景帝元年為西元前一五六年。[95]釋之恐　《索隱》曰：「謂帝為太子時，與梁王入朝，不下司馬門，釋之曾劾，故恐也。」[96]用王生計　王生，王先生。生，當時對學者、隱者的敬稱。所謂「王生計」者事實不詳，或當似藺相如之教繆賢所云：「今君乃亡趙走燕，燕畏趙，其勢必不敢留君，而束君歸趙矣。君不如肉袒伏斧質請罪，則幸得脫矣。」[97]卒見謝二句　見謝，謂求見景帝請罪。按：景帝非輕易忘人「過」者，下文云「歲餘，為淮南王相，猶尚以前過也」，不亦前後抵牾乎！[98]黃老言　以黃帝、老子相標榜的一種學說，大約形成於戰國中後期，有新出土的《黃帝四經》為其代表作，大旨講清靜無為，頗為漢初時的統治者所重視、提倡。[99]處士　有才能而不出仕的人。其義略同於「隱士」。[100]召居廷中　被召進宮廷，坐在大庭上。[101]三公　指丞相、太尉、御史大夫。[102]九卿　指太常、郎中令、衛尉、太僕、廷尉、典客、宗正、大司農、少府。略當於今之中央各部長。[103]會立　相聚而立。瀧川引王文彬曰：「居，猶坐也。時漢廷尊尚黃老，故大會時王生被召坐廷中，而公卿盡立也。」[104]吾韈解　我的襪帶開了。按：當時群臣上殿必須去履，單穿著襪子行走，因此王生才有所謂「韈解」之語。蕭何有大功，受特賞，始許「劍履上殿」。[105]顧　轉視。[106]結韈　繫上襪帶。[107]廷辱　當眾侮辱。[108]聊辱廷尉三句　凌稚隆曰：「侯嬴立信陵於市中，而曰『今嬴之為公子亦足矣』；王生使張廷尉結襪，而曰『欲以此重之』，二事適相類。」按：侯嬴事見〈魏公子列傳〉。[109]為淮南王相　此時的淮南王名劉安，淮南厲王劉長之子，事跡見〈淮南衡山列傳〉。淮南國的國都壽春（今安徽壽縣）。[110]猶尚以前過也　按：於此見景帝之忌刻。景帝殺鼂錯、殺周亞夫，反覆無常，忘恩負義，史公甚惡之。[111]張摯　按：此人在西漢沒沒無聞，《漢書》中也只有與此相同的簡單一筆；但魏晉以後卻頗被知重，陶淵明詩屢屢及之，見〈飲酒〉之十二、〈讀史述九章〉。112 大夫　略當於今之司、局級。113 以不能取容當世二句　終身不仕，謂自免官後至死未再出仕。《索隱》曰：「調性公直，不能曲屈見容於當世，故至免官不仕也。」

【語　譯】張釋之廷尉是堵陽縣人，字季。起初跟他的哥哥張仲一起生活。因家財豐厚，使張釋之能充任騎郎，侍候孝文帝，一直做了十年沒被提升，個人也沒有一點兒名氣。張釋之尋思：「這麼長期地做下去，只會白白地耗費哥哥的家產，自己什麼也得不到。」於是打算辭官回家。中郎將袁盎知道張釋之的才幹，覺得讓他離去可惜，於是就請求文帝讓張釋之補了個謁者的空缺。有一天，對文帝作完工作報告後，張釋之想趁便向文帝談一些當前應辦的事情。文帝說：「實際點兒，不要空發高論，要說點兒當前可行的措施。」於是張釋之就談了些秦漢之際的事情，談了秦朝為什麼滅亡，漢朝為什麼興起等等，一直談了好半天。文帝聽著很高興，於是就任命張釋之當了謁者僕射。

2 有一天張釋之跟隨文帝出遊，登上了上林苑裡的虎圈。文帝忽然向上林尉問起這裡各種禽獸的數目，結果一連問了十幾個問題，上林尉都是東張西望，一個也回答不上來。這時虎圈的管理員從旁邊插過來替上林尉把所有的問題都回答清楚了，他為了在文帝面前顯示自己的本領，一切回答都是張口就來，毫無停頓。文帝聽後說：「作為一個部門的管事人，難道不應該像這種樣子嗎？上林尉靠不住。」於是下令張釋之任命這個虎圈的管理員為上林苑的負責人。張釋之故意遲延了一會兒，才上前說：「您認為絳侯周勃是什麼樣的人？」文帝說：「是個厚道人啊。」張釋之又問：「東陽侯張相如是什麼樣的人？」文帝說：「也是個厚道人。」張釋之說：「您說周勃、張相如都是厚道人，可這兩人在討論問題的時候往往說不成一句話，哪裡像這位管理員般伶牙俐齒呢？再說，過去秦始皇就是特別重視刀筆吏，以至於使得官吏們都爭著吹毛求疵，看誰辦得嚴厲，辦得快捷，以表現自己，到頭來，都只有形式，沒有一點兒實質性的內容。使得皇帝聽不到一點兒自己的過錯，就這樣發展到秦二世時，秦朝的統治就土崩瓦解了。現在您因為這個管理員伶牙俐齒就想破格提拔他，我擔心天下人也會聞風而動，爭著去練嘴皮子而不講求實際內容。下頭的人們看著上頭的風頭轉向，那可是比什麼都快呵，所以您的一舉一動可不能不慎重。」文帝說：「說得對。」於是作罷，沒有提升這個管理員。

3 文帝上車後，讓張釋之隨車陪侍，文帝讓車子慢慢地走著，一路上問張釋之秦朝的種種弊政。張釋之都實實在在地做了回答。待至回到宮裡，文帝就任命張釋之做了公車令。

4 不久，太子劉啟和梁孝王劉武兩兄弟同車入朝，在經過司馬門時不下車，於是張釋之追上去攔住了他們，不許他們進宮。隨即給文帝上書彈劾太子和梁王犯了「不恭敬」的罪過。薄太后聽說了這件事，責問孝文帝，孝文帝摘下了帽子向太后認錯說：「都怪我對兒子們管教不嚴。」於是薄太后就派人傳出皇上的命令，赦免了太子和梁王，太子和梁王這才進了宮。這件事使文帝對張釋之感到很驚奇，於是任命他當了中大夫。

5 不久，張釋之又做了中郎將。有一次，他跟隨文帝出遊到了霸陵，他們站在霸陵的北坡向北眺望。當時，慎夫人跟隨著文帝，文帝指著陵下的新豐道對她說：「這就是通往你們老家邯鄲的路。」接著他讓慎夫人鼓瑟，自己跟著瑟的旋律唱歌，心裡忽然一陣傷感，他回頭對著大臣們說：「唉！如果用北山上的石頭築成外槨，再用剁碎的絲棉和著漆，把那些縫隙都填上，這樣一來，這個墳誰還能撬得開！」左右大臣們都說：「這樣好。」這時張釋之上前對文帝說：「如果墳裡頭有讓人想偷的東西，那麼即使您用鐵漿把整個南山的縫隙都灌住也不行；假如墳裡頭沒有讓人想偷的東西，那麼，即使您不做石槨，也用不著擔心！」文帝說他講得有道理。後來又讓他當了廷尉。

6 不久，文帝外出路經中渭橋的時候，有一個人突然從橋底下跑出來，文帝的車馬受了驚。文帝立刻派騎郎過去逮捕了他，把他交給了張釋之。張釋之一審問，那個人說：「我是從長安縣來的鄉下人，聽到了戒嚴令，就躲到了橋底下。等了半天，我以為皇上的車駕已經過去了，就走了出來，忽然見到皇上的車駕還在這裡，因此我又嚇得趕緊往回跑。」張釋之問罷，向文帝報告判處結果說：違反了戒嚴令，應該處以罰款。文帝一聽生氣地說：「這個人驚嚇了我的馬，幸虧我的馬溫馴，要是碰上別的馬，還不會翻車摔傷我嗎？你居然只判處他個罰款！」張釋之說：「法令，是您和天下人要共同遵守的。按照法令理應這麼判決，如果您一定要特別重判，那法令就不能取信於民了。再說，如果當時您一抓住他就把他殺了，那倒也沒得說。現在您既然把他交給我這個廷尉，廷尉，是為整個天下持平的呀，如果我一旦有所傾斜，那整個天下的執法可就會隨意輕重，那時百姓們可就無所適從了。請您認真考慮。」過了好半天，文帝終於說：「你的判處是對的。」

7 後來又有人盜竊了高祖廟內座前的玉環。這人被捉後，文帝非常氣憤，把他交給張釋之審理。張釋之依照盜竊宗廟衣物家什的法律作了判處，向文帝報告說，這個人依法應當判處死刑。文帝大怒說：「這個人大逆不道，竟至於去盜竊先帝宗廟裡的東西，我之所以把他交給你，是想讓你判他個滅門，可是你卻只按著法律條文判處，這不是我恭恭敬敬對待先人的意思。」張釋之摘下帽子叩頭，對文帝賠罪說：「按法律條文，判他死罪已經到頭了；再說，在同一種罪過的等級裡，還有具體情結的區別哪。現在有人偷了高祖廟裡的東西就判他個滅門，假如日後萬一有人偷掘了長陵上的墳土，您還有什麼更重的刑法來處置他呢？」文帝想了半天，又回去跟太后講了張釋之的意思，終於同意了張釋之的判決。那時，中尉條侯周亞夫和梁國的丞相山都侯王恬開見張釋之執法公正，都和他結成了親密的朋友。張釋之從此受到了全國人的稱讚。

8 待至文帝駕崩，景帝即位後，張釋之心裡害怕，常常推說有病。他想辭官回家，又怕招來殺頭之禍；他想面見景帝賠罪，但又不知後果如何。後來，他採納王先生的建議，還是去向景帝賠罪了，景帝也沒有責怪他。

9 王先生精通黃老學說，是個處士。有一次他被召進了朝廷，當時三公九卿都在殿中侍立，王先生歲數已經很大了，他忽然說：「我的襪帶開了。」然後回頭對張釋之說：「請你給我把襪帶繫上！」於是張釋之就過來跪下身子給他繫好了襪帶。事過之後，有人責怪王先生說：「你為什麼偏偏要在朝廷上侮辱張廷尉，讓他跪著來給你繫襪帶？」王先生說：「我歲數又大地位又低，我自己琢磨著再也不可能給張廷尉幫什麼忙了。張廷尉現在是天下的名臣，我故意當眾侮辱他，讓他給我跪著繫襪帶，是為了以此來提高他的聲望。」人們聽了，都稱讚王先生，並越發地敬重張釋之了。

10 張釋之在景帝身旁做廷尉做了一年多，就被改派去做淮南王的丞相了，原因還是由於景帝做太子時，張釋之曾拘留彈劾過他。又過了一些年，張釋之去世了。張釋之的兒子叫張摯，字長公，做官做到大夫，不久就被免職了。因為他性情耿直，不被當時的官場所容納，所以以後張摯到死也再沒有出去做官。

1 馮唐者，其大父趙人❶。父徙代❷，漢興徙安陵❸。唐以孝著，為中郎署長❹，事文帝。文帝輦過❺，問唐曰：「父老何自為郎❻？家安在？」唐具以實對。文帝曰：「吾居代時❼，吾尚食監❽高祛數為我言趙將李齊之賢，戰於鉅鹿下❾。今吾每飯，意未嘗不在鉅鹿也❿。父知之乎？」唐對曰：「尚不如廉頗、李牧⓫之為將也。」上曰：「何以？」唐曰：「臣大父在趙時，為官率將⓬，善李牧；臣父故為代相⓭，善趙將⓮李齊，知其為人也。」上既聞廉頗、李牧為人，良說⓯，而搏髀⓰曰：「嗟乎！吾獨不得廉頗、李牧時為吾將，吾豈憂匈奴哉⓱！」唐曰：「主臣⓲！陛下雖得廉頗、李牧，弗能用也⓳。」上怒，起入禁中⓴。良久，召唐讓㉑曰：「公柰何眾辱我㉒，獨無間處㉓乎？」唐謝曰：「鄙人不知忌諱。」

2 當是之時，匈奴新大入朝那㉔，殺北地都尉卬㉕，上以胡寇為意。乃卒復問唐曰：「公何以知吾不能用廉頗、李牧也？」唐對曰：「臣聞上古王者之遣將也，跪而推轂㉖，曰：『閫以內者，寡人制之；閫以外者，將軍制之㉗。』軍功爵賞皆決於外，歸而奏之。此非虛言也。臣大父言，李牧為趙將居邊，軍市之租㉘皆自用饗士㉙，賞賜決於外，不從中擾㉚也，委任而責成功。故李牧乃得盡其智能，遣選車㉛千三百乘㉜、彀騎㉝萬三千、百金之士㉞十萬，是以北逐單于㉟，破東胡㊱，滅澹林㊲，西抑彊秦㊳，南支韓、魏㊴。當是之時，趙幾霸㊵。其後，會趙王遷㊶立，其母倡㊷也。王遷立，乃用郭開讒，卒誅李牧，令顏聚代之㊸。是以兵破士北，為秦所禽滅㊹。今臣竊聞魏尚㊺為雲中守㊻，其軍市租盡以饗士卒，出私養錢，五日一椎牛㊼，饗賓客、軍吏、舍人㊽。是以匈奴遠避，不近雲中之塞。虜曾一入，尚率車騎擊之，所殺甚眾㊾。夫士卒盡家人子㊿，起田中從軍，安知尺籍、伍符(51)？終日力戰，斬首、捕虜，上功莫府(52)，一言不相應(53)，文吏(54)以法繩之。其賞不行，而吏奉法必用(55)。臣愚，以為陛下法太明，賞太輕，罰太重。且雲中守魏尚坐上功首虜差六級(56)，陛下下之吏(57)，削其爵，罰作之(58)。由此言之，陛下雖得廉頗、李牧，弗能用也。臣誠愚，觸忌諱，死罪！死罪！」文帝說，是日令馮唐持節赦魏尚，復以為雲中守，而拜唐為車騎都尉(59)，主中尉及郡國車士(60)。

3 七年，景帝立(61)，以唐為楚相(62)，免。武帝立(63)，求賢良(64)，舉馮唐。唐時年九十餘，不能復為官，乃以唐子馮遂為郎。遂字王孫，亦奇士，與余善(65)。

【章　旨】以上為第二段，寫馮唐直言下情，大膽為魏尚申冤事。

【注　釋】❶大父趙人　大父，祖父。趙，此指戰國時的趙國，國都即今河北邯鄲。❷父徙代　至父親一輩時遷居代國。代，此指楚漢之際的代國，國都在今河北蔚縣東北。❸安陵　漢縣名，縣治在今陝西咸陽東北，乃惠帝陵墓（安陵）之所在縣也。❹唐以孝著二句　漢代統治者提倡「孝」，馮唐以孝著名，故選以為中郎署長。中郎署長，主管中郎署的事務，上屬郎中令。中郎，皇帝的侍從人員。❺文帝輦過　謂文帝輦過中郎署。輦，人力挽行的車，後專指帝王乘坐的車。❻父老何自為郎　師古曰：「年老矣，乃自為郎，怪之也。」《索隱》引崔浩曰：「自，從也，帝詢唐何從為郎。」即通過什麼途徑當的郎官。按：崔說近是，帝素不知唐，中郎署長亦並非太小之職，文帝不宜一見之下，遽怪其官職之低。父老，對年長者的敬稱，下文單言「父」字者同。❼吾居代時　文帝即位前，於西元前一九六－前一八〇年為代王，國都中都（今山西平遙西南）。周勃、陳平滅諸呂後，始迎立之為帝。❽尚食監　為皇帝主管膳食的官吏，亦稱太官，屬少府。❾李齊之賢二句　李齊，事跡不見於史。戰於鉅鹿下，胡三省曰：「當是秦將王離圍鉅鹿時。」按：秦將王離圍鉅鹿，項羽率兵救鉅鹿事，在秦二世三年（西元前二〇七年）冬，見〈項羽本紀〉。❿今吾每飯二句　吳見思曰：「因尚食監之言，故見飯而念監，因監而念鉅鹿也。遇事生心，真有如此。」⓫廉頗李牧　戰國後期的趙國名將。廉頗事趙惠文王、趙孝成王；李牧事趙悼襄王、趙王遷，事跡詳見〈廉頗藺相如列傳〉。⓬官率將　即百夫長。《索隱》引賈逵曰：「百人為一隊。官帥，隊大夫也。」⓭代相　代王陳餘之相。⓮趙將　趙王歇之將。時陳餘擁立趙歇為趙王，趙歇則封陳餘為代王。陳餘雖為代王，但不去代國上任，而留在趙國為趙王之相。代、趙兩國之關係特別親密，故馮唐之父雖為代相，而得以善趙將李齊也。關於代、趙兩國的這段情事，見〈張耳陳餘列傳〉。⓯良說　很高興。說，同「悅」。⓰搏髀　拍大腿。⓱吾獨不得廉頗李牧時為吾將二句　梁玉繩曰：「『時』字衍，《漢書》無。」按：梁說是，此句中還應重出「使廉頗、李牧為吾將」，其意始順。⓲主臣　猶今所謂「讓我大膽地說一句」。《索隱》曰：「樂彥云：『人臣進對前稱「主臣」，猶上書前云「昧死」。』魏武謂陳琳云：『卿為本初檄，何乃言及上祖？』琳謝云：『主臣。』益明『主臣』是驚怖也。」按：〈陳丞相世家〉中亦有此語，然解釋應與本文不同。⓳雖得廉頗李牧二句　凌稚隆引揚雄曰：「彼將有激也，親屈帝尊以信亞夫之軍，至頗、牧曷不用哉？」⓴禁中　猶言「宮中」。因宮廷乃設有禁防之地。㉑讓　責備。㉒眾辱我　當眾侮辱我，讓我下不了臺。㉓間處　無人之處；合適的空隙。指私下個別地交談。㉔朝那　漢縣名，縣治在今寧夏固原東南。㉕北地都尉卬　北地郡的都尉孫卬。北地郡約當今甘肅東北部和寧夏回族自治區一帶，郡治馬嶺（今甘肅慶陽西北）。都尉，郡太守的副職，在郡主管武事。匈奴入朝那、殺北地都尉孫卬事在文帝十四年（西元前一六六年）。㉖推轂　命將出師，王者親自為大將推車軸，以示尊寵。㉗閫以內者四句　閫，門檻，這裡即指城門。四句是說，出兵以後，軍中一切都交由大將作主，帝王不從後面干預。㉘軍市之租　駐軍所在地的交易市場的稅務收入。㉙饗士　犒賞士兵。〈廉頗藺相如列傳〉：「（牧）以便宜置吏，市租皆輸入莫府，為士卒費。」可以參見。㉚不從中擾　謂帝王不從朝廷遙加干預。㉛選車　經過挑選的精良的戰車，當時中原地區尚多用車戰。「選車」一詞又見於〈廉頗藺相如列傳〉，而〈魏公子列傳〉中有「選兵」。㉜千三百乘　一千三百輛。古代一車四馬曰一「乘」。㉝彀騎　胡三省曰：「弓弩引滿為『彀』，謂騎兵能射者。」㉞百金之士　《索隱》引劉氏曰：「其功可賞百金者。」蓋謂臨戰勇武，曾獲百金之賞的猛士。㉟北逐單于　指北逐匈奴。匈奴之君主曰「單于」。戰國末時匈奴族活動在今內蒙一帶地區。㊱東胡　當時活動於今遼寧西部、內蒙東部一帶的少數民族，大約與後來的烏桓、鮮卑同一族姓。㊲澹林　也作「襜襤」。當時活動於代北一帶的少數民族。按：李牧逐匈奴、破東胡、滅澹林等事，參見〈廉頗藺相如列傳〉。㊳西抑彊秦　對西扼制了秦國的東出。當時的秦國在今陝西一帶，國都咸陽。㊴南支韓魏　向南頂住了韓、魏兩國的北進。當時韓國的國都即今河南新鄭，魏國的國都即今開封市。㊵當是之時二句　按：此亦誇言其形勢之好而已，當時韓、趙、魏諸國已僅未亡而已，何可言「霸」？㊶趙王遷　趙國的臨亡之君，西元前二三五－前二二八年在位。㊷倡　歌女。㊸王遷立四句　張照曰：「上文云『趙王遷立』，然則此句『立』字衍文。」按：趙王遷聽用郭開讒言捕殺李牧，改用顏聚，終致身俘國滅。見〈廉頗藺相如列傳〉。郭開，趙王的寵臣，受秦國收買，前曾讒害廉頗，致使廉頗被廢；此又讒害李牧，致使李牧被殺，趙國覆滅。馮唐這段話的用語，多與〈廉頗藺相如列傳〉寫李牧事的用語相同，蓋史公於此感慨殊深。㊹為秦所禽滅　秦王嬴政十九年（西元前二二八年），秦將王翦等破邯鄲，虜趙王遷；趙遷之兄趙嘉逃至代，又支撐六年，至二十五年（西元前二二二年），遂被秦國徹底消滅。㊺魏尚　其人僅此一見，其他事跡不詳。㊻雲中守　雲中郡的太守。雲中郡治在今內蒙古托克托東北。㊼出私養錢二句　金陵本原無「出」字，語意不明，《漢書》有。今據補。私養錢，猶今所謂「薪金」。即個人的官俸。椎牛，殺牛。謂殺牛以饗士也。椎，擊殺。㊽舍人　寄食於官僚貴族而為之役使者。㊾虜曾一入三句　魏尚的出錢饗士以及出擊匈奴的方法，皆與李牧相同，可參看〈廉頗藺相如列傳〉。㊿家人子　師古曰：「謂庶人家之子也。」平民百姓家的孩子。(51)安知尺籍伍符　哪裡懂軍法中的那些瑣碎規定。《索隱》曰：「尺籍者，謂書其斬首之功於一尺之板。伍符者，命軍人伍伍相保，不容姦詐。」(52)上功莫府　向統帥部報功。莫府，同「幕府」。《索隱》引崔浩曰：「古者出征無常處，以幕為府舍，故云『莫府』。」(53)一言不相應　指上報的數目與實際斬獲稍微有點不一致。(54)文

吏　死守條文的執法人員，也指那些深文巧詆、舞文弄法的刀筆吏。55其賞不行二句　意即將士有功不一定就能獲得獎賞，而小吏們查到「問題」則一定要受到嚴辦。瀧川引劉伯莊云：「家人子，不知軍法，妄上其功，與尺籍不相應，魏尚連署，故坐罪也。」56坐上功首虜差六級　就因為上報的斬獲敵人的首級數目與實際相差六個。上功，上報功績。首虜，斬虜之首。即首級。57下之吏　交由法吏查辦。58罰作之　罰做苦役。王先謙引胡三省曰：「一歲刑為罰作。」59車騎都尉　胡三省曰：「〈百官表〉無車騎都尉官。」按：〈李將軍列傳〉有驍騎都尉、騎都尉等名目，車騎都尉的官級應與之相近。騎都尉秩比二千石。60主中尉及郡國車士　王先謙曰：「中尉之車士及郡國之車士皆得主之。」按：中尉主巡徼京城，衛戍首都；郡國指地方之各州郡、各諸侯國。馮唐主中尉及郡國車士，則全國的車戰之士皆歸其管轄。黃震曰：「馮唐論將數語，可為萬世法。」茅坤曰：「千古來論任將，無逾此言。」鍾惺曰：「明主深思虛懷，鄭重低回，千載如見。人以為寬容，不知正一片雄略，留心邊事處。」61七年二句　文帝卒於後元七年（西元前一五七年）六月，太子即位，即景帝也。62以唐為楚相　當時的楚王名戊，楚元王劉交之孫，景帝的堂兄弟。楚國都彭城（今江蘇徐州）。63武帝立　事在景帝後元三年，西元前一四一年。武帝建元元年為西元前一四〇年。按：「武帝」應作「今上」。64求賢良　武帝即位後，於建元元年令各郡國舉「賢良方正、直言極諫」之士，以備策問任使。「賢良方正、直言極諫」，原是選拔人才的標準，後來也用以指稱由這種身分被選來的人。65與余善　瀧川云：「〈趙世家〉贊云：『吾聞馮王孫曰：趙王遷，其母倡也，嬖於悼襄王。悼襄王廢嫡子嘉而立遷。遷素無行，信讒，故誅其良將李牧，用郭開。』史公記趙事，多《國策》所不載，蓋得諸馮王孫也。」劉辰翁曰：「『與余善』三字，他人所不必者，孰知其切於傳聞與記載哉！」

【語　譯】馮唐，他的祖父是戰國時的趙國人。到了父親那一代搬家到了代國。漢朝建立後又搬到了安陵。馮唐以孝順聞名，在文帝駕前任中郎署長。有一次，文帝乘車經過郎署，見到馮唐問他說：「老先生這麼大年紀了，你通過什麼途徑當郎官呢？你的老家在哪兒？」馮唐一一做了回答。文帝說：「當初我在代國的時候，我的尚食監高袪就曾多次對我說起過趙將李齊的才幹，說到他在鉅鹿城下作戰的情景。直到今天，每當我一吃飯，就總要想起鉅鹿的事。老先生認識李齊嗎？」馮唐答道：「李齊還比不上廉頗、李牧的將才。」文帝問：「為什麼這麼說呢？」馮唐說：「我祖父曾在趙國當過官率將，他和李牧的交情很好。我父親曾做過代國的丞相，又和趙國的將軍李齊關係不錯，所以我都了解他們的為人。」文帝聽馮唐講了廉頗、李牧的為人和事跡後，非常興奮，他一拍大腿說：「嘿！我偏偏不能讓廉頗、李牧給我做將軍，我還用得著擔心匈奴嗎！」馮唐說：「請讓我大膽地說一句，我認為陛下即使得到了廉頗、李牧，也不會很好地重用他們。」文帝一聽，生氣地站起身來進宮去了。過了半天，他又把馮唐叫進去責備道：「你怎麼當著那麼多的人讓我難堪，難道你就不能找個沒有人的地方對我說嗎？」馮唐也趕緊道歉說：「我是個粗人，說話也的確沒個遮攔。」

2 當時，正是大批匈奴人入侵朝那，又殺了北地郡都尉孫卬不久。文帝正在考慮匈奴的問題，於是他又接著問馮唐說：「你怎麼知道我不能重用廉頗、李牧呢？」馮唐說：「我聽說古代帝王們在派遣他們的將軍出征時，都要跪下來為他們推車軸，並對他們說：『城門以內的事情，歸我管；城門以外的事情，就全歸將軍您管了。』凡是立了戰功，應該獎賞的，一切都由將軍全權作主，回來時再報告就行了。這些都不是隨便說說的空話。我的祖父曾對我說，李牧在為趙國做將領駐守邊關時，邊關一切貿易的收入通通用來犒勞士兵，軍中的一切賞賜都是由將軍們自己決定，君王從不進行干預。他們把一切事情都委託給將軍，只要能取得勝利就行。所以李牧才能充分地發揮他的聰明才幹，他選了戰車一千三百輛、弓騎兵一萬三千人、曾獲過百金之賞的勇士十萬人，憑著他們，李牧終於向北趕走了匈奴人，打敗了東胡人，滅掉了澹林人，向西頂住了強秦的進攻，向南頂住了韓、魏的北犯。那個時候，趙國都幾乎可以稱霸於天下了。後來，趙王遷即位當了國君，趙王遷的母親是一個歌女。趙遷上臺後，聽信郭開的讒言，把李牧給殺了，另派了顏聚去接替他。結果鬧得戰場上一敗塗地，自己也落了個國滅被俘。現在我聽說魏尚在當雲中太守的時候，邊關的貿易稅收也都用來犒勞士兵，此外，他還經常拿出自己的薪金來，五六天就宰一次牛，以宴享全軍上下。所以嚇得匈奴人都遠遠避開，不敢靠近雲中郡。有一次敵寇入侵，魏尚立刻率領軍隊出擊，結果殺死了很多敵人。這些士兵們本來就是一些平民子弟，剛從莊稼地裡出來從軍，他們哪裡懂得那些瑣瑣碎碎的法令規章？他們一天到晚拚命地作戰，斬殺敵人，可是輪到向上級報功的時候，發現有一點與事實相出入，刀筆吏們立刻就抓著法律條文來進行懲處。結果立了功的得不到獎賞，犯了『法』的卻一定要受懲罰。我很愚昧，覺得您對於法律條文訂得太細，對人賞得太輕，罰得太重。雲中太守魏尚不過是在報功的時候多報了六個人頭，而您就把他下了獄，削了他的爵，罰他服了勞役。從這件事情推想，我覺得您即使有了廉頗、李牧，也不可能重用他們。我的確很愚昧，說話招人生氣，實在是該死！」文帝聽了很高興。當天就讓馮唐手持旌節去把魏尚放了出來，恢復了他雲中太守的職位，同時也任命馮唐當了車騎都尉，讓他主管中尉屬下和各個郡國的車戰部隊。

3 後元七年，景帝即位，馮唐被任命為楚國的丞相，後來因事被免。武帝即位後，下詔尋求「賢良」，有人推薦了馮唐。當時馮唐已經九十多歲，不能再做官了，於是就讓他的兒子馮遂當了郎官。馮遂，字王孫，也是個不尋常的人，和我是好朋友。

太史公曰：張季之言長者❶，守法不阿意❷；馮公之論將率，有味哉！有味哉！語曰：「不知其人，視其友。」❸二君之所稱誦，可著廊廟❹。書曰：「不偏不黨，王道蕩蕩；不黨不偏，王道便便。」❺張季、馮公近之矣。

【章　旨】以上為第三段，是作者的論贊，表現了作者對張釋之、馮唐正直無私的熱情稱頌。

【注　釋】❶言長者　敘說長者的故事。指前面所說絳侯周勃、東陽侯張相如之「言事曾不能出口」云。❷守法不阿意　堅持法律原則，不曲從皇帝的意願。阿，曲順。❸語曰三句　語曰，俗話說。《孔子家語》云：「不知其子觀其父，不知其人觀其友。」蓋古有此俗語也。❹可著廊廟　可以寫在朝堂上。極言其重要。廊廟，指朝廷。❺書曰五句　書，此指《尚書・洪範》。今本《尚書》「不」作「無」，「便便」作「平平」。黨，阿私也。蕩蕩、便便，皆平闊貌。四句是說，若能辦事不偏心、不阿私，聖王之道就能暢然通行了。凌稚隆引趙恒曰：「太史公此贊，一論絳侯、張相如長者，一論魏尚。引『不知其人，視其友』之語者，猶言其人其所舉也，非有所黨偏也。故又引《書》『不偏不黨』之語，此贊殊不易讀。」李景星曰：「贊語重言嗟嘆，有流連不盡之致。末後引《書》作結，亦能於澹處傳神。」

【語　譯】太史公說：張釋之的論述「厚道人」，和他的公平執法，不阿諛皇帝，以及馮唐的論述為將之道，都說得好，說得好啊！俗話說：「如果不了解某個人，就看看他所交往的都是什麼朋友就明白了。」張釋之、馮唐這兩個人的言論，都可以寫在朝廷與宗廟的牆壁上。《尚書》中說：「如果君臣們都能不偏私、不結幫，那國家的事業就能一派興旺；如果君臣們都能不結幫、不偏私，那國家的事業就能前途無量。」張釋之、馮唐兩個人的思想可以說是接近於這個境界了。

【研　析】本篇是《史記》中表現司馬遷理想君臣關係的重要作品，應該將這篇作品與〈夏本紀〉中的舜、禹等君臣論治，〈魯周公世家〉中周公訓子，以及〈魏公子列傳〉中所反映的主客關係等一併研讀，以便進一步理解司馬遷為張釋之、馮唐立傳的本旨。這篇作品的思想意義有三：

一、作品讚揚了張釋之、馮唐忠於國事，堅持原則，敢於說出並堅持自己的觀點，為糾正帝王的過錯而不怕批逆鱗、捋虎鬚的精神。張釋之與馮唐都是漢文帝時的直臣，張釋之為了鞏固漢王朝初期的政局，曾在文帝面前多次談論「秦漢之間事，秦所以失而漢所以興者」，表明這是一個能為國家深謀遠慮的人。張釋之為謁者僕射時，曾當面勸阻文帝超遷虎圈嗇夫；為公車令時，曾扣留並彈劾不遵令在司馬門下車的太子與梁王；能在群臣都阿意奉承的時刻，獨獨發人深省地告誡漢文帝只有薄葬才能保證陵墓永不被人發掘；為廷尉時，他敢於根據實情對文帝親自交給他審理的兩個案件堅持依法量刑。他的這種不阿貴寵，不輕黎庶，公平執法，大公無私的精神為司馬遷所深深讚賞；而這種讚賞又恰與司馬遷對漢武帝時的酷吏極其憎惡相一致。

二、作品讚揚了漢文帝的容人之量，更讚揚了漢文帝與張釋之、馮唐之間的相對平等、相對融洽的君臣關係。當漢文帝在霸陵上感慨傷懷，想以「北山石為椁」，以「紵絮斮陳，蕠漆其間」加固其陵墓，左右群臣皆順風稱善的時候，張釋之獨排眾議地說：「使其中有可欲者，雖錮南山猶有郄；使其中無可欲者，雖無石椁，又何戚焉！」這的確是至理名言，但能在這種時刻說出來卻需要很大的勇氣。而文帝被張釋之當眾頂撞了之後不但沒有生氣，反而立即接受了這個觀點，對張釋之「稱善」，並且不久便將他提升為廷尉。漢文帝的這種氣度也實在令人稱善。漢文帝聽馮唐講了廉頗、李牧的事跡後，高興地說：「嗟乎！吾獨不得廉頗、李牧時為吾將，吾豈憂匈奴哉！」馮唐卻對他說：「陛下雖得廉頗、李牧，弗能用也。」文帝開始很不高興，但沒過多久，又把馮唐叫去問道：「公何以知吾不能用廉頗、李牧也？」馮唐給他講了一通上古王者的遣將之道，當面指出了文帝的「法太明，賞太輕，罰太重」，如雲中守魏尚作戰勝利卻因為在上報功勳時多報了六個首級就被削爵罰作，所以說：「陛下雖得廉頗、李牧，弗能用也。」文帝聽了很高興，當即令馮唐持節前往赦免魏尚，復以為雲中守，並同時拜馮唐為車騎都尉，統領全國車騎。像這樣從諫如流的國君與質直不阿的臣子，正所謂君明臣良，君臣如家人父子。這種景象，的確表現了司馬遷的一種理想的政治境界。

三、作品揭示了正直敢言的臣子雖然有時也能暫時受到褒獎，但最後仍往往受打擊、受迫害，難以逃脫悲劇的淒涼下場。張釋之的正直受到了文帝的稱讚，但到景帝即位後，張釋之的日子就不好過了，他先是聽從王生的建議親自去找景帝請過一回罪，景帝表面上說不再追究；但一年之後，還是把張釋之逐出了朝廷，「為淮南王相，猶尚以前過也。」不僅張釋之如此，張釋之的兒子張摯，官至大夫，就因為他的正直，「不能取容當世，故終身不仕。」歷史上，這種例子不勝枚舉，怎不令人感慨！

卷一百三

萬石張叔列傳第四十三

【題解】所謂「萬石君」，是指石奮與其四個兒子石建、石慶等，五個人都官至二千石，故總其全家俸祿之和，稱石奮為「萬石君」。本篇除了寫石氏父子外，還連帶著寫了衛綰、直不疑、周仁、張叔等。司馬遷之所以要把他們彙入萬石君傳，是因為他們都有一個共同點，這就是為人「恭謹」。如果作為一個平民，則「恭謹」也未嘗不是一種「美德」。但作為立於朝廷的大臣，只有「恭謹」則顯然是不夠的。他們既不能推賢進能，又不能匡時補弊，庸庸碌碌，尸位素餐，不問社稷蒼生，只圖保官保命，這與司馬遷所一貫推崇的人生觀、生死觀截然不同。這是一篇似褒而實貶的諷刺文章，是一篇不稱為「佞幸」的「佞幸列傳」。

1

萬石君名奮，其父趙❶人也，姓石氏❷，趙亡❸，徙居溫❹。高祖東擊項籍❺，過河內❻，時奮年十五，為小吏❼，侍高祖。高祖與語，愛其恭敬，問曰：「若何有❽？」對曰：「奮獨有母，不幸失明。家貧。有姊，能鼓琴。」高祖曰：「若能從我❾乎？」曰：「願盡力。」於是高祖召其姊為美人❿，以奮為中涓⓫，受書謁⓬。徙其家長安中戚里⓭，以姊為美人故也。其官至孝文時⓮，積功勞至大中大夫[15]。無文學[16]，恭謹無與比。

2 文帝時，東陽侯張相如[17]為太子太傅[18]，免。選可為傅者，皆推奮，奮為太子太傅。及孝景即位[19]，以為九卿迫近，憚之[20]，徙奮為諸侯相。奮長子建，次子甲，次子乙[21]，次子慶，皆以馴行孝謹，官皆至二千石。於是景帝曰：「石君及四子皆二千石，人臣尊寵乃集其門。」號奮為萬石君[22]。

3 孝景帝季年[23]，萬石君以上大夫祿[24]歸老[25]于家，以歲時為朝臣[26]。過宮門闕[27]，萬石君必下車趨[28]，見路馬[29]必式[30]焉。子孫為小吏，來歸謁[31]，萬石君必朝服見之，不名[32]。子孫有過失，不誚讓[33]，為便坐[34]，對案[35]不食。然後諸子相責[36]，因長老[37]肉袒[38]固謝罪，改之，乃許。子孫勝冠[39]者在側，雖燕居必冠[40]，申申如也[41]。僮僕，訢訢如也[42]，唯謹[43]。上時賜食[44]於家，必稽首[45]俯伏而食之，如在上前。其執喪[46]，哀戚甚悼[47]。子孫遵教，亦如之。萬石君家以孝謹聞乎郡國[48]，雖[49]齊、魯諸儒[50]質行[51]，皆自以為不及也。

4 建元二年[52]，郎中令[53]王臧以文學獲罪[54]。皇太后[55]以為儒者文多質少[56]，今萬石君家不言而躬行[57]，乃以長子建為郎中令，少子慶為內史[58]。

5 建老，白首，萬石君尚無恙[59]。建為郎中令，每五日洗沐[60]歸謁親，入子舍[61]，竊問侍者[62]，取親中帬、廁牏[63]，身自浣滌[64]，復與侍者，不敢令萬石君知，以為常。建為郎中令，事有可言[65]，屏人恣言，極切[66]；至廷見[67]，如不能言者[68]。是以上乃親尊禮之[69]。

6 萬石君徙居陵里[70]。內史慶醉歸，入外門不下車。萬石君聞之，不食。慶恐，肉袒請罪，不許。舉宗[71]及兄建肉袒，萬石君讓[72]曰：「內史貴人，入閭里[73]，里中長老皆走匿[74]，而內史坐車中自如[75]，固當！」乃謝罷慶[76]。慶及諸子弟入里門，趨至家[77]。

7 萬石君以元朔五年中卒[78]。長子郎中令建哭泣哀思，扶杖乃能行。歲餘，建亦死[79]。諸子孫咸孝，然建最甚，甚於萬石君。

8 建為郎中令，書奏事[80]，事下[81]，建讀之，曰：「誤書[82]！『馬』者與尾當五[83]，今乃四，不足一[84]。上譴死矣[85]！」甚惶恐。其為謹慎，雖他皆如是[86]。

9 萬石君少子慶為太僕[87]，御出[88]，上問車中幾馬，慶以策[89]數馬畢，舉手曰[90]：「六馬。」慶於諸子中最為簡易[91]矣，然猶如此。為齊相[92]，舉齊國[93]皆慕其家行，不言而齊國大治[94]，為立「石相祠[95]」。

10 元狩元年[96]，上立太子[97]，選羣臣可為傅者。慶自沛守[98]為太子太傅，七歲遷為御史大夫[99]。

11 元鼎五年[100]，秋，丞相有罪，罷[101]。制詔御史[102]：「萬石君先帝尊之，子孫孝，其以御史大夫慶為丞相，封為牧丘侯[103]。」是時，漢方南誅兩越[104]，東擊朝鮮[105]，北逐匈奴[106]，西伐大宛[107]，中國多事。天子巡狩[108]海內，修上古神祠[109]，封禪[110]，興禮樂[111]。公家用少[112]，桑弘羊等致利[113]，王溫舒之屬峻法[114]，兒寬等推文學，至九卿[115]，更進用事[116]，事不關決於丞相[117]，丞相醇謹而已[118]。在位九歲[119]，無能有所匡言[120]。嘗欲請治[121]上近臣所忠[122]、九卿咸宣[123]罪，不能服，反受其過，贖罪[124]。

12 元封四年[125]中，關東[126]流民[127]二百萬口，無名數[128]者四十萬，公卿議，欲請徙流民於邊以適之[129]。上以為丞相老謹，不能與其議[130]，乃賜丞相告歸[131]，而案御史大夫以下議為請者[132]。丞相慚不任職[133]，乃上書曰：「慶幸得待罪丞相[134]，罷駑[135]無以輔治[136]，城郭倉庫空虛，民多流亡，罪當伏斧質[137]，上不忍致法。願歸丞相、侯印[138]，乞骸骨歸[139]，避賢者路。」天子曰：「倉廩既空，民貧流亡，而君欲請徙之[140]，搖蕩不安，動危之，而辭位[141]，君欲安歸難乎[142]？」以書讓慶[143]，慶甚慚，遂復視事。

13 慶文深[144]審謹[145]，然無他大略，為百姓言[146]。後三歲餘，太初二年[147]中，丞相慶卒，謚為恬侯。慶中子德，慶愛用之，上以德為嗣[148]，代侯[149]。後為太常，坐法當死，贖免為庶人[150]。慶方為丞相，諸子孫為吏更至二千石者十三人。及慶死後，稍以罪去[151]，孝謹益衰[152]矣。

【章　旨】以上為第一段，寫石奮、石建、石慶等為官「恭謹」的情形。

【注　釋】❶趙　戰國時期的諸侯國名，國都即今河北邯鄲。❷姓石氏　「姓」與「氏」原本不同，「姓」者「生」也，同一祖先所生者為同「姓」。同姓者很多，為再加區分，遂按照官名、封地名、居住地名、所從事的職業名等分為若干「氏」，如「司馬氏」、「趙氏」、「庾氏」等是也，《史記》中常將「姓」、「氏」混用、合用，不合老規矩。❸趙亡　趙國於西元前二二八年被秦國攻下邯鄲，趙王遷被俘；趙王遷之兄（故太子嘉）逃至代，又堅持六年，於西元前二二二年徹底被秦所滅。❹溫　秦縣名，縣治在今河南溫縣西南，當時屬河內郡。❺東擊項籍　事在漢二年（西元前二〇五年）四月。漢元年十月（時以十月為歲首），劉邦入關滅秦；一月，被項羽封為漢王；四月，離關中，去南鄭（今漢中市）赴任；八月，由南鄭殺回，迅即收復關中，並使其成為自己的根據地；二年春，東出函谷關，著手經營今山西省之南部與河南省之西部、中部地區，各地諸侯紛紛倒向劉邦，於是劉邦遂率領各路諸侯於二年四月，趁項羽東征田榮之機，一舉攻入了項羽的國都彭城（今徐州市）。❻過河內　事在漢二年之二三月，劉邦東攻彭城前。河內，秦郡名，郡治懷縣（今河南武陟西南），原屬於項羽所封的殷王（都朝歌，今河南淇縣）司馬卬。在這年二月，司馬卬的殷國被劉邦所滅，劉邦遂在故殷地設立河內郡，郡治仍為懷縣。❼為小吏　為河內郡之小吏。❽若何有　你家裡都有什麼人。若，你。❾從我　跟我出去打天下。❿美人　秦漢時期帝王姬妾的一種稱號。據《漢書・外戚傳》，皇帝的正妻稱「皇后」，姬妾都稱「夫人」，在這些姬妾中「又有美人、良人、八子、七子、長使、少使之號焉」。「美人」的地位相當於政府官員的「二千石」。⓫中涓　帝王室內的侍奉人員，主管清潔及傳達收發等事。⓬受書謁　意即為帝王接納臣民的上書。謁，求見；進見，也指請求接見時遞上的名片。按：〈陳丞相世家〉寫陳平逃離項羽，往投劉邦時云：「是時萬石君奮為漢王中涓，受平謁，入見平。」即此類事也。⓭徙其家長安中戚里　這應該是高祖七年（西元前二〇〇年）春天以後的事情，因為劉邦的遷都長安，在七年之二月。戚里，長安城中的里巷名。周壽昌曰：「《長安志》

注云：「高祖娶石奮姊為美人，移家於長安城中，號之曰戚里，帝王之姻戚也。」據此，「戚里」因石奮家而名。」⓮孝文時　孝文帝名恆，劉邦之子，薄太后所生，西元前一七九—前一五七年在位。⓯大中大夫　帝王的侍從官，上屬郎中令，在帝王身邊掌議論。⓰無文學　沒有多少文化修養。文學，漢代通常用以指學術，這裡即指書本知識、文化修養。⓱東陽侯張相如　張相如為劉邦之開國功臣，先曾為大中大夫，以擊陳豨有功，高祖十一年（西元前一九六年）被封為東陽侯，文帝時為太子太傅，事見〈高祖功臣侯者年表〉。東陽侯，封地東陽縣。按：張相如《史記》無傳，其名字、事跡除見於〈高祖功臣侯者年表〉與本文外，還被提及於〈孝文本紀〉、〈張釋之馮唐列傳〉、〈匈奴列傳〉。⓲太子太傅　太子的輔導官，秩二千石。⓳孝景即位　事在西元前一五七年。孝景帝名啟，文帝之子，孝景元年為西元前一五六年。按：當時的慣例是，老皇帝一死，太子立即繼位，但該年仍用老皇帝的年號，次年始稱新皇帝之「元年」。⓴以為九卿迫近二句　此郭嵩燾斷句也，憚，敬畏。因其過於守禮而使人感到難受，與周壽昌「以九卿迫近上前，憚其拘謹也」之解釋正同。但石奮曾任太子太傅，並未為「九卿」。故郭嵩燾又說：「太子太傅，亦九卿之屬也。」按：郭氏之說近之，而現在流行的許多注本之斷句皆非也。據《漢書‧百官公卿表》，「九卿」指太常、郎中令、衛尉、太僕、廷尉、大鴻臚、宗正、大司農、少府。其後是「太子太傅、將作少府、詹事、將行、典屬國、水衡都尉、內史、主爵都尉」八職。此八職官秩二千石，比「九卿」低一等，但有時「列為九卿」，意即享受九卿待遇。如〈汲鄭列傳〉寫汲黯任典爵都尉「列為九卿」，〈酷吏列傳〉寫朱買臣任典爵都尉「列為九卿」；本篇後文有所謂「九卿咸宣」，而咸宣僅官至「內史」「右扶風」，皆是也。這就是郭嵩燾「太子太傅，亦九卿屬也」之所本。他本有斷作「以為九卿；迫近，憚之」，則其意似謂石奮後來又任「九卿」，石奮任「九卿」時使景帝感到難受，於是將其調為外任。如此，則與實際情況不合。㉑次子甲二句　師古曰：「史失其名，故云『甲』『乙』耳，非其名。」㉒號奮為萬石君　王先謙曰：「嚴延年、馮勤、秦彭家世，並有『萬石』之號。」㉓孝景帝季年　景帝在位的時間為西元前一五六—前一四一年。季年，晚年。㉔上大夫祿　上大夫的俸祿。上大夫是大夫中的最高級別，僅低於卿，略當於現在的司、局級。㉕歸老　退休。㉖以歲時為朝臣　只有在過年和四季更換的時候進宮朝見皇帝。瀧川引岡白駒曰：「唯外戚、皇室、諸侯得奉朝請，蓋以姻戚優禮待之。」朝請，即指年關與四時的定期朝見。春朝曰朝，秋朝曰請。㉗宮門闕　皇宮正門兩側的樓臺，因其兩臺外出，宮門內凹，故稱為「闕」。闕，缺也。今故宮午門兩側之五鳳樓，即所謂「闕」也。㉘趨　小步疾行。這是古時臣子在君父面前走路的一種禮節姿勢。㉙路馬　天子之馬。路，有人以為當「大」講，有人以為同「輅」。輅馬，即天子的車馬。㉚式　通「軾」。古人乘車時為對某人某物表示禮敬的一種姿勢。《禮記‧曲禮》：「大夫士下公門，式路馬。」石奮的一套規矩蓋自

〈曲禮〉而來。㉛來歸謁　回家後拜見父親。㉜不名　不直呼兒子的名字，以其在皇帝駕前稱臣，石奮要尊敬皇帝也。㉝譙讓　中斥；責備。㉞便坐　《索隱》曰：「謂為之不處正室，別坐他處。」王駿圖曰：「但非平時正坐處耳，不必另一室也。」㉟案　飯桌。㊱諸子相責　兒子們自己先相互批評，自己認錯。㊲因長老　請來上年紀的人，讓老人代為說情。㊳肉袒　裸露上身。古人表示認錯、服罪的樣子。㊴勝冠　夠戴帽子的年齡。古人年二十而行加冠禮。㊵雖燕居必冠　即使是閒暇無事的時候，自己也要一本正經地戴著帽子，以表示嚴肅。㊶申申如也　語出《論語・述而》：「子之燕居，申申如也，夭夭如也。」馬融注：「申申，和舒之貌。」王先謙曰：「言和而有節也。」㊷僮僕二句　王先謙引周壽昌語，以為「僮僕皆有欣欣自得之色，乃形容其善化人也」。按：周說疑非。此處一連幾句的主語皆為萬石君，此句不宜突然轉為「僮僕」。此處的意思應該是說石奮在僮僕面前的樣子是「訢訢如也」。訢訢，同「欣欣」。慈和的樣子。㊸唯謹　除了謹慎沒有別的。即使在下人們面前，也都恭謹得如待大賓。㊹上時賜食　皇帝有時賜來飯食。㊺稽首　叩拜之禮最重者，兩膝兩手與頭皆至地。㊻執喪　守喪；服喪。㊼哀戚甚悼　悲哀痛苦得過度。《論語・學而》曰：「喪，與其易也，寧戚。」此即石奮表演之所本。鍾惺曰：「《史》稱石奮『無文學，恭謹無與比』，然其『過宮門闕必下車，見路馬必式焉；子孫為小吏歸謁，必朝服見之』，動止步趨，又是學問知禮人所為，似熟讀〈曲禮・鄉黨篇〉中許多曲折周旋。」㊽聞乎郡國　不僅傳遍朝廷的直轄區，也傳遍周邊的各郡各諸侯國。㊾雖　即使。㊿齊魯諸儒　那些受儒家影響大的地區的儒生。51質行　誠實的品行。瀧川引王文彬曰：「質，實也。」52建元二年　西元前一三九年。「建元」是武帝的第一個年號（西元前一四〇—前一三五年）。53郎中令　九卿之一，掌管宮廷門戶及統領皇帝的侍從官員。54以文學獲罪　即第一次武帝尊儒失敗，王臧等被竇太后所殺之事。建元元年（西元前一四〇年），丞相竇嬰、太尉田蚡、御史大夫趙綰、郎中令王臧等鼓吹尊儒，為幫助王太后與漢武帝向太皇太后竇氏奪權做輿論準備；建元二年趙綰、王臧明確提出請漢武帝有事不必再向太皇太后請示，竇氏大怒，一舉罷掉了丞相、太尉，處死了趙綰、王臧，第一次尊儒活動告終。事情詳見〈魏其武安侯列傳〉。55皇太后　按：「皇」上應增「太」字讀，此處乃指太皇太后竇氏，而不是武帝的母親皇太后王氏，王氏乃與竇嬰等共同鼓吹尊儒者。56文多質少　光會耍嘴皮，而沒有什麼實際的本事。質，實。57躬行　身體力行。58內史　如同後來的「京兆尹」。首都及其郊區的行政長官。59無恙　無病；健康無事。恙，病也。60洗沐　即休假、公休。《正義》曰：「孔文祥云：『建為郎中令，即光祿勳，九卿之職也。直五日一下也。』按：五日一下直，洗沐。」61子舍　小房。下人所居，與正堂相對而言。62竊問侍者　悄悄的向侍者打聽父親的起居健康狀況。63親中帬廁牏　親，父母。中帬，內褲。廁牏，師古曰：「廁牏，近身之小衫，若今汗衫也。」《集解》引孟康曰：

「廁，行清；窬，行中受糞者也。」即今所謂馬桶。徐廣曰：「廁牏，謂廁溷垣牆，建隱於其側浣滌也。」64身自浣滌　親自動手洗。65事有可言　估計能夠說動皇上的事。66屏人恣言二句　屏人，支開別人。屏，通「摒」。恣言，無所顧忌地勸說。張邦奇曰：「帝時遊宴，奢欲神仙，聚斂征伐之事，紛紛交舉，使嘗有言以及此耶，宜乎帝之『多欲』亦少損矣；此而無言，其所『屏人而恣言』者，抑何事耶？」王先謙曰：「〈灌夫傳〉『分別言田竇事』，蓋其一端。」按：灌夫、竇嬰即死於石建的為帝「分別言之」，事見〈魏其武安侯列傳〉。67廷見　在朝廷見皇上。68如不能言者　就像不會說話似的。按：這是佞幸者慣用的伎倆之一，大庭廣眾充好人，背後再盡情地敞著口說。69親尊禮之　既親近之，又對之有禮貌。《漢書》作「親而禮之」，較此為順。70陵里　師古曰：「茂陵邑中之里。」瀧川引劉攽曰：「長安中自有里名陵，非茂陵里也。」茂陵，漢武帝為自己預造的陵墓，為此陵墓所設的陵邑也叫「茂陵」，其行政級別相當於縣，在今陝西咸陽西北。漢時凡設立陵邑，則要向此邑中移民，以使其繁榮興旺，故有許多貴族與各地的豪強被遷居於此。71舉宗　合族。整個家族的人。72讓　推辭不敢當，這裡是反語以示「諷刺」。73閭里　略同於今之「里巷」。「里」是古時的居民單位，若干戶同住一里，四有牆，其大門稱「閭」。一般居民的家門，不能開向大街。74走匿　意即皆當為你迴避。75自如　還像在外頭一樣。意即不因為已到家門，周圍有許多自己的親屬長輩而感到不安。76乃謝罷慶　（說完上述諷刺話後，）這才向眾人致意，答應石慶違禮的事算是過去了。77入里門二句　意即在里門外就下車，用虔敬的走路姿勢步行到家。這不僅是對其父的尊敬，也是對整個里中鄰居的虔敬。趨，小步疾行，這是臣子在君父跟前走路的禮節性姿態。78元朔五年中卒　瀧川引洪亮吉曰：「奮卒時年九十六。」元朔，漢武帝的第三個年號（西元前一二八—前一二三年），元朔五年為西元前一二四年。79歲餘二句　王先謙引齊召南曰：「建以哀戚歲餘卒，蓋亦八十歲矣。」80書奏事　謂上書向皇帝奏事。81事下　他所上的奏章被皇帝批下來了。82誤書　發現自己上的奏章上有個錯字嚇得驚呼起來。83馬者與尾當五　師古曰：「『馬』字下曲者尾，並四點為四足，凡五。」84今乃四二句　現在我只寫了四筆，還缺一筆。85上譴死矣　意謂將要受到皇上譴責，大概要死了。瀧川曰：「《漢書・藝文志》云：『吏民上書，字或不正，輒舉劾。』石建憂其譴死，慮有舉劾者也。」86雖他皆如是　上寫僅其一例，其他各種事情都是如此。87太僕　九卿之一，為皇帝管理車馬，皇帝出門時為皇帝趕車。88御出　為皇帝趕車而出。御，通「馭」。趕車。89策　趕馬的竹片，後世即指馬鞭。90舉手曰　極言其緊張、鄭重之狀。91簡易　隨便。指不太拘泥禮法。92齊相　齊厲王劉次昌之相。劉次昌是劉邦子劉肥的後代，也作「劉次景」，西元前一三一—前一二七年在位，事跡見〈齊悼惠王世家〉。93舉齊國　整個齊國。94不言而齊國大治　不用更多的發號施令，齊國就治理好了。極言其個人表率的作用之大。95為立石相祠　王先謙引周壽昌曰：「後世生祠之始。」[96]元狩元年　西元前一二二年。元狩是武帝的第四個年號（西元前一二二—前一一七年）。[97]立太子　指立劉據為太子，衛子夫所生。[98]沛守　沛郡（郡治相縣，在今安徽濉溪西北）的郡守。[99]七歲遷為御史大夫　事在武帝元鼎二年（西元前一一五年）。御史大夫，三公之一，主管監察、彈劾，位同副丞相，丞相有缺，例由御史大夫替補。[100]元鼎五年　西元前一一二年。元鼎是武帝的第五個年號（西元前一一六—前一一一年）。[101]丞相有罪二句　按：丞相趙周乃下獄死，非止「罷」也。據《漢書・武帝紀》，是年「九月，列侯坐獻黃金酎祭宗廟不如法奪爵者百六人」，而注謂「〈表〉云『趙周坐為丞相知列侯酎金輕，下獄自殺』，然則知其輕而不糾擿之也。」[102]制詔御史　漢代公文下達的程序，皇帝有命令，先下到御史府，讓御史議定後，再轉到丞相府，丞相府組織施行。事可參見〈三王世家〉。[103]封為牧丘侯　漢代由下級升上來的官僚，一到丞相，照例封為列侯。此處的「牧丘」是封地名，在今山東平原縣。[104]南誅兩越　指討伐南越和東越。討南越在元鼎五年秋，討東越在元鼎六年（西元前一一一年）秋。事見〈南越列傳〉、〈東越列傳〉。[105]東擊朝鮮　事在元封二年（西元前一〇九年）。見〈朝鮮列傳〉。[106]北逐匈奴　主要有三次，分別在元朔二年（西元前一二七年）、元狩二年（西元前一二一年）、元狩四年（西元前一一九年）。見〈匈奴列傳〉、〈衛將軍驃騎列傳〉。[107]西伐大宛　事自太初元年（西元前一〇四年）始，至太初四年（西元前一〇一年）止。見〈大宛列傳〉。[108]巡狩　指皇帝到全國各地巡遊、視察。狩，此處同「守」。指皇帝到各地視察各國諸侯與各郡地方官為國守土的狀況。[109]修上古神祠　對古代傳下來的一些神廟，繼續奉行祭祀。修，繼續奉行。其實武帝不僅修補古代神祠，而且自己新建了很多，詳情見〈封禪書〉。[110]封禪　到泰山頂上去增土祭天曰「封」，在泰山腳下拓土祭地曰「禪」。武帝之封禪自元封元年（西元前一一〇年）開始，之後曾進行多次，其目的是為了祈求長生。[111]興禮樂　建立各種禮樂制度。這些是尊儒活動的一些表現。[112]公家用少　國庫裡的經費不足。[113]桑弘羊等致利　指實行鹽鐵官營、平準均輸等經濟政策。桑弘羊，當時國家經濟政策的主要制訂者，武帝末年官至御史大夫。事跡參見於〈平準書〉。[114]王溫舒之屬峻法　指武帝實行酷吏政治。王溫舒，當時有名的酷吏之一，曾官至廷尉、中尉，與之前後同時的類似人物還有張湯、趙禹、杜周等，皆見於〈酷吏列傳〉。[115]兒寬等推文學二句　指漢武帝尊崇儒術，一伙儒家分子飛黃騰達。事見〈儒林列傳〉。推文學，即以儒術相標榜。按：兒寬以讀儒書，參與訂禮儀，官至御史大夫；更有公孫弘，以讀儒書官至丞相，封平津侯，皆為「三公」，豈止至「九卿」而已。[116]更進用事　指桑弘羊、王溫舒、兒寬等各種受寵人物，相繼掌握實權。[117]事不關決於丞相　要做什麼事情並不向丞相請示。關決，通過；取決。[118]丞相醇謹而已　意謂身為丞相的石慶，在當時什麼都不過問，只當老好人。醇，通「淳」。謹厚。凌稚隆引秦觀曰：「石慶為相已非其分，而又以全終，豈其才智之足以自免哉？蓋武帝初立，田蚡為相，權移人主。田蚡既死，上懲其事，痛法以繩，故用之而克終者，唯鄙人而後可也。慶為相時，九卿更用事，不關決於慶，慶醇謹而已，此其所見容於武帝也。」[119]在位九歲　石慶自元鼎五年為丞相，歷元封，到太初二年（西元前一○三年）死，共為相九年。[120]無能有所匡言　沒有說過一句給皇帝糾正偏差的話。匡，扶；糾正。指給皇帝糾正偏差，蓋「備員」而已也。史公於〈張丞相列傳〉中說：「及今上時，柏至侯許昌、平棘侯薛澤、武彊侯莊青翟、高陵侯趙周等為丞相。皆以列侯繼嗣，娖娖廉謹，為丞相備員而已，無所能發明功名有著於當世者。」石慶，蓋亦其一也。[121]請治　請求處治。[122]所忠　姓所，名忠，曾在武帝身邊任諫大夫，〈封禪書〉與〈司馬相如列傳〉中均曾提及此人。[123]九卿咸宣　〈酷吏列傳〉作「減宣」。當時的酷吏之一，曾任左內史、右扶風，未至「九卿」，而稱之「九卿咸宣」，蓋亦「列為九卿」也，可與前注相發明。[124]不能服三句　意謂不但沒有治倒所忠與咸宣，自己反倒遭了罪，最後通過花錢才得以贖免。[125]元封四年　西元前一○七年。「元封」是武帝的第六個年號（西元前一一○—前一○五年）。[126]關東　函谷關以東。泛指今河南省，以及河北南部、山東西部等大片地區。[127]流民　難民。因天災而外出流浪者。[128]無名數　沒有戶口的人。師古曰：「名數，若今戶籍。」[129]公卿議二句　以石慶領頭的三公九卿們請求把這些流民都發配到邊疆上居住，並使之抵抗外敵入侵。適，同「謫」。懲罰。此指發配守邊。[130]不能與其議　不會參與、贊同那些公卿們的建議。[131]賜丞相告歸　給石慶假期令其回家。因武帝不想懲治石慶，故而使其離開。[132]案御史大夫以下議為請者　給提出上述建議的御史大夫以下的官僚以嚴厲的懲治。案，懲治。[133]慙不任職　慚愧自己沒有當好丞相。[134]待罪丞相　謙指自己任此丞相之職。[135]罷駑　猶言「笨拙無能」。罷，疲勞；困倦。駑，劣馬。[136]無以輔治　沒能幫著皇帝辦好事情。[137]罪當伏斧質　意即罪該處死。斧是斬人的刑具；質是下墊的砧板。[138]歸丞相侯印　將丞相印與牧丘侯印全都退回給朝廷。[139]乞骸骨歸　請放我這把老骨頭回家。[140]君欲請徙之　你們居然還提出要發配他們。徙，發配。[141]搖蕩不安三句　對於這些已經動盪不安的流民，你們還想用殘暴的法令讓他們處於危難之中，而你自己倒想辭官不幹了。師古曰：「搖動百姓，使其危急，而自欲去位。」[142]君欲安歸難乎　你想把你們製造的這些麻煩推給誰去承擔。師古曰：「以此危難之事，欲歸之何人。」[143]以書讓慶　讓，責備。按：《漢書》本傳載武帝責石慶的詔書很詳細、很嚴厲。[144]文深　此指表現上的禮節周備。〈酷吏列傳〉也有「文深」，意即酷苛。指善於玩弄法律條文，陷人於法。[145]審謹　意即謹慎。[146]無他大略二句　意即沒有任何的遠大謀略，也從來不為百姓說話。[147]太初二年　西元前一○三年。太初，武帝的第七個年號（西元前一○四—前一○一年）。[148]上以德為嗣　皇上指定讓中子石德為石慶的繼承人，因石德平常就受石慶的喜歡。[149]代侯　繼承其父為牧丘侯。[150]後為太常三句　梁玉繩《史記志疑》卷三十二：「〈侯表〉及《漢書・恩澤》、〈百官〉二表，石慶子德以太初三年嗣侯，即為太常，其坐法在天漢元年。《史》盡太初，故〈表〉不書德為太常失侯事，則此十三字乃後人增入者。或曰「為太常」三字是《史》元文。」後為太常，事在太初三年（西元前一〇二年）。太常，也叫奉常，九卿之一，主管宗廟祭祀。坐法當死，贖免為庶人，事在天漢元年（西元前一〇〇年）。「天漢」是武帝的第八個年號（西元前一〇〇—前九七年）。《漢書・外戚恩澤侯表》：「天漢元年，坐為太常失法罔上，祠不如令，完為城旦。」[151]及慶死後二句　徐孚遠曰：「石丞相在時，田少卿已按治河東守，石氏之衰久矣。」稍以罪去，漸漸地相繼犯罪被罷官。瀧川引錢大昕曰：「褚先生敘田仁刺舉三河，『河東太守石丞相子孫也。石氏九人為二千石，方貴盛，仁數上書言之。』其後，三河太守皆下獄誅死，此在慶已沒之後。」[152]孝謹益衰　孝謹的程度也越來越不行。

【語　譯】萬石君名奮，他的父親是趙國人，姓石，趙國滅亡後，舉家遷居到溫縣。劉邦出關東攻項羽，途經河內的時候，當時石奮十五歲，在郡裡當小吏，負責侍奉劉邦。劉邦同他一說話，很喜歡他的恭敬有禮，於是問他說：「你家裡還有什麼人？」石奮說：「我有個母親，不幸雙目失明。我家裡很窮。還有個姐姐，會彈琴。」劉邦說：「你願意跟著我走嗎？」石奮說：「願意。」於是劉邦就把石奮的姐姐叫了來，讓她做了自己的美人，石奮給自己當中涓，負責接受大臣們遞上的書信奏文。從此他們的家就遷到長安城中的戚里，因為石奮的姐姐已經是劉邦的美人了。待至孝文帝即位，石奮積功積勞，逐漸升遷，已經做到大中大夫。這個人沒有什麼知識學問，就是會在皇帝面前恭敬謹慎，沒人能比得上。

2　文帝時，本來是東陽侯張相如當太子太傅，後來被免官了。文帝要再選一個太傅，大家都推薦石奮，於是石奮就當上太子太傅了。等到孝景帝即位以後，覺得讓石奮這種太拘謹的人在自己身邊活動，太不自在了，於是就把他改派到外地去做諸侯國的丞相。石奮的長子叫石建，二子某甲，三子某乙，四子叫石慶，個個都循規蹈矩，謹慎恭順無比。他們每個人官都做到了二千石。於是景帝對他們這個家族說：「石奮和他的四個兒子都是二千石，做臣子的光榮都集中到你們一個家庭中來了。」從而他就稱石奮為「萬石君」。

3　孝景帝晚年，石奮帶著上大夫的俸祿告老歸家，只是每年定期地去朝見幾回皇上。他每次路過宮門的雙闕時，總是下車恭敬地小步趨過，甚至是見到皇帝的空車子也要謙卑地行禮致敬。他的子孫們即使是在外頭當小吏的，在回家來看望他的時候，他也一定要穿好朝服才見他們，從來不直接呼喚他們的名字。他的子孫們有了過失，他從來不直接責備他們，只是自己避到一旁坐著，對著桌子不吃飯。直到他的孩子們自己相互做了批評，讓長者領著他們來俯首請罪，並有了實際的悔改，他才饒過他們。他的兒孫們只要有年過二十行過加冠禮的在他身邊，即便是他閒著沒事兒休息，也一定把帽子戴得整整齊齊，一副彬彬有禮的樣子。對待家裡的奴僕，他也總是非常溫和，一副謹慎的樣子。皇上有時賜給他們家一些食品，石奮總是跪在地上叩頭趴著吃這些東西，就和在皇上面前一樣。他守喪期間，總是哀痛萬分。他的子孫們遵守著他的教導，也是這樣。石奮的這種孝順謹慎在漢朝的各郡各國都很聞名，即使像齊、魯這種禮儀之邦中自命生來就好禮節的儒生們，也都自認為比不上他。

4 武帝建元二年，郎中令王臧由於尊儒而犯罪。竇太后認為儒生們只會唱高調而不踏實，倒不如像石奮這一家，雖然不言不語，但卻能夠身體力行，於是就讓石奮的長子石建當了郎中令，讓他的四子石慶當了內史。

5 當石建年歲大到頭髮全白的時候，他的父親石奮仍然健在。石建為郎中令，每隔五天有一次休息，可以回家探親。他每次回家，總是先到下人們住的地方，悄悄地向他們詢問父親的健康狀況，要過父親穿的貼身衣褲來，自己拿去搓洗，洗完後再還給他們，但從來不讓父親知道，每次都這麼做。石建當郎中令的時候，凡是覺得有事該對皇上說的，就找沒人的時候對皇上盡量說透，非常懇切；至於在上朝的時候，他簡直就像一個不會說話的人。因此皇上對他非常親近，非常尊重。

6 石奮後來搬到了茂陵縣的陵里來住。有一次，內史石慶喝醉了酒回家，進里門的時候沒有下車。石奮一聽，立刻就不吃飯了。石慶慌了，光著膀子向他請罪，他也不答應。後來整個家族的人以及石慶的哥哥石建全都光著膀子替他請罪，這時石奮才挖苦地說：「內史是大貴人，進入咱這個小里巷，里巷中的父老們理應為您迴避，大內史坐著車子進大門，那還不是應該的嗎！」說罷這才饒了石慶。從此，石慶和所有的晚輩們都在里門外下車，從里門一直小步趨行到家。

7 石奮死於武帝元朔五年。他的長子郎中令石建痛哭傷心得非常厲害，體質衰弱得竟至於非得拄著拐杖才能走路。過了一年多，石建也死了。石奮的兒孫們都很孝順，但其中數石建最突出，他甚至超過了他的父親。

8 石建做郎中令的時候，有一次，給皇帝上書奏事，奏書批下來以後，石建重新一讀，嚇得失聲喊道：「我寫了個錯字！『馬』字下面連腿帶尾應該一共是五筆，可我才寫了四筆，少一筆。糟了，皇上一定會生氣處死我了！」於是嚇得不得了。其他那些謹慎膽小的事情也都和這個差不多。

9 石奮的小兒子石慶做太僕給皇上趕車，有一天武帝坐車外出，武帝故意問他這輛車上有幾匹馬，石慶趕緊用馬鞭點著一一數了一遍，數完後，舉起手來一比劃，說：「共六匹。」石慶在萬石君的幾個兒子中算是最不講究禮節的了，可是還馴順得像這個樣子。石慶做過齊國的丞相，整個齊國都敬慕他們的家風，他根本不用說話，齊國就得到了大治。齊國人還專門為他立了個「石相祠」。

10 元狩元年，武帝立了太子，想從大臣中選一個可以做太子太傅的，於是石慶就從沛郡被調來改任太子太傅了，七年以後又被提升為御史大夫。

11 元鼎五年，秋天，當時的丞相趙周因為有罪，被罷免了。於是武帝就給御史大夫下詔書說：「萬石君是受到過先帝尊重的，他的子孫們也都孝順，現在就讓御史大夫石慶為丞相，封他為牧丘侯。」當時，漢朝正在向南討伐南越、東越，向東進攻朝鮮，向北驅逐匈奴，向西討伐大宛，中國正處於多事之秋。而漢武帝當時又特別喜歡到各地巡遊，到處修復古代留下來的神廟，大搞封禪，大興禮樂。由於國家的財政經費不足，於是桑弘羊等人就設法為國家撈錢，王溫舒之流則施行嚴刑峻法，兒寬等人推廣儒術，這幾個人做上了九卿，相繼掌權，辦什麼事情都不通過丞相，而石慶則唯唯諾諾，什麼都不過問。他做宰相一共做了九年，沒說過一句裨補時政的話。他曾經想要請求懲治武帝的近侍所忠和九卿咸宣的罪行，結果不僅沒能制服人家，反而自己倒了楣，最後花了許多錢才贖免自己的罪。

12 元封四年，關東有二百多萬災民流離失所，其中沒有戶口的就有四十多萬，當時的公卿們都建議，把這些流民發配到邊疆去以示懲罰。武帝認為石慶作為丞相年老拘謹，不可能參與公卿們的討論，於是就讓石慶臨時請假回家了，而後對御史大夫以下，凡是提出過要求發配流民的人都通通進行了懲處。石慶一看事情到了這個地步，深愧作為宰相太不稱職了，於是給武帝上書說：「幾年來我深感有幸能處在丞相這個位置上，但是由於自己庸劣不堪，沒能輔佐皇上治好天下，以至於弄得現在國庫空虛，百姓流亡，我實在是罪當處死，只不過皇上不忍心下手而已。我現在情願交還丞相和列侯的印信，請皇上讓我這把老骨頭回家為民，給那些真正的賢才讓路。」武帝說：「當前國家的倉庫空虛，百姓們貧困流亡，已經很危險了，而你們卻還要提出把這些流民發配到邊疆去。他們本來就已經動盪不安了，你們還要用殘暴的法令讓他們處於危難中，現在你倒要辭職了，你辭了職，把這份責任推給誰？」武帝對石慶進行了書面譴責，石慶又慚愧又害怕，於是只好仍出來繼續任職。

13 石慶禮節周到，非常審慎，但是沒有什麼像樣的謀略，也不能替百姓說話。從上次事件又過了三年，到太初二年，石慶死了，被諡為恬侯。石慶的二兒子石德，很受石慶喜愛，武帝讓石德繼承了石慶的侯位。後來石德做了太常，因為犯法本當處死，自己花錢贖免為平民。當石慶做丞相的時候，他的兒孫們做官做到二千石的有十三個人。等到石慶死後，這些人也漸漸地因為犯罪而被相繼免官，謹慎孝順的家風也漸漸地沒有了。

1 建陵侯衛綰者，代大陵❶人也。綰以戲車❷為郎，事文帝，功次遷為中郎將❸，醇謹無他❹。孝景為太子時❺，召上左右飲❻，而綰稱病不行❼。文帝且崩時，屬❽孝景曰：「綰長者，善遇之。」及文帝崩，景帝立❾，歲餘不噍呵綰，綰日以謹力❿。

2 景帝幸上林⓫，詔中郎將參乘⓬，還而問曰：「君知所以得參乘乎？」綰曰：

「臣從車士⑬，幸得以功次遷為中郎將，不自知也⑭。」上問曰：「吾為太子時召君，君不肯來，何也？」對曰：「死罪，實病⑮！」上賜之劍。綰曰：「先帝賜臣劍，凡六劍⑯，不敢奉詔⑰。」上曰：「劍，人之所施易⑱，獨至今乎⑲？」綰曰：「具在。」上使取六劍，劍尚盛⑳，未嘗服也。郎官有譴㉑，常蒙其罪㉒；不與他將㉓爭，有功，常讓他將。上以為廉，忠實無他腸㉔，乃拜綰為河間王太傅㉕。吳、楚反㉖，詔綰為將㉗，將河間兵擊吳、楚有功㉘，拜為中尉㉙。三歲，以軍功㉚，孝景前六年㉛中，封綰為建陵侯㉜。

3 其明年㉝，上廢太子㉞，誅栗卿㉟之屬。上以為綰長者，不忍㊱，乃賜綰告歸㊲，而使郅都㊳治捕栗氏。既已，上立膠東王為太子㊴，召綰，拜為太子太傅。久之，遷為御史大夫㊵。五歲㊶，代桃侯舍為丞相㊷，朝奏事如職所奏㊸。然自初官㊹以至丞相，終無可言㊺。天子以為敦厚，可相少主，尊寵之，賞賜甚多。

4 為丞相三歲，景帝崩，武帝立。建元年中㊻，丞相以「景帝疾時諸官囚多坐不辜者，而君不任職」，免之㊼。其後綰卒㊽，子信代㊾。坐酎金失侯㊿。

【章旨】以上為第二段，寫衛綰以「醇謹無他」居官任職的情形。

【注　釋】❶代大陵　代國的大陵縣，縣治在今山西文水東北。梁玉繩曰：「大陵縣屬太原，而云『代大陵』者，綰事文帝，文帝初封於代，高祖詔取山南太原之地益屬代，故大陵屬代也。」按：文帝為代王時，其代國轄有代郡、太原郡、定襄郡、雁門郡。國都中都（今山西平遙西南）。❷戲車　師古曰：「若今之弄車之技。」沈欽韓曰：「《鹽鐵論・除狹篇》賢良曰：『今吏道壅而不選，戲車鼎躍，咸出補吏。』〈西京賦〉：『建戲車，樹修旃。』蓋今之戲車輪者。」而郭嵩燾乃曰：「『戲』、『麾』相通。『戲車』者，郎屬之導相乘輿者也。」謂引導皇帝車駕的出入。其說似非。❸功次遷為中郎將　按著功勞逐級上升為中郎將。中郎將，皇帝身邊的衛隊長，統領諸郎，秩二千石，上屬郎中令。❹醇謹無他　師古曰：「無他餘志念也。」即今所謂「一心一意」。王先謙引王先慎曰：「謂無他才能也。」楊樹達曰：「與下文『忠實無他腸』義同，顏說是，王說非也。」❺孝景為太子時　文帝自其元年（西元前一七九年）正月，立景帝為太子，景帝為太子共二十三年。❻召上左右飲　即設宴招待皇帝身邊的侍奉人員。❼綰稱病不行　《集解》引張晏曰：「恐文帝謂豫有二心以事太子。」意即害怕文帝懷疑他早日結交太子。❽屬　通「囑」。囑咐。❾文帝崩二句　事在文帝後元七年（西元前一五七年）。景帝元年為西元前一五六年。❿歲餘不噍呵綰二句　噍呵，呵斥；訓斥。王駿圖曰：「景帝為太子時曾召綰，綰不往，故恐有譴責。及帝立歲餘，竟不譴責，故綰日以謹力也。」按：《漢書》作「孰何」，亦即「誰何」。王先謙曰：「疑『噍呵』是『誰何』之誤。」瀧川曰：「『不誰何』，置而不問也，非『責讓』之謂。」依後說，蓋謂景帝即位一年多，將衛綰放在一邊不搭理，而衛綰則每天照樣盡力工作。二說皆可。⓫上林　上林苑，秦漢時代的皇家獵場，舊址在今西安市西南，有數縣之廣。⓬參乘　陪同皇帝乘車，兼充警衛之用。這裡是對臣子的一種寵愛表現。⓭車士　表演車技的人。⓮不自知也　不知今日為何受此榮寵。⓯實病　根本原因仍不說破，彼此心照不宣，意味深長。⓰凡六劍　總共已有六把劍。⓱不敢奉詔　意即不能再接受您贈送的這把劍了。⓲人之所施易　人們所喜歡佩帶、所經常更換的。王先謙曰：「古人佩劍，乃常施而常易者。」施，服用；佩帶。易，更換。也有人讀「施易」為「移易」，如淳曰：「言劍者人之所好，故多數移易貿換之也。」楊樹達曰：「『施易』猶今言『掉換』也。」⓳獨至今乎　意謂難道你竟能把先帝賜給你的劍一直保留到今天嗎。⓴尚盛　還完全是新的。王先謙引周壽昌曰：「謂十襲藏之，以敬君賜也。」㉑郎官有譴　部下有人受到斥責。㉒常蒙其罪　常為之遮掩。蒙，《正義》曰：「謂覆蔽之。」㉓他將　同僚的其他中郎將、郎中將。據《漢書・百官公卿表》，郎中令屬下有五官中郎將、左中郎將、右中郎將，官秩皆比二千石；又有車郎中將、戶郎中將、騎郎中將，官秩皆比千石。㉔無他腸　沒有其他任何雜念。師古曰：「心腸之內無他惡也。」王先謙曰：「言一心事主耳。」㉕為河間王太傅　為景帝子河間王劉德的太傅，事在景帝二年（西元前一五五年）。河間國的國都樂成（今河北獻縣東南）。㉖吳楚反　即以吳、楚為首的七國之亂，事情發生在景帝三年（西元前一五四年）正月，過程詳見〈絳侯周勃世家〉、〈梁孝王世家〉、〈吳王濞列傳〉。㉗詔綰為將　蓋詔衛綰率河間之兵受他將節制以討叛亂也。㉘將河間兵擊吳楚有功　蓋即就近討擊其臨近的趙國。梁玉繩引《經史答問》曰：「擊趙也。河間是趙之分國，時趙方同反，安得踰趙而東征？誤已。」按：朝廷兵討擊趙國的情景見〈楚元王世家〉，未提及衛綰，蓋不足數者也。㉙中尉　首都長安的治安長官，秩二千石。㉚以軍功　以討擊吳楚之軍功。㉛孝景前六年　前元六年，西元前一五一年。㉜建陵侯　封地建陵（今江蘇新沂城南）。按：衛綰於景帝前三年討擊吳楚有功，當時未被封侯，至前六年始被補封侯。㉝其明年　景帝前七年（西元前一五〇年）。㉞上廢太子　太子名榮，栗姬所生。栗姬性妒，諸妃嬪多恨之，長公主劉嫖與劉徹之母王夫人遂合謀將栗姬傾倒，使太子先被廢為臨江王，後不久被殺害。事見〈外戚世家〉。㉟栗卿　栗姬之兄弟，太子之舅。㊱不忍　謂不忍加害栗姬與太子，製造此等大冤案。㊲乃賜綰告歸　給假期讓他回家。目的是讓他暫時離開中尉的職務，因為中尉主管首都治安，主管大案的抓人、殺人。〈酷吏列傳〉中的諸酷吏，大多當過中尉。㊳郅都　〈酷吏列傳〉中的第一人，綽號「蒼鷹」，景帝此時將其由濟南太守調為中尉，就是衝著他心狠手辣，結果太子被害。事見〈酷吏列傳〉。㊴立膠東王為太子　事在栗太子被廢的兩個月以後。膠東王，名徹，即日後的漢武帝，王夫人所生。王氏與長公主劉嫖聯合倒栗以奪皇后，並使其子劉徹得立為太子。詳見〈外戚世家〉。㊵遷為御史大夫　事在景帝中元三年（西元前一四七年）。㊶五歲　謂衛綰任御史大夫五年。㊷代桃侯舍為丞相　事在景帝後元元年（西元前一四三年）。時丞相劉舍死，衛綰遂替補為丞相。桃侯舍，劉舍，劉邦開國功臣劉襄之子，襲其父爵為侯，封地桃縣。劉舍自景帝中元三年代替周亞夫為丞相，至後元元年死。㊸如職所奏　《索隱》曰：「以言但守職分而已，不別有所奏議也。」㊹自初官　自最初的為官開始。㊺終無可言　梁玉繩曰：「按《漢書・武紀》：『綰奏郡國所舉賢良，或治申、商、韓非、蘇秦、張儀之言，亂國政，請皆罷，帝可之。』綰雖無相業，而此事加於蕭、曹一等，安得謂『奏事如職，終無可言』乎！」按：以上所引即「罷黜百家，獨尊儒術」之旨。然漢代之「獨尊儒術」並不被史公所特別肯定，不被史公認為是「加蕭曹一等」的偉業，故不予理睬。楊樹達曰：「武帝初立時，田蚡以帝舅用事，蚡與竇嬰俱好儒術，奏罷賢良蓋嬰、蚡所主持，綰以丞相具奏戶其名耳。」此亦事實。㊻景帝崩三句　景帝崩在景帝後元三年（西元前一四一年）。建元年中，「建元」是武帝的第一個年號，西元前一四〇—前一三五年。王先謙引周壽昌曰：「據〈武紀〉、〈公卿表〉、〈竇嬰傳〉，「中」字當正作「初」。」梁玉繩曰：「武帝當作『今上』，後人改之也。考〈將相〉、〈百官〉二表，綰以建元元年免相，即在武帝立年，則『建元年中』四字是羨文。」㊼丞相以三句　中井曰：「『景帝疾』至『君不任職』，舉天子譴責之語也。」按：中井說是，此句蓋引自武帝譴責衛綰的詔書，而史公未必同意者。曰「丞相」、曰「君」，皆武帝之稱衛綰。所謂「君不任職」，師古曰：「天子不親政，則丞相當理之，而綰不申其冤。」按：時武帝新上臺，不欲用景帝朝舊臣，故尋藉口罷衛綰，而任竇嬰、田蚡也，可參看〈魏其武安侯列傳〉。㊽其後綰卒 據〈惠景間侯者年表〉與《漢書・景武昭宣元成功臣表》，衛綰卒於武帝元光四年（西元前一三一年）。㊾代 指襲其侯爵，繼之為侯。㊿坐酎金失侯 事在武帝元鼎五年（西元前一一二年）。酎金，諸侯為隨天子祭祀上帝宗廟而交給朝廷的金錢。酎，祭祀用的醇酒。武帝時為打擊有土封君，常用「酎金」的分量不足或成色不好為藉口，以取消他們的封爵與領地。〈惠景間侯者年表〉曰：「元鼎五年，侯信坐酎金，國除。」

【語譯】建陵侯衛綰，是代國大陵縣人。衛綰憑著一套高超的耍車的本事侍奉孝文帝，漸漸地立了些功勞，被提升為中郎將。衛綰忠厚謹慎，沒有別的雜念。孝景帝做太子時，曾召請過文帝左右的人們前去飲酒，而衛綰為了不叫文帝多心，推說有病不去參加。因此文帝臨死的時候，囑咐景帝說：「衛綰是個好人，你要好好待他。」等到文帝去世，景帝即位後，有一年多的時間沒有理睬衛綰，而衛綰仍是每天兢兢業業勤謹地工作。

2 有一次景帝去遊上林苑，讓中郎將衛綰到他的車上來陪乘，回來的路上，景帝問他：「你知道為什麼讓你陪乘嗎？」衛綰說：「我是一個耍車的，憑著功勞一步步地被提升到中郎將，這回讓我陪乘，我不知道為什麼。」景帝問道：「我當太子的時候曾有一次召你來飲酒，你為什麼不來？」衛綰說：「我真該死，不過當時我的確是有病！」景帝聽罷，又賜給了他一柄佩劍。衛綰說：「先帝已經先後給過我六把了，您再給我，我實在不敢再要。」景帝說：「佩劍，人們總是喜歡更新代換的，先帝賜給你的劍你能夠一直保留到今天？」衛綰說：「那些劍現在都在。」景帝讓他把那些劍取來一看，果然還都是新的，根本沒有佩帶過。當他下屬的那些郎官們犯錯受到斥責時，衛綰常常替他們遮掩；從來不與其他將官爭執，反而有了功勞的時候，常常讓給別人。因此景帝認為他廉潔、忠厚而沒有別的心腸，於是任命他當了河間王太傅。吳、楚七國謀反時，衛綰被任命當了將軍，率領河間的軍隊在打敗吳、楚的戰爭中立了功，被提升為中尉。在以後的三年中，又因為立有軍功，於是在景帝前元六年，被封為建陵侯。

3 第二年，景帝廢掉了栗太子，殺死了栗卿等太子的親屬。當時衛綰做中尉，景帝看他是個老好人，肯定不忍心大肆捕殺，於是就讓衛綰暫時請假回家，而另調了郅都來追捕處治栗氏的黨羽。這個事件之後，景帝立了膠東王劉徹為太子，接著又把衛綰找來，讓他當了太子太傅。過了一段時間，又提升他為御史大夫。又過了五年，衛綰竟代替桃侯劉舍做了丞相。在他當丞相的時候，總是自己職分以內的事情才開口。因此從衛綰開始做官到他後來做丞相，一點兒值得提起的事情也沒有辦過。而景帝就因為他老實，認為他可以輔佐小主人，於是就對他特別寵愛，賞賜給他的東西特別多。

4 衛綰做丞相的第三年上，景帝死了，武帝即位。建元年間，衛綰因為詔書所說「景帝晚年生病時關押了許多無辜的人，而衛綰你沒有盡到做丞相的責任」，於是武帝將他罷免了。衛綰死後，他的兒子衛信繼承了侯爵。後來因為衛信在國家祭祀宗廟時交納的分子錢不合規定，犯了大罪，被削掉了侯爵。

1 塞侯❶直不疑❷者，南陽❸人也。為郎，事文帝。其同舍有告歸❹，誤持同舍郎金去。已而金主覺❺，妄意不疑❻，不疑謝有之❼，買金❽償。而告歸者來而歸金❾，而前郎亡金者大慙，以此稱為長者❿。文帝稱舉⓫，稍遷⓬至太中大夫⓭。朝，廷見，人或毀曰⓮：「不疑狀貌甚美，然獨無柰其善盜嫂⓯何也！」不疑聞，曰：「我乃無兄⓰。」然終不自明也。

2 吳、楚反時，不疑以二千石將兵擊之⓱。景帝後元年⓲，拜為御史大夫⓳。天子修吳、楚時功⓴，乃封不疑為塞侯㉑。武帝建元年中㉒，與丞相綰俱以過免㉓。

3 不疑學老子言㉔。其所臨，為官如故㉕，唯恐人知其為吏跡也。不好立名稱㉖，稱為長者。不疑卒，子相如代㉗。孫望，坐酎金失侯㉘。

【章　旨】以上為第三段，寫直不疑以「老好人」居官任職的情形。

【注　釋】❶塞侯　封地在塞，《正義》曰：「古塞國，今陝州桃林縣以西至潼關，皆桃林塞地也。」按：唐代的桃林縣治在今河南三門峽西南。❷直不疑　姓直，名不疑。❸南陽　漢郡名，郡治宛縣（今河南南陽）。❹告歸　請假回家。❺金主覺　丟失黃金的人發覺丟了東西。❻妄意不疑　懷疑是直不疑偷了。妄意，沒有根據地猜疑。意，懷疑。❼謝有之　道歉說確有其事。❽金　漢時黃金一斤曰「一金」，「一金」值銅錢一萬枚。❾歸金　將錯拿的金子歸還失主。❿以此稱為長者　因此被稱為老好人。主語為直不疑。凌約言曰：「不疑買金償亡，固不失為厚德，然幸而見獲，吾誣遂明，苟或不獲，安可置而不辨哉？事唯其實而已。」⓫稱舉　稱讚提拔。⓬稍遷　逐步升遷。⓭太中大夫　皇帝身邊的侍從官員，掌議論。秩比千石，上屬郎中令。⓮朝三句　師古曰：「當於闕廷大朝見之時，而人毀之。」此說應是，然亦有人將「見人」二字連讀，瀧川引劉敞曰：「朝廷見人，謂達官也。」將「見人」解釋為「顯達之人」，楊樹達解釋為「現在在朝廷之人」，皆欠順暢。⓯盜嫂　與其嫂私通。盜，師古曰：「謂私之。」⓰我乃無兄　此歸家後自語，非當場辨駁，故下文云「終不自明」。⓱不疑以二千石將兵擊之　按：《史記》中寫平定七國之亂諸篇，皆未言及直不疑，蓋亦如衛綰，當時皆不足數也。⓲景帝後元年　西元前一四三年。⓳拜為御史大夫　蓋衛綰此時由御史大夫進任丞相，而直不疑遂由衛尉進任為御史大夫也。⓴修吳楚時功　再次褒獎平定吳楚之亂的功勞。㉑乃封不疑為塞侯　事在景帝後元年八月，與直不疑進任御史大夫同時。㉒武帝建元年中　梁玉繩曰：「當作『今上建元元年』。」㉓與丞相綰俱以過免　建元元年，武帝與田蚡等以尊崇儒術為名，打擊黃老派人物，向竇太后奪權，衛綰與直不疑等都屬舊派，故被武帝罷職。㉔老子言　此處實指「黃老」學說，標榜「清靜無為」，而實想「無不為」，是漢初以來統治集團治理國家的指導思想。㉕其所臨二句　王先謙曰：「如前任者所為，非有大利害，不輕改變也。」如故，即一切都按照舊章程辦事。㉖不好立名稱　不願說哪件事是自己做的。㉗不疑卒二句　事在建元三年（西元前一三八年）。代，謂襲其父爵為侯。㉘孫望二句　事在元鼎五年（西元前一一二年），此次因酎金失侯者共一百零六人，丞相趙周為此事下獄死。唯〈惠景間侯者年表〉直不疑之孫不名「望」，乃名「堅」；而《漢書》本傳則名曰「彭祖」，無法判斷孰對孰錯。

【語譯】塞侯直不疑是南陽人。在他當郎官的時候，侍候孝文帝。有一次，與他同屋的一個人請假回家，錯把同屋另一個人的金子帶走了；不久丟金子的人發覺丟了東西，心裡懷疑是直不疑拿的，直不疑也不申辯，而是向他賠禮道歉，並出去買來金子賠給他。後來那個請假回家的也發現拿錯了，回來把金子交還了原來的主人，那個人感到非常慚愧，從此人們都公認直不疑是厚道人。而文帝也稱讚他、提拔他，使他慢慢地升為太中大夫。有一次上朝，廷上集會時，有人當眾詆毀他說：「直不疑相貌倒是不錯，但沒法讓人苟同的是和他的嫂嫂私通！」直不疑聽到後說：「我根本沒有哥哥。」但也始終不去公開辯解。

2 吳、楚七國造反時，直不疑曾經以二千石的身分率領軍隊前去參加了征討。景帝後元元年，他被提升為御史大夫。當時景帝追加獎賞討伐吳、楚的有功人員，於是直不疑被封為塞侯。直到武帝建元年間，直不疑和丞相衛綰都因為過錯而被免官。

3 直不疑熟習老子學說，他不論做官做到哪裡，辦事的方法都與前任一模一樣，不作任何改變，唯恐人們知道他在任上所留下的種種事跡。他從不追求什麼立功揚名，但卻到處被人稱為老實厚道。直不疑死後，他的兒子直相如繼承了侯爵。後來到他的孫子直望時，因為在國家祭祀宗廟時交納的分子錢不合規定而犯罪，丟掉了侯爵。

1 郎中令周文者，名仁，其先❶故任城❷人也。以醫見❸。景帝為太子時，拜為舍人❹，積功稍遷，孝文帝時至太中大夫。景帝初即位，拜仁為郎中令。

2 仁為人陰重不泄❺，常衣敝補衣、溺袴❻，期為不絜清❼，以是得幸❽。景帝入臥內，於後宮祕戲⑨，仁常在旁。至景帝崩⑩，仁尚為郎中令⑪，終無所言。上時問人⑫，仁曰：「上自察之。」然亦無所毀⑬。以此景帝再⑭自幸其家。家徙陽陵⑮，上所賜甚多⑯，然常讓，不敢受也。諸侯、羣臣賂遺，終無所受。

3 武帝立⑰，以為先帝臣，重之。仁乃病免，以二千石祿歸老⑱，子孫咸至大官矣。

【章　旨】以上為第四段，寫周仁以「陰重不泄」居官任職的情形。

【注　釋】❶先　先人；祖先。❷任城　漢縣名，縣治在今山東濟寧東南。❸以醫見　以醫術進見，被任為官。❹舍人　全稱為「太子舍人」。官名，太子身邊的下級侍從，上屬太子太傅或太子少傅。❺陰重不泄　指沉默寡言，不洩露別人對他說的話。師古曰：「陰，密也。為性密重，不泄人言也。霍去病『少言不泄』，亦其類也。」張文虎曰：「《漢書．孔光傳》，或問光，『溫室省中樹畢何木也？』光默然不應，更答以他語，其不泄如此。」亦可為證。有些舊注將此解釋為泌尿系統的疾病，不合情理。❻常衣敝補衣溺袴　按：舊注將此句理解為小便失禁，於是便將其說成了加藉子、加墊布等等，分明不合情理，帝王后妃身邊何必留著一個如此病態的人。舊注所以不可理解其實就是因為多了一個「溺」字，其他則無非是總愛穿一些破舊難看的衣服，給人一種不太講究衛生的印象而已，其實這是一種經常出入婦女群體的自我保護之術。瀧川曰：「『溺』難解，非訛則衍。容服既醜，妃嬪不近，所以無嫌。」❼期為不絜清　故意做出一種不講衛生的樣子。期，必；目的在於。❽以是得幸　由於皇帝覺得放心，故而得幸。❾後宮祕戲　指帝王在內室與妃嬪們的男女嬉樂，不能令宮外得知者。後世之書有以「祕戲」隱指房事。❿景帝崩　事在西元前一四一年。⓫仁尚為郎中令　景帝在位共十六年，周仁為郎中令蓋與景帝相終始。⓬上時問人　師古曰：「問以他人之善惡也。」王先謙曰：「下云『然亦無所毀』，則『上自察之』，為無所推薦。而此『問人』，乃是以其人之材賢相問也。如顏說，則『然亦無所毀』為贅文矣。」按：王說體會甚細。⓭無所毀　不說別人的壞話。⓮再　兩次。⓯家徙陽陵　周仁的家後來搬到了陽陵邑。陽陵，景帝為自己預建的陵墓名，其陵邑也稱「陽陵」，相當於縣的建制。「陽陵」在今西安市東北，其地建有「陽陵博物館」，有許多陽陵陪葬坑出土的文物。⑯上所賜甚多　楊樹達曰：「〈景帝紀〉：『五年，作陽陵邑，募民徙陽陵，賜錢二十萬。』仁以近幸應募，宜其所賜甚多也。」⑰武帝立　事在景帝後元三年（西元前一四一年），武帝建元元年為西元前一四〇年。⑱以二千石祿歸老　帶著二千石的俸祿退休回家。按：漢代之帶著俸祿退休時，往往比其在職時低一兩級，前文稱石奮「以上大夫祿歸老于家」、後文稱張歐「以上大夫祿歸老于家」皆是也。

【語　譯】 郎中令周文，名仁，他的祖先是以前的任城縣人。周仁以醫術進見，被任為官。景帝做太子時，周仁被任命為舍人，後來不斷有功，逐步升遷到了太中大夫。景帝即位後，又任命周仁當了郎中令。

2　周仁生性穩重，從不洩露他人的祕密，總愛穿一些破舊的衣裳，故意讓自己顯得不乾不淨的，因此得到了景帝的寵幸。以至於景帝在臥室裡和后妃們調笑淫樂時，周仁也可以常在旁邊而不被顧忌。一直到景帝死，周仁都做郎中令，對於朝中宮中的任何事情，他都不講話。當景帝向他問及某個人的情況時，他總是說：「請您自己考察。」但也從來不說別人的壞話。因此景帝信任他，曾兩次親自到過他的家裡。他的家後來遷到了陽陵。景帝賞賜給他家很多錢財，但他常常推讓，不願接受。一些諸侯和大臣也常常送給他東西，他也從不接受。

3　武帝即位後，看在他是先帝的臣子，也對他很器重。後來他因病免官，朝廷特別允許他帶著二千石的俸祿告老還鄉，而當時他的子孫們都已經官做得很大了。

1　御史大夫張叔者，名歐❶，安丘侯說❷之庶子❸也。孝文時，以治刑名言❹事太子。然歐雖治刑名家，其人長者。景帝時尊重❺，常為九卿❻。至武帝元朔四年❼，韓安國免❽，詔拜歐為御史大夫❾。自歐為吏，未嘗言案人❿，專以誠長者處官。官屬以為長者，亦不敢大欺⓫。上具獄事⓬，有可卻，卻之⓭；不可者，不得已，為涕泣面對而封之⑭。其愛人如此。

2 老病篤⑮，請免。於是天子亦策罷⑯，以上大夫祿歸老于家。家於陽陵。子孫咸至大官矣。

【章 旨】以上為第五段，寫張叔「以長者」居官任職的情形。

【注 釋】❶張叔者二句 「叔」是其字。❷安丘侯說 張說，劉邦的開國功臣，封地在安丘縣。張說在《史記》、《漢書》中皆無傳，事跡見〈高祖功臣侯者年表〉。❸庶子 非嫡妻所生的兒子。❹刑名言 舊注有二說，一曰「刑名」同「形名」，即司馬談〈六家要旨〉之所謂「名」家，講求循名責實；一曰「刑名」即指「法」家，如鼂錯「學刑名於張恢先所」。王先謙以為張歐所治之「刑名」，乃鼂錯所學之法家學說，故下文有所謂「然其人長者」；又歷言其「不言案人」、「具獄涕泣」云云，以見其雖學刑法，而為人不刻深也。楊樹達曰：「〈儒林傳〉：『孝文本好刑名之言。』故以歐與鼂錯教太子，二人皆治刑名者也。景帝為人刻深，蓋有由矣。」❺尊重 位尊權重。❻常為九卿 據《漢書・百官公卿表》，張歐在景帝時先後曾任廷尉、奉常、中尉等職，都在「九卿」或「列為九卿」之內。❼武帝元朔四年 梁玉繩曰：「『武帝』當作『今上』。」元朔四年，應作元光四年（西元前一三一年）。❽韓安國免 指免去御史大夫職，事在元光三年（西元前一三二年）。梁玉繩曰：「按〈將相〉及〈百官表〉，韓以元光三年免，張歐以元光四年拜，此與《漢》傳同誤為『元朔四年』也。」韓安國，字長孺，景帝、武帝時的圓猾官僚，先後曾為梁國內史、大司農、御史大夫，事跡詳見〈韓長孺列傳〉。❾詔拜歐為御史大夫 張歐於元光四年由中尉進任御史大夫，任職共五年。❿未嘗言案人 案，查辦；懲治。查慎行曰：「考《漢書・鼂錯傳》，六國反時，『丞相青翟、中尉嘉、廷尉歐，劾奏錯大逆無道，當要斬，父母妻子同產皆棄市，請論如法。』注云：『歐，即張歐也。』錯之罪名，何至『大逆無道』？此議實為過當。然則鼂錯之死禍，發於袁盎而成於張歐。廷尉為天下平，顧當若是乎？似不得云『為吏未嘗案人』也。」梁玉繩曰：「《漢書・鼂錯傳》：『歐與丞相、中尉劾奏錯大逆無道，當要斬，父母妻子同產無少長皆棄市。』《大事記》及《通鑑答問》皆據此事以為『未嘗不案人，不得稱長者，史虛美之耳。』何氏焯《困學紀聞》十一注云：『此景帝納袁盎之說，自示意於丞相等行之，非張叔所案劾，或譏其不能如釋之守法，則可耳。』何注是。」⓫官屬以

為長者二句　其下屬也因為他的善良而不好意思太過分地瞞著他幹壞事。⑫上具獄事　下屬將已經判定的刑事案卷，上呈給他審批。⑬有可卻二句　凡有疑問、漏洞，應進一步查實的，一律退回讓下級重新查對。意思是唯恐判錯了、判重了。⑭為涕泣面對而封之　師古引晉灼曰：「面對囚，讀而封之，使其聞見，死而無恨也。」沈欽韓曰：「面囚封其上奏，使知當死。必面封者，恐囚有冤也。」⑮病篤　病重。⑯策罷　下詔書令其辭職。

【語　譯】御史大夫張叔，名歐，是安丘侯張說的姬妾所生的兒子。文帝時，張歐以研究刑名家的學說受到賞識，被派去侍候太子。而張歐雖然研究刑名家的學問，他本人卻是個老實厚道的人。景帝時他更受尊重，所擔任的官職常在九卿之內。武帝元朔四年，韓安國被免職，武帝就讓張歐代替他做了御史大夫。從張歐開始做官起，從來沒有張嘴說過查辦人，對於一切人一切事，都以誠懇長者的態度對待；而他的下屬們也正因為他忠厚老實，所以誰也不好意思太過分地瞞著他去做壞事。每當下屬們把已經判定的案卷報到他這裡來的時候，他總是把有疑問、有漏洞的加以退回，要求重審，能寬免的，就給寬免；實在免不了、沒有辦法的，他就當著囚犯的面，流著眼淚向他們講清，並把案卷封好。他對人的愛護就是這個樣子的。

2 後來他年高有病，請求免官，於是武帝也就下令答應了他的請求，讓他帶著上大夫的俸祿告老還鄉了。他的家也在陽陵。當時他的子孫們也都已經做官做得很大了。

太史公曰：仲尼有言曰：「君子欲訥於言而敏於行❶。」其萬石、建陵、張叔之謂邪？是以其教不肅而成，不嚴而治❷。塞侯微巧❸，而周文處諂❹，君子譏之，為其近於佞❺也。然斯可謂篤行君子矣❻！

【章　旨】以上為第六段，是作者的論贊，作者對本篇所寫的人物分成兩類，但以今天觀點看來，似乎相差無幾。

【注　釋】❶君子欲訥於言而敏於行　語見《論語·里仁》。意即少說空話，多做實事。訥，木訥；說話笨拙貌。❷不肅而成二句　語出《孝經》，原文為：「其教不肅而成，其政不嚴而治。」按：其意蓋突出表率的作用。《論語》有所謂「其身正，不令而行；其身不正，雖令不從」，與此意思相通。❸微巧　隱約地投機取巧。指受誣不辯，居官不改舊章等。微，晦；隱。「微巧」也可以說是稍微有些狡猾。微，稍。凌稚隆引柯維騏曰：「蘇東坡謂太史公『微巧』之論，後世莫曉，乃衍其說曰：『夫以德報怨，行之美者，孔子不與，以其不情也。直不疑買金償亡，不辨盜嫂，亦世之高行矣，然非人情。其所以蒙詬受汙，非不求名也，求名之至者也。』」❹處諂　以逢迎諂媚為事。謂其「敝衣不絜」、「常侍祕戲」諸端也。諂，同「諂」。❺近於佞　差不多像個佞人。佞，以花言巧語取悅於人。❻斯可謂篤行君子矣　梁玉繩引邵建章曰：「太史公傳萬石諸人俱以謹長者稱，周仁是一卑汙小人，附於萬石君後，何其不類也。周仁近佞，佞人可稱『君子』乎？」

【語　譯】太史公說：孔子曾經說過：「作為一個君子應該是拙於言辭，而於行動上突出。」石奮、衛綰、張叔大概就是這種人吧？正因為他們有這樣的品行，所以用不著多麼嚴厲、多麼酷刻的手段，政事就能處理好。而直不疑就有點取巧了，周文則又有點諂媚，所以他們都受到了人們的諷刺，這是因為他們的表現有點類似佞人。總之，這幾個人都可以稱得上是行為厚道的君子了！

【研　析】司馬遷在〈太史公自序〉中表述他寫這篇作品的主旨說：「敦厚慈孝，訥於言，敏於行，務在鞠躬，君子長者，作〈萬石張叔列傳〉。」這是一種表面的說法，石奮、石建、張叔等人真能說是「君子長者」嗎？清代吳汝綸說：「此篇以一『佞』字為主，孝謹，美德也，然近於巧佞。」（《桐城先生點勘史記》）本篇作品的思想意義如下：

一、作品揭示了石奮諸人的「恭謹」實質上是裝聾作啞，明哲保身。石慶做了九年宰相，「無能有所匡言」，「無他大略，為百姓言」；衛綰「自初官以至丞相，終無可言」。而當時的國家政治形勢實際是非常嚴峻的，四出拓邊，戰爭頻仍；武帝封禪求仙，勞民傷財；一系列重大的政治、經濟措施紛紛出籠，作為當朝宰相，怎麼能夠「終無可言」呢？宋代秦觀分析當時的情況說：「武帝於大臣如公孫賀、嚴助、主父偃之徒，莫非左右親幸者，而多以罪誅。慶為相已非其分，而又以全終，豈其才智足以免哉？惟鄙人而後可也。慶為相時，九卿更用事，不關決於慶，慶醇謹而已，此其所以見容於武帝也。」（《史記評林》引）後來歐陽脩在《新五代史》中所寫的馮道，就是石奮等人衣缽的繼承者，歐陽脩便稱這種人為「無廉恥」。

二、所謂「醇謹」，只是他們為人表現的一個方面，是不是就能絕對不做孽、不害人了呢？那還不一定。竇嬰、灌夫這些大名鼎鼎的人物，都死非其罪，而陷他們於死地的，其中就有這些被稱為「醇謹」的諸公！〈魏其武安侯列傳〉寫竇嬰與田蚡在武帝面前辯論，武帝原本是支持竇嬰的，石建在眾人面前不表態，事後「石建為上分別言兩人事」，於是武帝的態度轉變，竇嬰、灌夫都被殺害了。這就是石建「醇謹」的結果。明代茅坤說：「石建『所分別』不載其詳，大略右武安者。」

三、作品從一個側面反映了武帝時期專制政治的陰森恐怖。石奮、張叔等人的「恭謹」乃是「典型環境下的典型性格」，是由當時的政治環境造成的，在「恭謹」、「無言」的背後實際表現的乃是對武帝嚴刑峻法、酷吏政治的一種恐懼心理。石慶為太僕，給武帝赴車，「上問車中幾馬，慶以策數馬畢，舉手曰：『六馬。』慶於諸子中最為簡易矣，然猶如此。」就像從樹葉的動搖中可以看到風一樣，我們從這些荒唐可笑的「醇謹」背後，不正可以看到當時專制統治的酷烈嗎！正直敢言的人們被殺、被刑，而一群卑瑣的小人麕集於朝廷，人們正是從這些地方感受到了專制主義政治的可憎與可憐。

卷一百四

田叔列傳第四十四

【題解】田叔是戰國齊國貴族的後裔，喜歡交遊擊劍，又向樂巨公學過黃老之術，他歷事過漢高祖、漢文帝、漢景帝三朝，司馬遷通過他的「以死事趙王敖；既仕漢，薦孟舒；按梁王燒其籍，使景帝母子相安」，表現了真正的「長者」的形象。司馬遷在〈太史公自序〉中說他「守節切直，義足以言廉，行足以厲賢，任重權不可以非理撓」，是司馬遷傾心歌頌的理想人物之一。本文與〈萬石張叔列傳〉恰成鮮明的對照。

1 田叔❶者，趙陘城❷人也。其先，齊田氏苗裔❸也。叔喜劍，學黃、老術❹於樂巨公所❺。叔為人刻廉自喜❻，喜游諸公❼。趙人舉之趙相❽趙午，午言之趙王張敖❾所，趙王以為郎中❿。數歲⓫，切直廉平，趙王賢之，未及遷⓬。

2 會陳豨反代⓭，漢七年，高祖往誅之⓮。過趙⓯，趙王張敖自持案進食，禮恭甚⓰，高祖箕踞罵之⓱。是時趙相趙午等⓲數十人皆怒，謂張王⓳曰：「王事上禮備矣，今遇⓴王如是，臣等請為亂㉑。」趙王齧指出血㉒，曰：「先人失國㉓，微㉔陛下，臣等當蟲出㉕。公等柰何言若是！毋復出口矣！」於是貫高等曰：「王長者[26]，不倍德[27]。」卒私相與謀弒上[28]。會事發覺[29]，漢下詔捕趙王及羣臣反者。於是趙午等皆自殺，唯貫高就繫[30]。是時漢下詔書：「趙有敢隨王[31]者辠三族[32]。」唯孟舒、田叔等十餘人赭衣[33]自髡鉗[34]，稱王家奴，隨趙王敖至長安。貫高事明白[35]，趙王敖得出[36]，廢為宣平侯[37]，乃進言田叔等十餘人[38]。上盡召見，與語，漢廷臣毋能出其右[39]者。上說，盡拜為郡守、諸侯相[40]。叔為漢中守十餘年[41]，會高后崩[42]，諸呂作亂，大臣誅之[43]，立孝文帝[44]。

3 孝文帝既立[45]，召田叔問之曰：「公知天下長者乎？」對曰：「臣何足以知之！」上曰：「公，長者也，宜知之。」叔頓首曰：「故雲中守[46]孟舒，長者也。」是時孟舒坐虜大入塞[47]盜劫[48]，雲中尤甚，免。上曰：「先帝置孟舒雲中十餘年[49]矣，虜曾一入，孟舒不能堅守，毋故[50]士卒戰死者數百人。長者固殺人[51]乎？公何以言孟舒為長者也？」叔叩頭對曰：「是乃孟舒所以為長者也。夫貫高等謀反，上下明詔，趙有敢隨張王，罪三族。然孟舒自髡鉗，隨張王敖之所在[52]，欲以身死之，豈自知為雲中守哉！漢與楚相距，士卒罷敝[53]。匈奴冒頓[54]新服北夷[55]，來為邊害，孟舒知士卒罷敝，不忍出言[56]。士爭臨城死敵[57]，如子為父、弟為兄，以故死者數百人。孟舒豈故驅戰之哉！是乃孟舒所以為長者也。」於是上曰：「賢哉孟舒！」復召孟舒以為雲中守[58]。

4 後數歲，叔坐法失官。梁孝王[59]使人殺故吳相袁盎[60]，景帝召田叔[61]案梁[62]，具得其事[63]，還報。景帝曰：「梁有之乎？」叔對曰：「死罪[64]，有之。」上曰：「其事安在[65]？」田叔曰：「上毋以梁事為[66]也。」上曰：「何也？」曰：「今梁王不伏誅，是漢法不行[67]也；如其伏法，而太后食不甘味，臥不安席，此憂在陛下也[68]。」景帝大賢之，以為魯相[69]。

5 魯相初到，民自言相[70]，訟王取其財物百餘人[71]。田叔取其渠率[72]二十人，各笞[73]五十，餘各搏[74]二十，怒之曰：「王非若主邪[75]？何自敢言若主！」魯王聞之大慙，發中府錢[76]使相償之。相曰：「王自奪之，使相償之，是王為惡而相為善也。相毋與償之[77]。」於是王乃盡償之。

6 魯王好獵，相常從入苑[78]中，王輒休相就館舍[79]，相出，常暴坐[80]待王苑外[81]。王數使人請相休，終不休，曰：「我王暴露苑中，我獨何為就舍！」魯王以故不大出游。

7 數年，叔以官卒[82]，魯以百金祠[83]，少子仁不受也，曰：「不以百金傷先人名。」

【章　旨】以上為第一段，寫田叔之俠義精神與其為官盡心任職事。

【注　釋】❶田叔　名叔，字少卿。❷趙陘城　趙國之陘城。趙，漢初諸侯國名，始封之君為劉邦的開國功臣張耳，國都即今河北邯鄲。有關張耳的詳情，見〈張耳陳餘列傳〉。陘城，《索隱》曰：「縣名，屬中山。」按：中山即今河北定縣。錢大昕曰：「中山有苦陘、有陸城，無陘城縣也。」錢穆曰：「在今河北蠡縣南。」❸齊田氏苗裔　戰國時齊國諸侯的後代。戰國時齊國諸侯的祖先原是陳國諸侯的後代，姓陳；到齊國後，逐漸掌握齊國政權，改姓田。❹黃老術　以黃帝、老子相標榜的一種學說。產生於戰國中後期，盛行於秦、漢之際，西元一九七三年馬王堆出土的《黃帝四經》以及司馬談的〈論六家要旨〉都是這種思想的代表作，張良的一生活動就是黃老思想的活標本。❺樂巨公所　樂巨公處。樂巨公，也作「樂臣公」。戰國時燕名將樂毅的族人。〈樂毅列傳〉曰：「樂氏之族有樂瑕公、樂臣公，趙且為秦所滅，亡之齊高密。樂臣公善修黃帝、老子之言，顯聞於齊，稱賢師。」所，處。❻刻廉自喜　以嚴謹廉潔為追求目標。有關「自喜」一詞，與此類似者又見於〈外戚世家〉「任俠自喜」、〈孟嘗君列傳〉「好客自喜」、〈汲鄭列傳〉「任俠自喜」等，有時也用作「自愛」、「自重」之意。❼喜游諸公　喜歡交結當時的名人。師古曰：「諸公，皆長者也。」中井曰：「諸公，當時之賢豪。」❽趙相　劉邦所封的趙王張耳（後由其子繼承）之丞相。❾趙王張敖　張耳之子，張耳於高祖四年（西元前二〇三年）被封為趙王，同年去世，其子張敖繼任為趙王。張敖娶劉邦之女魯元公主為妻。❿趙王以為郎中　漢代建國初期各諸侯國的政治機構，與中央王朝大致相同，各級官吏的名稱也大體相似。郎中，帝王身邊的侍從官員，上屬郎中令。⓫數歲　在田叔任郎中的幾年中間。按：自張敖繼其父位為趙王，至高祖九年（西元前一九八年）張敖被廢，共五年。⓬未及遷　意即尚未得以升遷，就遇上張敖出事了。遷，此指升遷。⓭陳豨反代　據下文「漢七年，高祖往誅之」，則此「陳豨」應作「韓信」，即韓王信。韓王信被劉邦封為韓王，開始都於陽翟（今河南禹縣），後被移封至馬邑（今山西朔縣）。漢七年（西元前二〇〇年），因被劉邦懷疑，遂勾結匈奴謀反，事見〈韓信盧綰列傳〉。至於陳豨的謀反，乃在漢十年（西元前一九七年）。《集解》引徐廣曰：「七年，韓王信反，高帝征之。十年，代相陳豨反。」⓮漢七年二句　往誅韓王信也。誅，討；討伐。有關劉邦討伐韓王信的過程，詳見〈高祖本紀〉、〈韓信盧綰列傳〉以及〈絳侯周勃世家〉、〈樊酈滕灌列傳〉等篇。⓯過趙　按：韓王信在北方造反，騷擾到今山西省北部與河北省西北部一帶地區。劉邦率軍北出，先是打敗了韓王信，後被匈奴圍困於白登（今山西大同東北）。出圍後，乃南行而回，故經趙都邯鄲。⓰自持案進食二句　案，指盛放飯菜的托盤。趙王既是臣子，又是女婿，為對劉邦表示恭敬，故親自為之端飯。

⑰高祖箕踞罵之　於此既見劉邦的一貫性格，也可見劉邦在晚輩面前的故意做大。箕踞，又伸兩腿而坐，在古代這是一種很不禮貌的坐相。⑱趙相趙午等　中井曰：「『趙相』下疑脫『貫高』二字，〈高紀〉、〈張傳〉皆言『趙相貫高』，或併稱『貫高、趙午等』，則是貫高、趙午前後相也。下文突然出『貫高』，失次，分明此脫文也。」⑲張王　瀧川曰：「張王當作趙王。」⑳遇　對待。㉑請為亂　請讓我們殺了他。〈張耳陳餘列傳〉曰：「趙相貫高、趙午等年六十餘，故張耳客也。生平為氣，……說王曰：『……請為王殺之！』」㉒齧指出血　這是古人發誓時經常做的一種動作。齧，咬。㉓先人失國　指其父張耳被項羽封為常山王，至前往上任時被陳餘所驅逐，無奈之下改投劉邦，結果在劉邦處父親封王，兒子當了駙馬，受寵異常，故張敖誓死忠於劉邦。㉔微　無；假如沒有。㉕蟲出　意即早就死了。㉖長者　厚道人。㉗不倍德　不忘人家的好處。倍，通「背」。㉘私相與謀弒上　他們暗中仍在準備謀殺劉邦。〈張耳陳餘列傳〉云：「貫高、趙午等十餘人皆相謂曰：『乃吾等非也。吾王長者，不倍德。且吾等義不辱，今怨高祖辱我王，故欲殺之，何乃汙王為乎？令事成歸王，事敗獨身坐耳。』」㉙會事發覺　貫高等謀刺劉邦，在漢八年（西元前一九九年）十月，劉邦到東垣（今河北石家莊東北郊）討伐韓王信回來過趙時，由於劉邦未在預定的地方留宿，得以幸免。漢九年十二月，貫高的仇人知情舉報，由此事發。詳細過程見〈高祖本紀〉與〈張耳陳餘列傳〉。㉚唯貫高就繫　只有貫高甘受逮捕。〈張耳陳餘列傳〉曰：「十餘人皆爭自剄，貫高獨怒罵曰：『誰令公為之？今王實無謀，而并捕王；公等皆死，誰白王不反者？』乃轞車膠致，與王詣長安。」㉛隨王　指本來與謀反事無關的官吏士大夫而言。㉜辠三族　即滅三族。三族，說法不一，有指父族、母族、妻族；有指父親的兄弟、己身的兄弟、兒子的兄弟；有指父母、妻子、兄弟。餘不錄。㉝赭衣　赤褐色的衣服，當時犯人的服色。㉞髡鉗　剃去頭髮，脖子套著鐵箍。當時奴隸的樣子。㉟貫高事明白　貫高等謀殺劉邦而與趙王無關的事情得以弄清。有關貫高自己承擔責任，為張敖洗清罪嫌的過程，詳見〈張耳陳餘列傳〉。㊱得出　得以釋放。㊲廢為宣平侯　謂廢去王爵，收回封地，降之為宣平侯。㊳進言田叔等十餘人　按：此「十餘人」乃皆與謀殺劉邦事無關，而出於義氣，裝作家奴，以隨趙王入京者；至於貫高，則在證明趙王絕與此事無關後，已不顧劉邦赦令，而自殺身死。而「田叔等十餘人」又僅留下田叔與孟舒兩個人的名字，其他皆無聞，惜哉！㊴毋能出其右　沒有人再比他們強。漢初以「右」為上，如〈陳丞相世家〉，曹參死後，王陵為右丞相，陳平為左丞相；平諸呂之後，周勃功大，陳平又讓周勃為右丞相等皆是也。然在〈魏公子列傳〉，公子以車迎侯嬴時「虛左」，則又分明以「左」為上。蓋不同時期與不同地區之習慣，各不同也。㊵盡拜為郡守諸侯相　《漢書．高帝紀》繫此事於高祖九年二月。西漢時代之朝廷直轄各郡郡守，與朝廷派任各諸侯國的丞相（後來只稱「相」）為同一級，官秩為二千石。㊶為漢中守十餘年　田叔於高祖九

年為漢中守，歷惠帝至呂后末，共十九年。漢中，郡名，郡治南鄭（今陝西漢中）。㊷高后崩　事在呂后八年（西元前一八〇年）七月。呂后在其子惠帝劉盈死後，自己掌管政權，西元前一八七—前一八〇年在位。㊸諸呂作亂二句　事在呂后八年八月，也就是呂后去世的第二個月。劉邦滅項稱帝後，呂后先是幫著劉邦殺功臣，弄得人人自危，呂后與功臣的矛盾異常尖銳；劉邦死後，呂后又一連殺了劉邦的三個兒子，以致連她親生的兒子惠帝劉盈也對她非常不滿。惠帝去世後，呂后自己掌權，大封呂氏家族為王，並使其控制朝廷各重要部門。形勢之危急，迫使劉邦子孫與功臣元老聯合起來，於是當呂后一死，劉邦之孫劉襄、劉章與功臣元老周勃、陳平等立即發動政變，將呂氏家族殺了個一乾二淨。詳情見〈呂太后本紀〉。客觀事實如此，而歷史家稱之為「諸呂作亂」，這是因為諸呂沒有成功。實際上呂氏的權位都是呂后所封，而且還都是周勃、陳平所慫恿、所支持的。由於劉氏與功臣的聯合最後勝利了，故而「為亂」的只能是「諸呂」。㊹立孝文帝　孝文帝名恆，劉邦之子，薄后所生。劉恆於高祖十一年（西元前一九六年）被封為代王，都中都（今山西平遙西南）。劉恆與其母薄氏都深通韜晦之術，在呂后當政，劉邦的其他諸子被殺時，劉恆都以謙退無爭得以幸免。周勃、陳平誅滅呂氏後，想立一個軟弱之徒，以利他們之控制，於是挑中了正在韜晦中的劉恆。㊺孝文帝既立　孝文帝元年為西元前一七九年。㊻雲中守　雲中，郡名，郡治在今內蒙古托克托東北。㊼坐虜大入塞　因守邊不善，使匈奴人大舉攻入漢朝境內而獲罪。坐，因；因……獲罪。塞，邊防工事。指長城與其他防守工事等。㊽盜劫　寇抄；搶掠。㊾置孟舒雲中十餘年　按：孟舒為雲中守在高祖九年，歷惠帝、呂后，至文帝即位，已近二十年。㊿毋故　同「無故」。無緣由；沒道理。(51)殺人　此指使人無故被殺。(52)隨張王敖之所在　跟著張敖到他要去的地方。(53)漢與楚相距二句　意即漢從與項羽長期作戰以來，士兵們一直沒有得到休整。罷，通「疲」。(54)匈奴冒頓　匈奴是戰國後期興起的北方的游牧民族，活動在今內蒙與蒙古共和國境內。秦漢之交時的匈奴首領名冒頓，西元前二〇九—前一七五年為單于，是使匈奴強大的關鍵人物，事跡見〈匈奴列傳〉。(55)新服北夷　剛把匈奴以北的各少數民族部落通通征服。意即正是兵強馬壯的時候。按：〈匈奴列傳〉有所謂「後北服渾庾、屈射、丁零、鬲昆、薪犂之國，於是匈奴貴人大臣皆服，以冒頓單于為賢」。其所征服者，大都在今蒙古共和國以北的俄羅斯境內，其時約當楚漢戰爭與劉邦在位期間。(56)不忍出言　不忍心下令讓他們出戰。(57)臨城死敵　為守城與敵人戰鬥而死。(58)復召孟舒以為雲中守　洪邁《容齋隨筆》曰：「孟舒、魏尚，皆以文帝時為雲中守，皆坐匈奴入寇獲罪，皆用他人言復故官，事切相類，疑其只一事云。」陳直《史記新證》曰：「孟舒事與魏尚大同小異，前人已疑其為一事也。可能孟舒為魏尚之字，〈馮唐傳〉稱其名，本傳稱其字。」史珥《四史剿說》曰：「孟舒為雲中守，田叔代為分解『長者殺人』處，立言最工，與馮唐論魏尚并切事情，收效相等。子長為李陵陳說，語意頗似而禍福遠甚者，所遇之主異也。子長紀田、馮二子時，不知於悒幾許！」(59)梁孝王　名武，文帝之子，景帝之弟。文帝二年（西元前一七八年）被封為代王，文帝四年（西元前一七六年）被改封為淮陽王，文帝十二年（西元前一六八年）被改封為梁王，都睢陽（今河南商丘西南）。事跡見〈梁孝王世家〉。(60)使人殺故吳相袁盎　事在景帝前元七年（西元前一五〇年）四月。因為梁孝王受其母竇太后溺愛，覬覦皇位，而其兄景帝有時也說話無心，於是更助長了梁孝王的非分之心。袁盎曾對此提出反對，因而被梁孝王派人刺死了。事情參見〈袁盎鼂錯列傳〉與〈梁孝王世家〉。袁盎，字絲，文帝、景帝時期的官僚。文帝時曾為吳王劉濞之相，景帝三年（西元前一五四年）吳楚七國作亂，袁盎與鼂錯相互傾軋，更與竇嬰陷鼂錯於死，今乃為梁孝王所殺。(61)召田叔　重新起用田叔。召，起用。(62)案梁　到梁國去查辦此事。(63)具得其事　將事情的原委都查清了。(64)死罪　陳直曰：「與漢代公牘稱『頓首死罪死罪』相同，不關於梁案事件。」(65)其事安在　有關的檔案資料都在哪裡。師古曰：「索其狀也。」(66)毋以梁事為　師古曰：「言不須更論之也。」意即不要再追問梁國的問題，因為一旦追問清楚，則處理起來將左右為難。(67)漢法不行　國家的法律不能順利執行。(68)此憂在陛下也　那您就要大傷腦筋了。憂，患；傷腦筋。褚少孫補〈梁孝王世家〉敘此事云：「獨梁王所欲殺大臣十餘人，文吏窮本之，謀反端頗見。太后不食，日夜泣不止。景帝甚憂之，問公卿大臣，大臣以為遣經術吏往治之，乃可解。於是遣田叔、呂季主往治之。此二人皆通經術，知大禮。來還，至霸昌廄，取火悉燒梁之反辭，但空手來對景帝。景帝曰：『何如？』對曰：『言梁王不知也。造為之者，獨其幸臣羊勝、公孫詭之屬為之耳。謹以伏誅死，梁王無恙也。』景帝喜說，曰：『急趨謁太后。』太后聞之，立起坐湌，氣平復。」楊樹達曰：「參校〈梁孝王傳〉，景帝未全用叔言也。」(69)魯相　景帝子魯恭王劉餘之相，魯國的都城即今山東曲阜。劉餘為人貪婪，好興土木，好遊獵。事見〈五宗世家〉。(70)言相　到魯相那裡告魯恭王的狀。按：吳、楚七國之亂被削平後，諸侯國的封地已經大大減少，諸侯王的權力也大被剝奪，諸侯國內的一切大事都由諸侯相作主。(71)訟王取其財物百餘人　謂有上百人訟王，言王取其財物也。訟，訴訟；告狀。鍾惺曰：「民乃訟王於相，漢諸侯相有權如此。」(72)渠率　首領。師古曰：「渠，大也。」(73)笞　用棍子、板子打。(74)搏　用手打臉。(75)王非若主邪　魯王難道不是你們的主子嗎？若，你；你們的。(76)中府錢　王宮倉庫裡的錢。中，指王宮。府，庫。(77)相毋與償之　我不替您去還。毋，通「無」。不。(78)苑　獵場。(79)輒休相就館舍　總是讓相到屋子裡休息。休相，使相休息。(80)暴坐　暴露在日光下、風雨中。(81)待王苑外　在獵場外待候魯王打獵完畢。(82)以官卒　死在了魯相的任上。(83)魯以百金祠　魯國王府以百斤金給田叔家作為祭禮。陳直曰：「兩漢慶弔之禮，贈遺極豐，如《漢書・儒林傳》紀歐陽地餘及〈朝侯小子殘碑〉（見《漢晉石刻墨影》），皆言『賻贈五百萬，不受』是也。」王先謙引沈欽韓曰：「以百金與其家為祠。」按：沈說較生，錄以備考。百金，漢稱黃金一斤為「一金」，「一金」可抵銅錢一萬枚。祠，祭祀。

【語譯】田叔是趙國陘城人，祖先是齊國田氏的後裔。他愛好劍術，曾向樂巨公學黃老之術。田叔為人嚴刻清廉，潔身自好，喜歡與有名望的人交遊。趙國人將他推薦給丞相趙午，趙午又將他推薦給趙王張敖，張敖命他為郎中。數年，以率直清廉受人稱道。趙王很賞識他，但未遇機會升他的官。

2 陳豨在代地發動叛亂，漢七年，劉邦率軍前往鎮壓。回程途經趙國，趙王親自端飯侍奉劉邦進餐，態度非常恭敬。劉邦以趙王的岳父自居，長伸著兩腿坐在席上，大聲辱罵趙王。丞相趙午等數十人都憤怒不已，他們對趙王說：「大王侍奉皇上禮節甚恭，而他對待大王如此傲慢無禮，臣等請求殺了他。」趙王咬指出血發誓說：「當年先人失國，若無陛下，我們死無葬身之地。今天你們怎能說出這樣的話！不要再說了！」於是貫高等人私下說：「大王是長者，不忘皇上恩德。」但他們私下還是圖謀殺害劉邦。後來事情洩漏，劉邦下令逮捕趙王及其部下要造反的大臣。這時趙午等人都紛紛自殺，唯有貫高情願被逮捕入獄。劉邦下令說：「趙國的吏民有敢隨趙王者，罪及三族。」這時孟舒、田叔等十幾個大臣都換上褐色囚衣，剃去頭髮，戴上刑具，扮作趙王的家奴，隨趙王到了長安。貫高等謀殺劉邦而與趙王無關的事得以弄清，趙王被釋放了，只是廢除了他的王位，將其降為宣平侯。張敖向劉邦薦舉了田叔等十餘人。劉邦全都召見，與他們談話後，覺得朝中大臣沒有人能超過他們。劉邦很高興，把這十多個人全都拜為郡守、諸侯相。田叔為漢中郡守十餘年，這期間，呂后病死，諸呂作亂，大臣誅滅諸呂，擁立了孝文帝。

3 孝文帝即位後召見田叔，問他：「您知道天下誰是長者嗎？」田叔回答：「臣哪裡知道誰是長者呢？」文帝說：「您就是長者，所以應該知道。」田叔叩頭說：「當初的雲中郡守孟舒，是個長者。」當時孟舒正因為匈奴人入塞搶劫，雲中受害嚴重，而被罷官。文帝說：「先帝讓孟舒在雲中做官十幾年，胡人侵入，他不能堅守，無故戰死數百人。長者難道讓士卒如此被殺嗎？您為什麼說孟舒是長者？」田叔叩頭回答：「這件事正好說明孟舒是長者。當初貫高謀反的時候，上頭明確下令，誰敢跟隨趙王進京，罪誅三族。這時孟舒自己剃去頭髮，戴上刑具，隨趙王來到長安，決心以死伴君，難道他知道會被放出做雲中郡守嗎？漢與楚爭天下好幾年，士卒疲憊，強大的匈奴人剛征服了北方地區，轉頭進犯我們邊郡，孟舒知道我們的士兵疲勞，不忍心下令叫他們出戰。可是士卒們卻登城死戰，如同兒子為了父親、弟弟為了哥哥，所以戰死了數百人。這哪裡是孟舒故意趕著他們送死呢！這就是我以為孟舒是長者的理由。」文帝聽了感動地說：「賢人啊，孟舒！」於是重新起用孟舒為雲中郡守。

4 幾年以後，田叔因違法被罷官。這時梁孝王派人刺殺了前吳王丞相袁盎。景帝重新啟用田叔讓田叔查處此案。田叔查清案情後，回朝覆命。景帝問：「梁孝王殺人屬實嗎？」田叔回答：「臣昧死稟告，實有其事。」景帝問：「相關的檔案資料在哪裡？」田叔回答：「皇上就不要再追究此案了。」景帝問：「為什麼？」田叔說：「如果陛下徹底追查，梁孝王不伏法受誅，那將是國法不行；如果梁孝王伏法，那麼太后就將食不甘味，臥不安席，到那時陛下的麻煩就更大了。」景帝讚美他的仁德，命他為魯相。

5 田叔剛上任，民眾紛紛上訴，控告魯王掠奪百餘人家財。田叔抓來二十個帶頭鬧事的人，每人打了五十板，其餘者各掌嘴二十下。他生氣地說：「魯王難道不是你們的主子嗎？你們怎麼誣陷他？」魯王聽到這些非常慚愧，就把王宮倉庫裡搶來的財物拿給田叔，讓田叔還給他們。田叔說：「大王搶來的財物讓我還，這是您做惡事，我做善事。我不替您去還。」於是魯王親自將財物全部還給了他們。

6 魯王愛好打獵，田叔總跟著他到獵場。魯王讓他在館舍休息，他卻露天坐在獵場邊上等魯王狩獵歸來。魯王派人請他回去，他總是不聽，說：「大王在露天獵場奔馳，我怎能獨自回去休息呢！」這一來魯王也就不好意思再經常出去打獵了。

7 幾年以後，田叔在魯相任上與世長辭，魯王賜百金為他祭祀，田叔的小兒子田仁不肯接受，說：「不能因為百金而損害先父的名聲。」

仁以壯健為衛將軍❶舍人❷，數從擊匈奴❸。衛將軍進言仁❹，仁為郎中。數歲，為二千石丞相長史❺，失官。其後使刺舉❻三河❼。上東巡，仁奏事有辭❽，上說，拜為京輔都尉❾。月餘，上遷拜為司直❿。數歲⓫，坐太子事⓬。時左丞相⓭自將兵，令司直田仁主閉守城門⓮，坐縱太子，下吏誅死⓯。仁發兵⓰，長陵令⓱車千秋⓲上變仁⓳，仁族死。陘城今在中山國⓴。

【章旨】以上為第二段，簡敘田仁因縱太子而喪命事，這在當時屬敏感話題，故無法細講。

【注釋】❶衛將軍　衛青。武帝時名將，以破匈奴功封長平侯，官大將軍，事跡見〈衛將軍驃騎列傳〉。「大將軍」為武帝時所設官名，實權在丞相之上。❷舍人　官僚貴族門下的親信、佣人。❸數從擊匈奴　有關衛青多次率軍伐匈奴的事情，詳見〈衛將軍驃騎列傳〉。❹進言仁　向武帝推薦田仁。❺為二千石丞相長史　以二千石的級別任丞相長史。長史，丞相的屬官，為諸史之長，猶今之祕書長，秩千石。當時的丞相為公孫賀，衛青的姐夫。公孫賀為丞相自武帝太初二年（西元前一〇三年）起，至征和二年（西元前九一年）因「巫蠱」事下獄死，共為相十二年。❻刺舉　調查舉報。刺，察。❼三河　指河東（郡治安邑，今山西夏縣西北）、河南（郡治雒陽，今河南洛陽東北）、河內（郡治懷縣，今河南武陟西南）三郡。刺察各郡的任務當時由丞相臨時派遣其長史充任，後來遂演變成專門的「刺史」官。❽上東巡二句　武帝之大舉東巡，蓋自元封元年（西元前一一〇年）始，從此遂屢至泰山封禪，至東海巡遊求仙。仁之「奏事有辭」不知確在何時。有辭，辭令巧妙。❾京輔都尉　首都及其郊區的軍事長官。當時稱京兆尹、左馮翊、右扶風為「三輔」。❿司直　丞相的屬官，主管察舉不法，秩比二千石。田仁任司直時的丞相，開始時仍為公孫賀，最後一年為劉屈氂。⓫數歲　幾年之後，此指征和二年之七月。「征和」是武帝的第十個年號（西元前九二—前八九年）。⓬坐太子事　按：四字應與下文之「下吏誅死」相連貫，調「坐太子事下吏誅死」也，其原因則中間之夾注句：「時左丞相自將兵，令司直田仁主閉守城門，坐縱太子」。太子，名據，衛皇后所生。武帝晚年疑神疑鬼，奸人江充遂誣衊太子，說太子以巫蠱害武帝，派江充往抄太子家，太子怒斬江充。武帝派丞相劉屈氂率兵討太子，太子起兵相抗，大戰長安城中，死者數萬人。⑬左丞相　劉屈氂，於征和二年繼公孫賀為左丞相。時奉武帝命討伐太子劉據。⑭主閉守城門　令其不要放走太子。⑮坐縱太子二句　由於田仁故意放走了太子，故而田仁被武帝下獄誅死。具體過程見《漢書》之〈武五子傳〉與〈江充傳〉。凌稚隆引凌約言曰：「田仁坐縱太子，毋乃亦欲全人骨肉之間而不可得耶？」按：田仁縱太子之初衷見下文。⑯仁發兵　以下數語繁蕪詞費。趙翼曰：「既云『丞相司直田仁主閉守城門，因縱太子，下吏誅死』，下又云『仁發兵，長陵令車千秋上變仁，仁族死』，文既繁復，且不可解。」李景星曰：「此十五字，疑後人附著異說，誤入正文。」⑰長陵令　「長陵」是劉邦陵墓的名稱，在當時的咸陽城東北，今西安市正北，保存完好。「長陵令」是為劉邦陵墓所設園邑的行政長官，其級別與縣令相同，而比縣令略高。⑱車千秋　史珥曰：「此別一車千秋，非田千秋以乘車入殿而稱『車千秋』者。」⑲上變仁　上書告發田仁有大逆。變，舉報謀反的信件。按：據後文「司直以為太子骨肉之親，父子之間不甚欲近，去之諸陵過」，則是太子逃出長安後，曾經由長陵而後東出也。⑳陘城今在中山國　陳仁錫曰：「此句不類太史公語，此本訓注，而後人誤入本文也。」

【語　譯】田仁健壯果敢，先曾做過衛青的舍人，多次隨軍出擊匈奴。衛將軍向朝廷推薦田仁，武帝任以為郎中。幾年後，他當了二千石的丞相長史，又因為失職受到處罰。後來武帝派他去監察河南、河東、河內三郡的政務。武帝東巡時，田仁向武帝當面奏事辭令巧妙，武帝很欣賞，又命他做京輔都尉。一個多月後，提升為丞相司直。幾年以後，戾太子被誣圖謀不軌，左丞相帶兵搜捕，令田仁閉守城門，而田仁卻把太子放走了，於是田仁被法辦，處死。田仁抗旨發兵，長陵令車千秋舉報田仁叛亂，田仁合族被滅。陘城縣屬於中山國。

太史公曰：孔子稱曰：「居是國必聞其政❶。」田叔之謂乎！義不忘賢❷，明主之美以救過❸。仁與余善，余故并論之❹。

【章　旨】以上為第三段，是作者的論贊。作者明確稱頌田叔，而對田仁的放走太子以致遭難，寄予深切同情。

【注　釋】❶居是國必聞其政　語見《論語·學而》，原文作「夫子至於是邦也，必聞其政」。作者引此語以讚揚田叔不論到什麼地方，都努力解決那個地區所存在問題的行為表現。❷義不忘賢　指其為孟舒仗義直言。❸明主之美以救過　指讓魯恭王自己把搶來的錢發還給百姓。❹仁與余善二句　此敏感話題，故不得不一帶而過。

【語　譯】太史公說：孔子說：「到哪個國家就要過問那個國家的政事。」田叔就是這樣的人吧！田叔講仁義不忘舉賢，能表揚主子的美德而補救其過失。田仁與我是朋友，所以我將他們父子的事情一齊寫了出來。

1 褚先生❶曰：臣為郎時❷，聞之曰田仁故與任安❸相善。任安，滎陽❹人也。少孤、貧困，為人將車❺之長安，留，求事為小吏❻，未有因緣❼也。因占著名數，家於武功❽。武功，扶風❾西界小邑❿也，谷口蜀剗道近山⓫。安以為武功小邑，無豪，易高⓬也。安留，代人為求盜、亭父⓭，後為亭長⓮。邑中人民俱出獵，任安常為人分麋鹿雉兔⓯，部署老小當壯劇易處⓰。眾人皆喜，曰：「無傷⓱也，任少卿分別平⓲，有智略。」明日復合會⓳，會者數百人。任少卿曰：「某子甲⓴何為不來乎？」諸人皆怪其見之疾㉑也。其後除㉒為三老㉓，舉為親民㉔，出為三百石長㉕，治民。坐上行出游共帳不辦㉖，斥免㉗。

2 乃為衛將軍舍人，與田仁會㉘，俱為舍人，居門下，同心相愛。此二人家貧，無錢用㉙以事將軍家監㉚，家監使養惡齧馬㉛。兩人同牀臥，仁竊言曰：「不知人哉家監也！」任安曰：「將軍尚不知人，何乃㉜家監也！」衛將軍從此兩人㉝過平陽主㉞，主家㉟令兩人與騎奴同席而食㊱，此二子拔刀列斷席㊲別坐。主家皆怪而惡㊳之，莫敢呵㊴。

3 其後有詔募擇㊵衛將軍舍人以為郎，將軍取舍人中富給㊶者，令具鞌馬、絳衣、玉具劍㊷，欲入奏之。會賢大夫少府㊸趙禹㊹來過衛將軍，將軍呼所舉舍人㊺以示趙禹。趙禹以次問之，十餘人無一人習事有智略者。趙禹曰：「吾聞之，將門之下必有將類。傳㊻曰：『不知其君，視其所使；不知其子，視其所友㊼。』今有詔舉將軍舍人者，欲以觀將軍而能得賢者文武之士也。今徒取富人子上之，又無智略，如木偶人衣之綺繡耳，將柰之何？」於是趙禹悉召衛將軍舍人百餘人，以次問之，得田仁、任安，曰：「獨此兩人可耳，餘無可用者。」衛將軍見此兩人貧，意不平。趙禹去，謂兩人曰㊽：「各自具鞌馬、新絳衣。」兩人對曰：「家貧無用具㊾也。」將軍怒曰：「今兩君家自為貧，何為出此言？鞅鞅㊿如有移德(51)於我者，何也？」將軍不得已，上籍以聞(52)。有詔召見衛將軍舍人，此二人前見(53)，詔問能略，相推第也(54)。田仁對曰：「提桴鼓(55)立軍門，使士大夫樂死戰鬬(56)，仁不及任安。」任安對曰：「夫決嫌疑[57]，定是非，辯治官[58]，使百姓無怨心，安不及仁也。」武帝大笑曰：「善！」使任安護北軍[59]，使田仁護邊田穀於河上[60]。此兩人立名天下。

4 其後用任安為益州刺史[61]，以田仁為丞相長史。

5 田仁上書言：「天下郡太守多為姦利[62]，三河尤甚，臣請先刺舉三河。三河太守皆內倚中貴人[63]，與三公[64]有親屬，無所畏憚，宜先正三河以警天下姦吏。」是時河南、河內太守，皆御史大夫杜[65]父兄子弟[66]也；河東[67]太守，石丞相[68]子孫也。是時石氏九人為二千石[69]，方盛貴。田仁數上書言之[70]。杜大夫及石氏使人謝謂[71]田少卿[72]曰：「吾非敢有語言也，願少卿無相誣汙[73]也。」仁已刺三河[74]，三河太守皆下吏誅死。仁還奏事，武帝說，以仁為能不畏彊禦[75]，拜仁為丞相司直，威振天下。

6 其後逢太子有兵事，丞相自將兵，使司直主城門。司直以為太子骨肉之親，父子之間不甚欲近[76]，去之諸陵過[77]。是時武帝在甘泉[78]，使御史大夫暴君[79]下責丞相「何為縱太子」[80]，丞相對言「使司直部守[81]城門而開[82]太子」。上書以聞，請捕繫司直。司直下吏，誅死。

7 是時任安為北軍使者護軍，太子立車[83]北軍南門外，召任安，與節[84]令發兵[85]。安拜受節，入，閉門不出。武帝聞之，以為任安為詳邪[86]，不傅事，何也[87]？任安笞辱北軍錢官小吏，小吏上書言之，以為受太子節[88]，言「幸與我其鮮好者[89]」。書上聞，武帝曰：「是老吏[90]也，見兵事起，欲坐觀成敗，見勝者欲合從之[91]，有兩心[92]。安有當死之罪甚眾[93]，吾常活之[94]，今懷詐，有不忠之心。」下安吏，誅死[95]。

8 夫月滿則虧，物盛則衰[96]，天地之常也。知進而不知退，久乘富貴[97]，禍積為祟[98]。故范蠡之去越[99]，辭不受官位，名傳後世，萬歲不忘，豈可及哉！後進者慎戒之[100]。

【章　旨】以上為第四段，是褚少孫補寫的有關田仁、任安的事跡。

【注　釋】❶褚先生　名少孫，元帝、成帝時期人，為梁相褚大弟之孫。是司馬遷《史記》最早的研讀者與整理者之一，其簡略生平與其所補的作品見於〈三代世表〉、〈外戚世家〉、〈梁孝王世家〉、〈三王世家〉、〈張丞相列傳〉、〈田叔列傳〉、〈滑稽列傳〉、〈龜策列傳〉八篇。❷臣為郎時　指元帝（西元前四八—前三三年）、成帝（西元前三二—前七年）年間。❸任安　字少卿，司馬遷的朋友，曾為北軍使者護軍，與田仁皆死於征和二年的「巫蠱之禍」。其事跡除見於褚少孫所補之本文外，還見於司馬遷所寫的〈報任安書〉。〈報任安書〉最早見於《漢書·司馬遷傳》，其次即見於蕭統的《昭明文選》。❹滎陽　漢縣名，縣治在今河南滎陽東北。❺將車　《索隱》曰：「猶御車也。」即駕車、趕車。❻求事為小吏　想尋找一個做小吏的差事。❼未有因緣　沒有機會；無人介紹。❽因占著名數二句　意即將自己的戶口落在了武功縣。占著名數，《索隱》曰：「猶今附籍然也。」即把自己的姓名、年齡落在某地的戶籍上。家於武功，四字原無。據景祐本、紹興本、耿本、彭本、柯本、凌本、殿本、會注本補。武功，漢縣名，縣治在今陝西武功西南，當時屬於右扶風。❾扶風　長安西部郊區的郡名，與京兆尹、左馮翊合稱「三輔」，郡治都在長安城。❿西界小邑　靠近西部邊界的小縣。⓫谷口蜀劙道近山　意即離著谷口不遠，向裡走就是通往蜀地的棧道。谷，指駱谷。劙道，山間以竹木搭成的空中通道。劙，此處通「棧」。⓬無豪二句　沒有更多的豪傑長者，自己容易出人頭地。⓭求盜亭父　都是亭長手下的小吏名。《正義》引應劭曰：「舊時亭有兩卒，其一為亭父，掌關閉掃除；一為求盜，掌逐捕盜賊也。」⓮亭長　《漢書・百官公卿表》：「大率十里一亭，亭有長也。」「亭」是「鄉」之下一級的居民管理單位，劉邦起事前亦任亭長。⓯為人分麋鹿雉兔　集體打獵後，給人們分配獵獲物。陳直曰：「西漢人共獵所獲之鳥獸，若瓜分時，老少壯年三等人固屬分有多少，並且爵位高低亦互有多少。證之《九章算術》，有算題云：『今有大夫、不更、簪褭、上造、公士凡五人，共獵得五鹿，欲以爵次分之，問各得幾何？』算題雖為假設，亦必符合於當時實際情況，與褚先生所補傳文頗為適合。」⓰部署老小當壯劇易處　當壯，丁壯；壯年人。劇，繁；難。不好辦的事情。王念孫曰：「當，丁也。言部署其人之老小丁壯，及事之難易也。」⓱無傷　猶言〈蕭相國世家〉中之「無害」。意即幹得好、沒得說。⓲分別平　分別，分發。即前之所謂「分麋鹿雉兔」。按：褚少孫此處之描寫任安，完全學自〈陳丞相世家〉之寫陳平。⓳合會　聚會。⓴某子甲　猶言「某某人」。㉑見之疾　眼力好，看得快，也兼指記性好。㉒除　任命；任用。㉓三老　鄉官。《漢書・百官公卿表》：「十亭一鄉，鄉有三老，掌教化。」㉔舉為親民　被稱道為親近百姓的好官吏。舉，推舉，也可以讀為「譽」。陳直曰：「以文例求之，『親民』亦當為鄉官名稱之一，《十鐘山房印舉》有『安民正印』，『親民』與『安民』同義，疑屬於『里正』一類。」按：陳說雖尚缺證據，但說法值得注意。㉕三百石長　小縣的縣令。《漢書・百官公卿表》：「萬戶以上為令，秩千石至六百石。減萬戶為長，秩五百石至三百石。」㉖上行出游共帳不辦　皇帝巡遊到此，縣裡沒有事先準備好一切應有的物資供應。共帳，指備辦酒筵，供應吃喝。不辦，沒有籌措好。㉗斥免　被罷官。㉘與田仁會　與田仁一道。會，遇；碰在一起。㉙錢用　錢財物品。㉚以事將軍家監　給衛青的管家送禮。將軍家監，衛青家的管家。㉛惡齧馬　不老實、愛咬人、踢人的馬。㉜何乃　何止；豈只。㉝從此兩人　讓他們兩個人跟著。㉞過平陽主　到平陽公主家作客。過，過訪。平陽主，漢武帝的姐姐，原稱陽信公主，因嫁與平陽侯曹壽為妻，故也稱平陽公主。此人後來與曹壽離婚，嫁給了衛青。有關平陽公主的事情，見〈外戚世家〉。㉟主家　此指平陽公主家的管事人。㊱同席而食　同坐在一張席子上吃飯。㊲列斷席　將一張坐席割成兩塊。列，通「裂」。㊳惡　厭惡。㊴呵　申斥。㊵募擇　招募挑選。按：從衛青家的舍人中「募擇」郎官，這是皇帝對衛青的一種特別信任與優寵。㊶富給　富裕；經濟條件好。㊷令具窴馬絳衣玉具劍　讓他們自己準備好鞍馬、服裝、佩劍，準備入宮服務。具，準備。絳衣，紅衣，皇帝郎官的服色。玉具劍，有美玉作為裝飾的佩劍。按：皇帝身邊的郎官，有一些是憑著父兄的保薦，有一些是憑著自己家的錢多，這些人到皇帝身邊效力時，都要自備鞍馬、服飾、佩劍，每年都要賠進許多錢。這種情況可參見〈張釋之馮唐列傳〉。但由於職務榮耀，故仍為許多人所樂為，有的郎官竟然自身是侯爵。㊸少府　九卿之一，主管為皇帝的家庭理財。㊹趙禹　武帝時的酷吏，曾與張湯一道修訂漢朝律法。事跡見〈酷吏列傳〉。司馬遷將趙禹列為「酷吏」，褚少孫在這裡稱之為「賢大夫」，判斷標準相差不少。淩稚隆引許相卿曰：「趙禹，刀筆吏耳，然能知此兩人，賢於衛將軍遠矣，此褚先生所以稱之也。」㊺所舉舍人　準備推薦給皇帝去做郎官的那些人。㊻傳　當時用以泛稱前賢的著作。㊼不知其君四句　《荀子・性惡》有所謂「不知其子視其友，不知其君視其左右」，意思與此略似。㊽謂兩人曰　主語為衛將軍。㊾無用具　即「無以具」。無法準備。用，此處通「以」。㊿鞅鞅　惱怒的樣子。[51]移德　移恨；遷怒。[52]上籍以聞　將其名字上報皇帝知道。籍，名單；履歷。[53]前見　到皇帝跟前，拜見皇帝。[54]詔問能略二句　當皇帝問起他們二人各自有何本事的時候，兩個人彼此相互推崇。能略，猶前所謂「智略」。推第，推別人居己之前。第，等。[55]提桴鼓　指擊鼓以發號令。桴，鼓槌。[56]使士大夫樂死戰鬭　以言任安之善於用兵，能得士眾之心。[57]決嫌疑　判斷不易判斷的事情。嫌疑，似是而非，似非而是，難以辨別。[58]辯治官　處理官場事務清楚明白。辯，清楚。[59]護北軍　即任北軍使者護軍，以皇帝特派員的身分監督北軍。北軍，說法不一，有說猶如後代之首都衛戍部隊，受中尉統領；有說指護衛未央宮的部隊，由衛尉統領，其實諸說皆非。「北軍」、「南軍」是駐紮於京城的兩支近衛軍，正如清朝的「豐臺大營」，由皇帝特別信任，而又級別很高的官員統領，如惠帝時之任太尉周勃主北軍；呂后之任趙王呂祿主北軍，任相國呂產主南軍；文帝之任宋昌為衛將軍「鎮撫南北軍」，皆是也。中尉、衛尉，僅為「九卿」級，未聞有此權威，亦未聽說李廣、程不識等曾統領南北軍也。其餘參見〈呂太后本紀〉。護，監督；監護。[60]護邊田穀於河上　監護北部邊防一帶的糧食生產與糧食儲存。河上，指今內蒙臨河一帶的黃河邊上。[61]益州刺史　西漢前期，朝廷直接統轄各郡與各諸侯國；至武帝元封五年（西元前一〇六年），漢王朝將全國劃分為十三個「刺史部」，每個「刺史部」各統郡、國若干。如「益州刺史部」即統有蜀郡、巴郡、漢中郡、廣漢郡、犍為郡等等。這些「刺史部」並不是一級政府，只是委派「刺史」按一定季節到各郡、國去視察、了解一些事情，回來向皇帝報告。這些「刺史」的級別開始也很低，只有六百石，相當於一個中等縣的縣官。後來逐漸變化，到東漢末年，各州的刺史遂儼然成為割據一方的諸侯了。[62]為姦利　以不法手段謀取財貨。[63]中貴人　宮廷內的顯貴。即受皇帝寵愛的宦官。[64]三公　指丞相、太尉、御史大夫。(65)御史大夫杜　即杜周，是司馬遷所深惡痛絕的人物之一。事跡詳見〈酷吏列傳〉。(66)父兄子弟　用詞彆扭，其實這裡即指「子弟」，無所謂「父兄」。〈酷吏列傳〉云：「天子以為（杜周）盡力無私，遷為御史大夫，家兩子，夾河為守。」所謂「夾河為守」，就是指一個任河內太守，一個任河南太守，兩郡夾河相望。(67)河東　漢郡名，郡治安邑（今山西夏縣西北）。(68)石丞相　名慶，萬石君石奮之子，武帝元鼎五年（西元前一一二年）繼趙周為相，居相位共十年，是司馬遷筆下的平庸宰相之一。事跡見〈萬石張叔列傳〉。(69)石氏九人為二千石　〈萬石張叔列傳〉云：「慶方為丞相，諸子孫為吏更至二千石者十三人。」(70)上書言之　指向皇帝反映他們的問題。(71)謝謂　意即相告。謝，告。(72)田少卿　少卿為田叔的字，此處應指田仁。(73)誣汙　栽贓陷害。(74)已刺三河　刺舉三河事畢。(75)彊禦　豪強橫暴。(76)不甚欲近　張文虎曰：「疑當作『不欲甚迫』。」意即不想逼得太緊。(77)去之諸陵過　放他從前代皇帝陵墓的方向逃走了。西漢前幾代皇帝的陵墓在當時長安城的東北方，據前文之「長陵令車千秋上變仁」云云，知太子當時出長安後，的確是經由「諸陵」，逃到了湖縣（今河南靈寶西北）。(78)甘泉　指甘泉山上的甘泉宮，在今陝西淳化西北。其地既可避暑，又有祭天、求仙的許多建築，故武帝屢屢前往。此次武帝去甘泉宮在征和二年（西元前九一年）夏。(79)御史大夫暴君　名勝之，字公子，自武帝太始三年（西元前九四年）為御史大夫。(80)責丞相何為縱太子　據《漢書‧武帝紀》，當時放太子出城者，即御史大夫暴勝之與丞相司直田仁，是暴勝之當時不在甘泉也。梁玉繩曰：「御史大夫暴勝之，與田仁同坐太子事誅，而云『帝在甘泉，使暴君下責丞相』何耶？」(81)部守　率兵把守。(82)開　讓路；放走。(83)立車　停車等候。(84)與節　授與任安符節。因武帝當時不在京城，太子與皇后共謀起兵，故以皇帝的符節予任安。節，符節。將軍受命所持的信物。(85)令發兵　令任安發北軍以助太子。(86)詳邪　假裝從逆，指受太子節。詳，通「佯」。(87)不傳事二句　《索隱》曰：「不傳事，可也。」蓋《索隱》以為本文「何」字應作「可」。意即任安沒有附和、幫助太子，表現還是可以的。不傳事，不做事。即不發兵以助太子。傳，傳會；迎合。《索隱》曰：「謂詐受節不發兵，不傳會太子也。」(88)受太子節　指任安在接受太子節的時候。(89)幸與我其鮮好者　《索隱》曰：「謂太子請其鮮好之兵甲也。」按：此似謂日後請多關照一些美差。鮮好者，指官場利益而言。(90)老吏　老奸巨猾之吏。(91)見勝者欲合從之　意謂他現在之所以按兵觀望，是想等看出勝負的苗頭時，再與勝者聯合。合從，同「合縱」。這裡即指「聯合」。(92)兩心　兩頭觀望，誰勝了投靠誰。(93)甚眾　不只一次。(94)吾常活之　我曾經饒過他的命。常，通「嘗」。曾經。(95)下安吏二句　事在征和二年十二月，即司馬遷寫〈報任少卿書〉後不久。(96)月滿則虧二句　古代俗語。意為事物發展到一定程度，就要向其反面轉化。(97)久乘富貴　長久的處在富貴地位。久乘，猶言「久居」。(98)禍積為祟　就要漸漸地積累成災難。祟，這裡指災難。(99)范

蠡之去越　范蠡是春秋末期越王句踐的謀臣，在協助句踐滅吳後，遂辭別越王，乘舟泛五湖而去，此即人們通常所稱羨的「功成身退」。事見《國語・越語下》及〈越王句踐世家〉。[100]後進者慎戒之　褚少孫想告訴人不可留戀富貴，但他所寫的田仁與任安都不是典型的貪戀富貴者，而且也說不上官有多大，權有多大。田仁與任安所遇到的是封建社會中所突發的令人無法逃避的災難：暴勝之與田仁都是同情太子，因放走太子而被武帝誅滅；劉屈氂及湖縣的一批人是因為堅決追殺太子而被武帝誅滅；任安則是因為騎牆而被武帝誅滅。三條道路沒有一條不是死路，褚少孫不從這些地方立議，而空洞地說什麼「月滿則虧」，實在文不對題。

【語　譯】褚先生說：我為郎官時，聽說田仁從前與任安有交情。任安是滎陽人，年少時孤苦伶仃、家境貧困。他為人拉車到長安，便待在長安，要找一個差事，卻沒有機會。他自報戶籍落戶，在武功定居。武功是扶風郡西部的小鎮，谷口有通往巴蜀的棧道。任安認為武功沒有豪門大戶，容易出人頭地，就在這裡安心住了下來。任安先是替人做求盜、亭父，後來又做亭長。當這個小鎮的居民秋後集體打獵時，他常為大家分配獵物，並組織老小及成年人分配他們各自做力所能及的活動。人們皆大歡喜，說：「幹得好，任少卿辦事公平，又有智慧謀略。」第二天數百人集會，任少卿說：「某某人今天為什麼沒來？」他的心明眼快，使大家非常驚異。這以後他當過三老，被稱道為親近百姓的好官吏，又當過小縣的縣令，治理過民政。後來因為武帝突然到此，任安沒能事先準備好供應物資，遭斥責免官。

2 任安後來給衛青當舍人，與田仁一道，都在衛青門下當舍人，兩人相知相惜。由於他們兩個家境貧寒，沒錢孝敬衛青的管家，於是管家便派他們兩個飼養烈馬。他們兩人同牀睡覺，田仁說：「這個管家可真是不能識人啊！」任安說：「連將軍都不能識人，更何況他的管家呢！」有一次，衛青讓他們兩個跟著去拜訪平陽公主，公主的管家讓他們兩個與公主的騎奴同席而坐，他們兩個舉起刀來將席子割為兩段，以示絕不與騎奴同席。公主家的人對他們這種表現既驚訝又反感，但不敢呵斥他們。

3 後來，皇帝下詔從衛將軍舍人中選拔傑出者為郎官，衛將軍從舍人中挑選幾個有錢的人，讓他們自己籌備鞍馬、絳衣、寶劍，正準備將名單上報。此時恰逢賢大夫少府趙禹來拜訪衛將軍，衛將軍將挑選的舍人叫來讓趙禹過目。趙禹逐個詢問了一遍，結果十多人裡沒有一個有本事有智謀的。他說：「我常聽說，將門之下必有將才。古書上也說：『不知其君，看他所重用的人；不知其人，看他所交往的人。』皇上下詔要從你家的舍人裡選拔郎官，目的是想看看你門下有多少賢能的文武之士。現在你只舉薦這些富人之子，無智無謀，都像身穿綺繡的木偶，這怎麼行呢？」於是趙禹將衛將軍百名舍人全部召集來，逐一詢問，而合意者只有田仁、任安二人。趙禹說：「唯獨這兩個還可以，其他人不堪一用。」衛將軍看他兩個如此貧困，心裡很不高興。趙禹走後，衛將軍對他們二人說：「你們各自準備鞍馬、絳衣吧。」兩人回答：「家窮無錢籌辦。」衛將軍生氣說：「你們家窮是你們自己家的事，為什麼對我發脾氣？你們氣呼呼的，好像要遷怒於我，這是為什麼？」衛將軍不得已，只好將他們造冊上報了。武帝下令召見衛將軍家的兩個舍人，二人來到武帝跟前。武帝讓他們各自談談自己的才能謀略，兩人互相推讓。田仁說：「執桴鼓立於軍門，令將士視死如歸，勇於戰鬥，我不及任安。」任安說：「決是非，辯吏治，使百姓樂業而無怨，我不及田仁。」武帝大笑說：「好極了！」於是命任安為北軍的監軍，命田仁管理河套地區黃河兩岸的農墾。從此兩人揚名天下。

4 以後，任安當過益州刺史，田仁為丞相長史。

5 田仁上書說：「天下郡守多行姦佞貪利之事，三河尤其嚴重，我認為查辦貪贓枉法應該從三河開始。三河郡守都是內靠達官貴人，與三公有親屬關係，所以肆無忌憚。首先整頓三河，可以警告天下汙吏。」這時河南、河內太守是御史大夫杜周的父兄子弟，河東太守是石丞相的子孫。石氏有九人為二千石的官員，顯赫高貴。田仁多次上書談及此事。杜大夫及石氏派人向田仁求情說：「我們不敢請您關照我們什麼，我們只希望您不要誣陷我們。」等田仁查辦三河完畢，三個郡的太守都被法辦處以死刑。田仁回朝上奏，武帝很高興，以為田仁不畏強暴，任命他為丞相司直，於是田仁威震天下。

6 後來到衛太子發動兵變時，丞相率兵伐罪，讓田仁負責守衛城門。田仁以為太子與皇上是骨肉之親，對於父子之間的矛盾不應處理得太過分，因而他放太子出城往先帝們的諸陵方向逃去了。這時武帝在甘泉宮，他讓御史大夫暴勝之斥責丞相「為什麼放走太子」，丞相說：「我派司直監守城門，是他放走太子。」丞相上奏此事，請逮捕司直。田仁被下獄，依法處死。

7 這時任安正為北軍使者護軍。太子抵達北軍的營門外，站在車上，召見任安，授他符節，令他發兵援助自己。任安以軍禮受節，入營後閉門不出。武帝聞訊，開始以為任安大概是假裝受節，不會與太子同流合汙。但是為什麼又按兵不動？任安曾鞭笞過北軍中管錢糧的小吏，這個小吏上書，舉報任安在接受太子符節的時候說：「請太子關照我一個美差。」武帝看到小吏上書，說：「任安是個老滑頭，他見到太子起兵，想要坐觀成敗，誰勝了就投靠誰，有二心。任安犯有許多死罪，我曾饒他不死。今懷鬼胎，有不忠之心。」於是將任安下獄，依法處死。

8 月滿則虧，物盛將敗，這是天地間的常理；知進而不知退，久處富貴之地就會積禍成災。所以范蠡功成後趕緊離開越國，辭官不做，於是名傳後世，萬載不忘，誰能比得了呢！後來人應引以為鑒戒。

【研析】〈田叔列傳〉的思想內容有以下幾點：

一、作品描寫了田叔這樣一個略具「黃老」色彩，但卻是一個公而忘私，有才幹、有操守的「名臣」兼「長者」的形象。田叔原在趙王張敖手下為郎中，地位低下，本與貫高謀殺劉邦無涉，但當張敖蒙冤被詔進京時，他自願髡鉗為奴，不離不棄的跟在趙王身後，顯示了他的為人忠義，不怕犧牲；當他的朋友孟舒為邊將守城，與匈奴作戰損失慘重，受到皇帝譴責時，田叔稱孟舒為「長者」，設身處地的為孟舒的行為進行了分析、辯護，表現了他的正直敢言，明於事理，這兩項都不屬於「黃老」性質。作品記述了田叔規勸魯恭王的幾件事，柔中有剛，更像是儒者風度。唯有在調查處理梁國刺殺袁盎的事情上，他勸景帝不了了之，從而調和了最高統治者家庭內部的尖銳矛盾，此舉最接近於「黃老」。田叔是識大局、知大體，有柔有剛，被司馬遷所傾心歌頌的人物。在〈梁孝王世家〉的篇後，褚少孫補敘了田叔與呂季主按察梁事回京時，「至霸昌廄，取火悉燒梁之反辭」，而對景帝說：「言梁王不知也。獨其幸臣羊勝、公孫詭之屬為之耳。」於是「景帝喜說」，「太后聞之，立起坐飡，氣平復」，摹寫過程較本文為詳，也很生動。但結尾稱讚田叔說：「不通經術知古今之大體，不可以為三公及左右近臣。少見之人，如從管中闚天也。」在褚少孫的心目中，田叔則完全是一個「通經術、知大體」的儒者，話裡話外浸透著漢代尊儒的一股酸氣，與司馬遷本文中的欣賞傾向完全不同。

二、作品附記述了田叔的兒子田仁的簡略事跡。田仁是司馬遷的朋友，為人正直，有俠義感，本來可以好好的寫一篇；但田仁剛剛死於戾太子之難，這在當時是個極其敏感，誰也不敢提及的大事件，而且也不在司馬遷預定的時間範圍，所以司馬遷只好匆匆幾筆一帶而過。好在田仁的事跡在褚少孫所補寫的段落中有較詳盡的敘述，我們可以從中得知究竟。漢武帝晚年疑神疑鬼，喜怒無常，許多大臣無辜被殺；至巫蠱之亂起，更是殃及到衛皇后、戾太子，以及武帝的其他許多至親，至於一般的朝臣如田仁、任安等就更無法細數了。這是司馬遷生前最後見到的最悲慘、最荒唐、犧牲多達幾十萬的大動亂，司馬遷的感慨是可想而知的；但在本文中卻只說：「田仁主閉守城門，坐縱太子，下吏誅死」，而迅即收住。

三、褚先生在本文的論贊後接著補寫了一大段文字，具體描寫了田仁與任安。由於這兩個人開始一起窮困，一起坎坷不遇；後來在一個偶然機會下一起發跡，都為國家做了一些事情；最後又一起在戾太子問題上送了命，所以褚先生把這兩個人放在一起寫，就顯得非常自然得體。而且這段文字敘事生動，人物性格鮮明，一言一語，往往又都包含深深的人生感慨，其藝術成就絲毫不在司馬遷的筆墨之下。只是最後結尾時說什麼「月滿則虧，物盛則衰」，「故范蠡之去越，辭不受官位，名傳後世，萬歲不忘，豈可及哉」云云，濫調陳詞，無關文意，又一次表現了褚少孫的「史才與史識迥不相侔」（錢鍾書《管錐編》語）。

卷一百五

扁鵲倉公列傳第四十五

【題解】本文是我國第一篇醫學傳記，後世的醫家傳記均本於此。作品分別記述了戰國時名醫扁鵲和漢代名醫倉公的醫療事跡。扁鵲傳通過三個醫案，表現了扁鵲精通脈學、長於辨證的精湛醫術，為後世所景仰。倉公傳以奏對的形式如實地記錄了二十五例醫案，詳細記載了病者的姓名、籍貫、職業、病狀、診斷、病理分析與治療結果等，為我國最早的醫案紀錄，充分表明了倉公醫術之精良與其實事求是的科學態度。二傳之內容可以說是兩漢之前臨牀醫學的總結，保留了珍貴的醫學史料，具有很高的研究價值。同時作品通過兩位醫生的不幸遭遇，揭示出在封建社會造福於民的高明醫術也成為招來殺身之禍的緣由，實在令人扼腕，發人深省。

扁鵲❶者，勃海郡❷鄭❸人也，姓秦氏❹，名越人。少時為人舍長❺。舍客長桑君❻過，扁鵲獨奇之，常謹遇❼之。長桑君亦知扁鵲非常人也。出入十餘年，乃呼扁鵲私坐，間與語❽曰：「我有禁方❾，年老，欲傳與公，公毋泄。」扁鵲曰：「敬諾。」乃出其懷中藥予扁鵲：「飲❿是以上池之水⓫，三十日當知物⓬矣。」

乃悉取其禁方書盡與扁鵲。忽然不見，殆非人也。扁鵲以其言飲藥三十日，視見垣一方人⓭，以此視病⓮，盡見五藏癥結⓯，特以診脈為名⓰耳。為醫或在齊⓱，或在趙⓲。在趙者名扁鵲。

【章　旨】以上為第一段，寫扁鵲學醫的經過。

【注　釋】❶扁鵲　傳說上古黃帝時名醫，春秋戰國時往往以「扁鵲」譽稱當代名醫。此指戰國時名醫秦越人。《黃帝八十一難經・序》云：「秦越人與軒轅時扁鵲相類，仍號之為扁鵲。又家於盧國，因命之曰盧醫也。世或以盧扁二人者，斯實謬矣。」❷勃海郡　漢郡名，郡治浮陽（今河北滄州東南）。❸鄭　《集解》及《索隱》均謂「鄭」當為「鄚」，即今河北任丘城北四十里之鄚州鎮。今其地尚有扁鵲墓及藥王廟。❹姓秦氏　即姓「秦」。上古姓為族號，氏為姓之分支。《通鑑外紀》：「姓者，統其祖考之所自出；氏者，別其子孫之所自分。」秦漢以來，人們遂將「姓」「氏」混同。❺少時為人舍長　瀧川曰：「《索隱》本無『人』字。」少，古時以十八歲至二十歲為少。舍長，客館主事。❻長桑君　長桑，複姓。君，對人之尊稱。❼謹遇　恭敬地接待。❽間與語　避開人私下交談。間，私下；暗中。❾禁方　祕方。古代中醫講究父子師徒口耳相傳，故多祕方。❿飲　服用；服食。瀧川引海保元備曰：「『飲是』上當補『曰』字。」⓫上池之水　《索隱》曰：「謂水未至地。蓋承取露及竹木上水，取之以和藥。」按：《本草綱目》認為露水乃「陰倉之液」，「久服能令人身輕正肌」。故長桑君之祕方當用露水調服。⓬知物　《索隱》曰：「當見鬼物也。」物，秦漢時期用以稱具有神異能力的精靈。此所謂「知物」，即指下文所說的隔牆見人、隔著肚皮能見內臟等等。⓭視見垣一方人　（可以隔牆）看見牆那邊的人。一方，另一方。《索隱》云：「言能隔牆見彼邊之人，則眼通神也。」《太平御覽》引此「垣」下有「外」字。⓮以此視病　憑這種隔牆見人的本領為人看病。⓯盡見五藏癥結　崔適云：「各本脫『六府』二字。」按：崔說當是，能見五臟，當然亦能見六腑。癥結，病根之所在。⓰特以診脈為名　意即表面上還是為病人診脈，其實根本用不著。特，只；只不過。⓱齊　西周以來的諸侯國名，轄地約當今之山東省北部，國都在今淄博市之臨淄西北。⓲趙　戰國時期的諸侯國名，轄地約當今之河北省南部地區，國都即今邯鄲市。

【語 譯】扁鵲是勃海郡的鄭人，姓秦，名越人。少年時為人家管理客館。有個叫做長桑君的客人住到客館裡，只有扁鵲認為他與眾不同，待他很恭敬。長桑君也知道扁鵲不是個平庸之輩。長桑君在客館出出入入，住了十多年，有一次他把扁鵲叫到他房間裡，悄悄對他說：「我有許多祕方，我歲數大了，想把它傳給你，你可千萬別說出去。」扁鵲說：「我一定照辦。」於是長桑君從懷裡取出一包藥遞給扁鵲說：「用未落地的雨水或露水來服飲此藥，連用三十天你就具有神奇的能力了。」接著長桑君便把他所有的祕方書冊都取出來交給了扁鵲。然後，忽然不見了，看來長桑君不是個凡人。這以後扁鵲便依他的話吃了三十天藥，果然能隔牆瞧見那邊的人了，扁鵲憑著這種本事給人看病，能把病人五臟中的病症都看得清清楚楚，診脈只是個名義而已。扁鵲行醫，有時在齊國，有時在趙國。在趙國時被稱為扁鵲。

1 當晉昭公❶時，諸大夫彊而公族❷弱，趙簡子❸為大夫，專國事❹。簡子疾，五日不知人，大夫皆懼，於是召扁鵲。扁鵲入視病，出，董安于❺問扁鵲，扁鵲曰：「血脈治❻也，而何怪❼！昔秦穆公❽嘗如此，七日而寤❾。寤之日，告公孫支❿與子輿⓫曰：『我之帝所，甚樂。吾所以久者，適有所學⓬也。帝告我：「晉國且大亂，五世⓭不安。其後將霸⓮，未老而死⓯。霸者之子⓰且令而國男女無別⓱。」』公孫支書而藏之，秦策⓲於是出。夫獻公之亂⓳，文公之霸⓴，而襄公敗秦師於殽㉑而歸縱淫，此子之所聞。今主君㉒之病與之同，不出三日必間㉓，間必有言也。」

2 居二日半，簡子寤，語諸大夫曰：「我之帝所甚樂，與百神遊於鈞天㉔，廣樂㉕九奏㉖，萬舞㉗，不類三代㉘之樂，其聲動心。有一熊欲援我，帝命我射之，中熊，熊死。有羆來，我又射之，中羆，羆死㉙。帝甚喜，賜我二笥㉚，皆有副㉛。吾見兒㉜在帝側，帝屬㉝我一翟犬㉞，曰：『及而子之壯也以賜之㉟。』帝告我：『晉國且世衰，七世㊱而亡。嬴姓將大敗周人㊲於范魁㊳之西，而亦不能有也。』」董安于受言，書而藏之。以扁鵲言告簡子，簡子賜扁鵲田四萬畝。

3 其後，扁鵲過虢。虢太子㊴死，扁鵲至虢宮門下，問中庶子㊵喜方㊶者曰：「太子何病，國中治穰㊷過於眾事？」中庶子曰：「太子病血氣不時㊸，交錯而不得泄，暴發於外，則為中害㊹。精神㊺不能止邪氣㊻，邪氣畜積而不得泄，是以陽緩而陰急㊼，故暴蹷㊽而死。」扁鵲曰：「其死何如時㊾？」曰：「雞鳴㊿至今。」曰：「收(51)乎？」曰：「未也，其死未能(52)半日也。」「言臣齊勃海秦越人也，家在於鄭，未嘗得望精光(53)侍謁(54)於前也。聞太子不幸而死，臣能生之。」中庶子曰：「先生得無誕(55)之乎？何以言太子可生也！臣聞上古之時，醫有俞跗(56)，治病不以湯液醴灑(57)、鑱石(58)撟引(59)、案扤(60)毒熨(61)，一撥(62)見病之應(63)，因五藏之輸(64)，乃割皮解肌(65)，訣脈(66)結筋，搦(67)髓腦，揲荒爪幕(68)，湔(69)浣腸胃，漱(70)滌五藏，練精易形[71]。先生之方能若是，則太子可生也；不能若是而欲生之，曾不可以告咳嬰之兒[72]。」終日[73]，扁鵲仰天歎曰：「夫子之為方[74]也，若以管窺天，以郄視文[75]。越人之為方也，不待切脈、望色、聽聲、寫形[76]，言病之所在。聞病之陽，論得其陰；聞病之陰，論得其陽[77]。病應見於大表，不出千里[78]，決者至眾，不可曲止[79]也。子以吾言為不誠[80]，試入診太子，當聞其耳鳴而鼻張，循[81]其兩股以至於陰[82]，當尚溫也。」

4 中庶子聞扁鵲言，目眩然而不瞚，舌撟然而不下[83]，乃以扁鵲言入報虢君。虢君聞之大驚，出見扁鵲於中闕[84]，曰：「竊聞高義[85]之日久矣，然未嘗得拜謁於前也。先生過小國，幸而舉之[86]，偏國寡臣[87]幸甚。有先生則活，無先生則棄捐填溝壑[88]，長終而不得反。」言未卒，因噓唏服臆[89]，魂精泄橫[90]，流涕長潸[91]，忽忽[92]承睞[93]，悲不能自止，容貌變更。扁鵲曰：「若太子病，所謂『尸蹷[94]』者也。夫以陽入陰中[95]，動胃繵緣[96]，中經維絡[97]，別下於三焦、膀胱[98]，是以陽脈下遂，陰脈上爭[99]，會氣閉而不通[100]，陰上而陽內行[101]，下內鼓而不起[102]，上外絕而不為使[103]，上有絕陽之絡，下有破陰之紐[104]，破陰絕陽，色廢脈亂[105]，故形靜如死狀。太子未死也。夫以陽入陰支蘭藏者生[106]，以陰入陽支蘭藏者死[107]。凡此數事，皆五藏蹷中之時暴作也。良工取之[108]，拙者疑殆[109]。」

5 扁鵲乃使弟子子陽厲鍼砥石[110]，以取外三陽五會[111]。有間，太子蘇。乃使子豹為五分之熨，以八減之齊和煮之[112]，以更[113]熨兩脅下。太子起坐。更適陰陽[114]，但[115]服湯，二旬而復故[116]。故天下盡以扁鵲為能生死人[117]。扁鵲曰：「越人非能生死人也，此自當生者，越人能使之起耳。」

6 扁鵲過齊，齊桓侯[118]客之。入朝見，曰：「君有疾在腠理[119]，不治將深。」桓侯曰：「寡人無疾。」扁鵲出，桓侯謂左右曰：「醫之好利[120]也，欲以不疾者為功[121]。」後五日[122]，扁鵲復見，曰：「君有疾在血脈，不治恐深。」桓侯曰：「寡人無疾。」扁鵲出，桓侯不悅。後五日，扁鵲復見，曰：「君有疾在腸胃間，不治將深。」桓侯不應。扁鵲出，桓侯不悅。後五日，扁鵲復見，望見桓侯而退走。桓侯使人問其故。扁鵲曰：「疾之居腠理也，湯熨之所及也；在血脈，鍼石之所及也；其在腸胃，酒醪[123]之所及也；其在骨髓，雖司命無柰之何。今在骨髓，臣是以無請也。」後五日，桓侯體病[124]，使人召扁鵲，扁鵲已逃去。桓侯遂死。

【章旨】以上為第二段，寫扁鵲為趙簡子、虢太子、齊桓侯或看病或治病的經歷，表現了其精湛的醫術與崇高的醫德。

【注釋】❶晉昭公　春秋後期晉國國君，姓姬名夷，西元前五三一－前五二六年在位。《索隱》云：「案《左氏》，簡子專國在定、頃二公之時，非當昭公之世。且〈趙世家〉敘此事亦在定公之初。」李景星亦認為是「定公」之誤。按〈趙世家〉所敘，簡子病在晉定公十二年（西元前五〇〇年），且簡子醫案，多及神話，少涉醫理。❷公族　又稱「公姓」，即諸侯之同族。此指國君之宗族。❸趙簡子　名鞅，亦稱趙孟，簡子乃其謚號，晉國大夫，先祖本姓嬴，因封於趙地，故以封地姓。❹專國事　獨攬晉國政事。按：簡子擅政，擊敗政敵范氏、中行氏，為與韓、魏兩家分晉建趙奠定了基礎。❺董安于　簡子家臣。❻血脈治　血脈正常。❼而何怪　你們何必大驚小怪。❽秦穆公　春秋前期秦國國君，名任好，西元前六五九－前六二一年在位。❾寤　醒。姚苧田曰：「此段幻極，不可以常理致語。」❿公孫支　字子桑，原晉臣，因晉國政變而逃到秦國。⓫子輿　張文虎曰：「即子車，見〈秦本紀〉。」⓬適有所學　剛好碰上有該學的東西。⓭五世　指晉獻公、奚齊、卓子、惠公和懷公五代國君。⓮其後將霸　指晉文公稱霸事。⓯未老而死　「老」字疑應作「久」。晉文公在外十九年，六十二歲歸國，在位九年而死。⓰霸者之子　指晉襄公，文公之子，名歡，西元前六二八－前六二一年在位。⓱男女無別　指晉襄公於崤之戰大破秦軍後「縱酒淫宣」事，歷史對此無記載。⓲秦策　記載秦穆公離奇夢幻的史策。⓳獻公之亂　指獻公寵驪姬，殺太子申生，引起晉國一連串動亂事。⓴文公之霸　獻公之亂，重耳出逃，十九年後，在秦國支持下回國奪得政權，終成霸主。事見《左傳》僖公二十三年與〈晉世家〉。㉑敗秦師於殽　指西元前六三〇年晉於崤山全殲秦軍，俘秦三將。事見《左傳》僖公三十三年與〈晉世家〉。崤山在今河南洛寧西北。㉒主君　扁鵲對趙簡子的尊稱。㉓間　病癒。㉔鈞天　天之中央，天帝所居之地。㉕廣樂　多種樂器演奏的音樂。㉖九奏　演奏多遍。㉗萬舞　各種舞蹈。㉘三代　指夏、商、周三朝。㉙有一熊欲援我八句　為簡子所說的讖語。趙簡子遵天命殺死的「熊」、「羆」，即其政敵中行氏（荀寅）、范氏（范吉射）。詳情見〈趙世家〉。㉚笥　盛物的方形竹器。㉛副　裝飾物。㉜兒　指簡子之子趙襄子。㉝屬　交付。㉞翟犬　隱指代國，當時傳說「翟犬」是代國國君的祖先。翟，通「狄」。㉟及而子之壯也以賜之　指趙襄子即位後之滅代國。事見〈趙世家〉。而子，你的兒子。指襄子。㊱七世　七代。《正義》云：「晉定公、出公、哀公、幽公、烈公、孝公、靜公為七世。靜公二年，為三晉所滅。據此及〈趙世家〉，簡子疾在定公之十一年也。」㊲嬴姓將大敗周人　《正義》曰：「嬴，趙氏本姓也；周人，謂衛也。晉亡之後，趙成侯三年，伐衛，取鄉邑七十三是也。」㊳范魁　地名，今河南范縣境內。㊴虢太子　虢，西周與春秋時代存在過的古國名，同名者有幾個，至戰國時皆已被大國所滅，故《索隱》以為此「虢太子」乃「郭太子」之誤。瀧川云：「扁鵲古良醫名，後世遂稱良醫曰扁鵲，猶稱相馬者曰伯樂也。其人既非一，時代亦異，史公誤采古書所記扁鵲事蹟，湊合作此傳，宜矣其多乖錯。」(40)中庶子　古代官名，為太子屬官。(41)方　醫方。(42)治禳　舉行祈禱活動。禳，通「穰」。舉行祭祀以去除不祥。(43)不時　不按時節的正常規律（運行）。(44)交錯而不得泄三句　《扁鵲倉公傳匯考》：「血氣不應時為交錯，血氣交錯，遂使壅鬱不得宣泄；鬱積而暴發於外，使中臟被其害。」中，中臟。古人謂內臟為中臟。(45)精神　人體正氣。(46)邪氣　泛指致病因素。中醫理論認為：人之患病，乃邪氣入體。正勝邪則病癒，正不制邪則病深。(47)陽緩而陰急　陽脈遲緩，陰脈拘急，表明正氣衰，邪氣盛，病危。《匯考》認為陽緩陰急乃正虛邪盛。謂陽脈緩者，陽虛也；陰脈急者，陰盛也。(48)暴蹷　突然昏厥不省人事。《素問・奇病論》：「暴蹶者，不知與人言。」〈厥論〉：「邪氣逆則陽氣亂，陽氣亂則不知人也。」《正義》引《釋名》曰：「蹷，氣從下蹷起上行，外及心脅也。」(49)何如時　在什麼時候。(50)雞鳴　丑時，相當於今之夜間一－三時。《素問・標本病傳論》王冰注：「雞鳴，謂早雞鳴，丑正之分也。」(51)收　殮。《集解》云：「收謂棺斂。」(52)未能　未及；不到。(53)精光　猶「神采」。(54)侍謁　侍奉，拜見。(55)誕　荒誕。引申為哄騙。(56)俞跗　古代醫家，又作「踰跗」、「俞附」、「榆柎」、「臾跗」等。《正義》引應劭說，認為乃黃帝時名醫。《鶡冠子・世賢》謂春秋早期楚國醫官名。(57)湯液醴灑　湯液，湯劑。醴灑，酒劑。均為中醫的服藥方式。(58)鑱石　石針。按：上古針灸用針無金屬製品，乃用石針。(59)撟引　即導引，一種身體療法。《索隱》謂之「按摩之法」。(60)案扤　按摩。案，通「按」。扤，搖動。《索隱》云：「亦謂按摩而玩弄身體使調也。」《考異》云：「《索隱》音玩，謂按摩而玩弄身體，當作『抏』，从手从元。」(61)毒熨　以藥物熨敷患處的療法。《索隱》：「毒熨謂毒病之處以藥物熨貼也。」《靈樞》有「藥熨法」。毒，毒藥。古代以毒藥為諸藥之統稱。(62)撥　解衣診察。(63)病之應　病者外表的反應，即證候。此句意謂一診察就知道病的證候。(64)因五藏之輸　順著五臟的原穴。輸，同「腧」。人身上的穴位。關於臟腑之原穴，《正義》引《難經》有所謂「肺之原出於太淵（穴），心之原出於太陵，肝之原出於太衝」云云。(65)解肌　剖割開肌肉。(66)訣脈　疏導血脈。訣，同「決」。(67)搦　按治。(68)揲荒爪幕　觸動膏肓，疏理膈膜。揲，持。荒，通「肓」。心臟與橫膜之間謂肓。爪，疏理。幕，通「膜」。指橫膈膜。按：此句《說苑》作「束肓莫」。田子通云：「『爪』字衍，因『荒』下『川』而錯出耳，當與『搦髓腦』句式整齊。」田說當是。(69)湔　清洗。(70)漱　洗刷。(71)練精易形　培煉精氣，變更形體。瀧川引《醫說》：「此下有『以去百病焉』六字。」(72)曾不可以告咳嬰之兒　簡直不能把這種話去對剛會笑的嬰兒講。咳，小兒笑。(73)終日　一整天。此處為「很久」之意。王念孫云：「終日，良久也。言中庶子與扁鵲語良久，扁鵲乃仰天歎也。」(74)方　此指醫療技術。(75)以郄視文　透過縫隙看花紋。郄，通「隙」。瀧川引岡白駒曰：「言不能見全文也。」(76)切脈望色聽聲寫形　切脈，診脈。望色，觀察病人臉上氣色。聽聲，聽病人發出的聲音。寫形，審察病人的形態。

寫，猶「審」。按：四者所指乃中醫傳統診斷方法，即通過觀察病者形態、氣色、聲音、動作再加之以脈象來決斷疾病之所屬。(77)聞病之陽四句　由陽知陰，由陰知陽。聞，了解。論得，推論得知。《正義》引《難經》云：「陰病行陽，陽病行陰，故令幕在陰，俞在陽。」《素問・陰陽別論》：「知陽者知陰，知陰者知陽。」〈陰陽應象大論〉：「以我知彼，以表知裡。」瀧川引中井積德曰：「陰陽，猶表裡也。言聞表而知裡，聞裡而知表。」按：陰陽為中醫理論之核心，善醫者能由陰及陽，由陽及陰，推求病理，確定治則。(78)病應見於大表二句　體內有病反映在體表，而非在遙不可測的千里之外。不出千里，瀧川引多紀元胤云：「此言身不出千里之外，唯聞其患狀而決斷其證之如何也。」(79)不可曲止　《索隱》：「不可委曲具言。」《正義》：「言皆有應見，不可曲言病之止住所在也。」按：《索隱》言治效甚多，不能一一具言其中原委。(80)不誠　不實在；不可信。(81)循　按著一定的方向撫摩。(82)陰　陰部。瀧川引《傷寒論・平脈法》「尸厥條」曰：「陽氣退下，熱歸陰股。」(83)目眩然而不瞚二句　言瞠目結舌，吃驚之狀。瞚，通「瞬」。眨眼。舌撟然，舌頭抬起來。(84)中闕　皇宮正門前的雙闕之間。(85)高義　崇高的道德。(86)幸而舉之　幸運地救助我。舉，抬舉。引中為幫助。(87)寡臣　淩稚隆引董份曰：「謂太子也。」(88)棄捐填溝壑　被拋棄在山谷中。謙言自己的死。(89)服臆　同「愊臆」。因悲傷而氣滿鬱塞。(90)魂精泄橫　精神恍惚，情態散亂。泄，流露。橫，紛亂。(91)長潸　《索隱》曰：「謂長垂淚也。」(92)忽忽　淚珠滾滾貌。(93)承睞　《索隱》：「言淚恆垂以承於睫也。」猶今謂「珠淚不斷」。(94)尸蹷　古病名。厥症之一種。《素問・繆刺論》王冰注：「言其卒冒悶而如死尸，身脈猶如常人而動也。」(95)陽入陰中　陽氣下陷於陰。瀧川引多紀元堅曰：「此一句即尸蹷之所由，言陰氣暴發，迸入陰分。」(96)動胃繵緣　（脈絡）纏繞胃部，使胃受傷。《正義》：「繵緣，謂脈纏繞胃也。」繵，同「纏」。緣，纏；繞。(97)中經維絡　傷害經脈，絡脈受阻。中，傷害。經，經脈。維，結；壅塞。絡，絡脈。自經脈分出來的呈網狀的大小分支。(98)別下於三焦膀胱　（陽氣下陷）分別下陷於下焦、膀胱。三焦，中醫理論所謂的六腑之一，上、中、下三焦之統稱。瀧川引多紀元簡曰：「《靈樞》中，多連言三焦膀胱，皆指下焦，此亦然。」按：瀧川之說當，此處特指下焦。(99)陽脈下遂二句　《素問》云：「陽脈下遂難反，陰脈上爭如弦也。」遂，同「墜」。(100)會氣閉而不通　陰氣陽氣交會的地方閉塞不通。會，命會。人身有臟、腑、筋、髓、血、骨、脈、氣等八會。《正義》引《難經》云：「府會太倉，臟會季脅。」按：此處特指季脅。(101)陰上而陽內行　按中醫理論，人身之下、內為陰，上、外為陽。今氣會不通，故出現陰反上逆，陽卻內行的逆亂症狀。瀧川引多紀元堅曰：「言陰脈既上爭，而陽脈獨內行。」(102)下內鼓而不起　（陽氣在身體）下部和內部鼓動，而不能（按正常）上升與外運。瀧川引多紀元堅曰：「言陽氣徒鼓動于下、內，而不能起發。」(103)上外絕而不為使　居上、居外的陽氣被隔絕而不能引導陰氣。

意即陰陽失調而不平衡。瀧川引多紀元堅曰：「絕字，與下文『絕陽』之絕，俱當為『阻絕』之絕看，言陽氣下鬱，與上、外隔絕，不為陰使。」(104)上有絕陽之絡二句　瀧川引多紀元堅曰：「言上有與陽相隔絕之絡脈，下有陰氣破而不行之筋紐。破，言陰氣為陽所迫，不能統攝。」(105)色廢脈亂　容顏失常，血脈紊亂。按：此處原作「之色已廢脈亂」，王念孫曰：「『破陰絕陽』以下十字，文不成義，『之』字、『已』字衍。」當是，今據刪。(106)以陽入陰支蘭藏者生　因陽氣侵入陰分而阻隔了臟氣的病人是可以救活的。支蘭，遮攔，阻隔之意。或謂為脈節之順者、横者。《正義》引《素問》：「支者順節，蘭者横節。」按：據文意，當為阻隔之義。(107)以陰入陽支蘭藏者死　由陰氣侵入陽分而阻隔臟氣的是死症。按：中醫理論以陰陽為大綱，凡病由陽入陰者生，由陰入陽者死，故扁鵲有是說。(108)良工取之　良工，高明的醫生。取，指向。這裡指救治。(109)疑殆　懷疑。王念孫《雜志》：「此殆字非危殆之殆，殆亦疑也。」(110)弟子子陽厲鍼砥石　子陽，與下文「子豹」均為扁鵲弟子。厲、砥，都是磨的意思。(111)取外三陽五會　取，對著某個地方下手。三陽五會，即「百會穴」。位於頭頂，因其為手足三陽及任督二脈之會，故名。針刺百會，有回陽救急，開竅醒腦等療效。臨牀多用於治療尸蹷、中風等病。按：《韓詩外傳》、《說苑》均無「外」字，疑「外」字當為衍文。(112)為五分之熨二句　歷代說法不一。五分之熨，或謂為五分熱度的熨法；或謂使溫熱之氣入體表五分；或謂只熨體膚五分大的面積；或謂五分劑量的熨藥。五分，減一半。八減之齊，一般認為指八減方的湯劑。按：據病情，此處均為減輕藥分劑量之意。八減，原方的十分之八，可能太子尚幼，不能按成人量。齊，通「劑」。即湯劑。(113)更　交替；更換。(114)更適陰陽　再進一步調適陰陽。(115)但　只；僅僅。(116)復故　恢復如往日。(117)生死人　使死人復生。(118)齊桓侯　春秋戰國時，齊無桓侯，而有兩個桓公，一為春秋時之姜小白，西元前六八五－前六四三年在位；一為戰國時之田午，西元前三七四－前三五七年在位。《集解》、《索隱》均認為指「齊侯田和之子桓公午」。梁玉繩曰：「趙簡子卒時至桓公午立，凡九十三年，何鵲之壽耶？《文選》李善注，言《史記》自為舛錯。《韓子．喻老》譌作『蔡』。」(119)腠理　指皮膚的紋理與皮下肌肉之間的空隙。中醫理論認為：病邪入體，首入肌膚，漸次入裡，病入骨髓，無以為治。故下文有「在血脈」、「在腸胃」之說。(120)好利　喜愛名利。(121)欲以不疾者為功　想拿沒有病的人來顯示自己的本領，作為功勞。(122)後五日　《韓非子》、《新序》皆作「居十日」。下文「在血脈」，皆作「在肌膚」。(123)酒醪　醇酒或濁酒。此處指藥酒。瀧川曰：「《韓子》、《新序》，『酒醪』作『火齊』。」按：此處「酒醪」當誤。病入腸胃，非藥酒之類輕劑所能癒，當用火劑湯之類瀉下清裡之劑。(124)體病　體痛；身體疼痛。王念孫曰：「『體病』當為『體痛』，字之誤也。《韓子》、《新序》亦作『體痛』。」瀧川曰：「『病』亦『痛』也，不必改字。」

【語　譯】晉昭公時，國內大夫家的勢力強大，公族的勢力弱小，趙簡子是個大夫，卻專斷著晉國的政事。有一次，趙簡子得了重病，一直昏迷了五天，大夫們都嚇壞了，於是召來扁鵲。扁鵲入宮給趙簡子看了病，出來後，董安于問扁鵲病情如何，扁鵲說：「血脈正常，你們何必大驚小怪！當初秦穆公也曾鬧過這種病，七天後才醒過來。醒來那天，他對大夫公孫支和子輿說：『我到天帝的宮廷去了，玩得真開心。我之所以在那裡耽擱了些日子，是因為正趕上有值得學習的東西。天帝對我說：「晉國將要大亂，五世國君都不得安寧。此後晉國將稱霸，稱霸不久，霸主就會死去，他的兒子將使他們的國家男女淫亂！」』公孫支把這些話記下來收藏好，秦國有歷史，就是從這時開始的。後來晉獻公時的內亂，晉文公的稱霸，晉襄公在崤山打敗秦軍，以及他回國以後縱情淫樂，這些都是你知道的。現在主君的病和秦穆公的病一樣，不出三天他準醒。醒來一定有話說。」

2 過了兩天半，趙簡子果然醒了，他對眾位大夫說：「我在天帝那兒過得非常快樂，我和眾神仙在帝宮中遊玩，聽了許多樂器的演奏，看了不少美妙的舞蹈，那些樂曲舞蹈和夏、商、周三代傳下來的都不同，聽起來動人心魄。後來有一隻熊想抓我，天帝命令我射牠，我一箭就把熊射死了。接著又有一隻羆過來，我又射，羆也中箭而死。天帝非常高興，賜給我兩個竹箱子，上面都嵌有飾品。我看見我兒子也在天帝身旁，天帝交給我一隻翟犬，說：『等你兒子長大了，就把這翟犬賜給他。』天帝還告訴我說：『晉國將一代代衰落，經七世也就會亡國了。這時姓嬴的國家將在范魁的西部大敗周人，但也不能占有它。』」董安于聽了這些話，也把它記了下來，收藏好。董安于又把扁鵲的話告訴給趙簡子，趙簡子於是賜給扁鵲四萬畝田地。

3 後來，扁鵲行醫路過虢國。剛好虢國的太子死了，扁鵲來到虢國宮門前，向一個懂得醫術的中庶子打聽道：「太子得的是什麼病，怎麼全國都在祈禱，把別的事都擱置起來了呢？」中庶子說：「太子的病是由於血氣不與時節相應，結果陰陽之氣交錯而不能通暢地運行，氣血鬱結不通，突然爆發，就使內臟受了傷害。他體內的正氣不能壓住邪氣，以致使邪氣蓄積得不到發散，結果陰盛陽衰，暴病而死。」扁鵲說：「他死了多久了？」中庶子說：「從丑時到現在。」扁鵲問：「屍體收殮入棺了嗎？」中庶子說：「還沒有，他死了還不到半天呢！」扁鵲說：「你進去稟報，就說我是齊國勃海地方的秦越人，家在鄭，過去我未能有幸拜見你們君主，為你們君主效力。現在聽說你們太子不幸去世，我能讓他死而復生。」中庶子說：「先生不是開玩笑吧？您憑什麼說太子可以死而復生呢！我聽說在上古時代，有個醫生叫俞跗，他治病不用湯劑藥酒、不用針灸石砭、不用按摩貼膏藥，而是一眼就可以知道病症在哪兒，然後按照五臟的穴道，施行割皮和剖割肌肉之術，使壅塞的脈絡暢通，使扭結的筋腱舒展，還要揉捏腦髓，按拿胸腹膜，清腸胃，洗五臟，培養精氣，改換形體。先生您的醫術如能和他的一樣，那麼太子就還有可能復生；如果您做不到這些，您想讓太子復生，那就連剛會笑的嬰孩也不會相信您的話。」一直說了很久，最後扁鵲仰天長歎道：「先生您所知道的醫術，就像是用管子看天空，像透過縫隙看花紋。而我的醫術啊，不必給病人切脈、觀氣、聽聲、看形，就能知道病灶在哪兒，我可以由表知裡，由裡知表。一個人的內臟中有什麼疾病，症狀必是表現在身體上，不是在不可見的千里之外，而依這些症狀診斷的方法很多，無法詳細說明其中的微奧之處。如果您不信我的話，就請您進宮，試著給太子診斷一下，您會聽到他還在耳鳴，會看見他的鼻孔還在張合，他的兩腿直到陰部都還是溫熱的。」

4 中庶子聽了扁鵲這番話，目瞪口呆，久久說不出話來。於是他把扁鵲的話通報給了虢國國君。虢國國君聽後也大吃一驚，趕緊迎到中門以外，對扁鵲說：「我早就聽說過您的大名，只是沒有機會去拜見。現在先生路過我們這小小的國家，如您能救活太子，那我這個小國的君臣可真是太幸運了。有了先生的診治，他才能活過來，否則他就只有死路一條，永不能復生了。」話還沒說完，虢國國君已經抽咽起來，他精神恍惚、涕淚交流，睫毛上掛滿淚珠，悲傷不能自已，連容貌都變了。扁鵲說：「像太子這種病，就是通常所說的『假死』。是由於陽氣下降入陰，攪擾胃部，損害經脈，阻塞絡脈，三焦、膀胱的陽氣下沉，因此陽脈下墜，陰脈上升，陰陽兩氣交會之處堵塞，陰氣繼續上升而陽氣只好向裡走，於是陽氣只能在身體的下部和內部鼓動而不能升起，陽氣鬱結於下內，與上外隔絕，不能引導陰氣，這樣，上有陽氣隔絕的脈絡，下有陰氣破損的筋紐，陰氣破損，陽氣斷絕，使人的臉色毫無生氣，脈氣混亂，因此身體機能靜止，就像死了一樣。其實太子並沒有死。病由陽氣侵入陰分而阻隔了臟氣的可以活，若由陰氣侵入陽分而阻隔臟氣的則必死。凡此種種情況，都是五臟失調之時爆發而成的。高明的醫生能把握病因進行救治，醫術不高的人就只能疑惑不解而無法醫治了。」

5 於是扁鵲讓弟子子陽把鐵針石針一齊磨好，從太子三陽五會的百會穴上扎了下去。過了一會兒，太子就蘇醒過來了。於是扁鵲又讓弟子子豹用五分熱度的熨法，把八減方的藥劑煮了，交替地燙貼太子的兩脅下面。一會兒太子能坐起來了。扁鵲又進一步調理他體內交錯的陰陽之氣，只服了二十天湯藥，太子就全然康復了。於是天下人都以為扁鵲有起死回生之術。扁鵲說：「我並非能使人起死回生，只是能使這些本來就沒死的人站立起來而已。」

6 扁鵲經過齊國時，齊桓侯接待了他。扁鵲入朝時，對桓侯說：「大王皮膚和肌肉之間有病，如果不及時治療，病就會往身體內部發展。」桓侯說：「我沒病。」扁鵲出來後，桓侯對左右的人說：「醫生貪好名利，想拿沒有病的人來顯示自己的本領和功勞。」五天以後，扁鵲又見到了齊桓侯，說：「大王的病已經進入血脈了，如不及時醫治，恐怕還要往深裡發展。」桓侯說：「我沒病。」扁鵲出來後，桓侯心裡很不高興。又過了五天，扁鵲又去見桓侯，說：「大王的病已到了腸胃之間，如再不治，還會加深。」桓侯不搭理他。扁鵲出去之後，桓侯更不高興。又過了五天，扁鵲又去見齊桓侯，這回他只遠遠地一看就趕緊往回跑。桓侯派人問他為什麼跑。扁鵲說：「皮膚裡的病，用湯劑、熨藥就可以治好；血脈裡的病，用鐵針石針就可以扎好；腸胃裡的病，用藥酒可以治好；可是骨髓中的病即使是掌管性命的神仙也沒有辦法醫治了。如今大王的病已深入骨髓，所以我沒同大王講話就退下來了。」又過了五天，桓侯發病了，派人去請扁鵲，扁鵲早已逃離了齊國。於是齊桓侯就病死了。

1 使聖人預知微❶，能使良醫得蚤從事❷，則疾可已，身可活也。人之所病❸，病疾多❹；而醫之所病，病道少❺。故病有六不治❻：驕恣不論於理❼，一不治也；輕身重財，二不治也；衣食不能適❽，三不治也；陰陽并，藏氣不定❾，四不治也；形羸不能服藥，五不治也；信巫不信醫，六不治也。有此一者，則重難治也。

2 扁鵲名聞天下。過邯鄲，聞貴❿婦人，即為帶下醫⓫；過雒陽，聞周人愛老人，即為耳目痹醫⓬；來入咸陽，聞秦人愛小兒，即為小兒醫：隨俗為變⓭。秦太醫令李醯⓮自知伎⓯不如扁鵲也，使人刺殺之。至今天下言脈者，由扁鵲也⓰。

【章　旨】以上為第三段，寫扁鵲隨俗為醫，最後被李醯殺害的悲慘結局。

【注　釋】❶微　細微。此處指沒有症狀發作的疾病。❷從事　治療。❸病　煩惱；發愁。❹疾多　疾病的種類繁多。❺道少　治病的知識不足。郭雍《傷寒補亡論・自序》：「扁鵲云：『人之所患，患疾多；醫之所患，患道少。』道少疾多，此標本之所以難相得也。」❻六不治　六種情況下的疾病沒法醫治。❼驕恣不論於理　驕橫放縱不講道理。《靈樞經・師傳》：「王公大人，血食之君，驕恣從（縱）欲輕人，而無能禁之。」❽適　安適；調節適當。❾陰陽并二句　陰陽錯亂，五臟功能紊亂。《素問・調經論》：「血氣未并，五臟安定。陰與陽并，血氣以并，病形以成。」❿貴　尊重；重視。⓫帶下醫　指婦科醫生。帶下，古代用以指婦科疾病，因婦科疾病多發生於圍繞腰部的「帶脈」以下，故云。⓬耳目痹醫　治老年人耳聾、眼花、四肢痹病的醫生。⓭隨俗為變　隨著各地風俗改變行醫的科別。⓮李醯　秦武王（西元前三一〇—前三〇七年）時的太醫令。⓯伎　通「技」。醫術。⓰至今天下言脈者二句　按：史公於此將扁鵲視為中醫脈診的開山祖師。

【語　譯】一個道德智能高的人假如能看到病症微小的苗頭，能請良醫及早治療，那麼病就可以好，性命也可以保住。病人所苦的，是疾病的種類太多；醫生所苦的，是治病的方法太少。此外還有六種情況沒法治：驕傲放縱不講道理，是第一種；輕性命重財物，是第二種；衣著飲食調節不當，是第三種；陰陽相混，五臟失去正常功能，是第四種；身體太弱不能承受藥物，是第五種；信巫士不信醫生，是第六種。人只要有這其中的一種，那麼他的病就沒法治。

2　扁鵲名聞天下。他經過邯鄲的時候，聽說那兒尊重婦女，他就擔任婦科疾病的醫生；經過洛陽的時候，聽說當地愛戴老人，他就擔任耳聾、眼花和風溼症的醫生；他到了咸陽，聽說秦人愛護兒童，就擔任小兒科的醫生，隨著各地風俗變化而變化。秦國的太醫令李醯知道自己的醫術不如扁鵲，就派人把扁鵲刺殺了。到如今天下的醫生以脈象診病，就是由扁鵲開始的。

1　太倉公者，齊太倉長①，臨菑②人也，姓淳于氏，名意。少而喜醫方術。高后八年③，更受師④同郡元里⑤公乘陽慶⑥。慶年七十餘，無子⑦，使意盡去其故方，更悉以禁方⑧予之，傳黃帝、扁鵲之脈書⑨，五色診病⑩，知人死生，決嫌疑⑪，定可治⑫，及藥論⑬，甚精。受之三年，為人治病，決死生多驗。然左右行游諸侯⑭，不以家為家⑮，或不為人治病⑯，病家多怨之者。

2　文帝四年⑰中，人上書言意⑱，以⑲刑罪當傳西之長安⑳。意有五女，隨而泣。意怒，罵曰：「生子㉑不生男，緩急無可使者㉒！」於是少女㉓緹縈傷父之言㉔，乃隨父西㉕。上書曰：「妾父為吏，齊中稱其廉平，今坐法當刑㉖。妾切痛㉗死者不可復生，而刑者不可復續㉘，雖欲改過自新，其道莫由㉙，終不可得。妾願入身為官婢，以贖父刑罪㉚，使得改行自新也㉛。」書聞㉜，上悲㉝其意，此歲中亦除肉刑法㉞。

【章　旨】以上為第四段，寫淳于意學醫以及犯罪獲釋的經過。

【注　釋】❶齊太倉長　齊國國家糧庫的管理長官。齊，漢初諸侯國名，高后、文帝時的齊國國王先後為劉邦之子劉肥，與劉肥之子劉襄、劉襄之子劉則、劉肥之子劉將閭。❷臨菑　齊國都城，舊址在今山東淄博。❸高后八年　西元前一八〇年。高后，即呂后，劉邦之妻。其子劉盈（惠帝）死後，呂氏臨朝執政八年（西元前一八七—前一八〇年）。《集解》引徐廣云：「此時意年三十六歲。」❹更受師　二次拜師學習。淳于意先從師公孫光，現又從師公乘陽慶。❺元里　臨淄城的一條里巷名。❻公乘陽慶　公乘，爵位名，是秦爵二十級中由下而上的第八級。陽慶，人名。漢代習慣，稱人時常把官名、爵名置於名字之前，以表尊敬。也可能在這裡爵位已經轉成了人的姓氏，張照曰：「蓋以爵為氏，如『壺關三老公乘興』是也。」〈平準書〉有所謂「居官者以為姓號」，即此類也。❼慶年七十餘二句　梁玉繩引王孝廉曰：「後文云『慎毋令我子孫知若學我方也』，又云『會慶子男殷來獻馬』，則慶非無子者，『無子』二字疑衍。」❽禁方　祕方。❾脈書　論述脈理的醫書。此處泛指各類醫書。據《漢書·藝文志》，漢初尚存《黃帝內經》十八卷、《黃帝外經》三十七卷、《扁鵲內經》九卷、《扁鵲外經》十二卷，後來均佚。❿五色診病　依據病人的面色診斷疾病。五色，紅、黃、藍、白、黑。《正義》引《難經》：「五臟有色，皆見於面，亦當與寸口尺內相應也。」⓫決嫌疑　決斷疑難複雜的病症。《素問·移精變氣論》：「余欲臨病人，觀生死，決嫌疑。」⓬定可治　確定可以治癒（的法則）。一說為「確定是否可以治療」之意，二說均通。⓭藥論　論述藥理的書。⓮左右行游諸侯　到四周的各個諸侯國遊歷、行醫。⓯不以家為家　意即長年在外，很少居家。⓰或不為人治病　有時故意不給人治病。據下文，淳于意曾藉故拒絕為趙王、膠西王等人治病，可見此處「人」特指當時的某些統治者，正由於此，淳于意才有下文之遭陷囹圄。⓱文帝四年　西元前一七六年。文帝，名恆，劉邦之子，西元前一七九—前一五七年在位。李景星曰：「『文帝四年中』，按〈本紀〉當作『十三年』。」⓲上書言意　上書朝廷，舉報淳于意。言，此處為議論、控告之意。⓳以因。⓴傳西之長安　被官府用驛車解往長安。傳，驛車，古代驛站用來遞送公文或供官員往來時使用的車。這裡指用傳車押送。之，往。長安，西漢時的都城，舊址在今西安市城北之未央區一帶。㉑子　孩子。泛稱子女。㉒緩急無可使者　據此，彷彿當時父母有罪可以讓兒子頂替，但實則無此法。緩急，偏義複詞。這裡即指危急。㉓少女　最小的女兒。㉔傷父之言　對父親的話感到悲傷。㉕西　指西上長安。㉖坐法當刑　因犯法被處以刑罰。當，判處。㉗切痛　深深痛惜。李笠曰：「『切』疑當作『竊』。」按：李說亦可通。竊痛，暗自痛惜。㉘刑者不可復續　被斬斷的肢體不能再接上。按：因漢代有斷足、斬趾等刑，故有此說。㉙其道莫由　無路可走；無法可想。㉚願入身為官婢二句　漢代有將犯罪者或犯罪者的家屬沒入官府為奴婢的章程，今淳于意犯罪，其女欲贖其父，故自請入官府為婢。㉛使得改行自新也　使（我父親）能夠改過自新。按：以上緹縈上書之文字與〈孝文本紀〉、《漢書・刑法志》所載者大體相同。㉜書聞　所上之書被文帝看到後。㉝悲　憐憫；同情。㉞此歲中亦除肉刑法　除肉刑，漢代刑法原分大辟（殺頭）、宮刑、臏刑、黥刑、髡刑五類，大辟原刑不改，髡刑未傷肢體，而對人身有殘害的是宮刑、臏刑、黥刑，文帝十三年（西元前一六七年），下詔書將此三種罪人一律改為鞭笞。詳情見〈孝文本紀〉。對於此事，司馬遷在《史記》中是作為文帝的「德政」之一來歌頌的，但事實卻未必如此，班固在《漢書・刑法志》中就說：「外有『輕刑』之名，內實殺人。」因為不該死的人改成鞭笞，幾百棍子反而打死了。

【語譯】太倉公是齊太倉長，臨淄人，姓淳于，名意。年輕時就喜歡醫術。高后八年，拜同郡元里公乘陽慶為師。陽慶已經七十多歲了，沒有兒子，就讓淳于意丟掉他以前所學的藥方，另外把自己的祕方全都傳給了他，傳給他黃帝、扁鵲的脈書，依據病人面色診病的方法，知道病人能活還是不能活，判定疑難雜症，決定能不能治癒，並傳授他《藥論》，非常精微。倉公學了三年，為人治病，判定病人的死活大多都應驗了。但他經常遊訪其他諸侯國，不把家當家，有時也不給人治病，有很多病家都怨恨他。

2 文帝四年時，有人上書告發淳于意，按照刑律應當被押解到西方長安去。淳于意有五個女兒，跟著他哭泣。淳于意生氣了，罵道：「生孩子不生男孩，有了急事都沒有管用的！」小女兒緹縈聽了父親的話非常傷心，就跟著父親西行。上書說：「小女子的父親做官，齊國都稱讚他廉潔公平，現在犯了法應當受刑。小女子深切地悲痛於死者不能復生，因受刑而斬斷的肢體不能再接續，即使想要改過自新，也沒有辦法，最終無法改過。小女子願意自己做官家奴婢，來贖父親的刑罰罪過，使他有機會改過自新。」書遞上去，文帝憐憫她的心意，這一年也廢除了肉刑。

1 意家居❶，詔召問所為治病死生驗者幾何人，主名為誰❷。

2 詔問故太倉長臣意：「方伎❸所長，及所能治病者❹？有其書無有❺？皆安受學❻？受學幾何歲❼？嘗有所驗❽，何縣里人也？何病？醫藥已，其病之狀皆何如❾？具悉而對❿。」臣意對曰⓫：

3 「自意少時，喜醫藥，醫藥方試之多不驗者。至高后八年，得見師臨菑元里公乘陽慶。慶年七十餘，意得見事之⓬。謂意曰：『盡去而方書，非是也⓭。慶有古先道⓮遺傳黃帝、扁鵲之脈書⓯，五色診病，知人生死，決嫌疑，定可治，及藥論書，甚精。我家給富⓰，心愛公，欲盡以我禁方書悉教公。』臣意即曰：『幸甚，非意之所敢望也。』臣意即避席⓱再拜謁，受其脈書上、下經⓲、五色診⓳、奇咳術⓴、揆度、陰陽外變㉑、藥論㉒、石神㉓、接陰陽禁書㉔，受讀解驗㉕之，可一年所㉖。明歲即驗之㉗，有驗，然尚未精也㉘。要事之三年所㉙，即嘗已為人治㉚，診病決死生，有驗，精良。今慶已死十年所㉛，臣意年盡三年，年三十九歲也㉜。

4 「齊侍御史成[33]自言病頭痛，臣意診其脈，告曰：『君之病惡[34]，不可言[35]也。』即出，獨告成弟昌曰：『此病疽[36]也，內發於腸胃之間，後五日當雍腫[37]，後八日嘔膿死。』成之病得之飲酒且內[38]。成即如期死。所以知成之病者，臣意切其脈，得肝氣[39]。肝氣濁而靜[40]，此內關[41]之病也。脈法[42]曰：『脈長而弦，不得代四時者，其病主在於肝[43]。和即經主病也，代則絡脈有過[44]。』經主病和者，其病得之筋髓裏[45]。其代絕而脈賁[46]者，病得之酒且內。所以知其後五日而雍腫，八日嘔膿死者，切其脈時，少陽初代[47]。代者經病，病去過人，人則去，絡脈主病[48]。當其時，少陽初關一分，故中熱而膿未發也，及五分，則至少陽之界[49]，及八日，則嘔膿死，故上[50]二分而膿發，至界而雍腫，盡泄而死。熱上則熏陽明，爛流絡[51]，流絡動[52]則脈結發[53]，脈結發則爛解[54]，故絡交[55]。熱氣已上行，至頭而動，故頭痛。

5 「齊王中子[56]諸嬰兒小子病，召臣意診切其脈，告曰：『氣鬲病[57]。病使人煩懣，食不下，時嘔沫。病得之心憂[58]，數忔[59]食飲。』臣意即為之作下氣湯[60]以飲之，一日氣下[61]，二日能食，三日即病愈。所以知小子之病者，診其脈，心氣[62]也，濁躁而經[63]也，此絡陽[64]病也。脈法曰：『脈來數疾去難而不一者[65]，病主在心。』周身熱，脈盛者，為重陽(66)。重陽者，逿心主(67)。故煩懣食不下則絡脈有過(68)，絡脈有過則血上出(69)，血上出者死。此悲心(70)所生也，病得之憂(71)也。

6 「齊郎中令循(72)病，眾醫皆以為蹷入中(73)，而刺之。臣意診之，曰：『湧疝(74)也，令人不得前後溲(75)。』循曰：『不得前後溲三日矣。』臣意飲以火齊湯(76)，一飲得前後溲，再飲大溲(77)，三飲而疾愈。病得之內。所以知循病者，切其脈時，右口氣急(78)，脈無五藏氣(79)。右口脈大而數(80)，數者中下熱而湧(81)，左為下，右為上(82)，皆無五藏(83)應，故曰湧疝。中熱(84)，故溺赤(85)也。

7 「齊中御府長信(86)病，臣意入診其脈，告曰：『熱病氣(87)也。然暑汗(88)，脈少衰(89)，不死(90)。』曰：『此病得之當浴流水而寒甚(91)，已則熱(92)。』信曰：『唯，然！往冬時(93)，為王使於楚(94)，至莒縣(95)陽周(96)水，而莒橋梁頗(97)壞，信則擥(98)車轅未欲渡也，馬驚，即墮，信身入水中，幾死，吏即來救信，出之水中，衣盡濡(99)，有間而身寒(100)，已熱如火(101)，至今不可以見寒(102)。』臣意即為之液湯火齊逐熱，一飲汗盡，再飲熱去，三飲病已。即使服藥，出入二十日，身無病者。所以知信之病者，切其脈時，并陰(103)。脈法曰：『熱病陰陽交者(104)死。』切之不交，并陰。并陰者，脈順清(105)而愈，其熱雖未盡，猶活也。腎氣有時間濁(106)，在太陰脈口而希[107]，是水氣也[108]。腎固主水[109]，故以此知之。失治一時，即轉為寒熱[110]。

8 「齊王太后[111]病，召臣意入診脈，曰：『風癉客脬[112]，難於大小溲，溺赤。』臣意飲以火齊湯，一飲即前後溲，再飲病已，溺如故[113]。病得之流汗出滫[114]。滫者，去衣而汗晞[115]也。所以知齊王太后病者，臣意診其脈，切其太陰之口，溼然風氣也[116]。脈法曰：『沉之而大堅，浮之而大緊者，病主在腎[117]。』腎切之而相反也，脈大而躁[118]。大者，膀胱氣也[119]；躁者，中有熱而溺赤。

9 「齊章武里[120]曹山跗[121]病，臣意診其脈，曰：『肺消癉[122]也，加[123]以寒熱。』即告其人曰：『死，不治。適其共養[124]，此不當醫治。』法[125]曰：『後三日而當狂，妄[126]起行，欲走；後五日死。』即如期死[127]。山跗病得之盛怒而以接內[128]。所以知山跗之病者，臣意切其脈，肺氣熱[129]也。脈法曰：『不平不鼓[130]，形獘[131]。』此五藏高之遠數以經病[132]也，故切之時不平而代。不平者，血不居其處[133]；代者，時參擊竝至，乍躁乍大也[134]。此兩絡脈絕[135]，故死不治。所以加寒熱者，言其人尸奪。尸奪者，形獘[136]；形獘者，不當關灸鑱石及飲毒藥也[137]。臣意未往診時，齊太醫先診山跗病，灸其足少陽脈口[138]，而飲之半夏丸[139]，病者即泄注，腹中虛；又灸其少陰脈[140]，是壞肝剛絕深，如是重損病者氣[141]，以故加寒熱。所以後三日而當狂者，肝一絡連屬結絕乳下陽明[142]，故絡絕，開陽明脈[143]，陽明脈傷，即當狂走[144]。後五日死者，肝與心相去五分[145]，故曰五日盡[146]，盡即死矣。

10 「齊中尉[147]潘滿如病少[148]腹痛，臣意診其脈，曰：『遺積瘕[149]也。』臣意即謂齊太僕[150]臣饒[151]、內史[152]臣繇[153]曰：『中尉不復自止於內[154]，則三十日死。』後二十餘日，溲血死。病得之酒且內。所以知潘滿如病者，臣意切其脈深小弱[155]，其卒然合合也，是脾氣也[156]。右脈口氣至緊小[157]，見瘕氣也。以次相乘[158]，故三十日死。三陰俱摶者，如法[159]；不俱摶者，決在急期[160]；一摶一代者，近也[161]。故其三陰摶，溲血如前止[162]。

11 「陽虛侯[163]相[164]趙章[165]病，召臣意。眾醫皆以為寒中[166]，臣意診其脈，曰：『迵風[167]。』迵風者，飲食下嗌[168]而輒出不留。法曰：『五日死。』而後十日乃死。病得之酒。所以知趙章之病者，臣意切其脈，脈來滑[169]，是內風氣[170]也。飲食下嗌而輒出不留者，法五日死，皆為前分界法[171]。後十日乃死，所以過期者，其人嗜粥，故中藏實[172]，中藏實故過期。師[173]言曰：『安穀[174]者過期，不安穀者不及期。』

12 「濟北王[175]病，召臣意診其脈，曰：『風蹶[176]胸滿。』即為藥酒，盡三石[177]，病已。得之汗出伏地[178]。所以知濟北王病者，臣意切其脈時，風氣[179]也，心脈濁[180]。

病法[181]：『過入其陽[182]，陽氣[183]盡而陰氣[184]入。』陰氣入張[185]，則寒氣上而熱氣下[186]，故胸滿。汗出伏地者，切其脈，氣陰[187]。陰氣者，病必入中[188]，出及瀺水[189]也。

13 「齊北宮司空命婦出於病[190]，眾醫皆以為風入中，病主在肺[191]，刺其足少陽脈。臣意診其脈，曰：『病氣疝[192]，客[193]於膀胱，難[194]於前後溲，而溺赤。病見寒氣則遺溺[195]，使人腹腫。』出於病得之欲溺不得[196]，因以接內[197]。所以知出於病者，切其脈大而實[198]，其來難[199]，是蹶陰之動[200]也。脈來難者，疝氣之客於膀胱也。腹之所以腫者，言蹶陰之絡結小腹[201]也。蹶陰有過則脈結動[202]，動則腹腫。臣意即灸其足蹶陰之脈，左右各一所[203]，即不遺溺而溲清，小腹痛止。即更為火齊湯以飲之，三日而疝氣散，即愈。

14 「故濟北王阿母自言足熱而懣[204]，臣意告曰：『熱蹶[205]也。』則刺其足心各三所，案之[206]無出血，病旋已[207]。病得之飲酒大醉。

15 「濟北王[208]召臣意診脈諸女子侍者，至女子豎[209]，豎無病。臣意告永巷長[210]曰：『豎傷脾，不可勞，法當春嘔血死[211]。』臣意言王曰：『才人女子豎何能？』王曰：『是好為方[212]，多伎能，為所是案法新[213]。往年市之民所，四百七十萬，曹偶四人[214]。』王曰：『得毋[215]有病乎？』臣意對曰：『豎病重，在死法中[216]。』王召視之，其顏色不變[217]，以為不然，不賣諸侯所。至春，豎奉劍從王之廁，王去，豎後，王令人召之，即仆於廁，嘔血死。病得之流汗[218]。流汗者同[219]，法病內重[220]，毛髮而色澤，脈不衰[221]，此亦內關[222]之病也。

16 「齊中大夫病齲齒[223]，臣意灸其左大陽明脈[224]，即為苦參湯[225]，日嗽三升，出入五六日，病已。得之風[226]，及臥開口，食而不嗽。

17 「菑川王美人懷子而不乳[227]，來召臣意。臣意往，飲以莨䓪藥一撮[228]，以酒飲之，旋乳[229]。臣意復診其脈，而脈躁。躁者有餘病[230]，即飲以消石一齊[231]，出血[232]，血如豆比五六枚[233]。

18 「齊丞相舍人奴從朝入宮，臣意見之食閨門外，望其色有病氣。臣意即告宦者平。平好為脈[234]，學臣意所[235]，臣意即示之舍人奴病[236]，告之曰：『此傷脾氣也，當至春鬲塞不通[237]，不能食飲，法[238]至夏泄血死。』宦者平即往告相曰：『君之舍人奴有病，病重，死期有日[239]。』相君曰：『卿何以知之？』曰：『君朝時入宮，君之舍人奴盡食閨門外，平與倉公立，即示平曰，病如是者死。』相即召舍人奴而謂之曰：『公奴有病不[240]？』舍人曰：『奴無病，身無痛者。』至春果病，至四月，泄血死。所以知奴病者，脾氣周乘[241]五藏，傷部而交[242]，故傷脾之色也，望之殺然黃，察之如死青之茲[243]。眾醫不知，以為大蟲[244]，不知傷脾。所以至春死病者，胃氣黃，黃者土氣也[245]，土不勝木，故至春死[246]。所以至夏死者，脈法曰：『病重而脈順清[247]者曰內關。』內關之病，人不知其所痛，心急然無苦。若加以一病，死中春[248]；一愈順，及一時[249]。其所以四月死者，診其人時愈順。愈順者，人尚肥也。奴之病得之流汗數出，灸於火[250]而以出見大風[251]也。

19 「菑川王病，召臣意診脈，曰：『蹶[252]上為重，頭痛身熱，使人煩懣。』臣意即以寒水拊[253]其頭，刺足陽明脈[254]，左右各三所，病旋已。病得之沐髮未乾而臥。診如前，所以蹶，頭熱至肩。

20 「齊王黃姬兄黃長卿家有酒召客，召臣意。諸客坐[255]，未上食。臣意望見王后弟宋建，告曰：『君有病，往[256]四五日，君要[257]脅痛不可俛仰，又不得小溲。不亟[258]治，病即入濡腎[259]。及其未舍五藏[260]，急治之。病方今客腎濡[261]，此所謂「腎痹[262]」也。』宋建曰：『然，建故[263]有要脊痛。往四五日，天雨，黃氏諸倩[264]見建家京下方石[265]，即弄之[266]，建亦欲效之[267]，效之不能起，即復置之[268]。暮，要脊痛，不得溺，至今不愈。』建病得之好持重[269]。所以知建病者，臣意見其色，太陽色乾[270]，腎部上及界要以下者枯四分所[271]，故以往四五日[272]知其發也。臣意即為柔湯[273]

使服之，十八日所而病愈。

21 「濟北王侍者韓女病要背痛，寒熱，眾醫皆以為寒熱也[274]。臣意診脈，曰：『內寒[275]，月事[276]不下也。』即竄[277]以藥，旋下[278]，病已。病得之欲男子而不可得[279]也。所以知韓女之病者，診其脈時，切之，腎脈也，嗇而不屬[280]。嗇而不屬者，其來難，堅[281]，故曰『月不下[282]』。肝脈弦，出左口，故曰『欲男子不可得也』[283]。

22 「臨菑氾里女子薄吾[284]病甚，眾醫皆以為寒熱篤，當死，不治。臣意診其脈，曰：『蟯瘕[285]。』蟯瘕為病，腹大，上膚黃麤[286]，循[287]之戚戚然。臣意飲以芫華[288]一撮，即出蟯，可數升，病已，三十日如故。病蟯[289]得之於寒溼，寒溼氣宛篤不發[290]，化為蟲。臣意所以知薄吾病者，切其脈，循其尺，其尺索刺麤[291]，而毛美奉髮[292]，是蟲氣也，其色澤者，中藏無邪氣及重病。

23 「齊淳于司馬[293]病，臣意切其脈，告曰：『當病迵風。迵風之狀，飲食下嗌輒後之[294]。病得之飽食而疾走。』淳于司馬曰：『我之王家食馬肝，食飽甚，見酒來，即走去，驅疾至舍，即泄數十出[295]。』臣意告曰：『為火齊米汁[296]飲之，七八日而當愈。』時醫秦信在旁，臣意去，信謂左右閣都尉[297]曰：『意以淳于司馬病為何？』曰：『以為迵風，可治。』信即笑曰：『是不知也。淳于司馬病，法當後九日死。』即後九日不死，其家復召臣意。臣意往問之，盡如意診。臣即為一火齊米汁，使服之，七八日病已。所以知之者，診其脈時，切之，盡如法[298]。其病順[299]，故不死。

24 「齊中郎破石[300]病，臣意診其脈，告曰：『肺傷[301]，不治，當後十日丁亥溲血[302]死。』即後十一日，溲血而死。破石之病，得之墮馬僵石上[303]。所以知破石之病者，切其脈，得肺陰氣[304]，其來散，數道至而不一也[305]。色又乘之[306]。所以知其墮馬者，切之得番陰脈[307]。番陰脈入虛裏[308]，乘肺脈。肺脈散者，固色變也乘之[309]。所以不中期死者，師言曰：『病者安穀即過期，不安穀則不及期。』其人嗜黍，黍主肺[310]，故過期。所以溲血者，診脈法曰：『病養喜陰處者順死，養喜陽處者逆死[311]。』其人喜自靜，不躁，又久安坐，伏几而寐，故血下泄。

25 「齊王侍醫遂[312]病，自練五石[313]服之。臣意往過之[314]，遂謂意曰：『不肖[315]有病，幸[316]診遂也。』臣意即診之，告曰：『公病中熱。論曰：「中熱不溲者，不可服五石。」石之為藥精悍[317]，公服之不得數溲[318]，亟勿服。色將發臃[319]。』遂曰：『扁鵲曰：「陰石以治陰病，陽石以治陽病[320]。」夫藥石者，有陰陽水火之齊[321]，故中熱，即為陰石柔齊[322]治之；中寒，即為陽石剛齊[323]治之。』臣意曰：『公所論遠[324]矣。扁鵲雖言若是，然必審診[325]，起度量，立規矩，稱權衡[326]，合色脈[327]、表裏、有餘不足、順逆之法，參其人動靜，與息相應[328]，乃可以論[329]。論曰：「陽疾處內，陰形應外者[330]，不加悍藥[331]及鑱石。」夫悍藥入中，則邪氣辟[332]矣，而宛氣[333]愈深。診法曰：「二陰應外，一陽接內者[334]，不可以剛藥。」剛藥入則動陽[335]，陰病益衰，陽病益箸[336]，邪氣流行，為重困於俞[337]，忿發[338]為疽。』意告之後百餘日，果為疽發乳上，入缺盆[339]，死。此謂論之大體也，必有經紀[340]。拙工有一不習，文理[341]陰陽失[342]矣。

26 「齊王故為陽虛侯時[343]，病甚，眾醫皆以為蹷。臣意診脈，以為痹[344]，根在右脅下，大如覆杯，令人喘，逆氣不能食。臣意即以火齊粥且飲[345]，六日氣下；即令更服丸藥，出入六日，病已。病得之內。診之時，不能識其經解[346]，大識其病所在[347]。

27 「臣意嘗診安陽武都里成開方[348]，開方自言以為不病，臣意謂之病苦沓風[349]，三歲四支不能自用[350]，使人瘖[351]，瘖即死。今聞其四支不能用，瘖而未死也。病得之數飲酒以見大風氣[352]。所以知成開方病者，診之，其脈法奇咳[353]言曰：『藏氣相反[354]者死。』切之，得腎反肺[355]，法曰『三歲死』也。

28 「安陵阪里公乘項處(356)病，臣意診脈，曰：『牡疝(357)。』牡疝在鬲下，上連肺。病得之內。臣意謂之：『慎毋為勞力事(358)，為勞力事則必嘔血死。』處後蹴踘(359)，要蹷寒(360)，汗出多，即嘔血。臣意復診之，曰：『當旦日(361)日夕(362)死。』即死。病得之內。所以知項處病者，切其脈得番陽(363)。番陽入虛裏(364)，處旦日死。一番一絡(365)者，牡疝也。

29 「臣意曰：『他所診期決(366)死生及所治已(367)病眾多，久頗忘之，不能盡識(368)，不敢以對。』」

【章旨】以上為第五段，寫淳于意回答漢文帝自己的師承和為人看病的事例。

【注釋】❶家居　瀧川引陳子龍曰：「意既至長安，事釋，即家居之，故詔書就問也。」❷詔召二句　皇帝下令叫淳于意來，問其經手診治，確有起死回生療效的有多少人？他們姓什麼？叫什麼？瀧川曰：「『主名為誰』以上，先提其綱。」❸方伎　醫技。伎，通「技」。❹及所能治病者　應為「及所能治何病者」。❺有其書無有　有沒有記述你醫術的著作。❻皆安受學　都是從哪裡學來的？瀧川曰：「『皆』字疑衍。」❼幾何歲　多少年。❽嘗有所驗　曾經有什麼樣的效驗。❾醫藥已二句　服藥後，病人情況怎樣。已，用於句末，表示確定語氣。❿具悉而對　全部詳細地回答我。具，通「俱」。全部。悉，詳細。按：以上是淳于意在回答文帝的詢問時，先將皇帝的詔令抄在前面。瀧川曰：「『詔問故太倉長』以下，是意之對言，首稱詔問之委曲。」按：漢代諸臣回答皇帝的詔令、策問時，格式例皆如此，可參看〈三王世家〉、〈儒林列傳〉等。⓫臣意對曰　對，回答。以下二十六段，均為淳于意對文帝所問學醫及治病情況的回答。⓬意得見事之　我有幸跟他學醫。事，侍奉。謙指跟其學習。⓭盡去而方書二句　把你過去學的那些通通拋掉，那些都是錯誤的。而，你；你的。方書，有關診病、處方的書。⓮古先道　古代先輩醫家。⓯黃帝扁鵲之脈書　古代流傳下來的醫書，以黃帝、扁鵲所命名者。戰國以來的道家、神仙家和一些方伎之士，多好牽引黃帝為其祖師。脈書，中醫切脈之書，《素問》認為即《靈樞經》。⑯給富　富裕；富足。⑰避席　離開座席，以示敬意。⑱上下經　兩部古代醫書，俱佚。《黃帝內經素問・病能論》曰：「《上經》者，言氣之通天也。《下經》者，言病之變化也。」⑲五色診　關於中醫望診的醫書。《素問》記載了這部書名。《靈樞經》有〈五色篇〉。⑳奇咳術　有人認為是屬於中醫聽診方面的著作，「咳」是病人發出的聲音。有認為是記載各種奇特醫術的著作。奇咳，當作「奇侅」。非常也。又有疑即《奇恆》這部古代醫書。《集解》云：「奇言羈，咳言該。」《正義》引《難經》以為即「奇經八脈」：「奇經八脈者，有陽維、有陰維、有陽蹻、有陰蹻、有衝、有督、有任、有帶之脈。凡此八者，皆不可拘於經，故云奇經八脈也。」㉑揆度陰陽外變　均為古代醫書。《素問》亦載有其名。一說「揆度」是測度之義，意即觀察外表變化以測度體內的陰陽盛衰。然此處全是淳于意述其受師何書，故作書名為當。㉒藥論　關於藥理的書。㉓石神　關於針灸方面的書。㉔接陰陽禁書　研究陰陽學說的古代醫書。一說是「接受以上各種未公開流傳的醫書」。鄭懷林認為屬於房中術一類的書。西元一九七三年長沙馬王堆出土的醫書中有《接陰之道》、《合陰陽》，均指房中術。按：較之三說，鄭說似當。㉕受讀解驗　接受、誦讀、理解、體驗。㉖可一年所　大約一年左右。㉗明歲即驗之　跟公乘陽慶學醫的第二年試著驗證一下。驗，檢驗。即臨牀治病。㉘有驗二句　有些效果，但還不夠精純。精，精明；精到。㉙要事之三年所　總共跟著公乘陽慶學了三年左右。要，總共。㉚即嘗已為人治　就嘗試著用陽慶所教的方藥給人治病。按：或謂「嘗」通「常」，亦可。㉛已死十年所　已經死了大概十年了。所，許。估量用語。㉜臣意年盡三年二句　詞語不順。一說淳于意於高后八年（西元前一八〇年）拜陽慶為師，三年之後乃文帝三年（西元前一七七年），時意年三十九歲，與前文「文帝四年中，人上書言意」相吻合。然此說與〈孝文本紀〉、《漢書・刑法志》所載「文帝十三年廢肉刑」相矛盾。故崔適曰：「各本誤作「年盡三年，年三十九歲也」。上文「高后八年」，《集解》引徐廣曰「臣意年三十六」。〈孝文本紀〉：「十三年，除肉刑。」則此文當作「盡十三年所，年三十九歲也」。「盡十三年所」與上文「事之三年所」、「已死十年所」句法一例。「十」字依《日知錄》補。「十三年」上衍「年」字，下脫「所」字。」按：崔說是。文帝「十三年，廢肉刑」，《史記》、《漢書》都有明確記載，當屬實。故此處當作「盡十三年所」。㉝侍御史成　侍御史，官名，為御史大夫屬官。成，人名。㉞惡　嚴重。㉟不可言　乃為病危，不宜直說，以犯諱耳。㊱疽　毒瘡。成之疽為內疽，即生於體內的毒瘡。㊲瘇腫　猶潰爛。㊳內　房事；性生活。崔適：「「內」即「齊侯好內」之「內」，謂御女也。」謂成之病因於酒色也。下文「齊章武里曹山跗病，及之盛怒而以接內」、「齊中尉潘滿如得之酒且內」、「齊王故為陽虛侯疾，得之內」、「安陵阪里公乘項處病，得之內」的「內」均同。瀧川引滕惟寅曰：「此人必數醉且飽，以入房，氣聚於脾中，不得散。酒氣與穀氣相薄，熱盛於中。」㊴得肝氣　（切脈）得肝臟有病的脈象。氣，脈氣；脈象。㊵肝氣濁而靜　肝部脈跳動重濁而遲緩。這是邪氣盛，人體正氣被抑遏不得舒展的脈象。㊶內關　《正義》引《難經》云：「關遂入尺為內關。」呂廣云：「脈從關至尺澤，名內關也。」按：中醫診脈，左右手各取「寸、關、尺」以候臟腑。橈骨莖突處為關，關前為寸，關後為尺。關居其中，故稱「內關」。又瀧川引《靈樞・始終篇》曰：「脈口四盛且大且數者，名曰溢陰。溢陰為內關，內關不通，死不治。」㊷脈法　此處指黃帝、扁鵲之脈書。㊸脈長而弦三句　長、弦，脈象名。長脈脈象是「首尾端直，過於本位」，弦脈是「長而直，狀如弓弦」。代，更代；替換。中醫理論認為，人之脈象應四時而有平脈，即「春弦夏洪，秋毛冬石」。如果脈象不隨四季推移而發生上述改變，則有病。瀧川引多紀元簡曰：「《脈經》云：『春肝木王，其脈弦細而長，名曰平脈也。』今非春時，而得此脈，則知其病主在於肝。代，乃謂四時相代之脈也，與下文『代絕』之代自別。」㊹和即經主病也二句　和，均勻調和。代，脈象名。其特徵是脈搏跳動緩慢而有規則地歇止，即「遲而一止，止有定數，不能自還」。代主臟氣衰微，多為死證。然此處是指脈象雜亂，時緩時急，時大時小。此句意謂脈象長弦，但均勻調和，乃肝的經脈有病，如節律大小均勻有規則停歇，則是肝的絡脈有病。瀧川引海保元備曰：「言其脈和者，仍為經脈主病也。」㊺經主病和者二句　肝的經脈有病，脈和，這是筋髓受傷所致。按：中醫脈象學認為：肝主筋，腎主骨髓，筋髓受損，必然引起肝腎患病。據上文知成房勞過甚，勞傷筋，故肝病。㊻代絕而脈賁　代，代脈。絕，斷。因代脈脈象是幾動一止，故曰絕。賁，大。《尚書・盤庚》：「用宏茲賁。」注：「賁，大也。」此指脈象的洪大。按：有訓「賁」為「湧」者，似不妥。據文意，成病為不治。按中醫脈象理論，代而有力，當為有治；代而無力，臟絕之象。「湧」者，有力之象也。且中醫無湧脈之名。而代脈兼而洪大，乃邪入於絡之象，入絡則病深。從下文看，成之病邪已由經入絡，終至不治。㊼少陽初代　（診脈時）少陽經部位出現代脈。少陽，經絡名。人體手足各有三陰三陽，計十二經。此處少陽當指足少陽，因成之疾在肝，足少陽膽經，肝與膽相表裡。㊽代者經病四句　對此四句，因文意不順，故諸家存疑不釋。瀧川引海保元備曰：「『經病』至『人則去』九字，疑有衍訛，不可強解。」鄭懷林認為：「絡脈主病」一句當在「代者經病」之後。意即出現代脈，是因為經脈受病已傳入絡脈，病勢擴展全身，病人就生命危殆了。此說當是。病去，病情發展。過人，遍身遍體。過，猶言「遍」。人則去，人就要死亡。㊾當其時五句　《正義》引王叔和《脈經》云：「『分別三關境界脈候所主』云，從魚際至高骨，卻行一寸，其中名曰寸口，其自高骨從寸至尺，名曰尺澤，故曰尺。寸後尺前，名曰關。陽出陰入，以關為界，陽出三分，陰入三分，故曰三陰三陽。陽生於尺，動於寸；陰生於寸，動於尺。寸主射上焦、出頭及皮毛，竟手。關主射中焦、腹及於腰。尺主射下焦、少腹至足也。」後人據此說以及「至少陽之界」認為是長度單位。以分為界而視脈來確定病變日期。按：此說似不妥，因為其他醫籍均無此診脈方法的記載。且寸關尺三部位處於方寸之間，一部僅下一指，是無法再分的。《脈經》所云，乃介紹寸關尺三部取位之法及其各主何臟腑，與該句文無任何關係。「界」亦非邊界、界線之意，界猶「限」也。此處應指程度，一分為輕微的代脈脈象，五分則為嚴重的代脈脈象，故嘔膿血死。50上　進；加。引申為到。意即代脈到了二分時便膿發。51熱上則熏陽明二句　熱邪往上去則熏灼陽明胃經脈，繼而灼傷細小的絡脈。52動　變動；變化。53結發　結，結繫之處。發，發病；發腫。54爛解　糜爛；離解。55絡交　絡脈交互（阻塞、發腫）。56齊王中子　齊王，劉將閭，劉肥之子。於漢文帝十六年（西元前一六四年）封齊王。中子，次子。57氣鬲病　氣機阻隔在胸膈之間所導致的病。鬲，通「膈」。胸膈。一說通「隔」。阻隔。按：二說均通。58心憂　「心」，原作「少」。張文虎《札記》卷五：「『少』疑『心』字之譌。」據改。據「諸嬰兒小子」則患者年齡尚幼，未及成年，七情難興，自不會因憂鬱而患病。憂，當解「閉塞不洩」，故下文有所謂患者之病在於心脈壅閉，而致飲食不下。59數忔　數，屢次。引申為經常。忔，厭惡。60作下氣湯　作，處方。原方已佚，據症測方，該方應有降氣和胃、清熱寧心的功效。61氣下　往上逆行的濁氣降了下來。62心氣　心有氣鬱結。63濁躁而經　（脈象）混濁洪數而浮。躁，狂躁。引申為洪數脈象。按：經，似應作「輕」，可能形似而誤。心病脈多輕浮，這種脈象切合心有熱邪，濁氣上逆的病機。64絡陽　「絡」，疑為「結」之誤也。結陽即陽氣鬱結於胸膈之間所導致的疾病，又稱「鬲氣」。瀧川引多紀元簡曰：「《醫說》『絡陽』作『陽絡』，蓋指心包絡。」65脈來數疾去難而不一者　（切脈時）其脈搏達於指下時數疾，離開指下時滯澀而呈現前後不一致的情況。數，脈象名。疾，快；有力。難，即「澀」，脈象名。數脈特點是「一息六至，來去較疾」，多主陽熱之症。內有實火則數而有力，虛火則數而無力。澀脈的特點是「往來滯澀，如雨沾砂」。澀脈主病，亦分虛實，虛者多因氣血方虛，營血運行艱難，故脈暢；實者多因氣食痰阻滯脈道，氣血運行不暢而使脈澀有力。觀「小子」之病，實為火熱之症。脈數疾而澀，乃氣血不暢之故也。上文訓「憂」為「閉塞不洩」，當然。66重陽　陽熱有餘。重，重疊。引申為「盛」。陽熱太盛，故全身發熱，六脈旺盛。67湯心主　猶「犯心神」。湯，通「蕩」。侵犯；侵凌。中醫認為，心者君主之官，神明出焉，故謂之「心主」。68過　失度。引申為受邪、受病。69血上出　血流上行。吐血、鼻孔出血之類。此當指鼻孔出血。如內熱不散，迫血妄行，故鼻孔出血。這幾句意謂在「重陽」的情況下，如不及時治療，則熱傷血絡，絡脈受傷，導致血熱妄行，鼻孔出血而亡。70悲心　心中悲戚。71憂　閉塞不洩。按：上句言病起於心中悲傷，似與58「憂」之訓義相抵牾，實則不然，蓋言病起於（心脈）閉塞不洩者，齊王中子諸嬰兒小子之病也；言病「悲心所生」者，乃指「血上出者死」之候也。72郎中令循　郎中令，守衛宮殿門戶的官員。循，人名。(73)蹷入中　上逆之氣進入胸腹之中。蹷，同「厥」。氣逆。(74)湧疝　一種疾病。症為腹痛脹滿，氣逆衝上，大小便閉塞。疝有多種，瀧川引多紀元簡曰：「此乃〈骨空論〉所謂『衝疝』，後世或呼為『奔豚疝氣』。」(75)前後溲　小便、大便。(76)火齊湯　古方，今佚。對其藥物組成，後世所說者眾。本傳記淳于意治病用火齊湯凡三次，據病揣方，是方應具有清熱降氣、通利二便的作用。張文虎《札記》：「『火』疑『大』字之譌。」(77)大溲　（大小便）大為湧暢。瀧川引王念孫曰：「『前』下當有『後』字，言一飲而前後溲始通，再飲則大溲也。『大溲』二字，兼前後而言之，則上句原有『後』字明矣。」當是。據補。(78)右口氣急　右寸脈氣急迫。口，寸口。又稱氣口。(79)脈無五藏氣　脈搏反映不出五臟有病氣。按：左右寸關尺六部候人之五臟六腑。臟腑有病其病象脈現於相應部位。循病為疝，非於五臟，故不是五臟病氣。(80)大而數　大、數均為脈象名。其特點是脈幅粗大，倍於常脈。大脈主疝，按上文言循「病得之內」，當知乃房勞日久，血虛不能斂氣，氣機上逆，發為湧疝。(81)數者中下熱而湧　出現數脈的原因是病人中下焦熱邪湧動。湧，張文虎《札記》：「據下文，疑下脫『疝』字。」(82)左為下二句　左手（寸口脈大而數）是表示熱邪往下行走，右手（寸口脈大而數）是表示熱邪往上行走（上下衝逆，故氣閉腹疼而使二便閉塞）。(83)皆無五藏　與「脈無五藏氣」之意同。(84)中熱　中焦積熱。(85)溺赤　小便黃赤。(86)中御府長信　中御府長，官名，又名中御府令，主管王室事務。信，人名。(87)熱病氣　熱病的脈象。熱病，因感受風寒而引起發熱性的疾病。(88)暑汗　（因為）天氣炎熱而出汗。(89)脈少衰　脈象稍有減弱。(90)不死　不會有死亡的危險。按：中醫認為，感受風寒引起的發熱性疾病，脈象洪數有力，當以辛溫發表，使邪從汗出。今倍患熱病，因天熱出汗，邪已少出，故脈象不是十分洪數有力，故淳于意說「不死」。(91)此病句　這病是因為曾經在冰冷的流水中洗浴過。(92)已則熱　（寒冷）停止後，就會發燒。(93)往冬時　去年冬天。(94)為王使於楚　替齊王出使楚國。楚，漢高帝六年（西元前二〇一年），封劉高為楚王，都彭城。文帝時，劉高之孫劉戊在位。(95)莒縣　今山東莒縣。(96)陽周　莒縣所屬地名。(97)頗　很；非常。(98)攣　抓住。(99)濡　溼。(100)有間而身寒　有間，一會兒。寒，發寒；怕冷。(101)已熱如火　（畏寒）停止後就大熱如火。(102)不可以見寒　不能遇寒。瀧川引海保元備曰：「見，猶言『遇』也。」(103)并陰　（六部脈）都是陰脈。按：陰陽為中醫理論的支柱，脈象亦有陰陽。倍之病為熱症，脈象當屬陽，但因「暑汗」，表邪少解，故脈象由浮數之陽脈變為沉緩之陰脈。(104)陰陽交者　陰脈陽脈雜亂出現。(105)清　靜。瀧川引王念孫曰：「讀為動靜之靜。」按：中醫理論認為，傷寒熱病，脈靜為順，脈躁為逆。上文言脈「并陰」，陰者，靜之象也，故為可治。一說此句當為「脈順，清可愈」。即脈象順，用清法可以治癒。清法，中醫用藥法之一，指採用寒涼藥物來清除熱邪。此說亦通。但是考之全文，患者已出汗，脈并陰，可見外邪已解，裡邪未盡，已不適於清法。且上文意處方為「火齊湯」，則更非清劑。106 腎氣有時間濁　腎脈有時微微重濁。間，稍微。意謂腎臟已受邪害，出現病脈。107 太陰脈口而希　太陰，指手太陰肺。口，寸口。右手寸口為肺部脈。希，同「稀」。猶「弱」也。病者因風寒起，首犯肺，肺受損，則脈象較弱。108 是水氣也　這些脈象表明（病人）有水氣。按：中醫認為，風寒中於人體，邪不外出，傷及肺、胃，則人體水氣施布受阻，轉發他病。109 腎固主水　腎臟原本是主管水液運行的。中醫臟象理論認為，腎為水臟，司全身水液代謝。110 寒熱　反覆出現惡寒、發熱的症狀。111 齊王太后　齊王劉將閭之母。112 風癉客脬　風熱襲入膀胱。癉，熱。客，病邪，由外而入。脬，同「胞」。膀胱。113 溺如故　小便像過去一樣（正常）。114 滫　乾。原作「循」，他本多作「滫」。王念孫《雜志》：「循當為滫，讀與脩同。〈王風〉『嘆其脩矣』，毛傳『脩且乾也』。故曰『滫者去衣而汗晞也』，隸書循、脩二字相似，故滫譌作循。」據改。115 去衣而汗晞　意謂齊太后之病因於流汗時除掉衣服，汗被風吹乾，故風寒入體。晞，乾。116 切其太陰之口二句　按右寸肺部之脈，顯現出溼熱風氣的脈象。117 沉之而大堅三句　沉、浮、堅、緊，均為脈象名。意即出現這些脈象時，病在腎臟。《正義》引王叔和《脈經》：「脈大而堅，病出於腎也。」引《素問》云：「脈短實而數，有似切繩，名曰緊也。」118 腎切之而相反也二句　按腎部脈卻沒有出現這些脈象。119 大者二句　脈象大而躁，是表示病氣在膀胱。《診宗三昧》：「凡大而數盛有力，皆為實熱。」120 章武里　里巷名稱。121 曹山跗　人名。122 肺消癉　即肺消，消渴症之一。臨牀多見口渴、尿黃等內熱症狀。123 加　更加上。寒熱往來非肺消症候，乃誤治所致。124 適其共養　瀧川引董份曰：「適其共養，言當適病者之意，供養以俟其死，此不當復醫也。」125 法　發病規律。一說指脈法，均通。126 妄　胡亂。引申為神志不清。127 如期死　按所預期的（後五日）死了。128 盛怒而以接內　暴怒之後又接著行房事。129 肺氣熱　肺部脈顯示肺臟有熱。130 不平不鼓　脈搏起伏不定，鼓動無力。瀧川引滕惟寅曰：「不鼓，言脈代也。」多紀元堅曰：「奏鼓必有節，今脈動不定，故云不鼓。」131 形獘　形體衰敗。獘，通「弊」。破敗。132 此五藏高之遠數以經病　這是五臟從上到下已經有幾臟得了病。高，高臟。心、肺位於五臟之上，故稱高臟，此處特指肺。遠，遠臟。肝、腎離心較遠，故稱遠臟。以，同「已」。經，歷；經歷。133 血不居其處　血液不留居在它的處所（指肝臟）。中醫臟象學認為肝藏血，肝受損，則血不藏肝。134 代者三句　代脈的脈象是時而緩長，時而急促，時而躁動，時而洪大。參，長貌。引申為緩長。擊，搏。引申為有力。並至，一齊出現。135 兩絡脈絕　肝與肺的絡脈已失去生機。136 尸奪者二句　神形耗散，如同死屍。137 不當關灸鑱石及飲毒藥也　不能用艾灸、針刺及服食湯藥來治療。意為不治。關，用。灸，艾灸。鑱石，石頭磨製的針。138 足少陽脈口　足少陽膽經的穴位。瀧川曰：「少陽，經脈之名。」139 半夏丸　古方，已佚。既云半夏丸，則半夏當為主藥。飲，和湯服之，非為乾食。按：半夏主痰及腹脹，辛溫能散，亦可潤下，故病人服後大小便通。齊太醫飲以半夏丸，蓋去肺鬱也。(140)少陰脈　此處指足少陰腎脈。該經主治泌尿生殖、腸部疾患，然病者非腎虛引起的腹瀉，故灸之無效。(141)是壞肝剛絕深二句　這樣（治療）是嚴重地損害了肝陽，像這樣更加損傷病人元氣。(142)肝一絡連屬結絕乳下陽明　肝經有一條絡脈橫過乳下與陽明經（足陽明胃經）連結。結，連結。絕，橫過。《正義》引《素問》：「乳下陽明，胃絡也。」(143)故絡絕二句　因此，肝絡受到損害，病邪侵入足陽明脈。開，打開。即侵入。(144)狂走　按中醫臟象理論，癲躁陽狂之類的精神病候，是足陽明胃經的主要病症。(145)肝與心相去五分　肝脈與心脈相隔五分。左關候肝，右寸候心，二臟脈之間距為五分。(146)盡　（肝臟之氣）耗盡。瀧川引張文虎曰：「吳校元板，無『盡』字。」(147)中尉　官名，負責都城治安。(148)少　張文虎曰：「宋本、中統本、毛本『少』作『小』。」瀧川曰：「百衲宋本亦作『小』，作『小』為是。」(149)遺積瘕　患的是積聚症瘕一類的病。遺，遺留。引申為患。積瘕，腹腔內有硬塊一類的疾病。(150)太僕　官名，九卿之一，管理君王的車馬。(151)饒　人名。(152)內史　官名，在諸侯國管理民政的官員。(153)繇　人名。(154)自止於內　自我控制，停止房事。(155)深小弱　均為脈象名。深，同「沉」。沉脈之象為「行於筋骨，如石投水」，屬陰，主裡。小脈即細脈。李時珍曰：「細直而軟，若絲線之應指。」細主諸虛，氣小血衰之症。弱脈，《脈經》：「弱脈極軟而沉細，按之欲絕指小。」主氣血虧損、元氣虛耗等虛症。中尉脈沉而小弱，乃元氣衰竭之象。(156)其卒然合也二句　言脈來猝然聚合，乃脾臟有疾也。(157)右脈口氣至緊小　右手寸口脈象來時緊而有力。緊，脈象名。《脈經》：「緊脈數如切繩狀。」其主病為寒、為痛。右寸為肺，肺主氣，其脈緊而有力。故會發現瘕氣疼痛的病症。(158)以次相乘　按照五臟的相乘次序規律。乘，剋伐。中醫五行學說認為五臟分屬五行，互相存在相生相剋的關係，相互剋制太過，則為相乘。如肝屬木，脾屬土，木能剋土，如相剋太過，超過正常範圍，則生疾病，此謂肝木乘脾。按：該病五臟相乘次序是：脾乘腎，腎乘心，心乘肺，肺乘肝，肝乘脾。五日乘一臟，肝乘脾後又五日，所以是三十日死。(159)三陰俱摶者二句　三陰，指上面出現的「深」、「小」、「弱」三種屬陰的脈象。摶，聚攏一起。引申為同時出現。如法，像上述規則所說（三十日死）。(160)不俱摶者二句　（三種陰脈）不一齊出現的，短期內也能決斷生死。決，決斷。急期，近期；短期。(161)一摶一代者二句　（三種陰脈）一齊出現的同時還出現代脈，死期就更近了。(162)止　助詞，無義。(163)陽虛侯　齊悼惠王之子劉將閭，文帝十六年封齊王。(164)相　丞相。(165)趙章　人名。(166)寒中　病名，乃寒氣入侵於裡所致。(167)迵風　古病名。迵，通「洞」。《內經》稱之為「洞池」和「洞病」。其主要症狀是飲食入胃之後，不能消化吸收，迅速吐出和瀉出。(168)嗌　咽喉。(169)滑　脈象名。特徵是「往來流利，如盤走珠」。主食熱、痰實、食滯、蓄血諸症。(170)內風氣　內風病的脈象。內風，由於體內臟腑功能失調所引起的疾病。這類病多發病突然，變化迅速，故喻之曰「風」。171前分界法　即前面「齊侍御史成」病案中所說的分界法。172中藏實　藏，同「臟」。實，充實。意即生理機能較旺盛。中醫養生學認為，人食應以清淡為要，故粥為養胃之至品。173師　老師。指陽慶。174安穀　接納穀物。175濟北王　劉志，齊悼惠王之子，文帝十六年立為濟北王，景帝三年（西元前一五四年），徙為菑川王。176風蹶　由於外界風寒侵入體內，逆引於上所發的疾病。主要症狀為胸悶不適。177三石　漢代一石重一百二十斤。瀧川曰：「毛本石作『日』。」於文意推之，當是。178汗出伏地　出汗時睡在地上。伏，猶睡也。179風氣　呈現出風症的脈象。180濁　重濁。181病法　疾病發展的規律。182過入其陽　病邪逆入人體肌表。過，過失。喻指病邪。陽，指肌表。肌表在外為陽，臟腑在內為陰。183陽氣　行於體表的衛氣，具有保衛肌表、抵禦外邪之用。184陰氣　指寒氣。185張　囂張；擴張；肆虐。186寒氣上而熱氣下　陰寒之氣上逆，陽熱之氣下流（氣機不暢而胸悶）。187氣陰　脈象（表明）有陰寒之邪。188入中　進入身體內部。189出及瀺水　（服藥後）病邪隨著汗液而外出。及，隨著。瀺，汗液。190齊北宮司空命婦出於病　據《正義》，北宮，王后的住處。司空，管理工程的官員。命婦，有封號的婦女。出於，命婦名。崔適則認為：「『病於出』各本皆作『出於病』，義不可解，當由校者不知『出』是病名，故與病之互易。《說文》曰：『娗，女出病也。』醫書謂之『陰挺』，故此傳下文曰『疝氣之客於膀胱』也，今正。」（《史記探源》）按：據此脈案，患者之疾似為陰挺之症。陰挺，亦叫「陰菌」、「陰脫」。本病包括現代醫學所指「子宮下垂」及「陰道後壁膨出」。該病有虛有實，「屬熱者，必腫痛小便數，宜龍膽瀉肝湯。」（《醫宗金鑒》）該病人脈大而實，腹腫疼痛，二便閉塞諸症，正是陰挺病熱者的典型症狀。意謂病在蹶陰，服火劑湯，灸蹶陰之脈，均為切病之療法。下文有「所以知出於病者」句，與全文句法不合，應做「所以知病於出者」。若是，則下文「使人腹腫，出於病得之欲溺不得」當為「使人腹腫於出，病得之欲溺不得」。191風入中二句　風邪侵入人體中，疾病屬於肺部。192氣疝　疝病的一種，主要症狀為腹中疼痛，時緩時急。193客　侵犯。194難　困難。195遺溺　小便不禁。淳于意分析病情，認為不是眾醫所言之風中，如屬風寒，則小便不禁。今前後溲難，故非。196欲溺不得　該小便而不小便。197因以接內　忍著小便行房事。按：忍溺入房為中醫養生之大忌。198大而實　大，脈象名，其特徵是「指滿大，倍於平常」。大而有力為邪盛。實，脈象名，其特徵是「舉按皆得，長大有力」。主病為火熱有餘。199其來難　脈搏來時艱難。即呈現「緊」脈之象。《靈樞經・邪氣臟腑病形第四》：「膀胱病者，小腹偏腫而痛，以手按之，即欲小便而不得。」是病參之脈象與症狀，言為陰挺，是。200蹶陰之動　蹶陰經發的病。蹶陰，指足蹶陰肝經。動，發動。猶發病。201絡結小腹　（足蹶陰肝經的）絡脈連接小腹。202蹶陰有過則脈結動　過，病；疾患。瀧川引多紀元胤曰：「脈結動者，謂脈結於小腹，且為之動作也。」動，變動。引申為發病。203一所　一處。204故濟北王阿母自言足

熱而懣　故濟北王，劉興居，齊悼惠王之子，文帝二年（西元前一七八年）立為濟北王，文帝四年（西元前一七六年）謀反，誅。阿母，媽媽。懣，胸中滿懣。[205]熱蹶　病名。足心發熱為其主症。[206]案之　按住針孔。案，通「按」。針灸之法有「補」、「泄」之分，急拔不按為「泄」，徐拔急按為「補」。按：阿母之病本為熱蹶，何以用「補」？《靈樞・終始篇》曰：「刺熱厥者，留針反為寒，故針而按之。」[207]旋已　馬上痊癒。[208]濟北王　此應指劉志，齊悼惠王之子，文帝後元元年（西元前一六三年）封濟北王，景帝三年徙菑川。[209]豎　侍女名。[210]永巷長　管理永巷的人。永巷，宮中的長巷，乃幽閉妃嬪宮女之處。[211]法當春嘔血死　按病情發展規律該在春天吐血而死。按中醫五行學說，脾屬土，肝屬木，思慮傷脾，女豎之病，當為幽閉宮中，終日憂思所致，而木能剋土，脾土受傷，春天木氣旺，脾氣受剋，當死。因脾統血，脾損而不能攝血，令血妄行，當吐血死。[212]是好為方　她擅長醫術。[213]為所是案法新　被豎所採用治病的古法，多能自出新意。《索隱》：「謂於舊方技能生新意也。」瀧川曰：「『為所是』句，疑有譌。」[214]四百七十萬二句　曹偶，猶等輩也。本句言當時一共買了四位如豎有技能的侍女，共去銀四百七十萬。陳直：「女子豎是濟北王才人，兼通醫藥方技。四百七十萬，是曹偶四人之買價。每人平均價一百十七萬有奇，與漢代通常奴婢價值，每人二萬計之（見《居延漢簡釋文》卷三，四十八頁），相差五十八倍有奇，其原因是擅長方技關係。此段重要史料，一般學者所未注意及之。」（《史記新證》）[215]得毋　莫不是。[216]在死法中　（豎）在死的規律中。意即按病理是會死的。[217]顏色不變　臉色沒有特異現象。[218]得之流汗　指辛苦過度。[219]流汗者同　同，張文虎《札記》：「『同』字疑衍。」[220]法病內重　指病理是七情內傷臟腑太甚。[221]毛髮而色澤二句　（從表面看，病人）毛髮臉色都很有光澤，脈象也不衰。[222]此亦內關　「內關」原作「關內」。王念孫《雜志》：「當作『內關』。此承上文齊侍御史成內關之病，故云『亦』。下文齊丞相舍人奴病，亦曰內關。內關猶內閉。」據改。[223]中大夫病齲齒　中大夫，官名，郎中令的屬官，掌議論。齲齒，蛀齒，俗稱蟲牙。[224]左大陽明脈　指手陽明大腸經。按：「大」當為衍文，抑或為「手」之誤。《證類本草》引此作「左手陽明脈」。人體無太陽明脈，且太陽脈於治齲齒無關，而針灸手陽明經穴道可治齲齒。《素問・繆刺論》：「齒齲刺手陽明。」[225]苦參湯　古方，已佚。其主藥苦參性味苦寒，功能清熱去溼，祛風殺蟲。《夢溪筆談》有以苦參為末擦齒以療齲齒的記載。[226]風　風邪。中醫認為齲齒起於風邪入侵。[227]菑川王美人懷子而不乳　齊悼惠王之子劉賢。文帝十六年立為王，景帝三年謀反，誅。菑川，今山東壽光一帶。美人，漢代妃嬪稱號。不乳，到期而不分娩。[228]莨礍藥一撮　莨礍，即莨岩，藥名。一撮，舊時計量藥的方法，以三指撮起為一撮。[229]旋乳　一會兒就生下來。[230]餘病　其他的病。按：產後失血，脈當細緩，今急躁，為邪實有餘之候，乃瘀血內聚，惡露（產後陰道的分泌物）未盡。[231]消石一齊　消石，即硝石，又稱朴硝，性味苦寒有破瘀通滯之功。齊，同「劑」。(232)出血　惡露下行。(233)血如豆比五六枚　一說指陰道排出的血如豆粒大約有五六枚。比，密列；緊挨著。一說豆當指豆器，古代一種禮器，狀若杯子，小者約五、六寸高。(234)好為脈　喜好看病。(235)學臣意所　到我家來學習看病。所，居地。(236)示之舍人奴病　拿舍人奴的病作例子來教他。(237)鬲塞不通　胸膈阻塞不通。鬲，同「膈」。(238)法　（按）病理。(239)有日　意謂「不久」。(240)相即召舍人奴而謂之曰二句　不，同「否」。李景星：「下句既稱『公奴』，則上句『召舍人奴』應當作『召舍人』，『奴』字衍。」(241)周乘　遍乘；乘襲。中醫臟象理論認為，脾為後天之本，脾臟有疾，水穀不化，不能營養百骸，布施五臟。故脾病常影響其他各臟。(242)傷部而交　脾臟損傷的顏色交錯出現在面上各個色部。部，色部。交，交錯。據中醫診斷理論，面部口、鼻、眼、耳等各個部位，分主五臟，某臟有疾，相應部位會出現其病變的顏色。(243)望之殺然黃二句　看他的臉色是黃的，仔細察看是暗淡的青灰色。殺然，焦黃的樣子。死青，暗淡的青灰色。茲，草席。猶言死草。按：此屬中醫四診之一的「望診」。脾臟五行屬土，其色黃，如脾氣絕，則呈枯黃之色。脾衰則肝旺，肝屬木，青色，故又呈青灰之色。(244)大蟲　蛔蟲。泛指腸寄生蟲。(245)黃者土氣也　根據中醫五行學說，脾屬土，色黃；肺屬金，色白；胃屬水，色黑；心屬火，色赤；肝屬木，色青。(246)土不勝木二句　五行之中，木剋土，春屬木，故死於春天木旺之季。(247)脈順清　脈象正常。順，脈象與時合相順應。清，猶「靜」。即不躁。(248)中春　仲春，陰曆二月。(249)一愈順二句　（如果）精神愉快，順應天道，則可延長一段時間的生命。愈，同「愉」。順，順應自然規律。及，延及；延長。一時，一季。(250)灸於火　灸療法。(251)見大風　感受了風寒。(252)蹶　（鬱熱之氣）上逆。上為重，上部的症狀嚴重，即頭痛厲害。(253)拊　拍擊。(254)足陽明脈　該脈由鼻過頭側、面部、頸部，故針該脈穴位可治頭痛。(255)諸客坐　《讀書雜志》云：「『諸客』上脫『與』字。」《太平御覽》引作「與諸客坐」。(256)往　以往；過去。(257)要　同「腰」。(258)亟　同「急」。(259)濡腎　侵入腎臟。濡，漬。引申為浸入。一說「濡腎」即腎，因腎藏精主液，故曰濡腎。濡，潤溼也。(260)及其未舍五藏　趁在病邪還沒有浸入五臟之前。舍，進入；停留。(261)腎濡　腎臟。瀧川引張文虎曰：「濡當作『輸』，五臟之輸。」(262)腎痹　病名，主要症狀是腰疼，多因風寒溼痹阻於腎所致。腰痛、小便閉為腎痹之主症。(263)故　同「固」。確實。(264)倩　女婿。《集解》引《方言》云：「東齊之間，壻謂之倩。」(265)京下方石　京，糧倉。《廣雅・釋室》：「京，倉也。」方石，築房用的基石。(266)即弄之　《讀書雜志》謂此三字，文不成義。《太平御覽》引此作「取弄之」，當是。意即大家高舉方石來玩。(267)效之　和他們一樣去舉石頭。(268)復置之　又把它放下來。(269)好持重　喜愛舉重物。持，舉；拿。(270)太陽色乾　太陽部位的色澤枯乾。太陽，即顴骨，其位在眼眶外後方。(271)腎部句　意謂腎部與腰腎以下部位的顏色枯乾四分左右。腎部，腎臟在面上的色部。按：色診為中醫重要診斷方法之一。人之面部，各個部位分屬各臟，察其氣色，知其疾病。《靈樞・五色》：「庭者，首面也。……中央者，大腸也。挾大腸者，腎也。」腎臟之部位在兩臉頰。根據中醫臟象理論：腰是容納腎臟的地方，所以從腎臟色部乾枯四五分，而能推斷出腰痛四五天。[272]以往四五日　四五天之前。[273]柔湯　古方，已佚。有人認為柔湯與剛劑相對，為溫補之藥。又有認為柔湯當為祛風活血類的燥劑。按：似應當為補劑，柔者，潤也；潤者，益也。從方之立名可見為補之義。且建之腰痛，實則勞損，致病之由，「得之好持重」，治療大則，當以溫補為主。[274]寒熱二句　前一「寒熱」，指惡寒發熱的症狀。後一「寒熱」，疾病名。眾醫見韓女有惡寒發熱的症狀，便認為是寒熱病（即傷寒之類的疾病）。[275]內寒　裡寒。[276]月事　月經。[277]竄　用藥的方法。《索隱》認為是薰洗之法。一認為是辛香流竄的藥物使其血行通暢以通月經；又有認為乃藥物製成栓劑納入陰道，使月經通下。[278]下　（月經）通暢。[279]欲男子而不可得　想接近男子（即性生活）而不能達到。按：中醫理論認為，欲不可縱，然亦不可禁。《千金方・房中補益》：「男不可無女，女不可無男。」[280]腎脈也二句　腎部脈澀，而不連屬。嗇，同「澀」。澀脈特徵是「往來滯澀，如雨帶沙」。主血瘀，主婦人症瘕、痛經、經閉等疾。屬，連屬。即滯澀不流暢。[281]其來難二句　（脈象）其來艱難。堅，實；有力。按：澀脈主病有虛實之分，虛者，澀而遲細無力，實者，澀而堅實有力。韓女之病屬實症，故有以上脈象。[282]月不下　月事不下。瀧川曰：「『月』下奪『事』字。」[283]肝脈弦三句　出，溢出。左口，左寸口脈弦勁有力而長，超過本位，溢出寸口。肝脈弦長，乃肝氣鬱結之象，多因心有隱曲，長期不能如願所致。故云「欲男子不可得也」。[284]氾里女子薄吾　氾里，里巷名。薄吾，人名。[285]蟯瘕　蟯蟲積聚而形成瘕塊。[286]上膚黃麤　肚子上皮膚黃而粗糙。[287]循　觸按。[288]芫華　芫花，中藥名，辛溫有毒，有消聚破積、消瘕殺蟲之功。[289]病蟯　王念孫《雜志》：「病蟯之蟯，因上文而誤衍也。凡篇內稱病得之於某事者，皆不言其病名。」[290]宛篤不發　（寒溫）鬱積太多，未能發散。[291]尺索刺麤　尺，尺部。索刺麤，一說尺部脈緊而粗大，按之頂指，如若有刺。一說尺為尺膚，指兩手肘關節至寸口處的皮膚。乾枯粗糙。按：據病情，似指尺膚粗糙。因為觸診此處皮膚對於診斷寄生蟲病有特殊價值。[292]毛美奉髮　毛髮光澤。瀧川引多紀元胤曰：「『毛美奉髮』，《醫說》作『毛焦拳髮』。」意即毛髮枯焦無光澤。按：當是。患嚴重寄生蟲病人多毛髮黃卷脫落。[293]司馬　官名，負責管理軍賦等事務。[294]後之　大便。《集解》引徐廣曰：「如廁。」[295]出　次。[296]火齊米汁　大概是火劑湯與米湯和服之，因火劑湯多為清熱之藥，而米湯又能和胃潤氣。[297]閣都尉　《索隱》：「閣者，姓也，為都尉。」都尉，武官名，其級別略同於校尉。[298]盡如法　（脈象）都符合他這種病情。[299]其病順　他的病與脈象相順應。[300]中郎破石　中郎，官名，皇帝近侍。破石，人名。[301]肺傷　肺部受到損傷。按：肺傷意即氣傷，據下文知病起於捽傷，因肺主氣，故名「肺傷」，並非捽傷肺臟。[302]丁亥溲血　乃以十天干配五行來推算五臟死期的方法。《素問・平人氣象論》：「肝見庚辛死，心見壬癸死，脾見甲乙死，肺見丙丁死，腎見戊己死，是謂真臟見皆死也。」肺屬金，丙丁屬火，火能剋金，故此病死於丁亥日。溲血，便血。303墮馬僵石上　從馬上摔下來僵仆於石上。304肺陰氣　肺臟的真臟脈。據《素問》，凡五臟的真臟脈外露都是死症。305其來散二句　脈來散亂，（一呼一吸之間）幾次脈搏的跳動卻不一致。306色又乘之　面上呈現心乘肺氣色。307番陰脈　反陰脈。番，同「翻」。反也。按中醫理論，心、肺同居胸腔上部，心屬陽，肺屬陰。散脈為心臟病脈，如肺部見散脈，便是陽脈乘陰脈，稱作反陰脈。308虛裏　又稱「胃之大絡」。布於左乳下心尖搏動處，貫膈絡肺。心肺二經的脈氣集中於此。309固色變也乘之　面色按心乘肺的規律也發生了變化。心乘脾，面色應白，反赤。310黍主肺　黍能補肺氣。根據中醫五行學說，五穀分屬五行主五臟，黍主肺。311病養喜陰處者順死二句　病人性喜安靜的，則氣血下行而死；病人性喜活動的，則氣血上逆而亡。養，調養。此指平時生活。陰處，安靜狀態。陽處，活動狀態。312侍醫遂　侍醫，宮廷醫生。遂，人名。313練五石　熬煉五石散。練，同「煉」。五石，五石散，古代服餌外丹的一種。有多種配方，晉葛洪《抱朴子・內篇》為「丹砂、雄黃、白礬、曾青、磁石」等五種礦物質藥，其中大多有毒，久服殺人。314過之　拜訪他。315不肖　謙稱自己。316幸　希望。317精悍　意謂藥性燥烈。318不得數溲　好幾次小便閉塞。319色將發臃　據你的氣色看，將會發生毒癰。臃，同「癰」。癰疽。320陰石以治陰病二句　性寒的石類藥物，可以用來治陰虛有熱之病；性熱的石類藥物，可以用來治陽虛有寒之症。321陰陽水火之齊　有陰陽寒熱的不同方劑。水火，猶寒熱。齊，同「劑」。322柔齊　柔劑。指藥性柔和，有養陰清熱作用的一類方劑。323剛齊　剛劑。指藥性剛燥，有溫陽驅寒作用的一類方劑。324遠　差；錯。325審診　審慎地診視。326起度量三句　均為制訂和掌握診斷、用藥的標準之意。權，秤錘。衡，秤桿。327合色脈　參合五色及脈象。328參其人動靜二句　參照病人性情、舉止呼吸相互協調（的情況）。329論　議；決定。即診斷確定之意。330陽疾處內二句　熱邪潛伏於體內，寒症顯露在體外。即表寒裡熱之症。331悍藥　猛烈陽剛的藥。332辟　聚。因病為中熱，復服熱藥，邪氣壅聚，病更甚矣。333宛氣　（積蘊於體內的）熱氣。334二陰應外二句　少陰寒熱表現於體外，少陽鬱火蓄積於體內。即外寒多於內熱。二陰，指手足少陰經。一陽，少陽。瀧川引滕正路曰：「二陰一陽，言寒多熱少。」335動陽　鼓動陽氣。336陰病益衰二句　不足的陰氣（因陽氣鼓動而）更加衰減，有餘的陽氣則更加顯著。337重困於俞　（邪氣）層層盤聚腧穴周圍。俞，指腧穴。338忿發　怒發；迅速發作。339入缺盆　入，引伸為達到。缺盆，鎖骨上窩。340經紀　猶綱紀、原則。341文理　條理。342失　錯亂。343齊王故為陽虛侯時　齊王過去當陽虛侯的時候。《集解》引徐廣曰：「齊悼惠王子也，名將閭，以文帝十六年為齊王，即位十一年卒，謚孝王。」按：其人見〈齊悼惠王世家〉。344痹　疾病名。有多種，此處所指不詳，大抵為邪氣閉阻臟腑所引起的內臟疾病。345且飲　暫且服飲。按：因淳于意亦未確診，故以火齊湯之類藥物暫且試服。346不能識其經解　不知道如何用經脈理論來解釋這種病。347大識其病所在　（只是）大概了解疾病所在。348安陽武都里成開方　安陽，地名，今山東費縣東南。武都里，里巷名。成開方，人名。349苦沓風　為沓風所苦。沓風，中風之一種。350不能自用　不管用。351瘖　失音；不能言語。352見大風氣　吹了大風。353奇咳　即《奇咳術》一書。354藏氣相反　按中醫五行相反理論，金生水，水生木，木生火，火生土，土生金。生者為子，生成者為母，子病累及母病，或母病累及子病，則為臟氣相反。355腎反肺　腎屬水，肺屬金，金能生水。則肺為腎之母，腎為肺之子。腎病累及肺臟，叫子盜母氣，是為腎反肺。356安陵阪里公乘項處　安陵，漢惠帝陵墓所在地（今陝西咸陽東北）。阪里，里巷名。項處，人名。357牡疝　陽疝。358為勞力事　做操勞用力的事情。359蹴踘　古代一種球類運動。360要蹷寒　腰部寒冷。蹷，同「厥」。冷。361旦日　明天。362日夕　黃昏。363番陽　反陽（脈）。番，同「翻」。猶反。364虛裏　胃之大絡。365一番一絡　既呈現反脈，又呈現結脈。絡，同「結」。結脈，特徵是遲緩中有止。疝瘕氣症多是結脈。366期決　預期決斷。367治已　治癒。368識　記住。

【語　譯】淳于意住在家裡，文帝下令召淳于意來，問他經手診治，確有起死回生療效的有多少人？他們都是誰？

2　又下令詢問太倉長淳于意：「醫術有什麼特長？能治什麼病？有沒有書？在哪裡學習的？學了幾年？過去治好過的病人，是哪個縣的？得的是什麼病？服藥後，病人情況怎樣？都詳細地回答。」淳于意回答說：

3　「自從意年輕的時候，就喜歡醫藥，試用的醫藥方有很多都沒有效果。到了高后八年，見到臨淄元里公乘陽慶並拜他為師。陽慶七十多歲了，意有幸見到他並侍奉他。他對我說：『把你的藥方醫書都拋棄，那些都不對。我有古人先道留下的黃帝、扁鵲的脈書，依據病人面色診治病症，能知道人的生死，判決疑難雜症，決定能不能治療，以及《藥論》，非常精妙。我家境富足，心裡愛護你，想把這些祕方都傳授給你。』我就說：『太幸運了，這不是我敢期望的。』我當時就離開座位拜了兩拜，學習他的脈書《上經》、《下經》、《五色診》、《奇咳術》、《揆度》、《陰陽外變》、《藥論》、《石神》、《接陰陽禁書》，學習誦讀理解體驗，大概有一年。第二年就試驗，有些效果，但尚未精通。總共向他學了三年，就嘗試著為人治病，診斷病情決定生死，能夠應驗，醫術精良。現在陽慶已經死了十多年了。我學醫三年，當時三十九歲。

4 「齊侍御史成自己說頭痛，我診過他的脈，告訴他：『你的病很危險，不好說。』等出來後，單獨告訴他弟弟昌說：『這是病疽，在體內腸胃之間發病，五天後將潰爛，八天後會嘔吐膿血而死。』成的病是由於喝了酒後行房而得。成果然到時候就死了。我之所以知道成的病情，是因為我切他的脈，是肝氣有異。肝氣渾濁而遲緩，是內關之症。脈法說：『脈長而弦，不能隨四時而變化，病主要在肝。脈象均勻調和是肝經有病，脈象緩且時有停頓是絡脈有病。』肝的經脈有病，病是在筋髓裡，脈搏中止後又急速跳動，表示是由於飲酒後行房而得病。我之所以知道他五天後病疽會潰爛，八天後將嘔吐膿血而死，是因為切脈時，少陽脈有跳動緩慢時而歇止的現象。所以出現代脈，是因為經脈受病已經轉入絡脈，病勢已經擴展到全身，這時病人就難以治好了。當時，少陽經剛出現代脈，陽氣關閉只有一分，所以體內已有熱毒但還未發腫；到五分，就到了少陽的地步；到八天，就會嘔吐膿血而死。所以到了二分就發膿，到少陽的地步就潰爛，膿吐盡就死了。熱毒上侵就會熏蒸陽明絡，使流絡敗壞，流絡改變就會使血脈條理筋紐的聯結發病，脈結發病就會糜爛，所以絡交。熱氣已向上行進，到頭部而發作，所以頭痛。

5 「齊王二兒子所有的嬰兒中最小的兒子病了，召我診脈，我告訴他：『這是氣膈病。這病使人煩悶，吃不下，時常吐胃沫。得病原因是心脈壅塞，經常厭食。』我就開了下氣湯給他喝，第一天往上逆行的濁氣降了下來，兩天後就能吃飯，第三天病就好了。我之所以知道他的病情，是因為我診他的脈，是心氣鬱結。心脈渾濁躁動而輕浮，是絡陽的病。脈法說：『脈來時又急又快而去時澀而且不整齊，表示病在心。』全身熱，脈象盛大的，是陽氣太盛，陽氣太盛會衝擊心脈。所以煩悶吃不下就是絡脈有病，絡脈有病血液就會逆行，血逆行就會死。這是因心中悲哀而生病，病得自心脈壅塞。

6 「齊郎中令循得病，眾醫生都認為是逆亂之氣侵入體內，因而採用針刺療法。我診斷說：『這是衝疝，使人不能大小便。』循說：『沒有大小便已經三天了。』我給他喝火劑湯，喝了一次就可以大小便，兩次就痛快地大小便，三次病就好了。病是因為房事不節。我之所以能知道循的病因，是因為在切脈時，右手寸口氣急，脈沒有反映五臟病氣。右手寸口脈象洪大而快，脈象快是中下熱而上湧，左邊下行，右邊上湧，都沒有五臟之應，所以叫衝疝。體內有熱毒，所以小便顏色赤黃。

7 「齊中御府長信病了，我去為他診脈，告訴他說：『這是熱病的脈氣。然而暑天出汗，脈象稍微有點衰弱，不會死。』又說：『這個病應當得自於在非常寒冷的流水中洗浴，過後就發熱。』信說：『對，是這樣。去年冬天，我為王出使楚國，到了莒縣陽周水邊，莒縣的橋梁壞得很厲害，我就攬住車轅，不想渡河，馬卻突然受驚，就掉了下去。我掉到水裡，差點死了，隨從們隨即來救我，把我撈了出來，衣服都溼透了，不一會兒，身體很冷，過後就發燒像著了火一樣，至今不能見寒。』我就為他配製了液湯火劑驅熱，喝了一次就不再流汗，喝了兩次退了熱，喝了三次病止住了。讓他繼續服藥，前後二十天，病就完全好了。我之所以能知道信的病因，是因為在為他切脈時，他的脈象都屬陰。脈法說：『熱病陰陽交錯的就會死亡。』信的脈象不交錯，都屬陰。都屬陰，脈象順暢平靜就能痊癒，他的熱度雖沒退，仍能活。腎氣有時有點渾濁，在太陰脈口脈象微弱，這是體內有水氣。腎本來主水，所以我憑這一點知道。當初治療不當，就轉成了寒熱症。

8 「齊王太后生病，召我去診脈，我說：『風邪為病侵入膀胱，大小便困難，小便發紅。』我給她喝火劑湯，喝了一次就能大小便，喝了兩次病癒，便溺像往常一樣。病得自流汗受風而乾，就是脫掉衣服讓風把汗吹乾受涼。我之所以知道齊王太后的病因，是因為我為她診脈時，太陰寸口溼潤有風氣。脈法說：『脈象沉而又大又堅，脈象浮而又大又緊，病主要在腎。』切太后的腎脈卻相反，脈象大而躁。大是膀胱有病，躁是體內發熱而小便發紅。

9 「齊章武里曹山跗生病，我為他診脈，說：『這是肺消癉，加上寒熱症。』於是告訴他的家人：『只有死亡，無法醫治了。按照病人的需要供養他吧，這種病不用再請醫生治療了。』按脈法講其規律是：『三天後應發狂，胡亂起來亂走，五天後死亡。』到時果然死亡。山跗的病得自大怒後行房。我之所以知道山跗的病情，是因為我為他切脈，他的肺氣熱。脈法說：『脈象不平穩，跳動無力，是身體衰弱。』這是五臟從上到下已經有幾處得病了，所以切脈時，脈象不平穩而出現代脈。不平穩，是血不停留在肝臟；代脈是脈搏緩長與劇烈跳動一起出現，突然急躁突然洪大。肝與肺的絡脈都失去生機，所以必死，無法醫治。之所以又加上寒熱症，說明病人已像死人一樣形神俱喪。像死人一樣形神俱喪，就是身體敗壞；身體敗壞，不能用艾灸和砭石以及藥物來治療。我沒去診治前，齊太醫先為山跗診治，灸他的足少陽脈口，又給他服用半夏丸，病人立刻腹瀉，腹中空虛；又灸他的少陰脈，這就嚴重損傷了肝的陽剛之氣，像這樣損傷病人的元氣，因此就加上了寒熱症。之所以三天後會發狂，是因為肝臟的一條脈絡橫過乳下，連接陽明經脈，所以肝絡損壞，累及陽明經脈，陽明經脈受損，就會發狂亂走。五天後死亡，是因為肝與心相距五分，所以說元氣五天後消耗盡，消耗盡就會死亡。

10 「齊中尉潘滿如得了少腹痛的病，我為他診脈，說：『是陰氣積蓄，血脈凝澀而形成的腹中腫塊。』我隨即對齊太僕饒、內史繇說：『中尉如果再不停止行房，三十天內就會死。』此後二十多天，尿血而死。他的病得自飲酒後行房。我之所以知道潘滿如的病情，是因為我為他切脈，他的脈象沉細小弱，突然興起聚合，是脾有病的脈象。右脈口之氣極其弦緊細小，表現出積瘕之氣。根據人體五臟相剋制的規律，所以我斷定他三十天內會死。三種屬陰的脈象同時出現，符合三十日死的規律；三陰脈不聚集的，很短時間內就會死；三種陰脈一齊出現的同時還出現代脈，死期就更近了。他的三陰脈聚集在一起出現，所以如前所說尿血而死。

11 「陽虛侯的丞相趙章生病，召我診治。眾醫生都認為是受了寒，我診他的脈說：『是洞病。』這種病的症狀是，飲食剛到咽喉就全部嘔吐出來。按規律，他五天就死，而他十天才死。他的病得自飲酒。我之所以知道趙章的病因，是因為我給他切脈，脈象來得滑，是內風病。食物到咽喉就嘔吐出來的，按發病規律五天就會死，這都是前面說的『分界法』。他十天才死，之所以超過了期限，是因為他好喝粥，所以脾胃充實，脾胃充實所以超過了期限。我的老師說：『能夠容納消化穀物的就會活過推測的死亡期限，不能的還沒到推測的死亡期限就會死。』

12 「濟北王生病，召我去診脈，我說：『是風厥，胸內煩悶。』就配製了藥酒，服完了三石，病就好了。他的病得自出了汗而伏睡在地上。我之所以知道濟北王的病情，是因為我切他的脈，是風氣，心脈重濁。病理：『疾病侵入人體肌表，肌表的陽氣消失了，陰寒之氣就會侵入體內。』陰氣進入體內並擴散，就會使寒氣上升熱氣下降，所以胸悶。之所以知道是出汗時伏睡在地上而得病，因為我為他切脈，脈氣陰邪。脈氣陰邪，疾病必定侵入體內，服藥後，病邪便會隨著汗液而出。

13 「齊北宮司空夫人出於生病，眾醫生都認為是風邪侵入體內，病在肺，針灸她的足少陽脈。我診了她的脈，說：『病是氣疝，侵入到膀胱，大小便困難，小便發紅。病遇到寒氣就會遺尿，使人腹腫。』出於的病得自憋著尿行房。我之所以知道出於的病情，是因為我切她的脈，脈象大而實，來時困難，是蹶陰發病。脈來得困難，是因為疝氣侵入到膀胱。之所以腹腫，是因為蹶陰絡在小腹結繫，蹶陰經絡有病，脈絡結繫處就會發病，發病就會引起腹腫。我就灸她的足蹶陰脈，左右各一處，就不再小便失禁，尿液變清，小腹疼痛停止。隨即換火劑湯給她喝，三天疝氣就散了，病就好了。

14 「前濟北王的母親自己說足心熱而煩悶，我告訴她：『是熱蹶。』就用針刺她的左右足心各三處，按住針孔不令出血，病立刻就好了。她的病得自飲酒大醉。

15 「濟北王召我為他的侍女們診脈，診到侍女豎，侍女豎沒有生病的樣子。我告訴永巷的長官：『豎傷脾，不能勞累，按病情推測應當春天吐血而死。』我對濟北王說：『才人女子豎有什麼特長？』王說：『她擅長醫術，有很多技能，被她用以治病的古法，多能自出新意。去年用四百七十萬從民間買來，和她一樣的一共有四位。』王說：『她是不是有病？』我回答說：『豎的病很重，在應死的醫理中。』王把她召來看，她的神色沒有病容，就認為她沒病，不把她賣給別的諸侯。到了春天，豎捧著劍跟從濟北王去廁所，濟北王離去，豎落在後面，濟北王命人召喚她，她倒在廁所裡，吐血而死。侍女豎的病得自辛勞過度而流汗。過度辛勞而流汗，病理上是臟腑受了重傷，毛髮茂盛，皮膚光澤，脈象不衰弱，這也是內關的病。

16 「齊中大夫得了齲齒，我灸他的左大陽明脈，又配製了苦參湯，每天用三升漱口，前後五六天，病就好了。他的病得自受風，睡覺時張著口，吃了東西不漱口。

17 「菑川王的美人懷孕難產，來召喚我。我去了，給她喝了一撮莨菪藥，用酒喝下，很快就生下來了。我又診她的脈，脈象躁，是有餘病，就給她喝了一劑硝石，喝完陰道出血，血像豆粒那樣，有五六枚。

18「齊國丞相門客的奴僕跟隨入宮，我見他在宮門外吃東西，望見他的臉色有病象。我就告訴宦官平。平喜歡診脈，在我那裡學習，我就拿門客奴僕的病作例子來教他，告訴他說：『這是傷了脾氣，應當到春天中膈阻塞不通，不能飲食，按醫理到夏天會便血而死。』宦官平就前去告訴齊國丞相說：『您門客的奴僕有病，病很重，離死不遠了。』丞相說：『你怎麼知道呢？』說：『您朝見時進入宮中，您門客的奴僕都在宮門外吃飯，我和倉公站在旁邊，他就對我說，像他這樣的病會死。』齊相就召門客奴僕對他說：『你的奴僕有病嗎？』門客說：『他沒病，身上沒有痛苦。』到了春天，奴僕果然病了，到四月，便血而死。我之所以知道奴僕的病情，是因為脾氣周行五臟，脾傷則其他臟器所屬之色交呈於面部，所以傷脾的面色，乍看是土黃色，細看是青灰色。一般的醫生不知道，以為是體內有寄生蟲，不知道是傷了脾。之所以到春天會病死，是因為胃氣色黃，黃是土氣，土不勝木，所以到春天會死。之所以到夏天會死，是因為脈法說：『病情沉重而脈象順暢平靜的是內關。』內關的病，人不知道哪疼，心情急躁而沒有痛苦。如果增加一種病，在仲春就會死；心情愉快順暢的，會延長一季。他之所以在四月死，是因為看他當時心情愉快順暢。心情愉快順暢，人還算胖。奴僕的病得自流汗時多次外出，身正熱而驟然見風，受了風寒。

19「菑川王生病，召我診脈，說：『風邪逆行而上，熱衝頭部，頭痛身熱，使人煩悶。』我就用冷水敷他的頭，用針刺他的足陽明脈，左右各三處，病不久就好了。他的病得自洗頭頭髮不乾就睡覺。診斷如前，因為風邪上行，所以頭部發熱，一直到肩。

20「齊王黃姬的哥哥黃長卿設酒宴招待客人，也叫我去。各位客人坐好了，還沒有端上飲食。我望見王后的弟弟宋建，告訴他：『您有病，過去四五天，您的腰肋疼痛不能俯仰，又不能小便。不趕緊治，病就要侵入腎臟。趁它還沒侵入五臟，趕緊治。病現在剛影響腎臟，這是所謂的「腎痹」。』宋建說：『對，我原來就有腰脊疼。前四五天，下雨，黃家的女婿們見我家穀倉下有大方石，就舉它玩，我也想模仿他們，但舉不起來，就又放下了。到傍晚，腰脊痛，不能小便，到現在還沒好。』宋建的病得自好舉重物。我之所以知道宋建的病情，是因為我見他的面色，顴骨部位顏色發乾，腎部以上腰圍以下大約瘦了四分，所以知道他是四五天前發的病。我就配製了補腎養血、通經活絡的湯藥讓他服用，十八天左右就好了。

21 「濟北王的侍女韓女得病腰背痛，發冷發熱，眾醫生都認為是寒熱症。我診脈後說：『是體內寒，閉經。』就使用通經之藥，不久月經來潮，病好了。她的病得自思春。我之所以知道韓女的病情，是因為我診她的脈時，腎脈阻塞不通。阻塞不通，脈來得困難、堅實，所以不來月經。肝脈強直，超出左寸口，是肝氣鬱結不舒，所以說是思春病。

22 「臨淄氾里女子薄吾病得很厲害，醫生們都認為是嚴重的寒熱症，必死，無法醫治。我診了她的脈，說：『是蟯蟲。』得了蟯蟲病，肚子大，皮膚發黃粗糙，撫摸起來皺縮不舒展。我給她喝了一撮芫華，就打下蟯蟲，大約幾升，病好了，三十天後就像以前一樣了。蟯蟲病得自寒溼，寒溼氣嚴重鬱積不能散發，就化為蟲。我之所以知道薄吾的病情，是因為我切她的脈，按她的尺部，尺部皮膚刺人而粗糙，而她毛髮光澤，是有寄生蟲的氣色。她面色潤澤，說明她內臟沒有邪氣和重病。

23 「齊國淳于司馬生病，我切他的脈，告訴他說：『得的是洞風病。症狀是飲食之後泄瀉不止。病得自吃飽後快速奔跑。』淳于司馬說：『我到齊王那裡吃了馬肝，吃得很飽，見上酒，就跑開了，跑回家，就泄了幾十次。』我告訴他：『調製清熱敗火的湯藥摻和著米湯喝下去，七八天就應當好了。』當時醫生秦信在旁邊，我走後，秦信問旁邊的同僚閣都尉：『淳于意認為淳于司馬的病是什麼病？』回答說：『是洞風症，能治好。』秦信笑道：『這是不知道病情。淳于司馬的病，按醫理應當在九天後死亡。』過了九天沒死，他的家人又召喚我。我去詢問病情，全像我診斷的一樣。我就配製了一劑敗火藥與米湯混合，讓他服用，七八天病好了。我之所以知道他的病情，是因為我診他的脈時，他的脈象與病況相符，所以不會死。

24 「齊國中郎破石生病，我診他的脈，告訴他：『肺受了傷，無法醫治，應當在十天後丁亥日便血死去。』結果在十一天後，便血而死。破石的病得自從馬上掉下來摔在石頭上。我之所以知道破石的病情，是因為切他的脈，摸到了他肺臟的真臟脈，脈象散亂而且脈搏跳動不一致。他的面色呈現出心火剋肺金。之所以知道他從馬上掉下來，是因為切脈得到反陰脈。反陰脈進入胃之大絡，尅肺脈之氣。肺脈浮散，原來的面色就發生變化與之相應。他之所以沒有按推測日期死亡，我的老師說過：『病人能夠吃進穀物就會超過推測的死期，不能吃進穀物不到死期就會死。』破石嗜好吃黍，黍主肺，所以會超過推測的死期。之所以會便血，診脈法說：『病人調養時喜歡安靜，血從下流出而死；病人調養時喜歡活動，血從上流出而死。』他喜歡安靜，不急躁，又長時間坐著不動，趴在小桌子上睡覺，所以血從下部泄出。

25 「齊王的侍醫遂生病，自己煉製了五石散服用。我去拜訪他，遂對我說：『我生了病，希望您為我診治。』我就為他診脈，告訴他：『你得的是內熱病。醫理書上說：「內熱不能小便的人不能服五石散。」五石散藥性猛烈，你服用後連著好幾次都不能小便，趕緊不要服了。從面色上看，將要出現癰疽。』遂說：『扁鵲說：「性寒的石藥可以治療陰虛的病，性熱的石藥可以治療陽虛的病。」藥石，有陰陽寒熱不同的方劑，所以有內熱，就用陰性石藥配製的柔和藥劑治療；有內寒，就用陽性石藥配製的猛烈方劑來治療。』我說：『你所說的謬誤太厲害了。扁鵲雖然這樣說過，然而一定要仔細診斷，確定用藥分量標準，確定治療的方法，衡量得失，結合色與脈、表與裡、有餘與不足、順與逆，斟酌病人動靜，呼吸是否協調，才可以決定怎樣使用石藥。醫理說：「熱病潛伏在內，寒病反映在表的，不能使用性烈的藥和石針。」烈性藥進入體內，邪氣就積聚更多，而鬱結在內的熱毒就會更嚴重。脈法說：「少陰寒病反映在外，少陽鬱火積聚在內的，不能使用烈性的藥。」烈性藥進入體內會鼓動陽氣，陰虛就更加嚴重，陽氣越加顯露，邪氣流動，層層積聚圍困在腧穴周圍，迅速發展就成了癰疽。』我告訴他之後一百多天，癰疽果然在乳頭上部發作，侵入鎖骨上窩，導致身亡。這就是所謂理論就大體而言，一定有綱紀和原則。拙劣的人有一點沒學到，就失去了條理，顛倒了陰陽。

26 「齊王過去做陽虛侯的時候，病得很厲害，醫生們都認為是蹷症。我診過他的脈，認為是痹症，病根在右脅下，像倒扣的杯子那麼大，使人發喘，氣上行不能進食。我就讓他試服火劑粥，六天氣就順暢下行；又讓他換服丸藥，六天左右，病就好了。他的病得自房事。診斷時，不知如何用經脈理論來解釋，只能大致知道病症所在。

27 「我曾為安陽武都里成開方診治，開方自己說沒病，我說他的病是沓風，三年四肢就不能自己支配，使人啞，一啞就將死亡。現在聽說他的四肢已經不能用了，啞了還沒有死。他的病得自經常飲酒而突然吹了大風。我之所以知道成開方的病情，是因為我診他的脈，脈象與脈法《奇咳術》上說的『臟氣相反的是死症』相合。診他的脈，得到腎反肺的脈象，醫理說：『三年將死。』

28 「安陵阪里公乘項處生病，我診他的脈，說：『是牡疝。』牡疝在膈下，上連肺。他的病得自房事。我對他說：『小心不要做勞累的事，做了勞累的事就會吐血而死。』項處後來蹴踘，腰部受寒，出了很多汗，隨即吐血。我又為他診脈，說：『應當明天傍晚死去。』到時就死了。他的病得自行房事。我之所以知道項處的病情，是因為切他的脈得到反陽脈。反陽進入胃大絡，項處第二天就會死亡。既呈反脈，又現結脈，是牡疝。

29 「淳于意說：『其他診治判斷死生的以及治好病的事很多，日久大多忘記了，不能都記住，不敢奏對。』」

1 問臣意❶：「所診治病，病名多同而診異，或死或不死，何也？」對曰：「病名多相類，不可知，故古聖人為之脈法，以起度量，立規矩，縣權衡❷，案繩墨❸，調❹陰陽，別人之脈各名之，與天地相應❺，參合於人，故乃別百病以異之，有數者能異之❻，無數者同❼之。然脈法不可勝驗❽，診疾人以度異之，乃可別同名，命病主在所居❾。今臣意所診者，皆有診籍❿。所以別之者，臣意所受師方適成⓫，師死，以故表⓬籍所診，期決死生，觀所失所得者合脈法，以故至今知之⓭。」

2 問臣意曰：「所期病決死生，或不應期，何故？」對曰：「此皆飲食、喜怒不節，或不當⑭飲藥，或不當鍼灸，以故不中期死也。」

3 問臣意：「意方能知病死生，論藥用所宜⑮，諸侯王、大臣有嘗問意者不？及文王⑯病時，不求意診治，何故？」對曰：「趙王⑰、膠西王⑱、濟南王⑲、吳王⑳皆使人來召臣意，臣意不敢往。文王病時，臣意家貧，欲為人治病，誠恐吏以除拘臣意也㉑，故移名數左右㉒，不脩家生㉓，出行游國中，問善為方數㉔者事㉕之久矣，見事數師，悉受其要事㉖，盡其方書意，及解論之㉗。身居陽虛侯國，因事㉘侯。侯入朝，臣意從之長安，以故得診安陵項處等病也。」

4 問臣意：「知文王所以得病不起之狀？」臣意對曰：「不見文王病，然竊聞文王病喘、頭痛、目不明。臣意心論㉙之，以為非病也。以為肥而蓄精㉚，身體不得搖，骨肉不相任㉛，故喘，不當醫治㉜。脈法曰：『年二十脈氣當趨，年三十當疾步，年四十當安坐，年五十當安臥，年六十已上氣當大董㉝。』文王年未滿二十，方脈氣之趨㉞也而徐之㉟，不應天道四時㊱。後聞醫灸之即篤，此論病之過也。臣意論之，以為神氣爭而邪氣入㊲，非年少所能復之㊳也，以故死。所謂氣㊴者，當調飲食，擇晏日㊵，車步廣志㊶，以適㊷筋、骨、肉、血、脈，以瀉氣㊸。故年二十，是謂『易貿』㊹。法不當砭灸，砭灸至氣逐㊺。」

5 問臣意：「師慶安受之[46]？聞於齊諸侯不？」對曰：「不知慶所師受。慶家富，善為醫，不肯為人治病，當以此故不聞。慶又告臣意曰：『慎毋令我子孫知若學我方也[47]。』」

6 問臣意：「師慶何見於意[48]而愛意，欲悉教意方？」對曰：「臣意不聞師慶為方善也。意所以知慶者，意少時好諸方事，臣意試其方，皆多驗，精良。臣意聞菑川唐里公孫光[49]善為古傳方[50]，臣意即往謁之。得見事之，受方化陰陽及傳語法[51]，臣意悉受書之。臣意欲盡受他精方，公孫光曰：『吾方盡矣，不為愛公所[52]。吾身已衰，無所復事之[53]。是吾年少所受妙方也，悉與公，毋以教人。』臣意曰：『得見事侍公前[54]，悉得禁方，幸甚。意死不敢妄傳人。』居有閒，公孫光閒處，臣意深論方，見言百世為之精也[55]。師光喜曰：『公必為國工[56]。吾有所善者皆疏，同產[57]處臨菑，善為方，吾不若，其方甚奇，非世之所聞也。吾年中[58]時，嘗欲受其方，楊中倩[59]不肯，曰「若非其人也[60]」。胥[61]與公往見[62]之，當知公喜方也。其人亦老矣，其家給富。』時者未往，會[63]慶子男[64]殷來獻馬，因師光奏馬王所[65]，意以故得與殷善。光又屬[66]意於殷曰：『意好數[67]，公必謹遇之，其人聖儒。』即為書以意屬陽慶，以故知慶。臣意事慶謹，以故愛意也。」

7 問臣意曰：「吏民嘗有事學意方，及畢盡得意方不[68]？何縣里人？」對曰：「臨菑人宋邑[69]。邑學，臣意教以五診[70]，歲餘。濟北王遣太醫高期、王禹[71]學，臣意教以經脈高下及奇絡結[72]，當論俞所居[73]，及氣當上下、出入、邪正、逆順[74]，以宜鑱石，定砭灸處[75]，歲餘。菑川王時遣太倉馬長[76]馮信正方[77]，臣意教以案法逆順[78]，論藥法，定五味及和齊湯[79]法。高永侯家丞杜信[80]，喜脈，來學，臣意教以上下經脈五診，二歲餘。臨菑召里[81]唐安[82]來學，臣意教以五診上下經脈、奇咳、四時應陰陽重[83]，未成，除為齊王侍醫。」

8 問臣意：「診病決死生，能全無失乎？」臣意對曰：「意治病人，必先切其脈，乃治之。敗逆者不可治，其順者乃治之。心不精脈[84]，所期死生視可治[85]，時時失之[86]，臣意不能全[87]也。」

【章旨】以上為第六段，寫淳于意回答漢文帝的提問，並詳述自己從師學醫及教授弟子的情形。

【注釋】❶問臣意　以下均為漢文帝詢問淳于意的問題，淳于意一一作答。❷縣權衡　此句意為懸布診病之準則。縣，同「懸」。❸案繩墨　意謂依據脈診的法度。案，同「按」。掌握。繩墨，量曲直的工具。喻法度；準繩。《素問．至真要大論》：「方士不能廢繩墨而更其道也。」❹調　調理。❺應　符合。❻有數者能異之　醫術精良的人針對名稱相同的病能區別其不同之處。數，術。此處指醫術。《索隱》：「調數術之人乃可異其狀也。」《讀書雜志》：「此言病同名而異實，唯有數者能異之，無數者則不能也。」❼同　混同。❽勝驗　完全準確。❾診疾人以度異之三句　診察病人要按法度來辨別病情，才能區分同名病症的差異，並能指出病根所在部位。疾人，病人。⑩診籍　記錄診療的簿籍。即今之醫案、病歷。⑪適成　剛剛學成。⑫表　記載。⑬觀所失所得者合脈法二句　（用來）觀察或診斷治病的成功失敗是否合乎脈法，所以直到現在我才能（這樣清楚地）記下了這些病例。⑭不當　不應當。意謂誤治。⑮論藥用所宜　論，理論。宜，適當；恰當。⑯文王　齊文王劉則，哀王劉襄之子。⑰趙王　劉遂，趙幽王劉友之子。事跡見〈楚元王世家〉。⑱膠西王　劉卬，齊悼惠王之子。⑲濟南王　劉辟光，齊悼惠王之子。劉卬、劉辟光的事跡皆見〈齊悼惠王世家〉。⑳吳王　劉濞，高祖劉邦之姪，劉仲之子。事跡見〈吳王濞列傳〉。㉑誠恐吏以除拘臣意也　實在是害怕官府任命我為侍醫而強行留下我。拘，拘禁。意謂強行留之。㉒故移名數左右　所以戶口經常遷移不定。移，遷移。名數，名籍。即戶口冊籍。左右，指親戚或鄰里。《正義》：「以名籍屬左右之人。」㉓不脩家生　不治理家務，不置辦家產。按：他本於此斷句作「故移名數，左右不脩家生」。楊樹達曰：「『左右』猶今言『始終』、『橫豎』。上文『左右諸侯不以家為家』，即此文所謂『不修家生』，出行游國中也。」㉔方數　方術。此處指醫技、醫術。㉕事　奉事。此謂請教、學習。㉖要事　要點。即主要內容。㉗盡其方書意二句　全部領會了他們授予的醫書中的內容，以及他們對方書的分析和評議。解，分析解釋。論，評論；評議。㉘事　事奉。即為其侍醫。㉙心論　心想；主觀分析。㉚肥而蓄精　肥，胖。蓄精，脂肪蓄積。㉛骨肉不相任　肌肉太多而骨骼支撐不起。㉜不當醫治　不適宜藥治。按：淳于意認為文王之疾，非病，乃由於太胖，迫使氣喘，當加強運動以減肥，故有下文的議論。㉝年二十脈氣當趨五句　前人注此多語焉不詳。一般認為指脈象情狀。按：以「趨」等喻脈象，醫籍不見。脈氣，當泛指人體素質。瀧川引滕惟寅曰：「《靈樞》云：人生十年，五臟始定，血氣已通，其氣在下，故好走；二十歲血氣始盛，肌肉方長，故好趨。」當是。大董，深藏；保護。㉞趨　小步快走，這裡即指跑。㉟徐之　懶於走動。㊱不應天道四時　不符合四季春生、夏長、秋收、冬藏的自然規律。按：「天人合一」是中醫理論核心。人之一生，自幼至老，亦如四季，故應合四時，年輕時多運動，年老時多靜養。文王年輕而懶於運動，故不合天道。㊲神氣爭而邪氣入　正氣衰則邪氣入內。神氣，人體正氣。爭，引也。引申為去。㊳復之猶謂「抵抗」。㊴氣　精神。此處指調養身體，即文王療疾之法。㊵晏日　晴朗的日子。晏，無風無雲曰晏。㊶車步廣志或駕車、或步行，開闊胸襟。㊷適　調適。㊸瀉氣　猶謂減肥。㊹是謂易貿　這種病況叫做易貿。貿，《集解》引徐廣曰：「一作『賀』，又作『質』。」質者，實也。意即二十歲正是氣血容易充實之時，故宜多運動。瀧川曰：「言形氣變易之時，宜適筋骨血脈以瀉氣也。」意即二十歲正是容易改變形體之時（即發胖），故應注意飲食，加強運動。按：二說均通。㊺氣逐病氣驅逐。㊻師慶安受之　（你的）老師公乘陽慶又是跟誰學的醫術呢。㊼慎毋令我子孫句　千萬不要讓我的子孫知道你是從我這兒學的醫術。(48)何見於意　看中了你哪一點。(49)唐里公孫光　唐里，菑川的里巷名。公孫光，人名。(50)古傳方　古代留傳下來的方子。一謂「傳古方」，即傳授古方。(51)受方化陰陽及傳語法　接受他陰陽調和變化理論以及古代醫家口頭流傳下來的治病方法等方技。化，變化；調理和順。語，話語。指沒有文字記載的，一些歷代口授心傳的經驗體會。(52)不為愛公所　對你沒有保留的地方。愛，吝嗇；吝惜。《索隱》：「言於意所，不愛惜方術也。」(53)無所復事之　沒有再供你學的東西了。(54)得見事侍公前　能夠在你面前奉侍。(55)見言百世為之精也　看見我說的醫理都是歷代精闢的見解。百世，猶歷代。精，精闢；深刻。(56)國工　國中技藝高超者。意謂良醫。(57)同產　同胞兄弟。這裡指陽慶。公孫光與陽慶同母異父，故姓氏不同。(58)年中　中年。《索隱》：「年中謂中年時也。中年亦壯年也，古人語自爾。」(59)楊中倩　陽慶。楊，同「陽」。慶字中倩。(60)若非其人也　你不是能學好醫業的人。(61)胥　同「須」。(62)見　拜見。(63)會　恰逢。(64)子男　兒子。指陽慶之子。(65)因師光奏馬王所　隨著老師公孫光進馬於齊王處。奏，進；獻。(66)屬　同「囑」。(67)數　術數。此處指醫術。(68)及畢盡得意方不　是否有人把你的醫術全部掌握。(69)宋邑　醫人。《古今醫統》言其「性至愛人，酷尚醫術，猶齊太倉公淳于意學五診脈論之術，為當世良醫」。《集解》引徐廣曰：「『邑』一作『昆』。」(70)五診　泛指診臟腑之脈。一謂指《五色診》一書。(71)高期王禹　《古今醫統》：「高期、王禹，仕濟北太醫令，王以期、禹術未精，令就淳于意學經脈及奇絡結腧穴所在，定針石刺灸之法。歲餘盡通，以此知名。」(72)經脈高下及奇絡結　經脈高下，經脈上下分布的部位，或謂經脈上下走向。奇絡結，奇經絡脈交結之處。《正義》引《素問》云：「奇經八脈，往來舒時，一止而復來，名之曰結也。」則認為「結」當為結脈，泛指各種脈象，亦通。(73)當論俞所居　正確認識各種穴位所在部位。當，的當。引申為正確。論，認識。(74)及氣當上下句　以及經絡之氣上下出入的情況和區別邪正、順逆的方法。按：瀧川引王念孫曰：「『邪』下脫『正』字。」今據補。(75)定砭灸處　定，確定。處，部位。(76)太倉馬長　太倉署中管理馬政的主官。(77)馮信正方　馮信，人名。正方，指正看病的藥方。(78)案法逆順　正反兩種按摩的方法。(79)定五味及和齊湯　定五味，認識藥性五味。按：藥有酸、苦、甘、辛、鹹五味，分入五臟。和齊湯，調和方劑湯藥。(80)高永侯家丞杜信　高永侯，不詳。梁玉繩曰：「史無高永侯，其地亦不知所在。」家丞，給列侯管理家政的官員。杜信，人名。(81)召里　里巷名。(82)唐安　人名。(83)四時應陰陽重　四季隨陰陽的交替而變動。應，對應；適應。重，動。(84)心不精脈　心神不能分辨脈象（的時候）。精，精到。引申為辨別。(85)所期死生視可治　把本來無法治好的病也看作能治好的病。死生，偏重死義。視，認為；看作。(86)時時失之　經常失誤。(87)全　十全十美。

【語　譯】問淳于意：「診斷治療的疾病，病名很多相同而診斷結果卻不同，有的會致死，有的不會致死，為什麼呢？」淳于意回答說：「很多病名相似，不知是什麼原因，所以古代聖人創立脈法，建立尺度，訂立規矩，衡量得失，依據標準，協調陰陽，區別人們的脈象各自命名，與天地相應，再參考人體的情況，因此才能區別百病，使它們有所差異。精於醫術的人能區別各種疾病，醫術不精的人就只能把它們混同。然而脈法不能完全正確，診斷病人要利用不同的方法進行區別，才能把相同的病名區別開，說出病根所在。現在我診治的病人，都有診斷紀錄。我之所以能加以區別，是因為我拜師學習醫術剛剛學成，老師就去世了，因此就把診治的情況及預期判斷死生的結果分別登記下來，希望觀察診斷病症的得失是否與脈法相合，因此至今還能知道。」

2 問淳于意：「你判斷疾病死生的日期，有的並不相應，是什麼原因？」淳于意回答說：「這都是因為飲食、喜怒不加節制，或者是不應服藥，或者是不應針灸，所以死亡日期與診斷的日期不相符。」

3 問淳于意：「你的醫術能知道疾病可治不可治，知道應該用哪種藥，諸侯王、大臣有沒有曾經問過你的？在齊文王生病時，為什麼不找你診治？」淳于意回答說：「趙王、膠西王、濟南王、吳王都曾派人來召見過我，我不敢去。齊文王生病時，我家窮，想給人治病，實在是害怕被官吏留住做御醫，所以變更了戶籍，不營置家產，在國中遊歷，訪問善醫術的人，跟隨他們已經很久了，拜了好幾個師父，學到了他們全部的技能，領悟了全部的醫書要點，以及他們對醫書的分析和評論。我住在陽虛侯國，因而侍奉陽虛侯。陽虛侯入朝，我跟隨他到了長安，因此能診治安陵項處等人的疾病。」

4 問淳于意：「你知不知道齊文王得病不治的情況？」淳于意回答說：「我沒見到文王得病的樣子，但我私下裡聽說文王氣喘、頭痛、眼睛看不清。我心中分析，認為不是病。我認為是肥胖而積蓄了過多的脂肪，身體得不到活動，肌肉太多而骨骼支撐不起，所以會氣喘，不用醫治。脈法說：『二十歲脈氣旺盛應當跑步，三十歲應當快步走，四十歲應當安靜地坐著，五十歲應當安靜地躺著，六十歲以上應當深藏元氣。』文王年紀不滿二十，正當脈氣旺盛應當奔跑的時候卻總是懶於走動，與天道四時不相應。後來聽說醫生為他針灸，他的病就更重了，這是錯誤地診斷了病情。我分析，認為正氣外去邪氣內入，不是年輕所能抵抗的，文王因此而死。所謂氣，應當調節飲食，選擇晴朗的日子，或駕車或步行，開闊心胸，使筋、骨、血、肉、脈得到調適，達到減肥。所以二十歲的人，稱作『易貿』，按規矩不應當用砭灸之法治療，砭灸會損傷體內的元氣。」

5 問淳于意：「你的老師陽慶是從哪裡學的醫術？在齊國出名嗎？」淳于意回答說：「我不知道陽慶是從哪裡學的。陽慶家裡富有，善醫術，但不願為人治病，應該是因此而沒有名氣。陽慶又告訴我說：『小心不要讓我的子孫知道你學了我的醫術。』」

6 問淳于意：「你的老師陽慶是看中你哪一點並喜歡你，而願意把醫術全部傳授給你？」淳于意回答說：「我沒聽說過老師陽慶擅長醫術。我之所以知道有陽慶，是因為我年輕時喜歡各家的醫術，我試驗那些醫術，都很靈驗、精妙，我聽說菑川唐里公孫光善於運用古人流傳的醫方治病，我就去拜訪他，得以見到他並向他學習，學會了運用陰陽學說變化調和的古醫方以及口訣，我都記了下來。我想學習其他的精妙醫術，公孫光說：『我的醫術只有這些，對你我一點都沒有保留。我已經老了，沒有可供你學的東西了。這些是我年輕時學到的精妙醫術，都傳授給你，不要教給別人。』我說：『能夠向您學習，得到所有的祕方，已經很幸運了。我至死也不敢亂傳授給別人。』過了一陣子，公孫光閒居，我深入地分析醫術，公孫光看見我說的是百世不易的精闢理論。公孫光高興地說：『你一定會成為全國第一流的醫生。我擅長的醫術都荒疏了，我有個同胞兄弟在臨菑，擅長醫術，我不如他，他的醫術非常神奇，不是世人所知道的。我中年時曾想學習他的醫術，楊中倩不同意，說：「你不是學習那種醫術的人。」過一陣子我和你去見他，他會知道你喜好醫術。他也老了，家裡很富裕。』當時沒去，正好陽慶的兒子殷來獻馬，想借助公孫光把馬獻給齊王，我因此能夠與殷有交情。公孫光又把我託付給殷說：『淳于意喜歡醫術，你一定要好好待他，他是聰明通達的儒生。』隨即寫了封信把我介紹給陽慶，因此認識了陽慶。我侍奉陽慶非常勤謹，所以陽慶喜歡我。」

7 問淳于意：「有沒有曾經向你學習，並完全學到了你的本領的官吏和百姓？他是哪裡人？」淳于意回答說：「臨淄人宋邑。宋邑向我學習，我教給他五診法，有一年多的時間。濟北王派太醫高期、王禹來向我學習，我教給他們經脈上下分布情況和奇經八脈循行交結路線的情況，正確認識經絡穴位，以及脈氣在體內上下、出入、邪正逆順的情況，來選擇合適的針灸治療方案，確定治療穴位，有一年多時間。菑川王派太倉署中負責馬政的主官馮信向我學習，我教給他順逆兩種按摩的手法，討論分析用藥的規則，確定酸、苦、甘、辛、鹹五味藥性，以及組合方劑調製湯藥的方法。高永侯家丞杜信，喜歡脈法，來向我學習，我教給他人體各處經脈分布情況及五診法，有二年多的時間。臨淄召里的唐安來向我學習，我教給他五診法和人體各處經脈分布情況、以及《奇咳術》、四季陰陽相應的道理，因為深奧，他沒學會，就被任命為齊王的侍醫。」

8 問淳于意：「診斷病情決定生死，能完全不出錯嗎？」淳于意回答說：「我診治病人，一定要先切脈，然後才治療。脈象敗逆的就不能治了，脈象順的才給予治療。如果不能分辨脈象的，把肯定要死的病看作可以醫治，就會經常出現差錯，我不能完全不出錯。」

太史公曰：女無美惡，居宮見妒；士無賢不肖，入朝見疑。故扁鵲以其伎見殃❶，倉公乃匿迹自隱❷而當刑❸。緹縈通尺牘❹，父得以後寧。故老子曰：「美好者不祥之器❺。」豈謂扁鵲等邪？若倉公者，可謂近之矣。

【章　旨】以上為第七段，是作者的論贊，表現了作者對扁鵲、倉公因醫技高超而慘遭不幸的極大同情，也流露出對當時險惡的政治風氣，表現了極大的憤慨。

【注　釋】❶以其伎見殃　因為他有高超的醫療技術而被殺害。❷匿迹自隱　自願隱匿行跡。❸當刑　判刑。當，判罪。❹通尺牘　指緹縈上書事。通，上達。尺牘，書信，也可用以指奏疏。❺美好者不祥之器　瀧川曰：「《老子》第三十一章『夫佳兵者不祥之器』，唐傅奕本『佳』作『美』，皆與史公所引異。」按：《老子》所云乃反對戰爭、反對以武力逞強，與此文不相關，疑是史公誤記。

【語　譯】太史公說：女子不論美醜，只要一進皇宮就要被人嫉妒；士人不論是賢者還是庸才，只要一進入朝廷就要被人猜疑。扁鵲是由於自己的醫術而遭受了災禍，倉公則是儘管隱居還是被判了刑。緹縈向文帝上疏，她的父親的後半輩子才得安寧。因此老子說：「美好的事物本身就是不祥的東西。」這難道說的是扁鵲等人嗎？像倉公這樣的遭遇，可說是與此很接近了。

【研　析】〈扁鵲倉公列傳〉的內容重點與價值有如下幾點：

一、指出了扁鵲在中國醫學史上的宗師地位。〈太史公自序〉說：「扁鵲言醫，為方者宗，守數精明；後世循序，弗能易也，而倉公可謂近之矣。」明確肯定了扁鵲在醫學界的開山地位，並指出後來的倉公就是從扁鵲傳承下來的。

二、突出了古代醫生的理性主義精神，摒棄鬼神迷信的因素。世界上的疾病種類繁多，總有醫生治不了的，扁鵲承認這是客觀事實，態度極其科學、冷靜。扁鵲進一步提出病有「六不治」：「驕恣不論於理，一不治也；輕身重財，二不治也；衣食不能適，三不治也；陰陽并，藏氣不定，四不治也；形羸不能服藥，五不治也；信巫不信醫，六不治也。」這些至理名言不僅在以往的兩千三四百年裡像警鐘一樣常在人們耳邊回響；即使在今天、在今後的歲月裡，它仍將像警鐘一樣繼續警醒著千千萬萬的人們。當扁鵲治好了虢太子的尸蹷，世人都盛傳扁鵲能使死人回生的時候，扁鵲自己卻說：「非能生死人也，此自當生者，越人能使之起耳。」老老實實，實事求是，不帶任何驕矜與炫誇，其精神實在令人歎服。

三、作品還倡導辨證方法，反對死守教條。當侍醫遂病，因墨守扁鵲教條，結果將死的時候，倉公教導他說：「扁鵲雖言若是，然必審診，起度量，立規矩，稱權衡，合色脈、表裏、有餘不足、順逆之法，參其人動靜與息相應，乃可以論。」這種講究具體性、整體性、縝密性的思維方式，即使在今天也是很有啟發、很有價值的。

四、作品對小人妒忌，以及由此導致扁鵲與倉公被人所害的悲慘事實，表現了極大的憤怒，表現了一種傑出人物的孤獨落寞之情。司馬遷說：「女無美惡，居宮見妒；士無賢不肖，入朝見疑。故扁鵲以其伎見殃，倉公乃匿迹自隱而當刑。……故老子曰：『美好者不祥之器。』豈謂扁鵲等邪？若倉公者，可謂近之矣。」類似情緒又見於〈魯仲連鄒陽列傳〉、〈屈原賈生列傳〉等篇，簡直是長歌可以當哭了。

五、作品以倉公應詔的形式記錄了大量醫案，其範圍包容甚廣，涉及到內科、外科、婦科、兒科等等，條理明晰，言之鑿鑿，是留給後代醫學界的一宗寶貴財富。

卷一百六

吳王濞列傳第四十六

【題解】本篇名為「吳王濞列傳」，實際上是寫了以吳王濞為首的吳楚七國之亂由產生、發展到最後被消滅的全部過程。七國之亂的發生，固然是割據勢力發展之必然，但也有朝廷長期縱容以及臨時處置之失當，司馬遷對漢景帝與吳王濞都有批評，而對朝廷各方面所存在的尖銳複雜矛盾，揭示的尤為突出。此文應結合〈梁孝王世家〉、〈絳侯周勃世家〉、〈袁盎鼂錯列傳〉等一同參照閱讀。

1 吳王濞❶者，高帝兄劉仲❷之子也。高帝已定天下七年❸，立劉仲為代王❹。而匈奴攻代❺，劉仲不能堅守，弃國亡❻，間行❼走雒陽❽，自歸天子❾。天子為骨肉故，不忍致法，廢以為郃陽侯❿。高帝十一年⓫，秋，淮南王英布反⓬，東并荊地，劫其國兵⓭，西度淮，擊楚⓮，高帝自將往誅之⓯。劉仲子沛侯濞⓰年二十，有氣力⓱，以騎將從破布軍蘄西會甀⓲，布走⓳。荊王劉賈為布所殺，無後⓴。上患吳、會稽輕悍㉑，無壯王以填之㉒，諸子少㉓，乃立濞於沛為吳王㉔，王三郡㉕五十三城。已拜受印㉖，高帝召濞相之㉗，謂曰：「若㉘狀有反相。」心獨悔，業已拜，因拊其背[29]，告曰：「漢後五十年東南有亂者，豈若邪[30]？然天下同姓為一家也，慎無反[31]！」濞頓首曰：「不敢。」

2 會孝惠、高后時[32]，天下初定，郡國諸侯[33]各務自拊循[34]其民。吳有豫章郡銅山[35]，濞則招致天下亡命者盜鑄錢[36]，煮海水為鹽，以故無賦[37]，國用富饒[38]。

3 孝文時[39]，吳太子[40]入見，得侍皇太子[41]飲博[42]。吳太子師傅皆楚人，輕悍[43]，又素驕[44]，博，爭道[45]，不恭[46]，皇太子引[47]博局[48]提[49]吳太子，殺之[50]。於是遣其喪歸葬。至吳，吳王慍[51]曰：「天下同宗[52]，死長安即葬長安，何必來葬為！」復遣喪之長安葬。吳王由此稍[53]失藩臣[54]之禮，稱病不朝。京師知其以子故稱病不朝，驗問[55]實不病，諸吳使來，輒繫責[56]治之。吳王恐，為謀[57]滋甚[58]。及後使人為秋請[59]，上復責問吳使者，使者對曰：「王實不病，漢繫治使者數輩，以故遂稱病。且夫『察見淵中魚，不祥[60]』。今王始詐病，及覺，見責急，愈益閉[61]，恐上誅之，計乃無聊[62]。唯[63]上弃之[64]而與更始[65]。」於是天子乃赦吳使者歸之，而賜吳王几杖[66]，老，不朝[67]。吳得釋其罪，謀亦益解[68]。然其居國以銅鹽故，百姓無賦。卒踐更，輒與平賈[69]。歲時[70]存問[71]茂材[72]，賞賜閭里[73]。佗郡國吏欲來捕亡人[74]者，訟共禁弗予[75]。如此者四十餘年[76]，以故能使其眾[77]。

【章　旨】以上為第一段，寫吳王濞與漢景帝的舊有仇恨。

【注　釋】❶吳王濞　劉濞。❷劉仲　《集解》引徐廣曰：「仲名喜。」按：「仲」是排行，猶今之所呼「老二」。按：劉邦之父原是下層人，故而人們呼劉邦之兄曰「劉大」、「劉二」，呼劉邦為「劉三兒」。❸高帝已定天下七年　梁玉繩曰：「『七年』乃『六年』之誤。」高祖六年為西元前二〇一年。按：所謂「高帝六年」乃通其楚漢戰爭中之為「漢王」一併稱之，若從消滅項羽「已定天下」之後的做皇帝算起，乃第二年也。❹立劉仲為代王　按：〈漢興以來諸侯王年表〉未載劉仲為代王事，而錯誤的載曰韓王信為代王。韓王信只是移其封地於「太原以北」，而未改其國號曰「代」也。《漢書．諸侯王表》繫劉仲為代王於高祖六年之正月，與立劉肥為齊王同時，應是也。代國的都城在今河北蔚縣東北。❺匈奴攻代　即韓王信投降匈奴後，與匈奴攻代也。韓王信原是劉邦的開國功臣，高祖五年（西元前二〇二年）被封為韓王，都於陽翟（今河南禹縣）；六年，劉邦將韓王信移封至太原以北，都於晉陽（太原市西南）。韓王信請求乾脆北都馬邑（今山西朔縣），後來在匈奴的進攻下，投降匈奴。❻弃國亡　丟掉代國而獨自逃回。❼間行　抄小路而行。❽走雒陽　逃歸雒陽。當時的雒陽在今河南洛陽東北，劉邦建國初期的國都。雒，通「洛」。❾自歸天子　逃回到皇帝處接受懲罰。古代棄城而逃者罪至死。❿廢以為郃陽侯　廢去王爵，降以為郃陽侯，封地郃陽縣，縣治在今陝西合陽東南。⓫高帝十一年　西元前一九六年。⓬淮南王英布反　英布，也稱「黥布」，原屬項羽，後成為劉邦的開國功臣，高祖四年（西元前二〇三年）被封為淮南王，都於壽春（今安徽壽縣）。因劉邦於其十一年正月殺韓信、三月殺彭越，且將彭越剁成肉醢發給諸侯，於是七月黥布舉兵反，事見〈黥布列傳〉。⓭東并荊地二句　黥布舉兵反漢後，首先移兵東進，吞併了與他相鄰的荊國，奪取了荊國的軍隊，荊王劉賈被殺。事見〈荊燕世家〉。當時劉邦所封的荊王劉賈，原是劉邦的同族，也是劉邦的開國功臣，國都在吳縣（今江蘇蘇州）。⓮西度淮二句　當時的楚王是劉邦之同父異母弟劉交，國都彭城（今江蘇徐州）。事見〈楚元王世家〉。⓯高帝自將往誅之　劉邦率兵自討黥布的事情，詳見〈高祖本紀〉與〈黥布列傳〉。⓰沛侯濞　劉濞以劉仲之子，於高祖十一年十二月（當時以十月為歲首）被劉邦封為「沛侯」，封地沛縣（今屬江蘇），原即劉邦的故鄉。⓱有氣力　有豪氣，且有武功。⓲蘄西會甄　蘄縣城西的會甄邑。當時蘄縣的縣治在今安徽宿州東南。⓳布走　黥布被劉邦打敗於會甄後，逃到江南，被他的親戚長沙王吳臣騙到番陽（今江西波陽）殺害。事見〈黥布列傳〉。⓴無後　無人有資格再繼立為荊王。㉑吳會稽輕悍　吳與會稽一帶的居民慓悍好動。吳以今蘇州為中心，是當年吳國的地盤；會稽以今紹興為中心，是當年越國的地盤，秦與西漢時都屬會稽郡，至東漢時始分為二郡。故對劉邦此時所說的「吳、會稽」，不宜解釋為二郡名，應理解為是指今江蘇南部及浙江一帶地區。王先謙曰：「〈高紀〉、〈灌嬰傳〉、〈功臣表〉周聚下皆言『吳郡』，是楚漢間嘗分秦會稽郡為吳郡，景帝後并合之。『吳、會稽』自當時語耳。」㉒無壯王以填之　沒有成年而又英武的君王來鎮守這塊地方。填，通「鎮」。㉓諸子少　劉邦自己的兒子們都還年幼。㉔立濞於沛為吳王　意謂遂在沛縣封立劉濞為吳王。師古曰：「行至沛，而封拜濞也。」劉濞原是沛侯，封地即今江蘇沛縣。劉濞為吳王後，都於廣陵（今江蘇揚州）。㉕三郡　王先謙引宋祁曰：「故東陽郡、鄣郡、吳郡，即劉賈舊封。」按：東陽郡，郡治東陽（今江蘇盱眙東南）。鄣郡，郡治故鄣（今浙江安吉西北）。吳郡，郡治即今蘇州。梁玉繩曰：「高帝封濞以劉賈故地，實東陽、鄣、吳、會稽四郡。言『三郡』者，以吳包會稽也。」㉖已拜受印　封王之禮已經行過，印信已經授予了他。受，通「授」。㉗相之　端詳劉濞的面相。相，審視。㉘若　爾；你。㉙拊其背　表示親近的樣子。拊，通「撫」。㉚後五十年東南有亂者二句　豈若邪，莫非就是你嗎。洪亮吉曰：「『五十年』者，約略之詞，自是年至景帝三年濞反，實四十二年。」瀧川曰：「此後人附會之說。」㉛慎無反　按：反與不反，豈乞求所可免者？或者劉邦故意以玩笑語出之，正起恫嚇之力也。㉜孝惠高后時　孝惠帝在位的時間為西元前一九四—前一八八年。高后在位的時間為西元前一八七—前一八〇年。㉝郡國諸侯　可以理解為指各郡守與各封國的諸侯；也可以理解為即指各諸侯國，因為當時諸侯國的級別，相當於郡。㉞拊循　安撫；令其休養生息。拊，通「撫」。㉟豫章郡銅山　梁玉繩曰：「『豫』為衍字，『章』為『鄣』字之省。下文『削吳之豫章郡』、『削吳會稽、豫章書至』，並『鄣郡』之譌。〈灌嬰傳〉『定吳豫章、會稽郡』，亦當作『鄣』也。〈地理志〉曰：『吳東有章山之銅。』又曰：『丹陽故鄣郡有銅官。』若豫章，為淮南厲王封域，且無銅山也。」按：鄣郡的郡治在今浙江安吉西北。㊱盜鑄錢　「盜」字原作「益」。王念孫曰：「當依《正義》作『盜鑄錢』，字之誤也。《文選．吳都賦》、〈蕪城賦〉注引此并作『盜』，《漢書》亦作『盜』。」瀧川曰：「《正義》本、楓、三本『益』作『盜』，與《漢書》合。」今據改。㊲無賦　不必向吳國的百姓們徵收賦稅。中井曰：「鹽銅之利，國用既給有餘，不須收口賦於平民，是可知役於鹽銅者皆亡命無賴者，非平民也，吳王所以招致。」㊳國用富饒　國家的用度富足豐饒。或曰「用」者「因」也，整個吳國因此而富饒。㊴孝文時　文帝在位的時間為西元前一七九—前一五七年。孝文，名恆，劉邦之子，薄太后所生，先被封為代王，周勃等誅滅呂氏畢，迎立其入朝為帝，事見〈呂太后本紀〉、〈孝文本紀〉。㊵吳太子　漢初時，皇帝的嫡長子與諸侯王的嫡長子，都稱「太子」。《索隱》引《楚漢春秋》稱「吳太子名賢，字德明」。㊶皇太子　名啟，即日後的漢景帝。㊷飲博　飲酒、下棋。博，也稱「六博」，古代的一種棋戲。㊸師傅皆楚人二句　師傅，謂太師、太傅，皆太子的訓導官。錢大昕曰：「吳之師傅，當是吳人，而史稱『楚』者，戰國時吳、越地皆併於楚；漢初承項羽之後，吳、會稽皆羽故地，故上文云『上患吳、會稽輕悍』，此云『楚人輕悍』，吳、楚異名，其實一也。朱買臣，吳人，而《史》稱『楚士』，與此傳同。」按：此二句意謂由於吳太子的師傅皆楚人，生性輕悍，故也影響吳王太子性情輕悍。(44)又素驕　主語為吳太子。(45)爭道　為下於何方，而引起爭執。(46)不恭　吳太子對皇太子不禮貌。(47)引　拉；扯起。(48)博局　棋盤。(49)提　投擊；掄打。(50)殺之　按：史公於此等處，皆透出對景帝之憎惡，應合〈袁盎鼂錯列傳〉、〈絳侯周勃世家〉、〈五宗世家〉等合觀之。(51)慍　惱怒。(52)天下同宗　猶言「大家都是一家子」。此引用當初劉邦所說的話，來和文帝鬥氣。(53)稍　漸漸地。(54)藩臣　封建時代稱諸侯為中央天子的屏障藩籬，諸侯有按規定向朝廷進貢，並按時入朝天子的義務。楊樹達曰：「時鄒陽、枚乘皆諫王，王不納，見《漢書》陽、乘傳。」(55)驗問　查對；打聽。(56)繫責　關押、拷問。(57)為謀　指圖謀造反。(58)滋甚　益甚；越來越厲害。(59)使人為秋請　派人代表自己進京朝見皇帝。秋請，《集解》引孟康曰：「律，春曰朝，秋曰請，如古諸侯朝聘也。」(60)察見淵中魚二句　古代俗語，《列子・說符》中有所謂「察見淵中魚者不祥，智料隱匿者有殃」，《韓非子・說林上》有所謂「知淵中之魚者不祥」。《集解》引張晏曰：「喻人君不當見盡下之私。」意即不要把下面的什麼事情都查得一清二楚，有些可以留著讓他自己去覺悟、改正。陳沂曰：「吳使者之言雖為吳王曲解，而所謂『察見淵中魚不祥』者，實乃人君至戒也。」(61)及覺三句　等到被上面發覺，受到嚴厲譴責時，就只好越發裝病。閉，王先謙曰：「閉匿不來往。」(62)恐上誅之二句　因為怕被皇上所殺，也就只好想那種靠不住的辦法了。隱指造反。無聊，無賴；不能依靠。(63)唯　請求。(64)弃之　棄其前愆；放過他以前的那些錯誤。(65)與更始　和他重新開始一種新的關係。陳子龍曰：「使者言，黃老術也，與文帝所見略同，故其說得行。」(66)几杖　都是對老者的特定恩賜。几，坐時可憑之以休息。杖，行時可拄。(67)老二句　體諒他年高，可以不必像其他諸侯一樣按時進京朝見皇帝。按：以上皇太子提殺吳太子，與文帝賜吳王几杖事，究竟在何年，史無明載。文帝去世時，吳王濞始年近六十。(68)謀亦益解　造反的念頭也就漸漸打消了。(69)卒踐更二句　漢朝的兵役叫做「更」，凡親自前去服役的叫「卒更」；有些自己不願去的可以花錢找人代替，叫「踐更」。於是家裡窮，願意出去服役的就可以獲得一筆錢。現在吳王規定，誰要是前去服役，這筆錢由吳王出，這就使想去的人可以得到錢，不想去的人也不用花錢，於是大大地收買了人心。平賈，按照當時市場雇工的價錢。中井曰：「猶時價也。」(70)歲時　按年按季。意即過年過節。(71)存問　慰問。(72)茂材　師古曰：「茂，美也。茂材者，有美材之人也。」(73)賞賜閭里　意即連普通的平民百姓也能得到吳王的賞賜。閭里，猶言里巷。這裡即指平民。(74)亡人　逃犯。這裡指其他郡國的犯罪者逃亡到吳國。(75)訟共禁弗予　即公開地加以保護，不予交出。《集解》引如淳曰：「訟，公也。」〈呂太后本紀〉有所謂「未敢訟言誅之」，韋昭注：「訟，公也。」與此用法相同。而《正義》曰：「訟，音容。言其相容，禁止不與也。」師古說同。即私下裡加以窩藏，不予交出。二者皆通。76 四十餘年 《正義》曰：「言『四十餘年』者，太史公盡言吳王一代行事也。《漢書》作『三十餘年』，而班固見其語在孝文之代，乃減十年。」梁玉繩曰：「當依《漢書》『三十餘年』為是，下文濞亦自言『三十餘年』也。」77 能使其眾 能指揮其國人。預言日後其所以能造反。

【語　譯】吳王劉濞，是劉邦的哥哥劉仲的兒子。劉邦平定天下之後的第七年，封劉仲為代王。後來匈奴進攻代國時，劉仲不能抗敵守土，而是丟下國土人民，一個人抄小路逃回了洛陽，回到了劉邦這裡。劉邦看在了骨肉的情義上，沒有依法制裁，只是把他降為了郃陽侯。高祖十一年，秋天，淮南王英布造反，往東吞併了荊國，劫持了荊國兵馬，一路西下渡過了淮河，攻擊楚國，劉邦親自領兵前往征討。這時劉仲的兒子沛侯劉濞年僅二十，勇敢有為，以騎將的身分跟隨劉邦一道大破英布軍於蘄縣西面的會甀，英布逃走。當時荊王劉賈已被英布所殺，又沒有後代。劉邦擔心吳郡、會稽的民風慓悍，卻沒有成年英武的人來當王鎮壓，而自己的兒子們都很小，於是就在回經沛縣的時候封劉濞做了吳王，讓他去管轄三個郡五十三座城。等到任命授印完畢，劉邦把劉濞叫來端詳著他的長相，說：「看你的樣子像是有一種反相。」這時心裡就有點後悔了，但由於已經任命，於是就拍著劉濞的背囑咐他說：「再過五十年東南上將要有人造反，難道這個人就是你嗎？我們姓劉的各個封國可都是一家子，千萬不能造反！」劉濞伏地叩頭說：「絕對不敢。」

2 後來在孝惠帝、高后執政時，國家剛剛安定，因而各郡縣與各個諸侯國也都在各自忙於安撫自己的百姓。吳國的豫章郡有一座產銅的礦山，於是劉濞就招納各地的亡命之徒私下為自己鑄錢，煮海水製鹽，由於他有這兩項收入，所以不必向吳國的百姓們收稅，吳國的財力也非常富足。

3 孝文帝在位時，吳王濞的太子進京朝見，有一天陪著皇太子一道飲酒下棋。吳太子的師傅都是楚地人，因而把吳太子慣得從小就輕浮暴躁，而且驕橫。他在和皇太子下棋的過程中，為爭執棋子下於何處而吵了起來，吳太子表現得不禮貌，而皇太子就抄起棋盤砸吳太子，把吳太子打死了。於是朝廷只好讓吳國的來人把吳太子的屍體運回了吳國。喪車回吳國後，吳王濞大怒，說：「既然都是一家子，死在長安那就葬在長安，何必還一定要送回來呢！」於是又硬是讓人們把吳太子的屍體運回到長安埋葬了。從此吳王就漸漸地失去了藩臣對天子的禮節，推說有病不再進京朝拜。朝廷知道他是因為兒子的緣故故意裝病不來，於是就派人來調查，結果發現確實沒病，從此凡是吳國的使者進了京，都要被關起來受到審問。吳王感到害怕，於是也就越來越積極圖謀著造反。後來在一個秋天，吳王濞又派人代他進京朝見，文帝又責問吳國使者，使者對文帝說：「吳王確實沒病，但由於中央一連扣押了幾個吳國的使者，所以吳王就稱病不來了。俗話說：『如果連深水裡的魚也都看得清清楚楚，那是不好的。』吳王開始是裝病，後來被您發覺了，因為您對他追得緊，所以他也就越來越躲著您，因為他害怕您殺他，所以他也就要想一些沒有辦法的辦法。依我看還是請您不要再計較他以前的過失，而應重新和他建立好今後的關係。」文帝一聽有理，隨即放回了過去被關押的吳國使者，還賜給了吳王几杖，說他年紀大了，可以不必進京朝拜。吳王一見自己的罪過被免了，於是造反的心思也就漸漸地放下了。然而他在國內因為有鑄錢煮鹽的收益，仍是不向百姓們徵稅。每當百姓去服兵役的時候，他就發給他們一筆相應的錢。每到過年過節就派人去慰問那些有才學的人，一般平民百姓也都可以得到一定的賞賜。其他郡國的罪犯逃到吳國，而遭到原郡國的追捕時，吳王總是公然地出來加以保護，不把他們交出去。就這樣一直過了四十幾年，所以吳國人都願意聽他的調遣。

1 鼂錯❶為太子家令❷，得幸太子，數從容言❸吳過可削❹。數上書說孝文帝❺，文帝寬，不忍罰，以此吳日益橫。及孝景帝即位❻，錯為御史大夫❼，說上曰：「昔高帝初定天下，昆弟❽少，諸子弱，大封同姓，故王孽子悼惠王❾王齊七十餘城❿，庶弟元王⓫王楚四十餘城⓬，兄子濞王吳五十餘城。封三庶孽⓭，分天下半⑭。今吳王前有太子之郄⑮，詐稱病不朝，於古法當誅，文帝弗忍，因賜几杖。德至厚，當改過自新。乃益驕溢，即山鑄錢⑯，煮海水為鹽，誘天下亡人，謀作亂。今削之亦反，不削之亦反。削之，其反亟⑰，禍小；不削，反遲，禍大⑱。」三年，冬⑲，楚王朝⑳，鼂錯因言楚王戊往年㉑為薄太后服，私姦服舍㉒，請誅之。詔赦，罰削東海郡㉓。及前二年趙王有罪㉔，削其河間郡㉕。膠西王卬㉖以賣爵有姦㉗，削其六縣㉘。

2 漢廷臣方議削吳㉙。吳王濞恐削地無已，因以此發謀，欲舉事。念諸侯無足與計謀者，聞膠西王勇，好氣㉚，喜兵，諸齊㉛皆憚畏，於是乃使中大夫㉜應高誂㉝膠西王。無文書，口報曰：「吳王不肖㉞，有宿夕之憂㉟，不敢自外㊱，使喻其驩心㊲。」王曰：「何以教之？」高曰：「今者主上興於姦㊳，飾於邪臣㊴，好小善，聽讒賊，擅變更律令㊵，侵奪諸侯之地，徵求滋多㊶，誅罰良善，日以益甚。里語㊷有之：『舐糠及米㊸。』吳與膠西，知名諸侯也，一時見察㊹，恐不得安肆㊺矣。吳王身有內病，不能朝請二十餘年，嘗患見疑㊻，無以自白㊼。今脅肩累足㊽，猶懼不見釋。竊聞大王以爵事有適㊾，所聞諸侯削地，罪不至此㊿，此恐不得削地而已(51)。」王曰：「然，有之。子將柰何？」高曰：「同惡相助(52)，同好相留(53)，同情相成[54]，同欲相趨[55]，同利相死[56]。今吳王自以為與大王同憂[57]，願因時循理[58]，弃軀以除患害於天下，億亦可乎[59]？」王瞿然[60]駭曰：「寡人何敢如是！今主上雖急[61]，固有死耳，安得不戴[62]？」高曰：「御史大夫鼂錯，熒惑[63]天子，侵奪諸侯，蔽忠塞賢，朝廷疾怨，諸侯皆有倍畔[64]之意，人事極矣[65]。彗星出，蝗蟲數起[66]，此萬世一時[67]，而愁勞，聖人之所以起也[68]。故吳王欲內以鼂錯為討[69]，外隨大王後車[70]，彷徉天下[71]，所鄉[72]者降，所指者下[73]，天下莫敢不服。大王誠幸而許之一言[74]，則吳王率楚王略函谷關[75]，守滎陽敖倉之粟[76]，距漢兵。治次舍[77]，須大王[78]。大王有幸而臨之，則天下可并，兩主分割[79]，不亦可乎？」王曰：「善。」[80]高歸報吳王，吳王猶恐其不與[81]，乃身自為使，使於膠西，面結之[82]。

3 膠西羣臣或聞王謀，諫曰：「承一帝[83]，至樂也[84]。今大王與吳西鄉，弟令事成[85]，兩主分爭，患乃始結[86]。諸侯之地不足為漢郡什二[87]，而為畔逆以憂太后[88]，非長策也。」王弗聽。遂發使約齊、菑川、膠東、濟南、濟北[89]，皆許諾。而曰：「城陽景王[90]有義，攻諸呂，勿與[91]，事定分之[92]耳。」

4 諸侯既新削罰，振恐，多怨鼂錯。及削吳會稽、豫章郡書至[93]，則吳王先起兵[94]，膠西正月丙午[95]誅漢吏二千石以下[96]，膠東、菑川、濟南、楚、趙亦然，遂發兵西[97]。齊王後悔，畔約[98]。濟北王城壞未完[99]，其郎中令劫守其王，不得發兵[100]。膠西為渠率，膠東、菑川、濟南共攻圍臨菑[101]。趙王遂亦反[102]，陰使匈奴[103]與連兵。

5 七國之發也，吳王悉其士卒[104]，下令國中曰：「寡人年六十二，身自將[105]。少子年十四，亦為士卒先[106]。諸年上與寡人比，下與少子等者，皆發。」發二十餘萬人。南使閩越[107]、東越[108]，東越亦發兵從[109]。

6 孝景帝三年，正月甲子[110]，初起兵於廣陵[111]。西涉淮[112]，因并楚兵[113]。發使遺[114]諸侯書曰：「吳王劉濞敬問[115]膠西王、膠東王、菑川王、濟南王、趙王、楚王、淮南王[116]、衡山王[117]、廬江王[118]、故長沙王子[119]：幸教寡人[120]以『漢有賊臣[121]，無功天下，侵奪諸侯地，使吏劾繫[122]訊治[123]，以僇辱之為故[124]，不以諸侯人君禮遇劉氏骨肉[125]，絕先帝功臣[126]，進任姦宄[127]，詿亂[128]天下，欲危社稷。陛下多病志失[129]，不能省察[130]，欲舉兵誅之[131]』。謹聞教[132]。敝國雖狹，地方三千里；人雖少，精兵可具五十萬[133]。寡人素事[134]南越[135]三十餘年，其王君皆不辭[136]，分其卒以隨寡人，又可得三十餘萬。寡人雖不肖，願以身從諸王[137]。越直長沙者[138]，因王子定長沙以北[139]，西走蜀、漢中[140]。告越、楚王、淮南三王[141]，與寡人西面[142]；齊諸王[143]與趙王定河間、河內[144]，或入臨晉關[145]，或與寡人會雒陽[146]；燕王[147]、趙王固與胡王有約[148]，燕王北定代[149]、雲中[150]，摶胡眾[151]入蕭關[152]，走長安[153]，匡正天子[154]，以安高廟[155]。願王勉之。楚元王子[156]、淮南三王或不沐洗十餘年[157]，怨入骨髓，欲一有所出之[158]久矣，寡人未得諸王之意，未敢聽[159]。今諸王苟能存亡繼絕[160]，振弱伐暴[161]，以安劉氏[162]，社稷之所願也[163]。敝國雖貧，寡人節衣食之用，積金錢，脩兵革[164]，聚穀食，夜以繼日，三十餘年矣。凡為此[165]，願諸王勉用之[166]。能斬捕大將者，賜金五千斤，封萬戶[167]；列將[168]，三千斤，封五千戶；裨將[169]，二千斤，封二千戶；二千石[170]，千斤，封千戶；千石[171]，五百斤，封五百戶：皆為列侯[172]。其以軍若城邑降者[173]，卒萬人，邑萬戶，如得大將[174]；人戶五千[175]，如得列將；人戶三千，如得裨將；人戶千，如得二千石；其小吏皆以差次受爵、金[176]。佗封賜皆倍常法[177]。其有故爵邑者，更益勿因[178]。願諸王明以令士大夫，弗敢欺也。寡人金錢在天下者往往而有[179]，非必取於吳[180]，諸王日夜用之弗能盡。有當賜者告寡人，寡人且往遺之[181]。敬以聞[182]。」

【章旨】以上為第二段，寫吳王濞因被削地而串連其他六國共同造反。

【注釋】❶鼂錯　文帝、景帝時期的大臣。事跡詳見〈袁盎鼂錯列傳〉。❷太子家令　詹事的屬官，為太子家掌管倉庫飲食，秩千石。❸數從容言　多次用一種自然的口氣說。從容，故意裝做一種不經心的樣子。❹吳過可削　吳王有罪，可削減其領地。❺數上書說孝文帝　按：賈誼勸文帝削諸侯之言，見於〈治安策〉，鼂錯勸文帝削諸侯語今已不存。❻孝景帝即位　事在文帝後元七年（西元前一五七年）。孝景元年為西元前一五六年。❼錯為御史大夫　事在景帝二年（西元前一五五年）八月。御史大夫，三公之一，主管彈劾，位同副丞相，丞相有缺，例由御史大夫替補。❽昆弟　兄弟。昆，兄也。❾王孽子悼惠王　李笠曰：「『孽』上衍『王』字，當依《漢書》刪。」孽子，庶子；非嫡妻所生的兒子。悼惠王，即劉邦的私生子劉肥，高祖六年（西元前二〇一年），劉邦封劉肥為齊王，都臨淄（今山東淄博之臨淄城北）。事跡詳見〈齊悼惠王世家〉。❿王齊七十餘城　劉肥封國是當時諸侯國之最大者，「諸民能齊言者皆予齊王」，轄地共有七個郡。⓫庶弟元王　劉交，劉邦的同父異母弟，高祖六年韓信被襲捕廢去楚王後，劉邦封其弟劉交為楚王，都彭城（即今徐州市）。事見〈楚元王世家〉。唯其文曰「高祖之同母少弟」，「同母」應作「同父」。⓬王楚四十餘城　時劉交的封國轄有三個郡。⓭三庶孽　指劉肥、劉交、劉濞，因為他們都不是皇帝的嫡子或同胞兄弟。⓮分天下半　言齊、楚、吳三個諸侯的領土就占去了整個漢帝國領土的一半。此誇張言之，當時所有諸侯國的領土之和，略超過整個漢帝國領土的一半。⓯太子之郄　即前文所寫的殺子之仇。郄，通「郤」、「隙」。隔閡；仇怨。⓰即山鑄錢　就著銅山，一邊開採，一邊鑄錢。即，就。⓱亟　同「急」。即來得早、來得快。⓲不削三句　按：以上議論即通常所說的〈論削藩疏〉，然本文與《漢書》皆作鼂錯說景帝語，非所謂「書」、「疏」也。⓳三年二句　意即景帝三年（西元前一五四年）的年初（當時以十月為歲首）。⓴楚王朝　楚王劉戊進京朝見皇帝。劉戊是楚元王劉交之孫，於文帝六年（西元前一七四年）繼其父位為楚王。㉑往年　去年。㉒為薄太后服二句　景帝二年四月，文帝的母親薄太后死，各地諸侯進京參加喪事，劉戊在守喪的廬棚裡姦淫了宮廷裡的女子。服舍，古時守喪者所住的在院子裡搭成的小棚子。㉓罰削東海郡　〈楚元王世家〉之《索隱》曰：「《集注》服虔云：『私姦中人。』蓋以罪重，故至削郡也。」東海郡，郡治郯縣（在今山東郯城西北），當時屬楚。此句下原有「因削吳之豫章郡會稽郡」一句，梁玉繩曰：「《漢》傳無此句，是。蓋下文言『漢廷臣方議削吳』；又言『削吳書至，則吳起兵』，可知斯時固未削矣。」按：梁說是，今據刪。㉔前二年趙王有罪　具體罪過史無明載。趙王名遂，劉邦的兒子劉友之子。趙都即今河北邯鄲。㉕削其河間郡　應作「削其常山郡」。梁玉繩曰：「〈元王世家〉及《漢書．濞傳》皆作『常山郡』，『河間』時為景帝子德封國。」按：常山郡的郡治元氏（今河北元氏西北）。河間本來也是趙國之郡，文帝二年（西元前一七八年）將其從趙國分出，立為河間國，以封趙王遂之弟劉辟彊，文帝十五年（西元前一六五年）劉辟彊之子死，無後，國除，河間入於漢。景帝二年，封其子劉德為河間王，國都樂成（今河北獻縣東南）。㉖膠西王卬　劉卬，劉邦庶子劉肥之子，文帝於其十六年（西元前一六四年）用賈誼「眾建諸侯而少其力」之議，分割齊國諸郡以立劉肥之諸子為王，劉卬被立為膠西王，國都高密（今山東高密西南）。㉗賣爵有姦　在賣爵的問題上有非法行為，具體情節不詳。漢代的爵位可以買賣，見鼂錯〈論貴粟疏〉。㉘削其六縣　馮班曰：「當時處心積慮而反者，只一吳耳，諸侯王無與也。宜先施恩慰安之，使人人自保，則吳人無黨，欲反不能獨舉，吳乃可滅。吳亡，則七國在掌握矣。先削楚、趙、膠西何邪？是動天下之兵也。」按：此即所謂「為之不以漸也」。㉙方議削吳　正準備研究削減吳國之地。方，將。㉚好氣　好任性使氣。㉛諸齊　齊地的各國諸侯，如濟北、濟南、膠東、菑川、城陽，以及齊國等。㉜中大夫　帝王身邊的侍從官員，上屬郎中令。㉝誂　勸說；煽動。㉞不肖　這裡是謙詞，不類，不類其父。指不成材；沒出息。㉟宿夕之憂　謙言自己身邊有些小問題，故不能親自前來。宿夕，同「夙夕」。早晨晚上。㊱不敢自外　不敢把自己當成外人，向對方討親近之語。〈刺客列傳〉田光亦有所謂「光竊不自外，言足下於太子也」，與此相同。㊲使喻其驩心　讓我來表達他對您的好感。驩，同「歡」。㊳興於姦　從其內心生出一種奸詐。㊴飾於邪臣　在外面又被邪臣所蒙蔽。飾，包裹；圍繞。㊵擅變更律令　隨隨便便地改變國家的各項章程。㊶徵求滋多　向各諸侯國徵調財物越來越多。㊷里語　同「俚語」。俗話。㊸舐糠及米　對表皮舔來舔去，慢慢也就舔到實心了。比喻受侵削得越來越厲害。舐，舔。《索隱》曰：「言舐糠盡則至米，謂削土盡則至滅國也。」㊹一時見察　一旦被朝廷所查辦。㊺安肆　安然；隨意。㊻嘗患見疑　先前就已經被懷疑過一回。或釋「嘗」為「常」，亦可，《漢書》作「常」。㊼無以自白　無法表明自己的心跡。㊽脅肩累足　縮緊雙肩，收攏兩足。極言其小心謹慎之狀。師古曰：「脅，翕也，謂斂之也。累足，重足也。」㊾以爵事有適　因賣爵事受到懲罰。適，通「謫」。罰。㊿所聞諸侯削地二句　意謂聽說其他遭到削地的諸侯，罪過都沒有您這麼大。按：此處真可謂善於挑撥。(51)此恐不得削地而已　您的罪過恐怕不是光削些地就能過去的。《漢書》作「此恐不止削地而已」。(52)同惡相助　對付共同的仇恨對象，大家應該互相幫助。(53)同好相留　有共同愛好的人應該彼此相愛戀。(54)同情相成　感情相同的人應該相互成就。(55)相趨　相互為之奔走效力。(56)相死　彼此可以為之死。瀧川曰：「『惡』、『助』，『好』、『留』，『情』、『成』，『欲』、『趨』，『利』、『死』，同韻。《六韜·武韜·發啟篇》：『同病相救，同情相成，同惡相助，同好相趨。』《文子·自然篇》：『同利者相死，同情者相成，同行者相助。』《淮南子·兵略訓》：『同利相死，同情相成，同欲相助。』蓋古有是語。」(57)同憂　憂慮同一個問題。(58)因時循理　趁著有利時機，順著天理。(59)億亦可乎　想來該是可以的吧。億，同「意」。推度之詞，猶言想來；看來；大概。(60)瞿然　吃驚張目的樣子。(61)雖急　即使逼得我無路可走。雖，即使。急，逼迫。(62)安得不戴　怎麼能不擁戴他呢。戴，擁戴；侍奉。按：此處劉卬的表現，恰似胡亥之對答趙高，蓋本非欲反者。(63)熒惑　迷惑。〈孔子世家〉有所謂「匹夫而熒惑諸侯者，罪當誅」，即此語也。(64)倍

畔　同「背叛」。65人事極矣　人心向背的表現已經到了極點。66彗星出二句　這些都被陰陽五行家們說成是「災異」，是上天討厭這個世道、討厭現時在位的這個統治者的表現。67萬世一時　萬年不遇的好時機。古稱三十年為「一世」。68而愁勞二句　黎民有苦難，正是聖人起事奪天下的大好時機。《索隱》曰：「所謂『殷憂以啟明聖』也。」69內以鼂錯為討　以討伐鼂錯為對朝廷用兵的藉口。70隨大王後車　跟在大王您的車後。謙詞，意即和您一起行動。71彷徉天下　橫行天下。師古曰：「彷徉，猶翱翔也。」按：即今之所謂橫行。72鄉　同「向」。大軍所向。73下　降；歸附。74幸而許之一言　意即答應吳王一道造反。75略函谷關　意即兵發西北，直取函谷關。略，奪取。函谷關，在今河南靈寶東北，是古時東方進入關中的門戶。76守滎陽敖倉之粟　意即占領滎陽，奪得敖倉的糧食。當時的滎陽在今河南滎陽東北。敖倉是秦漢時代國家的大糧倉，在當時滎陽北面的黃河邊上。因黃河長期沖刷南岸，今其地已落在河道中流。77治次舍　給您安排好住處。次，止；住宿。78須大王　等待大王您的西來。須，等待。79兩主分割　謂劉濞與劉卬兩人分割天下。按：說客之當面蠱惑，兒童且不可欺，別人不說，但問應高欲置劉戊於何地？劉卬的實力能與劉戊相比？80王曰善　按：以上應高之勸說膠西王卬造反，過程確與趙高之勸說胡亥為亂相同，讀者不可不加以比較也。趙高勸胡亥為亂，見〈李斯列傳〉。81不與　不參加；不加入。與，交結。82面結之　當面約定好。83承一帝　擁戴一個皇帝。承，侍奉；擁戴。84至樂也　是最好的事情。按：《漢書》於此作「今承一帝，尚云不易」，較此「至樂」云云為好。85弟令事成　即使能推翻當今皇帝。弟令，猶今之所謂「即使」。弟，也寫作「第」。但；即使。86患乃始結　亂子就從此形成了。87不足為漢郡什二　到不了漢王朝直屬郡縣的十分之二。按：為了勸膠西王勿反，這裡又把當時諸侯國的地盤說得過小了。88以憂太后　《集解》引文穎曰：「王之太后也。」意即讓母親為自己的行為擔心，當時膠西王的母親尚在，與其子同住在膠西都城。89約齊菑川膠東濟南濟北　即約齊孝王劉將閭（齊國的都城臨淄）、菑川王劉賢（菑川國的都城劇縣，今山東昌樂西北）、膠東王劉雄渠（膠東國的都城即墨，今山東平度東南）、濟南王劉辟光（濟南國的都城東平陵，今山東章丘西北）、濟北王劉志（濟北國的都城博陽，今山東泰安東南）。趙翼曰：「《史記》謂膠西來約同反時，齊、濟北皆許諾，從其實也。《漢書》獨無濟北，則以其未成反，而遂不列於約反之內；則齊王不惟不反，且有堅守之功，何以列於從反之約乎？《漢書》非。」按：上述齊與濟北，因後來情況有變，故通常所說的「吳楚七國之亂」中不包括這兩個國家。90城陽景王　即劉章，劉肥之子，劉襄之弟，因消滅諸呂有大功，被封為城陽王，國都即今山東莒縣，死後諡曰「景」。七國之亂時在城陽繼位為王的是劉章之子劉喜，史稱城陽共王。91勿與　意即不要拉他參加。92事定分之　事成之後也將利益分給他一分。93及削吳會稽豫章郡書至　按：「豫章」應作「鄣郡」，說已見前；又據此處文意，似史公當時確視「吳」與「會稽」為二郡。削「會稽郡」即削去今之浙江，而未削去吳縣（今之蘇州市）所在之吳郡也，否則「吳」將何以為「吳國」？(94)吳王先起兵　事在景帝三年正月，詳見下文。(95)膠西正月丙午　梁玉繩曰：「《漢》傳削去『正月丙午』四字，而移『膠西』于『膠東』之上，當是也，不然則似膠西誅漢吏矣。」(96)誅漢吏二千石以下　謂吳王起兵後遂誅朝廷派到吳國任職的主要官吏，如丞相、太傅、內史、中尉等也。(97)發兵西　發兵西下。朝著長安的方向。(98)齊王後悔二句　按：金陵本與諸本「齊王後悔」下皆有「飲藥自殺」四字，沈家本曰：「『飲藥自殺』四字衍。」按：齊王後悔叛約後，膠西、膠東、菑川三國發兵圍攻之，齊王堅守不下。後朝廷派欒布率軍救齊，齊圍始解。後來朝廷得知齊王曾與諸國有過串聯，齊王始畏懼自殺。《漢書》於此作「齊王後悔，背約城守」。今據實削「飲藥自殺」四字。(99)未完　尚未修好。(100)其郎中令劫守其王二句　郎中令是守護王宮門戶，兼統王者身邊侍從的官員。劫守，劫持，看守。按：據此文，則劉志自始即參與叛亂，其所未能行動，乃被其郎中令所制止了。而〈齊悼惠王世家〉則曰：「吳楚反時，志堅守，不與諸侯合謀。」兩處相差甚遠。(101)膠西為渠率二句　按：「膠東」上應重出一「率」字。渠率，頭領。此謂膠西王是齊地諸叛國的頭領，是他率領膠東、菑川、濟南共圍齊國的臨菑。(102)趙王遂亦反　〈楚元王世家〉云：「吳楚反，趙王遂與合謀起兵。其相建德、內史王悍諫，不聽。遂燒殺建德、王悍，發兵屯其西界，欲待吳與俱西。北使匈奴，與連和攻漢。」(103)陰使匈奴　暗中派人出使匈奴。匈奴，戰國後期興起的北方少數民族名，活動地區大體在今內蒙古與蒙古國一帶。詳見〈匈奴列傳〉。(104)悉其士卒　將其國內可徵調的兵員通通徵調起來。與前文之「以故能使其眾」相呼應。(105)身自將　親自統領軍隊。將，統領。(106)為士卒先　編於行伍之中，作戰時身先士卒。(107)閩越　當時的少數民族的小國名，國都東冶（今福州市）。(108)東越　當時的少數民族的小國名，因其都城叫東甌（今浙江溫州），故國名也稱東甌。有關閩越、東越的事情，詳見〈東越列傳〉。(109)東越亦發兵從　為後文東越受漢懸賞誘殺吳王濞張本。(110)正月甲子　按：景帝三年的正月裡，沒有「甲子」日，〈孝景本紀〉書七國之亂起於「正月乙巳」，即陰曆正月二十二日。(111)廣陵　即今揚州市，當時吳國的都城。(112)西涉淮　謂渡過長江，再向西渡過淮水。(113)并楚兵　將楚王劉戊的軍隊併歸吳王統領。(114)遺　給；致。(115)問　慰問；問候。楊樹達以為「問」字應作「聞」。(116)淮南王　劉安，劉邦之子故淮南王劉長的兒子，國都壽春（今安徽壽縣），其人其事見〈淮南衡山列傳〉。(117)衡山王　劉勃，劉安之弟，國都邾（今湖北黃岡西北）。(118)廬江王　劉賜，亦劉安之弟，國都舒縣（今安徽廬江西南）。(119)故長沙王子　「故長沙王」是秦末時的番陽縣令吳芮，因曾派自己的部將幫著劉邦打天下，劉邦感謝吳芮，建國之後封吳芮為長沙王，都臨湘（今湖南長沙）。吳芮傳國四世，至文帝末，無子國除。此處的所謂「故長沙王子」，乃劉濞籠統地呼喚吳芮的庶孽子孫。(120)幸教寡人　多謝你們以……

教導我。楊樹達曰：「『幸教』以下無主辭，疑『問』當作『聞』，而以『敬聞』直貫至『幸教』云云為句也。」按：楊說有理。(121)漢有賊臣　指鼂錯。下述一串罪名皆謂鼂錯所為。(122)劾繫　彈劾逮捕。(123)訊治　審問。(124)以僇辱之為故　故，事也。《正義》曰：「專以僇辱諸侯為事。」(125)不以諸侯人君禮遇劉氏骨肉　按：此指打擊、侵削劉氏諸侯。遇，對待。(126)絕先帝功臣　此指打擊侵削異姓諸侯。(127)姦宄　統指壞人。(128)詿亂　惑亂。詿，哄騙。(129)志失　精神失去正常。(130)不能省察　不能看清鼂錯之奸。省，視。(131)欲舉兵誅之　主語是前面所列舉的眾諸侯。誅，討伐。指討伐鼂錯。以上是吳王濞轉述眾諸侯對他的請求、通報。劉濞的行文方式是反客為主，把自己說成是被動者，從而更突出其「公正性」與「合理性」。(132)謹聞教　意謂我現在就是遵照你們的教導起兵了。瀧川曰：「『寡人』下『以』字，管到下文『欲舉兵誅之』六十九字，承以『謹聞教』三字。」(133)可具五十萬　實際徵發了二十萬，今乃誇張曰「五十萬」。(134)素事　長期以來一貫侍奉。意即與之交好。(135)南越　當時南方的少數民族小國，國都番禺（即今廣州市），參見〈南越列傳〉。這裡實即統指東越、閩越、南越諸小國。(136)皆不辭　都不拒絕向我提供援助。(137)願以身從諸王　客氣語。劉邦當年號召諸侯討項羽，亦曰「願從諸侯王擊楚之殺義帝者」。見〈高祖本紀〉。(138)越直長沙者　指北對長沙的南越。直，對著。(139)因王子定長沙以北　意思是南越的軍隊由故長沙王的子孫們領著攻占長沙以北的長江流域。(140)西走蜀漢中　而後轉頭西下，溯長江取蜀郡，溯漢水取漢中。走，趨；奔向。蜀，漢郡名，郡治即今成都市。漢中，漢郡名，郡治南鄭（今陝西漢中）。(141)越楚王淮南三王　《正義》曰：「越，東越也。淮南三王，謂淮南、衡山、廬江也。」楊樹達曰：「淮南王欲應吳而為相所劫，不果；廬江王不應，衡山王堅守，皆未助吳，見〈淮南王傳〉。」(142)與寡人西面　意即隨同吳王西下，直取長安。西面，西向；西下。(143)齊諸王　指膠西、膠東、菑川、濟南等齊地之王。(144)定河間河內　謂趙國可先取景帝兒子劉德所占據的河間國，而齊地諸國可出兵西取黃河以北的「河內」地區。河內，漢郡名，郡治懷縣（今河南武陟西南），在齊地諸國的西方。(145)入臨晉關　此指趙國軍隊，經由今山西省，渡黃河入陝西。臨晉關，在今陝西大荔東的黃河西岸，與山西境內的蒲津關隔黃河相對。(146)與寡人會雒陽　此指齊地的四國軍隊，蓋占領河內後，南渡黃河即到雒陽也。(147)燕王　劉嘉，劉邦的開國功臣劉澤的兒子，文帝三年（西元前一七七年）繼其父位為燕王，至此已在位二十四年。事見〈荊燕世家〉。(148)固與胡王有約　胡王，指匈奴單于。據〈楚元王世家〉，趙王遂確與匈奴有約；至於燕王嘉則根本未參與七國之亂，〈荊燕世家〉亦未言燕王嘉與匈奴有何關係。(149)代　漢郡名，郡治在今河北蔚縣東北。這時的代郡屬於代國，這時的代王為文帝之孫、劉參之子劉登。(150)雲中　漢郡名，郡治在今內蒙托克托東北。(151)摶胡眾　意即統領匈奴人馬。摶，專；專門統領。(152)蕭關　在今寧夏固原東南，是關中地區西北部的要塞。(153)走長安　謂從蕭關直奔長安。走，這裡意即奔襲。[154]匡正天子　瀧川曰：「《漢書》「天子」作「天下」，為是。」匡正，扶之使正。[155]以安高廟　意即穩定朝廷秩序，不要使劉邦的在天之靈受到驚擾。[156]楚元王子　此指楚王劉戊，文帝六年（西元前一七四年）繼其父位為楚王，現已在位二十一年。[157]或不沐洗十餘年　有的人已經十來年不洗頭、不洗澡了。言其對朝廷的怨恨之深。師古曰：「言心有所懷，志不在洗沐也。」[158]欲一有所出之　想找個機會將其發洩出來。《正義》曰：「謂泄出其怨意。」[159]未敢聽　未敢同意楚與淮南的冒然興兵。聽，任；任其採取行動。[160]存亡繼絕　語出《論語・堯曰》：「興滅國，繼絕世。」意謂使即將滅亡的國家存活下來，使已經斷絕的世系再延續下去。此引古語以為現時受侵削的諸侯鳴不平。[161]振弱伐暴　拯救弱小，討伐殘暴。振，拯救。[162]以安劉氏　使劉氏的舊有政局安定下來。按：當時造反的諸侯都是劉姓的子孫，他們造反的藉口就是說鼂錯挑動景帝改變劉邦的舊規定，使劉氏骨肉受摧殘。[163]社稷之所願也　這是對整個國家都有好處的。[164]兵革　兵器、鎧甲。[165]凡為此　我過去所做的一切，都是為了今天。凡，總共；一切。師古曰：「『為此』謂欲反也。」[166]願諸王勉用之　請你們盡情使用。勉，努力。[167]封萬戶　即封之為萬戶侯。下文的「千戶」、「五百戶」，即千戶侯、五百戶侯。[168]列將　指斬捕一般將領。[169]裨將　指斬捕小將、副將。[170]二千石　指斬捕了二千石一級的官吏。漢代地方官的郡守、諸侯相，與朝官中的太子太傅、內史等都屬二千石。[171]千石　地方官的大縣縣令、朝官中的丞相、長史等皆為千石。[172]皆為列侯　指以上所述之許封「萬戶」、「五千戶」以至「五百戶」者，其封爵皆為「列侯」。「列侯」皆有爵號、有封地，較之單有封號而無封地的「關內侯」高一級。[173]以軍若城邑降者　率領軍隊或是帶著城池投降過來的。若，或。[174]卒萬人三句　凡是帶過來一萬名士兵，或是帶過來一座萬戶的城邑，其賞格與俘獲一名大將相同。[175]人戶五千　凡是帶過來五千名士兵，或是帶過來一座五千戶的城邑。[176]其小吏皆以差次受爵金　捉到不夠上述級別的小吏，也會得到不同等級的爵祿和賞金。差次，等級。[177]佗封賜皆倍常法　在其他方面立功應該受到獎勵的，也要比平時的獎勵多一倍。按：「常法」原作「軍法」，《集解》本、武英殿本、凌稚隆本、瀧川本皆作「常法」，作「常法」語氣更順，今據改。[178]有故爵邑者二句　原本就有爵祿和領地的人，現在的獎賞仍舊該多少是多少，而不是在原有的基礎上補到這個數。因，就著。[179]寡人金錢在天下者往往而有　往往，猶言到處。由此語看來，彷彿劉濞當時在各郡國都開有「錢莊」。[180]非必取於吳　意即在各地的「錢莊」都可以兌取。[181]寡人且往遺之　我將親自前去為他們頒發。且，將。[182]敬以聞　恭敬地告訴你們。劉辰翁曰：「此篇語意傾人，亦非後來所有。後人修史，此必不錄，但曰『反書聞』止矣。」

【語　譯】當時鼂錯正做太子家令，很受到太子的賞識，他曾多次地對太子說吳王的地盤權勢應該削減。還多次上書勸孝文帝削減吳王領地，由於孝文帝為人寬厚，狠不下心懲辦吳王，結果吳王就越來越驕橫。等到孝景帝即位後，鼂錯做了御史大夫，他又勸皇上說：「當初高祖剛平定天下的時候，因為同胞弟兄少，自己的兒子又太小，才大規模地封了一些姓劉的人，所以封了庶子劉肥為齊王下轄七十餘城，封了弟弟劉交為楚王下轄四十餘城，封了哥哥劉仲的兒子劉濞為吳王下轄五十餘城：這三個人都不是高祖的嫡系，而所占的地盤卻幾乎去了全國的一半。現在吳王因為懷著過去兒子被殺的仇恨，推說有病不來朝拜，這要按照古法就應該殺頭，但文帝不忍心查辦他，反而賜給了他几案和手杖，這是多麼大的恩德呀，按說在這樣的感召下，他就應該改過自新。可是結果他卻更加驕橫無忌了，他就著銅山鑄錢，靠著海水煮鹽，還一個勁地招納各地跑去的亡命之徒，準備著造反。現在的形勢是削他的地盤他要造反，不削他的地盤他也是要造反。削他，他反得早，造成的禍害小；不削他，他反得晚，將來的禍害更大。」孝景帝三年，冬天，楚王劉戊進京朝見，鼂錯遂對景帝說起去年在為薄太后辦喪事的期間，劉戊居然還在守喪的廬棚裡與人發生姦情，請趁此殺了他。景帝下令赦免了楚王戊的死罪，削減了楚國的東海郡作為處罰。此外兩年前因為趙王劉遂有罪，削去了他的河間郡；膠西王劉卬因為賣爵犯法，削去了他的六個縣。

2 當漢朝的大臣們剛開始商量削減吳國地盤的時候，吳王劉濞害怕以後這麼削減起來沒完沒了，於是就想借此機會發動叛亂。他把當時的諸侯想了一遍，覺得他們沒有一個能和自己共商大計，後來聽說膠西王劉卬勇猛好事，喜歡打仗，齊地的幾個其他諸侯都怕他，於是劉濞就派了中大夫應高去煽動膠西王。沒有書信，只是讓他口頭去傳達說：「我們的吳王沒出息，現在正面臨著隨時就會飛來大難的憂慮，對於您來說，我們不敢把自己當作外人，所以派我來把吳王對您的好感告訴您。」劉卬說：「吳王對我有什麼指教呢？」應高說：「現在皇上心存奸詐，又被壞人所矇騙，只喜歡那些枝節細微的好事，專門聽信讒言，他隨便變更國家舊有的法令，隨便侵奪諸侯們的地盤，他徵斂的東西越來越多，殺害好人的問題也越來越嚴重。俗話說：『舐破糠皮就要輪到米粒了。』吳國和膠西，都是知名的大國，一旦被朝廷查問，那就恐怕永遠不得安生了。吳王因為有病，已經二十多年沒有進京朝貢，他先前就已被朝廷猜疑，沒有辦法表白自己，現在即使小心謹慎一動也不動，也仍是怕不被放過。我們聽說您因為賣爵的事受到了處罰，同時我們還聽說其他遭到削地的諸侯罪過都沒有您這麼大，這恐怕不是光被削點地盤就算完事了的。」膠西王說：「對，可能是這樣。那你認為該怎麼辦呢？」應高說：「共同恨什麼的人應該相互援助，共同愛什麼的人應該相互留戀，感情相同就應該相互助成，想法一致就應該共同奔赴，利益相關就可以為對方捨命。現在吳王自以為他和您有著共同的憂患，希望和您一道趁著時機，沿著常理，豁出命去為天下除害，您考慮行嗎？」劉卬一聽嚇了一跳說：「我怎麼敢做這個呢！現在皇上逼得我再緊，最後無法我只不過是一死而已，我怎麼能不承認他是我的主子呢？」應高說：「御史大夫鼂錯迷惑了皇上，是他慫恿皇上侵奪諸侯們的土地，堵塞了忠良們的前進之路，現在朝廷裡的官員們也都非常恨他，諸侯們都產生了背叛朝廷的想法，從人的方面看來現在已經到了極點；再看天象，彗星已經出現，蝗災也多次發生，這可是萬世難逢的一個好時機。百姓們的憂愁勞苦，正是促成聖人起事的好引線。現在吳王想以鼂錯為名對朝廷發起討伐，跟著您的車子蕩平天下，一旦起事後，將必是打到哪裡哪裡投降，走到哪裡哪裡歸順，沒有誰敢不服從的。現在只要您答應他一句話，那麼吳王立刻就會率領著楚王去奪取函谷關，占領滎陽敖倉的糧食，擋住朝廷的軍隊不讓他東下。而後收拾好住處，等待著您的光臨。那時只要您肯去，那整個天下就都成了我們的，而後你們兩位把它來個分而治之，不是很好嗎？」劉卬說：「好。」於是應高回去報告了吳王，吳王還怕他變卦，又親自到膠西去和他當面訂好了聯盟。

3 膠西國的大臣們有人聽說劉卬參加了吳王的謀反，就勸劉卬說：「我們過去受一個皇帝的管轄，不是很好嗎？現在您和吳王聯兵西下，即使造反成功了，日後兩個人為了分地盤那矛盾也會沒完沒了。況且諸侯們的地盤合起來還不到漢朝郡縣的十分之二，這樣您造起反來讓您母親跟著擔憂，恐怕不是好辦法。」劉卬不聽，他又派人去聯合齊王劉將閭、菑川王劉賢、膠東王劉雄渠、濟南王劉辟光、濟北王劉志，這些人都答應了，而且說：「城陽景王劉章當年伸張正義，攻滅諸呂有大功，我們現在不要拉他參加，等事成之後分給他一塊土地就是了。」

4 諸侯們因為新近被朝廷削減了土地，一個個驚恐不安，心中怨恨鼂錯。等到削減吳國會稽、豫章郡的詔書一到，吳王就首先起兵造反了，與此同時膠西王也在正月丙午殺掉了漢朝派來膠西的二千石以下的官吏，接著膠東、菑川、濟南、楚國、趙國也都照此辦理，而後一起發兵西下。後來齊王劉將閭中途後悔了，背叛了原來的盟約。濟北王的國都城牆壞了沒有修好，他的郎中令把他劫持住，使得他不能發兵。於是膠西王劉卬成了首領，他領著膠東、菑川、濟南幾國的軍隊一同去圍攻齊國的臨淄。這時北方的趙王劉遂也宣布造反了，他暗中派人去和匈奴人進行聯絡。

5 當七國發動造反的時候，吳王劉濞要調動吳國一切可以調動的人，他向國內下令說：「我今年已經六十二了，我還親自領兵出征。我的小兒子今年只有十四歲，他也走在了隊伍的前面。現在上至我這個年齡，下至我小兒子的年齡，凡是在這中間的一律都要入伍。」於是全國發動了二十多萬人。接著他又派人到南邊的閩越、東越聯絡，東越也派兵跟著來了。

6 孝景帝三年正月的甲子日，吳國從廣陵起兵，渡過淮河，與楚國的軍隊會師。隨後派人給各國諸侯們送去一封信，說：「吳王劉濞恭敬地向膠西王、膠東王、菑川王、濟南王、趙王、楚王、淮南王、衡山王、廬江王，以及已故的長沙王的兒子問好：感謝你們對我多加指教！現在朝廷裡出了亂臣賊子，他自己對天下沒有功勞，而專門挑唆皇上侵奪諸侯們的領地，他派人彈劾關押審訊我們各國派往朝廷的使者，以侮辱我們各國諸侯為能事，他根本不按照對待一方之主的禮節來對待我們劉氏骨肉，他還拋棄先帝的功臣不用，而專門任用一批奸臣，他惑亂了天下人心，想要危害國家的政權。而皇上也因為體弱多病，神志昏昏，因而對鼂錯不能覺察，所以我要起兵討伐他。我願意聽從你們各位諸侯的教導。我們的吳國雖小，但也有三千里的地盤，我們的人口雖少，但也可以調出五十萬精兵。三十多年來我一直與南越交好，現在他們的君王都不推辭，都願意派兵隨我出戰，這樣就又可以得到三十萬人。我自己雖然沒有什麼出息，但我願意跟在你們諸位的後面。南越與長沙國相連，你們可以跟著長沙王子先平定長沙以北，而後西取蜀郡、漢中。請東越王、楚王和淮南三王，你們跟我一道率兵西下；請齊地的幾位大王和趙王一起北定河間、西攻河內，而後或者是破臨晉關入關中，或者是與我會師於洛陽；燕王、趙王本來就與匈奴有聯繫，燕王可以先奪取北部的代郡和雲中，而後領著匈奴人進蕭關，直撲長安。我們的目的是為了糾正天子的錯誤，使高祖的魂靈得到安寧。請諸位務必好自為之。楚元王的兒子、淮南的三個諸侯王有的都十多年沒心思洗頭洗澡，他們對朝廷恨入骨髓，早就想出一口氣了，我當時因為沒有得到你們諸位的同意，所以沒敢答應他們起兵。今天諸位如果能讓那些將要滅亡或已經滅亡的國家能夠保存、能夠恢復起來，能夠幫助弱小去討伐強暴，能夠讓劉氏家族得到安定，這對整個國家都有好處。我們吳國雖然窮，但我節衣縮食，積累金錢，修造兵甲，聚積糧食，夜以繼日地奮鬥三十多年了。我之所以這麼做，就是為了今天提供給大家用，請大家盡情使用。凡是能夠斬殺或俘獲敵人大將的，賞給黃金五千斤，封給他采邑萬戶；凡是斬殺或俘獲敵人列將的，賞給黃金三千斤，封給他采邑五千戶；殺死或俘獲裨將的，賞給二千斤，封給二千戶；殺死或俘獲二千石的，賞給一千斤，封給千戶；斬殺或俘獲千石的，賞給五百斤，封給五百戶；都一律封為列侯。凡是帶領軍隊或者獻出城邑投降的，帶來兵卒萬人或交出萬戶城邑的，其賞賜像俘獲敵人大將一樣；帶來五千人或交出五千戶城邑的，像俘獲列將一樣；帶來三千人或交出三千戶城邑的，像得到裨將一樣；帶來千人或交出千戶城邑的，像得到二千石一樣；如果俘獲了其他小吏也都按著等級高低接受不同的封爵和賞金。由於其他原因而應該受到封賞的也都比平常加一倍。至於那些本來自己就有爵位封邑的，那就在舊有的爵邑外另行賞賜，絕不混為一談。希望各位諸侯都把這些話明白地告訴你們手下的軍官和士兵，我絕不會欺騙他們。吳國的錢莊天下到處都有，用不著非得到吳國領取，你們諸位儘管日夜花用也用不完。哪裡有人該賞賜了請你們告訴我，我就親自前去領發。這些事情，在此恭敬地告訴你們。」

1 七國反書聞天子，天子乃遣太尉條侯周亞夫❶將三十六將軍❷，往擊吳、楚；遣曲周侯酈寄❸擊趙；將軍欒布❹擊齊❺；大將軍竇嬰❻屯滎陽❼，監齊、趙兵❽。

2 吳、楚反書聞，兵未發，竇嬰未行，言故吳相袁盎⑨。盎時家居⑩，詔召入見。上方與鼂錯調兵笇軍食⑪，上問袁盎曰：「君嘗為吳相，知吳臣田祿伯⑫為人乎？今吳、楚反，於公何如⑬？」對曰：「不足憂也，今破矣⑭。」上曰：「吳王即山鑄錢，煮海水為鹽，誘天下豪桀，白頭舉事⑮。若此⑯其計不百全，豈發乎？何以言其無能為也？」袁盎對曰：「吳有銅鹽利則有之，安得豪桀而誘之⑰！誠令吳得豪桀，亦且輔王為義，不反矣。吳所誘皆無賴子弟、亡命⑱鑄錢姦人，故相率以反⑲。」鼂錯曰：「袁盎策⑳之善。」上問曰：「計安出？」盎對曰：「願屏左右㉑。」上屏人，獨錯在。盎曰：「臣所言，人臣不得知也。」乃屏錯。錯趨避東廂㉒，恨甚。上卒問盎，盎對曰：「吳、楚相遺書曰㉓：『高帝王子弟各有分地，今賊臣鼂錯擅適過諸侯㉔，削奪之地㉕。』故以反為名，西共誅鼂錯，復故地而罷㉖。方今計獨斬鼂錯，發使赦吳、楚七國㉗，復其故削地㉘，則兵可無血刃而俱罷。」於是上嘿然㉙良久，曰：「顧誠何如㉚，吾不愛一人㉛以謝天下。」盎曰：「臣愚計無出此㉜，願上孰計㉝之。」乃拜盎為太常㉞，吳王弟子德侯㉟為宗正㊱。盎裝治行㊲。後十餘日，上使中尉㊳召錯，紿載行東市㊴，錯衣朝衣㊵斬東市。則遣袁盎奉宗廟㊶，宗正輔親戚㊷，使告吳如盎策。至吳，吳、楚兵已攻梁壁㊸矣。宗正以親故，先入見，諭吳王使拜受詔。吳王聞袁盎來，亦知其欲說㊹己，笑而應曰：「我已為東帝，尚何誰拜㊺？」不肯見盎而留之軍中，欲劫使將㊻。盎不肯，使人圍守，且㊼殺之。盎得夜出，步亡去，走梁軍，遂歸報㊽。

【章　旨】以上為第三段，寫景帝聽袁盎讒言殺鼂錯。

【注　釋】❶太尉條侯周亞夫　周亞夫，劉邦開國功臣絳侯周勃之子，文帝時封條侯，景帝時原為中尉，吳楚反，乃拜以為太尉。詳見〈絳侯周勃世家〉。條侯，封地條縣（今河北景縣西北）。❷將三十六將軍　據〈淮南衡山列傳〉淮南王有所謂「漢將一日過成皋者四十餘人」，似尚不止三十六人也。楊樹達曰：「今可考見者，下文酈寄、欒布外，尚有衛綰、直不疑、江都易王非，各見本傳；又有僕射鄧公，見〈鼂錯傳〉；又有潁陰侯灌何，見〈灌夫傳〉；彫昭見〈高惠功臣表〉，公孫昆邪見〈公孫賀傳〉，似皆在此三十六人中。」❸曲周侯酈寄　劉邦的開國功臣酈商之子，名寄，字況，襲其父封為侯。事跡見〈樊酈滕灌列傳〉。❹欒布　原為劉邦功臣彭越的部下，文帝時曾為燕相，景帝時以平定七國之亂功封俞侯。事跡見〈季布欒布列傳〉。❺擊齊　王先謙引錢大昕曰：「七國起兵，齊固未嘗反也，然濟南、菑川、膠東、膠西皆故齊地，《史》言『擊齊』，擊齊地之反者耳，故〈功臣表〉亦稱『布以將軍擊齊有功』。」❻大將軍竇嬰　景帝母竇太后之姪，以此次平七國之亂功封魏其侯。事跡見〈魏其武安侯列傳〉。大將軍，此時尚非固定官名，乃臨時授以重權，可統領、節制其他諸將之意。❼滎陽　漢縣名，縣治在今河南滎陽東北，秦漢時代為軍事要地。❽監齊趙兵　徐孚遠曰：「七國之反，竇嬰不著戰功，然隔絕齊趙，使其兵不得西嚮，則其力也。」按：徐氏說固然有理，然所謂「監齊趙兵」，非謂其「阻」齊趙兵也。其意應是節制、策應欒布、酈寄兩支討伐齊、趙的軍隊。監，節制；協調。❾言故吳相袁盎　向景帝推薦曾經給吳王劉濞任過丞相的袁盎。袁盎，文帝、景帝時期的一個圓滑且又險惡的官僚。事跡見〈袁盎鼂錯列傳〉。❿家居　在家賦閒。袁盎曾因接受吳王的饋贈，被鼂錯查辦，景帝赦以為庶人。⓫筭軍食　籌措軍用糧草。筭，同「算」。⓬田祿伯　吳國大將，事見下文。⓭於公何如　你看來情況會怎麼樣。⓮今破矣　馬上就要被打敗啦。今，即；即將。凌稚隆引董份曰：「欲殺錯，乃故大言以安帝。」⓯白頭舉事　老年造反。言其定是胸有成竹，老謀深算。據上文劉濞自言，其年已六十二歲。⓰若此　瀧川曰：「《漢書・鼂錯傳》刪『若』

字，『此』字屬下讀。」按：「若」、「此」二字，刪其一即可。⑰安得豪桀而誘之　哪有真正的「豪傑」能夠被它引誘去。⑱亡命　有說謂拋棄戶籍的逃亡者；有說謂犯罪而潛逃在外的人；也有說謂敢於行凶走險的人，即今之所謂「不要命」者。⑲相率以反　彼此響應倡和地造反。⑳策　分析；論斷。㉑屏左右　讓左右的人離開。屏，通「摒」。令其離開。㉒趨避東廂　趨，小步疾行，這是臣子在君父面前走路的一種特定姿勢。東廂，東側室。㉓相遺書曰　相互寫信說。㉔擅適過諸侯　隨隨便便地懲罰諸侯們。適過，通「謫過」。即打擊、懲罰。過，此處用如動詞。㉕削奪之地　侵削他們的領地。㉖復故地而罷　收回了原有的領地就罷兵。㉗赦吳楚七國　赦免他們「造反」的罪名。㉘復其故削地　瀧川曰：「《漢書·吳王濞》、〈鼂錯傳〉，『故』下無『削』字，此衍。」按：無「削」字語順。㉙嘿然　同「默然」。㉚顧誠何如　關鍵是效果究竟會怎麼樣。㉛不愛一人　不吝惜殺掉一個人。愛，吝惜；捨不得。㉜計無出此　沒有別的計策比這條更好了。㉝孰計　認真思考。孰，通「熟」。㉞太常　也叫奉常，九卿之一，掌管宗廟祭祀。㉟德侯　初受封者為劉濞之弟劉廣，封地德縣，此時為侯者乃劉廣之弟劉通。㊱宗正　九卿之一，掌管皇帝宗族的事務，由本族年高有德者任之。現在為討好劉濞，故迅即任劉通為宗正，並派其出使吳國。㊲盎裝治行　裝，收拾行裝。治行，做出發的準備。㊳中尉　主管京城治安的長官，這時任中尉的是衛綰，其人的性行見〈萬石張叔列傳〉。㊴紿載行東市　哄騙鼂錯上車，徑直把他拉到了長安城的東市場。紿，欺騙。㊵衣朝衣　按：史公突出「衣朝衣」三字，一方面惋惜鼂錯，一方面表現景帝與袁盎的狠心寡義。凌稚隆引余有丁曰：「漢殺錯，餌七國以求罷兵，卑已甚矣。盎欲快私仇，不顧國體，後說不售當誅，獲幸免者，帝失刑也。」㊶奉宗廟　師古曰：「奉宗廟之指意也。」意即代表朝廷。㊷宗正輔親戚　師古曰：「以親戚之義喻說也。」意即代表劉氏家族。王先謙曰：「謂既命袁盎奉宗廟威靈以往，復命德侯以親戚骨肉之誼輔助而告喻之。」㊸已攻梁壁　已經開始攻擊梁國的防線。壁，壁壘；防禦工事。梁國的都城睢陽（今河南商丘南）。吳楚聯軍從東南方的揚州、徐州一帶殺向長安，梁國是必經之地；而當時的梁孝王劉武，是漢景帝的同胞兄弟，與朝廷的血緣關係最近；而且又是在為保衛自己的領土而戰，所以梁孝王抵抗吳楚特別堅決。事情詳見〈梁孝王世家〉。㊹說　勸說。㊺尚何誰拜　意即「尚拜誰」。向誰行禮。「何」字詞費應削，《漢書》作「尚誰拜」，較此為順。㊻欲劫使將　欲劫持之，使其為吳楚統兵。㊼且　將。㊽盎得夜出四句　袁盎在其舊部屬的幫助下，步行逃出吳軍，經由梁軍返回朝廷的過程，詳見〈袁盎鼂錯列傳〉。

【語　譯】吳、楚等七國的造反宣言傳到了漢景帝那裡，漢景帝就派了太尉條侯周亞夫率領著三十六個將軍，前往迎擊吳、楚；派了曲周侯酈寄去討伐趙國；派了將軍欒布去討伐齊地諸國；派了大將軍竇嬰駐兵滎陽，負責策應節制討伐齊、趙的軍隊。

2 當吳、楚造反的消息傳到朝廷，朝廷派去鎮壓的軍隊還沒有出發的時候，這時竇嬰就向景帝推薦了曾在吳國任過丞相的袁盎。袁盎當時正在家裡閒著，景帝下令叫他進宮。袁盎進來的時候，景帝正跟鼂錯商量著調撥軍隊、計算糧草的事情。景帝問袁盎說：「你曾經做過吳國丞相，知道吳國田祿伯的為人嗎？現在吳、楚幾國造反了，你估計他們的來勢怎麼樣？」袁盎說：「用不著擔心，很快就可以打敗他們。」景帝說：「吳王就著他的銅山鑄錢，就海水煮鹽，招引了各地的英雄豪傑去投奔他，他自己也是老謀深算、胸有成竹。在這種情況下，他要是沒有必成的把握，能隨便起事嗎？怎麼能說他辦不成事呢？」袁盎回答說：「吳國能夠鑄錢、煮鹽這是事實，但他怎麼能夠把真正的英雄豪傑招引去呢！如果他那裡真有英雄豪傑，那他們也就該幫著吳王做正確的事，而不至於幫著他造反了。吳國所招引去的都是一些流氓無賴、一批改名換姓專造假錢的壞人，所以他們才能串連起來一道造反。」鼂錯說：「袁盎分析得不錯。」景帝問道：「你看我們應該怎麼辦呢？」袁盎說：「請您讓左右的人先退下去。」於是景帝就讓人退了下去，只剩下鼂錯一人還在身旁。袁盎說：「我要說的話，任何做臣子的都不能聽。」於是景帝又示意鼂錯也出去。鼂錯無法只好也趨避到了東廂內，心中惱恨袁盎。於是景帝又問袁盎，袁盎說：「吳、楚之間互相宣告的文書上說：『當初高祖分封劉姓子弟為王，各人都有一份封地，現在奸臣鼂錯擅自懲罰諸侯，隨便剝奪他們的領地。』他們的造反實際上只是為了討伐鼂錯，要回他們被削去的土地。現在我們只要殺掉了鼂錯，派人去赦免吳、楚七國造反的罪名，把剝奪他們的領地還給他們，用不著打仗流血他們就會自己回去了。」景帝默然不語想了半天，說：「關鍵在於這麼做究竟行不行。只要能行，我當然不會捨不得殺一個人來向天下表示歉意。」袁盎說：「我不怎麼聰明，但我認為沒有任何辦法能比這個更好了，希望您認真考慮。」於是皇帝立即任命袁盎為太常，任命吳王的子弟德侯為宗正。袁盎收拾行裝準備出使吳、楚。十多天後，景帝派中尉去叫鼂錯，中尉騙鼂錯上了車子一直把他拉到了東市。當時鼂錯還穿著一身上朝的衣服，糊裡糊塗地就被殺掉了。接著景帝就派袁盎代表著朝廷，派宗正代表著劉氏宗族，按著袁盎的策略去告慰吳王。他們到達吳軍時，吳、楚的軍隊已經向梁國的防線發動進攻了。宗正因為是吳王的近親，所以先進去見吳王，他向吳王講了皇上的意思，要他拜接皇上的詔書。這時吳王聽說袁盎也一道來了，知道他也是來說服自己的，於是就笑著回答說：「我現在已經做了東帝，我還要向誰跪拜？」說罷他根本不見袁盎而把他扣留在軍營中，想逼著他給自己做將領。袁盎不答應，吳王就派人把他拘禁起來並準備殺他。而袁盎則趁著夜色逃出了吳軍，徒步跑到了梁國的軍隊裡，然後回長安報告。

1 條侯將乘六乘傳❶，會兵❷滎陽。至雒陽❸，見劇孟❹，喜曰：「七國反，吾乘傳至此，不自意全❺。又以為諸侯已得劇孟，劇孟今無動❻。吾據滎陽，以東無足憂者❼。」至淮陽❽，問父絳侯故客❾鄧都尉❿曰：「策安出？」客曰：「吳兵銳甚，難與爭鋒⓫。楚兵輕⓬，不能久⓭。方今為將軍計，莫若引兵東北壁昌邑⓮，以梁委吳⓯，吳必盡銳攻之。將軍深溝高壘⓰，使輕兵絕淮、泗口⓱，塞吳饟道⓲。彼吳、梁相敝而糧食竭⓳，乃以全彊制其罷極⓴，破吳必矣。」條侯曰：「善。」從其策㉑，遂堅壁昌邑南，輕兵絕吳饟道㉒。

2 吳王之初發也，吳臣田祿伯為大將軍。田祿伯曰：「兵屯聚而西㉓，無佗奇道㉔，難以就功㉕。臣願得五萬人，別循江、淮而上㉖，收淮南、長沙，入武關㉗，與大王會[28]，此亦一奇也。」吳王太子諫曰：「王以反為名，此兵難以藉人[29]，藉人亦且反王[30]，柰何？且擅兵而別，多佗利害[31]，未可知也，徒自損[32]耳。」吳王即不許田祿伯。

3 吳少將[33]桓將軍[34]說王曰：「吳多步兵，步兵利險[35]；漢多車騎[36]，車騎利平地[37]。願大王所過城邑不下[38]，直弃去[39]，疾西據雒陽武庫[40]，食敖倉粟[41]，阻山河之險[42]以令諸侯，雖毋入關，天下固已定矣。即[43]大王徐行，留下城邑[44]，漢軍車騎至，馳入梁、楚之郊[45]，事敗矣。」吳王問諸老將，老將曰：「此少年推鋒之計[46]可耳，安知大慮[47]乎！」於是王不用桓將軍計。

4 吳王專并將其兵[48]，未度淮，諸賓客皆得為將、校尉、候、司馬[49]，獨周丘[50]不得用。周丘者，下邳[51]人，亡命吳，酤酒[52]無行[53]，吳王濞薄之，弗任。周丘上謁[54]，說王曰：「臣以無能，不得待罪行間[55]。臣非敢求有所將[56]，願得王一漢節[57]，必有以報王。」王乃予之。周丘得節，夜馳入下邳。下邳時聞吳反，皆城守。至傳舍[58]，召令[59]。令入戶，使從者以罪斬令。遂召昆弟所善豪吏[60]告曰：「吳反兵且至，至，屠下邳不過食頃[61]。今先下[62]，家室必完[63]，能者封侯[64]矣。」出乃相告，下邳皆下。周丘一夜得三萬人，使人報吳王，遂將其兵北略城邑[65]。比至城陽[66]，兵十餘萬，破城陽中尉[67]軍。聞吳王敗走，自度無與共成功[68]，即引兵歸下邳。未至[69]，疽發背死[70]。

5 二月中，吳王兵既破，敗走[71]，於是天子制詔將軍[72]曰：「蓋聞為善者，天報之以福；為非者，天報之以殃。高皇帝親表功德，建立諸侯，幽王、悼惠王絕無後[73]，孝文皇帝哀憐加惠，王幽王子遂、悼惠王子卬等[74]，令奉其先王宗廟，為漢藩國，德配天地，明並日月[75]。吳王濞倍[76]德反義，誘受天下亡命辠人，亂天下幣[77]，稱病不朝二十餘年，有司數請濞罪[78]，孝文皇帝寬之，欲其改行為善。今乃與楚王戊、趙王遂、膠西王卬、濟南王辟光、菑川王賢、膠東王雄渠約從[79]反，為逆無道，起兵以危宗廟，賊殺大臣及漢使者[80]，迫劫萬民[81]，夭殺[82]無罪，燒殘民家，掘其丘冢，甚為暴虐。今卬等又重逆[83]無道，燒宗廟[84]，鹵御物[85]，朕甚痛之。朕素服避正殿[86]，將軍其勸士大夫[87]擊反虜。擊反虜者，深入多殺為功，斬首捕虜比三百石[88]以上者皆殺之，無有所置[89]。敢有議詔[90]及不如詔[91]者，皆要斬[92]。」

6 初，吳王之度淮[93]，與楚王遂西敗棘壁[94]，乘勝前，銳甚。梁孝王恐，遣六將軍擊吳，又敗梁兩將，士卒皆還走梁[95]。梁數使使報條侯求救，條侯不許。又使使惡條侯於上[96]，上使人告條侯救梁，復守便宜不行[97]。梁使韓安國[98]及楚死事相[99]弟張羽為將軍，乃得頗敗吳兵[100]。吳兵欲西，梁城守[101]堅，不敢西，即走條侯軍[102]，會下邑[103]。欲戰，條侯壁[104]，不肯戰。吳糧絕，卒飢，數挑戰，遂夜犇條侯壁，驚東南。條侯使備西北，果從西北入。吳大敗，士卒多飢死，乃畔散[105]。於是吳王乃與其麾下[106]壯士數千人夜亡去，度江走丹徒[107]，保東越[108]。東越兵可萬餘人，乃使人收聚亡卒[109]。漢使人以利啗[110]東越，東越即紿吳王，吳王出勞軍，即使人鏦殺[111]吳王，盛其頭，馳傳以聞[112]。吳王子子華、子駒亡走閩越[113]。吳王之弃其軍亡也，軍遂潰，往往稍降[114]太尉、梁軍。楚王戊軍敗，自殺[115]。

7 三王之圍齊臨菑[116]也，三月不能下。漢兵[117]至，膠西、膠東、菑川王各引兵歸[118]。膠西王乃袒跣，席稾，飲水[119]，謝太后[120]。王太子德曰：「漢兵遠[121]，臣觀之已罷[122]，可襲[123]，願收大王餘兵擊之[124]，擊之不勝，乃逃入海，未晚也。」王曰：「吾士卒皆已壞，不可發用[125]。」弗聽。漢將弓高侯穨當[126]遺王書曰：「奉詔誅不義，降者赦其罪，復故[127]；不降者滅之。王何處[128]，須以從事[129]。」王肉袒叩頭漢軍壁，謁曰：「臣卬奉法不謹，驚駭百姓，乃苦將軍遠道至于窮國，敢請菹醢[130]之罪。」弓高侯執金鼓見之[131]，曰：「王苦軍事[132]，願聞王發兵狀[133]。」王頓首膝行，對曰：「今者，鼂錯天子用事[134]臣，變更高皇帝法令，侵奪諸侯地。卬等以為不義[135]，恐其敗亂天下，七國發兵，且以誅錯[136]。今聞錯已誅，卬等謹以罷兵歸。」將軍曰：「王苟[137]以錯不善，何不以聞[138]？乃未有詔虎符[139]，擅發兵擊義國[140]。以此觀之，意非欲誅錯也。」乃出詔書為王讀之[141]。讀之訖[142]，曰：「王其自圖。」王曰：「如卬等死有餘罪。」遂自殺。太后、太子皆死。膠東、菑川、濟南王皆死，國除，納于漢[143]。酈將軍[144]圍趙十月而下之[145]，趙王自殺[146]。濟北王以劫故[147]，得不誅[148]，徙王菑川[149]。

8 初，吳王首反，并將楚兵，連齊[150]、趙。正月起兵，三月皆破，獨趙後下[151]。復置元王少子平陸侯禮[152]為楚王，續元王後[153]。徙汝南王非[154]王吳故地，為江都王[155]。

【章旨】以上為第四段，寫吳楚七國的叛亂被周亞夫等討平。

【注釋】❶乘六乘傳　乘坐著六匹馬拉的傳車。傳，即驛車。另一說為連同隨員在內一共只有六輛傳車，以言其輕裝。還有一說為中途六次更換傳車。此取第一說，而第三說不合情理。《史記》中言及「六乘傳」者，除此文外，還有〈呂太后本紀〉之說漢文帝；而〈司馬相如列傳〉說司馬相如出使西南夷是乘「四乘之傳」；《漢書・武五子傳》說昌邑王劉賀入承大統是乘「七乘傳」。「六乘」、「七乘」之馬多，既取快速，又表示乘車人之地位、權勢。❷會兵　與從各方調來的大軍相會。❸雒陽　古都名，在今河南洛陽東北，當時的滎陽之西。❹劇孟　當時威望很高的大俠客。事跡見〈游俠列傳〉。❺不自意全　想不到竟能安然至此。師古曰：「言不自意得安全至雒陽也。」按：據《漢書．周亞夫傳》，亞夫由長安出發時，趙涉曾建議周亞夫南出武關，繞路至洛陽，以避免函谷關、崤山一帶有人行刺。亞夫從其計，抵達洛陽後，果從函谷關、崤山一帶搜得刺客。據此，則《正義》之所謂「不自意洛陽得全」者，不可取。❻劇孟今無動　劇孟至今竟未被叛亂者所網羅、招致。按：〈游俠列傳〉寫周亞夫見到劇孟後，喜曰：「吳楚舉大事而不求孟，吾知其無能為已矣。天下騷動，宰相得之若得一敵國云。」《通鑑考異》曰：「孟一游俠之士耳，亞夫得之，何足為輕重？蓋其徒欲為孟重名，妄撰此言，不足信也。」瀧川曰：「劇孟夙雄於鄉曲，亞夫喜其不為諸侯所得，是假以鼓舞士氣耳。所以重劇孟，即所以輕諸侯，亦英雄籠絡之術。」按：主要是由於司馬遷喜愛游俠，故兩處重複言之如此。❼吾據滎陽二句　我一旦控制滎陽後，東方地區就沒有什麼可擔憂的了。❽淮陽　漢郡名，郡治陳縣（今河南淮陽），亦古代兵家必爭之地。❾絳侯故客　絳侯周勃當年的老賓客。❿鄧都尉　史失其名。都尉，中級武官名，與「校尉」大致相當。此時在淮陽郡任都尉，協助郡守管理武事。⓫難與爭鋒　不能與它當面硬拚。⓬輕　輕浮好動，不能持重。⓭不能久　不能堅持長久。⓮壁昌邑　在昌邑修築工事堅守。壁，營壘，這裡用如動詞。昌邑，漢縣名，縣治在今山東金鄉西北，在當時梁國都城睢陽的東北方。⓯以梁委吳　把梁扔給吳國，讓吳國去打。按：「以梁委吳」原是景帝與周亞夫的預定方針，〈絳侯周勃世家〉稱周亞夫出發前自請於上曰：「楚兵剽輕，難與爭鋒；願以梁委之，絕其糧道，乃可制。」上許之。借著吳人的手以削弱梁國，亦朝廷之樂事。⓰深溝高壘　正面堅守不戰。⓱絕淮泗口　在淮水與泗水的匯流處，斬斷吳國前方與後方的連絡。淮泗口，在今江蘇洪澤西。⓲塞吳饟道　斷絕吳國的糧食供應線。塞，堵塞；斷絕。⓳吳梁相敝而糧食竭　讓吳國在與梁國的奮戰中消耗得差不多了，糧食也已用盡的時候。相敝，互相削弱。⓴乃以全彊制其罷極　那時再用你強大完好的兵團來收拾他們那支疲憊到極點的軍隊。罷，通「疲」。㉑從其策　趙翼曰：「據本傳，以梁委吳之計，亞夫至雒陽後遇鄧都尉始定也。而〈周勃世家〉則謂『亞夫初受命，即請於上曰：「楚兵剽輕，難與爭鋒；願以梁委之，絕其食道，乃可制也。」上許之。』是此策亞夫未出長安早定於胸中，不待至雒問鄧都尉矣。按，『吳楚盡銳攻梁，梁求救亞夫，亞夫不往。梁上書言天子，天子詔亞夫往救，亞夫仍守便宜。』自非先奏帝，其敢抗詔旨乎？則以梁委吳之計，當是亞夫早定，而本傳所云問計於鄧都尉者，不免岐互也。」㉒輕兵絕吳饟道　輕兵，靈活快速的突襲部隊。瀧川曰：「韓王信子弓高侯頽當也。」按：〈絳侯周勃世家〉云：「太尉堅壁不出，而使輕騎兵弓高侯等絕吳楚兵後食道。」弓高侯韓穨當，事詳後注。㉓屯聚而西　匯聚一起，向西推進。㉔無佗奇道　沒有別的出人意料的謀略。㉕就功　成功。㉖別循江淮而上　沿著長江、淮河逆流西上。㉗武關　在今陝西丹鳳東南，是河南南部進入陝西的交通要道。㉘與大王會　意謂吳王濞經洛陽入函谷關，田祿伯經河南、湖北交界入武關，兩路會師於長安。凌稚隆引王維楨曰：「田祿伯雖逆謀，然計卻為上策。」㉙此兵難以藉人　意即不能交給別人統領。藉，假；交給。㉚藉人亦且反王　你如把兵權交給別人，則別人也將用此兵來反你。㉛擅兵而別二句　握有兵權的大將一旦分兵而出，其危險甚多。擅兵，專兵；掌握兵權。別，調分兵；派將率兵別出。多佗利害，意即害處很多。利害，這裡是偏義複詞，即指害。㉜徒自損　白白地削弱自己。㉝吳少將　吳國的一員少將。按：〈樊酈滕灌列傳〉中又有「小將」，大約「少將」略高於「小將」，「小將」又高於「裨將」耳。㉞桓將軍　姓桓，史失其名。㉟利險　有利於在崎嶇險要之地作戰。㊱車騎　車兵與騎兵。㊲利平地　有利於在廣闊的平原上周回馳騁。㊳不下　指一時攻不下來。㊴直弃去　指放棄不管，徑直率兵西進。㊵西據雒陽武庫　意思是一旦占據這個兵器倉庫，我們的裝備將立刻精良起來，而朝廷一方則將聞風喪氣。㊶食敖倉粟　一旦占領敖倉，從此將糧草不乏。㊷阻山河之險　憑藉著有利的山川形勢。阻，憑藉；依託。㊸即　如果。㊹留下城邑　停下來攻打城池。㊺馳入梁楚之郊　占據梁楚之間，即今河南省東部、安徽省北部、江蘇省西北部與山東省西部一帶的軍事要地。郊，要衝。劉辰翁曰：「少將名言，天下大計也。一傳三奇，田祿伯奇，周丘奇，然皆不能及此。」㊻少年推鋒之計　猶今之所謂「敢打敢衝」、「勇往直前」。㊼大慮　深遠的謀略。㊽吳王專并將其兵　語言不順，意即所有將士全歸吳王一人直接統領，與前田祿伯的建議完全相反。楊樹達曰：「傳記田祿伯及此二事，言吳王不能用人謀以致敗也。」㊾將校尉候司馬　皆古代軍官名。當時一個將軍麾下設五個部，各部的長官曰校尉；校尉屬下又分若干曲，曲的長官曰軍候。各部又有司馬，主管軍中司法。㊿周丘　姓周，名丘。(51)下邳　漢縣名，縣治在今江蘇邳縣西南，當時屬於東海郡。(52)酤酒　賣酒。〈司馬相如列傳〉「買一酒舍酤酒，而令文君當鑪」，與此意同。(53)無行　沒有好的名聲。(54)上謁　遞進名帖請求接見。謁，作動詞用，拜見；求見。作名詞用，即類似今之名片。(55)不得待罪行間　意即沒有被你任以軍職。待罪，任職的客氣說法。(56)非敢求有所將　不敢說讓你撥給我多少人馬。(57)願得王一漢節　只求把朝廷當年發給您的節信給我一個。漢節，朝廷發給使者外出辦事的憑證，使者憑此可以對有關部門下令，甚至可以調兵。(58)傳舍　猶如今之賓館、招待所。(59)召令　傳下邳縣令來見。(60)昆弟所善豪吏　其在家弟兄所友好的縣中的大吏。昆弟，兄弟。(61)屠下邳不過食頃　殺光下邳人用不了吃一頓飯的工夫。(62)先下　帶頭投降吳國。(63)家室必完　家族必能完好無傷。(64)能者封侯　有本事的還能封侯。(65)北略城邑　向北攻城掠地。略，開拓。帶兵巡行而招之使降。(66)比至城陽　等周丘到達城陽。比，及；當。城陽，原是齊國的一個郡，文帝二年（西元前一七八年）割城陽郡以封齊王劉襄之弟朱虛侯劉章為城陽王，國都即今山東莒縣。現時在位的城陽王為劉章之子劉喜。城陽國的都城在下邳東北，距下邳不遠。(67)城陽中尉　城陽國的中尉，主管其國都的治安。(68)無與共成功　沒有人可以呼應合作，共成大事。(69)未至　還沒有到達下邳。(70)疽發背死　疽，也稱「癰」。一種惡瘡，生於頸部、背部者有生命危險。按：史公寫吳王濞，未見其能；寫田祿伯、桓將軍，漸入佳境；至寫周丘，乃全付感情。惟所事非人，故僅如曇花之一現，「疽發背死」，誠可惜也。(71)吳王兵既破二句　吳王濞被周亞夫打敗的過程，見〈絳侯周勃世家〉。其文謂：吳方攻梁時，「太尉引兵東北走昌邑，深壁而守」；當梁國請救，景帝使太尉救梁時，「太尉不奉詔，堅壁不出，而使輕騎兵弓高侯等絕吳楚兵後食道」；當吳兵乏糧，急於求戰，攻擊太尉營壁的東南角時，「太尉使備西北，已而其精兵果奔西北」；當吳兵攻太尉營不得入，因飢餓而退去時，「太尉出精兵追擊，大破之」。(72)制詔將軍　即給以周亞夫為首的諸將下令。「制」、「詔」都是稱皇帝的命令，這裡用如動詞。(73)幽王悼惠王絕無後　劉邦之子趙幽王劉友被呂后害死後，封爵遂被取消，事在呂后六年（西元前一八二年）；劉邦的庶子齊悼惠王劉肥，傳至三世齊文王劉則時，死後無子國除，事在文帝十五年（西元前一六五年）。(74)王幽王子遂悼惠王子卬等　據〈漢興以來諸侯王年表〉，文帝二年，將劉友的兒子劉遂續封為趙王。十六年（西元前一六四年）文帝又封立劉肥的其他六個兒子劉卬為膠西王、劉雄渠為膠東王、劉辟光為濟南王、劉賢為菑川王、劉志為濟北王、劉將閭為齊王。(75)德配天地二句　二句的主語是孝文帝。明並日月，意即與日月的光輝相同。(76)倍　通「背」。(77)亂天下幣　《集解》引如淳曰：「以私錢淆亂天下錢也。」(78)數請濞罪　多次請求治劉濞之罪。(79)約從　結盟；聯合。從，通「縱」。(80)賊殺大臣及漢使者　即前文所謂「誅漢吏二千石以下」等是也。賊殺，意即殺害。賊，殺；害。(81)迫劫萬民　脅迫萬民與之共同作亂。(82)夭殺　意即殺害。夭，早折，這裡用如動詞。(83)重逆　加倍地為逆。(84)燒宗廟　王先謙引沈欽韓曰：「此孝文廟在郡國者也。」按：〈孝文本紀〉中有令天下各郡國皆立孝文廟的規定。(85)鹵御物　鹵，通「虜」。抄掠。師古曰：「御物，宗廟之服器也。」(86)素服避正殿　帝王以此表示其憂心國事，並與出征將士同甘苦。(87)其勸士大夫　請勉勵全體將士。其，表示祈請、希望。勸，勉勵。(88)比三百石　官階名，不到三百石，而近於三百石者。較「三百石」低一級。小縣的縣長秩三百石。(89)無有所置　一個也不要放過。《正義》曰：「置，放釋也。」(90)議詔　對詔書有異議、有議論。(91)不如詔　不按詔書辦事。(92)皆要斬　要，通「腰」。按：景帝此詔可謂殘虐無道之極者，「戰勝者」的士兵本來就容易燒殺搶掠，難以節制，今乃更命令其務以「深入多殺為功」，又有「敢有議詔及不如詔者，皆要斬」，其肆意殺戮之情景豈不令人髮指？鮑照寫〈蕪城賦〉，狀廣陵屠城後之慘狀，此蓋其第一次也；而宋孝武帝為討伐竟陵王誕，對廣陵百姓所進行的二次屠殺，實可與漢景帝前後「輝映」。(93)度淮　謂渡淮水而西來。(94)西敗棘壁　王先謙曰：「『敗』當作『破』，字之誤也。〈楚元王世家〉正作『攻梁，破棘壁』。」棘壁，城邑名，在今河南永城西北，當時屬梁。〈梁孝王世家〉云：「吳楚先擊梁棘壁，殺數萬人。」95皆還走梁　都逃回睢陽。走，逃跑。96惡條侯於上　向景帝告狀，說條侯見死不救。惡，說人壞話。97守便宜不行　即將在外君命有所不受，可以按有利情況辦事之義。按：此處是景帝在與周亞夫合演雙簧，目的是借吳楚之手以削弱梁國。98韓安國　字長孺，原梁人，後入朝為官。事跡詳見〈韓長孺列傳〉。99楚死事相　即張尚。據〈楚元王世家〉：「戊與吳王合謀反，其相張尚、太傅趙夷吾諫，不聽。戊則殺尚、夷吾。」100頗敗吳兵　意即稍稍打了一些勝仗。頗，略有，表示不多。101城守　據城而守。102即走條侯軍　轉頭北攻周亞夫的軍隊，主語是「吳兵」。103下邑　漢縣名，縣治即今安徽碭山，在睢陽城東，昌邑之東南，當時屬梁。104條侯壁　周亞夫堅守壁壘，不出戰。105畔散　叛變；逃散。畔，通「叛」。按：據〈絳侯周勃世家〉，時周亞夫乃壁於昌邑，吳之初攻東南，周亞夫使備西北者，皆昌邑事也，隻字未及「下邑」；而本文則前曰「遂堅壁昌邑南」，後又曰「會下邑」，並書吳軍先攻東南，周亞夫乃備西北者，乃「下邑」事也，兩篇殊失連絡。《通鑑》大體依本文，似謂周亞夫先曾堅壁於昌邑，後移兵而南，與吳軍會於下邑，但又堅壁不戰。致有吳攻東南，亞夫備西北之事也。106麾下　部下。麾，大將的指揮旗。107丹徒　漢縣名，縣治在今江蘇鎮江東南，當時跟從吳王反漢的東越王駐兵於此。108保東越　《正義》曰：「東越將兵從吳，在丹徒也。」保，往依；投靠。109乃使人收聚亡卒　此句的主語為吳王濞。110以利啗　以利益引誘。啗，吃，這裡是使動用法。111鏦殺　以矛刺死。鏦，短矛。112馳傳以聞　乘傳車飛快地上報皇帝。113子華子駒亡走閩越　此二子為報東越殺其父之仇，後曾鼓動閩越伐東越。事見〈東越列傳〉。114稍降　逐漸投降。稍，漸。115楚王戊軍敗二句　按：今徐州市區之東南部有獅子山楚王陵，據考證即楚王劉戊之墓，這是一座最後未完成的地下宮殿，是近些年發掘的最重要的漢代諸侯墓之一，比河北滿城漢墓、長沙馬王堆漢墓、廣州象崗山漢墓規模都要大得多。116三王之圍齊臨菑　因齊孝王中途改變主意不參加造反，故膠西、膠東、菑川三國共圍而迫之。梁玉繩曰：「圍齊是四國，此缺濟南。」楊樹達曰：「上文云『膠西、膠東與濟南、菑川共圍臨菑』，是『四國』也，此云『三國』，疑古『四』字誤作『三』也。」117漢兵　漢將欒布所率領的軍隊。118各引兵歸　梁玉繩曰：「齊圍之解，漢擊破之，非自引兵歸也。」119袒跣三句　都是古人認罪、請罪的一種情態。袒跣，光著膀子光著腳。席藁，坐在草席上。藁，植物的秸稈，這裡指用秸稈所編的席。120謝太后　向其母請罪。121漢兵遠　瀧川曰：「楓、三本『遠』下有『來』字，當依補。」按：有「來」字語意明暢。122已罷　已經疲憊。罷，通「疲」。123可襲　可乘其不備而擊之。124願收大王餘兵擊之　請讓我收合您的殘部再予以痛擊之。125不可發用　無法再徵調、使用。發，徵調；動員。126弓高侯穨當　劉邦功臣韓王信之子，韓王信叛漢投匈奴後，穨當生於匈奴。文帝時，穨當率部歸漢，被封為弓高侯。事見〈韓信盧綰列傳〉。127復故　復其故位、故職。128王何處　你究竟打算怎麼辦。何處，何以自處。[129]須以從事　我要等著你的回答來確定我的行動。胡三省曰：「言膠西王於降與不降之間，欲何以自處，吾待以行事。」須，待；等候。鄧以瓚曰：「敘戰陣中問答，絕似左氏。」[130]菹醢　剁成肉醬。陳子龍曰：「王不用太子策，冀得謝罪不誅也。」[131]執金鼓見之　對戰敗求和者作出的姿態，意即不允許討價還價，隨時可擂鼓進兵。《國語・越語下》寫吳國向越國求和，「范蠡乃左提鼓，右援枹以應使者曰：『君王已委制於執事之人矣，子往矣，無使執事之人得罪於子！』」[132]王苦軍事　你這一陣子忙於軍事，辛苦了。諷刺語。[133]願聞王發兵狀　想聽聽你的造反過程。[134]用事　主事；掌權。[135]不義　不宜；辦事不當。[136]且以誅錯　就是為了討伐鼂錯。[137]苟　果；如果真是。[138]何不以聞　為何不上書對皇帝講。[139]乃未有詔虎符　「乃」原作「及」，王念孫曰：「『及』當作『乃』，言王何不以聞，而乃擅發兵也。」今據改。未有詔虎符，意謂沒有皇帝的詔書、也沒有調兵的虎符。楊樹達曰：「〈文帝紀〉『與郡守為銅虎符』，然有銅虎符者實不止郡守，此文積當責卬未有虎符而擅發兵，知諸侯王明有虎符也。吳大澂《恆軒吉金錄》載『泗水王虎符』尤足為證。」[140]義國　王先謙曰：「謂齊國，言守義不從反也。」[141]乃出詔書為王讀之　即令其務以「深入多殺為功」云云也。[142]訖　完畢；結束。[143]國除二句　封國的建制被取消，其領地收歸朝廷。[144]酈將軍　酈寄。[145]圍趙十月而下之　梁玉繩曰：「『十月』乃『三月』之誤。」楊樹達曰：「『十月』當作『七月』，形近誤也。〈高五王傳〉云：『趙王城守邯鄲，相距七月。』〈酈商傳〉云：『寄圍趙城，七月不能下。』并其證。」[146]趙王自殺　〈楚元王世家〉曰：趙王遂反，「漢使曲周侯酈寄擊之。趙王遂還，城守邯鄲，相距七月。……欒布自破齊還，乃并兵引水灌趙城。趙城壞，趙王自殺。」[147]以劫故　指被其郎中令所劫持，沒有反成。[148]得不誅　楊樹達曰：「王志初欲自殺，公孫玃為說於梁孝王，孝王聞之於朝，故得不誅，詳見〈鄒陽傳〉。」[149]徙王菑川　改封為菑川王。菑川國的都城劇縣（今山東昌樂西北）。[150]齊　此「齊」指齊地的膠西、膠東、濟南、菑川四叛國，非指齊國。[151]獨趙後下　史公意謂其他六國皆在三個月內被削平，唯獨趙國堅持的時間最長，不在三個月之內。故本文稱「圍趙十月」，〈楚元王世家〉稱「相距七月」也。《漢書》則改曰：「吳王首反，并將楚兵，連齊趙，正月起，三月皆破滅。」此梁玉繩所以謂「十月」、「七月」皆當作「三月」之據也。[152]平陸侯禮　劉禮，曾在朝廷任宗正。見〈楚元王世家〉。[153]續元王後　劉禮是元王少子，本來無資格襲其父位，但因其兄劉戊因叛亂自殺，而朝廷又不想絕楚元王之國，故特命劉禮為其父之繼承人，襲其父位為楚王。據〈楚元王世家〉，景帝當時也不想滅掉吳國，想以劉濞之姪劉通為吳王，結果景帝之母竇太后堅決反對，故僅延續了楚國。[154]汝南王非　劉非，景帝之子，景帝二年（西元前一五五年）被封為汝南王。事見〈五宗世家〉。[155]為江都王　廢去吳國之名，改建江都國，國都仍為廣陵（今揚州西北）。江都，漢縣名，縣治在廣陵城之西南方。

【語　譯】這時條侯周亞夫正坐著六匹馬拉的快速驛車，奔向滎陽前線與諸軍會合。中途經過洛陽的時候，他見到了劇孟，周亞夫高興地說：「七國聯合造反，我居然還能坐著一輛驛車到達這裡，安全無事。我還以為那伙子造反的傢伙們早就把劇孟請了去了，沒想到劇孟今天還在這裡。如今我們已經占據了滎陽，那滎陽以東的形勢也就用不著擔憂了。」周亞夫到達淮陽後，向他父親絳侯周勃的老賓客鄧都尉討教說：「您看我們該怎麼辦？」鄧都尉說：「現在吳軍的來勢很猛，不能和他們正面硬碰。而楚兵比較浮躁，看樣子不能堅持長久。現在為你設想，不如先引兵往東北去堅守昌邑，把梁國扔給吳軍打。吳軍一定會盡全部力量攻打梁國的，而你在昌邑深溝高壘，堅守不出，暗中派輕騎兵去占領淮河、泗水的交匯處，以切斷吳國運輸糧食的通道。等到吳國和梁國相互消耗，糧食斷絕時，然後你再出動強大完好的兵力去打他那疲憊不堪的軍隊，這樣打敗吳軍就是必然的了。」周亞夫說：「好。」於是就按著鄧都尉的辦法，把軍隊駐紮在昌邑縣南堅守不出，而派輕騎兵去切斷了吳軍運輸糧食的通道。

2 吳王剛出兵的時候，任命田祿伯為大將軍。田祿伯對吳王說：「如果我們單是把軍隊集中起來向西推進，而沒有其他出人意料的辦法，那是很難成功的。我請求帶著五萬人，另外沿著長江、淮河西上，去收服淮南、長沙兩國而後西入武關，去關中跟您會師，這才是一條出人意料的路線。」而吳王的太子攔阻他的父親說：「您現在是造反，造反的兵是不能交給別人管的，您要是交給別人，別人也起來反您，那您怎麼辦呢？而且讓他領著一支人馬單獨行動，這也很容易出問題，勝敗不得而知，白白地削弱自己。」吳王一聽，就否定了田祿伯的要求。

3 這時吳國的一員小將桓將軍又來勸吳王說：「我們的軍隊是以步兵居多，而步兵有利於在崎嶇險要之地作戰；漢廷的軍隊車馬居多，而車馬則利於平地馳騁。希望大王凡遇到不好打的城鎮就乾脆甩下不打，而火速前去搶占洛陽的武庫和奪取敖倉的糧食，到那時您憑藉著太行山與黃河的險要形勢來號令天下，即使一時入不了關，而整個的天下大勢也就基本底定了。如果您行動遲緩，老是停下來攻打城池，等到朝廷的車騎兵一到，一馳騁在梁國、楚國的要衝，那我們的這次行動就要完蛋了。」吳王徵求老將們的意見，老將們都說：

「這是年輕人急躁冒進的做法，他們哪會作長遠考慮！」於是吳王也沒聽桓將軍的意見。

4 吳王把所有的軍隊都集中在一起由自己領著，還沒有渡過淮河，他手下的那些賓客們都當上了將軍、校尉、候、司馬等職務，只有周丘沒有得到任用。周丘是下邳人，由於犯罪逃到了吳國，此人以賣酒為業，沒有道德，因此吳王濞瞧不起，不任用他。而周丘卻主動地找上門來對吳王說：「我由於沒有本事，所以不能在您的軍隊裡做事。現在我也沒想請求您讓我帶什麼兵，我只希望您給我一個漢廷的符節，我一定能給您辦一件事。」於是吳王就給了他。周丘帶著這個符節，連夜趕到了自己的老家下邳。當時下邳聽說吳王造反了，正在派兵守城。周丘住進了旅館後，立即派人請縣令來見。縣令剛一進旅店大門，周丘立刻就讓隨從宣布罪狀殺死了縣令。於是把和他兄弟關係不錯的豪吏們叫來對他們說：「吳國造反的軍隊馬上就到，吳兵一旦到達，他們要想殺光下邳人那是用不了一頓飯的工夫的。你們要是能夠及早歸順，你們的全家老小就能保全，能耐大的人還可以封侯。」結果這些人出去一說，下邳很快地就全部投降了。周丘一夜之間就招降了三萬人，他派人回去向吳王報告，同時他又領著下邳的軍隊向北攻擊。等他攻到城陽國的時候，他手下的軍隊就已經發展到十多萬人了，接著他又打敗了城陽中尉的軍隊。可是這時吳王失敗的消息已經傳來，他琢磨著已經沒有人再跟自己一道共成大事，於是就帶著軍隊回了下邳。還沒有到家，他就因為背上的毒瘡突然發作死去了。

5 二月中旬，吳王的軍隊已經被打敗，四散而走，這時漢景帝就給周亞夫等將領下詔說：「俗話說做好事的人，上天給他降福；做壞事的人，上天讓他受罪。高皇帝當時為了表彰有功有德的人，而分封了許多諸侯。後來趙幽王、齊悼惠王由於嫡系斷絕，按理封國本該取消，但孝文皇帝可憐他們，格外開恩，因而封幽王的庶子劉遂、悼惠王的庶子劉卬等人為王，讓他們祀奉自己先人的宗廟，作為朝廷的藩國，孝文皇帝的這種仁德簡直可以和天地相比，這種英明簡直可以和日月並存了。可是吳王劉濞卻背逆了道德和仁義，招誘各地的逃亡者，私鑄錢幣混亂天下，前後二十多年裝病不進京朝見，大臣們早就多次地請求治他的罪，而孝文皇帝一再寬恕他，目的是讓他自己改惡從善。結果他今天反而跟楚王劉戊、趙王劉遂、膠西王劉卬、濟南王劉辟光、菑川王劉賢、膠東王劉雄渠聯合造反，幹出了大逆不道的勾當。他們公然出兵來危害宗廟社稷，殺害了朝廷的大臣和朝廷的使者，裹脅了許多良民百姓，殺害了許多無罪的人，燒燬民房，挖人墳墓，簡直殘虐到了極點。而劉卬等人尤其大逆不道，他們竟燒毀宗廟，搶奪宗廟裡的東西，這是使我最為痛恨的。我現在身穿素服避居偏殿，希望將軍你督勵全軍將士英勇討伐叛逆。在與叛逆們的戰鬥中誰能窮追猛打多殺敵人誰就有功，凡是捉到『比三百石』以上的叛官通通殺掉，一個不留。誰敢反對或者是不執行這個詔令，一律腰斬。」

6 戰爭剛開始時吳王率軍渡過了淮水，與楚王劉戊一起西下攻破了棘壁，接著乘勝前進，氣勢很猛。梁孝王很害怕，他派了六個將軍率兵東上迎擊吳軍，結果有兩個將軍很快地就被吳軍打敗了，許多士兵逃回了睢陽。梁王多次派人去昌邑向條侯周亞夫請求救援，周亞夫置之不理。梁王無法只好又派人去向漢景帝告周亞夫的狀，漢景帝派人去告訴周亞夫讓他出兵援救梁國，周亞夫仍然是占著有利地形按兵不動。後來梁王任命了韓安國和被楚王劉戊所殺的楚國丞相張尚的弟弟張羽為將軍，才開始在對吳、楚作戰中取得了一些勝利。吳兵想要西下，但由於梁國堅守著城池，吳兵不敢越城西進，於是就移兵北上向周亞夫殺來，雙方相會於下邑。吳王出兵挑戰，周亞夫仍是堅守壁壘，不與之交鋒。後來吳軍的糧草斷絕，士兵開始餓肚子了，於是就更急於向周亞夫挑戰。一天夜裡他們向周亞夫的壁壘發起了進攻，開始他們攻擊的是東南角，而周亞夫卻下令讓自己的軍隊注意防備西北角，結果不一會兒吳軍的大隊果然從西北上攻來。由於漢軍有備，吳軍頓遭慘敗。許多士兵都餓死了，剩下的也紛紛潰散遁逃。吳王見此情景只好帶著他手下的親兵幾千人連夜逃去，他們渡過長江前往丹徒，去投靠了東越。當時東越的軍隊差不多有一萬來人，接著吳王又派人去收拾他那些逃散的軍隊，把他們招到東越來。這時朝廷派人收買東越王，東越王被朝廷收買後就欺騙吳王，讓吳王出來慰勞軍隊，結果被東越王趁機派人刺死了，隨後把吳王的人頭裝起來，派人乘著驛車飛快地送到了長安。吳王的兒子子華、子駒逃到了閩越。當吳王拋開自己的軍隊逃跑後，吳國軍隊也就隨即潰散了，不少人都相繼投降了周亞夫和梁國的軍隊。楚王劉戊在他的軍隊被打敗後，也隨即自殺了。

7 當三國圍攻齊國臨淄的時候，一直攻了三個月也沒能攻下來。這時朝廷的大兵到了，膠西王、膠東王、菑川王各自領著自己的軍隊撤回了本國。膠西王光著膀子赤著腳，坐在草席上，光喝水不吃飯，向他的母親認罪。他的兒子劉德說：「朝廷的軍隊經過千里跋涉來到這裡，我看他們已經很疲憊了，我們可以突然襲擊他們，爭取勝利。請讓我帶著您剩下的軍隊襲擊他們，如果打不贏，我們就逃到海上去，反正怎麼著也來得及。」膠西王說：「我們的軍隊都已經垮了，不可能再調來打仗了。」於是就沒聽他兒子的話。這時朝廷的將領弓高侯韓積當給膠西王送來一封信說：「我奉皇帝的命令來討伐壞人，凡是投降的一律免罪，還享受他原來的爵位；凡是不投降的就全部消滅之。你準備何去何從，請即早回答，我要根據你的意向採取行動。」膠西王一聽，趕緊赤著上身到了韓積當的軍營叩頭請罪，他說：「我過去沒有認真地遵守法紀，使百姓們受了驚嚇，而且還害得您大老遠地往我們這個窮國跑一趟，現在我請您把我剁成肉醬。」韓積當列好軍隊手執金鼓見他說道：「你發動這場戰爭可多受累了，我想聽聽你發兵的理由。」膠西王叩頭向前爬著說：「就因為鼂錯在朝廷裡當政，他隨便改變高皇帝的規定，侵奪諸侯們的地盤。我們認為他的做法是不對的，怕他把整個天下搞壞，我們七國所以聯合發兵，目的就是為了殺鼂錯。現在聽說鼂錯已經被殺了，我們幾個國家情願收兵休戰。」韓積當說：「如果你們只是認為鼂錯不好，為什麼不去對皇上說？竟然沒有皇上的命令和兵符，你們就敢擅自發兵去圍攻齊國，可見你們的目的根本不是只為了殺鼂錯。」說罷拿出皇帝的詔書讀給膠西王聽。讀罷，對膠西王說：「請你自己看著辦吧。」膠西王說：「我們的確是死有餘辜。」說罷自殺而死。他的母親和他的兒子也都一起自殺。膠東王、菑川王、濟南王也都先後自殺，這三個國家的封號一齊廢除，領土收回朝廷。酈寄率軍圍攻趙國，攻了十個月才攻下來，趙王劉遂自殺。濟北王由於被他的郎中令劫持未能造反，所以獲得赦免，只是把他改封到了菑川。

8 這次造反，是吳王劉濞首先帶頭，他一起領著吳國和楚國的軍隊，又聯合了齊國和趙國。結果正月起兵，到三月他們就全都被打敗了，只剩下趙國是最後被攻破的。叛亂平定後，朝廷又立了楚元王的小兒子平陸侯劉禮為楚王，以繼承楚元王之後。改封汝南王劉非到吳國原來的地方，另起國號為江都。

太史公曰：吳王之王，由父省❶也。能薄賦斂，使其眾，以擅山海利❷。逆亂之萌，自其子興❸。爭技發難❹，卒亡其本❺；親越謀宗❻，竟以夷隕❼。鼂錯為國遠慮，禍反近身❽。袁盎權說❾，初寵後辱❿。故古者諸侯地不過百里，山海不以封⓫。「毋親夷狄，以疏其屬⓬」，蓋謂吳邪⓭？「毋為權首，反受其咎⓮」，豈盎、錯邪？

【章旨】以上為第五段，是作者的論贊，作者對吳國的興滅與袁盎、鼂錯的結局發表了議論。

【注釋】❶由父省　省，削減。《集解》曰：「言濞之王吳，由父代王被省封郃陽侯。」按：《史》文過略，表意不清。大意為由於其父劉仲丟失了代國，劉濞不能續封為代王；後來劉濞又在破黥布中有功，所以才封在了吳國。❷以擅山海利　就因為他占有著鑄錢與煮鹽的收入。擅，專；獨占。❸自其子興　起於兒子的被殺。❹爭技發難　由於博弈上的小事而導致造反。《索隱》曰：「謂與太子爭博為『爭技』也。」❺卒亡其本　最後喪失了國家。❻親越謀宗　勾結少數民族，圖謀顛覆自己的宗主。❼夷隕　即滅亡。夷，平。隕，落。❽鼂錯為國遠慮二句　按：史公在這裡終於肯定了鼂錯的削藩是「為國遠慮」，較之〈袁盎鼂錯列傳〉片面地說鼂錯「擅權，多所變更。諸侯發難，不急匡救，欲報私讎，反以亡軀。語曰：『變古亂常，不死則亡。』豈錯等謂邪」，要準確、全面得多了。❾權說　狡詐、詭辯的辭令。❿初寵後辱　開始受景帝寵信，致使鼂錯被殺；後來吳國不但不退兵，反而連其自身也遭吳國囚禁，而且差點被殺，事實證明其說辭是荒謬、卑鄙的。⓫地不過百里二句　瀧川引《禮記・王制》云：「公侯田方百里，伯七十里，子男五十里。」又云：「名山大澤不以封。」不以封，即不把名山大澤封給諸侯。梁玉繩引《學史》曰：「〈王制〉言：『名山大澤不以封，不可為井田以業民也。』太史公懲吳之富強逆亂，謂先王山澤不封者以是故，豈其然哉？齊之封實負東海，魯之封實環太山，山澤之名且大者孰加於是？而齊魯卒為望國，抑何異也！」⓬毋親夷狄二句　不要親信其他民族，而疏遠自己的親屬。古人常用此話以指勾結外族以在國內陰謀政變者，如本文之吳王濞、趙王遂，以及西周末之申侯、春秋時之王子帶等是也。⓭蓋謂吳邪　說的就是吳國這種情況吧。

⑭毋為權首二句　語出《逸周書》。意思是不要當帶頭的變革者，誰帶頭誰倒楣。權首，變革的首領。咎，罪；災難。〈袁盎鼂錯列傳〉有所謂「變古亂常，不死則亡」，意思與此類似，都是引用道家思想以反對法家的銳意改革。

【語　譯】太史公說：劉濞之所以能被封王，是由於他父親劉仲被貶去了王爵。劉濞在吳國能減輕百姓們的賦稅，能得到士民們的擁戴支持，而且還能獨享著富饒的銅山和海鹽的利益。劉濞的反心，是從他的兒子被殺引起的。為爭一盤棋的輸贏而輾轉導致了後來的叛亂，最後把一個封國徹底送掉了。而且他還勾結越國來打自己的宗族，最後落了個徹底滅亡。鼂錯能夠為國家作長遠考慮，這是很好的，結果卻招致了一場大禍害了自己。袁盎玩弄權術，巧語如簧，開頭受到寵用，後來也落了個狼狽逃竄，差點兒被吳人所殺。古時候封諸侯最大的也不能超過方圓百里，而其中的名山大川還仍歸朝廷管轄。俗話說：「不要親信外族，而疏遠自己的骨肉。」這些話大概就是指著劉濞這種人說的吧！俗話還說：「不要帶頭給人家出什麼主意，弄不好自己反而要倒楣。」這大概就是指袁盎、鼂錯這種人說的吧！

【研　析】〈吳王濞列傳〉的思想意義主要有如下幾點：

一、作品對七國之亂造成的原因有具體深刻的分析。首先，吳王濞與漢景帝的矛盾是由來已久的，而肇事一方則是漢景帝。漢景帝在為太子時因與吳國太子下棋發生口角，竟引棋盤將吳國太子打死而自己不帶任何歉意，其自幼的驕橫可想而知。因為當時是文帝在位，吳王濞雖然表現了強烈不滿，但尚未採取過激行動。令人遺憾的是文帝竟然也未對此賠禮道歉以及對行凶者有何懲治的跡象，這難道是小問題嗎？再加上漢初消滅異姓王後，對劉氏同姓諸侯過於縱容，使他們在政治、經濟方面所掌握的權力都過多、過大，以致形成尾大不掉，這是賈誼早在好多年前就對文帝「痛哭」過的問題，而漢文帝一直未採取有效措施。

二、司馬遷對朝廷平定這種叛亂是贊成的，對周亞夫等所採取的正確方略也非常欣賞；但同時司馬遷對朝廷方面，也有許多隱微的諷刺，如寫鼂錯、袁盎身為朝廷大臣，在這國家危亡的時刻不是通力合作，而是勾心鬥角，借刀殺人，雙方都令人討厭，事情可參見〈袁盎鼂錯列傳〉；又如作為平叛一方，漢景帝與梁孝王本應該是唇齒相依的，但由於他們兄弟之間也存在著尖銳矛盾，所以漢景帝與周亞夫預先密謀好的就是要在鎮壓七國之亂的過程中同時極力削弱梁國，要達到一石擊二鳥的目的。在對叛軍作戰的意圖上，周亞夫分明是在與漢景帝演雙簧，坐視梁國被攻而不救；但看起來又很像是出之客觀形勢的需要，真是天衣無縫。

三、在對於叛亂者的剿殺上，突出的表現了漢景帝的陰冷與殘酷。他給諸將交代的方針是要以「深入多殺為功」，由此可以看出統治集團在他們個人利益受到侵害時，內部的火拚是多麼劇烈。幾百年後的宋孝武帝劉駿又對廣陵發動了一次性質完全相同的血腥屠戮，也就是將吳國都城的人通通殺光，鮑照的〈蕪城賦〉對此感慨深矣。

四、吳王濞作為一個悲劇性質較強的反面人物，被表現得有聲有色，他勇猛豪邁，但又胸無謀略，且剛愎自用，不善用人。作品全文載入了吳王濞的「告天下書」，表明了他有的是錢，他以為憑著這個就能收買人心，誘惑人們為他勇敢作戰；而對其部下幾個有謀略的將領如田祿伯、桓將軍，以及賓客周丘等全然不聽不用。作品於此曾專門描寫了一段周丘的作為：周丘獨身一人持節入下邳，一夜之間組織起三萬人。接著「將其兵北略城邑。比至城陽，兵十餘萬，破城陽中尉軍」，這是何等的軍事天才！可惜吳王濞朽木不可雕，他的大軍被周亞夫一擊即潰。周丘「聞吳王敗走，自度無與共成功，即引兵歸下邳。未至，疽發背死」。在司馬遷看來，朝廷一方勝利得如此容易，不到三個月就徹底結束了，真是僥倖得很。但若吳王濞能稍稍聽取一點其謀士們的意見，其形勢就遠遠不會這樣，就會讓漢朝統治者吃盡苦頭了。

卷一百七

魏其武安侯列傳第四十七

【題　解】作品通過魏其侯竇嬰與武安侯田蚡間的矛盾鬥爭，揭露了漢代統治集團內部互相傾軋、互相殘殺的黑暗現實。由於這場貴族之間的互相傾軋是與宮廷內皇帝與太后的奪權鬥爭緊密相連的，所以這篇作品就具有了更深刻、更典型的意義。竇嬰為人正直，忠於王室，有戰功，不貪財，能進士；灌夫性倔強，尚俠義，欺強而不凌弱，在強權面前不低頭，這是作者讚賞同情的。但他們同時又有貴族豪強平庸驕橫的劣根性。田蚡是勢利小人，倚靠裙帶關係平步青雲，專權跋扈，作威作福，貪婪驕奢，仗勢害人，氣焰之盛，甚至使得漢武帝都再難以忍受了。田蚡及其靠山王太后是作者極力鞭撻的對象。作品在表現漢景帝與竇太后，王太后與竇太后，漢武帝與王太后之間的權力之爭時，用筆雖然含蓄，而情事還是極為明晰的。又因為當時這場權勢之爭是在尊儒與反尊儒的口號下進行的，所以這篇文章又是研究漢武帝「罷黜百家，獨尊儒術」這樁歷史公案內幕的絕好文字，可惜歷來研究思想史的專家多對此文注意不夠，都對漢武帝「尊儒」過程中的流血政變隻字不提，豈其然哉！

1 魏其侯❶竇嬰者，孝文后❷從兄❸子也。父世觀津人❹。喜賓客❺。孝文時❻，嬰為吳相❼，病免。孝景初即位❽，為詹事❾。

2 梁孝王⑩者，孝景弟也，其母竇太后愛之。梁孝王朝⑪，因昆弟燕飲⑫。是時上未立太子，酒酣⑬，從容⑭言曰：「千秋之後⑮傳梁王⑯。」太后驩⑰。竇嬰引卮酒進上⑱，曰：「天下者，高祖天下，父子相傳，此漢之約也，上何以得擅傳梁王⑲！」太后由此憎竇嬰。竇嬰亦薄其官，因病免⑳。太后除竇嬰門籍㉑，不得入朝請㉒。

3 孝景三年㉓，吳、楚反㉔，上察宗室諸竇㉕毋如竇嬰賢㉖，乃召嬰。嬰入見，固辭謝病不足任。太后亦慚。於是上曰：「天下方有急，王孫㉗寧可以讓邪㉘？」乃拜嬰為大將軍㉙，賜金千斤㉚。嬰乃言袁盎㉛、欒布㉜諸名將、賢士在家者進之。所賜金，陳之廊廡㉝下，軍吏過，輒㉞令財取為用㉟，金無入家者。竇嬰守滎陽㊱，監齊、趙兵㊲。七國兵已盡破㊳，封嬰為魏其侯。諸游士賓客爭歸魏其侯。孝景時，每朝議大事，條侯㊴、魏其侯，諸列侯莫敢與亢禮㊵。

4 孝景四年㊶，立栗太子㊷，使魏其侯為太子傅㊸。孝景七年㊹，栗太子廢㊺，魏其數爭㊻不能得㊼。魏其謝病，屏居㊽藍田南山㊾之下數月，諸賓客辯士說之，莫能來㊿。梁人高遂(51)乃說魏其曰：「能富貴將軍者，上也；能親將軍者，太后也。今將軍傅太子，太子廢而不能爭。爭不能得，又弗能死。自引謝病(52)，擁趙女[53]，屏閒處[54]而不朝。相提而論[55]，是自明揚主上之過[56]。有如兩宮[57]螫[58]將軍，則妻子毋類[59]矣。」魏其侯然之，乃遂起，朝請如故[60]。

桃侯[61]免相，竇太后數言魏其侯[62]。孝景帝曰：「太后豈以為臣有愛[63]，不相魏其？魏其者，沾沾自喜[64]耳，多易[65]。難以為相持重。」遂不用，用建陵侯衛綰[66]為丞相。

【章　旨】以上為第一段，寫竇嬰在景帝時期的經歷。

【注　釋】❶魏其侯　日後竇嬰有功時的封號，封地為魏其縣。魏其，漢縣名，縣治在今山東臨沂東南。❷孝文后　孝文帝的皇后，姓竇，其經歷見〈外戚世家〉。❸從兄　堂兄，史失其名。❹父世觀津人　其父輩以上世代住在觀津。世，世世代代。《索隱》曰：「以言其累葉在觀津，故云『父世』也。」觀津，漢縣名，縣治在今河北武邑縣東南。《正義》曰：「觀津城在武邑縣東南二十五里。」❺喜賓客　主語為魏其侯。竇氏家族乃自竇女為皇后起，始成為貴族，以前貧困至無以為生，無由「喜賓客」也。竇氏以前之貧困情狀，見〈外戚世家〉。❻孝文時　孝文帝在位時（西元前一七九－前一五七年）。孝文帝，名恆，劉邦之子，薄后所生。事跡詳見〈孝文本紀〉。❼為吳相　為吳王劉濞之相。劉濞是劉邦兄劉仲之子，高祖十二年（西元前一九五年），被劉邦封為吳王，都廣陵（今江蘇揚州）。事跡詳見〈吳王濞列傳〉。按：當時的諸侯相秩（官階）二千石，與郡守同級，位在郡守之上。❽孝景初即位　景帝即位之初。景帝即位在西元前一五七年，其前元元年為西元前一五六年。孝景帝名啟，文帝之子，竇太后所生。事跡詳見〈孝景本紀〉。❾詹事　官名，主管皇后、太子宮中的事務，秩中（滿）二千石。❿梁孝王　名武，景帝之胞弟，同為竇太后所生。文帝二年（西元前一七八年），劉武被封為代王；文帝四年（西元前一七六年），劉武被徙為淮陽王；文帝十二年（西元前一六八年），劉武被徙為梁王，都睢陽（今河南商丘南）。⓫梁孝王朝　據〈漢興以來諸侯王年表〉，景帝之二年（西元前一五五年）、三年（西元前一五四年），梁孝王皆曾入朝。⓬昆弟燕飲　以親兄弟的身分一起宴樂。師古《漢書注》曰：「序家人昆弟之親，不為君臣禮也。」昆弟，兄弟。昆，兄。燕飲，比較隨便、不講嚴格禮數的宴樂。燕，安也。⑬酒酣　正喝得興頭兒上來，以言此時的說話未必經心。⑭從容　隨便；不在意。⑮千秋之後　婉言身後、死後。⑯傳梁王　傳帝位於梁王。⑰驩　通「歡」。高興。⑱引卮酒進上　意指景帝說了不應說的話，應該受罰。胡三省《通鑑注》曰：「引酒進之，蓋罰爵（酒杯）也。」⑲上何以得擅傳梁王　倪思《班馬異同》曰：「嬰不顧竇太后，引誼別微，真忠臣也。」⑳因病免　推託有病，辭官不幹了。㉑除竇嬰門籍　除，註銷。門籍，胡三省曰：「出入宮殿門之籍也。」即宮門守衛處所持有的允許出入宮門的花名冊。㉒入朝請　即進宮拜見皇帝。古時諸侯春朝天子曰「朝」，秋朝天子曰「請」。此處即指朝見。㉓孝景三年　西元前一五四年。㉔吳楚反　事在景帝三年正月。事情的起因是由於景帝採納御史大夫鼂錯的意見削減了諸侯王的封地，於是吳王劉濞、楚王劉戊、膠西王劉卬、膠東王劉雄渠、菑川王劉賢、濟南王劉辟光、趙王劉遂等就以請誅鼂錯以清君側為名，發動了對漢朝中央的叛亂，史稱吳、楚七國之亂。詳情見〈吳王濞列傳〉、〈袁盎鼂錯列傳〉。㉕宗室諸竇　師古曰：「宗室，帝之同姓親也；諸竇，總謂帝外家也。以吳楚之難，故欲用內外之親為將也。」《索隱》引姚氏按：「〈酷吏傳〉：『周陽由，其父趙兼以淮南王舅侯周陽，故因改氏。由以宗室任為郎。』則似是與國有親戚屬籍者，亦得呼為『宗室』也。」沈欽韓曰：「下文云『灌夫得竇嬰通列侯宗室為名高』，則『宗室』單指竇氏明矣。」王先謙曰：「下文『舉謫諸竇宗室無節行者，除其屬籍』；又『俱外家』，《史記》作『俱宗室外家』，此竇氏宗屬稱『宗室』明證。此文『宗室』在『諸竇』之上，自是帝之同姓親，當以顏說為正。」㉖毋如竇嬰賢　楊樹達曰：「〈鼂錯傳〉，錯請謫削諸侯，公卿列侯宗室莫敢難，獨嬰爭之。當此禍發，景帝賢嬰，殆由於此。蓋時帝已有悔用錯之意，亦即殺錯之見端。錯愚不知，袁盎則已窺見帝隱而進其讒矣。不然，盎於淮南厲王之驕，固亦嘗主削謫諸侯之議矣，今則自違前議，忽獻計誅錯，不憚以反復見詰者，正非無故也。」㉗王孫　《集解》引《漢書》曰：「竇嬰，字王孫。」㉘寧可以讓邪　難道還能再推辭嗎。寧，豈；難道。邪，通「耶」。㉙大將軍　此時尚非固定的官號，只是表明其地位在諸將之上。景帝平定七國之亂的最高統帥乃周亞夫，時為太尉，可知也。至武帝時衛青之為「大將軍」始成為固定官名，其實權乃在丞相之上矣。㉚斤　漢時以黃金一斤稱「一金」，「一金」抵銅錢一萬枚。㉛袁盎　字絲，事見〈袁盎鼂錯列傳〉。此人奸詐險佞，難以稱為「賢士」。據〈盎傳〉，盎與嬰素相善，盎時又夜見嬰，為言吳所以反，願至上前對狀，故嬰薦之。鼂錯蓋即因此被景帝所殺。事見〈袁盎鼂錯列傳〉。㉜欒布　梁人，曾為彭越部下。彭越被呂后所殺，欒布前往哭屍不顧。後參與平七國之亂，以功封俞侯。事見〈季布欒布列傳〉。㉝廊廡　師古曰：「廊，堂下周屋也。廡，門屋也。」王先謙以為「廊」即今所謂走廊、遊廊，「廡」為廊下之屋。㉞輒就；隨即。㉟財取為用　需用多少自己取多少。財，通「裁」。裁度。凌稚隆引張之象曰：「竇嬰能言諸名將賢士在家者進之，有公叔文子遺意焉；且所賜金輒與軍吏，又能廣君上之惠，其賢可知也。」㊱滎陽　漢縣名，縣治在今河南滎陽東北，歷來為軍事重鎮。㊲監齊趙兵　監督節制討伐齊、趙兩地的諸路兵馬。王先謙引錢大昕曰：「時欒布擊齊，酈寄擊趙，滎陽在南北之衝，東捍吳楚，北距齊趙。吳楚之兵，有周亞夫自將，非嬰所監；若齊趙，雖各遣將，而嬰為大將軍，得遙制之。」㊳七國兵已盡破　吳楚七國於景帝三年之正月造反，前後經歷三個月，至三月被討平。㊴條侯　周亞夫，劉邦功臣周勃之子，文帝時即善治兵，為河內太守。周勃之長子周勝之因犯罪自殺，文帝封周亞夫為條侯（封地條縣），續周勃後。吳楚七國亂起，景帝任周亞夫為太尉，是削平亂軍的最高統帥。事跡詳見〈絳侯周勃世家〉。㊵莫敢與亢禮　師古曰：「言特敬此二人也。」亢禮，行對等之禮。亢，通「抗」。對等。凌稚隆曰：「此突然插入條侯，借客形主之法。」㊶孝景四年　西元前一五三年。㊷立栗太子　立劉榮為太子，事在景帝四年四月。劉榮為栗姬所生，因其後來被廢，故此以其母之姓相稱。㊸太子傅　官名，即太子太傅，主管對太子的教育、訓導諸事宜。㊹孝景七年　西元前一五○年。㊺栗太子廢　據〈外戚世家〉，景帝姐長公主劉嫖求栗姬娶自己之女為太子妃，栗姬不答應。長公主轉與劉徹之母王夫人勾結，二人合力進讒，傾倒栗姬，王氏得立為皇后，王氏子劉徹遂為太子，乃娶長公主之女為妃。栗姬憂憤而死，劉榮先被廢為臨江王，不久又被殺害。詳情見〈外戚世家〉、《漢書・武五子傳》。㊻數爭　多次勸阻景帝不要廢太子劉榮。凌稚隆引屠隆曰：「魏其諫傳梁王，爭廢太子，乃忠臣立朝大節。」㊼不能得　不能說服漢景帝。楊樹達曰：「栗太子廢為臨江王，有罪對簿，欲得刀筆，郅都弗與，嬰使人間與之，見〈都傳〉。」按：臨江王被誣下獄，欲上書對簿而不得。事見〈酷吏列傳〉。㊽屏居　摒除人事而閒居。即隱居。屏，同「摒」。㊾藍田南山　即藍田山，當時長安郊區的遊覽勝地。藍田，漢縣名，縣治在今陝西藍田西。藍田山在今藍田縣東南。王先謙曰：「〈李廣傳〉亦云『廣屏居藍田南山中射獵』，蓋藍田南山在當日為朝貴屏居游樂之所。」㊿莫能來　莫能使其來朝供職。(51)高遂　事跡不詳，《史記》中僅此一見。(52)自引謝病　自己推說有病。引，尋找理由。謝，稱說。(53)擁趙女　懷抱能歌善舞的美女。早自春秋、戰國以來，趙國即以出歌舞女子聞名，如〈貨殖列傳〉稱趙、中山「多美物，為倡優，女子則鼓鳴瑟，跕屣，游媚貴富，入後宮，徧諸侯」，漢樂府有所謂「堂上置樽酒，坐使邯鄲倡」等等皆是也。(54)屏閒處　摒人不見而在家閒居。師古曰：「閒處，猶言私處也。」(55)相提而論　相比而言。指「太子廢而不能爭；爭不能得，又弗能死」，與「自引謝病，擁趙女，屏閒處而不朝」二事。(56)自明揚主上之過　《漢書》作「只加懟自明，揚主之過」，意即自己表白自己沒有過錯，而有意地暴露皇上的過失。(57)兩宮　指皇帝與太后。當時皇帝居未央宮，太后居長樂宮。(58)螫　蜂蠍之以毒針刺人。此處即指發怒、加害。(59)毋類　絕種；被殺光。(60)乃遂起二句　凌稚隆引王維楨曰：「去就若此，誠為『多易』。」(61)桃侯　劉舍，劉邦功臣劉襄之子，襲其父爵為侯，封地桃縣。劉襄原姓項，被劉邦賜姓劉，事見〈項羽本紀〉。據〈孝景本紀〉，劉舍於景帝中元三年（西元前一四七年）以御史大夫接替周亞夫為丞相；景帝後元元年（西元前一四三年）七月，因日蝕，劉舍被免相。按：漢人講天人感應，認為日蝕是上天示災變以警人君，故人君常用免大臣職以解之。62數言魏其侯　多次建議以竇嬰充任丞相。63愛　吝嗇；捨不得。64沾沾自喜　王先謙曰：「猶言詡詡自得也。」郭嵩燾曰：「大抵言其器局之小而已。」沾沾、詡詡，皆得意自滿貌。65多易　輕率；不穩重。易，輕。王先謙曰：「嬰為爭太子事謝病數月，復起，出處輕率，帝故知其多易，難以持重。」66衛綰　文、景時期的庸俗官僚，平定吳楚七國之亂中有軍功，後被封為建陵侯，封地建陵縣（今江蘇新沂南）。事跡見〈萬石張叔列傳〉。衛綰以御史大夫接替劉舍為丞相，在景帝後元元年八月。司馬遷說他「醇謹無他」、「自初官以至丞相，終無可言」。

【語　譯】魏其侯竇嬰，是孝文帝竇皇后堂兄的兒子。從他的父親以上，世世代代都住在觀津。竇嬰喜歡結交賓客。孝文帝在位時，竇嬰做過吳國丞相，後來因為生病辭官。孝景帝剛即位時，竇嬰又被任命為詹事。

2 梁孝王是孝景皇帝的同胞兄弟，他的母親竇太后非常偏愛他。有一次梁孝王進京朝貢時，和孝景帝一起以兄弟的身分舉行家宴，這時皇上還沒有立太子，當大家喝酒喝得非常暢快時，孝景帝順口隨便說道：「等我死了之後我把帝位傳給梁王。」竇太后聽了心裡非常高興。這時竇嬰立刻端起一杯酒上前對景帝說：「漢朝的天下是高祖打下來的，我們漢朝的規矩是父子依次相傳，您怎麼能夠隨便改變章程傳給梁王呢！」竇太后一聽很不高興，從此心裡嫉恨竇嬰。竇嬰也正嫌自己的官小，賭氣推說有病辭職不幹了，而竇太后也更乾脆趁著機會吊銷了竇嬰出入宮廷的通行證，不讓他再進宮朝見皇帝。

3 孝景帝三年，吳、楚等國發動了叛亂，皇上觀察當時劉氏本族和竇氏外戚中的子弟們沒有一個能像竇嬰那麼能幹的，於是就把竇嬰找了來。竇嬰進了宮，推說有病，說自己實在沒有能力擔此重任。竇太后這時對自己過去的做法也感到很慚愧。皇上對竇嬰說：「國家眼下正處在緊急關頭，王孫你難道還能再推辭嗎？」於是就任命竇嬰為大將軍，賜給他黃金千斤。竇嬰受命後，隨即又向孝景皇帝推薦了袁盎、欒布等一些在家閒居的將領和賢士。竇嬰回來後把皇上賞給他的黃金全數都擺在軍部議事廳下的走廊裡，讓自己手下的軍官們根據自己的需要隨便拿著用，他自己一點也不拿回家裡。後來竇嬰東出駐守滎陽，監督策應前往齊國、趙國討伐叛亂的漢朝軍隊。七國叛亂平定後，竇嬰被封為魏其侯。當時有許多遊說之士和賓客們都爭先恐後地來投奔他。在當時朝廷裡有什麼聚會要商議國家大事的時候，周亞夫和竇嬰的地位最高，其他列侯們誰也不能跟他們兩個分庭抗禮。

4 孝景帝四年，立栗姬生的兒子劉榮為太子，任命竇嬰為太子的師傅。孝景帝七年，太子劉榮被廢，竇嬰為此多次力爭均未能挽回。於是竇嬰遂推說有病辭職不幹了，他隱居在藍田縣的南山下一住就是幾個月，他門下的那些賓朋說客們百般勸說，他就是不出來。這時一個名叫高遂的梁國人便對竇嬰說：「能夠讓您富貴的是皇上，和您關係最近的是太后。您給太子做師傅，太子被廢時您不能勸阻。勸阻不成時，您又不能自殺。到頭來您只是推說有病整天摟著美女，躲在家裡不去上朝。把您這幹什麼和不幹什麼一對比，不是分明顯出您對皇上的不滿嗎？有朝一日要是皇上和太后合起來對付您，那時您恐怕就要被滿門抄斬了。」竇嬰一聽有理，於是立刻由山裡出來又照常去上朝了。

5 桃侯劉舍被免去丞相後，竇太后一連幾次地談到讓竇嬰為丞相。孝景帝說：「您難道以為我是有什麼吝惜，才不讓竇嬰當丞相嗎？不是的，竇嬰這個人，容易自滿驕傲，舉動輕率，無法適任丞相擔當國家重任。」於是就沒有任用竇嬰，而任用了建陵侯衛綰。

1 武安侯❶田蚡者，孝景后同母弟❷也，生長陵❸。魏其已為大將軍後，方盛，蚡為諸郎❹，未貴，往來侍酒魏其，跪起如子姓❺。及孝景晚節❻，蚡益貴幸❼，為太中大夫❽。蚡辯有口❾，學槃盂諸書❿，王太后⓫賢之。孝景崩，即日太子立⓬，稱制⓭，所鎮撫多有田蚡賓客計筴⓮。蚡弟田勝⓯，皆以太后弟，孝景後三年⓰，封蚡為武安侯，勝為周陽侯[17]。

2 武安侯新欲用事為相[18]，卑下賓客[19]，進名士家居者貴之，欲以傾魏其諸將相[20]。建元元年[21]，丞相綰病免[22]，上議置丞相、太尉。籍福[23]說武安侯曰：「魏其貴久矣，天下士素歸之。今將軍[24]初興，未如魏其，即[25]上以將軍為丞相，必讓魏其。魏其為丞相，將軍必為太尉。太尉、丞相尊等耳[26]，又有讓賢名。」武安侯乃微言太后風上[27]，於是乃以魏其侯為丞相，武安侯為太尉。籍福賀魏其侯，因弔曰[28]：「君侯資性[29]喜善疾惡[30]，方今善人譽君侯，故至丞相；然君侯且[31]疾惡，惡人眾，亦且毀君侯[32]。君侯能兼容[33]，則幸久[34]；不能，今以毀去矣[35]。」魏其不聽。

3 魏其、武安俱好儒術，推轂[36]趙綰為御史大夫，王臧為郎中令[37]。迎魯申公[38]，欲設明堂[39]，令列侯就國[40]，除關[41]，以禮為服制[42]，以興太平。舉適[43]諸竇宗室[44]毋節行者，除其屬籍[45]。時諸外家為列侯，列侯多尚公主[46]，皆不欲就國[47]，以故毀日至竇太后[48]。太后好黃、老之言[49]，而魏其、武安、趙綰、王臧等務隆推[50]儒術，貶道家言，是以竇太后滋不說[51]魏其等。及建元二年[52]，御史大夫趙綰請無奏事東宮[53]。竇太后大怒，乃罷逐趙綰、王臧等，而免丞相、太尉[54]，以柏至侯許昌[55]為丞相，武彊侯莊青翟[56]為御史大夫。魏其、武安由此以侯家居。

4 武安侯雖不任職，以王太后故，親幸，數言事多效[57]，天下吏士趨勢利者，皆去魏其歸武安[58]。武安日益橫[59]。建元六年[60]，竇太后崩，丞相昌、御史大夫青翟坐喪事不辦，免[61]。以武安侯蚡為丞相[62]，以大司農韓安國[63]為御史大夫。天下士郡諸侯愈益附武安[64]。

5 武安者，貌侵[65]，生貴甚[66]。又以為諸侯王多長[67]，上初即位，富於春秋[68]，蚡以肺腑[69]為京師相[70]，非痛折節以禮詘之，天下不肅[71]。當是時，丞相入奏事，坐語[72]移日[73]，所言皆聽。薦人或起家至二千石[74]，權移主上[75]。上乃曰：「君除吏[76]已盡未？吾亦欲除吏。」嘗請考工地[77]益宅[78]，上怒曰：「君何不遂取武庫[79]！」是後乃退[80]。嘗召客飲，坐其兄蓋侯南鄉[81]，自坐東鄉，以為漢相尊，不可以兄故私橈[82]。武安由此滋驕，治宅甲諸第[83]。田園極膏腴[84]，而市買[85]郡縣器物相屬於道[86]。前堂羅鍾鼓，立曲旃[87]；後房婦女以百數。諸侯奉[88]金玉狗馬玩好，不可勝數。

6 魏其失竇太后，益疏不用，無勢，諸客稍稍自引[89]而怠傲，唯灌將軍獨不失故[90]。魏其日默默不得志，而獨厚遇[91]灌將軍。

【章　旨】以上為第二段，寫田蚡因裙帶關係而飛黃騰達，以及竇嬰失勢冷落的情況。

【注　釋】❶武安侯　田蚡的封號。武安，漢縣名，縣治在今河北武安西南。❷孝景后同母弟　孝景帝王皇后的同母異父弟。王皇后之母臧兒先嫁王仲，生王信、王皇后、王兒姁。後來改嫁田姓，又生田蚡、田勝。詳情見〈外戚世家〉。❸長陵　漢縣名，縣治在今陝西咸陽東北，因劉邦的墳墓（長陵）在此縣境內而得名。按：漢代的慣例，新皇帝自其即位的第二年起，即為自己預建陵墓，並將陵墓的周圍地區設為陵邑，派官員管理，遷天下各地之富豪人居之。該地之長官與縣令同級，而位在縣令之上。如司馬相如曾為「孝文園令」，即孝文帝陵墓（霸陵）所在縣之官長。❹諸郎　普通郎官，皇帝的侍從人員，如中郎、議郎、郎中之類，官秩在三百石至六百石之間，上屬郎中令。❺跪起如子姓　跪下去、站起來的樣子完全像個晚輩人。子姓，猶言「子弟」、「子姪」。師古曰：「姓，生也，言同子禮，若己所生。」王先謙引吳仁傑語，以為「子姓者，子之所生」，「姓之為言孫也」。按：後說固然有理，然用在本文似過拘。❻晚節　《索隱》曰：「謂晚年也。」❼蚡益貴幸　其時田蚡之姐為皇后，其外甥（即日後之漢武帝）為皇太子，田蚡沒法不貴。❽太中大夫　郎中令的屬官，在皇帝跟前掌議論，秩比千石。❾辯有口　善辯論，有口才。楊樹達曰：「〈外戚傳〉云：『田蚡、勝貪，巧於文辭。』」❿槃盂諸書　記錄盤盂銘文的各種書籍。《漢書・藝文志》雜家類有「《孔甲槃盂》二十六篇」，《集解》引應劭曰：「黃帝史孔甲所作銘也，凡二十九篇，書槃盂中，所為法戒。諸書，諸子文書也。」⓫王太后　梁玉繩曰：「此在景帝世，只當稱皇后，《漢書》作『王皇后』，是。」⓬孝景崩二句　事在景帝後元三年（西元前一四一年）正月二十七。太子，即日後之漢武帝。⓭稱制　這裡指王太后代行天子的職權，因武帝劉徹當時只有十六歲。制，皇帝的命令。〈秦始皇本紀〉云：「(天子之)命曰制，令曰詔。」後世遂以不是皇帝者而代行皇帝職權叫「稱制」。⓮所鎮撫多有田蚡賓客計筴　意謂在景帝駕崩、武帝年幼即位的天下擾攘之際，協助王太后與少主控制當時局面的主要是靠著田蚡與其門下幕僚們的謀略。按：此言田蚡自武帝即位、王太后稱制之日起，權勢頓然張大，蓋一因裙帶之親，又因佐立之功也。⓯蚡弟田勝　此處應作「蚡及其弟田勝」，「及」不當省，否則即專指田勝矣。然《史記》文章於此等不應省「及」字而省者，其例非一，如〈刺客列傳〉「徙衛元君支屬於野王」應作「徙衛元君及其支屬於野王」是也。⓰孝景後三年　即漢景帝已死，武帝已經即位，但尚未改元的這段時間，史官記此時事照例仍用老皇帝年號。⓱周陽侯　田勝的封號，封地在周陽（今山西絳縣西南）。楊樹達引周壽昌曰：「王、田別族，蚡、勝猶得以母舅封侯，故成帝云：『封田氏非正也。』見〈元后傳〉。」⓲新欲用事為相　李笠曰：「武安時已用事，所欲者為相耳。」瀧川引中井曰：

「『欲』字宜在『為』字上。」⑲卑下賓客　意即作出一副禮賢下士的樣子。卑下，用如動詞。⑳欲以傾魏其諸將相　想壓倒竇嬰等一班子景帝時期的老官僚貴族。傾，壓倒；超過。師古曰：「謂踰越而勝之也。」㉑建元元年　西元前一四〇年。建元，漢武帝的第一個年號（西元前一四〇—前一三五年）。㉒丞相綰病免　事在建元元年六月。據〈萬石張叔列傳〉，衛綰被免職的原因是「景帝疾時諸官囚多坐不辜者」，衛綰為丞相，沒有盡到責任。㉓籍福　姓籍名福，遊食於權貴之門的食客，其人又在〈季布欒布列傳〉中被提到。㉔將軍　按：田蚡未任軍職，史公之所以讓籍福稱之為「將軍」，或者田蚡在景帝崩殂、武帝新立的緊急時刻曾經統兵，或者即以其行將受任之「太尉」而提前稱之也。㉕即　若；倘若；如果。㉖太尉丞相尊等耳　秦漢時代稱丞相、太尉、御史大夫為「三公」，御史大夫相當於副丞相，丞相的職位有缺，常由御史大夫遞補；而太尉則與丞相的地位爵祿大體相同，皆金印紫綬。㉗微言太后風上　含蓄地告訴太后，讓太后暗示給皇帝。微言，含蓄的說。風，通「諷」。暗示。㉘籍福賀魏其侯二句　先向竇嬰祝賀，接著又向他提出警告。賀，頌揚。弔，警告。以未來的風險相告誡。楊樹達曰：「《國策·燕策》記蘇秦說齊王，『再拜而賀，因仰而弔』；〈蒯通傳〉記通說范陽令，又先弔而後賀，蓋戰國以來風習如此。」按：蒯通弔、賀范陽令事，在《史記》中載於〈張耳陳餘列傳〉。㉙資性　資質性情。㉚喜善疾惡　喜歡好人好事，痛恨壞人壞事。㉛且　又；行將。㉜毀君侯　毀，誹謗。君侯，當時丞相的僚屬多稱丞相曰「君」，而丞相又是「列侯」，故稱丞相曰「君侯」。㉝兼容　對好人、壞人都不得罪。㉞幸久　有幸久居相位。㉟今以毀去矣　很快就要因受誹謗而被罷官。今，將；很快。去，斥逐。㊱推轂　推車。這裡以動賓詞組作動詞用，即指推薦。轂，車軸。〈荊燕世家〉有「推轂高祖就天下」，意即佐助。《史記》之以動賓詞組作動詞用者非一，本篇後文之「引繩批根」亦是也。㊲郎中令　當時的九卿之一，為皇帝掌管宮廷門戶並統領皇帝的侍從官員，通常為皇帝的親幸者。㊳迎魯申公　指招納儒生，興舉尊儒事業。申公，名培，魯人，以治《詩經》見稱。事跡見〈儒林列傳〉。趙綰、王臧皆其弟子。㊴設明堂　建立明堂，這是儒生們鼓吹的禮制之一。但究竟什麼是明堂，儒生們的說法不一，有說是明政教之堂，以朝諸侯；有說是天子的宗廟，以供祭祀；有說是太學的辟雍，以隆教化，故屢議不決。〈封禪書〉中曾記泰山之東北側有一古代之明堂，可參看。㊵令列侯就國　讓列侯們都到自己的封地上去。按：當時的列侯多娶公主，皆欲留住京師而不肯就國。此事早在文帝時即已如此，武帝要進行改革，故又重提此議。㊶除關　廢除東方諸侯國的人到京師長安來時所過關塞的稽察制度。徐孚遠曰：「漢立關以稽諸侯出入，至此罷之，示天下一家之義也。」王先謙曰：「文帝十二年除關，無用傳（通行證）。景帝四年，以七國新反，復置諸關，用傳出入，至是欲復除之。」㊷以禮為服制　師古曰：「謂喪服之制也。」楊樹達曰：「欲革文帝短喪之制也。」《索隱》曰：「其時禮度踰侈，多不依禮，今令吉凶服制皆法於禮也。」按：師古僅指喪服，楊樹達更僅謂改文帝之規定，似皆褊狹。早在文帝時，賈誼即鼓吹「改正朔，易服色」，文帝未行；今武帝尊儒，意欲行之，豈能僅指喪服？愚以為應依《索隱》說，即依照古禮來制訂吉、凶、軍、賓、嘉的各種禮服。㊸舉適　檢舉；彈劾。適，同「謫」。貶黜。㊹諸竇宗室　有人以為專指外戚，從字義上固然可以說通，但與情理不合。視文意，似仍兼就外戚與劉氏宗族兩方面言之。㊺除其屬籍　不准他們再出入宮門。亦即取消他們作為貴族的權利。屬籍，同上文之所謂「門籍」。㊻尚公主　取公主為妻。尚，上配；高攀。㊼就國　到自己的封地上去。當時的諸侯王與各列侯，都稱其封地曰「國」。㊽毀日至竇太后　對竇嬰、田蚡等人的壞話，整天傳向竇太后的耳裡。㊾黃老之言　以黃帝、老子相標榜的一種道家學說，興起戰國中後期，盛行於秦漢之際，其理論著作以《黃帝四經》為主，其實踐的人物即張良、曹參。西漢建國初期以此為治理國家的指導思想。㊿隆推　盛行；極力鼓吹。(51)滋不說　越來越討厭。說，通「悅」。(52)建元二年　西元前一三九年。(53)請無奏事東宮　請求武帝不要再拿政事去讓竇太后裁斷。東宮，竇太后和王太后居住的地方。胡三省曰：「漢長樂宮在東，太后居之，故謂之東宮，又謂之東朝。」按：武帝即位初期，名義上是王太后稱制，但實際上仍以竇太后（武帝之祖母）的權勢為最大，這是王太后所無法忍受的。所謂「無奏事東宮」，實即王太后與漢武帝的向竇太后奪權。(54)乃罷逐趙綰王臧等二句　竇嬰、田蚡、趙綰為國家之「三公」，連同郎中令王臧，朝廷的前四位高官一齊被廢，且趙綰、王臧又皆下獄自殺，這是震驚朝野的大政變，漢武帝名為「尊儒」，實為向竇太后奪權的第一場鬥爭遂告失敗。此次政變慘遭失敗的情形與近代的戊戌政變幾乎完全相同，讀者幸勿略過。蓋尊儒與反尊儒（實為奪權與反奪權）鬥爭之劇烈，僅見於此篇，不知古往今來的學術史、思想史緣何對此皆不明確揭示清楚。(55)柏至侯許昌　劉邦功臣許溫之孫，文帝十五年（西元前一六五年）繼其父許祿之位為侯，封地柏至縣。(56)武彊侯莊青翟　劉邦功臣莊不識之孫，文帝後元二年（西元前一六二年）繼其父莊嬰之位為侯，封地武彊（今河南鄭州東北）。許溫與莊不識《史記》、《漢書》皆無傳，其履歷簡載於〈高祖功臣侯者年表〉。(57)數言事多效　楊樹達曰：「〈嚴助傳〉，建元三年，東甌告急於漢，帝以問蚡，蚡欲不救，亦見〈兩粵傳〉，正蚡不任職而言事之證也。」(58)天下吏士趨勢利者二句　史公於此諷譏漢代上流社會之世態炎涼。與此類似者，又見於〈廉頗藺相如列傳〉、〈汲鄭列傳〉等篇。(59)橫　師古曰：「橫，恣也。」專橫，為所欲為。(60)建元六年　西元前一三五年。(61)坐喪事不辦二句　不辦，辦得不好；不完備。按：許昌、莊青翟原是兩個庸俗官僚，事無可稱，司馬遷在〈張丞相列傳〉中說他們「皆以列侯繼嗣，娖娖廉謹，為丞相備員而已，無所能發明功名有著於當世者」。然欲加之罪，何患無辭，無端升沉於最高統治者的爭權奪利之際，亦可悲也。至此，王太后、漢武帝之奪權遂告成功，「尊儒」亦遂獲勝。(62)以武安侯蚡為丞相　按：

田蚡為丞相時，徵張湯為丞相史。事見〈酷吏列傳〉；田蚡又因為其封地武安在黃河北，故引「天人感應」說以反對堵塞黃河向南的瓠子決口，以見其起用酷吏與圖謀私利。事見〈河渠書〉。(63)大司農韓安國　武帝時期的滑頭官僚，字長孺。事跡詳見〈韓長孺列傳〉。大司農，也稱大農令，主管貨幣與糧食的官員，當時的九卿之一。韓安國於武帝建元三年（西元前一三八年）為大農令，至建元六年為御史大夫。(64)天下士郡諸侯愈益附武安　謂天下之士，與各郡郡守、各諸侯國之諸侯王皆趨附武安也。按：《索隱》曰：「謂仕諸郡及仕諸侯王國者。」依小司馬之說，依附武安者僅只各郡、國之吏士，恐非事實。王駿圖《史記舊注平義》曰：「蓋謂天下士人，郡國之官及諸侯王無不附之也。」此解甚好，蓋謂武安之權勢日漸其大，而魏其則一蹶不振。(65)貌侵　短小醜陋，其貌不揚。侵，也寫作「寑」。《集解》引韋昭曰：「短小也，又云醜惡也。」(66)生貴甚　自幼生於權貴之家（因而養成一種傲慢驕橫的習性）。王先謙曰：「蓋蚡幼時已為外戚尊貴矣，故曰『生貴甚』也。」(67)多長　多數年齡較大。此與新即位不久的漢武帝相比而言。(68)富於春秋　意即「青春年少」。未來之時日方長。師古曰：「謂年少也，齒歷方久，故云『富於春秋』也。」(69)肺腑　猶言「手足」、「骨肉」。極喻其親屬關係之近。《正義》引顧野王曰：「肺腑，腹心也。」師古曰：「舊解云肺腑，如肝肺之相附著也。一說，肺，斫木札也，喻其輕薄附著大材也。」《漢書》作「肺附」，王念孫曰：「肺附皆謂木皮也。肺，削木札朴也，作『肺』者假借字耳。」按：後說過於穿鑿，也與人的生活實際相隔較遠，後世之用此語者仍多取第一義。陳直曰：「〈惠景間侯者年表〉序云『諸侯子弟若肺腑』，〈衛青傳〉云『青得以肺腑待罪行間』，蓋為當時之習俗語。『肺腑』二字當從本義為長。」(70)京師相　國家的丞相。所以要標明「京師」，因為當時各諸侯王國也都有相。(71)非痛折節以禮詘之二句　折節，猶言「打擊其威風」，用動賓結構作動詞，意即打擊；壓抑。詘，同「屈」。師古曰：「言以尊貴臨之，皆令其屈節而下己也。」肅，安靜；安定；服貼聽管。王駿圖曰：「謂非痛乎折諸侯王之氣，而以禮屈下之，則天下不肅也。」(72)坐語　坐著與皇帝說話。言其地位之優寵。(73)移日　日影移位。言其論事的時間之長，以見田蚡權勢之專且固。(74)起家至二千石　由家居無職一下子提拔為二千石的官吏。起家，由家居提拔起。二千石，相當於郡守和諸侯相一級。(75)權移主上　把皇帝的權力都傾奪了過來。(76)除吏　任命官吏。師古曰：「凡言『除』者，除去故官，就新官。」(77)考工地　考工署所領有的地盤。考工，官署名，上屬少府，主管為國家製造器械，其長官曰「考工令」。(78)益宅　擴大住宅。(79)武庫　國家儲藏兵器的倉庫，在當時長安城內的未央宮與長樂宮之間。其長官曰武庫令，上屬中尉（主管京師治安的長官）。此段言田蚡憑藉著王太后勢力，日益驕橫，以致與皇帝的矛盾尖銳起來。(80)退　收斂。王先謙曰：「謂後稍斂退也。」(81)坐其兄蓋侯南鄉　讓其兄蓋侯王信南向坐。按：戰國以及秦漢時代的日常生活中（如宴飲、會客）以東向為尊，南向次之。而升堂坐殿，仍以南向為貴。㊇私橈　私自降低身分。橈，同「撓」。曲；屈尊。楊樹達曰：「〈汲黯傳〉云：『中二千石拜謁，蚡不為禮。』亦蚡驕之一事也。」㊈治宅甲諸第　自己家的房子蓋得比任何貴族之家都好。《集解》引徐廣曰：「為諸第之上也。」㊉極膏腴　最肥沃的土地。㊊市買　採買。㊋相屬於道　在道路上絡繹不絕。極言其外出採買東西的人員之多。屬，連。㊌曲旃　曲柄長傘，傘面用整幅繡帛製成，帝王用以招徠賢能。此言田蚡之越禮僭上。《索隱》曰：「旃旃柄上曲，僭禮也。通帛曰旃。《說文》云：『曲旃者，所以招士也。』」㊍奉　指給田蚡進貢。㊎諸客稍稍自引　諸客，《漢書》作「諸公」，似較「諸客」為妥，下文言及灌夫，灌夫非竇嬰「客」也。稍稍，逐漸。自引，自行退去不再上門。㊏不失故　不改變老樣子。㊐厚遇　優厚地對待。

【語　譯】 武安侯田蚡，是孝景王皇后同母異父的弟弟，出生在長陵。當竇嬰已經做了大將軍，聲勢正強盛的時候，田蚡還只是個小郎官，還沒有發達起來，這時他經常到竇嬰家中應酬討好，見了竇嬰作揖磕頭，行為完全像個晚輩。等到孝景帝晚年，田蚡就越來越受到寵愛了，被任為太中大夫。田蚡能言善辯，還學過一些古代器物上的銘文，他的姐姐王太后很賞識他。孝景帝死後，太子劉徹當天就繼位做了皇帝，由於武帝當時年紀小，王太后代行皇帝職權，在維持政局、防止動亂方面，田蚡和他的門客們出了不少主意。田蚡和他的弟弟田勝，都因為是王太后的弟弟，在孝景帝後元三年，田蚡被封為武安侯，田勝被封為周陽侯。

2 田蚡越來越發達，下一步他想當丞相，就故意裝出一副謙恭下士的樣子，給皇帝推薦了一些閒在家裡沒有事的知名人士讓他們出來做官，目的就是想以此來排擠竇嬰等在位的元老將相。漢武帝建元元年，丞相衛綰因病免職，皇上正在考慮丞相、太尉的人選。這時籍福就趕緊給田蚡建議說：「竇嬰掌權很久了，天下的人士一向歸附他。您剛剛崛起，聲望還不如他，在這種情況下，假如皇上想讓您當丞相，您一定要讓給竇嬰。竇嬰要是當了丞相，您一定能當太尉。太尉和丞相的等級是一樣的，這樣您就白白地得到一個讓賢的名聲。」田蚡一聽有理，立即就把籍福的這個意思含蓄地告訴了王太后，讓王太后去暗示皇上，漢武帝立即決定任命竇嬰為丞相，任命田蚡做了太尉。這時籍福又來到竇嬰家，他先是向竇嬰表示了祝賀後，緊接著就又向竇嬰提出警告說：「您天生的性情是愛好人，恨壞人，現在正是因為有好人稱讚您，所以您當了丞相；但是您又特別討厭壞人，而壞人的數目更多，他們也必然要千方百計地毀謗您。因此如果您對好人、壞人都能兼容並包，那麼您的丞相就可以長期地做下去；否則，您很快就會因為壞人的誹謗而被免職了。」竇嬰不聽。

3 竇嬰和田蚡都喜好儒家的學說，他們推薦了趙綰為御史大夫，推薦了王臧為郎中令。還把魯國的儒生申培接到長安，想建立明堂，讓住在長安的列侯們都到他們各自的封地去，拆除各諸侯國到長安之間的關禁，按照禮儀來制訂不同等級的服飾制度，想以此來表明現在已經是一個百廢俱興的太平盛世。他們還檢舉竇氏外戚和劉氏宗族中品性惡劣的人，一經查出就取消他們作為貴族的權利。當時許多外戚都是列侯，而列侯們又多數是娶公主為妻，因此他們都不願離開長安到自己的封地去，也正因此那些毀謗竇嬰等人的話就整天不停地往竇太后的耳朵裡灌了。竇太后喜好黃帝、老子的學說，竇嬰、田蚡、趙綰、王臧等專門推行儒家的一套，貶斥道家學派，因此竇太后心裡很不喜歡竇嬰等人。等到漢武帝建元二年，御史大夫趙綰又建議皇上今後有事不要再去向竇太后請示。竇太后大怒，立刻下令罷免和驅逐了趙綰、王臧等人，同時免去了竇嬰和田蚡的職務，另任命柏至侯許昌為丞相，任命武彊侯莊青翟為御史大夫。從此竇嬰和田蚡就只能以侯爵的身分在家裡閒著了。

4 田蚡雖然不擔任職務，但由於他是王太后的弟弟，所以仍然受到皇帝的信任，他多次向皇上提出的建議都被採納了，於是那些勢利眼的官吏和士大夫們，就都紛紛地離開竇嬰去巴結田蚡。於是田蚡一天比一天更驕橫。漢武帝建元六年，竇太后死了，丞相許昌、御史大夫莊青翟因為喪事辦得不好，都被免職。武帝任命田蚡為丞相，任命大司農韓安國為御史大夫。這一來，所有的士大夫以及各郡縣的郡守、各諸侯國的諸侯王就更加趨附田蚡了。

5 武安侯矮小醜陋，但生性卻非常驕縱傲慢。他認為諸侯王們多數都年紀較大，而武帝卻剛剛即位，年紀很輕，自己又只是借著外戚的關係才做了朝廷的丞相，因此他覺得必須用禮法把諸侯們狠狠地壓一壓，否則人們是不會服貼的。當時，田蚡進宮向皇帝奏事，坐下來一說就是半天，他說什麼皇帝都得聽。他推薦人做官有的白手起家，一下子就被任為二千石，權力比皇上還大。漢武帝有一次說：「您封官封完了沒有？我也想封幾個呢。」還有一次田蚡居然向武帝要考工署的地盤說是要擴建他的住宅，武帝生氣地說：「那何不乾脆把我的武庫也拿去算了！」經過這兩次碰釘子，田蚡的氣焰才有點收斂。田蚡每次在家裡請客，總是讓他哥哥蓋侯王信面朝南坐，而他自己面朝東坐，他認為自己是漢朝的丞相地位最高，不能因為王信是自己的哥哥就使丞相的身分受委屈。田蚡私家生活越來越豪華奢侈，他家的住宅在所有的貴族中數第一，他家占的土地都是最肥沃的地方，他家派到全國各地去採買各種物品的人在路上絡繹不絕。他的前廳陳列著鐘鼓，插著曲柄長旗；他家的後房裡有美女幾百個。至於各地諸侯們給他家進貢的金銀珠寶、狗馬玩物就更沒法計算了。

6 相比之下，竇嬰自從沒有了竇太后之後，就越來越被朝廷疏遠、越來越不受朝廷重用了。他原來的那些門客們也就漸漸地離去而對他懈怠傲慢起來，只有一個灌夫還保持著原來的樣子。因此，竇嬰在這種整天悶悶不樂的日子裡，也就對灌夫特別好。

1 灌將軍夫者，潁陰❶人也。夫父張孟，嘗為潁陰侯嬰舍人❷，得幸，因進之至二千石，故蒙❸灌氏姓為灌孟。吳、楚反時，潁陰侯灌何❹為將軍，屬太尉❺，請灌孟為校尉❻。夫以千人❼與父俱。灌孟年老，潁陰侯彊請之，鬱鬱不得意❽，故戰常陷堅❾，遂死吳軍中。軍法，父子俱從軍，有死事，得與喪歸❿。灌夫不肯隨喪歸，奮曰：「願取吳王若將軍頭⓫，以報父之仇。」於是灌夫被甲持戟，募軍中壯士所善願從者數十人。及出壁門⓬，莫敢前。獨二人及從奴⓭十數騎馳入吳軍，至吳將麾下⓮，所殺傷數十人。不得前，復馳還，走入漢壁，皆亡其奴，獨與一騎歸。夫身中大創⑮十餘，適有萬金良藥，故得無死。夫創少瘳⑯，又復請將軍，曰：「吾益知吳壁中曲折，請復往。」將軍壯義之⑰，恐亡夫，乃言太尉，太尉乃固止之。吳已破，灌夫以此名聞天下。

2 潁陰侯言之上⑱，上以夫為中郎將⑲。數月，坐法去⑳。後家居長安，長安中諸公莫弗稱之。孝景時，至代相㉑。孝景崩，今上初即位，以為淮陽㉒天下交㉓，勁兵處㉔，故徙夫為淮陽太守㉕。建元元年，入為太僕㉖。二年㉗，夫與長樂衛尉㉘竇甫飲，輕重不得㉙，夫醉，搏甫。甫，竇太后昆弟也。上恐太后誅夫，徙為燕相㉚。數歲，坐法去官，家居長安。

3 灌夫為人剛直，使酒㉛，不好面諛㉜。貴戚諸有勢在己之右㉝，不欲加禮，必陵㉞之；諸士在己之左，愈貧賤，尤益敬，與鈞㉟。稠人廣眾，薦寵下輩㊱。士亦以此多㊲之。

4 夫不喜文學㊳，好任俠㊴，已然諾㊵。諸所與交通，無非豪桀大猾㊶。家累數千萬㊷，食客日數十百人㊸。陂池田園㊹，宗族、賓客為權利㊺，橫於潁川㊻。潁川兒乃歌之曰：「潁水清，灌氏寧；潁水濁，灌氏族㊼。」

5 灌夫家居雖富，然失勢，卿相侍中賓客㊽益衰。及魏其侯失勢，亦欲倚灌夫引繩批根[49]生平慕之後弃之者[50]。灌夫亦倚魏其而通列侯、宗室為名高。兩人相為引重[51]，其游如父子然[52]。相得驩甚，無厭，恨相知晚也。

6 灌夫有服[53]，過丞相[54]。丞相從容曰：「吾欲與仲孺[55]過魏其侯，會[56]仲孺有服。」灌夫曰：「將軍乃肯幸臨況魏其侯[57]，夫安敢以服為解[58]！請語魏其侯帳具[59]，將軍旦日蚤臨[60]。」武安許諾。灌夫具語魏其侯如所謂武安侯。魏其與其夫人益市[61]牛酒，夜灑埽，早帳具至旦[62]。平明，令門下候伺[63]，至日中，丞相不來。魏其謂灌夫曰：「丞相豈忘之哉？」灌夫不懌[64]，曰：「夫以服請，宜往[65]。」乃駕，自往迎丞相。丞相特前戲許[66]灌夫，殊無意往。及夫至門，丞相尚臥。於是夫入見，曰：「將軍昨日幸許過魏其，魏其夫妻治具，自旦至今，未敢嘗食[67]。」武安鄂[68]，謝[69]曰：「吾昨日醉，忽忘與仲孺言。」乃駕往，又徐行，灌夫愈益怒。及飲酒酣，夫起舞屬丞相[70]，丞相不起，夫從坐上語侵之[71]。魏其乃扶灌夫去，謝丞相[72]。丞相卒飲至夜，極驩而去[73]。

7 丞相嘗使籍福請魏其城南田[74]。魏其大望[75]曰：「老僕雖弃，將軍雖貴，寧可以勢奪乎！」不許。灌夫聞，怒，罵籍福。籍福惡兩人有郄[76]，乃謾自好[77]謝丞相曰：「魏其老且死，易忍，且待之。」已而武安聞魏其、灌夫實怒不予田，亦怒曰：「魏其子嘗殺人，蚡活之⑦⑧。蚡事魏其無所不可⑦⑨，何愛⑧⓪數頃田？且灌夫何與⑧①也？吾不敢復求田！」武安由此大怨灌夫、魏其。

【章旨】以上為第三段，寫灌夫的處世為人，和竇嬰、灌夫與田蚡的開始結怨。

【注釋】❶潁陰 漢縣名，縣治即今河南許昌。❷潁陰侯嬰舍人 潁陰侯嬰，即灌嬰，劉邦的開國功臣。事跡見〈樊酈滕灌列傳〉。舍人，依附於權門貴族，為其供事，而受主人親幸者。❸蒙 冒；頂著。❹灌何 灌嬰之子，文帝五年（西元前一七五年）襲其父之封爵為潁陰侯。❺屬太尉 在周亞夫部下。❻校尉 軍官名，一個將軍下統若干部，各部的長官即校尉。❼千人 漢代下層軍官名，以其主管千名士兵，故名此。《集解》引《漢書音義》曰：「官主千人，如候、司馬。」按：〈傅靳蒯成列傳〉有所謂「千人將」，師古引如淳注：「騎將率號為『千人』。」陳直曰：「《漢書．百官公卿表》中尉、典屬國屬官皆有『千人』，又西域都護亦有『千人』。《陶齋藏印》第二集有『千人督印』，灌夫之職當與『千人督』相近。」❽鬱鬱不得意 王先謙曰：「孟年老，太尉亞夫不欲用之，潁陰侯強請而後可，故孟不得意也。」楊樹達曰：「潁陰侯強請，不得已而行，故『不得意』耳。」❾戰常陷堅 在戰場上專門攻擊敵陣的堅實之處。沈欽韓引《御覽》三百八十六：「潁川張欽孟孝，吳楚反，與亞夫常為前鋒，陷陣潰圍，旁人觀曰：『壯哉，此君！』欽聞，自矜，遂死軍。」蓋沈氏認為此「張欽孟」即灌夫之父張孟。王先謙認為是別一人，但事跡頗像，姑錄以備考。❿有死事二句 意謂若父子之中有一人戰死，另一人則可以伴著棺木一道回家。⓫願取吳王若將軍頭 若，或者。即使不能取吳王劉濞之首，也要取其某個將軍的人頭。凌稚隆曰：「『願取吳王若將軍頭，以報父仇。』此灌將軍孝勇，一生大節處，故下文若『將軍壯義之』、『以此名聞天下』、『諸公莫弗稱之』，皆本於此。」⓬壁門 營門；營壘之門。⓭從奴 自己家裡跟來的奴僕。⓮至吳將麾下 謂一直衝到了一位吳國將軍的大旗之下。麾，《正義》曰：「謂大將之旗。」⓯大創 大的傷口。⓰少瘳 稍微好一點。瘳，痊癒。⓱壯義之 壯、義二動詞連用，謂既敬佩其作戰之勇，又敬佩其孝義之行。⓲上 指漢景帝。⓳中郎將 皇帝的侍衛武官，統領中郎，上屬郎中令，秩比二千石。⓴坐法去 因犯法而被免官削職。坐，因；因某事而遭罪。㉑孝景時二句 梁玉繩引陳太僕曰：「灌夫自始為校尉以至代相，皆在孝景時，不應錯出，蓋誤也。《漢書》作『由是復為代相』。」代相，代王之相。代，漢郡名，也是諸侯國名，其首府在今河北蔚縣東北。景帝時期的代王是文帝之子劉參的兒子劉登。因當時的代王兼有太原郡，故其都城在今山西平遙西南之中都。㉒淮陽　漢郡名，郡治即今河南淮陽。㉓天下交　四通八達的交通樞紐。按：「交」字也寫作「郊」，《漢書》作「郊」。師古曰：「郊，謂四交輻湊。」㉔勁兵處　需有強兵駐紮的地方。㉕故徙夫為淮陽太守　陳子龍曰：「人主初即位，恐有奸人謀非常者，故置名太守以鎮之。」㉖入為太僕　調到朝廷任太僕官。太僕，為皇帝掌管車駕的官，九卿之一，秩中二千石。㉗二年　西元前一三九年。㉘長樂衛尉　長樂宮的衛尉。衛尉統領禁兵，主管防衛宮門，為九卿之一。㉙輕重不得　猶言（因某事而）意見不同。瀧川引中井曰：「輕重，猶言『得失』也。彼以為是，此以為非之類。」《集解》引晉灼曰：「飲酒輕重不得其平也。」師古曰：「禮數之輕重也。」按：三說不同，但不關緊要，錄以備考。吳見思曰：「欲寫灌夫使酒之事，先伏使酒之端。竇甫，竇太后弟，映田蚡，王太后弟。」㉚燕相　燕王之相。景帝時期的燕王為劉邦功臣劉澤之孫劉定國。事跡見〈荊燕世家〉。㉛使酒　師古曰：「因酒而使氣也。」㉜面諛　當面奉承人，說討人喜歡的話。㉝在己之右　猶言在己之上。漢時以「右」為上，可參看〈陳丞相世家〉陳平之為右丞相事。㉞陵　侵犯；欺侮。㉟與鈞　猶言「亢禮」，與之禮數平等。鈞，通「均」。按：以上數句寫灌夫好欺強而不凌弱的習性，此等行為即接近於「俠」。㊱薦寵下輩　推薦、讚揚比自己地位低的人。㊲多　稱許；讚揚。㊳不喜文學　意即不喜歡念書，缺少文化修養。文學，在西漢時大體指學術，即研究各學派的思想，以用於治國、平天下的學問。㊴任俠　以俠義之行自任。俠，挾也。能以他人急難為己任，能替人打抱不平。㊵已然諾　凡是答應人的事情一定辦到。《索隱》曰：「謂已許諾，必使副其前言也。」已，完成；達到。然，肯定；應許。楊樹達曰：「〈季布傳〉：『季心為任俠，弟畜灌夫。』正以氣類相合故爾。」㊶豪桀大猾　指帶有某種俠義之氣的地方豪紳。㊷累數千萬　累，累積；具有。數千萬，指銅錢。㊸數十百人　師古曰：「或八九十，或百人也。」按：類似用語可參看〈項羽本紀〉。㊹陂池田園　陂，池塘的堤堰。按：此句「陂」「池」「田」「園」四字並列，沒有謂語，其下應有「甚眾」、「不可勝數」諸字樣語意始明。有人把「陂」字解釋為動詞，說是「在田園中築陂蓄水，以興灌溉之利」，比較勉強。〈留侯世家〉云：「沛公入秦宮，宮室帷帳狗馬重寶婦女以千數，意欲留居之。」其「宮室帷帳狗馬重寶」八字亦無謂語。此例尚多，不能強為之迴護。㊺宗族賓客為權利　宗族賓客借著灌夫的勢力作威作福。為權利，意即作威作福。㊻潁川　漢郡名，郡治陽翟（今河南禹縣）。㊼潁水濁二句　哪天潁水一變渾，灌氏就要滅門了。族，滅族；合族都被抄斬。㊽卿相侍中賓客　卿相侍中那樣的高貴賓客。侍中，侍候皇帝的近臣。㊾引繩批根　以動賓結構作動詞，猶言「彈壓」、「打擊」。郭嵩燾曰：「引繩、批根，皆攻木之工事。繩即繩墨，謂彈正之。批根者，近根處盤錯，宜批削之也。引繩批根，彈削其不中程度者，蓋當時常語。」50生平慕之後弃之者　先前敬慕趨附自己，後來見自己失勢就叛離而去的那些人。生平，平素。51相為引重　王先謙曰：「兩相援引藉重也。」竇嬰在上層社會有影響、有根基；灌夫有錢，又在黑道上有勢力，二人彼此借助，優勢互補。52其游如父子然　陳直曰：「《漢書・序傳》敘張耳云『張陳之交游如父子』，與傳義正同，蓋兩漢人之習俗語。」凌稚隆引張之象曰：「兩人俱失勢，困厄中意氣慷慨，故易相結耳。」茅坤曰：「摹寫兩人相結而相死處，悲情嗚咽。」53有服　有喪服在身。據《文選》應璩〈與滿公琰書〉李善注，此時灌夫乃為其姐服喪。54過丞相　到田蚡家串門。過，過訪。55仲孺　《漢書》曰：「灌夫，字仲孺。」56會　恰逢；正值。57將軍乃肯幸臨況魏其侯　王先謙引沈欽韓曰：「蚡現為丞相，而稱之『將軍』，《史》駁文。」臨況，猶言「光臨」、「惠顧」。況，同「貺」。恩賜。58解　推脫。59帳具　同「張具」、「治具」。即備辦筵席。60旦日蚤臨　旦日，明日一早。蚤，通「早」。61益市　除家中現有外，又採買了許多。62夜灑埽二句　徐朔方曰：「去一『早』字，文意就順了。」意即半夜就起來準備，一直忙到天亮。63令門下候伺　讓看門的人注意眺望，一見丞相的蹤影立即通報。候伺，覘望；觀測。64不懌　不悅。65夫以服請二句　意謂我不顧喪服在身請他前來，(至今不到，)我應該再去看看。按：《漢書》於此作「不宜」，乃灌夫接魏其之「丞相豈忘之哉」，意即「丞相不宜忘」，與此處用語不同。66特前戲許　特，只不過。戲許，隨便說說。67未敢嘗食　似應作「未嘗敢食」。68鄂　通「愕」。驚訝。69謝　道歉。70起舞屬丞相　屬，接續。這裡意即邀請。自己舞罷，邀請丞相接續舞之。古人宴會，常以舞蹈相屬以為娛樂。師古曰：「屬，付也，猶今之舞訖相勸也。」71語侵之　出語挖苦嘲諷。72謝丞相　代灌夫向田蚡道歉。73丞相卒飲至夜二句　凌稚隆引董份曰：「此『卒飲』、『極歡』，所謂嘻笑之怒甚於裂眦者也，嬰與夫尚不悟哉！」茅坤曰：「兩人成釁處，極力描寫。」74請魏其城南田　請求魏其侯以城南之田相贈。凌稚隆引張之象曰：「武安嘗請漢家考工地益宅，況魏其城南田乎？權臣無忌憚如此！」引王維楨曰：「武安怨二人，本在奪田。不得，乃遂索他事，求以中之。」75大望　大為不滿。望，怨。76惡兩人有郄　不希望魏其、武安之間產生矛盾。郄，通「隙」。也寫作「郤」。隔閡；矛盾。77謾自好　偷著編了一套好聽的話。師古曰：「謾，猶詭也。詐為好言也。」楊樹達曰：「〈季布傳〉：『季心弟畜灌夫、籍福之屬。』然則福亦游俠之徒，故頗有排難解紛之意也。」78蚡活之　我替他掩蓋罪名，救過他的命。79蚡事魏其無所不可　我給魏其侯做事沒有辦不到的。王先謙曰：「言魏其所請，蚡無所不許也。」80愛　吝嗇；捨不得。81何與　與之何干。

【語　譯】灌夫是潁陰人。他的父親叫張孟，由於張孟曾經在潁陰侯灌嬰門下當過賓客，受到過灌嬰的賞識，因此漸漸地被提拔到了二千石，所以張孟就用了灌家的姓改名叫灌孟了。吳、楚七國造反時，灌嬰的兒子灌何被任命為將軍，隸屬於周亞夫部下，於是灌何就請求讓灌孟做他的校尉。這時灌夫也以一個千夫長的身分跟著他的父親一同出征了。當時灌孟已經年老，是灌何竭力向周亞夫請求，周亞夫才同意的，所以灌孟總是悶悶不樂，打仗時總是故意向著敵人防守最堅固的地方衝，結果戰死在了吳軍的陣前。依照當時的軍法規定，父子兩個都在軍隊裡的，其中有一個人死了，另一個人就可以送喪回家。但是灌夫不願意隨著父親的靈柩回去，而是悲憤激昂地請求說：「我一定要去取吳王或者他的一個什麼將軍的人頭，來為我的父親報仇。」於是他就披甲持戟叫上軍中一向和他關係不錯的幾十個勇士準備一起去和吳軍拚命。結果一出營門，許多人都不敢去了。只剩下兩個士兵和他從自己家裡帶出來的十來個奴僕跟著他一起衝進了吳軍陣內，他們一直衝到吳軍大將的指揮旗下，殺死殺傷吳軍幾十個人。最後實在前進不了了，才撤了回來。等回到漢營一看，跟著灌夫衝進吳營的十來個奴僕都沒有回來，只有一個士兵跟著他一起回來了。這時灌夫身負重傷十多處，當時正趕上身邊帶著好藥，所以沒死。等到灌夫的傷勢稍有好轉時，他又向灌何請求說：「我現在更了解吳軍裡邊的情況了，我要求還去。」灌何對他這種表現很欣賞很敬佩，但擔心他會由此送命，於是就把情況報告了周亞夫，周亞夫制止了他。等到吳軍被打敗後，灌夫的名字也就傳遍天下了。

2 灌何回朝後向景帝彙報了灌夫的表現，景帝任命灌夫為中郎將。結果只做了幾個月，就因為犯法被免職了。後來他搬家到長安居住，長安城裡的眾公卿沒有不稱讚他的。孝景帝時他又被起用，做了代國的丞相。孝景帝死後，當今的皇上剛剛即位，他覺得淮陽是天下的交通樞紐，需有強兵駐守，所以改調灌夫為淮陽太守。武帝建元元年，又調灌夫進京做了太僕。第二年，灌夫跟長樂衛尉竇甫一起飲酒，兩人因為某事發生了爭執，結果灌夫乘著喝醉打了竇甫，竇甫是竇太后的親兄弟，武帝怕竇太后殺灌夫，便把灌夫調到了燕國去做丞相。幾年後，又因為犯法丟了官，在長安家中閒著。

3 灌夫為人剛強正直，經常酒後發脾氣，不喜歡當面討好人。那些皇親貴戚權力地位比他大的，他偏對他們不禮貌，偏要欺侮他們；那些權力地位比他低下的士大夫，越是貧賤的，他反而越是敬重他們，同他們平起平坐。他在大庭廣眾之中，特別好推薦表揚那些地位比他低的人，因此使得人們都很稱讚他。

4 灌夫不喜歡研究學問，而好行俠尚義，凡是答應人的話一定辦到。他所結交的大都是一些地方上的豪紳和幫派頭目。他家裡有幾千萬的資產，在他門下寄食的每天都有幾十人以至上百人。他家有大量的蓄水池塘和肥沃土地，他的家族和他的賓客們仗著他的勢力，在潁川郡裡橫行霸道。當地有一首兒歌唱道：「潁水清清，灌氏安寧；潁水渾濁，灌氏族滅。」

5 灌夫的家庭雖然富有，但由於他在政治上的失勢，所以過去那些和他來往密切的卿相、侍中一類有身分的朋友就越來越少了。等到竇嬰也失勢後，竇嬰就想依靠灌夫去懲治那些原先趨附過自己後來又扔下自己去另投高門的人；而灌夫則正好想借著竇嬰的關係去結交那些列侯宗室一類的大貴族以提高自己的聲望。於是兩個人相互引薦提攜，關係緊密得像父子一樣，親密和諧，不會厭倦，而且只恨相識得太晚了。

6 有一次，灌夫正為他姐姐服喪，他偶然到田蚡家裡去了。田蚡隨便地順口說：「本來想和你一起去看看魏其侯，不巧正趕上你有喪服在身。」灌夫說：「您肯賞光去魏其侯家，我怎麼會以喪服在身作推辭呢！請讓我先去告訴魏其侯家準備酒席，請您明天一早早點大駕光臨。」田蚡答應了。灌夫趕緊來到竇嬰家把他同田蚡說的話向竇嬰說了一遍，竇嬰一聽就趕緊同他的夫人準備了許多酒肉，連夜打掃廳堂，第二天很早就起來擺設筵席一直忙到天亮。天一亮竇嬰就派了人到門前去查看著。可是一直等到中午，田蚡還沒來。於是竇嬰就對灌夫說：「丞相莫非是忘了嗎？」灌夫也不高興地說：「我昨天是不顧喪服在身邀請了他，他不應該不來，我應該去看看。」於是就趕著車子親自去迎接田蚡。而田蚡昨天其實只不過是對灌夫開玩笑隨便說說，內心裡根本就沒有打算去。等到灌夫到了他家，田蚡還沒有起牀。灌夫進來問田蚡說：「昨天承蒙您答應去拜訪魏其侯，魏其侯夫婦為您準備筵席，從一大早到現在，因為您沒有去，人家還一直不敢動筷子。」田蚡一聽吃了一驚趕緊道歉說：「我昨天喝醉了，忘了同你說過的話。」說罷前往，在路上又走得很慢，於是灌夫心裡就覺得很惱火。等到在竇嬰家大家喝酒喝得高興時，灌夫站起來跳舞，然後又邀請田蚡接著跳。不想田蚡竟坐著不動，灌夫忍不住就在自己的座位上罵了起來。竇嬰一看趕緊起來打圓場，扶著灌夫離開，然後過去向田蚡解釋道歉。於是他們一直喝到夜晚，田蚡盡歡而去。

7 田蚡有一次讓籍福去向竇嬰要他家城南的一塊地。竇嬰不高興地說：「我雖然被朝廷拋棄了，田將軍雖然正在貴寵，難道他就可以倚仗權勢來奪我的地嗎！」堅決不答應。灌夫聽說這事後，非常生氣，他當面大罵籍福。籍福不希望兩家的矛盾由此加深，於是就自己另編了一套話，對田蚡說：「魏其侯老得活不多久了，您稍微忍耐幾天，等他死了再說。」過後不久田蚡知道了原來是竇嬰和灌夫生氣不給他，於是也生氣地說：「魏其侯的兒子曾經殺人犯了死罪，是我救了他的命。我對待魏其侯沒有一樣不滿足他的要求，怎麼他今天就連幾頃地也捨不得？而且這件事又與灌夫有什麼關係！算了，我再也不和他要這塊地了。」田蚡從此就特別痛恨灌夫和竇嬰。

1 元光四年❶，春，丞相言灌夫家在潁川，橫甚，民苦之，請案❷。上曰：「此丞相事，何請。」灌夫亦持丞相陰事，為姦利❸，受淮南王金與語言❹。賓客居間❺，遂止，俱解。

2 夏，丞相取燕王女為夫人❻，有太后詔，召列侯、宗室皆往賀。魏其侯過灌夫，欲與俱。夫謝曰：「夫數以酒失❼得過❽丞相，丞相今者又與夫有郤。」魏其曰：「事已解。」彊與俱。飲酒酣，武安起為壽❾，坐皆避席伏❿。已⓫魏其侯為壽，獨故人避席耳，餘半膝席⓬。灌夫不悅。起行酒⓭，至武安，武安膝席曰：「不能滿觴。」夫怒，因嘻笑⓮曰：「將軍貴人也，屬之⓯！」時武安不肯。行酒次至臨汝侯⑯，臨汝侯方與程不識⑰耳語，又不避席。夫無所發怒，乃罵臨汝侯⑱曰：「生平毀程不識不直一錢⑲，今日長者為壽，乃效女兒呫囁耳語⑳！」武安謂灌夫曰：「程、李俱東西宮衛尉㉑，今眾辱㉒程將軍，仲孺獨不為李將軍地乎㉓？」灌夫曰：「今日斬頭陷匈㉔，何知程、李㉕乎！」坐乃起更衣，稍稍去㉖。灌夫欲出不得。籍福起為謝㉚，案灌夫項令謝㉛。夫愈怒，不肯謝。武安乃麾騎縛

魏其侯去，麾㉗灌夫出。武安遂怒曰：「此吾驕灌夫罪㉘。」乃令騎留灌夫㉙。灌夫置傳舍㉜，召長史㉝曰：「今日召宗室㉞，有詔㉟。」劾灌夫罵坐不敬㊱，繫居室㊲。遂按其前事㊳，遣吏分曹㊴逐捕諸灌氏支屬，皆得弃市㊵罪。魏其侯大媿㊶，為資使賓客請㊷，莫能解。武安吏皆為耳目㊸，諸灌氏皆亡匿，夫繫，遂不得告言武安陰事㊹。

3 魏其銳身㊺為救灌夫。夫人諫魏其曰：「灌將軍得罪丞相，與太后家忤㊻，寧可救邪？」魏其侯曰：「侯自我得之，自我捐之，無所恨㊼。且終不令灌仲孺獨死，嬰獨生。」乃匿其家㊽，竊出上書。立召入，具言灌夫醉飽事，不足誅。上然之，賜魏其食㊾，曰：「東朝廷辯之㊿。」

4 魏其之東朝，盛推灌夫之善，言其醉飽得過，乃丞相以他事誣罪之。武安又

盛毀灌夫所為橫恣，罪逆不道[51]。魏其度不可奈何，因言丞相短[52]。武安曰：「天下幸而安樂無事，蚡得為肺腑[53]，所好音樂、狗馬、田宅。蚡所愛倡優、巧匠之屬[54]，不如魏其、灌夫日夜招聚天下豪桀壯士與論議，腹誹而心謗[55]，不仰視天而俯畫地[56]，辟倪兩宮間[57]，幸天下有變[58]，而欲有大功[59]。臣乃不知魏其等所為。」於是上問朝臣：「兩人孰是？」御史大夫韓安國曰：「魏其言灌夫父死事[60]，身荷戟[61]馳入不測[62]之吳軍，身被數十創，名冠三軍，此天下壯士，非有大惡[63]，爭杯酒，不足引他過以誅也。魏其言是也。丞相亦言灌夫通姦猾，侵細民，家累巨萬[64]，橫恣潁川，淩轢宗室，侵犯骨肉[65]，此所謂『枝大於本，脛大於股，不折必披[66]』，丞相言亦是。唯明主裁之[67]。」主爵都尉[68]汲黯[69]是魏其[70]；內史[71]鄭當時[72]是魏其，後不敢堅對[73]。餘皆莫敢對。上怒內史曰：「公平生數言魏其、武安長短，今日廷論[74]，局趣效轅下駒[75]，吾并斬若屬[76]矣。」即罷起入，上食太后[77]。太后亦已使人候伺，具以告太后。太后怒，不食，曰：「今我在也，而人皆藉[78]吾弟，令我百歲後[79]，皆魚肉[80]之矣。且帝寧能為石人[81]邪？此特帝在，即錄錄[82]；設[83]百歲後，是屬[84]寧有可信者乎？」上謝曰：「俱宗室外家[85]，故廷辯之。不然，此一獄吏所決耳。」是時郎中令石建[86]為上分別言兩人事[87]。

5 武安已罷朝，出止車門[88]，召韓御史大夫載，怒曰：「與長孺[89]共一老禿翁[90]，何為首鼠兩端[91]？」韓御史良久謂丞相曰：「君何不自喜[92]？夫魏其毀君，君當免冠解印綬歸[93]，曰：『臣以肺腑幸得待罪[94]，固非其任，魏其言皆是。』如此，上必多君有讓[95]，不廢君。魏其必內愧，杜門[96]齰舌[97]自殺。今人毀君，君亦毀人，譬如賈豎、女子爭言[98]，何其無大體[99]也！」武安謝罪曰：「爭時急，不知出此。」

6 於是上使御史[100]簿責[101]魏其所言灌夫，頗不讎[102]，欺謾[103]。劾繫都司空[104]。孝景時，魏其常受遺詔[105]，曰「事有不便，以便宜論上[106]」。及繫，灌夫罪至族，事日急，諸公莫敢復明言於上[107]。魏其乃使昆弟子[108]上書言之，幸得復召見。書奏上，而案尚書大行無遺詔[109]。詔書獨藏魏其家，家丞封[110]。乃劾魏其矯先帝詔[111]，罪當弃市[112]。五年，十月[113]，悉論灌夫及家屬[114]。魏其良久乃聞，聞即恚[115]，病痱[116]，不食欲死。或聞上無意殺魏其，魏其復食，治病。議定不死矣[117]，乃有蜚語為惡言聞上[118]，故以十二月晦[119]論弃市渭城[120]。

7 其春[121]，武安侯病，專呼服謝罪[122]。使巫視鬼者視之，見魏其、灌夫共守，欲殺之[123]。竟死[124]。子恬嗣[125]。元朔三年[126]，武安侯[127]坐衣襜褕[128]入宮，不敬[129]。

8 淮南王安[130]謀反覺[131]，治[132]。王前朝[133]，武安侯為太尉，時迎王至霸上[134]，謂王曰：「上未有太子，大王最賢，高祖孫，即宮車晏駕(135)，非大王立當誰哉(136)！」淮南王大喜，厚遺金財物(137)。上自魏其時(138)不直武安(139)，特為太后故耳(140)。及聞淮南王金事，上曰：「使武安侯在者，族矣(141)！」

【章旨】以上為第四段，寫灌夫、竇嬰被田蚡所害，突出表現了最高統治集團內部矛盾的尖銳與複雜。

【注釋】❶元光四年 西元前一三一年。「元光」是漢武帝的第二個年號（西元前一三四—前一二九年）。《集解》引徐廣曰：「疑此當是『三年』也。」❷請案 請皇帝下令將其查辦。案，通「按」。逮捕查辦。❸為姦利 辦壞事以圖私利。楊樹達曰：「〈韓安國傳〉蚡受安國五百金，受王恢千金，為恢言於太后，皆其『為姦利』事也。」❹受淮南王金與語言 詳後文。❺居間 居中調停。❻取燕王女為夫人 取，通「娶」。燕王，指劉定國，劉邦功臣劉澤之孫，襲其父劉嘉之爵為燕王，西元前一五一—前一二八年在位。顏師古以為田蚡所娶者為燕康王劉嘉之女，恐非。❼酒失 師古曰：「言因酒有失。」❽得過 王先謙曰：「言得罪也。」❾武安起為壽 田蚡站起來給大家敬酒。古人之為人敬酒即祝福罷自飲一杯。❿坐皆避席伏 在座的人都離開自己的座席，表示對敬酒者的不敢當。⓫已 過後；後來。⓬餘半膝席 剩下的一半人都是跪在座席上。言其只是欠身直腰跪起，而身未離席。⓭起行酒 起來給人們挨個斟酒。⓮嘻笑 嘲弄地笑。⓯屬之 《漢書》作「畢之」。灌夫勸酒之語，猶言「乾了這杯」。⓰臨汝侯 指灌賢，劉邦功臣灌嬰之孫。灌嬰原被封為潁陰侯，灌嬰死，其子灌何襲爵；灌何死，其子灌強襲爵。灌強為侯十三年，因罪被殺國除。元光二年（西元前一三三年），武帝又封灌嬰之孫灌賢為臨汝侯，封地為臨汝縣。⓱程不識 武帝時的名將，當時任長樂宮衛尉。事跡參見於〈李將軍列傳〉。⓲乃罵臨汝侯 徐朔方曰：「灌夫罵臨汝侯灌賢，是指桑罵槐，灌夫同灌賢可以說是本家兄弟。」⓳生平毀程不識不直一錢 你平常把程不識糟蹋得一錢不值。生平，平素；平常。⓴乃效女兒呫囁耳語 居然像小丫頭子咬著耳朵嘰嘰咕咕。女兒，小女子。呫囁，低聲耳語。㉑程李俱東西宮衛尉 當時李廣任西宮（皇帝居之）衛尉，程不識任東宮（太后居之）衛尉，二人同僚，故田蚡引李廣為程不識說情。西宮指未央宮，東宮指長樂宮，未央宮在當時長安城的西部，靠近西城牆；長樂宮在東部，故以「東」「西」簡稱之。㉒眾辱 當眾辱罵。「眾辱」一詞又見於〈淮陰侯列傳〉。㉓獨不為李將軍地乎 難道就不給李廣留點面子嗎。凌稚隆引許相卿曰：「觀此可見當時亦重李廣。」按：田蚡由程不識說到李廣，未必即尊重李廣，而意在突出他們是「東西宮衛尉」，他們的主子是太后與皇帝，你灌夫必須注意「打狗還得看主人」。至灌夫還不罷休，於是後面田蚡遂說「今日召宗室，有詔」，直接把王太后抬出來了。㉔斬頭陷匈　猶言「拚出一死」。陷匈，穿胸。匈，通「胸」。㉕何知程李　哪裡還管什麼程不識、李廣。㉖坐乃起更衣二句　座中人見勢不妙，於是裝做解手漸漸往外溜。更衣，上廁所。瀧川曰：「賓主相見，不宜言穢褻之事，故如廁皆託言『更衣』。」稍稍，逐漸。㉗麾　通「揮」。揮手示意。㉘此吾驕灌夫罪　猶言（灌夫今日如此放肆，）這都是我平素把他寵慣的。驕，寵；放縱未加管束。㉙令騎留灌夫　騎，手下的騎從衛士。留，拘捕；扣押。㉚為謝　代灌夫向田蚡道歉。㉛令謝　師古曰：「使其拜也。」讓灌夫向田蚡道歉。㉜傳舍　接待賓客和過往官員住宿的驛館。此處指田蚡家中的招待賓客的住所。㉝長史　丞相、大將軍手下的諸史之長，如今之祕書長、辦公廳主任之類，秩千石。㉞召宗室　指召宗室列侯前來赴會。㉟有詔　即前所謂「有太后詔」也。王先謙曰：「蚡言召宗室有詔，乃能陷夫以『不敬』之罪。」㊱劾灌夫罵坐不敬　劾，彈奏。罵坐，在筵席上罵人。不敬，對太后的詔命不恭敬。周壽昌曰：「此不敬罪大，故夫卒被誅。」㊲繫居室　繫，關押。居室，後來也稱「保宮」，關押犯罪官員的場所，上屬少府（官名，九卿之一）。陳直曰：「西漢居室令屬少府，為中都官獄之一，遺址今在（西安市）未央鄉西南，時出『居室』瓦片。」㊳按其前事　徹底追查其以往所犯的罪行。㊴分曹　分批。㊵弃市　處死罪犯於市場，以示與眾人共棄之。㊶魏其侯大媿　王先謙曰：「灌夫不（欲）往田蚡所，竇嬰強之，致罹禍，以是愧也。」㊷為資使賓客請　《集解》引如淳曰：「為出資費，使人為夫言。」師古曰：「為資，為其資地耳，非財物也。」王先謙曰：「《禮記．表記》注：『資，謀也。』言為夫謀，使賓客請於蚡。」按：王說甚繞，如說簡捷。㊸皆為耳目　幫著田蚡到處偵緝灌夫的黨羽。㊹遂不得告言武安陰事　楊樹達曰：「朱安世在獄中，尚得上書告公孫敬聲，夫竟不得告者，蚡多耳目之故也。」按：史公於此處深深流露著對灌夫的遺憾、惋惜之情。㊺銳身　奮身；積極活動。㊻忤　頂撞。㊼侯自我得之三句　師古曰：「言不過失爵耳。」蓋魏其原料此事頂多不過削掉侯爵，絕不至死。無所恨，沒有什麼遺憾，因為並沒有丟掉祖先傳下來的東西。恨，遺憾。㊽匿其家　背著家裡人。《集解》引晉灼曰：「恐其夫人復諫止也。」匿，不使人知。淩稚隆引康海曰：「魏其欲死灌夫難，語甚悲壯，後果同死，雖無益於灌夫，可謂不以生死二其心者。」㊾上然之二句　按：於此見武帝之同情竇嬰，以及廷辯時武帝所表現出的憤怒心理。㊿東朝廷辯之　猶言「到東宮太后那裡去當面說」。東朝，東宮的朝堂，即太后面前。廷辯，當眾辯論。(51)罪逆不道　其罪為大逆不道。(52)因言丞相短　於是轉過來對田蚡進行人身攻擊。李光縉引吳國倫曰：「夫繫不得言武安陰事，嬰辯東朝廷，何以不遂指言之？睹異日帝聞淮南事而以不及族武安為恨，則嬰之不言是失計也。不然，豈其為救夫地，故不欲盡言耶？」又引歸有光曰：「魏其侯言『丞相短』，而不及淮南事何耶？豈魏其終長者不忍出此，君子所以往往困於小人也。」53得為肺腑　託身為皇家的肺腑之親。不取王念孫「小木片」的解釋。54倡優巧匠之屬　倡優，指音樂聲色。巧匠，指土木建造。總之不過是貪圖享樂而已。55腹誹而心謗　指對朝廷不滿。56不仰視天而俯畫地　不是仰視天文就是俯畫地理。言其謀劃造反之狀。而，其意同「則」。57辟倪兩宮間　就盼著皇帝與太后出什麼問題。辟倪，邪視；暗中窺察。《集解》引張晏曰：「占太后與帝吉凶之期。」58幸天下有變　希望天下出亂子。59欲有大功　想成就他們的大事業。隱指造反稱帝。按：《集解》引張晏曰：「幸為反者，當得為大將立功也。」又引臣瓚曰：「『天下有變』謂天子崩，因變難之際得立大功。」可供參考。60死事　死於王事；為國家戰死。61荷戟　猶言「挺矛」。師古曰：「荷，負也。」62不測　無法估計。師古曰：「言其強盛也。」63非有大惡　如果沒有更大的罪惡。此句旨在於抹去田蚡誣陷竇嬰、灌夫想要造反的說法，因為這種說法太立不住腳。64家累巨萬　極言其家產之豪富。累巨萬，猶言數萬萬。巨萬，也稱「大萬」，即今所謂「億」，單位是銅錢。65凌轢宗室二句　即指敢於觸犯田蚡，敢於和貴族作對。凌轢，欺淩；踐軋。66枝大於本三句　當時成語。賈誼〈治安策〉有「尾大不掉，末大必折」、「一脛之大幾如腰，一指之大幾如股」，義皆與此略同。本，樹幹。脛，小腿。股，大腿。披，分；裂。67唯明主裁之　凌稚隆引董份曰：「此正所謂『持兩端』者。」按：韓安國這段話兩頭都肯定，表面公平，實際是佐助田蚡，因為除掉灌夫，則竇嬰自是不言而敗。68主爵都尉　朝官名，主管列侯封爵的有關事務，秩二千石。69汲黯　武帝時以立朝直正著稱的官僚。事跡詳見〈汲鄭列傳〉，是司馬遷所稱頌的人物。70是魏其　肯定竇嬰是對的。楊樹達曰：「〈汲黯傳〉：『黯善灌夫、鄭當時。』」71內史　首都的行政長官，後稱京兆尹。72鄭當時　亦以喜賓客與正直敢言著稱，《史記》中與汲黯同傳。按：韓安國隱佐田蚡，而以耿直著稱的汲黯、鄭當時則肯定竇嬰，餘人雖不敢言，而是非曲直已經昭然。73不敢堅對　不敢堅持自己的說法。74廷論　當廷發表議論。75局趣效轅下駒　責備他畏首畏尾，不敢堅持己見。局趣，同「局促」。受拘束不得自由的樣子。轅下駒，以比喻人的左右受制，不得自由。按：武帝不滿其母與田蚡的專橫霸道，欲借大臣們的輿論來彈壓他們一下，結果人們不敢說話，故武帝借鄭當時以發怒。76吾并斬若屬　我把你們全都宰了。若屬，爾等。若，你；你們。77上食太后　伺候太后吃飯，為之「上食」，以表孝意。王先謙曰：「帝於太后循孝道，有上食之禮也。〈張耳傳〉：『趙王旦夕袒韝蔽自上食，禮甚卑，有子婿禮。』」78藉　踐踏。79百歲後　婉言死後。80魚肉　像魚肉一樣被任意宰割。81石人　言其無感情，對事情無動於衷。師古曰：「言徒有人形耳，不知好惡也。」太后知武帝不贊成田蚡，故有此言。另一說，石人指石頭人，可以千萬年長在者，對下句「百歲後」而言。

《索隱》曰：「謂帝不如石人得長存也。」楊樹達曰：「武帝意本不直武安，特以太后故，不欲出之於己，故借群臣廷辯之言以張目。太后亦知此意，故以『石人』責之，謂其不應不自主張，反問群臣也。下文帝以『俱外家，故廷辯之』為解，尤可證明。顏前說是。」

[82]此特帝在二句　現在你還活著，就這麼毫無主見。錄錄，無感情、無主見的樣子，指武帝。師古曰：「言循眾也。」或曰，錄錄，平庸畏懦的樣子，指群臣。從與下句連起來看，似指群臣較當。

[83]設　使；假如。

[84]是屬　這些人。

[85]俱宗室外家　都是一樣的外戚之家。按：只有此句的「宗室」非指外戚不可，主張「外戚」亦可稱「宗室」者，此句可為其有力證據。

[86]郎中令石建　萬石君石奮之子，其一家五人皆以「馴良」、「老好人」見稱，是司馬遷嘲諷的對象。事跡見〈萬石張叔列傳〉。

[87]為上分別言兩人事　當眾不發表議論，私底下單獨向武帝表明觀點，這樣就不會得罪人，此即所謂「馴良」。灌夫、竇嬰之死，石建之作用甚大。茅坤曰：「石建所『分別』不載其詳，大略右武安者。」

[88]止車門　宮禁的外門，謂群臣之車馬至此即止，不得更駛入內。王先謙引王先慎曰：「《御覽》八十三〈居處部〉引洛陽故宮名，有南止車門，東西止車門。《玉海》百七十〈宮室部〉，後漢、兩魏皆有止車門，而不及前漢，蓋疏漏也。」

[89]長孺　韓安國的字。

[90]共一老禿翁　顧炎武曰：「謂爾我皆垂暮之年，無所顧惜，當直言以決此事也。」《索隱》曰：「謂共治一老禿翁，指竇嬰也。」《集解》引《漢書音義》曰：「禿老翁，言嬰無官位扳援也。」意即一個退職無權的老傢伙。陳直曰：「此時田蚡盛年，不能以『老禿翁』自居，《索隱》說是也。」

[91]首鼠兩端　畏首畏尾，左右為難。瀧川引中井曰：「鼠將出穴隙，必出頭一左一右，故為兩端之喻也。」王念孫曰：「『首鼠』猶言『首施』，猶『首尾』也。『首尾兩端』，即今人所云『進退無據』也。」近人劉大白又以為「首鼠」同「躊躇」、「猶豫」，皆聯緜詞。王駿圖曰：「我與爾所共者，只此一老而退廢之人，尚何疑慮瞻顧，致如首鼠之持兩端耶？」

[92]何不自喜　為什麼不好好想想。不自喜，當時習慣語，大意為「不好好想想」、「不知道好歹」。楊樹達引黃生曰：「〈外戚世家〉『一何不自喜』、〈酈生傳〉『足下何不自喜也』，諸云『不自喜』，即今俗云『好不思量』之意，必當時方言如此。」按：楊說近是，舊注於此多牽強不通。

[93]解印綬歸　解下印綬歸還天子，做出一種引咎辭官的姿態。綬，繫印的絲條。

[94]幸得待罪　謙詞，意即有幸得為丞相。待罪，「待罪丞相」的省略。在丞相的位子上等候接受處罰，意即「身為丞相之職」。

[95]多君有讓　讚賞您的有禮讓。多，讚賞；稱讚。

[96]杜門　閉門。指無臉見人。

[97]齰舌　咬著舌頭。指無話可說。

[98]譬如賈豎女子爭言　像小商販們、小女子們的爭嘴吵架。

[99]無大體　沒有身分。

[100]御史　御史大夫的屬官，韓安國的屬下。

[101]簿責　以書面文字進行責備。

[102]不讎　與事實不合。讎，相當；相對。

[103]欺謾　說謊騙人。郭嵩燾曰：「灌夫橫恣潁川有實驗，魏其謂灌夫醉飽得過，言不相應，因責以欺謾。」按：武帝態度之變化，與王太后的壓力有關，亦與石建背

後的「分別言之」有關。[104]劾繫都司空　經有司彈劾，拘押於都司空。都司空，宗正的屬官，主管詔獄（皇帝發來的案犯）。竇嬰是外戚，宗正是主管皇室和外戚事務的官，因此竇嬰有罪要繫於宗正屬下的都司空。陳直曰：「《漢舊儀》云：『中都官詔獄三十六所。』都司空令屬宗正，都司空令主要治陶瓦。」[105]常受遺詔　曾經接受過生前留下的詔書。常，通「嘗」。[106]事有不便二句　日後遇有不利情況，可以直接找皇帝說明，這是帝王授與大臣的一種特殊權力。[107]諸公莫敢復明言於上　朝廷大臣沒有人再敢向皇帝說明這一情況。[108]昆弟子　自己兄弟的兒子，即竇嬰之姪。[109]案尚書大行無遺詔　查對尚書省的檔案，找不到老皇帝給過竇嬰遺詔的證據。尚書，即尚書省，有尚書令一人，負責給皇帝收發管理文件。大行，已死的皇帝，這裡指漢景帝。茅坤曰：「此必大行時遑急，不及隸之尚書而後下者。武安輒以此案論，悲夫！」王先謙引沈欽韓曰：「唐故事，中書舍人掌詔誥，皆寫兩本，一為底，一為宣。大行遺詔豈無副而獨藏私家者？此主者畏蚡，助成其罪也。」[110]家丞封　是由竇嬰家的家丞蓋印封存的。家丞，為列侯管理家政的官員。[111]劾魏其矯先帝詔　劾，彈奏；舉報。矯，假造；假傳。王先謙引李慈銘曰：「此乃尚書劾（之）也。」[112]罪當弃市　量刑被定為棄市。當，判處；判定。[113]五年二句　《集解》引徐廣曰：「疑非五年，亦非十月。」《正義》曰：「《漢書》云：『元光四年冬（當時以十月為歲首），魏其侯嬰有罪弃市；春三月乙卯，丞相蚡薨。』按：『五年』者，誤也。」元光四年為西元前一三一年。[114]悉論灌夫及家屬　論，判處。梁玉繩曰：「竇嬰、灌夫、田蚡之死皆在元光三年，夫以十月族，嬰以十二月棄市，蚡以三月卒，絕無可疑。」按：梁說可供參考。[115]恚　惱怒。[116]病痱　即所謂「中風」。[117]議定不死矣　武帝已經與人商量好不殺竇嬰了。[118]乃有蜚語為惡言聞上　忽然又有一股關於竇嬰的壞話傳進武帝的耳朵。蜚語，流言。蜚，同「飛」。《集解》引張晏曰：「蚡偽作飛揚誹謗之語。」[119]十二月晦　十二月的最末一天。司馬光曰：「漢制，常以立春下寬大詔書，蚡恐魏其得釋，故以十二月晦殺之。」[120]渭城　即秦時之咸陽，漢朝改稱渭城，在今陝西咸陽東北。[121]其春　竇嬰被殺的同年春天，當時仍用秦曆，以十月為歲首，故春天在同年的十二月之後。[122]呼服謝罪　痛呼認罪服罪。按：《漢書》於此作「蚡疾，一身盡痛，若有擊者，呼服謝罪」。[123]見魏其灌夫共守二句　淩稚隆引錢福曰：「武安倚勢陷殺二人，二人卒為厲鬼，事未必真，特以此為天下後世擅權者之戒。」茅坤曰：「此必當時人不厭魏其、灌夫之死，故為流言云云。」按：此不應視史公為迷信，可視為表明其態度的一種方式。[124]竟死　就這樣地死去了。據《漢書‧武帝紀》，事在元光四年三月乙卯（十七）。《正義》曰：「元光四年十月，灌夫弃市；十二月末，魏其弃市；至三月乙卯，田蚡薨。則三人死同在一年明矣。」[125]子恬嗣　其子田恬襲其父爵為武安侯。[126]元朔三年　西元前一二六年。「元朔」是漢武帝的第三個年號（西元前一二八─前一二三年）。[127]武安侯　此即襲其父爵的田恬。[128]襜褕　短衣，非入朝所宜服者。[129]不敬　梁玉繩曰：「此下缺『國除』二字。」按：〈惠景閒侯者年表〉作「坐衣襜褕入宮廷中，不敬，國除」。「國除」即取消其封爵，收回其封地。[130]淮南王安　劉安，劉邦少子劉長的兒子。劉長被劉邦封為淮南王，都壽春（今安徽壽縣）。文帝時，因謀反被流放，自殺於途中。事後文帝又封劉長之子劉安為淮南王，武帝元狩元年（西元前一二二年），劉安又欲謀反，事洩自殺。詳情見〈淮南衡山列傳〉。[131]謀反覺　謀反的事情被發覺。[132]治　被查辦。[133]王前朝　淮南王前次入朝，事在武帝建元二年（西元前一三九年）。[134]霸上　在當時長安城（今西安市北）東南的霸水西岸，今稱白鹿原。霸水發源於冢嶺山，經今西安市東，西北流入渭水。[135]即宮車晏駕　倘若皇帝突然死了。即，若。宮車晏駕，指皇帝死。晏駕，不能按時乘車出來。晏，晚。[136]非大王立當誰哉　何焯曰：「蚡為太尉，多受諸侯王金，私與交通，其罪大矣。然安之入朝在建元二年，武帝即位之初，雖未有太子，尚春秋鼎盛（年僅十八歲），康強無疾；身又外戚（田蚡為武帝之舅），『非王誰立』之言，狂惑所不應有之言，疑惡蚡者從而加之。」[137]厚遺金財物　遺，給；饋送。凌稚隆曰：「傳末次淮南王遺金，所以實灌夫所持武安陰事者。」按：以上田蚡與淮南王交通事，亦見於〈淮南衡山列傳〉，何焯謂「惡蚡者從而加之」，當是也，史公亦極惡田蚡，故復一再言之。[138]魏其時　指魏其遭田蚡構陷時。《漢書》作「魏其事時」。[139]不直武安　不贊成田蚡；不認為田蚡有理。[140]特為太后故耳　（武帝當時之所以順著田蚡殺了竇嬰，）就是因為有太后給田蚡撐腰。特，只；就是。[141]使武安侯在者二句　此史公借武帝語以表明自己的愛憎。凌稚隆引焦竑曰：「蚡私交淮南王，受遺金，夫因繫不得告，故子長揭之於尾。蓋雖不得發其事於生前，而猶得暴其事於死後。使夫有靈，必快意於九泉矣。」吳見思曰：「作快語結，所以深惡武安也。」

【語　譯】元光四年春天，田蚡對武帝揭發灌夫家族在潁川驕橫霸道，百姓們大吃苦頭，請求依法查辦。武帝說：「這是你職務以內的事情，不必向我請示。」但灌夫也抓著田蚡的一些把柄，諸如為非作歹圖謀私利、接受淮南王的賄賂說了許多不該說的話等等。由於兩家的賓客們從中調解，於是彼此又都停了下來，暫時和解了。

2 同年夏天，田蚡娶燕王的女兒做夫人，太后下令，叫列侯宗室們都要前去祝賀。這時竇嬰去找灌夫，要和他一道去。灌夫推辭說：「我曾多次因酒後失言得罪過他，我看他近來似乎對我特別仇恨。」竇嬰說：「過去的事情不是都已經解開了嗎？」於是硬拉著灌夫一同去了。到了宴會上人們酒興正濃的時候，田蚡站起來給大家敬酒，於是在座的人都趕快離開席位俯伏在地，表示不敢當。過了一會兒竇嬰也起來給大家敬酒，這回只有他的老朋友們離開席位，其餘半數的人都只是在席上跪起身子而沒有離席。灌夫看著心裡生氣，於是就自己起來給大家敬酒，當他走到田蚡跟前時，田蚡跪起身子推辭說：「不能再滿了。」灌夫心裡生氣，嘴裡用一種嘲弄的腔調說：「您是貴人，乾了這一杯！」田蚡堅持不喝。接著敬酒到了臨汝侯灌賢的面前，當時灌賢正在跟程不識咬著耳朵說話，沒有注意，又沒有離席。灌夫滿腔怒火正沒有地方發洩，於是就對著臨汝侯罵道：「平常私底下你也把程不識貶得一錢不值，今天有年紀的人來給你敬酒了，你倒反而和他像小丫頭似地嘰嘰咕咕個沒有完了！」田蚡一聽趕緊攔阻說：「程不識和李廣一起分別在長樂宮和未央宮做衛尉，今天你當眾侮辱程將軍，難道就不為李將軍留點面子嗎？」灌夫說：「今天我連砍頭穿胸都不怕了，我還顧什麼程將軍、李將軍！」座上的賓客們一看事情要鬧大於是就推說上廁所，一個個地向外溜。這時竇嬰也站起來，揮手叫灌夫一起走。而田蚡這時已經怒吼說：「這都是我平常對灌夫太放縱，所以他今天才敢這麼放肆。」說罷下令武士攔住灌夫。灌夫這時已經是想走也走不了了。籍福一看就趕快起來幫他們調停，他按著灌夫的脖子想讓他向田蚡認個錯。於是灌夫更是火上澆油，堅決不肯道歉。田蚡就讓武士們把灌夫捆起來看守在客館裡，他把自己的長史叫來吩咐說：「今天我請諸位宗室來，是奉了太后的命令。」於是就讓長史起草奏章彈劾灌夫這種辱罵賓客是對太后命令的大不敬，並很快地把灌夫關進了監獄。接著田蚡就追查灌夫以往的各種不法行為，派人分頭把灌夫家族的各個支系一網打盡，通通地判為死罪。竇嬰感到太對不起灌夫了，就百般地花錢請賓客們去說情，結果一概無效。這時田蚡的下屬官吏，都為田蚡作耳目，灌夫那些沒有被抓起來的族人們也都逃脫躲藏了起來，灌夫自己又被下在獄裡，無法去向皇上揭發田蚡不可告人的事情。

3 竇嬰仍在不顧一切地救灌夫。他的夫人勸他說：「灌將軍得罪了丞相，跟太后家的親戚過不去，這難道還救得了嗎？」竇嬰說：「我的爵位是我自己掙來的，即使我自己把它搞丟了，我也沒有什麼遺憾。而且無論如何我也不能眼看著灌夫被殺，而我自己一個人活著。」於是他瞞著家裡人，偷偷地出去給武帝上書。武帝馬上把他叫進宮去，這時竇嬰就把灌夫因為喝醉了酒當眾罵人的事向武帝說了一遍，認為這樣的事情還不到要殺頭的地步。武帝同意竇嬰的看法，還招待他吃了飯，說：「明天到東宮去把這件事當眾辯論清楚。」

4 竇嬰到了東宮，就極力說灌夫的好話，並說他這次是酒醉失言犯了錯誤，而丞相卻用其他事情來誣陷他。接著田蚡則是大肆詆毀灌夫的所作所為，說他橫行不法，大逆無道。竇嬰眼看著單是這樣下去，不會有什麼結果，於是就轉過來揭發田蚡的短處。而田蚡則說：「現在天下太平無事，我有幸作為皇上的親戚，我所喜好的無非是音樂、狗馬、田產房屋。我所愛的不過是唱歌跳舞的優伶以及能工巧匠之流，我不像魏其侯、灌夫他們招引著一幫子豪傑壯士整天在那裡說長道短，詆毀朝廷，他們不是仰觀天象，就是俯察地理，他們斜著眼睛窺測著東、西兩宮，就盼著天下出什麼變故，他們好趁機辦大事。我真不知道魏其侯等人到底是在幹什麼。」武帝轉問朝臣們說：「你們看他們兩人誰說得對？」御史大夫韓安國說：「魏其侯談到灌夫的父親戰死時，灌夫持戟策馬衝入吳軍，身上負傷幾十處，名冠三軍，這是天下難得的勇士，只要沒有什麼太大的罪惡，光是因為酒宴上的一點小問題，是不能用別的藉口殺他的。從這一點上說，魏其侯說得對。丞相也說了灌夫結交壞人，侵害百姓，以至於積累了上億的家產，在潁川郡裡橫行霸道，欺侮宗室，侵犯貴族，這就是俗話所說的『樹枝大於樹幹，小腿大於大腿，不折斷它就要損害本體』，從這點看來，丞相說得也對。請英明的皇上自己裁奪。」接著主爵都尉汲黯發言，贊成竇嬰的說法。隨後內史鄭當時發言也表示同意竇嬰的說法，但後來又不敢堅持了。其餘的人誰都不敢發言。武帝生氣地對鄭當時說：「你平常總愛議論魏其侯和武安侯的長短，今天讓你當眾表態了，你卻這麼畏畏縮縮地像一匹車轅子下頭的馬，我乾脆都殺了你們！」說罷站起身來回了內室，去侍候太后吃飯了。這時太后也早已派人在前邊窺聽，待至窺聽的人向太后詳細報告了辯論的情況後，太后很生氣，不吃飯了，她望著武帝說：「今天我還活著，那些人居然就敢這麼踐踏我的弟弟；要是日後我死了，他們還不把我弟弟當作魚肉任意宰割嗎？再說，你自己難道就能像一個石頭人一樣無動於衷嗎？現在你還活著，群臣便如此平庸畏縮，假如你日後死了，這些人有一個可以信賴的嗎？」武帝趕忙向太后賠禮說：「因為都是親戚，所以我才讓他們在大廷上公開辯論。如果不是親戚，這種事情還不是派一個獄吏就可以解決了嗎？」這時郎中令石建又在背後給武帝分析了竇嬰和田蚡的事情。

5 田蚡退朝以後，從止車門出來，招呼韓安國上了他的車子，怒氣沖沖地說：「我跟你共同對付一個老傢伙，你為什麼這麼模稜兩可、畏首畏尾呢？」韓安國沉默了一會兒才對田蚡說：「您怎麼不好好想想？當魏其侯攻擊您的時候，您應當摘下帽子，把您的印綬交還皇上，您可以說：『我只因為是皇上的親戚才一時充當了丞相，我本來就擔當不了這樣的重任，魏其侯說的那些話都對。』這樣一來，皇上一定會讚揚您的謙讓，絕不會剝奪您的相位。而魏其侯在這種情況下也一定會深感內疚，會羞得他回去關上門子咬爛舌頭自殺。可現在人家攻擊您，您也攻擊人家，就如同小商販、小女人在那裡爭吵，怎麼就這麼不顧身分呢！」田蚡一聽恍然大悟說：「當時只顧了爭吵，沒有想到該這麼做。」

6 於是武帝派御史拿著案卷去責問竇嬰，說他所講的灌夫的情況，與事實不符，說他是欺騙皇上。於是竇嬰受到彈劾也被關進了都司空的監牢裡。早在孝景帝在世時，竇嬰曾得到過孝景帝的一篇遺詔，其中說「當發生了什麼不利的事情時，可以直接向皇上啟奏」。等到魏其侯被關了起來，灌夫被判為滅族的時候，事情日益緊急，朝廷裡的大臣們誰也不敢再去向皇上說明事情的真相了。這時竇嬰就讓他的姪子給武帝上奏，希望得到皇上的召見。奏章交給武帝後，武帝派人到尚書處查閱案卷，沒有發現景帝遺詔的證據。只有一張詔書藏在竇嬰的家中，是由他們的家臣加印封存的。於是田蚡等又進而彈劾竇嬰假造先帝的遺詔，罪該殺頭。於是在元光五年十月，灌夫及其整個家族全部被處決了。過了很久竇嬰在監獄裡才聽到這個消息，他一聽完悲憤欲絕，當時就中了風，而且絕食準備自殺。後來又聽說皇上沒有殺竇嬰的意思，於是就又開始吃飯，請醫生給自己治病。後來果然傳出消息說是朝廷議定不殺竇嬰了。可是緊接著又有一股惡毒的流言蜚語傳到了皇帝那裡，於是在這一年的十二月三十，魏其侯竇嬰在渭城被處決了。

7 也就在這同一年的春天，田蚡也生了病，他一個勁地呼叫著我有罪我服罪。待至請來巫師一看，巫師說他看見魏其侯和灌夫兩個鬼魂夾守在他的兩旁，想要弄死他。結果田蚡就這樣地死去了。田蚡的兒子田恬繼承了武安侯的爵位。到元朔三年時，田恬因為穿著短衫進宮，犯了不敬之罪。

8 後來淮南王劉安的謀反被發覺，武帝命令嚴加追究。這時才發現劉安前些年進京朝貢時，武安侯當時正做太尉，在他到霸上迎接劉安時，曾對劉安說：「現在皇上還沒有太子，您為人賢明，又是高祖的孫子，假如皇上有一天死了，那時不立您還去立誰呢！」劉安聽了很高興，送給了田蚡許多金銀財物。武帝早從竇嬰被陷害時就不認為田蚡有理，只不過是由於太后偏袒而不能處置他罷了。等到這回一聽說田蚡接受過淮南王的賄賂後，就說：「假使武安侯現在還活著，肯定就要滅族了。」

太史公曰：魏其、武安皆以外戚重❶，灌夫用一時決筴❷而名顯。魏其之舉❸以吳、楚，武安之貴在日月之際❹。然魏其誠不知時變❺，灌夫無術而不遜❻，兩人相翼❼，乃成禍亂。武安負貴❽而好權❾，杯酒責望❿，陷彼兩賢。嗚呼哀哉！遷怒及人⓫，命亦不延。眾庶不載⓬，竟被惡言⓭。嗚呼哀哉！禍所從來矣⓮！

【章　旨】以上為第五段，是作者的論贊，表現了作者對田蚡與王太后的不滿，與對統治集團內部相互傾軋的厭惡之情。

【注　釋】❶重　謂受重用；掌大權。❷用一時決筴　用，因。一時決筴，師古曰：「謂馳入吳軍欲報父讎也。」❸舉　提拔；重用。❹日月之際　謂日月並懸之際。即武帝即位，太后稱制之時。此句意思是說，田蚡是靠著王太后的關係發達起來的，與灌夫的靠勇氣、竇嬰的靠軍功不同。史公的褒貶自在言外。何焯曰：「『皆以外戚重』，復申之曰『魏其之舉以吳楚，武安之貴在日月之際』，其區分兩人尤嚴。」❺不知時變　不注意朝廷局勢的變化，如竇太后死、王太后掌權等。❻無術而不遜　無術，不懂道術；不懂得如何處世做人。前文有所謂「夫不喜文學」，亦與此處之「無術」相通。凌稚隆引黃洪憲曰：「篇中歷次『夫不懌』、『夫愈益怒』、『夫聞，怒罵籍福』、『夫不悅』、『夫怒』、『夫無所發怒』、『夫愈怒，不肯謝』等句，即贊中所謂『無術而不遜』者。」❼相翼　相互依傍；相互推波助瀾。❽負貴　依仗自己的勢位高貴。負，仗恃。❾好權　攬權；

專權。⑩杯酒責望　由於杯酒之間的一點嫌隙而引起對人的怨恨。責望，恨怨。⑪遷怒及人　指灌夫由恨武安而對灌賢發怒事。⑫眾庶不載　百姓們不擁戴。指潁川百姓作歌以諷灌氏事。載，通「戴」。⑬竟被惡言　指灌夫被田蚡所構陷。被，加；蒙受。⑭禍所從來矣　災難就是從這裡來的呀。指灌夫橫於潁川，劣跡被田蚡擴大、利用，既害了自己，又殃及了竇嬰，慘不可言。李光縉引趙恆曰：「贊意哀魏其之冤，而深誅武安之罪也。言『魏其之舉以吳楚之功』，『灌夫因一時決策入吳軍而名顯』，魏其以『不知時變』，灌夫以『無術不遜』，其罪非可以殺身滅族論也。蚡何人哉？『負貴好權』，以杯酒陷人於大禍，『命固不延』，而得免於族滅之誅者幸耳。『禍所從來』，言禍由太后也。再寫『嗚呼』，恨之也。」

【語　譯】太史公說：竇嬰和田蚡都因為是外戚而受到重用，而灌夫則是由於一時的英勇而聲名顯赫。竇嬰的顯貴是因為討伐吳、楚叛亂有功，田蚡的顯貴則完全是靠著皇帝和太后的關係。但是竇嬰不懂隨著時勢的變化改變自己的處世態度，灌夫則是不學無術而又極不謙虛，這兩個人彼此相幫，終於釀成了殺身滅族的大禍。而田蚡則完全是倚仗著顯貴的地位專權跋扈，就因為酒席上的一些爭吵居然就陷害了兩位重要人物。真是可悲啊！灌夫由於把對田蚡的憤怒發洩到了灌賢的身上，從而引起了自己的殺身之禍。平時得不到百姓擁戴，而終遭田蚡構陷。真可悲啊！大禍就是這麼一點點地醞釀而成的。

【研　析】本篇是《史記》中不大好讀的一篇，即以其主旨而論，就有許多不同的理解。許多選本都說該篇的要旨在表現田、竇兩大貴族之間的矛盾與火拚，體現了一種財產與權力的再分配。這麼說當然不錯，但卻流於表面，比較膚淺。應該更進一步看到，透過田、竇兩族的鬥爭，實際上還表現了最高統治集團內部的爭權與傾軋，以及漢武帝「罷黜百家，獨尊儒術」的過程。

本篇揭露最高統治集團內部，即皇帝與太后之間的互相爭權、互相傾軋，是從漢景帝時期便已顯露徵兆。漢景帝的母親竇太后，早在其夫文帝在世時，其兄竇長君與其弟竇少君就很受寵得勢。文帝死後，景帝即位，竇太后的權勢也就更大了。竇太后對她的小兒子梁孝王分外縱容嬌慣，太常袁盎因建議景帝對之進行裁抑，梁孝王居然派刺客將袁盎刺殺了；漢景帝喜歡執法公正、不畏權貴的郅都，但竇太后竟一定要殺死他，對此漢景帝竟不敢反對。這母子三人的關係簡直就像《左傳》中的鄭莊公與姜氏及公叔段。漢景帝明白梁孝王對他的威脅，只是迫於竇太后的勢力太大而只好隱忍求全。漢武帝即位後，已經干預了景帝政權一輩子的竇太后其權勢欲仍絲毫不減，這當然是武帝的母親王太后所不能容忍的，於是一場以武帝為前臺，實質上是王太后與竇太后之間的權力之爭開始了。王太后的同母異父弟田蚡當了太尉，裹脅著竇嬰名義上大搞「尊儒」，其實是趁機培植勢力。及至他們「請無奏事東宮」，也就是想排除竇太后，不讓她再干預朝政時，竇太后大怒，一下子把丞相、太尉、御史大夫通通罷免，並將位列「九卿」的郎中令王臧下獄處死，可見竇太后的勢力是多麼兇盛啊，於是這場以漢武帝為前臺，以王太后為幕後指揮的奪權鬥爭遂以慘敗而告終。王太后遭受打擊沉默了五年，直到竇太后病死，王太后、漢武帝才二次出擊，徹底掃蕩了竇太后的勢力。魏其侯竇嬰雖然忠於正統，在竇太后寵愛梁孝王的問題上與竇太后有過矛盾，被罷過官，但他畢竟是竇太后的姪子，於是隨著竇太后病死，竇嬰也跟著徹底垮臺。文中所謂「魏其失竇太后，益疏不用，無勢」，以及後來終被王太后所殺，就是反映了這種一朝天子一朝臣的本質。竇嬰是這場權力之爭的犧牲品。

在同竇氏集團鬥爭中，漢武帝一度是與王太后站在一起的，但隨著竇氏一派勢力的被肅清，漢武帝與王太后、與田蚡的矛盾便日益尖銳起來，這表現在漢武帝對田蚡欲壑難填的憤怒並召集東宮廷辯。他之所以要在「東宮」，要在王太后面前讓滿朝大臣給竇嬰與田蚡的紛爭評理，目的就是想借朝廷的輿論來彈壓一下田蚡，同時也給王太后一點顏色看。不料大臣們都畏懼王太后和田蚡，沒有更多的人敢出來說話，遂使漢武帝的目的受挫。

漢初盛行黃老之學，而黃老之學顯然是對地方割據勢力有利的。景帝時，隨著吳、楚七國之亂被削平，已經漸漸拋棄黃老思想而不斷地進用儒生了。武帝上臺後，即下詔舉賢良方正，並接受衛綰的建議，罷斥一切「亂國政」的申、商、韓非、蘇秦、張儀之士。這裡他們沒有明確提出「黃老」，但其本意卻主要是針對「黃老」的。而主持這項變革的是田蚡與竇嬰，其次是趙綰、王臧。他們一方面在學術上提倡「尊儒」，一方面在組織上「請無奏事東宮」，一表一裡，相輔相成，勢頭很大。但是年輕的漢武帝和不量彼己的王太后畢竟低估了竇太后的權威，結果被竇太后一反擊，「尊儒派」便以一場大悲劇而告終。這在中國古代學術史上，就其鬥爭的劇烈和對整個社會的震動，一點不比秦始皇的「焚書坑儒」差。直到建元六年竇太后死，黃老學派的保護傘倒掉，這時王太后、漢武帝才又重新組織力量，在一片「尊儒」聲中，從政治上對黃老學派及其背後的支持者進行了徹底的掃蕩，而主持這項工作的頭子就是王太后的同母異父弟武安侯田蚡。

漢代以叔孫通、公孫弘為代表的儒學，本身就是以先秦儒學的詞語為漢武帝的「多欲」政治作緣飾，而號召尊儒的旗手又恰恰是臭名昭著的田蚡，所以司馬遷對漢代的儒生、儒學非常反感，這些可以參看〈儒林列傳〉、〈平津侯主父列傳〉、〈游俠列傳〉等篇。

卷一百八

韓長孺列傳第四十八

【題　解】韓長孺是一個性格複雜獨特的人，司馬遷對他的看法也是多方面的。司馬遷稱道韓安國是「長者」，說他「智足以當世取合，而出於忠厚」，這主要是指他兩次充當潤滑劑，調和了景帝與梁孝王的尖銳矛盾。雖然司馬遷對韓安國這種巧言善飾並不一定從心眼裡欣賞，但他畢竟化解了統治集團內部的一場骨肉相殘。在他勸說梁孝王交出羊勝、公孫詭的問題上，可以說是既曉之以理，又動之以情，尤其更警之以政治鬥爭的冷酷，這些都有利於維護社會安定，具有明顯的意義。作品還寫到了韓安國反對與匈奴開戰，寫到了王恢設謀馬邑的事敗被殺，表現了司馬遷對武帝時期一系列邊釁問題的批判態度。將略非韓長孺之所長，而武帝偏又將其用於邊方，以致守土無力，嘔血而死，司馬遷對其一生結局表現了無限感慨。

1 御史大夫❶韓安國者，梁成安❷人也，後徙睢陽。嘗受韓子❸、雜家說❹於騶田生❺所。事梁孝王❻為中大夫❼。吳、楚反❽時，孝王使安國及張羽❾為將，扞吳兵於東界❿。張羽力戰⓫，安國持重⓬，以故吳不能過梁⓭。吳、楚已破⓮，安國、張羽名由此顯。

2 梁孝王，景帝母弟，竇太后⑮愛之，令得自請置相、二千石⑯，出入游戲，僭於天子⑰。天子聞之，心弗善也。太后知帝不善，乃怒梁使者，弗見，案責⑱王所為。韓安國為梁使，見大長公主⑲而泣曰：「何梁王為人子之孝、為人臣之忠，而太后曾弗省⑳也？夫前日吳、楚、齊、趙七國反時㉑，自關以東皆合從西鄉㉒，惟梁最親，為艱難㉓。梁王念太后、帝在中㉔，而諸侯擾亂㉕，一言泣數行下。跪送臣等六人㉖，將兵擊卻吳、楚，吳、楚以故兵不敢西，而卒破亡，梁王之力也。今太后以小節苛禮責望㉗梁王。梁王父兄皆帝王，所見者大，故出稱蹕，入言警㉘，車旗㉙皆帝所賜也㉚，即欲以侘鄙縣㉛，驅馳國中，以夸諸侯㉜，令天下盡知太后、帝愛之也。今梁使來，輒㉝案責之。梁王恐，日夜涕泣思慕，不知所為。何梁王之為子孝、為臣忠，而太后弗恤也㉞？」大長公主具以告太后，太后喜曰：「為言之帝！」言之，帝心乃解㉟，而免冠謝太后，曰：「兄弟不能相教，乃為太后遺憂㊱。」悉見梁使，厚賜之。其後梁王益親驩㊲。太后、長公主㊳更賜安國可直千餘金㊴。名由此顯，結於漢㊵。

3 其後安國坐法抵罪，蒙獄吏田甲㊶辱安國㊷。安國曰：「死灰獨不復然㊸乎？」田甲曰：「然即溺㊹之。」居無何㊺，梁內史㊻缺，漢使使者拜安國為梁內史，起徒中為二千石[47]。田甲亡走。安國曰：「甲不就官[48]，我滅而宗[49]。」甲因肉袒[50]謝。安國笑曰：「可溺矣！公等足與治乎[51]？」卒善遇之[52]。

4 梁內史之缺也，孝王新得齊人公孫詭[53]，說[54]之，欲請以為內史。竇太后聞，乃詔王以安國為內史[55]。

5 公孫詭、羊勝[56]說孝王求為帝太子[57]及益地[58]事，恐漢大臣不聽，乃陰使人刺漢用事謀臣[59]。及殺故吳相袁盎[60]，景帝遂聞詭、勝等計畫，乃遣使捕詭、勝，必得[61]。漢使十輩至梁，相以下舉國大索[62]，月餘不得。內史安國聞詭、勝匿孝王所，安國入見王而泣，曰：「主辱臣死[63]。大王無良臣，故事紛紛至此。今詭、勝不得，請辭賜死[64]。」王曰：「何至此？」安國泣數行下，曰：「大王自度於皇帝，孰與太上皇[65]之與高皇帝及皇帝之與臨江王[66]親？」孝王曰：「弗如也。」安國曰：「夫太上、臨江親父子之間[67]，然而高帝曰：『提三尺劍取天下者朕也。』故太上皇終不得制事，居于櫟陽[68]。臨江王，適[69]長太子也，以一言過，廢王臨江[70]；用宮垣事，卒自殺中尉府[71]。何者？治天下終不以私亂公。語曰：『雖有親父，安知其不為虎？雖有親兄，安知其不為狼[72]？』今大王列在諸侯，悅一邪臣浮說，犯上禁，橈明法[73]。天子以太后故，不忍致法於王。太后日夜涕泣，幸大王自改，而大王終不覺寤。有如太后宮車即晏駕(74)，大王尚誰攀(75)乎？」語未卒，孝王泣數行下，謝安國曰：「吾今出詭、勝(76)。」詭、勝自殺。漢使還報，梁事皆得釋，安國之力也(77)。於是景帝、太后益重安國。孝王卒，共王即位(78)，安國坐法失官，居家。

【章旨】以上為第一段，寫韓安國於景帝時在梁國為官，兼能取悅於朝廷太后的情景。

【注釋】❶御史大夫　秦漢時代的官名，與丞相、太尉並稱「三公」，掌監察、糾彈，位同副宰相。❷梁成安　梁，漢代諸侯國名，國都睢陽（今河南商丘東南）。成安，漢縣名，縣治在今河南民權東北，當時屬梁國。❸韓子　即今所謂《韓非子》，法家學派集大成的著作，戰國末期韓國公子韓非著。關於韓非的事跡見〈老子韓非列傳〉。❹雜家說　不專一派，兼取各家觀點的一種學說，戰國時期的學派被稱為「雜家」的有《尉繚子》、《尸子》、《呂氏春秋》等。❺騶田生　師古曰：「田生，騶縣人。」騶，漢縣名，縣治在今山東鄒縣東南。田生，田先生。先生，對年長學者的尊敬之稱。當時稱「先」、稱「生」，都與後世稱「先生」意思相同。❻梁孝王　劉武，文帝之子，景帝的胞弟，皆竇太后所生。文帝十二年（西元前一六八年）被移封為梁王。「孝」字是謚。事跡詳見〈梁孝王世家〉。❼中大夫　帝王身邊的侍從官員，秩比千石，掌議論。漢代初期各諸侯國的官員建制，與漢朝中央相同，故梁國亦有中大夫。❽吳楚反　吳王劉濞、楚王劉戊等七國以討鼂錯「清君側」為名，對漢朝中央發動的叛亂，事在景帝三年（西元前一五四年）。詳見〈吳王濞列傳〉、〈絳侯周勃世家〉、〈袁盎鼂錯列傳〉等篇。❾張羽　當時梁國的名將。❿扞吳兵於東界　扞，同「捍」。抵抗。按：當時吳國都城廣陵（今江蘇揚州），楚國的都城彭城（今江蘇徐州）。吳、楚叛軍要進攻漢朝的首都長安，必須經過梁國，因此梁國遂成了抗擊吳、楚叛軍的前沿陣地。⓫力戰　指勇於作戰。⓬持重　指不輕易出戰。二人蓋相得益彰。⓭不能過梁　指梁國阻住了吳、楚軍，使其不能西逼長安。關於梁國堅決抗擊吳楚事，詳見〈梁孝王世家〉、〈絳侯周勃世家〉、〈吳王濞列傳〉。⓮吳楚已破　吳、楚叛亂在景帝三年正月，至三月，遂被太尉周亞夫與梁孝王等徹底消滅。⓯竇太后　文帝的皇后，生平詳見〈外戚世家〉。⓰令得自請置相二千石　據《後漢書・百官志》，西漢初期，朝廷只給各諸侯國派遣丞相與太傅，其他如御史大夫與諸卿皆由諸侯王自行任命。七國之亂後，諸侯王的權力被大幅度削減，諸侯國的丞相改稱「相」，諸侯國的軍政大權完全由朝廷所派的官員（相、內史等）執掌，唯有梁孝王非常特殊，可以自己委任「相」與「內史」等二千石一級的官員。自請置，《漢書》削「請」字，作「自置」。徐朔方曰：「諸王國的相、二千石官規定由朝廷任命，現在允許梁王提命報請朝廷任命，以示優待。後文梁王推薦公孫詭為梁內史，竇太后卻以韓安國接任，可見梁王並不能自由任命。《漢書》作『梁王以至親故，得自置相、二千石』，未的。」⑰僭於天子　其舉動、排場和皇帝一樣。僭，越分。⑱案責　檢查責備。案，通「按」。吳見思曰：「太后非怒梁王也，因帝心不平，無法可解，故先帝而發，是倒用之權術耳。」⑲大長公主　即館陶公主，名嫖，竇太后之女，景帝與梁孝王之胞姐。凡帝王之女稱「公主」，帝王之姐妹稱「長公主」，帝王之姑稱「大長公主」，司馬遷寫書於武帝之世，故稱劉嫖為「大長公主」。關於大長公主的事跡，見〈外戚世家〉。⑳弗省　不理解。省，察；明白。㉑吳楚齊趙七國反時　按：造反的七國除前述吳、楚外，還有趙（都邯鄲）、膠東（都即墨）、膠西（都高密）、菑川（都劇縣）、濟南（都東平陵），並無齊國（都臨淄）。但因膠東、膠西、菑川、濟南四國都是從舊齊國分出來的，都在當年的齊地，所以人們有時以「齊」來代指此四國，見〈楚元王世家〉、〈吳王濞列傳〉、〈魏其武安侯列傳〉等。㉒自關以東皆合從西鄉　關，指函谷關，在今河南靈寶東北。秦漢時期用「關東」指稱東方的廣大地區。合從，同「合縱」。意即「聯盟」、「聯合」。西鄉，同「西向」。㉓惟梁最親二句　謂只有梁王與朝廷的關係最親，是親兄弟；其封國當吳、楚進攻之衝，處境最為艱難。又，此處「為艱難」三字或可解為梁國阻擊吳、楚，成為叛軍難以逾越的障礙。《漢書》於此作「為限難」，楊樹達曰：「謂梁為之限阻也。」㉔在中　在京師。《正義》曰：「中，謂關中也。又云，京師在天下之中。」㉕擾亂　謂起兵造反。㉖跪送臣等六人　跪送，對出征大將的禮遇。據說古時大將出征，王者為其跪推車轂，並說：外面的事情一切由你做主。〈廉頗藺相如列傳〉、〈刺客列傳〉也有使者出發，王者為其跪送之禮。六人，王先謙曰：「安國、張羽，及〈汲黯傳〉之傅柏，〈儒林傳〉之丁寬，餘二人未詳。」㉗責望　責備怨恨。望，怨。㉘出稱蹕二句　互文見義，即出入都加強警備，清道戒嚴。蹕，清道。㉙車旗　指使用天子的車駕、旌旗。㉚皆帝所賜也　〈梁孝王世家〉有所謂「得賜天子旌旗」云云，則此語非韓安國所編造。㉛侘鄙縣　對著鄉下佬們炫耀。侘，誇耀。鄙縣，僻陋的邊遠之縣。㉜夸諸侯　向別的諸侯王們炫耀。㉝輒　即；就。㉞而太后弗恤也　恤，體諒；憐惜。吳見思曰：「將極大事說得雪淡，難解事說得冰消，且句句推到太后與帝身上去，極寫辭令之妙。」凌稚隆引王維楨曰：「安國此等語終飾詞，然其全兄弟子母之恩，則可尚也。」郭嵩燾曰：「梁王僭似天子，稱警蹕，無可為解說，安國詞令圓妙，使人之意也消。」按：

句句說太后，實則句句說給景帝聽，於是越發博得太后歡心。㉟帝心乃解　按：此不過順水推船，暫且不究而已，非真釋然於心也。㊱乃為太后遺憂　吳見思曰：「帝心既解，因太后一怒，故反為引罪之詞，寫得母子之間說不出之心事，一一逼露。」楊樹達曰：「此與〈張釋之傳〉文帝謝『教兒子不謹』事正同，合觀之，可見漢廷家法。」㊲益親驩　母子與兄弟之間的關係越來越好。驩，同「歡」。㊳長公主　前稱「大長公主」，此稱「長公主」，稱謂欠統一。㊴千餘金　千餘斤黃金。漢時稱黃金一斤曰「一金」，一金可值銅錢一萬。㊵結於漢　此指與朝廷搭上了鉤。當時任職於諸侯王，與任職於中央區別甚大，此等處皆寫韓安國為「聰明」人，處處為自己留地步。㊶蒙獄吏田甲　蒙，漢縣名，縣治在今河南商丘東北。田甲，田氏某人。顧炎武曰：「〈萬石君傳〉『長子建，次子甲，次子乙，次子慶』，『甲』、『乙』，非名也，失其名而假以名之也。〈韓安國傳〉『獄吏田甲』、〈張湯傳〉『湯之客田甲』，疑亦同此。」㊷辱安國　郭嵩燾曰：「安國抵罪，當屬編置蒙縣抵徒作，故蒙獄吏辱之。」㊸獨不復然　獨，難道。然，通「燃」。㊹溺　用水溺。師古曰：「『溺』讀曰『尿』。」按：後解用如動詞，較「用水溺」更生動、尖刻。㊺居無何　沒過多久。㊻內史　官名，諸侯國的內史，主管民政，秩二千石。㊼起徒中為二千石　由一個囚徒一下子升到了二千石。指當了梁國內史。㊽就官　指回到原來的崗位。㊾而宗　你的整個家族。而，你；你的。㊿肉袒　裸露上身，古人表示認罪的一種姿態。類似情形又見於〈廉頗藺相如列傳〉、〈范雎蔡澤列傳〉。(51)公等足與治乎　像你們這一類的人值得讓我懲辦嗎。師古曰：「不足繩治也。」治，整治；懲辦。(52)卒善遇之　淩稚隆引盧舜治曰：「安國之待田甲，與淮陰之待少年子弟同。」按：史公凡遇英雄受辱過後翻身事，必極意描寫，除〈淮陰侯列傳〉外，尚可見於〈絳侯周勃世家〉、〈蘇秦列傳〉、〈平原君虞卿列傳〉、〈范雎蔡澤列傳〉、〈李將軍列傳〉等，唯出氣、報復之手段有雅俗之分。(53)公孫詭　姓公孫，名詭。(54)說　通「悅」。(55)竇太后聞二句　按：前文敘韓安國之取悅太后，「結於漢」云云，至此初見成效。(56)公孫詭羊勝　都是梁孝王的賓客，慫恿梁孝王圖謀帝位的邪惡之徒。詳情參見〈梁孝王世家〉。(57)求為帝太子　請求做皇帝的接班人。按：孝王覬覦帝位，與竇太后援助孝王脅制景帝傳位之事，與《左傳》所寫之姜氏協助公叔段以傾鄭莊公情節略似。詳情見〈梁孝王世家〉、〈魏其武安侯列傳〉。唯此處稱其「求為帝太子」，似用詞欠當。(58)益地　擴大梁國地盤。梁玉繩曰：「史不載『益地』事。」(59)恐漢大臣不聽二句　不聽，不允許；不答應。王先謙引劉奉世曰：「刺漢謀臣在漢已立太子之後，此云『求為太子，恐大臣不聽，故刺之』，與諸傳不同，當是此誤。」按：劉說是。(60)殺故吳相袁盎　事在景帝七年（西元前一五〇年）夏。袁盎，文帝、景帝時期人，先為吳王劉濞當過丞相，吳、楚叛亂被平後，無事家居。因其曾反對讓梁孝王做景帝的接班人，被梁孝王派人刺死。同時被刺者，尚有其他議臣十餘人。詳情見〈梁孝王世家〉、〈袁盎鼂錯列傳〉。蓋梁孝王聞景帝已立劉徹為太子，故絕望憤怒而有此舉也。(61)必得　一定要將其捉到。(62)相以下舉國大索　謂上自國相、下至平民對梁國徹底搜查。(63)主辱臣死　《國語・越語》曰「為人臣者，君憂臣勞，君辱臣死」、〈越王句踐世家〉范蠡曰「主辱臣死」、〈范睢蔡澤列傳〉有「主辱臣死」，蓋古語也。(64)今詭勝不得二句　其意為，如果捉不到公孫詭、羊勝，那就請允許我向您辭行，乾脆把我殺了算了。今，如果。瀧川曰：「三本無『辭』字。」(65)太上皇　指劉邦之父劉太公。(66)臨江王　劉榮，景帝之子，栗姬所生，先曾為太子，後蒙冤被廢為臨江王（都江陵），不久又被景帝所殺。詳情見〈五宗世家〉、〈外戚世家〉。(67)太上臨江親父子之間　意謂太上皇與高皇帝、臨江王與景帝，都是親父子。(68)不得制事二句　不能管任何事情（主要指不能做皇帝），只能像一個平民似地住在櫟陽。櫟陽，楚漢戰爭時期劉邦的臨時都城，在今陝西臨潼東北。劉邦稱帝後，封其父為太上皇，住在櫟陽宮。(69)適　通「嫡」。(70)以一言過二句　按：太子無過，有過者乃其母栗姬。《集解》引如淳曰：「景帝嘗屬諸姬，太子母栗姬言不遜，由是廢太子，栗姬憂死。」見〈外戚世家〉。(71)用宮垣事二句　據〈五宗世家〉，劉榮被貶為臨江王後，「坐侵廟壖垣為宮」，被調進京城，「詣中尉府簿。中尉郅都責訊王，王恐，自殺。」所謂「侵廟壖垣」是指非法占用了當地所建劉邦廟周圍的閒散地。中尉，主管首都治安的長官。郅都威迫臨江王自殺事亦見於〈酷吏列傳〉。(72)雖有親父四句　錢鍾書曰：「言政治中無骨肉情也。」並引《國語・晉語》之所謂「長民者無親」，與貝瓊〈行路難〉詩所謂「我以為父，安知非虎；我以為兄，安知非狼」，以為意思皆同。瀧川曰：「宛然韓子口氣，其所學致然。」(73)橈明法　意即破壞朝廷的法律。橈，通「撓」。曲。這裡即指破壞。(74)宮車即晏駕　車駕不能按時出宮。婉言帝王之死。即，若。晏，晚。(75)尚誰攀　指望誰來搭救。鍾惺曰：「前段之彌縫，此段之匡正，缺一不可。兩『泣曰』，非唯至誠，抑亦當機。」凌稚隆引康海曰：「此與左師觸龍說質長安君相類。」(76)吾今出詭勝　我現在就把公孫詭、羊勝交出去。(77)梁事皆得釋二句　據〈梁孝王世家〉，在朝廷處治梁國的這次事件中，起調停作用的還有田叔、呂季主，〈田叔列傳〉也曾簡略提及此事。王先謙曰：「據〈梁孝王〉、〈鄒陽傳〉，安國亦因長公主入言，得釋。傳不言者，《史》文互見耳。」梁玉繩曰：「安國凡兩見長公主，一救僭蹕事，是安國為中大夫時；一解殺袁盎事，是安國為內史時。分載〈梁孝王世家〉及此傳，乃互見之法，非不同也。或疑《史》誤分一事為二者，非。」(78)孝王卒二句　事在景帝中元六年（西元前一四四年）。共王名買，孝王之子。

【語　譯】御史大夫韓安國，祖籍是梁國成安縣人，後來搬到了睢陽。曾經跟著騶縣的田先生學習過《韓非子》以及其他雜家的學說。後來在梁孝王駕下做中大夫。吳、楚等國造反時，梁孝王派韓安國和張羽為將軍，率兵在梁國東境抵抗吳國的叛軍。張羽敢於打硬仗而韓安國則老成持重，二人相得益彰。因此擋住了吳國軍隊，使他們再也沒有能夠越過梁國。等到吳、楚七國被打敗後，韓安國和張羽也就出名了。

2 梁孝王是漢景帝的胞弟，竇太后特別疼他，許他自己選任國相以及其他二千石一級的官吏，他在梁國進出和到處遊獵時的排場，簡直跟皇帝一樣。景帝聽說他的這些所作所為，心裡很不高興。太后知道景帝不滿意梁王的這些行為，於是就對梁國來的使者很生氣，故意不見他們，並派人去責備梁王的所作所為。這時韓安國就以梁國使者的身分進京，他先去找梁王和景帝的姐姐大長公主，流著眼淚對她說：「為什麼梁王做兒子這麼孝順，做臣子這麼忠心耿耿，而太后看不到呢？前些時候吳、楚、齊、趙等七國造反時，函谷關以東的所有各國諸侯都聯合一塊向西殺過來了，那時只有梁國和朝廷最親近，處境也最艱難。當時梁王想著太后、皇帝在關中，而外面的許多諸侯們都造反了，他每一說話就淚流滿面，他在派我們六個人率軍東出抵抗吳、楚時，甚至於跪著送我們。也正是因為有梁國，所以吳、楚的軍隊才不能西進，最後被消滅了，這完全是梁王的功勞。現在太后卻由於一些苛碎的禮節責怪起梁王來。梁王的父親和哥哥都是皇帝，他從小見慣了這種場面，所以他也學著皇帝的樣子出來進去都戒嚴清道，至於他的那些車馬、旗幟，本來都是皇帝賞賜給他的，他不過是藉著這些東西有時去農村向百姓們誇耀，有時在都城裡跑跑，為的是向別的諸侯顯示，想讓大家都知道太后、皇帝喜歡他。後來梁國的使者誰進京，誰就遭到盤問指責。嚇得梁王早晚不停地哭，不知怎麼辦才好。為什麼梁王做兒子這麼孝順，做臣子這麼忠貞，而太后卻一點也不可憐他呢？」大長公主就把韓安國這些話一五一十地告訴了太后，太后高興地說：「你去把這些話對皇帝講講。」大長公主向景帝說明之後，景帝心裡的疙瘩才解開了，接著他進來摘下帽子向太后陪罪說：「我對自己的弟弟沒有管教好，以至於讓您跟著操心。」於是立刻接見了梁國來的所有使臣，厚厚地賞了他們。從此梁王和景帝的關係就好起來了。太后和大長公主更賞給了韓安國價值千金的東西。韓安國的名聲從此更大了，並開始和漢朝宮廷建立了密切關係。

3 後來韓安國犯法下了獄，蒙縣的獄吏田甲經常侮辱韓安國。韓安國說：「死灰難道就真的不能復燃了嗎？」

田甲說：「它一復燃，我就撒尿澆熄它。」沒過多久，梁國的內史開缺，漢朝派人來就地起用韓安國做了梁國內史，從一個囚犯一下子升到了二千石。田甲一看嚇得逃跑了。韓安國下令說：「田甲如不立刻返回崗位，我就滅了你滿門。」田甲無法，只好光著膀子來找韓安國叩頭請罪。韓安國笑著說：「現在你可以撒尿澆我了！你們這些人值得我報復嗎？」說罷，即善待他。

4 在梁國內史剛剛開缺時，那時梁孝王新認識了一個齊國人，叫公孫詭，梁孝王很喜歡他，想請朝廷任命他做內史。竇太后聽了不同意，她命令梁孝王讓韓安國當了內史。

5 公孫詭和羊勝慫恿著梁孝王向景帝請求做他的繼承人，並擴大自己的封地，但他們又怕朝廷裡的大臣們不答應，於是就準備暗中派人去長安刺殺朝廷裡的主事大臣。後來他們果然把曾在吳國做過丞相的袁盎殺了。景帝聽說這是公孫詭、羊勝等人的主意後，就派人到梁國來捉拿公孫詭和羊勝，一定要將其捉到。漢廷派來的使者有十多批，他們從梁國宰相以下開始，進行全國大搜捕，結果搜了一個多月也沒有捉到。內史韓安國知道這兩人是藏在了梁孝王的家裡，於是就去晉見梁孝王，流著眼淚說：「如果叫主子受了侮辱那臣子就首先該死。您因為沒有好臣子，所以才把事情鬧到了這一步。現在如果捉不到公孫詭和羊勝，那就請讓我向您辭行並先殺了我。」梁孝王說：「哪至於這樣呢？」韓安國的眼淚一串串地流下來，說：「您自己估量，您與當今皇帝的關係，有太上皇和高皇帝以及當今皇帝與臨江王的關係那麼親嗎？」梁孝王說：「沒有。」韓安國說：「太上皇和高皇帝，當今皇上和臨江王那都是親父子，可是高皇帝當時還說：『提著三尺利劍打天下的是我。』於是太上皇終究不能管任何事，只能老老實實地住在櫟陽宮。臨江王是當今皇帝的嫡長太子，就因為他的母親栗姬說了一句得罪皇帝的話，於是太子被貶為了臨江王；接著又被加上一個『侵占皇宮外的閒散土地』的罪名被迫自殺於中尉府。這都是為什麼呢？因為皇帝要把持國家，他們絕不會顧小失大。俗話說：『即使他是生身父親，又怎麼知道他不會變成虎呢？即使他是同胞兄弟，又怎麼知道他不會變成狼呢？』現在您作為一方諸侯，居然愛聽一個小人的胡說八道，而去觸犯皇上的禁令和國家的法典。皇上只不過是看著太后的面子，不忍心把您逮捕法辦。太后早晚不停地為您擔心流淚，希望您能改過，可是您就是不覺悟。

有朝一日如果太后死了，那時您還能去依靠誰呢？」韓安國的話還沒說完，梁孝王的眼淚早就流下來了，他向韓安國愧悔地說：「我馬上把公孫詭和羊勝交出去。」於是公孫詭和羊勝只好自殺了。朝廷的使者們回京向景帝作了報告，梁王的罪行得以赦免，都是靠韓安國的力量。所以漢景帝和竇太后都對韓安國越來越看重。梁孝王死後，梁共王即位，韓安國又因為犯法被免官，在家裡閒住了。

1 建元❶中，武安侯田蚡為漢太尉❷，親貴用事。安國以五百金物遺蚡❸，蚡言安國太后❹。天子亦素聞其賢，即召以為北地都尉❺，遷為大司農❻。閩越、東越相攻，安國及大行王恢將❼。未至越，越殺其王降❽，漢兵亦罷。建元六年，武安侯為丞相❾，安國為御史大夫❿。

2 匈奴來請和親⓫，天子下議⓬。大行王恢，燕⓭人也，數為邊吏，習知胡事⓮。議曰：「漢與匈奴和親，率⓯不過數歲即復倍⓰約。不如勿許，興兵擊之。」安國曰：「千里而戰，兵不獲利。今匈奴負戎馬之足⓱，懷禽獸之心⓲，遷徙鳥舉⓳，難得而制也。得其地不足以為廣，有其眾不足以為彊⓴，自上古不屬為人㉑。漢數千里爭利，則人馬罷㉒，虜以全制其敝㉓。且彊弩之極矢㉔，不能穿魯縞㉕；衝風㉖之末力㉗，不能漂鴻毛。非初不勁㉘，末力衰也。擊之不便，不如和親㉙。」羣臣議者多附安國，於是上許和親。

3 其明年，則元光元年[30]，雁門馬邑豪[31]聶翁壹[32]因大行王恢[33]言上曰：「匈奴初和親[34]，親信邊[35]，可誘以利[36]。」陰使聶翁壹為間[37]，亡入[38]匈奴，謂單于[39]曰：「吾能斬馬邑令丞吏[40]，以城降，財物可盡得。」單于愛信之，以為然，許聶翁壹。聶翁壹乃還，詐斬死罪囚，縣[41]其頭馬邑城，示單于使者為信。曰：「馬邑長吏[42]已死，可急來。」於是單于穿塞[43]將十餘萬騎，入武州塞[44]。

4 當是時[45]，漢伏兵車騎材官[46]三十餘萬，匿馬邑旁谷中。衛尉李廣[47]為驍騎將軍[48]，太僕公孫賀[49]為輕車將軍[50]，大行王恢為將屯將軍[51]，太中大夫李息[52]為材官將軍[53]，御史大夫韓安國為護軍將軍[54]，諸將皆屬護軍。約單于入馬邑而漢兵縱發[55]。王恢、李息、李廣別從代[56]主擊其輜重[57]。於是單于入漢長城武州塞[58]。未至馬邑百餘里，行掠鹵[59]，徒見畜牧於野，不見一人。單于怪之，攻烽燧[60]，得武州尉史[61]。欲刺，問尉史[62]。尉史曰：「漢兵數十萬伏馬邑下。」單于顧謂左右曰：「幾為漢所賣[63]！」乃引兵還。出塞，曰：「吾得尉史，乃天也。」命[64]尉史為「天王」。塞下[65]傳言單于已引去。漢兵追至塞[66]，度弗及[67]，即罷。王恢等兵三萬，聞單于不與漢合[68]，度往擊輜重，必與單于精兵戰，漢兵勢必敗，則以便宜[69]罷兵，皆無功[70]。

天子怒王恢不出擊單于輜重，擅引兵罷也。恢曰：「始約虜入馬邑城，兵與單于接(71)，而臣擊其輜重，可得利。今單于聞，不至而還，臣以三萬人眾不敵，禔取辱耳(72)。臣固知還而斬，然得完(73)陛下士三萬人。」於是下恢廷尉(74)。廷尉當恢逗橈(75)，當斬。恢私行千金丞相蚡(76)。蚡不敢言上，而言於太后，曰：「王恢首造馬邑事，今不成而誅恢，是為匈奴報仇也(77)。」上朝太后，太后以丞相言告上。上曰：「首為馬邑事者，恢也，故發天下兵數十萬，從其言，為此(78)。且縱(79)單于不可得，恢所部擊其輜重，猶頗可得，以慰士大夫(80)心。今不誅恢，無以謝天下。」於是恢聞之，乃自殺(81)。

【章旨】以上為第二段，寫韓安國在武帝朝為御史大夫，及反對與匈奴開戰事。

【注釋】❶建元　武帝的第一個年號，時間為西元前一四〇—前一三五年。❷田蚡為漢太尉　田蚡是武帝之舅，王太后之同母異父弟，在景帝死、武帝上臺的關鍵時刻，田蚡出過力量，所以特別受王太后與武帝的倚重。建元元年被任為太尉。太尉，主管全國軍事，與丞相、御史大夫合稱「三公」。❸安國以五百金物遺蚡　遺，給。按：韓安國與田蚡之關係如此開始，餘者見〈魏其武安侯列傳〉。❹蚡言安國太后　按：韓安國一貫走太后的後門，景帝時討好竇太后；武帝上臺，又討好王太后，蓋武帝初即位時年僅十六，大權在王太后與田蚡也。❺北地都尉　北地郡的軍事長官。北地郡的郡治馬領（今甘肅慶陽西北）。❻大司農　當時叫大農令，後來才改稱大司農，「九卿」之一，掌管全國的糧食與貨幣。❼閩越東越相攻二句　按：此處應作「閩越、南越相攻」，事在建元六年（西元前一三五年）。閩越是當時建都在東冶（今福建福州）的小國名，詳情見〈東越列傳〉；南越是趙佗在番禺（今廣州市）建立的小國名，詳情見〈南越列傳〉，兩個小國自漢初以來都歸附漢王朝。建元六年，閩越發兵攻南越，南越向漢王朝求救，朝廷派韓安國與大行王恢率軍救南越。大行，即大行令，也叫典客，「九卿」之一，主管歸降的少數民族事務。至於「閩越、東越相攻」事，乃在建元三年（西元前一三八年）。東越和閩越一樣，都是東南沿海少數民族建立的小國，國都東甌（今浙江溫州）。兩國「相攻」的原因，是吳、楚七國叛亂失敗後，吳王劉濞被東越所殺，劉濞的兒子逃到閩越，挑動閩越圍攻東越。那一次朝廷是派了莊助率兵救東越，兵未至，閩越遂撤兵而去。詳見〈東越列傳〉。那一次與韓安國等完全無關。史公此文誤合二事為一事。❽未至越二句　建元六年，閩越王攻擊南越，南越向朝廷求救，朝廷派韓安國、王恢率兵伐閩越，兵未逾嶺，閩越王弟殺其王歸漢。過程詳見〈東越列傳〉。❾武安侯為丞相　田蚡於建元元年為太尉，與竇嬰等鼓吹尊儒，實則是代表王太后與漢武帝向竇太后奪權，結果建元二年（西元前一三九年）田蚡、竇嬰被竇太后罷去太尉、丞相職務，另一批資歷略淺的官吏被殺，漢武帝的第一次尊儒遂告垮臺。至建元六年，竇太后死，王太后、田蚡等遂東山再起，誅除竇氏黨羽，二次奪權、尊儒成功，田蚡本人也在這次政變中躍居丞相。事見〈魏其武安侯列傳〉。❿御史大夫　執掌監察、糾彈，與丞相、太尉合稱「三公」，位同副丞相。⓫匈奴來請和親　其事在建元六年。匈奴是戰國後期以來活動於今內蒙與蒙古國一帶的少數民族，秦漢時期成為主要的北部邊患。劉邦建國初期對匈奴實行和親政策，其後歷呂后、文帝、景帝一直如此；但匈奴不守和約，時常進擾漢朝的北部邊境。事情詳見〈匈奴列傳〉。⓬天子下議　武帝將此事交給群臣討論。《漢書》、《通鑑》敘此事皆作「天子下其議」，較此明豁。⓭燕　漢代諸侯國名，國都薊縣（即今北京市城區之西南部）。⓮胡事　有關匈奴人的內情。胡，當時用以稱匈奴人。⓯率　大概；大致。⓰倍　通「背」。背叛。⓱負戎馬之足　倚仗著戰馬跑得快。負，倚仗；仗恃。足，足力，與下句「心」字對文。⓲懷禽獸之心　指不講仁義，不守和約。⓳遷徙鳥舉　像飛鳥一樣的來去無常。⓴得其地不足以為廣二句　〈平津侯主父列傳〉主父偃引李斯語曰有所謂「匈奴無城郭之居，委積之守，遷徙鳥舉，難得而制也。得其地不足以為利也，遇其民不可役而守也」云云，蓋韓安國亦取自李斯也。㉑不屬為人　《索隱》引晉灼曰：「不內屬於漢為人。」李笠曰：「『人』字宜作『民』，疑小司馬避太宗諱改《史》文也。」按：〈平津侯主父列傳〉主父偃亦有所謂「上及虞夏殷周，固弗程督，禽獸畜之，不屬為人」之語。瀧川曰：「『不屬為人』，不隸屬為民也。」㉒罷　通「疲」。疲憊。㉓以全制其敝　以己之全，制敵之敝。㉔彊弩之極矢　強弩之箭飛到最後。極，盡；最後。㉕魯縞　比喻最薄的東西。《說文》：「魯之縞尤薄。」《淮南子．說山》有所謂「矢之於十步貫兕甲，於三百步不能入魯縞」，蓋當時習用之比喻語。㉖衝風　巨風。㉗末力　最後的飄浮力。㉘非初不勁　並非開始的時候不強勁。勁，強勁；有力。㉙不如和親　錢鍾書曰：「《史記》於此記王、韓兩造各抒己見；明年元光元年王恢請攻匈奴，《史記》未載有持異議者，《漢書・

竇田灌韓傳》則詳著恢又與安國廷辯之詞。恢以為擊之便，安國以為勿擊便，皆持之有故，回環往復者三。前乎此者唯〈趙策三〉秦索六城，趙王與樓緩、虞卿計，一言予，一言勿予，亦往復者三。〈楚策一〉齊索東地，楚襄王諮之朝臣，子良曰『不可不予』，昭常曰『不可予』，而慎子勸王『合採二子之計』，正反相成，古書所載集思綜斷之佳例，此為朔矣。」㉚元光元年　西元前一三四年。元光，武帝的第二個年號。梁玉繩引《通鑑考異》曰：「〈韓長孺傳〉元光元年，聶壹畫馬邑事，而《漢書・武紀》在二年，蓋元年壹始言之，二年議乃決也。」㉛雁門馬邑豪　雁門郡馬邑縣的豪紳。雁門郡的郡治善無（今山西右玉南），馬邑縣的縣治即今山西朔縣。㉜聶翁壹　《索隱》曰：「聶，姓也。翁壹，名也。」《漢書・匈奴傳》師古注：「姓聶，名壹。翁者，老人之稱也。」按：《漢書・竇田灌韓傳》正作「聶壹」。陳直曰：「《漢書・敘傳》云：『始皇之末，班壹避地於樓煩，當孝惠、高后時，以財雄邊，年百餘歲，以壽終，故北方多以壹為字者。』與本文正合。」㉝因大行王恢　通過大行王恢。㉞初和親　剛與我們建立和親關係。㉟親信邊　相信邊境的和平無事。㊱可誘以利　謂以利誘之前來，而伏兵擊之。趙翼曰：「《漢書・韓安國傳》載其與王恢論伐匈奴事，恢主用兵，安國主和親，反復辨論凡十餘番，皆邊疆大計。」梁玉繩曰：「《漢書》此下有天子詔問公卿，及安國與王恢辨難，似不可略。」㊲間　間諜。㊳亡人　逃人。㊴單于　匈奴族的最高君長，如同當朝的皇帝。㊵馬邑令丞吏　馬邑縣的縣令、縣丞與其他官吏。縣丞是縣令的助手。㊶縣　通「懸」。㊷長吏　大吏。郭嵩燾曰：「《漢書・百官公卿表》：『縣令、長秩千石至三百石，丞、尉秩四百石至二百石，是為「長吏」；百石以下有斗食、佐史之秩，是為「少吏」。』則「長吏」、「少吏」為漢時通稱。」㊸穿塞　越過邊境線。㊹入武州塞　進入了武州境內。武州，漢縣名，縣治即今山西左雲，在當時的馬邑東北約八十公里。㊺當是時　事在元光二年（西元前一三三年）六月。㊻車騎材官　車騎，車兵與騎兵。材官，一種力大善射的特種兵。此詞又見於〈絳侯周勃世家〉，《集解》引《漢書音義》曰：「能引彊弓官，如今挽彊司馬也。」〈張丞相列傳〉有「材官蹶張」，《索隱》引如淳曰：「材官之多力，能踏強弩張之，故曰蹶張。」㊼衛尉李廣　衛尉，「九卿」之一，統兵護衛宮廷。當時有未央宮衛尉、長樂宮衛尉，李廣蓋未央宮衛尉也。李廣，漢代名將，曾歷仕文、景、武三朝。事跡見〈李將軍列傳〉。㊽驍騎將軍　雜號將軍名，所統以騎兵為主。驍，勇也。㊾太僕公孫賀　太僕，「九卿」之一，主管為皇帝趕車。公孫賀，武帝時的將領。事跡附見〈衛將軍驃騎列傳〉。㊿輕車將軍　雜號將軍名，所統以車兵為主。(51)將屯將軍　雜號將軍名。《正義》曰：「監主諸屯。」諸屯，屯駐沿邊各地的守兵。屯，駐紮。(52)太中大夫李息　太中大夫，皇帝的侍從官員，上屬郎中令，秩千石，掌議論。李息，武帝時的將領。事跡參見〈衛將軍驃騎列傳〉。(53)材官將軍　雜號將軍名，統領力大善射的特種兵。(54)護軍將軍　負責節制、協調各路兵馬。護，監督；節制。

(55)縱發　即今所謂「出擊」。(56)代　漢縣名，縣治在今河北蔚縣東北，當時也是代郡的郡治所在地。(57)主擊其輜重　負責攻擊其運輸部隊所運送的各種物資。輜重，師古曰：「輜，衣車也；重，謂載重物車也，故行者之資總曰輜重。」(58)入漢長城武州塞　當時漢代的長城在今內蒙古的集寧、清水河一線，武州在長城以內。(59)行掠鹵　邊前進，邊抄掠。鹵，通「虜」。(60)烽燧　烽火，用以報警。這裡指烽火臺。(61)武州尉史　武州縣尉手下的小吏。(62)欲刺二句　他本有標點為「欲刺問尉史」，於是有人遂將「刺問」二字連讀，解釋為「打探」、「探聽」，殊與情理不合，且使「欲」顯得不通。〈匈奴列傳〉於此作「欲殺之，尉史乃告單于漢兵所居」，知此「欲刺」者，即欲殺之。(63)幾為漢所賣　幾，差點兒。賣，欺騙。(64)命　名，用為動詞，意即「稱之」。(65)塞下　長城一線，此處即指邊境線。(66)追至塞　即向北追至集寧、清水河一線的長城。(67)度弗及　估計追不上了。度，估計。(68)合　合戰；開戰。(69)以便宜　衡量利害後而取其利。(70)皆無功　武國卿曰：「漢武帝於其即位後的八年，也即二十四歲之時，首次反擊匈奴作戰，便出動了三十萬大軍。這一方面反映了血氣方剛的漢武帝欲圖一舉消滅匈奴軍雄心勃勃的戰略宏圖；另一方面也反映出漢武帝對自己對手的強悍驍勇、老謀善斷還缺乏基本的了解。事實上匈奴自冒頓單于、老上稽粥單于、至軍臣單于，都是代代英烈之主，他們東征西討，身經百戰，漢武帝依靠一個小小的淺顯謀略就想把匈奴軍隊一鼓聚殲，只能是一廂情願的幻想。」(71)兵與單于接　漢軍與匈奴單于的大兵開戰。接，猶上文之所謂「合」。(72)禔取辱耳　意即只能自取失敗。禔，通「祇」、「只」。只能。李笠曰：「祇，適也。」意即恰好。二者意思相近。「祇取辱」又見於〈周本紀〉虞、芮之人爭訟事。(73)完　保全。(74)下恢廷尉　將王恢交由廷尉審判。廷尉，「九卿」之一，全國最高的司法官。(75)當恢逗橈　當，判定。逗橈，停止不前。《集解》引《漢書音義》曰：「逗，曲行避敵也。橈，顧望。軍法語也。」橈，迂曲；迴避。(76)恢私行千金丞相蚡　按：此處又著田蚡之貪，與〈魏其武安侯列傳〉相照應。(77)是為匈奴報仇也　按：田蚡此說情語甚工，蓋用《左傳》楚成王因城濮之敗殺子玉，重耳聞之而喜為例也。(78)為此　為了消滅匈奴人。(79)縱　即使。(80)士大夫　指全軍將士。(81)乃自殺　淩稚隆引王維楨曰：「王恢不擊輜重，是量敵保軍，可以情宥；然令朝廷背約，自開邊釁，則當死也。」

【語　譯】漢武帝建元年間，武安侯田蚡正做太尉，執掌朝政，於是韓安國就給他送去了價值五百金的禮物，田蚡就向王太后推薦韓安國，而武帝也早就聽說這個人能幹，於是就把他調來任命為北地都尉，後來又提升為大司農。當時東南沿海的閩越進攻東越，朝廷派韓安國和大行王恢為將軍率兵前往干預。他們還沒有到達閩越，閩越人就自己殺了他們的國王向朝廷投降了，漢朝的軍隊也就此撤回。漢武帝建元六年，武安侯田蚡做了丞相，韓安國為御史大夫。

2 這時匈奴派人來向漢朝請求和親，漢武帝讓大臣們商量主意。大行王恢是燕國人，多次在邊境地區做過官，熟悉匈奴人的情況。他建議說：「我們和匈奴人和親，幾乎維持不了幾年，他們很快就會背叛盟約。不如不答應，乾脆出兵打他們。」韓安國說：「到千里之外去作戰，是得不到什麼好處的。現在匈奴人正是兵強馬壯，有著一顆禽獸的心，又像鳥一樣來去無常，你根本沒法制服他們。我們即使一時占領了他們的地盤，也不能算是擴大了我們的領土；即使我們得到了他們的人眾，也不能增加我們的強大，自古以來他們就不屬於漢人。現在如果我們出兵到幾千里之外去和他們爭勝負，到時人困馬乏，而他們則以逸待勞，正好可以留著勁兒來收拾我們。俗話說：『強弩之箭飛到最後，會連一層魯縞也穿不透；巨風之力吹到最後，會連一根雞毛也吹不起來。』並不是開頭的時候力量不大，而是到最後力量已經衰竭。打還是不行的，不如答應和親。」結果參加討論的大臣多數贊成韓安國，於是武帝也就答應同匈奴和親了。

3 第二年，即武帝元光元年，雁門郡馬邑縣的富戶聶翁壹通過大行王恢向武帝建議說：「匈奴人剛與我們和親，他們相信邊疆無事，我們可以趁這個機會用好處來引他們上鉤。」於是王恢就暗中派遣聶翁壹為間諜，假意逃亡到匈奴，對單于說：「我可以幫你殺死馬邑縣的縣令、縣丞等人，帶著整個縣城投降你，這樣你們就可以得到這個縣城裡的全部財物。」單于聽了很高興，信以為真，就答應了他。聶翁壹回到馬邑，殺了幾個死刑犯人，把他們的人頭掛在了馬邑城上，取信於單于的使者說：「馬邑縣的縣令、大官等都被殺了，可以趕緊前來。」於是單于領著十多萬騎兵越過邊關，進入了武州境內。

4 這時候，漢朝在馬邑周圍的山谷裡埋伏了車馬以及各種騎兵勇士三十多萬，當時任命了衛尉李廣為驍騎將軍，太僕公孫賀為輕車將軍，大行王恢為將屯將軍，太中大夫李息為材官將軍，御史大夫韓安國為護軍將軍，各位將軍都歸護軍將軍統領。約定好等單于進了馬邑城漢軍就發起攻擊。王恢、李息、李廣三人另外帶兵從代郡截擊匈奴人的軍需物資。當單于進入了武州境內，離著馬邑還有一百多里時，他們一面前進，一面到處搶東西，只見到處放牧著牛羊，但就是見不到一個人。單于覺得很奇怪，當他們在進攻一座烽火臺時，捉到了武州的一個尉史。單于對他進行威脅、審問，這個尉史說：「漢兵有幾十萬人已經埋伏在馬邑周圍。」單于驚訝地回顧左右說：「差點上了這些漢朝人的當。」於是立即率兵撤退了。當他要離開漢朝國境的時候，說：「我們抓住這個漢朝的尉史，可真是老天爺的保佑啊。」於是就讓這個尉史做了他們的「天王」。等到邊境傳來消息說單于已經領兵退走了，漢兵馬上出動追擊，追到國境，估計追不上了，於是只好罷兵而回。這時王恢等率領著三萬人馬，他們聽說單于沒有跟漢兵開戰，估計自己這時去攻擊匈奴人的軍需，則肯定跟匈奴人的精銳部隊碰上，那時漢兵一定打不贏，於是便臨時改變決定，也不出擊了，所以這次行動一點收穫也沒有。

漢武帝對王恢等人不截擊匈奴的軍需物質，擅自引兵撤回，非常生氣。王恢說：「當初約定的是單于進了馬邑城，馬邑周圍的伏兵與單于開戰後，我再截擊他的軍需，這樣才可以得利。現在單于聽說有埋伏，沒有到達馬邑就中途回去了，這時我要是用部下的三萬人去和他們作戰，只會自找失敗。我知道我這樣回來會被殺，但是這樣能夠給您保存下三萬人。」於是漢武帝把王恢交給廷尉審判。廷尉判王恢觀望不前，應該處死。這時王恢就趕緊暗中派人帶著千金去給丞相田蚡送禮。田蚡不敢直接向皇上求情，去對太后說：「是王恢首先挑起馬邑這場麻煩，他當然是有罪的，但今天要是因為事情沒有成功就殺王恢，那反倒是替匈奴報仇了。」於是等武帝來給太后請安時，太后就把田蚡的話告訴了武帝。武帝說：「首先提出這次行動計畫的就是王恢，我們調動了全國幾十萬人，就是按照他的意見，想消滅匈奴人；即使這次我們捉不到匈奴單于，當時王恢要是能夠率部攻擊匈奴的軍需，那我們還是可以得到一定收穫的，那也是對全軍將士的一種安慰。今天不殺王恢，沒有辦法向國人交代。」王恢一聽如此，只好自殺了。

安國為人多大略❶，智足以當世取合❷，而出於忠厚❸焉。貪嗜於財，所推舉皆廉士，賢於己者也。於梁舉壺遂❹、臧固、郅他❺，皆天下名士，士亦以此稱慕之，唯天子以為國器❻。安國為御史大夫四歲餘，丞相田蚡死❼，安國行❽丞相事，奉引❾墮車蹇❿。天子議置相，欲用安國，使使視之，蹇甚，乃更以平棘侯薛澤⓫為丞相。安國病免數月，蹇愈，上復以安國為中尉⓬。歲餘，徙為衛尉⓭。

2 車騎將軍⓮衛青⓯擊匈奴，出上谷⓰，破胡龍城⓱。將軍李廣為匈奴所得，復失之⓲；公孫敖⓳大亡卒⓴，皆當斬，贖為庶人。明年㉑，匈奴大入邊，殺遼西㉒太守，及入鴈門㉓，所殺略㉔數千人。車騎將軍衛青擊之，出鴈門㉕。衛尉安國為材官將軍，屯於漁陽㉖。安國捕生虜，言匈奴遠去。即上書言方田作時㉗，請且罷軍屯㉘。罷軍屯月餘，匈奴大入上谷、漁陽㉙。安國壁㉚乃㉛有七百餘人，出與戰，不勝，復入壁。匈奴虜略千餘人及畜產而去。天子聞之，怒，使使責讓㉜安國。徙安國益東，屯右北平㉝。是時匈奴虜㉞言當入東方。

3 安國始為御史大夫及護軍，後稍斥疏，下遷㉟；而新幸壯將軍衛青等有功，益貴㊱。安國既疏遠，默默也；將屯㊲又為匈奴所欺㊳，失亡多，甚自愧。幸得罷歸㊴，乃益東徙屯㊵，意忽忽不樂。數月，病歐㊶血死。安國以元朔二年㊷中卒。

【章　旨】以上為第三段，寫韓安國晚年的坎壈遭遇。

【注　釋】❶多大略　能看大局，從大處著眼。❷智足以當世取合　即今所謂善於迎合權貴，左右逢源。❸出於忠厚　謂其一切都是從善良的願望出發的（至少讓人看起來是如此）。此語褒中有貶，然《索隱》之所謂「出者，去也。言安國為人無忠厚之行」，則大誤，與上下文意不合。楊樹達引劉劭《人物志‧流業篇》：「術家之流，不能創制垂則，而能遭變用權，權智有餘，公正不足，是謂『智意』，陳平、韓安國是也。」❹壺遂　當時的天文學、曆法學家。見於〈太史公自序〉。❺臧固郅他　二人事跡不詳，僅見於此處。❻唯天子以為國器　唯，即使。國器，師古曰：「言其器用重大，可施於國政也。」❼丞相田蚡死　事在元光四年（西元前一三一年）。❽行　代理。按：御史大夫職同副丞相，丞相有缺，多由御史大夫遞補。❾奉引　給皇帝出行做前導。❿墮車蹇　從車上掉下來摔瘸了腿。蹇，跛；瘸。⓫平棘侯薛澤　劉邦功臣平棘侯薛歐之孫，襲其先輩之爵為侯，附見於〈張丞相列傳〉，是被司馬遷視為「娖娖廉謹」而「無所能發明功名有著於當世」的「丞相備員」之一。⓬安國為中尉　事在元光五年（西元前一三〇年）。中尉，主管首都治安的長官，秩中二千石。⓭徙為衛尉　事在元光六年（西元前一二九年）。⓮車騎將軍　當時最高的軍事長官之一，第一為大將軍，第二為驃騎將軍，第三即為車騎將軍。⓯衛青　武帝時的名將，皇后衛子夫之弟，以伐匈奴功被封為長平侯。事跡詳見〈衛將軍驃騎列傳〉。⓰上谷　漢郡名，郡治沮陽（今河北懷來東南）。⓱龍城　也作龍城。匈奴族的大本營所在地，在今蒙古國鄂爾渾河西側的和碩柴達木湖附近。按：衛青「破胡龍城」在元光六年。⓲李廣為匈奴所得二句　李廣受傷被匈奴所俘，押送途中自己逃回。見〈李將軍列傳〉。⓳公孫敖　衛青少年時代的朋友，後為伐匈奴的將領。事跡附見〈衛將軍驃騎列傳〉。⓴大亡卒　部下士卒損失慘重。㉑明年　武帝元朔元年（西元前一二八年）。㉒遼西　漢郡名，郡治陽樂（今遼寧義縣西南）。㉓鴈門　漢郡名，郡治善無（今山西右玉東南）。㉔殺略　意同「殺掠」。略，意同「掠」。㉕衛青擊之二句　謂漢使衛青、李息等出鴈門郡北擊匈奴。事在元朔元年秋，是役「獲首虜數千級」。㉖漁陽　漢郡名，郡治在今北京市密雲西南。㉗方田作時　正當農事繁忙的季節。㉘且罷軍屯　暫時解散屯集的軍隊使其回家務農。㉙大入上谷漁陽　事在元朔二年（西元前一二七年）春，是役匈奴「殺略吏民千餘人」。㉚壁　營壘。㉛乃　楊樹達曰：「乃，裁也；僅也。」裁，通「才」。㉜責讓　責備。讓，責。㉝右北平　漢郡名，郡治平剛（今遼寧凌源西南）。㉞匈奴虜　被漢朝捉來的匈奴俘虜。㉟後稍斥疏二句　稍，逐漸。按：韓安國之遭斥疏，固與一連串的偶然事故有關，但與其先前之黨附田蚡，而武帝忌恨田蚡；武帝之銳意討伐匈奴，而韓安國一再反對與匈奴作戰，亦似不無關係。㊱壯將軍衛青等有功二句　當時年輕有為的將領有衛青、霍去病等，他們一方面對匈奴作戰有功，同時又都是武帝的親戚，所以爵位升得很快。壯，年輕。㊲將屯　指將兵屯守漁陽。㊳為匈奴所欺　即上文誤信匈奴近期不會進攻，從而放鬆守備致遭「虜略」事。㊴幸得罷歸　希望能罷去邊職，回歸朝廷。㊵乃益東徙屯　指又東移到右北平郡。㊶歐　通「嘔」。吐。㊷元朔二年　西元前一二七年。

【語　譯】韓安國善於考慮大局，能夠順應形勢討得當權者的歡心，同時還能表現出一種忠實、厚道的樣子。他自己貪圖錢財，但是他所推薦的人卻都比較廉潔，都比他強。他在梁國時曾推薦過壺遂、臧固、郅他，後來這些人都成了天下知名的人物，也正因此許多人都稱讚他，連漢武帝也都認為他是一塊治國大臣的材料。韓安國做御史大夫的第四年，丞相田蚡死了，這時韓安國曾一度代理丞相的事務，不料在一次為武帝引路時，從車上掉下來摔壞了腿。後來武帝考慮任命丞相時，他想任用韓安國，於是就派人去看他的病情，結果一看腳瘸得很厲害，武帝無奈只好任命平棘侯薛澤做了丞相。韓安國一直在家休養了幾個月，後來腿好了，武帝任命韓安國為中尉。一年後，又被調為衛尉。

2 當時車騎將軍衛青討伐匈奴，從上谷出發，大破匈奴於蘢城。而李廣則在討伐匈奴時被匈奴人捉住，隨後他又跑了回來；公孫敖在與匈奴作戰中部下的傷亡太大，這兩個人依照軍法都應該處死，他們都花錢贖罪，變成了平民。第二年，匈奴大肆入侵，殺死了遼西太守，又侵入雁門郡，殺死和劫走漢民幾千人。於是漢派車騎將軍衛青率軍出雁門北擊匈奴。這時衛尉韓安國正以材官將軍的身分帶兵駐紮漁陽，他捉到了一個匈奴兵，聽這個匈奴兵說匈奴大隊已經去遠了，於是韓安國就給漢武帝上書說現在正是農耕季節，請求暫時把漁陽的大批駐軍撤掉。結果剛撤走一個月，匈奴人又大舉入侵上谷和漁陽。這時韓安國的軍隊裡只有七百多人，出去與匈奴人接戰，慘遭失敗，只好又逃回兵營堅守。就這樣眼睜睜地看著一千多名漢人和他們的牲口、財產都被匈奴人劫走了。武帝聽說後，非常生氣，專程派了人去責備韓安國，並把韓安國向東調動，讓他去駐守右北平。這時從被俘的匈奴人那裡獲得消息，匈奴不久要入侵東方。

3 韓安國原來已經做到了御史大夫和護軍將軍，後來被漸漸疏遠、降職；而後來受寵的一些年輕的將領如衛青等則屢屢立功，地位越來越高。韓安國開始被疏遠時，默默無言；待至領兵駐守漁陽時又被匈奴所騙，使漁陽損失慘重，因而也自覺慚愧，希望能被罷免回京，不料武帝下令讓他還要往東屯駐，因而精神上恍恍惚惚，鬱悶不樂。沒過幾個月，就病發吐血而死。這一年是漢武帝元朔二年。

太史公曰：余與壺遂定律曆❶，觀韓長孺❷之義，壺遂之深中隱厚❸。世之言梁多長者，不虛哉❹！壺遂官至詹事❺，天子方倚以為漢相❻，會遂卒❼。不然，壺遂之內廉行脩❽，斯鞠躬君子❾也。

【章　旨】以上為第四段，是作者的論贊，作者對韓安國與壺遂的遭遇表現了深深感慨。

【注　釋】❶定律曆　這裡即指制訂太初曆。關於「太初曆」事，可參看〈曆書〉。❷韓長孺　即韓安國，字長孺。❸深中隱厚　沉穩厚道。❹世之言梁多長者二句　長者，厚道人。瀧川引曾國藩曰：「壺遂、田仁，皆與子長深交，故敘梁、趙諸臣多深切。」❺詹事　官名，為皇后、太子管家，秩二千石。❻方倚以為漢相　正想任以為可資倚靠的朝廷丞相。按：此話疑有感情上的誇張。❼會遂卒　正巧壺遂就在這個時候死了。會，逢；正巧碰上。中井曰：「『會遂卒』句中暗含『命』字，故下承之曰『不然』云云，遂之命蓋猶長孺之命云爾。」❽內廉行脩　品格廉正，有操行。❾鞠躬君子　奉公守法、盡職盡責的人。淩稚隆曰：「此論本惜長孺之不得相，卻以長孺之所舉而亦不得相者以為惜，有味哉，其言之也。」吳見思曰：「贊語借壺遂發揮，所謂『不知其人，視其所與』也。」

【語　譯】太史公說：我曾經和壺遂一道修訂過曆法，對於韓安國的這種行為表現，聯想起壺遂的那種深沉忠厚。看來人們說梁國多厚道人，這話一點也不假！壺遂為官曾做到詹事，皇帝正要讓他來當宰相，偏偏這時壺遂死了。否則，憑著壺遂的廉潔正派謙虛謹慎，那可真是一個懂禮守法的君子啊！

【研析】韓長孺之所以被司馬遷稱為「長者」，大概可稱道的有三點：其一是在漢景帝與梁孝王兄弟間的矛盾上進行調和、化解，從而使一場類似鄭莊公與公叔段的尖銳鬥爭沒有公開爆發，給竇太后、漢景帝、梁孝王都保住了面子，也避免了讓許多無辜的臣民為之流血犧牲，這是值得稱讚的。其二是他給國家舉薦了不少人才，文章說他「於梁舉壺遂、臧固、郅他，皆天下名士，士亦以此稱慕之，唯天子以為國器」。尤其是壺遂，曾與司馬遷一道修訂新曆法，被司馬遷稱為「內廉行脩，斯鞠躬君子也」，如果不是死得早，很有可能當宰相。司馬遷把他對壺遂的這種讚美寫入〈韓長孺列傳〉，自然表現了他對韓長孺的敬服之情。其三是在對付匈奴的問題上韓安國主張繼續奉行和親政策，在漢武帝聽取王恢建議，設伏欲擊匈奴於馬邑的事件上，作品雖未明寫韓安國的態度，但可以推定他是一定反對的。這也符合司馬遷的思想。

韓長孺在勸說梁孝王交出刺殺袁盎的兇手，以求得漢景帝的寬恕時說：「雖有親父，安知其不為虎？雖有親兄，安知其不為狼？」這已經超出了對某些個別人物、個別事件的議論，而上升成了一種歷史經驗的概括，極富理論色彩，對人們認識官場鬥爭具有深刻意義。

韓長孺的為人也有很令人討厭的地方，其一是「貪嗜於財」，巴結權貴，他之所以能夠官至大司農，位列「九卿」，就是因為他以五百金賄賂丞相田蚡的結果。其二是依附田蚡，在田蚡陷害竇嬰與灌夫的問題上扮演了極不光彩的角色。〈魏其武安侯列傳〉寫田蚡在東朝與竇嬰相互攻擊後，韓長孺對田蚡說：「君何不自喜？夫魏其毀君，君當免冠解印綬歸，曰：『臣以肺腑幸得待罪，固非其任，魏其言皆是。』如此，上必多君有讓，不廢君。魏其必內愧，杜門齰舌自殺。今人毀君，君亦毀人，譬如賈豎女子爭言，何其無大體也！」田蚡旋謝罪曰：「爭時急，不知出此。」韓長孺在這裡的立場是很清楚的。

作品也寫了韓長孺坐法下獄，在獄中受獄卒折磨的故事，表現了一種「虎落平原被犬欺」的人生悲哀，其中包含著司馬遷個人的深沉感慨。這也是《史記》中經常顯現的主題，可參見〈絳侯周勃世家〉、〈李將軍列傳〉等篇。

韓長孺也是一個倒楣的人，他任御史大夫多年，「丞相田蚡死，安國行丞相事」；待至武帝想要正式任命他為丞相時，不料韓長孺摔瘸了腿，把個好端端的機會失去了；而後在抗擊匈奴時，被匈奴所騙，傷亡眾多，希望回朝而不得，在邊城「忽忽不樂。數月，病歐血死」，也是個可憐的悲劇人物。

卷一百九

李將軍列傳第四十九

【題解】作品圍繞著精於騎射，勇敢作戰；熱愛士卒，不貪錢財；為人簡易，號令不煩三個特點，刻劃了李廣這樣一個作者理想中的一代名將的英雄形象，而對李廣坎坷的一生，尤其是對他以及他整個家族的悲慘結局，表現了無限的惋惜與同情，對漢代皇帝及其寵信們排擠、殘害李廣及其家族的罪行表現了極大的憤慨，對漢代的用人制度進行了強力的批判。同時，作者在描寫李廣坎坷悲慘的一生際遇中，也寄寓了自己的滿腔悲憤與辛酸。

1 李將軍廣者，隴西[1]成紀[2]人也。其先曰李信[3]，秦時為將，逐得燕太子丹[4]者也。故槐里[5]，徙成紀。廣家世世受射[6]。孝文帝十四年[7]，匈奴大入蕭關[8]，而廣以良家子從軍擊胡[9]，用[10]善騎射，殺首虜多[11]，為漢中郎[12]。廣從弟[13]李蔡亦為郎，皆為武騎常侍[14]，秩八百石[15]。嘗從行[16]，有所衝陷[17]、折關[18]及格猛獸[19]，而文帝曰：「惜乎，子不遇時！如令子當高帝時，萬戶侯豈足道哉[20]！」

2 及孝景[21]初立，廣為隴西都尉[22]，徙為騎郎將[23]。吳、楚軍時[24]，廣為驍騎都尉㉕，從太尉亞夫㉖擊吳、楚軍，取旗㉗，顯功名昌邑下㉘。以梁王㉙授廣將軍印㉚，還，賞不行㉛。徙為上谷㉜太守，匈奴日以合戰㉝。典屬國㉞公孫昆邪㉟為上泣曰：「李廣才氣，天下無雙，自負㊱其能，數與虜敵戰㊲，恐亡之㊳。」於是乃徙為上郡㊴太守。後廣轉為邊郡太守，徙上郡㊵。嘗為隴西、北地、鴈門、代郡、雲中太守，皆以力戰為名㊶。

3 匈奴大入上郡㊷，天子使中貴人㊸從廣勒習兵㊹擊匈奴。中貴人將騎數十縱㊺，見匈奴三人，與戰。三人還射㊻，傷中貴人，殺其騎且盡㊼。中貴人走廣㊽。廣曰：「是必射雕者也。」廣乃遂從百騎往馳三人㊾。三人亡馬步行㊿，行數十里。廣令其騎張左右翼，而廣身自射彼三人者，殺其二人，生得(51)一人，果匈奴射雕者也。已縛之上馬，望匈奴有數千騎。見廣，以為誘騎(52)，皆驚，上山陳(53)。廣之百騎皆大恐，欲馳還走。廣曰：「吾去大軍數十里，今如此以百騎走(54)，匈奴追射我立盡。今我留，匈奴必以我為大軍之誘(55)，必不敢擊我。」廣令諸騎曰：「前！」前未到匈奴陳二里所(56)，止，令曰：「皆下馬解鞍！」其騎曰：「虜多且近，即有急，柰何(57)？」廣曰：「彼虜以我為走(58)，今皆解鞍以示不走，用堅其意(59)。」於是胡騎遂不敢擊。有白馬將出護其兵(60)，李廣上馬與十餘騎奔射殺胡白馬將，而復還至其騎中，解鞍，令士皆縱馬臥61。是時會暮，胡兵終怪之，不敢擊。夜半時，胡兵亦以為漢有伏軍於旁欲夜取之，胡皆引兵而去。平旦62，李廣乃歸其大軍。大軍不知廣所之63，故弗從64。

【章　旨】以上為第一段，寫李廣在文帝、景帝時期的生平際遇，重點突出了他在為上郡太守時的一段經歷。

【注　釋】❶隴西　漢郡名，郡治狄道（今甘肅臨洮）。❷成紀　漢縣名，屬隴西郡，縣治在今甘肅秦安北。❸李信　秦王政（即後來的秦始皇）手下的將領，漢將李廣的先人。事跡參見於〈白起王翦列傳〉。❹逐得燕太子丹　事在秦王政二十一年（西元前二二六年）。據〈燕召公世家〉、〈刺客列傳〉，燕太子丹派荊軻刺秦王失敗後，秦王派王翦、李信等率兵擊燕，燕王徙居遼東，李信追太子丹，太子丹匿衍水（在今遼寧鞍山西）中，燕王聽代王趙嘉之勸，「斬丹首以獻秦」。李信等蓋得太子丹之首，未生得丹也。❺槐里　漢縣名，縣治在今陝西興平東南。❻受射　向長輩學習射法。受，接受；繼承。陳仁錫曰：「『廣家世世受射』句，乃一傳之綱領。廣所長在射，故傳中敘射事獨詳，若射『匈奴射雕者』、若射『白馬將』、若射『追騎』、若射獵、若射石、若射猛獸、若射裨將，皆著廣善射之實也。末及孫陵『教射』，亦與篇首『世世受射』句相應。」❼孝文帝十四年　西元前一六六年。孝文帝，名恆，劉邦之子，薄太后所生，西元前一七九－前一五七年在位。❽蕭關　關塞名，在今寧夏固原東南。❾廣以良家子從軍擊胡　良家子，清白人家的子弟。王先謙引周壽昌曰：「凡從軍不在七科讁內者曰『良家子』。」按：漢代士兵的來源主要有二，一為讁徒罪人，一為被視為二等罪犯的工商業者。也有一些平常人家（如「士」，如「農」）的子弟自願從軍者，即所謂「良家子」，這種人在軍中的地位較讁徒為高。胡，當時用以指匈奴人。匈奴是從戰國後期發展起來的北方民族，當時活動在今內蒙古與蒙古共和國一帶。詳情見〈匈奴列傳〉。❿用　因。⓫殺首虜多　斬敵之首與俘獲生敵的數量多。按：「首虜」一詞屢見於本傳與〈衛將軍驃騎列傳〉，各處的用法略有不同。有時指斬敵之首與俘獲生敵，有時只指斬敵之首。故有人講「首」字解為動詞，說「首虜」即斬人之首，其實並不準確。⓬為漢中郎　為漢朝皇帝當侍從。中郎，與「侍郎」、「議郎」、「郎中」等都統稱作「郎官」，上屬郎中令，在宮則值夜護守，出則充當侍衛。「中郎」、「侍郎」等秩比六百石，「郎中」秩比三百石。所以要加「漢」字，是區別於當時的其他諸侯國，當時的各國諸侯王亦稱其侍衛曰「郎中」、「中郎」。⑬從弟　堂弟。⑭皆為武騎常侍　《索隱》曰：「謂為郎而補武騎常侍。」武騎常侍，皇帝的騎兵侍從。⑮秩八百石　官階為八百石。秩，官階。石，一百二十斤。秦漢時代的「三公」（丞相、太尉、御史大夫），秩萬石；「九卿」（略當今之中央各部長），秩中二千石；郡太守，二千石；縣令、縣長，最高者千石，最低者三百石。按：稱某官為多少石，只表其官階，非謂官俸即得如此多的糧食數。⑯嘗從行　嘗，通「常」。屢屢。從行，跟隨皇帝出行。⑰衝陷　衝鋒陷陣。⑱折關　猶言「抵禦」。折，折衝；打回敵人的衝鋒。關，抵擋。⑲格猛獸　與猛獸格鬥。按《漢書》改此「嘗從行，有所衝陷折關及格猛獸」十三字作「數從射獵，格殺猛獸」，較此清晰合理。⑳萬戶侯豈足道哉　凌稚隆引凌約言曰：「漢文帝惜廣不逢時，自以其時海內乂安，不事兵革，廣之才無所用耳。末年，匈奴入上郡、雲中，帝遣將軍令勉、張武、周亞夫等以備胡；中稱其『選用材勇』，而獨不及廣。知而不用，何取於知耶？」姚苧田曰：「文帝之言，非謂高帝時尚武而今偃武修文也，文帝時匈奴無歲不擾，豈得不倚重名將？帝意正以廣才氣跅弛，大有黥、彭、樊、灌之風，當肇造區宇之時，大者王，小者侯，取之如探策矣。今天下已定，雖勒兵陷陣，要必束之於簿書文法之中，鰓鰓紀律，良非廣之所堪也，故嘆惜之。此實文帝有鑒別人才處，廣之一生數奇，早為所決矣。」㉑孝景　即漢景帝，名啟，文帝之子，西元前一五六—前一四一年在位。按：漢代講究以「孝」治天下，故在各個皇帝的諡號前都加上一個「孝」字，如「孝武」、「孝宣」、「孝明」等是也。㉒隴西都尉　隴西郡的武官。當時各郡的行政長官稱作太守，都尉則協助太守分掌武事。㉓騎郎將　皇帝的侍從武官名，統領騎兵侍從，秩比千石。與車郎將、戶郎將合稱「三將」，皆上屬郎中令。㉔吳楚軍時　指吳、楚七國起兵造反之時，事在漢景帝三年（西元前一五四年）正月。時吳王（都廣陵，今江蘇揚州）劉濞、楚王（都彭城，今江蘇徐州）劉戊、膠東王（都即墨，今山東平度東南）劉雄渠、膠西王（都高密，今山東高密西）劉卬、濟南王（都東平陵，今山東章丘西北）劉辟光、菑川王（都劇縣，今山東昌樂西北）劉賢、趙王（都邯鄲，今河北邯鄲）劉遂，因不滿朝廷用鼂錯之議而削減諸侯封地，故而以討伐鼂錯為名，發動了對朝廷的叛亂。事情詳見〈吳王濞列傳〉、〈袁盎鼂錯列傳〉、〈絳侯周勃世家〉等篇。㉕驍騎都尉　軍官名。驍騎，如同今之所謂「輕騎兵」。㉖太尉亞夫　即周亞夫，文帝、景帝時期的名將，絳侯周勃之子。吳、楚軍起，亞夫由中尉被任命為太尉，統兵討吳、楚。太尉，主管全國軍事的最高長官，當時的「三公」之一。太尉亞夫擊吳、楚軍事，見〈絳侯周勃世家〉、〈吳王濞列傳〉。㉗取旗　奪取了敵方的主將之旗。㉘顯功名昌邑下　昌邑，當時梁國的重鎮，在今山東金鄉西北，周亞夫的重兵當時就集結在這裡。吳、楚軍之敗，則從其攻昌邑失敗開始。過程詳見〈絳侯周勃世家〉。至於李廣在昌邑之戰中具體有何表現，史無明載。㉙梁王　即梁孝王劉武，文帝之子，景帝之弟，被封為梁王，都睢陽（今河南商丘東南）。吳、楚叛軍西下時，梁國首當其衝。故梁國在屏蔽漢代朝廷、抗擊吳、楚叛軍中，功勞巨大。㉚授廣將軍印　李廣雖屬亞夫軍，但因他是在梁國的地區作戰，卓有軍功；又因李廣原來只是「都尉」，不夠將軍級，故梁王出於敬慕而升賞之，授之將軍印也。㉛還二句　《集解》引文穎曰：「廣為漢將，私受梁印，故不以賞也。」按：於此可見漢景帝與梁孝王兄弟之間的尖銳矛盾。㉜上谷　漢郡名，郡治沮陽（今河北懷來東南）。㉝匈奴日以合戰　匈奴人每天都與李廣交戰。以，此處的意思通「與」。合戰，交戰；開戰。㉞典屬國　《漢書・百官公卿表》：「典屬國，掌蠻夷降者。」是主管與他國、他族外交事務的官吏。㉟公孫昆邪　姓公孫，名昆邪。㊱負　依仗；仗恃。㊲數與虜敵戰　數，屢屢。虜，胡虜，指匈奴人。㊳恐亡之　擔心損失這員良將。亡，失。凌稚隆引楊慎曰：「公孫昆邪為國惜才過於文帝。」史珥曰：「昆邪愛才乃爾，彼擅自易置，急責對簿之大將軍為何如耶？」㊴上郡　漢郡名，郡治膚施（今陝西橫山東，榆林東南）。按：徐朔方曰：「『上郡』兩字當有誤寫，據原意應是一個內地郡名。這樣一改，前後文字才可通順。」㊵徙上郡　張文虎《札記》：「此三字當在下文『匈奴大入上郡』句之上，傳寫錯耳。」㊶後廣轉為邊郡太守四句　轉，輾轉。瀧川曰：「《漢書》無『後廣』以下三十一字。」張文虎曰：「『後廣轉為』至『為名』三十一字，疑當在後文『不知廣之所之，故弗從』下，而衍『徙上郡』三字，則與《漢書》次序合。」按：此說近是。北地，漢郡名，郡治馬嶺（今甘肅慶陽西北）。鴈門，漢郡名，郡治善無（今山西右玉東南）。代郡，郡治代縣（今河北蔚縣東北）。雲中，漢郡名，郡治雲中（今內蒙托克托東北）。㊷匈奴大入上郡　據《漢書・景帝紀》，中元六年（西元前一四四年）「六月，匈奴入雁門，至武泉，入上郡，取苑馬，吏卒戰死者二千人。」㊸中貴人　有地位、受寵信的宦官。王叔岷以為指「在朝之宗室大臣」，非必指宦者，可參考。㊹從廣勒習兵　跟李廣一道部勒訓練軍隊，蓋有觀察、監督之意。瀧川曰：「宦官從軍，蓋以是為始。」㊺將騎數十縱　領著幾十名騎兵，放馬奔跑。縱，放馬奔馳。㊻還射　謂匈奴人本已走去，見有人追來，故回身而射之。㊼且盡　幾乎殺光。㊽走廣　逃回到李廣處。㊾從百騎往馳三人　從百騎，帶著百數個騎兵。馳，追趕。凌稚隆引董份曰：「從百騎往馳三人，不見廣勇；所以載百騎者，與下匈奴數千騎相應耳。」吳見思曰：「百騎馳三人，不見廣勇；唯不用百騎而自射之，正極寫廣勇也。」姚苧田曰：「以百餘騎逐三人，不為武，此自以射雕者形容廣之善射，以『百餘騎』作下『數千騎』引子，看去乃見其筆法之妙。」㊿亡馬步行　沒有騎馬，只是步行。亡，通「無」。(51)生得　活捉。(52)誘騎　引誘敵兵追趕，從而使之上當的騎兵。(53)上山陳　躲到山上，列好陣式。陳，通「陣」。(54)以百騎走　憑著這百數人向回逃。走，逃跑。(55)必以我為大軍之誘　原作「必以我為大軍誘之」。張文虎曰：「『誘之』當從《漢書》

作「之誘」，即上文所謂「誘騎」也。言匈奴以我為大軍之誘敵者，不敢擊我也。」按：張說是，今據改。56未到匈奴陳二里所　離著匈奴人的陣地差不多還有二里。二里所，猶言「二里許」。二里來地。57即有急二句　倘若敵人突然向我們殺過來，我們怎麼辦。即，倘若。58以我為走　認為我們必然會逃跑。59堅其意　強化他們的（錯誤）判斷。王先謙曰：「堅彼以我為『誘騎』之意，使之不疑也。」凌稚隆引徐中行曰：「趙雲遇曹瞞而開壁，李廣值匈奴則反前，皆不足而虛示之有餘者也。卒以疑敵人之心，一因以破虜，一因以全師，蓋膽略過人哉！」60出護其兵　到前面來整理其士兵的部伍陣式。護，這裡指安排、整頓。61縱馬臥　任憑戰馬躺在地上休息。62平旦　天亮時。63大軍不知廣所之　大部隊不知李廣到哪裡去了。之，去；到。64故弗從　所以都按兵未動。瀧川曰：「《漢書》『弗從』下有『後徙為隴西、北地、鴈門、雲中太守』十三字。」按：據張文虎說，上文之「後廣轉為邊郡太守，嘗為隴西、北地、鴈門、代郡、雲中太守，皆以力戰為名」二十八字應移於此句之下。

【語譯】李廣將軍是隴西郡成紀縣人，他的祖先李信是秦國的名將，曾經活捉了燕太子丹。李廣家的原籍是槐里縣，後來遷到了成紀，射箭是李廣家世代相傳的絕技。孝文帝十四年，匈奴大舉入侵蕭關，這時李廣以「良家子」的身分參軍，抗擊匈奴，由於他善於騎馬射箭，擊殺與俘擄的敵人多，因此被任為中郎。當時李廣的堂弟李蔡也在皇帝身邊為郎，兄弟二人都當武騎常侍，官階是八百石。有一次，李廣跟隨文帝外出，在衝鋒陷陣和與猛獸格鬥中有傑出的表現。文帝稱讚李廣說：「真可惜啊，你生得不是時候！如果你生在高皇帝打江山的年代，憑你這身功夫，封萬戶侯又何足掛齒呢！」

2 等到景帝即位後，李廣先曾任隴西都尉，接著被召進京城做了皇帝的侍從武官——騎郎將。後來吳、楚七國叛亂時，李廣以驍騎都尉的身分跟著太尉周亞夫前往討伐叛軍。在戰鬥中，李廣奪得了敵軍的戰旗，在昌邑大顯威名。只因為梁孝王贈給了李廣一顆將軍印，回京後便沒能再受到封賞。後來李廣被調任上谷太守，匈奴軍隊每天和他打仗。於是典屬國公孫昆邪流著眼淚向景帝請求說：「李廣的本領，在當今天下無雙，也正因此他自恃武藝高強，天天和敵軍交戰，我真怕萬一有個閃失，損失了這員名將。」於是景帝就把李廣調到了上郡當太守。後來李廣又輾轉地在邊疆諸郡的許多地方，如上郡、隴西、北地、雁門、代郡、雲中等地做過太守，無論他到了哪裡，都以英勇善戰聞名。

3 李廣做上郡太守的時候，匈奴人大舉進攻上郡，這時皇帝派了一名受寵信的宦官，到上郡來跟著李廣學習軍事對抗匈奴。有一次這個宦官帶領著幾十名騎兵縱馬奔馳，突然遇到了三個匈奴人，便打了起來。結果匈奴人射傷了這個宦官，幾乎射死了他帶的幾十名騎兵。宦官逃回了李廣這裡，李廣說：「這一定是射雕的。」李他立即帶了百數名騎兵去追趕這三個人。這三個人把自己的馬丟了，只好步行，這時已經走出幾十里了。李廣命令部下作出了從左右兩側包抄的形勢，自己拿了弓箭射他們，結果射死了兩個，活捉了一個，一審問，果然是匈奴的射雕人。他們剛把俘虜綁在馬上，突然望見來了幾千名匈奴騎兵。這些騎兵也發現了李廣，他們以為這是漢軍派出來特意引著他們去上當的，心裡很吃驚，於是慌忙衝上山頭布好陣式。李廣的這百數人怕極了，都想趕緊往回跑。李廣說：「這裡離著我們的大部隊有幾十里，我們這百數人如果往回跑，匈奴人追上來一陣亂箭就都把我們射死了。如果我們留下來不走，匈奴人必然以為我們是大軍部隊派出來故意引誘他們去上當的，他們一定不敢攻擊我們。」於是李廣命令這百數人「前進！」一直走到離匈奴人只有二里地的地方才停下來，接著又下令說：「全體下馬，把鞍子解下來！」有人說：「敵人這麼多，離我們又這麼近，如果敵人突然進攻我們，我們怎麼辦？」李廣說：「敵人肯定以為我們是會跑的，現在我們偏要給他來個下馬解鞍表明不跑，以此來強化他們那種錯誤判斷。」這樣一來，匈奴人果然沒敢進攻李廣。後來敵人那邊有個騎白馬的將領出來整理隊伍陣式，這時李廣突然上馬帶著十來個人飛奔過去將他射死了，然後又退回來隊伍中解下馬鞍，並命令士兵們任憑戰馬躺在地上休息。這時天色漸晚，匈奴人始終覺得這伙人可疑，沒敢輕易出擊。到了半夜，匈奴人更懷疑附近可能埋伏著大批漢軍，打算乘夜晚偷襲他們，於是他們趕緊撤走了。第二天清晨，李廣才回到大本營。李廣的大部隊因為不知道李廣昨晚去了何處，所以只有在原地待命。

1 居久之，孝景崩，武帝立❶，左右以為廣名將也，於是廣以上郡太守為未央衛尉❷，而程不識❸亦為長樂衛尉❹。程不識故與李廣俱以邊太守將軍屯❺。及出擊胡，而廣行無部伍行陳❻，就善水草屯❼，舍止，人人自便❽，不擊刀斗❾以自衛，莫府❿省約⓫文書籍事⓬，然亦遠斥候⓭，未嘗遇害。程不識正⓮部曲行伍營陳，擊刀斗，士吏治軍簿至明⓯，軍不得休息，然亦未嘗遇害。不識曰：「李廣軍極簡易，然虜卒犯之⓰，無以禁也⓱；而其士卒亦佚樂⓲，咸樂為之死⓳。我軍雖煩擾，然虜亦不得犯我。」是時漢邊郡李廣、程不識皆為名將，然匈奴畏李廣之略，士卒亦多樂從李廣而苦程不識⓴。程不識，孝景時以數直諫為太中大夫㉑，為人廉，謹於文法㉒。

2 後漢以馬邑城誘單于㉓，使大軍伏馬邑旁谷，而廣為驍騎將軍㉔，領屬㉕護軍將軍㉖。是時單于覺之㉗，去，漢軍皆無功㉘。其後四歲㉙，廣以衛尉為將軍，出鴈門㉚擊匈奴。匈奴兵多，破敗廣軍，生得廣。單于素聞廣賢，令曰：「得李廣必生致之㉛。」胡騎得廣，廣時傷病，置廣兩馬間，絡而盛臥廣㉜。行十餘里，廣詳死㉝，睨㉞其旁有一胡兒騎善馬，廣暫騰㉟而上胡兒馬，因推墮兒，取其弓，鞭馬南馳數十里，復得其餘軍，因引而入塞㊱。匈奴捕者騎數百追之，廣行取胡兒弓，射殺追騎，以故得脫㊲。於是至漢，漢下廣吏㊳。吏當廣所失亡多㊴，為虜所生得，當斬，贖為庶人[40]。

3 頃之，家居數歲。廣家與故潁陰侯孫屏野居藍田南山中射獵[41]。嘗夜從一騎出，從人田間飲[42]。還至霸陵亭[43]，霸陵尉[44]醉，呵止廣[45]。廣騎曰：「故李將軍。」尉曰：「今將軍[46]尚不得夜行，何乃故也！」止廣宿亭下[47]。居無何[48]，匈奴入殺遼西太守[49]，敗韓將軍[50]。後韓將軍徙右北平，死[51]，於是天子乃召拜廣為右北平太守。廣即請霸陵尉與俱，至軍而斬之[52]。

4 廣居右北平，匈奴聞之，號曰「漢之飛將軍[53]」，避之數歲，不敢入右北平[54]。

5 廣出獵，見草中石，以為虎而射之，中石沒鏃[55]，視之，石也。因復更射之，終不能復入石矣。廣所居郡聞有虎，嘗[56]自射之。及居右北平射虎，虎騰傷廣[57]，廣亦竟射殺之[58]。

6 廣廉，得賞賜輒分其麾下[59]，飲食與士[60]共之。終廣之身，為二千石四十餘年[61]，家無餘財，終不言家產事。廣為人長，猨臂[62]，其善射亦天性也，雖其子孫他人學者，莫能及廣。廣訥口[63]少言，與人居則畫地為軍陳，射闊狹以飲[64]。專以射為戲，竟死[65]。廣之將兵，乏絕[66]之處，見水，士卒不盡飲，廣不近水；士卒不盡食，廣不嘗食[67]。寬緩不苛，士以此愛樂為用。其射，見敵急[68]，非在數十步之內，度不中不發(69)，發即應弦而倒。用此，其將兵數困辱(70)，其射猛獸亦為所傷云(71)。

【章　旨】以上為第二段，寫自武帝對匈奴發動作戰以來，李廣為邊將的一系列活動，重點突出了他的出雁門擊匈奴與為右北平太守的兩段經歷，讚揚了他熱愛士卒，寬緩簡易的名將風度。

【注　釋】❶孝景崩二句　事在景帝後元三年（西元前一四一年）。武帝，名徹，景帝之子，西元前一四〇—前八七年在位。按：梁玉繩曰：「『武帝』當作『今上』」。❷未央衛尉　未央宮的衛隊長官。未央宮是皇帝居住的地方，在當時長安城的西部，今西安市之未央區尚有未央宮遺址。衛尉，是當時的「九卿」之一，職掌守衛宮門，秩中二千石。❸程不識　武帝時名將，其人又見於〈魏其武安侯列傳〉。❹長樂衛尉　長樂宮的衛隊長官。長樂宮是太后居住的地方，地處當時長安城的東部。長樂衛尉與未央衛尉的官階相同，皆為「九卿」之一。❺以邊太守將軍屯　以邊郡太守的身分，率領軍隊屯駐於邊地。將軍，率領軍隊。將，統領；率領。❻廣行無部伍行陳　李廣部隊的行軍，士卒皆任意而行，不按編制，不成行列。廣「行」，行軍。部伍，猶言「部曲」。《續漢書・百官志》：「大將軍營五部。部，校尉一人。部下有曲，曲有軍候一人。」師古曰：「廣尚於簡易，故行道之中不立部曲也。」❼就善水草屯　挨著有好水好草的地方安營下寨。就，接近；靠近。❽舍止二句　駐紮之後，就各隨其便。❾不擊刀斗　不安排打更巡邏。刀斗，銅製的軍用飯鍋，白天用以煮飯，夜間用以敲擊巡邏。❿莫府　同「幕府」。指將軍的辦事機構。師古曰：「莫府者，以軍幕為義。軍旅無常居，止以帳幕言之。」⓫省約　簡單、減少。⓬文書籍事　指各種公文案牘之類。按：《漢書》只作「莫府省文書」，無「籍事」二字。⓭遠斥候　將哨探人員放出去很遠，有敵情可以及早得知。斥候，偵察敵情的人員。⓮正　嚴肅；嚴格要求。⓯治軍簿至明　按規章條文管理士兵極其嚴格。⓰虜卒犯之　敵人突然進犯。卒，通「猝」。突然。⓱無以禁也　沒法抵抗。⓲佚樂　指平時生活得安閒快樂。⓳咸樂為之死　到戰鬥時能人人奮勇，不怕犧牲。⓴匈奴畏李廣之略二句　凌稚隆引董份曰：「載不識言，以見軍法之正；載『匈奴畏李廣之略』二句，以明廣之能。載事必如此，然後義備，而筆端鼓舞。」姚苧田曰：「廣惟有勇略，又能愛人，於兵法『仁』『信』『智』『勇』『嚴』者，實有其四，惟少一『嚴』耳。然其遠斥候以防患，法亦未嘗不密也。但說到『無部伍行陣』、『省文書籍事」，此大亂之道，恐不能一日聚處，疑亦言之過甚。愚謂要是文字生色耳，未必簡易至此極也。」㉑太中大夫　皇帝的侍從人員，掌議論，秩比千石，上屬郎中令。㉒謹於文法　嚴格執行規章制度。按：自「程不識故與李廣俱以邊太守將軍屯」至「謹於文法」，皆補敘李廣、程不識為衛尉以前事。㉓漢以馬邑城誘單于　事在漢武帝元光二年（西元前一三三年）。〈匈奴列傳〉云：「漢使馬邑下人聶翁壹奸蘭（犯禁）出物與匈奴交，詳為賣馬邑城以誘單于。單于信之，而貪馬邑財物，乃以十萬騎入武州塞。漢伏兵三十餘萬馬邑旁，御史大夫韓安國為護軍，護四將軍以伏單于。」結果被匈奴發覺，漢軍徒勞無功。馬邑，漢縣名，縣治即今山西朔縣。單于，匈奴的最高頭領。按：此時的匈奴單于名喚「軍臣」。㉔廣為驍騎將軍　謂以衛尉身分充任之，罷軍後，仍回任衛尉，故下文又有「以衛尉為將軍」語。㉕領屬　歸某人所統領。㉖護軍將軍　即韓安國。韓安國字長孺，景帝、武帝時的將領。事跡詳見〈韓長孺列傳〉。㉗單于覺之　〈韓長孺列傳〉云：「單于入漢長城武州塞。未至馬邑百餘里，行掠鹵，徒見畜牧於野，不見一人。單于怪之，攻烽燧，得武州尉史。欲刺，問尉史。尉史曰：『漢兵數十萬伏馬邑下。』單于顧謂左右曰：『幾為漢所賣！』乃引兵還。」㉘漢軍皆無功　由於漢軍勞民傷財，一無所得，故武帝怒斬了此役的倡導者王恢。㉙其後四歲　元光六年（西元前一二九年）。㉚出鴈門　由雁門郡出兵北行。㉛必生致之　定要將其活著押解前來。㉜絡而盛臥廣　在兩匹馬之間做成一副網狀的擔架，讓傷病的李廣睡在上面。絡，結網。㉝詳死　假裝已死。詳，通「佯」。㉞睨　斜視。㉟暫騰　突然躍起。㊱因引而入塞　於是引其餘軍回到了邊防線內。㊲匈奴捕者騎數百追之四句　按：此二十三字若移至「復得其餘軍」句上，則文字更為順暢。師古曰：「且行且射也。」王叔岷曰：「行，猶『因』也。」行，順手；隨即。㊳下廣吏　把李廣交給軍法吏處置。㊴吏當廣所失亡多　當，判處。失亡多，損失的士兵眾多。㊵贖為庶人　花錢贖其死罪，免以為平民。庶人，平民百姓。姚苧田曰：「此段云『破敗廣軍』，後云『漢兵死者大半』，則廣之麾下失亡不可勝記，而廣才總以善射自完。律以常法，殊難為廣占地步矣。但其敗後之勇決奇變，殊勝於他人之奏凱策勛者百倍。史公必不肯以成敗論英雄，是其一生獨得之妙，故出力敷寫如此。」㊶頃之三句　瀧川曰：「《史》文疑有訛誤，《漢書》改作『數歲，與故潁陰侯屏居』。」潁陰侯孫，灌嬰之孫灌彊。灌嬰是劉邦的開國元勳，以功被封為潁陰侯。事跡詳見〈樊酈滕灌列傳〉。至其孫灌彊，乃襲其祖之勳而為侯者，此時正因犯罪失侯家居。屏野，摒除人事而居於山野。藍田南山，即藍田山，在今陝西藍田東南，離長安很近，是當時貴族喜歡遊獵、居住的地方。㊷從人田間飲　到野外去找一個人喝酒。㊸霸陵亭　霸陵附近的亭驛。霸陵，漢文帝的陵墓，在今西安市東北，當時曾因陵墓所在而設有霸陵縣。㊹霸陵尉　霸陵縣的縣尉。尉在縣裡主管緝捕盜賊。㊺呵止廣　喝斥李廣令其停下。㊻今將軍　現任的將軍。與「故（前）將軍」相對而言。㊼止

廣宿亭下　扣押李廣，令其在霸陵亭驛過了一夜。㊽居無何　沒過多久。㊾匈奴入殺遼西太守　據〈韓長孺列傳〉，武帝元朔元年（西元前一二八年）秋，「匈奴大入邊，殺遼西太守，及入鴈門，所殺略（掠）數千人。」遼西，漢郡名，郡治陽樂（在今遼寧義縣城西南）。㊿敗韓將軍　〈韓長孺列傳〉云：「衛尉安國為材官將軍，屯於漁陽（今北京密雲西南）。安國捕生虜，言匈奴遠去。即上書言方田作時，請且罷軍屯。罷軍屯月餘，匈奴大入上谷、漁陽。安國壁乃有七百餘人，出與戰，不勝，復入壁。匈奴虜略千餘人及畜產而去。天子聞之，怒，使使責讓安國。徙安國益東，屯右北平。」右北平，漢郡名，郡治平剛（今遼寧淩源西北，平泉東北）。51死　金陵本「後韓將軍徙右北平」下無「死」字，然則右北平遂同時有二太守矣，於情理不合。《會注考證》本於「韓將軍徙右北平」下增「死」字，瀧川曰：「『平』下『死』字，各本脫，今依楓、三本、《漢書》。」按：瀧川說是也。檢〈韓長孺列傳〉云：「(安國)將屯又為匈奴所欺，失亡多，甚自愧。幸得罷歸，乃益東徙屯，意忽忽不樂。數月，病歐血死。」知有「死」字者是，今據增。52廣即請霸陵尉與俱二句　淩稚隆引董份曰：「不能忘一尉之小憾，乃知功名不成，非特殺降也，亦淺中少大度耳。」田汝成曰：「廣之不侯，非數奇也，孝文知之深矣。懷私恨以斬霸陵尉，豈大將軍之度哉？故蘇子瞻云『明年定起故將軍，未肯先誅霸陵尉』是也。不然，以亞夫之賢，帝託景帝曰：『真可任將兵。』寧獨不知廣材耶？」俞正燮曰：「霸陵尉職應止夜行者，守法，則廣斬之，豈非器小心螫者乎？」王叔岷曰：「韓安國坐法抵罪，蒙獄吏田甲辱之。後安國為梁內史，田甲因肉袒謝，安國卒善遇之。安國之器量於李廣遠矣。」按：此與韓信之「召辱己之少年令出胯下者以為楚中尉」相較，二人之風度氣派如何？然據《漢書》，李廣殺霸陵尉後，上書武帝自劾，武帝不僅不責罰李廣，反而降書讚之曰：「報忿除害，捐殘去殺，朕之所圖於將軍也；若乃免冠徒跣，稽顙請罪，豈朕之指哉？」或邊事緊急，武帝故為此語以慰之也。53飛將軍　姚苧田曰：「『飛將軍』三字疑亦從絡盛兩馬間騰身忽上，馳入塞內之事而得，實懾於其一身之勇，非嘆服其禦眾之能也。」54不敢入右北平　黃震曰：「李廣邊將才於守右北平見之，使武帝志在息民，專任李廣足矣。」55以為虎而射之二句　何焯曰：「《呂覽・精通篇》云：『養由基射虎中石，矢乃飲羽，誠乎虎也。』與此相類。豈世因廣之善射，造為此事以加之歟？段成式已疑之。」梁玉繩曰：「射石一事，《呂氏春秋・精通篇》謂養由基，《韓詩外傳・六》、《新序・雜事四》謂楚熊渠子，與李廣為三。《論衡・儒增篇》以為『主名不審，無實也』。《黃氏日鈔》亦云：『此事每載不同，要皆相承之妄言也。』」按：《周書・李遠傳》有所謂「嘗校獵于莎柵，見石於叢薄中，以為伏兔，射之而中，鏃入寸餘。就而視之，乃石爾」，蓋模擬《史記》而為文。56嘗　通「常」。57虎騰傷廣　虎跳起來咬傷李廣。58竟射殺之　最終還是把虎射死了。竟，終於。59輒分其麾下　總是隨即分給他的部下。輒，總是；隨即。麾下，部下。麾，大將的指揮旗。(60)士　即謂士卒。下文言「水」、言「食」即以「士卒」與「士」交互為文。(61)為二千石四十餘年　《漢書》作「廣歷七郡太守，前後四十餘年」。按：廣在朝為衛尉、為郎中令，在邊郡歷任太守，皆可大體謂「二千石」也，《史記》蓋通言之，而《漢書》改作「歷七郡太守，前後四十餘年」，恐非史公意。(62)猨臂　其臂如猿，蓋謂長且靈活也。(63)訥口　說話笨拙，不善言辭。(64)畫地為軍陳二句　郭嵩燾曰：「畫地為軍陣，謂行列也。行列為若干道，或狹或闊，而引弓（自高處向）下射之，矢植立中狹者勝；中闊與矢不植皆負；出行列之外負，罰各有差。」畫地為軍陳，在地面上畫成若干格。陳，通「陣」。射闊狹，即比賽看誰射得準。闊狹，指實際著箭點與預定著箭點的距離大小。(65)竟死　意謂一直到死都是如此。(66)乏絕　謂缺糧少水之時。乏，缺少。絕，完全沒有。(67)士卒不盡飲四句　按：此處應與〈衛將軍驃騎列傳〉之「(去病)少而侍中，貴，不省士。其從軍，天子為遣太官齎數十乘，既還，重車餘弃粱肉，而士有飢者；其在塞外，卒乏糧，或不能自振，而驃騎尚穿域蹋鞠」相對照，以見司馬遷之歌頌與批判。然〈淮南衡山列傳〉伍被稱衛青有所謂「穿井未通，須士卒盡得水，乃敢飲」，且謂「大將軍於士卒有恩，眾皆樂為之用」，又與稱頌李廣之用語相同。(68)見敵急　瀧川曰：「《漢書》無『急』字，此疑衍。」(69)度不中不發　估計射不中敵人就暫且不放箭。(70)數困辱　因放敵至跟前，來不及還手而被敵所傷，甚至被敵所俘。數，多次。(71)其射猛獸亦為所傷云　陳子龍曰：「廣自矜其技，非大將法也，故將兵無功。」徐朔方曰：「這段文字很像文章的結尾，而實際上後面還有一半，這怎麼解釋？很可能前文是初稿，後來加以續寫，留下了這樣一個痕跡。」

【語　譯】過了好多年，漢景帝死了，漢武帝即位，左右大臣都說李廣是一位名將，於是李廣被從上郡太守調入朝廷當了未央宮的衛尉，當時程不識也擔任長樂宮的衛尉。程不識和李廣一樣，過去都曾以邊郡太守的身分率領軍隊駐守邊防。每當出兵討伐匈奴時，李廣的軍隊行軍時比較隨便，甚至連嚴格的組織隊列都沒有；駐紮的時候也只是挑個有好水草的地方，住下之後人人自便，夜裡也不打更巡邏，軍部裡各種辦事的規章案牘一切從簡，但還是有遠放哨探，掌握敵情，所以也從未遭受過敵人的偷襲。而程不識則相反，他的軍隊不論行軍、紮營一切制度都很嚴格，夜裡要打更巡邏，軍部裡的文吏們按規章條文管理士兵極其嚴格，全軍都忙忙碌碌，得不到休息，但是他的軍隊也未曾遭受過什麼突然的侵害。程不識說：「李廣的治軍辦法，極其簡單省事，如果遇上敵人偷襲，恐怕就難以招架了；但他的士兵們生活得很快樂，因此到了作戰的時候，大家都願意為他拚命。我的治軍雖然囉嗦麻煩，但敵人不可能對我發動突然襲擊。」那時候，李廣和程不識都是漢朝邊郡上的名將，但是匈奴人特別怕李廣的膽略，而士兵們也都樂於跟著李廣而不願意跟著程不識。程不識曾因為多次勇於直言切諫在景帝時期做過太中大夫，為人廉潔，謹守規章法度。

2 後來漢朝派人用假裝出賣馬邑城的辦法企圖引誘匈奴單于上鉤，而把大批漢軍埋伏在馬邑周圍的山谷裡，李廣以驍騎將軍的身分參加了這次行動，屬護軍將軍韓安國統領。後來被匈奴單于所發覺，把軍隊撤回去了，因此漢軍白忙了一回。又過了四年，李廣以未央宮衛尉的身分為將軍，率兵出雁門關討伐匈奴。不料匈奴兵力眾多，結果漢軍被擊敗，李廣也被人俘虜了。匈奴單于早就聽說李廣是一員名將，因此下令：「如果遇到李廣一定要抓活的。」匈奴捉到李廣時，李廣正受了傷，於是匈奴人就在兩匹馬之間拴了一個網牀，讓李廣躺在上邊。李廣躺著一直裝死不動，等到走出了十幾里的時候，他斜著眼偷偷瞧見他身邊有個匈奴人騎著一匹好馬，於是他就突然一躍而起，跳到了這個匈奴人的馬上，把他推到了馬下，奪過了他的弓箭，然後快馬加鞭向南跑了幾十里，找到了自己的殘部，領著他們返回了關內。當時有幾百個匈奴騎兵在後面追趕李廣，李廣就用他奪來的那張弓回身射死了追上來的匈奴人，因此得以脫身。李廣回來後，朝廷把李廣交給軍法吏審判，軍法吏判定李廣損失士卒眾多，且又自身被俘，應當斬首。但允許李廣出錢贖罪，因而得以免死，成了普通百姓。

3 李廣當老百姓的這幾年裡，他和潁陰侯灌嬰的孫子灌彊隱居在長安以南的藍田山中打獵。有一天夜裡李廣帶著一個隨從，到野外找一個朋友飲酒。回來經過霸陵亭驛的時候，正好遇到了喝醉酒的霸陵縣尉，他喝斥李廣，並要拘留他。這時李廣的從人連忙解釋說：「這位是前任的李將軍。」縣尉說：「就是現任的將軍也不許夜行，更何況你是個卸了任的將軍！」於是硬把李廣扣留在亭驛過了一宿。過了不久，匈奴人進犯遼西，殺了遼西郡的太守，打敗了韓安國的守軍。過後，朝廷調任韓安國為右北平太守，不久韓安國嘔血死了，於是武帝起用李廣做了右北平太守。李廣向朝廷請求調那個霸陵縣尉到他部下聽用，一到軍中，李廣就把他殺了。

4 李廣在任右北平太守的時候，匈奴人都知道他的名字。他們稱李廣為「漢朝的飛將軍」，一連幾年躲避他，不敢進犯右北平。

5 有一次李廣外出射獵，誤將草叢中的一塊巨石看成了老虎，他拔箭就射，整個箭頭都射到石頭裡去了，近前一看，才知道是石頭。李廣開弓再射，卻再也射不進去了。李廣在各郡任太守時，只要聽說哪裡有老虎，總是親自去射。後來在右北平射虎時，被老虎跳起來咬傷了，但最後李廣還是射死了這隻老虎。

6 李廣為人廉潔，每次得到了朝廷的賞賜總是全都分給他的部下，有好的東西也都是和士兵們一起吃喝。他一輩子當了四十多年的二千石官位，到頭來家中沒攢下一點錢財，而他自己也從來不提家產的事。李廣個子很高，胳膊也長，他那套射箭的絕技也有些確實是出於天賦，即使是他的子孫學射箭，都沒有一個能趕上他的。他言語遲鈍，平常很少說話，和別人在一起時總喜歡畫地為陣，比賽誰射箭射得準，輸了的罰酒。一直到死都是如此。他一生帶兵，每遇到缺水乏糧的時候，只要士兵還沒有全部喝上水，他就絕不喝水；只要士兵們還沒有全部吃到東西，他就絕不吃。他待人寬厚和氣不嚴苛，因此士卒都樂於為他效力。他射箭也有個習慣，每逢遇到敵人，非等到相距只有幾十步，能夠百發百中的時候他才射，一旦開弓，敵人肯定是應弦而倒。但也正因為這樣，他也好幾次被敵人所困，處境狼狽，射猛獸的時候有時也被猛獸所傷。

1 居頃之，石建❶卒，於是上召廣代建為郎中令❷。元朔六年，廣復為後將軍❸，從大將軍❹軍出定襄❺，擊匈奴。諸將多中首虜率❻，以功為侯❼者，而廣軍無功。後二歲❽，廣以郎中令將四千騎出右北平，博望侯❾張騫❿將萬騎與廣俱，異道⓫。行可⓬數百里，匈奴左賢王⓭將四萬騎圍廣。廣軍士皆恐，廣乃使其子敢⓮往馳之⑮。敢獨與數十騎馳，直貫胡騎⑯，出其左右⑰而還，告廣曰：「胡虜易與耳⑱。」軍士乃安。廣為圜陳外嚮⑲，胡急擊之，矢下如雨。漢兵死者過半，漢矢且盡。廣乃令士持滿毋發⑳，而廣身自以大黃㉑射其裨將㉒，殺數人，胡虜益解㉓。會日暮，吏士皆無人色，而廣意氣自如㉔，益治軍㉕。軍中自是服其勇也㉖。明日，復力戰，而博望侯軍亦至，匈奴軍乃解去。漢軍罷㉗，弗能追。是時廣軍幾沒㉘，罷歸㉙。漢法，博望侯留遲後期㉚，當死㉛，贖為庶人。廣軍功自如㉜，無賞。

2 初，廣之從弟李蔡與廣俱事孝文帝。景帝時，蔡積功勞㉝至二千石㉞。孝武帝時㉟，至代相㊱。以元朔五年㊲為輕車將軍㊳，從大將軍擊右賢王，有功中率㊴，封為樂安侯㊵。元狩二年㊶中，代公孫弘為丞相㊷。蔡為人在下中㊸，名聲出廣下甚遠㊹，然廣不得爵邑㊺，官不過九卿㊻；而蔡為列侯㊼，位至三公㊽，諸廣之軍吏及士卒或取封侯㊾。廣嘗與望氣王朔㊿燕語(51)，曰：「自漢擊匈奴而廣未嘗不在其中，而諸部校尉(52)以下，才能不及中人，然以擊胡軍功取侯者數十人，而廣不為後人(53)，然無尺寸之功以得封邑者，何也？豈吾相不當侯邪(54)？且固命也(55)？」朔曰：「將軍自念(56)，豈嘗有所恨乎(57)？」廣曰：「吾嘗為隴西守，羌(58)嘗反，吾誘而降，降者八百餘人，吾詐而同日殺之。至今大恨獨此耳。」朔曰：「禍莫大於殺已降[59]，此乃將軍所以不得侯者也[60]。」

3 後二歲[61]，大將軍、驃騎將軍大出，擊匈奴[62]。廣數自請行，天子以為老，弗許；良久乃許之，以為前將軍。是歲，元狩四年也[63]。

4 廣既從大將軍青擊匈奴，既出塞，青捕虜知單于所居，乃自以精兵走之[64]，而令廣并於右將軍軍[65]，出東道[66]。東道少回遠[67]，而大軍行水草少，其勢不屯行[68]。廣自請曰：「臣部為前將軍，今大將軍乃徙令臣出東道；且臣結髮[69]而與匈奴戰，今乃一得當單于[70]，臣願居前，先死單于[71]。」大將軍青亦陰受上誡[72]，以為李廣老，數奇[73]，毋令當單于，恐不得所欲[74]。而是時公孫敖[75]新失侯[76]，為中將軍從大將軍[77]，大將軍亦欲使敖與俱當單于[78]，故徙前將軍廣。廣時知之，固自辭[79]於大將軍。大將軍不聽，令長史[80]封書與廣之莫府[81]，曰：「急詣部，如書[82]。」廣不謝[83]大將軍而起行，意甚慍怒而就部[84]，引兵與右將軍食其合軍出東道。軍亡導[85]，或失道[86]，後大將軍[87]。大將軍與單于接戰，單于遁走[88]，弗能得而還。南絕幕[89]，遇前將軍、右將軍。廣已見大將軍，還入軍[90]。大將軍使長史持糒醪遺廣[91]，因問廣、食其失道狀，青欲上書報天子軍曲折[92]。廣未對[93]，大將軍使長史急責廣之幕府對簿[94]。廣曰：「諸校尉無罪[95]，乃我自失道，吾今自上簿[96]。」

5 至莫府[97]，廣謂其麾下[98]曰：「廣結髮與匈奴大小七十餘戰，今幸從[99]大將軍出接單于兵，而大將軍又徙廣部行回遠[100]，而又迷失道[101]，豈非天哉[102]！且廣年六十餘矣，終不能復對刀筆之吏[103]。」遂引刀自剄[104]。廣軍士大夫一軍皆哭，百姓聞之，知與不知，無老壯皆為垂涕[105]。而右將軍獨下吏，當死，贖為庶人[106]。

【章　旨】以上為第三段，寫李廣晚年以郎中令率軍伐匈奴，勞而無功，與最後隨衛青伐匈奴，被傾軋、逼迫至死的悲慘結局。

【注　釋】❶石建　萬石君石奮之子，以「孝謹」著稱，實際上是近於佞幸。事跡見〈萬石張叔列傳〉。石建自武帝建元二年（西元前一三九年）為郎中令，任職十五年而卒。❷召廣代建為郎中令　事在武帝元朔六年（西元前一二三年）。郎中令，當時的「九卿」之一，統領皇帝侍從及守衛宮門，實際是宮廷事務之總管。❸後將軍　《漢書・百官公卿表》：「前、後、左、右將軍皆周末官，秦因之。位上卿，金印紫綬，漢不常置。皆掌兵及四夷。」❹從大將軍　跟隨大將軍衛青。大將軍，《續漢書・百官志》：「將軍不常置，掌征伐背叛。比公者四，第一，大將軍；次，驃騎將軍；次，車騎將軍；次，衛將軍。」按：武帝時的「大將軍」地位崇高，雖名義上位在丞相之下，其權寵實在丞相之上。且與皇帝親近，常在宮廷與皇帝決定大計，時稱「內朝」。這裡的「大將軍」指衛青，武帝時期的名將，皇后衛子夫之弟。事跡詳見〈衛將軍驃騎列傳〉。❺定襄　漢郡名，郡治成樂（今內蒙和林格爾西北）。❻中首虜率　符合按斬敵首級與俘獲敵兵而加官進爵的標準。中，符合。率，標準；規定。❼以功為侯　因伐匈奴之軍功而被封為侯。❽後二歲　武帝元狩二年（西元前一二一年）。❾博望侯　張騫，封地博望縣。縣治在今河南南陽東北。❿張騫　武帝時的大探險家，曾經出使西域，以功封博望侯。事跡見〈大宛列傳〉。⓫異道　各走各的路。即分兩路出征匈奴。⓬可　大約。⓭左賢王　匈奴單于下面的兩個最高官長之一，與「右賢王」分部駐紮，共同襄助單于處理國事。左賢王居匈奴之東部，右賢王居匈奴之西部。⓮其子敢　李廣的第三子李敢。事跡見後文。⓯往馳之　前往衝擊敵陣。馳，飛馬攻擊。⓰直貫胡騎　從敵兵前沿攻入，直穿到敵軍背後。貫，直穿。⓱出其左右　又從左到右，從右到左地衝殺、穿行了一遍。吳見思曰：「四千騎，四萬騎，一以當十，危矣；此獨以『數十騎』，極寫李敢。」⑱胡虜易與耳　易與，容易對付。按：此處寫李敢的少年勇猛，亦在於襯托李廣。⑲圜陳外嚮　因李廣軍處十倍於己的敵人包圍中，須四面應敵，故列為圓陣，矛頭一齊向外。〈匈奴列傳〉有所謂「士皆持滿，傅矢外鄉」，與此意同。「傅矢」即張弓搭箭。傅，搭上。⑳持滿毋發　拉滿弓向敵，而不把箭射出去。㉑大黃　《集解》引韋昭曰：「角弩色黃而體大也。」即一種黃色的可以連發的大弓。㉒裨將　副將；偏將。㉓益解　漸漸散去。王先謙曰：「凡言『益』者，皆以漸加之詞。《漢書・蘇武傳》『武益愈』，言武漸愈也；〈景十三王傳〉『益不愛望卿』，言漸不愛望卿也。」按：王叔岷以為「益解」應解釋為「漸懈」，可供參考。㉔意氣自如　意態和平時一樣。言其從容自然。㉕益治軍　更加精神十足地整頓自己的隊伍。治軍，師古曰：「巡部曲、整行陣也。」㉖軍中自是服其勇也　郭嵩燾曰：「廣與匈奴大小七十餘戰，史公不一敘，獨上文敘其以百騎支匈奴數千，此以四千騎當匈奴四萬，寫得分外奇險。妙在一以不戰全軍，一以急戰拒敵，兩事各極其勝。」㉗罷　通「疲」。疲憊。㉘幾沒　幾乎全軍覆沒。㉙罷歸　撤回。姚苧田曰：「此段廣之勇烈及其所遇之艱危，皆大略與其孫陵相似，皆以別將失道，獨與虜遇；皆以少敵眾，而廣之終得拔身還漢者，卒以救軍之來也。史公寫此極詳，蓋亦有所感云。」㉚留遲後期　因行動緩慢而遲到。㉛當死　被判死刑。㉜軍功自如　軍功和敗罪相當、相抵銷。㉝積功勞　按：此即俗謂「沒有功勞也有苦勞」者也，即憑著年資而得升遷。㉞至二千石　即指其為代相。當時的諸侯國相秩二千石。㉟孝武帝時　梁玉繩曰：「當作『今天子時』。」㊱代相　代王之相。代，漢代的諸侯國名，都城為晉陽（今山西太原西南）。李蔡為代相時的代王先後為文帝之子劉參的兒子劉登，與劉登之子剛王劉義。㊲元朔五年　西元前一二四年。㊳輕車將軍　雜號將軍之一，較前所說的左、右、前、後四將軍位次略低。㊴中率　即前文所說的中首虜率。㊵樂安侯　封地樂安縣。縣治在今山東博興東北。據〈建元以來侯者年表〉，李蔡封樂安侯在元朔五年四月。㊶元狩二年　西元前一二一年。㊷代公孫弘為丞相　公孫弘自元朔五年為丞相，居位三年；李蔡自元狩二年為丞相，至元狩五年（西元前一一八年）因罪自殺。公孫弘，姓公孫，名弘。漢代以儒術獲登丞相的第一個，與董仲舒共同助成了漢武帝的罷黜百家，獨尊儒術，實際他們所行的乃是一種用儒術外衣包裹著的酷吏政治。公孫弘是司馬遷最反感的人物之一，事跡詳見〈平津侯主父列傳〉。㊸下中　下等裡的中等。蓋將人分為九等以排列之也。㊹出廣下甚遠　意即比李廣差得很遠。吳見思曰：「插入李蔡，正與不侯相形，回合成妙，故不勝慨嘆。」㊺不得爵邑　意即未得裂土封侯。爵，勳級，如「王」、「侯」、「君」等是也。邑，封地。漢時之封「王」者，封地略當一郡；封「侯」者，略當一縣。㊻九卿　秦漢官制，皇帝以下最高的叫「三公」，其次是「九卿」。漢九卿指：太常、光祿勳（也稱郎中令）、衛尉、太僕、廷尉、鴻臚、宗正、大司農、少府。㊼列侯　亦稱「徹侯」、「通侯」，封有一定領地，較無領地的「關內侯」地位高。劉邦曾規定過：「非劉氏者不得王，非有功者不得侯。」因此在漢代對一般官員而言，封列侯是最高的榮譽。㊽三公　指丞相、太尉、御史大夫。㊾或取封侯　有的人被封為侯。或，有的。㊿望氣王朔　望氣者姓王名朔。望氣，古代的一種迷信行為。據說覘望一個地方的雲氣，可以判斷有關人事的吉凶禍福。王朔，當時著名的望氣者，〈天官書〉有所謂「夫自漢之為天數者，星則唐都，氣則王朔」。(51)燕語　閒談。燕，安閒；從容。(52)諸部校尉　李廣以稱自己的下屬。古時一個將軍統領若干「部」，各「部」的軍官即稱「校尉」，略當於現在的「師長」。(53)不為後人　不在人後；不比人差。(54)豈吾相不當侯邪　莫非是我的面相不好，不能封侯嗎。相，面相。古時的相術如說某人當大富大貴，便有「天庭飽滿，地閣方圓」云云；如果說某人活該倒楣，則便有貶抑的話語，如〈范雎蔡澤列傳〉之相者戲弄蔡澤，〈絳侯周勃世家〉相者之說周亞夫「有從理入口」是也。既迷信，又宿命。然漢代頗時興這一套，王充《論衡》中有〈骨相篇〉以斥其事。(55)且固命也　還是我命中注定的呢。也，表示反問。按：司馬遷不相信天道鬼神，但相信「命定」，其中有說不盡的痛苦、悲憤。(56)自念　自己回想。(57)豈嘗有所恨乎　可有後悔、遺憾的事嗎。恨，遺憾；後悔。(58)羌　當時活動在今甘肅、青海以及四川北部一帶的少數民族名，種類繁多。此處應指隴西郡以西（約當今之青海東部）的羌族人。(59)禍莫大於殺已降　按：〈白起王翦列傳〉白起臨死前有所謂「我固當死。長平之戰，趙卒降者數十萬人，我詐而盡阬之，是足以死」，後出之書《吳越春秋》有所謂「誅降殺服，禍及三世」，皆此意也。(60)此乃將軍所以不得侯者也　錢鍾書曰：「馬遷持『陰德陰禍』之說，如〈韓世家〉：『太史公曰：韓厥之感晉景公，紹趙孤之子武，以成程嬰、公孫杵臼之義，此天下之陰德也。韓氏之功，於晉未覩其大者也。然與趙、魏終為諸侯十餘世，宜乎哉！』〈白起王翦列傳〉：『客曰：夫為將三世者必敗。必敗者何也，必其所殺伐多矣，其後受其不祥。』此不及身之後報，所謂『果報』也。〈李將軍列傳〉：『王朔曰：禍莫大於殺已降，此乃將軍所以不得為侯者也。』又及身之報，所謂『花報』者也。雖或記陳平自言（見〈陳丞相世家〉），或述望氣者語，然乃馬遷自抒胸臆，指歸正爾一揆。勿信『天道』，卻又主張『陰德』，說理固自難圓；而觸事感懷，乍彼乍此，亦彼亦此，渾置矛盾於不顧，又人之常情恆態耳。」按：王朔一段，乃史公游離點綴之詞，李廣及其整個家族悲劇命運的製造者，乃漢代皇帝與其寵幸，文中指示甚明，而所以仍著此詞，一為批評李廣之殺降，一乃為其終身坎壈興歎。(61)後二歲　元狩四年（西元前一一九年）。(62)大將軍驃騎將軍大出　句　驃騎將軍，指霍去病，衛青的外甥，武帝皇后衛子夫之姐衛少兒的兒子。驃騎將軍，位次僅低於大將軍。大出，大規模出兵。〈衛將軍驃騎列傳〉稱此役曰：「元狩四年春，上令大將軍青、驃騎將軍去病將各五萬騎，步兵轉者踵軍數十萬。」霍去病由代郡北出，衛青則自定襄北出。(63)是歲二句　特別提點以突出下面所敘事件的重要，以及作者對此事件的深沉感慨。《三國志・魏志・武帝紀》於董卓專權，殺少帝；曹操散家財，起義兵下，著之曰「是歲中平六年也」，即此寫法。(64)自以精兵走之　自己帶領精兵奔向匈奴單于之所在。(65)并於右將軍軍　使之率部與右將軍之軍合併。右將軍，指趙食其，原在朝任主爵都尉。事跡參見〈衛將軍驃騎列傳〉。按：漢代名「食其」者有數人，如劉邦時有酈食其、審食其等是也。(66)出東道　作為衛青大軍的右翼，在東側北進。(67)東道少回遠　意即東道較中路繞遠。少，稍；略。(68)大軍行水草少二句　中軍大軍所走的路上由於水草少，勢必加快行軍速度，不可能中途停留。這樣兩相衡量，就可以立刻估計到東側的部隊肯定要遲到，因此，急於求戰的李廣不願走東路。(69)結髮　猶言剛成人。古代男子二十歲束髮戴冠，從此算作成人。(70)今乃一得當單于　今天好不容易才有機會能與單于面對面。當，對。(71)先死單于　謙詞，意即願為先鋒，願為捕捉單于而戰死。(72)陰受上誡　暗中受皇帝囑咐。(73)數奇　運氣不好。數，命運。奇，不偶；不逢時。(74)恐不得所欲　擔心由於倒楣的李廣，而影響了捕捉單于的計畫。(75)公孫敖　衛青窮困時的朋友。陳皇后因忌恨衛子夫而逮捕衛青欲殺之，當時公孫敖為騎郎，他與壯士拚死將衛青劫出，衛青始得不死。後公孫敖因軍功被封為合騎侯。事見〈衛將軍驃騎列傳〉。(76)新失侯　武帝元狩二年，公孫敖率兵伐匈奴，因遲到未與霍去病按時會師，當斬，贖為庶人。(77)為中將軍從大將軍　據〈衛將軍驃騎列傳〉，公孫敖此行乃以「校尉」從大將軍，此處作「中將軍」，殆誤。(78)大將軍亦欲使敖與俱當單于　按：此見衛青之偏心。王鳴盛曰：「是役李廣本以『前將軍』從，宜在前當單于。青乃徙之出東道，使其回遠失道者，非但以其數奇恐無功，實以公孫敖新失侯，欲令俱當單于有功得侯，以報其德，故徙廣乃私也。」(79)自辭　自己陳述。(80)長史　丞相、大將軍手下的近身屬官，如同今之「祕書長」。以其為諸史之長，故稱「長史」。(81)封書與廣之莫府　意即將命令封好派人送往李廣的軍部。莫府，同「幕府」。將軍的營帳，這裡即指軍部。衛青命令李廣去東道，李廣不從，故衛青派其長史直接送命令與李廣的部下，將李廣晾在一邊。(82)急詣部二句　請按照命令，趕緊到右將軍的軍部去。詣，去。如，按照。(83)不謝　不告辭。(84)就部　回到了自己的軍部。(85)軍亡導　軍中沒有嚮導。亡，無；沒有。(86)或失道　迷惑而走錯了路。或，同「惑」。(87)後大將軍　沒能按衛青規定的時間到達。後，落後；遲到。(88)大將軍與單于接戰二句　按：衛青此戰極其精彩，〈衛將軍驃騎列傳〉云：「大將軍令武剛車自環為營，而縱五千騎往當匈奴。匈奴亦縱可萬騎。會日且入，大風起，沙礫擊面，兩軍不相見。漢益縱左右翼繞單于。單于視漢兵多，而士馬尚彊，戰而匈奴不利，薄莫，單于遂乘六贏，壯騎可數百，直冒漢圍西北馳去。時已昏，漢匈奴相紛拏，殺傷大當。漢軍左校捕虜言單于未昏而去，漢軍因發輕騎夜追之，大將軍軍因隨其後。遂至寘顏山趙信城，得匈奴積粟食軍。軍留一日而還，悉燒其城餘粟以歸。」

唐人詩所謂「月黑雁飛高，單于夜遁逃。欲將輕騎逐，大雪滿弓刀」云云，皆取材於此。89 南絕幕　向南回軍，橫渡過大沙漠之後。絕，橫穿；橫渡。幕，同「漠」。90 還入軍　回到自己軍中去了，蓋因氣憤難平。91 持糒醪遺廣　給李廣等送來一些吃的喝的。糒，乾飯。醪，濃酒。92 報天子軍曲折　向天子報告這次出兵作戰的具體情況。王念孫曰：「『軍』上當有『失』字。廣、食其與大將軍軍相失，故曰『失軍』。報『失軍曲折』者，報失軍之委曲情狀也。」按：二義皆可。然《漢書》作「失軍曲折」，正與王氏說同。93 廣未對　李廣沒有回答長史的問話。94 大將軍使長史句　北京大學《兩漢文學史參考資料》：「本句『使』字疑是衍文，《漢書》此句即無『使』字。」對簿，回答質問。簿，指文狀。大將軍長史問李廣，廣未對，於是長史即命令李廣的部下人員回答問題。蓋效衛青前曾所用之手段。姚苧田曰：「衛青不必有害廣之意，而史公寫得隱隱約約，使人不能釋然，要是惡青之深耳。」95 諸校尉無罪　猶言「此事與他們無關」。蓋李廣自己攬起責任。96 吾今自上簿　我將自己向上級報告。今，將。97 至莫府　李廣回到自己的軍部。98 麾下　部下。即諸校尉等。99 幸從　有幸跟上。語含怨意，亦似自嘲。100 又徙廣部行回遠　又改派李廣的部隊到了一條繞遠的路上。101 而又迷失道　偏偏又迷失了路途。102 豈非天哉　姚苧田曰：「廣一生蹭蹬，至白首之年自請出塞，其意實以衛青福將，欲藉以成大功，不意反為所賣。觀其『幸從大將軍』、『又徙廣部』等語，飲恨無窮，真乃一字一涕。」103 終不能復對刀筆之吏　無論如何總不能再去向那些刀筆吏們陳述什麼。刀筆之吏，指掌管文書、案牘的人員。刀筆是古代的書寫工具，因為這些人職管書寫，故以「刀筆」稱之。但通常多以「刀筆吏」稱司法部門的文職人員，因這些人舞文弄墨，足以顛倒黑白，為非作歹。104 遂引刀自剄　洪邁《容齋隨筆》九曰：「漢文帝見李廣曰：『惜廣不遇時，令當高皇帝世，萬戶侯豈足道哉！』吳、楚反時，李廣以都尉戰昌邑下顯名，以梁王授廣將軍印，故賞不行。武帝時，五為將軍擊匈奴，無尺寸功，至不得其死。三朝不遇，命也夫！」朱翌《猗覺寮雜記》曰：「始廣欲居前，青既不聽；以東道回遠固辭，則又固遣之；既受上指毋令廣當單于，乃又責其失道使自殺，青真人奴也哉！」凌稚隆引尤侗曰：「以廣之勇，結髮與匈奴七十餘戰，使居前一當單于，其功可勝道哉？乃徙廣部行回遠，而軍亡導，或失道。即失道，不至死，廣老將，獨不能少假之耶？又使長史責之急，是廣之死，青殺之也。」105 廣軍士大夫一軍皆哭四句　凌稚隆引凌約言曰：「『士大夫一軍皆哭，百姓皆垂涕』，廣之結人心於此可見。非子長筆力，安能於勝敗之外，乃出古今名將之上如是哉？」106 而右將軍獨下吏三句　當死，判處死罪。當，判處。吳見思曰：「足見廣不必死，青殺之也。」

【語　譯】又過了一些時候，郎中令石建死了，於是武帝把李廣召回接替石建做了郎中令。元朔六年，李廣又以後將軍的身分，跟隨大將軍衛青出定襄討伐匈奴。在這次出征中許多將領都因為殺敵俘擄夠數而被封了侯，唯獨李廣卻落了個勞而無功。又過了兩年，李廣又以郎中令的身分率領四千騎兵從右北平出發討伐匈奴，博望侯張騫也率領著一萬多人同時出征，各人自走一條路。李廣的部隊約前進了幾百里後，突然被匈奴左賢王率領的四萬騎兵包圍了。這時，李廣的部下都十分恐慌，李廣於是派他的兒子李敢先去衝擊一下敵人。李敢帶領著幾十名騎兵躍馬揚鞭，衝入了敵陣，從腹到背，從左到右，由右到左衝殺一遍而後回來。他們向李廣報告說：「這些匈奴人容易對付！」軍心於是穩定下來。李廣把自己的四千人排成一個圓陣，矛頭對外以對付四面圍上來的敵人。匈奴人對李廣的軍隊發起猛攻，一時間箭如雨下，四千人被射死超過一半，而李廣方面的箭也快要射光了。於是李廣命令士兵們搭上箭，拉開弓，但不要射出，他自己則用一種「大黃」弩，一連射死了匈奴的幾個偏將，其餘的人嚇得漸漸散去。這時天已經黑了下來，李廣的部下個個面無人色，唯獨李廣仍是那麼意氣風發，鎮定自如，他把隊伍又整頓了一下，準備繼續戰鬥。從此以後軍中官兵對於李廣的勇敢膽略，可真算是服了。第二天，他們依然頑強地作戰，剛好這時博望侯張騫的軍隊到了。匈奴人立即向北撤去，而漢軍則因為疲憊已極，已經無力追擊了。這一次李廣的部隊幾乎全軍覆沒。回來之後，依照朝廷的法律，博望侯張騫由於行動緩慢未能按時到達，判處死刑，張騫出錢贖罪，被革職為民。李廣的軍功和失敗的罪責相等，因此也沒有受到任何賞賜。

2　早在孝文帝做皇帝的時候，李廣就和他的堂弟李蔡一同在文帝駕前服務。到景帝在位時，李蔡已經慢慢升遷到了二千石。到武帝即位後，李蔡先是做了代國的丞相。元朔五年又以輕車將軍的身分跟隨大將軍衛青出擊匈奴右賢王，由於功勞符合標準，被封為樂安侯。到元狩二年，還接替公孫弘做了丞相。李蔡的人品，只能算是下中，名聲比李廣差遠了。然而李廣一輩子也沒有得到封爵領地，官位最高沒有超過九卿，而李蔡卻被封了侯，官階也到了三公。李廣部下不少軍官甚至士兵後來也封了侯。有一次，李廣和一個望氣的術士王朔閒談，他對王朔說：「自從漢朝討伐匈奴開始，我幾乎沒有一次戰鬥沒有參加。我手下的一些人有的才能還不及中等，然而因為與匈奴作戰建立軍功而封侯的，已經有幾十個人了。而我的才能不比人差，可是竟沒有得到尺寸之地的封賞，這是什麼原因呢？是我的面相不該封侯呢？還是命裡注定的呢？」王朔說：「您好好回想一下，您曾經做過什麼讓自己後悔的事嗎？」李廣說：「我在做隴西太守的時候，曾遇上羌人謀反。我引誘他們投降，有八百多人已經投降了，但最後我欺騙了他們，在當天就把他們都殺了。我至今最後悔的只有這件事。」王朔說：「殺害已經投降的人，是一種最大的陰禍，這就是您不得封侯的原因。」

3 又過了兩年，大將軍衛青、驃騎將軍霍去病大規模出擊匈奴，李廣幾次請求參戰，武帝認為他老了，一直不答應。後來過了好久武帝才答應了，派他做了前將軍。這一年，是漢武帝元狩四年。

4 李廣跟著衛青出擊匈奴到達塞北後，他們從捕獲的俘虜口中得知了匈奴單于的所在。於是衛青就想自己率著精銳部隊，直撲匈奴單于，便命令李廣帶著他的部下合併到右將軍趙食其的部隊，從東路北進。東路本來就有些繞遠，而衛青的主力部隊所走的中路水草少，路上勢必晝夜兼程，不能停留。於是李廣請求說：「我是前將軍，您現在卻讓我改走東路。我從二十來歲起就和匈奴打仗，今天好不容易才能碰上匈奴單于，我願意打頭陣，即使戰死我也心甘情願。」可是大將軍衛青早就暗中受漢武帝的囑咐，認為李廣年歲大，運氣又不好，不能讓他和單于對陣，否則恐怕捉不到單于。正好這時衛青的好友公孫敖剛剛丟掉了侯爵，以中將軍的身分跟著衛青出征，衛青也正想讓公孫敖和他一道直撲單于，所以他調走李廣。這一切，李廣心裡都清楚，但他還是一再向衛青請求。衛青不聽，後來他乾脆派他的長史直接把命令送到了李廣的軍部，並催促李廣說：「請你馬上按照命令到右將軍軍部報到！」李廣非常氣憤，他也沒向衛青告辭，就滿腔怒氣地回到了自己的軍部，率領部隊合併到趙食其的東路軍上去了。結果東路軍沒有嚮導，半道上迷了路，沒能按時到達前線。以至於衛青的中路軍與單于開戰後，被單于逃跑了，衛青此行遂無功而回。當衛青率領大軍回師向南越過沙漠之後，才遇到了李廣和趙食其。李廣參見了衛青後，什麼話也沒說就回到了自己的軍部。衛青派他的長史把乾飯和濃酒送給李廣，並向李廣和趙食其詢問軍隊迷路的情況，說是自己要向皇帝上報這次出兵的過程。李廣置之不理。於是衛青就讓他的長史急切地責問李廣的部下，逼著他們交代事實。李廣說：「我的部下們都沒有過錯，軍隊迷路是我的責任，我自己給上頭寫報告。」

5 李廣回到自己的軍部，對部下說：「我從年輕時到現在與匈奴打了大小七十餘仗，這次好不容易跟著大將軍出來碰上匈奴單于，誰想到大將軍又偏偏把我調到了一條繞遠的路上，而我們自己又偏偏迷了路，這不是天意嗎！我已經是六十多歲的人了，終究無法再去與那些刀筆吏們對質爭辯。」於是他拔刀自刎而死。李廣部下的官兵們全都放聲痛哭，百姓們聽到這個消息後，不論認識的還是不認識的，不論男女不論老幼，也都為這位名將落了淚。右將軍趙食其接受了審判，被定為死刑，自己花錢贖做了百姓。

廣子三人，曰當戶、椒、敢，為郎❶。天子與韓嫣❷戲，嫣少不遜❸，當戶擊嫣，嫣走。於是天子以為勇❹。當戶早死，拜椒為代郡太守❺，皆先廣死。當戶有遺腹子❻名陵。廣死軍時，敢從驃騎將軍❼。廣死明年❽，李蔡以丞相坐侵孝景園壖地❾，當下吏治❿，蔡亦自殺⓫，不對獄⓬，國除⓭。李敢以校尉從驃騎將軍擊胡左賢王⓮，力戰，奪左賢王鼓旗，斬首多，賜爵關內侯⓯，食邑二百戶⓰，代廣為郎中令⓱。頃之，怨大將軍青之恨其父⓲，乃擊傷大將軍，大將軍匿諱之⓳。居無何，敢從上雍，至甘泉宮獵⓴。驃騎將軍去病與青有親㉑，射殺敢㉒。去病時方貴幸，上諱云鹿觸殺之㉓。居歲餘，去病死㉔。而敢有女為太子中人㉕，愛幸㉖；敢男禹㉗有寵於太子，然好利，李氏陵遲衰微㉘矣。

【章旨】以上為第四段，寫李廣整個家族衰微的命運。

【注釋】❶為郎　言兄弟三人皆為郎。漢代有以父兄之任，使其子弟為郎的制度。《漢書》作「當戶、椒、敢，皆為郎」。❷韓嫣　武帝的男寵，劉邦功臣韓王信之重孫，弓高侯韓穨當之孫也。事跡見〈韓信盧綰列傳〉、〈佞幸列傳〉。❸不遜　不客氣；不禮貌。❹天子以為勇　徐孚遠曰：「韓嫣於上有寵，當戶擊之，故天子稱其勇也。」❺椒為代郡太守　代郡，漢郡名，與前文所說之代國有時疆域相同，有時不同。代郡的首府為代縣（今河北蔚縣東北），轄地為今河北省西北部與山西省東北部。這一帶有時設為代國，而各時期的代王疆域也不同，有時只管代郡一個郡，都城在代縣；有時轄代郡與太原兩個郡，都城在晉陽。李椒之為代郡太守似當為代王劉義的屬下。❻遺腹子　妻子於丈夫生前懷孕，丈夫死後所生的孩子。❼從驃騎將軍　在驃騎將軍霍去病的部下。❽廣死明年　元狩五年（西元前一一八年）。❾坐侵孝景園壖地　因為侵占了孝景皇帝陵園範圍內的土地。孝景園，漢景帝的陵墓。壖地，皇帝陵墓或廟宇之大牆以外也屬於陵廟區域的閒散地；其外尚有小牆，稱為「壖垣」。據《漢書・李廣傳》：「李蔡以丞相坐詔賜冢地陽陵，當得二十畝，蔡盜取三頃，頗賣得四十餘萬；又盜取神道外壖地一畝，葬其中。」按：漢景帝的陵墓稱為「陽陵」，在今陝西咸陽渭河以北的五陵原上，陵墓坐西朝東。其神道北側今已發現群臣的陪葬墓，李蔡時為丞相，蓋亦蒙賜地，得預為自己營葬也。至於《漢書》所謂「盜取三頃」，又「盜取神道外壖地一畝」云云，姑妄聽之可也。時武帝為打擊宗室、列侯，常借「酎金」和「侵壖」兩件事處宗室、功臣以嚴刑，從而使其身滅國除，李蔡蓋亦其一。❿當下吏治　應該交由司法部門審判。⓫蔡亦自殺　當時朝廷大臣犯有某罪應該受到懲治時，皇帝往往示意令其自殺。有人見示意而不自殺，也要逼其自殺，如〈酷吏列傳〉所寫之張湯是也。這就是所謂「刑不上大夫」。按：李蔡之被逼自殺，在其兄李廣自殺之第二年。袁黃曰：「蔡『自殺』上加一『亦』字，顧盼前『廣引刀自剄』。」⓬不對獄　此亦如其兄李廣之「不對簿」也，估計此中冤情不小，故憤憤然。徐朔方曰：「對李廣從弟李蔡的盜竊行為只輕描淡寫，一筆帶過，而在『不對獄』前後文的字裡行間還隱約地表揚他的骨氣，這是《史記》偏袒李家的一個旁證。」⓭國除　即撤銷封號，收回封地。按：當時的諸侯王與各列侯的封地都稱作「國」。⓮從驃騎將軍擊胡左賢王　亦元狩四年（西元前一一九年）事也。時衛青攻擊匈奴之西路，霍去病攻擊匈奴之東路，霍去病之戰功比衛青大。曾俘獲七萬多人，「封狼居胥山，禪於姑衍，登臨翰海」而還。詳見〈衛將軍驃騎列傳〉。⓯關內侯　師古曰：「言有侯號而居京畿，無國邑。」按：位次比列侯低，列侯有封地，爵二十級；關內侯無封地，爵十九級。⓰食邑二百戶　享有二百戶人家的賦稅。⓱代廣為郎中令　據《漢書・百官公卿年表》，事在元狩五年。⓲怨大將軍青之恨其父　王念孫曰：「『恨』讀為『很』。〈吳語〉：『今王將很天而伐齊。』韋注曰：『很，違也。』《說文》：『很，不聽從也。』〈李廣傳〉：『怨大將軍青之恨其父。』『恨』亦讀『很』。很，違也。謂廣欲居前部以當單于，而青不聽也。又〈外戚傳〉：「何為根上如此！」「根」亦讀「很」，謂不從上意也。」按：王說是。⑲匿諱之　隱而不說。按：以其內心有愧，倘宣露之，引起士論譁然，亦非自己之美事。⑳從上雍二句　謂先從武帝至雍，後又東北折至甘泉宮也。《漢書》作「從上幸雍」。雍，漢縣名，在今陝西鳳翔南，其地有祭天之臺，又有離宮，是秦漢時期歷代帝王常去的地方。胡三省曰：「『雍』蓋衍字。」按：照胡氏說，此句應連下文作「從上至甘泉宮獵」，語明義順，疑近是。甘泉宮，漢離宮名，在今陝西淳化之甘泉山上，其地有離宮、獵場、祭壇等，故武帝常去其地。㉑驃騎將軍去病與青有親　按：衛青是漢武帝寵妃衛子夫的同母異父弟，霍去病是衛子夫的胞姐衛少兒之子，稱衛青為舅。㉒射殺敢　按：李敢時為郎中令，亦皇帝之近臣也，位在「九卿」，而霍去病竟敢將其射死，可見衛青、霍去病此時權勢之大，史公之同情李廣，蔑視衛、霍，非無因也。李敢被射死在其父自殺的第二年，與其叔李蔡之被逼自殺在同一年。㉓上諱云鹿觸殺之　諱，此處意即「掩蓋」。朱翌曰：「漢武殺文成，而曰『文成食馬肝死』；霍去病射殺敢，而武帝又為之諱曰『鹿觸死』。賞罰，國之綱紀，既已自欺，又為人欺，何也？」按：史公於此處深著自己對名將父子的同情，亦對衛、霍及其後臺深表憎惡。㉔居歲餘二句　按：霍去病死於元狩六年（西元前一一七年），此事與本傳無關，原可不寫，而史公連帶及之，蓋謂害人者亦不得長世，純係抒憤之筆。〈魏其武安侯列傳〉寫田蚡殺害竇嬰、灌夫後，接著寫道：「其春，武安侯病，專呼服謝罪。使巫視鬼者視之，見魏其、灌夫共守，欲殺之。竟死。」與此略同。姚苧田曰：「特綴此語，若敢為厲者。」又曰：「悉將廣子若孫官位事功，性情生平，纖悉零碎一一寫出，盡於二百餘字之中，又妙在人人負氣，往往屈厄，皆隱隱與李將軍吊動，此所謂神情見於筆墨之表者也。」㉕太子中人　皇太子的侍妾。太子，武帝的長子劉據，衛皇后所生，元狩元年（西元前一二二年）被立為太子。中人，猶言「宮人」。宮中姬妾之無位號者。㉖愛幸　意即受皇太子寵幸。㉗敢男禹　李禹，其人蓋亦勇士也。《漢書・李廣傳》稱其「亦有勇，嘗與侍中貴人飲，侵陵之，莫敢應。後訴之上，上召禹，使刺虎，懸下圈中。未至地，有詔引出之。禹從落中以劍斫絕纍，欲刺虎。上壯之，遂救止焉。」㉘陵遲衰微　猶言越來越不行，越來越衰落了。陵遲，猶言「陵夷」。言丘阜之日漸低平。按：李敢之女受太子之寵幸，李敢之子亦為太子所親近，若太子無恙，日後得立為帝，則李氏之後福亦指日可待。誰想二十六年後，太子劉據又被武帝所懷疑、所逼反，以至自殺，則李敢之子女亦必隨之覆亡也。此事不在《史記》的斷限之內，然為史公所親見，則此「陵遲衰微」四字的含意，讀者可以想像。

【語　譯】李廣有三個兒子，名叫李當戶、李椒和李敢，都做過漢武帝的侍衛官。有一次，武帝與他的寵臣韓嫣嬉戲，韓嫣有些失禮的舉動，李當戶立即衝上去打韓嫣，把韓嫣打跑了。武帝很欣賞他的勇敢。李當戶死得早，李椒後來做過代郡的太守，這兩個兒子都死在李廣之前。李當戶有個遺腹子，名叫李陵。李廣在軍中自殺的時候，他的三兒子李敢當時正在驃騎將軍霍去病軍中。李廣死後第二年，正在做丞相的李蔡，被加了個「侵占」孝景皇帝陵園範圍內的土地的罪名，要交給法官懲處。李蔡不願到公堂上去對質，也自殺了，於是他樂安侯的領地和封號也被取消。李敢曾以校尉的身分跟著驃騎將軍霍去病出征匈奴左賢王，由於他作戰英勇，奪得了左賢王的戰旗戰鼓，斬獲的敵人多，因而被封為關內侯，賜與了食邑二百戶，並接替父親李廣當了郎中令。不久，由於李敢怨恨衛青不聽其父的請求，致使其父含恨而死，所以他把衛青打傷了。衛青因為心裡有鬼，所以也就沒有聲張。不久，李敢跟著漢武帝先是到雍縣，後來又到甘泉宮去射獵，這時衛青的外甥驃騎將軍霍去病就把李敢射死了。當時霍去病正受著漢武帝的寵幸，所以漢武帝就幫助他隱瞞事實，說李敢是被鹿頂死的。又過了一年多，霍去病也死了。李敢有個女兒是戾太子的侍妾，很受戾太子的愛幸。李敢的兒子李禹也很受戾太子的寵幸，但李禹是個好利的人。從此以後，李氏家族便越來越衰落了。

1 李陵既壯❶，選為建章監❷，監諸騎❸。善射，愛士卒。天子以為李氏世將，而使將八百騎。嘗深入匈奴二千餘里，過居延❹視地形，無所見虜而還。拜為騎都尉❺，將丹陽❻楚人五千人，教射酒泉、張掖❼以屯衛胡❽。

2 數歲，天漢二年❾，秋，貳師將軍❿李廣利將三萬騎擊匈奴右賢王於祁連天山⓫，而使陵將其射士步兵五千人出居延北可千餘里，欲以分匈奴兵⓬，毋令專走貳師⓭也。陵既至期還⓮，而單于以兵八萬圍擊陵軍。陵軍五千人，兵矢既盡，士死者過半，而所殺傷匈奴亦萬餘人，且引且戰⑮，連鬬八日，還未到居延百餘里⑯，匈奴遮狹絕道⑰。陵食乏而救兵不到，虜急擊招降陵。陵曰：「無面目報陛下。」遂降匈奴。其兵盡沒，餘亡散得歸漢者四百餘人⑱。

3 單于既得陵，素聞其家聲，及戰又壯，乃以其女妻陵而貴之。漢聞，族陵母妻子⑲。自是之後，李氏名敗，而隴西之士居門下者⑳皆用為恥㉑焉。

【章旨】以上為第五段，單寫李廣之孫李陵敗軍事，疑後人所補。

【注釋】❶壯　壯年。古人稱三十歲為壯年。❷建章監　建章宮衛尉的僚屬。建章宮是歷經多年建成的宮殿群，完成於武帝太初元年（西元前一〇四年），其長官稱「衛尉」，與未央宮、長樂宮的建制相同，僚屬則有「丞」有「監」。❸監諸騎　管理守衛建章宮的騎兵。❹居延　即居延海，在今內蒙額濟納旗東。❺騎都尉　原統領羽林騎兵，後為一般軍職名，秩比二千石。❻丹陽　漢郡名，郡治即今安徽宣城，其地古代屬楚。❼酒泉張掖　皆漢郡名，在今甘肅省境內。張掖郡的郡治在今張掖市西北，酒泉郡的郡治即今酒泉市。❽以屯衛胡　意即駐紮在酒泉、張掖，以防匈奴之入侵。茅坤曰：「南人之不習乎北，固也，而陵獨以丹陽五千人教射酒泉，後卒以橫挑強胡，何哉？」按：孫武為顯示其治軍才能，願教吳王宮女為戰陣；李陵明知南人善舟楫，北人善馳射，而偏取丹陽楚人五千而教之者，豈亦欲借此以逞其能歟？倘實若此，其治績亦殊可觀。❾天漢二年　西元前九九年。❿貳師將軍　李廣利的封號，因太初四年（西元前一〇一年）曾讓他伐大宛，到貳師城取汗血馬而得名。李廣利是漢武帝寵妃李夫人的哥哥。事跡詳見〈大宛列傳〉。⓫祁連天山　即今甘肅張掖西南之祁連山。中井積德曰：「胡人謂『天』曰『祁連』，故祁連山或稱天山。此文『祁連』與『天』重複，宜削其一。《漢書》單云『天山』，得之。」按：北京大學《兩漢文學史參考資料》云：「祁連山有南北之分，南祁連山在甘肅，即此處所說的『祁連天山』；北祁連山在新疆，即今通稱的『天山』。漢逐匈奴，僅至南祁連山。」⓬分匈奴兵　分散匈奴人的兵力。⓭毋令專走貳師　不要讓他們集中兵力專一地攻擊李廣利。⓮既至期還　到預定的期限已滿時而引兵撤回。⓯且引且戰　猶言「邊退邊打」。引，撤兵而退。按：

據《漢書・李廣傳》，李陵此行「出居延，北行三十日，至浚稽山（今蒙古國之達蘭所達加德西北）止營」，遇匈奴單于。李陵與之大戰後，遂邊戰邊退。⑯還未到居延百餘里　待退至離居延還有一百多里的時候。未到，意即「距離」、「離著」。⑰遮狹絕道　在險狹之處截斷了退路。⑱餘亡散得歸漢者四百餘人　亡散，逃散。按：關於李陵此次遇敵苦戰的情景，詳見司馬遷的〈報任安書〉與《漢書・李廣傳》，疑其中多誇大之辭，似不足信者。《漢書評林》引秦觀曰：「霍去病所將，常選有大軍繼其後，是以深入而未嘗困絕；李陵提射卒五千，轉鬥單于於漠北，而無他將援之，宜其擒也。」凌稚隆曰：「李陵賁軍降虜，罪固莫逃矣，然帝亦不能無失焉：惡陵不鄉貳師軍，而僅與步兵五千人，一；疑陵悔不欲行，而反止迎軍，二；既知博德奸詐，坐令陵敗，而釋之不治，三；誤信公孫敖之言，而遂誅陵母弟妻子，四。然則陵之敗帝誤之也，陵之無還心帝絕之也，誰謂陵之獨負武帝哉！」臺灣三軍大學《中國歷代戰爭史》曰：「武帝遣李陵率步卒深入匈奴戎馬之地以步戰騎，實難辭其咎。」⑲漢聞二句　據《漢書・李廣傳》，陵被俘一年後，漢捕得匈奴人，稱李陵教單于為兵，武帝因誅陵母弟妻子。後漢使入匈奴，見到李陵，陵問漢使何以誅吾家，漢使言教單于為兵。李陵曰教單于為兵者乃李緒也，於是刺殺李緒。其後單于壯陵，始以其女妻之。與此所謂「漢聞單于以女妻李陵而族陵母妻子」者不同。《漢書》又謂：「陵在匈奴二十餘年，元平元年（西元前七四年）病死。」按：關於李陵的生平，除詳見於《漢書》之〈李廣傳〉外，還見於〈蘇建傳〉所附之蘇武傳中。⑳居門下者　指曾經出入於李氏之門的賓客。㉑皆用為恥　皆以曾出入其門為恥。用，因；以。梁玉繩曰：「『李陵既壯』以下）皆後人亡續也。無論天漢間事，《史》所不載，而史公因陵被禍，必不書之。其詳別見於〈報任安書〉，蓋有深意焉。觀贊中但言李廣，而無一言及陵可見，且所記與《漢》傳不合，如族陵家在陵降歲餘之後，匈奴妻陵又在族陵家之後。而此言單于得陵，即以女妻之；漢聞其妻單于女，族陵母妻子，並誤也。且漢之族陵家，因公孫敖誤以李緒教單于兵為李陵之故，不關妻單于女。又，杭太史云：「子長盛推李少卿，以為有國士風，雖敗不足誅；彼不死，欲得當以報，何云「李氏名敗，隴西之士為恥乎」？斷非子長筆。」」徐朔方曰：「《漢書・李陵傳》大約是《史記・李陵傳》短短三百字的八九倍，可以說完全是班固的創作。」

【語　譯】李陵三十歲時，被選拔為建章宮監，監管駐紮在建章宮的騎兵。李陵擅長射箭，熱愛士兵。皇上因李陵的先輩世代為將，於是讓李陵率領八百騎兵。李陵曾深入匈奴地區兩千餘里，到居延海以北探測地形，沒有碰上敵人平安而回。李陵被任為騎都尉，領著丹陽籍的五千南方人在酒泉、張掖一帶練習射箭，駐守備胡。

2 過了幾年，天漢二年，秋天，貳師將軍李廣利率軍三萬人與匈奴右賢王會戰於祁連山，而讓李陵率領著他所教射的五千步兵由居延北出約千餘里，目的是想以此分散匈奴的兵力，不讓他們把所有軍隊都集中去對付李廣利。李陵到預定的期限已滿準備向南返回時，被匈奴單于的八萬大軍所包圍。李陵只有五千人，箭已經用完，士兵損失過半，殺死殺傷匈奴人大約過萬，李陵且戰且退，一連八天，在距離居延不到一百里的地方，被匈奴人截斷了退路。李陵軍既無糧食，又無救兵，匈奴則趁勢猛攻，逼著李陵投降。李陵說：「沒有面目再回去見陛下了。」於是遂投降了匈奴人。李陵的軍隊幾乎全軍覆沒，逃散回到漢朝的只有四百多人。

3 匈奴單于得到李陵後，由於一來早就知道李氏家族的名聲，二來也是喜歡李陵作戰的勇敢，於是便把自己的女兒許配給了李陵，對李陵很尊寵。漢朝聽說李陵投降匈奴，便把李陵的母親妻子全殺了。從此以後，李氏家族的聲名敗壞，甚至連曾經出入於李氏門下的隴西士人，都為和李氏有交往而感到羞恥。

太史公曰：傳❶曰：「其身正，不令而行；其身不正，雖令不從❷。」其李將軍之謂也❸？余睹李將軍悛悛❹如鄙人❺，口不能道辭。及死之日，天下知與不知，皆為盡哀。彼其忠實心誠信於士大夫也❻？諺曰：「桃李不言，下自成蹊❼。」此言雖小，可以諭大也。

【章旨】以上為第六段，是作者的論贊，表現了作者對李廣的景仰與敬慕。

【注釋】❶傳　漢代稱儒家的「六藝」為「經」，此外一切賢人著作皆謂之「傳」。❷其身正四句　見《論語・子路》。❸也　同「耶」。反問語氣。❹悛悛　謹厚的樣子。❺鄙人　鄉下人；草野之人。❻彼其忠實心誠信於士大夫也　信，取信；受到信任。士大夫，指其部下的將士。淩稚隆引陳仁子曰：「廣之數奇，而忠信見於身後，夫何憾者？」李景星曰：「傳一代奇人，而以「忠實」兩字為歸宿，手眼俱超，壓倒一切。」❼桃李不言二句　蹊，小路。師古曰：「言桃李以其華實之故，非有所召呼，而人爭歸趣，來往不絕，其下自然成蹊，以喻人懷誠信之心，故能潛有所感也。」淩稚隆引趙恒曰：「引傳及諺皆為李將軍『悛悛口不能道辭』而發，才略意氣，本傳已盡，獨舉其所見『訥口少言』為贊，見『才氣天下無雙』，固不在喋喋利口。『余睹』二字不輕下。」

【語　譯】太史公說：《論語》上曾說：「自己的行為端正，即使不下命令，別人也會跟著執行；自己的行為不端正，即使下命令別人也不聽。」這話說的不正是李將軍嗎？我看李將軍的模樣，謙恭誠實得像鄉下人，簡直就是不會說話。可是到他死的時候，普天下不論認識他還是不認識他的人，都為他哀悼。這難道不是他那一顆忠誠的心感動了大家嗎？俗話說：「桃樹李樹雖然不會說話，但它們的本質吸引人，樹下都讓人踩出了一條路。」這話雖然講的是一件小事，但卻可以說明一個大道理。

【研　析】作品寫了李廣及其整個家族的悲劇命運，是涉及漢景帝時的國內矛盾、漢武帝時的對外戰爭，以及漢王朝的用人路線等一系列問題的一篇文章。李廣是司馬遷所偏愛的一個歷史人物，文章的抒情性也很強，大致可以概括為以下幾點：

一、作品滿腔熱情、滿懷敬意地讚揚了李廣的優秀人品，和他作為一代名將的卓越才幹，這是一個具有司馬遷理想色彩的人物形象。司馬遷欣賞李廣的第一點是武藝高強，作戰勇敢。作品通過李廣的射闊狹、射獵雕者、射白馬將，尤其是通過他的醉後射「虎」，突出地表現了這位名將的英武風姿；更通過他追射獵雕者遇匈奴大隊時的沉著應付，和在匈奴境內以四千對四萬的浴血大戰，表現了李廣有謀有勇的名將風度。作者欣賞李廣的第二點是他的仁愛士卒，不貪錢財。他「得賞賜輒分其麾下，飲食與士共之。終廣之身，為二千石四十餘年，家無餘財，終不言家產事」。在戰場上，每遇乏絕之處，「見水，士卒不盡飲，廣不近水；士卒不盡食，廣不嘗食。」處處與霍去病的表現成鮮明對照。司馬遷欣賞李廣的第三點是為人簡易，號令不煩。李廣「訥口少言」，「寬緩不苛，士以此愛樂為用。」李廣與程不識的治軍方法不同，每當出征時，「廣行無部伍行陳，就善水草屯，舍止，人人自便，不擊刀斗以自衛，莫府省約文書籍事，然亦遠斥候，未嘗遇害。」所以「其士卒亦佚樂，咸樂為之死」。孔子說：「其身正，不令而行；其身不正，雖令不從。」李廣這種做法，絕不是那循規蹈矩、只知照章辦事的人所能效仿的。司馬遷之所以喜歡李廣的「簡易不煩」，是與他討厭當時儒生的繁文縟節、酷吏的舞文弄墨分不開的。

二、作品揭露了漢代統治者摧殘人才，漢武帝及其寵信們迫害李廣及其整個家族的罪行。早在文帝時，李廣就已經為漢王朝效力了，但漢文帝只是在口頭上稱道，實際並不重用。景帝時，李廣跟隨周亞夫平定七國之亂有功，但因為「梁王授廣將軍印」，結果「還，賞不行」。這是因為景帝與其弟梁孝王有矛盾，李廣便跟著倒了楣。到武帝時，李廣的威望已經很高了，且在鎮守北部邊關中有可觀的功績。但在與匈奴的一次決戰中，由於漢武帝的迷信與衛青的私心，沒讓李廣打前鋒，而李廣在東路軍中因迷失道路，誤了戰機，事後被追究責任，李廣無法忍受這種氣惱，終於憤怒自殺。隨後李廣的兒子李敢，因為憤恨衛青迫害其父而將衛青揍了一頓，結果已經是官為郎中令的李敢竟被衛青的外甥霍去病射死了。接著李廣的堂弟李蔡又被漢武帝強加罪名殺害；最後李廣的孫子李陵又與匈奴作戰失敗被俘，全家被漢武帝抄斬，於是作為一代名將的整個家族就這樣灰飛煙滅，豈不哀哉！

實事求是地說，李廣非大將之材，領一支小部隊，旁敲側擊地進行游擊戰，是其長處；若以堂堂之陣，正正之旗委之，則非其任矣。勇敢善射是其優點，做小軍官可也，做大將則不能以此逞強。史公因與李陵交友，故對其祖格外推崇；又因以李陵事獲罪受刑，故對當時之得意者多加抨擊，史公過高的評價李廣，過低的貶抑衛青、霍去病，是不夠客觀全面的。至於史公為達此志、為抒此情而使用的描寫方法，自有其獨到與過人之處，前人之述備矣。

卷一百十

匈奴列傳第五十

【題解】〈匈奴列傳〉是我國古代第一部最有系統、最為完整的少數民族發展史，它以相當客觀、相當公正的態度記述了匈奴民族的歷史變遷、社會制度、風俗人情，以及它與周邊民族的關係，尤其是與漢民族、與秦漢帝國長期以來時戰時和的複雜關係史。司馬遷不帶任何偏見，對匈奴發展具有突出貢獻的冒頓單于進行細緻的刻劃；對漢代建國初期奉行的和親政策予以肯定；對匈奴的不斷侵擾漢邊、殺掠漢邊吏民，與漢王朝所發動而未能得逞的馬邑之戰，均採取了批判態度。漢武帝的討伐匈奴是不可避免的，其中有其自衛反擊的合理性，也有作為一個大國、強國追求擴張的必然性。司馬遷站在進步的立場對漢武帝的多欲政治、長期戰爭的勞民傷財、得不償失，進行了隱約含蓄的批評。

1

匈奴，其先祖夏后氏之苗裔也❶，曰淳維❷。唐、虞以上有山戎、獫狁、葷粥❸，居于北蠻，隨畜牧而轉移。其畜之所多則馬、牛、羊，其奇畜❹則橐駞❺、驢、驘❻、駃騠❼、騊駼❽、驒騱❾。逐水草遷徙，毋城郭常處❿耕田之業，然亦各有分地⓫。毋文書，以言語為約束⓬。兒能騎羊，引弓射鳥鼠；少長⓭則射狐兔：

用為食。士力能毌弓，盡為甲騎⑭。其俗，寬則隨畜⑮，因射獵禽獸為生業，急⑯則人習戰攻⑰以侵伐，其天性也。其長兵則弓矢，短兵則刀鋋⑱。利則進，不利則退，不羞遁走⑲。苟利所在，不知禮義。自君王以下，咸食畜肉，衣其皮革，被旃裘⑳。壯者食肥美，老者食其餘。貴壯健，賤老弱。父死，妻其後母㉑；兄弟死，皆取其妻妻之㉒。其俗有名不諱㉓，而無姓字㉔。

2 夏道衰，而公劉㉕失其稷官㉖，變于西戎㉗，邑于豳㉘。其後三百有餘歲㉙，戎、狄攻大王亶父㉚，亶父亡走岐下㉛，而豳人悉從亶父而邑焉，作周㉜。其後百有餘歲，周西伯昌㉝伐畎夷氏㉞。後十有餘年，武王伐紂㉟而營雒邑㊱，復居于酆鄗㊲。放逐戎、夷涇、洛㊳之北，以時入貢，命曰「荒服㊴」。其後二百有餘年㊵，周道衰，而穆王伐犬戎，得四白狼、四白鹿以歸㊶。自是之後，荒服不至㊷。於是周遂作甫刑之辟㊸。穆王之後二百有餘年㊹，周幽王㊺用寵姬褒姒㊻之故，與申侯有郤㊼。申侯怒，而與犬戎共攻殺周幽王于驪山之下㊽，遂取周之焦穫㊾，而居于涇、渭之間㊿，侵暴中國(51)。秦襄公(52)救周，於是周平王(53)去酆鄗而東徙雒邑(54)。當是之時，秦襄公伐戎至岐(55)，始列為諸侯(56)。是後六十有五年(57)，而山戎(58)越燕(59)而伐齊(60)，齊釐公(61)與戰于齊郊。其後四十四年(62)，而山戎伐燕(63)。燕告急于齊，齊桓公(64)北伐山戎(65)，山戎走。其後二十有餘年，而戎、狄至洛邑，伐周襄王(66)，襄王奔于鄭之氾邑(67)。初，周襄王欲伐鄭(68)，故娶戎、狄女為后(69)，與戎、狄兵共伐鄭。已而黜狄后，狄后怨。而襄王後母曰惠后(70)，有子子帶(71)，欲立之。於是惠后與狄后、子帶為內應(72)，開戎、狄(73)，戎、狄以故得入，破逐周襄王，而立子帶為天子(74)。於是戎、狄或居于陸渾(75)，東至於衛(76)，侵盜暴虐中國。中國疾之，故詩人(77)歌之曰「戎、狄是應(78)」，「薄伐玁狁，至於大原(79)」，「出輿彭彭，城彼朔方(80)」。周襄王既居外四年(81)，乃使使告急于晉(82)。晉文公(83)初立，欲修霸業，乃興師伐逐戎、翟(84)，誅子帶，迎內周襄王，居于雒邑(85)。

3 當是之時(86)，秦、晉為彊國(87)。晉文公攘戎、翟(88)，居于河西圁、洛之間(89)，號曰赤翟、白翟(90)。秦穆公(91)得由余(92)，西戎八國(93)服於秦。故自隴以西(94)有綿諸、緄戎、翟、貆(95)之戎；岐、梁山(96)、涇、漆(97)之北有義渠、大荔、烏氏、朐衍(98)之戎。而晉北有林胡(99)、樓煩(100)之戎，燕北有東胡(101)、山戎。各分散居谿谷，自有君長，往往而聚(102)者百有餘戎，然莫能相一(103)。

4 自是之後百有餘年(104)，晉悼公(105)使魏絳和戎、翟(106)，戎、翟朝晉。後百有餘年，趙襄子(107)踰句注(108)而破并代(109)以臨胡貉(110)。其後既與韓、魏共滅智伯(111)，分晉地而有之，則趙有代、句注之北[112]，魏有河西、上郡[113]，以與戎界邊。其後義渠之戎築城郭以自守[114]，而秦稍蠶食[115]，至於惠王[116]，遂拔義渠二十五城[117]。惠王擊魏[118]，魏盡入西河及上郡于秦[119]。秦昭王[120]時，義渠戎王與宣太后[121]亂，有二子。宣太后詐而殺義渠戎王於甘泉[122]，遂起兵伐殘[123]義渠。於是秦有隴西[124]、北地[125]、上郡[126]，築長城以拒胡[127]。而趙武靈王[128]亦變俗胡服，習騎射，北破林胡、樓煩[129]。築長城，自代竝陰山下，至高闕為塞[130]。而置雲中[131]、鴈門[132]、代郡。其後燕有賢將秦開[133]，為質於胡[134]，胡甚信之。歸而襲破走東胡，東胡卻千餘里。與荊軻刺秦王[135]秦舞陽者，開之孫也。燕亦築長城，自造陽至襄平[136]。置上谷[137]、漁陽[138]、右北平[139]、遼西[140]、遼東[141]郡以拒胡。當是之時，冠帶戰國七[142]，而三國[143]邊於匈奴。其後趙將李牧[144]時，匈奴不敢入趙邊。後秦滅六國[145]，而始皇帝[146]使蒙恬[147]將十萬之眾北擊胡，悉收河南地[148]。因河為塞[149]，築四十四縣城臨河[150]，徙適戍以充之[151]。而通直道[152]，自九原[153]至雲陽[154]。因邊山險塹谿谷[155]，可繕者治之[156]，起臨洮至遼東萬餘里[157]。又度河據陽山[158]、北假[159]中。

當是之時[160]，東胡彊而月氏[161]盛。匈奴單于[162]曰頭曼，頭曼不勝秦，北徙。十餘年而蒙恬死[163]，諸侯畔秦[164]，中國擾亂，諸秦所徙適戍邊者[165]皆復去，於是匈奴得寬，復稍度河南[166]，與中國界於故塞[167]。

【章　旨】以上為第一段，寫漢代以前的匈奴歷史。

【注　釋】❶匈奴二句　郭嵩燾曰：「人生受姓皆託始帝王，推至戎狄皆然。以匈奴為夏后氏苗裔，周秦間人語也，史公仍而錄之。」夏后氏，夏朝的帝王，即指禹的家族。禹事見〈夏本紀〉。❷淳維　也稱「獯粥」，夏末商初時人。《索隱》引樂彥《括地譜》曰：「夏桀無道，湯放之鳴條，三年而死。其子獯粥妻桀之眾妾，避居北野，隨畜移徙，中國謂之匈奴。」服虔曰：「其始祖曰淳維，蓋與『獯粥』是一也。」張晏亦曰：「淳維以殷時奔北邊。」❸唐虞句　山戎、獫狁、葷粥，師古曰：「皆匈奴別號。」葷粥同「獯粥」。服虔曰：「堯時曰葷粥，周曰獫狁，秦曰匈奴。」中井曰：「夏殷以下乃有山戎、獫狁、葷粥之名，若虞以上，無可考也。」梁玉繩曰：「言『夏后苗裔』，似夏后之先無此種族，安得言『唐虞以上』有之？而〈五帝紀〉又云『黃帝北逐葷粥』，服虔、晉灼亦皆云『堯時曰葷粥』，是知『夏后苗裔』之說不盡可憑，而樂彥所述者妄也。夫自闢天地即生戎狄，其始孰辨其類？相傳有所謂『淳維』者，難稽誰氏之出，未識何代之人，而史公既著其先世，復雜取經傳，合併為一，無所區分，豈不誤哉？」❹奇畜　比較貴重的牲畜。❺橐駞　即今之駱駝。❻驘　同「騾」。公驢與母馬之所產。❼駃騠　《集解》引徐廣曰：「北狄駿馬。」❽騊駼　《集解》引徐廣曰：「似馬而青。」《爾雅注》曰：「馬青色。」❾驒騱　野馬名，據《索隱》說「青驪白鱗，文如鼉魚」。❿毋城郭常處　毋，通「無」。常處，固定的住所。⓫各有分地　分，通「份」。謂其貴族、君長各有領地，非指其每個人丁。⓬以言語為約束　一切只憑口頭承諾。⓭少長　稍微長大一點。少，同「稍」。⓮士力能毌弓二句　意謂凡是能使用武器的人，一律都是士兵。古代游牧民族歷來如此。士力能毌弓，凡是能拉開弓的成年男人。士，成年男人。毌，同「貫」。「貫弓」意即「彎弓」、「拉弓」。⓯寬則隨畜　寬，無事。指沒有戰爭的時候。隨畜，謂人隨著牲畜，吃到哪兒跟到哪兒。即上文所說的「逐水草遷徙」。⓰急　謂有了戰事。⓱人習戰攻　師古曰：「人人皆習之。」⓲鋋　鐵柄短矛。⓳不羞遁走　不以逃跑為恥。⓴被旃裘　被，披。旃，同「氈」。軋毛以為之，冬日服之以取暖。裘，皮衣。㉑妻其後母　因認識「生母」，故不亂倫；至其父之其他妻妾，則不論也。㉒兄弟死二句　兄死則弟取其嫂，弟死則兄取其弟媳。㉓有名不諱　意謂皆直呼其名，不似漢族對人（尤其對長輩）的「名」應該避諱。郭嵩燾曰：「諱始於周，夏、殷之世尚無諱也。既無文書，則所謂名者，亦有聲而無辭義，無庸諱也。周人之有「字」，即所以為「名」諱也。夷狄無諱，則亦無「字」。」㉔而無姓字　張文虎曰：「『姓』字衍，《漢》傳無。」梁玉繩曰：「《漢書》但言無「字」，而不言無「姓」。蓋單于姓「攣鞮」，未嘗無「姓」也，故其下文云「世姓官號，可得而記」。此傳下文作「世傳國官號」。」按：此句意謂匈奴人不似漢人之有「名」有「字」，乃僅有「名」而已，非無「姓」也。㉕公劉　周朝的祖先。《詩經》中有〈公劉〉篇，《孟子》亦載其事。㉖失其稷官　據〈周本紀〉，周朝的始祖名「棄」，以其擅長農業，於舜時為農官。稷死，其子不窋繼之。不窋末年，夏政失道，不窋失其官而奔戎狄。不窋之孫公劉在戎狄間重修其祖之業，發展農事。今曰「公劉失其稷官」，與〈周本紀〉不符，班固所謂「抵牾」者是也。㉗變于西戎　師古曰：「變，化也。謂行化於其俗。」瀧川曰：「謂公劉從西戎之俗也，與〈五帝紀〉云『變北狄』、『變南蠻』者不同。」按：師古說符合〈周本紀〉，瀧川說符合本文。㉘邑于豳　在豳地建立都邑，居住下來。豳，也作「邠」，在今陝西旬邑西南，彬縣東北。㉙其後三百有餘歲　王應麟曰：「自后稷五傳而得公劉，自亶父三傳而滅商，則公劉在夏之中衰，亶父在商之末世，不啻五六百年，曰『三百歲』不知何據。」梁玉繩曰：「《史》、《漢》、《吳越春秋》皆謂公劉避桀遷邠，而《竹書》武乙元年邠遷於岐周，三年命周公亶父，賜以岐邑。從夏桀元年至武乙元年，依《竹書》凡四百三十一歲，若依《前編》則六百二十一歲，何但『三百餘歲』哉?」按：據今新公布之〈夏商周年表〉，自夏桀末（西元前一六〇〇年）至武乙元年（西元前一一四七年）為四百五十三年。㉚大王亶父　也稱「古公亶父」，周文王的祖父。㉛亡走岐下　為避戎狄、獯粥的侵襲，由豳遷到了岐山之下。過程見《詩經・大雅・緜》、《孟子・梁惠王下》等，〈周本紀〉亦載其事。岐，山名，在今陝西岐山東北。㉜作周　《索隱》曰：「始作周國也。」作，興；興建。㉝周西伯昌　姬昌，即歷史上所稱的周文王，以其曾是商朝末年時的西方霸主，故稱「西伯」。㉞畎夷氏　也寫作「犬戎」、「昆夷」。少數民族名，當時活動在今陝西、甘肅、寧夏三省交界地區。㉟武王伐紂　據新公布之〈夏商周年表〉，事在西元前一〇四六年。武王，名發，文王之子，周朝的開國帝王，西元前一〇四六—前一〇四三年在位。紂，商朝的末代帝王，名辛，西元前一〇七五—前一〇四六年在位。㊱營雒邑　在今之洛陽市修築王城。按：據〈周本紀〉，營雒邑乃成王時周公、召公所為，今繫之武王，與通常所說不合。然〈周本紀〉中亦有說武王「營周居于雒邑而後去」之語，似武王當初也有營建雒邑、都於雒邑的想法。〈周本紀〉又有所謂「成王在豐，使召公復營洛邑，如武王之意」，恰與此合。㊲酆鄗　也作「豐鎬」。西周的國都，都在今陝西西安西南，相傳文王居豐，武王居鎬。㊳涇洛　二水名，涇水自甘肅流來，在今西安市東北入渭水；洛水自陝西西北部流來，至今華陰縣東北入渭水。㊴荒服　古代傳說中的「五服」之一。據說京城的直徑五百里方圓之內為「王畿」；五百里外、千里之內為「侯服」；千里之外、千五百里之內為「甸服」；千五百里外、兩千里之內為「綏服」；兩千里外、兩千五百里內為「要服」；兩千五百里外為「荒服」。「政教荒忽，因其故俗而治之」，取其名義上的承認而已。(40)其後二百有餘年　梁玉繩曰：「《史》以穆王在位五十五年，伐戎之事雖未知何歲，而自武王伐紂至穆王末，不及二百年。『二』字疑衍。」按：據〈夏商周年表〉，自武王建國至穆王即位間隔五十年，穆王在位五十五年（西元前九七六—前九二二年），充其量為一百零四年。(41)穆王伐犬戎二句　過程詳見《國語．周語》與〈周本紀〉。(42)荒服不至　因穆王征犬戎無理，遠方不服而離異之也。(43)甫刑之辟　名叫《甫刑》的一部法律條文。辟，法。按：「甫刑」也叫「呂刑」，今《尚書》中有〈呂刑〉篇，蓋因穆王命呂侯制訂此法，故稱〈呂刑〉；而呂侯又稱「甫侯」，故此法遂亦稱《甫刑》也。(44)穆王之後二百有餘年　歸有光曰：「《漢書》增懿王、宣王事，似不可少。」徐孚遠曰：「穆後西周，不及二百年，《史》誤。」按：據〈夏商周年表〉，自穆王死至幽王即位，相隔一百四十一年。(45)周幽王　名宮涅（或作「宮湦」），西元前七八一—前七七一年在位。(46)褒姒　褒國的女人，姓姒，幽王的寵妃。(47)與申侯有郤　申侯，申國（國都在今河南南陽）的諸侯，周幽王的王后之兄。周幽王寵褒姒，廢掉了申后與太子（即日後之周平王），故申侯與幽王「有郤」。郤，通「隙」。即今所謂矛盾、怨仇。(48)攻殺周幽王于驪山之下　事在西元前七七一年。申侯為助其甥奪取天子之位遂勾結犬戎攻殺幽王，並導致西周滅亡。詳見《國語》及〈周本紀〉。驪山，在今西安市臨潼東南。(49)遂取周之焦穫　「遂取」上應增「犬戎」二字讀，否則將被理解為「申侯」。焦穫，水澤名，在今陝西涇陽西北之涇水西側。(50)涇渭之間　約當今之陝西咸陽以西至乾縣一帶地區，因這一帶南有渭水、北有涇水故也。(51)中國　中原地區的周王朝統轄之下的國家。(52)秦襄公　秦國的始封之君，西元前七七七—前七六六年在位。(53)周平王　名宜臼，幽王的太子，申后所生，西元前七七〇—前七二〇年在位。(54)去酆鄗而東徙雒邑　離開舊都酆鄗，而東遷於成王時周公所築之洛陽王城。按：從此史稱「東周」。(55)伐戎至岐　犬戎滅西周後，遂占據酆鄗一帶。秦襄公起兵將其逐出酆鄗，並驅逐至岐山以北。岐，山名，在今陝西岐山東北，當年周之先祖古公亶父所居處也。(56)始列為諸侯　秦襄公因破犬戎救周有功，平王賜之以岐山以西之地，從此被封為諸侯，事見〈秦本紀〉。按：秦國在此以前生活在西垂（今甘肅天水西南）；襄公被列為諸侯後，遷都於雍（今陝西鳳翔東南）。(57)是後六十有五年　周桓王十四年（西元前七〇六年）。(58)山戎　當時活動在今遼寧省西部一帶的少數民族名。(59)燕　周武王之弟召公姬奭受封建立的國家，國都即今北京市。(60)齊　周武王的開國功臣姜尚受封建立的國家，國都在今山東淄博之臨淄西北。(61)齊釐公　名祿父，西元前七三〇—前六九八年在位。釐，也寫作「僖」。按：此次山戎伐齊，鄭太子忽救齊破山戎事，見《左傳》桓公六年與〈鄭世家〉。(62)其後四十四年　周惠王十三年，齊桓公二十二年（西元前六六四年）。(63)山戎伐燕　時燕國國君為燕莊公。梁玉繩曰：「桓六年北戎伐齊之後，至莊三十年齊伐山戎，凡四十二年。」64齊桓公　名小白，春秋「五霸」之首，西元前六八五—前六四三年在位。65北伐山戎　時齊桓公為諸侯盟主，故當燕國受山戎侵襲時，桓公率軍往救，事見《左傳》莊公三十年與〈齊太公世家〉。66伐周襄王　事在周襄王十六年（西元前六三六年）。周襄王，名鄭，西元前六五二—前六一九年在位。67氾邑　即今河南襄城，當時屬鄭。鄭國的都城即今河南新鄭。68鄭　西周後期以來的諸侯國名，始封之君為宣王之弟，名友。開始時鄭國的都城在今陝西華縣；西周滅亡後，鄭隨周國一起東遷，遂改都於今河南新鄭。此時的鄭國國君為鄭文公（西元前六七二—前六二八年在位）。69娶戎狄女為后　即下文之所謂「狄后」。70惠后　襄王之父惠王的王后。71子帶　即歷史上之所謂「王子帶」，襄王之同父異母弟。72惠后與狄后子帶為內應　梁玉繩曰：「惠后已前卒矣。」按：據《左傳》，子帶與狄后私通，蓋二人召戎狄以伐襄王也。73開戎狄　為戎狄做先導。開，啟；引路。74立子帶為天子　即襄王十六年，戎狄破周，襄王奔鄭國氾邑之時也。75陸渾　古縣名，在今河南嵩縣東北。76東至於衛　早在周惠王十七年（西元前六六〇年），狄即伐衛，殺死了衛懿公（西元前六六八—前六六一年在位）。衛，周武王弟康叔受封建立的國家，國都最初在今河南淇縣，後來遷至今河南濮陽西南。襄王時的衛國國君為衛文公（西元前六五九—前六三五年在位）。77詩人　此指《詩經》的作者。78戎狄是應　語見《詩經・魯頌・閟宮》，原文作：「戎狄是膺，荊舒是懲。」膺，擊；打擊。79薄伐獫狁二句　語見《詩經・小雅・六月》。薄，發語詞。大原，錢穆《國史大綱》以為約當今山西省之運城一帶地區，非指今太原市。80出輿彭彭二句　語見《詩經・小雅・出車》。出輿，原文作「出車」，意思相同。彭彭，眾車聲。朔方，錢穆認為亦指今山西運城一帶，「方即方山，近安邑，與『太原』近在一地。」按：〈六月〉、〈出車〉，舊注皆以為敘西周宣王時事，今史公乃繫之於春秋襄王時，與舊說不合。顧棟高《春秋大事表》曰：「『犬戎』與『山戎』及『陸渾』各為一族，其地亦各殊，史公混諸戎而一之，並混『戎』『狄』而一之，疏略甚矣。」81居外四年　梁玉繩曰：「僖二十四年襄王出奔鄭，明年，晉文公納王，乃襄王十六、七年間事，〈周紀〉、〈年表〉同，此云『四年』，誤。」82告急于晉　時晉文公為諸侯盟主，故襄王有難向晉國告急。晉，周成王弟叔虞受封建立的國家，此時的晉國都城在絳縣（今山西絳縣東北）。83晉文公　名重耳，獻公之子，春秋時期繼齊桓公之後的第二個霸主，西元前六三六—前六二八年在位。84翟　同「狄」。85迎內周襄王二句　將周襄王由氾邑接回，以武力將其送入周國之都城。事見《左傳》僖公二十五年及〈周本紀〉、〈晉世家〉。86當是之時　指周襄王時代（西元前六五一—前六一九年）。87秦晉為彊國　秦國當時都雍，國君為秦穆公（西元前六五九—前六二一年在位）。晉國當時都絳，國君先後為晉文公、晉襄公（西元前六二七—前六二一年在位）。88攘戎翟　攘，排擊；驅逐。上文晉文公的迎送周襄王回雒邑即是與戎翟作戰。89河西圁洛之間　指今陝西黃河以西的延安、綏德、榆林一帶地區。圁，水名，即今禿尾河，自內蒙流來，在佳縣北入黃河。梁玉繩曰：「『洛』，疑當作『潞』，若是『圁洛』，則惟白狄所居，不得言赤狄矣。」按：潞，即今山西的上黨一帶，為赤狄所居，但卻不能稱「河西」。疑史公行文有毛病，《左傳》敘晉文公與翟的關係，亦方位不明。(90)赤翟白翟　晉國周邊的兩個少數民族部落。《索隱》曰：「《左氏傳》云：『晉師滅赤狄潞氏。』杜氏以『潞，赤狄之別種也』。」又曰：「《左氏》：『晉師敗狄于箕，郤缺獲白狄子。』杜氏以為『白狄之別種，故西河郡有白部胡』。」《正義》引《括地志》曰：「潞州，本赤狄地；延、銀、綏三州，白翟地。」郭沫若《歷史地圖集》即標赤翟於今山西之長治一帶，譚其驤《歷史地圖集》標白翟於今陝西東北部之延長、宜川一帶。郭嵩燾曰：「史公以為晉文公攘戎翟，乃有赤翟、白翟，非也。」(91)秦穆公　名任好，春秋時代秦國最有作為的國君。因受晉國阻擋，未能向東發展，爭霸中原，但在經營陝甘一帶做出了巨大貢獻。(92)由余　翟族的賢臣，被秦穆公招致入秦，對秦國的發展壯大起了重要作用，事見《左傳》與〈秦本紀〉。(93)西戎八國　即下文所述之緜諸、緄戎、翟、䝠、義渠、大荔、烏氏、朐衍。《鹽鐵論・論勇篇》亦有八國服秦之說。(94)隴以西　隴山以西。隴山或稱隴坂，在今陝西隴縣西。(95)緜諸緄戎翟䝠　皆戎翟部落名，有的地方後來成為縣名。緜諸，在今甘肅天水東。緄戎，即前文所謂「犬戎」、「畎戎」，在今甘肅省之通渭、隴西一帶。䝠，在今甘肅隴西東南。(96)梁山　山名，在今陝西韓城西北。(97)漆　水名，在今陝西彬縣西北匯入涇水，涇水東南流，在西安市東北匯入渭水。(98)義渠大荔烏氏朐衍　開始都是戎翟的部落名，後來成為縣名。義渠在今甘肅寧縣西北，大荔在今陝西大荔東，烏氏在今甘肅平涼西北，朐衍即今寧夏鹽池。(99)林胡　也叫「儋林」、「儋襤」，少數民族部落名，春秋時期活動在今山西、內蒙交界地區，戰國末被趙將李牧所滅。(100)樓煩　原為部族名，後成為縣名，即今山西寧武。(101)東胡　也稱「烏桓」、「鮮卑」，少數民族名，春秋時期活動在今內蒙東部之大興安嶺一帶。(102)往往而聚　各處都散居著一些小部落。(103)莫能相一　各部落互不統屬。(104)自是之後百有餘年　梁玉繩引王應麟曰：「以《左傳》考之，魯文公三年（西元前六二四年），秦始霸西戎；襄公四年（西元前五六九年），魏絳和戎，才五十餘歲。」閻若璩曰：「魏絳和者北戎，非西戎也。」(105)晉悼公　名周，西元前五七二－前五五八年在位。(106)魏絳和戎翟　魏絳是春秋後期晉國的名臣，為使晉國能保持其在中原地區的霸主地位，而改善了晉與其西北方的戎翟的關係，使翟與晉和睦相處。事在魯襄公四年，詳見《左傳》與〈晉世家〉。(107)趙襄子　名毋恤，春秋戰國之交的晉國的大貴族之一，西元前四七五－前四二五年在位，都城即今河北邯鄲。時晉國的政權與領地已分別落在韓、趙、魏、智四個大貴族之手，四個大貴族都已儼然是一國之君。(108)句注　山名，在今山西代縣北。(109)破并代　破并，動詞連用，謂破而併之也。代，春秋戰國之交的小國名，國都在今河北蔚縣東北。趙襄子先與代王結親，後襲殺代王，吞併代國。事在趙襄子十九年（西元前四五七年），詳見《戰國策・趙策》與〈趙世家〉。[110]臨胡貉　俯瞰胡貉；與胡貉相鄰近。胡貉，北方的戎翟名，匈奴族的前身。[111]與韓魏共滅智伯　事在趙襄子二十三年（西元前四五三年）。智伯，名瑤，智氏家族的領袖，在晉國的四大家族中勢力最強。智伯倚仗勢大向韓魏兩家勒索土地，又率韓魏兩家圍攻趙氏，結果激起了趙、韓、魏三家的聯合，他們滅掉了智氏，將昔日的晉國瓜分為三，三家遂各自獨立為諸侯。過程詳見《戰國策・趙策》與〈趙世家〉。[112]趙有代句注之北　謂趙國的領土中，有句注山以北、代郡地區與匈奴相鄰。句注山以北為趙國鴈門郡。[113]魏有河西上郡　魏，瓜分晉建立的國家名，這時的魏國諸侯為魏文侯，名斯，西元前四四五—前三九六年在位。河西，魏郡名，約當今陝西東部臨近黃河的華陰以北，韓城、黃龍以南地區。上郡，約當今陝西東北部的延安、子長等一帶地區。[114]義渠之戎築城郭以自守　據〈秦本紀〉，惠王十一年（西元前三二七年），有「義渠君為臣」，「縣義渠」之語，是義渠之戎，前曾歸降於秦，今乃又叛秦自立，且築義渠城（在今甘肅寧縣西北）以對抗秦也。[115]秦稍蠶食　謂秦國不斷蠶食義渠的領土。時秦國的都城雍縣，在義渠城之正南偏西。王叔岷曰：「《漢》傳、《通鑑》『食』下並有『之』字，文意較完。」[116]至於惠王　按：此處之敘述次序稍亂。惠王，即秦惠文王，孝公之子，名駟，西元前三三七—前三一一年在位。[117]拔義渠二十五城　據〈六國年表〉，事在惠王後元十一年（西元前三一四年），楊寬《戰國史》表同，〈秦本紀〉繫之於後元十年（西元前三一五年），蓋誤。[118]惠王擊魏　時魏國諸侯為魏襄王（西元前三一八—前二九六年在位），魏國的都城大梁（即今河南開封）。[119]魏盡入西河及上郡于秦　按：據〈秦本紀〉與〈六國年表〉，魏入河西地於秦在秦惠王前元八年（西元前三三〇年）；魏入上郡於秦在秦惠王前元十年（西元前三二八年）。今史公乃繫之於惠王後元十一年秦取義渠二十五城後，誤也。[120]秦昭王　名則，惠王之子，武王之弟，西元前三〇六—前二五一年在位。[121]宣太后　昭王之母，原楚人，惠王之妃。[122]詐而殺義渠戎王於甘泉　甘泉，山名，在今陝西淳化西北，其地有秦國統治者的離宮。宣太后詐而殺義渠戎王於甘泉，並進而滅義渠事，馬非百《秦集史》以為應在秦昭王三十五年（西元前二七二年），楊寬〈戰國史表〉同。馬非百且謂：「宣太后以母后之尊，為國家殲除頑寇，不惜犧牲色相，與義渠戎王私通生子。謀之達三十餘年之久，始將此二百年為秦人腹心大患之敵國巨魁手刃於宮庭之中、衽席之上，然後乘勢出兵，一舉滅之，收其地為郡縣，使秦人得一意向東，無復後顧之憂，此其功豈在張儀、司馬錯收取巴蜀下哉！」[123]殘　王叔岷曰：「『殘』、『滅』義同。」並引《戰國策》高誘注：「殘，滅也。」[124]隴西　秦郡名，郡治狄道（今甘肅臨洮）。[125]北地　秦郡名，郡治義渠。[126]上郡　秦郡名，郡治膚施（在今陝西榆林東南）。[127]築長城以拒胡　按：此時秦的長城西起今甘肅岷縣，北行至蘭州，東折至寧夏固原，再東北行經陝西吳旗、橫山，直至內蒙古的準格爾旗南。[128]趙武靈王　趙國的國君，名雍，西元前三二五—前二九九年在位。其變更軍制，實行胡服騎射事在其十九年（西元前三〇七年），過程詳見〈趙世家〉。

[129]北破林胡樓煩　據〈趙世家〉，趙武靈王二十年（西元前三〇六年），「西略胡地，至榆中，林胡王獻馬」；二十六年（西元前三〇〇年），「攘地北至燕、代，西至雲中、九原」。[130]築長城三句　代，趙郡名，郡治在今河北蔚縣東北。並陰山下，傍著陰山西行。陰山在今內蒙呼和浩特、包頭市以及黃河的後套之北，橫亙東西。高闕，在今內蒙古潮格旗東南，黃河後套之西北。楊寬曰：「趙北長城大體上有前後兩條：前條在今內蒙古烏加河以北，沿今狼山一帶建築；後條從今內蒙古烏拉特前旗向東，經包頭北，沿烏拉山向東，沿大青山，經呼和浩特北、卓資和集寧南，一直到今河北張北以南。」[131]雲中　趙郡名，郡治在今內蒙古托克托東北。[132]鴈門　趙郡名，郡治善無（今山西右玉東南）。[133]秦開　伴同荊軻入秦行刺的秦舞陽之祖父。[134]為質於胡　給燕國在匈奴當人質。[135]荊軻刺秦王　事在秦王政二十年（西元前二二七年）。荊軻，一個具有俠義精神的刺客，在秦國已滅掉東方數國，接著即將滅燕的情勢下，為燕國入秦行刺，不成而死。詳見〈刺客列傳〉。[136]自造陽至襄平　造陽，在今河北獨石口附近。也有說即沮陽（在今河北懷來東南）。襄平，即今遼寧遼陽。按：據楊寬《戰國史》說，燕國長城「西端可以和今赤峰東北卓蘇河南的土城、小城堡相連接」，「赤峰紅山北方沿西路戛河北岸有燕長城遺址向東延伸著，經過老爺廟、八家子、撒水波等村，全長約三十多里。」[137]上谷　燕郡名，郡治沮陽（今河北懷來東南）。[138]漁陽　燕郡名，郡治在今北京密雲西南。[139]右北平　燕郡名，郡治無終（今天津薊縣）。[140]遼西　燕郡名，郡治陽樂（今遼寧義縣西南）。[141]遼東　燕郡名，郡治襄平（今遼陽市）。[142]冠帶戰國七　即秦、楚、齊、燕、韓、趙、魏。冠帶，戴帽子，繫腰帶。意指「文明之國」、「禮義之邦」，以與「戎狄」、「蠻夷」相對而言。[143]三國　即秦、趙、燕。[144]李牧　戰國末期趙國的良將，為趙守邊，曾「大破殺匈奴十餘萬騎。滅襜襤，破東胡，降林胡，單于奔走。其後十餘歲，匈奴不敢近趙邊城」。事跡詳見〈廉頗藺相如列傳〉。[145]秦滅六國　事在秦王政二十六年（西元前二二一年）。[146]始皇帝　即秦王嬴政，其二十六年統一全國，改稱曰「始皇帝」。[147]蒙恬　秦國名將，蒙驁之孫，蒙武之子，祖孫幾代佐秦統一有大功。事跡見〈蒙恬列傳〉。[148]悉收河南地　據〈蒙恬列傳〉，「始皇二十六年，秦已并天下，乃使蒙恬將三十萬眾北逐戎狄，收河南。」河南，指今內蒙古河套一帶的黃河以南地區。[149]因河為塞　沿著黃河修築長城，西起今甘肅蘭州一帶，沿黃河東北上，至內蒙古，遂與舊時趙國所築的長城相接。[150]築四十四縣城臨河　意即在這些「因河為塞」的長城黃河一線，設立了四十四個縣。[151]徙適戍以充之　讓全國各地的罪犯搬遷到沿邊新築的新縣城去住。適，通「謫」。秦漢時期多徵調各種罪犯防守邊疆，也有時將犯罪者的全家遷往邊地。[152]直道　由內地直通北部邊境的大道。[153]九原　秦郡名，郡治在今內蒙古包頭西。[154]雲陽　秦縣名，在今陝西淳化西北。甘泉宮即在雲陽縣境

內。155邊山險塹谿谷　意即順著險要的山勢，該挖的挖，該填的填。塹，同「壍」。填也。156可繕者治之　舊有的長城，凡可串連利用的就加以修補。157起臨洮至遼東萬餘里　此即通常所說的「萬里長城」。臨洮，即今甘肅岷縣。遼東，秦郡名，郡治襄平（今遼寧遼陽）。〈蒙恬列傳〉云：「因地形，用制險塞，起臨洮，至遼東，延袤萬餘里。」楊寬《戰國史》曰：「秦始皇統一六國後，令蒙恬徵發人民所築的偉大工程——長城，便是以趙、燕、秦原有的長城為基礎的。」始皇時所築長城的西南段為南起今甘肅蘭州南，沿黃河東北行，經寧夏至內蒙古，與舊日之趙國長城相接。北段為西起內蒙的河套以西，東行經包頭、呼和浩特北，再東行入河北省境內，與舊時燕國所築之長城相接。158陽山　即今內蒙河套北面的狼山，因其在黃河之陽（北），故稱「陽山」。159北假　地區名，指今內蒙古河套以北、狼山以南的山南河北地區。按：關於蒙恬伐匈奴、修長城、通直道的問題，參見〈蒙恬列傳〉。160當是之時　指秦王朝尚未亂時。161月氏　西方游牧民族名，秦漢之交活動在今甘肅走廊的敦煌與祁連山一帶。162單于　匈奴族的最高統治者，猶如當朝的皇帝。《集解》引《漢書音義》曰：「單于者，廣大之貌也。」163蒙恬死　事在始皇三十七年（西元前二一〇年）。始皇外出巡遊死於沙丘宮（在今河北廣宗境內），趙高、李斯等篡改詔書，立胡亥，殺扶蘇及蒙恬等。詳見〈李斯列傳〉、〈蒙恬列傳〉。164諸侯畔秦　指陳勝帶頭發動的各地起義，事在秦二世元年（西元前二〇九年）。165徙適戍邊者　從內地發配或強制搬遷到沿邊郡縣的吏民。166稍度河南　稍，逐漸。度河南，渡過黃河南下。167與中國界於故塞　此所謂「故塞」，即〈高祖本紀〉之所謂「河上塞」。王先謙引齊召南曰：「河上塞，即河上郡之北境與匈奴邊界處，因河為塞者也。蓋自諸侯叛秦，匈奴復稍渡河南，與中國界于故塞。」即今陝西省之黃陵、旬邑一線。陳仁錫曰：「太史公敘中國與匈奴之強弱，屢提河南塞地為綱領，若『蒙恬悉收河南地，因河為塞』，此秦強而匈奴弱也；『匈奴復稍度河南，與中國界於故塞』，此匈奴強而秦弱也；『匈奴入居河南地』，此匈奴強而漢弱也；『漢遂取河南地，繕故秦時所為塞，徙關東貧民處所奪匈奴河南新秦中』，此漢強而匈奴弱也。」

【語譯】匈奴的先祖是夏禹的後裔，名叫淳維。唐、虞以前有山戎、獫狁、葷粥，居住在北方，隨放牧而遷徙。他們飼養的牲畜，多數是馬、牛、羊，而比較貴重的牲畜有駱駝、驢、騾、駃騠、騊駼、驒騱。哪裡水草茂盛就遷移到哪裡，沒有城郭和固定居住的地方，也不耕田，但貴族、君長們也都有自己的領地。無文字，一切只憑口頭承諾。幼兒能騎羊，拉弓射鳥鼠；年齡稍大，拉弓射狐兔，當作食物；凡是能拉開弓的成年男子，一律都是士兵。他們的習俗是：平時趕著牛羊放牧，以射獵飛禽走獸為生；形勢緊急時就習武打仗，相互侵伐，其天性就是如此。他們的長兵器是弓箭，短兵器是刀矛。勝利時就進攻，失敗時就退卻，不以逃跑為羞恥。只要有利可圖，就不顧禮義廉恥。自君王以下都吃畜肉，穿獸皮，披氈毯。有好東西讓青壯年吃，老年人吃剩下的。尊重身強體壯的人，瞧不起老弱病殘。父親死了，兒子就娶後母為妻；兄弟死了，其他兄弟可以娶其妻為妻。匈奴人的風俗是直呼其名而不講避諱，沒有「姓」也沒有「字」。

2 夏朝衰落以後，公劉失去了世襲的農官，他們改用西戎的習俗，遷到豳邑居住。又過了三百多年，戎、狄進攻太王亶父，太王亶父就逃到了岐山下，而豳邑人也都隨著太王亶父在岐山建立都邑，建立了周國。又過了一百多年，周國西伯姬昌討伐了畎夷氏。又過了十多年，周武王伐紂滅商在雒邑建築城郭，後來又返回酆鄗居住。周朝將戎、夷攆趕到了涇水、洛水以北，讓他們按時給周朝進貢，這種關係叫做「荒服」。又過了二百多年，周國開始衰落。這時的周穆王征伐犬戎，獲得了四隻白狼、四隻白鹿回來，但從這以後，「荒服」的部落便不再向周朝進貢了，因此周朝便制訂了《甫刑》的法令。穆王以後的二百多年，周幽王因為寵幸褒姒，與申侯產生衝突。申侯一氣之下與犬戎聯合打敗了周國，在驪山下殺死了幽王，犬戎奪取了周國的焦穫，居住在涇、渭兩河之間，大肆侵擾華夏。秦襄公起兵救周，幫著周平王離開酆鄗而東遷雒邑。這時候，秦襄公討伐犬戎打到岐山，被周天子封為諸侯。又過了六十五年，北方的山戎越過燕國征伐齊國，曾與齊釐公在齊國都城郊外打過仗。又過了四十四年，山戎又進攻燕國。燕國向齊國求救，於是齊桓公北伐山戎，山戎失敗逃走。又過了二十多年，戎、狄進攻雒邑，攻擊周襄王，襄王逃到鄭國的氾邑。想當初，周襄王為了攻打鄭國，而娶了戎、狄的女子為王后，與戎、狄共同攻打鄭國。後來周襄王廢黜了狄后，所以狄后怨恨周襄王。周襄王的後母是惠后，有個兒子名子帶，惠后想立他為王。於是惠后、狄后、子帶作內應，他們打開城門引戎、狄入城，戎、狄因而得以進入，驅逐周襄王，而立子帶為天子。於是戎、狄有的便內遷到了陸渾，還有些向東住到了衛國邊境，更加嚴重地危害著華夏民族。華夏人對此都深感憂慮，所以《詩經》裡有所謂「戎狄是應」，有所謂「薄伐獫狁，至於大原」，以及「出輿彭彭，城彼朔方」等等。周襄王在外面流亡了四年，最後只好派使臣向晉國求救。當時晉文公剛回國即位，正圖謀建立霸業，於是便出兵趕走戎、翟，殺了王子帶，迎接周襄王使之重返雒邑。

3 這個時候，秦、晉兩國比較強大。被晉文公驅趕的戎、翟，退居在黃河西岸的圁水與洛水流域，叫做赤翟、白翟。這時的秦穆公從戎狄中挖來一位賢臣，名叫由余，使得西戎八國都臣服秦國。當時隴山以西有緜諸、緄戎、翟、豲等族；岐山、梁山、涇水、漆水以北有義渠、大荔、烏氏、朐衍等族；而晉國的北面有林胡、樓煩等族；燕國的北面有東胡、山戎等族。他們都分散居住在溪水山谷中，各有自己的首領。各地區的這些戎族部落加起來大概有一百多個，但都不相統屬。

4 又過了一百多年，晉悼公派魏絳與戎、翟和好，戎、翟便都親附晉國。又過了一百多年，趙襄子越過句注山吞併代國，開始與胡貉接壤。這以後趙襄子與韓、魏共滅智伯，而後又三分晉國的地盤而各據其一。趙國的代郡與句注山以北，魏國的河西郡與上郡，都與戎族相毗鄰。後來，義渠的戎族建立城郭預防外侵，而秦國則逐漸蠶食義渠的土地。到秦惠王時，攻取了義渠的二十五座城。秦惠王進攻魏國，魏國把西河、上郡都割給了秦國。秦昭王時，義渠戎王與昭王的母親宣太后通姦，生二子。但宣太后把義渠戎王騙到甘泉宮殺死，接著起兵大破義渠的戎族，從此秦國便占據了隴西、北地、上郡的大片土地，並在這邊境上築起了長城，以防禦胡人。這時的趙武靈王也在趙國改變漢人風俗，穿胡人的衣服，演練騎馬射箭，於是很快地打垮了林胡、樓煩；從代郡沿著陰山直到高闕修築了長城，作為邊防要塞。並在北部地區設置了雲中、雁門、代郡三個郡。後來燕國也有一位賢將名叫秦開，他曾在胡地做人質，胡人很信任他。他回燕國後，率兵襲擊東胡，迫使東胡後撤一千多里。與荊軻一道去刺秦王的秦舞陽，就是秦開的孫子。燕國也築長城，從造陽一直修到襄平；設置了上谷、漁陽、右北平、遼西、遼東等郡，以防禦匈奴。這時候，華夏地區的大國有七個，其中有三個與匈奴接壤。後來趙國的名將李牧守邊時，匈奴不敢入侵趙國邊境。秦滅六國後，始皇帝命蒙恬率十萬士兵北擊匈奴，全部收復了黃河以南的土地。接著便沿著黃河修長城，在黃河岸邊修築了四十四座縣城，調全國的罪犯到這些地方居住。又修築直道，從九原郡直達甘泉附近的雲陽。沿著邊境的險塹溪谷，整修長城，西起臨洮東達遼東，全長萬餘里。又北渡黃河，占據了陽山和北假一帶地區。

5 這個時期，東胡很強大，月氏也很強盛，此時的匈奴單于叫頭曼。頭曼被秦打敗，只好向北遷移。十多年後，蒙恬被殺，各地諸侯紛起反秦，中原地區連年戰亂，秦王朝從內地遷徙來的吏民都離開邊境回去了，於是匈奴減去壓力，又漸漸地渡過黃河，以過去的城塞為邊界。

1 單于有太子名冒頓❶。後有所愛閼氏❷，生少子，而單于欲廢冒頓而立少子，乃使冒頓質於月氏。冒頓既質於月氏，而頭曼急擊月氏❸。月氏欲殺冒頓，冒頓盜其善馬，騎之亡歸❹。頭曼以為壯，令將萬騎。冒頓乃作為鳴鏑❺，習勒其騎射❻，令曰：「鳴鏑所射而不悉射者，斬之。」行獵鳥獸，有不射鳴鏑所射者，輒❼斬之。已而冒頓以鳴鏑自射其善馬，左右或不敢射者，冒頓立斬不射善馬者。居頃之，復以鳴鏑自射其愛妻，左右或頗恐，不敢射，冒頓又復斬之。居頃之，冒頓出獵，以鳴鏑射單于善馬，左右皆射之。於是冒頓知其左右皆可用。從其父單于頭曼獵，以鳴鏑射頭曼，其左右亦皆隨鳴鏑而射殺單于頭曼，遂盡誅其後母與弟及大臣不聽從者。冒頓自立為單于❽。

2 冒頓既立，是時東胡彊盛，聞冒頓殺父自立，乃使使謂冒頓，欲得頭曼時有❾千里馬。冒頓問羣臣，羣臣皆曰：「千里馬，匈奴寶馬也，勿與。」冒頓曰：「柰何與人鄰國而愛❿一馬乎？」遂與之千里馬。居頃之，東胡以為冒頓畏之，乃使使謂冒頓，欲得單于一閼氏。冒頓復問左右，左右皆怒曰：「東胡無道，乃求閼氏！請擊之。」冒頓曰：「柰何與人鄰國愛一女子乎？」遂取所愛閼氏予東胡。東胡王愈益驕，西侵。與匈奴間，中有弃地，莫居，千餘里，各居其邊為甌脫⑪。東胡使使謂冒頓曰：「匈奴所與我界甌脫外弃地，匈奴非能至也，吾欲有之。」冒頓問羣臣，羣臣或曰：「此弃地，予之亦可，勿予亦可。」於是冒頓大怒曰：「地者，國之本也，柰何予之！」諸言予之者，皆斬之。冒頓上馬，令國中有後者斬，遂東襲擊東胡。東胡初輕冒頓，不為備。及冒頓以兵至，擊，大破滅東胡王⑫，而虜其民人及畜產。既歸，西擊走月氏⑬，南并樓煩、白羊河南王⑭。悉復收秦所使蒙恬所奪匈奴地者，與漢關故河南塞⑮，至朝那、膚施⑯，遂侵燕、代⑰。是時漢兵與項羽相距⑱，中國罷於兵革⑲，以故冒頓得自彊，控弦之士⑳三十餘萬。

3 自淳維以至頭曼千有餘歲㉑，時大時小，別散分離，尚矣㉒，其世傳㉓不可得而次㉔云。然至冒頓而匈奴最彊大，盡服從北夷㉕，而南與中國為敵國㉖，其世傳國官號㉗乃可得而記云。

4 置左右賢王、左右谷蠡王、左右大將、左右大都尉、左右大當戶、左右骨都侯㉘。匈奴謂賢曰「屠耆」，故常以太子為左屠耆王㉙。自如左右賢王以下至當戶，大者萬騎，小者數千，凡二十四長[30]，立號曰萬騎[31]。諸大臣皆世官[32]。呼衍氏[33]、蘭氏，其後有須卜氏，此三姓其貴種[34]也。諸左方王將居東方[35]，直上谷以往者[36]，東接穢貉[37]、朝鮮[38]；右方王將居西方，直上郡以西[39]，接月氏、氐、羌[40]；而單于之庭[41]直代、雲中[42]：各有分地，逐水草移徙。而左右賢王、左右谷蠡王最為大國[43]，左右骨都侯輔政[44]。諸二十四長亦各自置千長、百長、什長[45]、裨小王[46]、相封[47]、都尉、當戶、且渠[48]之屬。

歲正月，諸長[49]小會單于庭，祠[50]。五月，大會蘢城[51]，祭其先、天地、鬼神。秋，馬肥，大會蹛林[52]，課校人畜計[53]。其法[54]，拔刃尺者死[55]，坐盜者沒入其家[56]；有罪小者軋[57]，大者死。獄[58]久者不過十日，一國之囚不過數人。而單于朝出營，拜日之始生，夕拜月[59]。其坐，長左而北鄉[60]。日上戊己[61]。其送死，有棺槨、金銀、衣裘[62]，而無封樹、喪服[63]；近幸臣妾從死者，多至數千百人[64]。舉事而候星月[65]，月盛壯則攻戰[66]，月虧則退兵。其攻戰，斬首虜[67]賜一卮[68]酒，而所得鹵獲[69]因以予之，得人以為奴婢。故其戰，人人自為趨利[70]，善為誘兵以冒敵[71]。故其見敵則逐利，如鳥之集；其困敗，則瓦解雲散矣。戰而扶輿死者[72]，盡得死者家財。

6 後北服渾庾、屈射、丁零、鬲昆、薪犁73之國，於是匈奴貴人、大臣皆服，以冒頓單于為賢74。

【章旨】以上為第二段，寫匈奴的習俗、制度，與冒頓對發展、壯大匈奴的卓越貢獻。

【注釋】❶冒頓　謝孝苹曰：「『冒頓』二字係蒙古語譯，義為勇猛。」按：冒頓統治匈奴的時間為上起秦二世元年（西元前二〇九年），下至漢文帝五年（西元前一七五年），共歷時三十四年，是第一個使匈奴強大統一的關鍵人物。❷閼氏　《索隱》曰：「匈奴皇后號也。」然下文有所謂東胡「欲得單于一閼氏」，則匈奴單于固不止有一個閼氏。王先謙引沈欽韓曰：「按此傳，是匈奴妻妾並稱閼氏。大抵胡俗，烏孫左夫人、右夫人；元亦有第二皇后、第三皇后。匈奴正妻則稱『大閼氏』。」❸頭曼急擊月氏　謝孝苹以為這「是有文獻可稽的匈奴第一次進攻月氏，其具體年月應當在蒙恬北擊匈奴，頭曼不敢南侵的十一年中的中期。此時南線無戰事，匈奴才能騰出手來西向攻擊月氏。蒙恬擊匈奴在始皇二十六年（西元前二二一年），故頭曼擊月氏約在始皇三十年（西元前二一七年）左右。」❹亡歸　逃回。亡，潛逃。❺鳴鏑　響箭。❻習勒其騎射　訓練他部下的騎兵射箭。習勒，即今所謂訓練。❼輒　就；隨即。❽冒頓自立為單于　事在秦二世元年（西元前二〇九年），正當中原地區各路義軍起兵反秦之時也。❾時有　《漢書》作「時號」。王叔岷曰：「《孟子》『亦有仁義而已矣』，《漢要》引『有』作『曰』。『曰』『號』義近。」❿愛　吝嗇；捨不得。⓫各居其邊為甌脫　各自在己方的邊境上建築防禦工事。甌脫，也寫作「區脫」。《集解》引韋昭曰：「界上屯守處。」《正義》曰：「境上斥候之室。」即邊界線的崗棚、哨所，以及防禦工事之類。⓬冒頓以兵至三句　謝孝苹曰：「冒頓破東胡，約在楚漢相拒之初，姑繫其年於漢高元年，冒頓單于四年，西元前二〇六年。」按：「擊、大破、滅東胡王」三動詞連用。⓭西擊走月氏　使月氏人不能再在今甘肅祁連山一帶落腳，只好向西方遷移。⓮南并樓煩白羊河南王　其下原有「侵燕代」三字。王念孫《雜志》：「『侵燕代』三字因下文『遂侵燕代』而衍。《漢書》、《漢紀》並無『侵燕代』三字。」今據刪。師古曰：「二王之居在河南。」中井曰：「『河南王』三字疑衍。」樓煩、白羊，當時居住在今內蒙古河套以南的兩個匈奴部落名。據顧頡剛《歷史地圖集》，當時樓煩所居約當今內蒙古伊克昭盟之東部和與之鄰近的山西省西北部、陝西省東北部一帶地區；白羊所居在今伊克昭盟之西部。⓯與漢關故河南塞　意謂河南地區的南部邊境就是與劉邦漢朝的交界之處。按：〈高祖本紀〉漢二年（西元前二〇五年）之所謂「繕治河上塞」，即指在這一線構築工事。關，連界；接壤。⑯至朝那膚施　謂冒頓的勢力一直向南達到朝那與膚施一線。朝那，漢縣名，縣治在今寧夏固原東南。膚施，漢縣名，在今陝西橫山東，當時為上郡的郡治所在地。⑰遂侵燕代　當時的燕王為臧荼，項羽所封。代，代王陳餘，趙王趙歇之所立。疑冒頓的此次行動應在韓信破代、趙，破燕之前，即西元前二〇五年閏九月之前，若在此以後，則代、趙、燕依次入漢矣。⑱漢兵與項羽相距　事在西元前二〇五年四月至西元前二〇三年九月。⑲中國罷於兵革　中國，指中原地區。罷，通「疲」。⑳控弦之士　能拉弓射箭的騎士。控弦，猶言「拉弓」。㉑自淳維句　梁玉繩曰：「淳維不知在何時，即謂是夏桀之子，自商至秦何止千有餘歲，此言未的。」按：據新公布的〈夏商周年表〉，自夏桀至頭曼，其間約一千四百年左右。㉒尚矣　師古曰：「尚，久遠。」尚，通「上」。意即「夠久遠的啦」。㉓世傳　世系。㉔不可得而次　沒辦法排列。次，排列。㉕盡服從北夷　使北方諸夷狄全部歸服於匈奴。㉖為敵國　為對等、勢均力敵之國。敵，對等。㉗國官號　語略不順。「國」字疑衍，《漢書》無。㉘左右骨都侯　《集解》曰：「骨都，異姓大臣。」㉙左屠耆王　即上述之「左賢王」。從匈奴官號皆以「左」「右」為次，知匈奴習慣為以「左」為上，則「左賢王」乃僅次於單于者也。㉚凡二十四長　謂上自左、右賢王，下至大當戶，共有長官二十四個。㉛立號曰萬騎　這些君長所統之兵不論上萬，還是數千，一律號稱萬人。㉜世官　世襲為此官職，統此兵眾。㉝呼衍氏　師古曰：「即今鮮卑姓呼延者也。」㉞此三姓其貴種　《索隱》引《後漢書》曰：「呼衍氏、須卜氏，常與單于婚姻，須卜氏主獄訟也。」㉟將居東方　將兵居住於匈奴領土之東方。㊱直上谷以往者　正對著漢朝上谷郡以東的地區。直，通「值」。對著。上谷，漢郡名，郡治沮陽（今河北懷來東南）。㊲穢貉　朝鮮地區的民族名，當時居住在今朝鮮的東北部。㊳朝鮮　國名，約當今朝鮮之西北部，國都王儉（即今平壤市）。㊴直上郡以西　正對著漢朝的上郡以西地區。上郡，漢郡名，郡治在今陝西橫山東。㊵氐羌　皆西方的少數民族部落名，秦漢之交氐族活動在今甘肅省東南部，羌族活動在今青海省東北部。㊶單于之庭　單于的大本營。《索隱》曰：「匈奴所都處為庭。」按：當時的單于庭約在今蒙古國烏蘭巴托附近，譚其驤《中國歷史地圖集》標匈奴王庭於烏蘭巴托市。㊷直代雲中　正對著漢朝的代郡與雲中郡。代郡的郡治在今河北蔚縣東北，雲中郡的郡治在今內蒙古托克托東北。㊸最為大國　意即部落最大，人馬最多。梁玉繩引劉攽語以為「國」字衍。但漢代之諸侯王與列侯也都稱「國」，則此處司馬遷用字未必有誤，故仍依舊。㊹輔政　輔佐單于總理全匈奴事。徐孚遠曰：「骨都侯為單于近臣，不別統部落有分地也。」㊺千長百長什長　猶如今軍隊之所謂團長、連長、班長。㊻裨小王　各部落、各團伙的小頭領。㊼相封　陳直曰：「當即『相邦』，即匈奴之相國也，漢人避高祖諱而改。」按：「相封」即

「相邦」，大概不錯，王國維《觀堂集林》有「匈奴『相邦』印跋」，或即此也。然匈奴之「相邦」恐未必是「匈奴之相國」，就上下文看，其地位似在二十四長之下，恐即二十四長之「相邦」也。㊽且渠　也作「沮渠」。匈奴官名。師古曰：「今之『沮渠』姓，蓋本因此官。」按：北朝有所謂「沮渠蒙遜」者，即此姓之人。㊾諸長　即二十四長。㊿祠　祭祀。此指規模較小的祭祀。51龍城　也作「龍城」。在今蒙古國烏蘭巴托西南之鄂爾渾河西側的和碩柴達木湖附近。《索隱》引崔浩曰：「西方胡皆事龍神，故名大會處為『龍城』。」52蹛林　有說是地名，為匈奴人秋祭之所。《索隱》引服虔曰：「匈奴秋社八月中皆會祭處。」又引李陵與蘇武詩云：「相競趨蹛林。」也有說是秋天祭祀的形式，師古曰：「蹛者，遶林木而祭也。鮮卑之俗，自古相傳，秋祭無林木者，尚豎柳枝，眾騎馳遶三周乃止，此其遺法。」53課校人畜計　課校，清點；檢查。師古曰：「計者，人畜之數。」54其法　匈奴人有關法律方面的習俗。55拔刃尺者死　郭嵩燾曰：「謂拔刀以傷人，而所傷處及尺，因以死論也。」張大可曰：「有意向殺人，拔刀出鞘一尺者，即要處死。」其他說法不錄。56坐盜者沒入其家　坐盜，因偷東西犯罪。沒入其家，指沒其家口為奴，財產從公。57軋　師古以為即今之「軋杠子」，壓碎腳骨的刑罰，也有人以為即用棍子打。58獄　案件；官司。也可以理解為關押犯人。59單于朝出營三句　一九五六年蘇聯考古隊在蒙古國發掘匈奴墓葬，見死者頭部附近的槨壁上釘有飾著日月的金片，證明匈奴人的確崇拜日月。60長左而北鄉　《正義》曰：「其座北向，長者在左，以左為尊也。」鄉，通「向」。張大可對此斷句為：「長左，而北向日，上戊己。」解釋說：「正位在北方，南向而坐，稱『北向日』。若釋匈奴座位北向，則左為西而不在東，誤也。」錄以備考。61日上戊己　錢大昭曰：「以『戊』、『己』日為吉也。」周壽昌曰：「『上』、『尚』字同。」陳直曰：「兩漢設『戊己校尉』，蓋亦從匈奴習俗而得名。」62其送死二句　陳直引前蘇聯考茲洛夫《外蒙古調查報告》云：「一九二四年，諾顏烏蘭所發現之匈奴帝王古墓，遺物除漆器外，墓中絹物有絹布和毛織物二種。」又引《東洋文化史大系》所記綏遠古匈奴墓曾出土銅劍銅戈、馬面動物形飾金具、銀製飾板；以及一九八〇年《文物》第二期所載的田廣金、郭素新所記的內蒙古準格爾旗西溝畔之匈奴墓中有「金銀玉石琉璃等質料製做的頭飾和項飾，高浮雕的盤角臥羊金飾牌、花草紋的包金帶飾品」等，皆與此處之記載相合。63無封樹喪服　不起陵丘，不立碑碣，死者的親屬也不穿喪服。但從幾十年來蘇聯考古隊發掘的匈奴古墓看，地上並非沒有陵丘，只是不堆土而累積石塊而已。64多至數千百人　《正義》曰：「《漢書》作『數十百人』，師古曰：『或數十人，或百人。』」按：師古說是，〈衛將軍驃騎列傳〉中有「數千百萬」，誤與此同。65舉事而候星月　舉事，指準備發動戰爭。候，觀測。瀧川曰：「『而』當作『常』；『星』字疑衍。」66月盛壯則攻戰　王先謙引沈欽韓曰：「《隋書・突厥傳》：『候月將滿，輒為寇抄。』」67斬首虜　斬敵之首或捉來俘虜。按：〈衛將軍驃騎列傳〉中常將「斬首虜」、「捕首虜」、「獲首虜」、「捕斬首虜」、「斬捕首虜」等交互使用，意思相同。有將「斬首虜」解釋為「斬敵之首者」，似非。(68)一卮　猶言一杯。卮，酒器。(69)鹵獲　指所繳獲的兵器、鎧甲、財物等。鹵，通「擄」。抄掠。(70)自為趣利　為自己謀利。趣，通「趨」。向也。(71)誘兵以冒敵　以小部隊誘敵深入，而以大部隊包圍之。瀧川引岡白駒曰：「冒，猶覆也，覆裹取之。」按：《漢書》作「包」，師古曰：「包，裹取之。」蓋「覆」、「包」二字意思相同。(72)扶輿死者　郭嵩燾曰：「扶者，傷未及死，扶之以行；輿者，輿其屍。」王先謙曰：「扶持其傷，而輿歸其屍也。」(73)渾庾屈射丁零鬲昆薪犁　都是匈奴北面的游牧民族名，在今蒙古國與俄羅斯境內。據郭沫若《中國史稿地圖集》，渾庾，也作「渾窳」，當時活動在今俄羅斯之靠近我國黑龍江的石勒喀河西北。屈射，活動在今俄羅斯之赤塔周圍。丁零，也作「丁令」、「敕勒」、「鐵勒」，當時活動在今貝加爾湖周圍。鬲昆，也稱「堅昆」，當時活動在今俄羅斯之葉尼塞河上游。薪犁，也稱「龍薪犁」，當時活動在今俄羅斯之鄂畢河上游。(74)賢　主要指本事大、能幹，非如後代之主要指品德修養而言。

【語譯】頭曼單于的太子叫冒頓。後來單于寵愛的閼氏又生了一個小兒子，頭曼單于想廢掉冒頓而立他的小兒子為太子，於是就讓冒頓到月氏做人質。當冒頓在月氏當人質的時候，頭曼猛烈地進攻月氏。月氏王想殺死冒頓，這時冒頓就偷了月氏王的駿馬，騎著牠逃回了匈奴。頭曼覺得冒頓很勇猛，就讓他統領萬名騎兵。冒頓發明了一種響箭，用這種箭訓練他的部隊。他命令說「我的響箭射向哪裡，你們都必須跟著射，不聽話者斬」。於是冒頓領著他的部下出去射鳥獸，有人不跟著響箭的方向射，立刻被斬首。不久冒頓以響箭射自己的駿馬，左右將士有人不敢射，冒頓立即就地將其斬首。不久冒頓又以響箭射自己的愛妻，左右將士有人恐慌不敢射，冒頓又將他們斬首。過了不久，冒頓出獵，以響箭射頭曼單于的駿馬，左右將士都跟著一齊射。於是冒頓知道他部下的這些將士能夠聽從指揮了。後來在跟著其父頭曼單于一起打獵的時候，他把響箭射向頭曼，於是他部下的將士也跟著響箭一齊射向頭曼單于。接著冒頓又殺掉了他的後母和弟弟以及大臣中一切不聽他命令的人。冒頓於是自立為單于。

2 冒頓當了單于後，這時東胡強盛，聽說冒頓殺父自立，就派使臣向冒頓說，想要頭曼單于的那匹千里馬。冒頓詢問群臣意見，群臣說：「千里馬是我們匈奴的寶馬，不能給。」冒頓說：「跟人家做鄰居，怎能捨不得一匹馬？」於是把頭曼的千里馬送給了東胡。過了不久，東胡以為冒頓怕他，就派使臣對冒頓說，想要冒頓的一位閼氏。冒頓又問左右，左右大怒說：「東胡無禮之極，竟敢要大王的閼氏，應該給他點教訓！」冒頓說：「與人家做鄰居，怎能心疼一個女人呢？」於是將所愛的閼氏送給了東胡王。東胡王越來越驕橫，率兵西侵。東胡與匈奴的交界處有一片千餘里無人居住的中間地帶，雙方各在己方的邊境上建築防禦工事。東胡派使臣向冒頓說：「匈奴與東胡之間有無人居住的中間地帶，這是你們不能到達的地方，我想要這片土地。」冒頓問群臣，有人說：「這本來就是無人居住的不毛之地，給他可以，不給也可以。」冒頓大怒說：「土地是立國之本，怎能給他？」於是把那些講可以把土地給東胡的人都殺了。冒頓上馬，下令國中有誰遲到的要被斬。於是便率軍對東胡發起了襲擊。東胡王本來瞧不起冒頓，沒有防備。等到冒頓率兵來到，大敗東胡，殺死了東胡王，俘獲了東胡的民眾和牛羊。冒頓回去後，又向西趕走了月氏，向南吞併了黃河以南的樓煩王與白羊王兩個部落，於是完全收復了當年被秦將蒙恬所奪去的匈奴土地，以戰國時代的舊邊界與漢朝為鄰，最南達到朝那、膚施一帶，並繼續入侵燕國、代國。當時，漢軍正與項羽爭天下，中原無力對外用兵，因此冒頓遂趁機壯大起來，能拉弓射箭的戰士有三十多萬。

3 自淳維至頭曼中間一千多年，匈奴時而強大時而弱小，處於比較分散的狀態，由於時代太久遠了，他們的世系沒辦法排列。但是到冒頓時代，匈奴強大到了頂點，北方所有的夷狄都被他征服，向南則與漢朝分庭抗禮。從此以後，匈奴單于的世系、國號、官制等等就比較清楚，可以載入史冊了。

4 匈奴國設有左右賢王、左右谷蠡王、左右大將、左右大都尉、左右大當戶、左右骨都侯。匈奴稱「賢」為「屠耆」，所以常以太子為左屠耆王。從左右賢王以下至當戶，大者率兵萬騎，小者率兵幾千，共有二十四長，不論實際有兵多少，都號稱「萬騎」。大臣們都是世襲其官，有呼衍氏、蘭氏，後來又有須卜氏，這三姓是貴族。凡是稱「左」的諸王都住在東方，對著漢朝的上谷郡及其以東地區，東與穢貉、朝鮮接壤。凡是稱「右」的諸王都住在西方，對著漢朝的上郡及其以西地區，西與月氏、氐、羌接壤。而單于的大本營正對著漢朝的代郡與雲中郡。這些大大小小的諸王都各有自己的領地，他們隨著水草遷徙。其中左右賢王、左右谷蠡王的封地最大，而左右骨都侯輔助單于處理政事。其二十四長可以自行設置千長、百長、什長、裨小王、相封、都尉、當戶、且渠等官。

5　每年的正月，各部首領在單于大本營舉行小會，進行祭祀。五月在蘢城舉行大會，祭祀祖先、天地、鬼神。秋天馬肥的時候，在蹛林舉行大會，考核人畜情況及統計人畜數量。匈奴的法律是：為了私鬥而拔刃出鞘一尺者，當處死；偷人東西的將其家產全部沒收、家口發配為奴。犯小罪的軋杠子，犯大罪的處死。監獄關押犯人最多不過十天，一個國家的囚犯，一共也不過幾個人。單于早晨走出氈帳，要對著初升的太陽朝拜，晚上要拜月亮。匈奴人座席的法則是：長者在左，面向北坐。把「戊」、「己」兩日視為良辰。他們的喪葬習俗是：有棺槨，給死者佩戴金銀飾物及穿著衣裘，但不起墳立碑，親屬也不穿喪服。王侯貴族死了以近臣寵妾殉葬，多者到幾十人乃至上百人。舉兵出戰前要觀測星星月亮，月圓就進攻，月虧就退兵。在作戰中，凡是斬敵之首或捉獲俘虜者，賞賜一杯酒，凡是掠獲財物歸其所有，俘虜到敵人就充當奴隸。所以在戰鬥中，人人都想為自己奪得更多的東西。作戰時善於誘敵深入與包圍敵人。他們見到有利可圖時就一擁而上，如鳥為食而翔集；一旦失敗就奔走逃竄，如同瓦解雲散。在戰爭中誰能將戰死者的屍體帶回，就將死者的全部家產給了他。

6　冒頓後來還向北降服了渾庾、屈射、丁零、鬲昆、薪犁等國，所以匈奴的達官貴人都對冒頓很服氣，認為冒頓本事大、能力好。

1　是時，漢初定中國❶，徙韓王信於代，都馬邑❷。匈奴大攻圍馬邑，韓王信降匈奴❸。匈奴得信，因引兵南踰句注❹，攻太原❺，至晉陽下。高帝自將兵往擊之❻，會冬，大寒，雨雪，卒之墮指者十二三❼。於是冒頓詳敗走，誘漢兵❽。漢兵逐擊冒頓，冒頓匿其精兵，見其羸弱⑨。於是漢悉兵，多步兵，三十二萬，北逐之。高帝先至平城⑩，步兵未盡到，冒頓縱精兵四十萬騎圍高帝於白登⑪，七日，漢兵中外不得相救餉⑫。匈奴騎，其西方盡白馬，東方盡青駹馬⑬，北方盡烏驪馬⑭，南方盡騂馬⑮。高帝乃使使間厚遺閼氏⑯，閼氏乃謂冒頓曰：「兩主不相困。今得漢地，而單于終非能居之也。且漢王亦有神⑰，單于察之。」冒頓與韓王信之將王黃、趙利⑱期⑲，而黃、利兵又不來，疑其與漢有謀，亦取閼氏之言，乃解圍之一角。於是高帝令士皆持滿傅矢外鄉⑳，從解角直出㉑，竟與大軍合，而冒頓遂引兵而去。漢亦引兵而罷，使劉敬㉒結和親之約。

2 是後韓王信為匈奴將，及趙利、王黃等數倍約㉓，侵盜代、雲中。居無幾何，陳豨反㉔，又與韓信合謀擊代。漢使樊噲往擊之㉕，復拔代、鴈門、雲中郡縣，不出塞㉖。是時，匈奴以漢將眾往降㉗，故冒頓常往來侵盜代地。於是漢患之，高帝乃使劉敬奉宗室女公主㉘為單于閼氏，歲奉匈奴絮繒㉙、酒米、食物各有數，約為昆弟㉚以和親，冒頓乃少止㉛。後燕王盧綰反㉜，率其黨數千人降匈奴，往來苦上谷㉝以東。

3 高祖崩㉞，孝惠、呂太后時㉟，漢初定，故匈奴以驕。冒頓乃為書遺高后，妄言[36]。高后欲擊之[37]，諸將[38]曰：「以高帝賢武，然尚困於平城。」於是高后乃止，復與匈奴和親。

4 至孝文帝[39]初立，復修和親之事。其三年[40]，五月，匈奴右賢王入居河南地，侵盜上郡葆塞蠻夷[41]，殺略[42]人民。於是孝文帝詔丞相灌嬰[43]發車騎八萬五千，詣高奴[44]，擊右賢王。右賢王走出塞。文帝幸太原[45]。是時濟北王反[46]，文帝歸，罷丞相擊胡之兵[47]。

5 其明年[48]，單于遺漢書曰：「天所立匈奴大單于[49]敬問皇帝無恙。前時皇帝言和親事[50]，稱書意，合歡[51]。漢邊吏侵侮右賢王[52]，右賢王不請[53]，聽後義盧侯難氏[54]等計，與漢吏相距，絕二主之約，離兄弟之親。皇帝讓書[55]再至[56]，發使以書報，不來，漢使不至[57]，漢以其故不和[58]，鄰國不附[59]。今以小吏[60]之敗約故，罰右賢王，使之西求月氏擊之。以天之福，吏卒良，馬彊力，以夷滅月氏[61]，盡斬殺降下之[62]。定樓蘭[63]、烏孫[64]、呼揭[65]及其旁二十六國，皆以為匈奴[66]。諸引弓之民，并為一家。北州已定，願寢兵[67]、休士卒、養馬，除前事[68]，復故約[69]，以安邊民，以應始古[70]，使少者得成其長，老者安其處，世世平樂[71]。未得皇帝之志[72]也，故使郎中[73]係雩淺[74]奉書請，獻橐他[75]一匹、騎馬二匹[76]、駕二駟[77]。皇帝即不欲匈奴近塞[78]，則且詔吏民遠舍[79]。使者至，即遣之[80]。」以六月中來至薪望[81]之地。書至，漢議擊與和親孰便。公卿皆曰：「單于新破月氏，乘勝，不可擊。且得匈奴地，澤鹵[82]，非可居也。和親甚便。」漢許之。

6 孝文皇帝前六年[83]，漢遺匈奴書曰：「皇帝敬問匈奴大單于無恙。使郎中係雩淺遺朕書曰：『右賢王不請，聽後義盧侯難氏等計，絕二主之約，離兄弟之親，漢以故不和，鄰國不附。今以小吏敗約，故罰右賢王使西擊月氏，盡定之。願寢兵、休士卒、養馬，除前事，復故約，以安邊民，使少者得成其長，老者安其處，世世平樂。』朕甚嘉之，此古聖主之意也。漢與匈奴約為兄弟，所以遺單于甚厚。倍約離兄弟之親者，常在匈奴。然右賢王事已在赦前[84]，單于勿深誅[85]。單于若稱書意[86]，明告諸吏，使無負約，有信[87]，敬如單于書[88]。使者言單于自將伐國有功，甚苦兵事。服繡袷綺衣[89]、繡袷長襦[90]、錦袷袍[91]各一，比余[92]一，黃金飾具帶[93]一，黃金胥紕[94]一，繡十匹，錦三十匹，赤綈[95]、綠繒[96]各四十匹，使中大夫意[97]、謁者令肩[98]遺單于。」

7 後頃之，冒頓死[99]，子稽粥立[100]，號曰老上單于。

8 老上稽粥單于初立，孝文皇帝復遣宗室女公主為單于閼氏，使宦者燕人中行說[101]傅公主[102]。說不欲行，漢彊使之。說曰：「必我行也，為漢患者[103]。」中行說既至，因降單于，單于甚親幸之。

9 初，匈奴好漢繒絮食物，中行說曰：「匈奴人眾不能當漢之一郡，然所以彊者，以衣食異，無仰於漢也。今單于變俗[104]，好漢物，漢物不過什二[105]，則匈奴盡歸於漢[106]矣。」其得漢繒絮，以馳草棘中，衣袴皆裂敝，以示不如旃裘之完善也；得漢食物皆去之，以示不如湩酪[107]之便美也。於是說教單于左右疏記[108]，以計課[109]其人眾畜物。

10 漢遺單于書，牘以尺一寸[110]，辭曰「皇帝敬問匈奴大單于無恙」，所遺物及言語云云[111]。中行說令單于遺漢書以尺二寸牘，及印封皆令廣大長[112]。倨傲其辭曰「天地所生日月所置匈奴大單于敬問漢皇帝無恙」，所以遺物言語亦云云[113]。

11 漢使或言曰：「匈奴俗賤老。」中行說窮[114]漢使曰：「而漢俗，屯戍從軍當發[115]者，其老親豈有不自脫溫厚肥美以齎送飲食行戍[116]乎？」漢使曰：「然。」中行說曰：「匈奴明以戰攻為事，其老弱不能鬭，故以其肥美飲食壯健者，蓋以自為守衛，如此父子各得久相保，何以言匈奴輕老也？」漢使曰：「匈奴父子乃同穹廬[117]而臥。父死，妻其後母；兄弟死，盡取其妻妻之。無冠帶之飾、闕庭之禮[118]。」中行說曰：「匈奴之俗，人食畜肉，飲其汁，衣其皮；畜食草飲水，隨時轉移。故其急則人習騎射，寬則人樂無事，其約束輕，易行也。君臣簡易[119]，一國之政猶一身也[120]。父子兄弟死，取其妻妻之，惡種姓之失[121]也。故匈奴雖亂，必立宗種[122]。今中國[123]雖詳不取其父兄之妻，親屬益疏則相殺，至乃易姓[124]，皆從此類[125]。且禮義之敝，上下交怨望。而室屋之極[126]，生力必屈[127]。夫力耕桑以求衣食，築城郭以自備，故其民急則不習戰功，緩則罷於作業[128]。嗟，土室之人[129]，顧無多辭[130]，令喋喋而佔佔[131]，冠固何當[132]？」

12 自是之後，漢使欲辯論者，中行說輒曰：「漢使無多言，顧漢所輸匈奴繒絮、米糱[133]，令其量中[134]，必善美而已矣，何以為言乎[135]？且所給備善則已；不備[136]，苦惡[137]，則候秋孰[138]，以騎馳蹂而稼穡[139]耳。」日夜教單于候利害處[140]。

13 漢孝文皇帝十四年[141]，匈奴單于十四萬騎入朝那[142]、蕭關[143]，殺北地都尉卬[144]，虜人民畜產甚多，遂至彭陽[145]。使奇兵入燒回中宮[146]，候騎[147]至雍[148]、甘泉[149]。於是文帝以中尉[150]周舍、郎中令張武[151]為將軍，發車千乘、騎十萬，軍長安旁以備胡寇。而拜昌侯盧卿[152]為上郡將軍[153]，甯侯魏遬[154]為北地將軍，隆慮侯周竈[155]為隴西將軍，東陽侯張相如為大將軍[156]，成侯董赤為前將軍[157]，大發車騎往擊胡[158]。單于留塞內月餘乃去，漢逐出塞即還，不能有所殺。匈奴日已[159]驕，歲入邊，殺略人民畜產甚多，雲中、遼東[160]最甚，至代郡萬餘人[161]。漢患之，乃使使遺匈奴書。單于亦使當戶報謝，復言和親事。

14 孝文帝後二年[162]，使使遺匈奴書曰：「皇帝敬問匈奴大單于無恙。使當戶且居雕渠難[163]、郎中韓遼[164]遺朕馬二匹，已至，敬受。先帝制[165]：長城以北[166]，引弓之國，受命單于；長城以內，冠帶之室，朕亦制之。使萬民耕織射獵衣食，父子無離，臣主相安，俱無暴逆。今聞渫惡民[167]貪降[168]其進取之利，倍義絕約，忘萬民之命，離兩主之驩[169]，然其事已在前矣。書曰[170]：『二國已和親，兩主驩說，寢兵、休卒、養馬，世世昌樂，闟然[171]更始[172]。』朕甚嘉之。聖人者日新[173]，改作更始，使老者得息，幼者得長，各保其首領而終其天年。朕與單于俱由此道，順天恤民，世世相傳，施之無窮，天下莫不咸便。漢與匈奴鄰國之敵[174]，匈奴處北地，寒，殺氣[175]早降，故詔吏遺單于秫糵[176]、金帛、絲絮、佗物歲有數[177]。今天下大安，萬民熙熙[178]，朕與單于為之父母。朕追念前事，薄物細故，謀臣計失[179]，皆不足以離兄弟之驩。朕聞天不頗覆，地不偏載[180]。朕與單于皆捐往細故[181]，俱蹈大道[182]，墮壞前惡[183]，以圖長久，使兩國之民若一家子[184]。元元[185]萬民，下及魚鼈，上及飛鳥，跂行喙息[186]，蠕動[187]之類，莫不就安利而辟危殆[188]。故來者不止[189]，天之道也。俱去前事：朕釋逃虜民[190]，單于無言章尼等[191]。朕聞古之帝王，約分明[192]而無食言[193]。單于留志[194]，天下大安，和親之後，漢過不先[195]。單于其察之。」

15 單于既約和親，於是制詔御史[196]曰：「匈奴大單于遺朕書，言和親已定，亡人[197]不足以益眾廣地，匈奴無入塞，漢無出塞，犯今約[198]者殺之，可以久親，後無咎，俱便[199]。朕已許之。其布告天下，使明知之[200]。」

16 後四歲[201]，老上稽粥單于死[202]，子軍臣立為單于。既立，孝文皇帝復與匈奴和親。而中行說復事之[203]。

17 軍臣單于立四歲[204]，匈奴復絕和親，大入上郡、雲中各三萬騎，所殺略甚眾而去[205]。於是漢使三將軍軍屯北地[206]，代屯句注[207]，趙屯飛狐口[208]，緣邊亦各堅守以備胡寇。又置三將軍，軍長安西細柳[209]、渭北棘門[210]、霸上[211]以備胡。胡騎入代句注邊，烽火通於甘泉、長安[212]。數月，漢兵至邊，匈奴亦去遠塞，漢兵亦罷。後歲餘，孝文帝崩[213]，孝景帝[214]立，而趙王遂乃陰使人於匈奴[215]。吳、楚反[216]，欲與趙合謀入邊。漢圍破趙[217]，匈奴亦止。自是之後，孝景帝復與匈奴和親[218]，通關市[219]，給遺匈奴，遣公主[220]，如故約。終孝景時[221]，時小入盜邊，無大寇[222]。

【章　旨】以上為第三段，寫西漢初期漢、匈時戰時和的狀況。

【注　釋】❶漢初定中國　劉邦於西元前二〇六年入關滅秦為漢王，西元前二〇二年滅項羽稱皇帝。❷徙韓王信於代二句　事在高祖六年（西元前二〇一年）。韓王信，戰國時韓國貴族的後代，劉邦的開國功臣，高祖五年（西元前二〇二年）封之為韓王，都陽翟（今河南禹縣）。後來劉邦想將其北移至今山西太原一帶，都晉陽（今太原市西南）；而韓王信則自請更向北移，都於馬邑（今山西朔縣）。過程詳見〈韓信盧綰列傳〉。韓王信原名與淮陰侯韓信的名字相同，後人為了不使二人相混，故稱此為「韓王信」。韓王信被封為「韓王」，不論其都陽翟、都晉陽，還是後來的都馬邑，一直是稱「韓王」；至於之所以稱「徙韓王信於代」者，乃馬邑原屬代郡故也。❸匈奴大攻圍馬邑二句　事在高祖六年，冒頓九年（西元前二〇一年）。韓王信移都馬邑後，屢受匈奴攻擊，信向匈奴求和，劉邦譴責韓王信，韓王信遂降匈奴。❹句注　山名，在今山西代縣北。❺太原　漢郡名，郡治晉陽（今山西太原西南）。❻高帝自將兵往擊之　事在高帝七年，冒頓十年（西元前二〇〇年）之十月（當時以十月為歲首）。❼十二三　十分之二三。❽詳敗走二句　蓋即前文之所謂「善為誘兵以冒敵」也。詳，通「佯」。假裝。❾見其羸弱　見，通「現」。羸，瘦；病弱。❿平城　漢縣名，縣治在今山西大同東北。⓫白登　古地名，在當時的平城縣城之東北。⓬中外不得相救餉　指包圍圈外的人沒法救援包圍圈內的人，為之供應飲食。⓭青駹馬　頭白身黑的馬。⓮烏驪馬　黑馬。⓯騂馬　紅馬。瀧川引中井曰：「馬四方各色，以見其軍之整而畜之饒耳。」⓰間厚遺閼氏　間，暗中；私下。遺，致；給。指致書、致財物。按：據〈陳丞相世家〉云：「高帝用陳平奇計，使單于閼氏，圍以得開。高帝既出，其計祕，世莫得聞。」《集解》引桓譚《新論》曾細推其計之所為，詳見彼篇注釋。⓱亦有神　謂亦有神靈保佑，如〈高祖本紀〉所述諸怪異是也。⓲王黃趙利　王黃原是匈奴人，趙利是戰國時趙國王室的後代，現皆為韓王信部下。⓳期　約定。約定合擊劉邦。⓴持滿傅矢外鄉　拉滿弓，搭上箭，向著敵人。傅，意思同「附」，此處指搭箭。鄉，通「向」。㉑從解角直出　從匈奴放開的那個缺口徑直撤出。以上劉邦被困平城，以及用陳平計厚遺閼氏得出重圍事，參見〈陳丞相世家〉、〈韓信盧綰列傳〉。㉒劉敬　原名「婁敬」，因勸劉邦定都關中，被賜姓劉。平城之圍前，劉敬曾出使匈奴，懷疑匈奴有陰謀，反對與匈奴開戰。劉邦敗於平城後，劉敬遂成為和親政策的倡導者與和親使者，詳見〈劉敬叔孫通列傳〉。㉓數倍約　屢屢背叛和親之約。倍，通「背」。㉔陳豨反　事在高祖十年（西元前一九七年）。陳豨是劉邦的開國功臣，高祖七年劉邦討伐韓王信，兵敗於平城後，乃封陳豨為列侯，任以為代國（時劉邦之兄劉喜為代王）之相，兼領代、趙兩國的邊兵。至高祖十年，劉邦受趙相周昌的挑動懷疑陳豨，陳豨遂於九月自稱代王（原代王劉喜已逃回洛陽），與王黃等聯合反漢。㉕漢使樊噲往擊之　樊噲，劉邦的開國元勳，以軍功封舞陽侯。事跡詳見〈樊酈滕灌列傳〉。據〈高祖本紀〉與〈韓信盧綰列傳〉，陳豨叛漢後，劉邦於其十一年（西元前一九六年）親自率軍往討，擊殺王黃等，陳豨遂敗。至十二年（西元前一九五年）初，樊噲追斬陳豨於靈丘（在今山西省東北部）。㉖不出塞　意即漢軍只在自己的境內討擊叛者，而未越境入匈奴界也。㉗漢將眾往降　按：此處「將」字應重出，作「漢將將眾往降」，其義乃明。《漢書》於此作「漢將數率眾往降」，可以為證。當時往降匈奴者前後有韓王信、陳豨、盧綰及其部將多人。㉘奉宗室女公主　選劉氏女封之為公主，假說為劉邦女也。按：前者派劉敬結和親之約，至此始真正派劉氏女出嫁匈奴。按：《漢書》改「公主」曰「翁主」，有人遂直注為此次乃派諸侯之女出嫁，與事實不合。㉙絮繒　絲綿與錦帛等。㉚昆弟　兄弟。㉛少止　稍稍停止。㉜燕王盧綰反　事在高祖十二年。見〈韓信盧綰列傳〉。盧綰是劉邦自幼的伙伴與親信，高祖五年燕王臧荼反劉邦被滅後，盧綰被封為燕王，都薊（今北京市）。高祖十二年，陳豨叛漢敗死後，劉邦聽說盧綰曾與陳豨有往來，於是派人調查，盧綰因恐懼逃入匈奴。事情詳見〈韓信盧綰列傳〉。㉝上谷　漢郡名，郡治沮陽（今河北懷來東南）。㉞高祖崩　事在高祖十二年。㉟孝惠呂太后時　孝惠，孝惠帝，名盈，劉邦之子，呂后所生，西元前一九四—前一八八年在位。呂太后，名雉，劉邦之妻，惠帝之母。惠帝死後，呂后遂臨朝執政，時間為西元前一八七—前一八〇年。㊱冒頓乃為書遺高后二句　按：《漢書・匈奴傳》載單于遺呂后書曰：「孤僨之君，生於沮澤之中，長於平野牛馬之城，數至邊境，願遊中國。陛下獨立，孤僨獨居，兩主不樂，無以自虞，願以所有，易其所無。」㊲高后欲擊之　〈季布欒布列傳〉曰：「孝惠時，單于嘗為書嫚呂后，不遜。呂后大怒，召諸將議之。上將軍樊噲曰：『臣願得十萬眾，橫行匈奴中。』」㊳諸將　按：當時明確反對用兵的是中郎將季布，他引劉邦被困平城事以叱責樊噲大言，又說：「秦以事於胡，陳勝等起。于今創痍未瘳，噲又面諛，欲搖動天下。」事見〈季布欒布列傳〉，亦見於《漢書・匈奴傳》。㊴孝文帝　名恆，劉邦之子，薄后所生，開始封為代王，周勃、陳平等誅滅呂氏家族後，迎立為皇帝，西元前一七九—前一五七年在位。㊵三年　相當於冒頓三十三年（西元前一七七年）。㊶上郡葆塞蠻夷　居住在上郡北部邊境的歸附了漢帝國的匈奴人。葆，通「保」。保塞，依附於漢帝國的邊塞。㊷殺略　殘殺掠奪。略，意思同「掠」。㊸丞相灌嬰　劉邦的開國功臣，以軍功封潁陰侯，又因在平定諸呂之亂中有功，官居太尉。文帝三年，周勃免相就國，灌嬰代之為丞相。事跡見〈樊酈滕灌列傳〉。㊹高奴　漢縣名，縣治在今陝西延安東北，當時屬上郡。㊺文帝幸太原　幸，尊稱帝王光臨。太原，諸侯國名，文帝二年（西元前一七八年）封其子劉參為太原王，國都晉陽（今太原市西南）。按：文帝之幸太原，乃先到甘泉，再至高奴，轉路至太原也。一為到前方督戰，二為到晉陽見其故臣與其子，因文帝當年為代王時之都城即在晉陽。(46)濟北王反　事在文帝三年六月。濟北王，劉興居，高祖庶子劉肥之子，文帝之姪。劉興居與其長兄齊王劉襄、次兄劉章，都在平定諸呂之亂中有大功，劉章與劉興居之意是立其兄劉襄為帝，結果周勃、陳平等立了代王劉恆；劉襄兄弟不僅未達目的，而且沒有得到應有的升賞，劉章憤鬱而死，劉興居遂興兵造反。詳見〈齊悼惠王世家〉與〈呂太后本紀〉、〈孝文本紀〉。(47)罷丞相擊胡之兵　目的是為了調回軍隊解決內部問題。(48)其明年　文帝四年，冒頓三十四年（西元前一七六年）。據後文文帝之回書在文帝六年（西元前一七四年），則此冒頓之來書似不應在三年前，故《通鑑》亦繫之於文帝六年。然《史記》、《漢書》均繫之於文帝三年，不知何故。《通鑑》的處置似較合理。(49)天所立匈奴大單于　《漢書》曰：「其國稱之曰『撐犁孤塗單于』。匈奴謂天為『撐犁』，謂子為『孤塗』。單于者，廣大之貌也。」語言不同，意思都是把自己說成為「天之子」，中外統治者皆然。(50)前時皇帝言和親事　劉邦、呂后皆行和親，文帝即位後，亦行和親。(51)稱書意二句　師古曰：「稱，副也。言與所遺書意相副，而共結驩親。」合歡，雙方都高興。(52)漢邊吏侵侮右賢王　邊境糾紛，歷來都是強詞奪理，推過於對方，古今皆然。(53)不請　未向單于請示。(54)後義盧侯難氏　瀧川曰：「楓、三本『後義』作『俊儀』。」難氏，《索隱》曰：「匈奴將名也。」按：「後義盧侯」應是匈奴官名，「難氏」應是人名。(55)皇帝讓書　文帝譴責匈奴的書信。(56)再至　兩次到來。(57)發使以書報三句　師古曰：「謂匈奴再得漢書，而發使將書報漢，漢留其使，不得來還，而漢又更不發使至匈奴也。」(58)漢以其故不和　指文帝派灌嬰將兵擊右賢王。(59)鄰國不附　匈奴以外的其他邊方部族亦不附於漢。此冒頓威脅文帝語。(60)小吏　指後義盧侯難氏。(61)以夷滅月氏　此文帝三年事也。以，同「已」。時月氏人被右賢王西逐至今新疆伊犁一帶。(62)盡斬殺降下之　四個動詞並列共統一個賓語。(63)樓蘭　西域小國名，國都在今新疆羅布泊西北岸。(64)烏孫　西域小國名，國都赤谷城，在今新疆西部境外的吉爾吉斯斯坦境內。(65)呼揭　西北地區的民族名，當時活動在今新疆北部與其鄰近的俄羅斯境內。(66)皆以為匈奴　《索隱》曰：「謂皆入匈奴一國。」《史記評林》引羅洪先曰：「匈奴述西伐之威，是欲以畏漢，若曰『北州悉下，惟容漢耳』。」(67)寢兵　放倒武器不用。(68)前事　指以前的矛盾、對立。(69)復故約　重行和親之約。(70)以應始古　像傳說中的遠古盛世那樣。(71)世世平樂　永遠地和平安樂。(72)未得皇帝之志　不知漢朝皇帝的意向如何。(73)郎中　官名，帝王身邊的侍從人員。(74)係雩淺　匈奴郎中之名。(75)橐他　同「橐駝」。即駱駝。(76)騎馬二匹　供騎士使用的馬兩匹。(77)駕二駟　供拉車用的馬八匹。師古曰：「駕，可駕車也。」(78)即不欲匈奴近塞　即，倘若。近塞，靠近漢朝邊境。(79)遠舍　意即離開邊境遠點。(80)使者至二句　匈奴使者到達漢朝後，漢朝應立即打發他們回來，不要扣留。(81)薪望　邊境上的地名。《集解》引《漢書音義》曰：「塞下地名。」(82)澤鹵　鹽鹼地。澤，此處意思同「舄」。

(83)前六年　文帝前元六年，冒頓單于三十六年（西元前一七四年）。因文帝後來有「改元」，故改元前的年號加「前」以區別之。其實「前」字不加亦可，因為改元後的「中元」、「後元」等必已標清故也。(84)赦前　新近發布的大赦令之前。按：文帝三年濟北王謀反後，文帝為孤立謀反者曾下過地區性的赦令。(85)勿深誅　不必過於嚴厲的懲罰。誅，罰。按：文帝先提出「倍約離兄弟之親者，常在匈奴」，此駁斥來信中所謂「漢邊吏侵侮右賢王」語；接著說「右賢王事已在赦前，單于勿深誅」，為雙方留地步，辭令絕妙。(86)若稱書意　如果心裡真如信上寫的那樣想。稱，合；一致。(87)有信　要讓他們謹守信義。(88)敬如單于書　我們也會好好地按你信上寫得那樣辦。(89)服繡袷綺衣　服，師古曰：「天子所服也。」帝王以為自己製作的衣服賜人，以示敬重。繡袷綺衣，師古曰：「以繡為表，綺為裡也。」繡，繡花的絲織品。袷，意思同「夾」，即今所謂「夾衣」。綺，織有圖案的絲織物。(90)繡袷長襦　繡花的絲製長袍。(91)錦袷袍　錦製夾長袍。錦，繡花的絲織物。(92)比余　《漢書》作「比疏」，即今之「梳子」。比，同「篦」。(93)飾具帶　沈欽韓以為「具帶」應作「貝帶」，用貝作飾的大帶。(94)胥紕　也作「師比」、「犀毗」。即帶鉤。(95)赤綈　紅色的絲織品。(96)綠繒　綠色的絲織物。(97)中大夫意　中大夫名意，史失其姓。中大夫，帝王身邊的侍從官員，掌議論，屬郎中令。(98)謁者令肩　謁者令名肩，史失其姓。謁者令，帝王身邊的侍從人員，掌贊禮與稟報、傳達之事，秩六百石，上屬郎中令。(99)冒頓死　事在冒頓三十六年，亦即文帝六年（西元前一七四年）。(100)稽粥立　稽粥繼位後，稱老上單于，西元前一七四—前一六二年在位。(101)中行說　姓中行，名說。(102)傅公主　為公主的師傅官，以照顧公主的生活。(103)必我行也二句　意謂如果你們一定要逼著我去，那我就將成為漢朝的禍患。(104)變俗　改變匈奴固有的習俗。(105)什二　十分之二。(106)匈奴盡歸於漢　《集解》曰：「漢物十中之二入匈奴，匈奴則動心歸漢矣。」按：「歸」字在這裡應理解為被漢所同化。按：當時賈誼給文帝上書，講對待匈奴應實行「五餌」之法，即以「車服以壞其目，飲食以壞其口，音聲以壞其耳，宮室以壞其腹，榮寵以壞其心」。意思也是「同化」、「柔化」。中行說蓋早已看到這種「同化」對削弱匈奴的危險。(107)湩酪　動物的奶製品。湩，乳汁。(108)疏記　以文字記事。(109)計課　計算；統計。(110)牘以尺一寸　用一尺一寸長的木版書寫。按：漢代一尺相當於今〇．八二九五市尺。(111)所遺物及言語云云　意謂在一尺一寸長的板子上開頭寫「皇帝敬問匈奴大單于無恙」，後面即寫贈送什麼東西，說什麼話等等。(112)及印封皆令廣大長　意即寫信時不僅用的板子塊大，其所使用的封泥、印章等都比漢朝皇帝所使用的大。按：秦漢時期的印章不是加蓋在文件上，而是蓋在裝盒或者打包之後的封泥上。(113)所以遺物言語亦云云　也是開頭先寫「敬問漢皇帝無恙」，而後寫著贈什麼東西，說什麼事情等等。(114)窮　困窘。此處用為動詞，謂使其無法回答。(115)發　指起行、開拔。(116)飲食行戍　讓就要出發到前方去的孩子吃喝。行戍，行戍者。下句「飲食」二字與此用法相同。[117]穹廬　氈帳。[118]闕庭之禮　指朝廷上所施行的整套禮節。闕庭，意即「朝廷」。闕，古代宮殿正門兩邊所立的高臺，今故宮午門兩側有「五鳳樓」，即其遺制也。[119]君臣簡易　君臣之間的禮節簡便易行。[120]一國之政猶一身也　按：〈秦本紀〉由余即有所謂「一國之政猶一身之治」，蓋與此相同。[121]惡種姓之失　不想讓自己的血統流散到別家去。種姓，即今所謂血統。[122]宗種　猶言宗族、家族。[123]中國　此稱中原地區。[124]至乃易姓　指改朝換代，政權被異姓所奪。[125]皆從此類　都是由上述原因造成的。按：〈秦本紀〉由余說中國「上下交爭怨而相篡弒，至於滅宗，皆以此類」，二者亦語同。[126]室屋之極　大興土木的極點。[127]生力必屈　黎民百姓的氣力必然被消耗淨盡。屈，盡；竭。〈秦本紀〉，秦穆公向由余誇示宮室、積聚，由余曰：「使鬼為之，則勞神矣；使人為之，亦苦民矣。」與此中行說之說法相同。[128]急則不習戰功二句　急，指發生戰爭。戰功，應作「戰攻」，《漢書》作「戰攻」。緩，指和平時期。罷，通「疲」。作業，即指蓋房子、種地等各種事務。[129]土室之人　猶言「住房子的人」，指漢族人。[130]顧無多辭　沒必要再多費口舌。顧，通「固」。[131]喋喋而佔佔　伶牙俐齒，說個不休的樣子。師古曰：「佔佔，衣裳貌。」郭嵩燾曰：「喋喋、佔佔，皆誚漢使之多言。顏注『衣裳貌』，甚誤。」楊樹達曰：「《莊子・齊物論》：『小言詹詹。』《說文》：『詹，多言也。』『占』、『詹』聲近。」按：後二說較好。[132]冠固何當　你們所說的「冠帶」究竟有什麼用處。或解作你們這些戴帽的人究竟能幹什麼。[133]繒絮米糵　漢朝給匈奴進貢的物品。陳直曰：「糵謂麴糵，釀酒之用。」[134]中　足；分量夠數。按：漢代有「中二千石」，「中」字即此意。[135]何以為言乎　《漢書》作「何以言為乎」，意即「還費這些口舌做什麼」，較此為好。按：中行說為虎作倀，肆虐甚烈，故賈誼〈治安策〉中有所謂「伏中行說以笞其背」。[136]不備　指品種數量不夠。[137]苦惡　指質量不好。苦，粗也。[138]秋孰　秋天的莊稼成熟。孰，同「熟」。[139]以騎馳蹂而稼穡　馳蹂，踐踏。而，你；你們的。[140]候利害處　偵察何處利於入侵。候，偵察；刺探。[141]孝文皇帝十四年　即老上單于八年（西元前一六六年）。[142]朝那　漢縣名，縣治在今寧夏固原東南。[143]蕭關　在今寧夏固原東南，當時朝那縣的西北。[144]北地都尉卬　北地郡（郡治馬領，今甘肅慶陽西北）的都尉，名卬。《集解》曰：「姓孫，其子單封為瓶侯。」[145]彭陽　漢縣名，縣治在今甘肅鎮原東南。[146]回中宮　秦漢時期的離宮名，在今陝西隴縣西北。[147]候騎　騎兵偵探。[148]雍　漢縣名，縣治在今陝西鳳翔城南。[149]甘泉　秦漢時期的離宮名，在今陝西淳化西北之甘泉山上。[150]中尉　掌管首都治安的軍事長官，後改稱「執金吾」。[151]郎中令張武　郎中令，掌管宮廷門戶及統領帝王侍從的官員，「九卿」之一。按：張武乃隨文帝自代國進京的官員，原在代為郎中令；入朝後，又任朝廷之郎中令。[152]昌侯盧卿　劉邦的開國功臣，曾為韓信的部將，以軍功封昌侯。昌，漢縣名，上屬琅邪郡（郡治即今山東諸城）。按：《漢書》「昌侯」作「昌圉侯」，「盧卿」作「旅卿」。[153]上郡將軍以駐紮之地稱之。下文「北地將軍」、「隴西將軍」同。154甯侯魏遬　劉邦的開國功臣，以軍功封甯遠侯。155隆慮侯周竈　劉邦的開國功臣，封地為隆慮縣（今河南林縣）。156東陽侯張相如為大將軍　張相如，劉邦的開國功臣，以「長者」見稱，又見於〈張釋之馮唐列傳〉、〈萬石張叔列傳〉。大將軍，漢初時僅為榮譽稱號，非正式官名，有過此稱號者有劉澤、灌嬰、張相如等。157成侯董赤為前將軍　董赤，劉邦功臣董渫之子，繼其父爵為侯，封地在成。《正義》曰：「赤，音『赫』。」前將軍，武官名，其地位在大將軍、車騎將軍、衛將軍之下。前、後、左、右四將軍並列，在雜號將軍之上。梁玉繩曰：「〈文帝紀〉、〈名臣表〉及《漢書》皆言『董赫、欒布同為將軍』。此失書布，又『赤』當作『赫』。」158大發車騎往擊胡　《集解》引徐廣曰：「內史欒布亦為將軍。」何焯曰：「此專以備右賢王也，及置朔方，開河西四郡，則無此事矣。」159已　通「以」。160雲中遼東　皆漢郡名，雲中郡的郡治在今內蒙古呼和浩特西南，遼東郡的郡治襄平（今遼寧遼陽）。161至代郡萬餘人　瀧川曰：「《漢書》無『至代』二字。」按：據文意二字應刪。162孝文帝後二年　即老上單于十三年（西元前一六二年）。163當戶且居雕渠難　《索隱》引樂彥曰：「當戶、且居各自一官，雕渠難為此官也。」師古曰：「一人為二官。」且居，也作「且渠」、「沮渠」。164郎中韓遼　與雕渠難俱匈奴之來使。165先帝制　王先謙曰：「言高祖制詔如此。」166長城以北　按：此處「長城」應指今內蒙古黃河一線的長城，然當時匈奴占領著「河南」地，實際並未以長城為界也。167渫惡民　猶言刁民、無賴。168降　瀧川曰：「『降』字疑衍。」吳恂《漢書注商》以為「降」字應作「隆」，「隆，高也，與『貪』義相成。」169驩　此處同「歡」。170書曰　此指單于來書所云。171闟然　安定的樣子。172更始　重新開頭。173日新　每天都在進步，都有新的表現。《禮記・大學》有所謂「苟日新，日日新，又日新」，據說是商湯對臣下的告誡，故曰「聖人者日新」。174鄰國之敵　相鄰之國而又有相互匹敵的力量。敵，相當；對等。《漢書》於此作「鄰敵之國」，較此更順。175殺氣　肅殺之氣。指寒氣。176秫糱　造酒的材料。177歲有數　每年都有一定數量。178熙熙　師古曰：「和樂貌。」179薄物細故二句　指過去引起衝突的那些小事情。薄物，指抄掠對方的東西。計失，指決策出兵。180天不頗覆二句　《莊子・大宗師》有所謂「天無私覆，地無私載」，意思與此相同。意即老天爺從不偏心地特別厚待誰。頗，偏。181捐往細故　猶如今之所謂「拋棄前嫌」。不再計較過去的小矛盾。182俱蹈大道　一同走上友好和睦的康莊大道。183墮壞前惡　忘掉過去不愉快的事情。184一家子　一個家庭裡的子弟。185元元　善良的意思。通常用以指天下萬民。186跂行喙息　師古曰：「有足而行者也，以口出氣者也。」泛指一切高等動物。跂，足。187蠕動　如蚯蚓、蛇一類的低級動物。188就安利而辟危殆　就，趨；奔向。辟，同「避」。躲開。危殆，危險。最危險的莫過於戰爭。189來者不止　意即來者不拒。止，拒絕。《孟子・盡心下》：「夫子之設科也，往者不追，來者不拒。」按：「來者不止」或可解釋為「明天復明天」，新事物總是依次來臨，與前文「聖人者日新」意思相同。若此處解釋為「來者不拒」，則與下文之相互遣返相抵忤。[190]朕釋逃虜民　意謂不論是自己逃到匈奴去的，還是被匈奴俘虜去的，現在我都一律赦免，聽其自便。[191]單于無言章尼等　章尼等逃到漢方來的匈奴人，單于也不要再對他們加以責難。[192]約分明　條約訂得清清楚楚。[193]無食言　不要說話不算話。王叔岷曰：「食言，猶『偽言』。《爾雅・釋詁》：『食，偽也。』」按：即直釋為「吃」亦無不可，古有所謂「食言自肥」之語。[194]留志　猶言留心、注意。[195]漢過不先　意謂漢方絕不先行違約。[196]制詔御史　漢代皇帝下詔書的程序是，皇帝先把自己的意思下到御史府，由御史大夫組織討論，而後形成文件，轉到丞相府，丞相組織討論後，付諸實施。參見〈三王世家〉。[197]亡人　犧牲士卒。指使用戰爭手段。瀧川以為指「上文所謂『逃虜民』、『章尼等』」，恐非。[198]今約　新近訂立的條約。原作「令約」。王念孫《雜志》：「『令約』當為『今約』，謂犯今日之約也。《漢書》正作『今約』。」據改。[199]後無咎二句　日後不要相互仇視、敵對，這對雙方都有好處。[200]其布告天下二句　梁玉繩曰：「〈文紀〉載詔與此不同，何也？」[201]後四歲　應作「後一歲」(西元前一六二年)。張大可曰：「下文『既立』下，徐廣曰：『後元三年立。』這次漢和約在後二年，距『後元三年』為一歲也。」按：張說是，《漢書》於此作「歲餘」。[202]老上稽粥單于死　老上單于西元前一七四年即位，至此西元前一六二年死，在位共十三年。[203]中行說復事之　謂中行說繼續受軍臣單于寵用。按：《史》之特意言此，為突出漢朝受病之禍根也。[204]軍臣單于立四歲　即漢文帝之後元六年(西元前一五八年)。[205]殺略甚眾而去　按：其事亦見於〈孝文本紀〉。[206]漢使三將軍軍屯北地　北地，漢郡名，郡治義渠(今甘肅寧縣西北)。按：據〈孝文本紀〉，屯北地者為將軍張武，未言有三將軍。[207]代屯句注　代地的守軍駐紮在句注山(今山西代縣北)。按：據〈孝文本紀〉，屯於句注山者為故楚相蘇意。[208]趙屯飛狐口　趙地的守軍屯紮於飛狐口(今河北蔚縣南)。據〈孝文本紀〉，屯兵飛狐口的是以中大夫為車騎將軍的令勉。[209]細柳　在今咸陽市西南的渭河北岸，古長安的城西。據〈孝文本紀〉，駐兵細柳的將軍為原河內太守周亞夫。[210]棘門　在今咸陽市東北，古長安的城北。據〈孝文本紀〉，駐兵棘門的將軍是祝茲侯徐厲。[211]霸上　在今西安市東南，古長安的城東南。據〈孝文本紀〉，駐兵霸上的將軍是宗正劉禮。[212]烽火通於甘泉長安　謂烽火由邊方燃起，一直傳到皇帝所在的甘泉宮，或是長安城。甘泉宮在長安西北一百多公里的甘泉山上，是漢代皇帝經常去的地方。[213]後歲餘二句　事在文帝後元七年(西元前一五七年)。孝文帝自西元前一七九年即位，至此西元前一五七年卒，在位共二十三年。[214]孝景帝　名啟，文帝之子，竇皇后所生。景帝元年為西元前一五六年。[215]趙王遂乃陰使人於匈奴　其事約在景帝二年(西元前一五五年)。趙王遂，劉邦之子趙幽王劉友的兒子。劉友為趙王，被呂后所殺。大臣誅滅呂氏，文帝即位後，立劉友之子劉遂繼續為趙王。

景帝即位後，用鼂錯建議，侵削各諸侯王的領地，劉遂的趙國被削去了常山郡，於是劉遂勾結匈奴，圖謀反漢。216吳楚反　即以吳王劉濞、楚王劉戊為首的吳楚七國之亂，趙國也是參加者之一，景帝三年（西元前一五四年）正月開始，三月被削平。詳情見〈吳王濞列傳〉、〈絳侯周勃世家〉等篇。217漢圍破趙　劉遂因參加七國叛亂，其都城邯鄲被漢將酈寄、欒布所圍，劉遂自殺。事見〈楚元王世家〉。218孝景帝復與匈奴和親　據〈孝景本紀〉，景帝元年有「匈奴入代，與約和親」事；據《漢書》則元年、二年、五年（西元前一五三年），皆有與匈奴和親事。219通關市　指進行邊境貿易。220遣公主　據《漢書・景帝紀》，景帝五年有「遣公主嫁匈奴單于」事。221終孝景時　景帝於西元前一五六年即位，至西元前一四一年卒，在位共十六年。222時小入盜邊二句　王先謙曰：「中二年（西元前一四八年）入燕；六年（西元前一四四年）入雁門，至武泉，入上郡；後二年（西元前一四二年）入雁門。」吳見思曰：「寫得中外一家，恬熙無事，以見漢武開邊之多事。」

【語　譯】 這時候，漢朝剛統一中國，把韓王信改封到了代地，建都馬邑。高祖六年，匈奴重兵包圍馬邑，韓王信投降匈奴。匈奴得到韓王信，便率兵南過句注山，攻打太原郡，直到晉陽城下。高祖率兵親征，時值冬日，天寒地凍，又遇暴風雪，士卒凍掉手指的有十分之二三。這時冒頓偽裝敗逃，引誘漢兵追擊。漢兵追擊冒頓，而冒頓將精兵埋伏在暗處，擺出一些老弱病殘讓漢人看。高祖率領全軍，其中多步兵，共三十二萬，窮追不捨。高祖率少數人先到達平城，步兵大隊尚未全部到達，這時冒頓四十萬匈奴騎兵突然冒出，將高祖等包圍在白登。一連七天，被包圍的漢軍得不到糧草供給。匈奴的騎兵，西面的都騎白馬，東面的都騎青駹馬，北面的都騎黑馬，南面的都騎紅馬。這時高祖派使者送豐厚的禮品賄賂冒頓的閼氏，閼氏就對冒頓說：「兩國君主不能相逼得太甚。現在我們即使得到漢人的土地，我們也不可能長久居住。況且漢王也是有神助的，請單于明察。」冒頓本來是與韓王信的部將王黃、趙利約定好共同攻漢的，而王黃、趙利軍遲遲未到，冒頓也懷疑他們與漢兵有密謀，於是就聽了閼氏的話，把包圍圈放開了一個缺口。於是高祖便令弓箭手張弓搭箭向外，從讓開的缺口慢慢地撤出了重圍，與外面的大軍會合了，而冒頓也率軍北去。高祖罷兵還朝後，派劉敬為使臣與匈奴締結了和親之盟。

2 這以後，韓王信成為了匈奴的將領，同趙利、王黃等人多次違背和約，入侵掠奪代郡、雲中郡。過不久，陳豨也造反了，與韓王信合謀進攻代郡。漢派樊噲率軍前往討伐，重新收復了代郡、雁門郡、雲中郡，但沒有越過邊界追擊。這時匈奴因有漢將率眾前去投降，所以冒頓經常侵盜代郡。於是高祖深感憂慮，就派劉敬陪伴宗室公主到匈奴，嫁給單于做閼氏，又每年贈送匈奴一定數量的絮繒、酒米、食物，與單于結為兄弟之國，冒頓對漢朝邊境的騷擾才略少了一點。後來燕王盧綰謀反，率其同黨數千人投降匈奴，又常常侵掠上谷郡以東地區。

3 高祖逝世後，在孝惠帝、呂后當政時，漢朝才剛建國不久，所以這時的冒頓非常驕橫，他寫信給呂后，口出狂言。呂后要興兵討伐，諸將說：「以高祖的賢明英武，尚被圍在平城。」於是呂后只好作罷，又與匈奴和親。

4 孝文帝繼位之初，還是與匈奴實行和親的政策。孝文三年，五月，匈奴右賢王遷移到了黃河以南，進而向南侵掠上郡沿邊歸順漢朝的匈奴人，屠殺掠奪當地百姓。於是，孝文帝詔令丞相灌嬰發車騎兵八萬五千人，抵達高奴，攻打右賢王，右賢王逃出塞外。文帝巡幸太原。這時，濟北王造反，因而文帝返京，也撤回了丞相所率的軍隊。

5 孝文四年，單于寫信給漢朝皇帝說：「天所立匈奴大單于敬問皇帝無恙。前時皇帝講和親一事，與信中所寫之意相同，彼此都很高興。漢邊將侵辱右賢王，右賢王不經奏報，聽了後義盧侯難氏等人的話，與漢朝邊將發生衝突，破壞兩國君主簽訂的和約，損害了兄弟之親。皇上兩次寫信責備我，我派使臣帶去回信，但使臣卻被扣留，漢朝也不派使臣解釋。因為漢不與匈奴修好，故其他部族也無心歸附漢朝。今天因為小吏破壞和約，我已經懲罰右賢王，派他西擊月氏。託上天保佑，與我將士英勇，戰馬強悍，現已消滅了月氏，月氏人死的死，降的降；接著又平定了樓蘭、烏孫、呼揭，月氏附近的二十六國都歸附了匈奴，使所有騎馬射箭的民族都合為一家。北國既已安定，遂願偃武修文，休養生息，廢除前嫌，恢復舊約，以安邊民，友好如古時的太平盛世，讓年輕人都能健康成長，讓老年人安度晚年，世世代代安居樂業。我不知道你的想法如何，所以派郎中係雩淺奉書前往，敬獻駱駝一匹、可騎的馬二匹、拉車的馬八匹。你如果不想讓我們靠近你的邊塞，那你也該下令你的士民離我們的邊塞遠點。我們的使者一到，請即刻讓他回來。」六月中旬，匈奴使者抵達薪望。奉上冒頓信函後，孝文帝令大臣議論，對匈奴是武攻有利，還是和親有利。三公九卿們都說：「單于剛打敗月氏，正處勢頭上，不能打。況且得到的匈奴土地，也都是鹽鹼地，不適於漢人居住，還是和親為上策。」於是漢朝答應了冒頓的請求。

6 孝文帝前元六年，給匈奴回信說：「皇帝敬問匈奴大單于無恙。使臣郎中係雩淺給我送來的信說：『右賢王不經奏報，聽從後義盧侯難氏等人的話，破壞兩國君主簽訂的和約，損害了兄弟之親，漢因此不與匈奴友好，其他部族無心歸附漢朝。今因小吏破壞和約，所以罰右賢王西擊月氏，把月氏滅掉。希望偃武修文，休養生息，廢除前嫌，恢復舊約，以安邊民，使年輕人健康成長，老年人安度晚年，世世代代安居樂業。』我非常贊成你的主張，這是古代聖君的治國安民之意！漢與匈奴為兄弟之國，所以一向贈給單于豐厚的禮物。破壞和約，損害兄弟之誼，多是匈奴所為。但右賢王之所為是在大赦之前，單于就不要深責了。單于若同意我信中所說，就該明白告訴匈奴人，讓他們不要做違約之事，言而有信，誠如單于信中所說。使臣說，單于親征有功，也深受征戰之苦。送上繡袷綺衣、繡袷長襦、錦袷袍等各一套，比余一件、黃金飾具帶一件，黃金胥紕一件、繡十匹、錦三十匹、赤綈及綠繒各四十匹，特遣中大夫意、謁者令肩敬贈單于。」

7 後不久，冒頓病死，其子稽粥繼位，號稱老上單于。

8 老上單于初立，孝文帝又送宗室公主為單于閼氏，派宦官燕人中行說隨行，以照料輔佐公主。中行說不願去，而朝廷強迫他去。中行說說：「你們要是強迫我去，我就會給朝廷造成災難。」結果中行說到匈奴後，就投降了單于，深得單于寵幸。

9 先前，匈奴人愛好漢朝絲綢、食物。中行說說：「匈奴人數不如漢朝的一個郡人多，然而之所以強大，就因為匈奴的衣食與漢人不同，我們不要總是仰仗漢人的這些東西。現在單于改變習俗，喜歡漢人的東西，這樣漢人用不著十分之二的物產，就可以把整個匈奴都同化了。」於是中行說便讓匈奴人穿上漢朝的絲綢衣服，馳騁在草叢樹林中，衣褲都扯得破破爛爛，想以此證明漢人的絲綢根本不如匈奴的氈衣皮裘；他讓匈奴人把漢人所送的食物全部扔掉，以表明那些東西根本不如匈奴原有的奶酪好。接著中行說就教單于及其身邊的人員記事記帳，以統計、計算匈奴的人口、牲畜、財產。

10 漢朝給匈奴單于寫信，用的簡牘長一尺一寸，裡邊寫的是「皇帝敬問匈奴大單于無恙」，以及贈給匈奴多少禮品等等；而中行說則讓單于給漢朝寫信用一尺二寸的板子，封泥、印章也更寬、更大、更長，使用的詞語傲慢不遜，說什麼「天地所生日月所置匈奴大單于敬問漢皇帝無恙」，以及匈奴贈送漢朝多少東西等等。

11 當漢朝使臣說：「匈奴輕賤老人。」中行說就故意問漢朝使臣：「漢人習俗，當參軍的兒子離家出發時，其父母是不是把溫暖厚實的衣服、香甜可口的食物讓給他的兒子呢？」漢使臣說：「是。」中行說說：「匈奴人經常要打仗，老弱病殘的人不能去打仗，所以將肥美可口的食物讓給身強力壯者食用，這樣做就是為了保衛自己。這樣做的結果，老的少的都能得到安全幸福，怎能說匈奴虐待老人呢？」當漢朝使臣說：「匈奴人父子同住一個帳篷，父親死了，兒子以後母為妻；兄弟死了，其他兄弟可以娶其妻為妻。不戴帽子、不繫腰帶，沒有君臣上下之禮。」中行說就說：「匈奴的習俗是，吃畜肉，喝乳汁，穿牲畜的皮毛。牲畜吃草飲水，人也隨時轉移。所以一旦有戰爭，便人人都要騎馬射箭；在和平時期便各自歡樂無事，約束很少，簡便易行。君臣之間也沒有繁文縟節，指揮一個國家就如同指揮自己的手腳。父子兄弟死了，活著的就娶其妻為妻，這是為了不讓血統流散。因而匈奴雖然看起來像是亂倫，但他的宗族血統是純正的。中原人表面上不娶父兄之妻，但親緣關係疏遠了便互相殘殺，甚至政權被異姓所奪，這都是講倫常的結果。況且禮義發展的末路，就是上下相互仇恨。修造府第到極點，人力就要枯竭。努力耕田植桑以解決穿衣吃飯，修築城郭以防禦敵兵入侵，以致民眾到戰時不會打仗，和平時代整天忙於蓋房子、種地。唉，你們這些愛住房子的人們，還是閉上嘴吧。口若懸河、夸夸其談，你們這些戴帽的人究竟能幹什麼呢？」

12 從這以後，漢使誰要想繼續辯論，中行說就說：「漢朝的使臣你們不必再講了。我們只要求你們送給匈奴的繒絮、米糵分量夠、品質好，這就行了，還多費唇舌作什麼？再說，送來的東西齊全完善也就罷了，如果分量不足，品質不好，那就請你們等著秋天莊稼成熟時，看我們的匈奴鐵騎是如何地去踐踏你們的莊稼吧。」

中行說還經常教單于暗中觀察漢朝的邊境哪裡可攻、哪裡不可攻。

13 孝文帝十四年，匈奴單于率十四萬騎兵侵犯朝那、蕭關，殺死了北地都尉孫卬，掠獲眾多人口和牲畜，向南一直打到彭陽縣。更派奇襲兵燒了回中宮，偵察騎兵深入哨探達到雍縣與甘泉宮。於是文帝命中尉周舍、郎中令張武為將軍，徵集戰車千乘、騎兵十萬，駐軍長安附近，以防備胡人入侵。又拜昌侯盧卿為上郡將軍、甯侯魏遬為北地將軍、隆慮侯周竈為隴西將軍、東陽侯張相如為大將軍、成侯董赤為前將軍，調集大批車騎前往抗擊匈奴。單于在塞內逗留了一個多月才離開，漢兵追出塞不遠隨即班師，沒能重創匈奴。匈奴日益驕橫，年年入侵，殺掠漢朝邊地的人民和牲畜甚多；雲中、遼東二郡受害最嚴重，代郡被殺傷一萬多人。文帝對此深感憂慮，於是派使臣奉書前往匈奴，匈奴也派了一名當戶來漢朝答謝，重議和親事宜。

14 孝文帝後二年，又派使臣奉書前往匈奴說：「皇帝敬問匈奴大單于無恙。使臣當戶且居雕渠難、郎中韓遼送我的馬二匹已到，敬蒙盛情。先帝有規定：長城以北為騎馬彎弓之國，受命於單于；長城以南為禮義之邦，由我治理。雙方使百姓耕織射獵為衣食之用，父子團聚，臣主修睦，俱無暴虐之事。聽說有些邪惡的人為貪求某種邀功請賞的利益，背義棄約，不顧百姓死活，離間兩國君主的友好。不過這些都已經是過去的事情了。你信中說：『兩國已和親，兩主喜悅，偃武修文，休養生息，世世代代，昌盛和樂，安定友好，重新開始。』你的這些話，我很讚賞。聖人總是每天都達到一種新境界，改掉壞的，建立好的。使老者得到休息，使幼者得到成長，每個人都平平安安的壽終天年。我與單于俱行此道，順從天意，撫恤下民，世世相傳，永遠實施，讓普天之下無處不感到方便。漢與匈奴是對等的兩個鄰國，匈奴地處北方，氣候嚴寒，肅殺之氣降得早，所以我詔令官吏每年將一定數量的秫糱、金帛、絲絮以及所需他物送給單于。現在天下太平，萬民和樂，我與單于都是民之父母。回想過去引起衝突的那些小事情，與雙方謀臣的處置失當，這些都不足以疏遠我們兄弟之歡。我聽說天地都是無私的，從不偏袒哪一面。我與單于捐棄前嫌，同走大道；拋棄前仇，以求長久，使兩國人民如同一家人。善良的百姓，水下的魚鱉，天上的飛鳥，一切用腳走路、用嘴喘氣，甚至身體蠕動的種種動物，無不期望平安而逃避危險。所以日復一日，日新又新，這是上天的好善之道。往事就讓它過去，我不再追查逃往匈奴或被擄去的漢人，單于也不必再追究從匈奴逃過來的章尼等人。我聽說古代帝王，盟約訂得清楚而又從不食言。單于請留心觀察，等天下太平，和親之後，漢朝絕不會先行違約，請單于明察。」

15 單于與漢朝結約和親後，文帝詔令御史說：「匈奴大單于給我的來信，說和親之約已定。過去那種犧牲人命的戰爭既不能增加人口，又不能擴展土地。今後匈奴人保證不入塞，漢朝人也保證不出塞，違反現行條約者斬。這樣可以永保親密關係，不再相互仇視、敵對，這對兩國都有好處。我已經答應單于的請求，現在布告天下，讓人人都知道。」

16 過了四年，老上單于死，兒子軍臣單于繼位。軍臣單于即位後，孝文帝又與匈奴和親。而叛徒中行說也繼續在軍臣單于駕下為臣。

17 軍臣單于即位的第四年，匈奴又破壞和親，分別各以三萬騎兵大規模入侵上郡、雲中郡，大量的殺人與掠奪財物而去。於是文帝派出三位將軍分別屯駐在北地郡、與代郡的句注山、趙地的飛狐口，讓沿邊各地都堅守防線以備胡人的入侵。又派三位將軍分別駐軍於長安西邊的細柳、渭水北岸的棘門及霸上，以防禦匈奴。胡人騎兵入侵到了代郡的句注山，烽火一直傳到甘泉、長安。幾個月後，漢軍抵達邊境，匈奴才離開漢朝邊塞遠去，漢朝也罷兵而回。過了一年多，孝文帝病逝，孝景帝即位，這時趙王劉遂祕密派人與匈奴相勾結。吳、楚造反時，匈奴準備與趙王聯合侵漢。後來漢朝很快地包圍而滅了趙國，匈奴也就只好停止了。從這以後，孝景帝又與匈奴和親，開放邊境貿易，贈送匈奴財物，送公主下嫁，像以往所訂的條約那樣。整個孝景時代，邊塞上只偶爾有小股胡人搶掠，沒有發生大規模入侵。

1 今帝❶即位，明和親約束，厚遇，通關市，饒給之❷。匈奴自單于以下皆親漢，往來長城下❸。

2 漢使馬邑④下人聶翁壹⑤奸蘭⑥出物與匈奴交⑦，詳為賣馬邑城⑧以誘單于。單于信之，而貪馬邑財物，乃以十萬騎入武州⑨塞。漢伏兵三十餘萬馬邑旁，御史大夫韓安國⑩為護軍⑪，護四將軍以伏單于⑫。單于既入漢塞，未至馬邑百餘里，見畜布野而無人牧者，怪之，乃攻亭⑬。是時鴈門尉史⑭行徼⑮，見寇，葆⑯此亭，知漢兵謀。單于得，欲殺之，尉史乃告單于漢兵所居。單于大驚曰：「吾固疑之⑰。」乃引兵還。出曰⑱：「吾得尉史，天也，天使若言⑲。」以尉史為「天王」⑳。漢兵約㉑單于入馬邑而縱㉒，單于不至，以故漢兵無所得。漢將軍王恢部出代擊胡輜重㉓，聞單于還，兵多，不敢出。漢以恢本造兵謀而不進，斬恢㉔。自是之後，匈奴絕和親，攻當路塞㉕，往往入盜於漢邊，不可勝數㉖。然匈奴貪，尚樂關市㉗，嗜漢財物，漢亦尚關市不絕以中之㉘。

3 自馬邑軍後五年之秋㉙，漢使四將軍各萬騎擊胡關市下㉚。將軍衛青出上谷㉛，至龍城㉜，得胡首虜㉝七百人。公孫賀出雲中㉞，無所得。公孫敖出代郡㉟，為胡所敗七千餘人。李廣出鴈門㊱，為胡所敗，而匈奴生得廣，廣後得亡歸㊲。漢囚敖、廣㊳，敖、廣贖為庶人㊴。其冬㊵，匈奴數入盜邊，漁陽㊶尤甚。漢使將軍韓安國屯漁陽備胡㊷。其明年，秋㊸，匈奴二萬騎入漢，殺遼西㊹太守，略㊺二千餘人。胡又入敗漁陽太守軍千餘人，圍漢將軍安國[46]，安國時千餘騎亦且盡，會燕救[47]至，匈奴乃去。匈奴又入鴈門，殺略千餘人。於是漢使將軍衛青將三萬騎出鴈門，李息出代郡，擊胡，得首虜數千人[48]。其明年[49]，衛青復出雲中以西至隴西[50]，擊胡之樓煩、白羊王於河南[51]，得胡首虜數千、牛羊百餘萬。於是漢遂取河南地，築朔方[52]，復繕故秦時蒙恬所為塞[53]，因河為固。漢亦棄上谷之什辟縣造陽地[54]以予胡。是歲，漢之元朔二年也。

4 其後冬[55]，匈奴軍臣單于死[56]，軍臣單于弟左谷蠡王伊稚斜自立為單于[57]，攻破軍臣單于太子於單。於單亡降漢，漢封於單為涉安侯[58]，數月而死。

5 伊稚斜單于既立，其夏，匈奴數萬騎入殺代郡太守恭友[59]，略千餘人。其秋，匈奴又入鴈門，殺略千餘人。其明年[60]，匈奴又復入代郡、定襄[61]、上郡，各三萬騎，殺略數千人。匈奴右賢王怨漢奪之河南地而築朔方，數為寇盜邊，及入河南，侵擾朔方，殺略吏民甚眾。

6 其明年，春[62]，漢以衛青為大將軍[63]，將六將軍[64]，十餘萬人，出朔方、高闕[65]擊胡。右賢王以為漢兵不能至，飲酒醉，漢兵出塞六七百里，夜圍右賢王。右賢王大驚，脫身逃走，諸精騎往往隨後去。漢得右賢王眾男女萬五千人，裨小王十餘人[66]。其秋，匈奴萬騎入殺代郡都尉朱英，略千餘人。

7 其明年，春[67]，漢復遣大將軍衛青將六將軍[68]，兵十餘萬騎，乃再出定襄數百里擊匈奴，得首虜前後凡萬九千餘級[69]，而漢亦亡兩將軍[70]，軍三千餘騎[71]。右將軍建得以身脫[72]，而前將軍翕侯[73]趙信兵不利，降匈奴。趙信者，故胡小王，降漢，漢封為翕侯，以前將軍與右將軍并軍分行[74]，獨遇單于兵[75]，故盡沒。單于既得翕侯，以為自次王[76]，用其姊妻之，與謀漢。信教單于益北絕幕[77]，以誘罷[78]漢兵，徼極而取之[79]，無近塞[80]。單于從其計。其明年[81]，胡騎萬人入上谷，殺數百人。

8 其明年，春[82]，漢使驃騎將軍[83]去病[84]將萬騎出隴西，過焉支山[85]千餘里，擊匈奴，得胡首虜八千餘級[86]，破得休屠王[87]祭天金人[88]。其夏，驃騎將軍復與合騎侯[89]數萬騎出隴西、北地[90]二千里，擊匈奴。過居延[91]，攻祁連山[92]，得胡首虜三萬餘人，裨小王以下七十餘人。是時匈奴亦來入代郡、鴈門，殺略數百人。漢使博望侯[93]及李將軍廣出右北平[94]，擊匈奴左賢王。左賢王圍李將軍，卒可四千人，且盡，殺虜亦過當[95]。會博望侯軍救至，李將軍得脫。漢失亡數千人[96]，合騎侯後驃騎將軍期，及與博望侯皆當死[97]，贖為庶人。

9 其秋，單于怒渾邪[98]王、休屠王居西方為漢所殺虜數萬人，欲召誅之。渾邪王與休屠王恐，謀降漢，漢使驃騎將軍往迎之。渾邪王殺休屠王[99]，并將其眾降漢，凡四萬餘人[100]，號十萬。於是[101]漢已得渾邪王，則隴西、北地、河西[102]益少胡寇，徙關東貧民處所奪匈奴河南新秦中以實之[103]，而減北地以西戍卒半[104]。其明年，匈奴入右北平、定襄各數萬騎，殺略千餘人而去。

10 其明年，春[105]，漢謀曰「翕侯信[106]為單于計，居幕北[107]，以為漢兵不能至」。乃粟馬[108]，發十萬騎，私負從馬[109]凡十四萬匹，糧重不與焉[110]。令大將軍青、驃騎將軍去病中分軍[111]，大將軍出定襄，驃騎將軍出代[112]，咸約[113]絕幕[114]擊匈奴。單于聞之，遠其輜重，以精兵待於幕北。與漢大將軍接戰一日，會暮，大風起，漢兵縱左右翼圍單于。單于自度戰不能如漢兵[115]，單于遂獨身與壯騎數百潰漢圍西北遁走[116]。漢兵夜追不得，行[117]斬捕匈奴首虜萬九千級，北至闐顏山趙信城而還[118]。單于之遁走，其兵往往與漢兵相亂而隨單于。單于久不與其大眾相得，其右谷蠡王以為單于死，乃自立為單于。真單于復得其眾，而右谷蠡王乃去其單于號，復為右谷蠡王。

11 漢驃騎將軍之出代二千餘里，與左賢王接戰，漢兵得胡首虜凡七萬餘級，左賢王將皆遁走。驃騎封於狼居胥山(119)，禪姑衍(120)，臨翰海(121)而還。

12 是後匈奴遠遁，而幕南無王庭(122)。漢度河自朔方以西至令居(123)，往往通渠(124)，置田官吏卒五六萬人(125)，稍蠶食(126)，地接匈奴以北(127)。

13 初，漢兩將軍大出圍單于，所殺虜八九萬，而漢士卒物故(128)亦數萬，漢馬死者十餘萬(129)。匈奴雖病，遠去，而漢亦馬少，無以復往。匈奴用趙信之計，遣使於漢，好辭請和親。天子下其議(130)，或言和親，或言遂臣之(131)。丞相長史(132)任敞曰：「匈奴新破，困，宜可使為外臣(133)，朝請(134)於邊。」漢使任敞於單于。單于聞敞計，大怒，留之不遣(135)。先是漢亦有所降匈奴使者(136)，單于亦輒留漢使相當(137)。漢方復收士馬(138)，會驃騎將軍去病死(139)，於是漢久不北擊胡(140)。

【章旨】以上為第四段，寫武帝前期對匈奴的撻伐。

【注釋】❶今帝　武帝劉徹。其父景帝劉啟死於後元三年（西元前一四一年），武帝繼其父位，次年改稱建元元年（西元前一四〇年）。❷饒給之　給匈奴豐厚的東西。❸自單于以下皆親漢二句　按：史公著此語，明下文馬邑之事過在漢也。武帝建元元年，相當於軍臣單于二十二年。❹馬邑　漢縣名，即今山西朔縣，上屬雁門郡。❺聶翁壹　有曰姓聶名翁壹，也有曰聶翁名壹，後者為是。《漢書・匈奴傳》師古注：「姓聶，名壹。翁者，老人之稱也。」❻奸蘭　犯禁。即今所謂「走私」。奸，違犯。蘭，通「闌」。闌干。這裡指規定、章程。❼交　貿易。❽詳為賣馬邑城　詳，通「佯」。賣，背叛；出賣。❾武州　漢縣名，縣治即今山西左雲，在當時馬邑城之東北。❿御史大夫韓安國　御史大夫，國家最高的監察長官，「三公」之一，職同副丞相。韓安國，字長孺，先為大農令，建元六年（西元前一三五年）起為御史大夫。事跡詳見〈韓長孺列傳〉。⓫護軍

「護軍將軍」之簡稱，〈韓長孺列傳〉作「護軍將軍」。⓬護四將軍以伏單于　護，監督；協調。四將軍，指李廣、公孫賀、李息、王恢。伏，伏擊。楊樹達以為「伏」字應作「候」。⓭攻亭　亭，瞭望亭，即崗棚、哨所之類。〈韓長孺列傳〉作「攻烽燧」，「烽燧」即所謂烽火臺。⓮鴈門尉史　雁門郡郡尉手下的小吏。郡尉是郡裡的軍事長官。師古曰：「漢律，近塞郡皆置尉，百里一人。士史、尉史各二人，巡行徼塞也。」⓯行徼　即師古之所謂「巡行徼塞」，巡察邊防哨所。徼，邊界。⓰葆　通「保」。依託；躲藏。⓱吾固疑之　我本來就有懷疑了。因「見畜布野而無人牧者」故也。⓲出曰　出了漢王朝邊境說。⓳天使若言　這是老天爺讓你來告訴我們。若，你。指尉史。⓴以尉史為天王　按：埋伏大兵三十萬，還要把百姓也疏散得「見畜布野而無人牧者」，韓安國竟如此之蠢乎？走漏消息之因素多，不必如史公此處之描寫也。〈廉頗藺相如列傳〉寫李牧之設伏曰：「大縱畜牧，人民滿野。匈奴小入，詳北不勝，以數千人委之。單于聞之，大率眾來入。李牧多為奇陣，張左右翼擊之，大破殺匈奴十餘萬騎。」與此「未至馬邑百餘里，見畜布野而無人牧者」，哪個合理，哪個不合理，細心的讀者一定能有所分辨。㉑約　謂各路伏兵彼此約定。㉒縱　縱兵；出擊。㉓王恢部出代擊胡輜重　前曰韓安國「護四將軍以伏單于」，此又曰「王恢部出代擊胡輜重」，似王恢非韓安國之所「護」者，其實不是。此役隨韓安國伏兵馬邑旁山中者唯公孫賀，其餘王恢、李廣、李息皆自代郡北出，以截擊單于之輜重者也。輜重，運輸隊所運送的各種物資。㉔漢以恢本造兵謀而不進二句　王恢原為大行令，是最先建議朝廷設此圈套以伏擊匈奴的人。當單于中途獲知消息，率軍撤退後，原本約好等單于陷入漢軍包圍，始向匈奴運輸部隊發起進攻的王恢部，見單于全軍而還，知漢軍再出擊無望，遂為保存實力而未出擊。漢武帝無法向全國交代，於是以「逗撓不進」的罪名，要處決王恢，王恢自殺。按：以上馬邑徒勞無功事，在武帝元光二年（西元前一三三年），可參見〈韓長孺列傳〉。㉕當路塞　匈奴人入漢首當其衝的城障。㉖往往入盜於漢邊二句　史公於馬邑之事後，又著此語，意在突出此後之所以兵禍連年，其過蓋在武帝。㉗尚樂關市　喜歡進行邊境貿易。尚，喜歡；愛好。「尚」「樂」二字同義連用。㉘不絕以中之　不絕，不與之斷絕貿易。中，迎合；投其所好。㉙馬邑軍後五年之秋　按：據《漢書・武帝紀》，下述四將出兵事在元光六年（西元前一二九年）春；而〈衛將軍驃騎列傳〉則謂其事在元光五年（西元前一三〇年），誤也。㉚擊胡關市下　在漢匈舉行貿易的地方對匈奴發起了攻擊。㉛衛青出上谷　衛青，武帝皇后衛子夫之弟，前為太中大夫，此時以車騎將軍的身分出上谷北擊匈奴。上谷，漢郡名，郡治沮陽（在今河北懷來東南）。㉜龍城　也作「龍城」。在今蒙古國烏蘭巴托西南之鄂爾渾河西側的和碩柴達木湖附近。㉝得胡首虜　斬敵之首與俘獲敵兵。按：「得首虜」常與「獲首虜」、「斬捕首虜」等詞通用，見〈衛將軍驃騎列傳〉，故知有將「首虜」單獨解釋為「首級」者，恐非。㉞公孫賀出雲中　公孫賀，衛青同母異父之長姐衛孺之夫。此前為太僕，此次以輕車將軍之身分出雲中北擊匈奴。雲中，漢郡名，郡治在今內蒙古呼和浩特西南，托克托之東北。㉟公孫敖出代郡　公孫敖，衛青少年時代的朋友，在此以前為太中大夫，此次以騎將軍的身分北出代郡（郡治在今河北蔚縣東北）。㊱李廣出鴈門　李廣，此前為未央宮衛尉，此次以驍騎將軍的身分出雁門（郡治善無，今山西右玉東南）北擊匈奴。㊲廣後得亡歸　李廣受傷被俘，在被押解途中勇敢逃回。詳見〈李將軍列傳〉。㊳漢囚敖廣　公孫敖、李廣皆因喪師之罪而被下獄也。㊴贖為庶人　其罪當斬，家中出錢，贖其免死，遂為庶人。庶人，平民。按：以上元光六年衛青等四將伐胡即軍事史上通常所說的「關市之役」，以衛青小勝，其他三軍皆敗而告結束。㊵其冬　王先謙曰：「應作『其秋』，時未正曆，冬不在歲末也。」按：《漢書・匈奴傳》同此誤，〈武帝紀〉作「秋」，是也。㊶漁陽　漢郡名，郡治在今北京市密雲西南。㊷韓安國屯漁陽備胡　按：元光二年首次謀襲匈奴時，韓安國已為御史大夫，元光五年降為中尉，六年轉為衛尉，至此又以「將軍」之名，外出守邊，可以說是一連串地降職。㊸其明年二句　元朔元年（西元前一二八年）秋天。㊹遼西　漢郡名，郡治陽樂（今遼寧義縣西南）。㊺略　通「掠」。㊻圍漢將軍安國　韓安國駐軍漁陽，誤信匈奴俘虜之言而撤除漁陽守備，結果匈奴突然入侵，致使漁陽損失慘重，且郡治被圍。詳見〈韓長孺列傳〉。㊼燕救　燕王劉定國派來的救兵。劉定國是劉邦的同族劉澤之孫，劉澤被呂后封為琅邪王（國都即今山東諸城）；文帝即位後，劉澤被改封為燕王，國都薊（今北京市）。劉定國乃繼其祖、父之爵為王者。㊽得首虜數千人　此即軍事史上通常所說的「雁門之役」，是衛青的第二次打敗匈奴人。武國卿《中國戰爭史》稱之為武帝與匈奴作戰以來的「首次較大的勝利」，並說「這一勝利穩定了漢王朝在北部邊境的態勢，堅定了漢王朝對匈奴主動進擊的戰略決心」。㊾其明年　元朔二年（西元前一二七年）。㊿隴西　漢郡名，郡治狄道（今甘肅臨洮）。(51)擊胡句　按：此即通常所說的「河南朔方之戰」，武國卿《中國戰爭史》稱之為「漢武帝驅逐匈奴的重大戰役，也是西漢王朝統一我國西北地區邁出的重要一步」。並說它「加速了我國西北地區的統一，解除了匈奴貴族從西北方對京都長安的威脅，建立了向匈奴進一步出擊的戰略基地」，說它「實際上是西漢王朝向匈奴貴族發動一系列戰略進攻的奠基之戰」。(52)築朔方　在朔方郡的郡治（今內蒙烏拉特前旗東南）築城。按：據〈衛將軍驃騎列傳〉，當時主持此項築城任務的是蘇武之父蘇建。(53)復繕故秦時蒙恬所為塞　繕，修補。按：漢之築朔方城與修治蒙恬故塞，表明漢代已穩定占領河套地區，並準備以此為依託繼續西征、北伐。又，武帝之所以決心在此設郡並築城，頗與主父偃之進言有關。〈平津侯主父列傳〉云：「偃盛言朔方地肥饒，外阻河，蒙恬城之以逐匈奴，內省轉輸戍漕，廣中國，滅胡之本也。上竟用主父計，立朔方郡。」(54)什辟縣造陽地　在東北邊界上向北凸出縣分的造陽一帶。什辟，《漢書》作「斗辟」。師古曰：「縣之斗曲入匈奴界者。」斗曲，意指凸出、伸進。「斗」字蓋與「陡」意思相近。造陽，古地名，約當今河北省之獨石口一帶地區，漢時伸入匈奴地。按：《鹽鐵論・地廣篇》有所謂「割斗辟之縣，棄造陽之地以與胡」之語，與此正同。55其後冬　其後不久的冬天，也就是元朔三年（西元前一二六年）的年初（當時以十月為歲首）。56軍臣單于死　軍臣單于在位三十六年（西元前一六一—前一二六年）。57伊稚斜自立為單于　是年即伊稚斜單于元年。58涉安侯　「涉安」是封地名，其他不詳。梁玉繩則以為「涉安」是封號名。59恭友　姓恭名友。按：《漢書》「恭」作「共」，古「共」、「恭」通用。60其明年　元朔四年（西元前一二五年）。61定襄　漢郡名，郡治成樂（今內蒙和林格爾西北）。62其明年二句　元朔五年（西元前一二四年）春天。63漢以衛青為大將軍　大將軍，當時的最高武官名，名義在丞相下，實權乃在丞相之上。梁玉繩曰：「『大將軍』乃『車騎將軍』之誤。」按：梁說是，此行衛青為「車騎將軍」，至其勝利而返時，武帝始命使者就軍中拜以為「大將軍」。64將六將軍　此六將為游擊將軍蘇建、強弩將軍李沮、騎將軍公孫賀、輕車將軍李蔡、大行李息、岸頭侯張次公。據〈衛將軍驃騎列傳〉，前四將跟隨衛青，後二將出異道以分其勢。65高闕　在今內蒙潮格旗東南。66漢得右賢王眾男女萬五千人二句　按：此即通常所說的「奇襲右賢王之戰」。何焯曰：「右賢王怨漢侵奪其河南地，數侵擾朔方，此出專以擊走右賢王，終前功也。前出雲中而忽西，焉知不出朔方而忽東乎？亦令兩將軍出右北平者，綴單于、疑左賢王也。」臺灣三軍大學《中國歷代戰爭史》曰：「是役衛青竟能指導遠東方之作戰，是為中國史上戰略指導之一大躍進。」67其明年二句　元朔六年（西元前一二三年）春天。68將六將軍　此六將為中將軍公孫敖、左將軍公孫賀、前將軍趙信、右將軍蘇建、後將軍李廣、強弩將軍李沮。69得首虜句　按：元朔六年衛青率六將軍兩次出定襄北伐，一在二月，「斬首數千騎而還」；四月再出，「斬首虜萬餘人」。此所謂「前後凡萬九千餘級」者，通兩次言之也。70漢亦亡兩將軍　亡，敗逃損失。此役漢之所亡者，即下文所說之趙信與蘇建。71軍三千餘騎　蘇建、趙信的兩支軍隊共三千餘人。按：此年衛青等之兩次北出，即軍事史上所說的「漠南之戰」。72右將軍建得以身脫　右將軍蘇建隻身逃回，衛青不殺，解回京城，蘇建得以贖免。見〈衛將軍驃騎列傳〉。73翕侯　翕，封地名，《索隱》曰：「在內黃也。」74并軍分行　謂蘇建與趙信合兵，與衛青的大部隊分道而行。75單于兵　即伊稚斜單于親統之兵。76自次王　自次，封號名。《正義》曰：「尊重次於單于。」瀧川曰：「自次，蓋胡語，《正義》以漢語解之，非也。」按：匈奴中有「趙信城」，蓋單于以寵趙信處也，時漢匈交戰，雙方都注意寵待降者，對之封王封侯。77益北絕幕　遠遠地撤到今大沙漠以北。絕，橫跨。幕，通「漠」。78誘罷　誘其深入以疲憊之。罷，通「疲」。79徼極而取之　待其疲憊之極而攻取之。徼，通「要」、「邀」。何焯曰：「此後匈奴計不出此。」80無近塞　不要靠近漢朝的邊塞。81其明年　元狩元年（西元前一二二年）。82其明年二句元狩二年（西元前一二一年）春天。(83)驃騎將軍　地位僅次於「大將軍」的武官名，實權在丞相之上。(84)去病　霍去病，衛青的外甥，皇后衛子夫姐衛少兒之子。事跡詳見〈衛將軍驃騎列傳〉。(85)焉支山　也作「燕支山」、「焉耆山」，在今甘肅永昌西，山丹東南。(86)得胡首虜八千餘級　「虜」下原有「騎萬」二字，張文虎曰：「『騎萬』二字疑衍。」梁玉繩曰：「〈驃騎傳〉及《漢書‧武紀》、〈匈奴傳〉皆作『八千餘級』，則此『萬』字衍。」今從張、梁二說，刪「騎萬」二字。(87)休屠王　匈奴西部地區的部落頭領。(88)祭天金人　祭天使用的金製神像。(89)合騎侯　公孫敖的封號。「合騎」即配合驃騎之意。(90)北地　漢郡名，郡治馬領（今甘肅慶陽西北）。(91)居延　水澤名，在今內蒙古西部之額濟納旗東。(92)祁連山　在今甘肅走廊的西南側。按：以上元狩二年的霍去病兩次西征，即通常所說的「河西戰役」，此戰勝利輝煌，《正義》引《西河故事》云：「匈奴失祁連、焉支二山，乃歌曰：『亡我祁連山，使我六畜不蕃息；失我焉支山，使我婦女無顏色。』」臺灣三軍大學《中國歷代戰爭史》曰：「（霍去病）轉戰數千里，一戰完成斷匈奴右臂之任務，厥功至偉。此種長驅深入之機動閃擊攻勢，又開中國戰史上空前之例。」「霍去病兩次遠征河西走廊，深入數千里作戰，所以皆能致勝，消滅匈奴駐右部之強大部落者，一以去病勇敢善戰；二以去病善能因水草、因糧於敵之作戰；三以去病所率之軍皆漢騎之最精良者，故能遂行遠距離之機動迂迴、包圍奇襲，而常以寡勝眾也。」武國卿《中國戰爭史》曰：「河西戰役的勝利使漢完全占據了河西走廊，打開了通往西域的道路；河西戰役的勝利打擊了匈奴對西域諸國的統治，隔斷了匈奴與羌人的聯繫；河西戰役的勝利從根本上剷除了匈奴在祁連山一帶繁衍生息的重要基地。」(93)博望侯　張騫，大探險家，先曾出使月氏，後以伐匈奴功，封博望侯。事跡詳見〈大宛列傳〉。(94)出右北平　出東方以迷惑匈奴，為策應驃騎之西進也。右北平，漢郡名，郡治平剛（今遼寧凌源西南）。(95)殺虜亦過當　殺死敵人的數目比自己犧牲的人數多。按：此次李廣以四千對抗匈奴四萬的艱苦卓絕之戰，詳見〈李將軍列傳〉。(96)漢失亡數千人　指東西兩線總共損失數千人。(97)與博望侯皆當死　公孫敖與張騫都因行動遲緩，貽誤了戰機，故被判死罪。當，判處。(98)渾邪　也作「昆邪」、「呼韓邪」。(99)渾邪王殺休屠王　楊樹達曰：「以休屠王後悔故。」按：「休屠王後悔」事《史記》、《漢書》之〈匈奴傳〉、〈衛霍傳〉皆不載，或出於渾邪王之貪功，亦未可知。(100)凡四萬餘人　何焯曰：「驃騎再西，前斬三萬級，此復降四萬人，右王不能軍矣。後出代攻左王，得首虜亦七萬餘人，左王不能軍矣。冒頓之盛，控弦之士三十餘萬，於是幾耗其種之半。」(101)於是　猶言「當時」、「當此時」。(102)河西　指今寧夏與內蒙西部的黃河以西地區。有人將此「河西」改作「西河」，西河郡在今山西、陝西、內蒙三省交界，不與「隴西」、「北地」相近。(103)徙關東貧民句　關東，函谷關以東。指今河南以及相鄰的河北南部、山東西部、安徽、江蘇北部等廣大地區。秦朝原稱渭水流域的關中地區為「秦中」，後來蒙恬拓得了今內蒙河套地區，即所謂「河南」，於是遂稱這一帶為「新秦中」，故「新秦中」與「河南」的涵義略同。按：〈平準書〉曰：「其明年，山東被水菑，民多飢乏，……乃徙貧民於關以西，及充朔方以南新秦中七十餘萬口。」104減北地以西戍卒半　因匈奴之患消除，且西北部邊地的移民眾多，可就地徵調守邊故也。105其明年二句　元狩四年（西元前一一九年）春天。106翕侯信　即前文投降匈奴的趙信。107幕北　大漠以北。108粟馬　師古曰：「以粟秣馬也。」109私負從馬　「私負」原作「負私」。王念孫《雜志》：「負私從馬，文不成義，當依《漢書》作『私負從字』。」據改。私負從馬，謂私負衣裝而從之馬。即不屬國家徵調，而自願跟從前往者。110糧重不與焉　糧重，糧食與其他輜重。不與，不計在內；不在話下。極言其多。111中分軍　將出征的軍隊分成兩半，每人率領一半。112大將軍出定襄二句　據〈衛將軍驃騎列傳〉，原計畫是大將軍出代，驃騎將軍出定襄，後來聽俘虜講，說是匈奴單于這時在東部地區，於是臨時改變，讓驃騎將軍出代，讓大將軍出定襄。113咸約　彼此約定。114絕幕　橫越大沙漠。115戰不能如漢兵　意即不能和漢軍相敵。如，等；相當。按：此處「如」字《漢書》作「與」，意思相近。116單于句　以上衛青恰遇單于，漢匈雙方大戰漠北事，〈衛將軍驃騎列傳〉有精彩描寫，應參照閱讀。楊慎曾謂其：「自『日且入』至『二百餘里』，寫得如畫。唐詩『胡沙獵獵吹人面，漢虜相逢不相見』、『月黑雁飛高，單于夜遁逃。欲將輕騎逐，大雪滿弓刀』，皆用此事。」凌稚隆曰：「千年以來所無之戰，亦千年以來所無之文，而騷人墨客共得本之以歌出塞、賦從戎，未嘗不令神馳而目眩也。太史公絕世之姿，故《漢書》不為增損一字。」117行　王叔岷曰：「行，因也。」118北至窴顏山趙信城而還　窴顏山、趙信城，都在今蒙古國杭愛山之南側。按：〈衛將軍驃騎列傳〉作：「遂至窴顏山趙信城，得匈奴積粟食軍。軍留一日而還，悉燒其城餘粟以歸。」119封於狼居胥山　在狼居胥山頂築臺祭天。封，增土而祭。狼居胥山在今蒙古國烏蘭巴托市東。120禪姑衍　在姑衍山下拓地而祭地。禪，拓地而祭。姑衍在今烏蘭巴托城東南，狼居胥山之西。121臨翰海　臨，登高眺望。翰海，指大戈壁沙漠。按：以上衛青、霍去病元狩四年之北伐匈奴，即通常所說的「漠北戰役」。武國卿《中國戰爭史》曰：「西漢與匈奴的漠北戰役，是武帝向匈奴戰略進攻的頂點，也是西漢與伊稚斜單于畢其功於一役的戰略大決戰。西漢漠北戰役的勝利，制止了匈奴對漢邊境的殘暴掠奪，加速了我國北部地區的進一步統一和開發，具有深遠的歷史意義。」122幕南無王庭　大漠以南無匈奴單于的立腳之地。王庭，單于的停宿與辦公之地。123令居　漢縣名，在今甘肅永登西北。124通渠　開渠通水，以發展農業。125置田官吏卒五六萬人　此中包括管理農事的官員，也含有屯田的吏卒。126稍蠶食　接著慢慢向北擴展。127地接匈奴以北　《正義》曰：「漢境連接匈奴舊地以北也。」128物故　指死。《索隱》引《釋名》曰：「物就朽故也。」129漢馬死者十餘萬　〈衛將軍驃騎列傳〉謂：「兩軍之出塞，塞閱官及私馬凡十四萬匹，而復入塞者不滿三萬匹。」數量相符。130 下其議　將此事交由群臣討論。131 遂臣之　意即進一步打擊，使其徹底臣服。132 丞相長史　丞相手下的諸史之長，秩千石，大將軍、丞相屬下都有此官。當時的丞相為李廣之堂弟李蔡。133 外臣　境外之臣。指附屬國的君主。134 朝請　指按時朝拜皇帝。舊有所謂「春日朝，秋日請」。135 留之不遣　將其扣留在匈奴，不放其歸漢。136 漢亦有所降匈奴使者　漢朝也有逼迫匈奴使者投降的事情。137 留漢使相當　扣留漢朝使者以相抵。相當，相抵。138 方復收士馬　正準備再度集聚兵力。方，將；正要。139 驃騎將軍去病死　事在元狩六年（西元前一一七年）。按：霍去病死武帝為之殯葬的盛大儀式以及霍去病墓的建築情形，詳見〈衛將軍驃騎列傳〉。140 漢久不北擊胡　按：自衛青、霍去病元狩四年（西元前一一九年）之北伐匈奴，至元鼎六年（西元前一一一年）漢遣公孫賀、趙破奴再度進攻匈奴，中間相隔七年。

【語　譯】當今皇帝即位後，重新申明和親的各項約束，厚待匈奴，開放邊境市場，贈送匈奴大批財物。匈奴從單于到民眾都與漢朝親善，往來於長城腳下。

2　不久，漢朝派馬邑的商人聶翁壹攜帶貨物走私到匈奴，假裝要出賣馬邑城以誘使單于入侵。單于信以為真，為了貪圖馬邑城裡的財物，就率領了十萬騎兵進入了武州塞。這時漢朝在馬邑附近埋伏了精兵三十餘萬，御史大夫韓安國為護軍將軍，監督、協調四位將軍共同伏擊單于。單于進入漢朝的邊界後，在離馬邑不到一百里的時候，只見原野上牛羊遍地就是見不到一個人，他內心覺得奇怪，便下令進攻烽燧亭。這時，雁門郡尉手下的一個小吏奉命到邊界巡察，看見匈奴騎兵來攻，便跑進烽燧亭躲了起來，他知道漢軍正準備伏擊匈奴的計畫。單于捉到了這個雁門小吏，想要殺他，這個小吏就把漢兵的部署告訴了單于。單于聞言大驚說：「我本來就懷疑有詐。」於是立即率兵回撤。出塞後，單于對這個小吏說：「我捉到你，這是上天的幫助，上天讓你告訴了我那些話。」於是便封這個小吏為「天王」。漢軍原本是約定等匈奴人進入馬邑城就發起總攻擊，結果單于沒到馬邑城就撤回了，所以漢軍一無所獲。漢將王恢原本是受命從代郡出發攻擊胡人的輜重，後來他發現胡人的主力撤回來了，由於對方人多，沒敢出擊。王恢本來是這個戰役的最初策劃者，結果卻臨敵不動，於是為武帝所斬。從這以後，匈奴遂斷絕了與漢朝的和親，進攻交通要衝上的邊防要塞，到處入侵掠奪漢朝的邊疆，次數多得無法計算。但匈奴人很貪婪，樂意在邊境上同漢人做買賣。由於他們貪得漢人財物，漢人也就仍然開放邊境貿易來迎合他們。

3 馬邑事件之後的第五年秋天，漢朝派四位將軍各率一萬騎兵攻擊邊防貿易市場的匈奴人。將軍衛青從上谷郡出發，前進至蘢城，斬獲匈奴七百餘人。公孫賀自雲中郡出發，無所斬獲。公孫敖自代郡出發，被匈奴打敗，損兵折將七千餘人。李廣自雁門郡出發，也被匈奴打敗，甚至匈奴還生擒了李廣，李廣最後又逃了回來。公孫敖、李廣被下獄，各自用錢贖了出來，廢為平民。當年冬天，匈奴又多次入邊搶掠，漁陽郡受害最嚴重。朝廷派韓安國屯兵漁陽郡，防備胡人入侵。第二年秋天，匈奴兩萬騎兵入侵，殺了遼西太守，掠走二千餘人。接著胡人又侵入漁陽，打敗漁陽太守的軍隊千餘人，包圍了將軍韓安國，韓安國部下千餘名騎兵被消滅殆盡，適值燕國的救兵趕到，匈奴這才撤走。接著匈奴又入侵雁門郡，殺掠千餘人。這時漢朝遂派將軍衛青率三萬騎兵從雁門、將軍李息從代郡出發，同時出擊匈奴，斬獲胡兵數千人。次年，衛青又從雲中郡出兵西進，直至隴西郡，在黃河以南大破匈奴所屬的樓煩王與白羊王，斬獲匈奴數千人，奪得牛羊百餘萬頭。於是漢朝收復了黃河以南的大片土地，並修築朔方郡郡城，又整修了秦時蒙恬所築的長城邊防要塞，並沿著黃河加強了邊疆防衛。漢朝也把上谷郡孤懸北出的造陽一帶丟給了匈奴。這一年，是武帝元朔二年。

4 隔年冬天，匈奴軍臣單于死，他的弟弟左谷蠡王伊稚斜自立為單于，打敗了軍臣單于的太子於單。於單逃亡投降漢朝，被封為涉安侯，但沒過幾個月就死了。

5 伊稚斜單于即位後的夏天，匈奴好幾萬騎兵入侵代郡，殺死了代郡太守恭友，掠走了一千多人。同年秋天，匈奴人攻入雁門郡，又殺掠一千多人。第二年，匈奴人又各派三萬名騎兵入侵代郡、定襄、上郡，殺掠數千人。匈奴右賢王恨漢朝奪了他的河南地，建立朔方城，屢屢進犯侵擾邊境，有時渡過黃河攻入朔方郡，殺掠吏民甚多。

6 元朔五年，春天，漢以衛青為大將軍，率領六個將軍、十多萬兵馬，從朔方、高闕出塞進攻匈奴。右賢王認為漢朝軍隊不可能到得了他的駐紮處，放心喝得爛醉，沒想到漢朝軍隊出塞後連行六七百里，利用夜晚包圍了右賢王。右賢王大為震驚，趕緊逃脫重圍，匈奴士兵也全部都隨之逃散。於是漢軍擄獲右賢王部落的男女一萬五千人、裨小王十多人。同年秋天，匈奴一萬多騎兵入侵代郡，殺了都尉朱英，擄去一千多人。

7 次年春天，漢又派大將軍衛青，率六位將軍，統領騎兵十餘萬，再從定襄郡出發，離開國境數百里出擊匈奴，共斬殺匈奴一萬九千多人，而漢朝也敗逃損失了兩個將軍和三千多騎兵。右將軍蘇建單身逃回，前將軍翕侯趙信作戰失敗，投降匈奴。趙信原是匈奴的小王，降漢後封為翕侯。他以前將軍的身分與右將軍蘇建合兵而與衛青的部隊分道而行，結果趙信遇上了匈奴單于，全軍覆沒。單于得到趙信後，封他為自次王，並把他自己的姐姐嫁給了他，與他合謀攻漢。趙信教單于率兵向漢北撤退，以引誘、消耗漢軍，待其疲勞到頂點而消滅之，不要靠近漢朝的邊境。單于採納了趙信的計謀。第二年，又有匈奴騎兵上萬人，入侵上谷郡，殺死數百人。

8 次年春天，漢朝派驃騎將軍霍去病率騎兵一萬從隴西郡出發，過焉支山一千多里攻打匈奴，斬殺胡騎八千人，大破休屠王，奪得了休屠王的祭天金人。同年夏天，霍去病又與合騎侯公孫敖率數萬騎兵從隴西、北地出發，挺進二千餘里攻打匈奴。他們經過居延澤，進攻祁連山，斬獲胡兵三萬多人、裨小王以下七十餘人。這時，匈奴也入侵代郡、雁門，殺掠數百人。接著漢朝又派博望侯張騫與將軍李廣從右北平出發，攻打匈奴左賢王。左賢王包圍了李廣，李廣部下約四千人，幾乎全軍覆沒，但他們所殺胡人的數目還要更多一些。剛好博望侯的援兵來到，李廣才得以解圍。這次漢軍傷亡數千人，合騎侯因未能按照霍去病規定的時間到達，與博望侯都被判死罪，都花錢贖為平民。

9 也是在這一年的秋天，單于因憤怒渾邪王和休屠王駐守西方卻被漢軍殺虜數萬人，想把他們叫來處死。渾邪王與休屠王很恐慌，於是遂合謀投降漢朝。漢朝派驃騎將軍前往接應。結果渾邪王中途殺了休屠王，合併了休屠王的部屬投降漢朝，總共四萬多人，號稱十萬。當時漢朝在渾邪王投降後，隴西、北地、河西一帶就漸漸少有胡人騷擾了。這時漢朝正把關東地區的貧民搬遷到剛從匈奴手中奪回的黃河以南的新秦中居住，而減少了一半北地郡以西的駐軍。第二年，匈奴又各以數萬騎兵入侵右北平與定襄兩地，殺掠千餘人而去。

10 次年春天，漢朝群臣分析匈奴形勢認為「翕侯趙信為單于獻計，讓匈奴人在沙漠以北蟄伏，還以為漢兵到不了那裡」。於是漢軍以粟餵馬，調集十萬騎兵，再加上一些自帶軍需自願隨征的騎兵，共十四萬人，運載糧食與輜重的車馬還不算在內。令大將軍衛青、驃騎將軍霍去病各自統領這些騎兵的一半。大將軍從定襄出發，驃騎將軍從代郡出發，約定橫渡大漠夾擊匈奴。匈奴聞訊後，運走輜重，以精兵在漠北等候迎敵。大將軍到了漠北，與匈奴騎兵苦戰了一天。到了晚上狂風大作，漢兵從兩翼進攻單于。單于心想這樣打下去不可能獲勝，於是他獨自帶精壯騎兵數百人突圍向西北逃走了，漢兵追了一夜也沒有追上。於是漢軍邊前進、邊捕殺，共殺虜一萬九千多人，向北直到闐顏山趙信城才收兵回來。單于逃走後，許多匈奴人和漢軍相互混雜，一路尾隨著單于。單于在很長的一段時間裡沒有與部屬聯繫，右谷蠡王以為單于已死，就自立為單于。後來伊稚斜單于找到了他的部屬，這時右谷蠡王便取消單于稱號，仍為右谷蠡王。

11 驃騎將軍從代郡出發北行二千多里，與左賢王交戰，斬首與俘虜胡人七萬多人，左賢王及部將都逃跑了。於是驃騎將軍登上狼居胥山祭天，在姑衍山闢場祭地，並登高遙望翰海而回。

12 這以後匈奴遠逃，大漠以南再見不到匈奴單于的大本營。而漢軍渡過黃河，從朔方西行至令居縣，處處開渠引水，設置屯田的官吏士卒五六萬人。並逐漸向北擴展，使漢朝的疆域伸展到了匈奴舊地以北。

13 當初漢朝兩位將軍出兵包圍單于，共斬殺匈奴八九萬人，而漢朝士卒也死了好幾萬人，戰馬死了十多萬匹。匈奴的元氣雖然已經大傷，被迫遠走大漠以北，而漢朝由於戰馬缺乏，也無力再組織出擊。這時匈奴單于採用趙信的計策，又派使臣到漢朝好言好語地請求和親。皇帝讓群臣討論，有人主張和親，有人則主張讓匈奴向漢朝稱臣。丞相長史任敞說：「匈奴剛被打敗，處境困難，應讓匈奴作境外之臣，按時到邊境進行朝貢。」於是漢朝派任敞出使匈奴。單于聽了任敞的陳述非常生氣，將其扣留，不許回漢。在此以前，漢朝曾經逼著匈奴的使臣降漢，故而單于也往往扣留漢朝使臣相抵。漢朝正要徵集士卒馬匹再舉出征，正好這時驃騎將軍病死了，因此漢朝遂有很長時間沒再北伐匈奴。

1 數歲，伊稚斜單于立十三年死❶，子烏維立為單于❷。是歲，漢元鼎三年也。烏維單于立，而漢天子始出巡郡縣❸。其後漢方南誅兩越❹，不擊匈奴，匈奴亦不侵入邊❺。

2 烏維單于立三年❻，漢已滅南越，遣故太僕賀❼將萬五千騎出九原❽二千餘里，至浮苴井❾而還，不見匈奴一人。漢又遣故從驃侯趙破奴萬餘騎出令居數千里，至匈河水❿而還，亦不見匈奴一人。

3 是時天子巡邊，至朔方⓫，勒兵十八萬騎以見武節⓬，而使郭吉風告⓭單于。郭吉既至匈奴，匈奴主客⓮問所使⓯，郭吉禮卑言好⓰，曰：「吾見單于而口言。」單于見吉，吉曰：「南越王⓱頭已懸於漢北闕⓲。今單于能，即前與漢戰⓳，天子自將兵待邊；單于即不能⓴，即南面而臣於漢㉑。何徒㉒遠走，亡匿於幕北寒苦、無水草之地，毋為也㉓。」語卒而單于大怒，立斬主客見者㉔，而留郭吉不歸，遷之北海㉕上。而單于終不肯為寇於漢邊，休養，息士馬，習射獵，數使使於漢，好辭甘言求請和親。

4 漢使王烏等窺㉖匈奴。匈奴法㉗，漢使非去節㉘而以墨黥其面㉙者不得入穹廬。王烏㉚，北地㉛人，習胡俗㉜。去其節，黥面，得入穹廬。單于愛之，詳許甘言㉝，為遣其太子入漢為質[34]，以求和親。

5 漢使楊信於匈奴[35]。是時漢東拔穢貉、朝鮮以為郡[36]，而西置酒泉郡[37]以鬲絕胡與羌通之路[38]。漢又西通月氏、大夏[39]，又以公主妻烏孫王[40]，以分匈奴西方之援國。又北益廣田至胘靁[41]為塞，而匈奴終不敢以為言。是歲[42]，翕侯信死[43]，漢用事者以匈奴為已弱，可臣從也[44]。楊信為人剛直屈彊[45]，素非貴臣，單于不親。單于欲召入，不肯去節，單于乃坐穹廬外見楊信。楊信既見單于，說曰：「即[46]欲和親，以單于太子為質於漢。」單于曰：「非故約。故約，漢常遣公主[47]，給繒絮、食物有品[48]，以和親[49]，而匈奴亦不擾邊。今乃欲反古[50]，令吾太子為質，無幾[51]矣。」匈奴俗，見漢使非中貴人[52]，其儒先[53]，以為欲說，折其辯[54]；其少年[55]，以為欲刺[56]，折其氣[57]。每漢使入匈奴，匈奴輒報償[58]。漢留匈奴使，匈奴亦留漢使，必得當[59]乃肯止。

6 楊信既歸，漢使王烏[60]。而單于復讇以甘言[61]，欲多得漢財物，紿[62]謂王烏曰：「吾欲入漢見天子，面相約為兄弟。」王烏歸報漢，漢為單于築邸[63]于長安。匈奴曰：「非得漢貴人使，吾不與誠語[64]。」匈奴使其貴人至漢，病，漢予藥，欲愈之，不幸而死。而漢使路充國佩二千石印綬[65]往使，因送其喪，厚葬直數千金[66]，曰：「此漢貴人也(67)。」單于以為漢殺吾貴使者，乃留路充國不歸。諸所言者，單于特空紿王烏，殊無意入漢及遣太子來質。於是匈奴數使奇兵侵犯邊。漢乃拜郭昌為拔胡將軍(68)，及浞野侯(69)屯朔方以東，備胡。路充國留匈奴三歲，單于死(70)。

7 烏維單于立十歲而死(71)，子烏師廬立為單于(72)。年少，號為「兒單于」。是歲，元封六年也。自此之後，單于益西北(73)，左方兵直(74)雲中，右方直酒泉、燉煌郡(75)。

8 兒單于立，漢使兩使者，一弔(76)單于，一弔右賢王，欲以乖其國(77)。使者入匈奴，匈奴悉將致單于(78)。單于怒而盡留漢使。漢使留匈奴者前後十餘輩(79)；而匈奴使來，漢亦輒留相當。

9 是歲(80)，漢使貳師將軍廣利西伐大宛(81)，而令因杅將軍敖(82)築受降城(83)。其冬，匈奴大雨雪，畜多飢寒死。兒單于年少，好殺伐，國人多不安。左大都尉欲殺單于，使人間告漢曰：「我欲殺單于降漢。漢遠，即兵來迎我，我即發(84)。」初，漢聞此言，故築受降城。猶以為遠(85)。

10 其明年，春(86)，漢使浞野侯破奴將二萬餘騎出朔方西北二千餘里，期至浚稽山(87)而還。浞野侯既至期而還，左大都尉欲發而覺，單于誅之，發左方兵擊浞野。浞野侯行捕首虜(88)得數千人。還，未至受降城四百里，匈奴兵八萬騎圍之。浞野侯夜自出求水，匈奴間捕[89]，生得浞野侯，因急擊其軍。軍中郭縱為護[90]，維王為渠[91]，相與謀曰：「及諸校尉畏亡將軍而誅之，莫相勸歸。」[92]軍遂沒於匈奴。匈奴兒單于大喜，遂遣奇兵攻受降城。不能下，乃寇入邊而去。其明年[93]，單于欲自攻受降城，未至，病死。

11 兒單于立三歲而死[94]，子年少，匈奴乃立其季父烏維單于弟右賢王呴犁湖為單于[95]。是歲，太初三年也。

12 呴犁湖單于立，漢使光祿徐自為[96]出五原塞[97]數百里，遠者千餘里，築城鄣列亭至盧朐[98]，而使游擊將軍韓說[99]、長平侯衛伉[100]屯其旁，使彊弩都尉路博德[101]築居延澤上[102]。

13 其秋，匈奴大入定襄、雲中，殺略數千人，敗數二千石而去，行破壞光祿所築城列亭鄣[103]。又使右賢王入酒泉、張掖，略數千人，會任文擊救[104]，盡復失所得而去。是歲，貳師將軍破大宛，斬其王而還[105]。匈奴欲遮[106]之，不能至[107]。其冬[108]，欲攻受降城，會單于病死[109]。

14 呴犁湖單于立一歲死，匈奴乃立其弟左大都尉且鞮侯為單于[110]。

15 漢既誅[111]大宛，威震外國[112]。天子意欲遂困胡[113]，乃下詔曰：「高皇帝遺朕平城之憂[114]，高后時單于書絕悖逆[115]。昔齊襄公復九世之讎[116]，春秋大之[117]。」是歲，太初四年也[118]。

【章旨】以上為第五段，寫武帝晚年漢與匈奴的時戰時和。

【注釋】❶伊稚斜單于立十三年死　伊稚斜單于元朔三年（西元前一二六年）即位，死於元鼎三年（西元前一一四年），在位共十三年。❷子烏維立為單于　西元前一一四年即位，當年即稱元年。❸漢天子始出巡郡縣　遠效古帝王之「巡狩」，近效秦始皇之巡遊也。❹南誅兩越　誅南越在元鼎五年（西元前一一二年）；誅東越在元鼎六年（西元前一一一年）。南越是秦末農民大起義時南海縣尉趙佗建立的國家，都城番禺（即今廣州市）。漢初時對漢稱臣，武帝時想使其成為國內的諸侯王，結果引起戰爭，後被漢朝滅掉，改設為郡，過程詳見〈南越列傳〉。東越原分兩支，一支在今浙江溫州，一支在今福建福州，漢初時皆對漢稱臣。溫州的一支在此以前已被北遷到江淮，福建的一支在南越被滅後，因起兵反漢，被滅掉，過程詳見〈東越列傳〉。❺匈奴亦不侵入邊　梁玉繩曰：「《漢書‧武紀》：『元鼎五年，西羌眾十萬人反，與匈奴通使，攻固安，圍枹罕。匈奴入五原，殺太守。』正在是時，何言『不侵入邊』乎？」❻烏維單于立三年　即元鼎六年。❼太僕賀　公孫賀。太僕，為皇帝趕車，及管理皇帝的車馬，屬九卿之一。❽九原　漢縣名，縣治在今內蒙古包頭西。❾浮苴井　瀧川引丁謙曰：「當在杭愛山北。」❿匈河水　梁玉繩曰：「匈河，乃水名，故趙破奴為匈河將軍。」按：匈河應在今居（今甘肅永登西）西。又，公孫賀與趙破奴的兩路出征匈奴，都在元鼎六年秋。⓫朔方　漢郡名，郡治在今內蒙古烏拉特前旗東南。⓬以見武節　猶言以炫耀武力。見，同「現」。顯示。⓭風告　以嘲諷的口氣相告。風，通「諷」。嘲弄。按：武帝巡邊向匈奴炫耀武力，並派使「風告」單于事，在元封元年，烏維單于五年，西元前一一〇年。⓮主客　接待賓客的官員，猶如漢代之「典客」也。⓯問所使　問出使所為何事。⓰禮卑言好　禮數謙卑，態度和好。蓋非此不能騙得見單于之面也。⓱南越王　趙建德。南越丞相呂嘉殺故王趙興，立建德為王以反漢，後被漢兵破殺事，在元鼎六年。見〈南越列傳〉。⓲漢北闕　漢朝未央宮的北門之雙闕。漢代未央宮的建制雖坐北朝南，但其群臣出入，上書言事等皆走北門，故漢代即以「北闕」代指宮廷之正前門。此後兩千年之「北闕上書」、「懸首北闕」云云遂皆出典於此。⓳今單于能二句　意謂單于有本事，那就迎上去與漢朝開戰。⓴即

不能　如果沒本事。即，若。㉑即南面而臣於漢　那就趕緊南來臣服於漢。南面，瀧川曰：「匈奴在北，故曰南面。」㉒徒空；只顧。㉓毋為也　沒意思；沒必要。有人以為「毋」「也」二字疑衍，「為」字應連上句，隨《漢書》作「何徒遠走，亡匿於幕北寒苦無水草之地為？」說固可以，然原文可通，自不必多事也。㉔主客見者　帶郭吉前來見單于的那位「主客」。見，引見。㉕北海　即今俄國境內的貝加爾湖。㉖窺　身臨而探測之。㉗匈奴法　匈奴人規定。㉘去節　不准手持漢節。節，旄節。帝王使者手持的信物。㉙以墨黥其面　此即以墨塗面，非必如黥刑之刺面也。㉚王烏　梁玉繩引《藝文類聚》以為應作「王焉」，並引李商隱〈為李兵曹祭兄濠州刺史文〉云：「不拜無慚於蘇武，去節寧類於王焉。銜鬚誓死，齧雪獲全。」㉛北地　漢郡名，郡治馬領（在今甘肅慶陽西北）。㉜習胡俗　懂得胡人的規矩。㉝詳許甘言　假說好話以許諾。詳，通「佯」。㉞為遣其太子入漢為質　為質，為人質。句首「為」下應增「爾」、「汝」字讀。師古曰：「言為王烏故遣太子入質。」按：〈項羽本紀〉「旦日饗士卒，為擊破沛公軍」，句式與此相類。㉟漢使楊信於匈奴　事在元封四年（西元前一〇七年），烏維單于八年之秋。㊱東拔穢貉朝鮮以為郡　穢貉，也作「穢貊」。朝鮮地區小國名，約在今朝鮮之東北部，靠近東朝鮮灣。元朔元年（西元前一二八年），「穢君南閭等口二十八萬人降，為蒼海郡。」二年後，其郡又廢，史載不詳。朝鮮，國都王儉（今平壤市南）。漢與朝鮮戰爭的起因、過程，與平定朝鮮後在其地設立樂浪、臨屯、玄菟、真番四郡事，在元封三年（西元前一〇八年）。詳見〈朝鮮列傳〉。過去的「蒼海郡」即在後來的「樂浪郡」內。㊲酒泉郡　郡治即今甘肅酒泉。霍去病於元狩二年（西元前一二一年）驅逐匈奴，平定河西，初設武威、酒泉二郡；至元鼎六年，又分二郡置武威、張掖、酒泉、燉煌四郡。㊳以鬲絕胡與羌通之路　霍去病平定河西前，匈奴與居住在今青海省東部的羌族和居住在今甘肅西部與新疆一帶的西域諸國相通；霍去病平定河西，酒泉、燉煌等郡設立後，匈奴與羌族和西域諸國的聯絡遂被斷絕，從此漢與西羌、西域相通。㊴西通月氏大夏　月氏，西域地區的民族名，原來居住在今甘肅西南部的祁連山一帶，後被匈奴逼迫不斷西移，最後住到了今阿富汗東北部的阿姆河上游。大夏，西域國名，在今阿富汗之北部，國都藍氏城（今巴里黑）。按：武帝時張騫凡兩次通西域，第一次在漢匈大規模開戰之前的建元年間，因中間被匈奴扣留十多年，張騫到達西域約在元朔一、二年，曾到達月氏、大夏；張騫的第二次通西域在漢匈連年大戰後的元狩五年或六年（西元前一一八或一一七年），此次張騫本人到過烏孫，其副使到過月氏、大夏、安息，乃至更遠。㊵又以公主妻烏孫王　事在元封年間（西元前一一〇—前一〇五年）。烏孫原來居住在今甘肅西部，與月氏相鄰。先因被月氏打敗而投靠匈奴，又依靠匈奴之助而打敗月氏。月氏西遷後，烏孫遂占據在今新疆與鄰近的吉爾吉斯斯坦一帶，國都赤谷城（今吉爾吉斯斯坦之伊什提克）。因烏孫所處的地勢偏北，與匈奴相連，漢朝為割斷烏孫與匈奴的聯繫，故對烏孫特別予以拉攏。先是勸烏孫東遷，使之居於渾邪王南遷以後之匈奴空地，烏孫不肯；其後遂又約定與烏孫通婚。烏孫向漢朝獻馬千匹，武帝遂派江都王劉建之女（名細君）出嫁烏孫王昆莫。《漢書．西域傳》詳載此事，且有公主之作歌：「吾家嫁我兮天一方，遠託異國兮烏孫王。穹廬為室兮旃為墻，以肉為食兮酪為漿。居常土思兮心內傷，願為黃鵠兮歸故鄉。」㊶北益廣田至眩靁　北益廣田，更加向北推展農墾區。田，墾田；屯田。眩靁，古地名，瀧川引丁謙語以為在今呼和浩特西土默特右旗附近；錢穆以為在今內蒙古東勝西北。按：二說的方位相距不遠，但置於上下文中都未必合適。漢之長城當時已修至後套以北，今又「北益廣田」，豈能反在東勝一帶？此「眩靁」云者定當在今黃河後套以北。至如《集解》有所謂「在烏孫北」者，則又太過，漢之營田無論如何不可能遠到今之哈薩克斯坦境內。㊷是歲　元封四年（西元前一〇七年）。㊸翕侯信死　趙信於元朔六年（西元前一二三年）兵敗降匈奴，為匈奴出謀劃策，至此年死，為害於漢朝十七年。㊹以匈奴為已弱二句　此楊信出使匈奴之原因。臣從，猶言「臣服」。按：《漢書．武帝紀》元封四年秋，「以匈奴弱，可遂臣服，乃遣使說之。」此「使」蓋即楊信。㊺屈彊　同「倔強」。㊻即　若。㊼公主　原作「翁主」。按：黃本、殿本、淩本、瀧川本皆作「公主」，今依黃本等作公主，指諸侯王之女。《漢書．高帝紀》師古注：「天子不親主婚，故謂其女曰『公主』；諸王即自主婚，故謂女曰『翁主』。翁者，父也，言父主其婚也。」按：漢與匈奴約定時，都是說嫁以「公主」，從未明言嫁以諸侯王女者；至於實際所派都是宗室之女，那是另一個問題。㊽有品　有一定的規格。㊾以和親　調和親以後。以，通「已」。㊿反古　改變故約。古，意思同「故」。(51)無幾　無望；別指望。意即你們的想法不可能實現。或說，照你那樣講，雙方的和平共處就沒有希望了。幾，冀；希望。(52)中貴人　與皇帝關係親密的大貴族。(53)其儒先　假如是一個儒學先生。先，或稱「生」，都義同於今之所謂「先生」。(54)以為欲說二句　欲說，想逞其辭令。折其辯，頂回其說辭。如前文中行說之折漢使是也。(55)其少年　假如派去的是個青年人。(56)欲刺　意欲行刺。(57)折其氣　打掉他的氣焰。(58)報償　派使者回報、回訪。(59)必得當　一定要兩相對等。(60)漢使王烏　漢朝又派王烏出使匈奴。(61)調以甘言　以好話討人喜歡。調，同「諂」。(62)紿　哄騙。(63)邸　官邸。諸侯建於京城的府舍，以備入朝天子時所住宿。(64)誠語　說心裡話。師古曰：「誠，實也。」(65)使路充國佩二千石印綬　路充國本來的官爵原不至二千石，現特命其以二千石的身分充任使者。二千石，郡太守與諸侯相之級別。(66)厚葬直數千金　厚葬，此指裝殮豐厚。直，通「值」。數千金，漢代稱黃金一斤曰「一金」，「一金」約值銅錢一萬。(67)此漢貴人也　這在漢朝，是貴人殯葬的規格。(68)郭昌為拔胡將軍　雜號將軍名，蓋取其任務以名之。郭昌事跡又見於〈衛將軍驃騎列傳〉。(69)浞野侯　趙破奴，先從霍去病破匈奴有功，封從驃侯。後兵敗失侯，至再破樓蘭王，乃又被封為浞野侯。事跡詳見〈衛將軍驃騎列傳〉。(70)單于死　事在元封六年（西元前一〇五年）。(71)烏維單于立十歲而死　烏維單于自元鼎三年即位，至此死，在位共十年。(72)子烏師廬立為單于　其元年即元封六年。(73)單于益西北　指整個匈奴部落越來越向西北方向移動。(74)直　對；衝著。(75)右方直酒泉燉煌郡　郭嵩燾曰：「按〈地理志〉，酒泉郡，太初元年開；敦煌郡，武帝後元元年分酒泉郡置，史公不應有『敦煌郡』之名，恐『敦煌』二字後人誤入。」(76)弔　慰問。此指慰問喪家。(77)欲以乖其國　瀧川引岡白駒曰：「欲使其君臣相疑也。」乖，離；離間。向誰致弔，即意味著承認誰是主人，現漢使既弔單于（烏維之子），又弔右賢王（烏維之兄弟），乃故意離間之也。(78)悉將致單于　全把他們送到了單于那裡。致，送達。(79)十餘輩　十多批。(80)是歲　太初元年（西元前一〇四年）。(81)漢使貳師將軍句　貳師將軍廣利，李廣利，武帝寵妃李夫人之兄，因命其往攻大宛的貳師城，故號之為貳師將軍。大宛，西域國名，國都貴山城（今名卡賽散），在今新疆以西的吉爾吉斯斯坦境內。按：此為李廣利首次伐大宛。(82)因杅將軍敖　公孫敖，曾多次隨衛青北伐匈奴，事跡見〈衛將軍驃騎列傳〉。(83)受降城　也稱「宿虜城」。譚其驤《歷史地圖集》標在今內蒙古烏拉特中後聯合旗東。(84)即兵來迎我二句　漢若能派兵前來迎我，我便舉事。「即兵」之「即」，若。發，舉事。(85)猶以為遠　主語為匈奴的左大都尉。(86)其明年二句　太初二年（西元前一〇三年）春天。(87)期至浚稽山　期，預定。浚稽山，在今蒙古國的達蘭扎達加德西北。(88)行捕首虜　一邊撤退，一邊捕捉敵人或斬敵之首。(89)間捕　暗中襲捕。(90)護　護軍。監督全軍的長官。(91)渠　渠帥；大頭目。(92)相與謀曰三句　梁玉繩曰：「自『軍中郭縱為護』至『莫相勸歸』二十九字《漢書》刪之，但云『軍吏畏亡將而誅，莫相勸歸』。劉辰翁曰：『《史記》不可解，《漢書》是。』」按：「郭縱」、「維王」僅此一見，其他事跡不詳。(93)其明年　太初三年（西元前一〇二年）。(94)兒單于立三歲而死　烏師廬單于元封六年繼其父位為單于，至太初三年死，在位剛三年。(95)呴犁湖為單于　呴犁湖乃烏師廬單于之叔。呴犁湖元年即太初三年。(96)光祿徐自為　光祿，此處為「光祿勳」的簡稱，原稱「郎中令」，太初元年改稱「光祿勳」。九卿之一，掌管宮廷門戶與統領皇帝的侍衛人員。徐自為自元狩六年（西元前一一七年）為郎中令，後又為光祿勳，前後已十五年。(97)五原塞　《正義》以為即「五原郡的榆林塞」，在今內蒙古東勝一帶。(98)築城鄣列亭至盧朐　《正義》引顧胤曰：「鄣，山中小城。亭，候望所居也。」盧朐，《正義》曰：「〈地理志〉云：『五原郡稒陽縣北出石門鄣，得光祿城，又西北得支就城，又西北得頭曼城，又西北得虖河城，又西北得宿虜城。』即『築城鄣列亭至盧朐』也。」按：譚其驤《歷史地圖集》標「光祿城」於今包頭市西北，固陽縣西南；標「支就城」於固陽縣西北之古長城外；標「頭曼城」於「支就城」之西北，再西北即前公孫敖所築「受降城」也。「受降城」也稱「宿虜城」，亦即所謂「盧朐」。而瀧川則引丁謙曰：「徐光祿所築亭障，當從陰山北麓迤邐而西，直至盧朐山止。盧朐山必陽山北麓之名。」按：陽山，即今內蒙黃河後套以北的狼山。按：參上下文意，似以丁謙所說為長。(99)游擊將軍韓說　韓說是劉邦功臣韓王信之曾孫，韓王信叛漢逃入匈奴後，生子頹當。頹當後又歸漢，在平定吳楚七國之亂中有功，封弓高侯。韓頹當之孫曰韓嫣，為武帝之男寵，見〈佞幸列傳〉；韓說即韓嫣之弟。(100)長平侯衛伉　衛青之子，襲其父爵為長平侯。(101)路博德　武帝時將領，先從霍去病伐匈奴有功，封符離侯；又以伏波將軍之名伐南越有功益封，後犯罪失侯，現以都尉之職率軍守邊。事跡參見〈衛將軍驃騎列傳〉。(102)築居延澤上　在居延澤上築城防守。居延澤在今內蒙古額濟納旗東，所築之城稱「遮虜障」。《正義》引《括地志》云：「漢居延縣故城在甘州張掖縣東北一千五百三十里，有漢遮虜鄣，彊弩都尉路博德之所築。李陵敗，與士眾期至遮虜鄣，即此也。長老傳云鄣北百八十里，直居延之西北，是李陵戰地也。」(103)行破壞句　行破壞，一邊撤退一邊破壞。城列亭鄣，中井曰：「宜言『城鄣列亭』。」按：以上徐自為築城，與匈奴人毀城都在太初三年。(104)會任文擊救　任文，漢將名。擊救，師古曰：「擊匈奴而自救漢人。」王先謙引沈欽韓曰：「〈西域傳〉『軍正任文將兵屯玉門關』，故得援酒泉、張掖。」(105)破大宛二句　李廣利二次伐匈奴，在太初三年；破大宛，斬其王而還，乃在太初四年（西元前一〇一年）。見〈大宛列傳〉與《漢書・李廣利傳》。(106)遮　攔擊。(107)不能至　《漢書》作「不敢」。(108)其冬　太初四年冬。(109)會單于病死　呴犁湖單于西元前一〇二年即位，西元前一〇一年病死，在位一年。(110)且鞮侯為單于　且鞮侯單于元年即太初四年。(111)誅討；討伐。(112)外國　漢朝風教前所未及之國。(113)意欲遂困胡　心想一鼓作氣整垮匈奴。(114)遺朕平城之憂　給我留下了要雪平城之辱的任務。(115)絕悖逆　大逆不道到了極點。絕，極。(116)齊襄公復九世之讎　指滅掉紀國。齊襄公（西元前六九七－前六八六年在位），名諸兒，春秋前期齊國的國君。其九世祖曾因紀國諸侯的挑動，被周天子所殺，至襄公時遂以「復仇」為名，滅掉了紀國。事見《公羊傳》莊公四年。(117)春秋大之　《公羊傳》對齊襄公的此舉評論說：「九世猶可復讎乎？曰：雖百世可也。」按：《史記》中對《春秋》、《公羊傳》、《左傳》之文，常常都以「春秋」稱之。大，讚美。張照曰：「此下疑有闕文，然《漢書》亦仍之，則當時所傳亦如此。」瀧川引中井曰：「武帝欲逞其欲，自占好題目，故《史》載此語，不須終語。」(118)是歲二句　史公作《史記》，下限大體截止於太初四年，故此處有「結束語」的意味。

【語　譯】幾年後，伊稚斜單于在位十三年病死，他的兒子烏維繼任單于。這一年是武帝元鼎三年。烏維單于即位後，這時漢朝皇帝開始出巡郡縣。這以後漢朝正忙於討伐兩越，不攻打匈奴，匈奴也不入侵漢朝。

2　烏維單于即位的第三年，這時漢朝已經滅掉了南越，故而派原來是太僕的公孫賀率領一萬五千騎兵從九原出發，北行兩千餘里，直到浮苴井才回來，未見匈奴一人。接著漢朝又派原來是從驃侯趙破奴率萬餘騎兵從令居出發，北行數千里，直至匈河水而還，也未見到匈奴人。

3 這時，武帝巡視北方邊塞到了朔方，他擺開十八萬騎兵向匈奴示威，並派郭吉出使匈奴，向單于傳話。當郭吉到達匈奴後，接待官員問郭吉此行目的，郭吉禮貌謙卑，善言溫語說：「我進見單于時再講。」當郭吉被單于接見時，郭吉說：「南越王的人頭已經懸掛在未央宮的北門。單于您如果有本事，就上前與漢朝決戰，現在我們天子正親自率兵在邊境上等著；如果您不敢開戰，那就趕快向漢朝稱臣，何必只會遠逃，躲藏在漠北那種嚴寒無水草之地去，不必要這個樣子。」單于聽了郭吉的話勃然大怒，立刻斬了那個接待郭吉的官員，扣留郭吉，將郭吉流放在北海邊上。但單于終究還是沒敢再到漢朝的邊境鬧事，而是休養生息，訓練射獵，多次派使臣到漢朝甜言蜜語地請求和親。

4 有一次漢朝派王烏等為使到匈奴窺探軍情。匈奴規定，漢朝使臣到匈奴後如果不放下旌節、不用墨在臉上塗抹，就不能進入單于的旃帳。王烏是北地郡人，了解匈奴的風俗。他放下旌節、用墨塗面後進入了旃帳。單于很喜歡他，假意向他說了些好話，說為了王烏馬上就派太子入漢為人質，請求和親。

5 後來漢朝使臣楊信再次來到匈奴。這時漢朝在東部已經占領穢貉、朝鮮，在兩地設立了郡縣；在西部設立酒泉郡，隔斷了匈奴人與西方羌族的通路。接著漢朝又向西與月氏、大夏通好，派公主下嫁烏孫王，目的都在於分化匈奴與西域各國的關係。接著又在北部進行擴展農墾區，將邊境擴大到了眩靁一線，而匈奴對此也沒敢說什麼。這一年，翕侯趙信死了，漢朝的執政者便以為匈奴已經衰落，可以使之對漢稱臣。楊信為人剛直倔強，因為他不是貴臣，所以單于對他也不看重。單于想讓他進帳，楊信不肯放下旌節。單于只好坐到旃帳外面接見楊信。楊信見到單于說：「如果您想與漢族和親，那就趕緊派太子入漢做人質。」單于說：「這不符合過去的條約規定。按舊約，漢朝應該經常派公主來嫁，並給匈奴一定數量的繒絮、食物；和親以後，匈奴就不騷擾漢朝的邊境。現在你們違反舊約，讓我的太子去給你們做人質，這辦不到。」匈奴的慣例，見漢朝使臣只要不是達官貴人，而是儒生，他們就認為你是來遊說的，就痛挫他的辭令；如果是年輕人，他們就認為你是來行刺的，就痛挫你的銳氣。漢朝每向匈奴派一次使者，匈奴也就向漢朝派一次使者。漢朝如果扣留匈奴使者，匈奴就也扣留漢朝使者，直到兩相對等為止。

6 楊信回朝後，漢朝又派王烏出使匈奴，於是單于又以甜言蜜語同他講話，想要多從漢朝得到一些財物。他欺騙王烏說：「我想入漢拜見天子，雙方當面締結為兄弟。」王烏回朝報告後，漢朝就為單于在長安建造了官邸。單于對漢朝說：「漢朝不派貴人為使臣，我不能同他說真話。」有個匈奴貴人來到漢朝的時候病了，漢朝賜予良藥，想治癒他，不幸吃藥死了，於是漢朝就派路充國佩帶二千石的印綬出使匈奴，護送匈奴貴人遺體回國，並花數千金予以厚葬。路充國對匈奴說：「這在漢朝是給貴人殯葬的規格。」但單于以為漢朝害死了匈奴貴人，便扣留了路充國，不讓他回漢。其實單于以往所說的那些甜言蜜語，都是為了欺騙王烏，根本沒想入漢拜見皇帝，也從來沒想讓太子入漢當人質。於是匈奴又開始多次派快速騎兵侵犯漢朝邊境。漢朝於是任郭昌為拔胡將軍，和浞野侯趙破奴一起屯兵於朔方城東防備匈奴。路充國被匈奴扣留的第三年，烏維單于死了。

7 烏維單于即位十年而死，他的兒子烏師廬繼任單于。烏師廬年少，號為「兒單于」。這一年是武帝元封六年。自此以後，單于更加向西北遷徙，匈奴的左方兵對著漢朝的雲中郡，匈奴的右方兵對著漢朝的酒泉、燉煌兩郡。

8 兒單于即位後，漢朝派兩位使臣出使匈奴，一個是向單于弔唁，一個是向右賢王弔唁，企圖分化匈奴內部。兩位使者進入匈奴後，同時都被送到了單于那裡。單于很生氣，就將兩個使團全部扣留。漢朝出使匈奴的使者前前後後被扣留了十多批，而匈奴使臣入漢也被漢朝扣留了十多批。

9 這一年，漢朝派貳師將軍李廣利西伐大宛，同時派因杅將軍公孫敖修築受降城。這年冬天，匈奴暴風雪，大批牲畜凍死餓死。兒單于年少氣盛，好殺伐，國人不安，左大都尉想殺單于，派人私下告訴漢朝說：「我想殺單于降漢。這裡距漢太遠，你們如能發兵接應我，我便立刻動手。」正是因為漢朝聽到了這些話，所以才修築受降城。但匈奴左大都尉還是覺得離太遠。

10 明年春天，漢派浞野侯趙破奴率兩萬多騎兵，從朔方西北出發，行軍兩千餘里，預定要到達浚稽山後回來。浞野侯按預定計畫到達後便率軍返回，這時左大都尉正要發動政變卻走漏消息，被單于斬首。單于遂令左方兵攻打浞野侯。浞野侯在回師途中邊走邊捕殺了匈奴數千人，在距離受降城還有四百里時，被匈奴八萬騎兵包圍。浞野侯在夜間親自出來找水的時候，被在暗地埋伏的匈奴人活捉，匈奴人趁機加緊圍攻浞野侯的大軍。這時漢軍中的護軍郭縱與渠帥維王商量說：「校尉們都怕因主將被縛而回去被殺，都不想再歸漢。」於是便全軍投降匈奴了。兒單于大喜，接著派快速騎兵進攻受降城。沒能攻下，便入侵邊塞搶掠了一番後率軍離去。第二年，兒單于要親自攻打受降城，結果在途中病死。

11 兒單于在位三年而死，其子年幼，匈奴人就立他的叔父烏維單于的弟弟右賢王呴犁湖為單于，這一年是武帝太初三年。

12 呴犁湖單于即位後，漢朝派光祿大夫徐自為從五原塞開始，近者幾百里，遠者上千里，修築城堡，一直連到盧朐；同時派游擊將軍韓說、長平侯衛伉在其附近屯兵，而派彊弩都尉路博德在居延澤修築遮虜鄣。

13 這年秋天，匈奴大規模入侵定襄、雲中，殺掠數千人，打敗了好幾個二千石的地方官而去。在回軍途中邊走邊破壞徐自為所築的城鄣列亭。單于又派右賢王入侵酒泉、張掖二郡，掠得好幾千人。剛好這時漢將任文引兵來救，匈奴這才拋下所掠得的一切逃走了。這一年，貳師將軍攻下大宛，斬了大宛王勝利回師。匈奴人想要中途截擊貳師的軍隊，結果沒有趕到。這年冬天，匈奴正要進攻受降城，剛好單于病死了。

14 呴犁湖單于在位一年而死，匈奴便立了他的弟弟左大都尉且鞮侯為單于。

15 漢朝滅掉大宛後，威震外國，這時武帝便想一鼓作氣解決匈奴問題，他下詔說：「高皇帝曾給我留下了平城之仇，高后時匈奴來信曾那樣的大逆不道。當初齊襄公終於給九代以上的祖先報了仇，《春秋》對他熱情讚美。」這一年是武帝太初四年。

1 且鞮侯單于既立❶，盡歸漢使之不降者，路充國等得歸。單于初立，恐漢襲之，乃自謂：「我兒子❷，安敢望❸漢天子！漢天子，我丈人行❹也。」漢遣中郎將蘇武厚幣賂遺單于❺。單于益驕，禮甚倨，非漢所望也。其明年❻，浞野侯破奴得亡歸漢❼。

2 其明年❽，漢使貳師將軍廣利以三萬騎出酒泉，擊右賢王於天山❾，得胡首虜萬餘級❿而還。匈奴大圍貳師將軍，幾不脫，漢兵物故什六七⓫。漢復使因杅將軍敖⓬出西河⓭，與彊弩都尉⓮會涿涂山⓯，毋所得。又使騎都尉李陵⓰將步騎⓱五千人，出居延北千餘里⓲，與單于會，合戰，陵所殺傷萬餘人，兵及食盡，欲解歸，匈奴圍陵，陵降匈奴，其兵遂沒，得還者四百人⓳。單于乃貴陵，以其女妻之⓴。

3 後二歲㉑，復使貳師將軍將六萬騎、步兵十萬，出朔方。彊弩都尉路博德將萬餘人，與貳師會。游擊將軍說將步騎三萬人，出五原。因杅將軍敖將萬騎、步兵三萬人，出鴈門。匈奴聞，悉遠其累重㉒於余吾水㉓北，而單于以十萬騎待水南㉔，與貳師將軍接戰。貳師乃解而引歸，與單于連戰十餘日。貳師聞其家以巫蠱族滅㉕，因并眾降匈奴㉖，得來還千人一兩人耳。游擊說無所得，因杅敖與左賢王戰，不利，引歸㉗。是歲，漢兵之出擊匈奴者不得言功多少，功不得御㉘。有詔捕太醫令隨但㉙，言貳師將軍家室族滅，使廣利得降匈奴㉚。

【章旨】以上為第六段，寫李陵、李廣利兩次出征失敗，投降匈奴。此段多被認為是後人所補。

【注釋】❶且鞮侯單于既立　梁玉繩曰：「此下乃後人所續，非史公本書。《史》訖太初，不及天漢。至其所載，亦多誤。」❷我兒子　我是小孩子、晚輩。❸望　怨恨。❹我丈人行　我的上一輩、長輩。❺漢遣中郎將句　中郎將，皇帝身邊的衛士長，秩比二千石，上屬郎中令。蘇武，衛青的部將蘇建之子，事跡詳見《漢書・蘇建傳》。厚幣，厚禮。幣，禮品，通常以璧、帛等為之。按：以上路充國歸漢與蘇武出使，皆天漢元年（西元前一〇〇年）事，今繫於太初四年（西元前一〇一年）下，誤也。❻其明年　天漢元年。❼浞野侯破奴得亡歸漢　〈衛將軍驃騎列傳〉云：「（浞野侯）居匈奴中十歲，復與其太子安國亡入漢。」《集解》引徐廣曰：「以太初二年（西元前一〇三年）入匈奴，天漢元年亡歸，涉四年。」王先謙有所謂「『浞野侯』上之『明年』二字蓋衍」者，誤算。又，趙破奴太初二年降匈奴，匈奴定是曾封其為「王」，故史公稱其子曰「太子」。❽其明年　天漢二年（西元前九九年）。❾天山　在今新疆吐魯番北。❿得胡首虜萬餘級　據〈衛將軍驃騎列傳〉皆作「捕斬首虜」、「獲首虜」、「斬捕首虜」，「首虜」謂首級與俘虜。唯此處曰「得胡首虜萬餘級」，似「首虜」義同「首級」者，或後人所補，與史公用字不同故也。⓫物故什六七　物故，死亡。什六七，十分之六七。⓬因杅將軍敖　公孫敖。⓭西河　或者應作「河西」，指今甘肅之敦煌、酒泉一帶，與前文說驃騎平定隴右後，「河西益少胡寇」之「河西」同。有人以山西、陝西北部交界之「西河郡」當之，兩者相隔遙遠，極不合理。⓮彊弩都尉　指路博德，當時正駐兵於居延塞。⓯涿涂山　也作「涿邪山」，在今內蒙額濟納旗西北的蒙古國境內，在前文趙破奴北伐所至的浚稽山之西。⓰騎都尉李陵　李廣之孫，此時正帶領五千名南方人在酒泉一帶進行步兵訓練。⓱步騎　瀧川曰：「楓、三本，《漢書》，『步騎』作『步兵』。」應從。⓲出居延北千餘里　天漢二年，李廣利率兵出酒泉，擊右賢王於天山，武帝令李陵為李廣利做運輸部隊，李陵不幹，願率五千步兵獨出，於是武帝遂令其北出居延塞。結果李陵遇上了匈奴的大部隊。⓳得還者四百人　李陵與匈奴大軍艱苦戰鬥，且戰且退，至距居延塞還有近百里時，矢盡糧絕，李陵自感無顏回國，束手被俘，逃歸者僅四百餘人。過程詳見〈報任安書〉、〈李將軍列傳〉

與《漢書・李廣蘇建傳》。⑳單于乃貴陵二句　梁玉繩曰：「匈奴妻李陵，乃陵降後數歲後事，而此誤以陵降即妻之。」李陵被俘一年後，漢派公孫敖率軍北出，尋找李陵。公孫敖聽信謠言，說是李陵為匈奴人訓練軍隊，回來向武帝報告後，武帝誅滅了李陵全家。李陵聽說後很生氣，他一怒之下殺死了為匈奴訓練軍隊的李緒，這以後才投降了匈奴，娶單于之女為妻。㉑後二歲　天漢四年（西元前九七年）。㉒遠其累重　將沉重的物品與老弱傷病人員都向北送得遠遠的。累重，師古曰：「謂妻子資產也。」㉓余吾水　在今蒙古國烏蘭巴托西。㉔單于以十萬騎待水南　按：此單于即且鞮侯單于，此年為且鞮侯單于五年。㉕聞其家以巫蠱族滅　巫蠱，一種以迷信方法詛咒人使人患病致死的害人之法，如《紅樓夢》中趙姨娘、馬道婆之害寶玉、鳳姐者是也。武帝晚年懼怕蠱術，懷疑有人以此害他，於是陰謀家江充遂借此陷害素所忌恨者，致使許多官僚貴族紛紛遇害。最後甚至誣陷、查抄到太子與皇后，太子怒斬江充、韓說等。武帝派丞相劉屈氂率兵討太子，太子起兵相抗，戰於長安城中。後來太子兵敗自殺，任安「坐觀望」被殺，劉屈氂竟也被武帝所殺。事情詳見《漢書》之〈武五子傳〉。㉖因并眾降匈奴　按：李廣利、公孫敖、韓說等天漢四年之伐匈奴，雖無大勝，然亦無大敗，《漢書・武帝紀》稱其「戰不利，皆引還」。至於李廣利之兵敗降匈奴乃七年之後的征和三年（西元前九〇年）事。《漢書・武帝紀》云：「征和三年三月，遣貳師將軍廣利將七萬人出五原，御史大夫商丘成二萬人出西河，重合侯馬通四萬騎出酒泉。廣利敗，降匈奴。」《漢書・匈奴傳》云：「貳師將軍將出塞，匈奴使右大都尉與衛律將五千騎要擊漢軍於夫羊句山狹，貳師遣屬國胡騎二千與戰，虜兵壞散，死傷者數百人。漢軍乘勝追北，至范夫人城，匈奴奔走，莫敢拒敵。會貳師妻子坐巫蠱收，聞之憂懼。」其後軍心不一，單于（狐鹿姑）乘勢擊敗之，廣利遂降匈奴。由此見貳師之奔敗，皆武帝所自致。梁玉繩曰：「貳師降匈奴，其家以巫蠱族滅，俱征和間事，而此誤敘於天漢四年，何足信哉！」㉗游擊說無所得四句　此即天漢四年與貳師同無功之「皆引還」事也。㉘不得言功多少二句　功不得御，《正義》曰：「其功不得相御當也。」意即「得不償失」。瀧川引中井曰：「御，謂奏上進御。」照此即「不得上報功勞」。按：此二句不知究竟想說何年事，《史記》他篇與《漢書》之天漢四年與征和三年下皆無此類似語句。㉙太醫令隨但　太醫令姓隨名但。太醫令，皇帝的醫官，上屬少府。㉚言貳師將軍家室族滅二句　按：隨但為李廣利通消息事，僅此一見，《漢書》之〈李廣利傳〉、〈匈奴傳〉皆不載，且事實亦不相同。據《漢書・匈奴傳》，李廣利是聽說家屬被繫，因此尚欲行險邀功；此處則說隨但「言貳師將軍家室族滅」，顯然與事實不合。

【語　譯】且鞮侯單于即位後，放回了全部沒有投降匈奴的漢使，路充國等人得以回到了漢朝。且鞮侯單于剛即位，怕被漢朝襲擊，就說：「我是個小孩子怎敢怨恨漢朝天子？漢朝天子，是我的長輩。」漢朝便派了中郎將蘇武攜帶豐厚禮品往贈單于。結果單于更驕橫傲慢，完全不是漢朝所想的那種樣子。第二年，浞野侯趙破奴又從匈奴逃回了漢朝。

2 明年，漢派貳師將軍李廣利率三萬騎兵自酒泉出發，在天山攻擊右賢王，斬獲匈奴萬餘人而還。貳師回軍途中，被匈奴重重包圍，幾乎不能脫身，漢兵死了十分之六七。接著漢朝又派因杅將軍公孫敖自西河出兵，與彊弩都尉路博德在涿涂山會師，結果一無所獲。漢朝又派騎都尉李陵率步兵騎兵五千人，從居延出發，北行千餘里，結果與單于大軍相遇，兩軍激戰，李陵軍殺死匈奴萬餘人，而自己的士兵及糧草也所剩無幾。李陵想解散隊伍讓他們各自逃回，結果李陵被匈奴圍住，李陵投降，全軍覆沒，只有四百人回到了漢朝。單于為了尊寵李陵，將女兒嫁與李陵為妻。

3 又過了兩年，漢朝又派貳師將軍率六萬騎兵和十萬步兵，從朔方出發；令彊弩都尉路博德率萬餘人與貳師會合；派游擊將軍韓說率步兵騎兵三萬人，從五原出發；派因杅將軍公孫敖率騎兵萬人和步兵三萬人自雁門出發。匈奴聞訊後，將全部輜重及老弱傷病人員都轉到余吾水北，而單于率十萬騎兵等候在余吾水南。單于與貳師將軍激戰。貳師失利後，引兵邊退邊戰，與單于纏鬥十餘日。這時貳師將軍聽說他全家因為巫蠱一案被漢朝殺光了，於是便率眾投降了匈奴，能回到漢朝的不到千分之一二。游擊將軍韓說無獲而返。因杅將軍公孫敖與左賢王交戰不利，引兵而回。這一年出擊匈奴的人不准談論功多功少，因為總體上是得不償失。武帝下令逮捕太醫令隨但，因為是他傳出了貳師將軍全家遭族滅的事，致使李廣利投降匈奴。

太史公曰：孔氏著春秋❶，隱、桓之間則章❷，至定、哀之際則微❸，為其切當世之文而罔褒❹，忌諱之辭❺也。世俗之言匈奴者❻，患其徼一時之權❼，而務諂納其說⑧，以便偏指⑨，不參彼己⑩；將率⑪席⑫中國廣大，氣奮⑬，人主因以決策，是以建功不深⑭。堯雖賢，興事業不成⑮，得禹而九州寧⑯。且欲興聖統⑰，唯在擇任將相哉⑱！唯在擇任將相哉！

【章　旨】以上為第七段，是作者的論贊，對武帝時的君臣謀略進行了批評。

【注　釋】❶孔氏著春秋　《春秋》是一部以魯國諸侯為主軸的春秋時代的大事綱要，上起魯隱公元年（西元前七二二年），下止於魯哀公十四年（西元前四八一年）。孟軻與司馬遷相繼都說是孔子所著，漢代尊儒，將《春秋》奉為儒家的重要經典之一。自宋代開始有人對此提出懷疑，清朝末期以來否定是孔子所作的說法遂更有增多。❷隱桓之間則章　隱桓之間，指春秋時代的初期。隱桓，魯隱公（西元前七二二—前七一二年在位）、魯桓公（西元前七一一—前六九四年在位），都是春秋初期的魯國諸侯，孔子寫《春秋》，以魯國的諸侯紀年，魯隱公是第一個，魯桓公是第二個。章，通「彰」。指寫得明白直露，沒有什麼顧忌。❸定哀之際則微　定哀，魯定公（西元前五〇九—前四九五年在位）、魯哀公（西元前四九四—前四六六年在位），都是春秋末期，孔子那個時代的魯國諸侯。微，指寫得隱晦含蓄。❹為其切當世之文而罔褒　語略生澀。罔褒，郭嵩燾曰：「謂無所褒貶也。」瀧川引中井曰：「不顯褒貶也。既有所褒，必不能無所貶，故并褒貶不敢也。」❺忌諱之辭　儒家講究「為尊者諱」、「為長者諱」，故《春秋》中有許多不是實話實說的地方。按：以上是司馬遷解釋《春秋》的寫法，同時也是向讀者說明自己寫作《史記》的許多苦衷。❻言匈奴者　指主張對匈奴用兵的人。❼徼一時之權　《索隱》曰：「徼者，求也，言求一時權寵。」徼，同「邀」、「要」。❽諂納其說　向統治者進獻諂媚迎合之辭。諂納，諂媚、進獻。二動詞連用。❾以便偏指　以求實現其偏頗的主張。❿不參彼己　不研究敵我雙方的實際情況。張文虎曰：「不參彼己，言不能知彼知己也。」⓫將率　帶兵出征的人，主要指衛青、霍去病等。⓬席　憑藉；仗恃。⓭氣奮　猶言逞一時的意氣。⓮是以建功不深　張照稱此數句謂：「言匈奴者務諂納其說，以便伸其一偏之見，而不以彼己利害短長參之；其將率則席中國盛勢以奮其氣，人主就此輩決策，是以無成功也。」⓯興事業不成　指還有許多事情沒有辦好，如洪水未得治理、惡人未能斥退、賢才未能進用等。⓰得禹而九州寧　後來得到了大禹，才將洪水治好，使九州安寧。⓱興聖統　建設理想的聖王政治。⓲唯在擇任將相哉

《正義》曰：「以刺武帝不能擇賢將相，而務諂納小人浮說，多伐匈奴，故壞齊民。故太史公引禹聖成其太平，以攻當代之罪。」茅坤曰：「太史公甚不滿武帝窮兵匈奴事，特不敢深論，而託言『擇將相』，其旨微矣。」何焯曰：「下即繼以衛、霍、公孫弘，而全錄主父偃〈諫伐匈奴書〉，太史之意微矣。」中井曰：「不特言『將』，而稱『將相』，何也？蓋良將能克敵定功，而賢相不必黷武窮兵，史遷此意不得明言之，在讀者逆其志。上文『徽權納說』，文臣之事矣，與『將率氣奮』對說，故以『擇將相』結之。」

【語　譯】太史公說：孔子作《春秋》時，對隱公、桓公時代的事情就記述得詳盡而明暢，對於定公、哀公時代的事情就記載得簡略而隱晦，這是因為時代太靠近，不能如實褒貶，有許多忌諱的緣故。人們在說起對匈奴戰爭的時候，往往是出於想獲得權勢地位，一心獻媚迎合，發表片面意見，不考慮敵我雙方的具體情況；將帥們則是倚仗國大人多，盛氣淩人；皇帝的決策就是建立在這種基礎上，所以取得的勝利不大。堯雖然聖賢，但也有許多事業沒有完成，是後來得到大禹，才使全國百姓獲得安寧。看來要想治理好一個國家，任用好的將軍宰相可是一個關鍵啊！任用好的將軍宰相可是一個關鍵啊！

【研　析】這是表現司馬遷進步民族觀的一篇重要文字，他改變了先秦中原統治者那種「尊王攘夷」的狹隘觀點，而不帶任何偏見地為北方少數民族立傳，並接受戰國以來的說法，把匈奴人也和中原人、秦人、楚人、越人、西南地區的夷人等等都說成是黃帝子孫，大家都是同宗同源，這種心胸氣魄顯然帶著當時的時代色彩，而這種觀點對於我國多民族的融合，無疑是起了極其巨大的歷史作用的。要全面了解司馬遷的民族觀，還應該結合〈大宛列傳〉、〈朝鮮列傳〉、〈南越列傳〉、〈西南夷列傳〉、〈東越列傳〉等篇一起閱讀。

〈匈奴列傳〉所記有關春秋以前的匈奴史，由於材料所限，司馬遷只能姑妄言之，我們也只好姑妄聽之，無法深究；但其中所記戰國以來的匈奴史，則無疑便是非常重要的史料了。其中所記錄關於匈奴人的風俗習慣、風土人情，尤其對冒頓這位傑出英雄的生動描畫，給人們留下了極其深刻的印象。對於秦漢以來匈奴與漢族間的戰爭與和親的關係，司馬遷做了詳盡的紀錄，他對雙方那些為了和平共處做出努力的人們給予表彰；對那些攻殺掠奪，挑起戰端，致使兩族人民蒙受災難的統治者，尤其是對漢武帝設謀馬邑的行為，給予了尖銳的批判。司馬遷比較肯定文、景時期的和親，對於武帝時期的大舉征伐，儘管並不完全否定，但總的來說他認為是勞民傷財，得不償失。

作品對衛青、霍去病的軍事貢獻做了如實的描寫，但同時也有不少非議。他明白這是漢武帝決策的結果，只是由於不能直說，所以只有泛泛地歸罪於「將相」，歸罪於提出建議的諸如王恢等人。要全面了解漢與匈奴的戰爭，還應該結合〈衛將軍驃騎列傳〉、〈韓長孺列傳〉、〈李將軍列傳〉、〈平準書〉等一道閱讀。

〈匈奴列傳〉的文字相當好，曾被梁啟超認為是《史記》中的十大名篇之一。

卷一百一十一

衛將軍驃騎列傳第五十一

【題解】作品記述了衛青的卑微出身與其少時的坎坷經歷，後來因其姐入宮，衛青與霍去病遂得成為討伐匈奴的將領。衛青與霍去病之被晉用雖然與衛皇后有關，但衛青、霍去病又的確是具有良好品質的有勇有謀的軍事天才。司馬遷對漢與匈奴的戰爭是不滿意、有批評的，對衛青與霍去病也有不少指責，但作品還是如實的描寫了衛青、霍去病的為人與他們所進行的艱苦卓絕的戰鬥，以及他們在對匈奴作戰中所取得的巨大歷史功勳。篇後附載了隨二將出征的各位將領的事跡，更有助於人們看清這場長期戰爭的全貌。

1 大將軍❶衛青者，平陽❷人也。其父鄭季❸，為吏，給事❹平陽侯❺家，與侯妾❻衛媼❼通，生青。青同母兄❽衛長子❾，而姊衛子夫❿自平陽公主⓫家得幸天子，故冒姓為衛氏⓬。字仲卿。長子更字長君。長君母號為衛媼。媼長女衛孺，次女少兒，次女即子夫。後子夫男弟步、廣⓭，皆冒衛氏⓮。

2 青為侯家人⓯，少時歸其父，其父使牧羊。先母⓰之子皆奴畜之⓱，不以為兄弟數⓲。青嘗從入⓳至甘泉居室⓴，有一鉗徒㉑相青曰：「貴人也，官至封侯。」

青笑曰：「人奴之生㉒，得毋笞罵㉓即足矣，安得封侯事乎！」

3 青壯，為侯家騎㉔，從平陽主。建元二年㉕，春，青姊子夫得入宮幸上㉖。皇后，堂邑大長公主女也㉗，無子，妒。大長公主聞衛子夫幸，有身，妒之，乃使人捕青。青時給事建章㉘，未知名。大長公主執囚青㉙，欲殺之。其友騎郎㉚公孫敖㉛與壯士往篡取㉜之，以故得不死。上聞，乃召青為建章監㉝，侍中㉞，及同母昆弟㉟貴，賞賜數日間累千金㊱。孺為太僕公孫賀妻㊲。少兒故與陳掌通㊳，上召貴掌㊴。公孫敖由此益貴。子夫為夫人㊵，青為大中大夫㊶。

【章旨】以上為第一段，寫衛青之早年遭遇。

【注釋】❶大將軍　國家的最高軍事長官，其次是驃騎將軍、車騎將軍、衛將軍。大將軍名義上位在丞相之下，但像此時的衛青與後來的霍光權勢都在丞相之上。❷平陽　漢縣名，縣治在今山西臨汾西南。❸鄭季　鄭老四，「季」字未必是名。❹給事　給其做事，猶今之所謂「服務」。《正義》引《漢書音義》云：「以縣吏給事平陽侯家。」❺平陽侯　始封者為劉邦的開國功臣曹參，封地平陽，事見〈曹相國世家〉。此時襲封為侯者是曹參的曾孫曹時（也作「曹時」，也作「曹壽」）。王叔岷曰：「平陽侯當是名『疇』，『時』、『時』並誤字。『疇』『壽』古通。『疇』誤為『時』，再訛為『時』耳。」❻侯妾　侯家的婢僕，非謂平陽侯之姬妾。瀧川曰：「妾，婢妾也，《漢書》改作『僮』。」❼衛媼　媼，老婦，以後來的口氣對其敬稱，非謂當時即老婦也。師古曰：「衛者，舉其夫家姓也。」蓋猶〈高祖本紀〉之稱劉邦母曰「劉媼」。也有人以為此婦姓衛，故稱衛媼。❽青同母兄　衛氏本家親父所生的兒子。❾衛長子　衛子夫的同母兄，名「長子」，字「長君」。❿衛子夫　武帝的第二位皇后。⓫平陽公主　武帝的胞姐，其實應稱為「陽信公主」，因嫁與平陽侯曹壽為妻，故人們也稱之為「平陽公主」。平陽公主雖嫁與平陽侯，但不去平陽侯封地，而住在長安。衛子夫原為平陽公主家的歌女，因武帝來平陽公主家的機會而得幸進宮的過程，見〈外戚世家〉。⑫冒姓為衛氏　因為是私生子，只好姓人家的姓。冒，假充。⑬後子夫男弟步廣　中井曰：「『後』字疑衍，《漢書》無。」⑭皆冒衛氏　據文意，蓋謂此婦所生子女多人，除衛長子是其親夫所生外，其他子女皆私生也，且不知子夫、少兒等之生父為誰。史珥曰：「歷敘大將軍母姊醜行，並霍驃騎家穢都出，此種史筆，後世難施。」⑮為侯家人　謂隨其母在平陽侯家為奴僕。⑯先母　指鄭季之嫡妻，此時已死。⑰奴畜之　像對待奴隸一樣對待衛青。⑱不以為兄弟數　不將其視為自己之兄弟。數，計算；看作。⑲從人　《漢書》作「從人」，跟著他人。⑳甘泉居室　甘泉宮裡的監獄。甘泉，秦漢時代的離宮名，在今陝西淳化縣西北的甘泉山上。居室，也稱保宮，關押犯人的地方。㉑鉗徒　脖子上套著鐵箍的勞役犯。㉒人奴之生　奴僕所生的孩子。人奴，指其母衛媼。㉓得毋笞罵　能不受人打罵。笞，用棍子板子打人。有人將此句讀作「人奴之，生得無笞罵足矣」，雖亦可通，但不如前讀順暢。㉔為侯家騎　又回到平陽公主家當侍從騎士。㉕建元二年　西元前一三九年。建元，武帝的第一個年號，西元前一四〇—前一三五年。㉖幸上　受到皇上寵幸。㉗皇后二句　即陳阿嬌。其母為景帝之姐，武帝之姑，名嫖，堂邑侯陳午之妻。陳午是劉邦功臣陳嬰之孫，繼其祖為堂邑侯。封地堂邑，在今山東平度縣東南。凡皇帝之女稱公主，姐妹稱長公主，姑稱大長公主。陳阿嬌成為武帝皇后的過程見〈外戚世家〉。㉘給事建章　在建章宮裡當差。建章宮位於當時的長安城西，緊靠城牆，與城牆內的未央宮隔牆相鄰。舊說皆謂建章宮建於武帝太初年間（西元前一〇四—前一〇一年），而衛青此時之「給事建章」乃在建元年間（西元前一四〇—前一三五年），早於建宮三十多年，二者不知孰錯。㉙執囚青　將衛青逮捕，因禁起來。執，拘捕。㉚騎郎　皇帝的騎兵侍從。㉛公孫敖　姓公孫，名敖，後為伐匈奴名將。㉜篡取　劫奪；奪取。㉝建章監　建章宮的警衛官員。㉞侍中　在宮中侍候皇帝，後來也用為官名。㉟同母昆弟　即衛媼所生諸子女。昆弟，兄弟。㊱累千金　多達數千金。漢代稱黃金一斤曰「一金」，一金相當銅錢一萬。㊲孺為太僕公孫賀妻　孺，瀧川曰：「楓、三本，《漢書》，『孺』上有『君』字。」王叔岷曰：「《漢紀》亦作『君孺』。」太僕，「九卿」之一，為皇帝趕車。公孫賀，景帝時將領公孫渾邪之子，公孫賀於建元六年（西元前一三五年）為太僕，後來曾官至丞相，《漢書》有傳。㊳故與陳掌通　陳掌是劉邦開國功臣陳平的曾孫。據《漢書・霍去病傳》：「其父霍仲孺，先與少兒通，生去病。及衛皇后尊，少兒更為詹事陳掌妻。」梁玉繩曰：「《漢書》云『衛皇后尊，少兒更為詹事陳掌妻』，則非『私通』矣，史似誤。」王先謙引周壽昌曰：「下云『為詹事陳掌妻』，此述其故與之通也。」㊴上召貴掌　因其與皇家親戚私通而得顯貴。召貴，召而貴之，兩動詞連用。㊵夫人　后妃的封號名，據《漢書・外戚傳》，西漢初期「嫡稱皇后，妾皆稱夫人。」㊶大中大夫　皇帝的侍從官員，秩千石，掌議論，上屬郎中令。因衛子夫受寵，而其親戚盡連帶而富貴，故當時有歌謠曰：「生男無喜，生女無怒，獨不見衛子夫霸天下！」

【語譯】大將軍衛青，是河東郡平陽縣人。他的父親鄭季是個小吏，曾在平陽侯家做事，與平陽侯家的婢妾衛媼私通，生了衛青。衛青的同母異父哥哥叫衛長子，姐姐叫衛子夫，衛子夫是在平陽侯家接待武帝從而進宮受到寵幸的，他們都冒充姓衛。衛青字仲卿。衛長子字長君。長君的母親是衛媼。衛媼的大女兒叫孺，二女兒叫少兒，三女兒就是子夫。子夫還有個弟弟，一個叫步，一個叫廣，他們都冒充姓衛。

2 衛青生在平陽侯家，但在少年時就讓他去找生父鄭季了，鄭季讓他放羊。鄭季妻子所生的幾個兒子都不把衛青當做兄弟。而衛青曾經跟人去過甘泉宮的監獄，那裡的一個囚徒給他相面說：「你是個貴人，將來要被封侯的。」衛青笑道：「我是一個奴婢生的孩子，不挨打罵就很知足了，怎麼可能封侯呢？」

3 衛青長大後，又去平陽侯家當騎士，侍候平陽公主。建元二年，春天，衛青的姐姐衛子夫被選進皇宮受到了武帝的寵幸。當時的皇后是武帝的姑姑作為堂邑侯妻子的大長公主的女兒，她沒有兒子，又生性嫉妒。大長公主聽說衛子夫得寵，懷了孕，很嫉妒她，就派人去逮捕衛青。當時衛青在建章宮做事，還沒有什麼名氣。大長公主抓住了衛青，打算殺死他。衛青的好友騎郎公孫敖，帶著幾名壯士趕去把衛青搶了出來，救了衛青一命。武帝聽說後，就徵召衛青做了建章宮監，在內廷侍候武帝，於是衛青便和他那幾個同母異父的兄弟們一起尊貴了起來，幾天之內所得的賞賜就多達千金之巨。衛青的同母異父大姐衛孺是太僕公孫賀的妻子。二姐衛少兒由於曾和陳掌私通，於是武帝就把陳掌召來加以寵用。公孫敖因為救衛青有功，地位也從此越來越高。衛子夫被封為夫人後，衛青做了大中大夫。

1 元光五年❶，青為車騎將軍❷，擊匈奴❸，出上谷❹；太僕公孫賀為輕車將軍❺，出雲中❻；大中大夫公孫敖為騎將軍❼，出代郡❽；衛尉❾李廣為驍騎將軍，出雁門⑩：軍各萬騎。青至蘢城⑪，斬首虜數百⑫。騎將軍敖亡七千騎⑬；衛尉李廣為虜所得，得脫歸⑭：皆當斬，贖為庶人。賀亦無功⑮。

2 元朔元年⑯，春，衛夫人有男⑰，立為皇后。其秋，青為車騎將軍，出雁門，三萬騎擊匈奴，斬首虜數千人⑱。明年⑲，匈奴入殺遼西⑳太守，虜略㉑漁陽㉒二千餘人，敗韓將軍㉓軍。漢令將軍李息㉔擊之，出代；令車騎將軍青出雲中以西㉕至高闕㉖。遂略河南地㉗，至于隴西㉘，捕首虜數千，畜數十萬，走白羊、樓煩王㉙。遂以河南地為朔方郡㉚。以三千八百戶封青為長平侯㉛。青校尉㉜蘇建㉝有功，以千一百戶封建為平陵侯㉞。使建築朔方城㉟。青校尉張次公有功，封為岸頭侯㊱。天子曰：「匈奴逆天理，亂人倫㊲，暴長虐老㊳，以盜竊為務，行詐諸蠻夷，造謀藉兵㊴，數為邊害，故興師遣將，以征厥罪。詩㊵不云乎，『薄伐玁狁，至于太原㊶』，『出車彭彭，城彼朔方㊷』。今車騎將軍青度西河㊸至高闕，獲首虜二千三百級，車輜、畜產畢收為鹵㊹，已封為列侯㊺，遂西定河南地，按榆谿舊塞㊻，絕梓領㊼，梁北河㊽，討蒲泥，破符離㊾，斬輕銳之卒，捕伏聽㊿者三千七十一級，執訊獲醜(51)，驅馬牛羊百有餘萬，全甲兵而還(52)，益封青三千戶。」其明年(53)，匈奴入殺代郡太守友(54)，入略鴈門千餘人。其明年(55)，匈奴大入代、定襄(56)、上郡(57)，殺略漢數千人(58)。

3 其明年，元朔之五年(59)，春，漢令車騎將軍青將三萬騎，出高闕；衛尉蘇建為游擊將軍，左內史(60)李沮為彊弩將軍，太僕公孫賀為騎將軍，代相李蔡(61)為輕車將軍，皆領屬車騎將軍，俱出朔方；大行(62)李息、岸頭侯張次公為將軍，出右北平：咸擊匈奴(63)。匈奴右賢王(64)當(65)衛青等兵，以為漢兵不能至此，飲醉。漢兵夜至，圍右賢王，右賢王驚，夜逃(66)，獨與其愛妾一人、壯騎數百馳，潰圍北去。漢輕騎校尉郭成等逐數百里，不及。得右賢裨王(67)十餘人，眾男女萬五千餘人，畜數千百萬(68)，於是引兵而還。至塞，天子使使者持大將軍(69)印，即軍中拜車騎將軍青為大將軍，諸將皆以兵屬大將軍，大將軍立號而歸(70)。天子曰：「大將軍青躬率戎士，師大捷，獲匈奴王十有餘人，益封青六千戶(71)。」而封青子伉為宜春侯(72)，青子不疑為陰安侯(73)，青子登為發干侯(74)。青固謝曰：「臣幸得待罪行間(75)，賴陛下神靈，軍大捷，皆諸校尉力戰之功也。陛下幸已益封臣青，臣青子在繈緥(76)中，未有勤勞，上幸列地封為三侯，非臣待罪行間所以勸士(77)力戰之意也。伉等三人何敢受封！」天子曰：「我非忘諸校尉功也，今固且圖之(78)。」乃詔御史(79)曰：「護軍都尉(80)公孫敖，三從大將軍擊匈奴，常護軍，傅校(81)獲王(82)，以千五百戶封敖為合騎侯[83]。都尉韓說[84]從大將軍出窳渾[85]，至匈奴右賢王庭[86]，為麾下[87]搏戰獲王，以千三百戶封說為龍頟侯[88]。騎將軍公孫賀從大將軍獲王，以千三百戶封賀為南窌侯[89]。輕車將軍李蔡再從[90]大將軍獲王，以千六百戶封蔡為樂安侯[91]。校尉李朔、校尉趙不虞、校尉公孫戎奴，各三從大將軍獲王，以千三百戶封朔為涉軹侯[92]，以千三百戶封不虞為隨成侯[93]，以千三百戶封戎奴為從平侯[94]。將軍李沮、李息及校尉豆如意有功，賜爵關內侯[95]，食邑各三百戶。」其秋，匈奴入代，殺都尉朱英[96]。

4 其明年，春[97]，大將軍青出定襄，合騎侯敖為中將軍[98]，太僕賀為左將軍[99]，翕侯趙信為前將軍，衛尉蘇建為右將軍，郎中令[100]李廣為後將軍，左內史[101]李沮為彊弩將軍，咸屬大將軍，斬首數千級而還。月餘，悉復出定襄擊匈奴，斬首虜萬餘人。右將軍建、前將軍信并軍三千餘騎，獨逢單于兵，與戰一日餘，漢兵且盡。前將軍故胡人，降為翕侯[102]，見急，匈奴誘之，遂將其餘騎可八百，犇降單于[103]。右將軍蘇建盡亡其軍，獨以身得亡去，自歸大將軍。大將軍問其罪正閎[104]、長史安[105]、議郎周霸[106]等：「建當云何[107]？」霸曰：「自大將軍出，未嘗斬裨將。今建弃軍，可斬以明將軍之威。」閎、安曰：「不然。兵法：『小敵之堅，大敵之禽也[108]。』今建以數千當單于數萬，力戰一日餘，士盡，不敢有二心，自歸。自歸而斬之，是示後無反意[109]也。不當斬。」大將軍曰：「青幸得以肺腑[110]待罪行間，不患無威，而霸說我[111]以明威，甚失臣意。且使臣職雖當斬將，以臣之尊寵而不敢自擅專誅於境外，而具歸天子，天子自裁之，於是以見為人臣不敢專權[112]，不亦可乎？」軍吏皆曰：「善。」遂囚建詣行在所[113]。入塞罷兵。

5 是歲也，大將軍姊子霍去病[114]年十八，幸，為天子侍中。善騎射，再從大將軍，受詔與壯士[115]，為剽姚[116]校尉，與輕勇騎八百直弃[117]大軍數百里赴利[118]，斬捕首虜過當[119]。於是天子曰：「剽姚校尉去病斬首虜二千二十八級，及相國、當戶[120]，斬單于大父行[121]籍若侯產[122]，生捕季父羅姑比[123]，再冠軍[124]，以千六百戶封去病為冠軍侯[125]。上谷太守郝賢四從大將軍，捕斬首虜二千餘人，以千一百戶封賢為眾利侯[126]。」是歲，失兩將軍軍[127]，亡翕侯[128]，軍功不多，故大將軍不益封。右將軍建至，天子不誅，赦其罪，贖為庶人。

6 大將軍既還，賜千金。是時王夫人[129]方幸於上，甯乘[130]說大將軍曰：「將軍所以功未甚多，身食萬戶[131]，三子皆為侯者，徒以皇后故也[132]。今王夫人幸而宗族未富貴，願將軍奉所賜千金為王夫人親壽[133]。」大將軍乃以五百金為壽。天子聞之，問大將軍，大將軍以實言，上乃拜甯乘為東海都尉134。

7 張騫從大將軍135，以嘗使大夏136，留匈奴中久137，導軍，知善水草處，軍得以無飢渴。因前使絕國138功，封騫博望侯139。

【章　旨】以上為第二段，寫衛青於元光、元朔年間五次北伐匈奴的情景。

【注　釋】❶元光五年　西元前一三〇年。「元光」是武帝的第二個年號。梁玉繩曰：「當作『六年』（西元前一二九年），《將相表》、《匈奴傳》及《漢書》可證。」❷車騎將軍　高級武官名，其地位僅次大將軍。❸擊匈奴　此時的匈奴首領為軍臣單于（西元前一六一－前一二七年在位）。❹上谷　漢郡名，郡治沮陽，在今河北懷來東南。❺輕車將軍　雜號將軍名，以統領車兵為主。蓋公孫賀以太僕的身分臨時為輕車將軍也。❻雲中　漢郡名，郡治在今內蒙托克托東北。❼騎將軍　雜號將軍名，統領騎兵。時公孫敖以太中大夫的身分臨時任騎將軍。下同。❽代郡　漢郡名，郡治在今河北蔚縣東北。❾衛尉　「九卿」之一，統兵護衛宮廷。時皇帝所居之未央宮與太后所居之長樂宮皆有衛尉，李廣為未央衛尉，程不識為長樂衛尉。❿雁門　漢郡名，郡治善無，在今山西左雲西。⓫蘢城　也作「龍城」，匈奴的大本營，在今蒙古國鄂爾渾河西側的和碩柴達木湖附近。⓬斬首虜數百　斬首虜，後文又有「斬捕首虜」，較此明晰，即斬敵之首與俘獲生敵。瀧川引王先和曰：「《漢書・武帝紀》云『獲首七百級』。按：他處或言『級』，或曰『人』，或無『人』『級』字；或曰『斬』，或曰『獲』，或言『捷』，或言『斬首』『捕獲』若干，敘次參差，無一定義例。」按：此衛青第一次打敗匈奴人，勝雖不大，但是一個良好的開端。⓭亡七千騎　損失了七千騎兵。亡，失，不一定是死。⓮李廣為虜所得二句　李廣因受傷被匈奴所俘，押送途中自己逃歸事，詳見《李將軍列傳》。⓯賀亦無功　《漢書評林》引凌約言曰：「此出唯青有功，例得封侯，故班史補入『唯青賜爵關內侯』句。」臺灣三軍大學《中國歷代戰爭史》曰：「衛青所以能獨勝者，青之智勇或較他將為優，但實為當時情況所使然。因青所擊之地，正當匈奴本部與其左賢王兩地區之接界處；且敖與廣已將匈奴本部之主力吸住，此實青致勝之主要緣由也。」⓰元朔元年　西元前一二八年。元朔，武帝的第三個年號。⓱衛夫人有男　即後來的太子劉據。⓲斬首虜數千人　這就是通常所說的「雁門戰役」，是衛青第二次打敗匈奴人，武國卿《中國戰爭史》稱之為武帝與匈奴作戰以來的「首次較大的勝利」，並說「這一勝利穩定了漢王朝在北部邊境的態勢，堅定了漢王朝對匈奴主動進擊的戰略決心」。⑲明年　元朔二年，西元前一二七年。⑳遼西　漢郡名，郡治陽樂，在今遼寧義縣西南。㉑虜略　指劫掠人口物資。略，其義同「掠」。㉒漁陽　漢郡名，郡治在今北京密雲西南。㉓韓將軍　指韓安國，當時任漁陽太守。韓安國守漁陽被匈奴所敗，旋即嘔血死事，詳見〈韓長孺列傳〉。㉔李息　景帝、武帝時的將領，曾為材官將軍，駐守馬邑。㉕出雲中以西　從雲中郡出發西行。㉖高闕　關塞名，在今內蒙古潮格旗東南。㉗略河南地　略，以兵力撫定。河南地，即今內蒙古之臨河、東勝一帶地區，因其地處黃河之南，故稱。這一帶在秦朝屬於九原郡（郡治九原，在今包頭市西），秦末中原大亂後，這一帶被匈奴人占據，至此又被衛青等收回。何焯曰：「出雲中，則若向單于庭者，忽西至隴西，攻其無備，所以遂取河南也。」㉘隴西　漢郡名，郡治狄道（今甘肅臨洮縣）。㉙走白羊樓煩王　走，打跑。白羊、樓煩，都是匈奴的別支，當時占據在今內蒙古之臨河、杭錦旗一帶地區。㉚遂以河南地為朔方郡　朔方郡，漢郡名，郡治在今內蒙烏拉特前旗東南。按：此即通常所說的「河西朔方戰役」，武國卿《中國戰爭史》稱之為「漢武帝驅逐匈奴的重大戰役，也是西漢王朝統一我國西北地區邁出的重要一步」。並說它「加速了我國西北地區的統一，解除了匈奴貴族從西北方對京都長安的威脅，建立了向匈奴進一步出擊的戰略基地。」說它「實際上是西漢王朝向匈奴貴族發動一系列戰略進攻的奠基之戰」。㉛長平侯　封地長平，在今河南西華縣東北。㉜校尉　將軍屬下設若干部（約當今之師團），部的長官即校尉。㉝蘇建　蘇武之父，事跡除見於本文外，《漢書》有傳。㉞平陵侯　封地平陵，在今湖北均縣北。㉟築朔方城　《正義》曰：「《括地志》云：『夏州朔方縣北什賁故城是。』蘇建築，什賁之號蓋出番語也。」據《一統志》，其地原名「三封」。按：此舉表明漢代已穩定占領河套地區，並準備以此為依託繼續西征、北伐。又武帝之所以決心在此設郡並築城，頗與主父偃之進言有關。〈平津侯主父列傳〉云：「偃盛言朔方地肥饒，外阻河，蒙恬城之以逐匈奴，內省轉輸戍漕，廣中國，滅胡之本也。上竟用主父計，立朔方郡。」㊱岸頭侯　岸頭侯的封地在皮氏（今山西河津西）。㊲亂人倫　〈匈奴列傳〉講匈奴之俗有所謂「父死，妻其後母；兄弟死，皆取其妻妻之」云云。㊳暴長虐老　意即殘暴地虐待老年人。〈匈奴列傳〉有所謂「貴壯健，賤老弱」云云。㊴行詐諸蠻夷二句　意即欺騙、裹脅著周邊的少數民族陰謀侵犯漢朝邊境。諸蠻夷，指匈奴周邊的其他少數民族部落。藉，通「借」。《集解》引張晏曰：「從蠻夷借兵抄邊也。」㊵詩　即今所稱之《詩經》。㊶薄伐玁狁二句　二句見《詩經・小雅・六月》，是一首讚美周宣王出兵北伐的詩。薄，語氣詞，無實際意思。玁狁，西周時代的北方民族名，據說是匈奴族的祖先，說法見〈匈奴列傳〉。太原，錢穆認為即今山西運城市一帶。㊷出車彭彭二句　二句見《詩經・小雅・出車》，也是讚美周宣王北伐的詩。彭彭，眾車聲。朔方，北方。西周的「城彼朔方」大約也就是在今山西省之西南部。

㊸度西河　度，通「渡」。西河，指今寧夏境內以及內蒙西部的那段南北流向的黃河。㊹車輜畜產畢收為鹵　車輜，輕車重車。輜，拉東西的車。鹵，通「虜」。繳獲，這裡指戰利品。㊺已封為列侯　楊樹達曰：「此五字疑當在下文『益封青三千戶』句上。」按：楊說是。㊻按榆谿舊塞　按，循行；巡查。榆谿，師古曰：「上郡之北有諸次山，諸次水出焉。東經榆林塞，為榆溪。」大約在今山西、陝西、內蒙三省交界的黃河地區。蒙恬當年伐匈奴，曾在此種榆為塞。㊼絕梓領　絕，翻越。梓領，王先謙引沈欽韓曰：「疑即木根山。」木根山在今陝西橫山西。㊽梁北河　梁，架橋。北河，流經今內蒙境內的西東走向的那段黃河。王駿圖以為即今蘭州市北之黃河。㊾討蒲泥二句　《集解》引晉灼說，以為「蒲泥」「符離」皆匈奴王號；《索隱》引崔浩說以二者為「漠北塞名」。王先謙曰：「〈武紀〉：『出高闕，遂西至符離。』是符離為塞名矣。」按：蒲泥、符離的具體方位不詳，錢穆以為符離塞在今內蒙豐鎮西北，方位似與史文不合。㊿伏聽　《集解》引張晏曰：「伏於隱處，聽軍虛實。」(51)執訊獲醜　《正義》曰：「言執其生口問之，知虜處，獲得眾類也。」訊，問。醜，眾。(52)全甲兵而還　言自己的軍隊沒受任何損失，完好的勝利而回。臺灣三軍大學《中國歷代戰爭史》曰：「武帝是項宣言，在炫耀漢軍之大勝，以服儒臣中之反對征匈奴者。」按：以上武帝詔書，多引用儒家經典中語，行文亦力求古奧，自此遂成通例。(53)其明年　元朔三年（西元前一二六年）。(54)太守友　《集解》引徐廣曰：「友者，太守名也，姓共。」(55)其明年　元朔四年（西元前一二五年）。(56)定襄　漢郡名，郡治成樂，在今內蒙和林格爾西北。(57)上郡　漢郡名，郡治膚施，在今陝西橫山東。(58)殺略漢數千人　凌稚隆引王慎中曰：「史記二將軍每出兵，即繼以匈奴寇邊，殺略多，以明二將軍非能禦寇，乃寇之招也。」按：所謂「招」者，誘鳥、誘獸之物，此則謂其更誘敵之入也。(59)元朔之五年　西元前一二四年。(60)左內史　也稱左馮翊，首都長安東部郊區的行政長官。(61)代相李蔡　代相，代王之相。「代」是漢朝的諸侯國名，李蔡為代相時的代王先後為文帝之子劉參的兒子劉登，與劉登之子剛王劉義。當時代國的都城為晉陽（今山西太原西南）。李蔡，李廣之弟，後來曾任丞相，事跡參見〈李將軍列傳〉。(62)大行　即大行令，也稱典客，「九卿」之一，主管歸附的少數民族事務。(63)咸擊匈奴　此時之匈奴首領為伊稚邪單于（西元前一二六—前一一五年在位）。(64)右賢王　匈奴單于手下的兩個最大頭領之一，主管匈奴西部地區的事務。(65)當　對；正碰上。何焯曰：「右賢王怨漢侵奪其河南地，數侵擾朔方，此出專以擊走右賢王，終前功也。前出雲中而忽西，焉知不出朔方而忽東乎？亦令兩將軍出右北平者，綴單于，疑左賢王也。」臺灣三軍大學《中國歷代戰爭史》曰：「是役衛青竟能指導遠東方之作戰，是為中國史上戰略指導之一大躍進。」(66)夜逃　張文虎《札記》：「以上下文審之，疑二字衍。」(67)右賢裨王　右賢王手下的小王。裨王，師古曰：「小王，若言裨將也。」〈匈奴列傳〉謂匈奴官職有「二十四長」，這些人可以自

置「千長、百長、什長、裨小王、相、封、都尉、當戶、且渠之屬」。68數千百萬　「千」字似應作「十」，應同《漢書》作「數十百萬」。師古曰：「數十萬以至百萬。」按：以上元朔五年之衛青北伐匈奴即通常所說的「奇襲右賢王庭之戰」。高銳《中國軍事史略》曰：「河南、漢南之戰，是漢與匈奴大戰的第一回合，事關全局。這一勝利達到了三個目的：一、正面推進，擴大戰果，將匈奴主力逼往漠北，使其遠離漢境；二、將匈奴左右部切斷，以便分而制之；三、確保了河南地不再得而復失，根除了匈奴對長安的直接威脅。」「此一戰役成功運用了避實就虛的戰術，當時，匈奴左部勢力強大，所以從漢朝東北進攻上谷、漁陽，而漢軍卻不在東方與匈奴主力硬拼，而是在正面乘虛攻取河南，出其不意，攻其不備，取得漢匈戰爭正面戰場的勝利。」69大將軍　國家的最高軍事長官，名義上位在丞相之下，實際上權寵遠遠高於丞相。70立號而歸　《索隱》曰：「立大將軍之號令。」中井曰：「號，謂官號，非號令。」蓋令衛青以「大將軍」之威儀率軍回朝也。前所謂「即軍中拜車騎將軍青為大將軍」，又令「諸將皆以兵屬大將軍」，又令「大將軍立號而歸」，武帝對衛青的榮寵前所未有。71益封青六千戶　按：元朔二年，衛青以收復河南之功被封為長平侯，食邑三千八百戶，不久又追加三千戶；至元朔五年大破右賢王，又益封六千戶，累計已達一萬二千八百戶。72宜春侯　封地宜春，在今河南汝南西南。73陰安侯　封地陰安，在今河南清豐北。74發干侯　封地發干，在今山東冠縣東南。75待罪行間　即謙言任該軍統帥。待罪，謙言自己任某職。76繈緥　也寫作「襁褓」，《正義》曰：「襁長尺二寸，闊八寸，以約小兒於背。褓，小兒被也。」77勸士　勉勵士兵。78今固且圖之　我將馬上考慮對他們的封賞。今，將。固，本來。79乃詔御史　漢代皇帝下達詔令的程序是，皇帝先把意思告知御史大夫，御史府討論後，再轉發到丞相，丞相討論後施行。可參看〈三王世家〉。80護軍都尉　軍官名，級別略同於校尉，在大將屬下主管監護、協調諸部兵馬。81傅校　協助校尉。傅，輔；協助。82獲王　俘獲過匈奴王。83合騎侯　《索隱》曰：「以戰功為號，謂以軍合驃騎，故云『合騎』，若『冠軍』、『從驃』然也。」按：此處之「合騎」意即「配合車騎將軍」。84韓說　劉邦功臣韓王信的曾孫，弓高侯韓穨當之孫，武帝男寵韓嫣之弟，事跡可參見〈韓信盧綰列傳〉。85窳渾　漢縣名，縣治在今內蒙杭錦後旗西南。86右賢王庭　右賢王的大本營。87為麾下　師古曰：「在大將軍麾旗之下，不別統眾也。」88龍頟侯　封地龍頟，在今河北景縣東。頟，通「額」。89南窌侯　封地南窌，具體方位不詳。90再從　兩次跟隨。91樂安侯　封地樂安縣。縣治在今山東博興東北。92涉軹侯　封地涉軹，在今山東淄博之臨淄西。93隨成侯　名號侯，無封地。94從平侯　名號侯，無封地。95關內侯　比列侯低一級，以其無封地，住在長安，故稱關內侯。96匈奴入代二句　此都尉也稱「郡尉」，在郡裡協助太守主管武事的長官。97其明年春二句　據《漢書・武帝紀》，事在元朔六年（西元前一二三年）之春天二月。98中將軍　《漢書・百官公卿表》不載，或與下述前、後、左、右四將軍同。(99)左將軍　《後漢書集解》引韋昭曰：「武帝征四夷，有前、後、左、右將軍，為國爪牙，所以扭示威靈，折衝萬里。」按：漢代武官最高者依次為大將軍、驃騎將軍、車騎將軍、衛將軍；其次為前、後、左、右四將軍；再往下才是諸雜號將軍。前後左右四將軍位同上卿。(100)郎中令　「九卿」之一，統領皇帝侍從，管理宮庭門戶。(101)左內史　中華本於此作「右內史」，與前文所稱李沮之官職不合，《漢書》此處亦作「左」，似作「右」者誤。(102)降為翕侯　趙信原是匈奴人，降漢後被封為「翕侯」。翕，地名，在今河南民權西北。(103)犇降單于　此單于即伊稚邪，軍臣單于之子，西元前一二六—前一一五年在位。犇，同「奔」。按：後文寫衛青大破匈奴於漠北，曾追擊之至「窴顏山趙信城」，蓋即單于尊養趙信之地也。漢匈長期交戰，都注意尊寵歸降者，匈奴降漢者得封侯；漢之投降匈奴者如中行說、衛律、李陵等亦皆封王，皆形勢所需也。(104)正閎　軍正名閎，史失其姓。軍正，軍中的司法官。(105)長史安　長史名安，史失其姓。長史，大將軍屬下的諸史之長，秩千石。(106)議郎周霸　議郎，原屬郎中令，在皇帝身邊掌議論，秩六百石。王先謙曰：「霸蓋當時奉詔從軍。」按：周霸其人又見於〈封禪書〉、〈儒林列傳〉，申公之弟子，官至膠西內史。(107)建當云何　對蘇建應如何處置。(108)小敵之堅二句　語見《孫子・謀攻》。意謂小部隊遇到敵人的大部隊，如果堅戰，只有被敵人全部消滅。禽，通「擒」。(109)示後無反意　告訴後人再遇到類似問題就乾脆別回來。(110)以肺腑　以至親的身分，謂青姐子夫是武帝之皇后。肺腑，以喻親屬。此語又見於〈魏其武安侯列傳〉。王叔岷曰：「『肺腑』猶『柿桴』，謂木皮也。喻己為帝室微末之親，如木皮之附於木也。」蓋本王念孫說。(111)說我　勸說我。(112)以見為人臣不敢專權　按：以上數語見衛青之謙卑謹慎，史公若以此便謂之「柔媚」，恐偏見過深。凌稚隆引鍾惺曰：「此一讓及『不肯招賢』等語，有識，有體，有機權，有情實，似從學問世務中出，漢功臣鮮有及此者，獲上收眾，道不出此。」《漢書評林》引吳京曰：「霸欲明將軍之威，安欲結士卒之心，青欲尊朝廷之體，三者各有所執。」凌稚隆引茅坤曰：「青之不敢薦士固其不學無術，然亦其暗合老氏之知雄守雌處，所以能保功名而不絓他禍也。」(113)詣行在所　詣，到，這裡指押解到。行在所，也簡稱「行在」、「行所」，即指皇帝當時的所在之處。蔡邕《獨斷》曰：「天子以四海為家，故謂所居為行在所。」按：據《漢書・武帝紀》，此年衛青之二次出定襄擊匈奴，在夏季之四月。按：以上元朔六年的兩次出擊匈奴，即通常所說的「漠南戰役」。武國卿曰：「兩次漠南會戰最重要的意義就是爭得了漢匈力量對比趨於平衡的臨界點的到來。匈奴自兩次漠南會戰後，實力大削弱，已基本失去了繼續向漢王朝發動大規模進攻的力量，這應當看作是漢王朝戰略全局上偉大勝利。」(114)霍去病　衛少兒嫁與陳掌前與霍仲孺私通所生的兒子。(115)受詔與壯士　謂衛青接受詔令調撥壯士讓其統領。與，《漢書》作「予」。(116)剽姚　也作「嫖姚」、「驃姚」。梁玉繩曰：「『剽姚』、『嫖姚』、『票姚』，當作「驃鷂」，蓋合二物為官名，取勁疾武猛之義。趙破奴為「鷹擊司馬」，與「鷂」義同。去病後稱「驃騎將軍」，尚仍斯號。」117直弃　遠遠甩下，孤軍深入。弃，甩下。118赴利　尋求克敵立功。119過當　師古曰：「言計其所將人數，則捕首虜為多，過於所當也。一曰，漢軍失亡者少，而殺獲匈奴者多，故曰『過當』也。」120相國當戶　都是匈奴人的官名。121大父行　祖父一輩的人。大父，祖父。122籍若侯產　籍若侯是封號名，其人名產。123季父羅姑比　單于的小叔父，名羅姑比。季，伯仲叔季之季。124再冠軍　兩次功蓋全軍。125冠軍侯　封地冠軍縣，在今河南鄧縣西北。126封賢為眾利侯　眾利侯，封地眾利縣，在今山東諸城西北。楊樹達曰：「姜宸英云：『驃騎戰功三次，皆於天子詔辭見之，此良史言外褒法也。』按：姜說甚諦。衛青戰功，《史》《漢》亦如此敘之，不獨驃騎也。」127失兩將軍　謂趙信、蘇建的兩支軍隊全部喪失。128亡翕侯　指趙信降匈奴。亡，失掉。129王夫人　武帝的寵妃，生齊王劉閎，事見褚少孫補〈三王世家〉。130甯乘　此人不見於他處，事跡不詳。據褚少孫補〈滑稽列傳〉，用下述語言勸說衛青者乃「待詔東郭先生」，非甯乘，故事較此為詳，可參看。131身食萬戶　時衛青食一萬二千八百戶。132徒以皇后故也　徒，單；就是。史珥曰：「『以皇后』三字，足令大將軍黯然，與後『天下未有稱道』相呼應，較『亦有天幸』句更辣。」按：史公已有偏見，史珥不宜更為之發揮。133為王夫人親壽　為王夫人的父母祝福長壽，意即給其送禮。親，指父母。壽，祝人健康長壽，此處即指送禮。134上乃拜甯乘為東海都尉　東海都尉，東海郡的軍事長官。東海郡的郡治郯縣，在今山東郯城西北。此處的都尉略同於郡尉，協助郡守掌管武事。據褚少孫補〈滑稽列傳〉，「東郭先生」正受賞為郡尉。鍾惺曰：「大將軍聽甯乘言，奉千金為王夫人親壽。天子聞之，喜，問大將軍，大將軍以實言。此人所不肯也，然自畫出一真樸人與雄主看。全身之術，無過此者，卻似大權術、占便宜人所為。」135張騫從大將軍　指元朔六年之衛青北伐匈奴。張騫，漢代大探險家，事跡詳見〈大宛列傳〉。136嘗使大夏　張騫於武帝建元三年（西元前一三八年）出使月氏（在今阿富汗與塔吉克斯坦界），中經匈奴被扣留十餘年，後逃出，繼續西行至月氏，歸途中經匈奴，又被扣留年餘，前後歷時十三年始得歸漢。大夏，西域國名，其地約當今阿富汗北部，國都藍氏城（今巴里黑）。據〈大宛列傳〉，張騫當時只是要通月氏，而月氏當時與大夏相鄰，且使大夏臣服於己，故史公於此變換稱之。137留匈奴中久　張騫曾被匈奴扣留近十二年，並在匈奴中娶妻生子。138絕國　懸遠不相及的國家。139博望侯　封地博望，在今河南南陽市東北。

【語譯】元光五年，衛青被任為車騎將軍，率兵從上谷郡北出討伐匈奴；太僕公孫賀被任為輕車將軍，從雲中郡北出；大中大夫公孫敖被任為騎將軍，從代郡北出；衛尉李廣被任為驍騎將軍，從雁門郡北出：他們各自率領著一萬騎兵。衛青打到龍城，殺死和俘虜了幾百人。而騎將軍公孫敖卻損失了七千騎兵；衛尉李廣被匈奴俘獲，半道上又逃了回來：公孫敖和李廣論法皆當問斬，結果花錢贖罪，被免職為民。公孫賀此行也沒有成功。

2 元朔元年，春天，衛子夫因生了個兒子，被立為皇后。這年秋天，衛青作為車騎將軍，又從雁門郡出發，率領三萬騎兵進擊匈奴，殺死和俘虜了幾千人。第二年，匈奴入侵邊郡殺害了遼西太守，劫持俘虜去了漁陽郡的二千多人，打敗了韓安國的部隊。於是漢朝又命令李息率軍從代郡出發，討伐匈奴；命令車騎將軍衛青出雲中郡西行直奔高闕。先攻占了黃河以南的土地，接著西下到隴西，俘獲了幾千名匈奴人，奪得了幾十萬頭牲畜，趕跑了白羊王和樓煩王。於是就把黃河以南這一地區劃作朔方郡。衛青因功被封為長平侯，食邑三千八百戶。衛青部下的校尉蘇建有功，被封為平陵侯，食邑一千一百戶。朝廷命令蘇建留下來在那裡修築朔方城。衛青部下的校尉張次公也因功被封為岸頭侯。武帝說：「匈奴違背天理，混亂人倫，侵暴長上，虐待老人，專門幹侵伐盜掠的事，欺詐鄰近的各個少數民族，用陰謀騙得他們出兵，多次侵犯漢朝邊境。所以我們調兵遣將，來征討他們。《詩經》不是說過嗎，『驅逐玁狁，來到太原』，『戰車隆隆，在朔方築城』。如今車騎將軍衛青越過西河到達高闕，俘虜和斬殺匈奴二千三百人，大批車輛輜重、牲畜物產都被我繳獲，衛青已被封為列侯。他平定了黃河以南地區，占領了榆溪舊塞，他翻越了梓領，在北河上架起了橋梁，他又進攻蒲泥，擊破符離，斬獲匈奴的精兵與捕獲匈奴埋伏下來的探馬三千七十一人，他們押來了俘虜，趕來了一百多萬頭馬、牛、羊，而自己的部隊卻完整無損，凱旋而歸，為此朝廷再加封衛青三千戶。」結果第二年，匈奴又入侵並殺死了代郡太守共友，並攻入雁門郡虜掠走了一千多人。第三年，匈奴更大規模入侵代郡、定襄、上郡，殺害與虜去了漢朝幾千人。

3 又過了一年，也就是元朔五年的春天，漢朝命令車騎將軍衛青率領騎兵三萬，從高闕出發；命令衛尉蘇建為游擊將軍，左內史李沮為彊弩將軍，太僕公孫賀為騎將軍，代相李蔡為輕車將軍，都歸車騎將軍衛青統一指揮，一起從朔方出發；又命令大行令李息，岸頭侯張次公兩人為將軍，從右北平出發，同時進擊匈奴。

結果衛青等人的這支人馬正遇上匈奴右賢王的部隊，右賢王本以為漢兵打不到這裡，這天喝得酩酊大醉。漢朝大軍趁夜襲來，包圍了右賢王，右賢王大驚失色，只帶了他的一個愛妾和幾百名精壯騎兵，衝破包圍圈連夜向北方逃去。漢軍派輕車校尉郭成等人追了幾百里，沒有追上。抓獲了右賢王漏下的小王十幾人，男女人丁一萬五千多，牲畜幾十萬乃至上百萬，而後率領部隊凱旋而歸。當衛青回到邊境的時候，武帝派使者拿著大將軍的印信在那裡迎接，就在軍中拜車騎將軍衛青為大將軍，讓各路將領及其統領的部隊都統一歸大將軍指揮。衛青統一了軍中的號令後，班師回京。武帝下詔說：「大將軍率眾出征，大獲全勝，俘獲了十幾個匈奴王，為此加封衛青六千戶。」又封衛青的三個兒子衛伉為宜春侯，衛不疑為陰安侯，衛登為發干侯。衛青推辭說：「臣在軍中效力，仰仗陛下的威望，打了勝仗，這都是各位校尉奮力戰鬥的結果。陛下已給我增加了封地，我的兒子們都還在襁褓中，沒有任何功勞，陛下也封他們為侯，這不是我勉勵將士們為國效力的意思。他們三個怎麼敢受封呢！」武帝說：「我並沒有忘記各位校尉的功勞，我馬上就要封賞他們。」於是下詔命令御史說：「護軍都尉公孫敖，三次跟隨大將軍進攻匈奴，擔任監軍的職務，協助校尉們俘獲了匈奴小王，封公孫敖為合騎侯，食邑一千五百戶。都尉韓說跟隨大將軍從窳渾出發，直達匈奴右賢王王庭，在大將軍指揮下與匈奴搏擊戰鬥，並俘獲匈奴小王，封韓說為龍頟侯，食邑一千三百戶。騎將軍公孫賀跟隨大將軍出征，俘獲了匈奴小王，封公孫賀為南窌侯，食邑一千三百戶。輕車將軍李蔡兩次跟隨大將軍出征，俘獲了匈奴小王，封李蔡為樂安侯，食邑一千六百戶。校尉李朔，校尉趙不虞，校尉公孫戎奴，都三次跟隨大將軍出征俘獲匈奴小王，封李朔為涉軹侯，食邑一千三百戶。封趙不虞為隨成侯，食邑一千三百戶。封公孫戎奴為從平侯，食邑一千三百戶。將軍李沮、李息和校尉豆如意都有戰功，賜給關內侯的爵位，每人食邑三百戶。」這年秋天，匈奴又入侵代郡，殺死了都尉朱英。

4 第二年，春天，大將軍衛青又從定襄出發討伐匈奴，合騎侯公孫敖為中將軍，太僕公孫賀為左將軍，翕侯趙信為前將軍，衛尉蘇建為右將軍，郎中令李廣為後將軍，右內史李沮為彊弩將軍，全部歸大將軍指揮，結果斬殺匈奴數千人而還。過了一個多月，又全部再次從定襄出發進攻匈奴，共斬殺俘虜了匈奴一萬多人。

其中右將軍蘇建、前將軍趙信的部隊共有三千多人，他們與單于率領的大軍相遇，苦戰了一天多，漢軍幾乎全軍覆沒。這時前將軍趙信本來是匈奴人，是投降漢朝後被封為翕侯的，到了這種緊急關頭，匈奴又向他誘降，於是他就率領著剩下的近八百名軍士投降了單于。右將軍蘇建的部隊全軍覆沒，只有他一個人隻身逃出，回到了大將軍那裡。大將軍問軍正、長史和議郎周霸等人說：「蘇建該當何罪？」周霸說：「自從大將軍出兵以來，從未斬過偏將。如今蘇建全軍覆沒獨自逃回，應該問斬，以申軍威。」軍正和長史說：「話不是這麼說。兵法上說：『自己力量弱小卻要硬拚硬打，必然被強大的敵人擒獲』。如今蘇建帶領幾千人抵擋單于率領的幾萬人，奮力苦戰一天多，戰士都犧牲了，他自己卻沒有二心，獨自歸來，如果我們還將他問斬，那無異於告訴大家以後打了敗仗就不要回來了。蘇建絕不應當問斬。」大將軍說：「我有幸作為皇室親屬而在軍中效勞，我不擔心缺乏威嚴，周霸勸我殺人立威，這不合我的心意。從我的職位講，我是有權斬將的，但我仍不願在境外擅行誅殺，我還是回去報告皇上，讓皇上自己裁定。我們能通過這件事情表明一種當臣子的不敢當權，這不也是一件好事嗎？」軍吏們齊聲叫好。於是就把蘇建押進囚車，送到了武帝出巡的地方。他們也罷兵返回了塞內。

5 這一年，大將軍衛青的姐姐衛少兒的兒子霍去病十八歲，在武帝身旁做侍中，很受武帝的寵幸。霍去病能騎善射，曾兩次跟隨大將軍出征，大將軍按照武帝的詔命，授與霍去病壯士讓其統領，擔任剽姚校尉之職。霍去病率領著八百名輕騎兵敢死隊離開大軍數百里去奔襲匈奴，殺敵和捕獲的俘虜超過了自己損失的人數。於是武帝說：「剽姚校尉霍去病斬殺和俘虜的敵人共二千零二十八人，其中有匈奴的相國、當戶等官員，還殺死了單于的叔父籍若侯產，活捉了單于的叔父羅姑比，兩次都勇冠全軍，特封霍去病為冠軍侯，食邑一千六百戶。上谷太守郝賢四次跟隨大將軍出征，斬殺和俘虜匈奴二千餘人，封郝賢為眾利侯，食邑一千一百戶。」這一年，漢朝也損失了趙信和蘇建所率領的兩支人馬，而且翕侯趙信投降了匈奴，整個說來軍功不多，因此沒有給衛青加封。右將軍蘇建被押回後，武帝沒有斬他，赦免了他的死罪，讓他出錢贖成了平民。

6 大將軍班師歸來後，武帝賞給他黃金千金。當時王夫人正得到武帝的寵幸，於是甯乘勸大將軍說：「您的功勞並不算多，您所以能夠食邑萬戶，您的三個兒子也都被封為侯，這只是因為您是皇后的兄弟。如今王夫人正受皇上的寵幸，但他的家族還沒有得到富貴，希望您能把皇上賜給您的千金當作禮物給王夫人的父母送去。」於是衛青就拿出了五百金給王家送了禮。武帝聽說後，問衛青為什麼這麼做，衛青就把甯乘的話講了，武帝很高興，就拜甯乘做了東海郡的都尉。

7 張騫也在大將軍部下，由於他曾經出使過大夏，在匈奴國內停留過很久，所以讓他做嚮導，由於他知道哪裡有好水好草，因而使部隊沒有受到什麼飢渴。再加上從前出使遙遠的國家有功，所以被封為博望侯。

1 冠軍侯去病既侯三歲❶，元狩二年❷，春，以冠軍侯去病為驃騎將軍❸，將萬騎出隴西，有功。天子曰：「驃騎將軍率戎士踰烏盭❹，討遬濮❺，涉狐奴❻，歷五王國❼。輜重、人眾懾慴者弗取❽，冀獲單于子❾。轉戰六日，過焉支山❿千有餘里，合短兵，殺折蘭王，斬盧胡王⓫，誅全甲⓬，執渾邪王⓭子及相國、都尉，首虜⓮八千餘級，收休屠祭天金人⓯，益封去病二千戶。」

2 其夏，驃騎將軍與合騎侯敖俱出北地⓰，異道⓱；博望侯張騫、郎中令李廣俱出右北平，異道：皆擊匈奴。郎中令將四千騎先至，博望侯將萬騎在後至⓲。匈奴左賢王將數萬騎圍郎中令，郎中令與戰二日，死者過半，所殺亦過當⓳。博望侯至，匈奴兵引去。博望侯坐行留⓴當斬，贖為庶人。而驃騎將軍出北地，已遂深入，與合騎侯失道，不相得，驃騎將軍踰居延[21]至祁連山[22]，捕首虜甚多。天子曰：「驃騎將軍踰居延，遂過小月氏[23]，攻祁連山，得酋涂王[24]，以眾降者二千五百人，斬首虜三萬二百級，獲五王、五王母、單于閼氏[25]、王子五十九人，相國、將軍、當戶、都尉六十三人，師大率減什三[26]，益封去病五千戶。賜校尉從至小月氏爵左庶長[27]。鷹擊司馬破奴[28]再從驃騎將軍斬遬濮王，捕稽沮王[29]，千騎將[30]得王、王母各一人，王子以下四十一人，捕虜三千三百三十人，前行[31]捕虜千四百人，以千五百戶封破奴為從驃侯[32]。校尉句王高不識[33]，從驃騎將軍捕呼于屠王[34]王子以下十一人，捕虜千七百六十八人，以千一百戶封不識為宜冠侯[35]。校尉僕多[36]有功，封為煇渠侯[37]。」合騎侯敖坐行留不與驃騎會，當斬，贖為庶人。諸宿將[38]所將士、馬、兵亦不如驃騎，驃騎所將常選[39]，然亦敢深入，常與壯騎先其大軍[40]，軍亦有天幸[41]，未嘗困絕也。然而諸宿將常坐留落不遇[42]。由此驃騎日以親貴，比大將軍[43]。

3 其秋，單于怒渾邪王居西方數為漢所破，亡數萬人，以驃騎之兵也。單于怒，欲召誅渾邪王。渾邪王與休屠王等謀欲降漢，使人先要邊[44]。是時大行李息將城河上[45]，得渾邪王使，即馳傳以聞[46]。天子聞之，於是恐其以詐降而襲邊，乃令驃騎將軍將兵往迎之。驃騎既渡河，與渾邪王眾相望。渾邪王裨將見漢軍而多欲不降者，頗遁去。驃騎乃馳入與渾邪王相見[47]，斬其欲亡者八千人，遂獨遣渾邪王乘傳先詣行在所，盡將其眾渡河，降者數萬[48]，號稱十萬。既至長安，天子所以賞賜者數十巨萬[49]。封渾邪王萬戶，為漯陰侯[50]。封其裨王呼毒尼為下摩侯[51]，鷹庇為煇渠侯[52]，禽棃[53]為河綦侯[54]，大當戶銅離[55]為常樂侯[56]。於是天子嘉驃騎之功曰：「驃騎將軍去病率師攻匈奴西域王[57]渾邪，王及厥眾萌[58]咸相犇[59]，率以軍糧接食[60]。并將控弦[61]萬有餘人，誅獟駻[62]，獲首虜八千餘級，降異國之王三十二人。戰士不離傷[63]，十萬之眾咸懷集服[64]。仍與之勞，爰及河塞，庶幾無患[65]，幸既永綏[66]矣。以千七百戶益封驃騎將軍。」減隴西、北地、上郡戍卒之半，以寬天下之繇[67]。

4 居頃之，乃分徙降者邊五郡故塞外[68]，而皆在河南[69]，因其故俗，為屬國[70]。其明年[71]，匈奴入右北平、定襄，殺略漢千餘人。

5 其明年[72]，天子與諸將議曰：「翕侯趙信為單于畫計，常以為漢兵不能度幕輕留[73]，今大發士卒，其勢必得所欲[74]。」是歲，元狩四年也[75]。元狩四年[76]，春，上令大將軍青、驃騎將軍去病將各五萬騎，步兵轉者[77]踵軍[78]數十萬，而敢力戰深入之士皆屬驃騎。驃騎始為出定襄，當單于[79]。捕虜言單于東[80]，乃更令[81]驃騎出代郡，令大將軍出定襄。郎中令[82]為前將軍，太僕[83]為左將軍，主爵[84]趙食其為右將軍，平陽侯襄[85]為後將軍，皆屬大將軍。兵即度幕[86]，人馬凡五萬騎，與驃騎等咸擊匈奴單于。趙信為單于謀曰[87]：「漢兵既度幕，人馬罷[88]，匈奴可坐收虜[89]耳。」乃悉遠北其輜重，皆以精兵待幕北。而適值大將軍軍出塞千餘里，見單于兵陳而待[90]。於是大將軍令武剛車[91]自環為營，而縱五千騎往當[92]匈奴。匈奴亦縱可萬騎。會日且入，大風起，沙礫擊面，兩軍不相見。漢益縱左右翼繞單于。單于視漢兵多，而士馬尚彊，戰而匈奴不利。薄莫[93]，單于遂乘六羸[94]，壯騎可數百，直冒漢圍[95]西北馳去。時已昏，漢、匈奴相紛挐[96]，殺傷大當[97]。漢軍左校捕虜言單于未昏而去，漢軍因發輕騎夜追之，大將軍軍因隨其後。匈奴兵亦散走。遲明[98]，行二百餘里，不得單于。頗捕斬首虜萬餘級，遂至窴顏山[99]趙信城，得匈奴積粟食軍。軍留一日而還，悉燒其城餘粟以歸[100]。

6 大將軍之與單于會也[101]，而前將軍廣、右將軍食其軍別從東道，或失道[102]，後擊單于[103]。大將軍引還過幕南，乃得前將軍、右將軍。大將軍欲使使歸報，令長史[104]簿責[105]前將軍廣，廣自殺[106]。右將軍至[107]，下吏，贖為庶人。大將軍軍入塞，凡斬捕首虜萬九千級(108)。

7 是時匈奴眾失單于十餘日，右谷蠡王(109)聞之，自立為單于。單于後得其眾，右王乃去單于之號(110)。

8 驃騎將軍亦將五萬騎，車重(111)與大將軍軍等，而無裨將(112)。悉以李敢等為大校(113)，當裨將(114)，出代、右北平千餘里，直左方兵(115)，所斬捕功已多大將軍。軍既還，天子曰：「驃騎將軍去病率師，躬將(116)所獲葷粥之士(117)，約輕齎(118)，絕大幕，涉獲章渠(119)，以誅比車者(120)；轉擊左大將(121)，斬獲旗鼓；歷涉離侯(122)，濟弓閭(123)，獲屯頭王、韓王(124)等三人，將軍、相國、當戶、都尉八十三人，封狼居胥山(125)，禪於姑衍(126)，登臨翰海(127)。執鹵獲醜(128)七萬有四百四十三級，師率減什三(129)，取食於敵，逴行(130)殊遠而糧不絕，以五千八百戶益封驃騎將軍(131)。」右北平太守路博德(132)屬驃騎將軍，會與城(133)，不失期，從至檮余山(134)，斬首、捕虜二千七百級，以千六百戶封博德為符離侯(135)。北地都尉邢山(136)從驃騎將軍獲王，以千二百戶封山為義陽侯(137)。故歸義因淳王復陸支、樓專王伊即靬(138)皆從驃騎將軍有功，以千三百戶封復陸支為壯侯(139)，以千八百戶封伊即靬為眾利侯(140)。從驃侯破奴(141)、昌武侯安稽(142)從驃騎有功，益封各三百戶。校尉敢得旗鼓，為關內侯，食邑二百戶。校尉自為[143]爵大庶長[144]。軍吏卒為官，賞賜甚多。而大將軍不得益封，軍吏卒皆無封侯者。

9 兩軍之出塞，塞閱[145]官及私馬凡十四萬匹，而復入塞者不滿三萬匹[146]。乃益置大司馬[147]位，大將軍、驃騎將軍皆為大司馬[148]。定令，令驃騎將軍秩祿[149]與大將軍等。自是之後，大將軍青日退，而驃騎日益貴。舉[150]大將軍故人門下多去事驃騎[151]，輒得官爵，唯任安不肯[152]。

【章旨】以上為第三段，寫衛青、霍去病並肩伐匈奴，霍去病後來居上的情形。

【注釋】❶既侯三歲　霍去病被封冠軍侯在元朔六年四月，見〈建元以來侯者年表〉。❷元狩二年　西元前一二一年。元狩，武帝的第四個年號。❸驃騎將軍　《正義》曰：「《漢書》云：『霍去病征匈奴有絕幕之勳，始置驃騎將軍，位在三司，品秩同大將軍。』」按：所謂「三司」舊指司徒、司馬、司空，在漢代即指丞相、太尉、御史大夫。實際衛青、霍去病的地位、權勢都在丞相之上。❹烏盭　山名，也叫嫗圍，在今甘肅皋蘭東北。❺遬濮　匈奴部落名，當時活動在烏盭山北。❻狐奴　水名，瀧川引丁謙說以為即莊浪水，在今蘭州市西北，流經永登縣城西。❼五王國　瀧川引丁謙曰：「五王皆休屠屬部，時休屠王駐涼州地，五王所部當在平番迤北一帶。」按：涼州，即今甘肅武威市，武威城北當時有休屠城。❽輜重人眾懾慴者弗取　意即對於運輸部隊與作戰部隊中的恐懼求饒者一律放過。懾慴，恐懼；屈服。❾冀獲單于子　冀，《漢書》作「幾」，意即差點兒。《集解》引徐廣曰：「『子』一作『與』。」如作「與」，則應連下句作「與轉戰六日」。❿焉支山　在今甘肅山丹縣東南。⓫殺折蘭王二句　《集解》引張晏曰：「折蘭、盧胡，國名也。殺者，殺之而已。斬者，獲其首。」按：折蘭、盧胡，皆匈奴部落名。⓬誅全甲　說法不一，有曰「全甲」是國名；有曰是匈奴王名；有曰「全甲」應作「金甲」；有曰「誅」字是衍文。疑此句與上文「懾慴者弗取」意思相反，謂披掛整齊而又堅決抵抗者，則必誅滅之也。《漢書評林》引田汝成曰：

「『全甲』當是渾身貫甲之謂，蓋精兵也。」或「誅」字上下有缺文，「全甲」應連下文讀，亦猶前文衛青「全甲兵而還」之意也。《漢書》於此作「銳悍者誅，全甲獲醜」，可資參證。⑬渾邪王　匈奴王名，也寫作「呼韓邪」。⑭首虜　斬首與俘獲生敵。⑮休屠祭天金人　休屠王祭天用的金製神像。《索隱》引如淳曰：「祭天以金人為主也。」⑯北地　漢郡名，郡治馬領，在今甘肅慶陽西北。⑰異道　分兩路出行。⑱在後至　瀧川曰：「楓、三本『後』下無『至』字。」按：「至」字應削，《漢書》作「騫將萬騎後」。⑲所殺亦過當　按：李廣以四千騎與左賢王苦戰二日事，詳見〈李將軍列傳〉。⑳行留　行動逗留遲緩，以致貽誤戰機。㉑居延　沼澤名，在今內蒙西部之額濟納旗東。㉒祁連山　在今甘肅走廊西南側與青海的交界處，主峰在酒泉市東南。㉓小月氏　當時西方的少數民族名，活動在祁連山一帶地區。㉔酋涂王　匈奴族別支的頭領。㉕單于閼氏　單于的正妻，相當於漢朝的皇后。㉖師大率減什三　匈奴人的兵力大約減去了十分之三。按：《漢書》於此作「減什七」，師古曰：「破匈奴之師，十減其七。」大率，大約。有人說此指漢兵損失了十分之三，張照引茅瓚曰：「若如一說，則是方敘驃騎之功，而又計其損失之數也，當依小顏所云。」㉗賜校尉從至小月氏爵左庶長　謂凡是跟著霍去病到達了小月氏的軍中校尉，一律賜爵左庶長。左庶長，秦漢時期二十級爵位中的第十級。㉘鷹擊司馬破奴　趙破奴。鷹擊，表示其輕捷勇猛的稱號。司馬，官名，主管軍中司法。㉙斬遬濮王二句　遬濮王稽沮王皆匈奴王名。㉚千騎將　此指趙破奴手下的統領千名騎兵的將官。㉛前行　前鋒；先頭部隊，此亦指趙破奴的部眾。㉜從驃侯　《集解》引張晏曰：「從驃騎將軍有功，因以為號。」㉝校尉句王高不識　原為匈奴之句王，降漢後任驃騎將軍之校尉。㉞呼于屠王　匈奴王名。㉟宜冠侯　《正義》引孔文祥曰：「從冠軍將軍戰故。宜冠，『從驃』之類也。」㊱僕多　姓僕名多。〈建元以來侯者年表〉作「僕多」，《漢書》年表作「僕朋」。㊲煇渠侯　封地煇渠，〈建元以來侯者年表〉之《索隱》以為是鄉名，在魯陽（今河南魯山）境內。㊳宿將　老將，如李廣等。㊴常選　通常都是經過挑選的。按：〈廉頗藺相如列傳〉、〈魏公子列傳〉有所謂「選兵」、「選騎」，蓋與此同義。㊵先其大軍　指離開大部隊，率領輕兵深入，即前文之所謂「直弃大軍數百里赴利」。「大」下原有「將」字。《漢書》於此無「將」字。王念孫曰：「上文曰『直棄大軍數百里赴利』，是其證。」據刪㊶軍亦有天幸　董份曰：「『軍亦有天幸』承上文來，皆言驃騎。王右丞詩『衛青不敗由天幸』，是以『大將軍』別起為句矣。不知太史公此書專右大將軍而貶驃騎。右丞尚誤，況他人乎？」㊷常坐留落不遇　王念孫曰：「留落者，牢落也（雙聲字），即不耦之意。耦之言遇也，言無所遇合也。」按：《漢書》於此作「諸宿將常留落不耦」，依王說自是可通；而此文為「諸宿將常坐留落不遇」，倘依王說，則「坐」字無法解釋。愚以為兩處不必求同，上文已經兩次用過「行留」，疑此「留落不遇」，似仍應解釋為行動遲緩，總是遇不上敵人。㊸比大將軍　和衛青的榮寵相等。比，相等。臺灣三軍大學《中國歷代戰爭史》曰：「(霍去病)轉戰數千里，一戰完成斷匈奴右臂之任務，厥功至偉。此種長驅深入之機動閃擊攻勢，又開中國戰史上空前之例。」「霍去病兩次遠征河西走廊，深入數千里作戰，所以皆能致勝，消滅匈駐右部之強大部落者，一以去病勇敢善戰，二以去病善能因水草、因糧於敵之作戰；三以去病所率之軍皆漢騎之最精良者，故能遂行遠距離之機動迂迴、包圍奇襲，而常以寡勝眾也。」武國卿《中國戰爭史》曰：「河西戰役的勝利使漢完全占據了河西走廊，打開了通往西域的道路；河西戰役的勝利打擊了匈奴對西域諸國的統治，隔斷了匈奴與羌人的聯繫；河西戰役的勝利從根本上剷除了匈奴在祁連山一帶繁衍生息的重要基地。」高銳《中國軍事史略》曰：「漢軍殲滅匈奴河西勢力，既打通了西域通路，切斷匈奴與羌人聯繫，同時又擴大了漠南戰役成果，以便日後向漠北匈奴主力發動進攻。河西之役在戰術上也有幾點成功之處，一、集中兵力殲擊弱敵。當時以一小部分兵力在東方牽制匈奴左賢王強敵，而集中優勢兵力進攻河西匈奴。二、連續出擊。半年之內漢軍兩次攻打河西，使其防不勝防。三、迂迴包抄。第二次河西之戰不再像第一次那樣正面出擊，而大迂迴至匈奴側後，力求全殲，不使其逃竄。」㊹要邊　到邊境線上尋找漢人，以通消息。要，攔截，這裡指尋找。㊺將城河上　王先謙曰：「將兵於河上築城也。」㊻馳傳以聞　乘傳車飛報皇帝。傳，驛車。㊼驃騎乃馳入與渾邪王相見　按：驃騎將軍之膽略，非常人之所及也，史公不宜屢貶之。又，原本是渾邪王與休屠王相約一齊降漢，後渾邪王殺休屠王，並將其眾，故此驃騎乃獨與渾邪王相見也。㊽降者數萬　據〈匈奴列傳〉，此次降者為四萬人。㊾天子所以賞賜者數十巨萬　謂賞賜投降之匈奴人也。巨萬，萬萬，即今所謂「億」，這裡說的是銅錢。㊿漯陰侯　封地漯陰，在今山東禹城縣東。51下摩侯　〈建元以來侯者年表〉作「下麾侯」，《索隱》以為下麾在猗氏（今山西臨猗縣南）境內。52煇渠侯　按：前文已封僕多為「煇渠侯」，今又封鷹庇為「煇渠侯」，二者必有一誤。《正義》曰：「煇渠，表作『順梁』。」53禽黎　〈建元以來侯者年表〉作「烏黎」。54河綦侯　封地河綦，《索隱》以為在濟南郡，具體方位不詳。55銅離　〈建元以來侯者年表〉作「稠離」。56常樂侯　封地常樂，《索隱》以為在濟南郡。57匈奴西域王　匈奴西部地區之王，與通常所說之「西域」概念不同。也有人將此理解為渾邪王本來在匈奴中主管「西域」的事務。且說「渾邪王降漢，匈奴原在河西地盡失，管理西域事務的才是居於匈奴西北方的日逐王。」（謝孝苹《全注全譯史記》）錄以備考。58眾萌　猶言眾民。萌，通「甿」。民也。59咸相犇　咸相約以奔漢。60率以軍糧接食　謂驃騎攜帶糧食全部地予以迎接、供應。率，大概；全部。有人將「率」字連上句讀，作「咸相犇率」，瀧川曰：「相率來奔也。」61將控弦　意即率領騎射之兵。62誅獟駻　誅滅那些不想歸降的人。獟駻，兇猛不聽指揮。63戰士不離傷　指漢軍未受任何損傷。離，通「罹」。遭；陷。64咸懷集服　意即該部匈奴全部歸順。集，歸依。65仍與之勞三句　仍與，《漢書》作「仍興」，此「與」字誤。仍，頻；頻繁。興，軍興，即今所謂「軍事動員」。王先謙串解此三句為：「頻數軍興，甚為勞苦，今幸兵威已及於河塞之外，庶幾自此無患乎！」66永綏　永久地太平無事。67寬天下之繇　繇，同「徭」。徭役。凌稚隆引茅坤曰：「以去病降昆邪一着，武帝最得意處，故青之爵賞及其沒而穿冢，去病遂獨擅云。」68邊五郡故塞外　意即讓他們分別居住在沿邊五個郡的舊國境線外。五郡，指隴西、北地、上郡、朔方、雲中。69皆在河南　都在黃河以南，即今內蒙古之西南部、陝西之北部、與甘肅、寧夏的部分地區。70因其故俗二句　將他們分成幾個部落，讓他們按舊有的習俗生活，而稱這些部落曰「屬國」。師古曰：「不改其本國之俗，而屬於漢，故號『屬國』。」71其明年　元狩三年，西元前一二〇年。72其明年　元狩四年，西元前一一九年。73度幕輕留　越跨大漠，在沙漠中輕意停留。幕，通「漠」。輕留，輕易地停留。瀧川以為「輕」字應作「經」，似節外生枝。74必得所欲　謂捕獲單于，殲滅匈奴主力。75是歲二句　按：前面已經說了「其明年」，此處還說「是歲元狩四年也」，蓋鄭重強調本年所發生事件之重要。歷史家書事常用此法，如《三國志・武帝紀》敘董卓之亂有所謂「是歲中平六年也」，即其例。76元狩四年　張文虎《札記》：「元狩四年字疑衍，《漢書》無。」77轉者　師古曰：「謂運輜重者也。」即今所謂「後勤部隊」。78踵軍　猶今所謂後續部隊。踵，接續。79驃騎始為出定襄二句　霍去病開始本來是準備從定襄郡北出，向著單于之所在撲去。為，其義同「將」。「為」字的此種用法又見於〈白起王翦列傳〉、〈韓信盧綰列傳〉、〈匈奴列傳〉。當，迎；對著。80捕虜言單于東　從捕獲的俘虜口中得知單于是在東部地區。81更令　改派。82郎中令　指李廣。83太僕　指公孫賀。84主爵　主爵都尉的簡稱，掌管列侯的封爵事宜，秩二千石。85平陽侯襄　曹襄，曹參的曾孫，襲其先人之爵為侯。86兵即度幕　即，通「既」。已。87信為單于謀曰　此單于即伊稚邪。88人馬罷　罷，通「疲」。疲憊。89坐收虜　意謂不必硬打，即可坐而俘之。90陳而待　列陣而待之。陳，通「陣」。91武剛車　一種既可用於進攻，也可用於防守的戰車。《集解》引《孫吳兵法》曰：「有巾有蓋，謂之武剛車也。」蓋後世坦克之先導。按：此「武剛車」也見於皇帝的儀仗隊中，給皇帝的儀仗做先導，也有時做屬車，見《後漢書・輿服志》。92往當　前往迎擊。93薄莫　傍晚。薄，迫；臨近。莫，同「暮」。94六贏　六匹騾子拉著的快車。贏，同「騾」。驢父馬母之所產，比馬更為健壯。95直冒漢圍　冒，衝破。96相紛挐　相互混雜在一起。97殺傷大當　雙方的損失大體相當。98遲明　到天亮時。遲，及；至。〈呂太后本紀〉有所謂「犁明」。犁，比；及，與此義同。99寘顏山　約即今蒙古國之杭愛山，在烏蘭巴托市西南。100悉燒其城餘粟以歸　楊慎曰：「自『日且入』至『二百餘里』，寫得如畫。唐詩『胡沙獵獵吹人面，漢虜相逢不相見』；『月黑雁飛高，單于夜遁逃。欲將輕騎逐，大雪滿弓刀』，皆用此事。」凌稚隆曰「千年以來所無之戰，亦千年以來所無之文，而騷人墨客共得本之以歌出塞、賦從戎，未嘗不令神馳而目眩也。太史公絕世之姿，故《漢書》不為增損一字。」茅坤曰：「青武剛車之戰，氣震北虜，而去病斬馘雖多，非青比也。太史公特抒憤懣之詞，無限累欷。」又曰：「大將軍此戰極為奇絕，以不得並驃騎益封，故太史公盡力描寫，令人讀之凜凜有生色。」按：衛、霍與匈奴作戰十一年，史公正面描寫，僅此一次。101大將軍之與單于會也　會，指會戰、交戰。102或失道　迷了路。或，通「惑」。103後擊單于　沒有趕上合擊單于。104長史　大將軍手下的屬官，為諸史之長，猶如今之祕書長，秩千石。105簿責　以書面文件查問。責，查問。106廣自殺　關於李廣氣憤自殺的原因、過程，詳見〈李將軍列傳〉。107右將軍至　指趙食其回到朝廷。108大將軍軍入塞二句　意即衛青大軍回國後，最終統計共斬捕一萬九千餘人。109右谷蠡王　匈奴王名，是單于之下的顯要貴族，一般都是單于的兄弟或子姪。據〈匈奴列傳〉，單于之下，「左右賢王、左右谷蠡王最為大」。110右王乃去單于之號　右王，即「右谷蠡王」。111車重　車輛輜重。112無裨將　朝廷不為之配備裨將，以此突出霍去病在軍中的崇高地位。裨將，大將軍屬下的小將、副將，如衛青部有前、後、左、右諸將軍，即所謂「裨將」也。113以李敢等為大校　李敢，李廣之子，時為將軍，現降級使用，以其為霍去病部下之大校。大校，猶如現代之所謂「整編師師長」，其士兵數量為一「軍」，其長官為降級使用之「軍長」也。114當裨將　作為霍去病部下的裨將。分明是「裨將」，而稱之為「大校」，故意拉開他們與主將霍去病的距離。115直左方兵　正好碰上匈奴東部地區的軍隊，即左賢王部。王先謙曰：「『左方』當作『左王』。〈匈奴傳〉：『票騎之出代二千餘里，與左王接戰，漢兵得胡首虜凡七萬人。』」按：似無需改作「左王」，「左方」本即「左賢王」之所屬也。116躬將　親自率領。117所獲葷粥之士　所俘虜、招納的匈奴人馬。葷粥，也作「熏狁」，「玁狁」。匈奴的別稱。王先謙曰：「既率漢兵，又躬將所得匈奴歸義之兵也。」118約輕齎　即今所謂「輕裝」。師古曰：「輕齎者，不以輜重自隨，而所齎糧食少也。」按：約、輕二字義復。119涉獲章渠　師古曰：「涉，謂涉水也；章渠，單于之近臣也，涉水而破獲之。」王念孫曰：「凡言『涉』言『濟』者，其下皆是水名。今不言所涉之水，而但言『涉獲』，則『涉』非『涉水』之謂矣。余謂『涉』猶『入』也，入其軍，獲其近臣。〈高紀贊〉『涉魏而東』，晉灼曰：『涉猶入也』，是其證。」瀧川以為「獲章」是渠水名，可做參考。120比車耆　匈奴王名。121左大將　左賢王部下的左大將。《漢書》作「左大將双」，蓋其人名「双」也。122歷涉離侯　翻過涉離侯山。《索隱》曰：「歷，度也。」涉離侯，《漢書》作「度難侯」。師古曰：「山名。」123濟弓閭　渡過弓閭水。濟，渡。弓閭，也寫作「弓盧」，水名，即今之克魯倫河，在蒙古國之烏蘭巴托市東。124屯頭王韓王　皆匈奴王名。125封狼居胥山　在狼居胥山頭築臺祭天。封，在山上築臺祭天。狼居胥山，在今蒙古國烏蘭巴托市東。126禪於姑衍　在姑衍拓場祭地。禪，拓地以祭地神。姑衍，地名，在今烏蘭巴托市東南，離狼居胥山不遠。127翰海　大漠的別稱。128執鹵獲醜　義同前文之「執訊獲醜」，即捉到敵兵生口，問知消息，進而俘獲大量敵兵。鹵，通「虜」。抄掠。醜，群；類。129師率減什三　使敵人的兵力減少了十分之三。130逴行　遠出；遠征。131以五千八百戶益封驃騎將軍　驃騎將軍前後五次受封，累計共一萬六千一百戶，超過衛青三千三百戶。武國卿《中國戰爭史》曰：「西漢與匈奴的漠北戰役，是武帝向匈奴戰略進攻的頂點，也是西漢與伊稚邪單于畢其功於一役的戰略大決戰。西漢漠北戰役的勝利，制止了匈奴對漢邊境的殘暴掠奪，加速了我國北部地區的進一步統一和開發，具有深遠的歷史意義。」高銳《中國軍事史略》曰：「漠北一役，匈勢力大為削弱，從此無力大舉南下，『是後匈奴遠遁，幕南無王庭』。此一役就軍事特點而言，其一，採取了遠途奔襲，尋殲匈奴主力的方針；其二，此役是漢匈之間規模最大、戰場距中原最遠，也是最艱巨的一次戰役。漢軍之所以能取得勝利，在作戰指揮上，一、戰前準備充分，針對深入漠北作戰補給困難的特點，漢軍除集中了全國最精銳的騎兵外，同時以『負私從馬十四萬匹』隨軍馱運補給，以數十萬步兵轉運輜重；二、利用匈奴認為漢兵不敢深入漠北的心理，勇敢北進，出其不意；三、創造了車守騎攻，車騎協同的新戰術，既充分發揮了騎兵機動迅速的進攻能力，又利用了戰車的防禦能力。」132路博德　蓋亦如李敢之實為「裨將」而降級用為「大校」者也，後封伏波將軍，事跡見於〈南越列傳〉。133與城　《漢書》作「興城」，方位不詳。134檮余山　約在今蒙古國境內，方位不詳。135符離侯　封地符離，在今安徽宿縣東北。按：梁玉繩以為「符離」當作「邳離」。136邢山　〈建元以來侯者年表〉作「衛山」。137義陽侯　封地義陽，平氏縣的鄉名，在今河南桐柏縣東。138因淳王復陸支樓專王伊即軒　「因淳」、「樓專」皆匈奴之王號；「復陸支」、「伊即軒」皆人名，皆匈奴王之歸附漢朝者。139封復陸支為壯侯　梁玉繩以為「壯」字應作「杜」。杜，封地名。《索隱》以為在東平。140伊即軒為眾利侯　按：前文已言封郝賢為眾利侯，今又曰封伊即軒為眾利侯者，蓋因郝賢於元朔六年封侯，元狩二年坐罪國除；故於元狩四年復以「眾利」封伊即軒也。事見〈建元以來侯者年表〉。眾利，封地名，《索隱》以為在城陽。141從驃侯破奴　趙破奴。142昌武侯安稽　趙安稽，原為匈奴王，後歸漢朝。梁玉繩以為「昌武」應作「武陽」。143校尉自為　徐自為，事跡又見於〈匈奴列傳〉。144大庶長　秦漢時期二十級爵位的第十八級，再向上就是關內侯了。姚苧田曰：「敘功之狀，繁而不殺，正史公筆力大處。若入後人手，必有許多芟除歸併之法，不古甚矣。然史公他文亦頗有可省處，唯此詔備載得體，一字不可去，須味之。」145塞閱　出塞時的統計。閱，檢閱；統計。146不滿三萬匹　何焯曰：「書死馬之多，所亡士眾可以意求，此史家隱顯互見之詞也，上文固云『殺傷相當』。」王先謙曰：「〈武紀〉云：『兩軍士戰死者數萬人。』」147大司馬　古官名，漢代建國以來所未有，今始用之。148大將軍驃騎將軍皆為大司馬　即他處史文之所稱「大司馬大將軍」、「大司馬驃騎將軍」是也。[149]秩祿　級別與俸祿。據《後漢書・百官志》注引蔡質《漢儀》，「大將軍、驃騎，位次丞相」，則加「大司馬」後，位次與權勢實皆在丞相之上也。[150]舉　全部；所有的。《漢書》削此「舉」字。[151]多去事驃騎　多離開衛青，更去投靠霍去病。[152]唯任安不肯　任安，司馬遷的朋友，事跡見〈田叔列傳〉與〈報任安書〉。凌稚隆引王世貞曰：「賢乎哉任安也，其猶有古俠士馮煖、虞卿之風焉。當大將軍盛時，士爭自潔飾求昡，其趨之也若飄風之積羽，其用之也如烈焰之炙手；而安與田仁方以貧事家監，得養惡齧馬，非有國士之遇也。迨趙禹過擇郎將，得安，大將軍猶不肯，此與安何德？灰飛烏散，而安如故，語曰『歲寒知松柏之後凋』，難能哉！」鍾惺曰：「太史公敘驃騎封賞極其熏灼，覺大將軍漸冷矣，卻詳大將軍漠北一戰不容口，而以『大將軍不得益封，軍吏皆無封者』二語結之，仍接敘驃騎戰功封賞。此時大將軍之視驃騎，幾于昔李廣之視大將軍，其感深矣。」

【語譯】冠軍侯霍去病被封以後的第三年，也就是元狩二年春天，武帝任霍去病為驃騎將軍，率領著一萬騎兵從隴西出發進擊匈奴，立了戰功。武帝說：「驃騎將軍率領部隊越過烏盭山，討伐了遬濮國，跨過了狐奴河，前後經過了五個王國。對這些地方的財物輜重和被大軍嚇得不知所措的人，他都不去收繳抓捕，他一心希望能夠抓獲單于的兒子。先後轉戰了六天，越過了焉支山一千多里，與敵人短兵相接，殺了折蘭王，又斬了盧胡王，誅滅了全甲之敵，活捉了渾邪王的兒子及其相國、都尉，斬殺和俘虜了八千餘人，繳獲了休屠王祭天用的金人，特此加封霍去病二千戶。」

2　這年夏天，驃騎將軍和合騎侯公孫敖一起從北地郡出發，然後兵分兩路；博望侯張騫和郎中令李廣一起從右北平出發，也兵分兩路。四路人馬同時進擊匈奴。郎中令李廣率領的四千騎兵先到達目的地，而博望侯張騫率領的一萬騎兵落在後面。匈奴左賢王率領著幾萬騎兵包圍了李廣，李廣與匈奴人打了兩天，死者過半，所殺死的匈奴人也超過了漢兵損失的數量。等到博望侯張騫率領的部隊到達時，匈奴軍隊就撤走了。於是張騫以延誤軍期被判處斬，後經出錢贖為平民。而霍去病從北地郡出發深入匈奴腹地後，與合騎侯公孫敖失去了聯繫，只有霍去病越過了居延水直達祁連山，俘虜了許多人。武帝說：「驃騎將軍越過居延水，穿過小月氏，進攻祁連山，抓獲了酋涂王，集體投降的有二千五百人，斬獲三萬零二百人，抓獲五個小王、五個王后、還有單于的皇后，和五十九個王子，抓獲相國、將軍、當戶、都尉等官員六十三人。而自己的兵力只損失了十分之三。因此加封霍去病五千戶。凡是跟著霍去病到達小月氏的校尉，都賜給左庶長的爵位。鷹擊司馬趙破奴兩次跟隨霍去病出征，殺死了遬濮王，捕獲了稽沮王。趙破奴手下的千騎將俘虜了匈奴王、王母各一人，王子以下的匈奴王室成員四十一人，其他俘虜三千三百三十人，趙破奴的先頭部隊捕獲了匈奴一千四百人，為此封趙破奴為從驃侯，食邑一千五百戶。校尉句王高不識，跟隨驃騎將軍捕獲了呼于屠王王子以下的宗室成員十一人，捕獲了俘虜一千七百六十八人，為此封句王高不識為宜冠侯，食邑一千一百戶。校尉僕多立有戰功，封為煇渠侯。」合騎侯公孫敖因為貽誤軍期未能與驃騎將軍按時會合，被判處斬，結果出錢贖為平民。當時其他各位老將所率領的部隊，從兵員馬匹乃至兵器都不如霍去病精銳，霍去病所率領的都是精兵，而且霍去病也的確敢於孤軍深入，他本人常常帶著一批壯士衝鋒在前，不過說來他的確也很幸運，他從來沒有陷人過困境。而其他各位老將則常常不是貽誤了軍期，就是遇不到敵軍。因此霍去病一天比一天受寵，很快地其地位就和衛青差不多了。

3 這年秋天，單于對統領西部的渾邪王多次被霍去病擊破以致損失了幾萬人十分惱怒，單于打算將渾邪王召來殺掉。渾邪王得知後與休屠王等人密謀投降漢朝，他們先派人到邊塞找漢兵聯絡。這時大行李息正率領部隊在黃河邊上築城，見到渾邪王派來的使者後，立即派人乘驛車進京報告漢武帝。武帝聽說後，擔心他們是用詐降的辦法來進行偷襲，於是就命令霍去病率領部隊前去迎接。霍去病渡過黃河，與渾邪王率領的部隊相隔不遠時，渾邪王的偏將們一見漢軍，有些人又變卦不想投降而逃跑了。這時霍去病立即催馬馳入匈奴軍中與渾邪王相見，殺了八千名想逃跑的人。他讓渾邪王單獨乘坐驛車先去武帝出巡的地方拜見武帝，自己率領著渾邪王帶來的全部人馬南渡黃河而還，總共有幾萬人，號稱十萬。他們到達長安後，武帝為了賞賜他們花的金錢多達幾十億。封渾邪王為漯陰侯，食邑一萬戶。封隨他來降的那些小王呼毒尼為下摩侯，鷹庇為煇渠侯，禽棃為河綦侯，大當戶銅離為常樂侯。於是武帝嘉獎霍去病的功勞說：「驃騎將軍霍去病率兵進攻匈奴西部的渾邪王，渾邪王及其屬下百姓都來投降了漢朝，霍將軍以自己軍糧供給他們食用，帶著一萬多名弓箭手，殺掉了那些企圖逃跑的兇悍之徒八千多人，使異國的三十二個國王投降了漢朝，而驃騎將軍自己的部隊沒有任何傷亡。匈奴投降的十萬人都心悅誠服，從而使塞外和沿河諸郡差不多都能免除了戰亂之患，有幸獲得永久的和平。為此加封驃騎將軍一千七百戶。」武帝又下令將戍守隴西、北地、上郡的部隊減少一半，以減輕全國的徭役負擔。

4 過了不久，就把前來投降的匈奴人分別安置到沿邊五個郡的邊境之外，都在黃河以南，讓他們保留著原來的風俗習慣，作為漢朝的屬國。第二年，匈奴攻入右北平、定襄，殺害與虜去了漢朝一千多人。

5 又過了一年，武帝和將領們議論說：「翕侯趙信為單于出謀劃策，他總以為漢朝的大軍沒有能力越過大沙漠去進攻匈奴，尤其不敢在那裡停留，現在如果我們派大部隊突然前往，估計一定能將單于捕獲。」這一年是元狩四年。元狩四年，春天，武帝命令大將軍衛青、驃騎將軍霍去病各自率領五萬騎兵，又派出運送軍需物資的部隊和後續的步兵幾十萬人，而那些勇猛善戰、敢衝敢打的將士都在霍去病屬下。起初霍去病準備從定襄出發，直攻匈奴單于。後來從捕獲的俘虜口中得知單于在東部，於是武帝改令霍去病從代郡出發，而令衛青的部隊從定襄出發。當時郎中令李廣為前將軍，太僕公孫賀為左將軍，主爵都尉趙食其為右將軍，平陽侯曹襄為後將軍，都歸大將軍衛青指揮。當部隊即將越過沙漠時，衛青率領著五萬人馬與霍去病約定好共同進攻匈奴單于。這時趙信給單于出謀說：「漢朝大軍越過沙漠之後，必定人困馬乏，匈奴軍隊簡直可以不戰而勝。」於是就把他們的糧草輜重都運送到遙遠的北方，而把全部精銳部隊擺在沙漠以北等待漢軍。衛青的部隊離開邊塞一千多里後，見到單于已經在那裡列陣等待，於是衛青下令，把武剛車排在四周作為營壘，而派出五千騎兵去衝擊匈奴軍陣。匈奴也派了將近一萬騎兵衝了過來。這時太陽就要落下去了，又颳起了大風，沙石打在人臉上，雙方的軍隊都看不清對方，這時漢軍左右兩翼的部隊向前出動包圍單于。單于見漢軍人多，而且戰鬥力尚強，如果打下去對匈奴不利，天也快黑了，於是單于就乘著一輛六匹騾子拉的車，帶著幾百精壯騎兵，逕直衝破漢軍的包圍朝西北方向跑了。這時天已經黑下來，漢軍和匈奴軍糾纏在一起，雙方的傷亡大體相當。漢軍左校捕獲的俘虜說，單于還沒有等天黑就跑了，於是衛青就派出輕騎兵去追趕單于，自己率領大軍跟在後面。匈奴的部隊也紛紛四散逃走。到黎明時分，追出了二百多里，沒有追到單于，只是俘虜斬殺了大約一萬多人。這時部隊已經到了窴顏山下的趙信城，在那裡繳獲了匈奴積蓄的大批糧食，補充了自己的軍糧。部隊在那裡休息了一天就往回返，把這座城和剩下的糧食全部放火燒了。

6 大將軍衛青和單于接戰的時候，因為前將軍李廣和右將軍趙食其是走東路，中途迷了路，所以沒有趕上合擊單于。直到衛青率領部隊返回大沙漠以南的時候，才找到了前將軍李廣和右將軍趙食其的部隊。衛青準備派使者回長安報告戰況，先派長史去責問前將軍李廣，李廣就自殺了。右將軍趙食其回到長安後，被交到軍法處審判，結果出錢贖成了平民。這次衛青在整個作戰過程中共斬殺與俘虜了一萬九千人。

7 當時匈奴的臣民們一連十幾天找不到單于的下落，右谷蠡王聽說後，就自立為單于。後來單于又找到他的部下，右谷蠡王才又去掉了單于稱號。

8 當時驃騎將軍霍去病也率領著五萬騎兵，車輛輜重和大將軍的部隊一樣，而沒有副將。霍去病就把李敢等大校當做副將使用，他們從代郡、右北平出發，深入匈奴千餘里後，遇到了匈奴左翼的部隊，戰鬥中殺死和俘虜的敵人比衛青多。部隊回來後，武帝說：「驃騎將軍霍去病統領三軍，並指揮著從前俘獲的葷粥勇士，輕裝前進，穿越大沙漠，涉水破獲了單于的近臣章渠，討伐了比車耆，轉而攻擊匈奴左翼的大將，繳獲了戰旗和軍鼓，翻過離侯山，渡過了弓閭河，俘虜了屯頭王、韓王等三人，俘虜匈奴將軍、相國、當戶、都尉等八十三人。登上了狼居胥山祭天，在姑衍山祭地，一直到達了北海之濱。共計斬殺和俘虜了匈奴七萬零四百四十三人，自己減員只有十分之三，他們能從敵人手裡奪取軍糧，因而行軍到了極遠的地方而能糧草不斷，特加封驃騎將軍五千八百戶。」當時右北平太守路博德也屬於霍去病指揮，他能按時與霍去病在與城會師，並跟霍去病一起打到了檮余山，斬殺和俘虜匈奴二千七百人，為此封路博德為符離侯，食邑一千六百戶。北地都尉邢山跟隨驃騎將軍捕獲了匈奴小王，為此封邢山為義陽侯，食邑一千二百戶。先前歸順了漢朝的匈奴因淳王復陸支，樓專王伊即靬都跟隨驃騎將軍立了戰功，為此封復陸支為壯侯，食邑一千三百戶，封伊即靬為眾利侯，食邑一千八百戶。從驃侯趙破奴、昌武侯趙安稽也跟隨驃騎將軍立了戰功，各給他們加封三百戶。

校尉李敢因繳獲了匈奴的軍旗戰鼓，封之為關內侯，食邑二百戶。封校尉徐自為為大庶長。軍吏和士兵們封官受賞的還有很多。而那邊由於大將軍衛青沒有得到加封，所以他部下的軍吏和士兵也沒有一個被封侯的。

9 當初這兩支大軍出塞的時候，根據邊塞上的統計，共帶出官馬和私馬十四萬匹，而回來的時候，所剩的還不到三萬。從此朝廷增設了大司馬的職位，大將軍衛青、驃騎將軍霍去病都獲得了大司馬的頭銜。並明確規定，驃騎將軍的位次和俸祿與大將軍相等。從此以後，大將軍衛青的地位日益衰落了，而驃騎將軍霍去病則日益受寵。昔日大將軍的門客後來轉到驃騎將軍門下的許多人都得到了官職爵位，只有任安不肯改換門庭。

1 驃騎將軍為人少言不泄❶，有氣敢任❷。天子嘗欲教之孫、吳兵法❸，對曰：「顧方略何如耳，不至學古兵法❹。」天子為治第❺，令驃騎視之，對曰：「匈奴未滅，無以家為❻也。」由此上益重愛之。然少而侍中，貴，不省士❼。其從軍❽，天子為遣太官❾齎數十乘❿，既還，重車餘棄粱肉⓫，而士有飢者；其在塞外，卒乏糧，或不能自振⓬，而驃騎尚穿域⓭蹋鞠⓮。事多此類。大將軍為人仁，善退讓⓯，以和柔自媚於上⓰，然天下未有稱⓱也。

2 驃騎將軍自四年軍⓲後三年，元狩六年而卒⓳。天子悼之，發屬國玄甲軍⓴，陳自長安至茂陵㉑，為冢象祁連山㉒。謚之并武與廣地曰景桓侯㉓。子嬗代侯㉔。嬗少，字子侯，上愛之，幸其壯而將之。居六歲，元封元年㉕，嬗卒㉖，謚哀侯。

無子，絕，國除㉗。

3 自驃騎將軍死後，大將軍長子宜春侯伉坐法失侯㉘。後五歲㉙，伉弟二人，陰安侯不疑及發干侯登皆坐酎金失侯㉚。失侯後二歲，冠軍侯國除㉛。其後四年㉜，大將軍青卒㉝，謚為烈侯。子伉代為長平侯。

4 自大將軍圍單于之後，十四年而卒㉞。竟不復擊匈奴者，以漢馬少，而方南誅兩越㉟，東伐朝鮮㊱，擊羌、西南夷㊲，以故久不伐胡。

5 大將軍以其得尚平陽長公主㊳，故長平侯伉代侯㊴。六歲，坐法失侯㊵。

【章　旨】以上為第四段，寫衛青、霍去病的為人與其去世後的家族零落。

【注　釋】❶少言不泄　《索隱》引孔文祥曰：「質重少言，膽氣在中也。周仁『陰重不泄』，其行亦同也。」❷有氣敢任　講義氣，勇於承擔責任。❸孫吳兵法　齊人孫武與衛人吳起所著的兵法。孫武是春秋末期人，效力於吳王闔閭；吳起是戰國初期人，先後效力於魏國、楚國，二人的事跡詳見〈孫子吳起列傳〉。《漢書・藝文志》中有《吳孫子兵法》八十二篇，《吳起》四十八篇。孫武的著作今有《孫子兵法》十三篇；吳起的著作今存《吳子》三篇，恐是後人依託。❹顧方略何如耳二句　意謂關鍵在於根據具體情況臨機處置的本領如何，不在於死讀古人的舊本。顧，轉折語氣詞，猶如今天之「問題在於」、「關鍵是」。不至，不在於。王叔岷曰：「『至』猶『在』也。」按：〈項羽本紀〉寫項羽不欲學「一人敵」，欲學「萬人敵」；至項梁教其兵法時，項羽又「不肯竟學」，蓋二人之豪氣正同。❺治第　修造府第。古代稱一等的府宅為「甲第」，後即以第稱宅。❻無以家為　不要建造自家的小窩。《漢書評林》引劉子翬曰：「李廣之騎射，程不識之軍律，霍去病無所稱焉。所長者，武帝使之學孫吳法，去病曰『顧方略何如耳』；上為治第，曰『何以家為』，其氣識已度越諸將矣。」❼不省士　不關心人，不把人看在眼裡。❽其從軍　每次率軍出征。❾太官　皇家廚房的管理員。❿齎數十乘　拉著幾十車吃的，以供霍去病的小灶所用。齎，攜帶。乘，古稱一車四馬。⑪重車餘弃粱肉　重車，拉東西的車輛。餘弃，吃不了扔著。粱肉，黃糧（小米）與肉食，都是古代的上等飯菜。⑫不能自振　指餓得站不起來。⑬穿域　開闢場地。⑭蹋鞠　古代的一種踢球遊戲，用以鍛鍊身體。軍中也有時用作訓練項目，何焯《義門讀書記》曰：「《踏鞠》二十五篇，《漢書》附兵家技巧中。」史珥曰：「李廣得賞賜輒分其麾下，飲食與士共之，而不得封侯，且自刎絕域；驃騎重車餘粱肉，而士有飢色，卒乏糧或不能自振，而驃騎尚穿域蹋鞠，翻至大司馬，以功名終。子長傳兩人，有無限不平之意。」⑮為人仁二句　楊樹達曰：「汲黯不拜青，而青愈賢黯，遇之加於前，足為青退讓之證。」按：汲黯不拜衛青事，見〈汲鄭列傳〉。⑯以和柔自媚於上　以神態溫和討好皇帝。楊樹達曰：「〈汲鄭傳〉云：『大將軍青侍中，上踞廁視之。』觀此語可知其故。」⑰天下未有稱　王先謙曰：「因其不招士，故天下未有稱，即贊語『賢士大夫無稱』之意。」姚苧田曰：「驃騎方略殊壯，而不恤士卒；衛青仁善退讓，而節概鮮聞，為二人傳，故不得不敘述平生。」⑱四年軍　即元狩四年衛青、霍去病兩路度漠北之大破匈奴。⑲元狩六年而卒　元狩六年，西元前一一七年。霍去病死時年僅二十四歲。⑳屬國玄甲軍　即前所述分部集居在西北沿邊五郡的歸降於漢的匈奴人的鐵甲軍。玄甲，黑甲；鐵甲。㉑陳自長安至茂陵　使之列隊為驃騎送殯。陳，排列；列隊。茂陵，武帝為自己預造的陵墓，在今西安市西北，咸陽市西南之興平縣城東十五公里處，四周有牆垣，東西長四百三十公尺，南北長四百一十四公尺。霍去病墓在茂陵東側五百公尺，蓋為武帝作陪葬者。㉒為冢象祁連山　《索隱》曰：「崔浩云：『去病破昆邪於此山，故令為冢象之，以旌功也。』」姚氏按：「冢在茂陵東北，與衛青冢並，西者是青，東者是去病。冢上有豎石，前有石馬相對，又有石人也。」陳直曰：「霍墓從側面周視，皆為山峰形，所謂『象祁連山』是也。」按：今其墓前尚有大型圓雕石刻十四件，如馬踏匈奴、臥馬、躍馬、石人、人抱熊、伏虎、臣象、怪獸吞羊等是也。㉓謚之并武與廣地曰景桓侯　《索隱》曰：「『景』『桓』兩謚也。〈謚法〉：『布義行剛曰景』，是武謚也；又曰：『辟土服遠曰桓』，是廣地之謚也。以去病平生有武藝及廣邊地之功，故云『謚之并武及廣地曰景桓侯』。」㉔子嬗代侯　襲其父爵為冠軍侯。按：霍嬗當時年僅數歲。㉕元封元年　西元前一一〇年。元封，武帝的第六個年號。㉖嬗卒　霍嬗死時年僅十來歲。據〈封禪書〉：「天子獨與侍中奉車子侯上泰山，亦有封，其事皆禁。天子既已封泰山，乃復至東海上，奉車子侯暴病，一日死。」所謂「奉車」即奉車都尉，皇帝的侍從官名。㉗無子三句　國除，冠軍侯的封地被撤消。按：霍去病有弟曰光，亦衛少兒之子也。至武帝末年，曾秉權為大將軍，受遺詔輔少主，《漢書》有傳。㉘宜春侯伉坐法失侯　事在元鼎元年（西元前一一六年），即霍去病去世後的第二年。據《漢書・外戚恩澤侯表》稱：「侯伉坐矯制不害，國除。」「矯制不害」，未知所云。㉙後五歲　元鼎五年，西元前一一二年。㉚坐酎金失侯　酎是祭祀用的一種醇酒，皇帝每年祭祀宗廟時，各列侯與諸侯王都要出錢助祭，這種助祭錢名叫「酎金」。當時朝廷為了裁抑這些割據勢力，就在這「酎金」上做文章，或說其分量不足，或說其質量不好，遂藉端將其封國廢去。檢〈功臣侯者年表〉，武帝多此類也。徐孚遠曰：「大將軍尚在，而三子皆失侯，漢法之嚴如此！」㉛冠軍侯國除　此冠軍侯即上文所說之霍嬗。㉜其後四年　元封五年，西元前一〇六年。㉝大將軍青卒　陳直曰：「衛青冢今在茂陵東北，與霍去病冢相毗連，兩冢一象盧山，一象祁連山，側面現出岡巒起伏形。」據《漢書》，武帝姐平陽公主因其夫有惡疾，於是改嫁了衛青。衛青死後遂與平陽公主合葬，「起冢象廬山云」。按：此所謂「廬山」，即前文衛青破匈奴於漠北後，追擊所至之「寘顏山」。衛青墓與霍去病墓皆在茂陵東北，蓋皆為陪葬武帝也。漢代皇帝的陵墓皆坐西朝東，陪葬諸臣之墓在神道北側，故皆在茂陵之東北。㉞十四年而卒　衛青圍單于在元狩四年（西元前一一九年），至元封五年（西元前一〇六年）衛青死，中隔十四年。㉟南誅兩越　誅南越（國都番禺，今廣州市）在元鼎五年（西元前一一二年）；誅東越（國都東冶，今福州市）在元封元年（西元前一一〇年），詳見〈南越列傳〉、〈東越列傳〉。㊱伐朝鮮　（國都王險，在今平壤市南）在元封二年（西元前一〇九年）、三年（西元前一〇八年）。㊲擊羌西南夷　事在元鼎五年（西元前一一二年）、六年（西元前一一一年）。㊳尚平陽長公主　娶平陽公主為妻。尚，上配；高攀。平陽公主，武帝之胞姐，原稱陽信公主。因嫁與平陽侯曹壽（曹參的後代）為妻，故通常也稱之為平陽公主。曹壽後來得了惡疾，平陽公主與之離異，遂又改嫁了衛青。事見〈外戚世家〉。㊴長平侯伉代侯　衛伉前因有罪失去了其自己的宜春侯，按理已無再襲父爵的資格，但因其父是皇帝的姐夫，所以特施恩典又令其襲了其父的長平侯。㊵六歲二句　梁玉繩《志疑》：此六字後人妄增。伉失侯在天儀元年也，〈建元侯表〉書「今侯伉」，則知此非史公本書。」據《漢書・恩澤侯表》，衛伉因「闌入宮，完為城旦」，事在天漢元年（西元前一〇〇年）。「闌入宮」即無禮地闖入宮廷。「完為城旦」即被判髡刑，剃了毛髮，發配往築長城。按：自霍去病死後，衛、霍兩家連續發生變故，十幾年後皆蕩然無存，史公筆下，無限感慨。又，霍去病與霍嬗之死，尚屬正常死亡；至征和元年二年，巫蠱事起，皇后衛子夫、太子劉據，衛孺之夫公孫賀，與其子敬聲，以及衛青之子衛伉等大批貴族，被誣以「巫蠱」事被殺，皆史公所親見，良可哀也。

【語　譯】霍去病的為人是不愛講話，性情內向，但果敢而有膽氣。武帝曾打算教他孫吳兵法，霍去病說：「關鍵在於臨時制宜，沒必要學古代兵法。」武帝為他修建了府第，讓他去看，霍去病說：「匈奴還沒有消滅，不能先經營自己的小窩。」這使得武帝對他越發喜歡了。但由於霍去病從小就在宮廷中為宮，地位高貴，所以從不關心下層人。他出兵時，武帝專門派遣了宮廷管理伙食的人員為他拉著幾十輛車的食品，等到回來的時候，許多沒吃完的東西都已經放壞了。與此同時士兵中卻有不少人挨餓。他們在塞外的時候，由於缺糧，有些人都餓得爬不起來了，而霍去病本人還依然開場子踢球。類似的事情很多。與此相比，大將軍衛青則為人善良，恭敬謙讓，他以和藹柔順討好武帝，但天下人卻不怎麼稱道他。

2 霍去病是在元狩四年討伐匈奴以後第三年，也就是元狩六年去世的。武帝很傷心，他調集了渾邪王率眾來降時分置的五個邊郡屬國的鐵甲軍，列隊從長安一直排到茂陵，仿照著祁連山的形勢給他修築了陵墓。由於他威武勇猛，開拓邊疆，因而謚之為景桓侯。他的兒子霍嬗繼承了父親的爵位。當時霍嬗的年齡還小，他表字子侯，深得武帝喜愛，希望他長大後還能當將軍。不想過了六年，也就是元封元年的時候，霍嬗便死了，謚為哀侯。由於霍嬗沒有兒子，所以這個侯國也就被取消了。

3 自從驃騎將軍霍去病死後，大將軍衛青的長子宜春侯衛伉因為犯法也失去了爵位。此後五年，衛伉的兩個弟弟，陰安侯衛不疑和發干侯衛登都因為交納供宗廟祭祀用的金子不合格也丟了爵位。他們丟爵的後兩年，冠軍侯霍去病的封國被取消。又過了四年，大將軍衛青病死，謚號為烈侯。他的長子衛伉繼承了他的爵位做了長平侯。

4 自從大將軍衛青圍攻匈奴單于，到十四年後衛青去世，這中間一直沒有再進攻匈奴，原因一是漢朝缺乏馬匹，二來也是因為當時正忙於向南打東越、南越，向東打朝鮮，還要進攻羌族和西南夷，所以很長時間沒有力量進攻匈奴。

5 因為衛青後來娶了武帝姐姐平陽公主為妻，所以他的長子衛伉才得以繼續做了長平侯。過了六年，衛伉因為犯法而失去了爵位。

1 **左方兩大將軍及諸裨將名：**

2 最大將軍青❶，凡七出擊匈奴❷，斬捕首虜五萬餘級。一與單于戰，收河南地，遂置朔方郡，再益封❸，凡萬一千八百戶❹。封三子為侯，侯千三百戶。并之，萬五千七百戶❺。其校尉、裨將以從大將軍侯者九人❻。其裨將及校尉已為將者十四人❼。為裨將者曰李廣，自有傳。無傳者曰❽：

3 將軍公孫賀。賀，義渠❾人，其先胡種。賀父渾邪❿，景帝時為平曲侯⓫，坐法失侯。賀，武帝為太子時舍人⓬。武帝立八歲⓭，以太僕為輕車將軍，軍馬邑⓮。後四歲⓯，以輕車將軍出雲中。後五歲⓰，以騎將軍從大將軍有功，封為南窌侯。後一歲，以左將軍再從大將軍出定襄，無功。後四歲，以坐酎金失侯⓱。後八歲⓲，以浮沮將軍⓳出五原⓴二千餘里，無功。後八歲㉑，以太僕為丞相㉒，封葛繹侯㉓。賀七為將軍㉔，出擊匈奴無大功，而再侯㉕，為丞相。坐子敬聲與陽石公主姦㉖，為巫蠱，族滅㉗，無後。

4 將軍李息，郁郅㉘人。事景帝㉙。至武帝立八歲，為材官將軍㉚，軍馬邑㉛；後六歲㉜，為將軍，出代；後三歲㉝，為將軍，從大將軍出朔方，皆無功。凡㉞三為將軍，其後常為大行㉟。

5 將軍公孫敖，義渠人，以郎事武帝㊱。武帝立十二歲㊲，為騎將軍㊳，出代，亡卒七千人，當斬，贖為庶人。後五歲(39)，以校尉從大將軍有功，封為合騎侯。後一歲(40)，以中將軍從大將軍，再出定襄，無功(41)。後二歲(42)，以將軍出北地，後驃騎期，當斬，贖為庶人。後二歲(43)，以校尉從大將軍(44)，無功。後十四歲(45)，以因杅將軍(46)築受降城(47)。七歲(48)，復以因杅將軍再出擊匈奴(49)，至余吾(50)，亡士卒多，下吏，當斬，詐死(51)，亡居民間(52)五六歲。後發覺，復繫(53)。坐妻為巫蠱，族(54)。凡四為將軍出擊匈奴，一侯(55)。

6 將軍李沮，雲中人，事景帝。武帝立十七歲(56)，以左內史(57)為彊弩將軍。後一歲(58)，復為彊弩將軍。

7 將軍李蔡(59)，成紀(60)人也，事孝文帝、景帝、武帝。以輕車將軍從大將軍有功，封為樂安侯(61)。已為丞相，坐法死(62)。

8 將軍張次公(63)，河東(64)人。以校尉從衛將軍青有功，封為岸頭侯(65)。其後太后崩(66)，為將軍，軍北軍(67)。後一歲，為將軍，從大將軍(68)。再為將軍(69)，坐法失侯(70)。次公父隆，輕車武射(71)也。以善射，景帝幸近之也。

9 將軍蘇建(72)，杜陵(73)人。以校尉從衛將軍青有功，為平陵侯(74)。以將軍築朔方(75)。後四歲(76)，為游擊將軍，從大將軍出朔方。後一歲(77)，以右將軍再從大將軍出定襄，亡翕侯，失軍，當斬[78]，贖為庶人。其後為代郡太守，卒，冢在大猶鄉[79]。

10 將軍趙信，以匈奴相國降，為翕侯[80]。武帝立十七歲[81]，為前將軍，與單于戰，敗，降匈奴。

11 將軍張騫，以使通大夏[82]，還，為校尉[83]。從大將軍有功，封為博望侯[84]。後三歲[85]，為將軍，出右北平，失期，當斬[86]，贖為庶人。其後使通烏孫[87]，為大行而卒[88]，冢在漢中[89]。

12 將軍趙食其，祋祤[90]人也。武帝立二十二歲[91]，以主爵為右將軍[92]，從大將軍出定襄，迷失道，當斬[93]，贖為庶人。

13 將軍曹襄[94]，以平陽侯為後將軍，從大將軍出定襄[95]。襄，曹參孫也[96]。

14 將軍韓說[97]，弓高侯庶孫[98]也。以校尉從大將軍有功，為龍頟侯[99]。坐酎金失侯[100]。元鼎六年[101]，以待詔[102]為橫海將軍，擊東越有功[103]，為按道侯[104]。以太初三年[105]為游擊將軍，屯於五原[106]外列城。為光祿勳[107]，掘蠱太子宮[108]，衛太子[109]殺之。

15 將軍郭昌，雲中人也。以校尉從大將軍[110]。元封四年[111]，以太中大夫為拔胡將軍，屯朔方[112]。還擊昆明[113]，毋功，奪印[114]。

16 將軍荀彘，太原廣武[115]人。以御見[116]，侍中，為校尉，數從大將軍。以元封三年[117]為左將軍擊朝鮮，毋功[118]。以捕樓船將軍坐法死[119]。

17 最驃騎將軍去病，凡六出擊匈奴，其四出以將軍[120]，斬捕首虜十一萬餘級。及渾邪王以眾降數萬，遂開河西[121]酒泉[122]之地，西方益少胡寇。四益封，凡萬五千一百戶[123]。其校吏有功為侯者凡六人[124]，而後為將軍二人[125]。

18 將軍路博德，平州[126]人。以右北平太守從驃騎將軍有功，為符離侯[127]。驃騎死後，博德以衛尉為伏波將軍，伐破南越[128]，益封。其後坐法失侯[129]。為彊弩都尉，屯居延，卒[130]。

19 將軍趙破奴，故九原[131]人。嘗亡入匈奴，已而歸漢，為驃騎將軍司馬[132]。出北地時有功，封為從驃侯[133]。坐酎金失侯[134]。後一歲[135]，為匈河將軍[136]，攻胡至匈河水[137]，無功。後二歲[138]，擊虜樓蘭王[139]，復封為浞野侯[140]。後六歲[141]，為浚稽將軍[142]，將二萬騎擊匈奴左賢王，左賢王與戰，兵八萬騎圍破奴，破奴生為虜所得，遂沒其軍[143]。居匈奴中十歲[144]，復與其太子安國亡入漢[145]。後坐巫蠱，族[146]。

20 自衛氏興，大將軍青首封[147]，其後枝屬為五侯[148]。凡二十四歲而五侯盡奪，衛氏無為侯者[149]。

【章　旨】以上為第五段，附列衛青、霍去病屬下部分將領的情況。

【注　釋】❶最大將軍青　意即大將軍衛青的功勳總計。最，猶言「總計」。❷凡七出擊匈奴　一、元光六年，出上谷；二、元朔元年，出雁門；三、元朔二年，出雲中，取河南地；四、元朔五年，出高闕，破右賢王；五、元朔六年二月，出定襄；六、元朔六年四月，復出定襄，無功；七、出定襄，破匈奴於漠北。凡，總共。❸再益封　兩次追加封戶。❹凡萬一千八百戶　據前文累計，衛青共得一萬二千八百戶。❺并之二句　并之，指全家總計。按：衛青全家所得的封戶總和應為一萬六千七百戶。❻校尉裨將以從大將軍侯者九人　梁玉繩曰：「按《史》《漢》表傳，侯者十一人，一蘇建，二張次公，三公孫敖，四公孫賀，五韓說，六李蔡，七趙不虞，八公孫戎奴，九李朔，十張騫，十一郝賢。言『九人』誤。」❼已為將者十四人　已為將，指率軍獨當一面之將，不再在他人屬下當裨將。其十四人即下文所開列。❽無傳者曰　張文虎《札記》：「據此句，疑附傳諸人皆後人所增，故有及天漢後事者。辨見《志疑》。」❾義渠　漢縣名，縣治在今甘肅寧縣西北。其地在戰國時為義渠族人所居，後來被秦國伐滅，在其地設義渠縣。❿賀父渾邪　渾邪，也作「昆邪」，景帝時為隴西太守，以將軍擊吳有功，封平曲侯。此人也見於〈李將軍列傳〉，曾請求文帝給李廣換個地方。《漢書・公孫賀傳》以為公孫渾邪是公孫賀的祖父，疑非。⓫平曲侯　公孫渾邪曾為隴西太守，在平定吳楚之亂中有功被封平曲侯。平曲，封地名。⓬武帝為太子時舍人　武帝，應作「今上」，梁玉繩以為此與以下七稱「皆後人妄改」。舍人，太子的屬官，級別略同於皇帝身邊的郎中、中郎等。⓭武帝立八歲　即元光二年（西元前一三三年）。⓮軍馬邑　馬邑，漢縣名，即今山西朔縣。有關漢軍埋伏馬邑謀襲匈奴，因走露消息而一無所獲的事情，詳見〈韓長孺列傳〉、〈匈奴列傳〉。⓯後四歲　應作「後三歲」，事在元光五年（西元前一三〇年）。⓰後五歲　應作「後六歲」，事在元朔五年（西元前一二四年）。⓱後四歲二句　梁玉繩曰：「按《史》《漢》表，賀以元鼎五年（西元前一一二年）坐酎金免，則自元朔六年出定襄後至元鼎五年，凡十一歲也。」⓲後八歲　梁玉繩曰：「賀出五原，即元鼎六年（西元前一一一年）事，非坐酎金失侯之後八歲也。」⓳浮沮將軍　錢大昕曰：「據〈匈奴傳〉：『賀將萬五千騎出五原二千餘里，至浮苴井而還。』浮苴，即『浮沮』，蓋以地名。趙破奴為『匈河浚稽將軍』，李廣利為『貳師將軍』，亦其類也。」⓴五原　漢郡名，郡在今內蒙包頭市西北。㉑後八歲　太初二年（西元前一〇三年）。㉒以太僕為丞相　據《漢書・公孫賀傳》此次公孫賀之為丞相甚非其本人之所願，當聽到武帝任命時，曾嚇得公孫賀叩頭求免。其所以如此，蓋因前此之丞相多為武帝所殺也。㉓封葛繹侯　漢代建國初期之為丞相者，都是開國功臣，自身都有侯爵。至武帝時，公孫弘以布衣憑著念儒書而取丞相，武帝封之為平津侯。自此以後，凡為丞相者，例皆封侯，公孫賀即循其例。[24]賀七為將軍　元光二年以輕車將軍出馬邑，一；元光六年以輕車將軍出雲中，二；元朔五年以騎將軍擊匈奴，三；元朔六年二月以左將軍出定襄，四；元朔六年四月再出定襄，五；元狩四年以左將軍出定襄，六；元鼎六年以浮沮將軍出五原，七。梁玉繩所謂「賀為將軍五，安有七乎」，殆誤。[25]再侯　兩次封侯，即南窌侯、葛繹侯。[26]敬聲與陽石公主姦　陽石公主，武帝之女，衛皇后所生。敬聲之母為衛皇后之姐衛孺，故敬聲與陽石公主為姨表兄妹，屬近親。[27]為巫蠱二句　事在征和元年（西元前九二年），公孫賀為救兒子敬聲，請命捕捉亡命「大俠」朱安世。朱安世被捕後，反口誣說公孫賀等以巫蠱謀害皇帝，於是公孫賀被滅族。事情詳見《漢書・公孫賀傳》。[28]郁郅　漢縣名，即今甘肅慶陽。[29]事景帝　景帝名啟，西元前一五六—前一四一年在位。[30]材官將軍　所統領皆力大善射的特種兵。材官，力大善射的特殊兵種。關於「材官」的解釋，參見〈絳侯周勃世家〉。[31]軍馬邑　即元光二年（西元前一三三年）伏兵馬邑欲襲擊匈奴未成事。[32]後六歲　元朔二年（西元前一二七年）。[33]後三歲　元朔五年（西元前一二四年）。[34]凡　總共。[35]大行　即大行令，也稱典客，「九卿」之一，主管少數民族事務。陳直曰：「霍墓向東，有冢並立，規模較小，圖志相傳為李息冢也。」[36]以郎事武帝　梁玉繩以為應同《漢書》作「事景帝」。[37]武帝立十二歲　即元光六年（西元前一二九年）。[38]騎將軍　「騎」上原有「驃」字。〈漢興以來將相名臣年表〉云敖為騎將軍。梁玉繩《志疑》：「此騎將軍之誤也。驃騎之號，武帝以寵霍去病，公孫敖安得先為之。」今據刪。雜號將軍名，以其統領騎兵而名之。[39]後五歲　應作「後六歲」，即元朔五年（西元前一二四年）。[40]後一歲　元朔六年（西元前一二三年）。[41]再出定襄二句　梁玉繩曰：「傳言斬虜萬餘人，《史》《漢》表皆言是年敖益封，則此誤也，當衍『無功』二字。」[42]後二歲　元狩二年（西元前一二一年）。[43]後二歲　元狩四年（西元前一一九年）。[44]以校尉從大將軍　即漠北大戰之役。[45]後十四歲　元封六年（西元前一〇五年）。按：〈匈奴列傳〉繫此事於元封六年，與此同；《漢書・武帝紀》繫此於太初元年（西元前一〇四年），與此異。瀧川以為「此日十四歲，以初築之歲數。」而《漢書》之所謂，乃築成之時也。[46]因杅將軍　《漢書・武帝紀》師古注引服虔曰：「匈奴地名，因所征以名將軍也。」[47]築受降城　據〈匈奴列傳〉，當時匈奴的左大都尉欲殺單于以降漢，故朝廷派公孫敖築受降城。受降城的舊址在今內蒙烏拉特中後聯合旗東。[48]七歲　瀧川曰：「楓、三本『七歲』上有『後』字。」按：「後七歲」即天漢四年（西元前九七年）。[49]再出擊匈奴　按：此次伐匈奴以貳師將軍李廣利為主將，同出者還有游擊將軍韓說、彊弩都尉路博德。楊樹達曰：「時武帝遣敖迎李陵，見陵傳。」[50]余吾　水名，在今蒙古國烏蘭巴托西。[51]當斬二句　《漢書・武帝紀》太始元年作：「因杅將軍有罪，要斬。」王先謙曰：「敖蓋於斬時詐死，行刑者已報訖，五六歲後復出，乃覺其詐耳。」(52)亡居民間　亡，藏匿。(53)復繫　再次被拘捕收押。(54)坐妻為巫蠱二句　事在武帝征和二年（西元前九一年）。巫蠱，以巫術謀害人。武帝晚年總懷疑有人謀害他，於是惡人江充等遂以巫蠱為說肆行嫁禍，最甚者乃至誣告皇后與太子，終致皇后、太子自殺，大批官僚貴族遇害。過程詳見《漢書》之〈武五子傳〉、〈江充傳〉。(55)一侯　一次為侯，即所謂「合騎侯」也。(56)武帝立十七歲　即元朔五年（西元前一二四年）。(57)左內史　也稱左馮翊，首都長安東部郊區的行政長官，與京兆尹、右扶風合稱「三輔」。(58)後一歲　元朔六年（西元前一二三年）。(59)李蔡　李廣之弟。(60)成紀　漢縣名，縣治在今甘肅通渭縣東北。(61)以輕車將軍從大將軍有功二句　事在元朔五年。(62)已為丞相二句　李蔡於元狩二年為丞相，元狩五年坐「侵孝景園堧地」自殺，見〈漢興以來將相名臣年表〉、〈李將軍列傳〉。「酎金」與「侵堧」為武帝打擊列侯，沒收其封地最常用的兩種「罪名」。李蔡墓在景帝陽陵之正東偏北，是陽陵的陪葬墓之一。漢帝諸陵皆坐西朝東，其神道東出，陪葬墓蓋在神道之北側，近年有考古發掘。(63)張次公　少與義縱為友，事跡參見〈酷吏列傳〉。(64)河東　漢郡名，郡治安邑，在今山西夏縣西北。(65)封為岸頭侯　事在元朔二年（西元前一二七年），因隨衛青收復河南地有功也。(66)太后崩　武帝母王太后崩於元朔三年（西元前一二六年）。(67)軍北軍　意即統領北軍。瀧川引岡白駒曰：「天子諒陰（因守喪而不問政事），備非常也。」關於「北軍」，說法不一，多數人認為是防衛首都的部隊；也有人說是防衛未央宮的部隊，也有說是防衛宮廷而駐守北闕的部隊，參見〈呂太后本紀〉。(68)後一歲二句　梁玉繩曰：「應作『後二歲』。」蓋即元朔五年也。(69)再為將軍　兩次為將軍，即元朔二年與元朔五年。(70)坐法失侯　據〈建元以來侯者年表〉，元狩元年（西元前一二二年），「次公坐與淮南王女姦及受財物罪，國除。」按：淮南王劉安之女名陵，其父欲謀反，劉陵住在京城為其父作間諜，故張次公得與之有染。(71)輕車武射　皇帝儀仗隊中輕車上的武射之士。《後漢書．輿服志》：「輕車，古之戰車也，洞朱輪輿，不巾不蓋，建矛戟幢麾，輻輒弩服。大駕、法駕出，射聲校尉、司馬吏士載，以次屬車，在鹵簿中。」有人解釋為「輕車將軍部下的武射之士」，恐非。(72)蘇建　蘇武之父。(73)杜陵　漢縣名，縣治在今西安市東南。(74)有功二句　事在元朔二年，蓋因隨衛青收復河南地而受封也。(75)以將軍築朔方　蘇建出征前尚是校尉，立功封侯後始為將軍，故以將軍之身分率兵築朔方郡城。(76)後四歲　梁玉繩曰：「蘇建封侯在元朔二年，此（出朔方）元朔五年事。當云『後三歲』。」王先謙曰：「據〈武紀〉，城朔方，元朔三年；出朔方，元朔五年。」(77)後一歲　元朔六年。(78)失軍二句　此役中蘇建喪失所部之全軍，僅孤身一人逃回，故有人曾勸衛青斬之。(79)冢在大猶鄉　大猶鄉，應屬陽陵縣，在今西安市北，蓋亦陪葬景帝之陽陵者也。陽陵縣即以景帝陽陵之所在而得名。《漢書．蘇武傳》中李陵與蘇武對話時曾有「太夫人已不幸，陵送葬至陽陵」之語。(80)以匈奴相國降二句　事在元光四年，見〈建元以來侯者年表〉。(81)武帝

立十七歲　梁玉繩曰：「《漢書》作『十八歲』，是。趙信為前將軍在元朔六年，武帝立十八年也。」(82)以使通大夏　按：應曰「以使通月氏」，事在建元三年（西元前一三八年）。(83)還二句　按：張騫歷十三年回國後，被任為太中大夫，事在元朔三年（西元前一二六年）；至元朔六年，始以校尉隨衛青伐匈奴也。(84)封為博望侯　事在元朔六年。(85)後三歲　元狩二年（西元前一二一年）。(86)失期二句　是役張騫與李廣同出，李廣以四千騎遇匈奴左賢王四萬騎，由於張騫失期，使李廣損失慘重，故當斬也，詳見〈李將軍列傳〉。(87)使通烏孫　事在元鼎二年（西元前一一五年）。烏孫，西域國名，國都赤谷城，在今新疆烏什西北，即吉爾吉斯斯坦境內的伊什提克。張騫通烏孫的詳情，見〈大宛列傳〉。(88)為大行而卒　張騫於元鼎二年由烏孫回國後即任大行，元鼎三年（西元前一一四年）卒，事見《漢書·百官公卿表》。〈大宛列傳〉云：「騫還到，拜為大行，列于九卿。歲餘，卒。」(89)冢在漢中　張騫冢在今陝西漢中地區城固縣城西之黎何村。(90)祋祤　也作「祋栩」，即今陝西耀縣。(91)武帝立二十二歲　即元狩四年（西元前一一九年）。(92)以主爵為右將軍　主爵，主爵都尉的簡稱。主爵都尉主管列侯事務，秩二千石。(93)迷失道二句　按：此役中李廣與之一同出東路，迷失道，李廣自殺。(94)曹襄　劉邦功臣曹參的後代，繼其先輩之爵為平陽侯。(95)從大將軍出定襄　事在元狩四年。(96)襄二句　曹襄是曹參的玄孫。曹參之子名窋，曹參之孫名奇，曹參之曾孫名時（或曰「時」，或曰「壽」）。曹襄即曹時之子。曹時初娶陽信公主（也稱平陽公主），後因患惡疾，與陽信公主離異。(97)韓說　劉邦功臣韓王信之曾孫。(98)弓高侯庶孫　弓高侯，名頹當，韓王信之子。韓王信原封韓王，後被移往代地。因遭劉邦懷疑而投匈奴，北行至匈奴中的頹當城，其妻生子，故取名頹當。韓王信死後，韓頹當於文帝時率部歸漢，被封為弓高侯，在平定吳楚七國之亂中有大功。庶孫，也稱「孽孫」，非嫡子所生之孫。詳情見〈韓信盧綰列傳〉。(99)從大將軍有功二句　事在元朔五年（西元前一二四年）。(100)坐酎金失侯　在元鼎五年（西元前一一二年）。(101)元鼎六年　西元前一一一年。(102)待詔　暫無官爵，聽候皇帝詔用的人。(103)擊東越有功　東越，這裡指閩越。閩越為漢初東越人建立的小國名，都城冶縣，即今福州市。元鼎五年，漢軍討南越（都番，即今廣州市）時，閩越王先說出兵相助，後又觀望不行，聞漢欲討之，遂公開反漢。元鼎六年，漢使韓說為橫海將軍，會同楊僕、王溫舒等將其討平，過程詳見〈東越列傳〉。(104)為按道侯　按道，封地名。韓說因平東越功被封按道侯在元封元年（西元前一一〇年）。(105)太初三年　西元前一〇二年。(106)五原　漢郡名，郡治九原，在今內蒙古包頭市西北，北距長城不遠。(107)光祿勳　即前所稱之郎中令，武帝太初元年改稱光祿勳，「九卿」之一，統領內侍人員，守衛宮廷門戶。(108)掘蠱太子宮　朱安世以巫蠱為由害得丞相公孫賀被族後，江充等又挑動武帝懷疑自己的皇后與太子，派韓說率人到太子宮查抄，太子一怒，遂殺死韓說，舉兵「反」。事在征和二年（西元前九一年）。(109)衛太子　名據，因是衛子夫所生，故習稱「衛太子」。衛太子被誣與殺韓說、江充事，詳見《漢書・武五子傳》。梁玉繩以為「為光祿勳」以下文字在史公著史斷限之外，為後人所補。然此時史公在世，未必即刻板地死守「斷限」，能終結其人、其事者，採後數句以終之，亦在情理之中。110以校尉從大將軍　各處均未載，未詳在何年。111元封四年　西元前一〇七年。112以太中大夫為拔胡將軍二句　拔胡將軍，雜號將軍名，以職任為號。據《漢書・武帝紀》：「秋，以匈奴弱，可遂臣服，乃遣使說之。單于使來，死京師，匈奴犯邊，遣拔胡將軍郭昌屯朔方。」王先謙曰：「〈西南夷傳〉略云：南粵反，上使發南夷兵，且蘭君遂反。漢發八校尉擊之，會粵已破，八校尉不下。中郎將郭昌、衛廣引兵還，行誅且蘭，遂平南夷為牂柯郡。據〈武帝紀〉定越地及西南夷，是元鼎六年事。」按：王先謙所言，乃依《漢書・西南夷傳》。據此，則郭昌為拔胡將軍之前，乃為「中郎將」，非為「太中大夫」也。113還擊昆明　《漢書・武帝紀》：元封六年，「益州、昆明反，赦京師亡命令從軍，遣拔胡將軍郭昌將以擊之。」按：〈西南夷列傳〉未載此事。114毋功二句　即免其將軍之號。115太原廣武　太原郡的廣武縣，縣治在今山西代縣西南。116以御見　師古曰：「以善御得見。御，謂御車也。」陳直曰：「猶衛綰以戲車為郎也。《鹽鐵論・除狹篇》云：『戲車躐鼎，咸出補吏。』」依陳氏說，荀彘所善者乃車技，非一般之趕車。117元封三年　西元前一〇八年。118為左將軍擊朝鮮二句　據〈朝鮮列傳〉，元封二年（西元前一〇九年），漢使涉何使朝鮮，殺朝鮮之陪伴使，朝鮮攻殺涉何，兩國戰爭遂起。漢派樓船將軍楊僕自齊地浮海，攻朝鮮都城王險；派左將軍荀彘自遼東出兵攻朝鮮北部，結果兩軍初戰皆敗。119以捕樓船將軍坐法死　兩軍初敗後，又整頓士伍，合擊朝鮮都城，荀彘與楊僕勾心鬥角，相互拆臺，最後荀彘竟然誘騙襲捕了楊僕，奪取了他的軍隊。此後荀彘雖亦滅了朝鮮，但終被武帝所殺。事詳〈朝鮮列傳〉。120其四出以將軍　《集解》曰：「再出以剽姚校尉也。」按：驃騎出擊匈奴共六次，前兩次在元朔六年，兩次以剽姚校尉隨衛青出定襄。後四次皆以驃騎將軍出，一在元狩二年，出隴西；二在元狩二年夏，出北地；三在元狩二年秋，渡河迎歸降之渾邪王；四在元狩四年，絕大漠，封狼居胥。121河西　黃河以西，此指今甘肅河西走廊一帶，後來在這一帶設有金城、武威、張掖、酒泉等郡。122酒泉　漢郡名，郡治即今酒泉市。《漢書・西域傳》云：「驃騎將軍擊破匈奴右地，置酒泉郡。後分置武威、張掖、敦煌郡。」123四益封二句　首封一千六百戶，在元朔六年；第一次益封二千戶，在元狩二年春；第二次益封五千戶，在元狩二年夏；第三次益封一千七百戶，在元狩二年秋；第四次益封為五千八百戶，在元狩四年，累計共一萬六千一百戶。124校吏有功為侯者凡六人　梁玉繩曰：「按《史》《漢》表傳，從去病為侯者七人，一趙破奴，二高不識，三僕多，四路博德，五衛山，六復陸支，七伊即靬。言六人誤。」125後為將軍二人　即下述之路博德與趙破奴。126平州　梁玉繩、王先謙皆以為應作「平周」，漢縣名，在今山西孝義市西南。127為符離侯　事在元狩四年（西元前一一九年）。(128)伐破南越　事在元鼎六年（西元前一一一年），與其配合作戰者為樓船將軍楊僕，二人共平南越，過程詳見〈南越列傳〉。(129)坐法失侯　據《漢書・景武昭宣元成功臣表》：「太初元年（西元前一〇四年），坐見知子犯逆不道罪免。」詳情不明。(130)為彊弩都尉三句　居延，漢代西北部地區的邊防要地，在今內蒙古額濟納旗東。路博德為彊弩都尉屯居延在太初三年（西元前一〇二年），居延西北有所謂「遮虜障」，即路博德所築也。據《漢書・李廣蘇建傳》，天漢二年（西元前九九年），李陵率步卒五千出遮虜障擊匈奴，武帝令路博德接應李陵，路博德不願與李陵合作。李陵失敗降敵後，武帝曾恨路博德說：「陵當發出塞，乃詔彊弩都尉令迎軍。坐預詔之，得令老將生奸詐。」但也未見對路博德作何處置。路博德之死，史無詳載。(131)九原　漢縣名，縣治在今內蒙古包頭市西，當時為五原郡的郡治所在地。(132)為驃騎將軍司馬　據前文，趙破奴為驃騎將軍司馬時乃以「鷹揚」為號。(133)封為從驃侯　事在元狩二年（西元前一二一年）夏。(134)坐酎金失侯　事在元鼎五年（西元前一一二年）。(135)後一歲　元鼎六年（西元前一一一年）。(136)匈河將軍　以出征之目的地為名，猶如李廣利之為貳師將軍也。(137)匈河水　大約在今甘肅西北部，具體方位不詳。此次與趙破奴同時而異道出征者尚有浮沮將軍公孫賀，皆出行二千里，未遇敵兵而還。(138)後二歲　王先謙以為當作「後一歲」，即元封元年（西元前一一〇年），《漢書》作元封元年。(139)擊虜樓蘭王　樓蘭，西域小國名，國都在今新疆羅布泊西北。據《漢書・西域傳》，漢使欲通大宛諸國，中途屢被樓蘭、姑師所劫，「於是武帝遣從驃侯趙破奴將屬國騎及郡兵數萬擊姑師。破奴與輕騎七百人先至，虜樓蘭王，遂破姑師。還，封破奴為浞野侯。」(140)復封為浞野侯　事在元封三年（西元前一〇八年）。(141)後六歲　梁玉繩曰：「應作『後五歲』。」即太初二年，西元前一〇三年。(142)浚稽將軍　亦以出兵的目的地為號。浚稽，山名，在今蒙古國達蘭扎達加德之西北。(143)破奴生為虜所得二句　趙破奴率師二萬出朔方二千餘里擊匈奴，被匈奴八萬人所圍，趙破奴先被俘，諸校尉畏罪不敢歸，遂全軍降匈奴事，見〈匈奴列傳〉。(144)居匈奴中十歲　《集解》引徐廣曰：「以太初二年入匈奴，天漢元年亡歸，涉四年。」梁玉繩曰：「『居匈奴』至『巫蠱族』二十一字，後人妄續也。且破奴自太初二年沒匈奴，至天漢元年歸，首尾僅四年，安得『十歲』乎？」(145)復與其太子安國亡入漢　太子，即今所謂「長子」。按：趙破奴降匈奴後，匈奴定是曾封之為「王」，故此處有「太子」之稱，然《史》《漢》諸篇均未言趙破奴被匈奴封王事，蓋失載也。(146)後坐巫蠱二句　事在征和二年（西元前九一年）。梁玉繩以為「『居匈奴』至『巫蠱族』二十一字，後人妄續」，然此時史公尚在，未必一定為「後人妄續」。(147)首封　首次被封為侯。(148)枝屬為五侯　枝屬，猶言「枝派」、「派系」，衛青的派系為侯者共五人，即其子衛伉、衛不疑、衛登；其外甥霍去病，與去病之子霍嬗。(149)凡二十四歲而五侯盡奪二句　衛青封侯在元朔五年（西元前一二四年），衛青二子衛不疑、衛登之因酎金失侯在元鼎五年（西元前一一二年），霍去病死在元狩六年（西元前一一七年），霍嬗死在元封三年（西元前一〇八年），衛伉的第二次失侯在天漢元年（西元前一〇〇年），其間共二十四年。按：敘至此尚僅是失去侯爵，若再至征和二年（西元前九一年），巫蠱禍起，則衛氏更被族滅矣。

【語譯】下面是兩位大將軍與其所率部將的名單：

2 大將軍衛青的功勳總計：共七次出討匈奴，斬首與俘獲敵人共五萬多名。與匈奴單于直接作戰一次，收復河套地區，設立了朔方郡。兩次增加封邑，共食一萬一千八百戶。三個兒子被封為侯，每人食邑一千三百戶。全家總共食邑一萬五千七百戶。跟隨大將軍出征的校尉、裨將已被封侯的有九人，雖未封侯但已成為將軍的有十四人。其中裨將李廣自已有傳，其餘沒有單獨立傳的開列如下：

3 將軍公孫賀，公孫賀是義渠人，其先輩是匈奴族。公孫賀的父親公孫渾邪，景帝時被封為平曲侯，後來因為犯法丟了侯爵。公孫賀在武帝為太子時任太子舍人，武帝即位後的第八年，公孫賀以太僕的身分為輕車將軍，駐軍馬邑。又過了四年，以輕車將軍的身分率軍由雲中郡出發北伐匈奴。又過了五年，以騎將軍的身分隨大將軍北伐匈奴有功，被封為南窌侯。又過了一年，以左將軍的身分跟隨大將軍由定襄郡出發北伐匈奴，無功而還。又過了四年，因酎金不合規定被削去侯爵。又過了八年，以浮沮將軍的身分由五原郡出發，北行二千里伐匈奴，無功而還。又過了八年，由太僕升任丞相，被封為葛繹侯。公孫賀總共七次為將軍，在與匈奴作戰中無大功勞，但卻兩次封侯，當了丞相。後來因其兒子公孫敬聲與武帝的女兒陽石公主通姦，又搞巫蠱活動，於是全家被滅門，從此絕後。

4 將軍李息，是郁郅縣人，在景帝駕前任職。武帝即位後的第八年，李息以材官將軍的身分率軍駐紮在馬邑。六年後，以將軍的身分率軍由代郡北出伐匈奴；又過了三年，以將軍的身分跟隨大將軍由朔方郡北出伐匈奴，兩次皆無功而回。李息前後曾三次為將軍，後來在朝廷任大行人。

5 將軍公孫敖，是義渠人，先是在武帝跟前任郎官。武帝即位後的第十二年，以騎將軍的身分由代郡北出伐匈奴，因損失士兵七千人，罪當斬首，花錢贖為平民。又過了五年，以校尉的身分跟隨大將軍北伐匈奴有功，被封為合騎侯。又過了一年，以中將軍的身分再次跟隨大將軍由定襄郡北出伐匈奴，無功而回。又過了兩年，以將軍的身分由北地郡率軍北出，由於未能按時與驃騎將軍會師，罪當斬首，花錢贖為平民。又過了兩年，以校尉的身分跟隨大將軍北出伐匈奴，無功而回。又過了十四年，以因杅將軍的身分率軍築受降城。又過了七年，再以因杅將軍的身分北伐匈奴，前進至余吾水，由於損失士兵多，入獄，被判死罪。公孫敖裝作病死，在民間躲藏了五六年。後來被發覺，再次入獄。又由於其妻涉及巫蠱活動，全族被誅滅。公孫敖先後四次為將軍，北伐匈奴，曾有一次被封侯。

6 將軍李沮，雲中人，曾在景帝跟前任職。武帝即位第十七年，李沮以左內史的身份出任彊弩將軍。一年之後，又任彊弩將軍。

7 將軍李蔡，成紀縣人，先後在文帝、景帝、武帝駕前任職。曾以輕車將軍的身分跟隨大將軍北伐有功，被封為樂安侯。後來升任丞相，因犯法自殺。

8 將軍張次公，河東郡人。曾以校尉的身分跟隨大將軍北伐匈奴有功，被封為岸頭侯。後來在王太后死時，以將軍的身分統領北軍。一年後，以將軍的身分跟隨大將軍北伐。張次公先後兩次為將軍，後因犯法丟掉了侯爵。張次公的父親張隆，曾任輕車武射，由於他的善射，受景帝寵愛。

9 將軍蘇建，是杜陵人。曾以校尉的身分跟隨大將軍北伐匈奴有功，被封為平陵侯，又以將軍的身分率軍築朔方郡城。四年後，以游擊將軍的身分跟隨大將軍由朔方郡北出伐匈奴。又過了一年，以右將軍的身分二次跟隨大將軍由定襄郡北出，由於損失了翕侯趙信，蘇建的軍隊又全部喪失，於是蘇建被判死罪，花錢贖為平民。後來蘇建任代郡太守，死後，葬於大猶鄉。

10 將軍趙信，原是匈奴人，以匈奴相國的身分降漢，被封為翕侯。武帝即位後第十七年，趙信以前將軍的身分率軍與匈奴單于作戰失敗，投降匈奴。

11 將軍張騫，受命為使者西通大夏，回來後，被任為校尉。因其跟隨大將軍北伐匈奴有功，被封為博望侯。三年後，又以將軍的身分率軍由右北平北出，由於未能按時與大將軍會師，罪當斬首，花錢贖為平民。後來張騫再次出使烏孫，回來後被任為大行人，死後葬在故鄉漢中。

12 將軍趙食其，祋祤縣人。武帝即位後的第二十二年，以主爵都尉的身分為將軍，跟隨大將軍由定襄北出，由於迷路未能按期會師，罪當斬首，花錢贖為平民。

13 將軍曹襄，曾以平陽侯的身分為後將軍，跟隨大將軍由定襄北出。曹襄，是高祖功臣曹參的玄孫。

14 將軍韓說，是弓高侯韓頹當的庶孫。先曾以校尉的身分跟隨大將軍北伐有功，被封為龍頟侯，後來因為交納酎金不合規定，丟掉侯爵。元鼎六年，以待詔的身分為橫海將軍擊東越有功，被封為按道侯。至太初三年，又以遊擊將軍的身分率軍屯駐在五原郡北的長城邊。後來回朝任光祿勳，到太子宮中挖掘巫蠱，被衛太子所斬。

15 將軍郭昌，是雲中郡人，曾以校尉的身分跟隨大將軍北伐匈奴。至元封四年，又以太中大夫的身分為拔胡將軍屯駐於朔方郡。後來又被調到南方擊昆明之反者，由於無功被免除將軍職務。

16 將軍荀彘，是太原郡廣武縣人。以擅長車技在宮廷為侍中，後為校尉，多次跟隨大將軍北伐匈奴。元封三年，以左將軍的身分率軍討伐朝鮮，先是出戰無功，後又擅自襲捕樓船將軍，被武帝處死。

17 驃騎將軍霍去病，總共六次出擊匈奴，其中四次是以將軍的身分。前後共斬敵與俘獲敵兵十一萬人，又使渾邪王帶著數萬人投降漢朝，向西開闢了黃河以西的酒泉諸郡，使得西部邊疆從此很少有匈奴為患。霍去病曾四次增加封地，共食邑一萬五千一百戶。其部下的校尉與其他官吏因軍功被封侯的共六人，後來被晉升為將軍的共二人。

18 將軍路博德，是平州人。曾以右北平太守的身分跟隨驃騎將軍北伐匈奴有功，被封為符離侯。驃騎將軍死後，路博德以衛尉的身分為伏波將軍平定南越，獲得增封。後來因犯法丟掉侯爵。後來又為彊弩都尉，駐兵居延塞，一直到死。

19 將軍趙破奴，原是九原郡人。先曾逃入匈奴，後來回歸漢朝，為驃騎將軍帳下的司馬官。在跟隨驃騎將軍出北地郡討伐匈奴的戰鬥中有功，被封為從驃侯。後來因為交納酎金不合規定而丟掉侯爵。一年後，以匈河將軍的身分率軍伐胡至匈河水，無功而回。又過了兩年，以擊殺樓蘭王之功被封為浞野侯。又過了六年，以浚稽將軍的身分率領騎兵兩萬出擊匈奴左賢王。左賢王與趙破奴會戰，以八萬人包圍了趙破奴，趙破奴全軍覆沒，自己也被活捉。趙破奴在匈奴中過了十來年，又與其兒子趙安國潛逃歸漢。最後因搞巫蠱活動，被滅族。

20 衛氏家族興起後，大將軍衛青是第一個被封侯的人，其後輩子孫被封侯的總共五人。待至二十四年之後，五個侯爵全部被剝奪，從此衛氏家族再也沒有封侯的了。

太史公曰：蘇建語余曰❶：「吾嘗責大將軍『至尊重，而天下之賢大夫毋稱焉❷，願將軍觀古名將所招選擇賢者❸，勉之❹哉！』大將軍謝曰：『自魏其、武安❺之厚賓客，天子常切齒❻。彼親附士大夫、招賢絀不肖❼者，人主之柄也❽。人臣奉法遵職而已❾，何與招士❿！』」驃騎亦放此意⓫，其為將如此⓬。

【章　旨】以上為第六段，是作者的論贊，作者引用蘇建語對衛青的為人行事隱微地表現了某種不滿、遺憾之情。

【注　釋】❶蘇建語余曰　蘇建是史公的朋友，贊語中引出與朋友的對話，一來可見本篇所敘史實的真實可靠，二來也使讀者感到分外親切。類似篇章尚有〈刺客列傳〉、〈酈生陸賈列傳〉、〈張釋之馮唐列傳〉等。❷天下之賢大夫毋稱焉　蘇建是否真對史公說過此話，不得而知。然此話之偏頗失平是顯而易見的，而於本文中竟前後出現了兩遍。❸所招選擇賢者　詞語不順，《漢書》無「擇賢」二字。王叔岷曰：「『選』『擇』複語，可略其一。」❹勉之　請朝這個方向努力。凌稚隆引楊維楨曰：「漢世士大夫率貴於薦士，故不能薦士者率受責難，如鄧通、司馬遷是也。青既貴而天下賢大夫無稱，其故吏蘇建亦勉以『觀古名將招選」之義。馬此二者，他可知矣。」按：鄧通、司馬遷以不能薦士而受責事，見〈佞幸列傳〉與〈報任安書〉。❺魏其武安　魏其侯竇嬰與武安侯田蚡，武帝即位初期的兩個大貴族。竇嬰是武帝祖母竇太后之姪，武帝的表叔；田蚡是武帝母王太后的同母異父弟，武帝之舅。因當時社會尚有戰國餘風，故兩人皆有養客之習，詳見〈魏其武安侯列傳〉。❻天子常切齒　武帝實行「罷絀百家，獨尊儒術」，其根本目的就是為了加強中央集權，打擊封建割據，因此凡一切聚集私家勢力與結客行俠之風，都在取締之列。但〈魏其武安侯列傳〉中並未寫武帝對竇嬰、田蚡的養客恨得「切齒」；其中曾寫武帝恨田蚡之專權跋扈，至田蚡死後，武帝聽到田蚡生前勾結淮南王的事情，於是說：「使武安侯在者，族矣！」衛青所指，蓋即此事。❼招賢絀不肖　絀，通「黜」。罷斥。不肖，不類其父，通常即謂「不成材」、「沒出息」。❽人主之柄也　柄，權柄；勢力。❾人臣奉法遵職而已　即前文衛青不殺蘇建，押回請武帝處置，用以表現其「為人臣不敢專權」之意也。❿何與招士　何必做招賢納士的事情。與，參與；介入。梁玉繩曰：「汲黯為揖客，大將軍益賢之；又進言田仁為郎中，言減宣為大廄丞，言主父偃於上，為上言郭解不中徙茂陵，則未嘗不招士也，但所招之士不皆賢耳。」⓫驃騎亦放此意　霍去病為將軍也大體是這種做法。放，通「仿」。仿效。⓬其為將如此　言外有許多不滿、遺憾之意。

【語　譯】太史公說：蘇建曾對我說：「我曾指責過大將軍，『您有這麼高的地位權勢，卻得不到天下賢士的稱頌，希望您觀察並學習古代名將的做法，也朝這個方向努力！』大將軍說：『自從魏其侯、武安侯廣招賓客以來，皇上對此恨得咬牙切齒。納士進賢黜不肖，這是皇上的權柄，做臣子就只管奉公守法盡忠盡職就行了，搞什麼招賢納士呢！』」霍去病大體上也是效仿這種做法，他們就是這樣做將軍的。

【研　析】這是《史記》中記錄武帝對匈奴戰爭的最主要的一篇文字，從司馬遷的基本態度而言，他對這場戰爭是反感的，他比較贊成文、景時期的和親政策，而對武帝首先在馬邑挑起戰端，以及從此一連十幾年的兵連禍結，進行了含蓄的批評。他認為這是「勞民傷財，得不償失」，對此我們倘能結合〈平準書〉與〈匈奴列傳〉閱讀，當有更深切的體會。但我們也必須看到，漢與匈奴的戰爭，從根本上說是來自於匈奴對中原地區的侵擾，這與漢武帝對朝鮮、大宛、南越、西南夷的純粹出於擴張掠奪，還有性質上的不同，所以本篇對漢武的批判程度應該算是最平和的。

衛青、霍去病的確是我國古代少有其比的名將，其對匈奴戰爭的勝利又的確輝煌，是足以讓漢代人為之揚眉吐氣的，這就使得司馬遷儘管並不贊成這種戰爭，但事實上又不得不為之感到鼓舞與自豪。他對衛青、霍去病的為人有不少批評，但對他們的軍事貢獻也不由得對之由衷佩服，尤其對衛青所進行的那場漠北大戰，司馬遷可以說是進行了傾心竭力的描寫；對霍去病拒絕武帝為之修造府第，說「匈奴未滅，無以家為也」的動人豪氣也不由得衷心讚賞。司馬遷還在〈淮南衡山列傳〉中通過伍被讚揚衛青說：「大將軍遇士大夫有禮，於士卒有恩，眾皆樂為之用。騎上下山若蜚，材幹絕人。被以為材能如此，數將習兵，未易當也。及謁者曹梁使長安來，言大將軍號令明，當敵勇敢，常為士卒先；休舍，穿井未通，須士卒盡得水，乃敢飲；軍罷，卒盡已度河，乃度；皇太后所賜金帛，盡以賜軍吏，雖古名將弗過也。」許多稱讚李廣的用語，又都用到衛青身上來了。

衛青、霍去病之所以能獲得如此烜赫的軍功是與武帝的知人善任、用之不疑密切相關的。武帝對他們的褒獎也古今少有，如衛青戰勝歸來時，「至塞，天子使使者持大將軍印，即軍中拜車騎將軍青為大將軍」，「而封青子伉為宜春侯，青子不疑為陰安侯，青子登為發干侯」；霍去病死後，「天子悼之，發屬國玄甲軍，陳自長安至茂陵，為冢象祁連山。」如此的相知相善，怎不激起人們為之用命呢！

作品寫到衛青、霍去病的後代時，非常淒涼冷落。如說霍去病的後代：「子嬗代侯。嬗少，字子侯，上愛之，幸其壯而將之。居六歲，元封元年，嬗卒，謚哀侯。無子，絕，國除」；至於衛青，他的三個兒子中有兩個在衛青生前就被削去爵位，另一個也在衛青死後的第六年「坐法失侯」。如果再加上征和二年的巫蠱之禍，衛皇后一族也全部被殺。則人們便會看到，漢武帝還活得好好的，而衛氏、霍氏兩大族就已經孑然無存了。兩位名將，豈不可哀也哉！

◎新譯徐霞客遊記

黃珅／注譯　黃志民／校閱

人間第一奇境，必待第一奇才來領略，徐霞客正是「天留名壤待名人」的最佳寫照。他將一生遊覽觀察的經歷，化為文字走筆成書，規模宏大、博辨詳考，可說是劃時代的地理巨著。本書是現代學者首次將徐霞客的遊記作較全面的呈現，注釋及語譯皆力求詳贍精實，評析部分則以徐霞客及其自然觀、藝術觀為中心，深入剖析遊記中所顯示的人與自然的關係。